Martin Winner (Hg.)
Haftungsrisiken für die Konzernmutter in Mittel- und Osteuropa

Martin Winner (Hg.)

Haftungsrisiken für die Konzernmutter in Mittel- und Osteuropa

Wien 2013

Nomos facultas.wuv

Bibliografische Information der Deutschen Nationalbibliothek

Die Deutsche Nationalbibliothek verzeichnet diese Publikation in der
Deutschen Nationalbibliografie; detaillierte bibliografische Daten sind im Internet
über http://dnb.d-nb.de abrufbar.

© 2013 Facultas Verlags- und Buchhandels AG
facultas.wuv Universitätsverlag, A-1050 Wien
Alle Rechte, insbesondere das Recht der Vervielfältigung und der Verbreitung
sowie der Übersetzung, sind vorbehalten.
Satz und Druck: Facultas AG
Printed in Austria
ISBN 978-3-7089-1040-6 (facultas.wuv)
ISBN 978-3-8487-0715-7 (Nomos)

Vorwort

Die in vielen Ländern Mittel- und Osteuropa bestehende Skepsis gegenüber Konzernen bringt die Verlockung mit sich, unter Durchbrechung der Rechtspersönlichkeit der einzelnen Gesellschaften durch den Konzern zu blicken. Die meisten Rechtsordnungen enthalten entsprechende Instrumente und zwar bereits im gesatzten Recht. Die Frage hat besondere Bedeutung, wenn es um die grundsätzlich beschränkte Haftung der Gesellschafter der Muttergesellschaft – oft missverständlich auch als Haftungsprivileg bezeichnet – geht.

Das vorliegende Buch ist das Ergebnis eines zweijährigen internationalen Forschungsprojekts des Forschungsinstituts für mittel- und osteuropäisches Wirtschaftsrecht (FOWI) an der Wirtschaftsuniversität Wien. In seinem Rahmen wurden vor allem konzernrechtliche und insolvenzrechtliche Regelungen über die Haftung der Muttergesellschaft für Verbindlichkeiten ihrer Tochtergesellschaften in Albanien, Bulgarien, Kroatien, Polen, Rumänien, Russland, Slowakei, Tschechien und Ungarn untersucht.

Die einzelnen Länderberichte sind anhand einheitlicher Bearbeitungsvorgaben erstellt. In allen untersuchten Ländern finden sich zahlreiche Regelungen, welche die Haftung der Muttergesellschaft entweder direkt ansprechen oder doch für diese gravierende Auswirkungen haben können. Die jeweiligen Inhalte und Voraussetzungen für die Haftung sind in den einzelnen Ländern überaus unterschiedlich. Deswegen ist für die Praxis eine sorgfältige Analyse anhand der länderspezifischen Gegebenheiten unbedingt erforderlich. Das größte Fehlerpotenzial für ausländische Muttergesellschaften liegt in der impliziten Annahme, dass die jeweiligen nationalen Regelungen ohnehin mehr oder weniger dem aus der Heimat Gewohnten entsprechen werden. Darüber tröstet auch nicht hinweg, dass die praktische Bedeutung der jeweiligen Haftungsnormen durchaus unterschiedlich ist: Während sie in einzelnen Ländern durchaus eingesetzt werden, schlummern sie in anderen Ländern noch vor sich hin. Jedenfalls sind sie aber überall ein Damoklesschwert, das auf die (unvorsichtige) Konzernmutter herabfallen kann.

Für die großzügige Förderung des Projekts bedanken wir uns bei der B & C Privatstiftung.

Wien, Mai 2013   Martin Winner

Inhaltsübersicht

Haftungsrisiken für Gesellschafter albanischer Gesellschaften

Martin Winner *

Inhaltsverzeichnis

* Ich danke Herrn Dott. mag *Endrit Mema*, LL.M. (Tilburg), herzlich für die wertvolle Unterstützung bei der Vorbereitung dieses Beitrags, insbesondere auch für die sprachliche Analyse des albanischen Normenmaterials.

I. Einleitung

1. Allgemeines

Der albanische Markt ist für ausländische Investoren grundsätzlich attraktiv; das Wachstumspotential ist im internationalen Vergleich groß, die Durchdringung mit internationalen Unternehmen aber noch relativ gering. Gleichzeitig bemüht sich die albanische Regierung, die Rahmenbedingungen für nationale und internationale Investoren attraktiver zu gestalten.

In diesem Zusammenhang trat einige Monate nach einem neuen Registrierungsrecht 2008 auch ein neues Gesellschaftsrecht in Kraft. Dieses brachte ohne Zweifel große Fortschritte im Vergleich zum zuvor geltenden System, was auch in Weltbank-Rankings zu dramatischen Verbesserungen geführt hat.[1] Wie alle neuen Gesetze bringt es aber Unsicherheit mit sich, insbesondere auch, weil es nicht auf Bestehendem aufbaut, sondern Neues errichtet. Diese Unsicherheit wird noch verstärkt durch die geringe Erfahrung albanischer Richter mit gesellschaftsrechtlichen Fragestellungen und die verbesserungsfähige Verlässlichkeit und Vertrauenswürdigkeit des albanischen Justizsystems generell.[2] Freilich ist das *law in the books* nicht in allen Bereichen auch *law in action* – nicht nur im

---

1   Nach dem einflussreichen Doing Business Report 2012 der Weltbank (http://www.doing-business.org/~/media/GIAWB/Doing%20Business/Documents/Annual-Reports/English/DB12-FullReport.pdf) steht Albanien beim Schutz der Investoren an 18. Stelle weltweit (Deutschland Rang 97, Österreich 133), was wesentlich auf das neue Gesellschaftsrecht zurückzuführen ist (und auch ein wichtiges Ziel dieses Gesetzgebungsaktes war); vgl auch *Lobet*, Seizing the opportunity 52 ff. Kernpunkt der Besorgnis war *self dealing* zwischen Gesellschaft und Verwaltungsorganen bzw Gesellschaftern.
2   Vgl die Bemerkungen auf S 11 ff, 52 ff des Albania 2012 Progress Report.

Gesellschaftsrecht selbst, sondern auch in verwandten und für das vorliegende Thema bedeutenden Gebieten wie etwa dem Insolvenzrecht.

Für einen ausländischen Beobachter ist darüber hinaus auffällig, dass sich der albanische Richter generell nicht als Ersatzgesetzgeber versteht, der allenfalls auch durch Analogie oder teleologische Reduktion dem Geist des Gesetzes den Vorrang vor seinem Wortlaut gibt. Vielmehr ist die Orientierung an letzterem vorrangig – das wohl auch[3] aufgrund der Tatsache, dass der historische Wille des Gesetzgebers meist mangels Dokumentation der Gesetzgebungsgeschichte kaum zu erschließen ist. Während eine solche dem Gesetzestext verschriebene Auslegung generell nicht von Nachteil für gut beratene Wirtschaftstreibende ist, gilt das nicht mehr, wenn eine zu weit formulierte und dem Unternehmer nachteilige Norm teleologisch auf ihren „richtigen" Gehalt reduziert werden soll – gerade dieses Problem stellt sich im Zusammenhang mit der Frage der Haftung der Muttergesellschaft vermehrt. Insgesamt fehlt es im albanischen Gesellschaftsrecht an Rechtssicherheit für ausländische Investoren – nicht nur in diesem Bereich.

Im folgenden Beitrag werden die grundlegenden Vorschriften dargestellt, aus denen sich eine Haftung der Konzernmutter ergeben kann. Der Schwerpunkt liegt auf den Vorschriften des Gesellschafts- und Insolvenzrechts. Daneben werden auch Sondermaterien wie das Steuer- und Sozialversicherungsrecht aber auch strafrechtliche Aspekte der Verbandsverantwortung (letzteres im Zusammenhang mit dem Insolvenzrecht) kurz angesprochen; ein vollständiger Überblick kann nicht geleistet werden. Ausgeklammert bleibt hingegen die genuin zivilrechtliche Haftung; klare Normen zu unserem Thema gibt es in diesem Bereich nicht und die entsprechenden dogmatischen Probleme der sittenwidrigen Schädigung bzw der Haftung von Teilnehmern an einer schädigenden Handlung anderer sind nicht einmal ansatzweise geklärt, weswegen es nicht sinnvoll ist, an dieser Stelle eine Dogmatik zu erfinden, die völlig entkoppelt von der albanischen Rechtsrealität ist. Der Beitrag schließt mit Ausführungen zum albanischen Internationalen Zivilprozessrecht und zum albanischen Internationalen Privatrecht.

2. Zentrale Rechtsquellen

a) Gesellschaftsrecht

Grundlegende Rechtsquelle für die Haftung der Muttergesellschaft für Verbindlichkeiten ihrer Tochtergesellschaft ist das albanische Gesellschaftsrechtsgesetz[4] (im Folgenden ACL[5]), in Kraft getreten am 21. Mai 2008. Der Geset-

---

3   Daneben wird immer wieder auf die erhöhte Korruptionsgefahr bei freierer Rechtsfindung hingewiesen.
4   Gesetz Nr 9.901 vom 14. April 2008 über Unternehmer und Gesellschaften.
5   Nach der international üblichen englischen Bezeichnung „Albanian Company Law".

zestext ist auf der Seite des albanischen Wirtschaftsministeriums in einer englischen Übersetzung verfügbar.[6]

Das neue Gesetz wurde im Rahmen eines Beratungsprojekts der damaligen Deutschen Gesellschaft für Technische Zusammenarbeit (GTZ)[7] neu entwickelt. Das neue Gesetz ist keine evolutionäre Fortentwicklung der zuvor geltenden Rechtsnormen,[8] sondern enthält zum ganz überwiegenden Teil materiell neues Recht, das im Wesentlichen auf einer eklektischen Mischung deutscher und englischer Regeln beruht.[9] Gleichzeitig sollen die Kernrichtlinien des europäischen Gesellschaftsrechts[10] umgesetzt werden, da Albanien gemäß Art 70 des am 1. April 2009 in Kraft getretenen Stabilisierungs- und Assoziierungsabkommen mit der Europäischen Union[11] zur graduellen Anpassung des albanischen Rechts an den Rechtsbestand der Europäischen Union verpflichtet ist.

2011 wurde das Mindestgrundkapital für nicht börsenotierte AGen von 2 Mio Lek auf 3,5 Mio Lek[12] angehoben;[13] für die hier interessierenden Fragen des Durchgriffs auf den Gesellschafter hat die Novellierung keine Neuerung gebracht. Seither wurde auch ein albanischer Corporate Governance Code erlassen,[14] der freilich für Fragen der Haftung der Muttergesellschaft ebenfalls vernachlässigt werden kann. Aktuelle Anpassungsvorhaben betreffen die Anpassung an weitere europäische Rechtsakte, zB die internationale Verschmelzung[15] und die Änderungen der Richtlinien zu Umwandlungen[16] – auch dies ohne unmittelbare Relevanz für unser Thema.

Das ACL war gem Art 231 ACL zunächst auf alle nach dem 20. Mai 2008 neu gegründeten Gesellschaften anwendbar.[17] Dies gilt seit 20. Mai 2011 auch für Alt-

---

6   http://www.mete.gov.al/doc/20080716095903_ligji_per_tregtaret_dhe_shoqerite_tregtare_eng.pdf. Eine textkritische Übersetzung findet sich bei *Bachner/Schuster/Winner*, ACL 193 ff.

7   Heute Deutsche Gesellschaft für Internationale Zusammenarbeit – GIZ.

8   Gesetz Nr 7.638 vom 19. November 1992 über Handelsgesellschaften. Zu Unrecht anders *Lobet*, Seizing the opportunity 52 ff.

9   Verfasser des Entwurfs waren eine englische Juristin (Prof. *Janet Dine*) und ein deutscher Jurist (Dr. *Michael Blecher*).

10   Namentlich die Publizitätsrichtlinie 68/151/EWG, die Kapitalrichtlinie 77/91/EWG, die Verschmelzungsrichtlinie 78/855/EWG, die Spaltungsrichtlinie 82/891/EWG, die Zweigniederlassungsrichtlinie 89/666/EWG, die Einpersonengesellschaftsrichtlinie 89/667/EWG und die Aktionärsrechterichtlinie 2007/36/EG.

11   Stabilisierungs- und Assoziierungsabkommen zwischen den Europäischen Gemeinschaften und ihren Mitgliedstaaten einerseits und der Republik Albanien andererseits, ABl L 107/166 vom 28.4.2009.

12   Das entspricht ungefähr € 25.000,– (Stand Februar 2013).

13   Art 107 Abs 1 ACL idF Gesetz Nr 10.475 vom 27. Oktober 2011.

14   Corporate Governance Code for Unlisted Joint-Stock Companies in Albania (http://www.ebrd.com/downloads/legal/corporate/albania_code.pdf).

15   RL 2005/56/EG des Europäischen Parlaments und des Rates vom 26. Oktober 2005 über die Verschmelzung von Kapitalgesellschaften aus verschiedenen Mitgliedstaaten, ABl L 310 vom 25.11.2005, 1.

16   RL 2009/109/EG des Europäischen Parlaments und des Rates vom 16. September 2009, ABl L 259 vom 2.10.2009, 14.

17   Genauer erfasst das Gesetz alle Handelsgesellschaften, während das albanische ZGB ähnlich wie deutschsprachige Zivilrechtskodifikationen in Art 1074 ff die einfache Gesellschaft regelt.

gesellschaften, die mit diesem Stichtag ihre Satzung mit der ersten Änderung der Eintragung an die neuen Vorschriften anpassen müssen.[18] Die folgenden Ausführungen beschränken sich auf die derzeit geltende Rechtslage und lassen Altfälle unbeachtet, die noch nach der früheren Rechtslage zu beurteilen sind.

Ergänzt wird das Gesellschaftsrecht durch ein 2007 erlassenes Registerrecht (im Folgenden NRC-G),[19] das die Registrierung den bis dahin zuständigen Gerichte entzieht und einer Spezialbehörde überantwortet; diese kontrolliert primär formell und registriert dementsprechend schnell. Für Haftungsrisiken der Muttergesellschaft haben diese Normen keine unmittelbare Bedeutung.

Neben dem Gesetzestext gibt es fast keine Erkenntnisquellen zum albanischen Gesellschaftsrecht. Gesellschaftsrechtliche Entscheidungen selbst der wichtigsten albanischen Gerichte[20] fehlen weitgehend; zusätzlich ist die Veröffentlichung der Gerichtsentscheidungen immer noch lückenhaft.[21] Es existiert derzeit weiters kein Lehrbuch oder System, nur eine – allerdings von österreichischen Juristen ohne vertiefte Kenntnisse des albanischen (Gesamt-)Rechtssystems verfasste – kurze Gesamtdarstellung.[22] Projekte für Kommentierungen der Entwurfsverfasser wurden nicht umgesetzt;[23] die einzig mir bekannte (übrigens in englischer und nicht in albanischer Sprache verfasste) Kommentierung[24] greift nur ausgewählte Aspekte etwas detaillierter auf. Vorarbeiten zur Gesetzgebung sind in einem Werk der Berater des albanischen Gesetzgebers dokumentiert.[25]

b) Insolvenzrecht

Haftungsfolgen für die Muttergesellschaft können sich weiters vor allem aus dem Insolvenzrecht ergeben. Das Gesetz über Insolvenzverfahren[26] (im Folgenden: InsO) ist am 1. Oktober 2002 in Kraft getreten; auch dieses Gesetz ist ein Resultat ausländischer, in diesem Fall vor allem deutscher Beratungstätigkeit. Dementsprechend basiert es auch weit gehend, teilweise wörtlich auf der deutschen Insolvenzordnung.

---

18 Die in Art 230 Abs 2 ACL zunächst vorgesehene Umsetzungsperiode von drei Jahren (zu dieser *Bachner/Schuster/Winner*, ACL 17 ff) wurde durch eine Entscheidung der NRC unlimitiert verlängert (vgl auch *Holland/Olldashi/Ruci*, ACL 11); die gesetzliche Basis für diese Entscheidung ist nicht erkennbar.

19 Gesetz Nr 9.723 vom 3. Mai 2007 über das Nationale Registrierungszentrum.

20 Bezirksgericht Tirana, Albanisches Oberstes Gericht, Albanisches Verfassungsgericht.

21 Vgl die Bemerkungen auf S 12 des Albania 2012 Progress Report (Fn 3).

22 *Bachner/Schuster/Winner*, The New Albanian Company Law.

23 Prof. *Janet Dine* und Dr. *Michael Blecher* planten die Herausgabe einer kommentierten Gesetzesausgabe; Vorversionen (*Dine/Blecher* [supported by *Shpati Hoxha* and *Blerina Raça*], The New Law 'On Entrepreneurs and Companies' Text with Commentary, unpublished) haben Prof. *Dine* und Dr. *Blecher* mir 2008 zur Verfügung gestellt, wofür ich herzlich danke.

24 *Holland/Olldashi/Ruci*, Legal Commentary – Albanian Company Law.

25 *Dine/Koutsias/Blecher*, Company Law in the New Europe; siehe auch *Dine*, Journal of Human Rights and the Environment, Vol 3 No 1, March 2012, 44.

26 Gesetz Nr 8.901 vom 23. Mai 2002 über Insolvenzverfahren.

Allerdings weicht das albanische Insolvenzrecht in wichtigen Details vom deutschen Vorbild ab, was im gegebenen Zusammenhang insbesondere für die Pflicht zur Insolvenzantragstellung von Bedeutung ist. Diese Unterschiede sind zu einem Gutteil auf eine Initiative der Weltbank aus dem Jahr 2008 zurückzuführen, die zu einer größeren Novelle des Gesetzes (auch in anderen Zusammenhängen) geführt hat.[27]

Auch und gerade im Insolvenzrecht gilt, dass das geschriebene Recht nur teilweise auch gelebt wird. Denn die Bedeutung des Insolvenzrechts ist in der Praxis verhältnismäßig gering; dazu noch näher unten III. 1. Es gibt im Übrigen neben sporadischen Gerichtsentscheidungen[28] keine Erkenntnisquellen außer dem Gesetzestext selbst.

3. Praktische Bedeutung des Themas

Blickt man nur auf die Rechtsprechung, so scheint das Thema keine oder kaum praktische Bedeutung zu haben. So hat nach einer Ende 2012 von *Endrit Mema* durchgeführten Recherche der mit Abstand bedeutendste Gerichtshof in Albanien, das Bezirksgericht Tirana, von Jänner 2010 bis September 2012 keinen einzigen Fall entschieden, der sich mit der Haftung von (in- oder ausländischen) Gesellschaftern beschäftigt hat; noch weniger waren konzernrechtliche Fragen Gegenstand von Gerichtsverfahren. Soweit sich dieses Gericht überhaupt mit Gesellschaftsrecht beschäftigt hat, ging es um den Ausschluss von Gesellschaftern bei der GmbH, die Freisetzung von Organmitgliedern oder die Ungültigkeit von Gesellschafterbeschlüssen. Beim albanischen Höchstgericht für Zivilrechtsfragen ist die Situation vergleichbar: Die ca zehn gesellschaftsrechtlichen Entscheidungen pro Jahr[29] im genannten Zeitraum betrafen vor allem Gesellschafterbeschlüsse und Insolvenzverfahren; eine „vereinheitlichende Entscheidung" (*vendime unifikuese*) zum Gesellschaftsrecht, die in der Sache für die Gerichte dann bindend ist, erging bisher überhaupt nicht. Auch das albanische Verfassungsgericht hatte sich nicht mit gesellschaftsrechtlichen Fragen zu beschäftigen.

Dennoch scheint das Thema nicht bedeutungslos zu sein. Aus Anwaltskreisen ist zu entnehmen, dass (ausländische) Investoren sich vermehrt für die aus dem albanischen Recht resultierende Haftungsrisiken interessieren – vor allem dann, wenn die Tochtergesellschaft nicht mehr ausreichend liquide ist und daran gedacht wird, das Engagement in Albanien zu beenden. Die Sorge der Investoren betrifft vor allem Art 208 ACL, der strenge konzernrechtliche Haftungstatbestände enthält.[30]

Ein – hier anonymisiert wiedergegebenes Beispiel – betraf die 100 %-ige albanische Tochtergesellschaft eines großen Einzelhändlers aus der EU. Der

---

27 Gesetz Nr 9.919 vom 19. Mai 2008.
28 Vgl die Darstellung bei *Holland/Olldashi/Ruci*, ACL 152 ff.
29 Die freilich zum Teil noch zum alten Gesellschaftsrecht ergangen sind.
30 Dazu unten II. 5.

Markteintritt in Albanien sollte über eine neu errichtete Verkaufsstelle erfolgen, die im Eigentum eines albanischen Unternehmers stand und auch von ihm errichtet sowie betrieben wurde. Das Einzelhandelsunternehmen zahlte pro Jahr eine beträchtliche Mietsumme und konnte sich von dem mit einer langen Laufzeit abgeschlossenen Vertrag nur mit einer Abschlagszahlung lösen. Nachdem der Markteintritt nicht den gewünschten Erfolg brachte, wurde der Mietvertrag aufgelöst, die Abschlagszahlung aber nicht gezahlt, wozu die albanische Tochtergesellschaft wohl auch aus Liquiditätsgründen nicht in der Lage gewesen wäre.

Zwar hatte die Muttergesellschaft aus der EU eine Garantie zugunsten der Tochtergesellschaft abgegeben, jedoch wäre für eine Klage aus dieser der Gerichtsstand nicht in Albanien gelegen[31] und auch das anwendbare Recht wäre wohl ein ausländisches gewesen. Der albanische Vermieter hatte jedoch ein Interesse an einem albanischen Gerichtsstand, weswegen er seine (angedrohte) Klage auf den Mietvertrag in Verbindung mit der albanischen Konzernhaftung stützte und dadurch die Muttergesellschaft zur Zahlung bewegen wollte.[32] Der Fall erreichte letzlich nicht die Gerichte und dürfte verglichen worden sein.

In einem anderen Fall befand sich die albanische Tochtergesellschaft einer österreichischen Muttergesellschaft in (freiwilliger) Liquidation. Die albanische Steuerbehörde stellte im Rahmen einer Steuerprüfung Rückstände bei der albanischen Tochtergesellschaft fest, forderte diese ein und verhängte eine Strafzahlung; die Tochtergesellschaft kam dieser nicht nach. Die Steuerbehörden wandten sich deswegen an die österreichische Muttergesellschaft und beriefen sich auf die Konzernhaftung und eine steuerrechtliche Sondervorschrift.[33] Letztlich wurde keine Klage eingebracht, aber auch die Liquidation der Tochtergesellschaft nicht abgeschlossen. De facto kann die österreichische Muttergesellschaft wegen der Steuerrückstände derzeit dem Vernehmen nach keine Geschäftstätigkeit in Albanien entwickeln.

Auch wenn es an empirischer Absicherung fehlt, besteht somit doch Grund zur Annahme, dass das Thema in der Praxis von Bedeutung ist. Dass man sich in solchen Situationen häufig vergleicht und es nicht auf einen Prozess ankommen lässt, mag auch mit Vorbehalten gegenüber dem albanischen Gerichtssystem zu tun haben. Insofern ist mE nicht zu erwarten, dass das Thema in den nächsten Jahren die Rechtsprechung häufig beschäftigen wird.

Im bereits angesprochenen spärlichen Schrifttum fehlen konkrete Ausführungen zur Haftung der Muttergesellschaft weit gehend. Neben Stellungnahmen, die vom Autor dieses Beitrags mitverfasst wurden,[34] finden sich grundlegende Aussagen vor allem in Arbeiten von Mitverfassern des albanischen

---

31 Zum internationalen Zivilprozessrecht unten IV. 2.
32 Vgl Art 72 lit a albanisches IPRG und den dort vorgesehenen Gerichtsstand am Ort der vermieteten Liegenschaft; unten IV. 2.
33 Zu dieser unten V. 1.
34 *Bachner/Schuster/Winner*, ACL 47 ff, 50 f, 172 ff; *Schuster/Winner*, Journal of the Albanian School of Magistrates, Vol 3/2010, 130.

Gesellschaftsrechts.[35] Praxisnahe Ausführungen aus Albanien fehlen soweit ersichtlich.

Basis der folgenden Überlegungen muss daher der Gesetzestext sein – freilich ergänzt um die Ergebnisse, die ich in elf je zweitägigen Fortbildungsveranstaltungen zum neuen Gesellschaftsrecht für albanische Richter und Anwälte in den Jahren 2008 und 2009 gewonnen habe zuzüglich von im September und Oktober 2012 vorgenommenen Befragungen albanischer Praktiker. Dennoch sind die folgenden Ausführungen nicht als gesicherte Auslegungsergebnisse zu verstehen, sondern können nur einen Ausgangspunkt für weitere Überlegungen und ein Argumentarium für praktische Anwendungen bieten. Die mangelnde Judikatur und Literatur ist somit auch für die relative Kürze des vorliegenden Beitrags verantwortlich.

II. Gesellschaftsrecht

1. Grundsatz der Vermögens- und Haftungstrennung zwischen der Kapitalgesellschaft und Gesellschaftern

a) Rechtsgrundlagen, Legitimation und Wirkung der beschränkter Haftung

Das albanische Kapitalgesellschaftsrecht ist vom Grundsatz der Trennung der Haftungssphären beherrscht: Gesellschafter einer GmbH (*shoqëri me përgjegjësi të kufizuara, SHPK*) und Aktionäre einer AG (*shoqëri aksionare, SHA*) haften den Gläubigern gegenüber nicht (Art 68 Abs 1 und Art 105 Abs 1 ACL). Der Wortlaut der Normen stellt zwar nur auf die Gründer ab, später hinzutretende Gesellschafter müssen aber auch erfasst sein.[36] Soweit der Gesetzestext darüber hinaus darauf abstellt, dass die Gesellschafter persönlich Verluste nur in dem Ausmaß der unbezahlten Einlagen tragen müssen, ist dies irreführend; denn die Einlagen müssen unabhängig von Verlusten geleistet werden und aus ökonomischer Sicht verlieren die Anteile auch bei vollständiger Einzahlung an Wert, wenn die Gesellschaft erfolglos tätig ist.

Die Legitimation der beschränkten Haftung ist in Albanien bisher nicht öffentlich diskutiert worden. Sie gilt dem Grundsatz nach nicht nur für Gesellschaften mit weit gestreutem Gesellschafterkreis, sondern auch für Familiengesellschaften und Einpersonengesellschaften und letzteres selbst dann, wenn der einzige Gesellschafter wiederum ein Unternehmen ist, also auch im Konzern. Freilich lässt sich den Ausnahmen vom Grundsatz der Haftungstrennung implizit entnehmen, dass der albanische Gesetzgeber die Haftungstrennung für den Konzern nicht für gleichermaßen gerechtfertigt hält.

---

35 *Dine/Koutsias/Blecher*, Company Law in the New Europe, insb 307 ff; *Dine*, Journal of Human Rights and the Environment, Vol 3 No 1, March 2012, 44, insb 55 ff und 62 ff.

36 Vgl *Bachner/Schuster/Winner*, ACL 43.

b) Ausnahmen von dem Grundsatz der Haftungstrennung

Die Trennung der Haftungssphären von Gesellschaft und ihren Gesellschaftern ist nämlich durch zahlreiche, im internationalen Vergleich außergewöhnliche Regelungen durchbrochen.[37] Besonders stechen hervor:

- die persönliche Haftung des Gesellschafters für Gesellschaftsverbindlichkeiten, wenn die Gesellschaft nur mehr einen Gesellschafter hat und diese Tatsache nicht beim Nationalen Registrierungszentrum registriert wird (unten 4.d.);

- die persönliche Haftung des Gesellschafters für Gesellschaftsverbindlichkeiten, wenn die Rechtsform für rechtswidrige Zwecke missbraucht wird, wenn die Vermögenssphären vermischt werden oder wenn die Gesellschaft unterkapitalisiert ist (unten 6.);

- die Verlustausgleichspflicht der Konzernmutter, wenn die Tochtergesellschaft regelmäßig Weisungen der Muttergesellschaft folgt, gekoppelt mit einem Recht der Gläubiger, von der Muttergesellschaft die Bestellung von Sicherheiten zu fordern (unten 5.).

Alle drei Gruppen betreffen im Ergebnis vor allem Konzerne, daneben freilich auch sonstige Gesellschaften mit wenigen dominierenden Gesellschaftern. Sie sind somit für ausländische Konzernmütter von großer Relevanz. In der Sache dienen sie vor allem dem Schutz der Gläubiger, indirekt aber auch dem der Mitgesellschafter (außer beim Sonderfall der unterlassenen Registrierung der Einpersonengesellschaft); insbesondere im Konzern schützt aber ein jederzeit ausübbares Andienungsrecht ganz explizit auch die Mitgesellschafter.

Fragt man sich nach dem Grund für diese weit gehende Durchbrechung, so fehlen Materialien zur Gesetzgebung weit gehend. Die einzig mir zugängliche Quelle ist ein Policy Paper zur Gesellschaftsrechtsreform aus dem Jahr 2007.[38] Auch diesem ist unter Punkt 7 nur zu entnehmen, dass Regeln für den Schaden der Tochtergesellschaft aus einer einheitlichen Leitung des Konzerns erforderlich seien, ohne dass die Gründe dafür näher spezifiziert werden.

Hilfreich ist allerdings ein Blick in literarische Stellungnahmen der Verfasser des Entwurfs, Prof. *Janet Dine* und Dr. *Michael Blecher*.[39] Aus diesen geht hervor, dass die konzernrechtliche Einstandspflicht als „Unternehmenshaftung" (*enterprise liability*) zu verstehen ist und insbesondere global tätige Unternehmen (*multinational companies*) disziplinieren soll; denn diese sollen für Menschenrechtsverstöße und Umweltschädigungen durch unterkapitalisierte und schnell zu liquidierende Tochtergesellschaften einstehen müssen. Festzuhalten bleibt aber, dass der im albanischen Gesellschaftsrecht gewählte Ansatz nicht

---

37   Daneben gibt es freilich auch noch die international üblichen Haftungstatbestände wie zB die Einlagenrückgewähr; diese Aspekte werden im Text mitbehandelt.

38   *Dine/Blecher*, Albanian Company Law Reform 2007 – Final Policy Paper.

39   *Dine/Koutsias/Blecher*, Company Law in the New Europe 307 ff; *Dine*, Journal of Human Rights and the Environment, Vol 3 No 1, March 2012, 44.

schadenersatzrechtlich ist, sondern die Haftung für Verbindlichkeiten der Tochtergesellschaft keine Kausalität von Weisung und Schädigung voraussetzt.

2. Unterschiede GmbH und AG

Die albanischen Regelungen der GmbH und der AG unterscheiden sich sehr stark voneinander. Das liegt einerseits daran, dass ein deutliches Gefälle in der Regelungsdichte besteht; die albanische GmbH ist in 37 Paragraphen geregelt, die AG in 102 Paragraphen; hinzu kommt ein auf beide Teile anwendbarer Allgemeiner Teil mit 21 Paragraphen. Bei der GmbH sind viele Frage nicht oder nur in Ansätzen geregelt, für die sich bei der AG Antworten finden. Deswegen empfehlen albanische Anwälte dem Vernehmen nach häufig, sich auch bei der GmbH an den nicht verbindlichen entsprechenden Vorschriften für die AG zu orientieren.

Freilich wird diesem Vorgehen dadurch Grenzen gesetzt, dass die Regelungen für AG und GmbH auf unterschiedlichen Regelungskonzepten basieren. Während die AG weit gehend europarechtlich determiniert ist und im Übrigen auf kontinentaleuropäischen Regelungsvorbildern aufbaut, orientiert sich die GmbH eher an anglo-amerikanischen Vorstellungen. Dies ist für unser Thema insbesondere dort relevant, wo es um eine Haftung geht, die sich aus einer Verletzung der Regelungen über die Kapitalaufbringung bzw Kapitalerhaltung ergibt. Denn hier variieren die Vorschriften beachtlich: Verbot der Einlagenrückgewähr analog zu den Regelungen des deutschen Sprachraums bei der AG gegenüber einem auf Solvenztest basierenden System bei der GmbH. Hingegen sind die Vorschriften des Konzernrechts, des Durchgriffs wegen Missbrauchs der Rechtsform und der Meldevorschriften bei der Einpersonengesellschaft dem Grunde nach rechtsformneutral ausgestaltet.

Im Folgenden werden die Regelungen sowohl für die AG als auch für die GmbH dargestellt. Auf Abweichungen wird gesondert hingewiesen; fehlt es an einem solchen Hinweis, so gelten die Vorschriften für AG und GmbH gleichermaßen.

3. Allgemeine Aspekte der Gesellschafterhaftung

a) Unterscheidung Innen- und Außenhaftung

Das albanische Recht unterscheidet zwischen der bloßen Innenhaftung gegenüber der Gesellschaft und einer unmittelbaren Außenhaftung gegenüber Dritten, in der Praxis zumeist gegenüber Gläubigern der Gesellschaft. Die entsprechenden gesellschaftsrechtlichen Normen stellen zumeist ausdrücklich klar, welches Haftungskonzept angesprochen ist.

Eine Innenhaftung gegenüber der Gesellschaft besteht zB für nicht bezahlte Einlagen (so für die AG Art 123 ACL) und für rechtswidrig erhaltene Leistungen (Art 78 Abs 2 für die GmbH und Art 129 ACL für die AG). Auch die (hier im Übrigen nicht näher behandelte) Haftung der Organwalter gegenüber der Gesellschaft ist nach den ausdrücklichen gesetzlichen Anordnungen eine reine Innenhaftung (vgl Art 98 Abs 3 für die GmbH und Art 163 Abs 3 ACL für die AG). In der Sache ist auch die Verlustausgleichspflicht bei bestimmten Arten der Konzernierung eine Ausprägungsform der Innenhaftung (näher unten 5. c.). Eine Außenhaftung besteht hingegen beim Missbrauch der Rechtsform, also der klassischen Durchgriffshaftung (unten 6.) und bei nicht-registrierten Einpersonengesellschaften (unten 4. d.). Im Ergebnis führt auch der Anspruch der Gläubiger auf Sicherstellung bei bestimmten Konzernkonstellationen zu einer Außenhaftung (unten 5. d.).

b) Rechtsdurchsetzung der Innenhaftung

Bei der Außenhaftung obliegt die Rechtsdurchsetzung den Gläubigern bzw den Minderheitsaktionären. Besondere Klagsanreize wie zB durch Sammelklagen oder besondere Ergreiferprämien sind nicht vorgesehen. Freilich können mit Rechtsanwälten freie Honorarabreden getroffen werden,[40] weswegen auch erfolgsabhängige Vergütungen zulässig sind.

Hingegen muss die Innenhaftung durch die geschädigte Tochtergesellschaft selbst gegenüber der Konzernmutter geltend gemacht werden; dass dies im funktionierenden Konzern häufig nicht erfolgt, liegt auf der Hand. Dass die Gefahr der Geltendmachung von Innenhaftungsansprüchen steigt, wenn der Anteil verkauft wird und der neue Gesellschafter Malversationen der früheren Gesellschafter entdeckt, ist ebenso einleuchtend.

Innenhaftungsansprüche werden grundsätzlich vor allem im Konkurs der Tochtergesellschaft schlagend. Denn in der Insolvenz tritt auch nach albanischem Insolvenzrecht der Insolvenzverwalter an die Stelle der Geschäftsführungsorgane (Art 67 InsO) und kann daher die Ansprüche gegenüber der Muttergesellschaft geltend machen. Da er im Interesse der Gläubiger handeln muss, wird er dies zumindest im Modell auch immer dann tun, wenn er sich daraus eine Vergrößerung der Haftungsmasse erhoffen darf. Freilich wird diese Gefahr für die Muttergesellschaft dadurch gemindert, dass in Albanien nur sehr wenige Insolvenzverfahren tatsächlich durchgeführt werden (unten III. 1.). Ob die Durchsetzung der Innenhaftung durch das Insolvenzrecht tatsächlich funktioniert, muss daher bezweifelt werden.

Es verbleibt die Frage, ob Gläubiger bzw Minderheitsaktionäre die Innenhaftung erzwingen können. Dafür gibt es konzeptionell zwei Möglichkeiten: die *actio pro socio* bzw *pro societate* und die Pfändung der Ansprüche im Exekutionsverfahren.

Das ACL kennt mehrere Vorschriften für die *actio pro socio* in einigen gesonderten Zusammenhängen. So sieht Art 10 Abs 3 für alle Kapitalgesellschaften vor, dass Gesellschafter, die 5 % der Stimmrechte halten, Ansprüche auf

---

40 Vgl Art 11 Abs 1 lit a Gesetz Nr 9.109 vom 17. Juli 2003 über die Rechtsberufe in der Republik Albanien.

Einlagenleistung durchsetzen können, wenn die Gründer ihre Einlagen nicht erbringen; dieses Recht steht auch jedem[41] Gläubiger zu. Erhalten GmbH-Gesellschafter Dividenden, ohne dass eine Solvenzbestätigung ausgestellt wird, gilt dies gemäß Art 79 Abs 1 ebenfalls; ob dieser Bestimmung ein weitere Dividendenbegriff zugrunde liegt, der auch verdeckte Gewinnausschüttungen erfasst, ist in der Praxis bisher ungeklärt.[42] Für die AG fehlt allerdings eine vergleichbare Bestimmung, wie es sie auch für andere Fälle der Innenhaftung nicht gibt;[43] in Frage kommt allenfalls eine Klage der Minderheit gegen die Mehrheit wegen Verletzung der Treuepflichten.[44]

Für die GmbH kommt hinzu, dass gemäß Art 92 Abs 2 ACL Gläubiger das Recht haben, eine grob rechtswidrige Entscheidung der Verwaltungsorgane gerichtlich für nichtig erklären zu lassen; dieses Recht steht auch Gesellschaftern zu, die alleine oder gemeinsam 5 % aller Stimmrechte der Gesellschaft vertreten. Abs 6 erstreckt dieses Klagerecht zwingend[45] auf die Durchsetzung von Ansprüchen gegen die Verwaltungsorgane und – im gegebenen Zusammenhang von besonderem Interesse – von Ansprüchen gegen Gesellschafter aufgrund des ACL. Das Recht steht jedem einzelnen Gläubiger zu – und zwar unabhängig davon, ob die Einbringung seiner Forderung gefährdet ist. Lehnt die Generalversammlung die Verfolgung solcher Ansprüche ab, so können sie von dem Gläubiger selbst durchgesetzt werden; das gilt auch, wenn die Generalversammlung nicht innerhalb von 60 Tagen entscheidet. Für die AG fehlt eine vergleichbare Bestimmung, weil die Parallelregelung in Art 151 Abs 6 nur Ansprüche gegen Mitglieder von Verwaltungsorganen erfasst, ohne dass eine sachliche Rechtfertigung für die Ungleichbehandlung zu erkennen wäre.[46] In der Sache hilft das Klagerecht auch bei der GmbH bloß begrenzt, weil nicht nur der betreibende Gläubiger von der Leistung profitiert, sondern wegen der Zahlung an die Gesellschaft der Zugriff aller Gläubiger auf die erlangten Mittel eröffnet ist. Das nimmt der Bestimmung wohl auch einen großen Teil der sonst bestehenden Problematik; freilich besteht die Gefahr, dass Gläubiger diese Möglichkeit missbrauchen, ohne dass der Gesetzgeber dem vorgebeugt hätte, da die vorgesehene Strafe von 50.000 Lek[47] sicherlich keine wirksame Abschreckung ist.[48]

Unterstützt werden die Vorschriften durch die Regelung über die Sonderprüfung. Diese ist für die GmbH und die AG grundsätzlich gleich geregelt (Art 91 und Art 150 ACL). Im Ergebnis können Gesellschafter mit 5 % der Stimmrech-

---

41 Und zwar unabhängig davon, ob seine Forderung einbringlich ist oder nicht.
42 Für ein weites Verständnis schon *Bachner/Schuster/Winner*, ACL 62 f.
43 Hingegen sahen die Vorarbeiten der Verfasser des ACL ein entsprechendes Recht noch vor (vgl *Dine/Koutsias/Blecher*, Company Law in the New Europe 234); warum dies im ACL nicht übernommen wurde, ist nicht nachvollziehbar.
44 Dazu unten 7.
45 Vgl Art 94 ACL.
46 Hinzu kommt, dass bei der AG dieses Recht nur Gläubigern zusteht, die allein oder gemeinsam Forderungen im Ausmaß von mindestens 5 % des Grundkapitals halten.
47 Das ist etwas mehr als € 350,– (Stand Februar 2013).
48 Vgl Art 92 Abs 7 ACL iVm Art 91 Abs 6 ACL und Art 34 Zivilprozesskodex der Republik Albanien, Gesetz Nr 8.116 vom 29. März 1996 idgF.

te ebenso wie Gläubiger eine Sonderprüfung gerichtlich erzwingen, wobei bei der AG dieses Recht nur Gläubigern mit Forderungen im Ausmaß von 5 % des Nennkapitals zusteht. Erforderlich ist ein begründeter Verdacht einer Gesetzes- oder Satzungsverletzung bei der Gründung oder bei der Geschäftsführung; die Kosten hat bei gerichtlicher Bestellung die Gesellschaft zu tragen. In der Sache kann dies bei der AG zumindest teilweise einen Ersatz für die *actio pro socio* bieten; denn wenn der Sonderprüfer eine rechtswidrige Vermögensverschiebung zum Gesellschafter feststellt, kann dies die Geschäftsführung dazu bewegen, den Innenhaftungsanspruch geltend zu machen.

Andere Äquivalente einer *actio pro socio* sind bisher nicht aufgezeigt worden, aber auch nicht auszuschließen (direkter Anspruch aus dem albanischen ZGB[49], Herbeiführen einer Entscheidung der Hauptversammlung über die Rückerstattung mit Anfechtung des ablehnenden Beschlusses durch die Minderheit etc). Für Gläubiger der Gesellschaft ist letztlich auch der Weg über die Forderungspfändung denkbar, die auch im albanischen Zivilprozesskodex vorgesehen ist:[50] Der Gläubiger könnte die Ansprüche der Gesellschaft gegen den Mehrheitsgesellschafter pfänden lassen, wenn er einen vollstreckbaren Titel hat. Erkennt der Mehrheitsgesellschafter den Anspruch nicht an, so muss der Gläubiger einen entsprechenden Prozess anstrengen, in dem das Bestehen der Forderung und die Rechtszuständigkeit der Gesellschaft nachzuweisen sind (Art 585 Zivilprozesskodex). Auch hier fehlen praktische Erfahrungen.

c) *Allgemeine Fristen zur Geltendmachung der Ansprüche*

In mehreren Zusammenhängen sieht das albanische Gesellschaftsrecht eine dreijährige Verjährungsfrist vor: Ersatzansprüche gegen Gründer bei allen Gesellschaften in drei Jahren ab Gründung (Art 10 Abs 3), Ansprüche wegen Einlagenrückgewähr bei der AG in drei Jahren ab Leistung (Art 129; für die GmbH fehlt interessanterweise eine entsprechende Bestimmung, da Art 79 Abs 2 nur den Beginn der Verjährungsfrist festlegt, ihre Dauer aber offen lässt), Ansprüche gegen den Gesellschafter wegen Missbrauchs der Rechtsform innerhalb von drei Jahren ab Rechtsverletzung (Art 16), ebenso Ansprüche wegen Verletzung des Wettbewerbsverbots (Art 17 Abs 6).

Davon abgesehen gelten die Vorschriften des albanischen Zivilgesetzbuches. Art 114 ZGB kennt eine Verjährungsfrist von zehn Jahren. Diese gilt auch bei der Einlagenrückgewähr in der GmbH. Die kurze Verjährungsfrist von drei Jahren, die in Art 115 lit e ZGB für nicht vertragliche Schadenersatzansprüche vorgesehen ist, dürfte für diese Fälle nicht anwendbar sein. Denn erstens beruht die Haftung der Muttergesellschaft aus Gesellschaftsrecht auf der Verletzung des Gesellschaftsvertrags und ist damit vertraglicher Natur. Zweitens wäre sonst die Festlegung einer drei-jährigen Verjährungsfrist im ACL überflüssig. Bedeutung hat die Vorschrift aber für unmittelbare Ansprüche der Gläubiger gegenüber

---

49   Zivilgesetzbuch der Republik Albanien, Gesetz Nr 7.850 vom 29. Juli 1994.
50   Vgl Art 527, 533, 581 ff Zivilprozesskodex.

der Muttergesellschaft, sofern diese auf schadenersatzrechtlicher Basis beruhen (vgl zB unten III. 2. und 3.).

4. Haftung auf Grund der Beteiligung

a) Haftung wegen Tatbestände bei der Gründung, verdeckte Sacheinlagen

Gesellschafter haben grundsätzlich sowohl bei der AG als auch bei der GmbH die übernommene Einlage zu leisten. Für die AG ist dies in Art 123 iVm Art 112 f ACL ausdrücklich festgehalten; für die GmbH muss man auf Art 10 ACL im allgemeinen Teil[51] zurückgreifen. In der Sache gibt es hier nicht allzu viele Besonderheiten im Vergleich zu österreichischem oder deutschen Recht. Der entsprechende Anspruch auf Leistung der Einlage kann gem Art 10 Abs 3 ACL auch durch eine *actio pro socio* durchgesetzt werden (vgl oben 3. b.). Bemerkenswert ist, dass nach Art 10 Abs 2 ACL, der im Ergebnis[52] sowohl für die AG als auch für die GmbH Anwendung findet, eine solidarische Haftung aller Zeichner besteht, wenn die Einlage nicht bzw nicht rechtzeitig erbracht wird. Dies klingt zumindest grundsätzlich ähnlich wie die in § 83 Abs 2 österreichisches GmbHG vorgesehene Ausfallshaftung, begrenzt die Haftung aber nicht auf die Aufbringung des Stammkapitals und gilt auch für die AG. Freilich dürfte der Solidarhaftungsanspruch Verschulden jedes Haftenden voraussetzen und damit keine Ausfallshaftung im engeren Sinn normieren; Rechtsprechung oder eine vertiefte literarische Auseinandersetzung fehlt allerdings.

Bei Sacheinlagen stellen sich aus Sicht der Haftung des Einlegers zwei unterschiedliche Fragen: Was sind die Rechtsfolgen, wenn eine überbewertete Sacheinlage eingebracht wird? und: Wie geht das albanische Gesellschaftsrecht mit der Problematik nicht ausreichend offengelegter Sacheinlagen um (verdeckte Sacheinlage)?

Die Bewertung der Sacheinlage ist bei AG und GmbH unterschiedlich geregelt. Bei der AG muss die Sacheinlage gem Art 112 ACL[53] vor der Registrierung durch einen unabhängigen und gerichtlich bestellten Sachverständigen bewertet werden, wobei darauf abzustellen ist, ob die Sacheinlage zumindest den Nennwert oder den höheren Ausgabewert der Anteile erreicht.[54] Obwohl eine ausdrückliche Anordnung fehlt, kann daraus geschlossen werden, dass ein negativer ebenso wie ein fehlender Bericht ein Eintragungshindernis darstellt. Allerdings fehlt im ACL eine ausdrückliche Regelung über die Rechtsfolgen,

---

51 Die Norm enthält darüber hinaus eine Handelndenhaftung bei der Vorgesellschaft, wobei mit erfolgter Gründung die Rechte und Verpflichtungen von der Gesellschaft übernommen werden.

52 Für die GmbH ergibt sich dies unmittelbar aus Art 10, für die AG vgl die Verweiskette in Art 113 Abs 2 (für die Gründer) und in Art 123 iVm Art 113 Abs 2 (für sonstige zeichnende Aktionäre).

53 Die Norm gilt wegen Art 168 Abs 4 ACL nicht nur bei der Gründung, sondern auch bei der Kapitalerhöhung.

54 Darüber hinaus ist die falsche Bewertung der Sacheinlage auch ein Straftatbestand; vgl Art 165 albanisches Strafgesetzbuch der Republik Albanien, Gesetz 7.895 vom 27. Januar 1995 idgF.

wenn die Gesellschaft eingetragen wird, obwohl eine Sacheinlage überbewertet wird; insbesondere enthält das Gesetz keine Anordnung, dass der Fehlbetrag in bar einzubringen ist (sog Differenzhaftung). Freilich enthält Art 113 Abs 3 ACL eine Haftungsanordnung zu Lasten des Gründers, wenn dieser seine (Bar- oder Sach-)Einlage nicht rechtzeitig erbringt;[55] es spricht alles dafür, die Norm auch dann anzuwenden, wenn die Sacheinlage nicht rechtzeitig in der versprochenen Höhe erbracht wird. Das hätte zur Folge, dass der Anspruch auch gem Art 10 Abs 3 ACL als *actio pro socio* durch Gesellschafter mit 5 % der Stimmrechte oder jeden Gläubiger verfolgt werden kann.

Die Rechtslage bei der GmbH weicht davon grundlegend ab. Grundsätzlich folgt das albanische GmbH-Recht nicht dem Konzept eines in bestimmter Mindesthöhe zu erbringenden Stammkapitals als Gläubigerschutzmechanismus. Vielmehr liegt das Mindestkapital bei 100 Lek (das entspricht nicht einmal einem Euro) und auch das aufgebrachte Kapital wird nicht durch bilanzielle Ausschüttungssperren, sondern durch vor der Ausschüttung durch die Geschäftsführer vorzunehmende Solvenztests geschützt.[56] Dem entspricht, dass die Bewertung der Sacheinlage grundsätzlich den Gesellschaftern überlassen wird, was Art 68 Abs 6 ACL ausdrücklich festhält. Ein Bericht der Gesellschafter über die Bewertung ist bei der Registrierung vorzulegen. Jedoch könnte es nach dem Gesamtkonzept der Kapitalaufbringung bei der GmbH in Albanien kein Grund für die Verweigerung der Registrierung sein, dass sich aus diesem Bericht eine Überbewertung ergibt; vielmehr scheint der albanische Gesetzgeber auf die Information des Publikums durch diese nach der Registrierung öffentlich zugängliche Unterlage zu setzen. Für eine Differenzhaftung der Einleger bei Überbewertung bleibt nach diesem Konzept kein Platz; bei der GmbH fehlt auch jeder gesetzliche Anhaltspunkt für eine solche.

Völlig ungeklärt ist die Frage, was gelten soll, wenn eine Sacheinlage nicht offen gelegt wird, insbesondere weil im wirtschaftlichen Ergebnis eine Sacheinlage herbeigeführt wird, obwohl formal bar geleistet wird. Dies kann zB erfolgen, indem die von einem Gesellschafter eingelegten Barmittel absprachegemäß von der Gesellschaft dazu verwendet werden, demselben Gesellschafter durch ein Verkehrsgeschäft eine Sache abzukaufen (Musterbeispiel einer verdeckten Sacheinlage); ebenso können die Barmittel zB verwendet werden, um eine Forderung des Gesellschafters zu befriedigen, womit er im Ergebnis seinen Fremdkapital- in einen Eigenkapitalanspruch umwandelt (*debt equity swap*).

Geregelt ist (und auch das nur für die AG) lediglich, dass eine Prüfung durch einen Sachverständigen durchzuführen ist, wenn die Gesellschaft innerhalb von zwei Jahren ab der Gründung Sachen oder Rechte[57] von einem Gründer erwirbt (Art 112 Abs 5 ACL), was wegen Art 168 Abs 4 ACL sinngemäß auch für die Kapitalerhöhung gilt. Rechtsfolgen für das Fehlen eines solchen Berichts sieht das Gesetz nicht vor; in der Sache ergibt sich eine Einstandspflicht für eine für

---

55 Sacheinlagen sind gem Art 113 Abs 2 ACL zur Gänze vor der Registrierung zu erbringen.

56 Etwas näher noch unten b.; detailreicher *Bachner/Schuster/Winner*, ACL 55 ff.

57 Eine Begrenzung bloß auf wesentliche Transaktionen enthält das ACL nicht.

die Gesellschaft nachteilige Fehlbewertung aber aus den Regeln über die Kapitalerhaltung. Es fehlt aber an einer Bestimmung, die eine Haftung auch dann vorsieht, wenn die Bewertung richtig erfolgt ist, aber nicht berichtet wurde.

Diese Ausgangslage bestand in vergleichbarer Art auch in Deutschland und Österreich, hat die dortigen Gerichte aber nicht daran gehindert, die Rechtsfigur der verdeckten Sacheinlage *praeter legem* zu entwickeln und Missstände nicht allein mit Hilfe der Regeln über die Kapitalerhaltung zu bekämpfen.[58] Freilich ist fraglich, inwieweit die albanischen Gerichte bereit und in der Lage sind, eine solche freiere Rechtsfindung vorzunehmen. Für praktische Zwecke ist es daher wohl ausreichend, die Haftung des Gesellschafters bei verdeckten Sacheinlagen an den Maßstäben der Kapitalerhaltung zu messen (dazu sogleich unten b.). Das zieht automatisch die Folge nach sich, dass die Maßstäbe bei GmbH und AG unterschiedlich sind.

b) Kapitalerhaltungsregeln

Ansprüche gegen die Muttergesellschaft können sich auch aus einer Verletzung der Regeln über die Kapitalerhaltung ergeben. Nach albanischem Recht bestehen diesbezüglich deutliche Unterschiede zwischen der GmbH und der AG; nur bei letzterer entspricht das System der Kapitalerhaltung dem im deutschen Sprachraum bekannten.

Bei der AG ist die Rückgewähr von Einlagen an die Aktionäre verboten, soweit sie nicht gesetzlich erlaubt ist (Art 126 ACL). Abgesichert wird dieses Verbot dadurch, dass gem Art 130 Geschäfte mit einem Aktionär nicht über dem normalen Verkehrswert abgeschlossen werden dürfen. Obwohl die Vorschrift nur auf den Fall abstellt, dass der Aktionär die Leistung erbringt, wird man daraus auch schließen dürfen, dass der Aktionär Leistungen von der Gesellschaft nicht unter dem normalen Verkehrswert beziehen darf. Erlaubt sind jedenfalls die Ausschüttung des Bilanzgewinns (sofern keine Verluste aufzuholen waren; vgl Art 128 ACL) sowie Auszahlungen im Zuge ordentlich durchgeführter Kapitalherabsetzungen.[59] Aus Sicht des Gesellschafterschutzes wird dies durch Art 136 Abs 4 und 5 ACL ergänzt, wonach eine Gesellschafterversammlung einzuberufen ist, wenn die Gesellschaft mehr als 5 % der Aktiva der Gesellschaft veräußert[60] oder innerhalb von zwei Jahren ab der Registrierung Aktiva im Wert von mehr als 5 % der bisherigen Bilanzsumme von einem Gesellschafter erwirbt. Über die Rechtsfolgen einer unterlassenen Befassung der Hauptversammlung oder eines fehlenden den Verkauf oder Erwerb stützenden Beschlusses sagt die Vorschrift nichts aus.

Erhalten Aktionäre Beträge entgegen den entsprechenden Vorschriften des Gesellschaftsrechts, so haben sie diese gem Art 129 ACL der Gesellschaft zurückzuzahlen; das umfasst auch den Rückzahlungsanspruch bei verdeckter

---

58 Zur Rechtslage in Österreich vgl zB *Heidinger* in Jabornegg/Strasser, AktG[5] § 20 Rz 23 ff; de lege ferenda *Winner*, RdW 2010, 467.

59 Der Erwerb eigener Aktien ist hingegen ganz generell unzulässig; vgl Art 133 ACL.

60 Auf die Person des Vertragspartners kommt es nicht an.

Einlagenrückgewähr.[61] Der Anspruch verjährt innerhalb von drei Jahren ab der rechtswidrigen Zahlung. Auch dieser Anspruch kann grundsätzlich nicht durch eine *actio pro socio* durchgesetzt werden (vgl schon oben 3. b.); lediglich der Weg der Forderungspfändung könnte in Betracht kommen.

Der Kapitalschutz bei der GmbH wird hingegen in Albanien nicht durch ein System des fixen Grundkapitals verwirklicht. Vielmehr ist die Ausschüttung von Gewinnen gem Art 77 ACL nur zulässig, wenn nach der Dividendenzahlung die Aktiva der Gesellschaft die Verbindlichkeiten übersteigen und die Gesellschaft ausreichend liquide Mittel hat, um die in den nächsten zwölf Monaten anfallenden Verbindlichkeiten zu begleichen. Dies ist durch ein Solvenzzertifikat der Geschäftsführer zu bestätigen. Fehlt es an einer solchen Bestätigung oder wussten die Gesellschafter bzw war es offensichtlich, dass die Gesellschaft trotz Bestätigung nicht ausreichend solvent war, so müssen die Gesellschafter die erhaltenen Dividenden gem Art 78 Abs 2 ACL zurückzahlen. Der Anspruch kann gem Art 10 Abs 3 ACL durch Gesellschafter mit einer Beteiligung von mindestens 5 % der Stimmrechte oder durch jeden Gläubiger durchgesetzt werden (vgl oben 3. b.).

Die Normen sprechen freilich nur von der Ausschüttung von Gewinnen durch Dividenden.[62] Völlig offen lässt der Gesetzestext[63] somit, was gelten soll, wenn sonst Leistungen an die Gesellschafter aus dem Gesellschaftsvermögen erbracht werden, insbesondere durch nicht marktübliche Transaktionen. Denn im Gegensatz zur Rechtslage bei der AG findet sich bei der GmbH kein allgemeines Verbot, Geschäfte mit Gesellschaftern abzuschließen, die einem Drittvergleich nicht standhalten. Es ist daher mehr als fraglich, was gelten soll, wobei zumindest drei Lösungen in Betracht kommen:

- generelle Unzulässigkeit mit Rückgewährpflicht für den empfangenden Gesellschafter, was sich freilich darüber hinwegsetzt, dass das GmbH-Recht im Unterschied zu den Regeln der AG ein solches Verbot *expressis verbis* gerade nicht vorsieht;
- Zulässigkeit, wenn nur die Regeln über die Solvenzbestätigung eingehalten werden, was einerseits den Schutz der Minderheitsgesellschafter (anders als den der Gläubiger) vernachlässigt und sich andererseits darüber hinwegsetzen muss, dass Art 77 ACL eine Solvenzbestätigung nur bei Ausschüttung von Dividenden vorsieht;
- generelle Zulässigkeit, was den Gläubigerschutz völlig vernachlässigt.

Systemkonform scheint wohl am ehesten die zweite Lösung zu sein; denn der Gesetzgeber wollte den Kapitalschutz bei der GmbH liberalisieren, was wohl nicht nur für formell festgestellte Gewinnausschüttungen gelten soll, da sonst der Unterschied gegenüber der AG minimal wäre. Empfehlenswert wäre

---

61 Vgl *Bachner/Schuster/Winner*, ACL 64.
62 Zu diesem Problem bereits generell *Bachner/Schuster/Winner*, ACL 62 f.
63 Anders allerdings die entsprechenden Vorarbeiten von *Dine* und *Blecher*, wonach die Vorschriften über die Solvenzbestätigung für alle *distributions to the members* hätten gelten sollen.

aber meines Erachtens eine entsprechende Klarstellung in der Satzung, ob die erste oder die zweite Variante gelten soll, was wegen des jedenfalls gegebenen Gläubigerschutzes bloß das Verhältnis zwischen den Gesellschafter betrifft, wofür gem Art 68 Abs 4 ACL Gestaltungsfreiheit in der Satzung besteht. Für den Gläubigerschutz sind darüber hinaus auch die Regeln über die Insolvenzanfechtung zu beachten; vgl unten III. 4.

Der Schutz der Gesellschafter wird meines Erachtens durch Vorschriften über *related party transactions* verwirklicht, die im Übrigen auch für die AG gelten:[64] Gem Art 13 Abs 2 ACL müssen Rechtsgeschäfte zwischen der Gesellschaft und einem Verwaltungsorgan nach ordnungsgemäßer Offenlegung der Transaktionsbedingungen genehmigt werden, wobei die Genehmigung bei der GmbH durch die Gesellschafter, bei der AG durch die Verwaltungsorgane zu erfolgen hat. Auch eine Vorabgenehmigung für alle oder für bestimmte Arten von Geschäften ist zulässig. Art 13 Abs 2 ACL erstreckt diese Genehmigungspflicht auf Rechtsgeschäfte mit Personen, die eine persönliche oder finanzielle Beziehung mit Organwaltern haben; die angeführten Regelbeispiele erfassen zwar die Muttergesellschaft nicht, jedoch liegt eine solche finanzielle Beziehung jedenfalls immer dann vor, wenn der Organwalter auch eine Position in der Muttergesellschaft bekleidet und diese durch eine Transaktion begünstigt wird.[65] Dies wird im Regelfall zur Nichtigkeit der entsprechenden Transaktion führen,[66] was eine Rückgewährpflicht der Muttergesellschaft nach sich zieht.

Ebenso besteht gem Art 82 Abs 4 und 5 ACL auch bei der GmbH eine Verpflichtung, die Gesellschafterversammlung einzuberufen, wenn die Gesellschaft mehr als 5 % der Aktiva der Gesellschaft veräußern oder innerhalb von zwei Jahren ab der Registrierung Aktiva im Wert von mehr als 5 % der bisherigen Bilanzsumme von einem Gesellschafter erwerben muss. Über die Rechtsfolgen einer unterlassenen Befassung der Hauptversammlung oder eines fehlenden den Verkauf oder Erwerb stützenden Beschlusses sagt auch die GmbH-rechtliche Vorschrift nichts.

In diesem Zusammenhang ist auch die Regelung der so genannten *corporate opportunities* durch Art 17 ACL von Interesse, die zumindest grundsätzlich sowohl für die AG als auch für die GmbH gilt. Die Norm untersagt es Mitgliedern der Verwaltungsorgane, aber auch den Gesellschaftern einer GmbH (nicht jedoch den Aktionären einer AG), einer Beschäftigung in einer anderen Gesellschaft nachzugehen, die im selben Geschäftsbereich wie die Gesellschaft tätig ist. Ebenso ist es den genannten Personen untersagt, als Einzelhändler in demselben Geschäftszweig tätig zu werden. Nicht untersagt ist es hingegen, Gesellschafter einer anderen Kapitalgesellschaft mit Tätigkeit im selben Geschäftsfeld zu sein. Es ist klar erkennbar, dass das Gesetz die Situation nicht berücksichtigt, dass der Gesellschafter einer GmbH selbst wiederum eine Ge-

---

64   Das ACL hat in Art 1 bis Art 21 einen allgemeinen, auf alle Gesellschaftsformen anwendbaren Teil.

65   Zu einem vergleichbaren Auslegungsproblem siehe schon *Bachner/Schuster/Winner*, ACL 39.

66   *Bachner/Schuster/Winner*, ACL 40.

sellschaft ist; der Wortlaut keiner Verbotsnorm passt ausdrücklich. Andererseits macht das Verbot, im selben Geschäftszweig als Einzelhändler tätig zu sein, klar, worum es geht: Der Gesellschafter soll nicht selbst als Konkurrent tätig werden. Das spricht wohl für eine analoge Anwendung auf die GmbH. Jedenfalls ist es aber ebenso wenig wie bei einer natürlichen Person als Gesellschafter unzulässig, dass die GmbH im selben Geschäftszweig über andere Tochtergesellschaften tätig wird. Ebenso wenig sind etwaige Großmuttergesellschaften erfasst. Wie albanische Gerichte mit dieser nicht richtig durchdachten Norm umgehen werden, ist völlig offen.

Liegt jedoch ein Verstoß vor, so sind die Rechtsfolgen schmerzhaft. Denn es geht nicht bloß um die Verpflichtung, die Tätigkeit zu unterlassen und die erlangten Vorteile herauszugeben bzw Schadenersatz zu leisten (vgl Art 17 Abs 4 und 5 ACL). Darüber hinaus kann der Verstoß auch zum Ausschluss aus der Gesellschaft führen, wie es Art 17 Abs 4 ACL ausdrücklich festhält. Alle Ansprüche können auch von einer Minderheit von Aktionären mit mindestens 5 % aller Stimmrechte ebenso wie von jedem Gläubiger geltend gemacht werden (Art 17 Abs 6 ACL). Freilich kann die Generalversammlung mit einer Mehrheit von drei Vierteln der abgegebenen Stimmen die Tätigkeit genehmigen (Art 17 Abs 2 ACL).

c) Eigenkapitalersatzrecht

Ein Eigenkapitalersatzrecht im eigentlichen Sinn, das die Vergabe von Krediten durch Gesellschafter an die Gesellschaft in deren Krise regelt bzw die Besicherung solcher Kredite Dritter durch die Gesellschafter, gibt es im albanischen Gesellschaftsrecht nicht. Zu den insolvenzrechtlichen Bestimmungen vgl unten III. 4.

Freilich findet sich für die AG mit Art 131 f ACL eine Vorschrift, die in seltsamer Weise Gedanken der Einlagenrückgewähr mit solchen des Eigenkapitalersatzes vermischt. Als Vorbild standen nach dem Bekenntnis der Verfasser zwar §§ 32a f in der bis 2008 geltenden Fassung des deutschen GmbHG Pate;[67] in der konkreten Umsetzung ist dieses Vorbild freilich nicht mehr erkennbar.

Ausgangspunkt ist, dass ein Aktionär der Gesellschaft ein Darlehen gewährt und dabei für die Gesellschaft marktüblich ungünstige Konditionen festgesetzt werden (vgl Art 131 Abs 1 ACL); solche Sachverhalte fallen natürlich grundsätzlich unter das Verbot der Einlagenrückgewähr und die überhöhten Zinsleistungen sind vom Aktionär zurückzuzahlen. Art 131 ACL geht aber darüber hinaus: Der Aktionär darf in der Insolvenz der Gesellschaft auch den Rückzahlungsanspruch nicht geltend machen, wenn die Rückzahlung das Kapital der Gesellschaft unter das Grundkapital reduzieren würde – was eigentlich rechnerisch in der Insolvenz jedenfalls der Fall sein sollte. Wurde im Jahr vor der Insolvenzeröffnung der Kredit an den Aktionär zurückbezahlt, so muss der Aktionär gem Art 132 Abs 1 ACL den erhaltenen Betrag an die Gesellschaft zu-

---

67   Vgl *Dine/Koutsias/Blecher*, Company Law 235.

rückzahlen, ohne dass es hier offensichtlich auf die Verursachung der Insolvenz durch die Kreditrückzahlung ankommt.

In der Sache ähneln also die Rechtsfolgen durchaus der heutigen deutschen Regelung in § 135 InsO. Allerdings ist dort nicht jedes Darlehen erfasst; ebenso wenig kommt es darauf an, ob das Darlehen der Gesellschaft in der Krise gewährt wurde. Vielmehr geht es allein um unangemessene Kreditbedingungen, die zusätzlich dadurch sanktioniert werden, dass der Aktionär in der Insolvenz keine Quote mehr erhält bzw die erfolgte Rückzahlung nach Art einer anfechtungsrechtlichen Lösung in der Insolvenz der AG rückgängig vom Insolvenzverwalter gemacht werden kann.

Abgerundet wird die Norm durch zwei Umgehungstatbestände: Erstens darf ein Dritter eine Kreditforderung gegen die Gesellschaft mit unangemessenen Bedingungen, für die ein Aktionär Sicherheit geleistet hat, in der Insolvenz der Gesellschaft nur insoweit geltend machen, als aus der Sicherheit keine Befriedigung erzielt wurde (Art 131 Abs 2 ACL); ebenso muss der Aktionär, der die Sicherheit geleistet hat, die getilgte Kreditsumme bis zum Wert der Sicherheit zurückzahlen, wenn die Auszahlung im Jahr vor Insolvenzeröffnung erfolgt ist (Art 132 Abs 1 ACL).[68] Zweitens erfassen die Vorschriften auch alle Transaktionen, die ökonomisch einem Kreditvertrag entsprechen (Art 131 Abs 3 und Art 132 Abs 2 ACL, zB Stundung oder Fälligkeitsvereinbarung).

d) *Einpersonengesellschaften*

Das neue albanische Gesellschaftsrecht lässt – in Einklang mit der Einpersonengesellschafts-Richtlinie – einerseits die Gründung von Einpersonen-Gesellschaften zu (vgl Art 3 Abs 1 ACL),[69] andererseits aber auch die spätere Anteilsvereinigung bei einer Person. Das gilt sowohl für die GmbH als auch für die AG.

Für die spätere Anteilsvereinigung[70] besteht aber eine Sonderregelung: Sowohl für die AG als auch für die GmbH besteht eine Meldepflicht gegenüber dem National Registration Center, die auch in einer Eintragung resultiert. Die entsprechenden Normen lauten:

Art 71 ACL (zur GmbH)
„(1) Wenn sich die Anzahl der Gesellschafter auf einen reduziert, ist der einzige Gesellschafter verpflichtet, die Reduktion und seinen Namen gemäß Art 43 des Gesetzes Nr 9.723 vom 3.5.2007 zu registrieren. Wenn der einzige Gesellschafter dies nicht tut, haftet er persönlich für die Verbindlichkeiten, welche die Gesellschaft eingegangen ist.

---

68   In diesem Sinn ist der missglückte Wortlaut von Art 132 Abs 1 ACL zu verstehen, der sprachlich jedenfalls die Rückzahlung des Kredits an einen Aktionär voraussetzt.

69   Für die Einpersonen-Gründung einer AG enthält Art 114 Abs 1 ACL eine § 36 Abs 2 Satz 2 deutsches AktG entsprechende Bestimmung über die Sicherheitsleistung bei nicht vollständiger Einlagenleistung.

70   Für die ursprüngliche Eintragung einer Einpersonengesellschaft ergibt sich die Pflicht, den Namen des Gesellschafters oder Aktionärs zu registrieren aus Art 35 und Art 36 NRC-G.

(2) Ab dem Zeitpunkt, zu dem der Wechsel gemäß Abs 1 registriert wird, wird die Gesellschaft als Einpersonen-Gesellschaft fortgeführt."

Art 114 Abs 2 ACL (zur AG)

„Wenn sich die Anzahl der Aktionäre auf einen reduziert, muss der einzige Aktionär die Reduktion dem Nationalen Registrierungszentrum zur Registrierung melden. Wenn der einzige Aktionär dieser Verpflichtung nicht entspricht, haftet er persönlich und unbegrenzt für die Verbindlichkeiten, welche die Gesellschaft in der Zwischenzeit eingegangen ist."

Der Inhalt der Eintragung besteht erstens in der Tatsache, dass nunmehr eine Einpersonen-Gesellschaft vorliegt, zweitens aber auch im Namen des Gesellschafters bzw. Aktionärs. Letzteres ist für die GmbH durch Art 71 Abs 1 ACL klargestellt, ergibt sich für die AG daraus, dass die Namen der Aktionäre ganz generell zu registrieren sind; während diese Registrierung der Aktionäre nach Art 43 Abs 4 NRC-G normalerweise nur einmal pro Kalenderjahr mit der Vorlage der Bilanz zu erfolgen hat, ist aus Art 114 Abs 2 ACL zu erschließen, dass die Registrierung sofort nach der Anteilsvereinigung vorgenommen werden muss.

Hier interessieren vor allem die Rechtsfolgen, wenn eine Meldung[71] unterlassen wird: Der Gesellschafter oder Aktionär haftet für die Schulden der Gesellschaft. Im Einzelnen weisen die Gesetzestexte bei der GmbH und der AG Unterschiede auf. Vor allem ist wichtig, dass bei der GmbH eine unlimitierte[72] Haftung für alle Schulden der Gesellschaft besteht (Art 71 Abs 1 ACL), während diese Haftung bei der AG auf die Schulden der Gesellschaft beschränkt ist, die sie „in der Zwischenzeit"[73] eingegangen ist. Anscheinend soll die Haftung des Aktionärs auf Neuschulden beschränkt sein, die entstehen, nachdem die Anteilsvereinigung eingetreten ist, während sich die Haftung des GmbH-Gesellschafters auch auf Altschulden erstreckt. Die Rechtfertigung für diese unterschiedliche Behandlung ist nicht ersichtlich.

Ganz allgemein fehlt es aber an einer Rechtfertigung für die drakonische Haftungsfolge. Was ändert sich denn für den Gläubiger so substantiell durch die Anteilsvereinigung, dass es rechtfertigen würde, zu dem drastischsten Mittel zu greifen, dass dem Kapitalgesellschaftsrecht zur Verfügung steht, wenn ihm diese Information vorenthalten wird? Ob die Regelung europarechtlich einwandfrei ist, ist auch fraglich, aber derzeit nicht wesentlich. Letztlich stellt sie vor allem eine Falle für unvorsichtige oder schlecht beratene Gesellschafter dar; das Katastrophenpotential ist insbesondere bei der GmbH enorm, weil erstens die Rechtsfolgen noch drastischer sind und zweitens nicht alle Transaktionen

---

71 Nach dem Gesetzestext für die GmbH ist nicht völlig klar, ob es für die in der Folge zu besprechenden Haftungsfolgen auf die Eintragung oder die Anmeldung ankommt. Nachdem Letzteres nicht in der Disposition der Anmeldenden liegt, sollte es, so wie bei der AG, auf den Zeitpunkt der Anmeldung ankommen; vgl *Bachner/Schuster/Winner*, ACL 34.

72 Der Gesetzestext für die GmbH spricht anders als für die AG nicht von einer unbeschränkten Haftung; das ist aber gemeint.

73 Diese Worte wurden bei der GmbH erst im Rechtsausschuss gestrichen, während die Streichung für die AG unterblieb.

rechtlich beraten werden, da Kaufverträge über Geschäftsanteile auch ohne notarielle Mitwirkung gültig sind (vgl Art 73 Abs 2 ACL).

All das erfordert eine eher enge Auslegung. Ein Ansatzpunkt könnte sein, dass das Gesetz nicht festlegt, unter welchen Voraussetzungen die Haftung des Gesellschafters wieder erlischt. Genügt es, dass die Meldung nachgeholt wird? Zeigt das nur Wirkungen für die Zukunft oder erlischt die Haftung auch rückwirkend wieder? Was soll für bereits angestrengte Haftungsprozesse gelten? Es spricht vieles dafür, dass die Haftung mit Nachholen der Meldung wieder erlischt. Denn Art 71 Abs 2 ACL spricht für die GmbH ausdrücklich davon, dass die Gesellschaft mit der Registrierung als Einpersonengesellschaft fortbesteht; das muss wohl auch für die AG gelten. Zweck der Haftungsnorm ist es, die Meldepflicht durchzusetzen; ist die Meldung einmal erfolgt, so besteht kein Grund, die persönliche Haftung der Gesellschafter auch für die Vergangenheit aufrechtzuerhalten. Aus demselben Grund kann aber die Haftung nicht rückwirkend erlöschen, soweit es bereits eingebrachte Klagen betrifft. Wäre das der Fall, so würde kein Anreiz für den Gläubiger bestehen, eine Klage auf Haftung des Gesellschafters für eine bestimmte Schuld einzubringen, weil dieser durch nachträgliche Meldung die Grundlage entzogen werden könnte. Das System der Pflichtdurchsetzung über das Haftungsregime würde nicht funktionieren.[74]

Somit stellt sich die Frage, wie man eine Haftung vermeiden kann. Vergleichbare Probleme im österreichischen Recht sind insbesondere vom Beitritt zu einer Kommanditgesellschaft bekannt, wo man die drohende unbeschränkte Haftung dadurch vermeidet, dass man den Beitritt mit der Eintragung der Haftsumme ins Firmenbuch oder Handelsregister bedingt. Das funktioniert im gegebenen Zusammenhang auch nach albanischem Recht: Der bedingte Erwerb von Anteilsrechten ist – wie jeder bedingte Vertragsabschluss gem Art 84 ff albanisches Zivilgesetzbuch – grundsätzlich möglich. Es empfiehlt sich daher, eine entsprechende Bedingung aufzunehmen. Bei der GmbH erfolgt der Eigentumserwerb durch Vertrag, ohne dass eine Registrierung notwendig wäre; Art 74 Abs 2 ACL iVm Art 164 ZGB.[75] Der Übertragungsvertrag hat daher eine entsprechende Bedingung vorzusehen, zB: „Das Eigentum am Geschäftsanteil geht mit der Registrierung gemäß Art 71 Abs 1 ACL über." Ähnliches gilt für die AG, wobei hier der künftige Alleingesellschafter sich zusätzlich dadurch absichern kann, dass er die Eintragung des Transfers in das von der Gesellschaft geführte Aktienbuch untersagt, wobei erst mit dieser Eintragung das Eigentum übergeht (Art 117 Abs 2 und Art 119 Abs 2 ACL).

---

74 Fraglich ist auch, was gelten soll, wenn der Status als Einpersonengesellschaft nie gemeldet wurde, später aber wieder zusätzliche Gesellschafter hinzutreten. Klar ist, dass der frühere Alleingesellschafter für Verbindlichkeiten, die nach der Aufnahme neuer Gesellschafter entstehen, nicht mehr haftet. Inwieweit die Haftung für Altverbindlichkeiten aufrecht bleibt, ist offen.

75 Insbesondere geht das Eigentum nicht erst bei Eintragung der Übertragung beim Nationalen Registrierungszentrum über; vgl. *Bachner/Schuster/Winner*, ACL 52 f.

In der Sache ist das Haftungsrisiko daher ohne weiteres kontrollierbar – so man davon rechtzeitig weiß, was leider angesichts der geringen Kenntnisse albanischer Juristen im Bereich des Gesellschaftsrechts keineswegs selbstverständlich ist.

5. Konzernrechtliche Regelungen ieS

a) Überblick

Das ACL enthält in Art 206 ff konzernrechtliche Regeln, die zumindest teilweise nach dem Vorbild des deutschen Konzernrechts ausgestaltet sind.[76] Freilich werden Rechtsfolgen des deutschen Vertragskonzerns ganz allgemein auch auf faktische Konzernverhältnisse angewendet – was einschneidende Folgen nach sich zieht, wie sogleich zu zeigen ist. Die Vorschriften gelten im Übrigen unabhängig davon, ob die Tochtergesellschaft eine GmbH oder eine AG ist.

Hingegen kennt das albanische Gesellschaftsrecht das Konzept des *shadow director* nicht; letztlich dient dieses in anderen Jurisdiktionen ja auch der Konzernkontrolle, weil die Geschäftsführerpflichten auf diejenigen übertragen werden, die die Geschicke der Gesellschaft bestimmen, ohne formal eine Organposition zu bekleiden, was eben auch für die leitende Muttergesellschaft zutreffen kann. Für diesen im Ergebnis missbrauchssanktionierenden Ansatz sahen die Gesetzesverfasser offensichtlich angesichts der ausdrücklichen konzernrechtlichen Regelungen keinen Bedarf.

b) Kontrollgruppe und ihre Rechtsfolgen im Überblick

Art 207 Abs 1 ACL lautet: „Als Mutter-Tochter-Beziehung gilt es, wenn eine Gesellschaft nach den Weisungen und Instruktionen einer anderen Gesellschaft handelt und agiert. Diese Kontrolle (sic!) wird als Kontrollgruppe bezeichnet." Es geht also nur um Gesellschaftskonzerne, nicht aber um Konzernverhältnisse, bei denen die Konzernspitze ein Unternehmer, aber keine Gesellschaft ist.[77] Weiters geht es nicht um ein Weisungsrecht, sondern bloß darum, dass solche Weisungen tatsächlich gegeben und befolgt werden.[78] Nach dem Wortlaut des Gesetzes ist eine Beteiligung der einen Gesellschaft an der anderen nicht erforderlich, damit eine Kontrollgruppe vorliegt; das scheint auch der Intention der Verasser zu entsprechen.[79] Auch die Bank, die besonders gute *covenants* in ihren Kreditverträgen verhandelt hat, gibt Weisungen an eine Gesellschaft – und diese handelt auch danach. Ebenso sollen Franchise-Systeme und ähnliches erfasst sein.[80]

---

76 Vgl *Dine*, Journal of Human Rights and the Environment, Vol 3 No 1, March 2012, 66.
77 Vgl die Diskussion um § 15 deutsches AktG, insbesondere BGHZ 69, 334.
78 *Holland/Olldashi/Ruci*, ACL 166.
79 *Dine*, Journal of Human Rights and the Environment, Vol 3 No 1, March 2012, 66.
80 *Dine*, Journal of Human Rights and the Environment, Vol 3 No 1, March 2012, 66.

Im gegebenen Zusammenhang ist es aber wichtiger, dass Weisungen der Mutter in einem Konzern häufig sind. Und ebenso häufig ist es, dass das Management der Tochtergesellschaft diesen Weisungen folgt – insbesondere wenn neben der Konzernmutter keine anderen Gesellschafter mehr vorhanden sind. In Details mag dies schwanken. Das Gesetz legt allerdings nicht klar fest, von welcher Intensität diese Weisungen sein müssen; denn es sagt keineswegs, dass diese Weisungen die gesamte Geschäftstätigkeit so erfassen müssen, dass der Tochtergesellschaft kein eigener Handlungsspielraum verbleiben darf. Vielmehr könnte es auch genügen, dass die Muttergesellschaft bloß in strategisch (oder allenfalls auch finanziell) wichtigen Fragen Weisungen gibt; bloß daran wird sie im Regelfall interessiert sein und gerade in diesen Weisungen liegt die größte Gefährdung für Gläubiger und Mitgesellschafter. Auch das wird wohl erfasst sein. Jedenfalls ist aber eine gewisse Regelmäßigkeit erforderlich.[81]

Allerdings ist es für Dritte, insbesondere für Gläubiger, nicht erkennbar, ob solche Weisungen erteilt werden.[82] Ohne tiefere Einsichten in den Konzernalltag werden Gläubiger daher nicht wissen, ob sie von ihren Rechten bei Vorliegen einer Kontrollgruppe Gebrauch machen können. Dies mildert die sogleich darzustellende Schärfe der Rechtsfolgen, wenngleich bei stark integrierten Konzernen in der Realität ein solches Kontrollverhältnis wohl regelmäßig vorliegen wird.

Die Rechtsfolgen einer Kontrollgruppe enthält – unter dem missverständlichen Titel „Rechtsfolgen einer Mutter-Tochter-Beziehung" – Art 208 ACL:

„(1) Liegt eine Mutter-Tochter-Beziehung gemäß Art. 207 Abs 1 vor, so hat die Muttergesellschaft die Pflicht, die jährlichen Verluste der Tochtergesellschaft auszugleichen.

(2) Partner[83], Gesellschafter oder Aktionäre der Tochtergesellschaft haben jederzeit das Recht von der Muttergesellschaft zu verlangen, dass sie ihnen ihre Anteile oder Wertpapiere der Gesellschaft abkauft.

(3) Gläubiger der Tochtergesellschaft haben jederzeit das Recht von der Muttergesellschaft zu verlangen, dass sie angemessene Sicherheit für die Verbindlichkeiten der Tochtergesellschaft leistet.

(4) Als Gläubiger der Tochtergesellschaft gelten auch Personen, die von der Tochtergesellschaft geschädigt wurden, wo auch immer die Tochtergesellschaft registriert ist."

c) Verlustausgleichspflicht

Art 208 Abs 1 ACL enthält zunächst eine Pflicht, einen Verlustausgleich vorzunehmen. Das gilt unabhängig davon, ob nachteilige Weisungen für die Verluste verantwortlich waren.[84] Auch wenn die Verluste auf eine weltweite Absatzkrise zurückzuführen sind, besteht die Ausgleichspflicht. Das ist insbeson-

---

81 So auch *Dine*, Journal of Human Rights and the Environment, Vol 3 No 1, March 2012, 67.

82 So zu Recht auch *Holland/Olldashi/Ruci*, ACL 166.

83 Dies bezieht sich auf Gesellschafter einer Personengesellschaft.

84 Zur Kausalität wie hier *Holland/Olldashi/Ruci*, ACL 166.

dere deswegen bemerkenswert, weil dies nicht mit einer Lockerung der Vermögensbindung Hand in Hand geht: Soweit eine Einlagenrückgewähr unzulässig ist, besteht der Rückgewähranspruch der (Aktien-)Gesellschaft[85] auch bei einer Kontrollgruppe und das trotz Verlustausgleichspflicht.[86] Das geht konzeptionell sehr weit.[87]

Die Ausgleichspflicht führt – ganz so wie zB § 302 deutsches AktG – zu einem Zahlungsanspruch der Tochtergesellschaft selbst, aber nicht zu einem unmittelbaren Anspruch der Gesellschaftsgläubiger. Ob und inwieweit Gläubiger der Tochtergesellschaft auf diesen Anspruch mittels Pfändung und Überweisung zugreifen können, ist offen. Ebenso steht bei der GmbH den Gläubigern die Möglichkeit zu, ihre Rechte durch eine *actio pro socio* gem Art 92 Abs 6 ACL unmittelbar zu verfolgen (zu all dem schon oben 3. b.).

Weiters fehlt jegliche Regelung zum Verzicht auf den Anspruch durch die Tochtergesellschaft.[88] Ebenso wenig gibt es Parallelregelungen zur Haftung der Gesellschafter, die als Analogiebasis herangezogen werden könnten. Auf ersten Blick scheint ein Verzicht also innerhalb der allgemeinen Grenzen des Zivilrechts möglich zu sein, wobei anzumerken ist, dass das albanische ZGB keinen Tatbestand der Sittenwidrigkeit als Nichtigkeitsgrund kennt, weswegen man versuchen muss, solche Sachverhalte unter spezifische Gründe zur Anfechtung von Willenserklärungen einzuordnen (vgl Art 94 ff ZGB).

Letztlich ist auch fraglich, inwieweit Art 208 Abs 1 ACL zwingendes Recht ist. Die Norm betrifft grundsätzlich interne Pflichten zwischen der Gesellschaft und einem Gesellschafter. Gemäß Art 68 Abs 4 ACL sind die diesbezüglichen Regelungen im Recht der GmbH grundsätzlich dispositiv.[89] Für die AG fehlt eine entsprechende Bestimmung, weswegen vieles dafür spricht, dass das Recht der AG zwingend ist.[90] Eine Auslegung, nach welcher der Gesellschaftsvertrag der Tochtergesellschaft das Recht auf Verlustausgleich ausschließen kann, muss sich aber entgegenhalten lassen, dass die Norm nicht nur die Mitgesellschafter schützen soll, sondern im Ergebnis auch dazu beiträgt, den Haftungsfonds zugunsten der Gläubiger in dieser Situation aufrecht zu erhalten.

d) Sicherstellung

Wie auch immer man diese Fragen beantwortet, hilft selbst die großzügigste Lösung der potenziell haftenden Muttergesellschaft nur sehr beschränkt. Denn Art 208 Abs 3 ACL räumt den Gläubigern der Tochtergesellschaft gegenüber der Muttergesellschaft einen Anspruch auf angemessene Sicherheitsleistung

---

85 Bei der GmbH ist der Kapitalschutz im engeren Sinn durch einen Solvenztest ersetzt; vgl oben 4. b.

86 Anders natürlich der Vertragskonzern deutscher Prägung; § 291 Abs 3 deutsches AktG.

87 Und dürfte wohl europarechtswidrig sein; vgl *Schuster/Winner*, Journal of the Albanian School of Magistrates, Vol 3/2010, 130 so auch *Holland/Olldashi/Ruci*, ACL167.

88 Vgl zB § 302 Abs 3 dAktG.

89 Näher *Bachner/Schuster/Winner*, ACL 20 f.

90 Näher *Bachner/Schuster/Winner*, ACL 21.

ein. Der Anspruch ist *lege non distinguente* auch unabhängig davon, ob die Einbringung der Forderung gefährdet ist oder nicht.

Dieser Anspruch besteht jederzeit, also nicht nur bei Vertragsabschluss mit dem Gläubiger; Letzteres ist im Ergebnis ohnehin klar, weil der Gläubiger ohne Sicherstellung durch die Muttergesellschaft nicht abschließen muss. Daher betrifft der Anspruch vor allem Gläubiger, die zunächst ohne Sicherstellung abgeschlossen haben, später aber – aus welchem Grund auch immer – eine Sicherstellung wünschen. Das ist sehr weit. Nicht nur Altgläubiger sind erfasst, sondern auch all diejenigen, die wissentlich mit einer beherrschten Gesellschaft abgeschlossen haben. Nach dem Wortlaut erstreckt sich das Recht auch auf diejenigen Gläubiger, die wissentlich mit einer ausgehöhlten Tochtergesellschaft abgeschlossen haben. Und insbesondere steht das Recht nicht erst bei Beendigung der Weisungen zu, sondern auch bei aufrechtem Weisungszusammenhang und trotz Verlustausgleichspflicht.

Das Gesetz hält nicht fest, was eine angemessene Sicherheitsleistung ist und ob damit eine Realsicherheit gemeint ist oder ob auch eine Garantie oder Bürgschaft der Muttergesellschaft genügt. Für den Schutzzweck der Norm genügt es, dass der Gläubiger die persönliche Haftung der Muttergesellschaft herbeiführen kann; den Gläubigern der Tochtergesellschaft soll nicht zwingend ein Vorrang gegenüber den Gläubigern der Muttergesellschaft eingeräumt werden. Das Wahlrecht, ob eine Personal- oder eine Realsicherheit eingeräumt werden soll, hat die Muttergesellschaft; bei ordentlicher Ausübung des Wahlrechts wird sie im Regelfall diejenige Maßnahme treffen müssen, die ihre eigenen Gläubiger weniger beeinträchtigt; die Einräumung von Pfandrechten wird daher nur ausnahmsweise zulässig sein.

Wie kann sich die Muttergesellschaft nun gegen diese Inanspruchnahme schützen? Ein Verzicht durch die Gläubiger ist grundsätzlich zulässig, genauso wie ein Gläubiger einer Personengesellschaft auf die persönliche Haftung eines Gesellschafters vertraglich verzichten kann; der Charakter der Norm als zwingendes Recht steht dem nicht entgegen. Die Muttergesellschaft wird daher auf ihre Tochter dringen, nur unter diesen Bedingungen abzuschließen.

All dies hilft freilich nichts, soweit die Gläubigerstellung nicht auf einer vertraglichen Basis beruht (*involuntary creditors* gem Art 208 Abs 4 ACL). Dem diesbezüglichen Haftungsrisiko kann die Konzernmutter durch vertragliche Gestaltungen naturgemäß nicht entgehen. Und genauso wenig hilft der Verzicht der Gläubiger auf Sicherstellung gegen die oben angesprochene Verlustausgleichspflicht.

e) *Exkurs: Schutz der Minderheitsgesellschafter*

Der Schutz der Minderheitsgesellschafter in der Kontrollgruppe ist nicht Kern dieser Überlegungen, soll aber doch kurz erwähnt werden: Minderheitsgesellschafter haben jederzeit das Recht, von der Muttergesellschaft zu verlangen, dass sie ihnen die Anteilsrechte an der Gesellschaft abkauft (Art 208 Abs 2 ACL).

An dieser Regelung ist einiges bemerkenswert: Zunächst ist das Ausstiegsrecht der Minderheitsgesellschafter nicht auf den Moment der Konzernbildung beschränkt, wie es zB § 305 deutsches AktG oder in anderem Zusammenhang der übernahmerechtlichen Konzernbildungskontrolle entspricht. Als Ergebnis haben Minderheitsgesellschafter eine Put-Option, solange die Kontrollgruppe besteht. Damit geht natürlich eine erhebliche finanzielle Belastung für die Konzernmutter einher, vor allem weil damit zu rechnen ist, dass die Minderheitsgesellschafter von ihrem Recht in Situationen Gebrauch machen werden, in denen die Konzernlage als Ganzes nicht allzu rosig ist.[91]

Diese Regelung wird derzeit noch dadurch entschärft, dass die Regelung keine Aussage darüber enthält, welcher Preis den Minderheitsgesellschaftern zu bieten ist.[92] Eine Ausstiegsmöglichkeit zum Marktpreis besteht ausdrücklich nur dann, wenn ein Mehrheitsgesellschafter mehr als 90 % der Anteile hält (Art 212 ACL). In der Sache wird wohl auch das Ausstiegsrecht nach Art 208 ACL einen fairen Preis verlangen, der sich am Wert der Anteile orientiert. Ob und wann eine Klärung dieser wichtigen Frage durch die Rechtsprechung erfolgen wird, ist angesichts der geringen Falldichte freilich fraglich.

All dies wäre nicht so wichtig, wenn die Regelung im Gesellschaftsvertrag abbedungen werden könnte. Das ist für die GmbH wohl der Fall, da die Regelung das Innenverhältnis unter den Gesellschaftern betrifft. Anderes gilt für die AG, deren Recht grundsätzlich, dh auch im Innenverhältnis, zwingend ist.

f) Konzern aufgrund bloßer Beteiligung

Von dieser Kontrollgruppe ist der Konzern aufgrund einer bloßen Beteiligung, aber ohne Kontrollausübung zu unterscheiden; er wird in Art 207 Abs 2 *equity group* genannt. Dafür kommt es auf eine Beteiligung von mindestens 30 % der Stimmrechte an, wobei daneben auch das Recht genügt zumindest 30 % der Mitglieder von Vorstand oder Aufsichtsrat zu bestellen. Dies ist eine Fiktion und keine (widerlegliche) Vermutung, weswegen im Einzelfall eine *equity group* auch vorliegen kann, obwohl ein anderer Gesellschafter eine größere Beteiligung hält; die Tochtergesellschaft hat dann zwei Muttergesellschaften.

Die Rechtsfolgen einer *equity group* sind wesentlich weniger weit gehend und beschränken sich im Wesentlichen auf eine Änderung der Treuepflichten mit entsprechenden Haftungsfolgen bei Missachtung.[93] Art 209 Abs 1 ACL hält fest, dass sowohl die Konzerninteressen als auch die Interessen der Tochtergesellschaft zu berücksichtigen sind; was in welcher Situation Vorrang haben soll, bleibt allerdings offen.[94]

Soweit freilich eine Rechtsverletzung vorliegt, führt dies gem Art 210 ACL zu Haftungsfolgen sowohl für die Muttergesellschaft als auch für ihre Vertreter.

---

91   In diesem Sinn auch *Holland/Olldashi/Ruci*, ACL 167.
92   Vgl näher *Bachner/Schuster/Winner*, ACL 157 f.
93   So auch deutlich *Dine*, Journal of Human Rights and the Environment, Vol 3 No 1, March 2012, 44, 66.
94   Kritisch auch *Holland/Olldashi/Ruci*, ACL 168 f.

Allerdings geht es in diesen Fällen um eine schadenersatzrechtliche Haftung, nicht um ein generelles Einstehen-Müssen für die Verbindlichkeiten; denn die Haftung erfasst nur den verursachten Schaden.[95]

6. Haftungsdurchgriff ieS

a) Grundlagen

Art 16 ACL schafft unter dem Titel „Missbrauch der Rechtsform und Rechtsstellung" zusätzliche und ernsthafte Haftungsrisiken für Gesellschafter. Die Bestimmung gilt sowohl für die AG als auch für die GmbH und lautet:

> „(1) Gesellschafter und Aktionäre, Geschäftsführer und Mitglieder des Verwaltungsrats, die eine der folgenden Handlungen vornehmen oder ihre Vornahme unterlassen, haften solidarisch für Gesellschaftsverbindlichkeiten mit ihren gesamten Aktiva, wenn sie
> a) die Gesellschaftsform für gesetzwidrige Zwecke missbrauchen;
> b) die Gesellschaftsaktive wie ihre eigenen Aktiva behandeln;
> c) sobald sie die Zahlungsunfähigkeit der Gesellschaft kennen oder kennen müssen, die notwendigen Schritte unterlassen um sicherzustellen, dass die Gesellschaft je nach der Art ihrer Geschäftstätigkeit ausreichend Kapital hat, um ihre Verbindlichkeiten gegenüber Dritten zu erfüllen.
> (2) Dritte können eine Klage auf Erfüllung einer Verbindlichkeit gemäß Abs 1 nicht einbringen, wenn die Gesellschaft nachweist, dass der Dritte von dem Missbrauch gewusst hat oder angesichts klarer Umstände davon hätte wissen müssen. Die Klage muss innerhalb von drei Jahren aber der Rechtsverletzung eingebracht werden."

Hier interessiert nur die Haftung der Gesellschafter, nicht diejenige der Organwalter. In der Sache werden damit Rechtsgrundsätze positiviert, die im deutschen Sprachraum üblicherweise als Durchgriffshaftung oder Haftungsdurchgriff bezeichnet werden;[96] unter bestimmten Bedingungen kann der Gesellschafter nach der hM ausnahmsweise zur (Außen-)Haftung für Gesellschaftsschulden herangezogen, wobei dazu methodisch üblicherweise die Norm, mit der das Haftungsprivileg der Gesellschafter festgeschrieben wird,[97] teleologisch reduziert und die Haftungsgrundlagen des Komplementärs der Personengesellschaft[98] analog angewendet wird.[99] Das führt automatisch zu einer sehr restriktiven Anwendung der Durchgriffshaftung; die Rechtsprechung in Deutschland[100]

---

95 Vgl *Holland/Olldashi/Ruci*, ACL 170.
96 In der albanischen Doktrin wird dies (zu Unrecht) auch als ultra vires-Problem bezeichnet; vgl *Holland/Olldashi/Ruci*, ACL 47.
97 Vgl zB § 1 Abs 1 deutsches AktG; § 13 Abs 2 deutsches GmbHG.
98 Für Deutschland § 128 HGB.
99 Zusammenfassung zB bei *Altmeppen* in Roth/Altmeppen, GmbHG[7] § 13 Rz 72 ff, 128 ff.
100 ZB BGHZ 149, 10 „Bremer Vulkan"; BGHZ 151, 181 „KBV" (beide zur Existenzvernichtungshaftung); BGHZ 125, 366.

und Österreich[101] hat nur in sehr wenigen Fällen eine Außenhaftung tatsächlich anerkannt. Andere Stimmen lehnen einen echten Haftungsdurchgriff überhaupt ab und lassen eine Gesellschafterhaftung nur dann zu, wenn eine spezialgesetzliche Norm die Haftung anordnet.[102] In diese restriktive Richtung geht auch die jüngere Rechtsprechung des BGH zur Existenzvernichtungshaftung, die nun eine Innenhaftung gestützt auf das Verbot der sittenwidrigen Schädigung (§ 826 BGB) festschreibt.[103]

Anders der albanische Gesetzgeber. Er hat in der Sache drei in Deutschland diskutierte, aber nicht allgemein anerkannte Fallgruppen der Durchgriffshaftung in den Gesetzestext aufgenommen: Rechtsformmissbrauch, Vermögensvermischung und Unterkapitalisierung. Art 16 ACL wirft aber mehr Fragen auf, als gut ist. Insbesondere ist an der Bestimmung gefährlich, dass die albanischen Gerichte wenig gesellschaftsrechtliche Erfahrung haben und dass es kein funktionierendes Insolvenzrecht gibt. Eine gesicherte Auslegung ist nicht möglich; insofern ist der Ausdruck „Haftungsrisiko" ganz wörtlich zu nehmen: Es ist nicht einmal ansatzweise klar, unter welchen Bedingungen eine Haftung besteht. Hinzu kommt, dass die Haftungsgründe des Art 16 ACL in Albanien nicht Ergebnis einer Analogie sind, sondern vielmehr selbst die Basis für eine weite Auslegung bilden können; grundsätzlich könnte somit die Durchgriffshaftung große Bedeutung erlangen.

Zumindest ein wichtiger Aspekt ist in Art 16 klargestellt: Die Haftung trifft nur den Gesellschafter, der handelt bzw eine Handlung, zu der er verpflichtet ist, unterlässt. Das wird im Regelfall der beherrschende Gesellschafter oder ein Mitglied einer beherrschenden Gruppe sein.

b) Institutsmissbrauch

Art 16 lit a) scheint den so genannten „Institutsmissbrauch" oder „Missbrauch der Organisationsfreiheit" aufzugreifen. So wie in der deutschen Diskussion ist aber völlig unklar, was genau gesetzwidrige Zwecke sein sollen, für welche die Gesellschaftsform missbraucht wird. In der Sache dürfte es wohl darum gehen, dass die Gesellschaft bewusst[104] zum Schaden der Gläubiger eingesetzt wird, während die Gesellschafter von Haftungsfolgen abgeschottet sein sollen. Bei dieser Betrachtung sind die beiden in lit b) und c) folgenden Tatbestände nur Beispiele für einen solchen Missbrauch. Im Regelfall werden in diesem Zusammenhang „Aschenputtelgesellschaften" genannt, denen nur Risiken zugewiesen werden, während die Ertragschance bei den Gesellschaftern bzw

---

101 Vgl OGH RdA 2002, 401; OGH ÖZW 2005, 21 (beide zur Vermögensvermischung); vorsichtig erwägend auch OGH EvBl 1995/144 und OGH RdA 2001, 450 (Unterkapitalisierung).

102 Für Österreich zB *U Torggler*, JBl 2006, 85.

103 BGHZ 173, 264 „Trihotel". Vgl zum Thema bereits *Winner*, Haftung der Muttergesellschaft im Konzern – Versuch einer Systematisierung mit rechtsvergleichenden Hinweisen, in Winner/Cierpial-Magnor, Rechtsprobleme im Konzern (2012) 181.

104 *Holland/Olldashi/Ruci*, ACL 48 lassen hingegen auch grobe Fahrlässigkeit genügen, was sich mit dem Verb „missbrauchen" schlecht in Einklang bringen lässt.

bei Schwestergesellschaften anfallen. Andere sprechen von einer künstlichen Aufspaltung eines einheitlichen Unternehmens in mehrere Gesellschaften, wobei jedoch die bloße Aufteilung in Besitz- und Betriebsgesellschaft allein noch nicht ausreichend sein kann.

Schon diese Unklarheit ist bedenklich. Zusätzlich ist der Wortlaut der albanischen Norm aber auch für eine noch viel weitere Auslegung offen. Insbesondere geht aus ihm nicht hervor, dass der rechtswidrige Zweck gerade die Schädigung der Gläubiger der Gesellschaft ist. Diese Auslegung mag zwar selbstverständlich erscheinen, muss dies aber nicht in der albanischen Rechtspraxis sein. So besteht die Gefahr, dass auch ein rechtswidriger Unternehmensgegenstand zur Durchgriffshaftung führen kann.

c) Vermögensvermischung

Lit b) greift die Vermögensvermischung und damit einen verhältnismäßig unstrittigen Tatbestand auf.[105] Diese führt zur Haftung des Gesellschafters, der sie vornimmt. Offen bleibt, ob die Vermögensvermischung schuldhaft erfolgen muss, damit eine Haftung des betroffenen Gesellschafters eintritt; ich würde das vorsichtig bejahen.[106] Ebenso wenig ist klargestellt, ob jede Vermischung genügt oder ob es erforderlich ist, dass die Vermögensverschiebungen nicht mehr einzeln feststellbar sind. Richtig dürfte es so wie im deutschen Recht[107] sein, dass einzelne Vermögensverschiebungen nur eine Rückstellungspflicht bzw eine betragsmäßig beschränkte Innenhaftung auslösen. Für eine einzelne, ohne Ausstellung eines *solvency certificates* vorgenommene Regel enthält nämlich Art 78 Abs 2 ACL für die GmbH eine Rückgabepflicht des begünstigten Gesellschafters.[108]

d) Unterkapitalisierung

Besonders heikel ist aber lit c) der Bestimmung, die Haftung wegen Unterkapitalisierung.[109] Hier geht es keinesfalls nur um die Haftung für eine Gesellschaft, die bereits bei der Gründung angesichts ihres Unternehmensgegenstands mit (deutlich) zu geringem Kapital ausgestattet ist[110] – ein Sachverhalt, bei dem ein Haftungsdurchgriff durchaus Sinn macht.[111] Denn die vom Wortlaut

---

105 Vgl BGHZ 125, 366.
106 So auch *Bachner/Schuster/Winner*, ACL 32.
107 BGH ZIP 2006, 467.
108 Vgl auch Art 129 ACL für die AG.
109 So auch *Holland/Olldashi/Ruci*, ACL 49.
110 Beachte auch Art 1076 albanisches ZGB zur einfachen Gesellschaft, der auch auf Handelsgesellschaften anwendbar sein könnte (so zumindest *Blecher/Dine* Commentary 52): „Jeder Gesellschafter muss die im Gesellschaftsvertrag vereinbarten Beiträge leisten. Es wird vermutet, dass die Gesellschafter gleichmäßig denjenigen Betrag einbringen, der notwendig ist, um den Gegenstand der Gesellschaft zu erreichen, wenn vertraglich nichts anderes vereinbart ist." Richtigerweise ist die Norm aber eine Auslegungsvorschrift und keine zwingende Kapitalisierungsnorm.
111 Vgl zB *Koppensteiner/Rüffler*, Kommentar zum GmbHG³ § 61 Rn 35.

der Norm vorausgesetzte Insolvenz, welche die Gesellschafter kennen müssen, wird hier im Regelfall noch nicht vorliegen. Es geht also auch darum, dass eine ursprünglich solvente Gesellschaft durch ihre Geschäftstätigkeit insolvent wird.[112] Genau dies steht aber in einem unklaren Verhältnis zum Haftungsprivileg der Gesellschafter einer Kapitalgesellschaft.

Nimmt man die Bestimmung nämlich wörtlich, so ist jeder Gesellschafter verpflichtet, Geld[113] nachzuschießen, wenn er von der Insolvenz der Gesellschaft erfährt (oder erfahren musste). Es bleibt zu hoffen, dass die albanischen Gerichte diese Auslegungsvariante nicht wählen; dem Investitionsklima wäre sie nicht förderlich, wobei naturgemäß (kleine) albanische Geschäftstreibende noch stärker betroffen wären als ausländische Investoren, die sich im Regelfall vor solchen Rechtsnormen auf die eine oder andere Weise schützen können.

Das kann aber nicht die richtige Auslegung sein. Denn dann gäbe es keine Gesellschaftsformen mit beschränkter Haftung in jenen Fällen, in denen es auf diese am meisten ankommt, weil der unternehmerische Plan fehlgeschlagen ist und sich das Risiko verwirklicht hat, vor dem die Gesellschafter sich schützen wollten.[114] Vielmehr sollten Gesellschafter grundsätzlich nicht verpflichtet sein, zusätzliche Mittel zuzuführen; das gilt auch und insbesondere in der Krise der Gesellschaft. Mit den Worten des BGH: Der Gesellschafter schuldet grundsätzlich keine angemessene Finanzierung, sondern (bloß) seine Einlage.[115]

Vielmehr hat eine Gesellschaft in der Insolvenz oder bei Insolvenznähe grundsätzlich die Wahl: Entweder ist Kapital zuzuführen oder die Eröffnung des Insolvenzverfahrens zu beantragen. Die Eröffnung des Insolvenzverfahrens kann nach albanischem Recht auch durch die Gesellschafter erfolgen (Art 15 Abs 1 iVm Art 16 Abs 1 Insolvenzordnung; näher unten III. 3.), selbst wenn Vertretungsorgane vorhanden sind; Art 16 Abs 1 Insolvenzordnung hält fest, dass Gesellschafter persönlich haftbar sind, wenn sie die Zahlungsunfähigkeit (aber wohl nicht die Überschuldung) tatsächlich kennen und innerhalb von drei Monaten keinen Antrag stellen, ohne festzuhalten, auf welche Schulden sich die persönliche Haftung bezieht. Jedenfalls geht aus der Insolvenzordnung hervor, dass die Gesellschafter grundsätzlich nicht haften, wenn sie ihrer Pflicht zur Stellung eines Insolvenzantrags nachkommen. Das soll das Gesellschaftsrecht grundsätzlich nicht konterkarieren.

Es muss zur Insolvenz also auch nach albanischem Recht noch etwas hinzukommen, damit die Haftung wegen nachträglicher Unterkapitalisierung ausgelöst wird. Was das sein soll, ist nicht so einfach zu beantworten; denn Anhaltspunkte im positiven Recht fehlen. Wieder könnte es hier um die bewusste Gläubigerschädigung gehen, die dann vorliegt, wenn die Gesellschaft mit eindeutig

---

112 So ausdrücklich auch *Blecher/Dine* Commentary 54.

113 Sei es als Eigen-, sei es als Fremdkapital. Art 16 ACL erfasst nur die materielle Unterkapitalisierung; zum in Albanien fehlenden Eigenkapitalersatzrecht vgl schon oben 4. c.

114 Vorsichtig daher aus der Großteil der Lehre für Deutschland und Österreich; für Deutschland zB *K Schmidt*, Gesellschaftsrecht[4] 233 ff; für Österreich *Kalss* in *Kalss/Nowotny/Schauer*, Österreichisches Gesellschaftsrecht Rn 3/827.

115 BGHZ 127, 336.

und für Insider erkennbar zu wenig Kapital ausgestattet wird, wodurch ein Misserfolg zu Lasten der Gläubiger sehr wahrscheinlich wird; in der Sache entspräche dies der von *Ulmer* früher zum deutschen Recht geprägten Formel.[116] In diesem Fall schützt dann auch der rechtzeitig eingebrachte Insolvenzantrag den Gesellschafter nicht vor der Haftung. Dieser Auslegung steht freilich im Weg, dass der Wortlaut von Art 16 Abs 1 lit c) ACL die Kapitalausstattungspflicht an die Kenntnis der konkreten Zahlungsunfähigkeit knüpft; die *Ulmer*'sche Formel stellt aber auf die Kenntnis der potenziellen Zahlungsunfähigkeit ab.

Genauso scheint es daher möglich, Art 16 Abs 1 lit c) ACL und Art 16 Abs 1 Insolvenzordnung gemeinsam dahingehend auszulegen, dass eine Haftung wegen schlechten Geschäftsverlaufs in der Insolvenz nur dann in Frage kommt, wenn weder ein rechtzeitiger Antrag auf Eröffnung eines Insolvenzverfahrens gestellt wird noch die notwendige Kapitalspritze erfolgt. Freilich bringt auch diese Auslegung ein gravierendes Folgeproblem mit sich. Aus Kausalitätsüberlegungen[117] ist die Rechtsfolge einer Konkursverschleppung die (Außen-)Haftung für den (zusätzlichen) Schaden der Altgläubiger aus der verspäteten bzw. unterlassenen Konkursanmeldung und den Kontrahierungsschaden der Neugläubiger.[118] Art 16 ACL ist diesbezüglich anders: Die (solidarische) Haftung erstreckt sich auf alle Gesellschafterverbindlichkeiten. Das passt mit einer reinen Konkursverschleppungshaftung nicht zusammen und spricht für eine echte Durchgriffshaftung wegen Unterkapitalisierung im oben geschilderten Sinn. Dieses Argument sollte mE ausschlaggebend dafür sein, die in Art 16 ACL vorausgesetzte Kenntnis der Zahlungsunfähigkeit als Kenntnis der potenziellen Zahlungsunfähigkeit zu interpretieren.

Sollten die albanischen Gerichte dieses Verständnis der Norm zugrunde legen, so wäre das Bild wie folgt: Wer als Gesellschafter eine Kapitalgesellschaft mit evident zu geringer Kapitalausstattung betreibt, haftet in der Insolvenz für alle Gesellschaftsschulden unabhängig davon, ob er einen Antrag auf Verfahrenseröffnung stellt oder nicht; fahrlässige Unkenntnis der materiellen Unterkapitalisierung genügt. Die Haftung ist nur dann ausgeschlossen, wenn der Gläubiger von der Unterkapitalisierung wusste oder aufgrund klarer Umstände davon hätte wissen müssen (Art 16 Abs 2 ACL); die Beweislast dafür trifft die Gesellschaft und damit im Ergebnis den haftenden Gesellschafter.

In allen anderen Fällen besteht grundsätzlich keine Haftung des Gesellschafters, es sei denn, er unterlässt die Stellung eines Konkursantrags trotz positiver Kenntnis der Zahlungsunfähigkeit (Art 16 Abs 1 Insolvenzordnung; näher un-

---

116 *Ulmer* in Hachenburg, GmbHG[8] Anh § 30 Rz 23, 55; für Österreich (im Ergebnis aber eher ablehnend) *Kalss* in Kalss/Nowotny/Schauer, Österreichisches Gesellschaftsrecht (2008) Rn 3/826 mwN. Mittlerweile hat BGHZ 176, 204 „Gamma" dem Konzept der Haftung wegen Unterkapitalisierung für Deutschland aber eine recht deutliche Absage erteilt; vgl zusammenfassend *K Schmidt* in K Schmidt/Uhlenbruck, Die GmbH in Krise, Sanierung und Insolvenz[4] Rn 1.19.

117 Diese werden auch in der albanischen Doktrin ansatzweise angestellt; vgl *Holland/Olldashi/ Ruci*, ACL 49 f.

118 Im Überblick *Altmeppen* in Roth/Altmeppen, GmbHG[7] (2012) Vor § 64 Rz 123 ff.

ten III. 3.); weder fahrlässige Unkenntnis der Zahlungsunfähigkeit noch positive Kenntnis der Überschuldung kann die Haftung auslösen. Die Haftung sollte richtigerweise auf die Schäden aus der verspäteten oder unterlassenen Verfahrenseröffnung beschränkt werden.

7. Haftung wegen Verletzung allgemeiner Prinzipien – Treuepflicht

Art 14 ACL hält für alle Gesellschaftsrechtsformen fest, dass die Gesellschafter die Interessen sowohl der Gesellschaft als auch ihrer Mitgesellschafter berücksichtigen müssen, wenn sie ihre Rechte ausüben; das entspricht der zentraleuropäischen Treuepflicht der Gesellschafter, so wie sie vom OGH zumindest für die GmbH anerkannt ist.[119]

Aus treuwidrigen Entscheidungen kann sich wohl eine Ersatzpflicht des Gesellschafters ableiten lassen. Einschlägige Rechtsprechung fehlt. Eine Haftung könnte sich bei der AG aber zB ergeben, wenn eine Gesellschaft mit den Stimmen des Mehrheitsgesellschafters beschließt, Gewinne nicht auszuschütten und dies zum Schaden eines Minderheitsgesellschafters erfolgt; denn Art 128 Abs 4 ACL bindet diese Entscheidung ausdrücklich an eine ausreichende Berücksichtigung sowohl der Belange der Gesellschaft als auch derjenigen der Mitaktionäre.

III. Insolvenzrecht

1. Vorbemerkung

Das albanische Insolvenzrecht hat in der Praxis nur geringe Bedeutung, was auch immer wieder von internationalen Organisationen, und hier insbesondere von der Weltbank moniert wird. Die bereits oben angesprochene Novelle aus dem Jahre 2008 (oben I. 2. b.) sollte diesem Defizit abhelfen.

Dies ist freilich nicht oder kaum gelungen. Insolvenzverfahren werden auch nach der Reform nur selten eingeleitet und noch viel seltener auch abgeschlossen; man spricht von einer Handvoll abgewickelter Verfahren pro Jahr. Das liegt wohl grundsätzlich an einer skeptischen Haltung gegenüber richterlicher Intervention, die letztlich auf die zahlreichen Probleme der albanischen Justiz zurückzuführen sind. Alle Parteien bevorzugen im Regelfall von Anfang an eine außergerichtliche Lösung.

Das gilt auch für jene Verfahren, die zunächst tatsächlich eingeleitet worden sind. Viele dieser Verfahren werden in der Folge nicht betrieben, insbesondere weil die Verfahrensparteien nicht erscheinen und die Richter für diese Situation keine ausreichende Handhabe haben.[120] Ebenso werden oft nicht die richti-

---

119 Vgl grundlegend OGH 6 Ob 695/87 SZ 60/285; zur AG *Doralt/Winner* in Doralt/Nowotny/Kalss, AktG² § 47a Rz 26 ff.

120 Diese Aussagen beziehen sich vor allem auf Verfahren vor dem Bezirksgericht Tirana, dem mit Abstand größten Gericht in Albanien, und beruhen auf Aussagen albanischer Praktiker.

gen Dokumente eingereicht, was dann auf richterliche Aufforderung auch nicht behoben wird. Es scheint durchaus gängige Praxis zu sein, Insolvenzverfahren zwar zunächst seitens der Gläubiger einzuleiten, diese Einleitung aber nur als Druckmittel zu verwenden, um eine möglichst günstige außergerichtliche Lösung durchsetzen zu können. Die Verfahren werden dann in der Folge häufig auch gar nicht aufgehoben. Dies gilt auch, wenn das Insolvenzverfahren durch öffentliche Gläubiger, insbesondere die Steuerbehörden, eingeleitet werden. Diese haben nach dem albanischen Insolvenzrecht sehr weit gehende Antragsbefugnisse bei Verlusten oder fehlender Steuerleistung.[121] Auch in diesen Fällen scheinen Einigungen trotz anhängiger Insolvenzverfahren häufig außergerichtlich zu erfolgen.

Der Kern des Problems liegt mE einerseits in den sehr komplexen und hochentwickelten gesetzlichen Grundlagen, andererseits in der mangelnden insolvenzrechtlichen Ausbildung der albanischen Juristen und fehlender Akzeptanz des Gerichtssystems.[122] Jedenfalls erfüllt das albanische Insolvenzrecht seine gesamtwirtschaftliche Steuerungswirkung nicht. Umso bedeutender kann der Haftungsdurchgriff für Gesellschaftsgläubiger auf gesellschaftsrechtlicher Grundlage sein.

Die folgenden Ausführungen zu insolvenzrechtliche Haftungstatbeständen sind daher mit doppelter Vorsicht zu behandeln. Erstens gibt es – ganz so wie zum Gesellschaftsrecht – kaum Gerichtsentscheidungen und auch sonst vom Gesetzestext abgesehen keine[123] Erkenntnisquellen. Zweitens ist jedenfalls heute die Wahrscheinlichkeit gering, dass bei einer Schieflage der Gesellschaft das Insolvenzrecht überhaupt angewendet wird; im Einzelfall kann es aber doch dazu kommen, ebenso wie die Bedeutung des Insolvenzrechts ganz generell steigen kann.

In der Folge werden daher die wesentlichen insolvenzrechtlichen Vorschriften dargestellt, aus denen sich eine Haftung der Muttergesellschaft ergeben kann. Mehr als einen Überblick über das geschriebene Recht können die folgenden Ausführungen angesichts der beschriebenen Ausgangslage nicht leisten. Nicht behandelt werden im Übrigen die speziellen Vorschriften für die Liquidation von Banken[124] und Versicherungen[125], die einige auch insolvenzrechtliche Besonderheiten aufweisen und wegen Art 12 Abs 2 InsO vorrangig anzuwenden sind.

2. Kridahaftung

Gem Art 193 des albanischen Strafgesetzbuches[126] (im Folgenden: StGB) ist strafbar, wer absichtlich die Insolvenz einer Gesellschaft herbeiführt. Die Norm

---

121 Dazu *Bachner/Schuster/Winner*, ACL 151 ff.
122 Vgl *Holland/Olldashi/Ruci*, ACL 150 und 152.
123 Und zwar meines Wissens: überhaupt keine!
124 Gesetz Nr 9.662 vom 18. Dezember 2006 über Banken in der Republik Albanien.
125 Gesetz Nr 9.267 vom 29. Juli 2004 über die Aktivität von Versicherern, Rückversicherern und Intermediären im Bereich der Versicherung und Rückversicherung.
126 Gesetz Nr 7.895 vom 27. Januar 1995 idgF.

stellt nicht darauf ab, dass gerade die eigene Insolvenz herbeigeführt wird[127], weswegen grundsätzlich auch die Organwalter der Muttergesellschaft[128] als Täter in Betracht kommen; wegen Art 26 f StGB können diese darüber hinaus jedenfalls als „Organisatoren, Anstifter oder Helfer" belangt werden. Die Strafe beträgt bis zu drei Jahren Haft oder als Geldstrafe bis zu 10 Millionen Lek[129]. Andere in der Insolvenz besonders relevante Delikte[130] betreffen das vorsätzliche Verbergen der Insolvenz der Gesellschaft bei Vertragsabschluss mit einem Dritten (Art 194 StGB; bis zu fünf Jahre Haft) und das vorsätzliche Verbergen von Aktiva der juristischen Person in der Insolvenz (Art 195 StGB; bis zu sieben Jahre Haft).[131] Es fehlt eine Strafnorm für die grob fahrlässige Herbeiführung der Insolvenz.

Aus dem albanischen Schadenersatzrecht ergibt sich hinlänglich deutlich, dass eine Haftung auch bei Verletzung gesetzlicher Vorschriften entstehen kann. Denn Art 608 Abs 2 ZGB hält ausdrücklich fest, dass eine Schädigung rechtswidrig ist, wenn sie aus der Verletzung der Interessen und Rechte einer anderen Person resultiert, die durch Gesetz, Richterspruch oder Gewohnheit geschützt sind. Dass die Interessen der Gläubiger durch die Kridadelikte des albanischen StGB geschützt werden sollen, steht mE außer Zweifel. Wer daher gegen die entsprechenden strafrechtlichen Normen verstößt, haftet den Gläubigern für den durch den Verstoß verursachten Schaden.

Freilich gilt dies zunächst nur für natürliche Personen, also allenfalls für die Geschäftsführer der ausländischen Muttergesellschaft; denn strafrechtlich verantwortlich können grundsätzlich nur natürliche Personen sein, was dann auch die zivilrechtliche Haftung nach sich zieht. Die Muttergesellschaft selbst kann grundsätzlich auf zwei Wege herangezogen werden. Einerseits kann ihr das strafrechtswidrige Verhalten von Organen zivilrechtlich zugerechnet werden. Andererseits kann auch die Muttergesellschaft selbst strafrechtlich belangt werden, was dann die zivilrechtliche Haftung unmittelbar bei ihr auslöst.

- Haftungsrechtlich wird der Gesellschaft nach albanischem Recht das Handeln ihrer Organe zugerechnet (Art 32 und Art 618 ZGB). Ebenso besteht nach Art 618 ZGB eine generelle Haftung des Arbeitgebers für Schäden, welche seine Arbeitnehmer schuldhaft während der Ausübung ihrer Verpflichtungen Dritten zugefügt haben, ohne dass es auf ein Vertragsverhältnis zwischen Arbeitgeber und Dritten ankommen würde. Das gilt gem Art 619 ZBG auch für Schäden, die von Dritten im Rahmen einer Tätigkeit für die Gesellschaft zugefügt werden, wenn diese den Weisungen der Gesellschaft

---

127 Vgl § 156 österreichisches StGB, der dann durch § 161 leg cit auf leitende Angestellte im strafrechtlichen Sinn ausgedehnt wird.

128 Ebenso aber diejenigen der Tochtergesellschaft.

129 Das entspricht ca € 70.000,– (Stand Februar 2013).

130 Die Untersuchung erstreckt sich nicht auf andere strafrechtliche Tatbestände, die (auch) im Zusammenhang mit der Insolvenz verwirklicht werden können.

131 Vgl in diesem Zusammenhang auch Art 164 StGB: „Wer als Mitglied des Verwaltungsrats oder als Geschäftsführer einer Gesellschaft seine Machtposition mit der Absicht missbraucht, zu veruntreuen oder eine andere Gesellschaft, an der er ein Interesse hat, zu bevorteilen, ist mit Geldstrafe oder mit Freiheitsstrafe bis zu fünf Jahren zu bestrafen."

unterliegen. Daraus ergibt sich wohl, dass eine strafrechtliche Verurteilung von Organen der Muttergesellschaft oder ihrer Arbeitnehmer wegen einer Insolvenz der albanischen Tochtergesellschaft haftungsrechtlich jedenfalls der Muttergesellschaft zugerechnet werden kann und deswegen zu Ersatzansprüchen der Gläubiger gegenüber dieser führen kann. Ebenso könnte es aber wegen Art 619 ZGB ausreichend sein, wenn die Insolvenz von den Organen der Tochtergesellschaft verschuldet wurde und diese dabei „auf Weisung der Muttergesellschaft" gehandelt haben, selbst wenn dies nicht unmittelbar zu einer strafrechtlichen Verantwortlichkeit von Organen oder Arbeitnehmern der Muttergesellschaft geführt hat. Alle Details, ja selbst diese grundlegenden Annahmen sind in der Praxis allerdings ungeklärt.

- Daneben kann sich eine strafrechtliche Haftung der Muttergesellschaft für das Verhalten ihrer Organwalter aus dem Gesetz über die strafrechtliche Verantwortlichkeit juristischer Personen ergeben[132] – auch zu diesem Gesetz fehlen jedoch praktische Erfahrungen, da es nach Auskunft von Praktikern[133] bisher nicht häufig angewendet worden ist.

Zunächst ist es durchaus zweifelhaft, ob das Gesetz gem Art 2 Abs 2 auf ausländische juristische Personen überhaupt Anwendung findet; der Anwendungsbereich des Gesetzes wird neben inländischen nur auf ausländische juristische Personen erstreckt, „welche die Rechtspersönlichkeit aufgrund des albanischen Rechts erhalten haben". Auf den ersten Blick macht dies wenig Sinn, da nach albanischem IPRG die Rechtspersönlichkeit nach dem Gründungsrecht erlangt wird (unten IV. 3.) und die Rechtspersönlichkeit der ausländischen juristischen Person somit im Regelfall durch das ausländische Recht bestimmt wird. Das Gesetz über die strafrechtliche Verantwortlichkeit juristischer Personen wäre bei dieser Auslegung auf ausländische Muttergesellschaften nicht anwendbar. Andererseits könnte die Norm aber darauf abstellen, dass die ausländische juristische Person in die albanischen Rechtsformen einzuordnen ist und zu fragen ist, ob das albanische Äquivalent ebenfalls als juristische Person einzuordnen ist; nur in diesem Fall käme die Anwendung des Gesetzes in Betracht. Das würde zu einer Anwendung für den Regelfall führen.

Folgt man der zweiten Auffassung, so ist gem Art 3 leg cit die ausländische Muttergesellschaft für Straftaten verantwortlich, wenn diese in ihrem Namen oder zu ihren Gunsten von Organen oder Repräsentanten, von Personen unter der Aufsicht der zuletzt genannten oder wegen fehlender Kontrolle der Repräsentanten vorgenommen wurden.[134] Dies kann zu Strafen von bis zu 5 Mio Lek[135] und (das

---

132 Gesetz Nr 9.754 vom 14. Juni 2007.

133 Vgl auch *Holland/Olldashi/Ruci*, ACL 46.

134 Für die Praxis scheint ein besonderes Risiko darin zu liegen, dass diese Verantwortlichkeit auch bei Umwandlungen oder Verschmelzungen auf die neue juristische Personen übergeht (vgl Art 5 ff Gesetz über die strafrechtliche Verantwortlichkeit juristischer Personen). Um diesbezüglich die Rechtssicherheit zu erhöhen, wird im albanischen Firmenbuch häufig eingetragen, dass gegen die Gesellschaft keine Strafen verhängt wurden.

135 Das entspricht ungefähr € 35.000,– (Stand Februar 2013).

nur für albanische Rechtssubjekte) zu ihrer Auflösung führen; daneben können zB bestimmte Bereiche geschlossen, Tätigkeiten verboten oder Lizenzen entzogen werden (näher Art 10 leg cit).[136]

Aus zivilrechtlicher Sicht müsste eine solche strafrechtliche Sanktionierung der Gesellschaft auch zu einer schadenersatzrechtlichen Haftung führen.

3. Insolvenzverschleppungshaftung

Nach Art 13 InsO sind Insolvenzgründe die Zahlungsunfähigkeit, die drohende Zahlungsfähigkeit (vgl §18 deutsche InsO) sowie die Überschuldung. Dies entspricht grundsätzlich dem deutschen Recht, wobei die Auslegung des Überschuldungsbegriffs im Detail ungeklärt ist.

Art 14 Abs 1 InsO hält fest, wer einen Antrag auf Eröffnung des Insolvenzverfahrens stellen kann. Dieses Recht steht zunächst für die Fälle der Zahlungsunfähigkeit und der Überschuldung jedem Gläubiger zu. Auch die Gesellschaft selbst kann den Antrag stellen, wobei sich die Zuständigkeit nach den für die Gesellschaft geltenden Vertretungsregeln richtet (vgl Art 12, 38, 61, 96, Art 158 Abs3 Z 2, Art 167 Abs 2 iVm Art 158 Abs 3 Z 2 ACL). Art 16 Abs 1 InsO gibt aber auch jedem einzelnen Mitglied eines Geschäftsführungsorgans einer Gesellschaft das Recht, namens der Gesellschaft die Eröffnung des Insolvenzverfahrens zu beantragen – und zwar unabhängig von den anwendbaren Vertretungsregeln;[137] freilich wird dem Antrag in diesem Fall nur stattgegeben, wenn die für die Eröffnung des Insolvenzverfahrens angegebenen Gründe „ausreichend und überzeugend" sind (Art 16 Abs 3 InsO). Art 16 Abs 2 InsO macht dieses Recht jedes einzelnen Mitglieds des Geschäftsführungsorgans zu einer Pflicht: Das Insolvenzverfahren ist unverzüglich zu eröffnen, spätestens aber 21 Tage, nachdem die juristische Person überschuldet[138] wird. Wird diese Pflicht verletzt, so führt dies gem Art 16 Abs 2 InsO zu einer Schadenersatzpflicht der Organwalter gegenüber den Gläubigern.[139]

Für das Thema dieses Beitrags ist aber ein anderer Aspekt von zentraler Bedeutung, der erst 2008 in die InsO eingeführt wurde: Nach Art 16 Abs 1 zweiter Satz InsO trifft Gesellschafter einer AG oder einer GmbH eine persönliche Haftung, wenn sie die Eröffnung eines Insolvenzverfahrens nicht innerhalb von drei Monaten beantragt haben, nachdem sie von der Insolvenz der werbenden Gesellschaft Kenntnis erlangt haben; hinzu kommt eine von den Steuerbehör-

---

136 Vorschriften über die Gewinnabschöpfung scheinen zu fehlen.

137 Vgl *Bachner/Schuster/Winner*, ACL 149.

138 Zur Problematik, dass Art 16 Abs 2 InsO für die 21–Tages-Frist nur auf die Überschuldung, nicht aber auf die Zahlungsunfähigkeit abstellt, vgl *Bachner/Schuster/Winner*, ACL 149 f.

139 Auf den ersten Blick enthalten Art 98 Abs 4 (für die GmbH) und Art 163 Abs 4 ACL (für die AG) in Form von *wrongful trading rules* vergleichbare Bestimmungen über die Haftung der Geschäftsführer. Die Normen behandeln jedoch nur die Haftung gegenüber der Gesellschaft, bei der häufig kein Schaden entsteht, nicht aber gegenüber den Gläubigern.

den zu verhängende Verwaltungsstrafe von 200.000 bis 500.000 Lek[140]. Aus dieser Vorschrift geht implizit hervor, dass die Gesellschafter auch ein entsprechendes Antragsrecht haben; ohne dieses könnten sie die Haftung nicht vermeiden.[141] Die Bestimmung gilt anders als nach § 15a deutscher InsO nicht nur, wenn die Gesellschaft „führungslos" ist, wenn also keine organschaftlichen Vertreter bestellt oder handlungsfähig sind, sondern ganz generell: Verletzen die Geschäftsführer einer Gesellschaft ihre Pflicht zur Antragstellung mindestens drei Monate lang, so müssen die Gesellschafter handeln, wenn sie die Haftung vermeiden wollen.

Das Gesetz sagt in § 16 Abs 1 InsO nicht ausdrücklich, wem gegenüber diese Haftung der Gesellschafter bestehen soll. Für die Geschäftsführer hält § 16 Abs 2 InsO fest, dass die Haftung gegenüber den Gläubigern besteht; auch für die entsprechende Antragspflicht der Gesellschafter kann nichts anderes richtig sein. Ebenso lässt die Norm im Übrigen offen, für welchen Schaden die Gesellschafter haften. Auch hier bietet sich angesichts des offenen Wortlauts die Anwendung von Art 16 Abs 2 InsO an, wonach die Geschäftsführer denjenigen Schaden ersetzen müssen, den die Gläubiger erleiden, weil der Insolvenzantrag nicht rechtzeitig gestellt wird. Das wird bei Altgläubigern die dadurch verursachte Verminderung der Quote sein, bei Neugläubigern im Regelfall der gesamte Ausfall.[142] Zu beachten ist freilich, dass die Antragspflicht erst drei Monate ab positiver Kenntnis der Insolvenz entsteht; inwieweit aus den Umständen auf eine positive Kenntnis geschlossen werden kann, ist offen.

Freilich ist anzumerken, dass sich eine unbegrenzte Haftung der Gesellschafter für alle Verbindlichkeiten der Gesellschaft in deren Insolvenz aus Art 16 Abs 1 lit c) ACL ergeben kann (Durchgriffshaftung wegen Unterkapitalisierung); dazu oben II. 6.

4. Anfechtungsrecht

Grundsätzlich dienen alle Aktiva des Gemeinschuldners der Befriedigung der Gläubiger. Nicht geklärt ist die einzuhaltende Rangordnung. Nach Art 35 ff InsO werden die besicherten Gläubiger aus den Sicherheiten befriedigt;[143] die übrigen Aktiva dienen zunächst der Befriedigung der Kosten des Insolvenzverfahrens und bestimmter Verwaltungskosten (insbesondere aus der Tätigkeit des Insolvenzverwalters), während danach alle Gläubiger grundsätzlich gleich behandelt werden

---

140 Das entspricht ungefähr € 1.400,– bis € 3.500 (Stand Februar 2013).

141 Vgl auch Art 15 Abs 1 InsO, wonach die Gesellschafter allenfalls bestimmte Unterlagen vorlegen müssen. Weitere Vorschriften über die Beteiligung der Gesellschafter am Insolvenzverfahren der Gesellschaft enthalten zB Art 10 Abs 2 sowie Art 81 bis 85 InsO.

142 Die dogmatisch komplizierten Folgeprobleme, die sich aus der Unterscheidung ergeben (für alle *K Schmidt* in K Schmidt/Uhlenbruck, Die GmbH in Krise[4] Rz 11.14 ff), sind in Albanien naturgemäß (noch) kein Thema.

143 Für dieses Rechtsgebiet ist insbesondere auch das Registerpfandrecht bei Mobiliarsicherheiten zu beachten; vgl Gesetz Nr 8.537 vom 11. Dezember 1999 über Sicherheiten.

und es gem Art 42 nur wenige nachrangige Forderungen gibt (zB Zinsen und Säumniszuschläge seit der Eröffnung des Insolvenzverfahrens, Forderungen auf eine unentgeltliche Leistung des Schuldners; vgl § 39 deutsche InsO). Hingegen enthält Art 605 ZGB eine ausführliche Reihenfolge für die vorzugsweise Befriedigung bestimmter Forderungen,[144] deren Verhältnis zum Insolvenzrecht ungeklärt ist. Einerseits erklärt Art 5 InsO, dass andere Gesetze nur insofern Anwendung finden, als sie der InsO nicht widersprechen; das ist Ausdruck des Prinzips *lex specialis derogat legi generali*. Andererseits ist das ZGB eine Kodifikation, bedarf als solche verfassungsrechtlich eines speziellen Verfahrens der Rechtserzeugung (insbesondere eines besonderen Quorums) und steht nach albanischem Verständnis im Stufenbau der Rechtsordnung höher als ein einfaches Gesetz. Inwieweit die Regeln einer solchen Kodifikation durch andere Vorschriften für Sondersituationen in einem einfachen Gesetz ersetzt werden können, ist eine der ungeklärten Grundsatzfragen für die albanische Rechtspraxis und spielt auch im gegebenen Zusammenhang eine wichtige Rolle.

All das ist für die Haftung der Gesellschafter nicht von unmittelbarer Relevanz. Wichtiger ist, unter welchen Bedingungen der Insolvenzverwalter in der Insolvenz der Tochtergesellschaft Vermögensverschiebungen von dieser an ihre Gesellschafterin durch Anfechtung rückgängig machen kann. Die diesbezüglich einschlägige gesellschaftsrechtliche Bestimmung für nicht marktkonforme Kredite vom Gesellschafter an die Gesellschaft wurde bereits besprochen (vgl oben II.4.c.).[145] Hier sind ein paar Anmerkungen zum albanischen Anfechtungsrecht gem Art 100 ff InsO nachzutragen:

Das albanische Anfechtungsrecht entspricht grundsätzlich den Vorschriften in §§ 129 ff deutsche InsO. Freilich ist die albanische Übersetzung teilweise sinnstörend falsch,[146] teilweise nahezu unverständlich[147]. Die sprachliche Klarheit der folgenden Darstellung der Anfechtungstatbestände ist somit der Präzision der deutschen InsO, nicht aber ihrer Übersetzung in das Albanische geschuldet. Insgesamt ist das hochentwickelte deutsche Anfechtungsrecht für die albanische Rechtsrealität eine Überforderung, weswegen man sich von der praktischen Anwendung (auch ganz abgesehen von der geringen Bedeutung des Insolvenzverfahrens) nicht viel erwarten sollte.

Rechtsfolge der erfolgreichen Anfechtung ist, dass alles, was aus dem Vermögen des Gemeinschuldners übertragen wurde, auf Verlangen des Insolvenzverwalters zur Insolvenzmasse zurückgewährt werden muss (Art 112 Abs 1

---

144 Vorrangig sind zB Forderungen aus Arbeitsverhältnissen und rückständige Forderungen der Sozialversicherungen.

145 Da diese Regelung im albanischen Gesellschaftsrecht verortet ist, fehlt im albanischen Insolvenzrecht auch eine Bestimmung nach Art von § 135 deutscher InsO über die Anfechtung der Rückgewähr von Gesellschafterdarlehen.

146 So stellt das Gesetz für Rechtsgeschäfte mit kongruenter und inkongruenter Deckung völlig verfehlt darauf ab, dass der Insolvenzverwalter die Leistung, die angefochten wird, erhalten hat, während es richtigerweise nur darum geht, dass der Insolvenzverwalter Leistungen an Dritte anficht.

147 Dies gilt insbesondere für die Bestimmung über die Anfechtung bei inkongruenter Deckung.

InsO); der Anspruch scheint schuldrechtlicher Natur zu sein.[148] Für die einzelnen Anfechtungstatbestände ist es zentral, dass die Muttergesellschaft im Regelfall eine der insolventen Tochtergesellschaft nahestehende Person ist; gem Art 107 Abs 2 lit a) InsO steht jeder Gesellschafter einer Gesellschaft nahe, wenn er mit mehr als einem Drittel am Kapital der Gesellschaft beteiligt ist.

Die einzelnen Anfechtungstatbestände sind die folgenden:

- Erhält der Gläubiger[149] eine ihm gebührende Sicherung oder Befriedigung[150], so ist die Leistung gem Art 101 InsO anfechtbar, wenn dies (1) in den letzten 90 Tagen vor dem Antrag auf Eröffnung des Insolvenzverfahrens vorgenommen worden ist, wenn zur Zeit der Handlung der Schuldner zahlungsunfähig war und wenn der Gläubiger zu dieser Zeit die Zahlungsunfähigkeit[151] kannte oder wenn dies (2) nach dem Eröffnungsantrag vorgenommen worden ist und wenn der Gläubiger die Zahlungsunfähigkeit oder den Eröffnungsantrag kannte (sog kongruente Deckung; entspricht im Wesentlichen § 130 deutsche InsO). Von der Muttergesellschaft wird vermutet, dass sie die Zahlungsunfähigkeit oder den Eröffnungsantrag kannte (Beweislastumkehr). Die Vorschrift hat somit im gegebenen Zusammenhang vor allem Bedeutung, wenn die Tochtergesellschaft noch knapp vor der Insolvenz fällige Leistungen an die Muttergesellschaft erbringt.

- Erhält der Gläubiger[152] eine ihm nicht[153] gebührende Sicherung oder Befriedigung[154] oder wird ihm eine solche ermöglicht[155], so ist die Leistung gem Art 102 InsO anfechtbar, wenn dies (1) im letzten Monat vor dem Antrag auf Eröffnung des Insolvenzverfahrens oder nach diesem Antrag vorgenommen worden ist, wenn dies (2) innerhalb des zweiten oder dritten Monats vor dem Eröffnungsantrag vorgenommen worden ist und der Schuldner zur Zeit der Handlung zahlungsunfähig war oder wenn dies (3) innerhalb des zweiten oder dritten Monats vor dem Eröffnungsantrag vorgenommen worden ist und dem Gläubiger zur Zeit der Handlung bekannt war, dass sie die

---

148 Vgl für Deutschland zB *Kirchhof* in MünchKomm InsO[2] § 143 Rz 9.

149 Der albanische Text stellt sinnstörend darauf ab, dass der Insolvenzverwalter die Leistung erhält. Das soll zumindest für Zwecke dieser Darstellung sinnvoll berichtigt werden.

150 Das albanische Original verwendet den unpassenden Begriff „Rückzahlung".

151 Der Kenntnis der Zahlungsunfähigkeit oder des Eröffnungsantrags steht die Kenntnis von Umständen gleich, die zwingend auf die Zahlungsunfähigkeit oder den Eröffnungsantrag schließen lassen; Art 101 Abs 2 InsO.

152 Der albanische Text stellt auch hier darauf ab, dass der Insolvenzverwalter die Leistung erhält.

153 Die albanische InsO stellt anders als das deutsche Vorbild vom Wortlaut her nicht darauf ab, ob die Befriedigung bzw Sicherung „nicht oder nicht in der Art oder nicht zu der Zeit" beansprucht werden konnte. Sachliche Unterschiede sollte dies wohl keine machen.

154 Der albanische Text verwendet auch hier das Wort „Rückzahlung".

155 Das albanische Original ist bezüglich der „Ermöglichung" nahezu unverständlich. In der Sache geht es zB um Fälle, in denen der Gemeinschuldner einen Dritten anweist, die Befriedigung vorzunehmen, wodurch der Gläubiger diese noch nicht erhält, sie ihm aber doch ermöglicht wird; vgl *Kirchhof* in MünchKomm InsO[2] § 130 Rz 13a. Anders als nach § 130 deutscher InsO fehlt in Art 101 albanischer InsO eine entsprechende Bestimmung für Fälle der kongruenten Deckung.

Insolvenzgläubiger benachteiligte (sog inkongruente Deckung;[156] entspricht § 131 deutsche InsO). Auch hier wird vermutet, dass die Muttergesellschaft die Benachteiligung der Insolvenzgläubiger kannte. Somit bedarf es für die Anfechtbarkeit nicht geschuldeter bzw nicht fälliger Leistungen der Tochter- an die Muttergesellschaft im letzen Monat vor dem Antrag keiner weiteren Voraussetzungen. Innerhalb der Monate zwei und drei kommt es für die Anfechtbarkeit entweder auf ein objektives (Zahlungsunfähigkeit) oder ein subjektives (Kenntnis der Gläubigerbenachteiligung, ohne dass hier die Zahlungsunfähigkeit bereits vorliegen müsste) Element an.

- Art 103 InsO betrifft für die Gläubiger unmittelbar nachteilige Rechtshandlungen. Diese sind anfechtbar, wenn sie (1) in den letzten drei Monaten vor dem Eröffnungsantrag vorgenommen worden sind und zur Zeit des Rechtsgeschäfts der Schuldner zahlungsunfähig war, was der andere Teil kannte oder kennen musste[157], oder wenn sie (2) nach dem Eröffnungsantrag vorgenommen worden sind und der andere Teil zur Zeit des Rechtsgeschäfts die Zahlungsunfähigkeit oder den Eröffnungsantrag kannte oder kennen musste. Auch hier geht es vor allem um ein Missverhältnis von Leistung und Gegenleistung[158], wobei es nicht darauf ankommt, ob aus diesem ein bereits bestehender Gläubiger oder ein Dritter begünstigt wird. Und auch hier wird von der Muttergesellschaft vermutet, dass sie die Zahlungsunfähigkeit oder den Eröffnungsantrag kannte. Sofern sie somit zB in der genannten Frist Waren unter ihrem Wert bezieht, kommt die Anfechtung in Betracht; das ist insbesondere für die albanische GmbH wichtig, bei der es anders als bei der AG kein ausdrückliches Verbot für Rechtsgeschäfte mit einem Aktionär gibt, die einem Drittvergleich nicht standhalten (vgl oben II. 4. b.).

- Die vorsätzliche Benachteiligung von Gläubigern ist in § 104 InsO geregelt. Solche Rechtshandlungen sind anfechtbar, wenn sie der Schuldner in den letzten zehn Jahren vor dem Eröffnungsantrag oder nach diesem vorgenommen hat, wenn der andere Teil zur Zeit der Handlung den Vorsatz des Schuldners kannte, wobei diese Kenntnis vermutet wird, wenn der andere Teil die drohende Zahlungsunfähigkeit oder die Gläubigerbenachteiligung kannte. Es genügt die mittelbare Gläubigerbenachteiligung, wenn also zB die Tochtergesellschaft eine Liegenschaft zu Marktbedingungen an die Muttergesellschaft verkauft, der Verkaufspreis aber in der Folge ins Ausland verschoben wird und den Gläubigern deswegen nicht mehr zur Verfügung steht.[159] Die Beweislast für die Kenntnis der vorsätzliche Benachteiligung der Gläubiger wird allerdings nur zu Lasten der Muttergesellschaft umgekehrt, wenn ein entgeltlicher Vertrag früher als zwei Jahre vor dem Eröffnungsantrag ge-

---

156 Auch eine Abrede, durch welche die Kongruenz begründet wird (zB Vorverlagerung der Fälligkeit), beseitigt die Anfechtung wohl nicht, wenn sie erst innerhalb der Anfechtungsfrist erfolgt; vgl *Dauernheim* in Wimmer, FK-InsO[5] § 131 Rz 4.

157 Dies ist eine Abweichung zu § 132 deutsche InsO, wo jedenfalls die positive Kenntnis erforderlich ist.

158 Arg „unmittelbar" nachteilig.

159 Vgl für Deutschland *Kirchhof* in MünchKomm InsO[2] § 129 Rz 122.

schlossen worden ist und die Insolvenzgläubiger unmittelbar (insbesondere durch unangemessene Bedingungen) benachteiligt.

- Schließlich sind unentgeltliche Leistungen der Tochter- an die Muttergesellschaft gem § 105 InsO anfechtbar, die innerhalb von vier Jahren vor dem Eröffnungsantrag vorgenommen wurden.[160] Unentgeltlich in diesem Sinne ist jedenfalls jede durch die Tochtergesellschaft an die Muttergesellschaft vorgenommene Ausschüttung ohne ausreichende gesellschaftsrechtliche Grundlage. Bei Redlichkeit muss der Empfänger einer unentgeltlichen Leistung diese allerdings nur zurückzugewähren, soweit er durch sie bereichert ist (Art 112 InsO).

Art 607 albanisches ZGB enthält darüber hinaus eine Vorschrift für die Einzelanfechtung. Danach kann der Gläubiger Handlungen des Schuldners anfechten, wenn durch sie beabsichtigt ist, den Wert des Vermögens zum Nachteil des Gläubigers zu vermindern (Absichtsanfechtung). Ist das Rechtsgeschäft entgeltlich, so muss der Vertragspartner diese Absicht des Schuldners kennen. Die Kenntnis wird bei einem persönlichen Naheverhältnis vermutet, wobei Konzernbeziehungen von diesem Begriff nicht erfasst sind.

IV. Internationale Zuständigkeit und Internationales Privatrecht

1. Vorbemerkung

Aus Sicht einer ausländischen Muttergesellschaft einer albanischen Tochtergesellschaft sind angesichts dieser materiellen Rechtslage zwei Fragen von besonderer Bedeutung: (1) Wann sind nach albanischem Recht albanische Gerichte für Haftungsansprüche von Gläubigern gegen die Muttergesellschaft zuständig. (2) Gibt es eine Möglichkeit, die Anwendung des albanischen Rechts mit seinem strengen und im Detail unvorhersehbaren Haftungsregime zu vermeiden?

Beiden Problemkreisen soll im Folgenden für die zentralen Bereiche des Gesellschafts- und des Insolvenzrechts in gebotener Kürze nachgegangen werden. Auch hier gilt, dass die aufgeworfenen Fragen in der albanischen Praxis weit gehend ungeklärt sind und die Darstellung daher nur eine erste Annäherung an eine noch unbekannte Rechtslage sein kann. Jedenfalls sind beide Problemkreise gesetzlich geregelt; zentrale Rechtsquelle (auch für international-zivilprozessuale Fragen) ist das neue Gesetz über das Internationale Privatrecht (im Folgenden IPRG).[161]

---

160 Die Ausnahme für gebräuchliche Gelegenheitsgeschenke geringen Werts ist im Konzern ohne Bedeutung.

161 Gesetz Nr 10.428 vom 2. Juni 2011 über Internationales Privatrecht.

2. Internationales Prozessrecht

Grundsätzlich sind albanische Gerichte gem Art 71 IPRG für zivilrechtliche Streitigkeiten mit internationalem Bezug zuständig, wenn der Beklagte seinen gewöhnlichen Aufenthalt in Albanien hat. Dies bedeutet im Ergebnis, dass für eine Klage gegen eine ausländische Muttergesellschaft kein allgemeiner Gerichtsstand in Albanien besteht; insbesondere gibt es keinen Gerichtsstand des Vermögens nach Art von § 99 österreichischer JN. Freilich kann eine albanische Zuständigkeit vereinbart werden (Art 73 IPRG), was bei Haftungsprozessen aber eine geringe Bedeutung haben wird.

Zu beachten ist daneben aber der ausschließliche Gerichtsstand gem Art 72 IPRG,[162] insbesondere für Klagen aus dinglichen Rechten und Mietzahlungen bzw für sonstige Ansprüche aus einer Immobilienbenützung, sofern sich die entsprechende Liegenschaft in Albanien befindet; dies ist in der Praxis häufig die größte Verbindlichkeit, die eine albanische Tochtergesellschaft eingeht. Über den Umweg der Konzernhaftung kann der Gläubiger so einen Gerichtsstand in Albanien erreichen.[163] Im Einzelfall kann auch der ausschließliche Gerichtsstand in Albanien für die Beendigung einer juristischen Person bzw für die Gültigkeit von Beschlüssen einer solchen haben.[164]

Bei den Wahlgerichtsständen gem Art 80 IPRG sticht vor allem der Gerichtsstand für Deliktsklagen gem lit c) hervor, wobei die albanische Regelung inhaltlich weit gehend[165] Art 5 Z 3 EuGVVO entspricht. Daraus ergibt sich die internationale Zuständigkeit der albanischen Gerichte, wenn der Ort, an dem die schädigende Handlung vorgenommen wurde oder der Schaden eingetreten ist, in Albanien liegt. Es ist ungeklärt, ob die albanische Vorschrift so wie das europäische Vorbild[166] nur deliktische Ansprüche oder auch vertraglichen Schadenersatz erfasst; wendet man die Norm nur auf deliktische Ansprüche an, so scheiden die aus Vertrag resultierenden Ansprüche der Gesellschaft selbst gegen ihre Gesellschafter aus. Jedenfalls sind aber unmittelbare Ansprüche der Gläubiger gegen die Gesellschafter aus Durchgriffs-[167] oder Insolvenzhaftung erfasst.[168] Ebenso ist unklar, ob es nur um den Handlungsort geht oder ob wie nach der Rsp des EuGH[169] auch der Erfolgsort erfasst sein soll; der Wortlaut der

---

162 Die Norm entspricht den Grundgedanken von Art 22 EuGVVO.

163 Siehe den oben I. 3. geschilderten praktischen Fall.

164 Anscheinend besteht hier eine ausschließliche Zuständigkeit für solche Klagen bei Gesellschaften mit dem „gewöhnlichen Aufenthalt" in Albanien (Art 72 lit b) und für juristische Personen mit dem Sitz in Albanien (Art 72 lit c), weswegen vielleicht für Gesellschaften Beschlussanfechtungsklagen auch für Scheinauslandsgesellschaften in Albanien eingebracht werden können.

165 Allerdings bezieht sich die albanische Norm nur auf die internationale, nicht aber auf die örtliche Zuständigkeit.

166 *Simotta* in Fasching, Zivilprozessgesetze² Art 5 EuGVVO Rz 268.

167 ZB Art 16 ACL (oben II. 6), aber wohl auch konzernrechtliche Ersatzansprüche der Gläubiger gem Art 208 ACL (oben II. 5. c. und d.).

168 *Simotta* in Fasching, Zivilprozessgesetze² Art 5 EuGVVO Rz 284.

169 EuGH Rs C-168/02 *Kronhofer/Maier* Slg 2004, I-6009.

albanischen Norm scheint eher auf die Handlung abzustellen. Jedenfalls besteht die Zuständigkeit dann, wenn die ausländische Muttergesellschaft (wie häufig) den für die Haftung ausschlaggebenden nachteiligen Einfluss auf die albanische Tochtergesellschaft in Albanien geltend gemacht hat.

Art 80 Abs b) IPRG kennt ebenso wie Art 5 Z 1 EuGVVO einen Gerichtsstand des Erfüllungsorts für vertragliche Ansprüche. Dieser kann grundsätzlich auch auf Ansprüche der Gesellschaft gegen ihre Gesellschafter angewendet werden,[170] also zB auch auf Ansprüche wegen verbotener Einlagenrückgewähr gem Art 129 ACL oder konzernrechtliche Ersatzpflichten gem Art 208 Abs 1 ACL, wohl auch dann, wenn sie durch eine *actio pro socio* geltend gemacht werden. Zu prüfen ist, welcher Ort der Erfüllungsort ist, wobei diese Prüfung nach materiellem Recht vorzunehmen ist; für die Ansprüche einer albanischen Tochtergesellschaft kommt es somit auf albanisches Recht an. Geldschulden sind nach Art 448 ZGB grundsätzlich Bringschulden; der Erfüllungsort für Verbindlichkeiten einer ausländischen Muttergesellschaft gegenüber ihrer albanischen Tochtergesellschaft liegt somit grundsätzlich in Albanien, weswegen auch ein Gerichtsstand in Albanien besteht.

Schließlich kennt Art 80 Abs ç) IPRG auch einen Gerichtsstand am Ort der Niederlassung. Wörtlich weicht die Vorschrift allerdings stark von Art 5 Z 5 EuGVVO ab. Sie stellt nämlich auf Streitigkeiten aus dem Betrieb einer Zweigniederlassung oder einer Tochtergesellschaft einer juristischen Person ab, wobei die Zuständigkeit am Gericht des Ortes besteht, an dem diese ihren „Sitz"[171] hat. Bei wörtlicher Auslegung könnte dies bedeuten, dass die ausländische Muttergesellschaft immer am Sitz der Tochtergesellschaft verklagt werden kann, wenn die Streitigkeit zwischen Drittem und ausländischer Muttergesellschaft auf die Tätigkeit der Tochtergesellschaft zurückzuführen ist, ohne dass es wie nach der EuGVVO darauf ankommt, ob die Tochtergesellschaft eine Zweigniederlassung kraft Rechtsscheins bildet.[172] Freilich ist fraglich, ob die Norm wirklich so zu verstehen ist; denn man kann in der albanischen Rechtsrealität sehr häufig Unsicherheiten über die genaue Abgrenzung der Begriffe „Tochtergesellschaft" und „Zweigniederlassung" beobachten, an denen auch die klare Definition der Zweigniederlassung (keine juristische Person, sondern selbe Rechtspersönlichkeit wie die Gesellschaft selbst) in Art 9 Abs 2 ACL wenig geändert hat. Die Textierung könnte daher auch fehlerhaft erfolgt sein.

Zusammengefasst wird aber für die behandelten gesellschaftsrechtlichen Ansprüche im Regelfall ein Gerichtsstand in Albanien vorliegen. Ob und in welcher Art auf dieser Basis dann erlassenen albanische Urteile im Herkunftsland der Muttergesellschaft vollstreckt werden können, ist nicht Gegenstand dieses Beitrags; jedenfalls kann aber das albanische Vermögen der Muttergesellschaft

---

170 Für alle *Simotta* in Fasching, Zivilprozessgesetze[2] Art 5 EuGVVO Rz 57 f, 61.

171 Das albanische Wort für Sitz (*seli*) passt im Übrigen nicht zur Zweigniederlassung, die einen solchen Sitz nach albanischem Rechtsverständnis nicht haben kann.

172 Vgl dazu *Simotta* in Fasching, Zivilprozessgesetze[2] Art 5 EuGVVO Rz 394 ff. Siehe aber auch *Mayr*, Europäisches Zivilprozessrecht Rz II/67.

– und damit zumindest die Beteiligung an der Tochtergesellschaft selbst – gefährdet sein.

Für die insolvenzrechtliche Zuständigkeit ist Art 4 InsO zu beachten, wobei die Norm anscheinend sowohl die internationale Gerichtsbarkeit als auch die örtliche Zuständigkeit regelt.[173] Für die (örtliche) Zuständigkeit der Gerichte kommt es danach darauf an, wo die insolvente (Tochter-)Gesellschaft ihren Wohnsitz[174] oder Sitz hat; Letzteres könnte sowohl auf den Satzungs- als auch auf den tatsächlichen Verwaltungssitz abstellen. Nachdem Art 4 Abs 2 InsO aber im Zusammenhang mit dem örtlichen Wechsel der Geschäftätigkeit auf das Zentrum der unabhängigen Geschäftsaktivität abstellt,[175] wird die generelle Zuständigkeitsnorm wohl so zu verstehen sein, dass es auf den tatsächlichen Sitz der Hauptverwaltung ankommt.[176] Dieser bestimmt dann auch die internationale Zuständigkeit: Der tatsächliche Sitz der Hauptverwaltung in Albanien begründet die Zuständigkeit der albanischen Insolvenzgerichte,[177] ohne dass es auf den Satzungssitz (und damit häufig das anwendbare Gesellschaftsrecht) ankommt. Das entspricht auch am besten allgemeinen europäischen Grundsätzen.

3. Internationales Privatrecht

Besteht die Zuständigkeit der albanischen Gerichte, so ermitteln diese in einem zweiten Schritt das anwendbare materielle Gesellschaftsrecht. Dieses richtet sich grundsätzlich nach dem Registrierungsort der Gesellschaft (Art 15 Abs 1 IPRG).[178] Art 15 Abs 2 IPRG enthält eine demonstrative Aufzählung zentraler Aspekte, die sich jedenfalls nach dem so bestimmten Recht richten: Gründung, Rechts- und Geschäftsfähigkeit, Organe, Vertretung, Erwerb von Mitgliedschaftsrechten und Rechtsfolgen sowie ausdrücklich auch die Haftung von Organen und (hier die zentrale Frage) von Mitgliedern. In der Sache folgt das albanische IPR somit nicht der Sitztheorie (die für das anwendbare Recht auf den realen Sitz der Hauptverwaltung abstellen würde), sondern der Gründungstheorie, nach der es allein darauf ankommt, wo diese Gesellschaft ursprünglich registriert wurde, ohne dass der Ort eine Rolle spielt, an dem sie ihre Geschäftätigkeit tatsächlich ausübt.

---

173 Dies ergibt sich insbesondere aus Art 4 Abs 3 InsO, der die Zuständigkeit regelt, wenn der Schuldner weder seinen Sitz noch seinen Wohnsitz in Albanien hat; dann kommt es (für ein Sekundärinsolvenzverfahren; vgl zum Umfang Art 278 Abs 2 InsO) darauf an, wo der Schuldner eine Zweigniederlassung oder Vermögen hat.

174 Die InsO stellt sinnstörend auch für juristische Personen auf den Wohnsitz ab.

175 Und weil der seltsame Verweis auf den Wohnsitz vielleicht ebenfalls als Hinweis auf den tatsächlichen Mittelpunkt der Geschäftätigkeit zu verstehen ist.

176 So auch *Holland/Olldashi/Ruci*, ACL 151.

177 Und zwar grundsätzlich für das gesamte Vermögen, unabhängig davon, in welchem Staat sich dieses befindet; Art 278 Abs 1 InsO.

178 Der Gesetzestext lautet unter der Überschrift „Juristische Personen": „(1) Juristische Personen unterliegen dem Recht des Staates, in dem sie registriert sind." Die Verweisung ist im Übrigen wegen Art 3 Abs 2 IPRG eine Sachnormverweisung.

Diese Maßgeblichkeit der Gründungstheorie ergibt sich bei richtiger Lesart auch aus dem Gesellschaftsrecht selbst: Art 8 Abs 2 ACL hält fest, dass auf eine Gesellschaft das albanische Gesellschaftsrecht anwendbar ist, wenn sich die Hauptverwaltung in Albanien befindet; gem Art 8 Abs 1 ACL befindet sich die Hauptverwaltung an dem Ort, an dem der Großteil der Geschäftstätigkeit ausgeübt wird „außer die Satzung enthält eine andere Festlegung".[179] Aus dem Kontext ergibt sich, dass es bei dieser Wahlfreiheit nicht bloß um die Freiheit geht, den Hauptverwaltungssitz innerhalb des Territoriums der Republik Albanien frei festzulegen, sondern dass die Vorschrift auch international-privatrechtliche Bedeutung hat.[180] Schon für das Gesellschaftsrecht folgt daraus, dass die Satzung den Sitz der Hauptverwaltung frei bestimmen kann und auch in das Ausland verlegen kann, in welchem Fall nicht das albanische, sondern ein ausländisches Gesellschaftsrecht anwendbar ist, wenn dieses für seine Anwendbarkeit die Registrierung in jenem Staat genügen lässt.[181]

Eine Diskrepanz zwischen IPRG und Gesellschaftsrecht kann sich allenfalls dann ergeben, wenn die Gesellschaft zwar im Ausland registriert ist (was nach Art 15 IPRG zur Anwendbarkeit des ausländischen Gesellschaftsrechts führt), aber den tatsächlichen Schwerpunkt der Geschäftstätigkeit in Albanien hat und in ihrer Satzung keine andere Festlegung getroffen wurde. Denn in diesem Fall unterliegt die Gesellschaft in Widerspruch zum IPRG nach Art 8 ACL dem albanischen Gesellschaftsrecht. Ob die Auflösung nach dem *lex posterior*-Gedanken zugunsten des IPRG oder nach dem *lex specialis*-Gedanken zugunsten des nicht auf alle juristische Personen, sondern nur auf Handelsgesellschaften anwendbaren ACL zu lösen ist, ist ungeklärt. Aus praktischer Sicht ist dieser Normwiderspruch jedenfalls dadurch zu vermeiden, indem eine entsprechende Festlegung im Gesellschaftsvertrag vorgenommen wird.

Im Ergebnis ist es nach dem albanischen IPR möglich, eine *private limited company* im Vereinigten Königreich zu gründen, deren Geschäftstätigkeit samt tatsächlichem Sitz der Hauptverwaltung sich (zur Gänze) in Albanien befindet; auch albanische Gerichte müssen in diesem Fall auf diese Gesellschaft das Gesellschaftsrecht des Vereinigten Königreichs anwenden. Art 15 IPRG hat dies auf Ebene des gesatzten Rechts klargestellt.

Insofern kann diese Rechtswahlfreiheit durch Registrierung in einem Staat, welcher der Gründungstheorie folgt, aus Sicht der Muttergesellschaft dazu eingesetzt werden, um die strengen Haftungsvorschriften des albanischen Gesellschaftsrechts[182] zu vermeiden. Ob es freilich andere Hindernisse praktischer

---

179 Der Gesetzestext lautet unter der Überschrift „Hauptverwaltung": „(1) Die Hauptverwaltung der Gesellschaft befindet sich an dem Ort, an dem der Großteil der Geschäftsfähigkeit ausgeübt wird, außer die Satzung enthält eine andere Festlegung. (2) Wenn die Hauptverwaltung der Gesellschaft sich im Territorium der Republik Albanien befindet, findet auf die Gesellschaft dieses Gesetz Anwendung."

180 Das Thema erörternd, aber im Ergebnis offen lassend *Holland/Olldashi/Ruci*, ACL 33 ff.

181 So auch schon vor der Einführung von Art 15 IPRG (im Jahre 2011) *Bachner/Schuster/Winner*, ACL 22 f.

182 Zivilrechtliche Haftungsvorschriften, die in dieser Arbeit nicht behandelt wurden, können aber nach anderen Grundsätzen anknüpfen.

oder öffentlich-rechtlicher Natur für solch ein Vorgehen gibt, müsste im Detail noch geklärt werden – praktische Erfahrungen fehlen.

Das Insolvenzrecht ist nicht Thema des IPRG , weswegen auf die InsO zurückzugreifen ist. Auch dieses regelt nur die internationale Zuständigkeit, nicht aber das anwendbare Recht. Dennoch ist davon auszugehen, dass sich zumindest die hier interessierenden Fragen der Haftung für Insolvenzverschleppung, der Verteilungsordnung und des Anfechtungsrechts bei Zuständigkeit der albanischen Gerichte auch nach der albanischen InsO richten.[183]

V. Haftung nach öffentlichem Recht

1. Steuer- und Sozialversicherungsrecht

Steuerschuldner ist nach albanischem Recht grundsätzlich die Tochtergesellschaft. Allerdings enthält das Gesetz über das Steuerverfahren[184] zwei Bestimmungen, welche eine Haftung der Muttergesellschaft für die Steuerschulden ihrer Tochtergesellschaft begründen können:

- Art 97 des Gesetzes über das Steuerverfahren regelt Fälle, in denen die Steuerschuld auf dritte Personen erstreckt wird. Gem Abs 3 der Bestimmung besteht eine subsidiäre Haftung von Personen, die innerhalb der letzten drei Jahre vor der Verständigung von der Beschlagnahme zur Begleichung der Steuerschuld vom Steuerschuldner Gegenstände „deutlich unter dem Marktpreis" erworben haben. Die Haftung ist auf den Wert der übernommenen Sache abzüglich der vom Übernehmer erbrachten Leistung beschränkt. Die Bestimmung hat insbesondere für die GmbH Bedeutung, für die das ACL kein Verbot für Gesellschafter enthält, Leistungen von der Gesellschaft unter ihrem Wert zu beziehen (oben II. 4. b.).

Problematischer ist die Lage bei der AG, für welche Art 130 ACL ein entsprechendes Verbot und Art 129 leg cit eine Verpflichtung enthält, den Fehlbetrag an die Gesellschaft abzuführen; diese Innenhaftung kann durch die Gesellschaft oder durch den Insolvenzverwalter geltend gemacht werden. Da Art 97 des Gesetzes über das Steuerverfahren für solche Sachverhalte auch eine Außenhaftung vorschreibt, stellt sich die Frage, was das für die Innenhaftung gegenüber der Gesellschaft (in der Insolvenz: zugunsten aller Gläubiger) bedeutet. Es ist nur konsequent, dass auch die Haftung gegenüber der Tochtergesellschaft gem Art 129 ACL erlischt, wenn und soweit ihre Steuerverbindlichkeiten beglichen werden. In der Sache bedeutet dies aber eine

---

183 Vgl auch Art 4 der EuInsVO; vgl auch *Maderbacher* in Konecny, Insolvenzgesetze Art 4 EuInsVO Rz 79 f.

184 Gesetz Nr 9.920 vom 19. Mai 2008 über das Steuerverfahren in der Republik Albanien. Das Gesetz ist grundsätzlich für alle Arten von Gebühren- und Steuerschulden anwendbar, es sei denn, die Sondergesetze enthalten gesonderte Bestimmungen. Die Recherche hat diesbezüglich nichts ergeben.

Privilegierung der Republik Albanien gegenüber den restlichen Gläubigern, da die an die Steuerbehörden geleisteten Beträge nicht mehr zur Vermehrung der Haftungsmasse herangezogen werden können.

- Art 99 des Gesetzes über das Steuerverfahren enthält für Handelsgesellschaften einen Verweis auf Art 16 ACL (dazu oben II. 6.). Danach erstreckt sich die nach jener Vorschrift allenfalls bestehende Haftung der Muttergesellschaft[185] auch auf die Steuerschulden der Tochtergesellschaft – eine grundsätzlich überflüssige Normierung. Jedoch enthält Art 99 Abs 1 leg cit eine wichtige Beschränkung gegenüber der gesellschaftsrechtlichen Norm: Die Haftung besteht nur subsidiär, wenn nämlich die Begleichung der Steuerschuld durch den Verkauf der beschlagnahmten Gegenstände des Steuerschuldners nicht zur Gänze gelingt. Art 99 Abs 3 leg cit hält (erläuternd) fest, dass diese Haftung auch noch besteht, wenn die Steuerschuld nach dem Ende des Liquidations- oder Insolvenzverfahrens nicht beglichen ist.

Diese Vorschriften waren in der Praxis bereits eine Grundlage dafür, ausländische Muttergesellschaften für Steuerschulden der albanischen Tochtergesellschaft in Anspruch zu nehmen (vgl oben I. 3.).

Ähnliche Bestimmungen bestehen für sozialrechtliche Verbindlichkeiten. Art 14 des Gesetzes über den Einzug der verpflichtenden Sozial- und Gesundheitsbeiträge in Albanien[186] hält fest, dass die Sozialversicherungsorgane Beschränkungen in Einklang mit dem Gesetz über das Steuerverfahren[187] anwenden können. Der Verweis wird so verstanden, dass er auch Art 97 und Art 99 jenes Gesetzes erfasst, woraus sich ergibt, dass die Muttergesellschaft unter den dort genannten Voraussetzungen auch für Rückstände der Tochtergesellschaft aus der verpflichtenden Sozialversicherung haftet. Die Beitragszahlungen haben im Übrigen Vorrang vor steuerrechtlichen Verbindlichkeiten.[188]

2. Haftung für Verwaltungsstrafen der Tochtergesellschaft

Nach albanischem Recht können verschiedene Behörden Verwaltungsstrafen verhängen; dies richtet sich grundsätzlich nach dem materiellen Recht. Allerdings gibt es ein Gesetz über Verwaltungsverstöße,[189] das verfahrensrechtliche und allgemeine Regeln für alle diesbezüglichen Entscheidungen der öffentlichen Hand enthält.

---

185 Ebenso wie diejenige der Geschäftsführer.
186 Gesetz Nr 9.136 vom 11. September 2003.
187 Der Verweis betrifft noch das alte Gesetz Nr 8.560 vom 22. Dezember 1999 über das Steuerverfahren in der Republik Albanien. Der Verweis wird dynamisch ausgelegt und bezieht sich somit auf das nun geltende Gesetz Nr 9.920.
188 Art 18 des Gesetzes Nr 7.703 vom 11. Mai 1993 über die Sozialbeiträge in Albanien.
189 Gesetz Nr 10.279 vom 20. Mai 2010 über Verwaltungsverstöße.

Art 38 dieses Gesetzes[190] enthält eine Vorschrift über den Übergang der Zahlungsverpflichtung: Wurde eine Person über eine von einer Verwaltungsbehörde verhängte Geldstrafe informiert und überträgt sie „Rechte über ihr Eigentum" vor der Vollstreckung der Entscheidung an einen Dritten mit der Absicht, die Zahlung der Strafe zu vermeiden, so haftet der Dritte subsidiär für die Geldstrafe bis zum Wert der übertragenen Güter. Auf eine Kenntnis des Dritten kommt es anscheinend nicht an; der Wortlaut sieht auch keine Anrechnung der vom Dritten erbrachten Gegenleistung vor, wobei man dies vielleicht damit lösen kann, dass in diesem Ausmaß offensichtlich keine Absicht besteht, die Zahlung der Geldstrafe zu vermeiden.

Die Vorschrift kann im vorliegenden Kontext Bedeutung gewinnen, wenn die Tochtergesellschaft Aktiva an die Muttergesellschaft unter dem Wert überträgt; der Wortlaut deckt jedoch den Fall nicht ab, dass die Tochtergesellschaft sonstige Leistungen ohne Einräumung von Rechten über das Eigentum an die Muttergesellschaft erbringt, die dem Drittvergleich zu ihrem Nachteil nichts standhalten.

VII. Schlussbemerkung

Das albanische Gesellschaftsrecht schießt mit seinen Haftungsregeln über das Ziel. Es besteht die Gefahr, dass in der konzernrechtlichen Realität kein Haftungsprivileg der Konzernmutter besteht[191] – es sei denn, man legt den Tatbestand der Kontrollgruppe eng aus und geht davon aus, dass eine solche Gruppe nur vorliegt, wenn die Weisungen praktisch alle unternehmerischen Entscheidungen der Tochtergesellschaft betreffen und ihr daher kein eigener Entscheidungsbereich verbleibt. Genauso problematisch ist der Tatbestand der Anteilsvereinigung, zumindest gefährlich wäre eine falsche Auslegung von Art 16 über den Rechtsformmissbrauch.Es war dem Gesetzgeber vielleicht nicht bewusst, dass der Ausschluss der Haftung der Konzernmutter nicht nur deren Gesellschaftern, sondern auch den Gläubigern der Konzernmutter dient; denn diese können darauf vertrauen, dass das Vermögen der Konzernmutter[192] ihnen allein als Haftungsmasse zur Verfügung steht, ohne dass sie mit den Gläubigern der Tochtergesellschaft konkurrieren. Der albanische Gesetzgeber hat sich hingegen zu einem weit gehenden Schutz der Gläubiger der Tochtergesellschaft auf Kosten der Gläubiger der Muttergesellschaft entschieden. Abseits aller bestehenden Gefahren für die Gläubiger aus der Konzernierung rechtlich

---

190 Art 39 sieht darüber hinaus vor, dass Verwaltungsorgane von Handelsgesellschaften für Verwaltungsstrafen der von ihnen vertretenen Gesellschaft persönlich haften, wenn sie die Strafe nicht fristgerecht namens der juristischen Person begleichen.

191 In diese Richtung auch *Holland/Olldashi/Ruci*, ACL 49: „[…] the principle of limited liability cannot be understood as a safety zone *per se*."; ebenso aaO 167.

192 Davon ist natürlich die Beteiligung an der Tochtergesellschaft selbst ausgenommen, auf die im wirtschaftlichen Ergebnis die Gläubiger der Tochtergesellschaft einen vorrangigen Zugriff haben.

unabhängiger Gesellschaften sollte man sich bewusst machen, dass die Haftungsabschottung manche Gläubiger benachteiligt, andere aber schützt. Diesen Schutz der anderen versagt das albanische Gesellschaftsrecht.

Hinzu kommt, dass es gerade für die Gläubiger der Muttergesellschaft nicht ohne weiteres ersichtlich ist, ob sie den ihnen zur Verfügung stehenden Haftungsfonds mit einer anderen Gläubigergruppe, nämlich derjenigen der Tochtergesellschaft, teilen müssen. Wann Weisungen iSv Art 208 Abs 1 ACL vorliegen, ist gerade für die Gläubiger der Muttergesellschaft in der Praxis nicht klar zu erkennen. Ob eine Anteilsvereinigung erfolgt ist, können sie bei Kreditvergabe schon überhaupt nicht wissen. Bei ihrer Kreditierungsentscheidung gehen Gläubiger daher ein erhebliches Risiko ein, das sie sich durch höhere Kapitalkosten abkaufen lassen werden.

Diese gesetzliche Ausgangslage ist insbesondere deswegen unglücklich, weil die Tatbestände nicht klar umrissen sind, bei deren Vorliegen ein Haftungsdurchgriff erfolgt. Das gilt schon auf gesetzlicher Ebene und wird noch dadurch verstärkt, dass es nur wenige Vorbilder gibt, an denen man sich orientieren kann. Hinzu kommt, dass Rechtsprechung soweit ersichtlich völlig fehlt und der gesellschaftsrechtliche Kenntnisstand albanischer Richter nicht sehr hoch ist. Gerade die hohe Unbestimmtheit so mancher Rechtsbegriff eröffnet dem albanischen Richter viel Entscheidungsspielraum und kann zu Urteilen führen, die ohne genaue Kenntnis der lokalen Gepflogenheiten nur schwer nachzuvollziehen sind.

In der Sache kann dieses zusätzliche rechtliche Risiko wohl nur durch besonders hohe Ertragschancen aufgewogen werden, um einen ausländischen Unternehmer zu bewegen, am albanischen Markt durch eine Tochtergesellschaft tätig zu werden. Inwieweit die IPR-rechtlich vorgegebene Möglichkeit, eine in Albanien agierende Tochtergesellschaft in einer ausländischen Rechtsform zu betreiben, in der albanischen Rechtsrealität funktioniert, ist ungeklärt. Zumindest theoretisch könnten dadurch die aus dem albanischen Gesellschaftsrecht resultierenden Haftungsrisiken vermieden werden.

Rechtsquellen und Literaturverzeichnis

Rechtsquellen

Gesetz Nr 7.638 vom 19. November 1992 über Handelsgesellschaften (außer Kraft).
Gesetz Nr 7.703 vom 11. Mai 1993 über die Sozialbeiträge in Albanien.
Gesetz Nr 8.537 vom 11. Dezember 1999 über Sicherheiten.
Gesetz Nr 8.560 vom 22. Dezember 1999 über das Steuerverfahren in der Republik Albanien (außer Kraft).
Gesetz Nr 8.901 vom 23. Mai 2002 über Insolvenzverfahren.
Gesetz Nr 9.109 vom 17. Juli 2003 über die Rechtsberufe in der Republik Albanien.
Gesetz Nr 9.136 vom 11. September 2003 über den Einzug der verpflichtenden Sozial- und Gesundheitsbeiträge in Albanien.

Gesetz Nr 9.267 vom 29. Juli 2004 über die Aktivität von Versicherern, Rückversicherern und Intermediären im Bereich der Versicherung und Rückversicherung.

Gesetz Nr 9.662 vom 18. Dezember 2006 über Banken in der Republik Albanien.

Gesetz Nr 9.723 vom 3. Mai 2007 über das Nationale Registrierungszentrum.

Gesetz Nr 9.754 vom 14. Juni 2007 über die strafrechtliche Verantwortlichkeit juristischer Personen.

Gesetz Nr 9.901 vom 14. April 2008 über Unternehmer und Gesellschaften idgF.

Gesetz Nr 9.920 vom 19. Mai 2008 über das Steuerverfahren in der Republik Albanien.

Gesetz Nr 10.279 vom 20. Mai 2010 über Verwaltungsverstöße.

Gesetz Nr 10.428 vom 2. Juni 2011 über Internationales Privatrecht.

Strafgesetzbuch der Republik Albanien, Gesetz Nr 7.895 vom 27. Januar 1995 idgF.

Zivilgesetzbuch der Republik Albanien, Gesetz Nr 7.850 vom 29. Juli 1994 idgF.

Zivilprozesskodex der Republik Albanien, Gesetz Nr 8.116 vom 29. März 1996 idgF.

Literatur zum albanischen Recht

Bachner/Schuster/Winner, The New Albanian Company Law: Interpreted According to its Sources in European Law – Ligji I Ri Shqiptar për Shoqeritë Tregtare: Interpretuar Sipas Burimive të til në të Drejtën Evropiane (Tirana, 2009) (zitiert als *Bachner/Schuster/Winner*, ACL [Seite]).

Dine, Jurisdictional arbitrage by multinational companies. A national law solution?, Journal of Human Rights and the Environment, Vol 3 No 1, March 2012, 44.

Dine/Blecher, Albanian Company Law Reform 2007 – Final Policy Paper (2007).

Dine/Blecher (supported by *Shpati Hoxha* and *Blerina Raça*), The New Law 'On Entrepreneurs and Companies' Text with Commentary, unpublished.

Dine/Koutsias/Blecher, Company Law in the New Europe (2007).

European Commission, Commission Staff Working Document: Albania 2012 Progress Report, COM(2012) 600 final (http://www.google.at/url?sa=t&rct=j&q=progress%20 report%20albania%202012&source=web&cd=1&sqi=2&ved=0CDEQFjAA&url=h ttp%3A%2F%2Fec.europa.eu%2Fenlargement%2Fpdf%2Fkey_documents%2F201 2%2Fpackage%2Fal_rapport_2012_en.pdf&ei=SsUbUdq2E82O4gSgkoG4BQ&us g=AFQjCNEmmj22j3fDK9pHpwVTfTfXMCWPlQ).

Hima, Acquis application in Albanian Company Law in comparison with other EU states in relation to Corporate Management (Master Thesis, University of Graz, 2001) (http://papers.ssrn.com/sol3/papers.cfm?abstract_id=1899064).

Holland/Olldashi/Ruci, Legal Commentary – Albanian Company Law (2012) (zitiert als *Holland/Olldashi/Ruci*, ACL [Seite]).

Lobet, Seizing the opportunity for effective legal reform in Albania, in Worldbank, Celebrating Reform 2009 (o.J.) 52 (http://www.doingbusiness.org/~/media/GIAWB/ Doing%20Business/Documents/Reforms/Case-Studies/2009/DB09-CS-Albania. pdf).

Schuster/Winner, Disa komente mbi Ligjin e ri për Tregtarët dhe Shoqëritë Tregtare, Journal of the Albanian School of Magistrates, Vol 3/2010, 130.

Allgemeine Literatur

Doralt/Nowotny/Kalss, Kommentar zum AktG[2] (2012).

Hachenburg, GmbHG[8] (1990 ff).

Fasching, Zivilprozessgesetze[2] (2000 ff).

Jabornegg/Strasser, Kommentar zum AktG[5] Band I (2011) u Band II (2010).

Kalss/Nowotny/Schauer, Österreichisches Gesellschaftsrecht (2008).

Konecny, Insolvenzgesetze (Loseblatt).

Koppensteiner/Rüffler, Kommentar zum GmbHG[3] (2007)

Mayr, Europäisches Zivilprozessrecht (2011).

Münchener Kommentar zur Insolvenzordnung[2] (2008).

Roth/Altmeppen, GmbHG[7] (2012).

K Schmidt, Gesellschaftsrecht[4] (2002).

K Schmidt/Uhlenbruck, Die GmbH in Krise, Sanierung und Insolvenz[4] (2009).

Ulrich Torggler, Fünf (Anti-)Thesen zum Haftungsdurchgriff, JBl 2006, 85.

Wimmer, Frankfurter Kommentar zur Insolvenzordnung[5] (2009).

Winner, Die Rechtsfolgen verdeckter Sacheinlagen – ein Fall für den Gesetzgeber, RdW 2010, 467.

Winner, Haftung der Muttergesellschaft im Konzern – Versuch einer Systematisierung mit rechtsvergleichenden Hinweisen, in Winner/Cierpial-Magnor, Rechtsprobleme im Konzern (2012) 181.

Haftungsrisiken für Muttergesellschaften in Konzernstrukturen nach dem bulgarischen Recht

Waltschin Daskalov

Inhaltsverzeichnis

I. Einleitung

1. Allgemeines

Noch vor der politischen Wende im Herbst 1989 versuchte man in Bulgarien, eine marktorientierte Wirtschaft einzuführen. Anfang 1989 öffnete der kommunistische Staat die Tür für die Entstehung einer freien Marktwirtschaft. Mit dem *Erlass Nr. 56 über die Wirtschaftstätigkeit*[1] wurde nach einer Pause von ca. 40 Jahren die private unternehmerische Initiative wieder erlaubt. Geregelt wurden primitive Formen von Handelsgesellschaften, die im *Erlass Nr. 56*

---

1 Veröffentlicht im GB Nr 4/1989, aufgehoben im GB 63/1994.

„*Firmen*" genannt wurden. Innerhalb von einigen Monaten wurden mehrere solche Unternehmen gegründet. Ihre Regelung wurde durch das neue bulgarische *Handelsgesetz*[2] von 1991 wesentlich verbessert. Mit diesem Gesetz wurde das aktuelle bulgarische Gesellschaftsrecht[3] geschaffen. Es beruht nicht auf den alten Traditionen der Zeit vor der kommunistischen Revolution – die alten Gesellschaftsformen wurden auf Basis der modernsten Ideen und den Erfahrungen der entwickelten europäischen Länder neu geregelt. Schwerpunkt waren die Kapitalgesellschaften. Die Regelungen waren relativ einfach. Wichtige Grundsätze des Gesellschaftsrechts, wie zB Gleichbehandlung, Treuebindung und Kapitalerhaltung, waren nicht ausdrücklich geregelt – es fehlten auch allgemeine Vorschriften, um die Einhaltung dieser Prinzipien zu gewährleisten. Etwas detaillierter war die Aktiengesellschaft geregelt[4]. Das neue Gesellschaftsrecht entwickelte sich parallel mit der Durchsetzung der neuen wirtschaftlichen Verhältnisse weiter. Ein wichtiger Schritt in diese Richtung war der EU-Beitritt Bulgariens. Eine der wichtigsten Voraussetzungen dafür war die Anpassung der nationalen Rechtsordnung an die EU-Prinzipien. Diese Rechtsanpassungen gaben der bulgarischen Gesetzgebung neuen Aufschwung. Von besonderer Bedeutung sind im Bereich des Gesellschaftsrechts die großen HG-Novellen von 2000[5] und 2003[6]. Sie dienten der Anpassung des bulgarischen Gesellschaftsrechts an die Erste, Zweite, Dritte, Sechste und Zwölfte EU-Richtlinie.

Von wesentlicher Bedeutung für die weitere Entwicklung der Marktwirtschaft war die umfassende Privatisierung der Produktionsmittel, die zu dieser Zeit zur Gänze dem Staat gehörten. Dafür war aber eine Umstrukturierung der staatlichen Unternehmen notwendig. Mit dem *Gesetz über die Umwandlung und Privatisierung von staatlichen und kommunalen Unternehmen*[7] wurde das Verfahren für die Umwandlung der alten sozialistischen Unternehmen in Einpersonen-Handelsgesellschaften[8] geregelt. Durch konsequente Umwandlungen wurde der bulgarische Staat innerhalb von einigen Jahren zum größten

---

2　Originaltitel: *Търговски закон*, fortan *HG*, veröffentlicht in Darjaven Vestnik (Gesetzblatt, fortan GB) Nr 48 vom 18.6.1991, idF GB Nr 20/2013, vgl die dt. Übersetzung im Handbuch Wirtschaft und Recht in Osteuropa (fortan WiRO), B. 4/Länderteil Bulgarien (BG), HGB 300, S. 1–200.

3　Die gesellschaftsrechtlichen Regelungen befinden sich im Teil 2 des HG. Bis zum 1.4.2012 wurde das HG 59 Mal novelliert.

4　Laut P. 2 der Begründungen zum Entwurf des Handelsgesetzes. Als Grundlage der Regelung der AG diente der Statutenentwurf der „Europäischen Aktiengesellschaft" aus dem Jahre 1989.

5　Veröffentlicht im GB Nr 84 vom 13.10.2000; vgl *Герджиков и др.*, Промените в търговското право (*Gerdjikov et al.*, Die Änderungen im Handelsrecht), Sofia, 2000.

6　Veröffentlicht im GB Nr 58 vom 27.6.2003; vgl *Daskalov, W.*, Die große Novelle des bulgarischen Handelsgesetzes 2003, eastlex, Wien, 01/2003.

7　Originaltitel: *Закон за преобразуване и приватизация на държавни общински предприятия*, fortan *GUPSKU*, veröffentlicht im GB Nr 38 vom 8.5.1992, aufgehoben GB 28/2002, keine aktuelle dt. Übersetzung bekannt.

8　Die Einpersonen-Gründung von Aktiengesellschaften war nur für staatliche und kommunale Unternehmen zulässig. Erst mit der HG-Novelle 2000 wurde diese allgemein erlaubt.

Inhaber von Aktien und Geschäftsanteilen an Kapitalgesellschaften. Die meisten der ehemaligen Betriebskonglomerate wurden in Aktiengesellschaften bzw auch in Holdinggruppen umgewandelt. Dadurch entstanden mehrere Gruppen von verbundenen Unternehmen. Diese unterschieden sich nicht wesentlich von den im deutschen Recht bekannten Konzernen. Der bulgarische Staat war der Einzel- bzw Mehrheitsgesellschafter und führte und kontrollierte diese Unternehmensgruppen.

Nach den Umwandlungen wurde auch eine umfassende Privatisierung der Produktionsmittel durch Veräußerung von Aktien und Geschäftsanteilen gestartet. Wichtig für die weitere Entwicklung des Gesellschaftsrechts war die so genannte „Massenprivatisierung". Mit einer Novelle des *GUPSKU* im Jahr 1994[9] wurde für alle volljährigen bulgarischen Staatsbürger die Möglichkeit geschaffen, sich durch Investitionsbons an der Privatisierung zu beteiligen. Jeder Interessierte konnte sich selbständig an einem oder mehreren Privatisierungsverfahren beteiligen. Das *Gesetz über die Privatisierungsfonds*[10] von 1996 regelte ausdrücklich die Möglichkeit für gemeinsame Beteiligungen an der Massenprivatisierung. Das führte zur Gründung von mehreren Privatisierungsfonds in Form von Aktiengesellschaften. Die Wertpapierkommission lizenzierte 1996 mehr als 90 Privatisierungsfonds[11]. Nach dem Abschluss der Massenprivatisierung fungierten fast alle dieser Fonds als Holdinggesellschaften[12] weiter. Durch die Massenprivatisierung entstanden damals mehr als 6.000 Aktiengesellschaften, die jeweils mehrere Kleinaktionäre hatten.

Die Publikumsgesellschaft[13] wurde aber erst 1998 zum ersten Mal im *Gesetz über die Wertpapiere, die Fondsbörsen und die Investitionsgesellschaften*[14] geregelt (neuer Abschnitt IV im Kapitel 7). Ein großer Teil der dem EU-Beitritt Bulgariens folgenden gesetzgeberischen Maßnahmen für die Harmonisierung des Rechts betraf genau diese Regelungen. Die letzten Änderungen des *Geset-*

---

9   Veröffentlicht im GB Nr 51 vom 24.6.1994.

10 Originaltitel: *Закон приватизационните фондове,* veröffentlicht im GB Nr 1 vom 2.1.1996, idF GB 67/2008, keine aktuelle dt. Übersetzung bekannt.

11 S. *Бузева, Т.,* Отправни пунктове на уредбата на икономическите групи в българското право (*Buseva, T.,* Ausgangspunkte der Regelung der Unternehmensgruppen im bulgarischen Recht), в Юбилеен сборник в памет на професор Витали Таджер (in Festschrift Professor Vitali Tadjer), Sofia, 2003, S. 55.

12 Zum 23.11.2011 sind 69 Privatisierungsfonds in Holdinggesellschaften umgegründet worden, 52 von ihnen funktionieren noch immer als Publikumsgesellschaften, 17 als nicht börsennotierte AG. Drei Privatisierungsfonds sind in Investitionsgesellschaften umgewandelt worden, neun sind aufgelöst und abgewickelt worden (Quelle: Internetseite der Kommission für Finanzaufsicht http://www.fsc.bg/Bivshi-privatizacionni-fondove-bg-97, Zugriff am 17.4.2013).

13 Die Publikumsgesellschaft ist eine besondere Art von AG – für sie gelten grundsätzlich die allgemeinen Regelungen des HG. Das *Gesetz über das öffentliche Angebot von Wertpapieren* schreibt aber für sie zahlreiche Abweichungen und spezielle Regeln vor. S. *Калайджиев, А.,* Публичното дружество (*Kalajdjiev, A.,* Die Publikumsgesellschaft), Sofia, 2002.

14 Originaltitel: *Закон за ценните книжа, фондовите борси и инвестиционните дружества,* veröffentlicht im GB Nr 63 vom 14.7.1995, aufgehoben durch das *Gesetz über das öffentliche Angebot von Wertpapieren* (GB Nr 114/1999).

zes über das öffentliche Angebot von Wertpapieren[15] wurden der Anpassung an die entsprechenden EU-Richtlinien[16] gewidmet. Von besonderer Bedeutung waren die großen GÖAW-Novellen aus den Jahren 2007[17] und 2009[18]. Mit der ersten Novelle wurde das Übernahmeverfahren (Kapitel 11 GÖAW) an die EU-Richtlinie 2004/25/EG angepasst[19]. Die Novelle von 2009 diente der fast vollständigen Umsetzung der EU-Richtlinie 2007/36/EG über den Schutz der Aktionärsrechte[20]. Die nachfolgende Kapitalumstrukturierung führte im Laufe der Zeit zu einem starken Anstieg an Deregistrierungen von Publikumsgesellschaften.

Nach der Öffnung Bulgariens für fremdes Investitionskapital wurden langsam viele große internationale Konzerne zu einem Teil der bulgarischen Wirtschaft. Die Auslandsinvestitionen wurden durch die Möglichkeit für Einpersonen-Gründungen von GmbHs zusätzlich erleichtert. Das förderte die Entstehung von zahlreichen Tochtergesellschaften, die zu internationalen Konzernen gehören. In der wirtschaftlichen Praxis ist ein wesentlicher Teil international bekannter Unternehmensgruppen schon durch eigene inländische Tochtergesellschaften in Bulgarien präsent.

2. Unterschiede GmbH und AG

Die GmbH und die AG sind juristische Personen (Art 63 Abs 3 HG) und Formkaufleute (Art 1 Abs 2 Z 1 HG). Das HG definiert diese Gesellschaften ausdrücklich als Kapitalgesellschaften (Art 64 Abs 3 HG). Bei beiden Gesellschaftsarten genießen die Gesellschafter eine Beschränkung der Haftung. Die jeweilige Gesellschaft haftet für ihre Verbindlichkeiten mit ihrem eigenen Vermögen. Die Gesellschafter haften für die Schulden der Gesellschaft nicht. Im schlimmsten Fall könnte der Wert ihrer Beteiligung reduziert werden oder diese überhaupt verloren gehen. Eine Gefahr für das übrige Vermögen der Gesellschafter besteht aber nicht. Daher werden in Bulgarien die meisten Handelsgesellschaften entweder in Form einer GmbH oder einer AG gegründet. Dies gilt besonders für ausländische Investoren.

---

15 Fortan *GÖAW*, Originaltitel: *Закон за публично предлагане на ценни книжа*, veröffentlicht im GB Nr 114 vom 30.12.1999, idF GB Nr 103/2012, keine aktuelle dt. Übersetzung bekannt.
16 ZB an die EU-Richtlinie 2004/109/EG (s. die Begründungen des Gesetzesentwurfes 602-01-66/2006); vgl auch die EU-Richtlinie 93/22/EGW (s. P. 9 der Begründung des Gesetzesentwurfes 602-01-106/2006). Alle Gesetzesentwürfe, inkl. der Begründung des Einbringers, sind unter dieser Nummer auf der Homepage des bulgarischen Parlaments als PDF-Dateien (auf Bulgarisch) verfügbar (unter: http://www.parliament.bg/bg/bills/).
17 Veröffentlicht im GB Nr 52 vom 29.6.2007.
18 Veröffentlicht im GB Nr 23 vom 27.3.2009.
19 S. die Begründungen des Gesetzesentwurfes 702-01-17/2007.
20 S. die Begründungen des Gesetzesentwurfes 902-01-7/2009.

a) Die Gesellschaft mit beschränkter Haftung

Die GmbH ist im HG relativ einfach geregelt. Sie ist die am häufigsten gegründete Form der Handelsgesellschaft in Bulgarien[21]. Die Tochtergesellschaften von ausländischen Konzernen werden fast immer in der Form einer Einpersonen-GmbH gegründet.

Folgende Vorteile sind hervorzuheben:

- Einfache und billige Gründung – für den Gesellschaftervertrag bzw den Gründungsakt (bei der Einpersonen-GmbH) ist die einfache schriftliche Form ausreichend. Die Erstellung eines Notariatsaktes ist nicht notwendig;
- Kein obligatorisches Mindeststammkapital – formell schreibt Art 117 Abs 1 HG ein obligatorisches Mindeststammkapital vor, dieses beträgt aber nur BGN 2,– (ca EUR 1,–);
- Einfache und billige Geschäftsführung – ausreichend ist ein Geschäftsführer. Als Geschäftsführer könnte auch eine ausländische Person, die keinen ständigen Aufenthalt bzw Wohnsitz in Bulgarien hat, bestellt werden. Ein obligatorisches Aufsichtsorgan ist in keinem Fall vorgesehen. Die Gesellschafter könnten einen Kontrolleur bestellen, der ist aber immer ein fakultatives Organ;
- Über die Leistung von Nachschüssen durch die Gesellschafter (Art 134 HG) gewährt das HG eine gute Möglichkeit für die schnelle Einzahlung von eigenem Kapital, wobei dieses formell kein Bestandteil des eingetragenen Stammkapitals wird.

Die GmbH hat aber auch einige Nachteile, die bestimmte Handlungen und Geschäfte erschweren können:

- Die Übertragung von Geschäftsanteilen erfolgt aufgrund eines Vertrags mit notarieller Beurkundung der Unterschriften und ist erst mit ihrer Eintragung im Handelsregister (Art 129 Abs 2 HG) gültig. Eine schnelle Übertragung (zB innerhalb eines Tages) ist daher nicht möglich. Die Namen der Gesellschafter werden im Handelsregister eingetragen – jede Anonymität ist ausgeschlossen;
- Über bestimmte Geschäftsangelegenheiten, wie etwa Liegenschaftsgeschäfte, Eröffnung und Schließung von Zweigniederlassungen und Beteiligungen an anderen Handelsgesellschaften, hat die Gesellschafterversammlung obligatorisch zu entscheiden (vgl Art 137 Abs 1 HG);
- Die Beschlüsse der Gesellschafterversammlung über die wichtigsten Angelegenheiten benötigen eine qualifizierte Mehrheit[22] vom ganzen Kapital. Ka-

---

21 S. *Daskalov,W.,* Die GmbH gemäß dem bulgarischen Gesellschaftsrecht, Arbeitspapier Nr 9, Forschungsinstitut für Mittel- und osteuropäisches Wirtschaftsrecht (FOWI), Wirtschaftsuniversität Wien, 1993.

22 Laut Art 137 Abs 3 HG benötigen die Beschlüsse über Änderungen und Ergänzungen des Gesellschaftervertrags, Aufnahme und Ausschluss von Gesellschaftern, Zustimmungen zur Übertragung von Geschäftsanteilen an neue Gesellschafter und für die Eintreibung von Nachschüssen eine qualifizierte Dreiviertelmehrheit vom ganzen Kapital.

pitalerhöhungen und -herabsetzungen benötigen Einstimmigkeit (vgl Art 137 Abs 3 HG).

b) Die Aktiengesellschaft

Die AG ist viel detaillierter als die AG im HG geregelt[23], dafür aber komplizierter und teurer zu gründen. Die Geschäftsführung ist komplizierter, auch wenn das bulgarische Recht das einstufige Verwaltungssystem kennt. Bei diesem System hat die AG kein Aufsichtsorgan, sondern nur einen Direktorenrat, der mindestens drei Mitglieder haben soll, welche direkt von der Hauptversammlung der Aktionäre gewählt werden. Daher wird diese Gesellschaftsform viel seltener verwendet. Folgende Vorteile sind für die AG typisch:

* Die Aktien werden schnell und unkompliziert übertragen – die Inhaberaktien werden bloß übergeben. Für die Namensaktien sind ein Indossament und die nachfolgende Eintragung ins Aktionärsbuch ausreichend (Art 185 Abs 2 HG). Die Aktionäre werden ins Handelsregister nicht eingetragen (die Ausnahme ist der Fall, wenn in der AG nur ein Aktionär verbleibt – Art 174 Abs 2 HG);
* Die Hauptversammlung der Aktionäre entscheidet nur über die wichtigsten Angelegenheiten, alle alltäglichen Geschäfte und Probleme bleiben dem Verwaltungsorgan überlassen (Art 221 HG);
* Das obligatorische Mindeststammkapital ist relativ niedrig: BGN 50.000,– (= EUR 25.564,59).

Noch komplizierter ist die Regelung der Publikumsgesellschaft. Neben den allgemeinen Vorschriften der HG gelten auch die speziellen Regelungen des GÖAW. Der Begriff „Publikumsgesellschaft" ist mit dem im deutschsprachigen Raum verwendeten Begriff „börsennotierte Aktiengesellschaft" fast identisch. Die bulgarische „Publikumsgesellschaft" hat aber einen viel weiteren Umfang: Die Regelungen betreffen nicht nur diejenigen Gesellschaften, die am offiziellen, geregelten Markt gehandelt werden, sondern auch AGs, deren Aktien auch an inoffiziellen oder offiziellen, aber nicht geregelten Märkten gehandelt werden[24].

3. Rechtsquellen

Das bulgarische Gesellschaftsrecht ist im HG geregelt. Wichtige Regelungen sind auch im Kapitalmarktrecht (GÖAW und das *Gesetz über die Märkte*

---

23 S. *Daskalov,W.,* Einführung in das bulgarische Aktienrecht, Arbeitspapier Nr 109, FOWI, WU-Wien, 2005.

24 Über die Besonderheiten der verschiedenen Arten von Wertpapiermärkten in Bulgarien s. *Касабова К.,* Правни аспекти на финансовите инструменти (*Kasabova, K.,* Rechtliche Aspekte von Finanzinstrumenten), Sofia, 2007, S. 64 ff.

von Finanzinstrumenten[25]) beinhaltet. Subsidiär sind auch die Regelungen des allgemeinen Zivilrechts, insbesondere das *Gesetz über die Schuldverhältnisse und die Verträge,*[26] anwendbar. Einzelne Regelungen sind auch in anderen Rechtszweigen enthalten.

In den nachfolgenden Normativakten sind auch einzelne Regelungen, die mit dem Thema verbunden sind, enthalten:

- Rechnungslegungsgesetz;
- Gesetz über die Kreditinstitutionen[27];
- Verordnung Nr. 13 vom 22.12.2003 über die Übernahmeangebote für Kauf und Tausch von Aktien[28];
- Wettbewerbsschutzgesetz[29];
- Sozialversicherungsgesetzbuch[30];
- Versicherungsgesetzbuch[31].

4. Bedeutung des Themas

Die rasche Entwicklung der bulgarischen Wirtschaft in den letzten Jahren hat logischerweise zur Bildung von konzernähnlichen Unternehmensgruppen[32] geführt. Auch wenn das bulgarische Recht die Unternehmensgruppen nicht ausdrücklich und systematisch regelt, entstehen in den bulgarischen Wirtschaftsverhältnissen mit den Unternehmensgruppen verbundene Interessenkollisionen und andere typische Probleme. Sie benötigen ihre adäquaten rechtlichen Lösungen. Langsam wird die Gesetzgebung durch zahlreiche Novellen angepasst. Eine besondere Rolle hat der EU-Beitritt Bulgariens gespielt. Die Harmonisierung des bulgarischen Rechts mit dem europäischen hat viel für seine Modernisierung gebracht. Die zwei wichtigsten Schutzeinrichtungen im Konzernrecht – Schutz der Minderheitsgesellschafter und Schutz der Gläubiger – sind in Bulgarien ungleichmäßig entwickelt. Die Umsetzungsmaßnahmen haben vorwiegend

---

25 Originaltitel: *Закон за пазарите на финансови инструменти*, veröffentlicht im GB Nr 52 vom 29.6.2007, idF GB Nr 103/2012.

26 Fortan *GSV*, Originaltitel: *Закон за задълженията и договори*, veröffentlicht im GB Nr 275 vom 22.11.1950, idF GB Nr 50/2008.

27 Fortan *GKI*, Originaltitel: *Закон за кредитните институции*, veröffentlicht im GB Nr 59 vom 21.7.2006, idF GB Nr 44/2012.

28 Originaltitel: *НАРЕДБА № 13 от 22.12.2003 г. за търгово предлагане за закупуване и замяна на акции*, veröffentlicht im GB Nr 4 vom 16.1.2004, idF GB Nr 13/2009.

29 Fortan *WSG,* Originaltitel: *Закон за защита на конкуренцията*, veröffentlicht im GB Nr 102 vom 28.11.2008, idF GB Nr 15/2013.

30 Fortan *SVGB*, Originaltitel: *Кодекс за социално осигуряване*, veröffentlicht im GB Nr 110 vom 17.12.1999, idF GB Nr 20/2013.

31 Fortan *VGB*, Originaltitel: *Кодекс за застраховането*, veröffentlicht im GB Nr 103 vom 23.12.2005, idF GB Nr 20/2013

32 S. ausführlich *Buseva, T.*, Unternehmensgruppen in Bulgarien, in *Hopt/Jessel-Holst/Pistor* (Hrsg.), Unternehmensgruppen in mittel- und osteuropäischen Ländern, Tübingen, 2003, S. 253 ff.

den Schutz der Minderheitsaktionäre verbessert[33], wobei die meisten Novellen die Publikumsgesellschaften betreffen. Im Jahre 2007 wurde das Übernahmeverfahren an die Übernahmerichtlinie (2004/25/EG) angepasst[34]. Das moderne Übernahmerecht gilt aber nur für Aktionäre der Publikumsgesellschaften. Aktionäre gewöhnlicher Aktiengesellschaften, als auch Gesellschafter einer GmbH genießen diese Minderheitsschutzmaßnahmen nicht.

Generell ist der Gläubigerschutz relativ schwach entwickelt. Die klassischen Regelungen zum Schutz der Gläubiger in der ursprünglichen Fassung des HG (wie etwa bei Kapitalherabsetzungen) wurden 1994 mit der Insolvenzordnung (Teil 4 des HG)[35] vervollständigt und 2003 mit der Neuregelung der Verschmelzungen, Spaltungen und Umwandlungen von Handelsgesellschaften mit wichtigen Schutzvorschriften weiter ergänzt. Spezielle Normen, die den Gläubigern von Konzernen Schutz gewähren, fehlen. Die Durchgriffshaftung ist dem bulgarischen Recht unbekannt.

In der bulgarischen Wirtschaft kämpfen in diesem Zusammenhang zwei widersprüchliche Tendenzen gegeneinander. Einerseits ist der Gläubigerschutz die wichtigste Voraussetzung für ausländische Investitionen. Jeder Investor will die besten Garantien für seine künftigen Forderungen haben. Daher sind jegliche Gläubigerschutzvorschriften als wichtige Vorteile für die Investoren zu betrachten. Andererseits ist zu bedenken, dass fast alle ausländischen Investitionen durch die Gründung von Tochtergesellschaften in der Form von Einpersonen-GmbHs erfolgen. Dabei werden die Tochtergesellschaften in den meisten Fällen mit einem geringen Stammkapital ausgestattet und später, bei Notwendigkeit, durch Nachschüsse finanziert. Die Investoren genießen dabei den für Kapitalgesellschaften üblichen Ausschluss der Haftung der Gesellschafter für die Schulden der Gesellschaft. Keine Seltenheit sind Fälle, wo Tochtergesellschaften, die zu einer ausländischen Unternehmensgruppe gehören, als Bürgen oder gar als solidarische Mitschuldner für die Verbindlichkeiten der Muttergesellschaft beitreten müssen. In solchen Unternehmenskonglomeraten werden oft auch alle freien Geldmittel der inländischen Gesellschaft zu einem im Ausland stationierten Cashpool überwiesen, was eigentlich nicht anders als eine Dekapitalisierung darstellt. Die aktuelle Lage der bulgarischen Gesetzgebung erlaubt solche Handlungen. Die Situation ändert sich langsam und es werden immer mehr Normen verabschiedet, die die Interessen der Gläubiger, wenn auch nicht direkt über eine Durchgriffshaftung, zu schützen versuchen.

---

33 S. ausführlich *Daskalov, W.*, Schutz der Minderheitsaktionäre in Bulgarien, in *Bachner/ Doralt/Winner* (Hrsg.), Schutz der Minderheitsaktionäre in Mittel- und Osteuropa, Wien, 2010, S. 67 ff.

34 S. die Begründungen des Gesetzesentwurfes 702–01–17/2007.

35 Veröffentlicht im GB Nr 63 vom 5.8.1994.

II. Gesellschaftsrecht

1. Grundsatz der Vermögens- und Haftungstrennung zwischen der Kapitalgesellschaft und den Gesellschaftern

a) Rechtsgrundlagen, Legitimation und Wirkung der beschränkten Haftung

Die beschränkte Haftung der Kapitalgesellschaften wird in Bulgarien favorisiert und als ein wesentliches Merkmal der Kapitalgesellschaften betont[36]. Als Gegengewicht der beschränkten Haftung ist für die Kapitalgesellschaften ein Mindestbetrag des Stammkapitals geregelt. Dieser erfüllt eine Garantiefunktion für die Gläubiger[37]. Diese Funktion wurde bei der GmbH mit der HG-Novelle[38] im Herbst 2009 stark geschwächt: Das obligatorische Stammkapital der GmbH wurde auf BGN 2,– (= ca. EUR 1,–) reduziert.

Laut Art 113 HG ist die beschränkte Haftung der Gesellschafter ein Teil des Begriffes GmbH: Sie ist eine Gesellschaft, bei der die Gesellschafter *„für die Verbindlichkeiten der Gesellschaft mit ihrer Stammeinlage am Kapital der Gesellschaft haften"*. In der Lehre wird der Begriff *„beschränkte Haftung"* kritisiert[39]. Die Haftung ist weder für die Gesellschaft noch für die Gesellschafter beschränkt: Die Gesellschaft haftet für ihre Verbindlichkeiten mit ihrem Vermögen unbeschränkt und die Gesellschafter haften gar nicht. Sie tragen nur das Risiko, ihre Anlagen zu verlieren, und das ist keine Beschränkung der Haftung, sondern nur eine Regelung für die Gefahrentragung.

Die Limitierung der Haftung ist bei der Aktiengesellschaft im Art 158 Abs 1 zweiter Satz HG geregelt: *„Die Gesellschaft haftet gegenüber den Gläubigern mit ihrem Vermögen"*. Der Haftungsausschluss für die Aktionäre ist ausdrücklich nicht geregelt. In der Lehre bestehen aber keine Zweifel, dass die Aktionäre in gar keinem Fall für die Verbindlichkeiten der AG haften können[40]. Auch hier handelt sich um keine beschränkte Haftung der Aktionäre ieS des Wortes. Sie haften überhaupt nicht für die Schulden ihrer AG und tragen nur die Gefahr, ihre Einlagen im schlimmsten Fall zu verlieren.

b) Ausnahmen vom Grundsatz der Haftungstrennung

Die bulgarische Gesetzgebung kennt keine Ausnahmen vom Grundsatz der Haftungstrennung zwischen der Kapitalgesellschaft und ihren Gesellschaftern. Es sind

---

36 S. *Ланджев, Б.*, Търговското предприятие (*Landjev, B.*, Das Handelsunternehmen), Sofia, 2003, S. 277–278.

37 So *Герджиков, О*, Коментар на търговския закон, книга втора (*Gerdjikov, O.*, Kommentar zum Handelsgesetz, Buch zwei), Sofia, 1994, S. 387.

38 Veröffentlicht im GB Nr 82 vom 16.10.2009.

39 S. *Герджиков, О*, Коментар на търговския закон, книга втора (*Gerdjikov, O.*, Kommentar zum Handelsgesetz, Buch zwei), Sofia, 1994, S. 348.

40 S. *Герджиков, О*, Коментар на търговския закон, книга трета, том I (*Gerdjikov, O.*, Kommentar zum Handelsgesetz, Buch drei, Band I), Sofia, 1998, S. 687.

weder grundsätzliche noch Ausnahmefälle geregelt, in welchen Gesellschafter/Aktionäre für die Schulden der Kapitalgesellschaft unmittelbar oder mittelbar haften würden. In der Lehre wird die Haftungstrennung als unbestritten akzeptiert[41].

Im Zusammenhang mit der Entstehung und der Entwicklung von Unternehmensgruppen in Bulgarien haben manche Autoren die strenge Haftungstrennung zu kritisieren begonnen. Die Entwicklung der Wirtschaft hat mehrmals bewiesen, dass in einem Konzern die Gruppe sehr oft andere Interessen als das einzelne Mitglied hat und dass diese Kollision sehr stark die Interessen der Gläubiger beeinträchtigen könnte. Unbestritten ist, dass die Gläubigerschutzregelungen in konzernähnlichen Fällen fehlen und dass bestimmte gesetzgeberische Maßnahmen in dieser Richtung notwendig sind[42]. Manche Autoren bevorzugen das englische Konzept zusätzlicher Maßnahmen in der Krise bzw eine rechtzeitige Liquidation der Tochtergesellschaft bzw einen Konkursantrag, damit eventuelle Schäden der Gläubiger reduziert werden[43]. Andere betrachten den Haftungsdurchbruch nicht mehr als eine Verletzung des wichtigsten Prinzips der Kapitalgesellschaften und machen Vorschläge *de lege ferenda* für die ausdrückliche Einführung einer Durchgriffshaftung der Mutterfirma für die Verbindlichkeiten der Tochterfirma im Rahmen einer Unternehmensgruppe[44].

2. Allgemeine Aspekte der Gesellschafterhaftung

a) Unterscheidung Innen- und Außenhaftung

Das bulgarische Gesellschaftsrecht beinhaltet sehr wenige Haftungsvorschriften. Daher wäre eine Unterscheidung in Innen- und Außenhaftung nur reine Theorie, die mit entsprechenden konkreten Normen nicht zu begründen ist. Wie schon erwähnt, ist die Durchgriffshaftung dem bulgarischen Recht unbekannt – es fehlen Regelungen über eine eventuelle Außenhaftung der Gesellschafter/Aktionäre gegenüber den Gesellschaftsgläubigern für Verbindlichkeiten der Gesellschaft. Eine Innenhaftung gegenüber der Gesellschaft selbst ist für die Mitglieder der Aufsichts- und Verwaltungsorgane[45] ausdrücklich ge-

---

41 Statt viele andere s. *Герджиков, О*, Коментар на търговския закон, книга втора (*Gerdjikov, O.*, Kommentar zum Handelsgesetz, Buch zwei), Sofia, 1994, S. 348, Fn 11 und auch *Герджиков, О*, Коментар на търговския закон, книга трета, том I (*Gerdjikov, O.*, Kommentar zum Handelsgesetz, Buch drei, Band I), Sofia, 1998, S. 687, Fn 20.

42 S. *Кирчев, И.*, Юридическа отговорност на капиталовите търговски дружества от гледна точка възможността за ангажиране отговорността на съдружници/акционери в дадено капиталово дружество за задължения на последното (*Kirtchev, I.*, Juristische Haftung der Kapitalhandelsgesellschaften vom Angesichtspunkt für das Heranziehen der Haftung von Gesellschaftern/Aktionären an einer Kapitalgesellschaft für Verbindlichkeiten der Letzten), в Търговско право, бр. 4 (in Handelsrecht, Heft 4), Sofia, 2011, S. 104.

43 S. *Бузева, Т.*, Холдинг (*Buseva, T.*, Holding), Sofia, 2006, S. 308.

44 Dieser Ansicht *Ланджев, Б.*, Търговското предприятие (*Landjev, B.*, Das Handelsunternehmen), Sofia, 2003, S. 279–281.

45 S. ausführlich *Daskalov, W.*, Verantwortlichkeit und Haftung der Leitungsgremien der Aktiengesellschaft nach dem bulgarischen Recht, „Vorstandshaftung in 15 europäischen Ländern", Wien, 2005, S. 303 ff.

regelt. Eine ausdrückliche Innenhaftung der Gesellschafter/Aktionäre ist eine Seltenheit.

Die Gesellschafter und die Aktionäre haften für eventuelle Schäden, die sie der GmbH durch ihr rechtswidriges Benehmen schuldhaft verursacht haben, nach den allgemeinen Regeln des Zivilrechts für die deliktische Haftung[46]. Das HG sieht grundsätzlich keine speziellen Haftungstatbestände vor, weder für die Gesellschafter der GmbH noch für die Aktionäre der AG. Nur die Haftung bei Nichteinbringung der Stammeinlage ist bei beiden Gesellschaftsarten geregelt.

aa) Innenhaftung in der GmbH

Die einzige Innenhaftung des GmbH-Gesellschafters, die das HG vorsieht, ist die Haftung iZm der Aufbringung der Stammeinlage und der Verletzung der Nachschusspflicht. Die Verpflichtung zur Aufbringung der Stammeinlage gilt unbestritten als die wichtigste Pflicht des Gesellschafters[47] – sie gewährleistet auch die Interessen der Gesellschaftsgläubiger[48]. Daher verursacht ihre Verletzung auch die schwersten Folgen für den unredlichen Gesellschafter. Die Nichtaufbringung der Stammeinlage ist ein Ausschlussgrund (Art 121 Abs 1 HG). Dem Gesellschafter wird eine Nachfrist von mindestens einem Monat für seine Leistung gegeben, zahlt er seine Stammeinlage (bzw den noch fälligen Teil von ihr) während dieser zusätzlichen Frist nicht, wird er dann mit einem Beschluss der Gesellschafterversammlung von der Gesellschaft ausgeschlossen (Art 126 Abs 1 HG). Daneben verliert der säumige Gesellschafter den schon aufgebrachten Teil seiner Einlage – dieser Betrag verbleibt zugunsten der Gesellschaft (Art 126 Abs 2 HG). Wird der Gesellschafter nicht ausgeschlossen, schuldet er den noch fälligen Teil seiner Stammeinlage samt Verzugszinsen[49]. Bei übersteigenden Schäden hat die Gesellschaft die Möglichkeit, auch einen Schadenersatz für die übersteigenden Schäden zu verlangen (Art 121 Abs 1 HG). Diese Haftung des Gesellschafters ist vermögensrechtlich unbeschränkt – er haftet mit seinem ganzen Vermögen[50]. Die Höhe des Schadenersatzes wird nur von der Höhe des Schadens, der durch die Nichtaufbringung der Stammeinlage entstanden ist, bestimmt.

Das HG sieht ähnliche Folgen bei der Verletzung der Nachschusspflicht vor. Mit einem Beschluss der Gesellschafterversammlung, gefasst mit einer Dreiviertelmehrheit des ganzen Kapitals, könnten die Gesellschafter zur Zahlung von Nachschüssen verpflichtet werden (Art 134 iZm Art 137 Abs 2 HG). Bei

---

46 S. Art 45–54 GSV.

47 So *Герджиков, О,* Коментар на търговския закон, книга втора (*Gerdjikov, O., Kommentar zum Handelsgesetz, Buch zwei*), Sofia, 1994, S. 441.

48 Es ist fraglich, wie diese Funktion bei der 1–Euro-GmbH erfüllt wird.

49 Laut Art 86 Abs 2 GSV wird die Höhe der Verzugszinsen mit einer Verordnung des Ministerrates bestimmt (***Verordnung der Ministerrates Nr 72/1994***, veröffentlicht im GB Nr 33 vom 19.4.1994, idF GB Nr 15/2000). Zurzeit ist der Verzugszinssatz der jährliche Hauptzinssatz der Bulgarischen Nationalbank vermehrt um 10 Punkte.

50 S. *Григоров, Г.,* Дружество с ограничена отговорност (*Grigorov, G.,* Gesellschaft mit beschränkter Haftung), Sofia, 1994, S. 177.

einer Verletzung der Nachschusspflicht trägt der säumige Gesellschafter dieselbe Haftung wie bei der Nichtzahlung seiner Stammeinlage[51].

ab) Innenhaftung in der gewöhnlichen AG

Wie bei der GmbH ist der Akzent der Innenhaftung der Aktionäre auf die Leistung der Stammeinlage abgestellt. Die Nichterfüllung der Einzahlungspflicht begründet ähnliche Konsequenzen. Der säumige Aktionär schuldet mindestens die gesetzlichen Verzugszinsen bzw einen Schadenersatz bei übersteigenden Schäden (Art 189 Abs 1 HG). Das HG regelt ausdrücklich die Möglichkeit, in der Satzung der AG Pönalen bei Nichteinzahlung der Stammeinlage zu verankern. Eine so geregelte Vertragsstrafe könnte auch bei Nichterfüllung der Pflicht für die Einbringung von Sacheinlagen geschuldet werden[52].

Die AG hat auch die Möglichkeit, die Aktien des säumigen Aktionärs zu kaduzieren und dadurch seine Beteiligung an der Gesellschaft einseitig zu beenden. Voraussetzung dafür ist eine Mahnung mit einer Nachfrist von einem Monat. Die Mahnung ist im Handelsregister zu veröffentlichen (Art 189 Abs 2 HG). Das Kaduzierungsverfahren wirft aber zahlreiche Fragen auf und benötigt eine gesetzgeberische Präzisierung[53].

Das HG regelt keine andere Innenhaftung für Aktionäre – es fehlt eine detaillierte Auflistung von Haftungstatbeständen.

ac) Innenhaftung in der Publikumsgesellschaft

Die oben geschilderte Haftung der Aktionäre bei Nichteinzahlung der Stammeinlage ist bei Einhaltung derselben Bedingungen auch in der Publikumsgesellschaft durchsetzbar.

Mit der GÖAW-Novelle 2002[54] wurde ein wichtiger Durchbruch beim im bulgarischen Gesellschaftsrecht favorisierten Prinzip der Nichthaftung der Aktionäre erzielt. Der neue Art 118a GÖAW hat zum ersten Mal ausdrücklich eine eindeutige Innenhaftung bei Personen, die keine Gremiumsmitglieder sind, geregelt. Dieser Text wurde in der Lehre als *„die radikalste Vorschrift in unserer Gesetzgebung überhaupt, die Kontroll- und Gruppenverbundenheitsverhältnisse betrifft"*, bezeichnet[55]. Nach dieser Regelung haften jene Personen vermögensrechtlich gegenüber der Publikumsgesellschaft, die sie kontrollieren, sowie alle anderen Personen, die durch ihren Einfluss auf die Publikumsgesellschaft Mitglieder eines Verwaltungsorgans, der Kontrollorgane oder Prokuristen der Gesellschaft zu Handlungen oder zu Unterlassungen, welche die Interessen

---

51 Vgl § 73 Abs 1 öGmbHG.

52 So *Герджиков, О*, Коментар на търговския закон, книга трета, том I (*Gerdjikov, O., Kommentar zum Handelsgesetz, Buch drei, Band I*), Sofia, 1998, S. 920.

53 S. *Daskalov, W.*, Das Kaduzierungsverfahren nach dem bulgarischen Recht, „Wirtschaft und Recht in Osteuropa – WiRO", München, 9/2003, S. 269 ff.

54 Veröffentlicht im GB Nr 61 vom 21.6.2002.

55 So *Бузева, Т.*, Холдинг (*Buseva, T.*, Holding), Sofia, 2006, S. 274.

der Gesellschaft verletzen, verleitet haben und wodurch Schäden für die Publikumsgesellschaft entstanden sind. Diese Personen haften solidarisch mit den Mitgliedern der Verwaltungsgremien, der Kontrollorgane bzw mit den Prokuristen, die durch ihre Handlungen oder Unterlassungen die Schäden direkt verursacht haben.

Diese spezielle Haftung findet ihre rechtlichen Grundlagen in der allgemeinen Deliktshaftung[56]. Da zwischen den kontrollierenden Personen und der Publikumsgesellschaft keine Vertragsverhältnisse bestehen, sind die Regelungen über die Vertragshaftung nicht anwendbar[57].

Haftungsadressaten sind die Personen, die die Publikumsgesellschaft kontrollieren. Der Begriff „Kontrolle" ist in § 1 Z 13 der ZB des GÖAW ausdrücklich geregelt. Gemäß dieser Vorschrift ist eine Kontrolle vorhanden, wenn eine Person:

- über 50 vom 100 Stimmen, auch über eine Tochtergesellschaft oder kraft Vereinbarung mit einer anderen Person, in der Hauptversammlung einer Gesellschaft oder einer anderen juristischen Person besitzt; oder
- direkt oder indirekt mehr als die Hälfte der Mitglieder des Verwaltungs- oder Aufsichtsorgans einer juristischen Person bestimmen kann; oder
- auf eine andere Art und Weise einen entscheidenden Einfluss über die Beschlussfassung iZm der Tätigkeit der juristischen Person ausüben kann.

Offenbar legt das GÖAW bei der Bestimmung des Begriffs „Kontrolle" den Schwerpunkt auf die Mehrheitsbeteiligung und ergänzt diesen mit den typischen anderen Einflussmöglichkeiten: den Einfluss auf die Bestellung der Gremiumsmitglieder und den Einfluss auf die Beschlussfassung. Die Haftungsnorm erweitert die Adressaten – es haften auch alle anderen Personen, die mit anderen Mitteln als jenen, die vom gesetzlich geregelten Begriff „Kontrolle" umfasst sind, Einfluss auf die Publikumsgesellschaft haben.

Als rechtswidriges Tun bestimmt worden ist die Verleitung *„eines Mitglieds der Verwaltungsorgane, der Kontrollorgane oder eines Prokuristen der Gesellschaft zu Handlungen oder zu Unterlassungen, welche die Interessen der Gesellschaft verletzen"*. Der Begriff *„Verleitung"* ist im Zivilrecht nicht bekannt und kommt vom Strafrecht. Schwer verständlich ist sein Inhalt iZm den Kontroll- und Einflussmöglichkeiten des Täters auf die Publikumsgesellschaft. Ferner wäre eine Verleitung sehr schwierig zu beweisen, da solche Handlungen nicht schriftlich erfolgen und die mündlichen Anweisungen in den meisten Fällen unter vier Augen erteilt werden. Man vermutet, dass eine so weite Formulierung der Regelung entweder zu ihrer schwierigen Anwendung in der Praxis

---

56 Dieser Ansicht *Калайджиев, А., Публичното дружество (Kalajdjiev, A.,* Die Publikumsgesellschaft), Sofia, 2002, S. 125.

57 Die genaue Bestimmung eines Haftungstatbestands als Delikts- oder Vertragshaftung hat im bulgarischen Recht eine wichtige Bedeutung. Die Regelungen über die Deliktshaftung sind für den Schuldner viel strenger (längere Verjährungsfrist, weiterer Umfang der ersetzbaren Schäden etc.). Vgl dazu *Калайджиев, А., Облигационно право⁵ (Kalajdjiev, A., Schuldrecht⁵)* Sofia, 2010, S. 393 ff.

oder zu Missbräuchen führen wird[58]. Tatsächlich wurde zu dieser Norm keine Rechtsprechung gefunden.

Eine ähnliche Haftung regelt das GÖAW bei vertraglichen Joint-Venture-Unternehmen. Gemäß dem Gesetz werden bestimmte Joint-Venture-Verträge[59] der Publikumsgesellschaft als konzernähnliche Strukturen geregelt. Als Joint-Venture-Vertrag gilt ein Vertrag, mit dem sich die Publikumsgesellschaft verpflichtet, ihre Haupttätigkeit zur Gänze oder teilweise im gemeinsamen Interesse mit einer anderen Gesellschaft, welche direkt oder indirekt mindestens 25 % der Stimmrechte in der Hauptversammlung der Publikumsgesellschaft besitzt bzw welche die Publikumsgesellschaft kontrolliert oder mit ihr verbunden ist, durchzuführen (Art 126b Abs 1 GÖAW)[60]. Solche Joint-Venture-Verträge könnten nur aufgrund eines formellen Bewilligungsverfahrens abgeschlossen werden[61]. Zuständig für die Kontrolle über die Durchführung des Bewilligungsverfahrens ist die *Kommission für Finanzaufsicht*[62]. Sie hat die Gesetzmäßigkeit des Joint-Venture-Vertragsentwurfs und insbesondere die Wahrung der Interessen der Aktionäre zu prüfen. Der Joint-Venture-Vertrag tritt erst nach seiner Genehmigung durch die Hauptversammlungen der Aktionäre mit einem Dreiviertelmehrheitsbeschluss jeder beteiligten Publikumsgesellschaft in Kraft (Art 126d Abs 1 GÖAW). Der abgeschlossene Joint-Venture-Vertrag wird auch im Handelsregister und in einem speziellen Register der Kommission eingetragen.

Personen, die das Joint-Venture-Unternehmen führen[63], unterliegen einer speziellen Haftung[64]. Für diese Personen entsteht eine Sorgfaltspflicht, die der Sorgfaltspflicht der Direktoren einer Publikumsgesellschaft[65] zu entsprechen hat (Art 126j Abs 1 GÖAW). Alle Personen, die direkt an der Geschäftsführung des Joint-Venture-Unternehmens beteiligt sind, haften solidarisch gegenüber

---

58 So *Бузева, Т.*, Холдинг (*Buseva, T.*, Holding), Sofia, 2006, S. 374.

59 Vgl *Калайджиев, А.*, Съвместното предприятие според Закона за публично предлагане на ценни книжа (*Kalajdjiev, A.*, Das Joint-Venture-Unternehmen gemäß dem Gesetz über das öffentliche Angebot von Wertpapieren) in Търговско право (Handelsrecht), Sofia, 4/2002, S. 5–32.

60 Zum Joint-Venture-Begriff und dem Zweck der Norm s. auch *Калайджиев, А.*, Публичното дружество (*Kalajdjiev, A.*, Die Publikumsgesellschaft), Sofia, 2002, S. 88 ff.

61 S. *Daskalov, W.*, Schutz der Minderheitsaktionäre in Bulgarien, in *Bachner/Doralt/Winner* (Hrsg.), Schutz der Minderheitsaktionäre in Mittel- und Osteuropa, Wien, 2010, S. 144.

62 Die *Kommission für Finanzaufsicht* führt das Register für Publikumsgesellschaften und genehmigt und kontrolliert die ganze Tätigkeit dieser Gesellschaften iZm der Ausstellung und dem Handel mit ihren Wertpapieren. Die Tätigkeit der Kommission ist mit dem *Gesetz über die Kommission für Finanzaufsicht* (Originaltitel: Закон за комисията за финансов надзор, veröffentlicht im GB Nr 8 vom 28.1.2003, idF GB Nr 15/2013) geregelt.

63 Laut Art 126b Abs 3 GÖAW könnte das Joint-Venture entweder gemeinsam von den Verwaltungsgremien aller beteiligten Gesellschaften oder nur vom Verwaltungsgremium einer der beteiligten Gesellschaften oder von extra dafür bestellten Geschäftsführern geführt werden.

64 S. *Daskalov, W.*, Schutz der Minderheitsaktionäre in Bulgarien, in *Bachner/Doralt/Winner* (Hrsg.), Schutz der Minderheitsaktionäre in Mittel- und Osteuropa, Wien, 2010, S. 178.

65 Vgl Art 116b GÖAW, s. *Daskalov, W.*, „Der Sorgfaltsmaßstab für die Mitglieder der Führungsgremien der Kapitalgesellschaften nach bulgarischem Recht", FS Doralt, Wien, 2004, S. 95 ff.

den beteiligten Gesellschaften für Schäden, die sie durch die schuldhafte Nicht-erfüllung ihrer Pflichten zugefügt haben (Art 126j Abs 2 GÖAW). Dieselbe Haftung trifft auch dritte Personen, die zwar keine Gremiumsmitglieder sind, die aber, durch ihren Einfluss auf diese, die Geschäftsführer des Joint-Venture-Unternehmens zu Handlungen oder zu Unterlassungen verleitet haben, welche die Interessen der Joint-Venture-Vertragsparteien verletzt haben. Diese Haftung hat auch einen deliktischen Charakter[66] und unterliegt den allgemeinen Regelungen der Deliktshaftung.

Diese Personen haften solidarisch untereinander und gemeinsam mit den Geschäftsführern des Joint-Ventures bzw mit den Gremiumsmitgliedern der beteiligten Publikumsgesellschaften (Art 126j Abs 3 GÖAW).

b) Rechtsdurchsetzung der Innenhaftung

ba) Geltendmachung durch Gesellschaftsorgane

Grundsätzlich werden alle Klagen hinsichtlich der Eintreibung von Forderungen einer Handelsgesellschaft durch ihre sie vertretenden Organe erhoben. Für bestimmte Klagen sieht das HG zusätzlich auch Beschlüsse der Gesellschafterversammlung vor. So sind, zB für Klagen der GmbH gegenüber ihren Geschäftsführern und Kontrolleuren[67], Beschlüsse der Gesellschafterversammlung notwendig. Sie ist das einzige Organ, welches eine solche Entscheidung treffen kann[68]. *Per argumentum e contrario* könnte die Schlussfolgerung gezogen werden, dass für die Erhebung von Klagen in allen anderen Angelegenheiten kein Beschluss der Gesellschafterversammlung erforderlich ist. Dies gilt auch für Klagen gegenüber den Gesellschaftern in Realisierung ihrer Innenhaftung. Die Gesellschafterversammlung ist dafür zuständig, einen säumigen Gesellschafter, der seine Stammeinlage nicht aufgebracht hat, auszuschließen. Wird der Gesellschafter nicht ausgeschlossen, kann der Geschäftsführer selbst entscheiden, ob und wann eine Klage bezüglich der noch fälligen Stammeinlage bzw eines Schadenersatzes erhoben wird. Dafür ist keine Entscheidung der Gesellschafterversammlung notwendig.

Bei der Aktiengesellschaft ist die Lage etwas komplizierter. Art 229 HG (Stimmrechtsausschluss) besagt, dass in jenen Fällen, in denen die Hauptversammlung 1) eine Klageerhebung gegenüber einem Aktionär (Art 229 Z 1 HG) oder 2) andere Maßnahmen zur Durchsetzung der Verantwortlichkeit eines Ak-

---

66 So *Калайджиев, А.,* Публичното дружество (*Kalajdjiev, A.,* Die Publikumsgesellschaft), Sofia, 2002, S. 102.

67 Das bulgarische Gesellschaftsrecht sieht in der GmbH in keinem Fall einen obligatorischen Aufsichtsrat vor. Stattdessen ist die Bestellung eines oder mehrerer Kontrolleure durch die Gesellschafterversammlung jederzeit möglich. Die Kontrolleure haften wie die Geschäftsführer – unbeschränkt und persönlich, s. *Герджиков, О,* Коментар на търговския закон, книга втора (*Gerdjikov, O.,* Kommentar zum Handelsgesetz, Buch zwei), Sofia, 1994, S. 554–556.

68 So *Герджиков, О,* Коментар на търговския закон, книга втора (*Gerdjikov, O.,* Kommentar zum Handelsgesetz, Buch zwei), Sofia, 1994, S. 494 und 542.

tionärs (Art 229 Z 2 HG) beschließt, der betroffene Aktionär sein Stimmrecht nicht ausüben darf. So könnte die Schlussfolgerung gezogen werden, dass Klagen gegenüber Aktionären immer nur aufgrund eines Beschlusses der Hauptversammlung der Aktionäre erhoben werden können. Eine solche Auslegung des Textes wäre aber falsch. Schwerpunkt der Vorschrift ist der Stimmrechtsausschluss – sein Zweck ist die Vermeidung von, in diesen Fällen ganz eindeutigen, Interessenkollisionen[69]. Diese Norm ist daher in allen Fällen, in denen die Hauptversammlung der Aktionäre mit Beschlussfassung über diese Angelegenheiten zu entscheiden hat (zB weil dies in der Tagesordnung vorgesehen ist), anzuwenden, wobei der Stimmrechtsausschluss zwingend ist und nicht die Beschlussfassung über Klagen und andere Maßnahmen zur Durchsetzung der Haftung von Aktionären. Im Kompetenzbereich der Hauptversammlung der Aktionäre fehlt die Zuständigkeit für die Klageerhebung gegenüber Aktionären. Eine ausdrückliche Vorschrift dafür fehlt auch.[70] Wenn das Verwaltungsorgan selbständig über den Ausschluss des Aktionärs durch die Kaduzierung seiner Aktien entscheiden darf[71], umso mehr darf er auch selbst über eine eventuelle Klageerhebung beschließen.

Die obigen Erwägungen sind auch für die Klageerhebung gegenüber Aktionären in der Publikumsgesellschaft gültig. Das GÖAW beinhaltet keine abweichenden Regelungen iZm der Klageerhebung durch die Organe der Gesellschaft.

In einem eventuellen Insolvenzfall (über die Gesellschaft ist ein Insolvenzverfahren eröffnet worden) ist der *Syndikus*[72] für die mögliche Geltendmachung von Schadenersatzansprüchen gegenüber den Gesellschaftern/Aktionären zuständig. Er vertritt die Gesellschaft,[73] führt in ihrem Namen Prozesse[74]. In einem solchen Fall ist unbestritten eine Sonderermächtigung durch die Gesellschafterversammlung nicht notwendig – so eine Schadenersatzklage könnte als eine Maßnahme zur Auffüllung der Insolvenzmasse betrachtet werden und daher wäre ein Beschluss der Hauptversammlung nicht erforderlich.[75]

Die Erhebung der Schadenersatzklage zur Realisierung der Innenhaftung ist gesetzlich an keine spezielle Frist gebunden.[76] Anwendung findet daher die allgemeine zivilrechtliche Verjährungsfrist von fünf Jahren (Art 110 GSV).

---

69 So *Ланджев, Б.*, Правото на членство в акционерното дружество (*Landjev, B.*, Das Mitgliedschaftsrecht an der Aktiengesellschaft), Sofia, 2000, S. 105.

70 Vgl § 122 Abs 1 öAktG bzw § 147 Abs 1 dAktG.

71 S. *Герджиков, О*, Коментар на търговския закон, книга трета, том I (*Gerdjikov, O., Kommentar zum Handelsgesetz, Buch drei, Band I), Sofia, 1998, S. 922.

72 Entspricht dem Masseverwalter nach dem österreichischen Recht, vgl *Daskalov/Laleva/Metodiev*, Bulgarisches Insolvenzrecht[3], Arbeitspapier Nr 97, FOWI, Wien, 2003, S. 26.

73 S. Art 658 Abs 1 Z 1 HG.

74 S. Art 658 Abs 1 Z 7 HG.

75 So auch *Saurer* in *Doralt/Nowotny/Kalss* (Hrsg.), Kommentar zum AktG, Wien, 2003, § 122 Rn 22.

76 Vgl. § 123 Abs 1 öAktG bzw § 147 Abs 1 dAktG.

bb) Geltendmachung durch die Minderheit (actio pro socio)

Neben der gewöhnlichen Möglichkeit zur Klageerhebung durch die zuständigen Organe der jeweiligen Gesellschaft ist bei manchen Gesellschaften auch die Geltendmachung der Ansprüche durch die Minderheit geregelt. Die GmbH-Regelungen kennen die *actio pro socio* nicht. Bei der gewöhnlichen AG wurde diese Möglichkeit mit der großen HG-Novelle 2003 eingeführt (Art 240a HG). Zur Durchsetzung der Innenhaftung der Aktionäre in der gewöhnlichen AG ist diese Klage aber nicht anwendbar. Gegenstand der *actio pro socio* können nach Art 240a HG nur Ansprüche der Gesellschaft aufgrund von Schäden, die Mitglieder der Geschäftsführung (Direktorenrat bzw Verwaltungsrat beim zweistufigen System) und des Aufsichtsrats schuldhaft durch Handlungen oder Unterlassungen verursacht haben[77], sein.

Das GÖAW kennt auch die Minderheitsklage – Aktionäre, die mindestens 5 % der Aktien besitzen, sind berechtigt, eine Schadenersatzklage gegenüber den Mitgliedern der Verwaltungsgremien der Gesellschaft zu erheben (Art 118 Abs 2 Z 1 GÖAW). Das Gesetz erweitert die Anwendung der *actio pro socio* auch auf die Durchsetzung der Innenhaftung der Aktionäre. Nach Art 118a zweiter Satz GÖAW könnte diese Klage auch gegenüber dritten kontrollierenden Personen, die die Gremiumsmitglieder zur Schadenverursachung bestimmt haben, erhoben werden. Diese Möglichkeit schließt die allgemeine Möglichkeit der Klagserhebung durch die Organe natürlich nicht aus. Es ist aber fraglich, inwieweit sie in diesem Haftungsfall effektiv sein könnte – wenn noch immer dieselben Personen Organmitglieder sind, wäre eine Klageerhebung gegen ihre Mentoren sehr zweifelhaft. Daher ist die *actio pro socio* aus rein praktischer Sicht das einzige Durchsetzungsmittel der Innenhaftung der Aktionäre.

Es ist wichtig, darauf hinzuweisen, dass das GÖAW die Anwendung der Minderheitsklage in der Publikumsgesellschaft relativ weit gestellt hat. Neben den obigen Fällen verfügt die 5 %ige Minderheit über eine allgemeine Möglichkeit, alle Ansprüche der Gesellschaft gegenüber dritten Personen durchzusetzen. Voraussetzung dafür ist das Unterlassen der zuständigen Organe, das die Interessen der Gesellschaft gefährdet (Art 118 Abs 1 GÖAW). Dies bedeutet, dass durch die *actio pro socio* die Haftung der Aktionäre gegenüber der Gesellschaft auch in jenen Fällen, in denen die Voraussetzungen des speziellen Haftungstatbestands laut Art 118a GÖAW (Verleitung der Gremiumsmitglieder zur Schadenverursachung) nicht vorhanden sind, dafür aber die Voraussetzungen für die allgemeine Deliktshaftung[78] erfüllt worden sind, durchgesetzt werden könnte.

Die *actio pro socio* kann als eine indirekte Klage *(actio obliqua)* bezeichnet werden, da die Kläger die Aktionäre für Schäden, die sie der Publikumsgesellschaft durch ihre vorsätzlichen Handlungen – Bestimmung der Gremiumsmit-

---

77   S. darüber *Daskalov, W.,* Verantwortlichkeit und Haftung der Leitungsgremien der Aktiengesellschaft nach dem bulgarischen Recht, „Vorstandshaftung in 15 europäischen Ländern", Wien, 2005, S. 323 ff.

78   S. unten die Ausführungen unter V.1.

glieder zum schädlichen Benehmen – zugefügt haben, haftbar machen. Die Kläger realisieren durch diese Klage eigentlich die Rechte der Gesellschaft. Zuständig für diese Klage ist ausdrücklich das Kreisgericht[79], in dessen Sprengel sich der Sitz der Publikumsgesellschaft befindet. Die Gesellschaft tritt dem Prozess als Verfahrenspartei bei (Art 118 Abs 1 GÖAW iZm Art 26 Abs 4 *Zivilprozessbuch*[80]) und hat selbständige prozessuale Rechte als Hauptpartei im Prozess. Es ist unklar, ob die Gesellschaft selbst das von der Minderheit eingeleitete Gerichtsverfahren durch einen Verzicht auf die Klage bzw mit einem Vergleich mit dem Beklagten beenden darf – das Gesetz regelt diese Situation nicht.[81] Das mögliche Urteil wird zugunsten der Publikumsgesellschaft erlassen.

Eine Minderheitsklage zur Durchsetzung der Innenhaftung in Schadensfällen bei Joint-Venture-Verträgen ist im GÖAW separat geregelt. Nach Art 126j Abs 4 GÖAW steht einer 5 %igen Minderheit der Aktionäre jeder beteiligten Publikumsgesellschaft das Recht zu, eine Schadenersatzklage gegenüber den Geschäftsführern des Joint-Venture-Unternehmens zu erheben. Gegenüber den Gremienmitgliedern der eigenen Gesellschaft kann selbstverständlich auch die allgemeine *actio pro socio* nach Art 118 Abs 2 Z 1 GÖAW erhoben werden. Die ausdrückliche Vorschrift vom Art 126j Abs 4 GÖAW erlaubt der Minderheit, Ansprüche auch gegenüber anderen Personen, die das Joint-Venture-Unternehmen führen, wie etwa Gremiumsmitglieder einer anderen beteiligten Gesellschaft oder eigens bestellte Geschäftsführer, geltend zu machen. Nach dem Gesetzeswortlaut könnte in diesen Fällen die *actio pro socio* ausdrücklich nur gegenüber den Geschäftsführern erhoben werden. Eine selbständige Klage lediglich gegenüber den dritten anstiftenden Personen ist daher nicht möglich. Die ausdrücklich geregelte Solidarität der Haftung erlaubt aber, in einem Prozess gegenüber den Geschäftsführern auch die Anstifter zu klagen.

bc) Rechtsdurchsetzung durch Gläubiger

Das HG sieht eine Möglichkeit zur Klageerhebung durch die Gläubiger der Gesellschaft zur Durchsetzung der Ersatzansprüche der Handelsgesellschaft gegenüber den Gesellschaftern/Aktionären ausdrücklich nicht vor.[82] Eine solche Möglichkeit besteht aber nach den allgemeinen Regeln des Zivilrechts dennoch. Die sog. Surrogationsklage *(actio obliqua)* ist in diesen Fällen anwendbar. Nach Art 134 GSV kann der Gläubiger die Vermögensrechte seines Schuldners ausüben, wenn dessen Untätigkeit die Befriedigung des Gläubigers durch eine potentielle Minderung des Vermögens des Schuldners bedroht. Sind alle Voraussetzungen der Innenhaftung der Gesellschafter/Aktionäre vorhanden und unternimmt die Gesellschaft dennoch keine aktive Handlung zur Gel-

---

79 S. unten die Ausführungen unter II.2.3.

80 Fortan **ZPB**, Originaltitel: *Граждански процесуален кодекс*, veröffentlicht im GB Nr 59 vom 20.7.2007, idF GB Nr 15/2013.

81 Vgl. § 124 öAktG bzw §§ 50, 53, 93 Abs 4, §§ 116, 117 Abs 4 dAktG.

82 Vgl § 84 Abs 5 öAktG und § 93 Abs 5 dAktG.

tendmachung der Schadenersatzansprüche, entsteht zugunsten der Gläubiger ein Recht, im Namen der Gesellschaft Klage zu erheben. Die Passivität der Gesellschaft ist nicht die einzige Voraussetzung für die Entstehung dieses Rechts. Durch die Untätigkeit der Gesellschaft muss zusätzlich die Möglichkeit des Gläubigers, aus dem Vermögen der Gesellschaft Befriedigung zu erlangen, bedroht sein.

Das kumulative Vorhandensein von drei Voraussetzungen begründet die Entstehung des Rechts auf die Surrogationsklage:[83]

- Der Kläger ist Gläubiger der Gesellschaft. Seine Forderungen müssen nicht unbedingt fällig und liquide sein. Ebenso können sie an eine Frist oder Bedingung gebunden sein[84];
- Die Gesellschaft hat einen Anspruch auf Schadenersatz gegenüber einem oder mehreren Gesellschaftern/Aktionären;
- Der Gläubiger muss ein rechtliches Interesse an der Klage haben. Das Interesse ist vorhanden, wenn kumulativ zwei Bedingungen erfüllt sind: Die Gesellschaft hat keine Handlungen zur Befriedigung ihrer Ansprüche unternommen und das restliche Vermögen der Gesellschaft ist zur Befriedigung des Gläubigers nicht ausreichend.

Im Verfahren hat der Kläger seine Eigenschaft als Gläubiger zu beweisen. Es ist strittig, ob er auch sein rechtliches Interesse an der Klage beweisen muss.[85] Wird dieses vom Beklagten bestritten, hat der Gläubiger es jedoch zu beweisen – in der Form, dass die Gesellschaft untätig ist und dass das Vermögen der Gesellschaft für die Befriedigung des Gläubigers nicht ausreichend ist.

Diese Klage hat einen indirekten Charakter – sie wird nicht im Namen der Gesellschaft geführt, es werden aber ihre Rechte geltend gemacht. Das Gericht hat die Gesellschaft von Amts wegen als Verfahrenspartei zu konstituieren.[86] Der klagende Gläubiger hat keine rechtliche Möglichkeit, über das Schadenersatzrecht selbst zu verfügen. Er verfügt nur über prozessuale Rechte: Er könnte seine Klage zurückziehen und auf sie verzichten.

Ein rechtskräftiges Urteil zugunsten der Gesellschaft bringt dem Gläubiger keine direkten Vorteile. Er genießt einen Vorrang nur hinsichtlich der Verfahrenskosten, wird aber kein Vorzugsgläubiger bezüglich seiner Hauptforderung. Der positive Ausgang des Prozesses begünstigt nur die Gesellschaft direkt. Aus diesen Gründen findet diese Klage relativ selten Anwendung.

---

83 Laut *Калайджиев, А.,* Облигационно право⁵. Обща част (*Kalajdjiev, A.,* Schuldrecht⁵, Allgemeiner Teil), Sofia, 2010, S. 579, sind nur zwei Voraussetzungen zu erfüllen: a) die Eigenschaft als Gläubiger des Klägers und b) ein rechtliches Interesse an der Klage.

84 So *Голева, П.*, Облигационно право² (*Goleva, P.*, Schuldrecht²), Sofia, 2001, S. 151.

85 Laut *Калайджиев, А.,* Облигационно право⁵. Обща част (*Kalajdjiev, A.,* Schuldrecht⁵, Allgemeiner Teil), Sofia, 2010, S. 580 ist das nicht notwendig. Diese Ansicht wird aber von der Rechtsprechung nicht eindeutig akzeptiert (vgl 1517-1973-I ГО OG).

86 Art 26 Abs 4 ZPB: Wird in einem Gerichtsverfahren ein fremdes Recht gefordert, ist immer der Träger dieses Rechts als selbständige Verfahrenspartei einzusetzen.

c) Verfahrensfragen

ca) Gerichtszuständigkeit

Das für die Klage örtlich und sachlich zuständige Gericht wird nach den allgemeinen Regeln des *ZPB* bestimmt. Gemäß Art 103 ZPB ist das Rajongericht[87] als erste Instanz grundsätzlich für alle Klagen zuständig. Übersteigt das Klagebegehren jedoch den Betrag von Leva 25.000,– (= € 12.782,30), ist das Kreisgericht in erster Instanz zuständig (Art 104 Z 4 ZPB). Für die Bestimmung der örtlichen Zuständigkeit ist grundsätzlich der Wohnsitz des Beklagten ausschlaggebend (Art 105 ZPB). Bei Klagen zur Durchsetzung von Deliktshaftung darf der Kläger nach eigenem Ermessen auch das Gericht an dem Ort, an dem die Schädigung erfolgte, wählen (Art 115 ZPB).

Bei der Publikumsgesellschaft ist stets das Kreisgericht, in dessen Sprengel sich der Sitz der Gesellschaft befindet, für Minderheitsklagen zuständig. Die Gesellschaft wird auch als Verfahrenspartei konstituiert.

cb) Prozessrisiko/Kostenlast

Bei der gerichtlichen Durchsetzung der Innenhaftung werden die allgemeinen Regelungen über die Kostenlast angewandt. Das HG enthält keine abweichenden Sondervorschriften darüber – unabhängig davon, ob die Gesellschaft selbst, eine Minderheit oder ein Gläubiger als Kläger auftritt, sind die allgemeinen Kostenregelungen des ZPB anwendbar (Art 71–84 ZPB).

Aus der Einleitung und Führung eines strittigen Gerichtsverfahrens entstehen im bulgarischen Zivilprozess üblicherweise die nachfolgenden Kosten:

- *gerichtliche Staatsgebühr*[88] – beträgt 4 % für die erste Instanz, berechnet anhand der Höhe des Klagebegehrens. Die Staatsgebühr ist bei der Einleitung des Verfahrens vom Kläger zur Gänze zu entrichten. Für die zweite bzw dritte Instanz wird von der anfechtenden Partei die Hälfte verlangt.
- *Verfahrensführungskosten* – darunter fallen diverse Ausgaben, die mit der Führung des Verfahrens verbunden sind. Die meisten von ihnen sind mit der Sammlung von Beweisen verbunden – Vergütungen für die Erstellung von gerichtlichen Gutachten, Tagesgeld für Zeugen etc. Die konkreten Beträge werden im Laufe des Verfahrens vom Gericht bestimmt.
- *Anwaltskosten* – jede Prozesspartei hat das Honorar für ihre rechtsfreundliche Vertretung durch einen Rechtsanwalt selbst zu bezahlen. Die Honorare

---

87 Das *Gesetz über die rechtsprechende Gewalt* (Originaltitel: *Закон за съдебната власт*, GB Nr 59 v 22.7.1994, idF GB 30/2013, vgl die dt. Übersetzung in WOS, B.I/Bulgarien, VI, 1a, S. 1) sieht folgende Gerichte vor (Art 3 Abs 1): Rayon- (Bezirksgericht in Österreich), Kreis- (Landesgericht in Österreich), Militär- und Appellationsgerichte (Oberlandesgerichte in Österreich), das Oberste Verwaltungsgericht und das Oberste Kassationsgericht.

88 S. Tarif für die Staatsgebühren, die von den Gerichten nach dem Zivilprozessbuch entrichtet werden (veröffentlicht im GB Nr 22 vom 28.2.2008 idF GB Nr 50/2008).

werden nach Vereinbarung festgelegt, dabei sind die von der Anwaltskammer bestimmten Mindesthöhen[89] zu berücksichtigen.

• *Übertragung der Verfahrenskosten* – wird der Beklagte verurteilt, hat er auch die Verfahrenskosten des Klägers zur Gänze oder aliquot zur Höhe der vom Gericht anerkannten Forderung zu übernehmen (Art 78 ZPB). Wird die Klage vollständig oder teilweise abgewiesen, hat der Beklagte hingegen das Recht, vom Kläger die vollständige oder proportionale Erstattung seiner Kosten zu verlangen.

cc) Beweislast

Die Beweislastumkehr ist dem HG und dem GÖAW unbekannt. Daher sind die allgemeinen Regelungen des bulgarischen Zivilprozessrechts anwendbar. Nach Art 154 Abs 1 ZPB trägt jede Verfahrenspartei die Beweislast für alle rechtlich relevanten Tatsachen, die sie vorbringt. Dieser Grundsatz wird unabhängig von der konkreten Eigenschaft der Partei – Kläger oder Beklagter – angewandt. Objektiv hat das Gericht jene Rechtsfolgen, deren Voraussetzungen nicht bewiesen worden sind, für nicht eingetreten zu erklären.[90] Daher obliegt der Beweis praktisch jener Partei, die von diesen Rechtsfolgen begünstigt wird.

Bei der Innenhaftung der Gesellschafter/Aktionäre gegenüber der Gesellschaft hat der Kläger, egal ob dies die Gesellschaft selbst, eine Minderheit *(actio pro socio)* oder ein Gläubiger *(actio obliqua)* ist, das Vorliegen der Haftungsvoraussetzungen zu beweisen. In seine Beweislast fallen: die Handlungen des beklagten Gesellschafters/Aktionärs (Tun oder Unterlassen), die Rechtswidrigkeit, der Eintritt und die Höhe[91] des Schadens sowie die adäquate Kausalität zwischen Handlung und Schaden. Eine Ausnahme von der Beweislast des Klägers bildet das Verschulden, das vermutet wird (Art 45 Abs 2 GSV). Behauptet der Beklagte, dass er nicht schuldhaft gehandelt hat, trifft ihn die Beweislast. Er hat die verschuldensausschließenden Umstände darzulegen.

Der Kläger trägt die Beweislast auch für das Verschulden, wenn er behauptet, dass der Beklagte bösgläubig gehandelt hat und er dadurch den zu ersetzenden Schaden um nicht vorhersehbare Nachteile vergrößert hat.

---

89   S. *Verordnung Nr 1 für die Mindesthöhe der Anwaltshonorare* (veröffentlicht im GB Nr 64 v 23.7.2004 idF GB 43/2010) iF einer Stufentabelle. So beträgt das Mindesthonorar gemäß Art 7 Abs 2 Z 4 bei einem Klagebegehren über Leva 10.000,– (= € 5.112,92) Leva 650 (= € 332,34) + 2% vom Betrag über Leva 10.000,–.

90   So *Сталев,Ж.*, Българско гражданско процесуално право, (*Stalev, J.*, Bulgarisches Zivilprozessrecht[8]), Sofia 2006, S. 271.

91   Ist die Höhe des Schadens vom Kläger nicht dargelegt worden, wird die Klage aus diesem Grund dennoch nicht abgewiesen. Nach Art 162 ZPB hat vielmehr das Gericht die Höhe des Schadens nach seinem Ermessen oder aufgrund eines Gutachtens festzusetzen. Vgl *Сталев,Ж.*, Българско гражданско процесуално право, (*Stalev, J.*, Bulgarisches Zivilprozessrecht[8]), Sofia 2006, S. 273.

3. Haftung aufgrund Beteiligung

a) Kapitalerhaltungsregeln

Das allgemeine Prinzip der Kapitalerhaltung des Gesellschaftsrechts ist im bulgarischen Recht nicht detailliert geregelt. Das HG verbietet ausdrücklich den Erlass der Einlagepflicht der Aktionäre durch die Gesellschaft. Aufrechnungen von fälligen Gegenforderungen der Aktionäre mit ihren Stammeinlagepflichten sind gleichfalls verboten (Art 73a HG)[92]. Die Norm ist zwingend – jegliche Ausnahmen sind ausgeschlossen[93].

Für die Gesellschafter der GmbH gilt ein ausdrückliches Einlagenrückgewährverbot. Nach Art 133 Abs 1 HG dürfen die Gesellschafter ihre Einlagen während der Existenz der Gesellschaft nicht zurückverlangen[94]. Auf ihre Einlagen darf man auch keine Zinsen verrechnen (Art 133 Abs 1 HG). Diese Beschränkungen dienen der Erhaltung des Kapitals. Sie sind aber nicht ausreichend[95]. Eine ausdrückliche Regelung, dass Gesellschafter, die rechts- bzw gesellschaftsvertragswidrige Zahlungen von der Gesellschaft erhalten haben, rückersatzpflichtig sind[96], fehlt jedoch.

Durch die Einführung der 1–Euro-GmbH[97] wurden die Positionen der Gläubiger nicht besser gestellt.

Das Einlagenrückgewährverbot ist für die Aktiengesellschaft nicht ausdrücklich geregelt[98]. In der Lehre wird dieses Prinzip aber unbestritten akzeptiert[99]. Als eine Erscheinungsform des Einlagenrückgewährverbots könnte für die AG das oben erwähnte Erlass- und Aufrechnungsverbot[100] nach Art 73a HG betrachtet werden.

Eine spezielle durchgreifende Haftung der Aktionäre bei Einlagenrückgewähr[101] ist nicht geregelt. Es fehlen auch ausdrückliche Haftungstatbestände für die Gremienmitglieder im Falle einer Einlagenrückgewähr[102]. Das führt in solchen Fällen aber nicht zum Ausschluss der Organhaftung gegenüber der AG.

---

92 Vgl § 60 öAktG bzw § 60 dAktG.

93 Andere Ansicht *Герджиков, О,* Коментар на търговския закон, книга втора (*Gerdjikov, O.,* Kommentar zum Handelsgesetz, Buch zwei), Sofia, 1994, S. 444, bei bestimmten Umständen wäre eine Aufrechnung zulässig: Hat der Gesellschafter der GmbH Geld für Umsatzmittel ausgeborgt, wäre eine Aufrechnung mit seinen noch fälligen Teilen der Stammeinlage zulässig.

94 Vgl § 82 Abs 1 und 3 öGmbHG.

95 Laut *Герджиков, О*, Коментар на търговския закон, книга втора (*Gerdjikov, O.,* Kommentar zum Handelsgesetz, Buch zwei), Sofia, 1994, S. 389, fehlt im HG ein zuverlässiger Mechanismus, der einen effizienten Schutz des Kapitals der GmbH gewähren könnte.

96 Vgl § 83 Abs 1 öGmbHG.

97 HG-Novelle 2009, veröffentlicht im GB Nr 82 vom 16.10.2009.

98 Eine Analogie zu § 52 öAktG bzw § 47 dAktG fehlt.

99 S. *Герджиков, О.,* Коментар на търговския закон, книга първа², (*Gerdjikov, O.,* Kommentar zum Handelsgesetz, erstes Buch), Sofia, 2007, S. 403.

100 Ursprünglich galt dieses Verbot nur für die GmbH-Gesellschafter (Art 120 Abs 2 HG). Mit der HG-Novelle 2000 wurde Art 120 Abs 2 HG aufgehoben und der Umfang dieser Schutznorm wurde im neuen Art 73a HG auch auf die Aktionäre einer AG erweitert.

101 Vgl § 56 öAktG bzw § 62 dAktG.

102 Vgl § 84 Abs 3 öAktG bzw § 93 Abs 3 dAktG.

Theoretisch können die Gläubiger der betroffenen Gesellschaft ihre Interessen durch die sog. Pawlowsche Klage nach Art 135 GSV schützen. Diese Regelung ermöglicht die Nichtigerklärung von Geschäften des Schuldners, wenn diese zu einer für den Gläubiger gefährlichen Minderung des Vermögens des Schuldners führen. Als ein solches Geschäft könnte auch jede Rückzahlung von Stammeinlagen betrachtet werden. Eine Voraussetzung für die Entstehung dieses Gestaltungsrechts des Gläubigers ist das Wissen der beiden Geschäftsparteien (Gesellschaft und Gesellschafter/Aktionär) über die Tatsache der Schädigung. Es ist fraglich, inwieweit diese Regelung bei Einlagenrückgewähr einen wirklich effizienten Schutz gewähren kann[103].

b) Ausfallshaftung für Verbindlichkeiten der Mitgesellschafter

Die Ausfallshaftung ist im bulgarischen Gesellschaftsrecht grundsätzlich nicht bekannt. Es fehlen direkte Vorschriften, die bei Unmöglichkeit der Eintreibung von Zahlungen von gegenüber der Gesellschaft fälligen Beträgen seitens eines Mitgesellschafters die restlichen Gesellschafter zur Ersatzzahlung obligatorisch verpflichten[104]. Einige solche Möglichkeiten sind in bestimmten Fällen ausnahmsweise ausdrücklich geregelt.

ba) Ausfallshaftung bei Nichtzahlung von Stammeinlagen

Kann ein GmbH-Gesellschafter seine Stammeinlage nicht bezahlen, bietet das Gesetz in diesem Fall drei alternative Möglichkeiten (Art 121 Abs 2 HG)[105]:

- Der Geschäftsanteil kann einer anderen Person verkauft werden – diese Möglichkeit ist etwas unklar geregelt. Möglich sind eigentlich zwei Varianten. Entweder wird der säumige Gesellschafter mitwirken und selbst einen Übertragungsvertrag mit dem neuen Gesellschafter abschließen oder die Gesellschafterversammlung wird ihn wegen Nichtzahlung seiner Stammeinlage nach Ablauf einer obligatorischen Nachfrist ausschließen (Art 126 Abs 1 HG). Dann könnte der durch den Ausschluss frei gewordene Geschäftsanteil einer dritten Person angeboten werden. Die zweite Variante ist kein Kaufgeschäft im engeren Sinne, sondern eher eine Aufnahme eines neuen Gesellschafters.

- Das Stammkapital der Gesellschaft kann um den noch fälligen Betrag herabgesetzt werden. Mit der Einführung der 1-Euro-GmbH ist diese Variante nicht mehr so schwierig zu handhaben, da das obligatorische Mindestkapital von EUR 1,– eigentlich keine wirkliche Mindestgrenze ist. Es ist aber zu

---

103 Diese Meinung wird auch von *Герджиков, О*, Коментар на търговския закон, книга втора (*Gerdjikov, O., Kommentar zum Handelsgesetz, Buch zwei*), Sofia, 1994, S. 390, Fn 100 vertreten. Er meint, dass diese Klage für gewöhnliche bürgerliche Verhältnisse vorgesehen ist und daher für geschäftliche Angelegenheiten nicht geeignet ist.

104 Generelle Regelungen wie § 70 Abs 2 oder § 83 Abs 2 öGmbHG fehlen im HG.

105 Diese Vorschrift entspricht ungefähr dem § 70 Abs 1 öGmbHG.

bedenken, dass auch in diesem Fall die strengen Kapitalherabsetzungsregelungen[106] zu befolgen sind.

• Die anderen Gesellschafter bezahlen selbst den fälligen Betrag.

Wenn die beiden zuerst erwähnten Möglichkeiten nicht anwendbar sind, haben die anderen Gesellschafter den noch fälligen Betrag zu bezahlen. Die Schuld wird aliquot verteilt: Jeder Gesellschafter hat einen Teil, der prozentuell der Höhe seines Geschäftsanteils entspricht, aufzubringen. Die rechtlichen Folgen dieser Zahlung sind im HG nicht geregelt[107]. Es ist aber logisch, dass die Gesellschafter Ansprüche auf die Gewinn- und Liquidationserlöse, die diesem Geschäftsanteil zufallen, erwerben oder dass den Gesellschaftern bei einem nachträglichen Verkauf die schon geleisteten Beträge aus dem Erlös zurückerstattet werden müssen.

Bei der Aktiengesellschaft ist im HG keine Ausfallshaftung für die Mitaktionäre vorgesehen. Zahlt ein Aktionär seine Stammeinlage nicht, kann er von der Gesellschaft ausgeschlossen werden. Eine Ausfallshaftung ist weder für den ausgeschlossenen Aktionär[108] noch für seine Vormänner[109] geregelt. Der Ausgeschlossene verliert seine Aktien, welche als kraftlos erklärt und vernichtet werden, und auch seine bis zum Zeitpunkt des Ausschlusses geleisteten Einlagen. An Stelle der vernichteten Aktien hat die Gesellschaft neue auszustellen und zu verkaufen oder das Stammkapital um die Summe ihres Nennwertes herabzusetzen (Art 189 Abs 3 HG). Wie schon erwähnt, regelt das HG für die Aktiengesellschaft eine wesentlich höhere Mindesthöhe für das Stammkapital – BGN 50.000,– (= € 25.564,59). Sind die obigen Varianten unmöglich, kann die Gesellschaft entweder in eine Gesellschaft mit einem niedrigeren Stammkapital (zB in eine GmbH oder eine Personengesellschaft[110]) umgewandelt[111] oder aufgelöst werden. Indirekt könnte die wirtschaftliche Situation der AG die restlichen Gesellschafter dazu zwingen, die neuen Aktien selbst zu kaufen, damit die AG ohne strukturelle Änderungen weitergeführt werden kann.

bb) Ausfallshaftung bei Zwangsvollstreckung eines Geschäftsanteils

Die Geschäftsanteile einer Handelsgesellschaft gehören zum Vermögen einer Person und können daher zur Befriedigung ihrer Gläubiger dienen. Im Unterschied zu Aktien, die grundsätzlich, soweit sie nicht vinkuliert sind, frei

---

106 Vgl. *Daskalov, W.*, Schutz der Minderheitsaktionäre in Bulgarien, in *Bachner/Doralt/Winner* (Hrsg.), Schutz der Minderheitsaktionäre in Mittel- und Osteuropa, Wien, 2010, S. 166.

107 Ein Analog vom § 70 Abs 3 öGmbHG fehlt im HG.

108 Vgl. § 58 Abs 4 öAktG.

109 Vgl. § 59 öAktG.

110 Nach dem bulgarischen Recht sind auch Personengesellschaften juristische Personen (Art 63 Abs 3 HG) und daher ist die Umwandlung einer Aktiengesellschaft in eine Personengesellschaft theoretisch möglich (Art 262 Abs 2 HG).

111 Vgl. *Daskalov, W.,* Das neue bulgarische Umgründungsrecht (Verschmelzungen, Spaltungen und Umwandlungen von Handelsgesellschaften) im Überblick, Recht der internationalen Wirtschaft RIW, Heidelberg, 4/2005, S. 270 ff.

übertragbar sind und daher vom Gerichtsvollzieher auch direkt versteigert werden können, unterliegt der Geschäftsanteil nicht einer direkten Vollstreckung. Die Personengesellschaften, aber auch die GmbH haben einen stark personalistischen Charakter[112] und eine direkte Versteigerung eines Geschäftsanteiles würde eine Zwangsaufnahme eines neuen Gesellschafters bedeuten, was nicht akzeptabel ist. Der Gläubiger hat die Möglichkeit, seine Ansprüche auf den Liquidationserlös, der dem Schuldner aus seinem Geschäftsanteil zusteht, zu richten. Auf dieser Logik beruht die Regelung über die Zwangsvollstreckung bei Geschäftsanteilen an Handelsgesellschaften. Nach Art 517 Abs 3 ZPB kann der Gläubiger der betroffenen Handelsgesellschaft über den Gerichtsvollzieher eine Kündigungsmitteilung bezüglich der Beendigung der Beteiligung seines Schuldners an der Gesellschaft einreichen. Nach dem Ablauf von drei Monaten, wenn die Gesellschaft den Liquidationserlös nicht inzwischen bezahlt hat, ermächtigt der Gerichtsvollzieher den Gläubiger, bei Gericht eine Klage zur Auflösung der Gesellschaft zu erheben. Wird festgestellt, dass die Gesellschaft dem Gläubiger den anfallenden Anteil vom Liquidationserlös bezahlt hat oder auf eine andere Art und Weise seine Forderung befriedigt worden ist, wird die Klage zurückgewiesen. Wird aber der Gläubiger nicht bezahlt, beschließt das Gericht die Auflösung der Gesellschaft und eröffnet von Amts wegen ein Abwicklungsverfahren. Der Liquidationserlös des Schuldners wird nach dem Buchwert berechnet.

Ähnlich erfolgt die Vollstreckung eines verpfändeten Geschäftsanteils. Nach Art 45 Abs 1 *Sonderpfändegesetz*[113] iZm Art 96 HG kann der Pfandgläubiger entweder die Auflösung der Gesellschaft oder die Beendigung der Beteiligung des Inhabers des Geschäftsanteiles verlangen. Wird eine Auflösung der Gesellschaft verlangt, kann entweder die Gesellschaft selbst oder können die anderen Gesellschafter die fällige Schuld zahlen und dadurch die Auflösung verhindern.

Eine direkte Ausfallshaftung in einem Vollstreckungsfall sieht weder das ZPB noch das HG ausdrücklich vor. Angesichts der Androhung einer Auflösung der Gesellschaft sind die Gesellschafter sehr oft bereit, selbst die fällige Schuld zu bezahlen.

c) *Haftung wegen Tatbeständen bei der Gründung, verdeckte Sacheinlagen*

ca) *Haftung der Gründer aus einem Vertrag über die Gründung*

Laut Art 66 HG haben Personen, die eine Gesellschaft gründen wollen, die Möglichkeit, einen Vorbereitungsvertrag abzuschließen. Gegenstand des Vertrags ist die Vorbereitung des Gründungsverfahrens. Bei schuldhaften Verletzungen der Vertragsverpflichtungen haften die Vertragsparteien für eventuell

---

112 S. *Герджиков, О,* Коментар на търговския закон, книга втора (*Gerdjikov, O.,* Kommentar zum Handelsgesetz, Buch zwei), Sofia, 1994, S. 350.

113 Fortan *SPG*, Originaltitel: *Закон за особените залози,* veröffentlicht im GB Nr 100 vom 22.11.1996 idF GB 15/2013.

zugefügte Schäden (Art 66 zweiter Satz HG). Diese Haftung gehört unbestritten zu den Vertragshaftungen. Geschädigt könnte die neue Gesellschaft selbst werden, wenn diese als juristische Person entsteht. Wird das Gründungsverfahren nicht bis zur erfolgreichen Gründung der Gesellschaft weitergeführt, haftet die dafür verantwortliche Vertragspartei gegenüber den anderen Vertragspartnern. Schäden können zB die Ausgaben für die fehlgeschlagene Gründung sein.

Der Abschluss solcher Verträge ist eine Seltenheit. Sie finden vorwiegend bei der Gründung von Publikumsgesellschaften durch Zeichnung Anwendung, da in diesen Fällen die Gründungsphase sehr aufwendig und teuer ist.

cb) Haftung aus Geschäften in der Gründungsphase

Normalerweise endet die Gründungsphase einer Handelsgesellschaft mit ihrer Eintragung im Handelsregister. Mit diesem Zeitpunkt entsteht die juristische Person (Art 67 HG). Im Zeitraum zwischen der Unterfertigung der Gründungsunterlagen und der Eintragung in das Handelsregister kann die noch nicht registrierte Gesellschaft Geschäfte abschließen. Da die Rechtspersönlichkeit der Gesellschaft noch nicht entstanden ist, verpflichten diese Handlungen diejenigen Personen, die sie im Namen der Gesellschaft unternommen haben (eigentlich sind die Gründer vom Gesetz dafür ermächtigt). Wenn mit der Eintragung im Handelsregister die juristische Person der Gesellschaft entsteht, gehen *ex lege* alle aus solchen Geschäften entstandenen Rechte und Pflichten auf diese über (Art 68 Abs 2 HG). Misslingt die Eintragung der Gesellschaft und wird sie aus welchen Gründen immer vom Handelsregister abgelehnt, sind für die in der Zwischenzeit entstandenen Pflichten jene Personen verantwortlich, die diese Geschäfte im Namen der Gesellschaft abgeschlossen haben (Art 69 Abs 1 HG). Wenn mehrere Personen im Namen der Gesellschaft gehandelt haben, haften diese solidarisch. Das ist eine Verantwortung, die weiter als die gewöhnliche Schadenersatzhaftung ist. Die am Geschäftsabschluss beteiligten Gründer haben zuerst die tatsächliche Erfüllung der übernommenen Pflichten zu leisten. Dabei sind die Haftungstatbestandselemente irrelevant – für die Wahrung der Interessen der betroffenen Gläubiger ist es bedeutungslos, warum die Gesellschaft nicht eingetragen wurde. Die eventuell rechtswidrigen und schuldhaften Handlungen der Gründer haben in diesem Zusammenhang keine Auswirkung auf ihre Verantwortung für die schon abgeschlossenen Geschäfte. Sie wären weiter für die Erfüllung der übernommenen Verbindlichkeiten verantwortlich, auch in jenen Fällen, in denen die juristische Person aus Gründen, die nicht von den Gründern verursacht wurden, nicht entstanden ist. Werden diese nicht erfüllt, würde sich diese Verantwortung auch um eine eventuelle Vertragshaftung für die durch die rechtswidrige Nichterfüllung entstandenen Schäden erweitern.

Diese Verantwortung für die im Namen der noch nicht entstandenen Gesellschaft übernommenen Verpflichtungen ist grundsätzlich unter einer auflösenden Bedingung geregelt. Sie entsteht direkt mit dem Abschluss des jeweiligen Rechtsgeschäfts und erlischt automatisch mit der Entstehung der Rechtspersönlichkeit der Gesellschaft.

cc) Nachgründung

Noch mit Inkrafttreten des HG 1991 wurde für Sacheinlagen an Kapitalgesellschaften ein besonderes Regime geschaffen. Nach Art 72 Abs 2 HG ist der höchstzulässige Wert der Sacheinlage, mit dem sie offiziell am Kapital der Gesellschaft beteiligt ist, durch ein Gutachten von drei unabhängigen Sachverständigen festzustellen. Die Sachverständigen sind vom Handelsregisteramt zu bestellen. Zweck dieser Regelungen war, die Einbringung von wertlosen Sachen als Scheinkapital in Kapitalgesellschaften zu vermeiden. Mit der Novelle aus dem Jahr 2000 wurde dieser Kapitalschutz weiterentwickelt. Im HG wurde eine Verhinderung etwaiger Umgehungen der Regelungen über die Bewertung und Aufbringung von Sacheinlagen eingeführt. Der neue Art 73b HG regelt die sog. Nachgründung[114]. Entgeltliche Sachübernahmen von Gründern innerhalb von zwei Jahren nach der Gründung, deren Wert 10 % des Kapitals übersteigt, benötigen einen ausdrücklichen Beschluss der Hauptversammlung der Aktionäre. Vor der Beschlussfassung ist, wie bei den üblichen Sacheinlagen, ein Bewertungsverfahren gemäß Art 72 Abs 2 HG durchzuführen. Der Beschluss der Hauptversammlung ist ins Handelsregister einzutragen – das Sachübernahmegeschäft tritt erst mit dieser Eintragung in Kraft. Das HG ist aber nicht vollständig: Die Nachgründung wurde zwar geregelt, Vorschriften über Ersatzansprüche der AG bei einer Nachgründung fehlen allerdings[115]. Sollten durch Verletzung der Nachgründungsregelungen Ansprüche der Gesellschaft entstehen, sind diese aufgrund der allgemeinen Regelungen der zivilrechtlichen Haftung durchzusetzen. Abhängig von den konkreten Mängeln wären dann entweder die Vorschriften über die vertragsrechtliche Haftung[116], über die Deliktshaftung[117] oder eventuell über die unstatthafte Bereicherung[118] anwendbar.

cd) Haftung der Gründer der GmbH

Laut Art 118 Abs 1 HG haben die Gründer einer GmbH die Sorgfalt eines ordentlichen Kaufmannes bezüglich der Gründungshandlungen zu leisten. Grundsätzlich gilt für alle Kaufleute dieser Sorgfaltsmaßstab bei der Erfüllung ihrer Pflichten, die aus einem Handelsgeschäft entstehen (Art 302 HG). Das HG erstreckt die Wirkung dieser Sorgfaltspflicht auch auf die Gründer einer GmbH, auch wenn sie keine Kaufleute sind. Das bulgarische Zivilrecht kennt den objektiven Sorgfaltsmaßstab. Nach den allgemeinen Prinzipien des bürgerlichen Rechts (Art 63 Abs 2 GSV) hat der Schuldner seine Pflichten mit der „Sorgfalt eines ordentlichen Hausherrn" zu erfüllen. Die heute herrschende Meinung akzeptiert die objektive Theorie. Nach dieser Auffassung hat der Sorgfaltsmaßstab

---

114 Vgl § 45 öAktG. bzw § 52 dAktG, wie das öAktG beschränkt das HG die Anwendung der Regelung nur bezüglich Gründern.
115 Vgl § 46 öAktG bzw § 53 dAktG.
116 S. unten die Ausführungen unter V.2.
117 S. unten die Ausführungen unter V.1.
118 Vgl. Art 55–59 GSV.

einen objektiven Charakter. Der Inhalt der Sorgepflicht ist abstrakt, gesetzlich von den konkreten persönlichen Eigenschaften des Schuldners unabhängig bestimmt. Die gesetzlichen Sorgfaltsformeln besagen nicht viel – sie haben eine prinzipielle Bedeutung. Der Inhalt des Sorgfaltsmaßstabs ist durch Konkretisierung in jedem Fall festzustellen. Der Sorgfaltsmaßstab hat den erforderlichen Eifer und Fleiß der Gründer zu bestimmen. Dabei handelt es sich um einen erhöhten Sorgfaltsmaßstab – von einem ordentlichen Kaufmann wird mehr als von einem gewöhnlichen ordentlichen Hausherrn erwartet. Er muss über für die Gründung entsprechende professionelle Kenntnisse verfügen. Denkbar sind Fälle, bei denen durch unprofessionelle Handlungen diverse Schäden für die neue Gesellschaft entstehen können. Alle Handlungen, die in der Gründungsphase zu einer unbegründeten Minderung des Vermögens der GmbH (unter damit der Höhe des im Gesellschaftervertrag bestimmten Kapitals) führen können, stellen solche Schäden dar. Ferner können auch falsche Angaben im Gesellschaftsvertrag oder unnötig teure Werbeveranstaltungen iZm der Gründung zur Schadenverursachung führen. Diese Haftung gehört zu den Deliktshaftungen[119]. Daher sind subsidiär die Regelungen über die Deliktshaftung anwendbar. Es ist wichtig, zu erwähnen, dass bei der Deliktshaftung das Verschulden vermutet wird (Art 45 Abs 2 GSV).

ce) Haftung der Gründer der AG

Eine Gründerhaftung bei der AG ist im HG nicht ausdrücklich verankert[120]. Werden aber die Elemente des Tatbestandes der Deliktshaftung erfüllt, dann sind die Gründer zweifellos haftbar. Es ist fraglich, ob der für GmbH-Gründer verankerte Sorgfaltsmaßstab des ordentlichen Kaufmannes per Analogie auch auf AG-Gründer anwendbar wäre. Eine solche Herangehensweise zur Lösung dieses Problems wäre denkbar. Einerseits ist die analoge Anwendung des Gesetzes bei Haftungsregelungen unerwünscht[121]. Andererseits ist aber die Gründung einer AG viel komplizierter und aufwendiger als die GmbH-Gründung und die Anwendung von professionellen Kenntnissen und ein höheren Grad an Eifer und Fleiß wird verständlicherweise erwartet.

Geregelt ist eine solidarische Haftung nur für jene Gründer, die eine Zeichnung von eigenen Aktien durch die AG selbst zulassen (Art 161 Abs 4 HG). In diesen Fällen ist die Haftung auf die Höhe der fälligen Geldeinlagen für die gezeichneten Aktien beschränkt.

---

119 So *Герджиков, О*, Коментар на търговския закон, книга втора (*Gerdjikov, O.,* Kommentar zum Handelsgesetz, Buch zwei), Sofia, 1994, S. 368.

120 Vgl §§ 39–41 öAktG.

121 Die Anwendung von Analogie für die Begründung von strafrechtlicher, verwaltungsrechtlicher und disziplinärer Haftung ist ausdrücklich vom Art 46 Abs 3 des *Gesetzes über die Normativakten* (Originaltitel: Закон за нормативните актове, veröffentlicht im GB Nr 27 vom 3.4.1973, idF GB Nr 46/2007) untersagt.

d) Haftung bei Übertragung von Geschäftsanteilen

da) GmbH

Wie oben erwähnt, ist die für das bulgarische GmbH-Recht typische Innenhaftung der Gesellschafter die Haftung für die Aufbringung der fälligen Stammeinlage (Art 125 iZm Art 121 HG). Bei der Übertragung von Geschäftsanteilen geht diese Haftung automatisch auf den Erwerber über – Veräußerer und Erwerber haften gegenüber der Gesellschaft solidarisch für den zum Zeitpunkt der Übertragung des Geschäftsanteils nicht ordentlich aufgebrachten Teil der Stammeinlage (Art 130 HG). Der Haftungsübergang gilt für alle Rechtsgeschäfte, die eine übertragende Wirkung haben: Kauf, Tausch, aber auch das Erben und alle anderen Geschäfte, die das Vermögen einer Person als Ganzes übertragen, wie zB Verschmelzungen etc. Auf den Rechtsnachfolger geht die Verpflichtung über, die noch fälligen Teile der Stammeinlage aufzubringen. Akzessorische Verpflichtungen, wie etwa Verzugszinsen, Vertragsstrafen etc, gehen auch über. Wegen des solidarischen Charakters dieser Haftung hat die Gesellschaft die Möglichkeit, ihre Ansprüche nach eigenem Ermessen entweder gegenüber dem ursprünglichen oder dem neuen Gesellschafter durchzusetzen.

db) AG

Wie bei der GmbH sind auch säumige Aktionäre von einer Innenhaftung bedroht, wenn sie ihre Stammeinlagen aus den gezeichneten Aktien nicht aufgebracht haben. Diese Haftungskonsequenzen betreffen auch den Erwerber von Namensaktien – er trägt solidarisch die Haftung des Übertragenden. Die Ansprüche der Gesellschaft verjähren nach einer Frist von zwei Jahren, gerechnet ab dem Moment der Eintragung der Transaktion im Aktionärsbuch. Nach dem Gesetzeswortlaut gilt diese Frist nur für den Veräußerer und nicht für den Erwerber – für diesen ist die allgemeine 5–jährige Verjährungsfrist gemäß Art 110 GSV anwendbar[122].

4. Haftung für Verbindlichkeiten der Gesellschaft nach der Beendigung der Gesellschaft, Haftung im Falle der Nichtigerklärung der Gesellschaft

a) Beendigung der Gesellschaft

Nach Beendigung jeder Handelsgesellschaft wird obligatorisch ein Abwicklungsverfahren eingeleitet (Art 266 Abs 1 HG). Die Funktionen der Verwaltungsorgane der Gesellschaft werden von einem oder mehreren Abwicklern

---

122 Laut *Герджиков, О*, Коментар на търговския закон, книга трета, том I (*Gerdjikov, O.*, Kommentar zum Handelsgesetz, Buch drei, Band I), Sofia, 1998, S. 875, ist das ein unbegründeter Durchbruch der Grundsätze der solidarischen Haftung: solidarische Schuldner haften gleich.

übernommen. Eine der wichtigsten Aufgaben dieser Organe ist die Eintreibung der Forderungen der Gesellschaft. Sind noch immer fällige Teile von Stammeinlagen von Gesellschaftern/Aktionären vorhanden, hat der Abwickler diese Ansprüche der Gesellschaft durchzusetzen. Bezüglich der Realisierung der Innenhaftung der Gesellschafter/Aktionäre in der Abwicklungsphase sind keine Besonderheiten hervorzuheben. Die Abwickler haben auch eventuelle andere Ansprüche der Gesellschaft gegenüber Gesellschaftern/Aktionären, wie etwa einen Schadenersatz wegen verursachter Schäden durch die Verletzung von anderen Gesellschafterpflichten (wie zB Loyalitätspflichten), durchzusetzen und einzutreiben[123].

Eine Milderung des Aufrechnungsverbots nach Art 73a HG wäre aber denkbar. Hat die abgewickelte Gesellschaft ausreichend Vermögen, um ihre Verbindlichkeiten gegenüber allen Gläubigern problemlos zu decken, könnte die Eintreibung der fälligen Stammeinlagen abgewartet und bei der Erstellung des endgültigen Aufteilungsprotokolls der Abwicklung mit dem Liquidationserlös des jeweiligen Gesellschafters/Aktionärs aufgerechnet werden. Abgesehen davon wäre aber ein Erlass der inzwischen angefallenen Verzugszinsen nicht denkbar.

Das HG regelt im Abwicklungsverfahren keine Möglichkeiten für eine Durchgriffshaftung der Gesellschafter/Aktionäre. In keinem Fall würden sie direkt gegenüber den Gläubigern der abgewickelten Gesellschaft haften. Sollte das Vermögen für die Befriedigung aller Gläubiger nicht ausreichend sein und sollten somit die Voraussetzungen für die Eröffnung eines Insolvenzverfahrens nicht erfüllt sein, haben die Abwickler einen Antrag zur Eröffnung eines Insolvenzverfahrens zu stellen.

b) Nichtigerklärung der Gesellschaft

Schwere Gesetzesverletzungen sind die Voraussetzungen für eine eventuelle Nichtigerklärung einer Handelsgesellschaft (Art 70 Abs 1 HG). Die Nichtigerklärung erfolgt mit einem Urteil des örtlich (nach dem Sitz der Gesellschaft) zuständigen Kreisgerichtes und hat immer eine Wirkung *ex nunc*. Wird die Gründung einer Gesellschaft für nichtig erklärt, wird ihre Auflösung im Handelsregister eingetragen. Gleichzeitig mit dieser Eintragung wird von Amts wegen auch ein Abwicklungsverfahren eingeleitet. Dieses Verfahren läuft nach den Regelungen der gewöhnlichen Liquidation. Besteht eine Innenhaftung von Gesellschaftern/Aktionären, wird diese im Laufe des Abwicklungsverfahrens verwirklicht.

Abweichend von den Prinzipien der Abwicklung sieht das HG eine direkte Haftung der Gründer der für nichtig erklärten Gesellschaft. Nach Art 70 Abs 5 HG haften die Gründer einer Handelsgesellschaft bei ihrer Nichtigerklärung unbeschränkt solidarisch. Die Haftung besteht für alle Verbindlichkeiten, die im

---

123 So *Антонова, А.*, Ликвидация на търговски дружества (*Antonova, A.*, Abwicklung von Handelsgesellschaften), Sofia, 2009, S. 200.

Zeitraum zwischen der fehlerhaften Gründung und der Nichtigerklärung durch das Gericht durch Handlungen im Namen der Gesellschaft entstanden sind. Das ist keine klassische Schadenersatzhaftung. Die für nichtig erklärte Gesellschaft existiert auch in einem Abwicklungsverfahren weiter als juristische Person und erfüllt weiter ihre Verpflichtungen. Die Forderungen der Gesellschaftsgläubiger sind nicht unbedingt aufgrund von Schäden entstanden – diese würden in den meisten Fällen Forderungen aus abgeschlossenen Verträgen sein. Kann die Gesellschaft solche Verbindlichkeiten nicht selbst erfüllen, würden dann die Gründer dafür verantwortlich sein – das heißt, dass diese Haftung einen subsidiären Charakter hat. Ferner ist zu betonen, dass das Verschulden kein Haftungstatbestandselement ist. Tatsachlich sind die Nichtigkeitsgründe nach Art 70 Abs 1 HG Verletzungen, die in den meisten Fällen in der Fahrlässigkeit der Gründer begründet sind. Dieses Verschulden, soweit überhaupt vorhanden, hat keinen direkten Zusammenhang mit der Entstehung der Verbindlichkeiten der Gesellschaft, für welche die Gründer haften würden. Das ist eine objektive Haftung, die eine Garantiefunktion gegenüber den Gesellschaftsgläubigern erfüllt. Ihre Grenzen werden von den konkreten Ausmaßen der Verbindlichkeiten der Gesellschaft bestimmt.

5. Haftung wegen Verletzung allgemeiner Prinzipien

Das bulgarische Gesellschaftsrecht beinhaltet dazu relativ wenige Regelungen. Ausdrückliche Vorschriften über die meisten Prinzipien des Gesellschaftsrechts fehlen. Manche von ihnen werden aus detaillierten Regelungen einzelner Rechte und Pflichten der Gesellschafter abgeleitet, andere werden nur in der Lehre diskutiert. Wenn eine ausdrückliche positivrechtliche Regelung eines Prinzips fehlt, ist dann auch eine nachteilige rechtliche Folge bei einer eventuellen Verletzung dieses Prinzips sehr fraglich. Die einzige Lösung dieses Problems wäre die subsidiäre Anwendung von verwandten Rechtsinstituten wie etwa Deliktshaftung, Rechtsmissbrauch etc. So ist zB die Loyalitätspflicht für Gesellschafter an Kapitalgesellschaften nicht ausdrücklich geregelt. Bei der GmbH könnte diese Pflicht indirekt vom personalistischen Charakter dieser Gesellschaftsart abgeleitet werden[124]. Ihre rechtlichen Wurzeln könnte man auch in der weit geregelten Pflicht zur *„Mitwirkung der Gesellschaft bei der Verrichtung ihrer Tätigkeit"* finden (Art 124 HG). Als konkrete Erscheinungsformen dieses Grundsatzes können die Pflicht zur persönlichen Teilnahme an den Sitzungen der Gesellschafterversammlung, das Wettbewerbsverbot, die Schweigepflicht über Angelegenheiten der Gesellschaft sowie die Pflicht zum Schutz des guten Rufs der Gesellschaft betrachtet werden[125]. Im Gesellschaftervertrag könnte man dem Loyalitätsgrundsatz durch die Regelung von mehreren

---

124 S. *Герджиков, О*, Коментар на търговския закон, книга втора (*Gerdjikov, O.,* Kommentar zum Handelsgesetz, Buch zwei), Sofia, 1994, S. 453.

125 So *Герджиков, О*, Коментар на търговския закон, книга втора (*Gerdjikov, O.,* Kommentar zum Handelsgesetz, Buch zwei), Sofia, 1994, S. 455 ff.

konkreten Pflichten eine noch detailliertere Form geben. Die Verletzung dieser Pflichten könnte zu einer Innenhaftung des Gesellschafters führen. Er könnte ausgeschlossen werden (vgl. Art 126 Abs 3 HG) und würde auch für die zugefügten Schäden haften.

Anders ist die Lage bei der Aktiengesellschaft. Hier fehlt es noch mehr an Regelungen. Die Loyalitätspflicht betrifft unbestritten auch die Aktionäre, auch wenn dies nirgendwo im HG ausdrücklich geregelt ist[126]. Aktionäre könnten nur bei einer Verletzung der Einlagepflicht ausgeschlossen werden. Wird aber durch ihre Handlungen die prinzipielle Loyalitätspflicht verletzt und werden dadurch Schäden verursacht, würde der säumige Aktionär aufgrund der allgemeinen Regelungen der zivilrechtlichen Haftung zur Schadenersatzzahlung herangezogen werden.

III. Konzernrechtliche Regelungen

1. Das bulgarische Konzernrecht im Überblick

In Bulgarien gibt es kein kodifiziertes Konzernrecht. Systematische und einheitliche Regelungen über die Gründung, die Innen- und die Außenverhältnisse in Unternehmensgruppen fehlen. Einzelne Vorschriften, die verschiedene Seiten der Unternehmensgruppen regeln, sind in diverse Rechtszweige zersplittert. Der bulgarische Gesetzgeber regelt die Lösungen der wichtigsten Probleme separat und wendet die sog. „Politik der kleinen Schritte"[127] an. Die Regelungen sind auf zwei Richtungen ausgerichtet: den Schutz der Minderheitsaktionäre und den Gläubigerschutz.

Der Begriff „Konzern" wird vom bulgarischen Recht nicht verwendet. Eingeschränkt bekannt ist das Wort „Unternehmensgruppe" – es wird hauptsächlich in den Rechnungslegungsvorschriften verwendet. Verschiedene Gesetze regeln die Begriffe *„Kontrolle"* und *„verbundene Personen"*. Dabei fehlt aber ein einheitlicher Inhalt dieser Begriffe. Das HG verwendete den Begriff *„verbundene Personen"* ursprünglich dazu, um ähnliche wirtschaftliche Verhältnisse zu bezeichnen. Ende 2007 wurde mit dem neuen § 1v der *Zusätzlichen Bestimmungen*[128] des HG der Begriff *„Kontrolle"* ausführlich und modern geregelt.

Den richtigen Beginn der Entwicklung der einzelnen Bestandteile des bulgarischen Konzernrechts stellt die Umsetzung des *Acquis communautaire* dar. Der

---

126 So *Таджер, В.,* Капиталови търговски дружества (*Tadjer, V.,* Handelsgesellschaften des Kapitals), Sofia, 1997, S. 152–153, vgl auch *Герджиков, О,* Коментар на търговския закон, книга трета, том I (*Gerdjikov, O.,* Kommentar zum Handelsgesetz, Buch drei, Band I), Sofia, 1998, S. 908.

127 S. *Doralt, P.,* in *Doralt/Nowotny/Kalss* (Hrsg.), Kommentar zum AktG, Wien, 2003, S. 145–146.

128 In der bulgarischen Gesetzgebung werden in den *Zusätzlichen Bestimmungen* (fortan *ZB*) eines Gesetzes die wichtigsten Begriffe, die der Normativakt verwendet, einheitlich geregelt.

Prozess startete im März 1996 durch eine Ergänzung[129] des damaligen *Rechnungslegungsgesetzes*[130]. Dort wurden zum ersten Mal die „*Wirtschaftsgruppen, die einen konsolidierten Jahresabschluss verabschieden*" erwähnt. Diese Tendenz wurde auch mit dem neuen *Rechnungslegungsgesetz*[131] weitergeführt. Mit ihm wurde die 7. EU-Richtlinie 83/349/EWG fast vollständig umgesetzt[132]. So wurde als erster wichtiger Schritt für den Aufbau eines Konzernrechts das Prinzip der Offenlegung der Entstehung bzw Entwicklung von Wirtschaftsgruppen durch die Erstellung von konsolidierten Jahresabschlüssen eingeführt.

Einzelne Vorschriften, die konzernähnliche Verhältnisse regeln, sind in mehreren Rechtszweigen vorhanden. In ihrer Gesamtheit könnten diese als ein, wenn auch nicht einheitliches, Konzernrecht betrachtet werden. Die einzelnen Normen verwenden manchmal verschiedene Begriffe, die keinen einheitlichen Inhalt haben. Ein allgemeines logisches Konzept fehlt noch immer.

2. Konzernrechtliche Regelungen in verschiedenen Rechtszweigen

Nachfolgend wird ein Überblick über die einzelnen Regelungen, die auch einen konzernrechtlichen Charakter haben, angeboten.

a) Gesellschaftsrecht

Das bulgarische Gesellschaftsrecht widmet wenige Regelungen den Unternehmensgruppen. Geregelt sind einzelne Fälle von Kontroll- und Verbundenheitsverhältnissen, die zu Interessenkollisionen führen können. Als indirekter Bestandteil eines Konzernrechts können auch die zahlreichen allgemeinen Minderheits- und Gläubigerschutzregelungen betrachtet werden. Ihre Wirkung erstreckt sich aber nicht nur im Rahmen einer Unternehmensgruppe, sondern allgemein auf alle Situationen. Ihre Vollständigkeit und ihre Effizienz sind von besonderer Bedeutung, weil das bulgarische Recht keine speziellen Vorschriften für Interessenkollisionen bei Unternehmensgruppen und Abhängigkeitsverhältnissen hat. Der Schutz der Minderheitsaktionäre hat durch die Harmonisierung des bulgarischen Rechts mit den EU-Prinzipien in den letzten Jahren eine gute Entwicklung erfahren[133]. Die Gläubigerschutzregelungen sind aber noch immer sehr begrenzt und benötigen Entwicklung und Ergänzung.

---

129 Veröffentlicht im GB Nr 21 vom 12.3.1996.

130 Originaltitel: *Закон за счетоводството*, veröffentlicht im GB Nr 4 vom 15.1.1991, aufgehoben durch das neue Rechnungslegungsgesetz von 2001 (GB Nr 98/2001).

131 Fortan *RLG*, Originaltitel: *Закон за счетоводството*, veröffentlicht im GB Nr 98 vom 16.11.2001, idF GB Nr 15/2013.

132 S. die Begründungen des Gesetzentwurfes 154–01–52/2001, S. 18.

133 S. eine Analyse dieser Entwicklung bei *Daskalov, W.*, Schutz der Minderheitsaktionäre in Bulgarien, in *Bachner/Doralt/Winner* (Hrsg.), Schutz der Minderheitsaktionäre in Mittel- und Osteuropa, Wien, 2010, S. 68 ff.

aa) Die Begriffe „Kontrolle" und „verbundene Personen"

Die Begriffe, die die Grundlagen der konzernrechtlichen Regelungen darstellen, sind *„Kontrolle"* und *„verbundene Personen"*. Sie wurden in den **Zusätzlichen Bestimmungen** des HG verankert. § 1v regelt den Begriff der *„Kontrolle"*. Die Grundlage für die Bestimmung des Begriffs sind die Beteiligungsverhältnisse und insbesondere die Möglichkeiten, Einfluss auf die Beschlussfassung und auf die Entsendung von Mitgliedern in die Verwaltungsorgane auszuüben. Neben den üblichen Verwandten-, Arbeitgeber-Arbeitnehmer-Verhältnissen etc. ist die Kontrolle auch ein wichtiges Merkmal für die Definition des Begriffes *„verbundene Personen"*[134] im § 1 ZB HG.

ab) Holding

Mit der Regelung der Holding hat der Gesetzgeber eine gute Grundlage für die weitere Entwicklung der Unternehmensvereinigungen und -gruppen geschaffen. Das war 1991 von besonderer Bedeutung, da damals die Umwandlung der alten sozialistischen Unternehmen eine der wichtigsten Voraussetzungen für die bevorstehende Privatisierung war. Die Holding-Vorschriften[135] sind leider sehr dürftig und haben sich nicht weiterentwickelt. Diese Vorschriften haben noch immer eine wichtige Bedeutung. Sie können als eine gute Grundlage für die künftige Entwicklung eines systematischen Konzernrechts dienen. Das Gesetz unterscheidet nicht zwischen der einfachen Beteiligungsholding und dem Holding-Konzern. Nicht jede Holding ist ein Konzern – die Unternehmensgruppen sind selbständige wirtschaftliche Erscheinungen[136]. Die meisten Holdinggruppen in Bulgarien sind echte Unternehmensgruppen, wo die Beteiligungsverhältnisse nur die Grundlage für eine gemeinsame Führung und einen vertikalen Einfluss auf die Beschlussfassung verschaffen. Die Holding ist die meistverwendete Form für die rechtliche Organisation einer Unternehmensgruppe, da die Mehrheitsbeteiligungen die besten Kontrollmöglichkeiten[137] gewähren.

Das HG regelt die Holdinggesellschaft und die Tochtergesellschaft (Abschnitt II „Holding" des Kapitels 18 „Vereinigungen" des HG). Den Verhältnissen in der Holdinggruppe sind nur ganz wenige Vorschriften gewidmet. Art 277 HG regelt die Merkmale der Holdinggesellschaft[138]. Sie ist eine Kapitalgesell-

---

134 S. unten die Ausführungen unter IV. 3.2.

135 Laut *Бузева, Т.*, Холдинг (*Buseva, T.*, Holding), Sofia, 2006, S. 116, diente das luxemburgische Gesetz über die Besteuerung von Holdinggesellschaften von 1929 als Vorbild der Regelungen im HG.

136 S. *Бузева, Т.*, Холдинг (*Buseva, T.*, Holding), Sofia, 2006, S. 41.

137 So *Стойчев, К.*, Холдинговото дружество: обща характеристика и предимства при неговото създаване (*Stojtschev, K.*, Die Holdinggesellschaft: allgemeine Charakteristik und Vorteile bei ihrer Gründung), в Търговско право, бр. 2 (in Handelsrecht, Heft 2), Sofia, 1994, S. 17.

138 Über die Merkmale der Holdinggesellschaft s. ausführlich *Бузева, Т.*, Холдинг (*Buseva, T.*, Holding), Sofia, 2006, S. 115–121.

schaft[139], die als Zweck die direkte oder indirekte Beteiligung an Handelsgesellschaften oder an ihrer Geschäftsführung hat, als Unternehmensgegenstand entweder nur die typischen Holdingtätigkeiten oder auch Nebentätigkeiten (einige Tätigkeiten sind ausdrücklich verboten[140]) hat und mindestens 25 % des Kapitals der Holdinggesellschaft direkt in Tochtergesellschaften eingebracht worden sind. Der Begriff „Tochtergesellschaft" ist auch bestimmt: Als Tochtergesellschaft gilt jede Handelsgesellschaft, von deren Kapital mindestens 25 % direkt oder indirekt von einer Holdinggesellschaft gehalten oder kontrolliert werden oder bei der die Holdinggesellschaft mehr als die Hälfte der Mitglieder des/der Verwaltungsrates/Geschäftsführung direkt oder indirekt bestimmen kann. Eine Tochtergesellschaft kann jede der fünf gesetzlich geregelten Arten einer Handelsgesellschaft[141] sein.

Die Vorschriften über die Verhältnisse in einer Holdinggruppe sind äußerst begrenzt. Geregelt sind nur die Möglichkeiten für gegenseitige Finanzierungen in der Gruppe. Die Tochtergesellschaften dürfen ihrerseits ihre freien Geldmittel in der Holdinggesellschaft deponieren. Die Höhe aller deponierten Geldmittel darf die 3-fache Höhe des Stammkapitals[142] nicht übersteigen (Art 280 Abs 3 HG).

ac) Umwandlungs- und Umgründungsrecht

Im engen Sinne des Begriffes ist das Umwandlungs- und Umgründungsrecht kein Konzernrecht. Da aber die Umgründungen hauptsächlich innerhalb von Konzernen vorkommen[143], ist es wichtig, diese Regelungen zu erwähnen.

Das aktuelle bulgarische Umwandlungs- und Umgründungsrecht wurde mit der HG-Novelle 2003 geschaffen. Es wurde eine EU-konforme[144] Neuordnung für Umwandlungen, Spaltungen und Verschmelzungen von Kapitalgesellschaf-

---

139 Laut Art 64 Abs 3 HG gelten die GmbH, die AG und die Kommanditgesellschaft auf Aktien als Kapitalgesellschaften, s. *Таджер, В.,* Капиталови търговски дружества (*Tadjer, V.,* Handelsgesellschaften des Kapitals), Sofia, 1997.

140 Solche sind Beteiligungen an Gesellschaften, die keine juristischen Personen sind; Erwerb von Lizenzen für Tätigkeiten, die nicht in den kontrollierten Tochtergesellschaften verwendet werden dürfen; Erwerb von Liegenschaften, die für die Haupttätigkeit nicht notwendig sind. Laut *Таджер, В.,* Капиталови търговски дружества (*Tadjer, V.,* Handelsgesellschaften des Kapitals), Sofia, 1997, S. 202, auch *Бузева, Т.,* Холдинг (*Buseva, T.,* Holding), Sofia, 2006, S. 154, sind diese Beschränkungen unbegründet und schwierig auszulegen.

141 Nach Art 64 Abs 1 können in Bulgarien die folgenden Handelgesellschaften gegründet werden: die Offene Handelsgesellschaft, die Kommanditgesellschaft, die Gesellschaft mit beschränkter Haftung, die Aktiengesellschaft und die Kommanditgesellschaft auf Aktien.

142 Unklar ist, von welchem Kapital: der Holdinggesellschaft oder der Tochtergesellschaft. Logisch wäre das Kapital der Tochtergesellschaft. Laut *Бузева, Т.,* Холдинг (*Buseva, T.,* Holding), Sofia, 2006, S. 257–258, sind die beiden Beschränkungen nicht gerechtfertigt.

143 So *Doralt, P.,* in *Doralt/Nowotny/Kalss* (Hrsg.), Kommentar zum AktG, Wien, 2003, S. 146.

144 Das neue Kapitel 16 HG entspricht vollständig den Erfordernissen der EU-Richtlinien 78/855 und 82/891.

ten eingeführt[145]. Das HG enthält ein komplettes Regelungssystem für alle Arten von Umgründungen. Neben den vollständigen Regelungen aller Umgründungsarten (Rechtsformwechsel, die übertragende Umwandlung, Verschmelzung und Spaltung) gewährt das HG den betroffenen Aktionären und Gesellschaftern auch zahlreiche Rechte und bietet den betroffenen Gläubigern einen besseren Schutz. Das HG regelt einige spezielle Rechte[146] zugunsten von Aktionären von Gesellschaften, die an einer Umgründung beteiligt sind. Solche Rechte sind: das Recht auf Informationen die Umgründung betreffend (Art 262n HG), das Recht auf Anfechtung der Umgründung (Art 263o und 264k HG), das Recht auf Klage für bare Zuzahlung (Art 263r und 264m Abs 1 HG) und das Recht auf Kündigung der Mitgliedschaft in der AG (Art 263s und 264m Abs 2 HG).

Bei Verschmelzungen ist eine getrennte Verwaltung des erworbenen Vermögens innerhalb von sechs Monaten bzw auch ein Recht des Gläubigers, eine Erfüllung oder eine Sicherstellung zu verlangen, geregelt. Die Gläubigerrechte sind zusätzlich durch eine direkte unbeschränkte solidarische Haftung der Mitglieder des Verwaltungsorgans abgesichert. Bezüglich der Spaltungen gelten auch die Vorschriften für die getrennte Vermögensverwaltung. Die an der Spaltung der Gesellschaften Beteiligten haften weiters solidarisch für alte Verbindlichkeiten. Die Haftung jeder Gesellschaft wird von der Höhe der durch die Umgründung erhaltenen Rechte beschränkt (Art 263l Abs 3 HG).

Umgründungen durch Änderungen der Rechtsform führen nicht zur Befreiung der Aktionäre bzw der Gesellschafter von noch ausstehenden Einlagen (Art 264i Abs 2 HG). Entsteht durch die Umgründung eine Personengesellschaft oder eine Kapitalgesellschaft mit einem niedrigeren Stammkapital, entsteht für die ursprünglichen Gläubiger ein Recht, zusätzliche Sicherheiten bis zur Höhe des Kapitalunterschiedes zu verlangen (Art 264i Abs 3 HG).

Das Prinzip der getrennten Verwaltung des vom Einzelkaufmann erworbenen Vermögens gibt den Gläubigern sechs Monate lang die Möglichkeit, während dieser Frist die Erfüllung oder Sicherheiten zu verlangen. Wird dem Gläubiger keine Sicherheit gewährt, so gilt die Forderung als sofort fällig[147]. Werden diese Ansprüche des Gläubigers nicht erfüllt, wird ihm überdies automatisch Vorrang gegenüber den Forderungen der übrigen Gläubiger eingeräumt (Art 265c Abs 2 HG)[148]. Bis zum Ablauf der Frist für die getrennte Vermögensverwaltung darf sich der Einzelkaufmann im Handelsregister nicht löschen lassen.

---

145 S. *Daskalov, W.*, Das neue bulgarische Umgründungsrecht (Verschmelzungen, Spaltungen und Umwandlungen von Handelsgesellschaften) im Überblick, RIW, Heft 4/2005, S. 270.

146 S. ausführlich *Daskalov, W.*, Schutz der Minderheitsaktionäre in Bulgarien, in *Bachner/ Doralt/Winner* (Hrsg.), Schutz der Minderheitsaktionäre in Mittel- und Osteuropa, Wien, 2010, S. 149–152 ff.

147 Art 265c Abs 2 HG; *Калайджиев и др.*, Коментар на промените в търговския закон (*Kalajdjiev et al.*, Kommentar zu den Neuerungen im Handelsgesetz), Sofia, 2003, S. 280.

148 Vgl *Калайджиев и др.*, Коментар на промените в търговския закон (*Kalajdjiev et al.*, Kommentar zu den Neuerungen im Handelsgesetz), Sofia, 2003, S. 280.

b) Kapitalmarktrecht

Im bulgarischen Kapitalmarktrecht[149] sind unsystematisch mehrere konzernrechtliche Regelungen enthalten, diese aber nur im GÖAW. Die meisten Regelungen sind mit jenen über die Publikumsgesellschaft (Kapitel 8) verbunden. Die im HG nur rudimentär geregelten Minderheits- und Gläubigerschutzregelungen sind im GÖAW detaillierter entwickelt. Geregelt sind Schutzmaßnahmen für spezielle einzelne Fälle, in welchen die Interessen der Minderheitsaktionäre und der Gläubiger in Unternehmensgruppen und Abhängigkeitsverhältnissen gefährdet werden können.

ba) Der Begriff „Kontrolle"

Das GÖAW bietet eine eigene Fassung des Begriffs „Kontrolle"[150] (§ 1 Z 13 ZB GÖAW). Ausgangspunkte für die Bestimmung des Inhalts des Begriffs „Kontrolle" sind die Mehrheitsbeteiligung und die Einflussmöglichkeiten bei der Bestellung von Gremiumsmitgliedern und bei Beschlussfassungen[151]. Als Ergänzung könnte auch die Regelung des Begriffes „verbundene Personen" betrachtet werden (§ 1 Z 12 lit a, b und v ZB GÖAW).

Die Erlangung von Kontrolle führt nach dem GÖAW zu den nachfolgenden rechtlichen Konsequenzen:

- Berichtspflicht bei Interessenkollisionen (Art 114b GÖAW) – die interessierten Personen[152] haben dem Verwaltungsorgan der Publikumsgesellschaft, der Kommission für Finanzaufsicht und auch dem geregelten Markt (sofern die Wertpapiere der AG dort für den Handel zugelassen sind) über taxativ aufgezählte Interessenkollisionen zu berichten;

- Beschlusspflichtige Geschäfte – der Abschluss von Geschäften, die einem Interessenkonflikt unterliegen, benötigen eine vorherige Bewilligung des Verwaltungsorgans (Art 114 Abs 2 GÖAW)[153];

- Schadenersatzhaftung der Kontrollierenden – aufgrund der Kontrollverhältnisse hat das GÖAW im Jahr 2002 diese spezielle Schadenersatzhaftung begründet[154].

---

149 Das bulgarische Kapitalmarktrecht ist hauptsächlich in zwei Gesetzen enthalten: im GÖAW und im *Gesetz über die Märkte von Finanzinstrumenten* (Originaltitel: *Закон за пазарите на финансови инструменти*, veröffentlicht im GB Nr 52 vom 29.6.2007, idF GB Nr 103/2012).

150 Laut *Бузева, Т.,* Холдинг (*Buseva, T.,* Holding), Sofia, 2006, S. 178 und 268, Fn 4, beinhaltet das GÖAW eine EU-konforme Definition des Begriffs „Kontrolle".

151 S. oben die Ausführungen unter II.2.1.c).

152 Laut Art 114 Abs 5 GÖAW gelten als „*interessierte Personen"* Gremiumsmitglieder und Personen, die direkt oder indirekt mindestens 25 % der Stimmen in der Hauptversammlung der Aktionäre besitzen oder die Gesellschaft kontrollieren und sie oder mit ihnen verbundene Personen direkt oder indirekt an einem konkreten Geschäft beteiligt sind. Offenbar ist die Kontrolle das wichtigste Merkmal bei der Bestimmung dieses Begriffs.

153 Laut *Калайджиев, А.,* Публичното дружество (*Kalajdjiev, A.,* Die Publikumsgesellschaft, Sofia, 2002, S. 87), führt die Verletzung dieser Bestimmung zur Nichtigkeit des Geschäfts.

154 S. oben die Ausführungen unter II.2.1.c) und 2.2.

bb) Offenlegungspflichten

Kapitel 6 GÖAW regelt zahlreiche öffentliche Offenlegungspflichten für Publikumsgesellschaften. Die konsolidierten Jahresabschlüsse sind innerhalb von 120 Tagen nach dem Jahresende der Öffentlichkeit bekannt zu machen (Art 100n Abs 2 GÖAW). Diese Informationen sollen für mindestens fünf Jahre nach dem aktuellen Jahr zugänglich sein. Ergänzend zu den Erfordernissen der Internationalen Rechnungslegungsstandards (IRS) schreibt das GÖAW zusätzliche obligatorische Elemente des Inhaltes des konsolidierten Jahresabschlusses (Art 100n Abs 5 und 7 GÖAW) vor. Dieselben Auflagen gelten auch für Quartalabschlüsse von Publikumsgesellschaften (Art 100o GÖAW).

Neben den Informationen über die allgemeinen Tätigkeiten hat die Publikumsgesellschaft regelmäßig auch andere interne Informationen öffentlich bekannt zu machen. Jeweils zum Monatsende ist eine Information über die Höhe des Stammkapitals und die Anzahl der stimmberechtigten Aktien der Gesellschaft zu veröffentlichen.

Gegenüber den Aktionären treffen die Publikumsgesellschaft auch umfangreiche Informationspflichten. Diese sind mit der Struktur des Kapitals und vorwiegend mit der Arbeit der Hauptversammlung der Aktionäre verbunden[155]. Die Zurverfügungstellung dieser Informationen an die Aktionäre darf auch mittels EDV erfolgen (Art 115a GÖAW).

Nach Art 145 GÖAW trifft die Aktionäre von Publikumsgesellschaften dann eine umfangreiche Offenlegungspflicht, wenn sich die Höhe ihrer Beteiligung ändert und dabei bestimmte Schwellen erreicht werden. Jeder Aktionär, der durch Erwerb oder Veräußerung die Anzahl seiner Stimmrechte in der Hauptversammlung auf über 5%[156] erhöht oder reduziert oder Werte, die durch fünf teilbar sind, erreicht, hat die Publikumsgesellschaft sowie die Kommission zu benachrichtigen[157].

bc) Joint-Venture-Vertrag

Der Bildung von Unternehmensgruppen durch bestimmte Joint-Venture-Verträge ist relativ ausführlich geregelt. Die Interessen der beteiligten Publikumsgesellschaften sind durch die spezielle Innenhaftung[158] nach Art 126j Abs 4 GÖAW gewährleistet.

---

155 S. *Daskalov, W.*, Schutz der Minderheitsaktionäre in Bulgarien, in *Bachner/Doralt/Winner* (Hrsg.), Schutz der Minderheitsaktionäre in Mittel- und Osteuropa, Wien, 2010, S. 112–118.

156 Laut *Бузева, Т.*, Холдинг (*Buseva, T.*, Holding), Sofia, 2006, S. 275, ist die im GÖAW 5%ige Schwelle unbegründet streng.

157 Diese Regelungen sind im Einklang mit der EU-Richtlinie 88/627/EWG, wo die Schwellen höher sind (10%, 20%, 33%, 50% und 66%).

158 S. oben die Ausführungen unter II.2.1.c) und 2.2.

bd) Übernahmeverfahren

Das GÖAW beinhaltet die kompletten Take-over Regelungen (Kapitel 11 Abschnitt 2)[159]. Mit den letzten großen Novellen des GÖAW wurden diese Vorschriften vollständig dem EU-Recht angepasst[160]. Geregelt sind Übernahmen[161], Pflichtangebote[162] und freiwillige Angebote. Das Übernahmeangebot[163] als selbständiger Tatbestand ist im GÖAW nicht geregelt. Ferner sind im Kapitel 11 des GÖAW auch die Squeeze-out-Vorschriften[164] verankert. Seit 2007 besteht zugunsten eines Mehrheitsaktionärs nach einem für ihn erfolgreichen Übernahmeverfahren (direkter oder indirekter Erwerb von 95 % aller Stimmrechte in der HV) die Möglichkeit, Minderheitsaktionäre ohne Vorliegen eines wichtigen Grundes auszuschließen. Das Ausschlussverfahren ist zwingendes Recht und kann daher durch die Statuten der AG weder erschwert noch ausgeschlossen werden[165].

Das GÖAW regelt auch zwei Sell-out-Möglichkeiten[166]: in Übernahmefällen und beim Abschluss eines Joint-Venture-Vertrags.

c) Rechnungslegungsrecht

Mit dem dem EU-Recht angepassten *Rechnungslegungsgesetz* von 2001 wurden die Grundlagen einer modernen konzernbezogenen Rechnungslegung geschaffen. Die Unternehmensgruppen haben konsolidierte Jahresabschlüsse zu erstellen und der breiten Öffentlichkeit offenzulegen. In Kapitel 5 Abschnitt 3 des RLG sind die Voraussetzungen für die Entstehung der Pflicht zur Erstellung eines konsolidierten Jahresabschlusses sowie die Details über seinen Inhalt ausführlich geregelt.

---

159 Wichtige Details sind in der *Verordnung Nr 13 vom 22.12.2003 über die Übernahmeangebote für Kauf und Tausch von Aktien* (Originaltitel: *НАРЕДБА № 13 от 22.12.2003 г. за търгово предлагане за закупуване и замяна на акции*, veröffentlicht im GB Nr 4 vom 16.1.2004, idF GB Nr 13/2009) geregelt.

160 Sie entsprechen der EU-ÜbRL (2004/25/EG).

161 S. ausführlich *Daskalov, W.*, Schutz der Minderheitsaktionäre in Bulgarien, in *Bachner/Doralt/Winner* (Hrsg.), Schutz der Minderheitsaktionäre in Mittel- und Osteuropa, Wien, 2010, S. 131–141.

162 S. *Калайджиев, А. (Kalajdjiev, A.)* in *Калайджиев, А., Ранкова, Д., Кръстева-Николова, К., Георгиев, В., Бондаренко, Ц.*, Коментар на Закона за публично предлагане на ценни книжа (*Kalajdjiev, A., Rankova, D., Krasteva-Nikolova, K., Georgiev, V., Bondarenko, Tz.*, Gesetzeskommentar zum öffentlichen Angebot von Wertpapieren), Sofia, 2005, S. 531.

163 Vgl § 25a Abs 2 öÜbG, s. *Diregger/Kalss/Winner*, Das österreichische Übernahmerecht², Wien, 2007, Rz 318 ff.

164 S. ausführlich *Daskalov, W.*, Schutz der Minderheitsaktionäre in Bulgarien, in *Bachner/Doralt/Winner* (Hrsg.), Schutz der Minderheitsaktionäre in Mittel- und Osteuropa, Wien, 2010, S. 142–143.

165 Vgl das öGesAusG, das grundsätzlich die Satzungsdispositivität verankert (§ 1 Abs 4), diese aber in einem Übernahmefall entsprechend der ÜbRL ausdrücklich ausschließt (§ 7 Abs 1). S. *Gall/Potyka/Winner*, Squeeze-out, Wien, 2006, Rz 449.

166 S. ausführlich *Daskalov, W.*, Schutz der Minderheitsaktionäre in Bulgarien, in *Bachner/Doralt/Winner* (Hrsg.), Schutz der Minderheitsaktionäre in Mittel- und Osteuropa, Wien, 2010, S. 143–145.

Laut Art 22a Abs 1 RLG werden in Bulgarien die *Internationalen Rechnungslegungsstandards* (IRS) angewandt. Daher gelten auch in Bulgarien die IRS 22, 24 und 27, die diese Problematik in allen Details regeln. Auf kleine und mittlere Unternehmen (die Kriterien sind in Art 22b Abs 1 RLG geregelt) werden die Nationalen Rechnungslegungsstandards (NRS), die von der Regierung verabschiedet wurden, angewandt. Diese unterscheiden sich nicht wesentlich von den IRS[167]: Die NRS 7, 24 und 40 verwenden den Begriff „Wirtschaftsgruppe" und die NRS 20 und 27 verwenden den Begriff „Unternehmensgruppe"[168].

d) Wettbewerbsrecht

Wichtige Konzernregelungen beinhaltet auch das Wettbewerbsrecht. Die Bildung von größeren Unternehmensgruppen wird nach dem *Wettbewerbsschutzgesetz* von der Wettbewerbsschutzkommission kontrolliert. Das Gesetz bezeichnet solche Bildungen als wirtschaftliche Konzentrationen zwischen Unternehmen[169]. Nach Art 22 Abs 1 WSG gelten als Konzentrationen zwischen Unternehmen die dauernden Änderungen in der Kontrolle.

Die Gründung eines Joint-Ventures kann auch als Konzentration gelten, wenn das neue Unternehmen die Funktionen eines unabhängigen Wirtschaftssubjekts dauernd erfüllt (Art 22 Abs 2 WSG).

Das WSG definiert den Begriff „Kontrolle"[170]. Nach Art 22 Abs 3 WSG gelten als Kontrolle jeder Erwerb von Rechten, jeder Vertragsabschluss sowie alle anderen Maßnahmen, die separat oder gemeinsam aufgrund der tatsächlichen Umstände und des geltenden Rechts einen entscheidenden Einfluss auf ein bestimmtes Unternehmen ermöglichen. Ausschlaggebend ist dabei der Erwerb von Eigentums- oder Nutzungsrechten am ganzen Vermögen des Unternehmens oder an dessen Teilen oder von Rechten (inkl. aufgrund eines Vertrags), die Möglichkeiten für einen entscheidenden Einfluss auf die Zusammensetzung, auf die Abstimmung oder auf die Beschlussfassung der Organe des Unternehmens gewähren.

Genehmigungspflichtig sind nur die großen wirtschaftlichen Konzentrationen. Als solche gelten diejenigen, bei denen alle in Bulgarien beteiligten Unternehmen gemeinsam eine Umsatzschwelle von BGN 25 Millionen (= ca. 12,8 Millionen Euro) im vorangegangenen Wirtschaftsjahr übersteigen und dabei

---

167 Vgl zB NRS Nr 27 über die konsolidierten Finanzberichte und die Investitionen in Tochterunternehmen (Originaltitel: *Счетоводен стандарт № 27 Консолидирани финансови отчети и отчитане на инвестициите в дъщерни предприятия*, veröffentlicht im GB Nr 30 vom 7.4.2005, idF GB Nr 86/2007).

168 S. *Бузева, Т.*, Холдинг (*Buseva, T.*, Holding), Sofia, 2006, S. 43, Fn 2.

169 S. *Таджер, В.*, Концентрация на стопанската дейност съгласно Закона за защита на конкуренцията (*Tadjer, V.*, Konzentration der Wirtschaftstätigkeit gemäß des Wettbewerbsschutzgesetzes), в Съвременно право, бр. 5 (in Heutiges Recht, Heft 5), Sofia, 1998, S. 9.

170 S. *Николов, П., Карлова, Р., Антонова, В., Йорданова, Л., Йорданова, Д., Пангелов, К.*, Новата правна уредба за защита на конкуренцията (*Nikolov, P., Karlova, R., Antonova, V., Jordanova, L., Jordanova, D., Pangelov, K.*, Die neuen rechtlichen Regelungen des Wettbewerbsschutzes), Sofia, 2009, S. 285–293.

der Umsatz jedes in Bulgarien beteiligten Unternehmens BGN 3 Millionen (= ca. 1,5 Millionen Euro) im vorangegangenen Wirtschaftsjahr übersteigt (Art 24 Abs 1 WSG). Die beteiligten Unternehmen haben die Wettbewerbsschutzkommission nach dem Vertragsabschluss bzw nach der öffentlichen Bekanntmachung eines Übernahmeangebots zu benachrichtigen, dürfen aber die tatsächlichen Handlungen für die Abwicklung des Geschäftes erst nach der Erteilung der Genehmigung dafür vornehmen (Art 24 Abs 2 WSG). Die Wettbewerbsschutzkommission genehmigt die Bildung von solchen großen Unternehmensgruppen, wenn die Konzentration nicht zu einer den Wettbewerb gefährdenden Situation führt[171] (Art 26 Abs 1 WSG).

e) Andere Rechtszweige

ea) Sozialversicherungsrecht

Auch das SVGB definiert den Begriff *„Kontrolle"*. Als Kontrollerlangung gilt jede unmittelbare oder mittelbare Überschreitung von 50 % der Stimmrechte in der Hauptversammlung sowie auch die Möglichkeit, mehr als 50 % der Mitglieder des Verwaltungsorgans der juristischen Person zu bestimmen (§ 1 Abs 1 Z 7 ZB SVGB). Für die Pensionsversicherungsgesellschaften sind die Kriterien erweitert – eine Kontrolle ist auch dann vorhanden, wenn eine Person kraft Gesetzes, einer Satzung oder einer Vereinbarung die Investitionspolitik einer anderen Person verwalten, vertreten oder bestimmen oder auf eine andere Art und Weise die Beschlussfassung iZm der Tätigkeit der juristischen Person entscheidend beeinflussen kann (§ 1 Abs 2 Z 4 ZB SVGB).

Genehmigungspflichtig ist der Erwerb von bestimmten Aktienpaketen an einer Pensionsversicherungsgesellschaft[172]. Zuständig für die Erteilung der Genehmigung ist die Kommission für Finanzaufsicht. Jede Person, die 10 % oder mehr der Aktien einer Pensionsversicherungsgesellschaft zu erwerben vorhat, benötigt eine ausdrückliche Genehmigung der Kommission (Art 121j Abs 1 SVGB). Jede Erhöhung der Beteiligung, die die Schwellen von 10, 20, 33, 50, 66 und 75 von Hundert oder die 100 % zu erreichen bezweckt, benötigt auch die vorherige Genehmigung der Kommission. Das Genehmigungsverfahren ist auch auf die Gesellschaften für zusätzliche freiwillige Versicherung bei Arbeitslosigkeit und/oder für berufliche Weiterbildung anwendbar[173] (Art 123n SVGB).

---

171 S. *Таджер, В.*, Концентрация на стопанската дейност съгласно Закона за защита на конкуренцията (*Tadjer, V.*, Konzentration der Wirtschaftstätigkeit gemäß des Wettbewerbsschutzgesetzes), в Съвременно право, бр. 5 (in Heutiges Recht, Heft 5), Sofia, 1998, S. 14.

172 Laut Art 121 SVGB werden die Pensionsversicherungsgesellschaften immer in Form einer AG gegründet, die nur einfache unverbriefte Namensaktien, die eine Stimme gewähren, ausstellen kann,.

173 Vgl. *Бузева, Т.*, Холдинг (*Buseva, T.*, Holding), Sofia, 2006, S. 113.

eb) Bankrecht

Zum Zweck der Gewährleistung der Sicherheit des Finanz- und Bankensystems widmet das bulgarische Bankrecht der Problematik der Unternehmensgruppen im Bereich der Tätigkeit der Banken und anderer Finanzkonglomerate mehrere Vorschriften. Auch in diesem Bereich sind die Verbundenheits- und Kontrollverhältnisse der Ausgangspunkt. In den Zusätzlichen Bestimmungen des GKI sind die wichtigsten Begriffe, die mit den Bank- und Finanzunternehmensgruppen in Verbindung stehen, verankert. Geregelt sind die Begriffe *„verbundene Personen"* (§ 1 Abs 1 Z 4 ZB GKI), *„in Abstimmung handelnde Personen"* (§ 1 Abs 1 Z 4a ZB GKI), *„wirtschaftlich verbundene Personen"* (§ 1 Abs 1 Z 5 ZB GKI), *„qualifizierte Beteiligung"* (§ 1 Abs 1 Z 6 ZB GKI), *„Kontrolle"* (§ 1 Abs 1 Z 7 ZB GKI), *„Mutterunternehmen"* (§ 1 Abs 1 Z 8 ZB GKI), *„Tochterunternehmen"* (§ 1 Abs 1 Z 9 ZB GKI), *„enge Beziehungen"* (§ 1 Abs 1 Z 10 ZB GKI), *„Bankengruppe"* (§ 1 Abs 1 Z 11 ZB GKI), *„Finanzholding"* (§ 1 Abs 1 Z 12 ZB GKI) und *„Holding mit gemischter Tätigkeit"* (§ 1 Abs 1 Z 13 ZB GKI). Sehr ausführlich und detailliert ist der Begriff *„Kontrolle"* (§ 1 Abs 1 Z 7 ZB GKI) geregelt. Grundlagen sind die dominierende Beteiligung am Kapital, aber auch die verschiedenen Möglichkeiten zur Ausübung von entscheidendem Einfluss auf die Geschäftsführung und die Tätigkeit der Gesellschaft. Dem Begriff *„qualifizierte Beteiligung"* sind auch mehrere Vorschriften gewidmet (§ 1 Abs 1 Z 6, 6a, 6b, 6d, 6g und 6v ZB GKI). Grundsätzlich ist eine qualifizierte Beteiligung dann vorhanden, wenn eine Person unmittelbar oder mittelbar 10 % oder mehr als 10 % vom Kapital oder der Stimmen in der Generalversammlung der Gesellschaft besitzt oder auch dann, wenn die Aktien die Ausübung eines bedeutenden Einflusses auf die Geschäftsführung erlauben.

Nach dem GKI haben Banken, die zu Bankengruppen, Finanz- oder anderen Holdinggesellschaften gehören, die konsolidierten Jahresabschlüsse der Unternehmensgruppe auch der Bulgarischen Nationalbank vorzulegen (Art 75 Abs 3 GKI). Hat eine Finanzholding oder eine Holding mit gemischter Tätigkeit eine Bank als Tochtergesellschaft, unterliegt die ganze Gruppe einer konsolidierten Aufsicht seitens der Bulgarischen Nationalbank (Art 79 Abs 6 GKI). Die Grundsätze und das Verfahren der konsolidierten Bankenaufsicht sind ausführlich gesetzlich geregelt (Art 89–101 GKI). Detailliert geregelt sind auch die Kompetenzen der Bulgarischen Nationalbank in grenzüberschreitenden Fällen und bezüglich internationaler Unternehmensgruppen. Besondere Aufmerksamkeit ist der Zusammenarbeit der Bulgarischen Nationalbank mit anderen Bankenaufsichtsorganen der EU-Mitgliedstaaten[174] gewidmet. Die Bulgarische Nationalbank verfügt sowohl über Möglichkeiten, jegliche Informationen zu verlangen, als auch über die Möglichkeit, restriktive Maßnahmen zu verhängen.

---

174 S. Verordnung (EU) Nr 1092/2010.

ec) Versicherungsrecht

Das bulgarische Versicherungsrecht beinhaltet auch Regelungen über Unternehmensgruppen und die Kontrollerlangung auf dem Gebiet des Versicherungswesens. Versicherungsgesellschaften, die zu einer Versicherungsgruppe gehören, unterliegen einer zusätzlichen Aufsicht durch die Kommission für Finanzaufsicht (Art 299–301 VGB).

Die wichtigste Begriffe, die das VGB verwendet, wie *„Kontrolle"*, *„Beteiligung"*, *„beteiligte Gesellschaft"*, *„verbundene Personen"*, *„verbundene Gesellschaft"*, *„Mutterunternehmen"*, *„Tochtergesellschaft"* und *„Finanzholding mit gemischter Tätigkeit"*, sind in den Zusätzlichen Bestimmungen des VGB geregelt.

Der Begriff *„qualifizierte Beteiligung"* spielt im Versicherungsrecht eine sehr wichtige Rolle. Ausgangspunkt ist auch die 10%ige Schwelle der Stimmen in der Generalversammlung. Als qualifizierte Beteiligung gilt aber auch jede andere Beteiligung, die zur Kontrollerlangung führt (Art 16 Abs 1 VGB). In diesen Fällen muss der tatsächliche Träger der Stimmrechte unbestritten bekannt sein und hat bestimmten imperativen Erfordernissen zu entsprechen (iZm Insolvenz und verwaltungsrechtlichen Verletzungen, geregelt in Art 13 Abs 1 Z 4, 5, 8 und 9 VGB). Eine Person, die eine qualifizierte Beteiligung erwerben oder ihre Beteiligung so erhöhen möchte, dass die Schwellen von 20, 30, 50 oder mehr als 50% der Stimmen in der Generalversammlung erreicht werden, hat vor dem Erwerb die Kommission für Finanzaufsicht über ihr Vorhaben schriftlich zu informieren (Art 16 Abs 3 VGB). Der Benachrichtigungsmitteilung sind mehrere Informationen beizulegen[175]. Innerhalb von 60 Werktagen nach der Benachrichtigung hat die Kommission das Recht, den geplanten Erwerb zu verbieten. Werden die Aktien trotz Verbot erworben, wird über diese automatisch ein Stimmrechtsverbot verhängt (Art 16a Abs 7 VGB).

Benachrichtigungspflichten treffen auch Personen, die ihre Beteiligungen unter die Schwellen von 50, 30, 20 oder 10% der Stimmen in der Generalversammlung zu reduzieren oder ihre Kontrolle anders zu verlieren vorhaben (Art 16a Abs 1 1 VGB). Personen, die 1% oder mehr als 1% der Aktien einer Versicherungsgesellschaft erworben haben, haben die Kommission über den Erwerb zu informieren sowie sich als tatsächliche Eigentümer der Aktien zu legitimieren (Art 13a Abs 1 3 VGB). Verletzungen der erwähnten Regelungen führen zu verwaltungsrechtlichen Strafen[176].

Eine gesetzliche Definition des Begriffes *„Versicherungsholding"* ist in Abschnitt 4 Kapitel 1 VGB enthalten. Im Unterschied zum einfachen gesellschaftsrechtlichen Begriff für Holdinggesellschaft (Art 277 HG) ist im Versicherungsrecht die Höhe des in Tochtergesellschaften aufgebrachten Kapitals nicht ausdrücklich definiert. Ausschlaggebend ist die Haupttätigkeit der Hol-

---

175 S. eine ausführliche Liste mit 15 obligatorischen Punkten im Art 16a Abs 1 VGB.
176 Laut Art 316 VGB werden in solchen Fällen Geldstrafen über die juristischen Personen zwischen BGN 5.000,– und 10.000,– (ca. EUR 2.500,– bis 5.000,–) verhängt.

dinggesellschaft[177]: Erwerb und Besitz von Beteiligungen an Tochtergesellschaften, die ausschließlich oder vorwiegend Versicherungsgesellschaften sind (Art 27 Abs 1 VGB).

3. Haftungsdurchgriff ieS

Das bulgarische Recht kennt keine Durchgriffshaftung. Solche Möglichkeiten sind weder im Zivilrecht noch im öffentlichen Recht geregelt. Das Prinzip der Haftungstrennung wird sehr streng befolgt.

a) *Haftungsdurchgriff im Zivilrecht*

Im Gesellschafts- und Kapitalmarktrecht sind nur einige Fälle von Innenhaftung der Gesellschafter/Aktionäre[178] bekannt. Auch wenn Unternehmensgruppen keine fremden Begriffe sind, fehlt noch immer die Durchgriffshaftung in Konzernfällen. Selbst die Holdinggesellschaft haftet für die Schulden der Tochtergesellschaften nicht. Der Grundsatz des getrennten Vermögens und der getrennten Haftung der an der Holdinggruppe beteiligten juristischen Personen wird von der Rechtsprechung ausdrücklich anerkannt[179].

b) *Haftungsdurchgriff im öffentlichen Recht*

Im öffentlichen Recht fehlen noch immer Haftungsdurchgriffstatbestände. Eine Ausnahme ist die im Steuer- und Sozialversicherungsrecht verankerte Durchgriffshaftung für Geschäftsführer von Handelsgesellschaften, die säumige Steuerschuldner sind[180]. Sie betrifft aber die Mitglieder der Verwaltungsgremien und nicht direkt die Gesellschafter/Aktionäre. Eine Haftung der Muttergesellschaft für Steuerverbindlichkeiten der Tochtergesellschaft bzw für sozialrechtliche Verbindlichkeiten der Tochtergesellschaft ist nicht geregelt. Es ist aber zu erwähnen, dass die Gedanken, solche einzuführen, besonders dem Steuer- und Sozialversicherungsrecht gar nicht fremd sind.

Ähnlich ist die Situation im Umweltschutzrecht. Die meisten rechtlichen Nachteile gibt es im Bereich der verwaltungsrechtlichen Strafhaftung in Form von Geldstrafen in unterschiedlicher Höhe. Von dieser Haftung sind die Mitglieder der Verwaltungsorgane von Handelsgesellschaften betroffen. Sie sind in diesen Fällen für ihre eigenen Handlungen verantwortlich, da die verwaltungsrechtliche Strafhaftung einen stark betonten personalistischen Charakter hat. Nur in Ausnahmen sieht das *Gesetz über die verwaltungsrechtlichen Ver-*

---

177 S. *Бузева, Т.*, Холдинг (*Buseva, T.*, Holding), Sofia, 2006, S. 112.
178 S. oben die Ausführungen unter II.1. und II.2.
179 S. *Бузева, Т.*, Холдинг (*Buseva, T.*, Holding), Sofia, 2006, S. 135, Fn 4.
180 Vgl. Art 19 *Steuer- und Sozialversicherungsprozessgesetzbuch* (Originaltitel: Данъчно-осигурителен процесуален кодекс, veröffentlicht im GB Nr 105 vom 29.12.2005, idF GB Nr 99/2012).

letzungen und Strafen[181] die Möglichkeit vor, direkte Sanktionen gegenüber den juristischen Personen zu verhängen (Art 83). Das ist nur in Fällen möglich, in denen das per Gesetz ausdrücklich vorgesehen ist. Solche Regelungen sind zB im WSG vorhanden – die vermögensrechtlichen Sanktionen belasten das Unternehmen und nicht unbedingt die Geschäftsführung (vgl. Art 100 ff WSG). Direkt haften die juristischen Personen bei Verstößen gegen die gesetzlichen Auflagen nicht selbst, sondern nur ihre Gesellschafter/Aktionäre. Die Muttergesellschaft haftet aber für die Geldstrafen der Tochtergesellschaft nicht. Andererseits ist zurzeit die einzige Norm, die, wenn auch indirekt, einen Durchbruch der verwaltungsrechtlichen Strafhaftung ermöglicht[182], im WSG verankert. Nach Art 2 Abs 1 Z 4 WSG erstreckt sich die Wirkung des Gesetzes auch auf natürliche Personen, die bei Verletzungen des Gesetzes mitwirken. Als solche mitwirkende Personen können auch die Gesellschafter betrachtet werden[183]. Das ist aber keine Durchgriffshaftung ieS. Ein Element des Haftungstatbestandes wird immer das Benehmen des Verletzers sein.

IV. Insolvenzrechtliche Regelungen

Im bulgarischen Insolvenzrecht fehlen auch Vorschriften über Haftungstatbestände, die direkt die Gesellschafter/Aktionäre betreffen können. Häufiger sind Regelungen, auch wenn sie keine Durchgriffshaftung ieS darstellen, die indirekt die Interessen der Gesellschafter/Aktionäre stark betreffen können.

1. Strafrechtliche Haftung

Die strafrechtliche Verantwortung hat in Bulgarien immer einen personalistischen Charakter und kann in keinem Fall juristische Personen treffen – strafrechtlich haften nur die natürlichen Personen. Da in Bulgarien die Mitglieder der Verwaltungsgremien einer Tochtergesellschaft aber in den meisten Fällen von der Muttergesellschaft entsandt werden, ist es wichtig, einen kurzen Über-

---

181 Fortan *GVRVS*, Originaltitel: Закон за административните нарушения и наказания, veröffentlicht im GB Nr 92 vom 28.11.1969, idF GB Nr 17/2013.

182 So *Кирчев, И.*, Юридическа отговорност на капиталовите търговски дружества от гледна точка възможността за ангажиране отговорността на съдружници/акционери в дадено капиталово дружество за задълженията на последното (*Kirtchev, I.*, Juristische Haftung der Kapitalhandelsgesellschaften vom Angesichtspunkt für das Heranziehen der Haftung von Gesellschaftern/Aktionären an einer Kapitalgesellschaft für Verbindlichkeiten der Letzten), в Търговско право, (im Handelsrecht) 4/2011, Sofia, S. 99.

183 *Кирчев, И. (Kirtchev, I.)*, op cit, S. 100, berichtet über einen Fall, in dem die Wettbewerbsschutzkommission die Gesellschafter einer GmbH als solche mitwirkenden Personen mit Geldstrafen belastet hat (Urteil Nr 970/29.09.2009 der Kommission, das auch vom Obersten Verwaltungsgericht mit Entscheidung Nr 27117/01.03.2010 bestätigt wurde). Sie sind aber nicht bloß wegen ihrer Eigenschaft als Gesellschafter bestraft worden – auch in diesem Fall wurde die Strafe für die eigenen aktiven Handlungen der Gesellschafter verhängt.

blick über die strafrechtlichen Gefahren zu bieten. Im Jahre 1996 wurde durch eine Novelle[184] des **Strafgesetzbuchs**[185] im Kapitel 6 der neue Abschnitt 1a *„Verbrechen gegenüber den Gläubigern"* eingeführt. Fast alle Straftatbestände betreffen den Insolvenzfall eines Kaufmannes.

a) Insolvenzverschleppung

aa) Strafrechtliche Haftung

Die Gremienmitglieder einer Handelsgesellschaft, die zahlungsunfähig oder überschuldet ist, haben innerhalb einer Frist von 30 Tagen ab dem Zeitpunkt der Einstellung der Zahlungen (bzw der Feststellung der Überschuldung) einen Insolvenzantrag beim zuständigen Gericht zu stellen. Die handelsrechtliche Antragspflicht bei Zahlungsunfähigkeit ist in Art 626 HG verankert. Nach Art 227b Abs 2 iZm Abs 1 SGB droht den Mitgliedern des Verwaltungsgremiums bei einer Unterlassung der Antragspflicht eine Freiheitsstrafe von bis zu drei Jahren oder eine Geldstrafe bis zu Leva 5000,– (= € 2.556,46). Element des Tatbestandes ist ausdrücklich nur die Insolvenzvoraussetzung *„Zahlungsunfähigkeit"*. Nach Art 607a Abs 2 HG ist für Kapitalgesellschaften auch die Überschuldung[186] ein selbständiger Insolvenzgrund. Das SGB regelt ausdrücklich nur die Unterlassung der Antragspflicht bei einer Zahlungsunfähigkeit als Element des Straftatbestands und daher bildet die Überschuldung keine Voraussetzung für die strafrechtliche Haftung[187]. Diese Haftung wird noch durch zwei andere Auffassungen weiter gemildert. Erstens wird die Ansicht vertreten, dass der Straftatbestand Vorsatz erfordert[188]. Leichte oder grobe Fahrlässigkeit sind für die strafrechtliche Haftung nicht ausreichend. Zweitens wird die Meinung vertreten, dass die Insolvenzantragspflicht der Gremienmitglieder erst dann entsteht, wenn zuvor die Gesellschafterversammlung/Hauptversammlung der Aktionäre über die Stellung eines Insolvenzantrags ausdrücklich entschieden hat. Diese Auffassung wird damit begründet, dass eine Insolvenzerklärung immer zu einer Auflösung der Gesellschaft führt, und darüber kann nur die Gesellschafterversammlung/Hauptversammlung der Aktionäre entscheiden[189].

---

184 Veröffentlicht im GB Nr 107 vom 7.12.1996.

185 Fortan **SGB** (Originaltitel: Наказателен кодекс), veröffentlicht im GB Nr 26 vom 2.4.1968, idF GB Nr 17/2013.

186 Vgl. *Daskalov. W., Laleva, P., Metodiev, B.*, Bulgarisches Insolvenzrecht, Arbeitspapier Nr 97, Forschungsinstitut für Mittel- und osteuropäisches Wirtschaftsrecht (FOWI), Wirtschaftsuniversität Wien, 2003, S. 42.

187 S. *Груев, Л.,* Престъпления против кредиторите (*Gruev, L.,* Verbrechen gegenüber den Gläubigern), Sofia, 2002, S. 61.

188 S. *Груев, Л., (Gruev, L.),* op cit, S. 46.

189 Vgl *Груев (Gruev, L.),* op cit, S. 57–60, s. auch 431–2004–II Strafsenat OKG. Diese Meinung entkräftet praktisch Art 227b SGB, widerspricht dem Sinn des Gesetzes und kann daher nicht akzeptiert werden.

ab) Zivilrechtliche Haftung

Die Unterlassung der handelsrechtlichen Antragspflicht bei Zahlungsunfähigkeit und Überschuldung gemäß Art 626 HG hat auch eine zivilrechtliche Haftung der Gremiumsmitglieder zur Folge. Wird der Insolvenzantrag nicht fristgerecht gestellt, haften laut Art 627 HG die Gremiumsmitglieder den Gläubigern solidarisch für durch die Verzögerung entstandene Schäden. Die Antragstellung ist eine der wichtigsten Verpflichtungen der Gremiumsmitglieder in einer Krise der Gesellschaft. Der zu ersetzende Schaden ist der Quotenschaden[190] – das ist die Differenz zwischen dem tatsächlichen und dem möglichen erzielbaren Erlös aus der Insolvenzmasse bei einer fristgerechten Insolvenzeröffnung, die durch die Antragsverschleppung (eigentlich durch die Verzögerung der Maßnahmen, die der Erhaltung der Insolvenzmasse dienen) entstanden ist. Auch eine Innenhaftung gegenüber der Gesellschaft wäre für diese Schäden denkbar. Diese Haftung kann einen Gesellschafter/Aktionär einer Aktiengesellschaft nur treffen, wenn er Gremiumsmitglied ist. Eine juristische Person kann als Gremiumsmitglied einer AG nur bestellt werden, wenn die Satzung dies ausdrücklich regelt (Art 234 Abs 1 HG).

b) Vorsätzliche Krida

Das SGB regelt in Art 227v den vorsätzlichen Bankrott eines Kaufmannes. Nach Art 227g SGB betrifft diese Haftung auch die Mitglieder der Verwaltungsgremien einer Handelsgesellschaft. Der Straftatbestand umfasst kumulativ vier Elemente:

1. Eine oder mehrere aktive Handlungen, die zu einer Verminderung der Insolvenzmasse[191] führen, sind unternommen worden. Diese Handlungen werden in Art 227v Abs 1 SGB taxativ aufgezählt[192].

---

190 Vgl *Hüffer,* Aktiengesetz[8], München, 2008, § 92, S. 460, Rn 17.

191 Zur Insolvenzmasse s. *Daskalov. W., Laleva, P., Metodiev, B.*, op cit, S. 51.

192 Tatbestandsmäßige Handlungen sind: 1. Vernichtung, Beschädigung oder unentgeltliche Übertragung von Geld, Sachen, Wertpapieren oder anderen Werten, die der Befriedigung der Gläubiger dienen könnten; 2. Übertragung von Geld, Sachen, Wertpapieren oder anderen Werten, die zur Befriedigung der Gläubiger dienen könnten, sofern das Gegebene in bedeutendem Ausmaß den Gegenwert übersteigt und dieses Austauschverhältnis der üblichen Führung einer Wirtschaftstätigkeit widerspricht; 3. Verzicht auf eine eigene Forderung; 4. Anerkennung oder Übernahme oder Befriedigung einer fremden, nicht existierenden Forderung; 5. Aufnahme eines Darlehens trotz Kenntnis, dass die Rückzahlung nicht möglich sein wird; 6. Kreditgewährung in Form von Waren, Geldern, Wertpapieren oder anderen Werten auf solch eine Art und Weise, welche der üblichen Führung einer Wirtschaftstätigkeit widerspricht; 7. gesetzwidrige Befriedigung oder Besicherung eines Gläubigers oder einiger Gläubiger, welche den restlichen Gläubigern schadet; 8. Vernichtung oder Fälschung von Handelsbüchern oder anderen Dokumenten oder der Führung dieser Bücher auf eine solche Art und Weise, dass die Feststellung der Aktiva und der Passiva des Unternehmens erschwert wird.

2. Die obige Handlung wurde nach Eröffnung eines Insolvenzverfahrens[193] gesetzt.[194]
3. Die Handlungen wurden mit (zumindest bedingtem) Vorsatz unternommen.
4. Die Handlungen haben bedeutende Verluste verursacht. Das SGB regelt aber nicht, wer der Geschädigte sein muss. Die insolvente Gesellschaft selbst, aber auch die Gläubiger können die Schäden erlitten haben.

Art 227v SGB sieht eine Freiheitsstrafe von bis zu drei Jahren vor. Zusätzlich kann nach Art 227g SGB über die Vorstandsmitglieder eine Geldstrafe von bis zu Leva 500,– (= € 255,65) verhängt werden. Ist die Krida besonders schwer[195], weil Schäden in besonders großem Ausmaß verwirklicht wurden[196], ist die Freiheitsstrafe auf bis zu 15 Jahre zu erhöhen und zusätzlich wird eine Beschlagnahmung des Vermögens des Täters (oder von Teilen desselben) angeordnet (Art 227v Abs 2 iVm Art 227g SGB).

c) Fahrlässige Krida

Das SGB regelt auch die fahrlässige Krida (Art 227d). Potentielle Täter können auch die Mitglieder der Führungs- und Vertretungsorgane einer Handelsgesellschaft sein (Art 227d Abs 3 SGB).

Der Tatbestand ergibt sich aus folgenden Elementen:
1. Eine oder mehrere aktive Handlungen, die zu einer Verminderung der Insolvenzmasse geführt haben, sind unternommen worden. Diese Handlungen werden in Art 227d Abs 1 SGB taxativ aufgezählt[197].

---

193 Zur Eröffnung des Insolvenzverfahrens s. *Daskalov. W., Laleva, P., Metodiev, B.*, op cit, S. 44.
194 Laut *Груев, Л., (Gruev, L.)*, op cit, S. 84–88, entkräftet diese zeitliche Beschränkung des Straftatbestands die Regelung.
195 Vgl Art 93 Z 14 SGB: Ein „besonders schwerer Fall" ist vorhanden, wenn, Bezug nehmend auf die schädlichen Folgen, das Verbrechen eine sehr große Gefahr für die Gesellschaft darstellt.
196 Es fehlt eine gesetzliche Regelung des Begriffs *„besonders großer Ausmaß"*. Mit der Entscheidung Nr 1 vom 30.10.1998 der Hauptversammlung der Strafsenate des Obersten Kassationsgerichtes (veröffentlicht in Съдебна практика, Бюлетин на ВКС на РБ [Rechtsprechung, Bulletin des OKG der RB], Heft 5–6/1998, S. 3) hat die Rechtsprechung diese Lücke gefüllt: als *„großes Ausmaß"* gelten Beträge, die 70 Mindestmonatsgehälter übersteigen und als *„besonders großes Ausmaß"* gelten Beträge, die 140 Mindestmonatsgehälter übersteigen. Laut der Verordnung Nr 250 der Regierung vom 11.1o.2012 (veröffentlicht im GB Nr 80 vom 19.10.2012) beträgt das obligatorische Mindestmonatsgehalt ab dem 1.1.2013 Leva 310,– (= € 158,50).
197 Tatbestandsmäßige Handlungen sind: 1. die Bücher des Kaufmannes entsprechen nicht der Sorgfalt eines ordentlichen Kaufmannes, oder es wurden riskante Geschäfte unternommen, die von der üblichen Geschäftstätigkeit des Unternehmens abweichen; 2. es wurden Kosten verursacht, die einen eindeutig privaten Charakter aufweisen oder unüblich, mit der Tätigkeit nicht verbunden und dem Vermögenszustand des Unternehmens nicht angemessen sind; 3. der Jahresabschluss ist nicht oder nicht vollständig erstellt worden.

2. Die obige Handlung hat die Insolvenz der Gesellschaft ausgelöst[198].
3. Die Insolvenz fügt den Gläubigern der Gesellschaft Verluste zu.

Die fahrlässige Krida wird mit einer Freiheitsstrafe von bis zu zwei Jahren bestraft. Kumulativ zur Freiheitsstrafe kann das Gericht, nach eigenem Ermessen, auch ein Tätigkeitsverbot verhängen[199]. Nach Art 227d Abs 4 SGB kann die Strafe vermieden werden, wenn der Täter die betroffenen Gläubiger bis zum Ausspruch des Urteils der ersten Instanz befriedigt.

2. Insolvenzeröffnung für den stillen Gesellschafter

Nach Art 609 HG wird ein Insolvenzverfahren auch über eine Person eröffnet, die ihre kaufmännische Tätigkeit durch einen zahlungsunfähigen Schuldner ausüben lässt und somit diese verdeckt. Es ist fraglich, ob in diesem Fall nur die stille Gesellschaft[200] gemeint ist, oder alle Fälle, in welchen ein anderes Subjekt die Handelstätigkeit tatsächlich ausübt[201], inkl. der stillen Gesellschaft. Auf den ersten Blick hat diese Konstruktion keine Ähnlichkeiten mit einem Konzern. Andererseits entstehen in solchen Fällen Kontroll- und Verbundenheitsverhältnisse zwischen dem stillen Gesellschafter und dem Strohmann. Ausschlaggebend ist die juristische Beziehung zwischen dem insolventen Schuldner und dem stillen Gesellschafter. Das könnte eine gesellschaftsrechtliche Beteiligung, aber auch ein anderes Geschäft sein[202]. Viel wichtiger ist es, wer bei solchen Geschäften die tatsächliche Vertragspartei ist. In Bulgarien ist cs kcine Seltenheit, dass riskante Geschäfte über eine Tochtergesellschaft (zB eine 1–Euro-GmbH) abgeschlossen werden, wobei die Tochter alle Kosten und Nachteile trägt und der Gewinn direkt der Muttergesellschaft zufließt. Da der Gesetzeswortlaut von Art 609 HG ziemlich weit und undetailliert ist, wäre eine weitere Auslegung, die auch Mutter-Tochter- oder andere Verbundenheitsverhältnisse umfasst, gar nicht ausgeschlossen.

---

198 In der Lehre wird diese Voraussetzung kritisiert. Der fahrlässige Schuldner sollte nicht erst mit der Insolvenzerklärung haften, sondern bereits bei Feststellung seiner Zahlungsunfähigkeit bzw Überschuldung; zur Insolvenzerklärung s. *Daskalov. W., Laleva, P., Metodiev, B.*,op cit, S. 84 ff; vgl weiters *Груев, Л., (Gruev, L.)*, op cit, S. 92.

199 Art 37 Abs 1 Z 6 und 7 SGB. Der Rechteentzug kann für eine Frist von bis zu drei Jahren verhängt werden (Art 49 Abs 1 SGB).

200 Die stille Gesellschaft ist in Bulgarien gesetzlich nicht geregelt, wird aber in der Lehre wegen der Vertragsfreiheit als zulässig betrachtet, s. *Бузева, Т., Дружество със съучастие (Buseva, T.*, Stille Gesellschaft), Търговско право, бр. 3 (Handelsrecht Heft 3), Sofia, 1993, S. 25.

201 Dieser Ansicht *Тянкова, Я.*, Несъстоятелност на лица-нетърговци (*Tjankova, J.*, Insolvenz von Personen, die keine Kaufleute sind), Sofia, 2010, S. 102 ff.

202 So *Попова, В.*, Коментар на Търговския закон, Част четвърта Несъстоятелност (чл. 607–624 ТЗ), (*Popova, V.*, Kommentar des Handelsgesetzes, IV. Teil, Insolvenz [Art 607–624 HG]), Sofia, 1996, S. 98.

3. Anfechtungstatbestände wegen inäquivalenter Geschäfte[203]

Das HG regelt die Möglichkeit zur Anfechtung von bestimmten Geschäften, die vom insolventen Schuldner in einem Verdachtszeitraum vor der Insolvenzeröffnung abgeschlossen wurden. Das ist eine der wichtigsten Maßnahmen zur Auffüllung der Insolvenzmasse[204]. Solche Geschäfte können den Insolvenzgläubigern gegenüber für unwirksam erklärt werden. Art 647 HG regelt zwei Anfechtungstatbestände, die konzernähnliche Verhältnisse direkt betreffen können – Geschäfte zur Begründung von Sicherheiten zugunsten der Anteilseigner und Geschäfte zugunsten von verbundenen Personen. Die Klage kann vom Syndikus oder von jedem betroffenen Gläubiger erhoben werden. Zuständig ist das Insolvenzgericht[205] (Art 649 Abs 3 HG). Wird die Klage vom Syndikus erhoben, werden bei der Einleitung des Gerichtsverfahrens keine Gerichtsgebühren entrichtet. Wird der Klage stattgegeben, wird die Gerichtsgebühr von der beklagten Partei eingetrieben. Die Gerichtsgebühr wird die Insolvenzmasse nur belasten, wenn die Klage abgewiesen wird.

a) Begründung von Sicherheiten zugunsten der Anteilseigner

Anfechtbar ist die Bestellung einer Hypothek, eines Pfandes oder einer persönlichen Sicherheit zugunsten einer bis zu diesem Zeitpunkt ungesicherten Forderung eines Gläubigers, der mit dem Insolvenzschuldner verbundene Person ist, wenn die Bestellung in den letzten zwei Jahren vor der Insolvenzantragstellung erfolgt ist (Art 647 Z 5 HG). In den meisten Unternehmensgruppen ist es eine bei hohen Krediten übliche Praxis, dass alle dazu gehörenden Unternehmen diverse Sicherheiten einräumen. Es werden Liegenschaften hypothekiert, andere Teile des Vermögens der Tochtergesellschaften als Absicherung verpfändet oder es werden diese als solidarisch haftende Bürgen bestellt. Schuldbeitritte werden auch oft praktiziert.

b) Geschäfte zugunsten von verbundenen Personen

Anfechtbar ist auch jedes Geschäft, das in den letzten zwei Jahren vor der Insolvenzantragstellung abgeschlossen wurde und die Insolvenzgläubiger schädigt, wenn dabei eine Partei eine mit dem Insolvenzschuldner verbundene Person ist (Art 647 Z 6 HG).

Aufgrund der Kontrollmöglichkeit gelten ausdrücklich noch folgende Personen als verbundene Personen (§ 1 Abs 1 und 2 ZB HG):
- Eine Gesellschaft oder eine Person, die mehr als 5 % der stimmberechtigten Geschäftsanteile bzw Aktien dieser Gesellschaft besitzt;

---

203 S. *Daskalov. W., Laleva, P., Metodiev, B.*, op cit,, S. 57 ff.

204 So *Стефанов, Г.*, Търговска несъстоятелност (*Stefanov, G.*, Handelsinsolvenz), Veliko Tarnovo, 2009, S. 114 ff.

205 Laut Art 613 HG gilt als Insolvenzgericht das Kreisgericht, in dessen Sprengel sich der Sitz des insolventen Kaufmannes zum Zeitpunkt der Insolvenzantragstellung befindet.

- die Personen, deren Tätigkeit direkt oder indirekt von einer anderen dritten Person kontrolliert wird;
- die Personen, die gemeinsam direkt oder indirekt eine dritte Person kontrollieren;
- die Personen, bei denen die eine die andere oder ihre Tochtergesellschaft kontrolliert;
- die Personen, die direkt oder indirekt an der Geschäftsführung, an der Kontrolle oder am Kapital einer anderen Person oder anderer Personen beteiligt sind und daher zwischen ihnen Bedingungen vereinbart werden können, die von den üblichen abweichen.

Die potentielle Schädigung des jeweiligen Insolvenzgläubigers wird in jedem konkreten Fall vom Gericht beurteilt. Im HG ist dafür kein objektives Kriterium geregelt. Wird der Klage stattgegeben, hat der Beklage alles, was er in Erfüllung des als nichtig erklärten Geschäftes bekommen hat, zurückzugeben. Seine Leistung unterliegt auch einer Restituierung, er wird sich dafür in der Schlange der Insolvenzgläubiger einreihen müssen.

4. Aufteilung der verwerteten Insolvenzmasse, Rangordnung der Zahlungen

Rang der Befriedigung der Gesellschafter

Nach der Verwertung der Insolvenzmasse werden die Insolvenzgläubiger nach einer gesetzlich bestimmten Rangordnung[206] befriedigt. Gesellschafter bzw Aktionäre einer insolventen Handelsgesellschaft haben für ihre Forderungen aus Krediten, die sie dem Schuldner gewährt haben, bei der Befriedigung den vorvorletzten Rang (Art 722 Abs 1 Z 10 iVm Art 616 Abs 2 Z 2 HG). Nach diesen Forderungen werden nur die Forderungen aus unentgeltlichen Geschäften und die Forderungen der Insolvenzgläubiger aus ihren Kosten für die Beteiligung am Insolvenzverfahren befriedigt (ausgenommen sind nur Vorfinanzierungskosten in jenen Fällen, in denen das Vermögen des Schuldners für die Insolvenzkosten nicht ausreichend gewesen ist).

Als Kredite sind alle Darlehen, Nachschüsse und andere Geldbeträge, die zurückzuzahlen sind, zu verstehen. In Bulgarien ist es eine übliche Praxis ausländischer Konzerne, Liegenschaften oder andere langfristige Aktiva über eine Tochtergesellschaft zu erwerben, wobei die Geschäfte nicht durch entsprechende Kapitalerhöhungen, sondern durch Nachschüsse oder Gesellschafterdarlehen finanziert werden. Genau diese Fälle sind von der obigen Rangordnung betroffen.

Es ist zu betonen, dass der Zeitpunkt der Gewährung des Gesellschafterdarlehens irrelevant ist. Unabhängig davon, ob die insolvente Gesellschaft den Kreditbetrag vor dem Datum des Eintrittes der Zahlungsunfähigkeit oder nach-

---

206 S. *Daskalov. W., Laleva, P., Metodiev, B.*, op cit, S. 90 ff.

her bekommen hat, wird der Gesellschafter/Aktionär für diese Forderung im 10. Rang von der Insolvenzmasse befriedigt.

V. Zivilrechtliche Tatbestände für die Haftung der Muttergesellschaft

Wie bereits mehrmals betont, regelt das bulgarische Recht keine Durchgriffshaftung. Es besteht also keine ausdrücklich rechtlich geregelte Möglichkeit für eine direkte Haftung der Muttergesellschaft für die Verbindlichkeiten ihrer Tochtergesellschaft. Der Grundsatz der Haftungstrennung, oder besser gesagt der Grundsatz der beschränkten Haftung, wird von den Gerichten streng und ohne Ausnahmen angewandt. In der Lehre wird dieses Prinzip als eines der grundlegenden Prinzipien des Handels- und Gesellschaftsrechts unterstrichen[207]. So verbleibt für die Gläubiger nur die Möglichkeit, sich auf die allgemeinen Regelungen der zivilrechtlichen Haftung zu verlassen. Sollten irgendwelche vertragliche Beziehungen entstanden sein, könnte der betroffene Gläubiger seine Schadenersatzansprüche eventuell damit begründen. Sind aber keine Vertragsverhältnisse vorhanden, soll die allgemeine Deliktshaftung zu Hilfe genommen werden. Dabei ist zu bedenken, dass nach dem bulgarischen Zivilrecht die zivilrechtliche Haftung, in ihren beiden Erscheinungsformen Vertrags- und Deliktshaftung, immer ein Verschulden voraussetzt. In nur ganz wenigen Fällen schließt das Gesetz das subjektive Element der Haftung aus. Die objektive Haftung ist eine Ausnahme[208]. Hingegen hat die Durchgriffshaftung in den meisten Fällen einen objektiven Charakter. Der Gesellschafter/Aktionär haftet, wenn seine Tochtergesellschaft ihre Schulden nicht bezahlen kann, wobei das Verschulden kein Element des Tatbestandes der Verantwortung sein soll. Es ist auch fraglich, ob die Rechtswidrigkeit auch immer vorhanden sein soll. Die Anwendung der allgemeinen zivilrechtlichen Haftung bringt den Gläubiger in eine schlechtere Position, weil sein Anspruch nur dann durchgesetzt werden kann, wenn alle Elemente des Haftungstatbestandes vorhanden sind. Daher sind so begründete Klagen eine Seltenheit. Bestehen Vertragsverhältnisse, die die Verantwortung des Gesellschafters/Aktionärs direkt begründen, wird diese Gelegenheit natürlich genutzt. Das gilt aber für die Deliktshaftung nicht. Die Elemente des Haftungstatbestandes der Deliktshaftung unterscheiden sich von

---

207 So *Ланджев, Б.*, Относно принципа на ограничената отговорност в търговското право и засилената защита на кредиторите, в Актуални проблеми на гражданското, търговското и семейното право, Юбилеен сборник Чудомир Големинов (*Landjev, B.*, Bezüglich des Prinzips der beschränktenn Haftung im Handelsrecht und des verstärkten Gläubigerschutzes in Problemen des bürgerlichen, Handels- und Familienrecht, Festschrift Tschudomir Goleminov), Sofia, 2010, S. 210. Er betont, dass dieser Grundsatz eine Erscheinungsform der gesellschaftlichen Gerechtigkeit ist und dass die Interessen der Gläubiger in diesem Zusammenhang keinen Vorrang haben können.

208 Laut *Калайджиев, А.,* Облигационно право⁵. Обща част (*Kalajdjiev, A.,* Schuldrecht⁵, Allgemeiner Teil), Sofia, 2010, S. 390 ff, sind das Sonderfälle, eine Ausnahme des Prinzips.

jenen der Vertragshaftung nicht, sind aber viel schwieriger zu beweisen. Das ist die Ursache, weshalb solche Gerichtsverfahren nicht eingeleitet werden[209].

1. Deliktshaftung

a) Besonderheiten der Deliktshaftung nach dem bulgarischen Recht

Die allgemeine Deliktshaftung ist in den Art 45–54 GSV (aus dem Jahr 1950) geregelt. Als Vorbild der Regelungen diente das französische Recht (Code Civil). Von dort hat das bulgarische Recht auch eine Generalklausel für die Deliktshaftung[210] übernommen. Das GSV beinhaltet ein allgemeines Schadensverbot. In anderen Gesetzen sind auch andere Erscheinungsformen der Deliktshaftung geregelt, diese sind aber eher die Ausnahme und werden in der Lehre als spezielle Haftungen, die ihre Wurzeln in der Deliktshaftung haben, bestimmt[211]. Nach Art 45 Abs 1 GSV, wo dieses Generaldelikt grundsätzlich geregelt ist, hat jeder, der einem anderen Schaden schuldhaft verursacht hat, diesen zu reparieren. Gesellschafter/Aktionäre können nach diesen Regelungen gegenüber Dritten in allen Schadensfällen haften, soweit alle Elemente des Haftungstatbestandes erfüllt sind. Dabei sind aber auch einige Besonderheiten der Deliktshaftung zu beachten. Die meisten betreffen einzelne Elemente des Haftungstatbestandes. Die Deliktshaftung ist viel strenger als die Vertragshaftung[212]. Der Schuldner ist mit der Entstehung des Schadens automatisch in Verzug, eine ausdrückliche Zahlungsmahnung ist nicht notwendig. Ab diesem Moment beginnen die Verzugszinsen zu fließen. Die Deliktsansprüche verjähren in fünf Jahren (Art 110 GSV).

Das Generaldelikt nach Art 45 Abs 1 GSV ist nur auf natürliche Personen anzuwenden. Eine juristische Person kann daher als unmittelbarer Täter bzw Beitragstäter nicht haften. Grund dafür ist das ausdrücklich im Gesetzestext verankerte subjektive Element – Verschulden. Die Lehre und die Judikatur bestätigen diese Schlussfolgerung eindeutig und unbestritten[213]. Ist der Gesellschafter/Aktionär eine juristische Person, kann diese nur als beauftragende Per-

---

209 Zum Zweck von Nachforschungen über dieses Thema wurden zwei EDV-Datenbanken (Ciela und APIS) mit Rechtsprechung gründlich durchsucht. Die beiden Datenbanken beinhalten nicht nur Entscheidungen des Obersten Kassationsgerichtes, sondern auch Urteile der Landesgerichte, der Oberlandesgerichte und auch Entscheidungen des Schiedsgerichtes bei der Bulgarischen Handels- und Industriekammer. Es wurden keine passenden Entscheidungen gefunden.

210 S. *Голева, П.*, Деликтно право (*Goleva, P.*, Deliktrecht), Sofia, 2011, S. 19–20.

211 Laut *Стойчев, Кр.*, Преговори за сключване на договор и преддоговорна отговорност (*Stojchev, Kr.*, Verhandlungen zum Vertragsabschluss und zur Vorvertragshaftung), Sofia, 2005, S. 219–239, hat die Vorvertragshaftung (culpa in contrahendo) einen selbständigen Charakter, auch wenn sie auf den Grundlagen der Deliktshaftung beruht.

212 Einen Vergleich s. bei *Голева, П.*, Деликтно право (*Goleva, P.*, Deliktrecht), Sofia, 2011, S. 101–102.

213 Für viele s. *Голева, П.*, Деликтно право (*Goleva, P.*, Deliktrecht), Sofia, 2011, S. 97–99, vgl *Тасев, С.*, Деликтна отговорност (*Tassev, S.*, Deliktshaftung), Sofia 2009, S. 160, ausdrücklich auch im Auslegungserlass des Plenums des Obersten Gerichtes Nr 7/30.12.1959.

son haften (Art 49 GSV). Das erleichtert die Anwendung der Deliktshaftung in den Verhältnissen zwischen der Muttergesellschaft und den Gläubigern der Tochtergesellschaft nicht.

b) Haftungstatbestand

Der Deliktshaftungstatbestand besteht aus fünf Elementen[214]: Tat, Rechtswidrigkeit, Schaden, Kausalität und Verschulden. Alle Elemente müssen kumulativ vorhanden sein, um eine Schadenersatzpflicht zu begründen. In wenigen Fällen kann auch ein verkürzter Tatbestand eine Deliktshaftung auslösen. In den meisten Fällen kann das Verschulden fehlen. Dies gilt zB für die Deliktshaftung des Auftraggebers nach Art 49 GSV. Sie hat einen objektiven Charakter.

ba) Tat/Verhalten

Die Deliktshaftung wird zunächst durch menschliches Verhalten ausgelöst. Das könnte eine Tat oder eine Unterlassung sein. Alle aktiven Handlungen, die zur Minderung des Vermögens der Tochtergesellschaft führen oder direkt eine dritte Person schädigen, können Elemente eines Haftungstatbestandes sein. Bestehen öffentliche Pflichten, etwas zu tun, bestimmte Handlungen zu unternehmen, wie zB Offenlegungspflichten über bestimmte Tatsachen, kann ihre Unterlassung eine schädigende Wirkung haben. Unmittelbarer Täter kann immer nur eine natürliche Person sein.

bb) Rechtswidrigkeit

Die Handlungen des Täters müssen rechtswidrig sein – nur rechtswidriges Verhalten begründet die Deliktshaftung. Als rechtswidrig wird ein Verhalten, das imperativen rechtlichen Normen widerspricht, bezeichnet. Es gibt immer eine Schutznorm, die bestimmte gesellschaftliche Interessen und Güter verteidigt, die die Theorie als absolute Rechte bezeichnet. Selbst Art 45 Abs 1 GSV wird als eine imperative allgemeine Schutznorm verstanden – fehlt eine andere konkrete Schutznorm, widerspricht das schädigende Verhalten dieser allgemeinen Regelung[215]. In der Lehre wird auch die Meinung vertreten, dass jede Schadensverursachung rechtswidrig ist[216]. Nach der herrschenden Meinung ist ein Verhalten immer dann rechtswidrig, wenn eine imperative Rechtsnorm durch Tun oder Unterlassung verletzt wird. Dabei ist es egal, ob eine ganz konkrete Regelung oder die allgemeine Schutznorm von Art 45 Abs 1 GSV[217] verletzt wird. Damit eine Unterlassung rechtswidrig ist, soll eine imperative Regelung die Verrichtung eines konkreten positiven Tuns verlangt haben. So sind zB die

---

214 S. *Голева, П.*, Деликтно право (*Goleva, P.*, Deliktrecht), Sofia, 2011, S. 24.
215 So *Голева, П.*, Деликтно право (*Goleva, P.*, Deliktrecht), Sofia, 2011, S. 68–69.
216 S. *Тасев, С.*, Деликтна отговорност (*Tassev, S.*, Deliktshaftung), Sofia 2009, S. 22.
217 So *Калайджиев, А.,* Облигационно право⁵. Обща част (*Kalajdjiev, A.,* Schuldrecht⁵, Allgemeiner Teil), Sofia, 2010, S. 398.

Aktionäre einer Publikumsgesellschaft von einer umfangreichen Offenlegungspflicht betroffen (Kapitel 11 Abschnitt 1 GÖAW „Offenlegung von Beteiligungsverhältnissen"). Jeder Aktionär, der durch Erwerb oder Veräußerung die Anzahl seiner Stimmrechte in der Hauptversammlung auf über 5 % erhöht oder reduziert oder Werte, die durch fünf dividierbar sind, erreicht, hat die Publikumsgesellschaft sowie die Kommission zu benachrichtigen (Art 145 GÖAW). Wird durch die Unterlassung dieser gesetzlichen Auflage einer dritten Person Schaden verursacht, könnte dieses Benehmen als rechtswidrig bestimmt werden, und wenn auch die anderen Elemente des Haftungstatbestandes kumulativ vorhanden sind, würde für den Aktionär eine Schadenersatzpflicht entstehen.

bc) Schaden

Relevant für juristische Personen sind nur Vermögensschäden. In der Lehre wird die Meinung vertreten, das auch juristische Personen immaterielle Güter besitzen, die durch ein Delikt verletzt werden können, und daher auch diese von immateriellen Schäden betroffen sein können. Die Rechtsprechung akzeptiert das nicht – es gibt zahlreiche Entscheidungen dahingehend, dass alle Schäden, die eine juristische Person erleiden kann, immer einen Vermögenscharakter haben[218].

Nach der herrschenden Meinung gilt als Vermögensschaden die Differenz zwischen dem Vermögen des Geschädigten nach der Schädigung und dem eventuellen Wert seines Vermögens, wenn die Schädigung nicht eingetreten wäre[219]. Das bulgarische Recht unterscheidet zwischen Verlust und entgangenem Gewinn. Schwierig zu beweisen ist der entgangene Gewinn, da Einkommenserwartungen nicht zu bewerten sind. Als Schäden gelten nur ganz sichere Einkünfte (zu erwarten aus schon abgeschlossenen gültigen Verträgen), die durch die schädigende Handlung nicht realisiert werden konnten (zB wurde der gewinnbringende Vertrag wegen Nichterfüllung einseitig aufgelöst). Erwartungen für Gewinne, die auf einem bloßen Vergleich mit den Umsätzen vergangener Perioden beruhen, werden vom Gericht nicht als entgangener Gewinn akzeptiert[220].

bd) Kausalität

Das GSV besagt, dass eine Ersatzpflicht nur für *„direkte und unmittelbare Schäden"* entsteht. Nach der herrschenden Meinung entspricht das der sogenannten Objektiven Adäquanztheorie. Der Schaden ist eine logische und adäquate Folge der Tat: Derartige Taten verursachen normalerweise genau dieses

---

218 S. eine ausführliche Analyse der Rechtsprechung bei *Калайджиев, А.,* Облигационно право[5]. Обща част (*Kalajdjiev, A.,* Schuldrecht[5], Allgemeiner Teil), Sofia, 2010, S. 405–406.

219 Statt viele andere s. *Калайджиев, А.,* Облигационно право[5]. Обща част (*Kalajdjiev, A.,* Schuldrecht[5], Allgemeiner Teil), Sofia, 2010, S. 407.

220 S. eine Analyse der Rechtsprechung in diesem Sinn bei *Калайджиев, А.,* Облигационно право[5]. Обща част (*Kalajdjiev, A.,* Schuldrecht[5], Allgemeiner Teil), Sofia, 2010, S. 408–409.

Ergebnis[221]. Das Resultat soll von anderen Umständen nicht beeinflusst werden. Die Rechtsprechung befolgt keine strenge doktrinäre Auffassung. Die Kausalität wird in jedem einzelnen Fall überprüft. Die Beweislast obliegt dem Kläger. Es ist zu betonen, dass gerade der rechtlich relevante Zusammenhang zwischen Tat und Schaden oft das Hauptproblem des Klägers ist. Bei Klagen zur Durchsetzung der Haftung des Gesellschafters/Aktionärs für Schäden, die ihren Gläubigern durch Handlungen der Tochtergesellschaft mittelbar zugefügt worden sind, wäre das Vorhandensein einer logischen ununterbrochenen Ursache-Folgen-Kette noch komplizierter zu beweisen. Das wäre bei diesen Verhältnissen vielleicht das größte Hindernis für eine effiziente Anwendung der Deliktshaftung.

be) Verschulden

Nur rechtswidriges Benehmen, das auch schuldhaft ist, kann die Deliktshaftung begründen. Im bulgarischen Deliktrecht wird das Verschulden vermutet (Art 45 Abs 2 GSV). Der Kläger hat das subjektive Element vor dem Gericht nicht zu beweisen. Diese Vermutung ist aber widerlegbar. Behauptet der Schuldner, dass exkulpierende Umstände eingetreten sind, trägt er selbst die Beweislast dafür. Die Form des Verschuldens, Vorsatz oder Fahrlässigkeit, ist bei der Deliktshaftung irrelevant für die Grenzen und die Höhe des Schadenersatzes.

c) Schadenersatz

Die Höhe des Schadenersatzes hängt von der Höhe des Schadens ab. Einer Reparatur unterliegen alle Schäden, auch die unvorhersehbaren.

Die Hauptfunktion der Deliktshaftung ist die Entschädigung des Betroffenen. Sie hat auch eine Sanktionsfunktion, diese hat aber keinen Vorrang vor der Kompensationsfunktion. Daher wird der Delinquent nicht zu Strafabfindungen verurteilt, deren Wert die Höhe des tatsächlichen Schadens mehrfach übersteigt. Eine Bereicherung des Beschädigten durch den Schadenersatz ist ausgeschlossen[222].

Nach der herrschenden Meinung ist der sog. *Sonderwert (pretium singulare)* des geschädigten Gutes für die Bestimmung der Höhe des Schadenersatzes maßgeblich. Der Sonderwert ist eine Kombination des Marktwertes unter Bezugnahme der privaten Bedeutung des beschädigten Gutes für den Beschädigten[223]. Der Schadenersatz erfolgt in Geld, eine Naturalentschädigung ist nur aufgrund einer ausdrücklichen Vereinbarung zwischen dem Delinquenten und dem Beschädigten möglich.

---

221 So *Калайджиев, А.,* Облигационно право⁵. Обща част (*Kalajdjiev, A.,* Schuldrecht⁵, Allgemeiner Teil), Sofia, 2010, S. 415; vgl auch *Голева, П.,* Деликтно право (*Goleva, P.,* Deliktrecht), Sofia, 2011, S. 107.

222 S. *Голева, П.,* Деликтно право (*Goleva, P.,* Deliktrecht), Sofia, 2011, S. 95.

223 S. *Калайджиев, А.,* Облигационно право⁵. Обща част (*Kalajdjiev, A.,* Schuldrecht⁵, Allgemeiner Teil), Sofia, 2010, S. 453.

Wird auch ein immaterieller Schaden verursacht, ist die Höhe des Schadenersatzes vom Gericht nach den Grundsätzen der Gerechtigkeit zu bestimmen (Art 52 GSV). Es ist dies kein Schadenersatz ieS, da immaterielle Schäden nicht repariert werden können – es ist eine Abfindung, die dem Beschädigten die Beschaffung von Ersatzgütern ermöglicht[224].

Die Höhe des Schadenersatzes wird reduziert, wenn eine Mitverursachung seitens des Beschädigten vorhanden ist (Art 51 Abs 2 GSV). Ausreichend ist ein Zusammenhang zwischen den Handlungen des Beschädigten und dem Schaden. Grundsätzlich ist für die Reduktion des Schadenersatzes die Tatsache irrelevant, ob sein Verhalten rechtswidrig und schuldhaft gewesen ist[225]. Die Rechtswidrigkeit und das Verschulden des Beschädigten bei der Mitverursachung sind aber Teile eines komplexen Kriteriums für die Bestimmung der konkreten Höhe der Reduktion des Schadenersatzes.

d) Tatbestände, die die Haftung auf die Muttergesellschaft erstrecken

Wie schon erwähnt, wird der Gesellschafter/Aktionär, ist er eine juristische Person, nicht nach Art 45 Abs 1 GSV als unmittelbarer Täter oder Beitragstäter haften. Der einzig anwendbare Haftungstatbestand ist die Haftung des Auftraggebers nach Art 49 GSV. Eine juristische Person bildet ihren Willen und handelt tatsächlich über natürliche Personen, die Mitglieder ihrer Verwaltungsorgane sind. In einem Deliktsfall sind die tatsächlichen unmittelbaren Täter auch immer natürliche Personen. Diese handeln entweder direkt im Namen der juristischen Person oder in ihrem Auftrag. Dabei ist der Begriff „Beauftragung" sehr weit auszulegen[226]. Darunter sind Dienst- und Arbeitsverhältnisse sowie Auftragsverhältnisse zu verstehen. Die Verhältnisse zwischen einer Handelsgesellschaft und den Mitgliedern ihrer Organe gehören unbestritten auch zu dieser Beauftragung. Die Verantwortung der juristischen Person entsteht bei einer Beauftragung dann, wenn die nachfolgenden Voraussetzungen kumulativ vorhanden sind:

- Eine natürliche Person hat direkt alle Elemente des Deliktshaftungstatbestands nach Art 45 Abs 1 GSV erfüllt – es ist ein Delikt vorhanden, die natürliche Person haftet selbst;
- Der Delinquent steht in einem rechtlichen Verhältnis mit der juristischen Person – er ist ihr Dienstnehmer, Auftragnehmer oder Mitglied eines ihrer Verwaltungsorgane;
- Das schädigende Verhalten ist direkt oder indirekt mit der Erfüllung der Dienst- bzw Arbeitsverpflichtungen oder mit dem Auftrag verbunden. Die Verrichtung der Arbeit liegt grundsätzlich im Interesse des Beauftragenden.

---

224 S. *Калайджиев, А., Облигационно право*⁵. Обща част (*Kalajdjiev, A.,* Schuldrecht⁵, Allgemeiner Teil), Sofia, 2010, S. 454–455.

225 In diesem Sinn auch die Rechtsprechung – s. P. 7 des Auslegungserlasses des Plenums des Obersten Gerichtes Nr 17/1963 (zit. über *Голева, П.,* Деликтно право [*Goleva, P.,* Deliktrecht], Sofia, 2011, S. 113).

226 So *Голева, П.,* Деликтно право (*Goleva, P.,* Deliktrecht), Sofia, 2011, S. 128.

Diese Haftung hat einen objektiven Charakter – die beauftragende juristische Person haftet ohne Verschulden, wie etwa für die schlechte Auswahl des Auftragnehmers. Irrelevant wäre zB, wenn der Täter bei seiner Tätigkeit die ausdrücklichen Anweisungen der Dienst- bzw Auftraggeberin nicht eingehalten und dadurch den Schaden verursacht hat.

Die Haftung des Auftraggebers hat einen selbständigen Charakter. Sie ist ähnlich einer solidarischen Haftung, ist ieS des Gesetzes aber keine solche[227]. Zahlt die juristische Person den Schadenersatz, steht ihr dann eine Regressklage gegenüber dem tatsächlichen Täter zur Verfügung (Art 54 GSV).

Die Haftung nach Art 49 GSV kann für die Muttergesellschaft in manchen Fällen gefährlich sein. Es ist in Bulgarien eine übliche Praxis, Mitarbeiter der ausländischen Muttergesellschaft als Geschäftsführer bzw Mitglieder der Verwaltungsorgane zu bestellen. Da das Handelsregister für die Eintragung dieser Personen als Organmitglieder immer auch die Vorlage von Geschäftsführerverträgen verlangt, werden solche nur formell, auch ohne jede Vergütung und detaillierte Pflichten, abgeschlossen und vorgelegt. Tatsächlich besteht mit der Tochtergesellschaft aber nur ein Organverhältnis und kein Vertragsverhältnis. Die Gremiumsmitglieder beziehen von der Gesellschaft auch kein Gehalt, sie werden von der Muttergesellschaft im Rahmen ihres Dienstverhältnisses mit ihr vergütet. Der Geschäftsführer ist immer diejenige Person, die die Politik der Muttergesellschaft umsetzt. Werden die Gläubiger der Tochtergesellschaft durch die Handlungen eines solchen Geschäftsführers geschädigt und werden alle Elemente des Deliktshaftungstatbestandes erfüllt, wäre es kein großes Problem, die Muttergesellschaft aufgrund von Art 49 GSV haftbar zu machen.

2. Vertragliche Grundlagen

Die Muttergesellschaft könnte auf Vertragsbasis eine persönliche Haftung für Verbindlichkeiten der Tochterfirma übernehmen. Das bulgarische Recht regelt ausdrücklich die Bürgschaft, den Schuldenbeitritt und den Schuldnertausch. Liquiditätszusagen gegenüber der Tochtergesellschaft sowie Patronatserklärungen gegenüber Dritten sind gesetzlich nicht geregelt. Aufgrund von Art 9[228] GSV können solche Verträge bzw einseitige Rechtsgeschäfte aber frei abgeschlossen werden. Da in diesen Fällen gesetzliche Regelungen fehlen, ist der Inhalt der entsprechenden Willenserklärungen ausschlaggebend.

In den meisten Fällen werden aber die Regelungen der Rechtsordnung der Muttergesellschaft als anwendbares Recht vereinbart. Daher spielt das bulgarische Recht in diesen Fällen keine besonders große Rolle.

---

227 Laut Art 121 Abs 1 GSV entsteht eine passive Solidarität nur aufgrund einer gesetzlichen Regelung oder aufgrund eines Vertrags. In Art 49 GSV ist keine Solidarität vorgesehen. Laut *Голева, П.*, Деликтно право (*Goleva, P.*, Deliktrecht), Sofia, 2011, S. 131, könnte diese Erscheinung als eine *„unechte Solidarität" (in solidum)* bezeichnet werden.

228 Art 9 GSV regelt den Grundsatz der Willensautonomie – der Abschluss von jeglichen Verträgen, soweit diese den imperativen Gesetzesnormen oder den guten Sitten nicht widersprechen, ist frei.

a) Bürgschaft

Eine oft verwendete Absicherung ist die Bürgschaft[229]. Eine Bürgschaftshaftung entsteht nur aufgrund eines schriftlichen Vertrags zwischen dem Bürgen und dem abgesicherten Gläubiger (Art 138 Abs 1 GSV). Die Bürgschaft kann auch künftige oder bedingte Forderungen absichern. Die Haftung umfasst alle Folgen einer Nichterfüllung der Hauptschuld inkl. Verzugszinsen und Gerichts- und Eintreibungskosten (Art 140 GSV). Der Umfang der Bürgschaft kann vertraglich beschränkt werden – der Bürge kann auch nur eine Teilhaftung übernehmen. Eine Vereinbarung, mit welcher der Bürge eine größere und/oder schwerere Haftung als die vom Hauptschuldner übernimmt, wäre aber nichtig (Art 139 GSV).

Der Bürge haftet solidarisch mit dem Hauptschuldner (Art 141 Abs 1 GSV). Seine Haftung hat keinen subsidiären Charakter – der Gläubiger ist nicht verpflichtet, zuerst auf das Vermögen des Hauptschuldners zuzugreifen, bei Nichterfüllung kann er direkt den Bürgen klagen. Sind mehrere Bürgen bestellt, haften alle gesamtschuldnerisch und der Gläubiger kann nur von einem den ganzen Betrag eintreiben. Der Bürge, der alles bezahlt hat, verfügt über die Möglichkeit von Regressklagen gegenüber den anderen Bürgen (anteilsmäßig) und dem Hauptschuldner (Art 143 Abs 1 GSV).

Bei einer Abtretung der Hauptschuld geht die Bürgschaft zusammen mit der Hauptschuld über. Wird der Schuldner getauscht, haftet der Bürge nur weiter, wenn er ausdrücklich zugestimmt hat (die Ausnahme ist nur der Erbfall).

Die Bürgschaft besteht nach dem Fälligkeitsdatum der Hauptschuld weiter, wenn der Gläubiger innerhalb von sechs Monaten einen Klage gegenüber dem Hauptschuldner erhoben hat (Art 147 Abs 1 GSV). Diese Frist ist eine Präklusionsfrist und mit ihrem Ablauf erlischt das Recht des Gläubigers gegenüber dem Bürgen.

b) Schuldenbeitritt und Schuldenübernahme

Aufgrund eines Vertrags mit dem Schuldner oder mit dem Gläubiger kann eine dritte Person in die Schuld eintreten *(intercesio)*[230]. Eine Zustimmung des Gläubigers ist grundsätzlich nicht erforderlich. Hat aber der Gläubiger die Schuldenbeitrittsvereinbarung gebilligt, dann ist jede nachträgliche Aufhebung oder Änderung nur mit seiner ausdrücklichen Zustimmung zulässig (Art 101 GSV). Nach einem erfolgten Schuldenbeitritt entsteht eine solidarische Haftung – der ursprüngliche Schuldner und der beigetretene neue Schuldner haften künftig gesamtschuldnerisch.

---

229 S. *Калайджиев, А.,* Облигационно право⁵. Обща част (*Kalajdjiev, A.,* Schuldrecht⁵, Allgemeiner Teil), Sofia, 2010, S. 593 ff.
230 S. *Калайджиев, А.,* Облигационно право⁵. Обща част (*Kalajdjiev, A.,* Schuldrecht⁵, Allgemeiner Teil), Sofia, 2010, S. 508 ff.

Eine Schuldübernahme *(expromissio/constitutum debiti alieni)*[231] benötigt immer die vorherige ausdrückliche Zustimmung des Gläubigers (Art 102 Abs 1 GSV). Dadurch wird der ursprüngliche Schuldner von seiner Haftung gegenüber dem Gläubiger befreit. Er wird vom neuen Schuldner vollständig ersetzt. Ist die Schuld vor der Schuldenübernahme durch dritte Personen abgesichert gewesen (Bürgschaften, Hypotheken, Pfänder), erlöschen die geleisteten Sicherheiten automatisch mit dem Tausch des ursprünglichen Schuldners. Ausnahmen sind nur Hypotheken und Pfänder, die vom ursprünglichen Schuldner persönlich bestellt worden sind – sie sichern weiter die Forderung ab. Die anderen Absicherungen können nur behalten werden, wenn die Sicherheitsgeber der Schuldenübernahme ausdrücklich zustimmen und sich damit einverstanden erklären, dass die Sicherheiten auch die Schuld des neuen Schuldners sichern (Art 102 Abs 2 GSV).

c) *Vertragliche Schadenersatzhaftung*

Verursacht die Nichterfüllung von Vertragspflichten einen Schaden für den Gläubiger, haftet der säumige Schuldner vermögensrechtlich dafür. Der Tatbestand der Vertragshaftung besteht aus denselben Elementen wie bei der Deliktshaftung: Tat, Rechtswidrigkeit, Schaden, Kausalität und Verschulden. Die Tat ist in den meisten Fällen eine Unterlassung, die zur Nichterfüllung der Vertragspflichten führt. Als Rechtswidrigkeit gilt grundsätzlich die Vertragswidrigkeit, dies schließt die Anwendung von imperativen Normen nicht aus. Speziell beim Schaden ist, dass die Rechtsprechung bei der Vertragshaftung immaterielle Schäden nicht akzeptiert. In der Lehre sind immaterielle Schäden nach der herrschenden Meinung auch bei Vertragsverletzungen denkbar[232]. Hinsichtlich der Kausalität sind weder in der Lehre noch in der Rechtsprechung Abweichungen von den Auffassungen iZm der Kausalität bei der Deliktshaftung bekannt. Auch bei der Vertragshaftung gilt die widerlegbare Verschuldensvermutung.

Die Ansprüche aus der Vertragshaftung verjähren nach drei Jahren (Art 111 lit b GSV), bei manchen Verträgen auch früher.

Bei der Vertragshaftung werden die unvorhersehbaren Schäden nur ersetzt, wenn der Schuldner mit Vorsatz gehandelt hat (*e contrario* Art 82 GSV).

3. Rechtsdurchsetzung bei zivilrechtlichen Ansprüchen

Die Rechtsdurchsetzung der zivilrechtlichen Ansprüche weist keine besonderen Unterschiede zur Durchsetzung der Ansprüche aus der Innenhaftung auf. Dies gilt besonders für Verfahrensfragen[233]. Zuständig für die Klageerhebung

---

231 S. *Калайджиев, А.,* Облигационно право⁵. Обща част (*Kalajdjiev, A.,* Schuldrecht⁵, Allgemeiner Teil), Sofia, 2010, S. 510 ff.
232 S. *Калайджиев, А.,* Облигационно право⁵. Обща част (*Kalajdjiev, A.,* Schuldrecht⁵, Allgemeiner Teil), Sofia, 2010, S. 404.
233 S. die Ausführungen oben unter II.2.3.

ist die Person, die die Gesellschaft handelsrechtlich laut Gesetz vertritt (Art 30 Abs 1 ZPB). Grundsätzlich wird für eine Klageerhebung kein Beschluss von den kollektiven Organen der Gesellschaft gefasst. Intern könnte der Gesellschafter-vertrag/die Satzung der Gesellschaft oder eine interne Geschäftsordnung auch etwas anderes vorschreiben – dies verbleibt aber eine interne Angelegenheit und wird vom Gericht nicht geprüft.

Die örtliche Gerichtsbarkeit hängt grundsätzlich vom Sitz des Beklagten ab (Art 105 ZPB) – er wird auf seine eingetragene Geschäftsanschrift vorgeladen. Klagen aus Deliktsansprüchen können wahlweise auch beim Gericht des De-liktsortes erhoben werden (Art 115 ZPB).

Der Kläger hat vor Gericht das Vorhandensein aller Elemente des Haftungs-tatbestandes zu beweisen. Wegen der schon erwähnten Verschuldensvermutung wird der subjektive Grund der Haftung im bulgarischen Schadenersatzrecht nicht bewiesen. Behauptet der Beklagte, dass sein Verschulden ausgeschlossen ist, hat er die Umstände, die zum Verschuldensausschluss geführt haben, zu beweisen.

VI. Fazit

Die relativ schnelle Entwicklung der Marktverhältnisse und besonders der ge-stiegene Umfang der ausländischen Investitionen haben in Bulgarien im Laufe der Zeit zur Entstehung von mehreren konzernähnlichen Strukturen geführt. Zu einem ersten Aufschwung dieses Prozesses hat zuerst die Privatisierung geführt. Ferner sind schon die größten international bekannten Unternehmensgruppen durch Tochtergesellschaften im Lande anwesend. Die entsprechende rechtliche Regelung dieser neuen Verhältnisse blieb aber zurück. In Bulgarien mangelt es derzeit an einem konsequent aufgebauten und vollständigen Konzernrecht. Die Vorschriften über die Holding im Handelsgesetz sind ein guter Beginn gewesen, dem aber keine weiteren Entwicklungen gefolgt sind. Durch die Harmonisierung des bulgarischen Rechts mit dem europäischen Recht wurde der Gesetzgebung ein wichtiger Aufschwung gegeben. Die meisten Novellen des Gesellschafts-rechts betrafen die Publikumsgesellschaft. Es entspricht nun den modernsten Entwicklungen in Europa, hat zurzeit aber leider keine besonders große Bedeu-tung, weil nur wenige Publikumsgesellschaften in Bulgarien registriert sind.

Unbestritten gewähren die allgemeinen Regelungen des Gesellschaftsrechts den Minderheitsgesellschaftern und den Gläubigern bei Interessenkollisionen, die in Verbundenheitsverhältnissen entstehen können, weder ausreichenden noch effektiven Schutz[234]. Als wirtschaftlicher Grund einer rechtlichen Reform könnte die Auffassung dienen, dass eine Unternehmensgruppe ein einheitliches, polykorporatives Unternehmen[235] ist. Eine vollständige Reform des bulgari-schen Rechts ist daher offenbar dringend notwendig.

---

234 So auch *Бузева, Т.*, Холдинг (*Buseva, T.*, Holding), Sofia, 2006, S. 305.
235 S. *Ланджев, Б.*, Търговското предприятие (*Landjev, B.*, Das Handelsunternehmen), Sofia, 2003, S. 267.

Aus Sicht der heutigen rechtlichen Situation in Bulgarien kann die Schlussfolgerung gezogen werden, dass die Interessen der Muttergesellschaft in konzernähnlichen Strukturen nicht gefährdet sind. Die Haftungsregelungen sind schematisch und nicht detailliert. Selbst die Innenhaftung gegenüber der eigenen Gesellschaft ist eine Ausnahme. Es fehlen auch die meisten typischen Haftungstatbestände bei einer Verletzung der Kapitalerhaltungsregelungen.

Das bulgarische Recht kennt noch immer keine Möglichkeiten zu einer Verpflichtung der Muttergesellschaft aufgrund der Verbindlichkeiten der Tochter. Dies gilt auch für die Forderungen des Fiskus. Eine ausdrücklich geregelte Durchgriffshaftung fehlt noch immer.

Die Regelungen der allgemeinen zivilrechtlichen Haftung (Delikts- und Vertragshaftung) stammen aus der kommunistischen Zeit und sind dem Schutz der Verhältnisse zwischen den Bürgern eines Staates gewidmet, in dem Privateigentum verboten war. Daher könnten sie bei den Wirtschaftsverhältnissen in einer Marktwirtschaft keinen adäquaten Schutz gewähren. Aus diesen Gründen stellen auch diese Regelungen keine Gefahr für die Muttergesellschaft dar.

Es ist auch zu erwähnen, dass die hier diskutierte Problematik in Bulgarien nicht unbekannt ist. In den letzten Jahren wird immer mehr darüber gesprochen, seit Jahren wird auch an einem Entwurf eines modernen Zivilgesetzbuchs gearbeitet. Eine Kodifizierung des Konzernrechts wird auch diskutiert. Eine rasche Änderung der derzeitigen Situation ist zu erwarten.

Abkürzungsverzeichnis

AGB	(bulgarisches) Arbeitsgesetzbuch
B	bei Gesetzen: bulgarisch, bulgarisches
BGN	die bulgarische Staatswährung – Lev
bzw	beziehungsweise
d	bei Gesetzen: deutsch, deutsches
E	Entscheidung
EGmbH	Einpersonen-Gesellschaft mit beschränkter Haftung
GB	(bulgarisches) Gesetzblatt *(Darjaven Vestnik)*
GKI	(bulgarisches) Gesetz über die Kreditinstitutionen
GmbHG	(deutsches) Gesetz betr die Gesellschaften mit beschränkter Haftung
GÖAW	(bulgarisches) Gesetz über das öffentliche Angebot von Wertpapieren
GSV	(bulgarisches) Gesetz über Schuldverhältnisse und Verträge
GUFA	(bulgarisches) Gesetzes über das unabhängige Finanzaudit
GUPSKU	(bulgarisches) Gesetz über die Umwandlung und Privatisierung von staatlichen und kommunalen Unternehmen
GVRVS	(bulgarisches) Gesetz über die verwaltungsrechtlichen Verletzungen und Strafen
HG	(bulgarisches) Handelsgesetz
HGB	(deutsches) Handelsgesetzbuch
HS	Handelssenat des Obersten Kassationsgerichtes
HV	Hauptversammlung der Aktionäre

KG	Kommanditgesellschaft
KGA	Kommanditgesellschaft auf Aktien
OG	Oberstes Gericht
OHG	Offene Handelsgesellschaft
OKG	Oberstes Kassationsgericht
ö	bei Gesetzen: österreichisch, österreichisches
öAktG	österreichisches Aktiengesetz
RLG	(bulgarisches) Rechnungslegungsgesetz
Rn	Randnummer
Rz	Randzahl
S.	Seite
s.	siehe
SGB	(bulgarisches) Strafgesetzbuch
SPG	(bulgarisches) Sonderpfändegesetz
SVGB	(bulgarisches) Sozialversicherungsgesetzbuch
ÜbRL	EU-Übernahmerichtlinie 2004/25/EG
VGB	(bulgarisches) Versicherungsgesetzbuch
vgl	vergleiche
WiRO	Wirtschaft und Recht in Osteuropa (Jahr, Seite)
WSG	(bulgarisches) Wettbewerbsschutzgesetz
ZB	Zusätzliche Bestimmungen (in einem bulgarischen Gesetz)
ZPB	(bulgarisches) Zivilprozessbuch

Literaturverzeichnis

Buseva, T., Unternehmensgruppen in Bulgarien, in *Hopt/Jessel-Holst/Pistor* (Hrsg.), Unternehmensgruppen in mittel- und osteuropäischen Ländern, Tübingen, 2003.

Daskalov, W., Das Kaduzierungsverfahren nach dem bulgarischen Recht, „Wirtschaft und Recht in Osteuropa – WiRO", München, 9/2003.

Daskalov/Laleva/Metodiev, Bulgarisches Insolvenzrecht[3], Arbeitspapier Nr 97, FOWI, Wien, 2003.

Daskalov, W., Verantwortlichkeit und Haftung der Leitungsgremien der Aktiengesellschaft nach dem bulgarischen Recht, „Vorstandshaftung in 15 europäischen Ländern", Wien, 2005.

Daskalov, W., Schutz der Minderheitsaktionäre in Bulgarien, in *Bachner/Doralt/Winner* (Hrsg.), Schutz der Minderheitsaktionäre in Mittel- und Osteuropa, Wien, 2010.

Doralt/Nowotny/Kalss (Hrsg.), Kommentar zum AktG, Wien, 2003.

Vavrovsky, N. (Hrsg.), Handbuch Konzernhaftung, Wien, 2008.

Bulgarische Literaturquellen

Антонова, А., Ликвидация на търговски дружества (*Antonova, A.*, Abwicklung von Handelsgesellschaften), Sofia, 2009.

Бузева, Т., Отправни пунктове на уредбата на икономическите групи в българското право (*Buseva, T.*, Ausgangspunkte der Regelung der Unternehmensgruppen im bulgarischen Recht), в Юбилеен сборник в памет на професор Витали Таджер (in Festschrift Professor Vitali Tadjer), Sofia, 2003.

Бузева, Т., Холдинг (*Buseva, T.*, Holding), Sofia, 2006.

Герджиков, О, Коментар на търговския закон, книга втора (*Gerdjikov, O.*, Kommentar zum Handelsgesetz, Buch zwei), Sofia, 1994.

Герджиков, О, Коментар на търговския закон, книга трета, том I (*Gerdjikov, O.*, Kommentar zum Handelsgesetz, Buch drei, Band I), Sofia, 1998.

Герджиков , О и др., Промените в търговското право (*Gerdjikov, O.* et al., Die Änderungen im Handelsrecht), Sofia, 2000.

Голева, П., Търговско право, Книга първа² (*Goleva, P.*, Handelsrecht, erstes Buch), Sofia, 2004.

Голева, П., Холдингът, холдингово дружество, дъщерно дружество (*Goleva, P.* Holding, Holdinggesellschaft, Tochtergesellschaft), в Пазар и право, бр. 3 (in Markt und Recht, Heft 3), Sofia, 1993.

Голева, П., Облигационно право² (*Goleva, P.*, Schuldrecht²), Sofia, 2000.

Голева, П., Деликтно право (*Goleva, P.*, Deliktrecht), Sofia, 2011.

Григоров, Г., Дружество с ограничена отговорност (*Grigorov, G.*, Gesellschaft mit beschränkter Haftung), Sofia, 1994.

Груев, Л., Престъпления против кредиторите (*Gruev, L.*, Verbrechen gegenüber den Gläubigern), Sofia, 2002.

Калайджиев, А., Публичното дружество (*Kalajdjiev, A.*, Die Publikumsgesellschaft), Sofia, 2002.

Калайджиев, А., Търгово предлагане за закупуване или замяна на акции (*Kalajdjiev, A.*, Übernahmeverfahren für Aktienkauf und -austausch), в Юбилеен сборник в памет на професор Витали Таджер (in Festschrift Professor Vitali Tadjer), Sofia, 2003.

Калайджиев, А. и др., Коментар на промените в търговския закон (*Kalajdjiev, A.* et al., Kommentar zu den Neuerungen im Handelsgesetz), Sofia, 2003.

Калайджиев, А., Ранкова, Д., Кръстева-Николова, К., Георгиев, В., Бондаренко, Ц., Коментар на Закона за публично предлагане на ценни книжа (*Kalajdjiev, A., Rankova, D., Krasteva-Nikolova, K., Georgiev, V., Bondarenko, Tz.*, Kommentar des Gesetzes über das öffentliche Angebot von Wertpapieren), Sofia, 2005.

Калайджиев, А., Облигационно право⁵. Обща част (*Kalajdjiev, A.*, Schuldrecht⁵, Allgemeiner Teil), Sofia, 2010.

Касабова К., Закрила на акционерите в обикновено и в публично акционерно дружество (*Kasabova, K.*, Schutz der Aktionäre in einer üblichen und in einer Publikumsaktiengesellschaft), Sofia, 2010.

Кирчев, И., Юридическа отговорност на капиталовите търговски дружества от гледна точка възможността за ангажиране отговорността на съдружници/акционери в дадено капиталово дружество за задължения на последното (*Kirtchev, I.*, Juristische Haftung der Kapitalhandelsgesellschaften vom Gesichtspunkt des Heranziehens der Haftung von Gesellschaftern/Aktionären an einer Kapitalgesellschaft für Verbindlichkeiten der Letzten), в Търговско право, (im Handelsrecht) 4/2011, Sofia.

Ланджев, Б., Търговското предприятие (*Landjev, B.*, Das Handelsunternehmen), Sofia, 2003.

Ланджев, Б., Правото на членство в акционерното дружество (*Landjev, B.*, Das Mitgliedschaftsrecht an der Aktiengesellschaft), Sofia, 2000.

Ланджев, Б., Относно принципа на ограничената отговорност в търговското право и засилената защита на кредиторите, в Актуални проблеми на гражданското, търговското и семейното право, Юбилеен сборник Чудомир Големинов (*Landjev, B.*, Bezüglich des Prinzips der beschränkten Haftung im Handelsrecht und des verstärkten Gläubigerschutzes, in Probleme des bürgerlichen, Handels- und Familienrechts, Festschrift Tschudomir Goleminov), Sofia, 2010.

Николов, П., Карлова, Р., Антонова, В., Йорданова, Л., Йорданова, Д., Пангелов, К., Новата правна уредба за защита на конкуренцията (*Nikolov, P., Karlova, R., Antonova, V., Jordanova, L., Jordanova, D., Pangelov, K.*, Die neuen rechtlichen Regelungen des Wettbewerbsschutzes), Sofia, 2009.

Попова, В., Коментар на Търговския закон, Част четвърта Несъстоятелност (чл. 607–624 ТЗ), (*Popova, V.*, Kommentar des Handelsgesetzes, IV Teil Insolvenz [Art 607–624 HG]), Sofia, 1996.

Рачев, Ф., Общо учение за обединенията на търговците (*Ratschev, Ph.*, Allgemeine Lehre der Vereinigung von Kaufleuten), в Курс по търговско право (im Lehrgang Handelsrecht), Sofia, 1991.

Рачев, Ф., Холдингът (*Ratschev, Ph.*, Das Holding), в Правна мисъл, бр. 1 (in Rechtsgedanke, Heft 1), Sofia, 1993.

Стефанов, Г., Търговска несъстоятелност (*Stefanov, G.*, Handelsinsolvenz), Veliko Tarnovo, 2009.

Стойчев, К., Холдинговото дружество: обща характеристика и предимства при неговото създаване (*Stojtschev, K.*, Die Holdinggesellschaft: allgemeine Charakteristik und Vorteile bei ihrer Gründung), в Търговско право, бр. 2 (in Handelsrecht, Heft 2), Sofia, 1994.

Стойчев, Кр., Преговори за сключване на договор и преддоговорна отговорност (*Stojchev, Kr.*, Verhandlungen zum Vertragsabschluss und zur Vorvertragshaftung), Sofia, 2005.

Таджер, В., Концентрация на стопанската дейност съгласно Закона за защита на конкуренцията (*Tadjer, V.*, Konzentration der Wirtschaftstätigkeit gemäß des Wettbewerbsschutzgesetzes), в Съвременно право, бр. 5 (in Heutiges Recht, Heft 5), Sofia, 1998.

Таджер, В., Капиталови търговски дружества (*Tadjer, V.*, Handelsgesellschaften des Kapitals), Sofia, 1997.

Тасев, С., Деликтна отговорност (*Tassev, S.*, Deliktshaftung), Sofia, 2009.

Тянкова, Я., Несъстоятелност на лица-нетърговци (*Tjankova, J.*, Insolvenz von Personen, die keine Kaufleute sind), Sofia, 2010.

Хопт, К., Бузева, Т., Европейско дружествено право (*Hopt, K., Buzeva, T.*, Europäisches Gesellschaftsrecht), Sofia, 1999.

Haftungsrisiken für (ausländische) Muttergesellschaften in Konzernstrukturen nach kroatischem Recht

Vedran Obradovic

Inhaltsverzeichnis

I. Einleitung

1. Allgemeines

Kroatien zählt zu den wenigen Ländern[1], die ein (systematisch) kodifiziertes Konzernrecht besitzen. Das kroatische Konzernrecht ist im Gesetz über die Handelsgesellschaften (in weiterer Folge: kroHGG) unter dem Kapitel „Verbundene Unternehmen" normiert (Art 473–511). Dabei ist hervorzuheben, dass das Konzernrecht bereits in der Erstfassung des kroHGG, welches am 1.1.1995 in Kraft trat, enthalten war. Als Vorbild diente dabei das deutsche Konzernrecht (§ 291–327 dAktG), welches im Wesentlichen (siehe Punkt I.2.) wortgetreu übernommen wurde. Seit dem Inkrafttreten gab es keine wesentlichen Neuerungen des Konzernrechts; auch sind in absehbarer Zukunft keine Neuerungen zu erwarten.

Die Bedeutung des Konzernrechts in der Praxis und somit des gegenständlichen Themas ließe sich am besten anhand von verlässlichen Angaben darlegen, doch können diese bloß spekulativ gemacht werden. Festzuhalten ist, dass die konzernrechtlichen Bestimmungen seitens der unmittelbar und mittelbar beteiligten Akteure (verbundene Gesellschaften, deren Gesellschafter und Gläubiger sowie Gerichte und Juristen) anfangs zu kompliziert sowie deren gesetzliche Einführung unbegründet erschienen.[2] Dies führte in der Folge dazu, dass die durch die Bildung von Konzernen sowie die durch deren Existenz direkt betroffenen Personen (Gesellschafter und Gläubiger der abhängigen Gesellschaft) über ihre Rechte häufig nicht Bescheid wussten bzw es auch heute nicht tun; auch jene Personen, die an der Auslegung der relevanten konzernrechtlichen Vorschriften unterstützend und aufklärend mitwirken, sind sich hinsichtlich der Anwendung und Umsetzung der Vorschriften häufig nicht gänzlich im Klaren.[3] Dies trotz der Tatsache, dass das kroatische Schrifttum – erwartungsgemäß – vermehrt auf deutsche Lehrmeinungen und Rechtsprechung zurückgreift. Das Konzernrecht prägende Gerichtsentscheidungen blieben in Kroatien bis heute aus. Die angeführten, weiterhin bestehenden Unklarheiten sind letztlich auf die Schwierigkeiten der Rezeption fremdsprachigen Rechts zurückzuführen.[4] Eine Alternative zum kodifizierten (deutschen) Konzernrecht bestünde in der Fortentwicklung und Anpassung des allgemeinen Zivil-, Gesellschafts- und In-

---

1   Zu den anderen EU-Ländern gehören ua Deutschland, Italien, Portugal, Slowenien, Tschechien und Ungarn, vgl Forum Europeum Konzernrecht (*Doralt/Druey/Hommelhoff/Hopt/ Lutter/Wymeersch*), Konzernrecht für Europa, ZGR 1998, 672, 679; *Oelkers*, Der Nachteilsausgleich im italienischen Konzernrecht, Der Konzern 2007, 570; *Brus*, Das slowenische Konzernrecht und seine Herkunft aus dem deutschen Recht der verbundenen Unternehmen (1998).

2   Vgl *Petrovic*, The Legal Regulation of Company Groups in Croatia, in *Hopt/Jessel-Host/ Pistor* (Hrsg), Unternehmensgruppen in mittel- und osteuropäischen Ländern, 2002, 219 f.

3   Vgl *Petrovic*, Company Groups in Croatia 220.

4   Vgl Obradović, Die Gesellschafterstellung in der kroatischen GmbH – eine rechtsvergleichende Analyse aus Sicht des Minderheitenschutzes, Dissertation (Wien) 2012, 2 ff.

solvenzrechts unter Berücksichtigung der Besonderheiten einer Unternehmensgruppe.[5] Allerdings änderte die Unzufriedenheit der beteiligten Akteure letztlich nichts am Willen des kroatischen Gesetzgebers, an einer Kodifizierung des Konzernrechts nach deutschem Vorbild festzuhalten. Dies hängt einerseits mit der Rezeptionstradition sowie der allgemeinen Anlehnung des kroatischen Kapitalgesellschaftsrechts an das deutsche (zum Teil auch österreichische) Recht und andererseits mit der sozialistischen Vergangenheit und der im Rahmen des Reformationsprozesses womöglich bestehenden Neigung zur Aufstellung und damit gesetzlichen Verankerung von klaren Regeln und der damit einhergehenden Rechtsklarheit[6] zusammen.[7]

Doch unabhängig von der anfänglichen Inakzeptanz sowie der mangelnden praktischen Relevanz des kroatischen Konzernrechts kann davon ausgegangen werden, dass der im Jahre 2013 bevorstehende EU-Beitritt Kroatiens einerseits und die geografisch wirtschaftlich vorteilhafte Lage des Landes andererseits dem kroatischen Konzernrecht zu einer größeren Bedeutung verhelfen werden. Dies lässt sich vor allem damit begründen, dass ausländische Gesellschaften ab dem EU-Beitritt Kroatiens im Rahmen der Niederlassungsfreiheit verstärkt vom der uneingeschränkten Möglichkeit der Gründung von Tochtergesellschaften in Kroatien Gebrauch machen werden.[8] An dieser Stelle ist darauf hinzuweisen, dass de lege lata Gesellschaften, die ihren Sitz in einem Mitgliedsstaat der WTO haben, inländischen Gesellschaften gleichgestellt sind (Art 620 Abs 2 kroHGG), wobei mit dem EU-Beitritt und in Folge der Harmonisierung bzw endgültigen Anpassung des kroatischen Rechts an EU-Standards[9], ein vermehrtes Auftreten ausländischer Investoren zu erwarten ist. Die Verdichtung von Konzernen wird jedenfalls auf faktische Konzerne zutreffen; Vertragskonzerne hingegen dürften in Kroatien, mangels auf Unternehmensverträge abstellender Steuerbegünstigungen (vgl im Gegensatz zum kroatischen Recht § 14 dKStG), sofern (was jedoch naheliegt) dies das Hauptmotiv des Abschlusses eines Unternehmensvertrags ist, kaum praktische Relevanz erlangen.[10]

---

5   Forum Europeum Konzernrecht ZGR 1998, 680; *Kalss*, Alternativen zum deutschen Aktienkonzernrecht, ZHR 2007, 146, 153 ff.
6   Forum Europeum Konzernrecht ZGR 1998, 678, 681.
7   Vgl auch *Petrovic*, Company Groups in Croatia 221 mwN.
8   So auch schon die Begründung der praktischen Relevanz von Konzernen, in Forum Europeum Konzernrecht ZGR 1998, 675.
9   Zwar hat Kroatien die entsprechenden Anpassungen an EU-Standards bereits vorgenommen, doch sind viele Vorschriften mit einem vollständigen EU-Beitritt aufschiebend bedingt und somit noch nicht in Kraft getreten.
10 So setzt das deutsche KStG für das Vorliegen einer Organschaft und damit einer Steuerbegünstigung einen Unternehmensvertrag voraus. Das kroatische Recht enthält keine vergleichbare steuerrechtliche Regelung, was letzten Endes die praktische Bedeutung von Unternehmensverträgen schwinden lässt; vgl zur ähnlichen Situation in Österreich *Kalss*, Alternativen zum deutschen Aktienkonzernrecht, ZHR 2007, 151 mwN; *Kalss* in *Kalss/Nowotny/Schauer*, Österreichisches Gesellschaftsrecht (2008) 3/390 aE.

2. Zum Konzernrecht

Das kroatische Recht hat, in Anlehnung an das deutsche Aktiengesetzbuch, ein kodifiziertes Konzernrecht. Dieses wird in Kapitel 6 des zweiten Teiles des kroHGG unter der Überschrift „Verbundene Gesellschaften" geregelt. Nach Art 473 kroHGG sind verbundene Gesellschaften rechtlich selbständige Gesellschaften, die im Verhältnis zueinander

- mit Mehrheit beteiligte Gesellschaften,
- abhängige und herrschende Gesellschaften,
- Konzerngesellschaften,
- wechselseitig beteiligte Gesellschaften oder
- durch Unternehmensverträge verbundene Gesellschaften sind.

a) Konzernbegriff

Gemäß Art 476 kroHGG besteht ein Konzern dann, wenn eine herrschende und eine oder mehrere abhängige Gesellschaften unter der einheitlichen Leitung der herrschenden Gesellschaft zusammengefasst sind. In Abs 1 Satz 3 dieser Bestimmung wird die widerlegbare gesetzliche Vermutung aufgestellt, dass eine herrschende und eine abhängige Gesellschaft[11] einen Konzern bilden. Diese gesetzliche Vermutung eines Konzerns wird dadurch erweitert, indem (unwiderlegbar)[12] angenommen wird, dass Gesellschaften, zwischen denen ein Beherrschungsvertrag[13] abgeschlossen wurde, oder eingegliederte Gesellschaften unter einheitlicher Leitung stehen (Art 476 Abs 1 kroHGG). Auch wenn zwischen den selbständigen Gesellschaften keine Abhängigkeit besteht, diese aber unter einer einheitlichen Leitung zusammengefasst sind, bilden diese einen Konzern (Gleichordnungskonzern; Art 476 Abs 2 kroHGG). Somit kann fest-

---

11 Eine beherrschende Gesellschaft ist jene Gesellschaft, welche mittelbar oder unmittelbar einen entscheidenden Einfluss auf die abhängige Gesellschaft ausüben kann (Art 475 kroHGG). Es reicht allein die Möglichkeit der Einflussausübung. Dabei ist ein Einfluss auf die Geschäftsführung und Beschlussfassung gemeint. Dieser Einfluss kann sich zB aus einer Mehrheitsbeteiligung oder aus einem Beherrschungsvertrag ergeben. Art 475 Abs 2 kroHGG stellt die widerlegbare Vermutung auf, dass ein Abhängigkeitsverhältnis dann angenommen wird, wenn eine Gesellschaft an einer anderen Gesellschaft eine Mehrheitsbeteiligung hält. Werden die Stimmrechte der Mehrheitsgesellschaft ausgeschlossen oder eingeschränkt, dann muss die Abhängigkeitsvermutung widerlegt werden. Siehe dazu *Buljan* in *Gorenc/Ćesić/Buljan/Brkanić*, Komentar⁴ Art 475, 1182 ff; *Hüffer*, Aktiengesetz⁹ § 17 Rz 4 ff.

12 Unwiderlegbare Konzernvermutung, vgl *Petrovic*, Company Groups in Croatia 227.

13 Ein Beherrschungsvertrag ist ein Vertrag, durch den eine Kapitalgesellschaft die Leitung ihrer Gesellschaft einer anderen Gesellschaft (dies kann auch eine Personengesellschaft sein) unterstellt (Art 479 Abs 1 kroHGG). Der Beherrschungsvertrag stellt eine Art von Unternehmensverträgen dar, durch welche Gesellschaften miteinander verbunden sind. Wird ein Vertrag abgeschlossen, der die einheitliche Leitung zweier oder mehrerer Gesellschaften vorsieht, stehen aber die verbundenen Gesellschaften nicht in einem Abhängigkeitsverhältnis, dann liegt kein Beherrschungsvertrag vor (Art 479 Abs 2 kroHGG). In diesem Falle liegt aber dennoch ein Konzern gemäß Art 476 Abs 2 kroHGG (Gleichordnungskonzern) vor.

gehalten werden, dass die einheitliche (tatsächliche)[14] Leitung ein wesentliches konzernbegründendes Merkmal darstellt.

b) Konzernarten

Abhängig von der Einflussmöglichkeit der verbundenen Gesellschaften unterscheidet man zwischen:

- Unterordnungskonzern (Art 476 Abs 1 kroHGG): Die herrschende Gesellschaft beherrscht die abhängige Gesellschaft, wobei die beteiligten Gesellschaften weiterhin selbständig sind.
- Gleichordnungskonzern (Art 476 Abs 2 kroHGG): Hier sind die im Konzern verbundenen Gesellschaften einander gleichgestellt. Es besteht kein Abhängigkeitsverhältnis, jedoch eine „gemeinsame"[15] Leitung.

Abhängig von der Rechtsgrundlage der Gründung des Konzern unterscheidet das kroatische Recht zwischen:

- Vertragskonzern: Dies ist ein Konzern, der auf der Grundlage eines Beherrschungsvertrags entsteht.
- Eingliederungskonzern: Dies ist ein Konzern, der aufgrund einer Eingliederung von Gesellschaften entsteht (Art 476 Abs 1 Satz 2 kroHGG).
- Faktischer Konzern: Dieser liegt dann vor, wenn Gesellschaften unter einheitlicher Leitung zusammengefasst werden, die sich jedoch nicht aus einem Beherrschungsvertrag oder einer Eingliederung ergibt, so zB zwischen herrschenden und abhängigen Gesellschaften (Art 475 iVm Art 476 Abs 1 Satz 2 kroHGG). Dies ist idR bei einer Mehrheitsbeteiligung der Fall (siehe Art 475 Abs 2 kroHGG[16]).

Neben den Vorteilen, die sich für die verbundenen Gesellschaften aus der Konzernbildung ergeben, birgt diese auch Nachteile für Gesellschafter und Gläubiger der Gesellschaften in sich. Dies ist vor allem bei einem Konzern der Fall, dem ein Beherrschungs- oder Gewinnabführungsvertrag[17] zugrunde liegt. So führt ein Gewinnabführungsvertrag dazu, dass das Dividendenrecht der Ge-

---

14 Da nicht auf eine Kontrolle abgestellt wird, die eine bloß mögliche Leitungsmacht, die nicht ausgeübt wird, genügen lassen würde; so iE auch zum deutschen rezipierten Recht *Schall* in *Spindler/Stilz*, Aktiengesetz § 18 Rz 16; *Emmerich* in *Emmerich/Habersack*, Konzernrecht[6] § 18 Rz 14.

15 Im Falle eines Gleichordnungskonzerns spricht Art 476 Abs 2 kroHGG nicht von einheitlicher, sondern von gemeinsamer Leitung. Die gemeinsame Leitung ist jedoch im Ergebnis nichts anderes als eine einheitliche Leitung. Es handelt sich hierbei also nicht um ein unterschiedliches Kriterium, sondern bloß um eine terminologische Differenzierung.

16 Art 475 Abs 2 kroHGG lautet: „*Es wird vermutet, dass eine im Mehrheitsbesitz befindliche Gesellschaft von der Gesellschaft abhängig ist, die an ihr mit Mehrheit beteiligt ist*".

17 Ein Gewinnabführungsvertrag ist ein Vertrag, durch den sich eine Kapitalgesellschaft verpflichtet, ihren gesamten Gewinn an eine andere Gesellschaft abzuführen (Art 479 Abs 1 kroHGG). Ein solcher Vertrag allein begründet noch keinen Konzern, vgl *Hirschmann* in *Hölters*, Aktiengesetz § 18 Rz 5 mwN; *Hüffer*, Aktiengesetz[9] § 18 Rz 4.

sellschafter leerläuft, da sich der Bilanzgewinn aufgrund der Gewinnabführung an die herrschende Gesellschaft vermindert. Dasselbe gilt auch beim Bestehen eines Beherrschungsvertrags, da in diesem Falle die herrschende Gesellschaft ein Weisungsrecht der abhängigen Gesellschaft gegenüber hat und somit ebenfalls Einfluss auf die Verwendung des Gewinns nehmen kann. Um diese Verluste zu kompensieren, sieht das kroHGG Ausgleichszahlungen und Abfindungen an die betroffenen Gesellschafter vor. Das kroHGG spricht in diesem Fall von „außenstehenden Aktionären". Da das kroatische Konzernrecht sowohl auf die AG als auch auf die GmbH Anwendung findet, ist diese gesetzliche Formulierung etwas missglückt. Daher ist besser, von „außenstehenden Gesellschaftern" zu sprechen. Damit sind die Gesellschafter der abhängigen Gesellschaft gemeint, mit Ausnahme jener, die zugleich Gesellschafter der herrschenden Gesellschaft (dem anderen Vertragsteil) sind, sowie jener Gesellschafter, die aufgrund rechtlich oder wirtschaftlich fundierter Verknüpfungen mit der herrschenden Gesellschaft aufgrund des Vertrags mittelbar und unmittelbar in ähnlicher Weise profitieren wie diese Gesellschaft selbst (Art 478a kroHGG). Als Gesellschafter der abhängigen Gesellschaft gelten auch jene, die ihre Anteile erst nach Abschluss des Unternehmensvertrags erworben haben.[18]

3. Anwendungsbereich

Zwar wurde das kroatische Konzernrecht des kroHGG stark vom deutschen Konzernrecht des dAktG beeinflusst, doch weisen die kroatischen konzernrechtlichen Bestimmungen einige Besonderheiten auf, die sie vom deutschen Pendant unterscheiden. So spricht das kroatische Recht der verbundenen Gesellschaften von „Gesellschaften" als solchen, das deutsche Recht hingegen von „Unternehmen" (vgl § 15 dAktG), wobei auch der deutsche „Unternehmensbegriff" als „Rechtsträger" und nicht als Unternehmen im eigentlichen Sinne verstanden wird[19]. Mit Rechtsträger sind vor allem Gesellschaften als Träger eines Unternehmens gemeint.[20] Letztlich ist die Unterscheidung auch aus dem Grund marginal, da durch den Verbund von Gesellschaften, von denen jede ein Unternehmensträger ist, zwangsläufig auch deren Unternehmen verbunden werden.[21] Mit „Gesellschaften" meint das Gesetz solche im Sinne des Art 2 kroHGG. Demnach sind (Handels-) Gesellschaften juristische Personen, deren Gründung und Organisation durch das kroHGG geregelt ist. Dazu gehören die offene Handelsgesellschaft, die Kommanditgesellschaft, die Aktiengesellschaft und die

---

18 So die hL in Deutschland *Hüffer*, Aktiengesetz[9] § 304 Rz 2; *Deilmann* in *Hölters*, Aktiengesetz § 304 Rz 13 mwN; *Veil* in *Spindler/Stilz*, Aktiengesetz § 304 Rz 29 mwN.

19 Vgl *K. Schmidt*, Gesellschaftsrecht[4] (2002) § 17 I 489 aE, § 31 II 936; *Bayer* in Münchener Kommentar zum Aktiengesetz[3] (2008) § 15 Rz 9; *Hirschmann* in *Hölters*, Kommentar zum Aktiengesetz (2011) § 15 Rz 4 mit jeweils wN.

20 *K. Schmidt*, GesR[4] § 17 I 490, 494, § 31 II 936.

21 *Barbić*, Koncern i društava koncerna, Pravo u gospodarstvu 4/2007, 57, 59 mwN; *Barbić*, Pravo društava II, Opći dio[3] (2008), 635.

Gesellschaft mit beschränkter Haftung. Die öffentliche Hand (Republik Kroatien, Städte und Gemeinden) gehört genauso wenig dazu wie Einzelunternehmer. Dies ist nicht unbeachtlich, zumal sich viele Beteiligungen an Gesellschaften in öffentlicher Hand (vor allem der Agentur zur Verwaltung des staatlichen Vermögens[22]) befinden. Ob dieser am reinen Gesetzeswortlaut angesetzten Auslegung zu folgen ist, erscheint fraglich. So leuchtet es nicht ein, die öffentliche Hand, sofern sie eine Beteiligung an einem privaten Unternehmen hält, anders zu behandeln als private Gesellschaften. Denn auch im Falle der Beteiligung der öffentlichen Hand sind die Gläubiger und Aktionäre der abhängigen Gesellschaft, deren Schutz Hauptzweck des Konzernrechts ist[23], schutzbedürftig, sodass auch Beteiligungen der öffentlichen Hand als vom Konzernrecht erfasst anzusehen sind.[24] Konsequenterweise muss dies dann auch für Einzelunternehmen gelten. Denn Zweck des (deutschen und damit auch kroatischen) Konzernrechts ist es, Konzerngefahren bzw Konzernkonflikte, die durch die Verfolgung von eigenen Interessen durch die herrschende Gesellschaft entstehen können, zu verhindern bzw den davon betroffenen Personen einen entsprechenden Schutz zu gewähren.[25] Somit setzt der Anwendungsbereich des Konzernrechts nach deutschem Verständnis eine bestimmte Gefahrensituation voraus. Die deutsche Lehre und Rspr verneint jedoch eine Anwendung des Konzernrechts auf (nicht unternehmerisch tätige) Privatgesellschafter; dies ergebe sich aus der teleologischen (zweckorientierten) Anwendung des Unternehmensbegriffs.[26] Denn die Konzerngefahr, die von der Verfolgung eigener unternehmerischer Interessen durch den beteiligten Gesellschafter (Unternehmensgesellschafter) ausgeht, besteht bei einem Privatgesellschafter nicht, da von diesem die typischen Gefahren eines Konzerns eben nicht ausgehen;[27] Eigeninteressen eines nicht unternehmerisch agierenden Mehrheitsgesellschafters sollen mit Hilfe der

---

22 Agencija za upravljanje državnom imovinom (AUDIO).

23 *Jurić*, Odgovornost vladajućeg društva za obaveze ovisnog društva u Hrvatskom i sporednom pravu, Zbornik pravnog fakulteta sveučilišta u Rijeci 2002, 507, 516; *Petrovic*, Company Groups in Croatia 225; *Barbić*, Koncern, Pravo u gospodarstvu 4/2007, 61 mit Verweis auf das deutsche Schrifttum; Forum Europeum Konzernrecht ZGR 1998, 678 mwN.

24 Vgl *Petrovic*, Company Groups in Croatia 225; siehe auch Forum Europeum Konzernrecht ZGR 1998, 688 mwN; so auch die hM in Deutschland, vgl *Emmerich* in *Emmerich/Habersack*, Aktien- und GmbH-Konzernrecht[6] (2010) § 15 Rz 27 ff; *Bayer* in MünchKomm AktG[3] § 15 Rz 42; *Hüffer*, Kommentar zum Aktiengesetz[9] (2010) § 15 Rz 13 mit jeweils wN.

25 *Barbić*, Koncern, Pravo u gospodarstvu 4/2007, 61 mit Verweis auf das deutsche Schrifttum; zur hM in Deutschland siehe *Bayer* in MünchKomm AktG[3] § 15 Rz 7; *Emmerich* in *Emmerich/Habersack*, Konzernrecht[6] § 15 Rz 6; *Hirschmann* in *Hölters*, AktG § 15 Rz 3; *Hüffer*, AktG[9] § 15 Rz 3 mit jeweils wN.

26 Vgl *K. Schmidt*, GesR[4] § 31 I 936; *Hirschmann* in *Hölters*, AktG § 15 Rz 4; *Bayer* in MünchKomm AktG[3] § 15 Rz 10; *Emmerich* in *Emmerich/Habersack*, Konzernrecht[6] § 15 Rz 9 mit jeweils wN; BGHZ 69, 334, 337 f. = NJW 1978, 104 = AG 1978, 50 „VEBA/Gelsenberg"; BGHZ 74, 359, 364 f. = NJW 1979, 2401 = AG 1980, 50 „WAZ"; BGHZ 95, 330, 337 = NJW 1986, 188 = AG 1986, 15 „Autokran"; BGHZ 135, 107, 113 = NJW 1997, 1855, 1856 = AG 1997, 374 „VW".

27 Vgl hM *K. Schmidt*, GesR[4] § 31 I 936 f; *Bayer* in MünchKomm AktG[3] § 15 Rz 7, 14; *Emmerich* in *Emmerich/Habersack*, Konzernrecht[6] § 15 Rz 6 ff, 9a mit jeweils wN.

Treuepflicht hintangehalten werden.[28] Diesem zweckorientierten Gedanken folgend, muss auch für das kroatische Konzernrecht gelten[29], dass auch Einzelunternehmer – die vom deutschen Konzernrecht unzweifelhaft erfasst sind[30] – in den Anwendungsbereich des Konzernrechts fallen. Denn lässt man zu Recht eine teleologische Extension des „Gesellschaftsbegriffs" hinsichtlich der öffentlichen Hand zu, muss man dies konsequenterweise auch hinsichtlich von Einzelunternehmern tun.

Ein zweiter, diesmal jedoch wesentlicher Unterschied zum deutschen Aktienrecht besteht darin, dass das kroatische Konzernrecht generelle Anwendung auf alle Handelsgesellschaften findet; lediglich bei Abschluss eines Beherrschungs- oder Gewinnabführungsvertrags wird der Anwendungsbereich insoweit eingegrenzt, als abhängige Gesellschafter nur in Form von Kapitalgesellschaften (AG, GmbH) auftreten können (vgl Art 479 kroHGG). Anders hingegen die deutschen Vorbildnormen, die allein schon aufgrund der Tatsache, dass das Konzernrecht im Aktiengesetz normiert ist, auf Aktiengesellschaften zugeschnitten sind; davon ausgenommen sind ua § 15 (verbundene Unternehmen) sowie §§ 291, 311–318 dAktG, sofern die abhängige Gesellschaft eine AG ist.[31]

4. Anwendbarkeit des kroatischen Konzernrechts bei grenzüberschreitenden Konzernen

Im gegenständlichen Zusammenhang ist die Frage von besonderer Bedeutung, ob und inwieweit das kroatische Konzernrecht auch auf grenzüberschreitende Unternehmensgruppen anwendbar ist. Hierbei sind zwei Konstellationen denkbar: a) die abhängige Tochter ist eine kroatische Gesellschaft, die von einer ausländischen Gesellschaft beherrscht wird, und b) die herrschende Gesellschaft ist eine kroatische Gesellschaft, die Herrschaftsmacht über eine ausländische Gesellschaft innehat. Stellungnahmen zu dieser Frage sind in Kroatien kaum vorhanden.[32] Die Beurteilung der Frage hängt davon ab, ob es sich um einen faktischen oder einen Vertragskonzern handelt.

Ausländische Gesellschaften iSd des kroHGG sind jene Gesellschaften, die außerhalb der Republik Kroatien nach dem Recht des Staates wirksam gegründet worden sind, in dem sie ihren Registersitz haben (Gründungstheorie, Art 611 Abs 1 kroHGG).[33] Die Norm spricht sowohl vom Gründungsstaat als auch vom

---

28 *K. Schmidt*, GesR⁴ § 31 I 937; *Bayer* in MünchKomm AktG³ § 15 Rz 14.

29 Siehe *Barbić*, Koncern, Pravo u gospodarstvu 4/2007, 61, der den Anwendungsbereich des kroatischen Konzernrechts ebenfalls zweckorientiert bestimmt.

30 HM *Bayer* in MünchKomm AktG³ § 15 Rz 7, 16; *Emmerich* in *Emmerich/Habersack*, Konzernrecht⁶ § 15 Rz 5, 11 mit jeweils wN.

31 Zum GmbH-Konzern in Deutschland siehe *Habersack* in *Emmerich/Habersack*, Konzernrecht⁶ Anh § 318 Rz 1 ff.

32 *Petrovic* erkennt zwar die Problematik, lässt das Thema jedoch für Diskussionen offen, *Petrovic*, Company Groups in Croatia 225 aE; siehe auch *Barbić*, Koncern, Pravo u gospodarstvu 4/2007, 80.

33 Vgl *Petrovic*, Company Groups in Croatia 228 (FN 26).

Registersitz (Satzungssitz), wobei mit Registersitz (Satzungssitz) ohnehin der Gründungsstaat gemeint sein muss. Denn idR werden der Registersitz und die Gründung im selben Staat sein, da der Gründungsstaat eine Verlagerung des Registersitzes (Satzungssitzes) ins Ausland nicht zulassen wird (kein EU-MS lässt dies zZ zu); anderes gilt freilich bei der SE[34]. Dies erscheint aus der Sicht des EU-Rechts bzw der Niederlassungsfreiheit für den Fall einer „bloßen" identitätswahrenden[35] Sitzverlegung unproblematisch; strebt die Gesellschaft hingegen die Verlegung ihres Satzungssitzes durch eine identitätswahrede rechtsformwechselnde Umwandlung an, stellt die Verweigerung dieses Vorgangs (vorbehaltlich einer Rechtfertigung aus zwingenden Gründen des Allgemeininteresses) durch den Wegzugsstaat einen Verstoß gegen die Niederlassungsfreiheit dar; der Wegzugsstaat hat diesfalls die dem Zuzugsstaat entsprechende rechtsformwechselnde Umwandlung zuzulassen, wenn der Zuzugsstaat eine solche zulässt.[36] Zur Zeit ist ein Verfahren beim EuGH anhängig, in dem es um die Frage der Zulässigkeit einer grenzüberschreitenden Satzungssitzverlegung unter Satzungs- und Rechtformwechsel geht („Vale", C-378/10). Dass nach der aktuellen Rechtsprechung des EuGH eine Satzungssitzverlegung nicht generell durch den Wegzugs- und den Zuzugsstaat verhindert werden darf, wurde bei der Regelung des Art 611 Abs 1 kroHGG selbstverständlich nicht berücksichtigt, zumal die Vorschrift aus einer Zeit stammt, in der Kroatien nicht zur Durchsetzung der Niederlassungsfreiheit verpflichtet war. Doch auch die gegenwärtige Verpflichtung Kroatiens, die europäischen Grundfreiheiten zu gewährleisten, lässt die Vorschrift des Art 611 Abs 1 kroHGG nicht problematisch erscheinen. Denn für den Fall, dass eine Gesellschaft ihren Satzungssitz zulässigerweise ins Ausland verlegt, ist der Zuzugsstaat, nach dessen Recht sich die zuziehende Gesellschaft (im Wege der Umwandlung) organisiert, Gründungsstaat;[37] der Wegzugsstaat, nach dessen Recht die sitzverlegende Gesellschaft ursprünglich

---

34 Vgl *Wenz* in *Theisen/Wenz*, Die Europäische Aktiengesellschaft (2002) 207; *Kalss* in *Kalss/Hügel*, SE-Kommentar (2004) § 5 Rz 14; Vor § 6 SEG Rz 5.

35 Identitätswahrend meint hier, dass die Gesellschaft ihren Sitz verlegt, ohne dass sie im Wegzugsstaat gelöscht und abgewickelt und im Zuzugsstaat neu gegründet werden muss. Das Gesellschaftsvermögen sowie vertragliche Beziehungen der Gesellschaft zu Dritten bleiben dadurch unberührt, der Rechtsträger bleibt gleich, während sich dessen Rechsform ändert, vgl *Eckert* in *Kalss*, V/S/U², EuVerschG Vor § 1 Rz 51 mwN; *Kropholler*, Internationales Privatrecht⁴ (2006) 572; *Told* in *Straube* zum UGB⁵ § 8 Rz 74.

36 EuGH 16.12.2008, C-210/06 (Cartesio), Rn 111 ff; siehe dazu *Zimmer/Naendrup*, Das Cartesio-Urteil des EuGH: Rück- oder Fortschritt für das internationale Gesellschaftsrecht?, NJW 2008, 547 f; *Eckert* in *Kalss*, V/S/U², EuVerschG Vor § 1 Rz 53 mwN; *Eckert*, Internationales Gesellschaftsrecht (2011) 62 ff, 559 ff; *Ruiner*, Fortentwicklung des EuGH-Urteils in der Rs. Cartesio durch die Schlussanträge des GA Jääskinen in der Rs. Vale Építési kft, IStR 2012, 257 ff.

37 So auch *Leible* in *Michalski*, GmbHG², Internationales Gesellschaftsrecht Rz 7 mwN; *Behrens*, Anerkennung, internationale Sitzverlegung und grenzüberschreitende Umstrukturierung von Gesellschaften nach dem Centros-Urteil des EuGH, JBl 2001, 341 ff; *Behrens*, Die Gesellschaft mit beschränkter Haftung im internationalen und europäischen Recht² (1997), IRP Rz 62; *Bungert*, Rechtliche Auswirkungen der „domestication" einer deutsche GmbH in den USA nach deutschem Gesellschaftsrecht, RiW 1999, 112 mwN; aA offenbar *Spahlinger* in *Spahlinger/Wegen/Spahlinger*, Internationales Gesellschaftsrecht (2005) Rz 95.

gegründet wurde (Inkorporationstheorie)[38], bleibt – vor allem aus kollisions-rechtlicher Sicht – außer Betracht, denn maßgeblich für die Gründungstheorie ist jenes Recht, nach dessen Vorschriften die Gesellschaft organisiert ist und deren Rechtsform bestimmt ist.[39] Schließlich ist es Sinn und Zweck der Satzungssitzverlegung ins Ausland, die Gesellschaft einer für ihren Geschäftszweck besser entsprechenden Rechtsordnung zu unterwerfen, womit jedenfalls – aus der Sicht der Gründungstheorie – ein Statutenwechsel verbunden ist. Somit erscheint die kroatische Regelung fraglich, da sie zumindest andeutet, dass Gründungsstaat und Satzungssitzstaat unterschiedliche Anknüpfungspunkte sein können. Gelangt jedoch die Niederlassungsfreiheit nicht zur Anwendung (Gesellschaften mit Sitz in Drittstaaten), so bereitet Art 611 Abs 1 kroHGG keine Anwendungsschwierigkeiten, da es idR zu keiner Trennung von Satzungssitzstaat und Gründungsstaat kommen wird.

Grundsätzlich kann nach den allgemeinen kollisionsrechtlichen Regelungen davon ausgegangen werden – da die Muttergesellschaft Gesellschafterin der Tochter ist –, dass verbandsrechtliche Fragen ausschließlich nach dem Recht der Tochter zu beurteilen sind.[40] Dies hat zur Folge, dass das kroatische Konzernrecht im Falle eines **faktischen Konzerns** auch auf die ausländische Mutter anwendbar ist; dies jedoch nur insoweit, als es um den Schutz der (kroatischen) abhängigen Gesellschaft sowie deren Gesellschafter und Gläubiger geht.[41]

Anders wird die Rechtslage dann zu beurteilen sein, wenn ein **Vertragskonzern** vorliegt. Hier stellen sich zwei Fragen: einerseits die Frage nach dem maßgeblichen, auf das Konzernverhältnis anwendbaren Recht, anderseits die Frage, nach welchem Recht die Zulässigkeit des Abschlusses eines Unternehmensvertrags zu beurteilen ist. Auch hier gilt, dass das kroatische Vertragskonzernrecht nur dann anzuwenden ist, wenn die abhängige Gesellschaft eine kroatische Gesellschaft ist (Schutzzweck des [kroatischen] Konzernrechts).[42] Nach diesem Recht (dh nach dem Recht der abhängigen Gesellschaft) bestimmt sich auch die aus der Sicht der Zulässigkeit eines Unternehmensvertrags zwischen einer

---

38 Vgl *Eidenmüller/Eidenmüller* , Ausländische Kapitalgesellschaften im deutschen Recht (2004) § 1 Rz 3.

39 *Mäsch* in *Bamberg/Roth*, Beck'scher Online-Kommentar, EGBGB Art 12 57b mwN; etwas ungenau *Barbić*, Pravo Društava⁵ II, Dioničko društvo (2010) 378, der die Gründungstheorie etwas ungenau an den Gründungsstaat und den dortigen Satzungssitz anknüpft. Er (*Barbić)* verwendet als Synonym für die Gründungstheorie den Begriff „Inkorporationstheorie"; geht man jedoch davon aus, dass die Inkorporationstheorie an den ursprünglichen Gründungsstaat anknüpft (so *Eidenmüller/Eidenmüller*, AusKapG § 1 Rz 3 mwN), so führt die Satzungssitzverlegung nicht zu einem Statutenwechsel. Dies ist den Ausführungen *Barbić*s nicht zu entnehmen, da er –wie auch der überwiegende Teil im Schrifttum – bloß von einem Synonym für die Gründungstheorie ausgeht.

40 HM in Deutschland *Altmeppen* in MünchKomm AktG³ Einl § 291 Rz 38, 40 mwN; *Veil* in *Spindler/Stilz*, Kommentar zum Aktiengesetz² (2010) Vor § 291 Rz 45 mwN.

41 Vgl *Barbić*, Koncern, Pravo u gospodarstvu 4/2007, 80; zum deutschen Pendant *Veil* in *Spindler/Stilz*, AktG² Vor § 291 Rz 45 mwN; *Habersack* in *Emmerich/Habersack*, Konzernrecht⁶ § 311 Rz 21 mwN.

42 Vgl zum deutschen Recht *Habersack* in *Emmerich/Habersack*, Konzernrecht⁶ § 291 Rz 35 mwN; *Veil* in *Spindler/Stilz*, AktG² Vor § 291 Rz 48 mwN.

abhängigen kroatischen und einer herrschenden ausländischen Gesellschaft.[43] Die Zulässigkeit sowie die Voraussetzungen des Abschlusses des Unternehmensvertrags durch die herrschende ausländische Gesellschaft richten sich allerdings nach ihrem eigenen Recht (siehe Art 17 kroIPRG[44], wonach sich die Zugehörigkeit einer juristischen Person nach ihrem Gründungsstaat richtet).[45] Art 481 Abs 2 kroHGG, wonach der Abschluss des Unternehmensvertrags der Zustimmung des anderen Vertragsteils (der herrschenden Gesellschaft) bedarf, ist somit auf die ausländische herrschende Gesellschaft nicht anwendbar, diese Norm ist ausschließlich auf inländische Gesellschaften beschränkt.

5. Rechtsquellen

Neben dem kroHGG sind für das Konzernrecht weitere Rechtsquellen von besonderer Relevanz. So sehen zB das Gesetzes über Kreditinstitute[46] oder das VersicherungsG[47] – neben der Definition des kroHGG – eine eigene Definition verbundener Unternehmen vor (vgl § 24 des Gesetzes über Kreditinstitute, § 10 VersicherungsG).[48] Diese Definitionen sind jedoch nur für die Anwendbarkeit dieser Sondergesetze, nicht jedoch für jene des kroHGG von Relevanz. Weiters ist das Gesetz über die Rechnungslegung[49] von Bedeutung, welches die konsolidierten Jahresfinanzberichte[50] zum Gegenstand hat (vgl Art 16 ff RechnungslegungsG). Wesentlicher, wenn auch nur mittelbarer Konzerneingangsschutz kommt dem kroatischen Übernahmerecht, geregelt im Gesetz über die Übernahme von Aktiengesellschaften[51] (in der Folge: kroÜbernahmeG), zu, welches ausschließlich auf Aktiengesellschaften Anwendung findet. Dieses knüpft an den Erwerb einer bestimmten Anteilshöhe (25 %) ein verpflichtendes öffentliches Übernahmeangebot an die Aktionäre der Zielgesellschaft. Zu guter Letzt darf auch die Bedeutung des Gesetzes über den Schutz des Wettbewerbs[52] (in der Folge: kroWettbewerbsG) und in diesem Zusammenhang vor allem die Zusammenschlusskontrolle (vgl Art 18 kroWettbewerbsG) nicht außer Acht gelassen werden.

---

43 Vgl Forum Europeum Konzernrecht ZGR 1998, 751; *Veil* in *Spindler/Stilz*, AktG[2] Vor § 291 Rz 50.
44 Zakon o riješavanju sukoba s propisima drugih zemalja u određenim pitanjima NN 53/1991, 88/2001.
45 So auch zum deutschen Recht *Altmeppen* in MünchKomm AktG[3] § 293 Rz 118; *Veil* in *Spindler/Stilz*, AktG[2] Vor § 291 Rz 47 mwN.
46 Zakon o kreditnim institucijama, NN 117/2008, 74/2009, 153/2009.
47 Zakon o osiguranju, NN 151/2005, 87/2008, 82/2009.
48 Siehe dazu Barbić, Koncern, Pravo u gospodarstvu 4/2007, 63 f.
49 Zakon o računovodstvu, NN 109/2007, 144/2012.
50 Die Umsetzung der siebten Richtlinie 83/349/EWG des Rates vom 13. Juni 1983 aufgrund von Artikel 54 Absatz 3 Buchstabe g) des Vertrages über den konsolidierten Abschluss, ABl L 193 vom 18. Juli 1983 ist in Kroatien somit bereits erfolgt.
51 Zakon o preuzimanju dioničkih društava NN 109/2007, 36/2009.
52 Zakon o zaštiti tržišnog natjacanja

II. Gesellschaftsrecht

1. Grundsatz der Vermögens- und Haftungstrennung zwischen der Kapitalgesellschaft und den Gesellschaftern

a) Allgemeines

Das kroatische Kapitalgesellschaftsrecht ist durch die beschränkte Haftung ihrer Mitglieder gekennzeichnet. So ist in Art 10 Abs 2 kroHGG normiert, dass die Gesellschafter einer GmbH (vgl auch Art 385 Abs 2 kroHGG) oder einer AG (vgl auch Art 159 Abs 3 kroHGG) nicht für die Verbindlichkeiten der Gesellschaft haften, sofern im kroHGG nichts Abweichendes bestimmt ist. So sind vom Grundsatz der beschränkten Haftung im kroHGG folgende Ausnahmen ausdrücklich normiert: Haftung für Verbindlichkeiten der Vorgründungsgesellschaft vor Eintragung des Gesellschaft in das Gerichtsregister (Art 6 Abs 2 kroHGG), Missbrauch der Haftungsbeschränkung (sog. Durchgriffshaftung; Art 10 Abs 3 kroHGG), Haftung der Hauptgesellschaft im Falle der Eingliederung (Art 506 kroHGG). In diesem Zusammenhang ist die Haftung der Muttergesellschaft im faktischen Konzern zu nennen (Art 501 kroHGG), bei der jedoch die Gläubiger der abhängigen Gesellschaft keinen eigenen, sondern einen von der abhängigen Gesellschaft abgeleiteten Anspruch geltend machen. Dem GmbH-Recht ist bis auf die Eingliederungsvorschriften, die auch für die GmbH gelten, keine unmittelbare Haftungsbestimmung der Gesellschafter gegenüber Gesellschaftsgläubigern bekannt.

Ihre Legitimation findet die beschränkte Haftung bei der Kapitalgesellschaft in der Schaffung von Anreizen zur Gründung von Unternehmen, indem das Risiko der Gesellschafter lediglich im Verlust ihrer Investition (Einlage), nicht jedoch in der persönlichen Haftung liegt. Der Verlagerung des wirtschaftlichen Risikos[53] auf die Gesellschaftsgläubiger wird durch einen gesetzlich fixierten Mindestkapitalbedarf der Gesellschaft entgegengewirkt („*Privatisierung der Gewinne und Sozialisierung der Verluste*"[54]).[55] Ungeachtet der beschränkten Haftung der Gesellschafter, sind sie weiterhin am Gewinn der Gesellschaft beteiligt; je nach Gesellschaftsform können sie auf die Geschicke der Gesellschaft mehr oder weniger Einfluss ausüben.

b) Ausnahmen vom Grundsatz der Haftungstrennung (Allgemeine Bemerkungen, Stand der Lehre, Dogmatische Begründung)

Die beschränkte Haftung der Gesellschaft ist ein Grundsatz, von dem das Gesetz in bestimmten Fällen Ausnahmen vorsieht. Einen wichtigen Ausnahmefall stellt die **Durchgriffshaftung**, also die Haftung der Gesellschafter für Verbindlichkeiten der Gesellschaft dar. Im Gegensatz zum rezipierten deutschen

---

53 Vgl *Barbić*, Opći dio³ 297.
54 *Drygala/Staake/Szalai*, Kapitalgesellschaftsrecht: Mit Grundzügen des Konzern- und Umwandlungsrechts (2012) 8.
55 *Barbić*, Opći dio³ 298.

Recht – sowie demselben Rechtskreis zuzuordnenden Rechtsordnungen – ist die Durchgriffshaftung in Kroatien ausdrücklich normiert. So sieht Art 10 Abs 3 kroHGG vor, dass derjenige, der den Umstand missbraucht, als Gesellschafter nicht für Verbindlichkeiten der Gesellschaft zu haften, sich nicht auf die Haftungsbeschränkung berufen kann.[56] Weiters führt das Gesetz in Art 10 Abs 4 kroHGG demonstrativ Fälle an, wann die Voraussetzungen der Haftung nach Abs 3 als erfüllt anzusehen sind:

a) wenn der Gesellschafter die Gesellschaft nutzt, um ein Ziel zu erreichen, welches ihm sonst verboten ist,

b) wenn der Gesellschafter die Gesellschaft nutzt, um Gläubiger zu schädigen,

c) wenn der Gesellschafter entgegen dem Gesetz das Gesellschaftsvermögen so verwaltet, als wäre es sein Vermögen,

d) wenn der Gesellschafter zu seinen oder zu Gunsten eines Dritten das Vermögen der Gesellschaft schmälert, obwohl er wusste oder wissen musste, dass die Gesellschaft ihre Verbindlichkeiten nicht erfüllen wird können.

Rechtsfolge des Missbrauchs ist, dass die Gesellschafter so haften, als wären sie an einer Personengesellschaft beteiligt, dh unbeschränkt, persönlich, unmittelbar, primär und solidarisch; sie haften für eine fremde Schuld.[57] *Babrić* betont darüber hinaus – mE überflüssig –, dass es sich hier um eine Art primäre Bürgschaftshaftung handle, wobei jedoch die meisten Vorschriften des kroSchuldRG, die die Bürgschaft regeln, nicht zur Anwendung kommen; demzufolge sei die Haftung der Gesellschafter auch akzessorisch.[58]

ba) Dogmatische Begründung

Die dogmatische Einordnung der Durchgriffshaftung bereitet Schwierigkeiten, zumal in Kroatien – wie auch in Deutschland – diesbezüglich keine Einigkeit besteht. Zwar werden auch in Kroatien alle aus dem deutschen Recht stammenden Lehren (subjektive und objektive Missbrauchslehre, Normzwecklehre, Mischtheorie)[59] diskutiert,[60] doch kann keine Feststellung dahingehend getroffen werden, dass einer bestimmten Lehre ausdrücklich gefolgt wird. Nach dem Gesetzeswortlaut stellt die kroatische Durchgriffshaftung eine Art Missbrauchslehre nach deutschem Verständnis[61] dar, geht es doch auch im kroatischen Recht

---

56 So auch in Deutschland *Hueck/Fastrich* in *Baumbach/Hueck*, GmbHG[19] § 13 Rz 44 (FN 165); *Verse* in *Hanssler/Strohn*, GesR GmbHG § 13 Rz 36; *Sudhoff*, Unternehmensnachfolge[5] (2005) § 45 GmbH Rz 119.

57 *Barbić,* Dioničko društvo[5] 26.

58 *Barbić,* Dioničko društvo[5] 27 mwN.

59 All diese Lehren zusammenfassend siehe *K. Schmidt*, GesR[4] § 9 II 221 ff; *Michalski/Funke* in *Michalski*, Kommentar zum GmbHG[2] (2010) § 13 Rz 341 ff; *Heider* in Münchener Kommentar AktG[33] § 1 Rz 46 ff; *Verse* in *Hanssler/Strohn*, Gesellschaftsrecht (2011) GmbHG § 13 Rz 36.

60 Vgl *Barbić*, Opći dio[3] 292; *Kos*, Odgovornost članova, Pravo i porezi 2000, 22; *Lazarušić*, Proboj pravne osobnosti, RRiF 8/2010, 130.

61 Ebenso offenbar am Missbrauch festhaltend *Lutter/Trötlitsch* in *Lutter*, Holding Handbuch[4] (2004) § 7 Rz 61; *Hueck/Fastrich* in *Baumbach/Hueck*, GmbHG[19] § 13 Rz 44 (FN 165).

um den Missbrauch der Haftungsbeschränkung[62] (in Deutschland: „Missbrauch der juristischen Person"); das Festhalten an einer anderen (deutschen) Lehre wäre *contra legem*. So verlangt Art 10 Abs 3 kroHGG einen *„ Missbrauch des Umstandes der Haftungsbeschränkung "*. Von der kroatischen Lehre wird übereinstimmend vertreten, dass es sich hierbei um eine Form des Rechtsmissbrauchs iSd Art 6 kroSchuldRG[63] handelt.[64] Der in Art 6 kroSchuldRG normierte Rechtsmissbrauch ist ein institutioneller Rechtsmissbrauch, also die Ausübung eines Rechts entgegen dem gesetzlichen Zweck.[65] Somit lässt sich die Durchgriffshaftung in Kroatien mit einer teleologischen Reduktion des Haftungsbeschränkungstatbestandes begründen[66]; dies ist vor allem dann von Bedeutung, wenn nicht die Haftungsbeschränkung, sondern die Gesellschaft als juristische Person missbraucht wird. Doch welchen Zweck hat die Haftungsbeschränkung? Sie hat den Zweck, in Form einer Gesellschaft am Geschäftsverkehr teilnehmen zu können, ohne für die Verbindlichkeiten der Gesellschaft zu haften, wobei die Interessen der Gesellschaftsgläubiger durch die Aufbringung eines Mindestkapitals berücksichtigt werden; für die Verbindlichkeiten der Gesellschaft haftet nach dem gesetzlichen Zweck ausschließlich die Gesellschaft, die Gläubiger tragen das wirtschaftliche Risiko eines Misserfolgs[67] der Gesellschaft. Dadurch wird ein Ausgleich zwischen den Interessen der Gesellschafter an einem Schutz des Privateigentums sowie der Gesellschaftsgläubiger an einem Haftungsfonds geschaffen.[68]

Wird dieser Umstand missbraucht, so kann sich der Gesellschafter nicht auf die Haftungsbeschränkung berufen. Der Missbrauch kann grundsätzlich sowohl subjektiver als auch objektiver Natur sein.[69] Subjektiver Missbrauch läge nach kroatischer Literaturmeinung dann vor, wenn der Gesellschafter die Gesellschaft mit der Absicht nutzt, ein bestimmtes Ziel zu erreichen, welches er sonst nicht erreichen könnte oder welches ihm sonst verboten ist.[70] Objektiver Missbrauch läge hingegen dann vor, wenn die Gesellschaft entgegen ihrem Zweck zur Verfolgung eigener (nicht verbotener) Ziele und somit entgegen ihrem Zweck ver-

---

62 So auch zum deutschen Recht *Westermann* in *Scholz*, GmbHG⁹ Einl Rz 148; *Lutter/Trölitzsch* in *Lutter*, Holding Handbuch⁴ § 7 Rz 61.

63 Zakon o obveznim odnosima NN 25/2005, 41/2008, 125/2011.

64 Vgl *Barbić,* Opći dio³ 301; *Barbić,* Odgovornost članova, RRiF 2009, 144; *Jelinić*, O proboju pravne osobnosti, PuG 2/2009, 572; *Kos*, Odgovornost članova, Pravo i porezi 2000, 23, 25 f.

65 So auch *Kos*, Odgovornost članova, Pravo i porezi 2000, 23, 25, der auch auf die entsprechende Auffassung von *Loze* verweist; *Klarić/Vedriš*, Građansko pravo¹² (2009), 234; vgl zum institutionellen Rechtsmissbrauch bei der Durchgriffshaftung *Nirk*, Zur Rechtsfolgenseite der Durchgriffshaftung, in FS Walter Stimpel (1985), 454.

66 So auch zum österreichischen Recht *Torggler*, In Fünf (Anti-)Thesen zum Haftungsdurchgriff, JBl 2006, 86; vgl auch *K. Schmidt*, GesR⁴ § 9 II 223, der den institutionellen Rechtsmissbrauch an die Normzwecklehre annähert.

67 *Hueck/Fastrich* in *Baumbach/Hueck*, GmbHG¹⁹ § 13 Rz 43.

68 Vgl *Michalski/Funke* in *Michalski*, GmbHG² § 13 Rz 306.

69 So die hL in Kroatien, vgl *Barbić*, Opći dio³ 300; *Barbić*, Odgovornost članova, RRiF 2009, 144; *Kos*, Odgovornost članova, Pravo i porezi 2000, 25.

70 So *Barbić,* Opći dio³ 300; *Barbić,* Odgovornost članova, RRiF 2009, 144; *Kos*, Odgovornost članova, Pravo i porezi 2000, 25.

---

wendet wird, ohne dass der angestrebte Zweck verboten ist; Kos führt dazu die Verwendung der Gesellschaft unter Vernachlässigung der Gläubigerinteresse an.[71] Beide Fälle bedürfen einer Konkretisierung. Unverkennbar ist, dass sich das kroatische Durchgriffshaftungsrecht an der deutschen, von *Serick* geprägten Missbrauchslehre orientiert.[72] Hinsichtlich der subjektiven Tatbestandsseite des missbräuchlich handelnden Gesellschafters ist zunächst zu erwägen, dass eine Missbrauchshandlung kaum ohne subjektive Elemente denkbar ist.[73] Ein subjektiver Rechtsmissbrauch ist dann anzunehmen, wenn der Gesellschafter die Haftungsbeschränkung und daher die Rechtsform der Kapitalgesellschaft bewusst missbraucht (Vorsatz), um Gesetze oder vertragliche Verpflichtungen zu umgehen oder um (potenzielle) Gesellschaftsgläubiger zu schädigen;[74] der Missbrauch ist dem Gesellschafter subjektiv vorzuwerfen.[75] Ein objektiver Rechtsmissbrauch ist – unter Anlehnung an die in Deutschland fortentwickelte Lehre *Sericks*[76] – dann anzunehmen, wenn die Gesellschaft als Objekt für eigene Interessen der Gesellschafter verwendet wird; auf den Missbrauchswillen des Gesellschafters kommt es nicht an. Auch kommt es bei objektivem Missbrauch, entgegen der Auffassung von *Kos*,[77] nicht auf eine Schädigung der Gesellschaftsgläubiger an. Bei der Interessenverfolgung des Gesellschafters kann ein Haftungsdurchgriff jedoch nur dann greifen, wenn die Gesellschafterinteressen nicht dem Interesse der Gesellschaft entsprechen. Hier besteht jedoch eine Parallele zur gesellschaftsrechtlichen Treuepflicht.[78] Für die Durchgriffshaftung wird man jedoch eine über die Treuepflicht hinausgehende, ausschließliche und dauerhafte Verwendung der Gesellschaft für eigene Interessen fordern müssen. Nur in diesem Fall ist die Gesellschaft als ein nicht eigenständiges Subjekt zu betrachten[79] und erscheint die Durchgriffshaftung begründet.

An der Missbrauchstheorie festhaltend, haben Lehre und Rspr bestimmte Fälle herausgearbeitet, die einen Haftungsdurchgriff rechtfertigen können. Dabei ist man eindeutig der Entwicklung in Deutschland gefolgt, die jedoch die-

---

71 So *Barbić,* Opći dio[3] 300; *Barbić,* Odgovornost članova, RRiF 2009, 144; *Kos*, Odgovornost članova, Pravo i porezi 2000, 25.

72 Siehe den Verweis von *Barbić* auf *K. Schmidt*, GesR[4] § 9 II 222, der wiederum auf *Serick* verweist, in *Barbić,* Opći dio[3] 300 (FN 170); so auch heute in Deutschland offenbar am Missbrauch festhaltend *Lutter/Trötlitsch* in *Lutter*, Holding Handbuch[4] (2004) § 8 Rz 61; so auch *Hueck/Fastrich* in *Baumbach/Hueck*, GmbHG[19] § 13 Rz 44 (FN 165); *Verse* in *Hanssler/Strohn*, GesR GmbHG § 13 Rz 36.

73 So auch *Zöllner* in *Baumbach/Hueck*, GmbHG[19] Schlussanhang Die GmbH im Unternehmensverbund (GmbH-Konzernrecht) Rz 123.

74 So auch *Serick*, Rechtsform und Realität juristischer Personen[2] (1980) 217; vgl auch *Solveen* in *Hölters*, AktG § 1 Rz 43, der die Lehre *Sericks* zusammenfasst.

75 Vgl *Mertens* in *Hachenburg,* GmbHG[8] Anh § 13 Rz 17.

76 Vgl *Reinhardt*, FS Lehrmann (1956), 576, 587; *Kuhn*, FS Fischer (1979), 351, 353 ff; *Rauter* in Münchener Kommentar zum BGB[6] (2012) Vor § 21 Rz 21 mwN; *Altmeppen* in *Roth/Altmeppen*, Kommentar GmbHG[7] (2012) § 13 Rz 128 mwN.

77 *Kos*, Odgovornost članova, Pravo i porezi 2000, 25.

78 Zur Treuepflicht in Kroatien siehe *Obradović*, Die Gesellschafterstellung in der kroatischen GmbH, Dissertation (Wien) 2012, 28 ff.

79 Vgl *Rauter* in Münchener Kommentar zum BGB[6] (2012) Vor § 21 Rz 21 mwN.

se Haftungsfälle nicht aus der Missbrauchstheorie ableitet, sondern von einem differenzierenden Ansatz ausgeht, in dem von Fall zu Fall zu entscheiden ist, ob ein Haftungsdurchgriff statthaft ist. Der Grund für diesen differenzierenden Ansatz in Deutschland ist der Umstand, dass die in der Lehre entwickelten Durchgriffslehren keine konkreten, einen jeden Fall abdeckenden Kriterien für die Durchgriffshaftung festlegen konnten und diese sich ohnehin nicht bestimmen lassen.[80] Dabei handelt es sich um folgende mögliche Haftungsfälle, auf die später noch näher eingegangen wird:[81] Vermögensvermischung, Sphärenvermischung, Unterkapitalisierung.

Letztlich muss aber die Durchgriffshaftung, trotz ihrer gesetzlichen Fixierung, restriktiv gehandhabt werden[82], soll doch die Durchgriffshaftung eine Ausnahme von der Haftungsbeschränkung bleiben. Denn die Gläubiger sind diejenigen, die bei Kapitalgesellschaften das Risiko tragen, dass die Gesellschaft zahlungsunfähig wird und sie die Gläubigerforderungen nicht erfüllen kann.[83] Nur in krassen Härtefällen ist daher eine Haftungsdurchbrechung anzunehmen und gerechtfertigt.

2. Allgemeine Aspekte der Gesellschafterhaftung

Unterscheidung Innen- und Außenhaftung

Die Haftung der Gesellschafter kann eine Innen- oder eine Außenhaftung sein, wobei die Außenhaftung die Ausnahme darstellt. Dies ergibt sich bereits aus der beschränkten Haftung der Gesellschafter einer Kapitalgesellschaft. Außenhaftung meint hier die unmittelbare Haftung des Gesellschafters gegenüber Gesellschaftsgläubigern bzw sonstigen außenstehenden Dritten. Zu den Außenhaftungsfällen zählen die bereits angeführten Haftungstatbestände. Davon sind Fälle zu unterscheiden, in denen sich Gläubiger der Gesellschaft einen Innenhaftungsanspruch der Gesellschaft gegen den Gesellschafter nach den Zwangsvollstreckungsbestimmungen (Art 97 ff OZ[84]) pfänden und überweisen lassen. An manchen Stellen verfolgt der Gesetzgeber den Zweck, den Gläubigern den Weg der Pfändung und Überweisung zu ersparen[85], und räumt

---

80 Vgl *Heider* in MünchKomm AktG³ § 1 Rz 49, 52; *Solveen* in *Hölters*, AktG § 1 Rz 10; *Fock* in *Spindler/Stilz*, AktG² § 1 Rz 51 mit jeweils wN.

81 Siehe dazu *Barbić*, Opći dio³ 300 ff; *Barbić*, Dioničko društvo 19 ff; *Jelinić*, O proboju pravne osobnosti, PuG 2/2009, 570 f; *Brnabić*, Proboj pravne osobnosti u joint venture odnosima, Pravo u gospodarstvu, 3/2010, 709 ff; *Lazarušić*, Proboj pravne osobnosti, RRiF 8/2010, 133 f.

82 So in etwa auch *Jelinić*, O proboju pravne osobnosti, PuG 2/2009, 573; vgl auch *Michalski/Funke* in *Michalski*, GmbHG² § 13 Rz 331; *Verse* in *Hanssler/Strohn*, GesR GmbHG § 13 Rz 36; *Hueck/Fastrich* in *Baumbach/Hueck*, GmbHG¹⁹ § 13 Rz 11 mwN.

83 Vgl *Hueck/Fastrich* in *Baumbach/Hueck*, GmbHG¹⁹ § 13 Rz 43.

84 Ovršni zakon, NN 57/1996, 29/1999, 42/2000, 173/2003, 194/2003, 151/2004, 88/2005, 121/2005, 67/2008.

85 Siehe auch zur rezipierten deutschen Parallelnorm *Spindler* in MünchKomm AktG³ § 93 Rz 234; *Bayer* in MünchKomm AktG³ § 62 Rz 83 ff; *Fleischer* in *Spindler/Stilz*, AktG² § 93 Rz 293.

ihnen das Recht ein, den Anspruch der Gesellschaft einzuklagen. Ein solches Recht der Gläubiger, welches teils als gesetzliche Prozessstandschaft und teils als Recht auf Leistung an sich selbst ausgestaltet ist, ist lediglich dem Aktien- und dem Konzernrecht, welche auch für die GmbH gilt, bekannt; dem allgemeinen GmbH-Recht hingegen sind solche Normen fremd. So sind folgende Gläubigeranspruchsbestimmungen zu nennen, auf die sogleich näher eingegangen wird: Art 224 Abs 2 kroHGG (Haftung der Gesellschafter für den Empfang verbotener Leistungen), Art 252 Abs 5 kroHGG (Verantwortlichkeit der Vorstandsmitglieder), Art 273 Abs 4 kroHGG (Schadenersatzpflicht bei Benutzung des Einflusses), Art 494 Abs 4 (Verantwortlichkeit der gesetzlichen Vertreter der herrschenden Gesellschaft im Vertragskonzern), Art 501 Abs 4 kroHGG (Verantwortlichkeit der herrschenden Gesellschaft und seiner gesetzlichen Vertreter im faktischen Konzern), Art 502 Abs 4 kroHGG (Verantwortlichkeit der Verwaltungsmitglieder der abhängigen Gesellschaft im faktischen Konzern).

3. Rechtsdurchsetzung der Innenhaftung

Die Rechtsdurchsetzung der Ansprüche der Gesellschaft gegen ihre Gesellschafter kann durch die Mitgesellschafter, die Gesellschaftsorgane (Vorstand bzw Verwaltungsrat[86]) oder in bestimmten Fällen sogar durch Gläubiger erfolgen.

a) Geltendmachung durch Gesellschafter (actio pro socio/actio pro societate)

Lässt das Gesetz eine Geltendmachung von Ansprüchen der Gesellschaft durch Gesellschafter zu, so ist dieses Verfolgungsrecht als (gesetzliche) Prozessstandschaft ausgestaltet (actio pro societate; Klage für die Gesellschaft). Dabei ist besonders hervorzuheben, dass das kroatische Recht – anders als das deutsche Recht – keine gewillkürte Prozessstandschaft kennt, sondern nur die gesetzliche Prozessstandschaft zulässt.[87] Somit ist eine Geltendmachung der Ansprüche der Gesellschaft im Wege der Prozessstandschaft (Prozessieren im eigenen Namen über ein fremdes Recht auf fremde Rechnung) nur dann zulässig, wenn es das Gesetz auch ausdrücklich zulässt. Eine solche ist nach kroatischem Recht jedoch nur dem GmbH-Recht bzw dem Konzernrecht bekannt. Dabei sind (vollständig) zu nennen: Art 453 kroHGG, der ein Minderheitenrecht (10 %) auf Geltendmachung von SE-Ansprüchen der Gesellschaft gegen

---

86 An dieser Stelle ist darauf hinzuweisen, dass das kroatische Aktienrecht sowohl ein monistisches (one tier) als auch ein dualistisches (two tier) Verwaltungssystem kennt; die Gesellschaft kann frei wählen, welches Verwaltungsmodell der Gesellschaft zugrunde gelegt werden soll.

87 *Dika*, Građansko parnično pravo⁴ 65, 83; eine gewillkürte Prozessstandschaft, sofern man eine solche im Falle der *actio pro socio* annehmen würde (so *Grunewald*, Die Gesellschafterklage in der Personengesellschaft und in der GmbH [1990] 12 ff, 56), ist nach kroatischem Recht unzulässig.

Organmitglieder (Verwaltung, Verwaltungsrat und Aufsichtsrat) normiert;[88] Art 494 Abs 4 kroHGG, der im Vertragskonzern die Geltendmachung von SE-Ansprüchen der abhängigen Gesellschaft gegen die gesetzlichen Vertreter der herrschenden Gesellschaft durch ein Einzelklagerecht der Gesellschaft der abhängigen Gesellschaft normiert, sowie Art 501 und Art 502 kroHGG, die für einen faktischen Konzern ebenfalls ein Klagerecht jedes einzelnen Gesellschafters der abhängigen Gesellschaft gegen die herrschende Gesellschaft und ihre gesetzlichen Vertreter bzw gegen die Organe der abhängigen Gesellschaft selbst gewähren.

Andernfalls – wenn also keine Prozessstandschaft zulässig ist – kann eine Geltendmachung der Gesellschaftsansprüche gegen die Gesellschaft nur im Wege der Gesellschafterklage (*actio pro socio*; Klage für den Gesellschafter) erwogen werden; diesfalls macht der Gesellschafter jedoch einen eigenen Anspruch geltend, aber auch hier auf Leistung an die Gesellschaft. Ihre Wurzeln hat die *actio pro socio/actio pro societate* im Recht der Personengesellschaften, wo sie unstrittig anerkannt ist.[89] *Die actio pro socio* ist im GmbH-Recht als zulässig anzusehen;[90] im Aktienrecht bleibt dafür jedoch kein Raum.[91] Ausfluss dieses Klagerechts eines jeden Gesellschafters im GmbH-Recht ist einerseits die vertragliche Beziehung der Gesellschafter (die Mitgliedschaft[92]) und andererseits die Treuepflicht unter den Gesellschaftern.[93] Die Gesellschaft wird durch einen (Gesellschafts-)Vertrag gegründet. Aus diesem ergeben sich sowohl Rechte als auch Pflichten für die Gesellschafter. Ist ein Gesellschafter zur Erfüllung einer Leistung gegenüber der Gesellschaft verpflichtet (zB Leistung von Einlagen oder Rückzahlung unzulässiger Zahlungen), so kann jeder Gesellschafter auf die Erfüllung der zwischen ihnen bestehenden Pflichten und

---

88 Das Aktienrecht kennt keine Prozessstandschaft der Gesellschafter zur Geltendmachung von SE-Ansprüchen der Gesellschaft gegen die Organe der Gesellschaft; Art 273a kroHGG normiert lediglich ein Minderheitenrecht (10 %), die Bestellung von besonderen Vertretern zu verlangen, die den Anspruch der Gesellschaft für die Gesellschaft geltend machen; siehe dazu ausführlich in *Obradović*, Die Gesellschafterstellung in der kroatischen GmbH, Dissertation (Wien) 2012, 235 ff.

89 *Barbić*, Pravo Društava, Knjiga treća, Društva osoba (2002) 116 ff; zum deutschen Recht vgl *Schmidt*, Gesellschaftsrecht⁴ 636 ff mwN.

90 So auch die überwiegende Lehrmeinung in Deutschland, siehe *Lutter* in *Lutter/Hommelhoff*, GmbHG¹⁷ § 13 Rz 52; *Pentz* in *Rowedder/Schmidt-Leithoff*, GmbHG⁴ § 13 Rz 117; *Raiser* in *Hachenburg*, GmbHG⁸ § 14 Rz 39, 72; *Altmeppen* in *Roth/Altmeppen*, GmbHG⁶ § 13 Rz 17; *Flume*, Die juristische Person (1983) 300 f; in Österreich *Torggler*, Treuepflichten im faktischen GmbH-Konzern, Dissertation (1996) 118 ff; aA *Koppensteiner/Rüffler*, GmbHG³ § 61 Rz 19 mwN.

91 Vgl zum deutschen Meinungsstand *Schmidt*, Gesellschaftsrecht⁴ 636; *Casper* in *Spindler/Stilz*, AktG² Vor § 241 Rz 1, 29 mwN; *Hüffer*, Aktiengesetz⁹ § 148 Rz 2 mwN. Dies ergibt sich ua daraus, dass auch eine Aktionärsminderheit iSd Art 273a kroHGG keine Klagebefugnis hat. Weiters wären individuellrechtliche Klagerechte vor allem bei börsenotierten Aktiengesellschaften nicht wünschenswert und äußerst bedenklich.

92 *Raiser* in *Hachenburg*, GmbHG⁸ § 14 Rz 38.

93 *Barbić*, Društvo s ograničenom odgovornošću⁵ 277; so auch zum rezipierten Recht *Emmerich* in *Scholz*, GmbHG⁹ § 13 Rz 45; *Lutter* in *Lutter/Hommelhoff*, GmbHG¹⁷ § 13 Rz 52 f; *Torggler*, Treuepflichten im faktischen GmbH-Konzern 118 ff.

somit die Einhaltung des zwischen ihnen bestehenden Vertrags klagen.[94] Eine Prozessstandschaft liegt hier nicht vor;[95] sie ist nur dort denkbar, wo es um Ansprüche geht, die allein der Gesellschaft zustehen.[96] Die Gesellschafterklage ist somit ein Korrelat dafür, dass sich jeder Gesellschafter durch den Beitritt zur Gesellschaft im Rahmen der Satzung den Entscheidungen der Mehrheit und der Unternehmensleitung unterwirft.[97] Anderer Ansicht ist *Barbić*, der davon ausgeht, dass der Gesellschafter dabei ein Recht der Gesellschaft im eigenen Namen geltend macht (Prozessstandschaft).[98] Dies lässt sich aufgrund der bisherigen Ausführungen schwer begründen, zumal das kroatische Zivilprozessrecht nur eine gesetzliche oder eine durch richterliche Rechtsfortbildung begründete (quasigesetzliche) Prozessstandschaft kennt und zulässt.[99] Für eine Klage zur Geltendmachung von Ansprüchen der Gesellschaft gegen ihre Gesellschafter fehlt im kroatischen Recht sowohl eine gesetzliche Grundlage (anders als § 48 öGmbHG) als auch ein Rechtsakt kroatischer Gerichte. Die gesetzliche Grundlage im Gewohnheitsrecht begründet zu sehen, erscheint jedenfalls zu weit.[100] Jedenfalls ist die *actio pro socio* subsidiär, dh dass der Gesellschafter erst dann Klage erheben kann, wenn er der Gesellschaft die Möglichkeit zur eigenen Klageerhebung gegeben hat.[101] Dies geht im Falle einer (gesetzlichen) Prozessstandschaft auch eindeutig aus Art 453 kroHGG hervor. Große Bedeutung kommt der *actio pro socio* bei der Geltendmachung von Rückzahlungsansprüchen der Gesellschafter gegenüber Gesellschaftern im Falle unzulässiger Einlagenrückgewähr zu (Art 407 kroHGG).

b) Geltendmachung durch Gesellschaftsorgane

Die Ansprüche der Gesellschaft gegenüber ihren Gesellschaftsorganen oder Gesellschaftern sind durch die Verwaltung bzw den Verwaltungsrat (Art 241,

---

94 *Barbić*, Društvo s ograničenom odgovornošču[5] 277.

95 So auch zum deutschen Recht *Lutter* in *Lutter/Hommelhoff*, GmbHG[17] § 13 Rz 52; *Pentz* in *Rowedder/Schmidt-Leithoff*, GmbHG[4] § 13 Rz 117.

96 So auch zum deutschen Recht *Lutter* in *Lutter/Hommelhoff*, GmbHG[17] § 13 Rz 52 mwN.

97 *Raiser* in *Hachenburg*, GmbHG[8] § 14 Rz 38.

98 *Barbić*, Društvo s ograničenom odgovornošču[5] 277; *Barbić*, Društva osoba 116; ihm folgend *Ćesić* in *Gorenc/Ćesić/Buljan/Brkanić*, Komentar[4] Art 407, S. 948; so auch teilweise die Lehrmeinung in Deutschland *Hueck/Fastrich* in *Baumbach/Hueck*, Kommentar zum GmbHG[19] (2010) § 13 Rz 37 mwN; *Ebbing* in *Hoffmann-Becking*, Münchener Handbuch[2] AG § 14 Rz 95 mwN; *Schmidt* in *Scholz*, GmbHG[10] § 46 Rz 161 f.

99 *Dika*, Građansko parnično pravo[4] 65, 83; eine gewillkürte Prozessstandschaft, sofern man eine solche im Falle der *actio pro socio* annehmen würde (so *Grunewald*, Die Gesellschafterklage in der Personengesellschaft und in der GmbH [1990] 12 ff, 56), ist nach kroatischem Recht unzulässig.

100 So aber zum österreichischen Recht vertreten durch *Schauer* in *Kalss/Nowotny/Schauer*, Österreichisches Gesellschaftsrecht 2/354; eine Begründung der gesetzlichen Prozessstandschaft im Gewohnheitsrecht ebenfalls verneinend *U. Torggler/H. Torggler* in *Straube*, HGB § 109 Rz 15.

101 *Barbić*, Društvo s ograničenom odgovornošču[5] 278; so auch zum rezipierten Recht *Lutter* in *Lutter/Hommelhoff*, GmbHG[17] § 13 Rz 54; *Raiser* in *Hachenburg*, GmbHG[8] § 14 Rz 39; *Pentz* in *Rowedder/Schmidt-Leithoff*, GmbHG[4] § 13 Rz 118 f.

426 kroHGG) oder den Aufsichtsrat, sofern es sich um Ansprüche gegen Verwaltungsmitglieder handelt (Art 439 iVm Art 268 kroHGG), geltend zu machen. Dabei sind die Ansprüche unabhängig davon geltend zu machen, ob ein entsprechender Hauptversammlungsbeschluss vorliegt.[102] Die Entscheidung über die Geltendmachung der Ansprüche liegt somit im pflichtgemäßen Ermessen des vertretungsbefugten Organs. Sofern es sich um Ansprüche gegen die Organe handelt, besteht eine Pflicht des vertretungsbefugten Organs zur Geltendmachung von Ersatzansprüchen jedenfalls dann, wenn ein entsprechender Gesellschafterbeschluss (einfache Stimmenmehrheit) oder ein Minderheitsverlangen (10 %) vorliegt (Art 273a, 453 iVm Art 273a kroHGG). Dies gilt nur für die Geltendmachung von Ansprüchen gegen die Gesellschafter bei der GmbH (Art 422 Abs 2 kroHGG); in der AG ist die Verwaltung weisungsfrei (Art 240 kroHGG), sodass sich aus einem Gesellschafterbeschluss keine Pflicht zur Klageerhebung ableiten lässt.

c) Geltendmachung durch Gläubiger

Das Gesetz räumt den Gesellschaftsgläubigern in bestimmten Fällen das Recht ein, den Anspruch der Gesellschaft geltend zu machen. Dabei ist das Recht der Gläubiger nicht stets gleicher Natur; es handelt sich entweder um eine Prozessstandschaft oder um die Geltendmachung eines eigenen Anspruchs an sich selbst. Wie bereits erwähnt, sind nur dem Aktienrecht sowie dem Konzernrecht solche Tatbestände bekannt. Im Folgenden wird auf die Rechtsnatur dieser Gläubigerklagerechte eingegangen:

- **Art 224 Abs 2 kroHGG (Haftung der Gesellschafter für den Empfang verbotener Leistungen):** Gemäß Art 224 Abs 3 2 kroHGG kann der Anspruch der Gesellschaft auf Rückgewähr verbotener Leistungen auch von ihren Gläubigern geltend gemacht werden, wenn sie von der Gesellschaft keine Befriedigung erlangen. Es stellt sich nun die Frage, ob die Gläubiger eine Leistung an die Gesellschaft oder an sich selbst begehren können. Dazu wird im kroatischen Schrifttum nicht Stellung genommen. Zu der ähnlich lautenden Norm des Art 252 Abs 5 kroHGG wird in der Lehre[103] und Rechtsprechung[104] vertreten, dass die Gläubiger eine Leistung an sich verlangen können, wobei sie jedoch einen Anspruch der Gesellschaft geltend machen. Ob dieser Auffassung auch für Art 224 Abs 2 kroHGG zu folgen ist, erscheint bereits aufgrund des Wortlauts fraglich; so heißt es in Abs 2: *„Der Anspruch der Gesellschaft kann auch durch die Gläubiger geltend gemacht werden..."*. Der Wortlaut des Art 252 Abs 5 kroHGG lautet jedoch wie folgt: *„Der Ersatzanspruch kann auch von den Gesellschaftsgläubigern geltend gemacht werden ..."*. Somit scheint Art 224 Abs 2 kroHGG jedenfalls von

---

102 Vgl *Barbić,* Dioničko društvo 808; so auch zum deutschen Recht *Schröer* in MünchKomm AktG³ § 147 Rz 23 mwN; *Mock* in *Spindler/Stilz,* AktG² § 147 Rz 16 f mwN.

103 Vgl *Barbić,* Dioničko društvo 815 f mit ausdrücklichem Verweis auf die hL in Deutschland.

104 Siehe Entscheidung des Obersten Gerichts der Republik Kroatien vom 6.11.2004 Revt-60/04.

der Geltendmachung eines Anspruchs der Gesellschaft auszugehen. Doch die viel bedeutendere Frage lautet hier, an wen die Gläubiger die Erfüllung des Anspruchs verlangen können. Dem Zweck der Vorschrift folgend, nämlich der Kapitalerhaltung bzw dem Kapitalschutz zu Gunsten aller Gesellschaftsgläubiger, erscheint es sachgerecht, nur eine Leistung an die Gesellschaft zu verlangen.[105] Im Falle der Leistung an den Gläubiger selbst würde der Gesellschaft durch die Befreiung von der – aufgrund der mangelnden Fähigkeit zur vollen Befriedigung – nicht mehr vollwertigen Forderung des Gläubigers kein realer Gegenwert für den Verlust ihres Rückgewähranspruchs gegen den Empfänger zufließen,[106] womit der den Anspruch geltend machende Gesellschaftsgläubiger gegenüber den übrigen Gläubigern bevorzugt wäre.[107] So könnte der Gesellschaftsgläubiger diesfalls seine Forderung mit jener der Gesellschaft gegen den verbotswidrig empfangenden Aktionär verrechnen und sich dadurch auf Kosten der Gesellschaft und der restlichen Gläubiger befriedigen, da seine Forderungen gegen die Gesellschaft eben nicht mehr vollwertig sind.[108] Im Ergebnis ist also, unter der zweckorientierten Auslegung der Vorschrift, davon auszugehen, dass die Gläubiger berechtigt sind, den Anspruch der Gesellschaft geltend zu machen (gesetzliche Prozessstandschaft), wobei die Leistung dabei an die Gesellschaft zu erfolgen hat, da nur sie materiell Berechtigter ist; dies ergibt sich bereits aus der Rechtsnatur der Prozessstandschaft.[109] Im Gegensatz zur deutschen Parallelnorm in § 62 dAktG, können die Gläubiger den Anspruch nur dann geltend machen, „*wenn*" sie keine Befriedigung erlangen; in Deutschland ist von „*soweit*" die Rede. Da es jedoch um die Geltendmachung des Anspruchs der Gesellschaft selbst geht und die Leistung an die Gesellschaft zu erfolgen hat, ist irrelevant, ob nur ein Teil oder die gesamte Forderung des Gläubigers durch die Gesellschaft bereits befriedigt wurde.[110] Dafür ist erforderlich, dass die Gesellschaft

---

105 So auch die hL zur rezipierten deutschen Parallelvorschrift, vgl *Bayer* in MünchKomm AktG³ § 62 Rz 79, 85 mwN; *Hüffer*, AktG¹⁰ § 62 Rz 14; *Solveen* in *Hölters,* AktG § 62 Rz 17; aA *Cahn* in Spindler/Stilz, AktG² § 62 Rz 31 ff, der von einem Recht der Gläubiger auf Leistung an sich selbst ausgeht, dies ua unter Hinweis auf § 93 Abs 5 dAktG, der von der hL auch als ein Recht des Gläubigers auf Leistung an sich selbst ausgelegt wird.

106 Der Gläubiger könnte, sofern ihm ein Anspruch auf Leistung an sich selbst zustünde, seine Forderung mit jener der Gesellschaft gegen den verbotswidrig empfangenen Aktionär verrechnen, und sich dadurch auf Kosten der Gesellschaft und der restlichen Gesellschaft befriedigen, da seine Forderungen gegen die Gesellschaft nicht mehr vollwertig sind.

107 Vgl *Bayer* in MünchKomm AktG³ § 62 Rz 79, 85 mwN; *Lutter* in Kölner Kommentar zum Aktiengesetz³ (2004), § 62 Rz 39 ff.

108 *Bayer* in MünchKomm AktG³ § 62 Rz 85.

109 So auch die hL zum rezipierten Recht *Bayer* in MünchKomm AktG³ § 62 Rz 79, 84 mwN; *Hölters* in *Hölters,* AktG § 93 Rz 322; *Hüffer*, AktG¹⁰ § 62 Rz 13 mwN, § 92 Rz 32; aA *Cahn* in Spindler/Stilz, AktG² § 62 Rz 31 ff, der von einem Recht der Gläubiger auf Leistung an sich selbst ausgeht, dies ua unter Hinweis auf § 93 Abs 5 dAktG, der von der hL auch als ein Recht des Gläubigers auf Leistung an sich selbst ausgelegt wird.

110 Siehe dazu auch *Cahn* in Spindler/Stilz, AktG² § 62 Rz 31, der ebenfalls auf die Differenzierung zwischen „*insoweit*" und „*wenn*" eingeht.

die Forderung des Gläubigers bei Fälligkeit (objektiv)[111] nicht begleichen kann (Zahlungsunfähigkeit oder Überschuldung); auf den Zahlungswillen kommt es nicht an.[112] Nicht erforderlich ist, dass der Gläubiger die Gesellschaft auf Leistung der Forderung geklagt hat, noch weniger die Führung eines Zwangsvollstreckungsverfahrens;[113] dieser Auffassung folgt nun auch die kroatische Rechtsprechung.[114] Der Gläubiger hat zu beweisen, dass die Gesellschaft die Forderung nicht begleichen kann.[115] Dies ist zum Beispiel durch einen Nachweis der Zwangsvollstreckung durch andere Gesellschaftsgläubiger oder die Abweisung der Insolvenzeröffnung mangels einer die Kosten des Insolvenzverfahrens deckenden Insolvenzmasse, möglich.[116] Ist über das Vermögen der Gesellschaft ein Insolvenzverfahren eröffnet, so übt während der Dauer dieses Verfahrens der Insolvenzverwalter das Recht der Gesellschaftsgläubiger gegen die Gesellschafter aus (Art 224 Abs 2 Satz 2 kroHGG). **Verjährungsfrist (Abs 3):** Die Ansprüche nach diesen Vorschriften verjähren in fünf Jahren seit dem Empfang der Leistung.

- **Art 252 Abs 5 kroHGG (Verantwortlichkeit der Vorstandsmitglieder):** Schadenersatzansprüche der Gesellschaft gegen ihre Verwaltungsmitglieder bzw ausführenden Direktoren (Art 272l Abs 9 iVm Art 252 Abs 5 kroHGG) oder Aufsichtsratsmitglieder (Art 272 iVm Art 252 Abs 5 kroHGG) können auch von den Gesellschaftsgläubigern geltend gemacht werden, wenn sie von der Gesellschaft keine Befriedigung ihrer Forderungen erlangen. Dabei macht der Gläubiger nach der kroatischen hL[117] – die auf die deutsche hL verweist – und der kroatischen Rspr[118] den Anspruch der Gesellschaft auf Leistung an sich selbst geltend. Dabei wird offensichtlich von einer gesetzlichen Prozessstandschaft ausgegangen. Die dogmatische Einordnung dieses Klagerechts der Gesellschaftsgläubiger als Prozessstandschaft überzeugt jedoch nicht, da bei einer Prozessstandschaft der Kläger nicht materiell berechtigt ist und

---

111 *Barbić,* Dioničko društvo 813; zum rezipierten Recht vgl *Bayer* in MünchKomm AktG³ § 62 Rz 90 mwN.

112 *Barbić,* Dioničko društvo 813 f, 815.

113 *Barbić,* Dioničko društvo 813.

114 Siehe Entscheidung des Hohen Handelsgerichts der Republik Kroatien vom 5.9.2006 Pž-8360/03 sowie vom 29.1.2008 Pž 7909/05, wonach für die Geltendmachung des Anspruchs nicht der Nachweis eines erfolglos geführten Zwangsvollstreckungs- oder sonstigen Verfahrens erforderlich ist, wobei der Gläubiger bei der Geltendmachung jedenfalls darauf hinzuweisen hat, dass die Gesellschaft die Forderung nicht erfüllen kann und einen Nachweis darüber zu führen hat.

115 *Barbić,* Dioničko društvo 813 f, 815.

116 Vgl *Barbić,* Dioničko društvo 815; *Gorenc* in *Gorenc/Česić/Buljan/Brkanić,* Komentar kroHGG⁴ Art 224, S. 393: so auch zum deutschen Recht *Bayer* in MünchKomm AktG³ § 62 Rz 92; *Cahn* in Spindler/Stilz, AktG² § 62 Rz 37 mwN.

117 Vgl *Barbić,* Dioničko društvo 815 f mit ausdrücklichem Verweis auf die hL in Deutschland.

118 Siehe die Entscheidung des Obersten Gerichts der Republik Kroatien vom 6.11.2004 Revt-60/04.

daher nicht Zahlung an sich begehren kann.[119] Die Einordnung als Prozessstandschaft überzeugt auch deswegen nicht, weil ein Verzicht oder ein Vergleich der Gesellschaft nicht zu einer Aufhebung des Ersatzpflicht gegenüber den Gläubigern führt (Art 252 Abs 5 Satz 3 kroHGG). Dies gilt auch für den Fall, dass die sorgfaltswidrige Handlung des Organs auf einem HV-Beschluss beruht; diesfalls entfällt ein Anspruch der Gesellschaft (Art 252 Abs 4 Satz 1 kroHGG), nicht jedoch jener der Gesellschaftsgläubiger (Art 252 Abs 5 Satz 3 kroHGG). Für eine Art Prozessstandschaft (Geltendmachung fremden Rechts) spricht jedoch, dass das Klagerecht der Gläubiger akzessorisch ist von der Haftungspflicht des Verwaltungsmitglieds;[120] erfüllt das Verwaltungsmitglied seine Ersatzpflicht gegenüber der Gesellschaft, so erlischt der Anspruch des Gläubigers, wobei aber auch die Leistung an den Gläubiger, sofern dieser Leistung verlangte, den Anspruch der Gesellschaft erlöschen lässt. Für die Praxis hat die dogmatische Einordnung des hier gegenständlichen Klagerechts letztlich geringe Relevanz, sofern feststeht, dass der Gläubiger ohnehin die Leistung an sich selbst begehren kann. Der Anspruch der Gläubiger gegenüber den Verwaltungsmitgliedern steht in anderen Haftungsfällen als jenen des Abs 3 (dies sind bspw: Rückgewähr von Einlagen an die Aktionäre, Auszahlung von Zinsen oder Dividenden an die Aktionäre, Leistung von Zahlungen nach Eintritt der Zahlungsunfähigkeit oder Überschuldung, Kreditgewährung) nur dann zu, wenn die Verwaltungsmitglieder die Sorgfalt eines ordentlichen und gewissenhaften Geschäftsleiters gröblich verletzt haben (Art 252 Abs 5 Satz 2 kroHGG). Wie bereits erwähnt, führt die Erfüllung der Ersatzpflicht an die Gesellschaft zu einem Erlöschen des Anspruchs der Gesellschaftsgläubiger. Um dies zu verhindern, was jedenfalls aus Prozesskostengründen überlegenswert ist, kann der Gesellschaftsgläubiger die Forderung gegen die Gesellschaft einklagen und mit dem erlangten Titel den Anspruch der Gesellschaft pfänden und sich überweisen lassen.[121] Dieser Weg steht den Gesellschaftsgläubigern jedoch nur so lange offen, als über die Gesellschaft nicht das Insolvenzverfahren eröffnet wurde, da diesfalls das Verfolgungsrecht der Gesellschaftsgläubiger gegen die Verwaltungsmitglieder durch den Insolvenzverwalter ausgeübt wird (Art 252 Abs 5 letzter Satz kroHGG). **Verjährungsfrist (Abs 6):** Die Ansprüche aus diesen Vorschriften verjähren in fünf Jahren. Die Frist beginnt mit der Entstehung des Anspruchs bzw der Klagbarkeit, dh ab der Vornahme der pflichtwidrigen Handlung und der Entstehung des Schadens; die Frist beginnt unabhängig

---

119 So auch die hL in Deutschland, die sich gegen eine Prozessstandschaft zur deutschen Parallelnorm ausspricht, vgl *Fleischer* in Spindler/Stilz, AktG² § 93 Rz 294 mwN; *Spindler* in MünchKomm AktG³ § 93 Rz 234 mwN; *Hüffer*, AktG¹⁰ § 93 Rz 32.

120 So *Barbić,* Dioničko društvo 815, der damit offensichtlich der deutschen Lehre folgt, siehe dazu *Hüffer*, AktG¹⁰ § 93 Rz 34; *Spindler* in MünchKomm AktG³ § 93 Rz 240 mwN.

121 *Barbić,* Dioničko društvo 816 (FN 889); siehe auch *Hüffer*, AktG¹⁰ § 93 Rz 34; *Spindler* in MünchKomm AktG³ § 93 Rz 240 mwN.

davon, ob dem Gläubiger das Vorliegen der Anspruchsvoraussetzungen bekannt ist.[122]

- **Art 273 Abs 4 kroHGG (Schadenersatzpflicht bei Benutzung des Einflusses)**: Hierbei handelt es sich um die Geltendmachung von Ersatzansprüchen gegen Personen (Gesellschafter), die vorsätzlich unter Ausnutzung ihres Einflusses auf die Gesellschaft ein Mitglied der Verwaltung, des Aufsichtsrats bzw des Verwaltungsrats, einen Prokuristen oder einen Handlungsbevollmächtigten dazu bestimmen, zum Schaden der Gesellschaft oder ihrer Aktionäre zu handeln. Neben diesen Personen haften als Gesamtschuldner auch die Organmitglieder, sofern sie ihre Pflichten verletzt haben (Art 273 Abs 2 kroHGG). Auch hier wird – dem gleichen Wortlaut von Art 252 Abs 5 kroHG folgend – in Übereinstimmung mit der hL zur rezipierten deutschen Parallelvorschrift[123] (§ 117 dAktG) vertreten, dass die Gesellschaftsgläubiger einen Anspruch der Gesellschaft auf Leistung an sich selbst geltend machen.[124] Somit kann auf die Ausführungen zu Art 252 Abs 5 kroHGG verwiesen werden, jedoch mit der Ausnahme, dass für die Haftung der Organmitglieder nicht auf grobe Fahrlässigkeit abzustellen ist. **Verjährungsfrist (Abs 5):** Die Ansprüche aus diesen Vorschriften verjähren in fünf Jahren. Die Frist beginnt mit der Entstehung des Anspruchs.[125] Die Frist beginnt unabhängig davon, ob dem Gläubiger das Vorliegen der Anspruchsvoraussetzungen bekannt ist.

- **Art 494 Abs 4 kroHGG (Verantwortlichkeit der gesetzlichen Vertreter der herrschenden Gesellschaft im Vertragskonzern):** Wurde zwischen der abhängigen und der herrschenden Gesellschaft ein Beherrschungsvertrag abgeschlossen, so haben die gesetzlichen Vertreter der herrschenden Gesellschaft bei der Erteilung von Weisungen an die abhängige Gesellschaft gegenüber dieser die Sorgfalt eines ordentlichen und gewissenhaften Geschäftsleiters anzuwenden (Art 494 Abs 1 kroHGG). Verletzen sie ihre Pflicht, so sind sie der abhängigen Gesellschaft zum Ersatz des daraus entstehenden Schadens verpflichtet, wobei sie die Beweislast hinsichtlich der Sorgfaltswidrigkeit trifft (Art 494 Abs 2 kroHGG). Der Ersatzanspruch kann (neben den Gesellschaftern) auch von den Gläubigern der abhängigen Gesellschaft geltend gemacht werden (Art 494 Abs 4 kroHGG). Dabei können sie Leistung

---

122 *Barbić,* Dioničko društvo 824; *Gorenc* in *Gorenc/Ćesić/Buljan/Brkanić,* Komentar kroHGG[4] Art 252 S. 496; so auch zur rezipierten deutschen Parallelvorschrift, vgl *Spindler* in Münch-Komm AktG[3] § 93 Rz 255 mwN; *Hüffer,* AktG[10] § 93 Rz 37.

123 So *Hüffer,* AktG[10] § 117 Rz 12; Schall in Spindler/Stilz, AktG[2] § 117 Rz 31; widersprüchlich *Spindler* in MünchKomm AktG[3] § 117 Rz 46, der auf die lM zu § 93 Abs 5 dAktG und somit auf eigene Ausführungen in § 93 Rz 234 ff (Münchener Kommentar) verweist, jedoch zu § 117 Abs 5 die Meinung vertritt, dass die Gläubiger keinen eigenen Anspruch geltend machen.

124 So *Barbić,* Dioničko društvo 832.

125 *Barbić,* Dioničko društvo 837; *Gorenc* in *Gorenc/Ćesić/Buljan/Brkanić,* Komentar kroHGG[4] Art 273 S. 577.

an sich selbst begehren.[126] Hier gelten die Ausführungen zu Art 252 Abs 5 kroHGG (ohne Abstellen auf grobe Fahrlässigkeit; siehe Ausführungen zu Art 273 Abs 4 aE) entsprechend.[127] Das Klagerecht der Gläubiger wird durch einen Verzicht oder Vergleich durch die Gesellschaft nicht berührt (Art 494 Abs 4 Satz 2 kroHGG). **Verjährungsfrist (Abs 5):** Die Ansprüche aus diesen Vorschriften verjähren in fünf Jahren. Die Frist beginnt mit der Entstehung des Anspruchs bzw der Klagbarkeit, dh ab der Vornahme der pflichtwidrigen Handlung und der Entstehung des Schadens; die Frist beginnt unabhängig davon, ob dem Gläubiger das Vorliegen der Anspruchsvoraussetzungen bekannt ist.[128]

- **Art 495 kroHGG (Verantwortlichkeit der Mitglieder der Verwaltung und des Aufsichtsrats bzw des Verwaltungsrats der abhängigen Gesellschaft im Vertragskonzern):** Neben den haftungspflichtigen Organen nach Art 494 kroHGG haften auch die Organe der abhängigen Gesellschaft als Solidarschuldner, wenn sie unter Verletzung ihrer Pflichten gehandelt haben (Art 495 Abs 1 kroHGG). Die Haftung ist dann ausgeschlossen, wenn die schädigende Handlung auf einer Weisung beruht, die nach Art 493 Abs 2 kroHGG zu befolgen war (Befolgungspflicht, wenn die Weisung nicht offensichtlich den Interessen der herrschenden Gesellschaft oder der mit ihr und der abhängigen Gesellschaft verbundenen Gesellschaften [Konzernwohl] widerspricht[129]). Auf die Haftung der Organmitglieder sind aufgrund gesetzlichen Verweises die Bestimmungen des Art 494 Abs 3 bis 5 kroHGG entsprechend anzuwenden, sodass auf die obigen Ausführungen verwiesen wird. **Verjährungsfrist (Abs 3):** Abs 3 verweist auf die Vorschriften des Art 494 Abs 4 kroHGG, sodass auf die obigen Ausführungen verwiesen werden kann.

- **Art 501 Abs 4 kroHGG (Verantwortlichkeit der herrschenden Gesellschaft und seiner gesetzlichen Vertreter im faktischen Konzern):** Besteht zwischen der abhängigen und der herrschenden Gesellschaft kein Beherrschungsvertrag, liegt also ein faktischer Konzern vor, so ist die *herrschende Gesellschaft* der abhängigen Gesellschaft zum Ersatz des Schadens verpflichtet, der durch Veranlassung von nachteiligen Rechtsgeschäften oder durch Vornahme oder Unterlassung von Maßnahmen auf Seiten der abhängigen Gesellschaft entsteht, wenn der Nachteil nicht tatsächlich bis zum Ende des Geschäftsjahres ausgeglichen oder der abhängigen Gesellschaft nicht ein Rechtsanspruch zum Ausgleich des Schadens gewährt wird (Art 501 Abs 1

---

126 *Barbić*, Koncern, Pravo u gospodarstvu 4/2007, 78.

127 Vgl *Barbić*, Dioničko društvo 832; so auch die hL zur rezipierten deutschen Parallelvorschrift, vgl *Emmerich* in *Emmerich/Habersack*, Konzernrecht[6] § 309 Rz 51 ff; *Altmeppen* in MünchKomm AktG[3] § 309 Rz 131 mwN; *Hüffer*, AktG[10] § 309 Rz 23 mwN.

128 *Barbić*, Dioničko društvo 824; so auch zur rezipierten deutschen Parallelvorschrift, vgl *Altmeppen* in MünchKomm AktG[3] § 309 Rz 135 mwN; *Hüffer*, AktG[10] § 309 Rz 25.

129 Vgl *Barbić*, Opći dio[3] 716.

kroHGG). Die Ersatzpflicht besteht dann nicht, wenn ein ordentlicher und gewissenhafter Geschäftsleiter einer unabhängigen Gesellschaft das Rechtsgeschäft vorgenommen oder die Maßnahme getroffen oder unterlassen hätte (Art 501 Abs 3 kroHGG). Neben der herrschenden Gesellschaft haften auch deren gesetzliche Vertreter als Gesamtschuldner, die die abhängige Gesellschaft zur Vornahme des Rechtsgeschäfts oder der Maßnahme bzw zur Unterlassung einer Maßnahme veranlasst haben (Art 501 Abs 2 kroHGG). Abs 4 verweist für die Haftung der Organmitglieder auf die Vorschriften des Art 494 Abs 4 kroHGG. Dem reinen Gesetzeswortlaut folgend, erlaubt Art 501 Abs 1 iVm Abs 3 kroHGG (entspricht § 517 dAktG) keine Geltendmachung des Ersatzanspruchs der abhängigen (Tocher-)Gesellschaft gegen die herrschende (Mutter-)Gesellschaft durch deren Gläubiger, da Abs 4 (§ 317 Abs 4 dAktG), der einen entsprechenden Verweis auf Art 494 Abs 3 bis 5 kroHGG (entspricht § 309 Abs 3 bis 5 dAktG) enthält, ausdrücklich nur auf Ersatzansprüche gegen gesetzliche Vertreter der herrschenden Gesellschaft Bezug nimmt *(„hinsichtlich der Haftung der gesetzlichen Vertreter sind die Bestimmungen des Art 494 Abs 3 bis 5 entsprechend anzuwenden")*. Eine Geltendmachung von Ersatzansprüchen gegen die Muttergesellschaft, und somit den Gesellschafter, lässt sich dem Gesetzeswortlaut nicht entnehmen. Dennoch nimmt die kroatische Literatur eine Berechtigung der Gläubiger zur Geltendmachung des Ersatzanspruchs gegen die herrschende Gesellschaft an.[130] Somit folgt man der deutschen Rechtslage (vgl § 317 Abs 4 dAktG). Ob dieser Auffassung zu folgen ist, hängt davon ab, ob es sich um eine Gesetzeslücke handelt. In Art 495 Abs 3 kroHGG wird ebenfalls ein Verweis auf Art 494 Abs 3 bis 5 kroHGG vorgenommen, doch ist der dortige Verweis etwas deutlicher; so heißt es dort: *„Hier sind die Bestimmungen des Art 494 Abs 3 bis 5 dieses Gesetzes anzuwenden"*, ohne dass ausdrücklich nur auf das Vertretungsorgan Bezug genommen wird, was jedoch auch nicht notwendig ist, da Art 495 kroHGG ohnehin von der Haftung der Vertretungsmitglieder spricht. Dennoch könnte man einer Analogie zum deutschen Recht entgegenhalten, dass der Gesetzgeber auch in Art 501 Abs 4 kroHGG einen solchen allgemeinen Verweis auf Art 494 Abs 3 bis 5 kroHGG ohne Bezugnahme auf die Vertretungsmitglieder setzen konnte, dies jedoch nicht tat. Eine Analogie zum deutschen Recht lässt sich somit, auch wenn sie im Sinne des Konzernrechts und somit zum Schutze der Gläubiger der abhängigen Gesellschaft erforderlich ist, schwer begründen. **Verjährungsfrist (Abs 4):** Abs 4 verweist auf die Vorschriften des Art 494 Abs 4 kroHGG, sodass auf die obigen Ausführungen verwiesen werden kann.

- **Art 502 Abs 4 (Verantwortlichkeit der Verwaltungsmitglieder der abhängigen Gesellschaft im faktischen Konzern):** Neben der herrschenden Gesellschaft sowie deren gesetzlichen Vertretern haften als Gesamtschuldner auch

---

130 *Barbić*, Opći dio[3] 669; *Buljan* in *Gorenc/Ćesić/Buljan/Brkanić*, Komentar kroHGG[4] Art 501 S. 1267.

die Verwaltungsmitglieder der abhängigen Gesellschaft, wenn sie es unter Verletzung ihrer Pflichten unterlassen haben, das nachteilige Rechtsgeschäft oder die nachteilige Maßnahme im Abhängigkeitsbericht (Art 497 kroHGG) anzuführen oder anzugeben, dass die Gesellschaft durch das Rechtsgeschäft oder die Maßnahme benachteiligt wurde und der Nachteil nicht ausgeglichen wurde (Art 502 Abs 1 kroHGG). Unter bestimmten Voraussetzungen sind auch die Mitglieder des Vorstands bzw Verwaltungsrats ersatzpflichtig (Art 502 Abs 2 kroHGG). Hinsichtlich der Geltendmachung der Ersatzansprüche durch die Gesellschaftsgläubiger verweist Art 502 Abs 4 kroHGG ebenfalls auf Art 494 Abs 4 kroHGG, wobei sich auch hier der Verweis nur auf die Ansprüche gegen die Organmitglieder bezieht; hier ist auf die Ausführungen zu Art 501 Abs 4 kroHGG zu verweisen. Keine Pflicht zum Ersatz des Schadens besteht dann, wenn die Handlung auf einem HV-Beschluss beruht (Art 502 Abs 3 kroHGG). Folgt man uneingeschränkt dem Gesetzeswortlaut, so führt dies dazu, dass auch Gesellschaftsgläubiger den Anspruch nicht geltend machen können. Im kroatischen Schrifttum wird dieses Problem nicht thematisiert.[131] Dass dem nicht zu folgen ist, ergibt sich aus den übrigen Haftungsnormen, die den Gläubigeranspruch nicht dadurch beseitigen lassen, dass die pflichtwidrige Handlung auf einem HV-Beschluss beruht (vgl Art 252 Abs 5 kroHGG, Art 273 Abs 4 kroHGG). Diese Schlussfolgerung würde auch der rezipierten deutschen Parallelvorschrift (§ 318 Abs 3 dAktG) entsprechen. **Verjährungsfrist (Abs 4):** Abs 4 verweist auf die Vorschriften des Art 494 Abs 4 kroHGG, sodass auf die obigen Ausführungen verwiesen werden kann.

4. Haftung aufgrund der Beteiligung

a) *Kapitalerhaltungsregeln*

Die Kapitalerhaltungsregeln sind in Kroatien für die AG und die GmbH unterschiedlich ausgestaltet; dabei wird dem deutschen AktG und GmbHG gefolgt, wobei sich im GmbH-Recht auch die Vorbildfunktion des österreichischen GmbHG erkennen lässt, was letztlich jedoch zu (scheinbaren) Unstimmigkeiten führt. Um eine überschaubare Darstellung zu gewährleisten, werden die AG und die GmbH in der Folge gesondert behandelt.

aa) *Aktiengesellschaft*

Dem Grundsatz der Kapitalaufbringung und Kapitalerhaltung entsprechend ist eine Befreiung von der Einlagepflicht bzw eine Rückgewähr der geleisteten Einlagen verboten (Art 216, 217 kroHGG). Durch die Grundsätze der Kapitalaufbringung und Kapitalerhaltung soll verhindert werden, dass die Mehrheit, die einen gewissen Einfluss auf die Verwaltung ausüben kann, von dieser

---

131 Offensichtlich uneingeschränkt dem Gesetzeswortlaut folgend, *Barbić*, Opći dio³ 672; *Buljan* in *Gorenc/Ćesić/Buljan/Brkanić*, Komentar kroHGG⁴ Art 502 S. 1269.

bestimmte Beträge oder Begünstigungen erhält, die letztlich zu einer Schmälerung des Grundkapitals führen. An dieser Stelle ist hervorzuheben, dass im kroatischen Schrifttum kaum Stellungnahmen zum Verbot der Einlagenrückgewähr zu finden sind. Ein entsprechender Rückgriff auf Ausführungen zum rezipierten Recht (§§ 57, 66 dAktG) ist daher auch hier unausweichlich. Dies gilt vor allem in Bezug auf die Voraussetzungen für eine (offene/verdeckte) Einlagenrückgewähr.

Eine Befreiung von der Einlagepflicht ist nur im Rahmen einer ordentlichen Kapitalherabsetzung (bis zur Höhe des herabgesetzten Betrags) oder einer Kapitalherabsetzung durch Einziehung von Aktien zulässig (Art 216 Abs 2 kroHGG). Vom Verbot der Befreiung der Einlagepflicht sind ebenfalls Aufrechnungen durch den Aktionär gegen die Gesellschaft umfasst (Art 216 Satz 1 kroHGG). Damit soll auf jeden Fall gewährleistet werden, dass das in der Satzung festgesetzte Grundkapital aufgebracht wird. Jeder Verstoß gegen dieses Verbot macht ein auf Schuldbefreiung gerichtetes Rechtsgeschäft nichtig, mit der Folge, dass der Aktionär weiterhin Einlagenschuldner bleibt.[132] Die Aktionäre haben daher ausschließlich einen Anspruch auf Dividendenauszahlung.

Sonstige Zahlungen (verdeckte Einlagenrückgewähr) sind unzulässig, wenn sie das Gesellschaftsvermögen mindern, ohne dass der Gesellschaft ein angemessener Gegenwert zufließt.[133] Wann jedoch Leistung und Gegenleistung in einem angemessenen Verhältnis stehen, lässt sich dem Gesetz nicht eindeutig entnehmen. Im kroatischen Schrifttum sind darüber keine Ausführungen zu finden. Hier kann nur der Versuch unternommen werden, in Anlehnung an das Schrifttum zum rezipierten Recht sachgerechte Lösungsansätze vorzuschlagen, die sich unzweifelhaft systematisch in das kroatische Recht der Kapitalerhaltung einordnen lassen. Der Angemessenheitsmaßstab lässt sich in erster Linie Art 225 kroHGG entnehmen, wonach die Gesellschaft für wiederkehrende Leistungen, zu denen sich die Aktionäre neben der Leistung der Einlage in der Satzung verpflichtet haben, eine den Wert der Leistung übersteigende Vergütung nicht zahlen darf. Es erscheint nur sachgerecht, diese Norm auch auf einmalige Leistungen und solche, die nicht in der Satzung begründet sind, entsprechend anzuwenden; somit handelt es sich bei Art 225 kroHGG um eine verallgemeinerungsfähige Norm, die jede Leistung zwischen Gesellschaft und Aktionär erfasst.[134] Würde man diese Norm nämlich nur auf in der Satzung begründete wiederkehrende Leistungen begrenzen, würde dies zur sinnwidrigen Annahme führen, dass einmalige Leistungen oder solche, die nicht in der Satzung begründet sind, auch unangemessen vergü-

---

132 Ćesić in Gorenc/Ćesić/Buljan/Brkanić, Komentar⁴ Art 216 S. 360 mit Verweis auf Hüffer, Aktiengesetz⁹ § 66 Rz 12; siehe auch Bayer in Münchener Kommentar³ § 66 Rz 87 mwN; Cahn in Spindler/Stilz, AktG² § 66 Rz 50 mwN; Solveen in Hölters, Aktiengesetz § 64 Rz 18 mwN.

133 Slakoper, Što je zabranjeno članovima društva s ograničenom odgovornošću, RiF 3/1999, 86; Reich-Rohrwig, Grundsatzfragen der Kapitalerhaltung 116; Cahn/v. Spannenberg in Spindler/Stilz, AktG² § 57 Rz 17, 19 mwN; Solveen in Hölters, Aktiengesetz § 64 Rz 16 ff; Bayer in Münchener Kommentar³ § 57 Rz 37.

134 So auch zum rezipierten österreichischen Recht Reich-Rohrwig, Grundsatzfragen der Kapitalerhaltung 119; Artmann in Jabornegg/Strasser, AktG⁴ § 52 Rz 10 ff.

tet werden dürfen. Dies kann nicht die Intention des Gesetzgebers gewesen sein. Sinngemäß ist also eine Leistung an Aktionäre, die nicht aus dem Bilanzgewinn erfolgt, jedenfalls dann zulässig, wenn der Gesellschaft eine angemessene Gegenleistung gewährt wird.[135] Lässt sich feststellen, dass die Leistung der Gesellschaft jene des Gesellschafters wertmäßig übersteigt, liegt also ein objektives Missverhältnis[136] vor, so ist dies ein Indiz für eine verbotene Einlagenrückgewähr. Doch nicht jedes Geschäft zwischen Gesellschafter und Gesellschaft, dessen Leistungen nicht gleichwertig sind, ist auch unangemessen. Ob sich die Leistungen in einem angemessenen Wertverhältnis gegenüberstehen, ist, sofern es sich um Umsatzgeschäfte handelt, anhand eines Drittvergleichs *(dealing at arms length)* zu überprüfen.[137] Gegenstand dieser Überprüfung ist, ob die Leistung der Gesellschaft jener des Gesellschafters zum Zeitpunkt des Vertragsabschlusses auf dem freien Markt entspricht; genauer: „ob die Gesellschaft das Geschäft unter denselben Bedingungen auch mit einem gesellschaftsfremden Dritten abgeschlossen hätte.[138] Führt der Drittvergleich letztlich zu einem unangemessenen Wertverhältnis zwischen Leistung und Gegenleistung, so ist als letzter Schritt zu prüfen, ob ein ordentlicher und gewissenhafter Geschäftsführer/Vorstand ein solches Geschäft unter denselben Umständen zu diesen Bedingungen ebenfalls abgeschlossen hätte;[139] ist dies zu verneinen, liegt eine verbotene (verdeckte) Einlagenrückgewähr vor. Unter dieser Prämisse muss es zulässig sein, auch ein Geschäft abzuschließen, das insgesamt für die Gesellschaft von Vorteil ist, auch wenn Leistung und Gegenleistung in einem unangemessenen Verhältnis stehen.[140]

Keine Einlagenrückgewähr stellt die Zahlung des Erwerbspreises beim zulässigen Erwerb eigener Aktien durch die Gesellschaft dar (Art 217 Abs 1 kroHGG).

---

135 So auch im Ergebnis zum GmbH-Recht *Slakoper*, Što je zabranjeno članovima društva 86; *Slakoper*, Društvo s ograničenom odgovornošću² 308.

136 So auch die hL zum rezipierten Recht, vgl *Hüffer*, Aktiengesetz⁹ § 57 Rz 8 mwN; *Bayer* in Münchener Kommentar³ § 57 Rz 37; *Cahn/v. Spannenberg* in Spindler/Stilz, AktG² § 57 Rz 19 ; *Artmann* in *Jabornegg/Strasser*, AktG⁴ § 52 Rz 11 mwN; *Reich-Rohrwig*, Grundsatzfragen der Kapitalerhaltung 120 mwN; *Doralt/Winner* in Münchener Kommentar³ § 57 Rz 268.

137 So auch die hL zum rezipierten Recht, vgl *Bayer* in Münchener Kommentar³ § 57 Rz 32 ff mwN; *Hüffer*, Aktiengesetz⁹ § 57 Rz 8; zum österreichischen Recht *Reich-Rohrwig*, Grundsatzfragen der Kapitalerhaltung 121; *Artmann* in *Jabornegg/Strasser*, AktG⁴ § 52 Rz 11 mwN.

138 Vgl *Bayer* in Münchener Kommentar³ § 57 Rz 32; *Hüffer*, Aktiengesetz⁹ § 57 Rz 8; *Cahn/v. Spannenberg* in Spindler/Stilz, AktG² § 57 Rz 21; *Reich-Rohrwig*, Grundsatzfragen der Kapitalerhaltung 121.

139 So auch die hL zum rezipierten Recht; vgl *Cahn/v. Spannenberg* in *Spindler/Stilz*, AktG² § 57 Rz 19; *Fleischer* in *Lutter/K. Schmidt*, Kommentar zum Aktiengesetz (2008) § 57 Rz 12 mwN; *Lutter* in Kölner Kommentar² § 57 Rz 15; *Henze* in Großkommentar Aktiengesetz⁴ § 57 Rz 35; *Doralt/Winner* in Münchener Kommentar³ § 57 Rz 268 ff; *Artmann* in *Jabornegg/Strasser*, AktG⁴ § 52 Rz 11 mwN; zum österreichischen Recht; *Reich-Rohrwig*, Grundsatzfragen der Kapitalerhaltung 120, 122; *Koppensteiner/Rüffler*, GmbHG³ § 82 Rz 16 mwN.

140 So *Doralt/Winner* in Münchener Kommentar³ § 57 Rz 268 mwN; *Saurer* in Doralt/Nowotny/Kalss, AktG² § 52 Rz 71 mwN; *Bayer* in Münchener Kommentar³ § 57 Rz 31 mwN; *Hüffer*, AktG⁹ § 57 Rz 9 mwN.

Gemäß Art 224 kroHGG haben die Aktionäre jene Leistungen, die sie entgegen den Vorschriften des kroHGG empfangen haben, an die Gesellschaft zurück zu gewähren. Bei der Einlagenrückgewähr wird kein subjektiver Maßstab angelegt, sodass es nicht auf das Bewusstsein der Aktionäre ankommt[141] bzw auf das Bewusstsein der Gesellschaft, dass an einen Aktionär eben aufgrund seiner Mitgliedschaft geleistet wird (causa societatis)[142].

An dieser Stelle wird nochmals hervorgehoben, dass die obigen Ausführungen zum Verbot der Einlagenrückgewähr die hM zum rezipierten Recht wiedergeben. Sie sind in Kroatien weder im Schrifttum noch in der Rechtsprechung gefestigt. Daher ist stets zu bedenken, dass in Kroatien zum Kapitalerhaltungsrecht weitgehend Rechtsunsicherheit herrscht.

ab) GmbH

Auch im GmbH-Recht ist dem Grundsatz der Kapitalaufbringung und Kapitalerhaltung entsprechend eine Befreiung von der Einlagepflicht bzw eine Rückgewähr der geleisteten Einlagen verboten (Art 398, 406, 407 kroHGG). Auch hier gilt, dass jeder Verstoß gegen dieses Verbot ein auf Schuldbefreiung gerichtetes Rechtsgeschäft nichtig macht; der Gesellschafter bleibt weiterhin Einlagenschuldner.[143]

Gemäß Art 406 Abs 1 kroHGG können die Gesellschafter ihre geleisteten Einlagen nicht zurückfordern; ihnen steht, solange die Gesellschaft besteht, ein Anspruch auf Auszahlung des Jahresgewinns (Jahresüberschuss) zuzüglich des Gewinnvortrags aus vergangenen Jahren gemindert durch Verlustvorträge aus vergangenen Jahren zu, sofern die Ausschüttung nicht durch Gesetz, Gesellschaftsvertrag oder einen Gesellschafterbeschluss ausgeschlossen ist.

Neben dem Gewinnanspruch haben die Gesellschafter – anders als im Aktienrecht – auch ein Entnahmerecht, welches jedenfalls seine Grundlage im Gesellschaftsvertrag oder Gesellschafterbeschluss haben muss; denn im Gegensatz zu Art 220 Abs 8 kroHGG enthält das GmbH-Recht keine Regelung, wonach die Gesellschafter *„nur"* einen Anspruch auf den „Bilanzgewinn" haben.[144] Zu beachten ist jedoch, dass gemäß Art 407 Abs 1 kroHGG Auszahlungen aus dem Gesellschaftsvermögen, die dem Wert des Grundkapitals

---

141 Ein solcher subjektiver Maßstab wird nur bei der Auszahlung der Dividende gefordert. So haben die Aktionäre eine unzulässig oder überhöht ausbezahlte Dividende nur dann rückzugewähren, wenn sie wussten oder wissen mussten, dass ihnen die Dividende nicht bzw nicht in diesem Umfang zusteht (Art 224 Abs 1 kroHGG).

142 Vgl *Hüffer*, Aktiengesetz⁹ § 57 Rz 11 mwN; *Lutter* in Kölner Kommentar² § 57 Rz 27 mwN; *Bayer* in Münchener Kommentar³ § 57 Rz 45 mwN.

143 So auch zum kroatischen Aktienrecht *Ćesić* in *Gorenc/Ćesić/Buljan/Brkanić*, Komentar⁴ Art 216 S. 360; so auch die hM zum rezipierten Recht *Schneider/Westermann* in *Scholz*, GmbHG¹⁰ § 19 Rz 41, 68; *Hueck/Fastrich* in *Baumbach/Hueck*, GmbH¹⁹ § 19 Rz 32; *Roth* in *Roth/Altmeppen*, GmbHG⁶ § 19 Rz 23, 29; so zum Aktienrecht auch *Ćesić* in *Gorenc/Ćesić/Buljan/Brkanić*, Komentar⁴ Art 216 S. 360 mit Verweis auf *Hüffer*, Aktiengesetz⁹ § 66 Rz 12; siehe auch *Bayer* in Münchener Kommentar³ § 66 Rz 87 mwN.

144 So auch zum rezipierten Recht *Hommelhoff* in *Lutter/Hommelhoff*, GmbHG¹⁷ § 29 Rz 47.

entsprechen, grundsätzlich unzulässig sind. Mit anderen Worten: Das zur Erhaltung des Grundkapitals erforderliche Gesellschaftsvermögen darf nicht an die Gesellschafter ausbezahlt werden. Daher können Zahlungen an Gesellschafter – eine vollwertige Gegenleistung vorausgesetzt – bereits abseits eines Gewinnverwendungsbeschlusses erfolgen; eine gesellschaftsvertragliche oder durch Gesellschafterbeschluss gedeckte Grundlage ist jedenfalls erforderlich.[145]

Somit ähnelt diese Bestimmung der deutschen Parallelvorschrift in § 30 dGmbHG. Zu Unrecht wird in der kroatischen Literatur zum Teil die Meinung vertreten, Art 407 Abs 1 kroHGG sei mit § 83 öGmbHG identisch[146], denn in Österreich wird sowohl im Aktienrecht als auch im GmbH-Recht das Gesamtvermögen und nicht bloß jenes, das zur Deckung der Grundkapitalziffer erforderlich ist, geschützt. Leistungen, die diesen rechnerischen Wert nicht übersteigen und ihre Grundlage im Gesellschaftsvertrag oder einem Gesellschafterbeschluss haben, können daher in Kroatien an Gesellschafter ausbezahlt werden, ohne dass ein Verstoß gegen Art 407 Abs 1 kroHGG vorliegt.[147] Zu beachten ist jedoch, dass auch in diesem Fall, obwohl die Leistung aus nicht gebundenem Vermögen erfolgt, ein Verstoß gegen das Verbot der Einlagenrückgewähr iSd Art 406 Abs 1 Satz 1 kroHGG vorliegen kann, sofern der Gesellschaft keine gleichwertige Gegenleistung gewährt wird.[148] Zwar wird auf den ersten Blick suggeriert, das kroatische Recht folge einem Kapitalerhaltungsrecht nach deutschem Vorbild, doch enthält das kroatische – wie auch das österreichische – Recht im Gegensatz zum deutschen Vorbild ein allgemeines Verbot der Einlagenrückgewähr.[149]

Wenn also die Leistung an den Gesellschafter zwar aus freiem Vermögen erfolgt, sie jedoch nicht in einem angemessenen Wertverhältnis zur Leistung des Gesellschafters steht (Art 406 Abs 3 kroHGG; Vergütung für Nebenleistungen als verallgemeinerungsfähige Norm), liegt ein Verstoß gegen Art 406 Abs 1 kroHGG (Verbot der Einlagenrückgewähr) vor, der ebenfalls von Art 407 Abs 2 kroHGG erfasst ist und in der Folge zur Rückzahlung verpflichtet. An dieser Stelle wird hinsichtlich der Prüfung der Angemessenheit der von der Gesellschaft und dem Gesellschafter zu erbringenden bzw erbrachten Leistungen auf

---

145 So auch zum rezipierten deutschen Recht *Hommelhoff* in *Lutter/Hommelhoff*, GmbHG[17] § 29 Rz 45 ff; *Goerdeler/Müller* in *Hachenburg,* GmbHG[8] § 29 Rz 122.

146 So *Slakoper*, Obveza povrata nedopušteno primljenog i odgovornost članova, HGR 6/1999, 68; *Slakoper*, Društvo 300.

147 *Slakoper*, Društvo 301, 309; so auch die deutsche hL, vgl *Hueck/Fastrich* in *Baumbach/Hueck*, GmbH[19] § 30 Rz 21; *Westermann* in *Scholz*, GmbHG[10] § 30 Rz 31; *Altmeppen* in *Roth/Altmeppen*, GmbHG[6] § 30 Rz 20 f.

148 So im Ergebnis auch *Širola*, Odgovornost člana društva s ogrančenom odgovornošću za nedopušten zahvat u imovinu društva, Zbornik Pravnog fakulteta u Zagrebu 2011, 1691, der auch in diesem Fall ebenfalls eine gleichwertige Gegenleistung fordert; vgl auch *Slakoper*, Društvo 301; *Reich-Rohrwig*, Grundsatzfragen der Kapitalerhaltung 96, 116.

149 Zur Rechtslage in Deutschland vgl *Hueck/Fastrich* in *Baumbach/Hueck*, GmbH[19] § 30 Rz 21; *Westermann* in *Scholz*, GmbHG[10] § 30 Rz 31; *Altmeppen* in *Roth/Altmeppen*, GmbHG[6] § 30 Rz 20; anders hingegen das deutsche Aktienrecht, vgl § 57 dAktG.

die obigen Ausführungen zum Aktienrecht sinngemäß verwiesen (als GmbH-rechtliches Pendant zur aktienrechtlichen Angemessenheitsnorm [Art 225 kroHGG] kommt Art 406 Abs 3 kroHGG [Angemessene Vergütung von Nebenleistungen] in Betracht).[150] So wird letztlich nicht nur das Reinvermögen in der Höhe der Stammkapitalziffer geschützt, sondern darüber hinaus das gesamte Vermögen. Dies ergibt sich daraus, dass der kroatische Gesetzgeber sowohl das österreichische (Art 407 Abs 2 kroHGG iVm Art 406 Abs 1 kroHGG) als auch das deutsche (Art 407 Abs 1 kroHGG) Kapitalerhaltungsrecht übernommen hat und damit Vorschriften, die jedoch nicht unbedingt miteinander unvereinbar sind. So sind Zahlungen, die nicht als offene Gewinnausschüttung zu deuten sind, verboten und somit, sofern Leistung und Gegenleistung in einem betrieblich nicht gerechtfertigten unangemessenen Verhältnis stehen, gemäß Art 406 Abs 1 iVm Art 407 Abs 2 kroHGG zurück zu gewähren. Handelt es sich jedoch um eine offene Gewinnausschüttung, so ist Art 407 Abs 1 kroHGG (Stammkapitalziffer) maßgeblich. Denn die Kapitalerhaltungsvorschriften hinsichtlich der Stammkapitalziffer sind auf jede Leistung an den Gesellschafter anzuwenden und somit auch auf Gewinnausschüttungen.[151] Ein trotz Unterbilanz gefasster Gewinnverwendungsbeschluss ist nichtig (Art 448 iVm Art 355 Z 3 kroHGG).[152] *Barbić*[153] nimmt hier Anfechtbarkeit an und begründet dies ua damit, dass die Nichtigkeit nicht mit der Gewinnbezugsvorschrift eines Gutgläubigen in Art 407 Abs 2 kroHGG vereinbar ist; denn im Falle der Nichtigkeit wäre der (gutgläubige) Bezieher des Gewinns zur Rückerstattung verpflichtet. Dem ist nicht zu folgen, denn Art 407 Abs 2 kroHGG unterscheidet weder zwischen wirksamen noch unwirksamen Gewinnverwendungsbeschlüssen. Dort heißt es: *„Gesellschafter, die von der Gesellschaft eine Leistung entgegen den Vorschriften dieses Gesetzes, des Gesellschaftsvertrages oder einem Gesellschaftsbeschluss erhalten haben, sind zum Rückersatz verpflichtet. Ein Gesellschafter, der die Leistungen auf Grundlage einer Gewinnverwendung im guten Glauben erhalten hat, kann die Leistungen insoweit behalten, als sie nicht zur Befriedigung der Gläubiger erforderlich sind."* Das Gesetz macht somit den Rückersatz allgemein von einem Verstoß abhängig. Damit ist gemeint, dass sowohl unwirksame[154] als auch – sofern man Anfechtbarkeit annimmt – wirksame Gewinnverwendungsbeschlüsse, die gegen das Verbot der Einlagenrückgewähr verstoßen (Verstoß gegen Art 407 Abs 1 kroHGG)[155], grundsätzlich zu einem

---

150 Den obigen Ansätzen zum GmbH-Recht des rezipierten Rechts folgend *Koppensteiner/Rüffler*, GmbHG³ § 82 Rz 16 mwN; *Bauer/Zehetner* in *Straube*, GmbHG § 82 Rz 61 mwN; *Reich-Rohrwig*, Grundsatzfragen der Kapitalerhaltung 121 ff.

151 *Barbić*, Društvo s ograničenom odgovornošču⁵ 286; vgl hL zum deutschen Recht *Emmerich* in *Scholz*, GmbHG¹⁰ § 29 Rz 85 mwN; *Hueck/Fastrich* in *Baumbach/Hueck*, GmbH¹⁹ § 29 Rz 56; *Roth* in *Roth/Altmeppen*, GmbHG⁶ § 29 Rz 54.

152 So die hL zum rezipierten deutschen Recht *Emmerich* in *Scholz*, GmbHG¹⁰ § 29 Rz 85 mwN; *Hueck/Fastrich* in *Baumbach/Hueck*, GmbH¹⁹ § 30 Rz 66 mwN.

153 *Barbić*, Društvo s ograničenom odgovornošču⁵ 286.

154 So auch *Hueck/Fastrich* in *Baumbach/Hueck*, GmbH¹⁹ § 29 Rz 44.

155 Siehe zum deutschen Recht *Hüffer*, Aktiengesetz⁹ § 62 Rz 7; *Bayer* in Münchener Kommentar³ § 62 Rz 36 ff.

Rückersatz verpflichten, es sei denn, der Gesellschafter war gutgläubig. Weiters spricht das Gesetz vom Gewinnbezug auf Grundlage einer Gewinnverwendung, setzt aber nicht deren Wirksamkeit voraus. Daher „profitiert" ein gutgläubiger Gesellschafter im Falle eines Verstoßes gegen das Kapitalerhaltungsgebot zwingend auch dann, wenn der Gewinnverwendungsbeschluss unwirksam (nichtig) war. Aber auch für den Fall, dass keine Verletzung von Kapitalerhaltungsvorschriften vorliegt und der Gewinnverwendungsbeschluss trotzdem nichtig ist, greift der Gutglaubenserwerb des Art 407 Abs 2 kroHGG, da dieser nicht allein auf die Verletzung von Art 407 Abs 1 kroHGG (so aber § 31 dGmbHG) abstellt, sondern jeden Gesetzesverstoß erfasst. Denn auch eine auf Grundlage eines unwirksamen Gewinnverwendungsbeschlusses erhaltene Leistung ist gesetzlich unzulässig.[156] In diesem letztgenannten Fall ist jedoch zu berücksichtigen, dass neben dem Erstattungsanspruch nach Art 407 Abs 2 kroHGG auch zivilrechtliche Bereicherungsansprüche (Art 322 Abs 1 kroSchuldRG) Anwendung finden, da das Verpflichtungsgeschäft (Gewinnverwendungsbeschluss) in diesem Fall nichtig ist;[157] Art 407 Abs 2 kroHGG geht jedoch als gesellschaftsrechtlicher Anspruch als *lex specialis* vor.

Die Herausforderung, die sich bei einer offenen Gewinnausschüttung stellt, ist, dass bei jeder Auszahlung[158] an die Gesellschafter das Verhältnis des Grundkapitals zum gesamten Gesellschaftsvermögen zu ermitteln ist. Dabei sind vom auf der Aktivseite der Bilanz ausgewiesenen Vermögen das auf der Passivseite ausgewiesene Grundkapital und die Verbindlichkeiten in Abzug zu bringen.[159] Entspricht das Vermögen der Aktivseite der Summe dieser Passivseite, reicht das Vermögen zur Deckung des Grundkapitals aus. Jenes Vermögen, das über das Grundkapital hinausreicht, steht grundsätzlich zur Auszahlung frei. Liegt es jedoch darunter, so liegt eine Unterbilanz vor.[160] Die Gesellschaft wird jedoch erst am Jahresende mit der Erstellung des Jahresfinanzberichts völlige Gewissheit darüber haben, wie hoch das Gesellschaftsvermögen ist und ob eine Auszahlung mit Art 407 Abs 1 Satz 1 kroHGG vereinbar ist.[161] Zu diesem Zeitpunkt wird sie auch in der Lage sein, einen Beschluss über die Gewinnverwendung zu fassen, sodass in der Folge der Gesellschafter ohnehin einen Anspruch auf Beteiligung am Gewinn hat. Die Beurteilung der Zulässigkeit einer Auszahlung während des laufenden Geschäftsjahres ist ua mit hohen Bewertungskosten verbunden, sodass die praktische Anwendbarkeit dieser Vorschrift zu hinterfragen ist.[162] Doch auch bei Leistungen an Gesellschafter aus nicht gebundenem Ver-

---

156 Siehe zum deutschen Recht *Hüffer*, Aktiengesetz[9] § 62 Rz 7; *Bayer* in Münchener Kommentar[3] § 62 Rz 36 ff.

157 Vgl *Hueck/Fastrich* in *Baumbach/Hueck*, GmbH[19] § 31 Rz 4 mwN.

158 *Hueck/Fastrich* in *Baumbach/Hueck*, GmbH[19] § 30 Rz 22.

159 *Slakoper*, Društvo 308; *Westermann* in *Scholz*, GmbHG[10] § 30 Rz 15.

160 Vgl *Širola*, Odgovornost članova društva s ogrančenom odgovornošču, Zbornik Pravnog fakulteta u Zagrebu 2011, 1690; *Hueck/Fastrich* in *Baumbach/Hueck*, GmbH[19] § 30 Rz 19; *Westermann* in *Scholz*, GmbHG[10] § 30 Rz 15.

161 Siehe auch *Slakoper*, Što je zabranjeno članovima društva 86.

162 So auch *Reich-Rohrwig*, Grundsatzfragen der Kapitalerhaltung 101.

mögen ist die Haftung der Verwaltungsmitglieder für den Fall zu beachten, dass die Gesellschaft vor allem bei geringem Grundkapital zahlungsunfähig wird und damit in Insolvenz gerät.

• Gesetzliche Ausnahmen vom Verbot der Einlagenrückgewähr

Das GmbH-Recht enthält einige Ausnahmen vom Verbot der Einlagenrückgewähr. So gilt das auf das Grundkapital beschränkte Verbot der Einlagenrückgewähr nicht bei Leistungen, die aufgrund eines Beherrschungs- oder Gewinnabführungsvertrags erfolgen (Privilegierung des Cash-Pooling) sowie Leistungen, die durch einen gleichwertigen Gegenleistungs- oder Rückgewähranspruch gegen den Gesellschafter gedeckt sind (Aktivtausch, „Forderung gegen Geld"); dies gilt auch für Ansprüche auf Rückgewähr eines kapitalersetzenden Darlehens sowie Forderungen aus einem solchen Darlehen wirtschaftlich entsprechenden Rechtsgeschäften (Art 407 Abs 1 Satz 2 kroHGG). Dh, dass Zahlungen, die mit einer gleichwertigen Gegenleistung (praktische Bedeutung vor allem bei verdeckter Einlagenrückgewähr) verbunden sind, auch bei Überschreitung der Grundkapitalziffer zulässig sind.[163] Ob die Gegenleistung gleichwertig ist, ist anhand eines Drittvergleichs (siehe dazu die obigen Ausführungen zum Aktienrecht) zu ermitteln.[164] Hält die Leistung an den Gesellschafter dem Fremdvergleich stand, liegt keine verbotene Einlagenrückgewähr vor. Auch im GmbH-Recht gilt, dass es nur auf ein objektives Missverhältnis ankommt; subjektive Elemente *(causa societatis)* scheiden aus.[165]

• Rechtsfolgen unzulässiger Einlagenrückgewähr

Aktiengesellschaft

Art 224 kroHGG lässt sich nicht entnehmen, welche Rechtsfolgen ein Verstoß gegen das Verbot der Einlagenrückgewähr für das Rechtsgeschäft bewirkt. Die kroatische Rspr sowie ein Teil der Lehre vertreten die Auffassung, dass ein solcher Verstoß zur Nichtigkeit des Rechtsgeschäfts führt (Art 322

---

163 Siehe *Slakoper*, Što je zabranjeno članovima društva 86; *Slakoper*, Društvo 308; *Westermann* in *Scholz*, GmbHG[10] § 30 Rz 32.

164 So die hL zur rezipierten deutschen Parallelbestimmung, vgl *Westermann* in *Scholz*, GmbHG[10] § 30 Rz 33; *Heidinger* in *Michalski*, GmbHG[2] § 30 Rz 187; *Altmeppen* in *Roth/Altmeppen*, GmbHG[6] § 30 Rz 75; *Hueck/Fastrich* in *Baumbach/Hueck*, GmbH[19] § 30 Rz 29; *Ekkenga* in Münchener Kommentar zum GmbHG (2010) § 30 Rz 236,238.

165 Vgl die dt hL *Altmeppen* in *Roth/Altmeppen*, GmbHG[6] § 30 Rz 75; *Hueck/Fastrich* in *Baumbach/Hueck*, GmbH[19] § 29 Rz 70; vgl aber auch *Pentz* in *Rowedder/Schmidt-Leithoff*, GmbHG[4] § 30 Rz 31, der von der causa societatis in dem Sinne spricht, dass nur Auszahlungen unzulässig sind, die ihre Grundlage im Gesellschaftsverhältnis haben; so auch *Goerdeler/Müller* in *Hachenburg*, GmbHG[8] § 30 Rz 59; *Westermann* in *Scholz*, GmbHG[10] § 31 Rz 32 mwN. Dem ist aus objektiver Betrachtung zuzustimmen, jedoch soll nicht gefordert werden, dass die Gesellschaft auch von der Gesellschafterstellung des Partners weiß (subjektives Element).

kroSchuldRG).[166] Dem ist mE nicht zu folgen. Art 322 kroSchuldRG normiert, dass ein Rechtsgeschäft, das gegen ein gesetzliches Verbot verstößt (Art 217 kroHGG ist solch eine Norm), dann nicht nichtig ist, wenn aus dem Zweck der verletzten Norm oder aus dem Gesetz eine andere Rechtsfolge abzuleiten ist. Die Nichtigkeit eines Rechtsgeschäfts hat demnach dann zu unterbleiben, wenn deren Ausbleiben dem Sinn und Zweck des Verbotsgesetzes besser gerecht wird.[167] Zweck des Art 217 kroHGG ist nicht die Erhaltung bestimmter Vermögensgegenstände, sondern die Erhaltung des Gesellschaftsvermögens.[168] Verboten ist demnach nicht das Rechtsgeschäft, sondern die Vermögensschmälerung.[169] Diesem Zweck wird, so wie auch im GmbH-Recht, durch die Rückerstattungsnorm des Art 224 Abs 1 kroHGG entsprochen. Daher bedarf es nicht des Rückgriffs auf Art 322 kroSchuldRG und damit einhergehend auf bereicherungsrechtliche Rückabwicklungsansprüche, denn dies würde unausweichlich zu einer Rückabwicklung des Geleisteten führen und somit die Möglichkeit eines Wertausgleichs verhindern. Dies ist jedoch durch Art 224 kroHGG nicht beabsichtigt. Mit der Rückgewähr des Geleisteten meint diese Norm lediglich, dass die rechtmäßige Vermögenssituation der Gesellschaft wieder hergestellt[170] bzw die Vermögensschmälerung ausgeglichen wird[171], was auch durch einen Wertausgleich geschehen kann. Art 224 Abs 1 kroHGG ist vielmehr als ein spezieller aktienrechtlicher Rückabwicklungsanspruch zu verstehen, der eine *lex specialis* zur Nichtigkeitsnorm des Art 322 kroSchuldRG darstellt.[172] Auch die Vereinbarkeit der Nichtigkeitsfolgen mit der eingeschränkten Rückgewährpflicht eines gutgläubigen Aktionärs iSd Art 224 Abs 1 kroHGG ist äußerst fraglich.[173] Das Rechtsgeschäft ist somit nicht als nichtig anzusehen. Dies hat zur Folge, dass die Gesellschaft entweder das bereits Geleistete in natura zurück-

---

166 Siehe *Gorenc* in *Gorenc/Ćesić/Buljan/Brkanić*, Komentar[4] Art 217 S. 361; *Slakoper*, Društvo[2] 310; Entscheidung des Hohen Handelsgerichts der Republik Kroatien Pž-1006/98 vom 24.3.1998; für die Nichtigkeit im deutschen Aktienrecht ebenso *Hüffer*, Aktiengesetz[9] § 57 Rz 23; *Lutter* in Kölner Kommentar[2] § 57 Rz 62 f mwN; *Henze* in Großkommentar Aktiengesetz[4] § 57 Rz 201 ff; *Wiesner* in *Hoffmann-Becking*, Münchener Handbuch[2] AG § 16 Rz 52 mwN; gegen die Nichtigkeit im deutschen Aktienrecht siehe *Solveen* in *Hölters*, Aktiengesetz § 57 Rz 28 mwN; *Drygala* in Kölner Kommentar[3] § 57 Rz 132 ff mwN; *Altmeppen* in *Roth/Altmeppen*, GmbHG[6] § 30 Rz 80; *K. Schmidt*, Gesellschaftsrecht[4] § 29 II b; *Bayer* in Münchener Kommentar[3] § 57 Rz 165, § 62 Rz 47; *Mayer-Maly/Armbrüster* in Münchener Kommentar zum BGB[4] (2001) § 134 Rz 72; kritisch *Cahn/v. Spannenberg* in *Spindler/Stilz*, AktG[2] § 57 Rz 87; im österreichischen Aktienrecht *Rüffler* in *Koppensteiner/Rüffler*, Die Bestellung von Sicherheiten durch eine Kapitalgesellschaft für Verbindlichkeiten ihrer Gesellschafter, GesRZ 1999, 86 ff, 90.

167 So auch zum deutschen Recht *Mayer-Maly/Armbrüster* in Münchener Kommentar zum BGB[4] § 134 Rz 1; *Cahn/v. Spannenberg* in *Spindler/Stilz*, AktG[2] § 57 Rz 87.

168 Vgl *Bayer* in Münchener Kommentar[3] § 57 Rz 10, § 62 Rz 48; *K. Schmidt*, Gesellschaftsrecht[4] § 29 II b; *Solveen* in *Hölters*, Aktiengesetz § 57 Rz 28 mwN.

169 *K. Schmidt*, Gesellschaftsrecht[4] § 29 II b, bb.

170 *K. Schmidt*, Gesellschaftsrecht[4] § 29 II 2b aa, bb.

171 *K. Schmidt*, Gesellschaftsrecht[4] § 29 II 2b.

172 So zum deutschen Recht auch *Mayer-Maly/Armbrüster* in Münchener Kommentar zum BGB[4] § 134 Rz 72.

173 So zum deutschen Recht auch *Westermann* in *Scholz*, GmbHG[10] § 30 Rz 12.

fordern kann oder ein Wertausgleich durch den Aktionär zu leisten ist.[174] Eine zwingende gegenständliche Rückgewähr ergibt sich aus Art 224 Abs 1 kroHGG – im Gegensatz zu bereicherungsrechtlichen Rückabwicklungsansprüchen als Folge einer Nichtigkeit[175] – nicht.[176]

Auch ist ein Missbrauch der Vertretungsmacht in Betracht zu ziehen, der mangels Schutzbedürftigkeit des Aktionärs zu einer Unwirksamkeit des Rechtsgeschäfts führt.[177] Dies setzt jedoch voraus, dass dem Aktionär die Sorgfaltspflichtverletzung der Verwaltung auffallen musste (siehe dazu auch die Ausführungen zum GmbH-Recht).

Werden Leistungen als Dividenden entgegengenommen, so besteht eine Rückgewährpflicht nur dann, wenn die Gesellschaft den Nachweis erbringt, dass die Aktionäre wussten oder wissen mussten, dass sie keinen Anspruch auf Auszahlung der Dividende hatten (Art 224 Abs 1 Satz 2 kroHGG). Somit ist im Aktienrecht die Beweislast in diesem Punkt anders verteilt als im GmbH-Recht (siehe dazu sogleich). Eine Ausfallshaftung der übrigen Aktionäre gibt es, im Gegensatz zum GmbH-Recht, nicht.

GmbH

Auch im GmbH-Recht sind die Rechtsfolgen eines entgegen dem Verbot der Einlagenrückgewähr getätigten Geschäfts unklar. Art 407 Abs 2 kroHGG sieht lediglich vor, dass die Gesellschafter Zahlungen der Gesellschaft, die entgegen den gesetzlichen Vorschriften, dem Gesellschaftsvertrag oder einem Gesellschaftsbeschluss geleistet wurden, der Gesellschaft zurück zu erstatten sind. Leistet somit die Gesellschaft an den Gesellschafter eine Zahlung, die zur Erhaltung des Grundkapitals erforderlich ist (Unterbilanz, Art 407 Abs 1 kroHGG), oder stehen Leistung und Gegenleistung in einem unangemessenen Wertverhältnis, steht der Gesellschaft ein Erstattungsanspruch zu. Dies gilt nur dann nicht, wenn der Gesellschafter einen Gewinnanteil im guten Glauben empfangen hat, insoweit die erhaltene Leistung nicht zur Befriedigung der Gläubiger erforderlich ist (Art 407 Abs 2 letzter Satz kroHGG). Der gute Glaube hat sich dabei darauf zu erstrecken, dass der Gesellschafter den Gewinnanteil beziehen darf, er also zum Bezug materiell berechtigt ist; er muss davon ausgehen, dass ein ordnungsgemäßer Jahresfinanzbericht aufgestellt und wirksam festgestellt wurde.[178] Weiters muss sich der Gesellschafter darauf verlassen können, dass

---

174 *Bayer* in Münchener Kommentar AktG³ § 62 Rz 49 ff; dies ist auch die deutsche hM im GmbH-Recht, siehe dazu *Hueck/Fastrich* in *Baumbach/Hueck*, GmbHG¹⁹ § 30 Rz 67 mwN; *Altmeppen* in *Roth/Altmeppen*, GmbHG⁶ § 30 Rz 79 mwN; *Westermann* in *Scholz*, GmbHG¹⁰ § 30 Rz 14 sowie Vorauflage Rz 12; *Pentz* in *Rowedder/Schmidt-Leithoff*, GmbHG⁴ § 30 Rz 45; *Haidinger* in *Michalski*, GmbHG² § 30 Rz 87.

175 Vgl auch *Cahn/v. Spannenberg* in *Spindler/Stilz*, AktG² § 57 Rz 87 aE.

176 Vgl zum rezipierten deutschen Recht *Bayer* in Münchener Kommentar³ § 62 Rz 49; aM *Doralt/Winner* in Münchener Kommentar³ § 62 Rz 131 ff.

177 Vgl *Bayer* in Münchener Kommentar³ § 57 Rz 171 ff.

178 *Slakoper*, Obveza povrata nedopušteno primljenog 69; *Reich-Rohrwig*, Grundsatzfragen der Kapitalerhaltung 172; *Pentz* in *Rowedder/Schmidt-Leithoff*, GmbHG⁴ § 32 Rz 9.

durch die Auszahlung das Gesellschaftsvermögen nicht unter die Grundkapital-ziffer herabgesetzt wurde und der Auszahlung ein wirksamer Gewinnverwen-dungsbeschluss[179] zugrunde liegt.[180] Für die Beurteilung der Gutgläubigkeit ist der Zeitpunkt des Empfangs der Leistung maßgeblich.[181] Bloß leicht fahrlässige Unkenntnis begründet noch keinen schlechten Glauben.[182]

Dem Gesellschafter obliegt es, seinen guten Glauben zu beweisen.[183] Er hat ua zu beweisen, dass er in Unkenntnis eines nicht wirksamen Gewinnverwendungs-beschlusses war.[184] Der Beweis der Unkenntnis der Vermögenslage und somit der Unterbilanz, die von der Gesellschaft zu beweisen ist, wird dem Gesellschaf-ter eher dann leichter fallen, wenn die Leistung an ihn mitten im laufenden Ge-schäftsjahr erfolgt ist, wobei im Einzelfall auf die Höhe der gewährten Leistung sowie die Lage der Gesellschaft abzustellen ist. Neben dem Beweis der Unterbi-lanz obliegt der Gesellschaft auch der Nachweis, dass sie nicht in der Lage ist, die Gläubiger zu befriedigen; dies kann sowohl durch einen Insolvenzgrund als auch durch vorübergehende Zahlungsschwierigkeiten bedingt sein.[185]

Der Erstattungsanspruch kann von jedem einzelnen Gesellschafter im eige-nen Namen auf Rechnung der Gesellschaft geltend gemacht werden, um zu verhindern, dass ein Mehrheitsgesellschafter durch entsprechende Einflussaus-übung die Geltendmachung des Anspruchs zu Lasten der Gesellschafter verhin-dert.[186] Eine Geltendmachung durch Gläubiger, wie es Art 224 Abs 2 kroHGG für das Aktienrecht vorsieht, ist in Art 407 kroHGG nicht vorgesehen. Den-noch spricht nichts dagegen, dass die Gesellschaft ihren Anspruch an einen Gläubiger abtritt;[187] dabei ist jedoch zu beachten, dass der Gesellschaft für die Abtretung eine vollwertige Gegenleistung zufließt.[188] Der Erstattungsan-spruch der Gesellschaft erlischt nicht durch eine nachträgliche Auffüllung des Gesellschaftsvermögens bis zur Höhe des Grundkapitals.[189]

---

179 *Hueck/Fastrich* in *Baumbach/Hueck*, GmbH[19] § 32 Rz 6; *Westermann* in *Scholz*, GmbHG[10] § 32 Rz 8.

180 *Barbić*, Društvo s ograničenom odgovornošču[5] 296.

181 Vgl *Pentz* in *Rowedder/Schmidt-Leithoff*, GmbHG[4] § 31 Rz 23, 30; *Hueck/Fastrich* in *Baum-bach/Hueck*, GmbH[19] § 31 Rz 18.

182 Vgl *Hueck/Fastrich* in *Baumbach/Hueck*, GmbH[19] § 31 Rz 18, § 32 Rz 6; *Pentz* in *Rowedder/Schmidt-Leithoff*, GmbHG[4] § 31 Rz 21 f, § 32 Rz 10; *Westermann* in *Scholz*, GmbHG[10] § 31 Rz 19, § 32 Rz 8 mwN.

183 *Slakoper*, Obveza povrata nedopušteno primljenog 69; *Barbić*, Društvo s ograničenom odgovornošču[5] 296; *Bauer/Zehetner* in *Straube*, GmbHG § 83 Rz 45; *Westermann* in *Scholz*, GmbHG[10] § 31 Rz 21 mwN.

184 *Pentz* in *Rowedder/Schmidt-Leithoff*, GmbHG[4] § 32 Rz 13 mwN; *Hommelhoff* in *Lutter/Hommelhoff*, GmbHG[17] § 32 Rz 8 mwN; *Hueck/Fastrich* in *Baumbach/Hueck*, GmbH[19] § 32 Rz 6 mwN.

185 Vgl *Westermann* in *Scholz*, GmbHG[10] § 31 Rz 21 mwN.

186 Vgl *Barbić*, Društvo s ograničenom odgovornošču[5] 297; *Ćesić* in *Gorenc/Ćesić/Buljan/ Brkanić*, Komentar[4] Art 407 S. 948.

187 *Barbić*, Društvo s ograničenom odgovornošču[5] 297.

188 Vgl *Westermann* in *Scholz*, GmbHG[10] § 31 Rz 9; aA *Hommelhoff* in *Lutter/Hommelhoff*, GmbHG[17] § 31 Rz 4.

189 *Hueck/Fastrich* in *Baumbach/Hueck*, GmbH[19] § 31 Rz 17; *Westermann* in *Scholz*, GmbHG[10] § 31 Rz 6.

Welche Rechtsfolgen ein Verstoß für das Rechtsgeschäft hat, lässt sich aus dem Gesetzeswortlaut nicht ermitteln. Hier liegt die Annahme nahe, dass eine unzulässige Leistung zur Nichtigkeit des Rechtsgeschäfts führt[190] (Art 322 Abs 1 kroSchuldRG). Die deutsche hM vertritt jedoch die Auffassung, dass das Geschäft nicht nichtig sei.[191] Dies vor allem aus dem Grund, dass idR zum Zeitpunkt der Leistung an den Gesellschafter eine Beurteilung der Zulässigkeit hinsichtlich der Stammkapitalziffer nicht möglich sein wird, sodass eine Nichtigkeit des Rechtsgeschäfts nicht sinnvoll erscheint;[192] die Nichtigkeit ließe sich somit erst zu einem späteren Zeitpunkt (ex post) feststellen, was letztlich zu einer Rechtsunsicherheit führt.[193] Weiters soll Art 31 dAktG (entspricht Art 407 kroHGG [Rückgewähr des unzulässig Empfangenen]) spezielle und abschließende Rechtsfolgen enthalten, die jenen des Zivilrechts vorgehen.[194] Es handelt sich hierbei somit um keinen bereicherungsrechtlichen Anspruch.[195] Darüber hinaus sind die Nichtigkeitsfolgen nicht mit der eingeschränkten Rückgewährpflicht eines gutgläubigen Gesellschafters iSd Art 407 Abs 2 kroHGG vereinbar.[196] Dieser Ansicht ist mE zu folgen, da Art 407 kroHGG – wie bereits oben zum Aktienrecht ausgeführt – eine *lex specialis* zu den Nichtigkeitsfolgen des Art 322 kroSchuldRG darstellt.[197] Denn auch im GmbH-Recht sollen nicht bestimmte Vermögensgegenstände der Gesellschaft, sondern deren (rechnerisches) Vermögen geschützt werden;[198] nicht das Rechtsgeschäft ist verboten, sondern die Vermögensschmälerung.[199] Somit kann hier auf die obigen Ausführungen, die auch für das GmbH-Recht gelten, verwiesen werden.

Auch hier ist ein Missbrauch der Vertretungsmacht zu erwägen. Hat der Gesellschafter, an den geleistet wird, Kenntnis darüber oder musste ihm auffallen, dass das Verwaltungsmitglied seine Pflichten verletzt und missbräuchlich

---

190 So ein Teil die Rechtsauffassssung zum kroatischen Aktienrecht, vgl *Gorenc* in *Gorenc/Ćesić/Buljan/Brkanić*, Komentar[4] Art 217 S. 361; *Slakoper*, Društvo[2] 310; Entscheidung des Hohen Handelsgerichts der Republik Kroatien Pž-1006/98 vom 24.3.1998.

191 Siehe *Hueck/Fastrich* in *Baumbach/Hueck*, GmbH[19] § 30 Rz 67 mwN; *Altmeppen* in *Roth/Altmeppen*, GmbHG[6] § 30 Rz 79 mwN; *Westermann* in *Scholz*, GmbHG[10] § 30 Rz 14 sowie Vorauflage Rz 12; *Pentz* in *Rowedder/Schmidt-Leithoff*, GmbHG[4] § 30 Rz 45; *Haidinger* in *Michalski*, GmbHG[2] § 30 Rz 87.

192 *Pentz* in *Rowedder/Schmidt-Leithoff*, GmbHG[4] § 30 Rz 45.

193 *Haidinger* in *Michalski*, GmbHG[2] § 30 Rz 87.

194 *Westermann* in *Scholz*, GmbHG[10] § 30 Rz 12; *Mayer-Maly/Armbrüster* in Münchener Kommentar zum BGB[4] § 134 Rz 72.

195 Vgl *Westermann* in *Scholz*, GmbHG[9] § 31 Rz 1; *Hueck/Fastrich* in *Baumbach/Hueck*, GmbH[19] § 31 Rz 2 mwN.

196 So auch zur deutschen Parallelbestimmung *Westermann* in *Scholz*, GmbHG[10] § 30 Rz 12.

197 Vgl auch *Bayer* in Münchener Kommentar[3] § 57 Rz 146.

198 So auch ein überwiegender Teil der dt Lehre zur rezipierten deutschen Parallelbestimmung, *Hueck/Fastrich* in *Baumbach/Hueck*, GmbH[19] § 30 Rz 35; *Bayer* in Münchener Kommentar[3] § 57 Rz 144; *Altmeppen* in *Roth/Altmeppen*, GmbHG[6] § 30 Rz 79; *Haidinger* in *Michalski*, GmbHG[2] § 30 Rz 87; *K.Schmidt*, Gesellschaftsrecht[4] § 37 III 2c; zum österreichischen Recht auch *Rüffler* in *Koppensteiner/Rüffler*, Die Bestellung von Sicherheiten durch eine Kapitalgesellschaft 86 ff, 90.

199 *K.Schmidt*, Gesellschaftsrecht[4] § 29 II b, bb; vgl auch *Reich-Rohrwig*, Grundsatzfragen der Kapitalerhaltung 97.

handelt, ist eine Berufung auf die unbeschränkte Verfügungsmacht des Verwaltungsmitglieds und somit die Wirksamkeit des Rechtsgeschäfts unbeachtlich und rechtsmissbräuchlich;[200] das Rechtsgeschäft ist mangels Schutzwürdigkeit des Gesellschafters nicht wirksam.[201]

Kann die unzulässige Leistung weder vom Empfänger der Leistung noch von den Verwaltungsmitgliedern (Verwaltungsmitglieder haften bei Verschulden, welches vermutet wird, gemäß Art 430 iVm Art 252 Abs 3 Z 1 kroHGG) erlangt werden, so haften (keine Solidarhaftung)[202] für den zu erstattenden Betrag die übrigen Gesellschafter im Verhältnis ihrer Geschäftsanteile, sofern dieser Betrag zur Befriedigung der Gläubiger erforderlich ist (Ausfallshaftung, Art 407 Abs 3 kroHGG). Die Mittel der Gesellschaft zur Befriedigung der Gläubiger fehlen dann, wenn diese zahlungsunfähig oder überschuldet ist.[203] Reichen jedoch die Mittel zur Befriedigung der Gläubiger aus, sind die übrigen Gesellschafter von der Haftung befreit. Die Beweislast für mangelnde Mittel zur Befriedigung der Gläubiger trägt die Gesellschaft.[204] Die Haftung der übrigen Gesellschafter ist subsidiär. Sie haften für jenen Betrag, der vom Empfänger zurückzuerstatten war.[205] Eine Beschränkung der Haftung bis zur Höhe des Grundkapitals, die somit das Haftungsrisiko der Gesellschafter überschaubar macht und mittlerweile in Deutschland angenommen wird,[206] wurde in Kroatien bisher nicht erwogen. Für deren Inanspruchnahme ist nicht erforderlich, dass sämtliche zivilrechtlichen Gerichtswege gegen den Hauptschuldner (Insolvenz, Zwangsvollstreckung) ausgeschöpft wurden; ein Nachweis der Aussichtslosigkeit der Betreibung genügt.[207] Beträge, die von einzelnen Gesellschaftern nicht erlangt werden können, werden auf die übrigen Gesellschafter im Verhältnis ihrer Geschäftsanteile verteilt (Art 407 Abs 4 kroHGG). Ein Erlass von diesen Zahlungspflichten ist nicht zulässig (Art 407 Abs 5 kroHGG). Die Gesellschafter selbst haben einen Regressanspruch gegen die Verwaltungsmitglieder, sofern diese ein Verschulden bei der unzulässigen Auszahlung trifft (Art 407 Abs 7 kroHGG). Die Verwaltungsmitglieder haften dabei solidarisch. Ansprüche gegen den Empfänger und die übrigen Gesellschafter verjähren fünf Jahre nach Erhalt der unzulässigen Zahlung, es sei denn, die Gesellschaft kann den Nachweis erbringen, dass der Ersatzpflichtige die Unzulässigkeit der Zahlung kannte (Art 407 Abs 6 kroHGG); in letzterem Fall gilt die allgemeine Verjährungsfrist, die ohnehin fünf Jahre beträgt (vgl Art 255 kroSchuldRG).

---

200 *Roth* in *Roth/Altmeppen*, GmbHG[6] § 30 Rz 82; *Bayer* in Münchener Kommentar[3] § 57 Rz 154.

201 *Ćesić in Gorenc/Ćesić/Buljan/Brkanić*, Kommentar[4] Art 427 S. 1038.

202 *Barbić*, Društvo s ograničenom odgovornošču[5] 298.

203 Vgl *Hommelhoff* in *Lutter/Hommelhoff*, GmbHG[17] § 31 Rz 19; *Westermann* in *Scholz*, GmbHG[10] § 31 Rz 22.

204 *Barbić*, Društvo s ograničenom odgovornošču[5] 296.

205 *Barbić*, Društvo s ograničenom odgovornošču[5] 298.

206 Siehe *Westermann* in *Scholz*, GmbHG[10] § 31 Rz 30 mwN.

207 *Ćesić in Gorenc/Ćesić/Buljan/Brkanić*, Kommentar[4] Art 407 S. 949; *Barbić*, Društvo s ograničenom odgovornošču[5] 298.

b) Eigenkapitalersatzrecht

Gewährt ein Gesellschafter der Gesellschaft in der Krise statt Eigenkapital (zB Kapitalerhöhung) ein Darlehen, so wird dieses Darlehen für die Dauer der Krise als Eigenkapital angesehen.[208] Dadurch soll gewährleistet werden, dass auch darlehensgewährende Gesellschafter ein Finanzierungsrisiko tragen.[209] Denn würde man die Gesellschafter als übliche Gläubiger behandeln, würden diese bevorteilt werden, da sie im Gegensatz zu den anderen Gesellschaftern nicht das typische Finanzierungsrisiko der Gesellschaft tragen, sondern sich vielmehr an der Insolvenz- oder Liquidationsmasse als Gläubiger beteiligen und somit jedenfalls ihr Darlehen – wenn auch nur teilweise – zurückbekommen würden; auf der anderen Seite werden Drittgläubiger der Gesellschaft mit einer geringeren Insolvenzquote befriedigt.[210] Um eine Umgehung der Finanzrisikoverantwortlichkeit der Gesellschafter zu verhindern sowie einen Gläubigerschutz bei einer Insolvenz der Gesellschaft[211] zu gewährleisten, wird das der Gesellschaft gewährte Gesellschafterdarlehen dem Eigenkapital gleichgestellt;[212] Eigenkapital begründet im Insolvenzfall keine Insolvenzforderung. Die darlehensgewährenden Gesellschafter sind in der Insolvenz nachrangig zu befriedigen („Insolvenzgläubiger niedrigen Ranges", Art 408 Abs 1 kroHGG). Das Eigenkapitalersatzrecht ist im GmbH-Recht (Art 408 kroHGG) näher geregelt; das Aktienrecht verweist in Art 217 Abs 3 kroHGG auf die entsprechende Anwendung der GmbH-rechtlichen Norm, wenn der das Darlehen gewährende Aktionär einen Anteil von mindestens einem Viertel des Grundkapitals hält und die Gesellschaft ohne dieses Darlehen in ihrer Geschäftstätigkeit keinen Gewinn hätte ausweisen können (Art 217 Abs 3 kroHGG). Das Gesetz definiert die Krise allgemein als jenen Zeitpunkt, in dem ordentliche Wirtschaftstreibende der Gesellschaft Eigenkapital zuführen sollten (Art 408 Abs 1 kroHGG). Demzufolge werden in der Literatur als Krise bezeichnet: die Zahlungsunfähigkeit und Überschuldung oder fehlende Kreditwürdigkeit der Gesellschaft.[213]

Die Eigenkapitalersatzvorschriften des Art 408 kroHGG gelten in der GmbH nicht für den nicht geschäftsführenden Gesellschafter, dessen Geschäftsanteil sich auf 10 % oder weniger des Grundkapitals bezieht (Art 408 Abs 3 Satz 2 kroHGG), maW: Von den Vorschriften erfasst sind einerseits geschäftsführende Gesellschafter sowie jene Gesellschafter, deren Geschäftsanteil mindestens 10 % des Grundkapitals erreicht. In der AG gelten die Eigenkapitalersatzregeln nur für den darlehensgewährenden Aktionär, der einen Anteil von mindestens

---

208 *Barbić*, Društvo s ograničenom odgovornošću⁵ 302; *Ćesić* in *Gorenc/Ćesić/Buljan/Brkanić*, Komentar⁴ Art 408 S. 951.

209 *Parać*, Trgovačka društva i zaštita vjerovnika, PuG 7–8/1995, 505; *Hueck/Fastrich* in *Baumbach/Hueck*, GmbHG¹⁸ § 32a Rz 2.

210 *Parać*, Trgovačka društva, PuG 7–8/1995 505.

211 Vgl *Ulmer* in *Hachenburg*, GmbHG⁸ § 32a Rz 8; *Pentz* in *Rowedder/Schmidt-Leithoff*, GmbHG⁴ § 32 Rz 17.

212 Vgl *Schmidt* in *Scholz*, GmbHG¹⁰ § 32a Rz 4 sowie Vorauflage § 32a Rz 4.

213 Vgl *Barbić*, Društvo s ograničenom odgovornošću⁵ 301.

einem Viertel (25 % = Finanzierungsverantwortlichkeit) des Grundkapitals hält und die Gesellschaft ohne dieses Darlehen in ihrer Geschäftstätigkeit keinen Gewinn hätte ausweisen können (Art 217 Abs 3 kroHGG).

Trotz des aktienrechtlichen Verweises auf die sinngemäße Anwendung der Eigenkapitalersatzregeln des GmbH-Rechts, unterscheiden sich die Rechtsfolgen für den Fall der Rückgewähr des gewährten Darlehens während der Krise.

ba) GmbH

Werden in der GmbH Gesellschafterdarlehen in der Krise rückgewährt, so sind darauf die Eigenkapitalvorschriften entsprechend anzuwenden, jedoch mit einer wesentlichen Ausnahme zur Rechtslage vor der Novelle des kroHGG 2003: Rückzahlungen von kapitalersetzenden Darlehen sind, anders als im Aktienrecht (siehe Art 217 kroHGG[214]), vom Verbot der Einlagenrückgewähr ausdrücklich ausgeschlossen (Art 407 Abs 1 kroHGG). Dies bedeutet, dass Gesellschafterdarlehen auch dann ausbezahlt werden können, wenn dadurch die Grundkapitalziffer unterschritten wird.[215] Eine allgemeine Auszahlungssperre während der Krise besteht somit aus der Sicht des Kapitalerhaltungsrechts nicht.[216] Die Materie wurde vielmehr ins Insolvenzrecht verlagert.

So ist zu berücksichtigen, dass dem Insolvenzverwalter ein Anfechtungsrecht in Bezug auf Rechtshandlungen zusteht, die in den letzten drei Monaten vor der Insolvenzantragstellung zur Befriedigung eines Gläubigers gesetzt wurden, wenn die Gesellschaft zu diesem Zeitpunkt zahlungsunfähig war und dies dem Gläubiger (Gesellschafter) bekannt war (kongruente Befriedigung, Art 128 Abs 1 kroInsG[217]). Der darlehensgewährende Gesellschafter nimmt darüber hinaus in der Insolvenz die Stellung eines nachfolgenden Insolvenzgläubigers ein (Art 408 Abs 1 letzter Satz kroHGG, Art 72 Abs 1 Z 5 kroInsG). Ob die Norm des Art 133 kroInsG, die speziell eigenkapitalersetzenden Darlehen gewidmet ist, zur Anwendung kommt, ist fraglich. Denn gemäß Art 133 Z 1 und 2 kroInsG sind Rechtshandlungen, die der Forderung des Gesellschafters auf Rückzahlung seines der Gesellschaft gewährten Darlehens eine Sicherung gewähren oder deren Befriedigung garantieren *(jamčiti)*, anfechtbar. Somit spricht das Gesetz – im Gegensatz zu § 135 Z 2 dInsO[218] – (bewusst)[219] nicht von bereits rückgewährten Darlehen, sondern bloß von ei-

---

214 Eine Anpassung des Aktienrechts an das GmbH-Recht ist in dieser Frage, im Gegensatz zum deutschen Aktienrecht (vgl § 57 Abs 1 dAktG), noch nicht erfolgt.

215 Siehe auch die hL zur rezipierten deutschen Parallelbestimmung *Hueck/Fastrich* in *Baumbach/Hueck*, GmbHG[19] § 30 Rz 47; *Hommelhoff* in *Lutter/Hommelhoff*, GmbHG[17] § 30 Rz 50; zur alten Rechtslage in Deutschland hingegen siehe *Hueck/Fastrich* in *Baumbach/Hueck*, GmbHG[18] § 32a Rz 90, 95.

216 AA *Slakoper*, Društvo 191.

217 Zakon o stečaju NN 44/1996, 29/1999, 129/2000, 123/2003, 82/2006, 116/2010.

218 BGBl I S. 2866 vom 5. Oktober 1994.

219 Bei der Anfechtung wegen kongruenter Befriedigung (Art 128 kroInsG) spricht das Gesetz ausdrücklich von der Gewährung der Befriedigung *(namirenje tražbine)* und nicht von deren Garantie.

ner Garantie der Befriedigung seitens der Gesellschaft. Wenn jedoch bereits eine Zusicherung der Befriedigung solcher Geschäfte deren Anfechtbarkeit begründet, so muss dies *a fortiori* auch für bereits rückgewährte Gesellschafterdarlehen gelten.[220] So im Ergebnis auch *Dika*, der den Begriff „garantieren" als Gewährung einer Befriedigung auslegt.[221] Letztlich ist der gegenständliche Anfechtungstatbestand weit auszulegen, um Umgehungsversuche zu verhindern.[222] Erwirbt ein Darlehensgeber in der Krise Geschäftsanteile zum Zwecke der Überwindung der Krise, so sind die Vorschriften über den Eigenkapitalersatz auf seine Forderung aus bereits gewährten sowie neu zu gewährenden Darlehen in Höhe des bei der Kapitalerhöhung, auf deren Grundlage der Geschäftsanteil erworben wurde, in Übereinstimmung mit dem Gesetz einbezahlten Grundkapitals (als Einzahlung des Geschäftsanteils), nicht anzuwenden (Sanierungsprivileg, Art 408 Abs 3 letzter Satz).

Das Eigenkapitalersatzrecht erfasst jedoch nicht nur Fälle, in denen Gesellschafter selbst der Gesellschaft ein Darlehen in der Krise gewähren. Gewähren nämlich Dritte der Gesellschaft in der Krise ein Darlehen, anstatt dass das nötige Kapital durch die Gesellschafter bereitgestellt wird, und gewährt ein Gesellschafter für die Rückzahlung des Darlehens eine Sicherheit oder verbürgt er sich dafür (Art 408 Abs 2 kroHGG), so ist er unter bestimmten Voraussetzungen zur Rückzahlung des Darlehens an die Gesellschaft verpflichtet, wenn diese das Darlehen an den Dritten zurückzahlt. Zahlt nämlich die Gesellschaft den darlehensgewährenden Dritten im letzten Jahr vor Antragstellung auf Eröffnung der Gesellschaftsinsolvenz oder danach das Darlehen zurück, so sind die interzedierenden Gesellschafter zur Rückzahlung des Darlehens an die Gesellschaft verpflichtet, wobei die insolvenzrechtlichen Vorschriften entsprechend anzuwenden sind (Art 408 Abs 4 kroHGG; entspricht §§ 32a, 32b dGmbHG idF vor MoMiG). Es handelt sich hierbei um eine Parallelvorschrift (ergänzende Vorschrift[223]) zum oben genannten Art 133 kroInsG.[224] Die Vorschrift dient somit als eine Art Auffangtatbestand für gesellschafterbesichernde Drittdarlehen, da diese nicht von Art 133 kroInsG erfasst sind.[225] Der gesetzliche Verweis auf insolvenzrechtliche Vorschriften bedeutet jedoch nicht, dass es hier einer Anfechtung bedarf.[226] Im Gegensatz zur deutschen Parallelvorschrift in § 135 Abs 2 dInsO stellen gesellschafterbesichernde Darlehen keinen Anfechtungstatbestand dar. Der Anspruch der Gesellschaft entsteht ex lege; die Geltendmachung des Anspruchs hat innerhalb der zweijährigen (Anfechtungs-)Frist nach Insolvenzeröffnung iSd Art 141

---

220 So im Ergebnis auch *Barbić,* Zajam kojim se nadomješta kapital društva s ograničenom odgovornošću, RRiF 8/2001, 49.

221 *Dika,* Treća novela stečajnog zakona (2003), 194.

222 So auch zum deutschen Recht *de Bra* in *Braun,* Insolvenzordnung² § 135 Rz 16.

223 *Heidinger* in *Michalski,* GmbHG², § 32a, § 32b Rz 347.

224 Vgl auch zum rezipierten Recht *K. Schmidt* in *Scholz,* GmbHG¹⁰ § 32a, § 32b Rz 185.

225 So auch die Ausführungen zur rezipierten deutschen Parallelnorm, siehe *Fleischer* in *v. Gerkan/Hommelhof,* Handbuch des Kapitalersatzrechts² (2002) 6.52.

226 So aber offenbar zur deutschen Parallelnorm *Lutter/Hommelhoff* in *Lutter/Hommelhoff,* GmbHG¹⁶ § 32a/b Rz 133.

kroInsG zu erfolgen.[227] Die Norm des Art 408 Abs 4 kroHGG setzt die Eröffnung des Insolvenzverfahrens voraus (Insolvenzanfechtungstatbestand); eine Ablehnung der Insolvenzeröffnung reicht nicht aus.[228] Dadurch soll die Sicherheit des Gesellschafters vorrangig für die Rückzahlung des Darlehens herangezogen und gleichzeitig die Insolvenzmasse entlastet werden.[229] Die Haftung des interzedierenden Gesellschafters ist auf die Höhe seiner Bürgschaft bzw den Wert der Sicherheit im Zeitpunkt der Rückzahlung des Darlehens an den Dritten begrenzt (Art 408 Abs 4 kroHGG). Der Gesellschafter wird von der Verpflichtung frei, wenn er die Gegenstände, die dem Gläubiger als Sicherung gedient hatten, der Gesellschaft zu ihrer Befriedigung zur Verfügung stellt (Art 408 Abs 4 kroHGG). Diese Vorschriften gelten sinngemäß für andere Rechtshandlungen, die der Darlehensgewährung wirtschaftlich entsprechen (Art 408 Abs 4 kroHGG).

bb) Aktiengesellschaft

Wird das Darlehen des Aktionärs diesem (dem Kapitalgeber) vor Ende der Krise zurückbezahlt, so stellt dies eine unzulässige Einlagenrückgewähr dar (Art 217 Abs 3 iVm Art 408 kroHGG), da Art 217 kroHGG, im Gegensatz zu Art 407 Abs 1 kroHGG, Rückzahlungen von Gesellschafterdarlehen nicht vom Verbot der Einlagenrückgewähr ausnimmt.[230] Die obigen Ausführungen zum GmbH-Recht betreffend die Haftung von Gesellschaftern für den Fall der Darlehensrückzahlung an Dritte sind auch auf die AG sinngemäß anzuwenden (Art 217 Abs 2 iVm Art 408 Abs 4 kroHGG). Ob solche mittelbare Gesellschafterdarlehen, also gesellschafterbesicherte Drittdarlehen, den Gesellschafterdarlehen gleichzusetzen sind, ist fraglich; weder im kroatischen Schrifttum noch in der kroatischen Rspr wurde – im Gegensatz zur Rechtslage in Deutschland[231] und in Österreich (vgl § 15 Abs 3 öEKEG) – dazu Stellung genommen. Dabei ist jedenfalls zu bedenken, dass durch die Rückzahlung des Darlehens an den Dritten die Sicherheit des Gesellschafters frei wird, wodurch es zu einer Schmälerung des Gesellschaftsvermögens und damit auch der Insolvenzmasse kommt;[232] der Gesellschafter wird durch das Freiwerden seiner Sicherheit zu Lasten des Gesellschaftsvermögens begünstigt. Folgt man der Auffassung, dass auch gesellschafterbesicherte Drittdarlehen ebenfalls als Gesellschafter-

---

227 So auch zum rezipierten deutschen Recht *Stodolkowitz/Bergmann* in Münchener Kommentar zur Insolvenzordnung[2] (2008) § 135 Rz 88 mwN; *Heidinger* in *Michalski,* GmbHG[2] § 32a, § 32b Rz 352;
228 Vgl zum rezipierten Recht *Habersack* in *Habersack/Winter*, Großkommentar GmbHG (2006) § 32a/b Rz 182; *K. Schmidt* in *Scholz*, GmbHG[10] § 32a, § 32b Rz 187.
229 *Habersack* in *Habersack/Winter*, Großkommentar GmbHG § 32a/b Rz 156.
230 Vgl zum rezipierten Recht *Bayer* in Münchner Kommentar[3] § 57 Rz 203 ff.
231 Vgl *Bayer* in Münchner Kommentar[2] § 57 Rz 161 mwN; *Hüffer*, AktG[7] § 15 Rz 16a; *Habersack* in *Habersack/Winter*, Großkommentar GmbHG § 32a/b Rz 212, 224; BGHZ 81, 252; BGH WM 1986, 447 f; BGHZ 105, 168, 185; BGH NJW 1988, 824; BGH NJW 1989, 1733; BGH ZIP 1990, 95; BGH NJW 1995, 457, 458.
232 *K. Schmidt* in *Scholz*, GmbHG[10] § 32a, § 32b Rz 185

darlehen einzustufen sind – was zumindest Art 408 Abs 4 kroHGG vermuten lässt[233]–, so ist der Anwendungsbereich der Vorschrift des Art 408 Abs 4 kroHGG im Aktienrecht äußerst gering, da dadurch ohnehin jede Rückzahlung von Drittdarlehen einen Erstattungsanspruch der Gesellschaft wegen unzulässiger Einlagenrückgewähr zur Folge hätte.[234]

Auf die Frage, wie eine kapitalersetzende Darlehensforderung im Falle einer Abtretung an einen Dritten zu behandeln ist, geben das kroatische Schrifttum sowie die kroatische Rechtsprechung keine Antwort. Im deutschen Schrifttum und in der deutschen Rechtsprechung wird das Darlehen weiterhin als ein Gesellschafterdarlehen angesehen; eine kapitalersetzende Darlehensforderung bleibt kapitalersetzend.[235] Nichts anderes kann auch für das kroatische Recht gelten. Dies ergibt sich ua zum Teil bereits aus dem Zessionsrecht, wonach die abgetretene Forderung (mit Ausnahme der Vertragsparteien) unverändert bleibt und der Schuldner dem Zessionar alle Einwendungen entgegensetzen kann, die er bis zum Zeitpunkt, an dem er von der Abtretung Kenntnis erlangt hat, auch dem Altgläubiger entgegensetzen konnte (Art 84 Abs 2 kroSchuldRG).[236]

c) Ausfallshaftung für Verbindlichkeiten der Mitgesellschafter

Eine Ausfallshaftung, also eine Haftung der übrigen Gesellschafter für Verbindlichkeiten eines anderen Gesellschafters, ist im Grunde nur dem GmbH-Recht bekannt; das Aktienrecht kennt nur einen Fall der Ausfallshaftung, und zwar im Fall der Gründungshaftung, wenn ein Aktionär nicht zur Leistung seiner Einlage imstande ist (dazu später mehr).

ca) GmbH

- Ausfallshaftung im Falle der Nichteinzahlung der Einlage eines Mitgesellschafters

Kann die Einlage weder von den dazu „Verpflichteten" erbracht werden noch die Gesellschaft die Einlage durch Veräußerung des Geschäftsanteils erlangen, so sind die restlichen Gesellschafter verpflichtet, den Restbetrag im Verhältnis ihrer Geschäftsanteile einzuzahlen (Art 385 Abs 3 kroHGG); dies gilt sowohl für die Einzahlung der Mindestbetrags der Einlage vor Eintragung der Gesellschaft als auch für die restlichen Einzahlungen auf die Einlage. Die Norm des Art 385 Abs 3 kroHGG ist etwas verwirrend, da ihr Verhältnis zur Kaduzierung

---

233 Vgl zum österreichischen Recht *Doralt/Winner* in Münchner Kommentar³ § 57 Rz 301 f.
234 Vgl zum rezipierten Recht K. Schmidt in *Scholz*, GmbHG¹⁰ § 32a, § 32b Rz 77.
235 Vgl (vor MoMiG) *Lutter/Hommelhoff* in Lutter/Hommelhoff, GmbHG¹⁶ § 32a/b Rz 60 mwN; *K. Schmidt* in *Scholz*, GmbHG¹⁰ § 32a, § 32b Rz 140 mwN; *Hueck/Fastrich* in *Baumbach/Hueck*, GmbHG¹⁸ § 31 Rz 11 mwN; BGH 2.2.2006, – IX ZR 46/05; OLG StuttgArt 8.2.2012, 14 U 27/11; BGH, ZIP 2011, 328; BGH ZIP 2006, 2272; BGH, ZIP 2006, 578; BGH NJW 1988, 1841.
236 Vgl zum deutschen Recht K. *Schmidt* in *Scholz*, GmbHG¹⁰ § 32a, § 32b Rz 140 mwN; BGH 2.2.2006, – IX ZR 46/05; OLG StuttgArt 8.2.2012, 14 U 27/11; BGH, NJW 1988, 1841.

(Art 400 ff kroHGG) nicht eindeutig ist. Verpflichtete iSd Norm können nur jene Personen sein, die im Kaduzierungsverfahren die Einlage zu leisten haben, also der säumige Gesellschafter sowie dessen Vormänner (Art 400 ff kroHGG). Daher kann Art 385 Abs 3 kroHGG nur als eine Konkretisierung der anteiligen Ausfallshaftung der Gesellschafter im Kaduzierungsverfahren gedeutet werden (Art 403 kroHGG).[237]

Zahlt ein Gesellschafter nicht rechtzeitig seine Einlage, so kann die Gesellschaft den säumigen Gesellschafter mittels eingeschriebenen Briefes, unter Bestimmung einer Nachfrist, die nicht kürzer als ein Monat sein darf, zur (erneuten) Einzahlung auffordern, mit der Androhung des sonstigen Ausschlusses aus der Gesellschaft (Kaduzierung, Art 400 Abs 1 kroHGG). Richtet sich die Aufforderung an mehrere Gesellschafter, so muss die Nachfrist für jeden säumigen Gesellschafter gleich lang sein (Art 400 Abs 1 Satz 3 kroHGG). Die Gesellschaft kann gegen den säumigen Gesellschafter auch eine Leistungsklage erheben, ohne der Möglichkeit, den Gesellschafter auszuschließen, verlustig zu werden (Art 400 Abs 1 Satz 4 kroHGG).[238] So kann der Gesellschafter auch bei Klageerhebung aus der Gesellschaft ausgeschlossen werden, sofern die Kaduzierungsbestimmungen (Zahlungsaufforderung, Nachfrist) eingehalten wurden.[239] Etwaige Einwendungen des Gesellschafters während des Prozesses können sich sodann auf die Wirksamkeit des Ausschlusses auswirken.[240] Einzelne säumige Gesellschafter dürfen von der Androhung des Ausschlusses nicht ausgenommen werden (Gleichbehandlungsgrundsatz, Art 400 Abs 1 letzter Satz kroHGG).

Nach fruchtlosem Ablauf der Nachfrist hat die Verwaltung den säumigen Gesellschafter mittels eingeschriebenen Briefes seines Geschäftsanteils und der teilweise erbrachten Stammeinlage zu Gunsten der Gesellschaft verlustig zu erklären (Art 400 Abs 2 kroHGG). Der somit ausgeschlossene Gesellschafter verliert alle seine Rechte in der Gesellschaft, bleibt der Gesellschaft jedoch weiterhin für die Leistung der Resteinlage verhaftet (Art 400 Abs 3 kroHGG). Somit haftet er auch für Stammeinlagen, die zwar zum Zeitpunkt seines Ausschlusses bestanden, aber noch nicht fällig waren.[241] Dafür haftet er vorrangig, vor den übrigen Gesellschaftern (Art 400 Abs 3 Satz 2 kroHGG). Seine Haftung ist – wie auch nach der österreichischen Rechtslage (§ 69 Abs 1 öGmbHG) – somit primär. Er haftet für den rückständigen Betrag, unabhängig davon, ob seine Rechtsvorgänger in Anspruch genommen wurden bzw eine Anteilsveräußerung erfolgte, jedoch vor den übrigen Gesellschaftern.[242] Seine Haftung unterscheidet sich somit von der Ausfallshaftung eines Aktionärs im

---

237 So auch *Ćesić in Gorenc/Ćesić/Buljan/Brkanić*, Komentar[4] Art 401 S. 926, Art 403 S. 934.

238 *Ćesić in Gorenc/Ćesić/Buljan/Brkanić*, Komentar[4] Art 400 S. 926.

239 *Slakoper*, Društvo 299.

240 *Barbić*, Društvo s ograničenom odgovornošću[5] 205.

241 So auch die hL in Österreich, vgl *Schopper* in *Straube*, GmbHG § 68 Rz 42, § 69 Rz 15; und Deutschland, vgl *Pentz* in *Rowedder/Schmidt-Leithoff*, GmbHG[4] § 21 Rz 50.

242 Vgl *Slakoper*, Društvo 296; zum österreichischen Recht *Koppensteiner/Rüffler*, GmbHG[3] § 69 Rz 2 mwN.

Falle der Kaduzierung (Art 214 Abs 3 kroHGG). Denn das Aktienrecht ordnet die (subsidiäre) Haftung des säumigen Aktionärs ausdrücklich nur dann an, wenn der rückständige Betrag weder von den Vormännern noch durch einen Aktienverkauf erlangt werden kann. Der Geschäftsanteil des ausgeschlossenen Gesellschafters steht nun der Gesellschaft als Inhaberin zu (siehe Art 400 Abs 2 kroHGG „ ... zu Gunsten der Gesellschaft ... ").[243] Rechte und Pflichten aus dem Geschäftsanteil ruhen.[244]

Für die Erfüllung der Einlagepflicht des ausgeschlossenen Gesellschafters haften der Gesellschaft auch der letzte sowie alle früheren Rechtsvorgänger des ausgeschlossenen Gesellschafters, die im Verhältnis zur Gesellschaft als Inhaber der Geschäftsanteile gelten (Art 401 Abs 1 kroHGG). Kann die Resteinlage nicht von den Rechtsvorgängern des ausgeschlossenen Gesellschafters erlangt werden oder sind keine Rechtsvorgänger vorhanden, so „kann" die Gesellschaft den Geschäftsanteil durch öffentliche Versteigerung verkaufen, es sei denn, dass der Geschäftsanteil durch einen Gesellschafter zu einem Preis, der dem wahren Wert des Geschäftsanteils entspricht, erworben wird und der ausgeschlossene Gesellschafter sich damit einverstanden erklärt (Art 402 Abs 1 kroHGG).

Kann die Stammeinlage letztlich weder von den Vorgängern des ausgeschlossenen Gesellschafters noch durch einen Verkauf des Geschäftsanteils gedeckt werden, haben die restlichen Gesellschafter den Fehlbetrag entsprechend ihrer Stammeinlagen zu leisten (Ausfallshaftung, Art 403 Abs 1 kroHGG), wobei vor der Haftung der übrigen Gesellschafter der kaduzierte Gesellschafter in Anspruch genommen werden muss.[245] Die Ausfallshaftung der übrigen Gesellschafter ist somit subsidiär.[246] Der ausgeschlossene Gesellschafter selbst haftet ebenfalls für die restliche Einlage, sofern sie zum Zeitpunkt seines Ausschlusses bestanden hat, auch wenn sie erst später fällig wird. Wurde der Geschäftsanteil nicht verkauft, so erwerben die Gesellschafter, die den Fehlbetrag ausgeglichen haben, im Verhältnis ihrer Beitragsleistungen einen Anspruch auf Beteiligung aus diesem Geschäftsanteil zufallenden Gewinn und Liquidationserlös bzw an der Konkursmasse (Art 403 Abs 2 kroHGG). Der Geschäftsanteil verbleibt weiterhin bei der Gesellschaft, die diesen auch danach veräußern darf.[247] Wird der Geschäftsanteil nachträglich verkauft, so sind den Gesellschaftern aus dem Verkaufserlös die von ihnen geleisteten Beträge zurück zu leisten; ein Überschuss ist sodann zur Zahlung der noch nicht berichtigten Einlage[248] des ausgeschlossenen Gesellschafters zu verwenden

---

243 *Barbić*, Društvo s ograničenom odgovornošću[5] 205; *Slakoper*, Društvo 297; hL in Deutschland *Bayer* in *Lutter/Hommelhoff*, GmbHG[17] § 21 Rz 15; *Müller* in *Hachenburg,* GmbHG[8] § 21 Rz 59; *Emmerich* in *Scholz*, GmbHG[10] § 21 Rz 29.

244 *Barbić*, Društvo s ograničenom odgovornošću[5] 206.

245 *Koppensteiner/Rüffler*, GmbHG[3] § 70 Rz 3; *Schopper* in *Straube*, GmbHG § 70 Rz 21.

246 So auch die hL in Österreich *Kalss/Eckert*, Zentrale Fragen des GmbH-Rechts (2004) 85 f.

247 Vgl zum rezipierten Recht Schopper in Straube, GmbHG § 70 Rz 43.

248 Die Verwendung des Erlöses hat hier zur Einzahlung der gesamten offenen Stammeinlage zu erfolgen. Auch nicht fällige Einlageschulden sind dadurch zu begleichen.

(Art 403 Abs 2 kroHGG). Zu berücksichtigen ist, dass gesellschaftsvertragliche Übertragungsbeschränkungen (Vinkulierungen etc.) hier nicht gelten, da es sich hierbei um eine gesetzliche Zwangsverwertung zwecks Kapitalaufbringung handelt, die durch gesellschaftsvertragliche Regelungen nicht beschränkt werden darf.[249]

- Haftung für ausständige Einlagen in der Gesellschaftsinsolvenz

Befindet sich die Gesellschaft im Konkurs und wurden Einlagen auf das Grundkapital nicht zur Gänze geleistet, so ordnet Art 404 kroHGG eine weitere Solidarhaftung der Gesellschafter bis zur Höhe des Grundkapitals an, sofern diese Einlagen zur Befriedigung der Gläubiger notwendig sind. Somit greift die Haftung der Gesellschafter nur dann, wenn Gläubiger der Gesellschaft aus der Konkursmasse keine Befriedigung erlangen können.[250] Die Geltendmachung des Anspruchs für die Gesellschaft erfolgt durch den Masseverwalter. Für die Inanspruchnahme der Gesellschafter sind die Vorschriften über die Kaduzierung nicht anzuwenden; dh es muss nicht im Vorfeld versucht werden, den Geschäftsanteil zu verkaufen (Art 404 Abs 1 kroHGG). Art 404 Abs 2 kroHGG ordnet einen Regressanspruch der Gesellschafter an, der sich nach dem Verhältnis der übernommenen Geschäftsanteile richtet.

- Haftung für verbotene Leistungen an einen Mitgesellschafter

Wird eine Leistung an einen Gesellschafter entgegen den Kapitalerhaltungsvorschriften (siehe oben, Art 406, 407 kroHGG) gewährt und kann die unzulässige Leistung weder vom Empfänger der Leistung noch von den Verwaltungsmitgliedern (Verwaltungsmitglieder haften bei Verschulden, welches vermutet wird, gemäß Art 430 iVm Art 252 Abs 3 Z 1 kroHGG) erlangt werden, so haften (keine Solidarhaftung)[251] die übrigen Gesellschafter für den zu erstattenden Betrag im Verhältnis ihrer Geschäftsanteile, sofern dieser Betrag zur Befriedigung der Gläubiger erforderlich ist (Ausfallshaftung, Art 407 Abs 3 kroHGG). Die Mittel der Gesellschaft zur Befriedigung der Gläubiger fehlen dann, wenn diese zahlungsunfähig oder überschuldet ist.[252] Reichen jedoch die Mittel zur Befriedigung der Gläubiger aus, sind die übrigen Gesellschafter von der Haftung befreit. Die Beweislast für mangelnde Mittel zur Befriedigung der Gläubiger trägt die Gesellschaft.[253] Die Haftung der übrigen Gesellschafter ist subsidiär. Sie haften für jenen Betrag, der vom Empfänger zurückzuerstatten war.[254] Eine Beschränkung der Haftung bis zur Höhe des Grundkapitals, die so-

---

249   Vgl *Müller* in *Hachenburg,* GmbHG[8] § 23 Rz 23; so auch *Emmerich* in *Scholz,* GmbHG[10] § 26 Rz 6a, 23.
250   Vgl *Ćesić in Gorenc/Ćesić/Buljan/Brkanić,* Komentar[4] Art 404 S. 937.
251   *Barbić,* Društvo s ograničenom odgovornošću[5] 298.
252   Vgl *Hommelhoff* in *Lutter/Hommelhoff,* GmbHG[17] § 31 Rz 19; *Westermann* in *Scholz,* GmbHG[10] § 31 Rz 22.
253   *Barbić,* Društvo s ograničenom odgovornošću[5] 296.
254   *Barbić,* Društvo s ograničenom odgovornošću[5] 298.

mit das Haftungsrisiko der Gesellschafter überschaubar macht und mittlerweile in Deutschland angenommen wird,[255] wurde in Kroatien bisher nicht erwogen. Für deren Inanspruchnahme ist nicht erforderlich, dass sämtliche zivilrechtlichen Gerichtswege gegen den Hauptschuldner (Konkurs, Zwangsvollstreckung) ausgeschöpft wurden; ein Nachweis der Aussichtslosigkeit der Betreibung genügt.[256] Beträge, die von einzelnen Gesellschaftern nicht erlangt werden können, werden auf die übrigen Gesellschafter im Verhältnis ihrer Geschäftsanteile verteilt (Art 407 Abs 4 kroHGG). Ein Erlass dieser Zahlungspflichten ist nicht zulässig (Art 407 Abs 5 kroHGG). Die Gesellschafter selbst haben einen Regressanspruch gegen die Verwaltungsmitglieder, sofern diese ein Verschulden bei der unzulässigen Auszahlung trifft (Art 407 Abs 7 kroHGG). Die Verwaltungsmitglieder haften dabei solidarisch. Ansprüche gegen den Empfänger und die übrigen Gesellschafter verjähren nach fünf Jahren ab Erhalt der unzulässigen Zahlung, es sei denn, die Gesellschaft kann den Nachweis erbringen, dass der Ersatzpflichtige die Unzulässigkeit der Zahlung kannte (Art 407 Abs 6 kroHGG); in letzterem Fall gilt die allgemeine Verjährungsfrist, die ohnehin fünf Jahre beträgt (vgl Art 255 kroSchuldRG).

- Aktiengesellschaft

Wie bereits erwähnt, ist eine Ausfallshaftung für Verbindlichkeiten von Mitaktionären dem Aktienrecht prinzipiell unbekannt; einen Ausfallshaftungstatbestand kennt das Aktienrecht dennoch. Auf diesen wird im Abschnitt „Gründungshaftung in der Aktiengesellschaft" näher eingegangen.

d) Haftung wegen Tatbeständen bei der Gründung/verdeckte Sacheinlagen

da) Gründungshaftung

- GmbH

Art 397 Abs 1 kroHGG sieht die solidarische Haftung der Gesellschafter (sowie der Verwaltungsmitglieder) für falsche Angaben bei der Gründung der Gesellschaft (also vor der Eintragung[257]) vor. Dies bedeutet, dass die Gesellschaft jeden Haftungspflichtigen für die gesamte Höhe in Anspruch nehmen kann (Art 43 kroSchuldRG); die Gesamtschuldner haften iZw zu gleichen Teilen, soweit sich der Verschuldensgrad der einzelnen Gesellschafter bzw Organmitglieder nicht bestimmen lässt (Art 53 kroSchuldRG);[258] auf die Beteiligungshö-

---

255 Siehe *Westermann* in *Scholz*, GmbHG[10] § 31 Rz 30 mwN.

256 *Ćesić* in *Gorenc/Ćesić/Buljan/Brkanić*, Komentar[4] Art 407 S. 949; *Barbić*, Društvo s ograničenom odgovornošću[5] 298.

257 Vgl *Ćesić* in *Gorenc/Ćesić/Buljan/Brkanić*, Komentar[4] Art 397 S. 911; *Winter/Veil* in *Scholz*, GmbHG[10] § 9a Rz 9; *Tebben* in *Michalski*, GmbHG § 9a Rz 4.

258 So auch zum rezipierten Recht *Schaub* in Münchener Kommentar GmbHG § 9a Rz 80 mwN; *Roth* in *Roth/Altmeppen*, GmbHG[6] § 9a Rz 11 mwN; *Bayer* in *Lutter/Hommelhoff*, GmbHG[17] § 9a Rz 6; *Tebben* in *Michalski*, GmbHG[2] § 9a Rz 19.

he der Gesellschafter kommt es jedoch – mangels Vereinbarung – nicht an.[259] Anders als die aktienrechtliche Parallelvorschrift (vgl Art 191 Abs 4 kroHGG) normiert Art 397 kroHGG keine Ausfallshaftung für den Fall, dass ein Gründer nicht in der Lage ist, seine Einlage zu leisten; dies ist unproblematisch, da solche Fälle ohnehin von Art 403 kroHGG erfasst sind (Haftung der übrigen Gesellschafter im Kaduzierungsverfahren; siehe sogleich unten).[260] Falsche Angaben sind zB unrichtige oder unvollständige Angaben über auf das Grundkapital bereits geleistete Einlagen oder über den Wert von Sacheinlagen.[261] Demnach sind Gesellschafter der Gesellschaft gegenüber ua zur Leistung von Beträgen, die nicht eingezahlt wurden, sowie für Vergütungen, die nicht als Gründungsaufwand in den Gesellschaftsvertrag (Art 393 kroHGG)[262] aufgenommen worden sind – aber auch für sonstige dadurch verursachte Schäden –, verpflichtet (Art 397 Abs 1 kroHGG). Dies gilt unabhängig davon, wer falsche Angaben gemacht hat (dies können sein: Gesellschafter, Verwaltungsmitglieder oder auch Sachverständige).[263] Der Haftungsumfang bestimmt sich danach, wie die Gesellschaft stehen würde, wenn die Angaben richtig und vollständig wären (nicht danach, was wäre, wenn die falsche Angabe nicht gemacht worden wäre); dadurch soll eine ordnungsgemäße Gründung der Gesellschaft sichergestellt werden.[264] Hat die Verwaltung zB Angaben über zu hohe Bareinlagen gemacht, so haben die Gesellschafter sowie Verwaltungsmitglieder für den Differenzbetrag zwischen dem angegebenen Betrag und dem tatsächlich erbrachten Betrag aufzukommen.[265] Wurden durch Gesellschafter falsche Angaben (im Sachgründungsbericht, Art 390 Abs 4 iVm Art 182, 183 kroHGG) über den Wert der eingebrachten Sachen gemacht, so besteht eine Haftung iHd Differenz zwischen dem tatsächlichen und dem angegebenen Wert. Die Solidarhaftung nach Art 397 kroHGG besteht unabhängig davon, ob der eigentliche Einlageschuldner selbst zur Leistung in der Lage ist.[266] Eine Solidarhaftung der Gesellschafter wird auch dann begründet, wenn die Gesellschaft von Gesellschaftern durch Einlagen oder Gründungsaufwand vorsätzlich oder grob fahrlässig geschädigt wird (Art 397 Abs 2 kroHGG). In beiden genannten Haftungsfällen (Abs 1 und Abs 2) ist die Haftung verschuldensabhängig; so sieht Art 397 Abs 3 kroHGG vor, dass der Gesellschafter (bzw das Verwaltungsmitglied) von der Haftung befreit wird, wenn er die die Ersatzpflicht begründenden Tatsachen

---

259 So auch *Tebben* in *Michalski,* GmbHG[2] § 9a Rz 19.

260 So auch zum rezipierten Recht *Tebben* in *Michalski,* GmbHG[2] § 9a Rz 4.

261 Vgl *Ćesić in Gorenc/Ćesić/Buljan/Brkanić,* Komentar[4] Art 397 S. 912; *Altmeppen* in *Roth/Altmeppen,* GmbHG[6] § 9a Rz 4.

262 Vgl *Barbić,* Dioničko društvo[5] 315; zum rezipierten Recht siehe *Tebben* in *Michalski,* GmbHG[2] § 9a Rz 29; *Hueck/Fastrich* in *Baumbach/Hueck,* GmbHG[19] § 9a Rz 15.

263 So auch zum rezipierten Recht *Tebben* in *Michalski,* GmbHG[2] § 9a Rz 10 mwN; *Winter/Veil* in *Scholz,* GmbHG[10] § 9a Rz 10; *Arnold* in Kölner Kommentar[3] § 46 Rz 21 mwN.

264 Vgl *Roth* in *Roth/Altmeppen,* GmbHG[6] § 9a Rz 15; *Winter/Veil* in *Scholz,* GmbHG[10] § 9a Rz 9; *Tebben* in *Michalski,* GmbHG[2] § 9a Rz 32 mwN.

265 *Bayer* in *Lutter/Hommelhoff,* GmbHG[17] § 9a Rz 7.

266 So auch zur rezipierten deutschen Parallelnorm *Winter/Veil* in *Scholz,* GmbHG[10] § 9a Rz 32; *Tebben* in *Michalski,* GmbHG[2] § 9a Rz 33 mwN.

nicht kannte (Vorsatz) noch bei der Anwendung der Sorgfalt eines ordentlichen Geschäftsmannes kennen musste (objektive Fahrlässigkeit); die Beweislast liegt beim in Anspruch genommenen Gesellschafter.[267] Neben den Gründern haften jene Personen, für deren Rechnung die Gründer die Anteile übernommen haben; sie können sich nicht auf die Unkenntnis solcher Umstände berufen, die der für ihre Rechnung handelnde Gründer kannte oder bei Anwendung der Sorgfalt eines ordentlichen und gewissenhaften Wirtschaftstreibenden kennen musste (Art 397 Abs 4 kroHGG). Die Ansprüche der Gesellschaft verjähren in fünf Jahren seit der Eintragung der Gesellschaft in das Gerichtsregister (Art 397 Abs 6 kroHGG).

- Aktiengesellschaft

Wie auch im GmbH-Recht sind die Gründer für bestimmte Missstände in der Gründungsphase verantwortlich (dies gilt sowohl für die Simultan- als auch für die Stufengründung [Art 210 iVm Art 191 kroHGG]).

Diese Haftung ist mit jener von GmbH-Gesellschaftern ident (siehe obige Ausführungen zu Art 397 kroHGG). So normiert Art 191 Abs 1 kroHGG, dass die Gründer der Gesellschaft solidarisch für die Richtigkeit und Vollständigkeit von Angaben[268] (dies sind Angaben über: Sach- und Rechtseinlagen, Einzahlung von Aktien, Gründungsaufwand) haften, die im Zusammenhang mit der Gesellschaftsgründung gemacht worden sind; die mangelhaften Angaben müssen für den Schaden der Gesellschaft ursächlich gewesen sein[269]. Beziehen sich die unrichtigen oder unvollständigen Angaben auf die Einzahlung auf Aktien, so sind die Gründer – unabhängig von weitergehenden Schadenersatzpflichten – zur Leistung der fehlenden Einzahlungen verpflichtet; bei mangelhaften Angaben zum Gründungsaufwand haben sie Vergütungen zu ersetzen, die nicht als Gründungsaufwand (in der Satzung; vgl Art 175 Abs 2 kroHGG) angenommen sind (Art 191 Abs 3 kroHGG).

Sie haften ferner für Schäden, die der Gesellschaft durch Einlagen, Sachübernahmen oder Gründungsaufwand vorsätzlich oder grob fahrlässig zugefügt wurden (Art 191 Abs 2 kroHGG). Unbeschadet der Verpflichtung zum Ersatz des entstehenden Schadens haben die Gründer fehlende Einzahlungen zu leisten und Vergütungen, die nicht unter den Gründungsaufwand aufgenommen werden, zu ersetzen (Art 191 Abs 1 Satz 3 kroHGG). Weiters haften sie solidarisch dafür, dass der Vorstand bzw die geschäftsführenden Direktoren über die auf Aktien eingezahlten Beträge (Bareinlagen[270]) frei verfügen können (Art 191 Abs 1 Satz 2 kroHGG); damit soll offenbar die Einhaltung der Norm, wonach in der Anmeldung der Nachweis zu erbringen ist, dass die Gesellschaft über die

---

267 Vgl *Barbić*, Dioničko društvo⁵ 315; *Bayer* in *Lutter/Hommelhoff*, GmbHG¹⁷ § 9a Rz 6.

268 Anders als das deutsche Pendant (§ 43 Abs 1 dAktG) enthält Art 191 Abs 1 kroHGG keine abschließende Aufzählung der Angaben, für die gehaftet wird.

269 *Barbić*, Dioničko društvo⁵ 313.

270 Vgl *Barbić*, Dioničko društvo⁵ 314; so auch die hL zur deutschen Parallelbestimmung *Pentz* in Münchener Kommentar AktG³ § 46 Rz 38; *Hüffer*, AktG¹⁰ § 46 Rz 9; *Solveen* in *Hölters*, AktG § 46 Rz 10.

geleisteten Einlagen – beschränkt jedoch nur auf Bareinlagen – frei verfügen kann (Art 187 Abs 2 Z 3 kroHGG), in Form einer Haftungsnorm der Gründer sichergestellt werden.[271] Eine Haftung für Sacheinlagen, die ebenfalls zur freien Verfügung der Verwaltung stehen müssen (vgl Art 187 Abs 2 Z 3 kroHGG), lässt sich im Wege der Vertragshaftung nach allgemeinen Schadenersatzregeln begründen; kann die Gesellschaft über die Sache nicht verfügen, so ist die Einlage nicht geleistet und der Gesellschafter zur Ersatzleistung in bar (sofern eine Leistung in natura nicht möglich ist) verpflichtet.[272] Nach *Barbić* sollen die Gründer – entgegen dem Gesetzeswortlaut, aber offenbar in Anlehnung an § 46 Abs 1 dAktG – auch für ein „unsicheres" Kreditinstitut haften, wenn der Vorstand aufgrund der Unfähigkeit dieses Kreditinstituts (darunter ist vor allem wohl die Zahlungsunfähigkeit des Kreditinstituts zu verstehen) nicht über die Einzahlungen verfügen kann; dies sei darauf zurückzuführen, dass die Gründer das Kreditinstitut ausgewählt haben (*„culpa in eligendo"*; Auswahlverschulden), wobei eine Haftung nur bei Erfüllung der Schadenersatzvoraussetzungen nach dem kroSchuldRG in Betracht kommt.[273] Ob dieser Auffassung zu folgen ist, hängt davon ab, ob es sich um eine Regelungslücke handelt; dies ist eher zu verneinen.

Hinsichtlich der verschuldensabhängigen Haftung und des Haftungsfreibeweises sowie der Haftung von Hintermännern gelten dieselben Bestimmungen wie im GmbH-Recht (vgl Art 191 Abs 3–6 kroHGG), sodass auf die obigen Ausführungen zum GmbH-Recht verwiesen werden kann. Hinsichtlich der Verjährungsfristen macht Art 191 kroHGG keine Angaben; auch kennt das kroatische Aktienrecht keine dem § 51 dAktG vergleichbare Norm. Hier ist von einer Regelungslücke auszugehen, die durch eine Analogie der GmbH-rechtlichen Norm des Art 397 Abs 6 kroHGG zu schließen ist; denn auch die deutsche aktienrechtliche Vorschrift des § 51 dAktG ist mit jener des GmbH-Rechts ident (vgl § 9b Abs 2 dGmbHG). Da der kroatische Gesetzgeber im GmbH-Recht der deutschen Regelung gefolgt ist (vgl Art 397 Abs 6 kroHGG), eine Regelung im Aktienrecht jedoch offensichtlich übersehen hat, ist eine Analogie zuzulassen; demnach verjährt der Anspruch der Gesellschaft innerhalb von fünf Jahren ab Eintragung der Gesellschaft in das Gerichtsregister oder, wenn die haftungsbegründende Handlung später begangen worden ist, ab dem Tag der Vornahme dieser Handlung.

Anders als die GmbH-rechtliche Parallelnorm (Art 397 kroHGG) enthält Art 191 Abs 4 kroHGG einen Ausfallshaftungstatbestand der übrigen Gesellschafter. Entsteht demnach der Gesellschaft dadurch ein Schaden, dass ein Aktionär zahlungsunfähig ist oder unfähig ist, eine Sacheinlage zu leisten, so sind jene Gründer der Gesellschaft solidarisch zum Ersatz des Schadens verpflichtet, die die Beteiligung (genauer Gesetzeswortlaut: *„Teilnahme"*) des Aktionärs in

---

271 Vgl zum rezipierten Recht auch *Pentz* in Münchener Kommentar AktG[3] § 46 Rz 38.

272 So auch *Barbić*, Dioničko društvo[5] 314; siehe vor allem auch *Winter/Veil* in *Scholz*, GmbHG[10] § 9a Rz 32; vgl weiters *Tebben* in *Michalski*, GmbHG[2] § 9a Rz 28 mwN; *Hueck/Fastrich* in Baumbach/Hueck, GmbHG[19] § 9a Rz 14; *Roth* in *Roth/Altmeppen*, GmbHG[6] § 9a Rz 15.

273 *Barbić*, Dioničko društvo[5] 313.

Kenntnis seiner Zahlungsunfähigkeit oder Leistungsunfähigkeit angenommen haben.[274]

db) Verdeckte Sacheinlage

* GmbH

Der kroatische Gesetzgeber hat mit der Novelle des kroHGG 2009 die verdeckte Sacheinlage einer gesetzlichen Regelung zugeführt. Trotz der gesetzlichen Normierung sind Ausführungen zur verdeckten Sacheinlage im Schrifttum kaum vorhanden. Auch hier ist zwecks Fortentwicklung des Meinungsstandes eine Heranziehung der Ausführungen zum rezipierten (deutschen) Recht unerlässlich.

Art 398 Abs 4 kroHGG sieht für den Fall, dass eine Bareinlage eines Gesellschafters wirtschaftlich oder aufgrund einer im Zusammenhang mit der Übernahme der Einlageverpflichtung getroffenen Vereinbarung vollständig oder teilweise als Sacheinlage zu betrachten ist (*prikriveno ulaganje stvari i prava*; verdeckte Sacheinlage), vor, dass der Gesellschafter von seiner (Bar-)Einlageverpflichtung nicht befreit wird. Das Gesetz ordnet etwas missverständlich an, dass entweder aufgrund einer Absprache *oder* aus wirtschaftlicher Betrachtung eine Sacheinlage geleistet werden soll. Vielmehr müssen diese Voraussetzungen – wie auch von der hL zur rezipierten deutschen Parallelnorm vertreten – kumulativ vorliegen; der wirtschaftliche Erfolg muss sich aus der im Zusammenhang mit der Übernahme der Einlageverpflichtung erfolgten Absprache ergeben.[275] Es muss der Wille der Parteien gegeben sein, wirtschaftlich den Erfolg einer Sacheinlage herbeizuführen.[276] Auf eine Absicht der Umgehung der Sachgründungsvorschriften kommt es nicht an.[277] Somit lässt sich der wirtschaftliche Erfolg einer Sacheinlage nicht vom rechtsgeschäftlichen Willen der Parteien trennen.[278] Ein sachlicher und zeitlicher Zusammenhang zwischen der Leistung der Bareinlage und dem Erwerb des Gegenstandes gilt als Indiz einer Abrede; der Einleger hat diesfalls die Möglichkeit des (schweren) Freibeweises.[279] Andernfalls wären jegliche Geschäfte der Gesellschafter, die in einem zeitlichen

---

274 Siehe auch *Barbić*, Dioničko društvo[5] 314 f.

275 Vgl die hL zur rezipierten deutschen Parallelbestimmung *Winter/Westermann* in *Scholz*, GmbHG[10] § 5 Rz 79 mwN; *Roth* in *Roth/Altmeppen*, GmbHG[6] § 19 Rz 40.

276 Vgl zum rezipierten Recht, *Koppensteiner/Rüffler*, GmbHG[3] § 63 Rz 17a; *Pentz* in Münchener Kommentar[2] § 27 Rz 94; *Heidinger* in *Jabornegg/Strasser*, AktG[4] § 20 Rz 25; *Ettl* in *Doralt/Nowotny/Kalss*, Aktiengesetz § 20 Rz 34 f; *Winner* in Münchener Kommentar[2] § 150 öAktG Rz 18; *Hueck/Fastrich* in *Baumbach/Hueck*, GmbHG[19] § 19 Rz 49; *Bayer* in *Lutter/Hommelhoff*, GmbHG[17] § 19 Rz 54; *Roth* in *Roth/Altmeppen*, GmbHG[6] § 19 Rz 40.

277 *Pentz* in Münchener Kommentar[2] § 27 Rz 94; *Ettl* in *Doralt/Nowotny/Kalss*, Aktiengesetz § 20 Rz 38; *Hueck/Fastrich* in *Baumbach/Hueck*, GmbHG[19] § 19 Rz 49; *Bayer* in *Lutter/Hommelhoff*, GmbHG[17] § 19 Rz 54.

278 Vgl *Hueck/Fastrich* in *Baumbach/Hueck*, GmbHG[19] § 19 Rz 49; *Winter/Westermann* in *Scholz*, GmbHG[10] § 5 Rz 79 mwN.

279 *Koppensteiner/Rüffler*, GmbHG[3] § 63 Rz 17a; *Hueck/Fastrich* in *Baumbach/Hueck*, GmbHG[19] § 19 Rz 49; *Roth* in *Roth/Altmeppen*, GmbHG[6] § 19 Rz 67 ff.

Zusammenhang mit der Bareinlage stehen, verboten.[280] Der typische Fall einer verdeckten Sacheinlage liegt dann vor, wenn der Gesellschafter eine Bareinlage leistet und die Gesellschaft in der Folge (nach der Eintragung in das Gerichtsregister) den im Voraus vereinbarten Gegenstand mit der geleisteten Bareinlage erwirbt. Liegt eine verdeckte Sacheinlage vor, wird der Gesellschafter von der Bareinlagepflicht nicht befreit; er muss die Bareinlage erneut leisten. Gleichzeitig, und darin liegt der wesentliche Unterschied zum Aktienrecht (siehe Art 176 Abs 3 kroHGG), ordnet Art 398 Abs 4 Satz 2 kroHGG an, dass Verträge über die Sacheinlage und Rechtshandlungen zu ihrer Ausführung nicht unwirksam sind. Auf die Geldeinlagepflicht des Gesellschafters ist der Wert der Sache im Zeitpunkt der Anmeldung der Gesellschaft zur Eintragung in das Gerichtsregister oder im Zeitpunkt der Übertragung der Sache an die Gesellschaft, sofern diese Übertragung vor der Anmeldung erfolgt, anzurechnen (Art 398 Abs 4 Satz 3 kroHGG). Entspricht somit der Wert der Sache der Bareinlagepflicht, muss der Gesellschafter keinen Barbetrag mehr leisten. Für den eher unwahrscheinlichen Fall, dass der Wert der Sache höher ist als die Bareinlagepflicht, ist die Bareinlagepflicht erfüllt; der Mehrwert kommt der Gesellschaft zugute. Die Anrechnung darf jedoch nicht vor der Eintragung der Gesellschaft in das Gerichtsregister erfolgen (Art 398 Abs 4 Satz 4 kroHGG). Der Beweis für den Wert der Sache obliegt dem Gesellschafter (Art 398 Abs 4 Satz 5 kroHGG). An dieser Stelle ist darauf hinzuweisen, dass die Sachgründungsvorschriften, die durch verdeckte Sacheinlagen unterlaufen werden sollen, durch ausdrücklichen gesetzlichen Verweis jenen des Aktienrechts entsprechen (Art 390 Abs 4 iVm Art 176, 179 [5], Art 181–185a, Art 187 [2] und Art 191–193 kroHGG).

- Aktiengesellschaft

Das Aktienrecht kennt keine ausdrückliche Regelung hinsichtlich der verdeckten Sacheinlage. Wann eine Sacheinlage vorliegt, ist unter sinngemäßer Heranziehung der GmbH-rechtlichen Vorschriften zu bestimmen (siehe obige Ausführungen). Die Rechtsfolge einer verdeckten Sacheinlage im Aktienrecht unterscheidet sich wesentlich von jener des GmbH-Rechts.

Bei Sacheinlagen und Sachübernahmen als Form der Einlagenleistung hat die Satzung genaue Angaben über die Sache, die Person, von der die Gesellschaft den Gegenstand erwirbt, sowie bei Sacheinlagen den Nennbetrag, bei Stückaktien die Zahl der zu gewährenden Aktien, bei Sachübernahmen die zu gewährende Vergütung zu enthalten (Art 176 Abs 1 kroHGG). Enthält die Satzung keine solchen Angaben, so sind Verträge über Sacheinlagen und Sachübernahmen sowie Rechtshandlungen zu ihrer Erfüllung gegenüber der Gesellschaft unwirksam (verdeckte Sacheinlage, Art 176 Abs 3 kroHGG); dh sowohl die Sacheinlagevereinbarung als auch das Verfügungsgeschäft sind unwirksam, die Satzung als solche bleibt von den Mängeln jedoch unberührt (Art 176 Abs 3 Satz 2 kroHGG).

Ein Verstoß gegen die Pflicht der satzungsmäßigen Aufnahme der Sacheinlage hat zur Folge, dass der Aktionär seine Bareinlage nicht erfüllt hat und

---

280 So auch *Bayer* in *Lutter/Hommelhoff*, GmbHG[17] § 19 Rz 54.

– natürlich – sofern die bar einbezahlte Summe zurückbezahlt wurde – diese erneut aufbringen muss (Art 176 Abs 3 letzter Satz kroHGG). Der Aktionär selbst hat einen bereicherungsrechtlichen Anspruch auf Rückübereignung sowie einen eigentumsrechtlichen Herausgabeanspruch (rei vindicatio) des an die Gesellschaft geleisteten Gegenstandes, da, wie bereits erwähnt, sowohl das Verpflichtungsgeschäft als auch das Verfügungsgeschäft kraft gesetzlicher Anordnung unwirksam sind.[281] Um dennoch den angestrebten wirtschaftlichen Erfolg, nämlich eine Sacheinlage, zu erreichen, wäre eine Befreiung des Aktionärs von der Bareinlagepflicht durch eine Kapitalherabsetzung und eine gleichzeitige Sachkapitalerhöhung denkbar, dies ist wohl aber eher nicht praktikabel.[282] In diesem Zusammenhang stellt sich die Frage nach einer (weiteren) möglichen Heilung des unwirksamen Rechtsgeschäfts. Wenn von einer Heilung die Rede ist, dann ist darunter das rückwirkende Wirksamwerden des Rechtsgeschäfts (*ex tunc*) zu verstehen. Eine Heilung des Mangels ist jedenfalls vor der Eintragung der Gesellschaft in das Gerichtsregister durch entsprechende Satzungsgestaltung möglich; nach der Eintragung ist eine Heilung durch Satzungsänderung kraft ausdrücklicher gesetzlicher Anordnung nicht möglich (Art 176 Abs 4 kroHGG). Von der Heilung der verdeckten Sacheinlage ist die Neuvornahme des Rechtsgeschäfts zu unterscheiden. Dabei ist zu bedenken, dass eine Neuvornahme des Rechtsgeschäfts in der Regel zu einer erneuten verdeckten Sacheinlage führt; diese Rechtsfolge lässt sich nur unter Einhaltung der Nachgründungsvorschriften vermeiden. So wird in der deutschen[283] und österreichischen[284] Lehre die Meinung vertreten, dass nach erfolgter Registereintragung der wirtschaftliche Erfolg einer Sacheinlage durch entsprechende Anwendung der Nachgründungsvorschriften (ohne Berücksichtigung der dortigen prozentuellen Schwellen) möglich ist. Hier ist darauf hinzuweisen, dass die Nachgründungsvorschriften zumindest dem Wortlaut nach nur bei einer verdeckten Sacheinlage im Rahmen der Sachgründung, nicht jedoch einer Sachkapitalerhöhung anwendbar sind; diese Regelungslücke ist durch eine Analogie („*entsprechende Anwendung*"[285]) zu schließen.[286] Dabei handelt es sich nicht um eine Heilung des ursprünglich unwirksamen Geschäfts, sondern um den Abschluss eines neuen

---

281 Der Vindikationsanspruch würde dem Gesellschafter auf Grund des dem kroatischen Vertragsrecht immanenten Kausalitätsprinzips aber auch dann zustehen, wenn nur das Verpflichtungsgeschäft mit der Unwirksamkeit behaftet wäre. Anders ist die Rechtslage in Deutschland, die dem Abstraktionsprinzip folgt.

282 Vgl *Pentz* in Münchener Kommentar³ § 27 Rz 82; *Winter* in *Scholz*, GmbHG¹⁰ § 5 Rz 97a; *Hueck/Fastrich* in Baumbach/Hueck, GmbHG¹⁹ § 5 Rz 52 mwN; *Bayer* in *Lutter/Hommelhoff*, GmbHG¹⁷ § 5 Rz 58.

283 *Pentz* in Münchener Kommentar³ § 27 Rz 107 f mwN; *Hüffer*, Aktiengesetz⁸ § 27 Rz 31 mwN; *Heidinger* in *Spindler/Stilz*, AktG § 27 Rz 165 mwN. *Hüffer*, Aktiengesetz⁸ § 27 Rz 31.

284 *Heidinger* in *Jabornegg/Strasser*, AktG⁴ § 20 Rz 27 mwN; *Ettel* in *Doralt/Nowotny/Kalss*, Aktiengesetz § 20 Rz 41.

285 So *Barbić*, Dioničko društvo⁵ 333; *Pentz* in Münchener Kommentar³ § 52 Rz 74.

286 *Barbić*, Dioničko društvo⁵ 333; so auch die hL zum rezipierten Recht vgl, *Pentz* in Münchener Kommentar³ § 52 Rz 74 mwN; *Hüffer*, Aktiengesetz⁸ § 52 Rz 11 mwN; *Doralt/Diregger* in Münchener Kommentar³ § 52 Rz 87.

Rechtsgeschäfts;[287] dh der Aktionär ist weiterhin zur Bareinlage verpflichtet, wobei nach erfolgter Leistung der eingebrachte Betrag zum Erwerb des Gegenstandes verwendet wird.[288] In Kroatien wird diese Form der „Heilung" bzw Neuvornahme des Geschäfts nicht diskutiert. Als Einwand kann aus kroatischer Sicht vorgebracht werden, dass Art 194a kroHGG (Nachgründung) keine § 52 Abs 10 dAktG aF entsprechende Regelung enthält, wonach ein im Wege der Nachgründung abgeschlossener Vertrag auch dann wirksam ist, wenn ein Vertrag über denselben Gegenstand nach § 27 Abs 3 dAktG (verdeckte Sacheinlage) unwirksam ist; sprich: Das Rechtsgeschäft über die verdeckte Sacheinlage, welches nichtig ist, kann trotz des Verstoßes im Wege der Nachgründungsvorschriften neu vorgenommen werden. Der kroatische Gesetzgeber hat sich bei der Rezeption des deutschen Aktienrechts gegen die Übernahme des Abs 10 in Art 52 dAktG aF entschieden. ME muss auch ohne eine solche gesetzliche Regelung eine Neuvornahme des Rechtsgeschäfts unter Berücksichtigung der Nachgründungsvorschriften zulässig sein, denn bei der besagten deutschen Regelung handelt es sich lediglich um eine Klarstellung[289] der Zulässigkeit der Neuvornahme, nicht jedoch um eine die Zulässigkeit begründende Regelung. In der Folge stellt sich die Frage, ob eine Neuvornahme nur dann zulässig ist, wenn für den Gegenstand des Rechtsgeschäfts eine Vergütung von über 10% des Grundkapitals geleistet werden soll, wie es die Nachgründungsvorschriften verlangen (Art 194a Abs 1 kroHGG). Dies wird zumindest von einem Teil der Lehre in Deutschland[290] und Österreich[291] zu Recht abgelehnt. Dabei beruft man sich auf den Willen des deutschen Gesetzgebers, der mit der Regelung der Nachgründungsvorschriften eine Umgehung der Sachgründungsvorschriften verhindern wollte.[292] Die gesetzliche Regelung einer 10%-Schwelle soll eine unwiderlegbare Vermutung einer verdeckten Sacheinlage darstellen.[293] Damit erfasst das Gesetz vom Wortlaut her zwar einen besonders bedeutsamen Fall, nämlich Geschäfte einer bestimmten Größenordnung (mind. 10% des Grundkapitals), sagt aber nichts über die Zulässigkeit sonstiger (minder gewichteter) Geschäfte aus, womit die Norm keine abschließende Regelung zur Verhinderung der Umgehung von Sachgründungsvorschriften darstellt; sie soll somit nicht als Freigabe verdeckter Sacheinlagen unter der 10%-Schwelle gedeutet werden.[294] Folgt man dieser Annahme, so ist

---

287 So auch *Pentz* in Münchener Kommentar[3] § 27 Rz 82; *Heidinger* in *Spindler/Stilz*, AktG § 27 Rz 165, § 52 Rz 56 f.

288 *Pentz* in Münchener Kommentar[2] § 27 Rz 82; *Winner* in *Doralt/Nowotny/Kalss*, AktG[2] § 150 Rz 56.

289 *Hüffer*, Aktiengesetz[9] § 52 Rz 21; *Priester* in Großkommentar zum Aktiengesetz[4] (2004) § 52 Rz 103.

290 *Hüffer*, Aktiengesetz[8] § 27 Rz 31; *Pentz* in Münchener Kommentar[3] § 27 Rz 107, § 52 Rz 70.

291 *Ettel* in *Doralt/Nowotny/Kalss*, Aktiengesetz § 20 Rz 41; *Heidinger* in *Jabornegg/Strasser*, AktG[4] § 20 Rz 27 mwN.

292 Siehe *Pentz* in Münchener Kommentar[3] § 52 Rz 10, 70.

293 Siehe *Pentz* in Münchener Kommentar[3] § 52 Rz 10, 70.

294 *Pentz* in Münchener Kommentar[3] § 52 Rz 11. 70; *Lutter/Gehling*, Verdeckte Sacheinlagen, Zur Entwicklung der Lehre und zu den europäischen Aspekten, WM 1989, 1445, 1455 ff; *Ulmer*, *Verdeckte Sacheinlagen im Aktien- und GmbH-Recht, ZHR 154/1990, 128, 143.*

eine Neuvornahme des Rechtsgeschäfts nach den Nachgründungsvorschriften auch für unter der 10%-Schwelle liegende Rechtsgeschäfte zulässig. Ob dieser Auffassung auch in Kroatien gefolgt würde, ist fraglich. Barbić[295] geht offensichtlich – bei unvollständigem Verweis auf das deutsche Schrifttum (konkret: Hüffer) – davon aus, dass nur Rechtsgeschäfte, deren Vergütung über der 10%-Schwelle liegt, von den Nachgründungsvorschriften erfasst sind. Konsequenterweise müsste er (Barbić) sich hierbei mit dem deutschen Gesetzgeberwillen auseinandersetzen, der – wie oben ausgeführt – nicht nur solche Rechtsgeschäfte erfassen will. Dennoch ist zu erwarten, dass anhand einer engen Auslegung des Gesetzeswortlauts in Kroatien der Meinung gefolgt werden wird, wonach auf (neu vorgenommene) Rechtsgeschäfte, die unterhalb der Schwelle von 10% des Grundkapitals liegen, die Nachgründungsvorschriften nicht anzuwenden sind; die Neuvornahme des Rechtsgeschäfts ist diesfalls zumindest aus der Sicht der Nachgründungsvorschriften zulässig und grundsätzlich wirksam. Dies schließt jedoch nicht aus, dass das neu vorgenommene Rechtsgeschäft erneut als eine verdeckte Sacheinlage zu qualifizieren ist, da der Tatbestand der verdeckten Sacheinlage unabhängig von der Vergütungshöhe zu beurteilen ist[296], was letztlich erneut zu einer Unwirksamkeit des vorgenommenen Rechtsgeschäfts führt. Somit kann nicht der Auffassung gefolgt werden, das vorgenommene Rechtsgeschäft, das nicht in den sachlichen Anwendungsbereich der Nachgründungsvorschriften fällt, sei ohne weiteres wirksam.[297] Denn Art 194a kroHGG bestimmt weder den sachlichen noch den zeitlichen Tatbestand der verdecken Sacheinlage.[298] Daher kann die Annahme der Zulässigkeit eines Rechtsgeschäfts, die sich allein nach dem Gesetzeswortlaut orientiert (< 10%), nicht dahingehend gedeutet werden, dass es sich beim gegenständlichen Rechtsgeschäft um keine verdeckte Sacheinlage handelt, da der Tatbestand der verdeckten Sacheinlage eben nicht auf die Vergütung abstellt[299]. Lässt man somit die Neuvornahme eines Rechtsgeschäfts, das unter der 10%-Schwelle liegt, unter Anwendung der Nachgründungsvorschriften nicht zu, begibt man sich in einen Teufelskreis der verdeckten Sacheinlagen. Bedenkt man hier, dass eine verdeckte Sacheinlage nicht immer bewusst oder durch ein bösgläubiges Verhalten der Akteure erfolgt, sondern oft ein Ergebnis der Unerfahrenheit sowie der mangelnden Vorsicht ist, erscheint diese Rechtsfolge aus praktischer Sicht äußerst unbefriedigend.

Weiters ist eine „Heilung" durch eine nachträgliche Umwandlung der Bareinlage in eine Sacheinlage durch einen satzungsändernden Gesellschafterbeschluss unter Berücksichtigung der Sachgründungsvorschriften (Gründungsbericht, Gründungsprüfung) sowie der Vornahme einer Werthaltigkeitskontrolle

---

295 Barbić, Dioničko društvo[5] 331.
296 Vgl Pentz in Münchener Kommentar[3] § 52 Rz 70.
297 So aber auch zum deutschen Recht Priester in Großkommentar Aktiengesetz[4] § 52 Rz 104 mwN; Kraft in Kölner Kommentar[2] zum Aktiengesetz[2] (1988) § 52 Rz 60; Baumbach/Hueck, Kommentar zum Aktiengesetz[13] § 52 Rz 11.
298 So auch Pentz in Münchener Kommentar[3] § 27 Rz 86 zum deutschen Recht.
299 Vgl Pentz in Münchener Kommentar[3] § 52 Rz 70.

(qualifizierte Satzungsänderung) zu erwägen, da diesfalls die Gläubigerinteressen keinesfalls tangiert werden.[300] Diese Möglichkeit wird sowohl in Österreich[301] als auch in Deutschland[302] überwiegend abgelehnt. Dies wird aus § 20 Abs 3 letzter Satz öAktG und § 27 Abs 4 dAktG aF abgeleitet, wonach nach erfolgter Eintragung der Gesellschaft in das Gerichtsregister eine Heilung der Unwirksamkeit durch eine Satzungsänderung nicht mehr möglich ist. In Kroatien finden sich dazu keine Stellungnahmen. Die kroatischen Parallelvorschriften finden sich in Art 176 Abs 4 und 5 iVm Art 175 Abs 4 kroHGG. Art 176 Abs 4 kroHGG spricht von einem Verbot der Heilung durch Satzungsänderung nach Eintragung der Gesellschaft in das Gerichtsregister. Damit bringt diese Norm mE zweierlei zum Ausdruck: 1.) dass eine Heilung mit Wirkung *ex tunc* nicht zulässig ist[303], also unwirksame Rechtsgeschäfte nicht rückwirkend wirksam werden können,[304] 2.) dass eine „Heilung" durch bloß einfache Satzungsänderung nicht möglich ist[305]. Dass jedoch eine „Heilung" für die Zukunft (ex nunc) unzulässig wäre – was eigentlich einer Neuvornahme der Einlage[306] gleichkommt –, lässt sich der Norm nicht entnehmen.[307] Aufgrund dieser Überlegungen ist eine Satzungsänderung in Form einer Umwandlung der Bar- in eine Sacheinlage mit entsprechender Nachholung der Sachgründungsvorschriften und Vornahme einer Werthaltigkeitskontrolle mE als zulässig zu erach-

---

300 Die Möglichkeit der Heilung durch eine qualifizierte Satzungsänderung, also einer solchen unter Berücksichtigung der Sachgründungsvorschriften, auch für das Aktienrecht bejahend *Heidinger* in *Spindler/Stilz*, AktG § 27 Rz 166 mwN; *Röhricht* in Großkommentar Aktiengesetz[4] § 27 Rz 154, 182, 219; *Priester* in Großkommentar Aktiengesetz[4] § 52 Rz 108; so auch die Beschlussempfehlungen des deutschen Bundestags zum ARUG, BT-Drucksache 16/13098, S. 36 f; siehe dazu auch *Heidinger/Benz* in *Spindler/Stilz*, AktG[2] § 27 Rz 203; *Herrler/Reymann*, Die Neuerungen im Aktienrecht durch das ARUG – Unter besonderer Berücksichtigung der Neuregelungen zur Hauptversammlung und zur Kapitalaufbringung bei der AG – (Teil 2), DNotZ 2009, 914, 922; *Wicke*, Einführung in das Recht der Hauptversammlung, das Recht der Sacheinlagen und das Freigabeverfahren nach dem ARUG (2009) 52.

301 *Ettel* in *Doralt/Nowotny/Kalss*, Aktiengesetz § 20 Rz 41 mwN; *Heidinger* in *Jabornegg/Strasser*, AktG[4] § 20 Rz 37 mwN.

302 *Pentz* in Münchener Kommentar[3] § 27 Rz 83, 106 mwN; *Hüffer*, Aktiengesetz[9] § 27 Rz 31 mwN.

303 So zum rezipierten deutschen Recht auch *Winter/Westermann* in *Scholz*, GmbHG[10] § 5 Rz 97a, der in diesem Zusammenhang ausdrücklich (auch) auf § 27 Abs 4 dAktG verweist.

304 So in etwa zum rezipierten Recht auch *Pentz* in Münchener Kommentar[3] § 27 Rz 83.

305 So auch zur deutschen Parallelbestimmung *Heidinger* in *Spindler/Stilz*, AktG § 27 Rz 166; *Röhricht* in Großkommentar Aktiengesetz[4] § 27 Rz 182; *Kalss* in *Kalss/Nowotny/Schauer*, Österreichisches Gesellschaftsrecht 3/220.

306 Im Wege dieser Satzungsänderung ist als Sacheinlage die ursprünglich unwirksam eingebrachte Sache (Gegenstand oder Forderung) einzubringen; siehe dazu *Heidinger* in *Spindler/Stilz*, Aktiengesetz § 27 Rz 167; *Röhricht* in Großkommentar Aktiengesetz[4] § 27 Rz 219; *Hueck/Fastrich* in *Baumbach/Hueck*, GmbHG[18] § 19 Rz 46 mwN.

307 So im Ergebnis zur rezipierten deutschen Parallelnorm auch *Heidinger* in *Spindler/Stilz*, AktG § 27 Rz 169; zum GmbH-Recht siehe *Winter/Westermann* in *Scholz*, GmbHG[10] § 5 Rz 97a; *Pentz* in *Rowedder/Schmidt-Leithoff*, GmbHG[4] § 19 Rz 164; *Priester* in *Scholz*, GmbHG[9] § 56 Rz 44; *Hueck/Fastrich* in *Baumbach/Hueck*, GmbHG[18] § 19 Rz 46 mwN.

ten.[308] Dem steht auch die Vorschrift des Art 176 Abs 4 iVm Art 175 Abs 4 kroHGG nicht entgegen, wonach eine Änderung von Satzungsbestimmungen bezüglich Sacheinlagen erst nach Ablauf von fünf Jahren ab Eintragung in das Gerichtsregister zulässig ist; denn diese Vorschrift stellt dem Gesetzeszweck entsprechend nur auf die Änderung rechtswirksamer Angaben über Sacheinlagen ab (vgl den deutschen Gesetzeswortlaut in der Parallelnorm § 27 Abs 5 dAktG „Änderung rechtswirksam getroffener Festsetzungen"), wovon jedenfalls bei verdeckten Sacheinlagen (die eine Bareinlage sind) nicht die Rede sein kann.[309] Lässt man eine Umwandlung der Bareinlage in eine Sacheinlage nach den eben dargelegten Grundsätzen zu, so handelt es sich dabei um keine eigentliche Heilung[310] der Unwirksamkeit ursprünglich abgeschlossener Geschäfte (Sacheinlagevereinbarung und Sachübereignung), sondern um eine Art Neuvornahme der Gründung.[311]

Zusammenfassend ist festzuhalten, dass im Aktienrecht hinsichtlich der Heilung von verdeckten Sacheinlagen Rechtsunsicherheit herrscht, zumal es dazu weder im Schrifttum noch in der Rechtsprechung Stellungnahmen gibt. Als zulässig und aus kroatischer Sicht rechtlich unbedenklich zu erachten ist die Neuvornahme des als Folge der verdeckten Sacheinlage qualifizierten unwirksamen Rechtsgeschäfts, sofern die Vergütung die 10%-Schwelle überschreitet oder aber eine Befreiung von der Bareinlagepflicht verbunden mit einer Sachkapitalerhöhung vorliegt.

5. Konzernrechtliche Regelungen ieS

Eingriffshaftung

Das kroatische Aktienrecht – im Gegensatz zum GmbH-Recht[312] – normiert eine Haftung von Personen, die durch ihre Einflussausübung in der Gesellschaft dieser vorsätzlich einen Schaden zufügen. So bestimmt Art 273 Abs 1 kroHGG folgendes: *„Wer vorsätzlich unter Benutzung seines Einflusses auf*

---

308 So auch BT-Drucksache 16/13098, S. 36 f; siehe dazu auch *Heidinger/Benz* in *Spindler/Stilz*, AktG[22] § 27 Rz 203 f; *Herrler/Reymann*, Die Neuerungen im Aktienrecht durch das ARUG – Unter besonderer Berücksichtigung der Neuregelungen zur Kapitalaufbringung und zur Kapitalaufbringung bei der AG – (Teil 2), DNotZ 2009, 914, 922; *Wicke*, Einführung in das Recht der Hauptversammlung, das Recht der Sacheinlagen und das Freigabeverfahren nach dem ARUG (2009) 52; zumindest im Ansatz *Kalss* in *Kalss/Nowotny/Schauer*, Österreichisches Gesellschaftsrecht 3/220, die eine einfache Satzungsänderung allein nicht genügen lässt; so auch zur Rechtslage im GmbH-Recht, siehe *Koppensteiner/Rüffler*, GmbHG[33] § 6 Rz 20; *van Husen/Krejci* in *Straube*, GmbHG online – Wiener Kommentar zum GmbH-Gesetz § 6 Rz 192 f; *Winter* in *Scholz*, GmbHG[10] § 5 Rz 94, 97a mwN.

309 Siehe auch Beschlussempfehlungen des deutschen Bundestags zum ARUG, BT-Drucksache 16/13098, S. 37.

310 Wenn man von Heilung spricht, dann kann damit nur von einer solchen der ursprünglich fehlerhaften Sacheneinlage die Rede sein.

311 Vgl *Winter/Westermann* in *Scholz*, GmbHG[10] § 5 Rz 97a, 106 f.

312 Im GmbH-Recht käme eine Haftung wegen Treuepflichtverletzung in Betracht.

die Gesellschaft ein Mitglied der Verwaltung bzw einen geschäftsführenden Direktor oder ein Mitglied des AR, der Verwaltungsrats (Anm.: beim monistischen Verwaltungssystem), einen Prokuristen oder Bevollmächtigten dazu bestimmt, eine Handlung zum Schaden der Gesellschaft oder ihrer Aktionäre vorzunehmen, ist der Gesellschaft zum Ersatz des daraus entstandenen Schadens verpflichtet". Diese Person ist darüber hinaus auch den Aktionären zum Ersatz des ihnen verursachten Schadens verpflichtet, *„unabhängig vom Gesellschaftsschaden"* (Art 273 Abs 1 letzter Satz kroHGG). Hinsichtlich der Haftung gegenüber den Aktionären ist der Gesetzeswortlaut etwas missglückt, da er vermuten lässt, dass jeglicher Schaden der Gesellschafter zu ersetzen wäre, somit auch ein mittelbarer Schaden, der sich in einer Wertminderung der Aktien als Folge der Schädigung der Gesellschaft realisiert (sog Reflexschaden). Wieso der Gesetzgeber den Wortlaut der rezipierten Norm (§ 117 dAktG) nicht übernommen hat, erscheint äußerst fraglich, zumal in der Norm des Art 501 kroHGG dem Wortlaut der rezipierten Parallelvorschrift (§ 317 dAktG) gefolgt wurde, die der gegenständlichen Norm hinsichtlich der Haftung gleicht, explizit der Reflexschaden aus der Haftung genommen wurde (*„ ... abgesehen vom Schaden, der ihnen durch den der Gesellschaft verursachten Schaden zugefügt wurde"*). Vielmehr ist hier von einer Regelungslücke als Folge einer fehlerhaften Rezeption auszugehen. Dem entspricht auch die in der kroatischen Lehre vertretene Meinung, dass Reflexschäden auch von Art 273 kroHGG nicht erfasst sind.[313]

Der Tatbestand des Einflusses ist dann erfüllt, wenn er nach Art und Stärke geeignet ist, die führenden Personen der Gesellschaft zu einer schädigenden Handlung zu veranlassen.[314] Abzustellen ist sowohl auf rechtliche als auch auf tatsächliche Umstände, die eine solche Position gewähren.[315] Dabei muss es sich nicht zwingend um eine gesellschaftsrechtlich vermittelte Position handeln.[316] Somit kommen vor allem in Betracht: Aktienbesitz, Organmitgliedschaft, bedeutender Lieferant, verwandtschaftliche Beziehung.[317] Unbeachtlich ist, ob es sich hierbei um eine natürliche oder juristische Person handelt.[318] So haftet die juristische Person dann, wenn ihr Einfluss auf die Geschicke einer anderen Gesellschaft durch ihre Vertretungsorgane ausgeübt wird, wobei auf das tatbildliche Verhalten der Vertretungsperson abzustellen ist.[319] Die Zurechnung der Handlung des Vertretungsorgans zur juristischen Person erfolgt über Art 1062

---

313 So *Gorenc* in Gorenc/Ćesić/Buljan/Brkanić, Komentar[4] Art 273 S. 574.

314 *Barbić*, Dioničko društvo[5] 833 unter offensichtlicher Bezugnahme auf *Hüffer*, AktG[9] § 117 Rz 3; siehe auch *Gorenc* in Gorenc/Ćesić/Buljan/Brkanić, Komentar[4] Art 273 S. 573.

315 *Schall* in Spindler/Stilz, AktG[2] § 117 Rz 15.

316 *Barbić*, Dioničko društvo[5] 833; so auch zum rezipierten Recht *Hüffer*, AktG[9] § 117 Rz 3; *Spindler* in Münchener Kommentar[3] § 117 Rz 16 mit jeweils wN.

317 *Barbić*, Dioničko društvo[5] 833.

318 *Barbić*, Dioničko društvo[5] 833.

319 *Spindler* in Münchener Kommentar[3] § 117 Rz 12 mwN; *Schall* in Spindler/Stilz, AktG[2] § 117 Rz 14.

kroSchuldRG, wonach die Gesellschaft für drittschädigende Handlungen ihre Organe, die diese im Rahmen ihrer Funktion setzen, haftet.

Der Einfluss muss in der Weise benutzt worden sein, die genannten Personen zu einer die Gesellschaft schädigenden Handlung zu veranlassen.[320] Unbeachtlich ist, auf welche Weise der Einfluss ausgeübt wird, sowie das dahinterstehende Motiv;[321] die Benutzung des Einflusses muss lediglich für das Verhalten des Organs ursächlich sein.[322] Als schädigender Einfluss wurde bspw eine unloyale Abstimmung in der HV gewertet. So erkannte das Hohe Handelsgericht der Republik Kroatien[323], dass ein treuwidriges Verhalten sowie eine missbräuchliche Stimmrechtsausübung zur Verhinderung der Beschlussfassung über die Feststellung des Jahresfinanzberichtes als schädigende Einflussnahme in Betracht kommt, wobei aufgrund der damaligen Rechtslage eine Haftung ausblieb, da ein Ausschlusstatbestand normiert war, wonach keine Haftung besteht, wenn die Einflussnahme durch eine Abstimmung in der HV erfolgte (dieser Ausnahmetatbestand wurde durch die Novelle 2007 beseitigt).

Als ungeschriebenes Tatbestandsmerkmal wird Rechtswidrigkeit der Einflussnahme verlangt.[324] Dabei ist jedoch nach kroatischem Recht unklar, worauf sich die Rechtswidrigkeit im gegebenen Zusammenhang beziehen soll. Sie kann jedenfalls nicht allein in der bloßen Einflussnahme erblickt werden. Vielmehr ist – mangels Ausführungen zum kroatischen Recht – in Anlehnung an die deutsche Lehrmeinung eine Art Interessenabwägung vorzunehmen;[325] es gilt letztlich – unter Heranziehung der Wertung des Art 501 Abs 3 kroHGG die Norm entspricht § 317 Abs 2 dAktG) –, die Handlung des beeinflussten Organmitglieds daran zu messen, ob ein ordentlicher und gewissenhafter Geschäftsleiter (Verwaltungs-, AR.-, oder Verwaltungsratsmitglied, Prokurist, Bevollmächtigter) einer unabhängigen Gesellschaft ebenso gehandelt hätte (Prüfung anhand des Sorgfaltsmaßstabs sowie der *business judgement rule* des Art 252 kroHGG).[326] Ist dies zu verneinen, haftet der Einflussnehmer, da eine rechtswidrige Einflussnahme auf ein Organhandeln vorliegt. Andernfalls liegt eine Handlung im Interesse der Gesellschaft vor. Somit hängt die Rechtswidrigkeit des Einflussnehmenden vom rechtswidrigen Verhalten des beeinflussten Organmit-

---

320 *Barbić*, Dioničko društvo[5] 833.

321 *Barbić*, Dioničko društvo[5] 833.

322 *Hüffer*, AktG[9] § 117 Rz 4; *Spindler* in Münchener Kommentar[3] § 117 Rz 26; *Schall* in *Spindler/Stilz*, AktG[2] § 117 Rz 17.

323 Hohes Handelsgericht der Republik Kroatien, Pž-7766/06–3 vom 26.5.2007; siehe dazu auch *Barbić*, Dioničko društvo[5] 833 (FN 906).

324 *Barbić*, Dioničko društvo[5] 833 mit Verweis auf die hL zum rezipierten deutschen Recht, *Hüffer*, AktG[9] § 117 Rz 6; *Schall* in *Spindler/Stilz*, AktG[2] § 117 Rz 21; *Hommelhoff/Witt* in *Lutter/K. Schmidt*, AktG § 117 Rz 9; *Spindler* in Münchener Kommentar[3] § 117 Rz 31 mit jeweils wN.

325 Vgl *Spindler* in Münchener Kommentar[3] § 117 Rz 36; *Schall* in *Spindler/Stilz*, AktG[2] § 117 Rz 24 mit jeweils wN; *Leuering/Goertz* in *Hölters*, AktG § 117 Rz 6 mwN; *Hüffer*, AktG[9] § 117 Rz 6.

326 *Spindler* in Münchener Kommentar[3] § 117 Rz 36; *Schall* in *Spindler/Stilz*, AktG[2] § 117 Rz 24 mit jeweils wN; *Wiesner*, Münchener Handbuch AG[3] § 207 Rz 5.

glieds ab.[327] Anders als im deutschen Recht ist auf der subjektiven Tatseite des Einflussnehmenden nicht zu fordern, dass ihm die objektive Pflichtwidrigkeit des Beeinflussten bekannt war.[328] Dies ergibt sich daraus, dass das kroatische Schadenersatzrecht (Art 273 kroHGG stellt eine Deliktsnorm dar) nicht der im österreichischen und deutschen Recht herrschenden Vorsatztheorie[329] folgt und der Vorsatz daher auch nicht die Rechtswidrigkeit zu erfassen hat.[330] Zwar verweisen *Klarić/Vedriš* darauf, dass die Rechtslage vor dem jugoslawischen SchuldRG-1978, welches dem ABGB entsprach, zwischen einfachem Vorsatz, böser Absicht und Schadenfreude unterschied und ein Bewusstsein über die Rechtswidrigkeit nur bei böser Absicht und Schadenfreude erforderlich war, nicht jedoch – wie sie es nennen – beim einfachen Vorsatz, der dem heutigen Vorsatzverständnis entspricht.[331] Dieser Auffassung ist entgegenzuhalten, dass sie verkennt, dass der „einfache" Vorsatz und die böse Absicht nach damaligem Recht (vor jugSchuldRG-1978) keine unterschiedlichen Vorsatzstufen waren, sondern aus dem österreichischen Recht stammende, bloß terminologische Unterscheidungen. So verstehen *Klarić/Vedriš* unter Vorsatz ein solches Verschulden, bei dem der Täter mit Wissen und Wollen hinsichtlich der Ursache (schädigende Handlung) und des Schadens (also Tatbestandsmerkmale) auftritt.[332] Nichts anderes meint auch die böse Absicht nach österreichischen Vorbild (vgl § 1294 ABGB)[333], wobei es innerhalb des Vorsatzes (auch in Kroatien)[334] eine Einstufung hinsichtlich des Wissens und Wollens gibt (dolus directus, dolus eventualis). Auch das kroatische Strafrecht fordert sowohl für den Vorsatz als auch für die Fahrlässigkeit, dass dem Täter die Rechtswidrigkeit seiner Tat bewusst ist bzw bewusst sein musste (vgl Art 39 kroStrG). Aus dieser Sicht ist die Auffassung von *Klarić/Vedriš* dogmatisch zu hinterfragen, da nach richtigem Verständnis unter böser Absicht ohnehin vorsätzliches Handeln zu verstehen ist. Verlangt man der kroatischen Rechtsmeinung folgend, dass die objektive Pflichtwidrigkeit allein ausreicht, ohne auf das Unrechtsbewusstsein des Einflussnehmers abzustellen, so führt dies mE zum unannehmbaren Ergebnis, dass der Einflussnehmende auch dann zur Haftung herangezogen wird, wenn er das Verwaltungsmitglied zu einer Handlung veranlasst und sich sowohl hinsichtlich der Ausnutzung seines Einflusses als auch des der Gesellschaft drohenden

---

327 So auch *Spindler* in Münchener Kommentar³ § 117 Rz 34.

328 Vgl *Spindler* in Münchener Kommentar³ § 117 Rz 36, 38 mwN; *Leuering/Goertz* in *Hölters, AktG* § 117 Rz 7; so offenbar auch *Schall* in *Spindler/Stilz*, AktG² § 117 Rz 24.

329 Siehe *Palandt*, Bürgerliches Gesetzbuch³⁶ (2010), § 276 Rz 11 mwN; *Koziol/Welser*, Bürgerliches Recht II¹³ (2007) 319.

330 Vgl *Klarić/Vedriš*, Građansko pravo¹² (2009), 597; aA offenbar *Gorenc*, Komentar Zakona o obveznim odnosima (2005) Art 1049 S. 1624.

331 *Klarić/Vedriš*, Građansko pravo¹² (2009), 597; so offenbar auch *Wolff* in *Klang*, Kommentar ABGB VI 21 mwN.

332 *Klarić/Vedriš*, Građansko pravo¹² (2009), 597; das Wissen und Wollen liegt auch einem bedingten Vorsatz zugrunde, vgl *Gorenc*, Komentar Zakona o obveznim odnosima Art 1049 S. 1624.

333 Vgl *Koziol/Welser*, Bürgerliches Recht II¹³ (2007) 319.

334 Vgl *Gorenc*, Komentar Zakona o obveznim odnosima (2005) Art 1049 S. 1624.

Schadens im Klaren ist, er jedoch die Rechtswidrigkeit seiner Handlung nicht erkennt, da er irrtümlich meint, im Interesse der Gesellschaft und daher nicht rechtswidrig zu handeln. Nach österreichischem und deutschem Recht hätte dies höchstens grobe Fahrlässigkeit zur Folge, keinesfalls Vorsatz.[335]

Als Schaden ist jede Vermögensminderung der Gesellschaft oder Verhinderung der Vermögensvermehrung zu sehen.[336] Die Einflussnahme muss auch für den Schaden ursächlich gewesen sein.[337] Unerheblich ist für die Haftung, ob sich die schädigende Handlung des Beeinflussten in einem aktiven Tun oder der Unterlassung der Vornahme einer Handlung manifestiert.[338]

Auf der subjektiven Tatseite wird ein Vorsatz gefordert. Ein dolus eventualis reicht aus.[339] Dieser muss sich auf die objektiven Tatbestandsmerkmale (Einfluss, Benutzung des Einflusses), nicht jedoch auf die objektiv pflichtwidrige Handlung des Beeinflussten) beziehen.[340] Es genügt, dass die den Einfluss ausübende Person die Folgen einer solchen Handlung kennt und diese Handlung trotzdem will.[341] Grobe oder leichte Fahrlässigkeit reicht nicht aus.[342] Die Erfüllung der subjektiven Voraussetzung seitens des Einflussnehmenden hängt nicht davon ab, ob das beeinflusste Organmitglied selbst schuldhaft gehandelt hat.[343] Der Vorsatz muss nicht die Art und Höhe des Schadens umfassen, wohl aber die schädigende Eignung der veranlassten Handlung.[344] Vorsatz ist bspw dann auszuschließen, wenn der Einflussnehmer die Eröffnung der Gesellschaftsinsolvenz verhindern will und er begründeterweise glaubt, dass eine erfolgreiche Sanierung möglich ist.[345] Die Beweislast der Erfüllung der Tatbestandsmerkma-

---

335 So auch *Koziol*, Österreichisches Haftpflichtrecht[2] 125; *Larenz*, Lehrbuch des Schuldrechts[13] § 20 II 259.

336 *Barbić*, Dioničko društvo[5] 834 mit Verweis auf die lM zum rezipierten deutschen Recht, *Hüffer*, AktG[9] § 117 Rz 5; *Schall* in *Spindler/Stilz*, AktG[2] § 117 Rz 18.

337 *Barbić*, Dioničko društvo[5] 834; so auch *Hüffer*, AktG[9] § 117 Rz 5; *Hommelhoff/Witt* in *Lutter/K. Schmidt*, AktG § 117 Rz 8; *Spindler* in Münchener Kommentar[3] § 117 Rz 30; *Schall* in *Spindler/Stilz*, AktG[2] § 117 Rz 18.

338 *Barbić*, Dioničko društvo[5] 835.

339 Siehe *Gorenc*, Komentar Zakona o obveznim odnosima (2005) Art 1049 S. 1624 zum Vorsatz allgemein; so auch die hL in Deutschland *Hüffer*, AktG[9] § 117 Rz 7 mwN; *Spindler* in Münchener Kommentar[3] § 117 Rz 42 mwN.

340 *Barbić*, Dioničko društvo[5] 835; siehe auch Entscheidung des Hohen Handelsgerichts der Republik Kroatien, Revt-45/95 vom 2.11.2005; so auch zum rezipierten Recht *Hüffer*, AktG[9] § 117 Rz 7; *Spindler* in Münchener Kommentar[3] § 117 Rz 40; *Leuering/Goertz* in *Hölters*, AktG § 117 Rz 7, jedoch mit dem Unterschied, dass der Vorsatz nach rezipiertem Recht auch die Rechtswidrigkeit zu erfassen hat.

341 *Barbić*, Dioničko društvo[5] 835.

342 *Barbić*, Dioničko društvo[5] 835.

343 *Barbić*, Dioničko društvo[5] 835; so auch zum rezipierten Recht *Spindler* in Münchener Kommentar[3] § 117 Rz 38, 40; *Hüffer*, AktG[9] § 117 Rz 6; *Hommelhoff/Witt* in *Lutter/K. Schmidt*, AktG § 117 Rz 10.

344 *Barbić*, Dioničko društvo[5] 835; so auch *Spindler* in Münchener Kommentar[3] § 117 Rz 42; *Schall* in *Spindler/Stilz*, AktG[2] § 117 Rz 25.

345 *Barbić*, Dioničko društvo[5] 835 mit Verweis auf *Hüffer*, AktG[9] § 117 Rz 7.

le liegt beim Kläger; dieser hat die anspruchsbegründenden Tatsachen nachzuweisen (vgl auch Art 219 kroGStrV).[346]

Neben den Einflussnehmenden haften auch jene Personen solidarisch für den Schaden, die durch die schädigende Handlung irgendeinen[347] Vorteil erlangt haben, sofern sie sich mit Vorsatz an der Handlung beteiligten (Art 273 Abs 3 kroHGG). Der kroatische Gesetzgeber stellt dabei auf die „Beteiligung" und nicht – dem deutschen Wortlaut in § 117 Abs 3 dAktG folgend – auf die „Veranlassung" (kroat: *poticati*[348]) ab. Der Begriff der „Beteiligung" geht weiter als jener der „Veranlassung"; so sind vom Gesetz sowohl der Veranlasser als auch zB Gehilfen als erfasst anzusehen. Eine Haftung würde sich somit ohnehin aus Art 1107 Abs 2 kroSchuldRG ergeben, wonach „Veranlasser" oder „Gehilfen" neben dem (unmittelbaren) Täter solidarisch haften; nach dieser Vorschrift muss der Vorsatz sowohl das pflichtwidrige Handeln des Organs als auch den Schaden erfasse.[349] Anders ist die Rechtslage in Deutschland, da dort der Begriff „Veranlasser" (§ 117 Abs 2 dAktG) weniger ist als jener des „Anstifters" iSd deutschen schadenersatzrechtlichen Parallelvorschrift des § 830 Abs 2 dBGB, wonach der Anstifter wie der unmittelbare Täter haftet.[350] Der Vorsatz nach Art 273 Abs 3 kroHGG hingegen hat jedoch nur die Handlung des Beeinflussten zu erfassen; der Nutznießer muss die beeinflussende Handlung kennen und wollen; hinsichtlich der Schadensfolgen sowie der Rechtswidrigkeit genügt leichte Fahrlässigkeit.[351] Der Nutznießer soll somit dann haften, wenn er sich bei Kenntnis der beeinflussenden Handlung an dieser beteiligt und er zumindest hätte erkennen können, dass das Handeln des Beeinflussten pflichtwidrig und schädigungsgeeignet ist.[352] Hinsichtlich des Vorteils wird weder Vorsatz noch Fahrlässigkeit gefordert. Somit ist die Haftung nach Art 273 Abs 3 kroHGG härter als jene nach Art 1107 Abs 2 kroSchuldRG, die jedenfalls auch hinsichtlich des Schadens einen Vorsatz voraussetzt.[353]

Auch die Mitglieder der Verwaltung bzw die geschäftsführenden Direktoren und die Mitglieder des AR bzw des Verwaltungsrats sind, neben den unmittelbaren Tätern und dem Nutznießer, solidarisch zum Ersatz des Schadens (auch den Aktionären gegenüber[354]) verpflichtet, wenn sie selbst pflichtwidrig gehandelt haben (Art 273 Abs 2 kroHGG). Im Streitfall trifft sie die Beweislast, dass sie bei Erledigung ihrer Pflichten die Sorgfalt eines ordentlichen und gewis-

---

346 So zum Teil auch *Barbić*, Dioničko društvo[5] 835, der konkret nur vom Nachweis des Vorsatzes spricht; so im Übrigen auch die hL zum rezipierten Recht, *Spindler* in Münchener Kommentar[3] § 117 Rz 43 mwN; *Schall* in *Spindler/Stilz*, AktG[2] § 117 Rz 26 mit jeweils wN.

347 *Barbić*, Dioničko društvo[5] 836; *Hüffer*, AktG[9] § 117 Rz 11.

348 So zB in Art 1107 Abs 2 kroSchulRG.

349 *Gorenc*, Komentar Zakona o obveznim odnosima Art 1107 S. 1731; so auch zur deutschen Parallelbestimmung *Spindler* in Münchener Kommentar[3] § 117 Rz 62 mwN.

350 Siehe dazu *Hüffer*, AktG[9] § 117 Rz 11; *Spindler* in Münchener Kommentar[3] § 117 Rz 62.

351 *Barbić*, Dioničko društvo[5] 836; so auch *Hüffer*, AktG[9] § 117 Rz 11; *Spindler* in Münchener Kommentar[3] § 117 Rz 63 mwN.

352 *Spindler* in Münchener Kommentar[3] § 117 Rz 63 mwN.

353 Vgl zum deutschen Recht *Spindler* in Münchener Kommentar[3] § 117 Rz 63 mwN.

354 *Gorenc* in *Gorenc/Ćesić/Buljan/Brkanić*, Komentar[4] Art 273 S. 574.

senhaften Geschäftsleiters angewandt haben (Art 273 Abs 2 Satz 2 kroHGG). Die Ersatzpflicht der Mitglieder der Verwaltung bzw der geschäftsführenden Direktoren und der Mitglieder des AR bzw des Verwaltungsrats entfällt, wenn die Handlung auf einem gesetzmäßigen Beschluss der Hauptversammlung beruht; eine Billigung der Handlung durch den AR oder Verwaltungsrat befreit hingegen nicht (Art 273 Abs 3 Satz 3 und 4 kroHGG). Diese Haftungsbefreiung bezieht sich – obwohl der Gesetzeswortlaut dies nicht ausdrücklich wiedergibt – nur auf die Schadenersatzpflicht gegenüber der Gesellschaft und den Aktionären; gegenüber Gläubigern wird die Ersatzpflicht jedoch nicht dadurch aufgehoben, dass die Handlung auf einem Beschluss der Hauptversammlung beruht (Art 273 Abs 4 Satz 2 kroHGG). Im Grunde entspricht die Haftungsnorm des Art 273 Abs 2 kroHGG genau jener der Art 252 Abs 2 und 4 kroHGG und Art 272, 272k kroHGG, die die Haftung von Verwaltungs- und AR- bzw Verwaltungsratsmitgliedern normieren; eine Haftung folgt somit ohnehin aus dieser Norm. Der Unterschied liegt jedoch darin, dass sie nicht nur der Gesellschaft, sondern auch den Aktionären nach Art 273 kroHGG zum Ersatz des Schadens verpflichtet sind.[355] Prokuristen und Bevollmächtigte sind von dieser Norm nicht erfasst; eine Haftung dieser Personen ist jedoch als Vertragshaftung nach schadenersatzrechtlichen Grundsätzen in Erwägung zu ziehen.

Alle genannten Haftungsansprüche nach Art 273 kroHGG verjähren innerhalb von fünf Jahren (Art 273 Abs 5 kroHGG); die Frist beginnt mit der Entstehung des Anspruchs.[356]

aa) Anwendbarkeit der Eingriffsnorm auf ausländische Gesellschaften

Geht man – der deutschen hL[357] folgend – davon aus, dass es sich bei der gegenständlichen Haftungsnorm um eine solche des Deliktsrechts handelt, so ist daraus zu schließen, dass diese auch auf ausländische Gesellschaften Anwendung findet.[358] Der deliktische Charakter der Haftungsnorm ergibt sich daraus, dass es nicht darauf ankommt, ob der Einflussnehmende in einem organschaftlichen- oder mitgliedschaftlichen Verhältnis zur Gesellschaft steht[359]; auch Dritte sind von der Norm erfasst. Somit scheidet eine Einstufung der Norm als eine Art gesetzlich normierte Treuepflicht aus. Auch eine Qualifizierung als organschaftliche Haftungsnorm, die die Haftung auf „shadow directors" ausdehnt, ist auszuschließen, da einerseits in Kroatien die Figur des faktischen Geschäftsführers im Gesellschaftsrecht nicht anerkannt ist und andererseits das Abstellen

---

355 *Schall* in *Spindler/Stilz*, AktG² § 117 Rz 27; *Hüffer*, AktG⁹ § 117 Rz 10.

356 *Gorenc* in *Gorenc/Ćesić/Buljan/Brkanić*, Komentar⁴ Art 273 S. 577.

357 Vgl *Schall* in *Spindler/Stilz*, AktG² § 117 Rz 3 f; *Spindler* in Münchener Kommentar³ § 117 Rz 4; *Hüffer*, AktG⁹ § 117 Rz 2; *Hommelhoff/Witt* in *Lutter/K. Schmidt*, AktG § 117 Rz 2 mit jeweils wN.

358 So auch *Schall* in *Spindler/Stilz*, AktG² § 117 Rz 33 mwN.

359 So auch zum rezipierten Recht *Spindler* in Münchener Kommentar³ § 117 Rz 4; *Schall* in *Spindler/Stilz*, AktG² § 117 Rz 4 mit jeweils wN.

auf ein vorsätzliches Handeln dem Organhaftungsrecht (vgl Art 252 kroHGG) fremd ist.[360]

ab) Ausnahmen

Das Gesetz sieht für bestimmte Konzernverhältnisse Haftungsausnahmen vor. So gelten die Bestimmungen über die Eingriffshaftung gemäß Art 273 Abs 6 kroHGG nicht, wenn das Mitglied des Vorstands bzw die geschäftsführenden Direktoren oder die Mitglieder des AR bzw des Verwaltungsrats, der Prokurist oder der Bevollmächtigte zur schädigenden Handlung bestimmt worden sind durch:

* Ausübung der Leitungsmacht über die Gesellschaft aufgrund eines Beherrschungsvertrags, welcher der herrschenden Gesellschaft die Leitung der Gesellschaft überträgt (vgl Art 493 kroHGG),
* Ausübung der Leitungsmacht der Hauptgesellschaft, in die die Gesellschaft eingegliedert wurde (vgl Art 507 kroHGG).

Das scheinbare Schutzdefizit der Gesellschaft, Aktionäre und Gläubiger wird durch entsprechende konzernrechtliche Haftungsnormen ausgeglichen. So ergibt sich in einem Vertragskonzern aufgrund eines Beherrschungsvertrags die Haftung aus Art 494 f kroHGG bzw nach schadenersatzrechtlichen Grundsätzen wegen Verletzung des Beherrschungsvertrags als Haftung aus Vertrag[361] (Art 9, 342 iVm Art 1062 kroSchuldRG[362]), bei der Eingliederung aus

---

360 Siehe auch zum rezipierten Recht *Schall* in *Spindler/Stilz,* AktG[2] § 117 Rz 4 mwN; *Spindler* in Münchener Kommentar[3] § 117 Rz 4 aE.

361 *Barbić,* Koncern, Pravo u gospodarstvu 4/2007, 77; *Barbić,* Opći dio[3] 718; *Jurić,* Odgovornost vladajućeg društva, Zbornik pravnog fakulteta sveučilišta u Rijeci 2002, 519; so auch die hL zum rezipierten deutschen Rechts, siehe Begründung des deutschen Gesetzgebers in Reg. Begr Kropff, AktG 404 f; *Altmeppen* in Münchener Kommentar[3] § 309 Rz 137 f; *Emmerich* in *Emmerich/Habersack,* Konzernrecht[6] § 309 Rz 21 mwN; *Langenbucher* in *Lutter/K. Schmidt,* AktG § 309 Rz 41 mwN; andere sehen die Anspruchsgrundlage bereits in § 309 dAktG (Art 494 kroHGG), da das Verhalten des Verwaltungsorgans der herrschenden Gesellschaft gemäß § 31 BGB (Art 1062 kroSchuldRG) zuzurechnen ist, so *Veil* in *Spindler/Stilz,* AktG[2] § 309 Rz 39; *Hüffer,* AktG[9] § 309 Rz 27. Diese dogmatische Einordnung hat jedoch nur geringe Bedeutung, da auch bei der Vertragshaftung das Verhalten der Organe der Gesellschaft gemäß Art 1062 kroSchuldRG der Gesellschaft zuzurechnen ist, und die Haftung der herrschenden Gesellschaft nach Art 494 kroHGG richtet, sodass vor allem die Durchsetzungsgarantien (Verzicht und Vergleichsverbot sowie Geltendmachung durch Aktionäre und Gläubiger) Anwendung finden. Auch ist Art 494 Abs 2 kroHGG hinsichtlich der Beweislastumkehr anzuwenden, da nach kroatischem Schadenersatzrecht nur bei leichter Fahrlässigkeit das Verschulden vermutet wird (siehe Art 1045 Abs 2 kroHGG), während Vorsatz und grobe Fahrlässigkeit vom Geschädigten nachzuweisen sind (siehe dazu *Klarić/Vedriš,* Građansko pravo[12] [2009], 610), so auch die hL zum rezipierten deutschen Recht, siehe *Emmerich* in *Emmerich/Habersack,* Konzernrecht[6] § 309 Rz 21 mwN; *Altmeppen* in Münchener Kommentar[3] § 309 Rz 138 mwN.

362 Zur Vertragshaftung in Kroatien allgemein siehe *Momčinović,* Ugovorna odgovornost za štetu, Hrvatksa Pravna Revija 3/2006, 1 ff.

Art 506 f kroHGG. Darüber hinaus kommt auch eine Haftung wegen Verletzung von Treuepflichten in Betracht.[363]
Eine Ausnahme für den faktischen Konzern ist jedoch nicht vorgesehen. Ob Art 273 kroHGG auf den faktischen Konzern ohne weiteres anwendbar ist, erscheint fraglich. Denn im faktischen Konzern darf der Einfluss der herrschenden Gesellschaft nicht dazu benutzt werden, der abhängigen Gesellschaft Weisungen zur Vornahme schädlicher Rechtsgeschäfte oder Maßnahmen zu erteilen, sofern diese Schäden nicht bis Ende des laufenden Geschäftsjahres ausgeglichen werden (Art 496 Abs 1 und 2 und Art 501 kroHGG). In der Weisung zur Vornahme einer solchen schädigenden Handlung kann auch eine Bestimmung zu gesellschafts- oder aktionärsschädigendem Handeln iSd Art 273 kroHGG erblickt werden.[364] Jedoch wird es an der Rechtswidrigkeit mangeln, wenn der Schaden rechtzeitig (bis Ende des laufenden Geschäftsjahres) ausgeglichen worden ist.[365] Wird der Nachteil nicht rechtzeitig ausgeglichen, kommt eine Haftung der herrschenden Gesellschaft sowohl nach Art 273 kroHGG als auch nach Art 496 f kroHGG in Betracht (konkurrierendes Normenverhältnis).[366] In der Regel wird in solchen Fällen Art 496 kroHGG zur Anwendung gelangen, da diese Norm nicht unbedingt ein vorsätzliches Handeln erfordertt. Somit hat die Haftungsnorm des Art 273 kroHGG im Vertragskonzern nur für die Haftung der Nutznießer (Art 273 Abs 3 kroHGG) sowie für Prokuristen und Bevollmächtigte (Art 273 Abs 1 kroHGG) praktische Bedeutung, da diese von der Norm des Art 496 kroHGG nicht erfasst sind.[367]

6. Vertragskonzern/Faktischer Konzern

Bereits zu Beginn wurde auf die einzelnen Konzernarten eingegangen, sodass an dieser Stelle, daran anknüpfend, die wesentlichen Merkmale des Vertragskonzerns sowie des faktischen Konzerns aus der Sicht der Muttergesellschaft aufgezeigt werden können.

a) Vertragskonzern

Obwohl Vertragskonzerne in Kroatien eher die Ausnahme darstellen dürften, ist es dennoch unumgänglich, auf die Rechte und Pflichten der Muttergesellschaft einzugehen. Ein Vertragskonzern liegt dann vor, wenn die einheitliche Leitungsmacht durch einen Unternehmensvertrag begründet wird (Art 479 kroHGG). Ein Vertragskonzern kann in zwei Formen auftreten: a) zwischen abhängigen Gesell-

---

363 Vgl *Spindler* in Münchener Kommentar[3] § 117 Rz 71 mwN.
364 So auch zum rezipierten Recht *Spindler* in Münchener Kommentar[3] § 117 Rz 90; *Schall* in *Spindler/Stilz*, AktG[2] § 117 Rz 8; *Habersack* in *Emmerich/Habersack*, Konzernrecht[6] § 311 Rz 88; *Hommelhoff/Witt* in *Lutter/K. Schmidt*, AktG § 117 Rz 34 mit jeweils wN.
365 So auch zum rezipierten Recht *Spindler* in Münchener Kommentar[3] § 117 Rz 90.
366 So auch zum rezipierten Recht *Spindler* in Münchener Kommentar[3] § 117 Rz 90; *Hüffer*, AktG[9] § 117 Rz 14; *Schall* in *Spindler/Stilz*, AktG[2] § 117 Rz 10.
367 Vgl zum rezipierten Recht *Spindler* in Münchener Kommentar[3] § 117 Rz 91; *Schall* in *Spindler/Stilz*, AktG[2] § 117 Rz 8 mwN.

schaften als ein Unterordnungskonzern auf Grundlage eines Beherrschungsvertrags[368] oder b) zwischen gleichrangigen Gesellschaften, die in keinem gegenseitigen Abhängigkeitsverhältnis stehen (Gleichordnungskonzern), auf Grundlage eines Unternehmensvertrags/Gleichordnungsvertrags (nicht jedoch eines Beherrschungsvertrags, Art 479 Abs 2 kroHGG). Das kroatische Konzernrecht regelt ausschließlich den vertraglichen Unterordnungskonzern auf Grundlage eines Beherrschungsvertrags. Hinsichtlich der vertraglichen Grundlage des Gleichordnungskonzerns ist zu beachten, dass das Gesetz einen *numerus clausus* der Unternehmensverträge[369] enthält.[370] Ein Gleichordnungsvertrag ist demnach kein Unternehmensvertrag iSd kroatischen Konzernrechts; vielmehr handelt es sich dabei um einen Gesellschaftsvertrag einer GesbR iSd Art 637 kroSchuldRG („*ortaštvo*").[371] Die verbundenen Gesellschaften stellen jedoch trotzdem einen Konzern dar. Da der Gleichordnungsvertrag somit nicht zu den Unternehmensverträgen zählt, bedarf dessen Abschluss grundsätzlich auch nicht der Zustimmung der Gesellschafter (Art 481 kroHGG). Die Zustimmung wird jedoch nach den Grundsätzen der Holzmüller-Doktrin zu fordern sein, die auch im kroatischen Schrifttum anerkannt wird.[372] In der GmbH hingegen ist die Zustimmung sämtlicher Gesellschafter zu fordern, da durch die Übertragung der Leitungsbefugnis an ein gesellschaftsübergreifendes Leitungsorgan, in das Weisungsrecht der Gesellschafter eingegriffen wird.[373] Unklar ist, ob in einem Gleichordnungskonzern (nachteilige) Weisungen erteilt werden dürfen.[374]

Die Rechte und Pflichten der Muttergesellschaft im untergeordneten Vertragskonzern sind hingegen ausführlich in Art 493 ff kroHGG normiert.

aa) Leitungsmacht/Weisungen

Besteht ein Beherrschungsvertrag, so ist das herrschende Unternehmen berechtigt, der Verwaltung bzw den geschäftsführenden Direktoren der abhängigen Gesellschaft Weisungen hinsichtlich der Geschäftsführung der Gesellschaft

---

368 Ein Gewinnabführunsgvertrag oder ein sonstiger Unternehmensvertrag allein begründet noch keinen Konzern bzw begründet keine Konzernvermutung. Hier muss für einen Konzern zusätzlich eine tatsächliche einheitliche Leistung hinzutreten, vgl vor allem *Windbichler* in Großkommentar Aktiengesetz[4] § 18 Rz 32 mwN; *Hirschmann* in *Hölters*, Aktiengesetz § 18 Rz 5 mwN; *Hüffer*, Aktiengesetz[9] § 18 Rz 4; *Schall* in *Spindler/Stilz*, Aktiengesetz[2] § 18 Rz 25 (Fn 77).

369 Dies sind gemäß Art 479 kroHGG: der Beherrschungsvertrag, der Gewinnabführungsvertrag, der Gewinngemeinschaftsvertrag, der Teilgewinnabführungsvertrag, der Betriebspachtvertrag und der Betriebsüberlassungsvertrag, siehe dazu *Petrovic*, Company Groups in Croatia 229 f.

370 *Barbić*, Opći dio[3] 679; *Buljan* in *Gorenc/Ćesić/Buljan/Brkanić*, Komentar[4] Art 479 S. 1205.

371 So auch zum rezipierten deutschen Recht *Altmeppen* in Münchener Kommentar[3] § 291 Rz 212 mwN; *Hüffer*, AktG[9] § 18 Rz 20, § 291 Rz 35 mwN.

372 So auch *Altmeppen* in Münchener Kommentar[3] § 291 Rz 215 mwN; vgl zu Holzmüller-Doktrin in Kroatien, *Barbić*, Dioničko društvo[5] 1075.

373 So auch die hL zum rezipierten deutschen Recht, *Altmeppen* in Münchener Kommentar[3] § 291 Rz 216; *Emmerich* in *Emmerich/Habersack*, Konzernrecht[6] § 18 Rz 35 jeweils mwN.

374 Zum Diskussionsstand in Deutschland vgl *Altmeppen* in Münchener Kommentar[3] § 291 Rz 217 ff mwN.

zu erteilen (Art 493 Abs 1 Satz 1 kroHGG). Ist im Beherrschungsvertrag nichts anderes bestimmt, so können auch schädliche (nachteilige) Weisungen erteilt werden, wenn sie den Interessen der herrschenden Gesellschaft oder der mit ihr (der abhängigen Gesellschaft) und der herrschenden Gesellschaft konzernverbundenen Gesellschaften dienen (Konzerninteresse,[375] Art 493 Abs 1 Satz 2 kroHGG). Damit wird das Konzerninteresse zum Ausdruck gebracht, welches dem Interesse der konzernverbundenen Gesellschaften übergeordnet ist.[376] IdR ist anzunehmen, dass sich das Konzerninteresse und das Interesse der herrschenden Gesellschaft decken[377]. Eine Weisung dient dann dem Konzerninteresse, wenn sie sich unmittelbar oder mittelbar positiv auf die Vermögens- oder Ertragslage der herrschenden Gesellschaft oder einer mit der abhängigen oder herrschenden Gesellschaft verbundenen Gesellschaft auswirkt, wobei der Nachteil der abhängigen Gesellschaft nicht außer Verhältnis zum Konzernvorteil stehen darf.[378] Wann eine Weisung nach kroatischem Konzernrecht nachteilig ist, ist – trotz der ständigen Bezugnahme des kroatischen Schrifttums auf das deutsche Schrifttum – unklar.[379] Hier erscheint es nur konsequent, an die hL im deutschen Schrifttum anzuknüpfen, wonach eine Weisung dann nachteilig ist, wenn sie eine Maßnahme anordnet, die ein ordentlicher und gewissenhafter Geschäftsleiter einer unabhängigen Gesellschaft nicht vorgenommen hätte.[380] Erst wenn die Weisung als nachteilig einzustufen ist, ist deren Vereinbarkeit mit dem Konzerninteresse zu prüfen;[381] anders hingegen *Buljan*, der die Nachteiligkeit der Weisung anhand des Interesses beurteilt.[382] Denn solange eine Weisung nicht nachteilig ist, ist es unbeachtlich, ob sie im Konzerninteresse liegt (siehe Art 493 Abs 1 kroHGG).[383] Trotz fehlender gesetzlicher Bestimmungen (vgl § 299 dAktG) wird im kroatischen Schrifttum vertreten, dass Weisungen unzulässig sind, die darauf gerichtet sind, den bestehenden Unternehmensvertrag zu ändern, aufrechtzuerhalten oder zu beenden;[384] solche Weisungen sind rechtlich wirkungslos und daher nicht zu befolgen. Das Weisungsrecht steht auch hinsichtlich innergesellschaftlicher (organisatorischer) Maßnahmen, wie zB der Einberufung der Gesellschafterversammlung durch die Verwaltung, der Vorbereitung von Änderungen

---

375 *Barbić*, Opći dio[3] 714; *Emmerich* in *Emmerich/Habersack*, Konzernrecht[6] § 308 Rz 48; *Altmeppen* in Münchener Kommentar[3] § 291 Rz 102; *Hüffer*, AktG[9] § 308 Rz 16.

376 *Jurić*, Odgovornost vladajućeg društva, Zbornik pravnog fakulteta sveučilišta u Rijeci 2002, 518.

377 *Altmeppen* in Münchener Kommentar[3] § 308 Rz 102.

378 *Barbić*, Opći dio[3] 713; so auch zum rezipierten deutschen Recht *Veil* in *Spindler/Stilz*, Aktiengesetz[2] § 308 Rz 26; *Hüffer*, AktG[9] § 308 Rz 17 mwN.

379 Vgl *Buljan* in *Gorenc/Ćesić/Buljan/Brkanić*, Komentar[4] Art 493 S. 1251.

380 So die hL zum rezipierten Recht, vgl *Emmerich* in *Emmerich/Habersack*, Konzernrecht[6] § 308 Rz 45; *Veil* in *Spindler/Stilz*, Aktiengesetz[2] § 308 Rz 24; *Leuering/Goertz* in *Hölters*, Aktiengesetz § 308 Rz 28; *Hüffer*, AktG[9] § 308 Rz 15 jeweils mwN.

381 Vgl zum rezipierten Recht *Veil* in *Spindler/Stilz*, Aktiengesetz[2] § 308 Rz 24, 25.

382 *Buljan* in *Gorenc/Ćesić/Buljan/Brkanić*, Komentar[4] Art 493 S. 1251.

383 So zum rezipierten Recht auch *Veil* in *Spindler/Stilz*, Aktiengesetz[2] § 308 Rz 24.

384 *Filipović* in *Filipović /Gorenc/Slakoper*, Komentar Zakona o trgovačkim društvima[2] (1996) Art 493 S. 761; *Barbić*, Opći dio[3] 713; *Jurić*, Odgovornost vladajućeg društva, Zbornik pravnog fakulteta sveučilišta u Rijeci 2002, 519.

des Gesellschaftsvertrags oder der Ausübung der Ermächtigung zur Kapitalerhöhung aus genehmigtem Kapital.[385] Nicht zulässig sind jedoch Weisungen, die in die Kompetenz anderer Organe, wie zB der Gesellschafterversammlung oder des AR (mit Ausnahme des Art 493 Abs 3 kroHGG), eingreifen;[386] daraus ergibt sich ua auch die Unzulässigkeit von Weisungen zur Änderung, Aufrechterhaltung oder Beendigung des Unternehmensvertrags.

Die Verwaltung bzw die geschäftsführenden Direktoren der abhängigen Gesellschaft sind verpflichtet, den Weisungen der herrschenden Gesellschaft Folge zu leisten (Art 493 Abs 2 Satz 1 kroHGG). Sie sind nicht berechtigt, die Befolgung der Weisung zu verweigern, weil sie ihrer Ansicht nach nicht dem Konzerninteresse entspricht, es sei denn, dass dies offensichtlich nicht der Fall ist (Art 493 Abs 2 Satz 2 kroHGG). Hier besteht eine Überprüfungspflicht der Verwaltung bzw der geschäftsführenden Direktoren der abhängigen Gesellschaft dahingehend, ob die Weisung dem Konzerninteresse entspricht.[387] Offensichtlichkeit liegt dann vor, wenn dies für jeden mit Sachkenntnis ohne weitere Nachforschungen erkennbar ist.[388] Wird der Verwaltung bzw den geschäftsführenden Direktoren die Weisung erteilt, ein Geschäft vorzunehmen, das der Zustimmung des AR bzw des Verwaltungsrats der abhängigen Gesellschaft bedarf, und erteilt dieses Organ seine Zustimmung nicht innerhalb einer angemessenen Frist, so haben die Verwaltung bzw die geschäftsführenden Direktoren dies der herrschenden Gesellschaft mitzuteilen; wiederholt die herrschende Gesellschaft nach dieser Mitteilung ihre Weisung, ist die Zustimmung des AR bzw des Verwaltungsrats nicht mehr erforderlich, wobei die wiederholte Weisung der herrschenden Gesellschaft, wenn sie einen Aufsichtsrat bzw Verwaltungsrat hat, nur mit dessen Zustimmung erteilt werden „kann" (Art 493 Abs 3 kroHGG). Anders als der Wortlaut der deutschen Parallelbestimmung (§ 308 Abs 3 dAktG, „darf") spricht das kroatische Gesetz von „können". Dabei stellt sich insbesondere die Frage, ob die Nichteinholung der Zustimmung des AR bzw des Verwaltungsrats Außenwirksamkeit erlangt, dh ob die abhängige Gesellschaft zur Befolgung der Weisung verpflichtet ist. Im deutschen Schrifttum wird dies ua in Anlehnung an den Gesetzeswortlaut („darf") verneint.[389] Fraglich ist, ob allein das „Nichtkönnen" in der kroatischen Parallelbestimmung für eine absolute Unwirksamkeit spricht. Diese Frage lässt sich unter Bezugnahme auf Art 263 Abs 5 kroHGG beantworten, der die Bindung bestimmter Geschäftsführungsmaßnahmen an die Zustimmung des AR zulässt; auch dort ist angeordnet, dass zustimmungsbedürftige

---

385 *Barbić, Opći dio*[3] 713; so auch die hL zum rezipierten deutschen Recht, vgl *Emmerich* in *Emmerich/Habersack*, Konzernrecht[6] § 308 Rz 40 ff; *Altmeppen* in Münchener Kommentar[3] § 308 Rz 87 ff jeweils mwN.

386 *Barbić, Opći dio*[3] 713; so auch die hL zum rezipierten deutschen Recht, vgl *Emmerich* in *Emmerich/Habersack*, Konzernrecht[6] § 308 Rz 42 mwN.

387 *Filipović* in *Filipović /Gorenc/Slakoper*, Komentar[2] Art 493 S. 761.

388 *Barbić, Opći dio*[3] 716; so auch die hL zum rezipierten deutschen Recht, vgl *Altmeppen* in Münchener Kommentar[3] § 291 Rz 148; *Hüffer*, AktG[9] § 308 Rz 22 jeweils mwN.

389 Vgl *Veil* in *Spindler/Stilz*, Aktiengesetz[2] § 308 Rz 40; *Altmeppen* in Münchener Kommentar[3] § 308 Rz 162; *Hüffer*, AktG[9] § 308 Rz 24 jeweils mwN.

Maßnahmen nur mit Zustimmung des AR vorgenommen werden „*können*" (Art 263 Abs 5 Satz 2 kroHGG). Für den Fall der Nichteinholung der Zustimmung des AR zu einer Geschäftsführungshandlung durch die Verwaltung bei zustimmungsbedürftigen Maßnahmen (Art 263 Abs 5 kroHGG) ist die Maßnahme gegenüber Dritten trotzdem wirksam.[390] Dies muss auch für die Erteilung einer wiederholten Weisung gelten. Erteilt die Verwaltung bzw der geschäftsführende Direktor eine solche Weisung ohne Zustimmung des AR, so liegt ein Fall des Vertretungsmissbrauchs vor, der grundsätzlich nicht auf das Außenverhältnis durchschlägt;[391] die Weisung ist daher wirksam und die Verwaltung der abhängigen Gesellschaft zur Befolgung verpflichtet.[392]

ab) Verlustausgleichspflicht

Bei Bestehen eines Beherrschungs- oder Gewinnabführungsvertrags ist die andere Vertragspartei (herrschende Gesellschaft)[393] verpflichtet, jeden während der Vertragsdauer entstehenden Jahresverlust auszugleichen, wenn dieser nicht aus Rücklagen (der abhängigen Gesellschaft) ausgeglichen wird, in die während der Vertragsdauer Gewinne (Gewinnrücklagen) eingestellt wurden (Art 489 Abs 1 kroHGG). Die Verlustausgleichspflicht besteht sowohl im Vertragskonzern (Beherrschungsvertrag) als auch im faktischen Konzern (Gewinnabführungsvertrag).

Hat die abhängige Gesellschaft den Betrieb ihres Unternehmens der herrschenden Gesellschaft verpachtet oder sonst überlassen, so hat die herrschende Gesellschaft jeden während der Vertragsdauer entstehenden Jahresverlust auszugleichen, wenn die vereinbarte Gegenleistung nicht dem angemessenen Entgelt entspricht (Art 489 Abs 2 kroHGG). Diese Verlustausgleichspflicht ist ebenfalls nicht auf Vertragskonzerne beschränkt. Dieser Verlustausgleichspflicht liegt idR ein Betriebspachtvertrag (Unternehmensvertrag) zugrunde, der idR auch eine angemessene Gegenleistung enthalten wird, sodass die praktische Bedeutung dieser Norm eher gering ist.

Die (abhängige) Gesellschaft kann auf den Ausgleichsanspruch erst drei Jahre nach dem Tag, an dem die Beendigung des Vertrags in das Gerichtsregister eingetragen wurde, verzichten (Art 489 Abs 3 Satz 1 kroHGG). Dies gilt nicht, wenn der Ausgleichspflichtige (die herrschende Gesellschaft) zahlungsunfähig ist *oder* er sich zur Abwendung oder Beseitigung des Insolvenzverfahrens mit seinen Gläubigern verglichen hat (Art 489 Abs 3 Satz 2 kroHGG).

---

390 Siehe *Barbić*, Dioničko društvo[5] 885.

391 Vgl *Klarić/Vedriš*, Građansko pravo[12] 562, der jedoch bei Überschreitung des Auftrags von einer Geschäftsführung ohne Auftrag spricht (so auch Art 766 Abs 2 kroSchuldRG). Dies ist etwas ungenau, da die Fälle der Geschäftsführung ohne Auftrag jene Fälle im Auge haben, in denen der „Beauftragte" im eigenen Namen handelt und nicht wie bei der Vertretung im fremden Namen.

392 So auch *Altmeppen* in Münchener Kommentar[3] § 308 Rz 162.

393 *Buljan* in Gorenc/Ćesić/Buljan/Brkanić, Komentar[4] Art 489 S. 1235; *Barbić,* Opći dio[3] 700; *Emmerich* in Emmerich/Habersack, Konzernrecht[6] § 302 Rz 1.

Dabei ist zu berücksichtigen, dass auch die abhängige Gesellschaft Gläubiger der herrschenden Gesellschaft ist und daher ebenfalls am Vergleich mitwirkt. Dies bringt auch Art 489 Abs 3 Satz 3 kroHGG zum Ausdruck, wonach der Vergleich (sowie der Verzicht) nur dann wirksam ist, wenn die außenstehenden Gesellschafter[394] durch Sonderbeschluss zustimmen und nicht eine Minderheit, deren Anteile 10 % des bei der Beschlussfassung vertretenen Grundkapitals ausmachen, Widerspruch zur Niederschrift erklärt. Somit lässt das Gesetz einen Vergleich vor Ablauf der Sperrfrist zu, sofern sich die herrschende Gesellschaft in Insolvenz befindet. Folgt man dem Wortlaut des Gesetzes, so erscheint dies überflüssig, zumal das Gesetz ohnehin – im Gegensatz zur deutschen Parallelbestimmung (§ 302 Abs 3 dAktG) – nicht einen Vergleich, sondern lediglich den Anspruchsverzicht verbietet. Fraglich ist jedoch, ob für den Abwendungsvergleich iSd Art 489 Abs 3 Satz 3 kroHGG die Zustimmung der abhängigen Gesellschaft essentiell ist. Dies ist zu verneinen, da das Gesetz bloß darauf abstellt, eine Abwendung der Insolvenz durch einen Vergleich zu erzielen; dies lässt sich auch ohne Mitwirkung der abhängigen Gesellschaft erreichen, sofern die Mehrheit der übrigen Gläubiger beteiligt war.[395] Anders als in Deutschland ist ein Vergleich bzw Verzicht vor Ablauf der Sperrfrist nicht nur bei einem Abwendungsvergleich, sondern auch bei einer „bloßen" Zahlungsunfähigkeit der herrschenden Gesellschaft zulässig („... *zahlungsunfähig oder...* ").

ac) Haftung

Eine Haftung der Muttergesellschaft ist im Vertragskonzern gesetzlich nicht vorgesehen. Art 494 und 495 kroHGG normieren lediglich eine Haftung der Organe der beteiligten Gesellschaften. Dass eine konzernrechtliche Haftungsregelung der Muttergesellschaft im Vertragskonzern nicht vorhanden ist, ist darauf zurückzuführen, dass der deutsche Gesetzgeber eine solche nicht für erforderlich hielt, zumal sich die Haftung nach allgemeinen haftungsrechtlichen Grundsätzen aufgrund des Vertrags begründen lässt.[396] Dem wird – offenbar in Anlehnung an das deutsche Recht – auch für das kroatische Recht gefolgt.[397] Somit ist die Haftung der Mutter aus einer Verletzung des Unternehmensver-

---

394 Damit sind Gesellschafter der abhängigen Gesellschaft gemeint, mit Ausnahme jener, die zugleich Gesellschafter der herrschenden Gesellschaft (dem anderen Vertragsteil) sind, sowie jener Gesellschafter, die aufgrund rechtlich oder wirtschaftlich fundierter Verknüpfungen mit der herrschenden Gesellschaft aufgrund des Vertrags mittelbar und unmittelbar in ähnlicher Weise profitieren wie diese Gesellschaft selbst (Art 478a kroHGG). Als Gesellschafter der abhängigen Gesellschaft gelten auch jene, die Anteile erst nach Abschluss des Unternehmensvertrags erworben haben.

395 Siehe zum deutschen Recht *Emmerich* in *Emmerich/Habersack*, Konzernrecht[6] § 302 Rz 51a.

396 Vgl *Altmeppen* in Münchener Kommentar[3] § 309 Rz 136.

397 So *Barbić*, Koncern, Pravo u gospodarstvu 4/2007, 77; *Barbić,* Opći dio[3] 718; *Jurić*, Odgovornost vladajućeg društva, Zbornik pravnog fakulteta sveučilišta u Rijeci 2002, 519.

trags abzuleiten[398] (Art 9, 342 iVm Art 1062 kroSchuldRG[399] – Haftung für gesetzliche Vertreter). Mit Verletzung können hier nur jene Schutz- und Sorgfaltspflichten gemeint sein, die hier durch die Organe der herrschenden Gesellschaft erfüllt werden und der Gesellschaft zugerechnet werden (Art 1062 kroSchuldRG). Inhaltlich richtet sich der Anspruch gegen die herrschende Gesellschaft – konsequenterweise der deutschen hM folgend[400] – nach Art 494 kroHGG. Dadurch entsteht einerseits die Haftung der Mutter – neben der Haftung der Organe – bereits bei Erfüllung der Voraussetzungen des Art 494 Abs 1 und 2 kroHGG[401], andererseits sollen die Durchsetzungsgarantien des Art 494 Abs 3 bis 5 kroHGG (Anspruchsverzicht, Vergleich, Geltendmachung des Anspruchs) auch bei einer Inanspruchnahme der Muttergesellschaft gewährleistet werden. Darüber hinaus kommt auch eine Haftung wegen Verletzung von Treuepflichten in Betracht. Bei Organverflechtungen soll nach *Barbić* – unter Verweis auf *Hüffer* – ebenfalls eine Haftung der herrschenden Gesellschaft in Betracht kommen.[402]

b) Faktischer Konzern

Im Gegensatz zum Vertragskonzern hat die herrschende Gesellschaft im faktischen Konzern kein Recht, verbindliche Weisungen an die abhängige Gesellschaft zu richten. Da der faktische (Unterordnungs-)Konzern jedoch auf einer Mehrheitsbeteiligung fußt, kann die herrschende Gesellschaft mit Hilfe ihres Einflusses auf das Verhalten der abhängigen Gesellschaft einwirken. Die herrschende Gesellschaft darf ihren Einfluss jedoch nicht dazu benutzen, eine abhängige Gesellschaft *„anzuweisen"*, ein für sie nachteiliges Rechtsgeschäft

---

398 So auch die hL zum rezipierten deutschen Recht, siehe Begründung des deutschen Gesetzgebers in Reg.Begr Kropff, AktG 404 f; *Altmeppen* in Münchener Kommentar[3] § 309 Rz 137 f; *Emmerich* in *Emmerich/Habersack*, Konzernrecht[6] § 309 Rz 21 mwN; *Langenbucher* in *Lutter/K. Schmidt*, AktG § 309 Rz 41 mwN; andere sehen die Anspruchsgrundlage bereits in § 309 dAktG (Art 494 kroHGG), da das Verhalten des Verwaltungsorgans der herrschenden Gesellschaft gemäß § 31 BGB (Art 1062 kroSchuldRG) zuzurechnen ist, so *Veil* in *Spindler/Stilz*, AktG[2] § 309 Rz 39; *Hüffer*, AktG[9] § 309 Rz 27. Diese dogmatische Einordnung hat jedoch nur geringe Bedeutung, da auch bei der Vertragshaftung das Verhalten der Organe der Gesellschaft gemäß Art 1062 kroSchuldRG zuzurechnen ist, und die Haftung der herrschenden Gesellschaft sich nach Art 494 kroHGG richtet, sodass vor allem die Durchsetzungsgarantien (Verzicht und Vergleichsverbot sowie Geltendmachung durch Aktionäre und Gläubiger) Anwendung finden. Auch ist Art 494 Abs 2 kroHGG hinsichtlich der Beweislastumkehr anzuwenden, da nach kroatischem Schadenersatzrecht nur bei leichter Fahrlässigkeit das Verschulden vermutet wird (siehe Art 1045 Abs 2 kroHGG), während Vorsatz und grobe Fahrlässigkeit vom Geschädigten nachzuweisen sind (siehe dazu *Klarić/Vedriš*, Građansko pravo[12] [2009], 610), so auch die hL zum rezipierten deutschen Recht, siehe *Emmerich* in *Emmerich/Habersack*, Konzernrecht[6] § 309 Rz 21 mwN; *Altmeppen* in Münchener Kommentar[3] § 309 Rz 138 mwN.

399 Zur Vertragshaftung in Kroatien allgemein siehe *Momčinović*, Ugovorna odgovornost za štetu, Hrvatksa Pravna Revija 3/2006, 1 ff.

400 Vgl *Altmeppen* in Münchener Kommentar[3] § 309 Rz 137 mwN.

401 So die hM zum rezipierten deutschen Recht.,

402 *Barbić*, Koncern, Pravo u gospodarstvu 4/2007, 81.

vorzunehmen oder Maßnahmen zur ihrem Nachteil vorzunehmen oder zu unterlassen, es sei denn, dass sich die herrschende Gesellschaft verpflichtet, der abhängigen Gesellschaft den verursachten Schaden zu ersetzen (Art 496 Abs 1 kroHGG). Diese Bestimmung ist der deutschen Parallelnorm des § 311 Abs 1 dAktG entnommen. Im Gegensatz zum deutschen Pendant stellt der kroatische Gesetzgeber auf eine „*Anweisung*" („*Weisung*") ab, während der deutsche Gesetzgeber von der „*Veranlassung*" zu einer nachteiligen Handlung spricht. Tatsächlich ist mit der unterschiedlichen Terminologie nicht Unterschiedliches gemeint; die „*Veranlassung*" im deutschen Recht entspricht einer „*Weisung*".[403] Die Unterscheidung im deutschen Recht erklärt sich daraus, dass die Weisung nach § 308 dAktG ein Befolgungsrecht der abhängigen Gesellschaft begründet, während dies im faktischen Konzern (§ 311 dAktG) nicht der Fall ist.[404] Trotz der Verwendung des Begriffes „*Weisung*" in Art 496 Abs 1 kroHGG, besteht keine Befolgungspflicht der abhängigen Gesellschaft.

Im Übrigen bringt weder das „*Anweisen*" noch das „*Veranlassen*" ein bestimmtes Verhalten der herrschenden Gesellschaft zum Ausdruck. Das Verhalten der herrschenden Gesellschaft, das letztlich die abhängige Gesellschaft zu einer Handlung bestimmt, ist dem Tatbestandsmerkmal „*Ausübung des Einflusses*" zu entnehmen. Die „*Anweisung*" bzw das „*Veranlassen*" bringt vielmehr die Kausalität zwischen dem Verhalten der herrschenden und der abhängigen Gesellschaft zum Ausdruck.[405] In diesem Sinne ist letztlich der Begriff „*Anweisung*" etwas irreführend, da er auf ein bestimmtes Verhalten hindeutet, nicht jedoch auf die hier gemeinte Ursächlichkeit.

Der Begriff „*Anweisung*" in Art 496 Abs 1 kroHGG ist so auszulegen, dass damit jedes Verhalten (als Form der Einflussausübung) der herrschenden Gesellschaft erfasst ist, welches auf ein bestimmtes Verhalten der abhängigen Gesellschaft abzielt und letztlich für das Verhalten der abhängigen Gesellschaft ursächlich ist. Dies entspricht im Übrigen auch dem Veranlassungsbegriff im deutschen Recht.[406] Als Verhalten der herrschenden Gesellschaft sind nicht nur typische „*Weisungen*", sondern insbesondere auch Ratschläge oder Anregungen denkbar.[407] Vorauszusetzen ist jedoch, dass sich die abhängige Gesellschaft aus ihrer Sicht durch das Verhalten der herrschenden Gesellschaft zu einem bestimmten Verhalten veranlasst sehen durfte;[408] nach *Barbić* kommt es nicht auf ein „*Einflussbewusstsein*" der herrschenden Gesellschaft

---

403 *Koppensteiner* in Kölner Kommentar³ § 311 Rz 4; *Hans-Friedrich Müller* in *Spindler/Stilz*, AktG² § 311 Rz 13.

404 *Koppensteiner* in Kölner Kommentar³ § 311 Rz 4; *Hans-Friedrich Müller* in *Spindler/Stilz*, AktG² § 311 Rz 13.

405 Vgl zum deutschen Recht *Altmeppen* in Münchener Kommentar³ § 311 Rz 75; *Hans-Friedrich Müller* in *Spindler/Stilz*, AktG² § 311 Rz 13.

406 Vgl *Altmeppen* in Münchener Kommentar³ § 311 Rz 75, 80; *Hüffer*, AktG⁹ § 311 Rz 16.

407 *Barbić*, Koncern, Pravo u gospodarstvu 4/2007, 81.

408 *Barbić*, Koncern, Pravo u gospodarstvu 4/2007, 81; so auch zum deutschen Recht, *Hüffer*, AktG⁹ § 311 Rz 16.

an.[409] Das deutsche Schrifttum verzichtet in diesem Zusammenhang auf ein „*Veranlassungsbewusstsein*".[410] Damit ist nicht dasselbe gemeint; denn während der „*Einfluss*" das Verhalten der herrschenden Gesellschaft meint, geht es beim „*Veranlassen*" um die Bewirkung einer Handlung bei der abhängigen Gesellschaft selbst (Kausalität). Richtig ist, dass es auf ein Einflussbewusstsein, also auf das Bewusstsein, im konkreten Fall Einfluss auszuüben, nicht ankommen darf. Damit ist aber für das kroatische Recht nicht geklärt, ob auch ein Bewusstsein der herrschenden Gesellschaft (bzw ihrer vertretungsbefugten Organe) dahingehend zu fordern ist, dass die abhängige Gesellschaft zu einem bestimmten Verhalten bestimmt wird. Dies ist mE in Übereinstimmung mit der hM zur deutschen Parallelbestimmung zu verneinen, da die Veranlassung der abhängigen Gesellschaft zu einem bestimmten Verhalten keine Willenserklärung, sondern lediglich ein objektives Tatbestandsmerkmal ist.[411]

Nachteilig iSd Art 496 Abs 1 kroHGG sind solche Rechtsgeschäfte und Maßnahmen, die die Vermögens- und Ertragslage der abhängigen Gesellschaft mindern oder konkret gefährden und ihre Ursache in der Abhängigkeit haben.[412] Dabei ist Nachteil nicht gleichzusetzen mit Schaden.[413] Ob der Nachteil auf die Abhängigkeit zurückzuführen ist, ist daran zu prüfen, ob ein ordentlicher und gewissenhafter Geschäftsleiter einer unabhängigen Gesellschaft das Rechtsgeschäft abgeschlossen bzw die Maßnahme getroffen hätte; bejahendenfalls liegt kein nachteiliges Rechtsgeschäft bzw keine nachteilige Maßnahme vor, eine Ersatzpflicht scheidet somit aus.[414] Maßgeblicher Zeitpunkt für die Beurteilung des Nachteils ist – im Gegensatz zum Schaden, der ex post festgestellt wird – jener der Vornahme der nachteiligen Handlung (ex ante Betrachtung).[415] Bei der Vornahme eines Rechtsgeschäfts kann die Nachteiligkeit nach den Grundsätzen über die verdeckte Sacheinlage ermittelt werden.[416] In diesem Sinne ist von einem nachteiligen Rechtsgeschäft dann auszugehen, wenn zwischen Leistung

---

409 *Barbić*, Koncern, Pravo u gospodarstvu 4/2007, 81; so auch zum deutschen Recht, *Hüffer*, AktG[9] § 311 Rz 16 mwN; *Hans-Friedrich Müller* in *Spindler/Stilz*, AktG[2] § 311 Rz 14 mwN.

410 *Hüffer*, AktG[9] § 311 Rz 16 mwN; *Hans-Friedrich Müller* in *Spindler/Stilz*, AktG[2] § 311 Rz 14 mwN; *Koppensteiner* in Kölner Kommentar[3] § 311 Rz 5.

411 Vgl *Altmeppen* in Münchener Kommentar[3] § 311 Rz 66 mwN; *Koppensteiner* in Kölner Kommentar[3] § 311 Rz 5.

412 *Barbić*, Koncern, Pravo u gospodarstvu 4/2007, 82 mit Verweis auf das deutsche Schrifttum; *Hüffer*, AktG[9] § 311 Rz 25; *Hans-Friedrich Müller* in *Spindler/Stilz*, AktG[2] § 311 Rz 27; *Habersack* in *Emmerich/Habersack*, Konzernrecht[6] § 311 Rz 39.

413 *Barbić*, Koncern, Pravo u gospodarstvu 4/2007, 82; *Habersack* in *Emmerich/Habersack*, Konzernrecht[6] § 311 Rz 45; *Hans-Friedrich Müller* in *Spindler/Stilz*, AktG[2] § 311 Rz 28 mwN; *Altmeppen* in Münchener Kommentar[3] § 311 Rz 66.

414 *Barbić*, Koncern, Pravo u gospodarstvu 4/2007, 82 mit Verweis auf das deutsche Schrifttum; vgl *Habersack* in *Emmerich/Habersack*, Konzernrecht[6] § 311 Rz 45; *Hans-Friedrich Müller* in *Spindler/Stilz*, AktG[2] § 311 Rz 28 je mwN.

415 *Barbić*, Koncern, Pravo u gospodarstvu 4/2007, 82.

416 *Barbić*, Koncern, Pravo u gospodarstvu 4/2007, 82; so auch die hL in Deutschland, vgl *Habersack* in *Emmerich/Habersack*, Konzernrecht[6] § 311 Rz 54 mwN; *Hüffer*, AktG[9] § 311 Rz 30 mwN.

und Gegenleistung ein objektives Missverhältnis besteht.[417] Bei sonstigen Maßnahmen ist die Nachteiligkeit hingegen danach zu beurteilen, ob ein Geschäftsführer einer unabhängigen Gesellschaft ebenso entschieden hätte.[418] Damit ist dem Geschäftsführer ein gewisser unternehmerischer Ermessensspielraum eingeräumt. Dieser Ermessensspielraum ist überschritten, wenn der Geschäftsführer dabei unvertretbar hohe Risiken ohne entsprechende Chancen eingeht.[419] Dies gilt wohl auch für Maßnahmen, die für den Fall der Beendigung des Konzernverhältnisses den Fortbestand der Gesellschaft gefährden.[420] Da die Beurteilung des Nachteils ex ante erfolgt, ist es regelmäßig schwierig, die nachteilige Auswirkung solcher Maßnahmen auf die Vermögens- und Ertragslage der Gesellschaft zu prognostizieren.[421] Die Höhe des Nachteils ist letztlich zu ermitteln, indem die Auswirkungen der Maßnahme auf die Vermögens- und Ertragslage der Gesellschaft mit jener Lage verglichen werden, in der sich die Gesellschaft bei einem pflichtgemäßen Verhalten ihres Geschäftsführers befunden hätte.[422]

Wurde die abhängige Gesellschaft zu einer solchen nachteiligen Handlung *„angewiesen"*, so ist die herrschende Gesellschaft zum Ausgleich dieses Nachteils verpflichtet. Dies kann entweder im laufenden Geschäftsjahr oder durch die Gewährung eines Rechtsanspruchs (vgl Art 496 Abs 2 kroHGG) erfolgen. Die abhängige Gesellschaft hat jedoch keinen Anspruch auf den Nachteilsausgleich.[423] Vom Anspruch auf den Nachteilsausgleich ist ein etwaiger Schadenersatzanspruch als Folge eines nicht erfolgten Nachteilsausgleichs zu unterscheiden. Wird nämlich der Nachteil letztlich tatsächlich nicht ausgeglichen, so steht der abhängigen Gesellschaft gemäß Art 501 Abs 1 kroHGG ein Schadenersatzanspruch zu. Dabei ist der abhängigen Gesellschaft ein Vorteil zu gewähren, die Beurteilung des Nachteilsausgleichs hat zum Zeitpunkt der Vorteilsgewährung zu erfolgen.[424] Der Nachteilsausgleich der herrschenden Gesellschaft (oder aber auch eines Dritten[425]) erfolgt durch eine einseitige Willenserklärung des Leisten-

---

417 *Barbić*, Koncern, Pravo u gospodarstvu 4/2007, 82; so auch die hL in Deutschland, vgl *Habersack* in *Emmerich/Habersack*, Konzernrecht[6] § 311 Rz 54 mwN; *Hüffer*, AktG[9] § 311 Rz 30 mwN.

418 So die hL zur deutschen Parallelbestimmung, vgl *Habersack* in *Emmerich/Habersack*, Konzernrecht[6] § 311 Rz 57 mwN; *Hüffer*, AktG[9] § 311 Rz 34.

419 *Barbić*, Koncern, Pravo u gospodarstvu 4/2007, 82; *Hüffer*, AktG[9] § 311 Rz 34; *Hans-Friedrich Müller* in *Spindler/Stilz*, AktG[2] § 311 Rz 38.

420 *Barbić*, Koncern, Pravo u gospodarstvu 4/2007, 82; *Hans-Friedrich Müller* in *Spindler/Stilz*, AktG[2] § 311 Rz 38.

421 *Koppensteiner* in Kölner Kommentar[2] § 311 Rz 44; *Hans-Friedrich Müller* in *Spindler/Stilz*, AktG[2] § 311 Rz 38.

422 *Habersack* in *Emmerich/Habersack*, Konzernrecht[6] § 311 Rz 58; *Hans-Friedrich Müller* in *Spindler/Stilz*, AktG[2] § 311 Rz 39 je mwN; *Koppensteiner* in Kölner Kommentar[2] § 311 Rz 47 mwN.

423 *Barbić*, Koncern, Pravo u gospodarstvu 4/2007, 83; *Hüffer*, AktG[9] § 311 Rz 38 mwN.

424 *Barbić*, Koncern, Pravo u gospodarstvu 4/2007, 84; *Hüffer*, AktG[9] § 311 Rz 40 mwN.

425 Der Nachteil muss nicht zwingend von der herrschenden Gesellschaft ausgeglichen werden; auch eine Leistung durch einen Dritten, wie zB ein anderes verbundenes Unternehmen, ist zulässig, vgl *Barbić*, Koncern, Pravo u gospodarstvu 4/2007, 83; *Hüffer*, AktG[9] § 311 Rz 39 mwN.

den; einer Vereinbarung mit der abhängigen Gesellschaft bedarf es nicht.[426] Davon zu unterscheiden ist die Brauchbarkeit des zu gewährenden Vorteils für die abhängige Gesellschaft. *Barbić* vertritt – unter Verweis auf die deutsche Lehrmeinung[427] – die Auffassung, dass die Entscheidung darüber, ob der Vorteil für die abhängige Gesellschaft brauchbar ist, nur durch deren Leitungsorgan vorgenommen werden kann;[428] die kann jedoch nicht dahingehend gedeutet werden, dass die abhängige Gesellschaft ein Zustimmungsrecht hätte.[429] Vielmehr ist dies so zu verstehen, dass die abhängige Gesellschaft bzw deren Leitungsorgan ein Gegenvorschlagsrecht hat, welches für die herrschende Gesellschaft jedoch nicht bindend ist. Die Brauchbarkeit des Vorteils für die abhängige Gesellschaft ist vielmehr nach objektiven Kriterien zu beurteilen.[430]

Wird der Nachteil nicht im laufenden Geschäftsjahr ausgeglichen, muss der abhängigen Gesellschaft ein Rechtsanspruch zum Nachteilsausgleich gewährt werden (Art 496 Abs 2 kroHGG). Dabei muss spätestens bis zum Ende des laufenden Geschäftsjahres bestimmt werden, wann und durch welchen Vorteil der Nachteil ausgeglichen werden soll (Art 496 Abs 1 letzter Satz kroHGG). Der Rechtsanspruch muss vertraglich bis zum Ende des Geschäftsjahres gewährt werden;[431] dadurch wird gewährleistet, dass der Vorteil, der in den Abhängigkeitsbericht aufzunehmen ist (Art 497 Abs 1 kroHGG), einer Prüfung durch den Revisor gemäß Art 498 kroHGG unterzogen wird.[432] Im Vertrag müssen neben der Leistungszeit, die Art und der Umfang des Vorteils bestimmt sein.[433]

7. Haftung als faktischer Geschäftsführer

Die Behandlung der Figur des faktischen Geschäftsführers im kroatischen Gesellschaftsrecht ist strittig. Darunter ist eine Person zu verstehen, die die Funktion eines Verwaltungsmitglieds mit Wissen des Bestellungsorgans (AR bzw Gesellschafter) tatsächlich ausübt, ohne jedoch formell zum Verwaltungs-

---

426 *Barbić*, Koncern, Pravo u gospodarstvu 4/2007, 84; *Hüffer*, AktG[9] § 311 Rz 41 mwN.
427 *Hüffer*, AktG[9] § 311 Rz 41; *Koppensteiner* in Kölner Kommentar[2] § 311 Rz 77 mwN.
428 *Barbić*, Koncern, Pravo u gospodarstvu 4/2007, 84.
429 So aber *Koppensteiner* in Kölner Kommentar[2] § 311 Rz 77.
430 So auch die hM zum deutschen rezipierten Recht, vgl *Hans-Friedrich Müller* in *Spindler/Stilz*, AktG[2] § 311 Rz 56; *Hüffer*, AktG[9] § 311 Rz 41; *Habersack* in *Emmerich/Habersack*, Konzernrecht[6] § 311 Rz 71.
431 *Barbić*, Koncern, Pravo u gospodarstvu 4/2007, 84; hM zur deutschen Parallelbestimmung, vgl *Hüffer*, AktG[9] § 311 Rz 46; *Hans-Friedrich Müller* in *Spindler/Stilz*, AktG[2] § 311 Rz 57; *Habersack* in *Emmerich/Habersack*, Konzernrecht[6] § 311 Rz 72 je mwN.
432 *Barbić*, Koncern, Pravo u gospodarstvu 4/2007, 84; *Hans-Friedrich Müller* in *Spindler/Stilz*, AktG[2] § 311 Rz 57.
433 HMHMhM zur deutschen Parallelbestimmung, vgl *Hüffer*, AktG[9] § 311 Rz 47; *Hans-Friedrich Müller* in *Spindler/Stilz*, AktG[2] § 311 Rz 59 f; *Habersack* in *Emmerich/Habersack*, Konzernrecht[6] § 311 Rz 73 je mwN.

mitglied bestellt worden zu sein.[434] Davon sind Fälle zu unterscheiden, in denen zwar ein Bestellungsakt vorliegt, dieser jedoch mangelhaft ist; dies sind Fälle des sogenannten fehlerhaft bestellten Verwaltungsmitglieds.[435] Während die Stellung eines fehlerhaft bestellten Verwaltungsmitglieds zumindest in einem Teil der kroatischen Literatur[436] geklärt zu sein scheint, bereitet vor allem die haftungsrechtliche Behandlung von faktischen Organen Schwierigkeiten. So wird beim fehlerhaft bestellten Verwaltungsmitglied in Anlehnung an das deutsche Recht[437] vertreten, dass die Bestellung bis zur Geltendmachung des Mangels (dh durch Widerruf oder Amtsniederlegung) wirksam ist, wenn das jeweilige Verwaltungsmitglied seine Bestellung annimmt, also sein Amt antritt und für die Gesellschaft tätig wird; das fehlerhaft bestellte Verwaltungsmitglied ist diesfalls im Innen- als auch im Außenverhältnis wie ein fehlerfrei bestelltes Mitglied zu behandeln.[438] Gutgläubige Dritte können sich nach Auffassung *Barbićs* auf den Rechtsschein der Registereintragung berufen (Art 66 Abs 3 kroHGG).[439] Ob es eines Rückgriffs auf Rechtsscheingrundsätze (Art 66 Abs 3 kroHGG) bedarf, ist eher fraglich. Vielmehr ist die Zurechnung des Vorstandshandelns auf die – wenn auch fehlerhafte – Bestellung und die dadurch begründete Organstellung zurückzuführen.[440]

Hinsichtlich der Behandlung eines faktischen Organs besteht Unklarheit. So vertritt zwar *Barbić* – mit ungenauem Verweis auf die deutsche Lehrmeinung – die Auffassung, dass auch faktische Verwaltungsmitglieder („faktični član uprave") wie ein ordentlich bestelltes Verwaltungsmitglied haften,[441] wobei jedoch zweierlei zu bemängeln ist: So spricht *Barbić* zunächst davon, dass auch Verwaltungsmitglieder haften, die fehlerhaft bestellt wurden, um sie dann als faktische Verwaltungsmitglieder zu bezeichnen. In weiterer Folge bezeichnet er diese Organe richtigerweise als jene, die zwar die Aufgaben eines Verwaltungsmitglieds ausüben, jedoch nicht als solches bestellt wurden. Somit scheint nicht klar, welche Organmitglieder er zur Verantwortung ziehen möchte, fehlerhaft Bestellte oder jene, die nicht einmal bestellt wurden. Weiters trägt zur

---

434 Vgl *Wiesner*, Münchener Handbuch des Gesellschaftsrechts, AG³ (2007) § 20 Rz 37; *Hüffer*, AktG⁹ § 93 Rz 12; *Fleischer* in *Spindler/Stilz*, AktG² § 93 Rz 182; *Spindler* in Münchener Kommentar³ § 93 Rz 17 f mwN; *Haas/Ziemons* in *Michalski*, GmbHG² § 43 Rz 24, 25 f; *Hölters* in *Hölters*, Aktiengesetz § 93 Rz 329 mwN.

435 Vgl *Barbić*, Dioničko društvo⁵ 690; *Fleischer* in *Spindler/Stilz*, AktG² § 93 Rz 181 mwN; *Spindler* in Münchener Kommentar³ § 93 Rz 14 mwN; *Wiesner*, Münchener Handbuch AG³ § 20 Rz 34 f mwN; *Haas/Ziemons* in *Michalski*, GmbHG² § 43 Rz 24 mwN.

436 Siehe *Barbić*, Dioničko društvo⁵ 690 f.

437 Vgl *Fleischer* in *Spindler/Stilz*, AktG² § 93 Rz 181 mwN; *Spindler* in Münchener Kommentar³ § 93 Rz 14 mwN; *Weber* in *Hölters*, Aktiengesetz § 84 Rz 30 mwN; *Wiesner* in *Hoffmann-Becking*, Münchener Handbuch² AG § 20 Rz 35; *Hüffer*, Aktiengesetz⁹ § 84 Rz 10.

438 *Barbić*, Dioničko društvo⁵ 690.

439 *Barbić*, Dioničko društvo⁵ 690.

440 So auch die hL in Deutschland *Wiesner* in *Hoffmann-Becking*, Münchener Handbuch² AG § 20 Rz 35 ff mwN; *Weber* in *Hölters*, Aktiengesetz § 84 Rz 30 ff mwN; *Spindler* in Münchener Kommentar³ § 84 Rz 226 mwN.

441 *Barbić*, Dioničko društvo⁵ 802.

Unsicherheit bei, dass sich *Barbić* – neben *Fleischer* in *Spindler/Stilz* – an dieser Stelle auf *Hüffer* beruft, der jedoch eine Haftung des faktischen Vorstands ausschließt, *„weil bloß tatsächliche Umstände keine rechtliche Sonderverbindung zu begründen vermögen".*[442] Diese Auffassung *Hüffers* entspricht auch jener der kroatischen Rechtsprechung im Strafrecht. So nimmt das Hohe Gericht der Republik Kroatien an, dass als verantwortliche Person iSd Art 89 Abs 7 kroStrG[443] (der Gesetzeswortlaut spricht von Personen, *„denen ein bestimmter Aufgabenkreis aus dem Tätigkeitsbereich der juristischen Person anvertraut wurde"*) nur jene gilt, der von der Gesellschaft ein bestimmter Aufgabenkreis nicht bloß tatsächlich, sondern auch formell anvertraut wurde.[444] Demnach stellt das Hohe Gericht offenbar auf eine formelle Bestellung ab. Somit scheint die Rechtsprechung zumindest im Bereich des Strafrechts eine Haftung des faktischen Organs auszuschließen.[445] Im kroatischen Schrifttum zum Strafrecht wird in Anlehnung an das deutsche Recht die Haftung des faktischen Organs wiederum befürwortet.[446] Im Jahre 2011 wurde in das kroStrG ein Untreuetatbestand unter Anlehnung an § 266 dStGB eingeführt, der unter anderem auch die Haftung einer Person normiert, die die ihr Kraft eines Vertrauensverhältnisses obliegende Pflicht, fremde Vermögensinteressen wahrzunehmen, verletzt. Die Gesetzeserläuterungen zu dieser Norm stellen dabei ausdrücklich auf faktische Organe von Handelsgesellschaften ab.[447]

Zusammenfassend lässt sich festhalten, dass dem kroatischen Recht die Figur des faktischen Organs zwar nicht generell unbekannt ist, doch ist ihre Behandlung offenbar nur dort möglich, wo es das Gesetz (genauer: der Gesetzeswortlaut) auch zulässt. Darüber hinaus scheint die kroatische Rechtsprechung zum Strafrecht die *„Vertrauten"* einer juristischen Person sehr restriktiv zu bestimmen. Obwohl im kroatischen Schrifttum Stimmen für eine Haftung von faktischen Organen laut werden, ist die Rechtslage in Kroatien unklar. Nichtsdestotrotz sollte – unter Bezugnahme auf das rezipierte deutsche Recht[448] – aus Schutzzweckerwägungen (vorrangig dem Gläubigerschutz) eine Erstreckung der Haftung auf faktische Organe, die sich aus unterschiedlichen Grün-

---

442 Vgl *Hüffer*, Aktiengesetz⁹ § 93 Rz 12.
443 Kazneni Zakon, NN 125/2011, in Kraft ab 1.1.2013.
444 Entscheidung Hohes Gericht der Republik Kroatien, IV Kž-186/2002.
445 Siehe dazu *Novoselec*, Aktualni problemi hrvatskog gospodarskog kaznenog prava, Hrvatski ljetopis za kanzneni pravo i praksu (Zagreb), vol 14 2/2007, 378.
446 So *Novoselec*, Aktualni problemi hrvatskog gospodarskog kaznenog prava, Hrvatski ljetopis za kanzneni pravo i praksu (Zagreb), vol 14 2/2007, 377 f mit Verweisen auf das deutsche Recht.
447 Vgl Erläuterungen zur endgültigen Fassung des kroatischen Strafgesetzes vom 7.7.2011 NN 125/2011, S. 224.
448 Vgl *Wiesner*, Münchener Handbuch des Gesellschaftsrechts, AG³ (2007) § 20 Rz 37; *Fleischer* in *Spindler/Stilz*, AktG² § 93 Rz 182; *Spindler* in Münchener Kommentar³ § 93 Rz 17 f mwN; *Haas/Ziemons* in *Michalski*, GmbHG² § 43 Rz 24, 25 f; *Hölters* in *Hölters*, Aktiengesetz § 93 Rz 329 mwN; *Zöllner/Noack* in Baumbach/Hueck, GmbHG¹⁹ § 43 Rz 3 ff mwN; BGHZ 104, 44, 47 f; BGH ZIP 2005, 1414, 1415; BGH NZG 2008, 597.

den nicht zum Verwaltungsorgan bestellen lassen wollen oder können, erwogen werden;[449] eine solche Erstreckung erscheint nur gerechtfertigt.

Von der Haftung faktischer Organe zu unterscheiden ist die Haftung wegen Benutzung des Einflusses auf Verwaltungsorgane (Art 273 kroHGG). Die Unterscheidung ist mit Hilfe des Kriteriums „Verwaltungstätigkeit" vorzunehmen. Wie erwähnt, muss eine Person, um als faktisches Organ qualifiziert zu werden, neben der Ausübung des Einflusses auf die (formellen) Organe, als ein Verwaltungsorgan tätig werden, dh Verwaltungstätigkeit ausüben. Diese Verwaltungstätigkeit muss, sich – der deutschen hM[450] und stRspr[451] folgend – in einer nach außen erkennbaren Handlung manifestieren.[452] Liegt keine solche Tätigkeit des Hintermanns vor, wird dieser also bloß intern tätig, ist eine Haftung nach Art 273 kroHGG zu prüfen;[453] andererseits ist eine Grenzziehung zwischen diesen beiden Haftungsnormen nicht möglich.

Abschließend ist die eigentliche Bedeutung der Figur des faktischen Organs in Kroatien zu hinterfragen, denn aufgrund ausreichender Haftungsvorschriften im Konzernrecht erscheint ein Rückgriff auf das Konstrukt des faktischen Organs (Muttergesellschaft) nicht erforderlich.[454]

8. Haftungsdurchgriff ieS

a) Gesetzliche Grundlagen

Eingangs wurde bereits einführend zur Durchgriffshaftung Stellung genommen sowie deren dogmatische Einordnung im kroatischen Recht behandelt. Dieses Kapital widmet sich, anknüpfend an die bisherigen Ausführungen zur Durchgriffshaftung, den einzelnen Haftungstatbeständen, den Haftungsvoraussetzungen sowie der Rechtsprechung zur Durchgriffshaftung.

Gemäß Art 10 Abs 3 kroHGG soll sich derjenige, der den Umstand missbraucht, als Gesellschafter nicht für Verbindlichkeiten der Gesellschaft zu haf-

---

449 So auch der BGHZ 104, 44, 47 f: „*Wer, ohne dazu berufen zu sein, wie ein Geschäftsführer handle, müsse auch die Verantwortung eines Geschäftsleiters tragen und wie ein solcher haften, wenn nicht der Schutzzweck des Gesetzes gefährdet werden solle*"; siehe auch *Haas/Ziemons* in *Michalski*, GmbHG² § 43 Rz 26 mwN; Baumbach/Hueck, GmbHG¹⁹ § 43 Rz 3 mwN; *Fleischer* in *Spindler/Stilz*, AktG² § 93 Rz 188.

450 Vgl *Wiesner* in *Hoffmann-Becking*, Münchener Handbuch² AG § 20 Rz 38; *Zöllner/Noack* in Baumbach/Hueck, GmbHG¹⁹ § 43 Rz 3 mwN; *Spindler* in Münchener Kommentar³ § 84 Rz 18; *Hölters* in *Hölters*, Aktiengesetz § 93 Rz 329 mwN.

451 BGHZ 150, 61, 70; BGH ZIP 2005, 1414, 1415; BGH NZG 2008, 597; BGH NZG 2005, 816.

452 AA *Fleischer* in *Spindler/Stilz*, AktG² § 93 Rz 191 mwN; *Haas/Ziemons* in *Michalski*, GmbHG² § 43 Rz 26 mwN; *Fleischer*, Zur aktienrechtlichen Verantwortlichkeit faktischer Organe, AG 2004, 517, 525.

453 So auch *Spindler* in Münchener Kommentar³ § 84 Rz 18 mwN; so auch zum österreichischen Recht *Nowotny* in *Doralt/Nowotny/Kalss*, AktG² § 84 Rz 21 eE; *Straube/Ratka/Stöger/Völkl* in *Straube* (Hrsg), GmbHG § 15 Rz 8 mwN.

454 Vgl *Fleischer* in *Spindler/Stilz*, Aktiengesetz § 84 Rz 198 mwN; *Spindler* in Münchener Kommentar³ § 117 Rz 19.

ten, nicht auf die Haftungsbeschränkung berufen können.[455] Weiters werden in Art 10 Abs 4 kroHGG demonstrativ Fälle angeführt, in denen die Voraussetzungen der Haftung nach Abs 3 als erfüllt anzusehen sind:

a) wenn der Gesellschafter die Gesellschaft nutzt, um ein Ziel zu erreichen, welches zu erreichen ihm sonst verboten ist,

b) wenn der Gesellschafter die Gesellschaft nutzt, um Gläubiger zu schädigen,

c) wenn der Gesellschafter entgegen dem Gesetz das Gesellschaftsvermögen so verwaltet, als wäre es sein Vermögen,

d) wenn der Gesellschafter zu seinen oder zu Gunsten eines Dritten das Vermögen der Gesellschaft schmälert, obwohl er wusste oder wissen musste, dass die Gesellschaft ihre Verbindlichkeiten nicht erfüllen wird können.

Dem Gesetzeswortlaut folgend, handelt es sich bei den gesetzlich angeführten Fällen um unwiderlegbare Vermutungen. Liegt einer der aufgezählten Tatbestände vor, so muss der Missbrauch nicht nachgewiesen werden.[456] Andererseits muss der Missbrauch nachgewiesen werden; die (schwierige) Beweislast trägt dabei derjenige, der sich darauf beruft, also der Gläubiger (vgl auch Art 219 kroat Gesetz über das streitige Verfahren [in der Folge: kroGStrV]).[457]

Kommt es zur Durchgriffshaftung, so bleibt die Gesellschaft selbst weiterhin Schuldnerin; die Durchgriffshaftung hat somit keineswegs zur Folge, dass die Gesellschaft als Rechtssubjekt beiseitegeschafft wird.[458] Die Schwierigkeit liegt jedoch für die Gläubiger darin, einen Missbrauch nachzuweisen. Klagen sie nämlich sowohl die Gesellschaft als auch den Gesellschafter und gelingt der Nachweis des Missbrauchs durch den Gesellschafter nicht, hat der Gläubiger die entstandenen Kosten zu ersetzen. Dies führt dazu, dass die Haftung des Gesellschafters häufig die Ausnahme bleibt.[459]

aa) Missbrauch

Der Missbrauch muss sich in einer nach außen erkennbaren, spürbaren Handlung manifestieren; denn der Missbrauch der Haftungsbeschränkung betrifft die Außenhaftung der Gesellschafter, also jene gegenüber Dritten (Gläubigern). Dafür ist jedoch erforderlich, dass der missbräuchlich handelnde Gesellschafter einen entsprechenden Einfluss auf die Geschäftsführung hat, die

---

455 So auch in Deutschland *Hueck/Fastrich* in Baumbach/Hueck, GmbHG[19] § 13 Rz 44 (FN 165); *Verse* in Hanssler/Strohn, GesR GmbHG § 13 Rz 36; *Sudhoff*, Unternehmensnachfolge[5] (2005) § 45 GmbH Rz 119.

456 Entscheidung des Hohen Handelsgerichts der Republik Kroatien, Pž-1522/03 vom 23.9.2003; vgl auch *Barbić,* Opći dio[3] 299; *Brnabić*, Proboj pravne osobnosti u joint venture odnosima, Pravo u gospodrastvu, 3/2010, 711.

457 Entscheidung des Hohen Handelsgerichts der Republik Kroatien, Pž-1522/03 vom 23.9.2003; vgl auch *Barbić,* Pravo Društava[5] II, Dioničko društvo (2010) 26; *Barbić*, Odgovornost članova za obveze društva kapitala, RRiF 2009, 149, 151.

458 Vgl *Barbić,* Dioničko društvo 27; *K. Schmidt*, GesR[4] § 9 II 225 ff, 233.

459 *Barbić,* Dioničko društvo 27.

letztlich mit Dritten in Kontakt tritt.[460] Als Missbrauchshandlung des Gesellschafters kommen sowohl ein Tun als auch ein Unterlassen in Betracht.[461] Ein haftungsbegründendes Unterlassen kommt bspw dann in Betracht, wenn ein Gesellschafter nicht dafür sorgt, dass die Vermögensverhältnisse der Gesellschaft geordnet sind, und es infolgedessen zu einer Vermögensvermischung kommt.

Bei der Beurteilung der Einflussmöglichkeit ist zwischen der GmbH und der AG zu unterscheiden. In der GmbH besteht ein Weisungsrecht, für welches nach dispositivem Recht die einfache Stimmenmehrheit ausreicht (Art 422 Abs 1, Art 445 Abs 1 kroHGG). Demnach ist bei einem Mehrheitsgesellschafter ein entscheidender Einfluss anzunehmen.[462] Darüber hinaus ist in der GmbH zu berücksichtigen, dass im Falle der Einräumung eines Weisungsrechts in Form eines Sonderrechts[463] auch bei einem Minderheitsgesellschafter von einer Einflussmöglichkeit ausgegangen werden kann. Hat ein Gesellschafter ein Verwaltungsmitglied als seine Vertrauensperson in das Vertretungsorgan bestellt (Art 423 Abs 2 kroHGG) oder ist er selbst zum Verwaltungsmitglied bestellt worden, so ist ebenfalls von einem Einflusspotenzial auszugehen.[464] Regelmäßig wird die Tochtergesellschaft in Form einer GmbH gegründet[465], in der die Muttergesellschaft der einzige Gesellschafter ist; die Einflussmöglichkeit ist diesfalls jedenfalls zu bejahen.[466]

In der AG sind die Einflussmöglichkeiten der Gesellschafter auf die Verwaltung deutlich geringer als in der GmbH, zumal der Vorstand nicht an Weisungen gebunden ist (Art 240 Abs 1 kroHGG; Ausnahme beim Vertragskonzern, Art 493 kroHGG) und die Verwaltungsmitglieder nicht von den Aktionären, sondern vom Aufsichtsrat bestellt werden (Art 244 kroHGG).[467] Dies ist vor allem der Grund, warum die AG bei der Begründung eines Konzerns eine unbedeutende Rolle spielt. Doch auch hier ist die Einflussmöglichkeit bei einem Mehrheitsaktionär anzunehmen, da dieser einerseits durch seine Machtstellung einen faktischen Druck auf die Verwaltung ausüben und somit die Geschicke der Gesellschaft beeinflussen kann und andererseits die Besetzung des Vorstands durch Bestellung und Abberufung von deren Mitgliedern bestimmen

---

460 *Barbić,* Dioničko društvo 18; *Barbić,* Odgovornost članova, RRiF 2009, 147 f; *Jurić,* Odgovornost vladajućeg društva, Zbornik pravnog fakulteta sveučilišta u Rijeci 2002, 525 aE; so auch zum Zurechnungsdurchgriff in Deutschland *Heider* in Münchener Kommentar AktG³ § 1 Rz 53; *Solveen* in *Hölters,* AktG § 1 Rz 9, 12.
461 *Kos*, Odgovornost članova, Pravo i porezi 2000, 23.
462 Vgl *Kos*, Odgovornost članova trgovačkih društava kapitala za obveze takvih društava – proboj zaštita pravne osobnosti, Pravo i porezi 2000, 23.
463 *Barbić*, Društvo s ograničenom odgovornošću⁵ 235, 373; *Obradović*, Die Gesellschafterstellung in der kroatischen GmbH, Dissertation (Wien) 2012, 38, 49.
464 Vgl *Kos*, Odgovornost članova, Pravo i porezi 2000, 23.
465 Vgl *Brnabić*, Proboj pravne osobnosti, PuG 3/2010, 714.
466 *Barbić,* Dioničko društvo 18; *Barbić,* Odgovornost članova, RRiF 2009, 147 f.
467 Vgl *Solveen* in *Hölters,* AktG § 1 Rz 9; *Fock* in *Spindler/Stilz*, AktG² § 1 Rz 66.

kann.[468] Ein Aktionär, der zugleich alleiniges Vorstandsmitglied oder zur Einzelgeschäftsführung ermächtigt ist (Art 240 Abs 2 kroHGG), hat ebenfalls einen entsprechenden Einfluss auf die Geschäftstätigkeit der Gesellschaft.[469] Die Einflussmöglichkeit ist weiters bei einer Einmann-GmbH oder einer Einmann-AG zu bejahen.

Im Konzern ist jedenfalls davon auszugehen, dass die Muttergesellschaft einen entscheidenden Einfluss auf die Tochter hat. Dies gilt sowohl beim Vertragskonzern, in dem sich die Tochtergesellschaft dem Weisungsrecht der Muttergesellschaft unterordnet, als auch beim faktischen Konzern, da bei diesem der beherrschende Einfluss ohnehin tatbestandsbildend ist (vgl Art 475 Abs 1 kroHGG). Das Abhängigkeitsverhältnis zwischen einer herrschenden und einer abhängigen Gesellschaft allein reicht für die Begründung der Durchgriffshaftung nicht aus;[470] diesfalls besteht bei der Veranlassung von nachteiligen Geschäften bei der abhängigen Gesellschaft ohnehin eine Schadenersatzpflicht (Art 501 kroHGG). Auch das Vorliegen eines qualifizierten faktischen Konzerns, auf den nach kroatischem Recht die vertragskonzernrechtlichen Vorschriften (Art 489–492 und Art 494–495 kroHGG) analog angewendet werden[471], begründet alleine keine Durchgriffshaftung.[472] Neben den beherrschenden Einfluss muss ein Missbrauch der Haftungsbeschränkung treten, der nach Ansicht des Hohen Handelsgerichts der Republik Kroatien dann vorliegt, wenn die Muttergesellschaft entsprechenden Einfluss auf die Verwaltungsorgane der Tochtergesellschaft ausübt und diese dadurch zu einer Vermögensverfügung entgegen den Vorschriften und Geschäftsbräuchen veranlasst, wodurch alle oder die meisten Gläubiger der Tochtergesellschaft in eine ungünstige Lage gebracht werden.[473]

---

468 *Kos*, Odgovornost članova, Pravo i porezi 2000, 23; *Brnabić*, Proboj pravne osobnosti, PuG 3/2010, 713 (FN 34); *Heider* in MünchKomm AktG[3] § 1 Rz 54.

469 Vgl *Barbić*, Dioničko društvo 18; *Barbić*, Odgovornost članova, RRiF 2009, 147 f.

470 So ausdrücklich das Hohe Handelsgericht der Republik Kroatien, Pž-1760/2002 vom 15.4.2003; ihm folgend auch *Barbić*, Dioničko društvo 18; *Barbić*, Opći dio[3] 303 aE *; Barbić*, Odgovornost članova, RRiF 2009, 147 f; *Jurić*, Odgovornost vladajućeg društva, Zbornik pravnog fakulteta sveučilišta u Rijeci 2002, 526 mwN; *Brnabić*, Proboj pravne osobnosti, PuG 3/2010, 718; so auch die hL in Deutschland, vgl *K. Schmidt*, GesR[4] § 9 II 238 f; *Solveen* in *Hölters*, AktG § 1 Rz 17 ff mwN; *Fock* in *Spindler/Stilz*, AktG[2] § 1 Rz 62 ff mwN; *Heider* in MünchKomm AktG[3] § 1 Rz 66.

471 Vgl *Brnabić*, Proboj pravne osobnosti, PuG 3/2010, 717; *Barbić*, Opći dio[3] 651; so auch die hM in Deutschland, vgl *Krieger* in Münchener Handbuch des Gesellschaftsrechts[3] (2007) § 69 Rz 142; *Altmeppen* in Münchener Kommentar AktG[3] § 18 Rz 14 mwN; aA *Altmeppen* in Münchener Kommentar AktG[3] Anh § 317 Rz 14.

472 *Brnabić*, Proboj pravne osobnosti, PuG 3/2010, 717.

473 Das Hohe Handelsgericht der Republik Kroatien, Pž-1760/2002 vom 15.4.2003; der Auffassung des Gerichts folgend auch *Barbić*, Dioničko društvo 18; *Barbić*, Opći dio[3] 303 aE; *Barbić*, Odgovornost članova, RRiF 2009, 147 f; *Jurić*, Odgovornost vladajućeg društva, Zbornik pravnog fakulteta sveučilišta u Rijeci 2002, 526 mwN.

b) Fallgruppen

ba) Gesetzliche Durchgriffshaftungstatbestände

Art 10 Abs 4 kroHGG zählt demonstrativ Fälle auf, in denen die Haftungsvoraussetzungen des Abs 3 jedenfalls als erfüllt anzusehen sind.[474]

1. Ausnutzen der Gesellschaft zur Erreichung von Zielen, die dem Gesellschafter verboten sind
Die unter diesen Haftungstatbestand zu subsumierenden Fälle sind gedanklich schwer zu erfassen. Die Haftungsbegründung wird darin gesehen, dass die Gesellschaft ausgenutzt wird, um ein Ziel zu erreichen, dass man sonst nicht erreichen kann, weil es einem verboten ist. Dh die Gesellschaft als solche wird missbraucht, um ein Verbot zu umgehen, dem die Gesellschaft selbst nicht unterliegt; sie wird für unlautere Zwecke missbraucht.[475] Dem Gesellschafter geht es hierbei nicht um Gesellschaftsinteressen, sondern vielmehr um eigene Interessen. Der Gesetzeswortlaut scheint hier jedoch nur subjektive Missbrauchsfälle zu erfassen, da es dem Gesellschafter darum geht, unter Ausnutzung der Gesellschaft als Rechtssubjekt, ein bestimmtes Verbot zu umgehen; ein objektiver Missbrauch ist nicht tatbestandsbegründend. Dieser Haftungstatbestand knüpft offenbar an die subjektive Missbrauchslehre Sericks[476] an.

Das Gesetz spricht allgemein von „Verboten", sodass darunter jegliche Verbote, seien es gesetzliche oder vertragliche, zu subsumieren sind. Es muss sich jedenfalls um ein solches Verbot handeln, von dem die Gesellschaft selbst nicht erfasst ist. Serick[477] führt hier bspw ein gesetzliches Wettbewerbsverbot (in conreto: des Handlungsgehilfen gemäß § 60 dHGB) an. Dem kroatischen Recht ist ein allgemeines vergleichbares gesetzliches Wettbewerbsverbot unbekannt. Zwar sieht das kroHGG Wettbewerbsverbote für Personengesellschaften oder für Organmitglieder von Kapitalgesellschaften vor, doch gilt dieses Wettbewerbsverbot nicht absolut. So sind Komplementäre zur Unterlassung branchennaher Geschäfte verpflichtet; weiters dürfen sie sich nicht als persönlich haftende Gesellschafter an einer anderen Gesellschaft beteiligen[478] (Art 76 Abs 1 kroHGG). Verwaltungsmitglieder dürfen ebenfalls keine branchennahen Ge-

---

474 Vgl *Barbić,* Opći dio³ 299.

475 *Barbić,* Opći dio³ 300; *Serick,* Rechtsform und Realität juristischer Personen² 17, 32, 203.

476 Siehe *Serick,* Rechtsform und Realität juristischer Personen² 17, 32, 203.

477 *Serick,* Rechtsform und Realität juristischer Personen² 205.

478 Dem Gesetzeswortlaut folgend ist eine Beteiligung an anderen Gesellschaften allgemein verboten, unabhängig davon, ob es sich um branchenähnliche Gesellschaften handelt. So auch der Haftungstatbestand für Vorstandsmitglieder nach § 79 Abs 1 öAktG und § 88 Abs 1 dAktG. Umgekehrt ist es hingegen beim Wettbewerbsverbot von Verwaltungsmitgliedern, welches sich ua auf die Beteiligung an konkurrierenden Gesellschaften bezieht. Dieses Regelungskonzept erscheint etwas bedenklich, zumal eher den Verwaltungsmitgliedern jegliche Beteiligung an Gesellschaften als persönlich haftende Gesellschafter zu untersagen ist, um ihre volle Arbeitskraft in der Gesellschaft zu gewährleisten, so auch die österreichische bzw deutsche Regelung, vgl *Nowotny* in *Doralt/Nowotny/Kalss,* AktG² § 79 Rz 3; *Spindler* in Münchener Kommentar AktG³ § 88 Rz 18 jeweils mwN; *Hüffer,* AktG⁹ § 88 Rz 4.

schäfte tätigen und sich nicht an Gesellschaften, die im selben Geschäftszweig wie die Gesellschaft tätig sind, als persönlich haftende Gesellschafter beteiligen (Art 248, 429 kroHGG). Somit greifen die genannten Wettbewerbsverbote insbesondere nicht bei einer Beteiligung als Kommanditist, Aktionär oder GmbH-Gesellschafter,[479] sodass eine Durchgriffshaftung hier kaum in Betracht kommt. Aber auch vertragliche Wettbewerbsverbote oder sonstige Unterlassungspflichten müssen sich unter diesen Durchgriffshaftungstatbestand subsumieren lassen.[480] Zwar sind die genannten (Wettbewerbs-)Verbote vom Wortlaut des gesetzlichen Haftungstatbestands erfasst, jedoch fällt auf, dass diese bzw der Haftungstatbestand „Umgehung eines Verbots" sich nicht einwandfrei mit dem Durchgriffshaftungskonzept des Art 10 Abs 3 kroHGG vereinbaren lässt. Denn die gesetzlichen Haftungstatbestande des Art 10 Abs 4 kroHGG sind Ausformungen des Missbrauchs der Haftungsbeschränkung iSd Art 10 Abs 3 kroHGG; so stellt Art 10 Abs 4 kroHGG die unwiderlegbare Vermutung auf, dass bei gesetzlichen Haftungstatbeständen die Voraussetzungen für eine Durchgriffshaftung nach Abs 3 erfüllt sind. Eine wesentliche Voraussetzung ist, dass der Gesellschafter seine beschränkte Haftung missbraucht; genau dies ist jedoch bei einer Nutzung der Gesellschaft zwecks Umgehung eines Verbots nicht der Fall. Vielmehr handelt es sich hierbei um einen Missbrauch der Gesellschaft selbst (der nicht in das gesetzliche Regelungskonzept passt), was zur Folge hat, dass die Gesellschaft mit dem missbrauchenden Gesellschafter identifiziert wird und sich das Verbot auch auf die Gesellschaft erstreckt;[481] würde man nämlich keine Verbotserstreckung auf die Gesellschaft selbst zulassen, wäre keine Haftung des Gesellschafters für Gesellschaftsverbindlichkeiten aufgrund dieses Durchgriffshaftungstatbestands ersichtlich und daher auch kein Anlass für einen Haftungsdurchgriff gegeben.

2. Nutzung der Gesellschaft zwecks Gläubigerschädigung

Darunter sind bspw die Fälle zu subsumieren, in denen das Vermögen einer Gesellschaft auf eine neu gegründete Gesellschaft übertragen oder eine Gesellschaft mit unwesentlichem Vermögen gegründet und die Geschäftsführung auf diese Gesellschaft übertragen wird[482]; auch die Vermögensvermischung kann hierzu gezählt werden, da durch die Vermischung die Befriedigung der Gläubiger erschwert wird.[483] Auf eine subjektive Vorwerfbarkeit scheint das Gesetz nicht ausdrücklich abzustellen (im Gegensatz zu Ziffer 4, siehe unten). ME ist ungeachtet des Gesetzeswortlauts, der nicht ausdrücklich auf ein Verschulden abstellt (im Gegensatz zu Ziffer 4, siehe unten), zumindest ein bedingter Vorsatz

---

479 So auch *Gorenc in Gorenc/Ćesić/Buljan/Brkanić*, Komentar[4] Art 248 S 476; so auch zum deutschen Recht *Spindler* in Münchener Kommentar AktG[3] § 88 Rz 19 mwN.

480 So auch *Serick*, der von der Vornahme einer Handlung durch die Gesellschaft spricht, zu deren Unterlassung sich der Gesellschafter verpflichtet hat, *Serick*, Rechtsform und Realität juristischer Personen[2] 205.

481 *Serick*, Rechtsform und Realität juristischer Personen[2] 207.

482 *Barbić,* Opći dio[3] 302.

483 So auch *Brnabić*, Proboj pravne osobnosti u joint venture odnosima, PUG 3/2010, 711.

zu fordern, da die Nutzung der Gesellschaft „zur Schädigung der Gläubiger" eben ein bewusstes Handeln zum Nachteil der Gläubiger verlangt. In der Regel wird der Gesellschafter in den hier genannten Konstellationen eine Schädigung der Gesellschaft in Kauf nehmen und sich damit abfinden (*dolus eventualis*).[484]

3. Gesetzwidrige Verfügung über das Gesellschaftsvermögen, als ob es eigenes Vermögen wäre

Hier geht es um jene Fälle, in denen eine Vermögenstrennung zwischen Gesellschafter und Gesellschaft nicht erkennbar ist.[485] Vorsatz des Gesellschafters (subjektiver Missbrauch) ist nicht erforderlich; es genügt, dass das Verhalten des Gesellschafters die Kontrolle der Einhaltung der Kapitalerhaltungsvorschriften unmöglich macht, indem zB Vermögensabgrenzung durch falsche oder unzureichende Buchführung verschleiert worden ist.[486] Diese Fälle sind ebenfalls unter den Tatbestand „Vermögensvermischung" zu subsumieren. Sie erfüllen idR auch den Tatbestand der verbotenen Einlagenrückgewähr. Diesfalls stehen sowohl die Durchgriffshaftung als auch der Einlagenrückgewährsanspruch der Gesellschaft nebeneinander, wobei in einer solchen Situation die Beachtung der Kapitalerhaltungsvorschriften nicht kontrollierbar ist, da eine Trennung zwischen Gesellschafts- und Gesellschaftervermögen nicht möglich sein wird.[487] Damit ist bereits die Durchgriffshaftung zu rechtfertigen, da die wesentliche Voraussetzung einer Haftungsbeschränkung der Gesellschafter einer Kapitalgesellschaft eine klare Trennung von Gesellschafts- und Gesellschaftsvermögen und somit die Einhaltung der Kapitalerhaltungsvorschriften ist, was jedoch bei einem „*ständigen Griff in die Kasse ohne jegliche Buchung*"[488] nicht gewährleistet werden kann.[489] Eine subsidiäre Anwendung der Durchgriffshaftung als ultima ratio, die nur dann in Frage kommt, wenn die Kapitalerhaltungsvorschriften keinen ausreichenden Schutz gewähren, lässt sich mE aus dem kroatischen Recht nicht ableiten[490], da die Durchgriffshaftung gesetzlich geregelt und somit nicht rein ein Konstrukt einer (teleologischen) Gesetzesauslegung ist. Um den Haftungsdurchgriff nicht ausufern zu lassen, können nur jene Gesellschafter zur Haftung herangezogen werden, die für die Vermögensvermischung

---

484 So auch zum deutschen Recht *Reuter* in Münchener Kommentar BGB[6] (2012) Vor § 21 Rz 42.

485 *Brnabić*, Proboj pravne osobnosti u joint venture odnosima, PUG 3/2010, 711.

486 *Barbić*, Opći dio[3] 301.

487 Vgl *Barbić*, Opći dio[3] 301; *Heider* in Münchener Kommentar AktG[3] § 1 Rz 70 mwN; *Hüffer*, AktG[9] § 1 Rz 20; *Torggler*, In Fünf (Anti-)Thesen zum Haftungsdurchgriff, JBl 2006, 86.

488 *Lutter/Trölitzsch* in *Lutter*, Holding Handbuch[4] § 7 Rz 64.

489 *Torggler*, In Fünf (Anti-)Thesen zum Haftungsdurchgriff, JBl 2006, 86; *Lutter/Trölitzsch* in *Lutter*, Holding Handbuch[4] § 7 Rz 64; *Heider* in Münchener Kommentar AktG[3] § 1 Rz 70; *Mertens* in *Hachenburg,* GmbHG[8] Anh § 13 Rz 17 mwN.

490 So aber für das deutsche Recht *Brändel* in Hopf/Wiedemann, Aktiengesetz Großkommentar[4] §1 Rz 102 mwN; *Kraft* in Kölner Kommentar AktG[2] § 1 Rz 58 mwN; *Torggler*, In Fünf (Anti-)Thesen zum Haftungsdurchgriff, JBl 2006 Rz 93 (Fn 112); *Habersack* in Emmerich/ Habersack, Konzernrecht[6] Anh § 318 Rz 42 hinsichtlich der Existenzvernichtung.

auch verantwortlich sind, sei es durch Veranlassung oder sonstige Förderung;[491] Kleingesellschafter werden idR nicht betroffen sein[492], wobei eine Haftung allgemein eher in der GmbH in Betracht kommt.

4. Schmälerung des Gesellschaftsvermögens zu eigenen oder zu Gunsten eines Dritten, bei Kenntnis oder fahrlässiger Unkenntnis der Zahlungsunfähigkeit der Gesellschaft

Unter diesen Haftungstatbestand werden Fälle subsumiert, in denen das Vermögen einer Gesellschaft „ausgesaugt"[493] wird und die Gesellschaft dadurch nicht in der Lage ist, Gläubigerforderungen zu befriedigen. Somit knüpft die Haftung an die Insolvenz der Gesellschaft an. Dieser Haftungsfall ähnelt stark den ersten durch den deutschen BGH (in Anlehnung an *Röhricht*[494]) entwickelten Fällen der Existenzvernichtungshaftung (Bremer-Vulkan)[495], die in der Rspr[496] und der hL[497] in Deutschland jedoch nunmehr keinen Haftungsdurchgriff mehr darstellen, sondern eine Innenhaftung wegen vorsätzlicher sittenwidriger Schädigung (§ 826 BGB). Wesentliches Merkmal dieses Haftungstatbestands ist ein Verschulden des Gesellschafters (subjektiver Missbrauch), wobei hier nicht nur Vorsatz), sondern bereits Fahrlässigkeit genügt. Solche Fälle erfüllen idR ebenfalls den Tatbestand der verbotenen Einlagenrückgewähr (siehe dazu Ausführungen zu Punkt 3) sowie des Art 273 kroHGG[498].

Barbić spricht hier von (materieller) Unterkapitalisierung.[499] Dies ist etwas ungenau, wenn man bei der Definition der Unterkapitalisierung auf die ungenügende Kapitalausstattung abstellt, sei es durch ursprüngliche Ausstattung oder nachträgliche aufgrund der Ausweitung der Geschäfte.[500] Richtigerweise ist von Unterkapitalisierung stets dann zu sprechen, wenn das „*Kapital der Gesellschaft nicht ausreicht, um den zu deckenden Finanzbedarf der Gesellschaft, der sich nach Art und Umfang der angestrebten bzw tatsächlichen Geschäftstätigkeit der Gesellschaft richtet, zu befriedigen und eine Mittelzufuhr gänz-*

---

491 So auch die hL zum deutschen Recht *Heider* in Münchener Kommentar AktG³ § 1 Rz 71 mwN; *Fock* in *Spindler/Stilz*, AktG³ § 1 Rz 55; *Solveen* in *Hölters*, AktG § 1 Rz 11; *Lutter* in *Lutter/Hommelhoff*, GmbHG¹⁷ § 13 Rz 14; sowie Rspr BGHZ 125, 366, 368.

492 *Heider* in Münchener Kommentar AktG³ § 1 Rz 71 mwN.

493 *Barbić*, Dioničko društvo 21.

494 *Röhricht*, Die GmbH im Spannungsfeld zwischen wirtschaftlicher Dispositionsfreiheit ihrer Gesellschafter und Gläubigerschutz, in FS 50. Jahre BGH, 2000 Bd I, 83, 101.

495 Siehe dazu BGHZ 149, 10; ausführend dazu *Zöllner* in *Baumbach/Hueck*, GmbHG¹⁹ Schlussanhang Die GmbH im Unternehmensverbund (GmbH-Konzernrecht) Rz 123; siehe auch *Röhricht*, FS BGH, 2000, 83; *Hueck/Fastrich* in *Baumbach/Hueck*, GmbHG¹⁹ § 13 Rz 57.;

496 BGH 16.7.2007, BGH ZIP 2007, 1152.

497 *Heider* in Münchener Kommentar AktG³ § 1 Rz 70; *Fock* in *Spindler/Stilz*, AktG³ § 1 Rz 64; *Hüffer*, AktG⁹ § 1 Rz 25 jeweils mwN.

498 Siehe auch *Hüffer*, AktG⁹ § 1 Rz 26a mwN.

499 *Barbić*, Dioničko društvo 21

500 So in etwa *Lutter/Trölitzsch* in *Lutter*, Holding Handbuch⁴ § 7 Rz 62.

lich ausbleibt".[501] Es muss ein grobes Missverhältnis zwischen tatsächlich zur Verfügung stehendem und tatsächlich erforderlichem Kapital bestehen.[502] Der Auffassung *Barbićs* ist jedoch nicht zu folgen, zumal bei der Unterkapitalisierung nicht auf eine Bereicherung abzustellen ist. Weiters ist unklar, ob die Unterkapitalisierung eine Insolvenz der Gesellschaft voraussetzt[503]; andernfalls mangelt es an einem Schutzbedürfnis der Gesellschaftsgläubiger. Darüber hinaus ist nicht klar, ob die Unterkapitalisierung nach kroatischem Verständnis eines Verschuldens bedarf, wobei nach dem gesetzlichen Konzept davon auszugehen ist, dass ein objektiver Missbrauch der Gesellschaft, also deren zweckwidrige Verwendung[504], für die Durchgriffshaftung genügen würde. Somit wird deutlich, dass sich der Tatbestand der Unterkapitalisierung nicht eindeutig definieren lässt, was jedenfalls für eine äußerst restriktive Anwendung der Durchgriffshaftung für den Fall einer (materiellen) Unterkapitalisierung spricht.[505] Weiters widerspricht der Haftungsdurchgriff bei Unterkapitalisierung der Gesellschaft den kapitalgesellschaftsrechtlichen Mindestkapitalvorschriften. So ist das Mindestkapital der AG und GmbH eine abstrakte Ziffer, die sich nicht nach Umfang oder Art des jeweiligen Gesellschaftsbetriebs (angemessenes Betriebskapital[506]) richtet; der Gesetzgeber fordert keine vorausschauende Prognose über das für den Betrieb erforderliche Kapital.[507] Demnach liegt es im Ermessen der Gründer, zu entscheiden, ob sie die Gesellschaft mit einem über das Mindestkapital hinausgehenden Vermögen ausstatten möchten.[508] Würde man andernfalls die Durchgriffshaftung zulassen, so hinge über den Gründern das Damoklesschwert, im Wege der Durchgriffshaftung die Gesellschaft mit über das Mindestkapital hinausgehendem Kapital auszustatten.[509] Aus dieser Sicht ist eine Durchgriffshaftung wegen (materieller) Unterkapitalisierung äußerst bedenklich und zwecks Rechtssicherheit zu verneinen. Anders als in Österreich

---

501 *Ulmer* in *Hachenburg,* GmbHG[8] Anh § 30 Rz 16; ihm folgend *K. Schmidt*, GesR[4] § 9 IV 240 mwN; *Michalski* in *Michalski*, GmbHG[2] § 13 Rz 363; für das kroatische Recht vertretend *Brnabić*, Proboj pravne osobnosti u joint venture odnosima, Pravo u gospodrastvu, 3/2010, 710; siehe auch *Emmerich* in *Scholz*, GmbHG[9] § 13 Rz 81.;
502 *Lutter/Trölitzsch* in *Lutter*, Holding Handbuch[4] § 7 Rz 62.
503 So zum deutschen GmbH-Recht *Michalski* in *Michalski*, GmbHG[2] § 13 Rz 374 mwN; *Ulmer* in *Hachenburg,* GmbHG[8] Anh § 30 Rz 61; unklar das deutsche Schrifttum zum Aktienrecht, das auf eine „förmlich vorprogrammierte Krise" abstellt, so *Fock* in *Spindler/Stilz*, AktG[3] § 1 Rz 61; *Heider* in Münchener Kommentar AktG[3] § 1 Rz 76; *Brändel* in Großkommentar Aktiengesetz[4] § 1 Rz 109 jeweils mwN.
504 *Fock* in *Spindler/Stilz*, AktG[3] § 1 Rz 61.
505 So auch zum deutschen Recht *Heider* in Münchener Kommentar AktG[3] § 1 Rz 76; *K. Schmidt*, GesR[4] § 9 IV 243.
506 *Dauner-Leib* in Kölner Kommentar[3] § 1 Rz 54.
507 Vgl *Solveen* in *Hölters*, AktG § 1 Rz 16 mwN; *Heider* in Münchener Kommentar AktG[3] § 1 Rz 76; siehe vor allem *Dauner-Leib* in Kölner Kommentar[3] § 1 Rz 54 mwN, der ua hervorhebt, dass es keine funktionierende Formel für die Berechnung des erforderlichen Grundkapitals gibt.
508 Vgl *Fock* in *Spindler/Stilz*, AktG[3] § 1 Rz 61; *Solveen* in *Hölters*, AktG § 1 Rz 16; *Heider* in Münchener Kommentar AktG[3] § 1 Rz 76; *Dauner-Leib* in Kölner Kommentar[3] § 1 Rz 54 jeweils mwN.
509 *Solveen* in *Hölters*, AktG § 1 Rz 16; *Heider* in Münchener Kommentar AktG[3] § 1 Rz 76.

(§ 1295 Abs 2 AGBG) und Deutschland (§ 826 BGB) lässt sich die Haftung der Gesellschafter nicht mit vorsätzlicher sittenwidriger Schädigung begründen, da dafür die gesetzliche Grundlage fehlt. Zwar normiert Art 1049 kroSchuldRG eine schuldrechtliche Haftung bei Verschulden (Vorsatz oder Fahrlässigkeit), doch setzt die Haftung eine Rechtswidrigkeit voraus, die sich in der Verletzung einer positiven Norm der Rechtsordnung manifestiert.[510] Die Unterkapitalisierung ist – sofern das Mindestkapital aufgebracht wurde – nicht als Verletzung der Kapitalaufbringungsvorschriften anzusehen; die Haftung wäre nach Art 8 kroSchuldRG zu erwägen, der normiert, dass jedermann verpflichtet ist, Handlungen zu unterlassen, die anderen einen Schaden verursachen können (*neminem laedere*, Verbotsnorm/präventive Norm[511]). Ist in diesem Sinne dem Gesellschafter die Eignung seiner Handlung zur Schädigung der Gesellschaft (Innenhaftung) oder auch der Gesellschaftsgläubiger[512] bekannt und findet er sich zumindest damit ab (dolus eventualis), so ist dies als eine haftungsbegründende rechtswidrige Handlung zu deuten. Dies entspricht auch dem österreichischen Verständnis der Haftung wegen sittenwidriger Schädigung, erlangt dieser Haftungstatbestand doch seine Bedeutung vor allem in Fällen, in denen die Handlung nicht gegen ein ausdrückliches gesetzliches Verbot verstößt.[513] Diese Ausführungen zur deliktischen Haftung nach kroSchuldRG gelten freilich nicht nur für die materielle Unterkapitalisierung, sondern vor allem für die unter den hier behandelten gesetzlichen Haftungstatbestand fallenden Fälle (Existenzvernichtung).

Durchgriffshaftung in der Rechtsprechung

Neben den oben angeführten Durchgriffshaftungstatbeständen wurden in der Rechtsprechung weitere Haftungsfälle entwickelt, die näher dargelegt werden sollen:

a) Hohes Handelsgericht Pž-1760/02 vom 15.4.2003:

„Die bloße Tatsache, dass es sich um eine herrschende Gesellschaft handelt, reicht für die Begründung einer Haftung nicht aus. Eine Haftung für Verbindlichkeiten der beherrschten Gesellschaft besteht dann, wenn die herrschende Gesellschaft ihren Einfluss auf die (gegründete) beherrschte Gesellschaft missbraucht. Es muss sich um solch einen Einfluss der herrschenden Gesellschaft handeln, der zu einer vorschriftswidrigen oder den Geschäftsbräuchen widersprechenden Verfügung über das Vermögen der beherrschten Gesellschaft

---

510 *Klarić/Vedriš*, Građansko pravo[12] (2009), 596; *Gorenc*, Komentar Zakona o obveznim odnosima Art 1045 S 1610.

511 *Gorenc*, Komentar Zakona o obveznim odnosima Art 8 S 18.

512 Vgl zum deutschen Recht *Flume*, Juristische Person (1983) § 3 III 3, der sowohl eine Haftung gegenüber der Gesellschaft als auch den Gesellschaftsgläubigern nach § 826 BGB als begründet sieht; vgl auch *Reuter* in Münchener Kommentar BGB[6] 2012 Vor § 21 Rz 42.

513 *Reischauer* in *Rummel*[3], Kommentar ABGB § 1295 Rz 54; *Spindler* in *Bamberger/Roth*, Beck'scher ON-Kommentar BGB § 826 Rz 1.

führt, wodurch bestimmte Gläubiger der beherrschten Gesellschaft in eine unvorteilhafte Lage gebracht werden."

Anmerkungen: Mit dieser Entscheidung stellte das Hohe Handelsgericht klar, dass ein Abhängigkeitsverhältnis allein keine Haftungsdurchbrechung begründet. Für eine Haftung der Gesellschafter (der herrschenden Gesellschaft) setzt das Gericht einen Missbrauch des Einflusses voraus, der eine unvorteilhafte Lage der Gesellschaftsgläubiger zur Folge hat. Hier fällt auf, dass kein Missbrauch des Haftungsprivilegs (Art 10 Abs 3 kroHGG) gefordert wird, sondern ein Missbrauch des Einflusses; dies lässt sich mE dogmatisch jedoch nicht unter die Fälle der Durchgriffshaftung einordnen. Somit ähnelt diese Haftung jener des Art 273 kroHGG, doch geht sie darüber hinaus, da die Gläubiger eigene Ansprüche gegen die Gesellschaft geltend machen können.[514]

b) Hohes Handelsgericht RH Pž-636/03 vom 18.11.2003:

„Es besteht eine Haftung der gründenden Gesellschaft gegenüber Arbeitnehmern der gegründeten Gesellschaft, wenn der Gründer (GmbH) Arbeitsverträge auf die Tochter übertragen hat, diese aber mit unzureichendem Vermögen ausgestattet hat; dieser also bloß Verpflichtungen übertragen wurden."

c) Hohes Handelsgericht Pž-8695-03 vom 15.10.2004:

„Es besteht dann eine Haftung des Gesellschafters (Gründers) für Verbindlichkeiten der Tochtergesellschaft, wenn die Gründungsgesellschaft ihre Arbeitnehmer eigenmächtig auf die neugegründeten Gesellschaften verteilt hat, diesen Gesellschaften jedoch kein Vermögen übertragen hat. In diesem Fall haftet die Gründungsgesellschaft solidarisch mit der Tochtergesellschaft für jene Ansprüche der Arbeitnehmer, die im Insolvenzverfahren der Tochtergesellschaft nicht erfüllt werden konnten."

d) Hohes Handelsgericht Pž-9140/03 vom 17.1.2006:

„Eine GmbH hat 16 selbständige Gesellschaften gegründet. In all diesen Gesellschaften hat die Gründungsgesellschaft ihren Einfluss auf die Geschäfte beibehalten. Alle Arbeitnehmer wurden auf die gegründeten Gesellschaften übertragen, die mit unbedeutenden Vermögen ausgestattet wurden. Aufgrund mangelnden Vermögens konnten die gegründeten Gesellschaften die Ansprüche der Arbeitnehmer nicht erfüllen und wurde über diese ein Insolvenzverfahren eröffnet. Der Gesellschafter haftet solidarisch mit der Gesellschaft für die Arbeitnehmeransprüche."

Anmerkungen: In den genannten Fällen handelt es sich um Fälle, die in Deutschland als Institutsmissbrauch bzw Unterkapitalisierung bekannt sind.[515]

---

514 Vgl auch *Barbić,* Dioničko društvo 18 f.
515 Vgl *Lutter* in *Lutter/Hommelhoff,* GmbHG § 13 Rz 15; *Pentz* in *Rowedder/Schmidt-Leithoff,* GmbHG § 13 Rz 132.

An dieser Stelle ist hinsichtlich der Unterkapitalisierung auf die Ausführungen zu verweisen, die gegen eine allgemeine Durchgriffshaftung in solchen Fällen sprechen. Das Gericht meint hiermit offenbar jene Fälle, in denen die Gesellschaft mit dermaßen unzureichenden Mitteln ausgestattet wird, sodass sie durch den kleinsten wirtschaftlichen Nachteil insolvent werden kann.[516] Ein solches Vorgehen stellt einen objektiven Missbrauch der Gesellschaft dar, nicht jedoch einen des Haftungsprivilegs. Unklar ist, ob der Haftungsdurchgriff eine Insolvenz der Gesellschaft genügen lässt (so in der E Pž-9140/03) oder die Gläubiger erst dann auf die Gesellschaft zugreifen können, wenn sie von der Gesellschaft keine Befriedigung erlangt haben (so in der E Pž-8695–03). Dass auf die Insolvenz der Gesellschaft allgemein abgestellt wird, überzeugt insofern, als andererseits die Gesellschaftsgläubiger nicht schutzwürdig erscheinen.[517] Nicht einleuchtend ist jedoch, warum sich die Gläubiger bei Missbrauch primär an die insolvente Gesellschaft wenden müssen, da im Falle einer Durchgriffshaftung die Gesellschafter so haften, als wären sie an einer Personengesellschaft beteiligt, was auch in der E Pž-9140/03 mit der solidarischen Haftung verdeutlicht wird.

e) Hohes Handelsgericht Pž-6369/2004 vom 17.2.2004:

„Eine an einer anderen Gesellschaft (B) beteiligte Gesellschaft (A) haftet für Gläubigerverbindlichkeiten der anderen Gesellschaft (B), wenn es zu einer Vermögensvermischung dieser Gesellschaften gekommen ist, und für einzelne Gegenstände nicht festgestellt werden kann, zu wessen Vermögen sie gehören. Im vorliegenden Fall haben die gleichen Personen die Geschäfte beider Gesellschaften in denselben Geschäftsräumlichkeiten geführt, Arbeitnehmer hatten dieselben Arbeitsgeräte benutzt, die Girokonten beider Gesellschaften wurden blockiert (Kontosperre) und es wurde keine übersichtliche Evidenz über deren Vermögen geführt. Da sich die direkt verpflichtete Gesellschaft in Insolvenz befand, musste die an dieser beteiligte Gesellschaft eine Befriedigung der Gläubiger aus ihrem Vermögen gewähren."

Anmerkung: Hier handelt es sich um einen klaren Fall der Vermögensvermischung oder auch „*gegenständlichen Sphärenvermischung*"[518].

f) Hohes Handelsgericht Pž-1008/98 vom 7.4.1998:

„Ist der Beklagte Gesellschafter der Handelsgesellschaft „„O" und führt er ein Gewerbe unter derselben Bezeichnung „„O" und bestellt er dieselbe Ware vom selben Verkäufer unter Verwendung des Stempels sowohl der Handelsgesellschaft als auch des Gewerbes, so sind die Voraussetzungen des Art 10 Abs 3 kroHGG erfüllt."

---

516 Vgl *Lutter* in *Lutter/Hommelhoff*, GmbHG § 13 Rz 15.
517 Vgl *Michalski* in *Michalski*, GmbHG² § 13 Rz 374.
518 *Hüffer*, AktG⁹ § 1 Rz 20.

Anmerkung: Hierbei handelt es sich um einen Fall der Sphärenvermischung, der sowohl von der Rspr als auch von einem Teil der kroatischen Lehre[519] – zu Unrecht – als ein Fall der Durchgriffshaftung angesehen wird. Diese Fälle zeichnen sich dadurch aus, dass eine Person, die für verschiedene Rechtsträger vertretungsbefugt ist, Rechtsgeschäfte abschließt, die sich jedoch nicht eindeutig einem Rechtsträger zuordnen lassen. Hier wird die Trennung zwischen Gesellschaft und Gesellschafter verschleiert.[520] Der Gedanke, der hinter einem Haftungsdurchgriff bei einer Sphärenvermischung steckt, ist offenbar der, dass die Gesellschafter, die eine solche Trennung zwischen Gesellschaft und Gesellschafter für Dritte nicht erkennen lassen, auch persönlich für die eingegangenen Rechtsgeschäfte einstehen sollen.[521] In Deutschland werden diese Fälle in der hL nicht als ein Tatbestand des Haftungsdurchgriffs, sondern als ein Vertretungsproblem angesehen.[522] Dies wird im kroatischen Durchgriffshaftungsrecht völlig zu Recht auch von *Brnabić*[523] vertreten. Daher gilt es zu prüfen, welchem Rechtsträger die Vertretungshandlung zuzurechnen ist, wer letztlich also Vertragspartner geworden ist;[524] eine Haftung des Gesellschafters kommt (vorerst) nicht in Betracht. Dies kann sich jedoch uU als schwierig erweisen. Der Vertreter hat jedenfalls offenzulegen, dass er für einen anderen handelt; fehlt eine solche Offenlegung, so ist die Vertretungshandlung wirksam, wenn der Dritte weiß oder für ihn aus den Umständen erkennbar ist, dass die Handlung für den Vertretenen (für einen anderen) abgeschlossen wird (Art 309 Abs 3 kroSchuldRG; vgl dt Parallelbestimmung § 164 Abs 1 Satz 2 BGB).[525] Gibt der Handelnde nicht zu erkennen, dass er für einen anderen handelt, und ist dies auch nach den Umständen für den Dritten nicht erkennbar, so ist – unter Berücksichtigung der Auslegungsregeln[526], die der Erklärungstheorie folgen[527] (vgl auch Art 309 kro-

---

519 *Barbić*, Opći dio³ 302; aA *Brnabić*, Proboj pravne osobnosti u joint venture odnosima, Pravo u gospodrastvu, 3/2010, 712, der der deutschen hM folgend von einem „bloßen" Vertretungsproblem ausgeht.

520 *Brnabić*, Proboj pravne osobnosti u joint venture odnosima, Pravo u gospodrastvu, 3/2010, 712; so auch zum deutschen Recht *Fock* in *Spindler/Stilz*, AktG³ § 1 Rz 57; *Lutter/Trölitzsch* in *Lutter*, Holding Handbuch⁴ § 7 Rz 66; *Michalski* in *Michalski*, GmbHG² § 13 Rz 356; *Lutter* in *Lutter/Hommelhoff*, GmbHG¹⁷ § 13 Rz 20.

521 Vgl *Emmerich* in *Scholz*, GmbHG⁹ § 13 Rz 95.

522 Vgl *K. Schmidt*, GesR⁴ § 4 I b 236; *Fock* in *Spindler/Stilz*, AktG³ § 1 Rz 57; *Emmerich* in *Scholz*, GmbHG⁹ § 13 Rz 95; *Lutter* in *Lutter/Hommelhoff*, GmbHG¹⁷ § 13 Rz 21; *Pentz* in *Rowedder/Schmidt-Leithoff*, GmbHG⁴ § 13 Rz 142; *Hueck/Fastrich* in Baumbach/Hueck, GmbHG¹⁹ § 13 Rz 15; aA *Lutter/Trölitzsch* in *Lutter*, Holding Handbuch⁴ § 7 Rz 66.

523 Siehe *Brnabić*, Proboj pravne osobnosti u joint venture odnosima, Pravo u gospodrastvu, 3/2010, 712, der sich dabei ausdrücklich auf die deutsche hL beruft.

524 *Brnabić*, Proboj pravne osobnosti u joint venture odnosima, Pravo u gospodrastvu, 3/2010, 712.

525 *Klarić/Vedriš*, Građansko pravo¹² 558; *Gorenc*, Komentar Zakona o obveznim odnosima Art 309 S 450; so auch zum österreichischen Recht *Koziol/Welser*, Bürgerliches Recht I¹³ (2006) 200; OGH in SZ 2002/145 = ÖBA 2004, 111 (*Popp*); so auch *K. Schmidt*, Handelsrecht⁵ (1999) § 5 II 1a 121; *Schramm* in Münchener Kommentar BGB⁶ § 164 Rz 21.

526 Siehe dazu *Gorenc*, Komentar Zakona o obveznim odnosima Art 319 S 468 f.

527 *Gorenc*, Komentar Zakona o obveznim odnosima Art 247 S 337; zum deutschen Recht siehe auch *Valenthin* in *Bamberg/Roth*, Beck'scher Online-Kommentar, §164 Rz 21.

SchuldRG, der im Wesentlichen § 914 ABGB entspricht) – anzunehmen, dass er sich selbst verpflichtet.[528] In Fällen der Sphärenvermischung wird es jedoch nicht an der Offenlegung mangeln; vielmehr gibt der Vertreter zu erkennen, dass er für einen anderen handelt, jedoch ist nicht erkennbar, für wen, da er zwar für alle in Frage kommenden Rechtsträger als Vertreter fungiert (Doppelvertretung), jedoch die Identität des zu verpflichtenden Rechtsträgers zweifelhaft ist. In diesen Fällen wird darauf abzustellen sein, mit wem der Dritte das Rechtsgeschäft unter Berücksichtigung der objektiven Umstände als abgeschlossen annehmen konnte. Handelt es sich bspw um einen Lieferungsvertrag und wird das Geschäft von einem Vertreter, der sowohl für die gleichnamige Produktions- als auch für die Vertriebsgesellschaft vertretungsbefugt ist, abgeschlossen, so darf der Dritte nach objektiven Umständen annehmen, dass das Rechtsgeschäft mit der Produktionsgesellschaft abgeschlossen wurde, da sich der Geschäftsgegenstand nur einem der in Frage kommenden Betriebe (Produktion und nicht Vertrieb) zuordnen lässt.[529] Problematischer sind jene Fälle, in denen sich das Rechtsgeschäft auch nach objektiven Umständen nicht einem bestimmten Rechtsträger (Betrieb) zurechnen (zuordnen) lässt, so zB dann, wenn beide in Frage kommenden Rechtsträger auf dem selben Markt bzw im selben Geschäftsbereich tätig sind. In Erscheinung treten werden diese Probleme meistens dann, wenn die in Anspruch genommene Gesellschaft ihre Vertragsparteieinstellung verneint; davor wird sich der Dritte kaum konkrete Gedanken über die Identität des Vertragspartners machen.

Dieser Problemkreis wurde weder im kroatischen Schrifttum noch in der Rechtsprechung behandelt. Klar ist jedenfalls – da Vertretungsbefugnis besteht –, dass ein Vertrag zustande gekommen ist, sodass eine Haftung des Vertreters nach Art 312 Abs 4 kroSchuldRG (Scheinvertreterhaftung; *falsus procurator*) zumindest in unmittelbarer Anwendung nicht in Frage kommt (dazu gleich mehr).[530] Hier wären folgende Lösungen denkbar: Jene Gesellschaft, der die Auftragsbestätigung zugesendet wurde bzw von der die Leistung begehrt wird, ist verpflichtet, sich dahingehend zu äußern, ob das Rechtsgeschäft für sie abgeschlossen wurde; schweigt sie darüber, so ist sie als Vertragspartner anzusehen. Dies erscheint nur sachgerecht, zumal beide Gesellschaften unter identen oder ähnlichen Namen am selben Markt auftreten und bei den potentiellen Vertragspartnern dahingehend für Verwirrung sorgen, als nicht erkennbar ist, welche Gesellschaft nun tatsächlich Vertragspartner ist.[531] Im deutschen Schrifttum wird eine weitere Lösungsvariante vorgeschlagen, die eine direkte

---

528 So auch die hL in Österreich und Deutschland, vgl *Strasser* in *Rummel*[3], Kommentar ABGB § 1002 Rz 50 mwN; *Schiemann* in *Staudinger*, Kommentar zum BGB (2009) C. Rechtsgeschäft Rz 1; *Valenthin* in *Bamberg/Roth*, Beck'scher Online-Kommentar, § 164 Rz 42.

529 So auch zum deutschen Recht *K. Schmidt*, Handelsrecht[5] § 5 II.1.a 125; *Schramm* in Münchener Kommentar BGB[6] § 164 Rz 25 mwN; zum österreichischen Recht siehe *Hügel*, Probleme des Offenlegungsgrundsatzes im Unternehmensbereich, JBl 1983, 450.

530 So auch zum deutschen Recht *K. Schmidt*, Handelsrecht[5] § 5 II.1.a 126.

531 So auch der deutsche BGH, NJW-RR 1986, 456; siehe auch *K. Schmidt*, Handelsrecht[5] § 5 II.1.a 125.

Haftung des Vertreters begründet. So wird angenommen, dass der Vertreter, wie bei einem offenen Geschäft, für den, den es angeht, also einen solchen, bei dem zwar die Vertretung offengelegt wird, die Identität des Vertretenen jedoch offengelassen wird[532], verpflichtet ist, die Identität des Vertretenen preiszugeben; tut er dies – auf Aufforderung hin – nicht, haftet er wie ein *falsus procurator* nach § 179 BGB;[533] so auch *Koziol/Welser* zum österreichischen Recht.[534] In Deutschland wird somit für den Fall, dass der Vertreter – der als Doppelvertreter fungiert – nicht klar zu erkennen gibt, wen er konkret vertritt, ein offenes Geschäft, für den, den es angeht, angenommen.[535] Auch das kroatische Recht kennt die Vertretungsform „für den, den es angeht". So normiert Art 292 Abs 5 kroHGG, dass die Ausübung des Stimmrechts durch Kreditinstitute, sofern die Vollmacht nichts anderes vorsieht, im Namen dessen erfolgt, den es angeht.[536] Dabei handelt es sich um eine verdeckte Vertretung, bei der die Gesellschaft zwar offenlegt, für einen anderen zu handeln, diesen jedoch nicht namhaft macht; dadurch soll die Anonymität des Aktionärs gewahrt werden. Obwohl im kroatischen Schrifttum zum Vertretungsrecht darüber keine Stellungsnahmen zu finden sind, ist die Zulässigkeit einer solchen Vertretungsform im Vertretungsrecht allgemein anzunehmen (Vertragsfreiheit). Fraglich ist jedoch, ob eine Pflicht des Vertreters zur Namhaftmachung des Vertretenen besteht. Dies erscheint jedenfalls – auch für das kroatische Recht – dann erforderlich, wenn es um die Geltendmachung von vertraglichen Ansprüchen des Dritten geht[537] und der Dritte den Vertretenen nicht selbst ermitteln kann[538]. Nimmt man letztlich eine solche Mitteilungspflicht an, so erscheint es nur sachgerecht, die Haftung des Vertreters, der die Mitteilung verweigert, durch analoge Anwendung des Art 312 Abs 4 kroSchuldRG zu begründen, da andernfalls die Unklarheit hinsichtlich des Vertragspartners zum deutlichen Nachteil des hier besonders schutzwürdigen Dritten geht. Allgemein ist jedoch hervorzuheben, dass das Offenlegungsrecht in Kroatien kaum geklärt ist.

---

532 Vgl *Palandt*, Bürgerliches Gesetzbuch[68] (2009) § 164 Rz 9; *Valenthin* in *Bamberg/Roth*, Beck'scher Online-Kommentar, §164 Rz 31; *Hügel*, Probleme des Offenlegungsgrundsatzes bei Rechtsgeschäften im Unternehmensbereich, JBl 1983.

533 So *Schramm* in Münchener Kommentar BGB[6] § 164 Rz 25, 57; *Palandt*, Bürgerliches Gesetzbuch[68] § 164 Rz 9 aE.

534 *Koziol/Welser*, Bürgerliches Recht[13] (2006) 217, der jedoch nicht von einem Geschäft „für den, den es angeht" spricht, sondern vom bloßen Vorbehalt der Person des Vertretenen.

535 *Palandt*, Bürgerliches Gesetzbuch[68] § 164 Rz 9.

536 Siehe dazu *Obradović*, Die Stimmrechtsausübung durch Dritte im kroatischen Aktienrecht, eastlex 1/2011, 9.

537 Vgl *Schramm* in Münchener Kommentar BGB[6] § 164 Rz 57.

538 Vgl *Hügel*, Probleme des Offenlegungsgrundsatzes bei Rechtsgeschäften im Unternehmensbereich, JBl 1983, 456, der von einer Nachforschungspflicht des Dritten selbst spricht, da dieser die Namhaftmachung des Vertretenen fordern konnte.

9. Haftung wegen Verletzung allgemeiner Prinzipien

a) Verletzung der gesellschaftsrechtlichen Treuepflicht

Weder das Aktien- noch das GmbH-Recht enthält eine ausdrückliche Regelung der Treuepflichten, doch kommt diese in manchen Bestimmungen mittelbar zum Ausdruck, wie zB in Art 355, 448 kroHGG (Nichtigkeit eines Gesellschafterbeschlusses, der mit dem Wesen der Gesellschaft oder den Bestimmungen des Gesellschaftsvertrags unvereinbar ist), Art 449 iVm Art 360 Abs 2 kroHGG (Anfechtbarkeit eines Gesellschafterbeschlusses, durch den ein Gesellschafter sich oder einem Dritten zu Lasten der Gesellschaft oder der Gesellschafter einen Vorteil zuwendet) oder Art 413 kroHGG (Recht des Gesellschafters, bei unbegründeter Verweigerung der Zustimmung durch die Gesellschaft, vom Gericht die Zulässigkeit der Übertragung eines Geschäftsanteils zu verlangen). Über diese Fälle hinaus anerkennt die kroatische Lehre eine allgemeine Treuepflicht der Gesellschafter.[539]

Es handelt sich dabei um einen verbandsrechtlichen Grundsatz, der seine Quellen im Gesellschaftsvertrag bzw im Gesellschaftsverhältnis hat und somit gemeinsame Interessen der Gesellschafter begründet.[540] Die Gesellschafter haben eine Einlage in das Vermögen der Gesellschaft geleistet, in der Erwartung, dass sowohl die Gesellschaft in ihrer Gesamtheit als auch jeder einzelne Gesellschafter sein Handeln auf die Erfüllung des gemeinsamen Gesellschaftszwecks (der über den Einzelinteressen der Gesellschafter steht) ausrichten wird.[541] Ein wesentliches Interesse der Gesellschaft ist es, dass sie ihr Potenzial ausschöpft sowie dass sie sich erfolgreich und möglichst gewinnbringend am Wirtschaftsleben beteiligt. Daraus kann nur die Pflicht der Gesellschafter abgeleitet werden, die Interessen der Gesellschaft zu fördern und in deren Einklang zu handeln sowie zur Verwirklichung des Gesellschaftszwecks beizutragen. Man darf dabei nicht übersehen, dass die Gesellschafter unterschiedliche Interessen haben, die oft nicht miteinander vereinbar sind. Je größer die Anzahl der Gesellschafter, umso größer ist die Gefahr eines Interessenkonflikts. Oft kann das Gesetz in Konfliktfällen keine Abhilfe schaffen, da nicht alle möglichen Konfliktsituationen vom Gesetzgeber vorhergesehen werden können.[542] Hier kommt die Treuepflicht ins Spiel, die eine Art Auffangklausel für all jene Konfliktsituationen darstellt, in denen das Gesetz keine Abhilfe schafft.

---

539 *Barbić*, Dioničko društvo⁵ 517 f; *Gorenc* in *Gorenc/Ćesić/Buljan/Brkanić*, Komentar⁴ Art 211 S. 348; *Barbić*, Društvo s ograničenom odgovornošću⁵ 229 ff; *Slakoper*, Društvo 409 ff.

540 Vgl *Koppensteiner/Rüffler*, GmbHG³ § 61 Rz 9; *Emmerich* in *Scholz*, GmbHG¹⁰ § 13 Rz 38 f, sowie Vorauflage § 13 Rz 36.

541 *Slakoper*, Društvo 408.

542 In manchen Bestimmungen des kroHGG kommt die Treuepflicht zum Ausdruck, so zB in Art 360 Abs 2 kroHGG (Anfechtung eines HV-Beschlusses, wenn ein Aktionär in der HV versucht, durch die Stimmrechtsausübung sich selbst oder einem anderen auf Kosten der Gesellschaft oder der übrigen Aktionäre einen Vorteil zu verschaffen), Art 273 ZDT (Verantwortung der Organe der Gesellschaft bei schädlichem Missbrauch ihrer Stellung). Siehe *Barbić*, Dioničko društvo⁵ 519.

Nicht nur die Gesellschafter untereinander sind zur gegenseitigen Treue verpflichtet; die Treuepflicht trifft auch die Gesellschaft gegenüber ihren Gesellschaftern. So hat die Gesellschaft einerseits den Gesellschaftern die Ausübung ihrer Rechte zu ermöglichen und andererseits alles zu unterlassen, wodurch die Rechte der Gesellschafter beeinträchtigt werden könnten. Adressaten der Treupflicht sind somit sowohl die Gesellschafter als auch die Gesellschaft.[543] Sie gilt also im Verhältnis: Gesellschaft/Gesellschafter, Gesellschafter/Gesellschafter, und Gesellschafter/Gesellschaft.

Allgemein verpflichtet die Treuepflicht die Gesellschafter zu einem loyalen Verhalten gegenüber der Gesellschaft und den Mitgesellschaftern, zur aktiven Unterstützung der Gesellschaftsziele und zur Vermeidung von Schäden der Gesellschaft.[544] Ihr Hauptziel ist die Vermeidung und Beseitigung von gesetzlich und gesellschaftsvertraglich nicht geregelten Konfliktsituationen.

Verstöße gegen die Treuepflicht bleiben nicht sanktionslos. Ein Beschluss der Gesellschaft, der gegen die Treuepflicht verstößt, ist anfechtbar.[545] Eine treuwidrig abgegebene Stimme ist nichtig[546] und wird bei der Stimmzählung nicht berücksichtigt.[547] Welche Auswirkungen eine solche Stimme auf den Beschluss entfaltet, ist danach zu beurteilen, ob eine Beschlussfeststellung erfolgt ist oder nicht. Hier ist die Rechtslage im Aktien- und GmbH-Recht unterschiedlich. Erfolgte keine Beschlussfeststellung, was im GmbH-Recht in der Praxis mangels obligatorischer Beschlussfeststellung häufig der Fall ist, so gilt der Beschluss als gefasst, wenn bei Nichtberücksichtigung der treuwidrigen Stimmen eine für die Beschlussfassung erforderliche Mehrheit zustande gekommen ist. Ist eine solche Mehrheit nicht erreicht, liegt ein ablehnender Beschluss vor. Das eine sowie das andere lässt sich mittels einer Feststellungsklage feststellen, durch welche auch die Stimmrechte der am Beschluss beteiligten Gesellschafter

---

543 *Slakoper*, Društvo 406; *Koppensteiner/Rüffler*, GmbHG³ § 61 Rz 8; *Winter/Seibt* in *Scholz*, GmbHG¹⁰ § 14 Rz 50.

544 *Gorenc*, Zaštita manjinskih članova društva 102.

545 *Barbić*, Društvo s ograničenom odgovornošču⁵ 233; *Barbić*, Dioničko društvo⁵ 520; *Winter/ Seibt* in *Scholz*, GmbHG¹⁰ § 14 Rz 61 mwN; *Zöllner* in *Baumbach/Hueck*, GmbHG¹⁹ Anh § 47 Rz 105 mwN; *Hueck/Fastrich* in *Baumbach/Hueck*, GmbHG¹⁹ § 13 Rz 30; *Solveen* in *Hölters*, Aktiengesetz § 53a Rz 20 mwN; *Bungeroth* in Münchener Kommentar³ Vor § 53a Rz 42 mwN.

546 *Barbić*, Društvo s ograničenom odgovornošču⁵ 233; *Slakoper*, Društvo 409 mwN ; *Barbić*, Dioničko društvo⁵ 555; so auch die hL in Deutschland, *Winter/Seibt* in *Scholz*, GmbHG¹⁰ § 14 Rz 61 mwN; *Zöllner* in *Baumbach/Hueck*, GmbHG¹⁹ Anh § 47 Rz 105, § 48 Rz 108 mwN; aA *Roth* in *Roth/Altmeppen*, Kommentar GmbHG⁶ (2009) § 47 Rz 50 f; die österreichische hM folgt der Auffassung, dass treuwidrig abgegebene Stimmen nicht nichtig sind, siehe *Koppensteiner/Rüffler*, GmbHG³ § 39 Rz 17 mwN; *Thöni*, Rechtsfolgen fehlerhafter GmbH Gesellschafterbeschlüsse (1998) 151 f; für Nichtigkeit hingegen *Rützel*, Die gesellschaftsrechtliche Beschlussfeststellungsklage, ZIP 1996, 1964 f; *Torggler*, Treuepflichten im faktischen GmbH-Konzern (2007) 142 ff; *Torggler*, Anm zu OGH 9.11.2006, 6 Ob 190/06v, GesRZ 2007, 131.

547 *Barbić*, Društvo s ograničenom odgovornošču⁵ 233; *Slakoper*, Društvo 409 mwN; *Barbić*, Dioničko društvo⁵ 555; *Winter/Seibt* in *Scholz*, GmbHG¹⁰ § 14 Rz 61 mwN; *Zöllner* in *Baumbach/Hueck*, GmbHG¹⁹ Anh § 47 Rz 105, 116 ff; *Solven* in *Hölters*, Aktiengesetz § 53a Rz 20 mwN; *Bungeroth* in Münchener Kommentar³ Vor § 53a Rz 42 mwN.

zu klären sind.[548] Eine Beschlussfeststellung ist im GmbH-Recht, anders als im Aktienrecht, gesetzlich nicht vorgesehen. Dennoch ist eine solche zulässig. So kann durch Gesellschaftsvertrag oder Beschluss der Gesellschafter *ad hoc* ein Versammlungsleiter bestellt werden.[549] *Barbić*[550] sieht eine einfache Stimmenmehrheit als ausreichend an.[551] Dies ist insofern richtig, als dem Versammlungsleiter nicht gleichzeitig die Kompetenz zur Beschlussfeststellung erteilt wird.[552] Die Erteilung einer solchen Kompetenz *ad hoc* bedarf hingegen der Zustimmung sämtlicher anwesender Gesellschafter.[553] Andernfalls könnte der Mehrheitsgesellschafter, der eine einfache Stimmenmehrheit zustande bringt, durch die alleinige Bestellung des Versammlungsleiters und die Ermächtigung zur Beschlussfeststellung willkürlich das Klagerecht der übrigen Gesellschafter einschränken, da im Fall der verbindlichen Beschlussfeststellung eine Anfechtungsklage – im Gegensatz zur zivilprozessrechtlichen Feststellungsklage – gemäß Art 449 iVm Art 363 Abs 1 kroHGG nur innerhalb eines Monats ab Beschlussfassung erhoben werden kann.[554] Eine verbindliche Beschlussfeststellung ist auch dann anzunehmen, wenn sich sämtliche Gesellschafter über den Inhalt des Beschlusses einig sind.[555] Wird also der Beschluss durch einen Versammlungsleiter festgestellt und am Ende der Gesellschafterversammlung verkündet oder sind sich sämtliche Gesellschafter über den Inhalt einig, so gilt dieser vorübergehend als verbindlich.[556] Ein solcher (fehlerhafter) Beschluss kann, bei sonstiger endgültiger Verbindlichkeit, mittels fristgebundener Anfechtungsklage für nichtig erklärt werden.[557] Ein verbindlich festgestellter Beschluss ist

---

548 *Barbić*, Društvo s ograničenom odgovornošću[5] 524; so zum rezipierten Recht auch *Koppensteiner/Rüffler*, GmbHG[3] § 34 Rz 17, § 39 Rz 7; *Zöllner* in *Baumbach/Hueck*, GmbHG[19] Anh § 47 Rz 124, 181; *Schmidt* in *Scholz*, GmbHG[10] (2007) § 47 Rz 32; *Hüffer* in *Hachenburg, GmbHG*[8] § 47 Rz 182.

549 *Barbić* führt zu den Aufgaben des Versammlungsleiters ua die Feststellung des Beschlusses an, siehe *Barbić*, Društvo s ograničenom odgovornošću[5] 459.

550 *Barbić*, Društvo s ograničenom odgovornošću[5] 459.

551 So zum deutschen Recht auch *Hüffer* in *Hachenburg, GmbHG*[8] Anh § 47 Rz 95.

552 So auch *Zöllner* in *Baumbach/Hueck*, GmbHG[19] § 48 Rz 16; *Schmidt /Seibt* in *Scholz*, GmbHG[10] § 48 Rz 33 mwN.

553 So auch *Baumbach/Hueck*, GmbHG[19] Anh § 47 Rz 120, § 48 Rz 16; *Koppensteiner* in *Rowedder/Schmidt-Leithoff*, GmbHG[4] § 47 Rz 10; *Koppensteiner/Rüffler*, GmbHG[3] § 39 Rz 7; aA (einfache Mehrheit ausreichend) *Schmidt* in *Scholz*, GmbHG[10] § 48 Rz 30 mwN.

554 So zum rezipierten Recht auch *Koppensteiner/Rüffler*, GmbHG[3] § 39 Rz 7 mwN; *Koppensteiner*, Zum Anwendungsbereich von § 41 Abs 1 GmbHG, in FS Frotz (1993) 347.

555 *Zöllner* in *Baumbach/Hueck*, GmbHG[19] Anh § 47 Rz 120 mwN; *Bayer* in *Lutter/Hommelhoff*, GmbHG[17] Anh § 47 Rz 38 mwN; *Koppensteiner* in *Rowedder/Schmidt-Leithoff*, GmbHG[4] § 47 Rz 10 mwN.

556 *Koppensteiner/Rüffler*, GmbHG[3] § 39 Rz 7; *Koppensteiner* in FS Frotz 347; *Koppensteiner* in *Rowedder/Schmidt-Leithoff*, GmbHG[4] § 47 Rz 10; *Schmidt* in *Scholz*, GmbHG[10] § 48 Rz 53 sowie Vorauflage § 48 Rz 58; *Bayer* in *Lutter/Hommelhoff*, GmbHG[17] Anh § 47 Rz 37; *Zöllner* in *Baumbach/Hueck*, GmbHG[19] Anh § 47 Rz 118.

557 *Koppensteiner/Rüffler*, GmbHG[3] § 39 Rz 7; *Koppensteiner* in FS Frotz 347; OGH 1 Ob 61 /97w in ecolex (1998) 404; *Schmidt* in *Scholz*, GmbHG[10] § 47 Rz 32, § 48 Rz 58; *Zöllner* in *Baumbach/Hueck*, GmbHG[19] Anh § 47 Rz 118.

somit Voraussetzung für die Anfechtbarkeit.[558] Im Aktienrecht hingegen ist jedes Beschlussergebnis verpflichtend vom Versammlungsleiter festzustellen und in einer Niederschrift zu beurkunden (Art 286 kroHGG). Für den Beschlussinhalt ist das maßgeblich, was der Versammlungsleiter, wenn auch fälschlicherweise, festgestellt hat.[559]

Barbić geht davon aus, dass im Falle eines fehlerhaft festgestellten Beschlusses tatsächlich kein Beschluss zustande kommt (Anm.: Nichtbeschluss) und sich daraus keine Rechtswirkungen entfalten.[560] Dem kann nicht gefolgt werden. Erfolgt eine Beschlussfeststellung und wird der (fehlerhaft festgestellte) Beschluss den Abstimmungsbeteiligten verkündet, gilt dieser mit dem festgestellten Inhalt als verbindlich.[561] Eine notarielle Beurkundung (zB bei Änderung des Gesellschaftsvertrags, Art 454 kroHGG) selbst führt nicht zu einer Feststellung des Beschlusses; der Notar ist nämlich nicht verpflichtet, einen Beschluss festzustellen.[562] Bei Feststellung eines Beschlusses durch den Versammlungsleiter gilt dieser allgemein (sowohl im Aktien- als auch im GmbH-Recht) als mit dem festgestellten Inhalt beschlossen und somit nur mit der Anfechtungsklage bekämpfbar.[563] Da der Beschluss durch die Anfechtungsklage bloß kassiert wird, kann mit der Anfechtungsklage eine positive Beschlussfeststellungsklage kumuliert werden, wodurch die Möglichkeit eröffnet wird, dass das Gericht den erforderlichen Beschluss als mit der Mehrheit der gültigen Stimmen gefasst feststellt.[564]

Erfordert die Treuepflicht ein bestimmtes aktives Verhalten der Gesellschafter, so kann dieses bei Nichttätigwerden eingeklagt werden (*actio pro socio*; Erfüllungszwang, Art 187 Gesetz über das Streitverfahren [ZPP] iVm Art 251 Abs 1 Zwangsvollstreckungsgesetz [OZ]).[565]

b) Verletzung des Gleichbehandlungsgrundsatzes

Gemäß Art 211 kroHGG sind die Aktionäre unter den gleichen Voraussetzungen einander in der Gesellschaft gleichgestellt, dh dass sie dementsprechend gleich zu behandeln sind. Dies bedeutet aber nicht, dass alle Aktionäre die glei-

---

558 *Zöllner* in *Baumbach/Hueck*, GmbHG[19] Anh § 47 Rz 116.

559 *Barbić*, Dioničko društvo[5] 1117.

560 *Barbić*, Društvo s ograničenom odgovornošću[5] 524.

561 *Zöllner* in *Baumbach/Hueck*, GmbHG[19] Anh § 47 Rz 120.

562 *Zöllner* in *Baumbach/Hueck*, GmbHG[19] Anh § 47 Rz 120, § 53 Rz 67.

563 *K. Schmidt*, Gesellschaftsrecht[4] (2002) 441 mwN; *Schmidt* in *Scholz*, GmbHG[10] § 48 Rz 53 sowie Vorauflage § 48 Rz 58.

564 *Barbić*, Dioničko društvo[5] 1393; *Barbić,* Društvo s ograničenom odgovornošću[5] 233; zum rezipierten Recht vgl *Solveen* in *Hölters*, Aktiengesetz § 53a Rz 20 mwN; so auch *Koppensteiner/Rüffler*, GmbHG[3] § 41 Rz 54; *Thöni*, Rechtsfolgen fehlerhafter GmbH Gesellschafterbeschlüsse 153, die die positive Beschlussfeststellungsklage jedoch nur dann zulassen, wenn die abgegebenen berücksichtigten Stimmen nichtig sind; *Schmidt* in *Scholz*, GmbHG[10] § 45 Rz 180, 182, § 47 Rz 32 mwN; *Hüffer* in *Hachenburg*, GmbHG[8] § 47 Rz 182.

565 *Barbić*, Društvo s ograničenom odgovornošću[5] 233; *Barbić*, Društva osoba[3] 117; zum rezipierten Recht vgl *Hüffer* in *Hachenburg*, GmbHG[8] § 47 Rz 197; *Bayer* in *Lutter/Hommelhoff*, GmbHG[17] § 47 Rz 14 mwN; *Bungeroth* in Münchener Kommentar[3] Vor § 53a Rz 41 mwN.

chen Rechte und Pflichten haben. Diese Regelung steht in vollem Einklang mit Art 42 der Zweiten gesellschaftsrechtlichen Richtlinie von 1976[566] und stellt gleichzeitig einen der wesentlichsten Grundsätze des Aktienrechts dar. Sie richtet sich an die Organe der Gesellschaft, die dadurch angehalten werden sollen, bei der Entscheidungsfindung und Geschäftsführung nicht in die Rechte der Aktionäre einzugreifen.[567] Das Gleichbehandlungsgebot soll verhindern, dass einzelnen Aktionären Sondervorteile verschafft werden. Im Vergleich zum Aktienrecht (Art 211 kroHGG) kennt das GmbH-Recht keine allgemeine Regelung über die Gleichbehandlung der Gesellschafter. Dennoch ist die sinngemäße Anwendung des aktienrechtlichen Gleichbehandlungsgrundsatzes auf die GmbH in Kroatien anerkannt und unstreitig.[568]

Das Maß zur Bestimmung der Gleichheit der Gesellschafter ist deren Anteil am Grundkapital.[569] Nach dem Ausmaß, in dem ein Gesellschafter am Grundkapital beteiligt ist, bestimmen sich auch seine Rechte und Pflichten unterschiedlich. Davon hängt unter anderem die Beteiligung am Gewinn oder das Stimmrecht ab. So ist es durchaus möglich, dass ein Gesellschafter mehr Rechte hat als ein anderer, was aber keine Ungleichbehandlung bedeutet, da das Gesetz eine Gleichbehandlung nur unter gleichen Voraussetzungen verlangt (Gleiches ist gleich zu behandeln). Daher kann in diesem Zusammenhang auch von einer relativen Gleichheit gesprochen werden.

Das Gleichbehandlungsgebot gilt für alle gesellschaftsbezogenen Vorgänge, die Gesellschafter betreffen, und richtet sich somit an die Gesellschaft und die Mitgesellschafter, sofern diese durch ihren Einfluss in der Gesellschaft die Rechtsstellung anderer Gesellschafter beeinflussen können.[570] Inhalt des Gleichbehandlungsgrundsatzes ist das Willkürverbot. Eine Ungleichbehandlung ist nur dann zulässig, wenn sie sachlich gerechtfertigt[571] und willkürfrei erfolgt.[572] Ob dem Handelnden die willkürliche Ungleichbehandlung bewusst war,

---

566 Zweite Richtlinie 77/91/EWG des Rates vom 13. Dezember 1976 zur Koordinierung der Schutzbestimmungen, die in den Mitgliedstaaten den Gesellschaften im Sinne des Art 58 Abs 2 des Vertrags im Interesse der Gesellschafter sowie Dritter für die Gründung der Aktiengesellschaft sowie für die Erhaltung und Änderung ihres Kapitals vorgeschrieben sind, um diese Bestimmungen gleichwertig zu gestalten, ABl L 26/1 vom 31. Jänner 1977.
567 *Gorenc* in *Gorenc/Ćesić/Buljan/Brkanić*, Komentar[4] Art 211 348.
568 *Barbić*, Društvo s ograničenom odgovornošću[5] 190 mwN; *Gorenc*, Zaštita manjinskih članova društva s ograničenom odgovornošću, RRiF 9/2001 102; *Slakoper*, Društvo 55.
569 *Gorenc*, Zaštita manjinskih članova 102; *Ćesić* in *Gorenc/Ćesić/Buljan/Brkanić*, Komentar4 Art 392 895.
570 *Barbić*, Društvo s ograničenom odgovornošću[5] 190; *Emmerich* in *Scholz*, GmbHG[9] § 13 Rz 41.
571 Eine Ungleichbehandlung ist sachlich gerechtfertigt, wenn sie: 1. im Gesellschaftsinteresse liegt, 2. ein geeignetes und erforderliches Mittel für die Wahrung des Gesellschaftsinteresses darstellt und 3. verhältnismäßig erfolgt, siehe *Barbić*, Društvo s ograničenom odgovornošću[5] 191.
572 *Barbić*, Društvo s ograničenom odgovornošću[5] 191 mwN ; *Barbić*, Dioničko društvo[5] 505; *Hüffer*, Aktiengesetz[9] § 53a Rz 10 mwN; *Solven* in *Hölters*, Aktiengesetz § 53a Rz 11 mwN; *Pentz* in *Rowedder/Schmidt-Leithoff*, GmbHG[4] § 13 Rz 105 mwN; *Winter/Seibt* in *Scholz*, GmbHG[10] § 14 Rz 45b; *Raiser* in *Hachenburg/Ulmer*, Großkommentar zum GmbHG[8] (1992) § 14 Rz 71 mwN.

ist unbeachtlich (objektive Beurteilung).[573] Der Gleichbehandlungsgrundsatz ist dispositiv, und zwar insofern, als den Gesellschaftern im Gesellschaftsvertrag besondere Begünstigungen eingeräumt werden können, also Rechte, die anderen Gesellschaftern nicht gewährt werden (Art 392 kroHGG). Auch können den Gesellschaftern im Gesellschaftsvertrag unterschiedliche Pflichten auferlegt werden (Art 388 Z 6 kroHGG). Vor allem bei der GmbH sind solche Regelungen aufgrund weniger zwingender gesetzlicher Bestimmungen und der weiten Satzungsautonomie von besonderer praktischer Relevanz. Eine Abweichung vom Gleichheitsgrundsatz ist jedoch stets nur mit Zustimmung benachteiligter Gesellschafter zulässig.[574] Das Erfordernis der Zustimmung ergibt sich bei der Gesellschaftsgründung daraus, dass der Gesellschaftsvertrag durch alle Gründer zu unterzeichnen ist.[575] Bei einer Änderung des Gesellschaftsvertrags hingegen bedarf es der Zustimmung sämtlicher benachteiligter Gesellschafter;[576] die Zustimmungspflicht resultiert nicht aus Art 455 Abs 3 kroHGG[577], da es sich beim Gleichbehandlungsgrundsatz weder um eine Leistungsvermehrung noch um die Abschaffung eines Sonderrechts handelt. Die Zulässigkeit einer benachteiligenden Regelung bei Zustimmung benachteiligter Gesellschafter ist vielmehr Ausfluss der Vertragsfreiheit.[578] Die Zustimmung ist jedoch keineswegs dahingehend zu verstehen, dass ohne deren Erteilung ein gleichheitswidriger Beschluss unwirksam wäre; dieser ist „bloß" anfechtbar. Die Zustimmung ist vielmehr als ein (einzelfallbezogener) Verzicht[579] auf die Gleichbehandlung zu betrachten. Ein gänzlicher Ausschluss des Gleichbehandlungsgrundsatzes im Gesellschaftsvertrag ist unzulässig, da dadurch vor allem die Minderheit der Willkür der Mehrheit unterworfen wäre.[580]

Beim Verstoß gegen das Gleichbehandlungsprinzip ist zu differenzieren, von wem die gleichheitswidrige Handlung gesetzt wurde. Handelt es sich um einen Gesellschafterbeschluss, so ist dieser anfechtbar.[581] Solange die Maßnahme nicht

---

573 *Winter/Seibt* in *Scholz*, GmbHG[10] § 14 Rz 45; *Baumbach/Hueck*, GmbHG[18] § 13 Rz 44.

574 *Barbić*, Društvo s ograničenom odgovornošću[5] 190; *Emmerich* in *Scholz*, GmbHG[9] § 13 Rz 41; *Winter* in *Scholz*, GmbHG[10] § 14 Rz 47; *Bayer* in *Lutter/Hommelhoff*, GmbHG[17] § 14 Rz 34; *Hueck/Fastrich* in *Baumbach/Hueck*, GmbHG[19] § 13 Rz 33; *Bungeroth* in Münchener Kommentar[3] § 53a Rz 17 f mwN.

575 *Barbić*, Društvo s ograničenom odgovornošću[5] 45.

576 *Slakoper*, Društvo 56; *Baumbach/Hueck*, GmbHG[19] § 13 Rz 33, § 14 Rz 16; *Bayer* in *Lutter/Hommelhoff*, GmbHG[17] § 53 Rz 26; *Priester* in *Scholz*, GmbHG[9] § 53 Rz 56.

577 So zum österreichischen Recht – entgegen der österreichischen hL – auch *Koppensteiner/Rüffler*, GmbHG[3] § 50 Rz 13; für die Einordnung als Sonderrecht anscheinend *Hueck/Fastrich* in *Baumbach/Hueck*, GmbHG[19] § 13 Rz 33.

578 *Hueck/Fastrich* in *Baumbach/Hueck*, GmbHG[19] § 13 Rz 33.

579 *Solven* in *Hölters*, Aktiengesetz § 53a Rz 8 mwN; *Pentz* in *Rowedder/Schmidt-Leithoff*, GmbHG[4] § 13 Rz 106.

580 *Barbić*, Društvo s ograničenom odgovornošću[5] 190; *Hueck/Fastrich* in *Baumbach/Hueck*, GmbHG[19] § 13 Rz 43; *Winter/Seibt* in *Scholz*, GmbHG[10] § 14 Rz 42.

581 *Barbić*, Društvo s ograničenom odgovornošću[5] 191 mwN; *Barbić*, Dioničko društvo[5] 509; *Winter/Seibt* in *Scholz*, GmbHG[10] § 14 Rz 47 mwN; *Bungeroth* in Münchener Kommentar[3] § 53a Rz 26 f mwN.

durch ein rechtskräftiges Urteil für nichtig erklärt wurde, bleibt sie wirksam.[582] Ihr kann auch nicht einredeweise begegnet werden. Handelt es sich jedoch um Handlungen anderer Organe (zB Geschäftsführer oder Aufsichtsrat), so richten sich die Rechtsfolgen danach, was im Einzelfall für die Herbeiführung eines dem Gleichheitsgrundsatz entsprechenden Zustandes erforderlich ist.[583] So sind bestimmte Handlungen des Geschäftsführers unwirksam (zB bei benachteiligter Einforderung von Einlagen) oder sie gewähren dem Gesellschafter einen bestimmten Anspruch (zB Anspruch auf Zustimmungserteilung bei gleichheitswidriger Verweigerung der Zustimmung bei vinkulierten Geschäftsanteilen).[584] Als Rechtsfolge muss also der Rechtszustand hergestellt werden, der bei Beachtung des Gleichheitsgrundsatzes bestünde.

Von der relativen Gleichheit ist die absolute zu unterscheiden. Eine absolute Gleichheit besteht bei so genannten Hilfsrechten[585] und zwar unabhängig vom Anteil am Grundkapital. Dazu gehört unter anderem das Recht auf Teilnahme an der Gesellschafterversammlung oder auf Anfechtung von Versammlungsbeschlüssen.

III. Insolvenzrechtliche Haftungstatbestände

Das kroatische Recht enthält zahlreiche Gläubigerschutzvorschriften, die weit verstreut sind. Die gesellschaftsrechtlichen Gläubigerschutzvorschriften wurden bereits erläutert, sodass im folgenden Kapitel den strafrechtlichen und insolvenzrechtlichen Vorschriften das Augenmerk geschenkt werden kann.

Ziel dieser Vorschriften ist es ua, Unternehmen (aber auch natürlichen Personen) Verhaltenspflichten vor allem in gläubigergefährdenden Situationen aufzuerlegen. Insbesondere sollen Gläubiger vor einem Forderungsausfall bzw einer Minderung ihrer Befriedigung in der Insolvenz des Schuldners geschützt werden. Indirekt wird dadurch die Vermögensverfügung eingeschränkt.

1. Strafrecht

Vorwegzunehmen ist, dass sich die Strafrechtsnormen des kroatischen StrG an natürliche Personen richten und somit juristische Personen – mangels eigenständiger Handlungsfähigkeit – nicht als Täter iSd kroStrG in Frage kommen. Wie in Österreich und Deutschland hat man die Haftung von Unternehmen für strafrechtliches Verhalten ihrer Organe in einem Sondergesetz, dem Gesetz über

---

582 *Winter/Seibt* in *Scholz*, GmbHG[10] § 14 Rz 47.
583 *Barbić*, Društvo s ograničenom odgovornošću[5] 191, der auf *Winter/Seibt* in *Scholz*, GmbHG[10] § 14 Rz 48 mwN verweist.
584 *Barbić*, Društvo s ograničenom odgovornošću[5] 191, der auf *Winter/Seibt* in *Scholz*, GmbHG[10] § 14 Rz 48 mwN verweist.
585 *Gorenc* in *Gorenc/Ćesić/Buljan/Brkanić*, Komentar[4] Art 211 350.

die Verantwortlichkeit juristischer Personen für strafrechtliches Verhalten[586] (im Folgenden: kroVerbVG), geregelt, das die Verhängung von Geldbußen vorsieht. Das kroatische Strafrecht wurde im Jahr 2011 (zum Teil) reformiert. Das neue kroatische StrG, das am 1.1.2013 in Kraft trat, hat vor allem im Bereich der Gläubigerschutzvorschriften einige Änderungen erfahren, wobei bereits das Vorgängergesetz weitreichende Bestimmungen kannte. Nun sollen im Folgenden jene strafrechtlichen Normen kurz dargelegt werden, die insbesondere Gläubigerrechte schützen und eine Verbandsverantwortlichkeit der Gesellschaft zur Folge haben können.

Anwendung des kroatischen Strafrechts auf Ausländer:

Das kroatische Strafrecht findet Anwendung auf alle Straftaten, die auf dem Territorium der Republik Kroatien begangen werden (Art 810 kroStrG). Eine Straftat wird gemäß Art 9 Abs 1 kroStrG an jenem Ort begangen, an dem der Täter gehandelt hat oder im Falle des Unterlassens hätte handeln müssen, sowie an jenem Ort, an dem die Folgen seiner Tat zur Gänze oder zum Teil eingetreten sind oder nach den Vorstellungen des Täters eintreten sollten. Die Tat und der Erfolg müssen nicht kumulativ im Inland liegen, es reicht, dass einer dieser Anknüpfungspunkte im Inland liegt. Als Täter gilt dabei nicht nur der unmittelbare Täter, sondern auch jener, der mittels eines anderen die Tat begeht (Art 36 kroStrG). Damit sind mittelbare Täter als sog Beitragstäter gemeint – Anstifter (Art 37 kroStrG) und Gehilfe (Art 38 kroStrG). Im Falle einer Beteiligung (als Anstifter oder Gehilfe) ist die Straftat sowohl am Ort begangen, an dem die Tat begangen ist (iSd Art 9 Abs 1 kroStrG), als auch an jenem Ort, an dem einer der Teilnehmer gehandelt hat oder an dem nach seiner Vorstellung die Tat begangen werden sollte (Art 9 Abs 2 kroStrG). Wurde die Tat vom unmittelbaren Täter im Inland begangen oder ist der Erfolg im Inland eingetreten, dann machen sich auch die Beitragstäter nach kroatischem Strafrecht strafbar. Der Wortlaut des Art 9 Abs 2 kroStrG ist etwas ungünstig gewählt, da er von der Straftat allgemein und nicht, wie die Vorbildnorm des § 9 dStGB („Die Teilnahme ist ... begangen ...") vom Begehungsort der Teilnahme spricht. Dies hat zur Folge, dass, sofern die Straftat des unmittelbaren Täters nicht im Inland begangen wurde und auch nicht der Erfolg im Inland eingetreten ist, die Straftat des unmittelbaren Täters dennoch im Inland als begangen gilt, sofern einer der weiteren Anknüpfungspunkte des Art 9 Abs 2 kroStrG im Inland liegt. Ob dies tatsächlich die Intention des Gesetzgebers ist, ist zu bezweifeln. Daher sollte die Norm des Art 9 Abs 2 kroStrG als bloß auf die Straftat des Teilnehmers bezugnehmend interpretiert werden.

---

[586] Zakon o odgovornosti pravnih osoba za kaznena djela, 125/2011.

a) Die Verletzung fremder Rechte (Art 241 kroStrG)[587]

(1) Wer mit dem Ziel, die Geltendmachung eines Rechts an einer Sache zu verhindern, seine Sache, an der ein anderer ein Pfandrecht oder ein Genussrecht besitzt, veräußert, zerstört oder wegnimmt und damit dem Inhaber des Rechts seinen Schaden zufügt, ist mit einer Freiheitsstrafe bis zu einem Jahr zu bestrafen.

(2) *Mit der Strafe des Abs 1 dieses Gesetzes wird bestraft, wer mit dem Ziel, die Befriedung eines Gläubigers zu verhindern, vor oder während des Insolvenzverfahrens Teile seines Vermögens veräußert, vernichtet, beschädigt oder versteckt.*

Für die Wirtschaftspraxis ist eher der weite Haftungstatbestand des Abs 2 von Relevanz, der heute nicht mehr ganz der „betrügerischen Krida" im österreichischen Strafgesetzbuch (§ 156 StGB) entspricht. Es handelt sich hierbei um ein Vorsatzdelikt.[588]

Im Gegensatz zum österreichischen Vorbild enthält die kroatische Regelung keine ausdrückliche Regelung, wonach sich der Haftungstatbestand auch auf leitende Angestellte bzw Vertretungsorgane erstreckt (vgl § 161 öStGB). Denn dem Wortlaut entsprechend muss sich die Handlung des Täters auf sein eigenes Vermögen beziehen; zudem verlangt der Gesetzeswortlaut die Schädigung eigener Gläubiger. Im gegebenen Zusammenhang geht es jedoch um Sachverhalte, in denen das Vermögen einer Gesellschaft geschmälert wird. Da die Gesellschaft selbst nicht im Sinne der Verbotsnorm handeln kann und damit als (unmittelbarer) Täter nicht in Frage kommt, geht die Norm auch dann ins Leere, wenn das tatbestandsmäßige Handeln von einem Vertretungsorgan gesetzt wird. Dies hat das Hohe Gericht der Republik Kroatien auch bei einem Gesellschaftergeschäftsführer angenommen, bei dem das Vermögen der Gesellschaft – wenn auch nur mittelbar – auch sein eigenes Vermögen darstellt.[589] Natürlich ist die Rege-

---

587 Vor dem neuen kroStrG lautete diese Bestimmung (Art 228 kroStrG aF):

(1) Wer mit dem Ziel, die Geltendmachung eines Recht an einer Sache zu verhindern, seine Sache, an der ein anderer ein Pfandrecht oder ein Genussrecht besitz, veräußert, zerstört oder wegnimmt und damit dem Inhaber des Recht seinen Schaden zufügt, ist mit einer Freiheitsstrafe bis zu einem Jahr zu bestrafen.

(2) Wer sein gesamtes oder einen Teil seiner Vermögens verheimlicht, zum Schein verkauft, zerstört, beschädigt oder unbrauchbar macht oder eine nicht bestehende Verbindlichkeit anerkennt oder einen falschen Vertrag errichtet oder durch eine sonstige Handlung sein Vermögen tatsächlich oder zum Schein seine Vermögenslage verschlechtert und dadurch die Möglichkeit der Befriedigung mindestens eines seiner Gläubiger schmälert oder die Befriedigung vereitelt, ist mit einer Freiheitsstrafe von drei Monaten bis zu drei Jahren zu bestrafen.

(3) Das Strafverfahren wegen einer strafbaren Handlung nach Abs 1 und 2 ist nur auf Antrag einzuleiten.

Insbesondere der 2. Absatz war ident mit der Österreichischen Bestimmung in § 156 öStGB (Betrügerische Krida).

588 *Garačić*, Kazneni Zakon[2] Art 228 Z 5.

589 Siehe Entscheidung VSRH, Kzz-12/97 vom 17.11.2000; siehe Nachweis in *Garačić*, Kazneni Zakon u sudskoj praksi, Posebni dio[2] (2009), Art 228 Z 2.

lung nicht zufriedenstellend, doch kann man weder die Gesellschaft noch das Vertretungsorgan zur Haftung heranziehen. Zwar kommt hier die Anwendung des Art 291 kroStrG in Betracht, wonach eine verantwortliche Person[590], die ihre Stellung oder Befugnis ausnutzt, die Grenzen ihrer Befugnis überschreitet oder ihre Pflicht nicht erfüllt und dadurch sich oder einer anderen Person[591] einen Vorteil zuwendet oder einem anderen einen Schaden zufügt, mit einer Freiheitsstrafe von sechs Monaten bis zu fünf Jahren zu bestrafen ist (Missbrauch der Stellung und der Befugnis). Doch ist das Verhalten des Vertretungsorgans diesfalls nicht unter Art 241 kroStrG, sondern unter Art 291 kroStrG zu subsumieren. Damit kann sich ein Vertretungsorgan letztendlich nicht iSd Art 241 kroStrG strafbar machen.

Im Gegensatz zur Vorgängerbestimmung (Art 228 Abs 2 kroStrG aF) scheint das Gesetz nicht auf eine Gläubigermehrheit abzustellen. Ein Versuch ist nicht strafbar (Art 34 kroStrG).

b) Missbrauch des Vertrauens im wirtschaftlichen Geschäftsverkehr (Art 249 kroStrG)

(1) Wer im wirtschaftlichen Geschäftsverkehr die Pflicht zum Schutz fremder Vermögensinteressen, die auf dem Gesetz, der Entscheidung einer Verwaltungs- oder Amtsbehörde, einem Rechtsgeschäft oder einem Vertrauensverhältnis beruhen, verletzt und auf diese Weise sich oder einer anderen Person einen unrechtmäßigen Vermögensvorteil verschafft und dadurch oder auf andere Weise derjenigen Person, um deren Vermögensinteressen er sich zu sorgen hat, einen Schaden zufügt, ist mit einer Freiheitsstrafe von sechs Monaten bis zu fünf Jahren zu bestrafe ...

Dieser Haftungstatbestand setzt voraus, dass einer bestimmten Person ein bestimmtes Vermögen anvertraut wurde, um welches sich diese Person im wirtschaftlichen Verkehr zu kümmern hat und dieses Vermögen letztlich durch eine Handlung dieser Person beschädigt wird. Eine solche Pflicht zum Schutz fremden Vermögens besteht insbesondere für Vorstandsmitglieder (so ausdrücklich auch in den Erläuterungen zur RegV zu Art 249 S. 232) hinsichtlich der von ihnen vertretenen Gesellschaft. Eine Pflicht zum Schutz von Vermögensinteressen kann sich mE aber auch aus einem Gesellschafterverhältnis ergeben, wobei dies jedenfalls nur für Mehrheits- oder Alleingesellschafter gelten kann. Ist der Gesellschafter eine juristische Person (Konzern), dann erscheint die Anwendung der Vorschrift problematisch, da die tatbestandsmäßige Handlung nicht von der Gesellschaft selbst begangen werden kann und ihre Vertretungsorgane von der Norm selbst nicht erfasst sind, da sie grundsätzlich nicht zum Schutz des Vermögens der Tochtergesellschaft verpflichtet sind. Eine Pflicht der Vertretungsorgane der Muttergesellschaft zum Schutz des Vermögens der

---

590 Gemäß Art 87 Abs 6 kroStrG ist eine verantwortliche Person ua eine natürliche Person, die die Geschäfte einer juristischen Person leitet.

591 Dabei kann es sich sowohl um eine natürliche als auch eine juristische Person handeln, so auch die ErlRegV S 248.

Tochtergesellschaft kann sich grundsätzlich nicht aufgrund eines zwischen der Mutter- und der Tochtergesellschaft bestehenden Beherrschungsvertrags ergeben, da im Vertragskonzern die vertretungsbefugten Organe der Mutter gesetzlich ermächtigt sind, nachteilige Weisungen an die Tochter zu erteilen (Art 493 kroHGG). Zu denken wäre jedoch an Situationen, in denen die Tochter angewiesen wird, entgegen den Kapitalerhaltungsvorschriften bestimmte Zahlungen an die Mutter zu tätigen. Solche Verhaltensweisen sind nicht zulässig und mE als von Art 249 kroStrG erfasst anzusehen.

Im faktischen Konzern besteht zwar kein Weisungsverbot, doch müssen nachteilige Weisungen binnen bestimmter Frist ausgeglichen werden (Art 496 kroHGG). Somit sind im faktischen Konzern die Vertretungsorgane der Mutter verpflichtet, das Vermögen der Tochter zu schützen. Eine Verletzung dieser Pflicht kommt erst dann in Betracht, wenn der durch die Weisungen verursachte Schaden nicht rechtzeitig ausgeglichen wird.

Allgemein ist im Konzernrecht zu bedenken, dass die Vertretungsorgane der Tochtergesellschaft jedenfalls selbst von der Norm erfasst sind, da sie aufgrund des Gesetzes zum Schutz des Gesellschaftsvermögens verpflichtet sind. Eine Verantwortlichkeit der Organe der Muttergesellschaft kann bei strafrechtlichen Vergehen der Vertretungsorgane der Tochtergesellschaft in Form einer Beitragstäterschaft in Betracht kommen (Art 37 [Veranlasser], Art 38 [Gehilfe] kroStrG).

Auch für Art 249 kroStrG gilt, dass als Täter nur natürliche Personen in Frage kommen und daher nur sie sich iSd kroatischen StrG strafbar machen können. Erfasst sind nur Vorsatztaten (Art 27 Abs 1 kroStrG).[592] Der Versuch ist strafbar (Art 34 kroStrG).

c) *Verletzung von Gläubigerrechten im wirtschaftlichen Geschäftsverkehr (Art 249 kroStrG)*

(1) Wer im wirtschaftlichen Geschäftsverkehr durch folgende Handlungen eine Überschuldung oder Zahlungsunfähigkeit herbeiführt oder bei drohender oder bereits eingetretener Überschuldung oder Zahlungsunfähigkeit:

1. zum Schein oder unentgeltlich Vermögen auf eine Handelsgesellschaft, die er allein oder mit einem anderen gegründet hat, oder auf andere Weise das gesamte oder einen Teil des Vermögens, das zur Insolvenzmasse gehören würde, zum Schein verkauft, ohne angemessene Gegenleistung belastet, unentgeltlich abtritt, beschädigt oder unbrauchbar macht,

2. ein fiktives Rechtsgeschäft abschließt oder eine nicht bestehende Forderung anerkennt,

3. nicht Handels- und Geschäftsbücher führt, zu deren Führung er verpflichtet ist, oder er sie verschleiert, zerstört, beschädigt, verändert oder sie so führt oder die Schlussrechnung so erstellt, dass seine Vermögenslage nicht festgestellt werden kann oder die Feststellung wesentlich erschwert,

---

592 Art 27 Abs 1 kroStrG: „*Fahrlässigkeit ist nur dann strafbar, wenn dies ausdrücklich im Gesetz angeordnet ist.*"

4. entgegen der ordentlichen und gewissenhaften Geschäftsführung das Vermögen schmälert, das im Falle der Eröffnung eines Insolvenzverfahrens die Insolvenzmasse bilden würde, oder er die Vermögenslage verheimlicht

ist mit einer Freiheitsstrafe von sechs Monaten bis zu fünf Jahren zu bestrafen.

(2) Wer die Tat aus Sorglosigkeit begeht, ist mit einer Freiheitsstrafe bis zu drei Jahren zu bestrafen.

…

(5) Der Täter kann sich von der Strafe befreien, wenn die Gläubiger vor Urteilsfällung befriedigt werden.

(6) Die strafrechtliche Handlung aus diesem Artikel entsteht nur dann, wenn der Täter seine Zahlungen eingestellt hat oder gegen sie oder die Person, die er vertritt, ein Insolvenzverfahren eröffnet wurde.

Dieses Delikt ist sowohl an Personen gerichtet, denen selbst ein Insolvenzfall droht bzw die sich bereits in der Insolvenz befinden oder eine solche herbeiführen, als auch an Personen, die Personen vertreten, auf die dies zutrifft; insbesondere Vertretungsorgane juristischer Personen.[593] In Konzernverhältnissen spielen die in dieser Norm genannten Handlungen aus der Sicht der Vertretungsorgane keine unmittelbare Rolle. Denn all diese Handlungen, bei denen es um Verfügungen über das Vermögen der Gesellschaft geht, können nur von den eigenen Organen der Gesellschaft erfüllt werden. So können die Vertretungsorgane der Muttergesellschaft nicht über das Vermögen der Tochtergesellschaft verfügen. Denkbar ist jedoch eine Beteiligung der Organe der Muttergesellschaft an einem solchen Delikt, so zB als Veranlasser (Art 37 kroStrG) oder Gehilfe (Art 38 kroStrG). Während der Veranlasser wie ein unmittelbarer Täter behandelt wird (Art 37 kroStrG), kann die Strafe des Gehilfen milder ausfallen (Art 38 kroStrG). Der Versuch ist strafbar (Art 34 kroStrG).

d) Gläubigerbegünstigung (Art 250 kroStrG)

(1) Wer in Kenntnis seiner Zahlungsunfähigkeit oder der Person, die er vertritt, die Forderung eines Gläubigers sichert oder erfüllt, auf die der Gläubiger kein Recht auf Erfüllung oder Sicherheit auf diese Art oder zu dieser Zeit hat, ist mit einer Freiheitsstrafe bis zu drei Jahren zu bestrafen.

(2) Der Täter kann sich von der Strafe befreien, wenn die restlichen Gläubiger bis zur Urteilsfällung befriedigt werden.

Diese Strafnorm geht von einer Gläubigermehrheit aus. Im Konzern hat diese Norm keine unmittelbare Bedeutung für die Muttergesellschaft, da diese nicht Verbindlichkeit der Tochter gegenüber ihren Gläubigern erfüllen kann, doch ist

---

593 So auch die ErlEReGV zu Art 249 S 234.

auch hier eine Beitragstäterschaft als Veranlasser (Art 37 kroStrG) oder Gehilfe denkbar (Art 38 kroStrG). Der Versuch ist nicht strafbar (Art 34 kroStrG).

2. Insolvenzverschleppungshaftung

Sowohl das Aktien- als auch das GmbH-Recht normiert eine Insolvenzantragspflicht der Leitungsorgane. So ist gemäß Art 251 Abs 2 kroHGG – auf den das GmbH-Recht in Art 430 kroHGG sinngemäß verweist – die Verwaltung der Gesellschaft im Falle der Zahlungsunfähigkeit oder Überschuldung (vgl Art 4 kroInsG) der Gesellschaft verpflichtet, unverzüglich, spätestens aber drei Wochen nach Eintritt des Insolvenzeröffnungsgrundes, die Eröffnung des Insolvenzverfahrens zu beantragen (als Vorbild diente dabei § 92 dAktG aF). Nach Eintritt der Zahlungsunfähigkeit bzw der Überschuldung darf die Verwaltung keine Zahlungen mehr tätigen; dies gilt nicht für nach diesem Zeitpunkt getätigte Zahlungen, die mit der Sorgfalt eines ordentlichen und gewissenhaften Geschäftsmanns vereinbar sind (Art 251 Abs 3 kroHGG). Dennoch getätigte und mit der Sorgfalt eines ordentlichen und gewissenhaften Geschäftsmanns unvereinbare Zahlungen stellen eine Pflichtverletzung dar und führen zu Schadenersatzansprüchen gegenüber der Gesellschaft selbst. Außerdem ist zu beachten, dass in solchen Fällen eine Gläubigerbegünstigung iSd Art 250 kroStrG bzw allgemein eine Verletzung von Gläubigerrechten (Art 249 kroStrG) naheliegt. Daraus kann natürlich auch eine Schadenersatzpflicht gegenüber den Gesellschaftsgläubigern erwachsen.

Die Verletzung der Insolvenzantragspflicht begründet ebenfalls eine Pflichtverletzung und damit eine Haftung gegenüber der Gesellschaft selbst (Art 252 Abs 2, Art 430 kroHGG).[594] Aber auch eine Haftung gegenüber den Gesellschaftsgläubigern kommt in Betracht, falls sie durch die verspätete Insolvenzeröffnung eine geringere Befriedigung erhalten, als dies im Falle einer rechtzeitigen Insolvenzeröffnung der Fall wäre (Schmälerung der Insolvenzmasse). Dies Haftung ergibt sich nicht aus einem Schutznormcharakter des Art 251 Abs 2 kroHGG – der ihm jedenfalls nicht abzusprechen ist –,[595] sondern bereits aus der Verletzung des allgemeinen Schädigungsverbots (*neminem laedere* im kroatischen Schadenersatzrecht). Da die Gesellschafter jedoch nicht zur Insolvenzantragstellung verpflichtet sind, kommt deren Haftung gegenüber Gläubigern grundsätzlich nicht in Betracht. Doch kommt eine Haftung als Anstifter oder Gehilfe (Art 1107 Abs 2 kroSchuldRG) in Frage, wenn sie die antragspflichtigen Organe der abhängigen Tochtergesellschaft durch Weisungen an der Antragstellung hindern.[596] Dies gilt auch dann, wenn die Organe der Mutterge-

---

594 So auch zum deutschen Recht, *Schulze-Osterloh* in *Baumbach/Hueck*, GmbHG[18] § 64 Rz 88; *Hüffer*, AktG[8] § 92 Rz 16 mwN.

595 So auch die deutsche hM zur deutschen Parallelvorschrift, vgl *Schulze-Osterloh in Baumbach/Hueck*, GmbHG[18] § 64 Rz 90 mwN; *Hüffer*, AktG[8] § 92 Rz 16 mwN.

596 So auch zum rezipierten deutschen Recht *Schulze-Osterloh in Baumbach/Hueck*, GmbHG[18] § 64 Rz 99 mwN.

sellschaft entsprechend auf die Organe der Tochtergesellschaft einwirken; ihr Verhalten ist der Gesellschaft zuzurechnen (vgl Art 1062 kroSchuldRG; siehe dazu die Ausführungen zum Deliktsrecht).

Eine Strafbarkeit der Organe ergibt sich aus Art 626 kroHGG (§ 410 dtAktG, § 84 dtGmbHG). Wird die Insolvenzeröffnung nicht beantragt, so sind die Verwaltungsmitglieder mit einer Geldstrafe oder einer Freiheitsstrafe bis zu zwei Jahren zu bestrafen (Art 626 Abs 1 Z 2 kroHGG). Die Strafbarkeit kommt spätestens nach Ablauf von drei Wochen ab Entstehung des Insolvenzgrundes in Betracht (vgl Art 251 Abs 2 kroHGG).

3. Sonstige Haftungstatbestände

Ausfallshaftung der GmbH-Gesellschafter in der Insolvenz –
Art 404 kroHGG

Die Gesellschafter einer GmbH haften im Falle der Insolvenz der Gesellschaft solidarisch für die Einzahlung des ausständigen Stammkapitals, sofern dies zur Befriedigung der Gläubiger erforderlich ist (Art 404 Abs 1 kroHGG). Auch Rechtsvorgänger der Gesellschafter haften (subsidiär) nach Maßgabe der Kaduzierungsvorschrift des Art 401 kroHGG.

4. Anfechtungstatbestände wegen inäquivalenter Geschäfte

Das kroatische InsG enthält mehrere Tatbestände, die die Anfechtung von Rechtshandlungen des Insolvenzschuldners zum Gegenstand haben (vgl Art 127 ff kroInsG). Als Vorbild dienten dabei die Anfechtungstatbestände des deutschen Insolvenzrechts (§§ 130 ff dInsO). Unterschieden wird dabei zwischen kongruenter und inkongruenter Deckung der Leistung des Insolvenzschuldners sowie unmittelbar oder vorsätzlich gläubigerbenachteiligenden Rechtsgeschäften. Weiters sind auch bestimmte unentgeltliche Rechtsgeschäfte sowie Gesellschafterdarlehen anfechtbar. Zweck der Anfechtungstatbestände ist die Verhinderung der Gläubigerbenachteiligung/-schädigung. So normiert Art 127 kroInsG den Grundsatz, dass Rechtshandlungen, die vor der Eröffnung des Insolvenzverfahrens vorgenommen worden sind und die Insolvenzgläubiger benachteiligen, vom Insolvenzverwalter oder den Insolvenzgläubigern angefochten werden können. All diese Anfechtungstatbestände sollen nachfolgend kurz dargestellt werden.

a) Anfechtungstatbestände

aa) Anfechtung wegen kongruenter Deckung (Art 128 kroInsG)

Mit kongruenter Deckung sind Rechtshandlungen gemeint, die einem Insolvenzgläubiger eine Sicherung oder Befriedigung gewähren oder ermöglichen, die inhaltlich dem Anspruch des Insolvenzgläubigers entspricht (Art 128 kroInsG).[597] Es muss sich somit um Rechtshandlungen handeln, die der Gläubiger in dieser Art und zum Zeitpunkt der Gewährung bzw Sicherung selbst begehren konnte.[598] Befriedigung bedeutet Erfüllung einer Forderung; Sicherung die Einräumung einer Rechtsposition, die dem Gläubiger die Durchsetzung seines Anspruchs erleichtert.[599] Insolvenzgläubiger iSd Gesetzes sind jene Gläubiger, die zum Zeitpunkt der Eröffnung des Insolvenzverfahrens einen Vermögensanspruch gegen den Schuldner haben (Art 70 kroInsG); dazu zählen auch nachrangige Gläubiger (Art 71 kroInsG).

Auch kongruente Leistungen können zu einer Gläubigerbenachteiligung führen. Art 128 kroInsG sieht die Anfechtung von solchen Leistungen vor, die sowohl vor als auch nach der Eröffnung des Insolvenzverfahrens erfolgt sind.

- Leistungen vor Insolvenzeröffnung (Art 128 Abs 1 kroInsG)

Wurde die kongruente Leistung in den letzten drei Monaten vor dem Antrag auf Eröffnung des Insolvenzverfahrens vorgenommen, so ist die Rechtshandlung anfechtbar, wenn zur Zeit der Handlung der Schuldner zahlungsunfähig war und wenn der Gläubiger zu dieser Zeit die Zahlungsunfähigkeit kannte.

- Leistungen nach Insolvenzeröffnung (Art 128 Abs 2 kroInsG)

Wurde die kongruente Leistung nach der Insolvenzeröffnung vorgenommen, so ist die Handlung unter gewissen Voraussetzungen anfechtbar, wenn der Gläubiger zum Zeitpunkt der Vornahme der jeweiligen Handlung Kenntnis von der Zahlungsunfähigkeit des Insolvenzsschuldners hatte.

- Annahme und Vermutung der Kenntnis (Art 128 Abs 3 und Abs 4 kroInsG)

Es wird (unwiderlegbar) angenommen, dass der Insolvenzgläubiger die Zahlungsunfähigkeit oder den Eröffnungsantrag kannte, wenn er die Umstände kannte oder kennen musste, aus denen zwingend zu schließen war, dass Zahlungsunfähigkeit vorliegt oder der Antrag auf Eröffnung des Insolvenzverfahrens gestellt wurde (Art 128 Abs 3 kroInsG).

Für jene Personen, die dem Schuldner im Zeitpunkt der Vornahme der Handlung nahe standen, wird (widerlegbar) vermutet, dass sie die Zahlungsunfähigkeit oder den Eröffnungsantrag kannten (Art 128 Abs 4 kroInsG). Dem Schuldner nahestehende Personen sind, sofern es sich beim Schuldner um eine juristische Person handelt, Personen, die zu mehr als einem Viertel am Kapital des Schuldners beteiligt sind (Art 136 Abs 2 Z 1 kroInsG) oder Personen oder Gesellschaften, die aufgrund einer vergleichbaren gesellschaftsrechtlichen oder dienstvertraglichen Verbindung zum Schuldner die Möglichkeit haben, sich über dessen wirtschaftliche Verhältnisse zu unterrichten (Art 136 Abs 2 Z 2

---

597 *Dika*, Treća novela stečajnog zakona (2003), 174.
598 Vgl zur deutschen Parallelbestimmung, *de Bra* in *Braun*, Insolvenzordnung[2] § 130 Rz 1.
599 *de Bra* in *Braun*, Insolvenzordnung[2] § 130 Rz 9.

kroInsG). Somit sind jedenfalls Obergesellschaften als nahestehende Personen der von ihnen abhängigen Tochtergesellschaften anzusehen.

ab) Anfechtung wegen inkongruenter Deckung (Art 129 kroInsG)

Darunter sind Rechtshandlungen zu verstehen, die einem Insolvenzgläubiger eine Sicherung oder Befriedigung gewähren oder ermöglichen, die der Insolvenzgläubiger nicht oder nicht in dieser Art oder zum Zeitpunkt der Gewährung bzw Sicherung begehren konnte.[600] Inkongruente Leistungen, die der Insolvenzgläubiger nicht begehren konnte, sind zB die Befriedigung unklagbarer oder verjährter Forderungen; Erfüllung eines wegen Formmangels nichtigen Vertrags; Erfüllung einer bedingten Forderung vor Eintritt der Bedingung.[601]

Der Anfechtungstatbestand des Art 129 kroInsG kennt drei Alternativen. So ist eine Anfechtung möglich, wenn:

(i)   die Handlung im letzten Monat vor dem Antrag auf Eröffnung des Insolvenzverfahrens oder nach diesem Antrag vorgenommen worden ist, oder

(ii) wenn die Handlung innerhalb des dritten oder zweiten Monats vor dem Eröffnungsantrag vorgenommen worden ist und der Schuldner zur Zeit der Handlung zahlungsunfähig war oder

(iii) wenn die Handlung innerhalb des dritten oder zweiten Monats vor dem Eröffnungsantrag vorgenommen worden ist und dem Gläubiger zur Zeit der Handlung bekannt war, dass sie die Insolvenzgläubiger schädige.

Die dritte Alternative erfüllt in der Regel auch den Anfechtungstatbestand des Art 131 kroInsG (vorsätzliche Gläubigerbenachteiligung).[602] Es wird (unwiderlegbar) angenommen, dass dem Gläubiger bekannt war, dass die Handlung die (übrigen) Insolvenzgläubiger schädige, wenn er die Umstände kannte oder kennen musste, aus denen die Schädigungswirkung der Handlung zwingend zu schließen war (Art 129 Abs 2 kroInsG). Diese ist bspw dann der Fall, wenn unter Berücksichtigung der Kriterien der Sorgfalt und der Redlichkeit im Geschäftsverkehr und bei objektiver Abwägung der Umstände nicht angenommen werden kann, dass der Schuldner in absehbarer Zeit in der Lage sein wird, alle seine Gläubiger zu befriedigen.[603] Für jene Personen, die dem Schuldner im Zeitpunkt der Vornahme der Handlung nahestanden, wird (widerlegbar) vermutet, dass sie die Schädigung der Gläubiger kannten (Art 128 Abs 4 kroInsG).

ac) Anfechtung wegen unmittelbarer Gläubigerschädigung (Art 130 kroInsG)

Dieser Anfechtungstatbestand soll jegliche Rechtshandlungen erfassen, die gegenüber anderen Personen als den Insolvenzgläubigern vorgenommen

---

600 *Dika*, Treća novela stečajnog zakona 180.

601 Vgl *Dika*, Treća novela stečajnog zakona 180.

602 Vgl *Dika*, Treća novela stečajnog zakona 183; so auch zur rezipierten deutschen Parallelnorm, *de Bra* in *Braun*, Insolvenzordnung[2] § 132 Rz 33 mwN.

603 *Dika*, Treća novela stečajnog zakona 183.

wurden und eine Schmälerung der Insolvenzmasse zur Folge haben. Dadurch werden Rechtsverhältnisse erfasst, die gerade durch das anzufechtende Rechtsgeschäft begründet wurden.[604] Grundvoraussetzung für die Anfechtung nach diesem Tatbestand ist, dass durch das Rechtsgeschäft die Gläubiger unmittelbar beschädigt werden. Eine unmittelbare Gläubigerschädigung liegt dann vor, wenn bereits durch die Vornahme des Rechtsgeschäfts, der Schaden, der sich in einer Schmälerung der Insolvenzmasse manifestieren muss[605], ohne das Hinzutreten weiterer Umstände eingetreten ist.[606] Dies ist zB dann der Fall, wenn Schuldnern zur Sicherung eines Kredits iHv HRK 1.000.000,– eine Sicherheit gewährt wird, deren Wert HRK 5.000.000,– beträgt[607]; wenn also die Leistung des Schuldners der gewährten Leistung nicht gleichwertig ist.[608] Dies wird von *Dika*[609] auch für den Fall der Einlage einer Liegenschaft (Sacheinlage) in eine GmbH angenommen, da der Geschäftsanteil regelmäßig nicht dem Wert der Liegenschaft entspreche und sich der Geschäftsanteil grundsätzlich schwieriger verwerten ließe als die Liegenschaft.

Ein erst nach Vornahme des Rechtsgeschäfts eintretendes Wertmissverhältnis (zB Wertsteigerung einer verkauften Liegenschaft ist unbeachtlich.[610]

Gemäß Art 130 kroInsG ist ein Rechtsgeschäft des Schuldners, das die Insolvenzgläubiger unmittelbar schädigt, dann anfechtbar, wenn:

1. es in den letzten drei Monaten vor dem Antrag auf Eröffnung des Insolvenzverfahrens vorgenommen wurde, wenn zur Zeit des Rechtsgeschäfts der Schuldner zahlungsunfähig war und wenn der andere Teil zu dieser Zeit die Zahlungsunfähigkeit kannte oder
2. es nach dem Eröffnungsantrag vorgenommen wurde und wenn der andere Teil zur Zeit des Rechtsgeschäfts die Zahlungsunfähigkeit oder den Antrag auf Eröffnung des Insolvenzverfahrens kannte.

Einem Rechtsgeschäft, das die Insolvenzgläubiger unmittelbar benachteiligt, steht eine andere Rechtshandlung des Schuldners gleich, durch die der Schuldner ein Recht verliert (Unterlassungen) oder nicht mehr geltend machen kann oder durch die ein vermögensrechtlicher Anspruch gegen ihn erhalten oder durchsetzbar wird (Art 139 Abs 2 kroInsG). Als Unterlassung, durch die der Schuldner ein Recht verliert, gilt, wenn der Schuldner den Protest nach Wechselrecht oder Handlungen, die zu einer Unterbrechung der Ersitzung erforderlich sind, unterlässt.[611] Eine Unterlassung, durch die der Schuldner ein Recht

---

604 *de Bra* in *Braun*, Insolvenzordnung² § 132 Rz 1.

605 *de Bra* in *Braun*, Insolvenzordnung² § 132 Rz 6.

606 *Dika*, Treća novela stečajnog zakona 165; *de Bra* in *Braun*, Insolvenzordnung²² § 132 Rz 5 mwN.

607 *Dika*, Treća novela stečajnog zakona 165.

608 *de Bra* in *Braun*, Insolvenzordnung² § 132 Rz 5.

609 *Dika*, Treća novela stečajnog zakona 165 mit Verweis auf *Eickmann /Flessner/Irschlinger / Kirchhof /Kreft/Landfermann /Marotzke*, Insolvenzordnung 1999.

610 *Dika*, Treća novela stečajnog zakona 165; *de Bra* in *Braun*, Insolvenzodnung² § 132 Rz 5.

611 *Dika*, Treća novela stečajnog zakona 185; so auch zum deutschen Recht *de Bra* in *Braun*, Insolvenzordnung²² § 132 Rz 15.

verliert, liegt vor bei einer Nichterhebung von Rechtsmitteln oder sonstigen Rechtsbehelfen.[612] Ein vermögensrechtlicher Anspruch gegen ihn bleibt erhalten, wenn er zB einen mit Willensmängeln oder sonstigen Mängeln behafteten Vertrag nicht anficht.[613] Die Vermutungsregelungen des Art 128 Abs 3 und 4 kroInsG sind auf die Anfechtungstatbestände des Art 130 kroInsG entsprechend anzuwenden.

ad) Anfechtung wegen vorsätzlicher Schädigung (Art 131 kroInsG)

Eine Rechtshandlung, die der Schuldner in den letzten zehn Jahren vor dem Antrag auf Eröffnung des Insolvenzverfahrens oder nach diesem Antrag mit dem Vorsatz, seine Gläubiger zu schädigen, vorgenommen hat, ist anfechtbar, wenn der andere Teil zur Zeit der Handlung den Vorsatz des Schuldners kannte. Diese Kenntnis wird (widerlegbar) vermutet, wenn der andere Teil wusste, dass die Zahlungsunfähigkeit des Schuldners droht und dass die Handlung die Gläubiger schädige (Art 131 Abs 1 kroInsG).

Es wird (unwiderlegbar) vermutet, dass der Insolvenzgläubiger wusste, dass die Zahlungsunfähigkeit des Schuldners drohte und dass die Handlung die Gläubiger schädigt, wenn er die Umstände kannte oder kennen musste, aus denen zwingend zu schließen war, dass der Schuldner zahlungsunfähig ist und dass die Handlung die Gläubiger schädigt (Art 131 Abs 2 kroInsG).

Ein zwischen dem Schuldner und einer nahestehenden Person abgeschlossener entgeltlicher Vertrag ist anfechtbar, wenn dadurch die Insolvenzgläubiger unmittelbar geschädigt werden. Die Anfechtung ist ausgeschlossen, wenn der Vertrag früher als zwei Jahre vor dem Antrag auf Eröffnung des Insolvenzverfahrens geschlossen worden ist oder wenn der andere Teil den Nachweis erbringt, dass ihm zur Zeit des Vertragsschlusses ein Vorsatz des Schuldners, die Gläubiger zu schädigen, weder bekannt war noch bekannt sein musste (Art 131 Abs 3 kroInsG).

ae) Rechtshandlungen ohne oder zu unerheblichem Entgelt (Art 132 kroInsG)

Eine unentgeltliche Rechtshandlung des Schuldners oder eine solche zu einem unerheblichen Entgelt ist anfechtbar, es sei denn, sie ist früher als vier Jahre vor dem Antrag auf Eröffnung des Insolvenzverfahrens vorgenommen wurde (Art 132 Abs 1 kroInsG). Die Handlung kann somit auch nach Eröffnung des Insolvenzverfahrens gesetzt worden sein.[614] Richtet sich die Leistung auf ein gebräuchliches Gelegenheitsgeschenk geringen Werts, so ist sie nicht anfechtbar (Art 132 Abs 2 kroInsG). Der Empfänger einer unentgeltlichen Rechtshandlung oder einer solchen zu unerheblichem Entgelt hat diese nur zurück-

---

612 *Dika*, Treća novela stečajnog zakona 185; so auch zum deutschen Recht *de Bra* in *Braun*, Insolvenzordnung[22] § 132 Rz 16.

613 *Dika*, Treća novela stečajnog zakona 185; so auch zum deutschen Recht *de Bra* in *Braun*, Insolvenzordnung[2] § 132 Rz 17.

614 *Dika*, Treća novela stečajnog zakona 191.

zugewähren, soweit er durch sie bereichert ist, es sei denn, dass er weiß oder wissen muss, dass durch die Handlung Gläubiger geschädigt werden (Art 141 Abs 6 kroInsG).

af) Kapitalersetzende Darlehen (Art 133 kroInsG)

Anfechtbar ist eine Rechtshandlung, die für die Forderung eines Gesellschafters auf Rückgewähr eines Darlehens oder für eine gleichgestellte Forderung:

1. Sicherung gewährt, wenn die Handlung in den letzten fünf Jahren vor dem Antrag auf Eröffnung des Insolvenzverfahrens oder nach diesem Antrag vorgenommen worden ist, oder
2. Befriedigung garantiert, wenn die Handlung im letzten Jahr vor dem Eröffnungsantrag oder nach diesem Antrag vorgenommen worden ist.

Wie bereits ausgeführt wurde, erfasst der Anfechtungstatbestand nach der Z 2 Handlungen, die die Befriedigung „garantieren" (*jamčiti*), und – im Gegensatz zur deutschen Vorbildnorm in § 135 dtInsO – nicht Handlungen, durch die Befriedigung gewährt wird. Aus dem Größenschlusses ergibt sich freilich, dass auch Befriedigungshandlungen als vom Anfechtungstatbestand erfasst anzusehen sind. Die Definition des Gesellschafterdarlehens ist Art 408 kroHGG zu entnehmen.

Bei Abtretung der kapitalersetzenden Darlehensforderung an einen Dritten bleibt der kapitalersetzende Charakter aufrecht. Kommt es zu einer Auszahlung an den Zessionar, so ist nach deutscher hM sowie Rechtsprechung eine Anfechtung nur dann möglich, wenn die Abtretung des Darlehensanspruchs innerhalb eines Jahres vor dem Antrag auf Eröffnung des Insolvenzverfahrens iSd § 135 Abs 1 Nr 2 dtInsO (Art 133 Abs 1 Z 2 kro InsG) erfolgte.[615] Dieser Auffassung ist konsequenterweise auch für das kroatische Recht zu folgen.

b) Fristenberechnung

Die in den Art 128 bis 136 kroInsG bestimmten Fristen beginnen mit Anfang des Tages, der durch seine Zahl dem Tag entspricht, an dem der Antrag auf Eröffnung des Insolvenzverfahrens beim Gericht eingegangen ist. Fehlt ein solcher Tag, so beginnt die Frist mit Anfang des folgenden Tages (Art 137 Abs 1 kroInsG). Langte bspw der Insolvenzeröffnungsantrag am 25.4.2012 beim Gericht ein, so beginnt die Dreimonatsfrist am 25.1.2012 um 0:00 Uhr; bei Ein-

---

615 *K. Schmidt* in *Scholz*, GmbHG[10] Nachtrag MoMiG § 32a/b aF Rz 23; *Schlößer/Klüber*, BB 2009, 1594, 1597; *Habersack*, Gesellschafterdarlehen nach MoMiG: Anwendungsbereich, Tatbestand und Rechtsfolgen der Neuregelung, ZIP 2007, 2145, 2149; *Dahl/Schmitz*, Eigenkapitalersatz nach dem MoMiG aus insolvenzrechtlicher Sicht, NZG 2009, 325, 326; *Gehrlein*, Die Behandlung von Gesellschafterdarlehen durch das MoMiG, BB 2008, 846, 850; *Altmeppen*, Das neue Recht der Gesellschafterdarlehen in der Praxis, NJW 2008, 3601, 3604; *Hirte* in *Uhlenbruck*, Insolvenzordnung[13] (2010) § 39 Rz. 46; *Habersack* in *Ulmer*, GmbHG Ergänzungsband MoMiG (2010), § 30 Rz. 46 Rz 140 mwN.

langen am 31.7.2012 beginnt die Monatsfrist am 1.5.2012, da dem Monat April der 31. Tag fehlt.

Sind mehrere Eröffnungsanträge gestellt worden, so ist der erste zulässige und begründete Antrag maßgeblich, auch wenn das Verfahren aufgrund eines späteren Antrags eröffnet worden ist (Art 137 Abs 2 kroInsG).

c) Anfechtungsmittel und Rechtswirkungen der Anfechtung

Zur Anfechtung der oben genannten Rechtshandlungen sind sowohl der Insolvenzverwalter als auch die Insolvenzgläubiger berechtigt (Art 141 Abs 1 kroInsG), wobei die Geltendmachung der Anfechtung durch den Insolvenzgläubiger einer gerichtlichen Genehmigung bedarf (Art 141 Abs 4 kroInsG). Die Anfechtung ist mittels Klage (Art 141 Abs 2–4 kroInsG) oder einredeweise (Art 141 Abs 9 kroInsG) geltend zu machen. Die Möglichkeit zur Erhebung der Anfechtungsklage ist – im Gegensatz zur Einrede – mit zwei Jahren, ab Eröffnung des Insolvenzverfahrens befristet (Art 141 Abs 3 kroInsG). Wird dem Anfechtungsanspruch stattgegeben, so ist die anfechtbare Handlung gegenüber der Insolvenzmasse unwirksam und die andere Seite ist verpflichtet, sämtliche aus der anfechtbaren Handlung erlangten Vermögensvorteile an die Insolvenzmasse zurückzugewähren (Art 141 Abs 5 kroInsG).

ca) Anfechtung des Verpflichtungs- und Verfügungsgeschäfts

Gewährt der Anfechtungsgegner (Empfänger der Leistung) das Erlangte zurück, so lebt seine Forderung wieder auf (Art 142 Abs 1 kroInsG). Gleichzeitig hat er auch das Recht auf Rückerstattung seiner Gegenleistung aus der Insolvenzmasse, soweit sie in dieser noch unterscheidbar vorhanden ist oder soweit die Insolvenzmasse um ihren Wert bereichert ist (Art 142 Abs 2 Satz 1 kroInsG). Darüber hinaus kann der Empfänger der anfechtbaren Leistung die Forderung auf Rückgewähr der Gegenleistung nur als Insolvenzgläubiger geltend machen (Art 142 Abs 2 Satz 2 kroInsG). Fraglich ist, in welchem Verhältnis Abs 1 und 2 zueinander stehen. Wenn nämlich durch die Anfechtung des Rechtsgeschäfts die Forderung wieder auflebt, so wird der Gläubiger (Anfechtungsgegner), sofern seine Gegenleistung bereits fällig ist/war, diese nicht aus der Insolvenzmasse zurückfordern können. Die Gegenleistung kann daher nur dann aus der Insolvenzmasse zurückgefordert werden, wenn der Insolvenzschuldner bzw die Insolvenzmasse keinen Anspruch auf diese Leistung hat und daher unrechtmäßig bereichert ist. Dies ist jedoch nur dann denkbar, wenn das Verpflichtungsgeschäft weiterhin wirksam ist. Anfechtbare Rechtshandlungen iSd kroInsG sind gewollte Handlungen, die irgendeine Rechtswirkung auslösen, unabhängig davon, ob deren Eintritt gewollt war oder nicht.[616] Es kann sich dabei sowohl um einen Vertrag als auch um rechtsgeschäftliche Verfügungen handeln.[617] Wenn

---

616 *Dika*, Treća novela stečajnog zakona 148; *de Bra* in *Braun*, Insolvenzordnung[2] § 129 Rz 11 je mwN.

617 *Dika*, Treća novela stečajnog zakona 149; *de Bra* in *Braun*, Insolvenzordnung[2] § 129 Rz 12.

das Verpflichtungs- und Verfügungsgeschäft auseinanderfallen, ist jede dieser Handlungen – sofern der Anfechtungstatbestand von Rechtshandlungen spricht – anfechtbar.[618] Fällt nur eine dieser Handlungen in den anfechtbaren Zeitraum, so kann sich die Anfechtung nur auf diese eine Handlung richten.[619]

In diesem Sinne werden auch in Deutschland die Parallelbestimmungen in § 144 Abs 1 und 2 dInsO ausgelegt, sodass Abs 1 (der wortident ist mit Art 142 Abs 1 kroInsG) die Anfechtung des Erfüllungsgeschäfts zum Gegenstand hat, während Abs 2 (der wortident ist mit Art 142 Abs 2 kroInsG) die Rechtsfolgen der Anfechtung des Verpflichtungsgeschäfts regelt.[620] Dieser Auffassung wird auch in Kroatien von *Dika* gefolgt.[621] Dieser verkennt dabei jedoch, dass sich die deutschen Überlegungen nicht ohne weiteres auf das kroatische Vertragsrecht umlegen lassen, da das kroatische Vertragsrecht – im Gegensatz zum deutschen Abstraktionsprinzip – dem Kausalitätsprinzip folgt. So vertritt *Dika* – mit Verweis auf das deutsche Schrifttum – die Auffassung, dass die Anfechtung des Verpflichtungsgeschäfts allein nicht ausreiche; vielmehr muss auch das Erfüllungsgeschäft angefochten werden.[622] Dem ist unter Zugrundelegung des Kausalitätsprinzips nicht zu folgen, denn mit der Anfechtung des Verpflichtungsgeschäfts wird diesem Grundsatz zufolge auch das Verfügungsgeschäft unwirksam. Die Notwendigkeit einer gesonderten Anfechtung erscheint nicht erforderlich, zumal die Anfechtungsklage auf Nichtigerklärung der Rechtshandlung zu richten (Rechtsgestaltungsklage[623]), die Rechtshandlung (Erfüllungsgeschäft) jedoch bereits als Folge der Unwirksamkeit/Nichtigerklärung des Verpflichtungsgeschäfts unwirksam ist. Andererseits kann der Insolvenzverwalter das ex lege unwirksam gewordene Verpflichtungsgeschäft bereicherungsrechtlich rückabwickeln.

cb) Anfechtungsgegner

Die Anfechtungsklage hat sich in erster Linie gegen den Empfänger der anfechtbaren Rechtshandlung zu richten. Darüber hinaus kann die Anfechtbarkeit auch gegen den Erben oder einen anderen Gesamtrechtsnachfolger des Anfechtungsgegners geltend gemacht werden (Art 143 Abs 1 kroInsG). Gegen einen sonstigen Rechtsnachfolger kann die Anfechtbarkeit geltend gemacht werden, wenn (alternative Aufzählung, Art 143 Abs 2 kroInsG):
1. dem Rechtsnachfolger zur Zeit seines Erwerbs die Umstände bekannt waren, welche die Anfechtbarkeit des Erwerbs seines Rechtsvorgängers begründen;

---

618 Vgl *Dika*, Treća novela stečajnog zakona 152 mit Verweis auf das deutsche Schrifttum; so offenbar auch zum österreichischen Recht *König*, Die Anfechtung nach der Konkursordnung, Rz 299 (FN 135b) aE mwN.

619 *Dika*, Treća novela stečajnog zakona 152 mit Verweis auf das deutsche Schrifttum.

620 Vgl *de Bra* in *Braun*, Insolvenzordnung² § 144 Rz 2 ff.

621 Vgl *Dika*, Treća novela stečajnog zakona 152.

622 *Dika*, Treća novela stečajnog zakona 152.

623 Vgl zur Rechtsmeinung in Österreich, *König*, Die Anfechtung nach der Konkursordnung, Rz 400.

2. wenn der Rechtsnachfolger zur Zeit seines Erwerbs zu den Personen gehörte, die dem Schuldner nahestehen, es sei denn, dass er den Nachweis erbringt, dass ihm zu dieser Zeit die Umstände unbekannt waren, welche die Anfechtbarkeit des Erwerbs seines Rechtsvorgängers begründen;
3. wenn dem Rechtsnachfolger das Erlangte unentgeltlich zugewendet worden ist.

IV. Zivilrechtliche Haftungstatbestände

Eine Haftung der Muttergesellschaft ist nach konzernrechtlichen Bestimmungen nur in Ausnahmefällen vorgesehen. Außerhalb dieser konzernrechtlichen Haftungstatbestände kann sich eine Haftung der Muttergesellschaft insbesondere aus schuldrechtlichen Abreden oder als Folge deliktischen Verhaltens ergeben.

1. Vertragliche Grundlagen

Natürlich sind den Konzernunternehmen die persönlichen Sicherheiten des Schuldrechts nicht verwehrt. So kann die Muttergesellschaft zu Gunsten Dritter, um bspw eine ausreichende Bonität der Tochtergesellschaft zu gewährleisten, Bürgschaften oder Garantien eingehen oder aber einem Vertrag beitreten. In der internationalen Praxis spielen darüber hinaus Liquiditätszusagen sowie Patronatserklärungen eine Rolle. Im Folgenden sollen diese Institute kurz dargestellt werden.

a) Bürgschaft (jamstvo; Art 104 ff kroSchuldRG)

Mit der Bürgschaft verpflichtet sich der Bürge gegenüber dem Gläubiger, eine gültige und fällige Verbindlichkeit des Schuldners zu erfüllen (Art 104 kroSchuldRG). Die Bürgschaftserklärung bedarf zu ihrer Wirksamkeit der Schriftform (Art 105 kroSchuldRG). Nicht zulässig ist eine Verbürgung für einen höheren Betrag als jenen der Verbindlichkeit des Schuldners; wird eine höhere Bürgschaft erklärt, so wird diese ipso iure auf das Maß der Verbindlichkeit des Schuldners herabgesetzt (Art 109 Abs 1 kroSchuldRG). Ein wesentliches Charakteristikum der Bürgschaft ist ihre Abhängigkeit von der ihr zugrunde liegenden Verbindlichkeit – Akzessorietät der Bürgschaft.[624] Der Bürge haftet für die Verbindlichkeiten des Hauptschuldners mit seinem gesamten Privatvermögen[625], wobei die Haftung je nach vertraglicher Ausgestaltung schwächer oder härter ausfallen kann. Nach dem gesetzlichen Grundkonzept ist die Bürgschaft eine subsidiäre Haftungsform.[626] So kann der Gläubiger den Bürgen erst dann in

---

624 Vgl *Klarić/Vedriš*, Građansko pravo[12] (2009), 436.
625 Vgl *Klarić/Vedriš*, Građansko pravo[12] (2009), 435.
626 Vgl *Klarić/Vedriš*, Građansko pravo[12] (2009), 437.

Anspruch nehmen, wenn er den Hauptschuldner schriftlich zur Leistung aufgefordert hat und dieser innerhalb der in der Aufforderung festgelegten Frist nicht leistet (einfache Bürgschaft; Art 111 kroSchuldRG). Ausnahmsweise kann der Gläubiger primär den Bürgen dann zur Haftung heranziehen, wenn offensichtlich ist, dass eine Befriedigung seiner Forderung aus dem Vermögen des Hauptschuldners nicht möglich ist, oder wenn sich der Hauptschuldner in Konkurs befindet (Art 111 Abs 2 kroSchuldRG). Freilich steht es den Vertragsparteien frei, die Subsidiarität mehr abzuschwächen. So ist zB einer Verpflichtung als Bürge und Zahler *(jamac platac)* denkbar. Demnach haften sowohl der Bürge als auch der Hauptschuldner primär und solidarisch; der Gläubiger kann frei wählen, wen er bzw ob er beide gleichzeitig in Anspruch nimmt (Art 111 Abs 3 kroSchuldRG). Obwohl offenbar im kroatischen Recht nicht diskutiert[627] (und der Praxis eher unbekannt), erlaubt die Vertragsfreiheit auch eine Abschwächung der Subsidiarität der Bürgschaft. So kann eine Haftung des Bürgen nur für den Fall vereinbart werden, dass der Gläubiger nach zwangsweiser Vollstreckung keine Befriedigung seiner Forderung erlangt (sog. Ausfallsbürgschaft nach österreichischem und deutschem Recht).

Im Fall einer Inanspruchnahme des Bürgen durch den Gläubiger wird die Forderung des Gläubigers ex lege auf den Bürgen übertragen (Legalzession, Art 110 kroSchuldRG). Darüber hinaus ist der Hauptschuldner dem Bürgen zum Ersatz sämtlicher Leistungen sowie darauf entfallender Zinsen verpflichtet, die der Bürge auf seine Rechnung geleistet hat (Art 120 Abs 1 kroSchuldRG).

b) Garantie (garancija, Art 1039 ff kroSchuldRG)

Das kroatische Recht ist eine der wenigen Rechtsordnungen, die der Garantieerklärung eine vergleichsweise umfangreiche normative Beachtung schenkt. So die Bestimmungen der Art 1039 – 1044 kroSchuldRG, die sich ausdrücklich der Bankgarantie widmen. Dies bedeutet freilich nicht, dass eine Garantieerklärung nur durch eine Bank zulässig ist (Vertragsfreiheit).[628] Das kroSchuldRG nennt die (Bank-)Garantie auch „Bankgarantie auf Abruf" (vgl Art 1039 Abs 1 kroSchuldRG). Mit der Garantieerklärung verpflichtet sich der Garant dem Garantieempfänger, auf schriftliches Aufforderung hin, zur Leistung eines bestimmten Geldbetrags, sofern die Garantiebedingungen erfüllt sind (Art 1039 Abs 1 kroSchuldRG). Wie auch die Bürgschaft, bedarf die Garantie(-erklärung) zu ihrer Wirksamkeit der Schriftform (Art 1039 Abs 1 kroSchuldRG). Im Gegensatz zur Bürgschaft handelt es sich bei der Garantie um eine selbständige Verpflichtung des Garanten, die vom besicherten Grundgeschäft unabhängig ist; dies auch dann, wenn das Grundgeschäft in der Garantie ausdrücklich Erwähnung findet (mangelnde Akzessorietät der Garantie, Art 1039 Abs 2 kroSchuldRG). Zwischen dem Garanten und dem Hauptschuldner (Auftraggeber)

---

627 Vgl *Klarić/Vedriš*, Građansko pravo¹² (2009), 437; *Gorenc*, Komentar Zakona o obveznim odnosima Art 111 S 165 f.

628 So auch *Gorenc*, Komentar Zakona o obveznim odnosima Art 1039 S 1595 f.

besteht ein Auftragsverhältnis.[629] Demnach hat der Auftraggeber dem Garanten alle zur Ausführung des Auftrags getätigten Aufwendungen zu ersetzen (Art 773 kroSchuldRG). Zahlt der Garant die garantierte Summe an den Garantieempfänger, so tritt er von Gesetzes wegen in die Rechtsstellung des Garantieempfängers (Gläubigers) ein; seine Forderungen gehen ex lege auf den Garanten über (gesetzliche Subrogation, Art 91 iVm Art 161 Abs 2 kroSchuldRG).[630]

c) Schuldbeitritt (pristupanje dugu, Art 101 kroSchuldRG)

Eine Haftung der Muttergesellschaft kann sich auch aus einem Schuldbeitritt ergeben. Durch den Schuldbeitritt verpflichtet sich der Beitretende dem Gläubiger des Hauptschuldners gegenüber zur Leistung der Schuld des Hauptschuldners (Art 101 kroSchuldRG). Der Schuldbeitritt wird durch eine Vereinbarung zwischen dem Interzedenten und dem Gläubiger begründet (vgl Art 101 kroSchuldRG). Zwischen dem Hauptschuldner und dem Interzedenten besteht hingegen kein Rechtsverhältnis. Sie sind somit nicht als Solidarschuldner anzusehen. Dies hat zur Folge, dass der Interzedent im Falle der Inanspruchnahme durch den Gläubiger keine Regressansprüche gegen den Hauptschuldner hat. Auch die gesetzliche Subrogation (gesetzlicher Übergang der Forderung, Art 91 kroSchuldRG) greift hier nicht. Die einzige Möglichkeit des Interzedenten, vom Hauptschuldner die geleistete Forderung zurückzuerlangen, besteht darin, mit dem Hauptschuldner bei Zahlung der Verbindlichkeit des Hauptschuldners die Übertragung der Forderung auf ihn zu vereinbaren (vertragliche persönliche Subrogation, Art 90 Abs 1 kroSchuldRG).[631]

d) Liquiditätszusage (interne Patronatserklärung)

Dabei handelt es sich um Zusagen der Muttergesellschaft direkt gegenüber der Tochtergesellschaft, die Tochtergesellschaft mit ausreichenden liquiden Mitteln auszustatten, um damit eine vollständige Befriedigung der Gläubiger der Tochtergesellschaft zu gewährleisten.[632] Im Gegensatz zur internationalen Wirtschaftspraxis – insbesondere Deutschland – ist eine solche Verpflichtung der Muttergesellschaft gegenüber der Tochtergesellschaft der kroatischen Praxis eher fremd. Die Liquiditätszusage ist gesetzlich nicht geregelt, sondern hat ihre Begründung in der Vertragsautonomie. Sie begründet nur eine Pflicht gegenüber der Tochtergesellschaft selbst. Die Gläubiger der Tochtergesellschaft können daraus keine direkten Ansprüche ableiten, doch steht es ihnen zu, das aus der Liquiditätszusage resultierende Forderungsrecht der Tochtergesellschaft pfänden und sich überweisen zu lassen (Art 97 ff OZ).[633]

---

629 Vgl *Gorenc*, Komentar Zakona o obveznim odnosima Art 1043 S 1602.

630 Vgl *Gorenc*, Komentar Zakona o obveznim odnosima Art 91 S 144, Art 161 S 222.

631 Siehe dazu ausführlich *Klarić/Vedriš*, Građansko pravo[12] (2009), 452.

632 Vgl *Lutter/Trölitzsch* in *Lutter*, Holding Handbuch[4] § 7 Rz 20; *Emmerich* in *Emmerich/Habersack*, Konzernrecht[6] § 302 Rz 12 je mwN.

633 So auch zum deutschen Recht *Emmerich* in *Emmerich/Habersack*, Konzernrecht[6] § 302 Rz 12.

e) Erfüllungszusage (Art 103 kroSchuldRG)

Von der Liquiditätszusage zu unterscheiden ist die gesetzlich geregelte Erfüllungszusage. Mit der Erfüllungszusage verpflichtet sich ein Dritter dem Schuldner gegenüber zur Erfüllung einer bestimmten Verbindlichkeit (Art 103 kroSchuldRG). Wie auch bei der Liquiditätszusage wird nur eine Verpflichtung gegenüber dem Schuldner begründet. Der Unterschied zur Liquiditätszusage liegt darin, dass sich die Muttergesellschaft im Falle einer Erfüllungszusage zur Leistung der Verbindlichkeit verpflichtet, während die Liquiditätszusage die Ausstattung der Tochtergesellschaft mit finanziellen Mitteln zum Gegenstand hat.

f) (Externe) Patronatserklärungen (izjava o patronatu)

Der kroatischen Wirtschaftspraxis – trotz einer bestehenden kroatischen Bezeichnung – ist eine (externe) Patronatserklärung – wie auch die Liquiditätszusage – eher fremd, sodass eine rechtliche Einordnung dieser Sicherungsform kaum möglich ist. Nach deutschem Verständnis handelt es sich hierbei um Zusagen der Muttergesellschaft gegenüber den Gläubigern der Tochtergesellschaft, für eine Zahlungsfähigkeit der Tochtergesellschaft zu sorgen. Es wird zwischen weichen und harten Patronatserklärungen unterschieden. Während die weiche Patronatserklärung nur eine Art unverbindliche Absichtserklärung zur Ausstattung der Tochtergesellschaft mit ausreichenden finanziellen Mitteln darstellt, handelt es sich bei der harten Patronatserklärung um eine verbindliche Erklärung, die im Falle der Insolvenz zu einer Schadenersatzpflicht gegenüber den Gläubigern der Tochtergesellschaft wegen Vertragsverletzung führt.[634] Darüber hinaus handelt es sich bei der harten Patronatserklärung um einen (unechten) Vertrag zu Gunsten der Tochtergesellschaft, da nur die Gläubiger der Tochtergesellschaft eine finanzielle Ausstattung der Tochtergesellschaft verlangen können.[635]

Aus kroatischer Sicht bereitet nicht die Frage der Zulässigkeit solcher Erklärungen Schwierigkeiten (aus Sicht der Vertragsautonomie unbedenklich[636]); vielmehr ist es die dogmatische Einordnung dieser atypischen Sicherungsform (zB einseitiges-zweiseitiges Rechtsgeschäft, Akzessorietät).[637]

---

634 Vgl *Emmerich* in *Emmerich/Habersack*, Konzernrecht[6] § 302 Rz 9 ff; *Lutter/Trölitzsch* in *Lutter*, Holding Handbuch[4] § 7 Rz 20 je mwN; *Leitner*, Die Patronatserklärung, ÖBA 2002, 517 f, 527 ff.

635 Vgl *Leitner*, Die Patronatserklärung, ÖBA 2002, 523 mwN.

636 So zum deutschen Recht auch *Emmerich* in *Emmerich/Habersack*, Konzernrecht[6] § 302 Rz 10 aE mwN.

637 Zur dogmatischen Einordnung des Patronatserklärung im österreichischen Recht vgl *Rummel* in FS Doralt (2004), Rechtsprobleme der Patronatserklärung 493 ff.

g) Culpa in contrahendo

Eine Haftung der Muttergesellschaft in Form einer vorvertraglichen Haftung ist nach kroatischem Recht eher unwahrscheinlich, zumal eine solche Haftung nur zwischen den unmittelbaren Vertragsparteien möglich ist (vgl Art 251 kroSchuldRG). Anders nach deutschem Recht, wo die vorvertragliche Haftung (als eine Art Vertrauenshaftung) durch die Rechtsprechung auch auf Gesellschafter-Geschäftsführer oder auch die Muttergesellschaft ausgedehnt wurde.[638]

2. Deliktshaftung

a) Allgemeine Deliktshaftung

Neben den oben dargelegten Haftungsgrundlagen auf Grundlage schuldrechtlicher Verpflichtungen kommt freilich auch eine Haftung der Muttergesellschaft wegen deliktischen Verhaltens in Betracht. Dabei handelt es sich freilich nicht um eine Haftung der Gesellschaft wegen einem eigenen deliktischen Verhalten; eine deliktische Haftung scheidet mangels Handlungsfähigkeit der Gesellschaft aus. Vielmehr haftet die Gesellschaft für schuldhaftes, schädigendes Verhalten ihrer Organe, das sie sich zurechnen lassen muss (vgl Art 1062 kroSchuldRG, siehe dazu sogleich). Die Haftung setzt diesfalls einen Schaden, Kausalität[639], Rechtswidrigkeit sowie Verschulden (des Vertretungsorgans) voraus.[640] Während die Beweispflicht für den Schaden, die Kausalität sowie die Rechtswidrigkeit beim Geschädigten liegt, wird leichte Fahrlässigkeit (Verschulden) gemäß Art 1045 Abs 2 kroSchuldRG vermutet.[641] Fraglich ist jedoch, ob bei Vorsatz dem Schädiger auch die Rechtswidrigkeit bekannt sein musste (Vorsatztheorie). Die ist nach der hier vertretenen Meinung – entgegen der kroatischen Lehrmeinung zu bejahen.

Im Gegensatz zum deutschen und österreichischen Recht ist dem kroatischen Schadenersatzrecht eine ausdrückliche Haftung wegen sittenwidrigen Handelns unbekannt (siehe dazu Seite 100 f), doch lässt sich dasselbe Ergebnis mit dem in Art 8 kroSchuldRG normierten Grundsatz erreichen, wonach jedermann verpflichtet ist, Handlungen zu unterlassen, die anderen einen Schaden verursachen können (allgemeines Schädigungsverbot, *neminem laedere*). Dieser Grundsatz stellt gleichzeitig sowohl eine Verbotsnorm als auch eine präventive Norm dar.[642] Somit gewährt das kroatische Recht einen umfassenden Schutz des Vermögens. Dies hat zur Folge, dass jede Vermögensschädigung Schadenersatzpflichten nach sich zieht, unabhängig davon, ob es sich bei der konkreten

---

638 Siehe dazu die Nachweise bei *Lutter/Trölitzsch* in *Lutter*, Holding Handbuch[4] § 7 Rz 21.

639 Unter Berücksichtigung der Adäquanztheorie iSd österreichischen Rechts, vgl *Klarić/Vedriš*, Građansko pravo[12] (2009), 595.

640 Siehe dazu allgemein *Klarić/Vedriš*, Građansko pravo[12] (2009), 584; *Gorenc*, Komentar Zakona o obveznim odnosima Art 1045 S 1605.

641 Vgl auch *Gorenc*, Komentar Zakona o obveznim odnosima Art 1045 S 1611.

642 *Gorenc*, Komentar Zakona o obveznim odnosima Art 8 S 18.

Verhaltensnorm um ein Schutzgesetz handelt, denn: Art 8 kroSchuldRG stellt eine Art generelle Schutznorm dar, womit jede schädigende Handlung rechtswidrig ist. Somit erübrigt sich letztlich die Frage nach dem Schutznormcharakter einzelner gesellschaftsrechtlicher oder strafrechtlicher Normen. Im Schweizer Schrifttum wird diese Form des Schadenersatzes subjektive Widerrechtlichkeitstheorie genannt und zum Obligationenrecht des ZGB (Art 41 OR) ua von *Gabriel*[643] vertreten, die sich in der Schweiz jedoch letztlich nicht durchgesetzt hat. Freilich ist eine Haftung auch hier ausgeschlossen, wenn ein Rechtfertigungsgrund (Notwehr, höhere Gewalt, zulässige Selbsthilfe, Einwilligung des Geschädigten) vorliegt.[644]

b) Haftungserstreckung auf die Muttergesellschaft

Eine schadenersatzrechtliche Haftung der Muttergesellschaft für Verhalten Dritter kommt einerseits für schädigendes Verhalten ihrer Organe (Art 1062 kroSchuldRG), andererseits als Anstifter oder Gehilfe gemäß Art 1107 Abs 2 kroSchuldRG in Betracht.

Gemäß Art 1062 kroSchuldRG haftet eine Gesellschaft für Schäden, die ihre Organe in Erfüllung bzw im Zusammenhang mit ihrer Tätigkeit Dritten verursachen. Hinsichtlich der Rechtswidrigkeit sowie des Verschuldens ist auf das Verhalten des jeweiligen Vertretungsorgans abzustellen;[645] nur wenn die schadenersatzrechtlichen Voraussetzungen beim Organ erfüllt sind, haftet die Gesellschaft.[646] Im Konzern ist eine solche Haftung vor allem im Zusammenhang mit rechtswidrigen Weisungen denkbar. Die Gesellschaft selbst hat einen Regressanspruch, sofern das jeweilige Vertretungsorgan den Schaden vorsätzlich oder grob fahrlässig verursacht hat (Art 1062 Abs 2 kroSchuldRG); dieser Anspruch verjährt in drei Monaten ab Schadensgutmachung durch die Gesellschaft (Art 1062 Abs 2 kroSchuldRG).

Eine Haftung nach Art 1107 Abs 2 kroSchuldRG als „Anstifter" oder „Gehilfe" ist unmittelbar nicht möglich, da sich die Gesellschaft als solche – mangels Handlungsfähigkeit – nicht an deliktischen Handlungen beteiligen kann. Daher kommt eine Haftung der Gesellschaft gemäß Art 1107 Abs 2 kroSchuldRG nur in Verbindung mit Art 1062 kroSchuldRG (siehe oben) in Betracht. Dies setzt somit ein schuldhaftes Verhalten der Vertretungsorgane voraus sowie Vorsatz des „Anstifters" oder „Gehilfen"; dabei hat der Vorsatz sowohl die Beteiligungshandlung als auch die Rechtswidrigkeit der Handlung des unmittelbaren Täters sowie den Schaden zu erfassen.[647]

---

643 *Gabriel*, Die Widerrechtlichkeit in Art 41 Abs 1 OR, Diss. Freiburg 1978.
644 Vgl allgemein *Klarić/Vedriš*, Građansko pravo[12] (2009), 601.
645 So das Oberste Gericht der Republik Kroatien, VSRH Rev-1996/1982 vom 11.2.1987, PSP-34/81.
646 So auch zur deutschen Parallelvorschrift, *Palandt*, Bürgerliches Gesetzbuch[26] § 31 Rz 2.
647 *Gorenc*, Komentar Zakona o obveznim odnosima Art 1107 S 1731; so auch zur deutschen Parallelbestimmung *Spindler* in Münchener Kommentar[3] § 117 Rz 62 mwN.

V. Haftung nach dem Steuer- und Sozialversicherungsrecht

1. Haftung der Muttergesellschaft für Steuerverbindlichkeiten der Tochtergesellschaft

Mit der Novelle des Allgemeinen Steuergesetzes 78/2012 Mitte 2012 hat der Gesetzgeber neue Haftungstatbestände der Gesellschafter für Steuern der Gesellschaft erlassen. So normiert Art 26b Abs 2 des Allgemeinen Steuergesetzes (kroSteuerG[648]), dass GmbH-Gesellschafter sowie Aktionäre grundsätzlich nicht für die Steuer ihrer Gesellschaft haften. Eine Ausnahme ist für den Fall des Missbrauchs der beschränkten Haftung der Gesellschaft vorgesehen. So enthält Art 26d Abs 3 kroSteuerG den gleichen Wortlaut wie der oben im Rahmen der Durchgriffshaftung behandelte Art 10 Abs 3 kroHGG: Derjenige, der diese Stellung, beschränkt zu haften, missbraucht, kann sich nicht auf die beschränkte Haftung berufen. Sind somit die oben behandelten Missbrauchstatbestände erfüllt, haften die Gesellschafter (die Holding) auch für Steuerschulden der Gesellschaft (Tochtergesellschaft). Als Missbrauchstatbestände werden in der Regierungsvorlage insbesondere angeführt: Entziehung von Gesellschaftsvermögen und Zuführung in die Privatsphäre und damit Vermischung des Gesellschafts- und Privatvermögens, wodurch eine Vermögenstrennung unmöglich wird; Entziehung von Vermögen aus der Gesellschaft mit der Folge, dass die Gesellschaft nicht mehr in der Lage ist, kurz- und langfristige Verbindlichkeiten zu erfüllen.

Eine weitere steuerrechtliche Haftung der Gesellschafter, der Geschäftsführer sowie verbundener Personen[649] wird angenommen, wenn sie (Art 26c kroSteuerG):

1. zum Schein oder unentgeltlich Vermögen der Gesellschaft auf eine andere Gesellschaft übertragen, die sie selbst oder mit einem anderen gegründet haben, oder sie auf andere Weise das Vermögen der Gesellschaft zur Gänze oder zum Teil zum Schein verkaufen, ohne angemessene Gegenleistung belasten, unentgeltlich an verbundene Personen abtreten, es zerstören, beschädigen oder unbrauchbar machen;
2. einen Scheinvertrag abschließen oder eine nicht bestehende Forderung gegenüber in Punkt 1 genannten Personen anerkennen;
3. entgegen einer ordentlichen und gewissenhaften Geschäftsführung das Vermögen mindern oder die Vermögenslage verheimlichen, sie gesetzlich vorgeschriebene Jahresfinanzberichte nicht erstatten, sie nicht unverzüglich oder spätestens 21 Tage nach Eintritt eines Insolvenzgrundes einen Antrag auf Eröffnung des Insolvenzverfahrens stellen.

---

648 Opči porezni zakon, NN 147/2008, 18/2011, 78/2012.
649 Dies ist gemäß Art 41 kroSteuerG ua dann der Fall, wenn eine Gesellschaft von einer anderen unmittelbar oder mittelbar kontrolliert wird. Diese abhängige und die herrschende Gesellschaft sind verbundene Personen iSd kroSteuerG.

Alle hier genannten Haftungstatbestände sind ident mit jenen des oben behandelten Straftatbestands „Verletzung von Gläubigerrechten im wirtschaftlichen Geschäftsverkehr" (Art 249 kroStrG). Fraglich ist jedoch, ob die Tatbestände der Ziffern 1 – 3 tatsächlich auf Gesellschafter allgemein Anwendung finden können, da zumindest im Falle von Kapitalgesellschaften die Gesellschafter nicht selbst über das Vermögen verfügen. Darüber hinaus sind die Gesellschafter von Kapitalgesellschaften auch nicht zur Insolvenzantragstellung verpflichtet. Daher ist Art 26c kroSteuerG mE – entgegen dem gesetzlichen Wortlaut – nicht auf Kapitalgesellschaften anwendbar.

Zusammengefasst werden diese Haftungstatbestände als „Rechtsmissbrauch" (vgl Art 26 kroSteuerG). Die Haftung der Gesellschafter wegen Rechtsmissbrauchs erfordert eine Feststellung durch die Steuerbehörden (Art 158 f kroSteuerG). Wird diese festgestellt, so haften die Gesellschafter als „Steuerbürgen" (Art 26d iVm Art 30 kroSteuerG); dh die steuerrechtliche Missbrauchshaftung ist subsidiär. Die Steuerbehörde kann erst dann auf die Gesellschafter zurückgreifen, wenn sie die Steuerschuld erfolglos schriftlich, unter Setzung einer Leistungsfrist, von der Gesellschaft eingefordert[650] und auch zwangsweise keine Befriedigung erlangt hat (vgl Art 158a Abs 2 kroSteuerG).

2. Haftung der Muttergesellschaft für sozialrechtliche Verbindlichkeiten der Tochtergesellschaft

Das kroatische Sozialrecht enthält keine Haftungsvorschriften für Gesellschafter für Sozialbeiträge der Gesellschaft.

VI. Strafrechtliche Haftung

1. Grundlagen der Verbandsverantwortung

Da eine strafrechtliche Haftung einer juristischen Person iSd Strafrechts mangels Handlungsfähigkeit nicht möglich ist, hat der kroatische Gesetzgeber die Haftung juristischer Personen einem eigenen Gesetz zugeführt, dem Gesetz über die Verantwortlichkeit juristischer Personen für Straftaten (kroVerbVG).[651] Juristische Personen haften demnach für Straftaten ihre Organe, wobei die Haftung der juristischen Person nicht subsidiär, sondern kumulativ ist: sowohl das Organ als auch die Gesellschaft haften.[652] Voraussetzung für die Anwendbarkeit des kroVerbVG ist die Rechtsfähigkeit der juristischen Person.[653] Es muss sich also um „Verbände" handeln, die die Fähigkeit haben, im Rechtsverkehr

---

650 ErläRegV zur 78/2012 Art 2 S 18.

651 Zakon o odgovornosti pravnih osoba za kaznena djela, NN 151/2003, 110/2007, 45/2011.

652 *Đurđević*, Komentar Zakona o odgovornosti pravnih osoba za kaznena djela (2005), Uvod Rz 60 f.

653 *Đurđević*, Komentar Zakona o odgovornosti pravnih osoba, Art 1 Rz 3.

Rechte und Pflichten zu erwerben. Nach kroatischem Gesellschaftsrecht sind alle Handlungsgesellschaften rechtsfähig, dh sowohl Personengesellschaften (öffentliche Handelsgesellschaft, Kommanditgesellschaft) als auch Kapitalgesellschaften (Aktiengesellschaft und GmbH). Sie erlangen die Rechtsfähigkeit mit der Eintragung in das Gerichtsregister (Art 4 kroHGG).

Juristische Personen iSd kroVerbVG sind auch ausländische juristische Personen, die nach kroatischem Recht als juristische Personen angesehen werden (Art 1 Abs 1 kroVerbVG). Eine ausländische Gesellschaft ist eine solche, die ihren Satzungssitz außerhalb der Republik Kroatien hat (Art 611 Abs 1 kroHGG). Dem Gesetzeswortlaut zufolge geht es dabei nicht um die Beurteilung der Rechtspersönlichkeit nach kollisionsrechtlichen Grundsätzen (Gesellschaftsstatut), sondern um die Beurteilung der Rechtspersönlichkeit aus der Sicht des kroatischen (Sach-)Rechts. Richtigerweise können ausländische Gesellschaften, die nicht nach kroatischem Recht gegründet wurden, nicht Rechtspersönlichkeit erlangen, da es dafür ua der Eintragung in das Gerichtsregister bedarf (Art 4 kroHGG). Diese Norm wird so gehandhabt, dass untersucht wird, ob die ausländische Gesellschaft einer inländischen Gesellschaft mit Rechtspersönlichkeit ähnelt.[654] Die Beurteilung der Rechtspersönlichkeit ausländischer juristischer Personen erfolgt unabhängig davon, ob sie nach dem für sie geltenden Recht Rechtspersönlichkeit hat.[655] Dh dass eine deutsche OHG oder KG, trotz mangelnder Rechtspersönlichkeit nach deutschem Recht, aus der Sicht des kroatischen Rechts als ein Rechtssubjekt zu betrachten ist (die kroatische OHG und KG besitzen nach kroatischem Recht Rechtspersönlichkeit) und daher Sanktionsadressat des kroVerbVG ist.

In Österreich[656], aber auch in internationalen Normen, wie zB in Art 1 lit d des Zweiten Protokolls des Übereinkommens über den Schutz der finanziellen Interessen der Europäischen Gemeinschaften, wird die Rechtspersönlichkeit nach dem für die Gesellschaft geltenden innerstaatlichen Recht beurteilt, was auf eine Anwendung der kollisionsrechtlichen Regeln hinzudeuten scheint. Anders dennoch die Lehrmeinung in Österreich; dort wird die Rechtspersönlichkeit offenbar stets nach der Gründungstheorie beurteilt.[657]

2. Voraussetzungen für die Strafbarkeit der juristischen Person

Voraussetzung für die Verantwortlichkeit der juristischen Person ist jedenfalls, dass die Straftat der Organs im Inland begangen wurde (siehe dazu oben die Ausführung zur Anwendung des Strafrechts).[658]

---

654 *Đurđević*, Komentar Zakona o odgovornosti pravnih osoba, Art 1 Rz 9 mwN.

655 *Đurđević*, Komentar Zakona o odgovornosti pravnih osoba, Art 1 Rz 10 mwN.

656 Vgl *Paulitsch*, Verbandsverantwortlichkeit ausländischer Gesellschaftsformen nach dem VerbVG, ecolex 2010, 461.

657 Vgl *Paulitsch*, Verbandsverantwortlichkeit ausländischer Gesellschaftsformen nach dem VerbVG, ecolex 2010, 461.

658 Vgl *Đurđević*, Komentar Zakona o odgovornosti pravnih osoba, Art 1 Rz 10.

Die juristische Person ist gemäß Art 3 kroVerbVG für Straftaten verantwortlicher Personen zu bestrafen, wenn durch diese Straftat Pflichten der juristischen Person verletzt worden sind oder die juristische Person durch die Tat einen unrechtmäßigen Vermögensvorteil für sich oder einen anderen erlangt hat oder hätte erlangen sollen. Eine Verantwortlichkeit kommt für alle Straftaten des kroStrG sowie andere Gesetze, die Straftaten normieren, in Betracht (Art 3 Abs 2 kroVerbVG). Eine verantwortliche Person iSd kroVerbVG ist eine natürliche Person, die die Geschäfte der juristischen Person führt oder der die Ausübung von Geschäften aus dem Tätigkeitsbereich der juristischen Person anvertraut wurde (Art 4 kroVerbVG). Sofern Pflichten der juristischen Person verletzt worden sind, muss die Straftat der verantwortlichen Person in ihrer Funktion bzw bei der Wahrnehmung ihrer Aufgaben begangen worden sein.[659] Der Vermögensvorteil kann sowohl mittelbar als auch unmittelbar die Folge der Straftat sein.[660] Weiters muss der Vermögensvorteil für die juristische Person vom Vorsatz (sofern eine Vorsatztat vorliegt) der verantwortlichen Person erfasst sein.[661]

Die Strafbarkeit der juristischen Person setzt voraus, dass die verantwortliche Person schuldhaft gehandelt hat (Art 5 Abs 1 kroVerbVG). Mangels Verschuldens der verantwortlichen Person gibt es keine Haftung der juristischen Person (Zurechnung der Organhandlung).[662] Doch ist eine juristische Person auch dann zu bestrafen, wenn rechtliche oder tatsächliche Hindernisse für eine Feststellung der Haftung der verantwortlichen Person bestehen (Art 5 Abs 2 kroVerbVG). Damit sind Fälle gemeint, die eine Verfolgung der verantwortlichen Person nicht zulassen, so zB eine Immunität oder deren Tod. Eine Verjährung der Straftat hingegen beseitigt auch die Strafbarkeit der juristischen Person.[663]

Als Strafen kommen Geldbußen oder die Auflösung der juristischen Person, bedingte Urteile sowie Sicherungsmaßnahmen in Betracht (Art 8 Abs 2 kroVerbVG), wobei eine Auflösung der juristischen Person wohl nicht auf ausländische Personen Anwendung finden kann. Geldbußen haben sich zwischen HRK 5.000,– und 5.000.000,– zu bewegen (Art 9 Abs 1 kroVerbVG). Jedenfalls ist der juristischen Person der Vermögensvorteil, den sie durch die Straftat erlangt hat, zu entziehen (Art 20 Abs 1 kroVerbVG). Als Vermögensvorteil wird jede Erhöhung oder Verhinderung einer Minderung des Vermögens der juristischen Person angesehen, die durch die Straftat verwirklicht wurde (Art 20 Abs 2 kroVerbVG). Der Vermögensvorteil kann in Form eines Geldbetrags, eines Rechts oder einer Sache bestehen (Art 20 Abs 4 kroVerbVG).[664] Der Vorteil ist auch dann zu entziehen, wenn sich dieser aufgrund irgendeiner Rechtsgrundlage bei einem Dritten befindet und der Dritte weiß oder wissen musste, dass der Vorteil durch eine Straftat erlangt wurde (Art 20 Abs 5 kroVerbVG). Ist eine Vermögensentziehung nicht möglich, so ist die juristische Person zur Zahlung des Ge-

---

659 *Đurđević*, Komentar Zakona o odgovornosti pravnih osoba, Art 3 Rz 8.
660 *Đurđević*, Komentar Zakona o odgovornosti pravnih osoba, Art 3 Rz 20.
661 *Đurđević*, Komentar Zakona o odgovornosti pravnih osoba, Art 3 Rz 21.
662 Vgl *Đurđević*, Komentar Zakona o odgovornosti pravnih osoba, Art 5 Rz 1.
663 *Đurđević*, Komentar Zakona o odgovornosti pravnih osoba, Art 5 Rz 5.
664 Vgl *Đurđević*, Komentar Zakona o odgovornosti pravnih osoba, Art 3 Rz 19.

genwerts zu verurteilen (Art 20 Abs 4 kroVerbVG). Zudem kann die juristische Person zur Urteilsveröffentlichung verurteilt werden (Art 21 kroVerbVG).

Wird die juristische Person aufgelöst und beendet, bevor das Strafverfahren abgeschlossen wurde, so drohen dem Rechtsnachfolger Geldbußen, Sicherungsmaßnahmen, die Veröffentlichung des Urteils sowie der Entzug des Vermögensvorteils (Art 7 Abs 1 kroVerbVG). Wird sie jedoch nach dem Strafverfahren beendet, so gehen alle in Abs 1 genannten Pflichten auf den Rechtsnachfolger über (Art 7 Abs 2 kroVerbVG).

VII. Internationales Privatrecht und die Zuständigkeit in Konzernhaftungsstreitigkeiten (bei Nicht-EU-Mitgliedern)

1. Internationales Privatrecht

Im Rahmen der bisherigen Ausführungen wurde auf grenzüberschreitende Sachverhalte Bezug genommen, so beispielsweise auf die Anwendbarkeit des kroatischen Konzernrechts oder des kroatischen Strafrechts. Im Folgenden sollen die kollisionsrechtlichen Regelungen des kroatischen IPR für konzernrelevante Rechtsfragen dargelegt werden. Dies sind das Vertragsstatut, das Deliktsstatut, das Gesellschaftsstatut sowie das Insolvenzstatut. All diese Statuten sind innerhalb der EU Gegenstand zwischenstaatlicher Übereinkommen (ROM I-VO, ROM II-VO, EUInsVO). Mit dem endgültigen EU-Beitritt der Republik Kroatien, der für Mitte 2013 vorgesehen ist, haben diese EU-Rechtsakte Vorrang vor den nationalen Kollisionsregeln (vgl Art 3 kroIPRG).

a) Vertragsstatut

Nach dem Vertragsstatut richten sich nicht nur Rechte und Pflichten der Parteien, sondern auch vertragliche Haftungsansprüche. Verträge unterliegen in erster Linie jenem Recht, dem sich die Vertragsparteien einvernehmlich unterworfen haben (Rechtswahl, Art 19 des Gesetzes über die Lösung von Gesetzeskonflikten mit Vorschriften anderer Staaten[665] [kroIPRG]). Wurde keine Rechtswahl getroffen, sieht Art 20 IPRG für verschiedene Vertragstypen den Anknüpfungspunkt für die Bestimmung des anwendbaren Rechts vor. So ist auf einen Vertrag über bewegliche Sachen das Recht jenes Staates anzuwenden, in dem der Verkäufer im Zeitpunkt der Annahme des Vertrags seinen Wohnsitz bzw Sitz hatte. Darlehensverträge unterliegen dem Recht jenes Staates, in dem der Darlehensgeber im Zeitpunkt der Annahme des Vertrags seinen Wohnsitz bzw Sitz hatte. Damit bestimmt sich das Vertragsstatut nach dem Ortsrecht der Person, die die charakteristische Vertragsleistung erbringt. Dieser Grundsatz erlangt insbesondere für Vertragstypen Bedeutung, die in Art 20 kroIPRG keine Erwähnung finden, zumal Art 20 kroIPRG keine abschließende

---

665 Zakon o rjesavanju sukoba zakona s propisima drugim zemalja u odredenim odnosima, NN 53/1991, 88/2001.

Aufzählung enthält. Für Liegenschaftskaufverträge gilt der Grundsatz lex rei sitae; das anwendbare Recht bestimmt sich nach dem Belegenheitsort der Liegenschaft (Art 21 kroIPRG). Freilich haben die Vertragsparteien die Möglichkeit einer Rechtswahl (Art 19 kroIPRG).

b) Deliktsstatut

Außervertragliche Haftungsansprüche richten sich nach dem Recht jenes Staates, in dem die schädigende Handlung vollendet wurde, oder nach dem Recht des Staates, in dem der Schaden eingetreten ist, je nachdem, welcher dieser beiden Anknüpfungspunkte für den Geschädigten günstiger ist (Art 28 Abs 1 kroIPRG). Dies gilt auch für die Beurteilung der Rechtswidrigkeit der Handlung; sofern beide Anknüpfungspunkte nicht im selben Staat liegen, genügt die Rechtswidrigkeit der Tat in einem dieser Staaten (Art 28 Abs 2 kroIPRG).

c) Gesellschaftsstatut

Die Zugehörigkeit (und somit die Rechtspersönlichkeit) einer juristischen Person richtet sich nach deren Gründungsstaat (Gründungstheorie, Art 17 kroIPRG). Hat eine juristische Person ihren tatsächlichen Sitz außerhalb des Gründungsstaats und hat sie nach dem Recht des Sitzstaats Rechtspersönlichkeit, so gilt sie als dem Sitzstaat zugehörig (Art 17 kroIPRG).

d) Insolvenzstatut

Gemäß Art 303 kroInsG gilt für das Insolvenzverfahren und seine Wirkungen das Insolvenzrecht jenes Staates, in dem das Verfahren eröffnet wird, sofern das kroInsG nichts anderes bestimmt (*lex fori concursus*). So ist hinsichtlich der Auswirkungen des Insolvenzverfahrens auf Arbeitsverträge und Arbeitsverhältnisse ausschließlich das Recht jenes Staates maßgeblich, dem der Arbeitsvertrag unterliegt (Art 305 kroInsG).

2. Internationale Zuständigkeit

Die internationale Zuständigkeit kroatischer Gerichte ist im kroIPRG geregelt (Art 46 ff kroIPRG). Gemäß Art 46 Abs 1 kroIPRG ist die internationale Zuständigkeit kroatischer Gerichte dann gegeben, wenn der Beklagte seinen Wohnsitz bzw Sitz in der Republik Kroatien hat (dies entspricht im Übrigen auch der Regelung des Art 2 EuGVVO). Sind der Gegenstand des Verfahrens außervertragliche Haftungsansprüche, so sind kroatische Gerichte auch dann zuständig, wenn der Schaden im Inland eingetreten ist (Art 53 Abs 1 kroIPRG). Für Streitigkeiten, die gegen juristische Personen geführt werden, die ihren Sitz im Ausland haben und Verbindlichkeiten zum Gegenstand haben, die im Inland begründet worden oder die im Inland zu erfüllen sind, sind die kroatischen Gerichte dann zuständig, wenn die ausländische juristische Person in der Republik Kroatien eine Repräsentanz oder eine Zweigniederlassung hat oder sich dort der Sitz einer Firma befindet, der die Geschäftsführung der ausländischen juristischen Person anvertraut wurde (Art 55 kroIPRG). Auf die Tochtergesellschaft trifft keiner dieser alternativen Anknüpfungspunkte zu.

Für das Insolvenzverfahren sind die kroatischen Gerichte ausschließlich dann zuständig, wenn der Mittelpunkt der Geschäftstätigkeit des Schuldners in der Republik Kroatien liegt (Art 301 Abs 1 kroInsG). Es wird (widerlegbar) vermutet, dass sich der Mittelpunkt der Geschäftstätigkeit dort befindet, wo der Schuldner seinen eingetragenen Sitz (Satzungssitz) hat (Art 301 Abs 1 Satz 2 kroInsG). Hat der Schuldner seinen Satzungssitz im Ausland, so muss, um die Zuständigkeit kroatischer Gerichte zu begründen, der Nachweis erbracht werden, dass er seinen Mittelpunkt der Geschäftstätigkeit im Inland hat (vgl auch Art 301 Abs 3 kroInsG). Das Insolvenzverfahren erfasst sodann das gesamte Vermögen des Schuldners, unabhängig davon, wo es sich befindet (Art 301 Abs 2 kroInsG).

Literaturverzeichnis

Kroatien

Barbić, Koncern i društava koncerna, Pravo u gospodarstvu 4/2007, 57.
Barbić, Odgovornost članova, RRiF 2009, 144 .
Barbić, Pravo Društava Društvo s ograničenom odgovornošču[5].
Barbić, Pravo društava II, Opći dio[3].
Barbić, Pravo Društava, Dioničko društvo[5].
Barbić, Pravo Društava, Knjiga treća, Društva osoba.
Barbić, Zajam kojim se nadomješta kapital društva s ograničenom odgovornošču, RRiF 8/2001, 49.
Brnabić, Proboj pravne osobnosti u joint venture odnosima, Pravo u gospodrastvu, 3/2010, 709 ff.
Dika, Građansko parnično pravo[4].
Dika, Treća novela stečajnog zakona.
Đurđević, Komentar Zakona o odgovornosti pravnih osoba za kaznena djela.
Filipović in Filipović /Gorenc/Slakoper, Komentar Zakona o trgovačkim društvima[2].
Gorenc, Komentar Zakona o obveznim odnosima.
Gorenc, Zaštita manjinskih članova društva s ograničenom odgovornošću, RRiF 9/2001 102.
Gorenc/Ćesić/Buljan/Brkanić, Komentar kroHGG[4].
Jelinić, O proboju pravne osobnosti, PuG 2/2009, 572.
Jurić, Odgovornost vladajućeg društva za obaveze ovisnog društva u Hrvatskom i sporednom pravu, Zbornik pravnog fakulteta sveučilišta u Rijeci 2002, 507.
Klarić/Vedriš, Građansko pravo[12].
Koppensteiner/Rüffler, Die Bestellung von Sicherheiten durch eine Kapitalgesellschaft für Verbindlichkeiten ihrer Gesellschafter, GesRZ 1999, 86 ff.

Kos, Odgovornost članova trgovačkih društava kapitala za obveze takvih društava – proboj zaštita pravne osobnosti, Pravo i porezi 2000, 23.

Lazarušić, Proboj pravne osobnosti, RRiF 8/2010, 133 f.

Momčinović, Ugovorna odgovornost za štetu, Hrvatksa Pravna Revija 3/2006, 1 ff.

Novoselec, Aktualni problemi hrvatskog gospodarskog kaznenog prava, Hrvatski ljetopis za kanznen pravo i praksu (Zagreb), vol 14 2/2007, 378.

Obradović, Die Gesellschafterstellung in der kroatischen GmbH – eine rechtsvergleichende Analyse aus Sicht des Minderheitenschutzes, Dissertation (Wien) 2012.

Obradović, Die Stimmrechtsausübung durch Dritte im kroatischen Aktienrecht, eastlex 1/2011, 9.

Parać, Trgovačka društva i zaštita vjerovnika, PuG 7–8/1995, 505.

Petrovic, The Legal Regulation of Company Groups in Croatia in Unternehmensgruppen in mittel- und osteuropäischen Ländern, Hopt/Jessel-Host/Pistor (Hrsg) 2002, 219 f.

Širola, Odgovornost članova društva s ogrančenom odgovornošču za nedopušten zahvat u imovinu društva, Zbornik Pravnog fakulteta u Zagrebu 2011, 1691.

Slakoper, Društvo s ograničenom odgovornošču[2].

Slakoper, Obveza povrata nedopušteno primljenog i odgovornost članova, HGR 6/1999, 68.

Ausland

Altmeppen, Das neue Recht der Gesellschafterdarlehen in der Praxis, NJW 2008, 3601.

Baumbach/Hueck, GmbHG[19].

Behrens, Anerkennung, internationale Sitzverlegung und grenzüberschreitende Umstrukturierung von Gesellschaften nach dem Centros-Urteil des EuGH, JBl 2001, 341 ff.

Behrens, Die Gesellschaft mit beschränkter Haftung im internationalen und europäischen Recht[2] (1997).

Braun, Insolvenzordnung[2].

Brus, Das slowenische Konzernrecht und seine Herkunft aus dem deutschen Recht der verbundenen Unternehmen.

Brus, Das slowenische Konzernrecht und seine Herkunft aus dem deutschen Recht der verbundenen Unternehmen (1998).

Bungert, Rechtliche Auswirkungen der „domestication" einer deutsche GmbH in den USA nach deutschem Gesellschaftsrecht, RiW 1999, 112.

Dahl/Schmitz, Eigenkapitalersatz nach dem MoMiG aus insolvenzrechtlicher Sicht, NZG 2009, 325.

Doralt/Nowotny/Kalss, Kommentar zum AktG[2].

Drygala/Staake/Szalai, Kapitalgesellschaftsrecht: Mit Grundzügen des Konzern- und Umwandlungsrechts.

Eckert, Internationales Gesellschaftsrecht.

Eickmann/Flessner/Irschlinger/Kirchhof/Kreft/Landfermann/Marotzke, Insolvenzordnung.

Eidenmüller/Eidenmüller, Ausländische Kapitalgesellschaften im deutschen Recht.

Emmerich/Habersack, Aktien- und GmbH-Konzernrecht[6].

Festschrift Robert Fischer (1979).

Festschrift Gerhard Frotz.

Festschrift Heinrich Lehrmann (1956).

Festschrift Peter Doralt.

Flume, Juristische Person.

Forum Europeum Konzernrecht (*Doralt/Druey/Hommelhoff/Hopt/Lutter/Wymeersch*), Konzernrecht für Europa, ZGR 1998, 672.

Forum Europeum Konzernrecht ZGR 1998, 680.

Gabriel, Die Widerrechtlichkeit in Art 41 Abs 1 OR, Diss. Freiburg 1978.

Gehrlein, Die Behandlung von Gesellschafterdarlehen durch das MoMiG, BB 2008, 846.

Grunewald, Die Gesellschafterklage in der Personengesellschaft und in der GmbH (1990) 12 ff.

Habersack, Gesellschafterdarlehen nach MoMiG: Anwendungsbereich, Tatbestand und Rechtsfolgen der Neuregelung, ZIP 2007, 2145.

Habersack/Winter, Großkommentar GmbHG.

Hachenburg, Kommentar zum GmbHG[8].

Hanssler/Strohn, Gesellschaftsrecht.

Herrler/Reymann, Die Neuerungen im Aktienrecht durch das ARUG – Unter besonderer Berücksichtigung der Neuregelungen zur Hauptversammlung und zur Kapitalaufbringung bei der AG (Teil 2), DNotZ 2009, 91.

Hoffmann-Becking, Münchener Handbuch des Gesellschaftsrechts, Aktiengesellschaft[2].

Hölters, Kommentar zum Aktiengesetz.

Hopt/Wiedemann, Großkommentar Aktiengesetz[4].

Hüffer, AktG[10].

Hüffer, Aktiengesetz[9].

Hügel, Probleme des Offenlegungsgrundsatzes bei Rechtsgeschäften im Unternehmensbereich, JBl 1983, 450.

Jabornegg/Strasser, AktG[4].

K.Schmidt, Gesellschaftsrecht[4].

K.Schmidt, Handelsrecht[5].

Kalss, Alternativen zum deutschen Aktienkonzernrecht, ZHR 2007, 146.

Kalss, Verschmelzung/Spaltung/Umwandlung[2].

Kalss/Eckert, Zentrale Fragen des GmbH-Rechts.

Kalss/Hügel, SE-Kommentar.

Kalss/Nowotny/Schauer, Österreichisches Gesellschaftsrecht.

Klang, Kommentar ABGB.

Kölner Kommentar zum Aktiengesetz[2].

Kölner Kommentar zum Aktiengesetz[3].

König, Die Anfechtung nach der Konkursordnung.

Koppensteiner/Rüffler, Kommentar GmbHG[3].

Koziol, Österreichisches Haftpflichtrecht[2].

Koziol/Welser, Bürgerliches Recht II[13].

Kropholler, Internationales Privatrecht[4].

Leitner, Die Patronatserklärung, ÖBA 2002, 517 f.

Lutter, Holding Handbuch[4].

Lutter/Gehling, Verdeckte Sacheinlagen, Zur Entwicklung der Lehre und zu den europäischen Aspekten, WM 1989, 1445.

Lutter/Hommelhoff, Kommentar GmbHG[17].

Lutter/K. Schmidt, AktG.

Lutter/K. Schmidt, Kommentar zum Aktiengesetz.

Michalski, Kommentar zum GmbH-Gesetz[2].

Münchener Kommentar zum Aktiengesetz[3].

Münchener Kommentar zum BGB[6].

Münchener Kommentar zur Insolvenzordnung[2].

Nirk, Zur Rechtsfolgenseite der Durchgriffshaftung in FS Walter Stimpel (1985), 454.

Oelkers, Der Nachteilsausgleich im italienischen Konzernrecht, Der Konzern 2007, 570.

Palandt, Bürgerliches Gesetzbuch[68].

Paulitsch, Verbandsverantworlichkeit ausländischer Gesellschaftsformen nach dem VerbVG, ecolex 2010, 461.

Reich-Rohrwig, Grundsatzfragen der Kapitalerhaltung.

Röhricht, Die GmbH im Spannungsfeld zwischen wirtschaftlicher Dispositionsfreiheit ihrer Gesellschafter und Gläubigerschutz in FS 50. Jahre BGH, 2000 Bd I, 83.

Roth/Altmeppen, Kommentar GmbHG[6].

Roth/Altmeppen, Kommentar GmbHG[7].

Rowedder/Schmidt-Leithoff, Kommentar zum GmbHG[4].

Ruiner, Fortentwicklung des EuGH-Urteils in der Rs. Cartesio durch die Schlussanträge des GA Jääskinen in der Rs. Vale Építési kft, IStR 2012, 257 ff.

Rummel[3], Kommentar zum ABGB.

Rützel, Die gesellschaftsrechtliche Beschlussfeststellungsklage ZIP 1996, 1964 f.

Scholz, Kommentar zum GmbHG[10].

Scholz, Kommentar zum GmbHG[9].

Serick, Rechtsform und Realität juristischer Personen[2]

Slakoper, Što je zabranjeno članovima društva s ograničenom odgovornošču, RiF 3/1999, 86.

Spahlinger/Wegen/Spahlinger, Internationales Gesellschaftsrecht.

Spindler/Stilz, Kommentar zum Aktiengesetz[2].

Staudinger, Kommentar zum BGB.

Straube, Wiener Kommentar zum GmbHG.

Straube, Wiener Kommentar zum Unternehmensgesetzbuch[4].

Sudhoff, Unternehmensnachfolge[5].

Theisen/Wenz, Die Europäische Aktiengesellschaft.

Thöni, Rechtsfolgen fehlerhafter GmbH Gesellschafterbeschlüsse.

Torggler, in Fünf (Anti-)Thesen zum Haftungsdurchgriff, JBl 2006, 86.

Torggler, Treuepflichten im faktischen GmbH-Konzern (2007).

Torggler, Treuepflichten im faktischen GmbH-Konzern, Dissertation (1996).

Uhlenbruck, Insolvenzordnung[13].

Ulmer, Verdeckte Sacheinlagen im Aktien- und GmbH-Recht, ZHR 154/1990, 128.

v.Gerkan/Hommelhof, Handbuch des Kapitalersatzrechts[2].

Wicke, Einführung in das Recht der Hauptversammlung, das Recht der Sacheinlagen und das Freigabeverfahren nach dem ARUG.

Zimmer/Naendrup, Das Cartesio-Urteil des EuGH: Rück- oder Fortschritt für das internationale Gesellschaftsrecht?, NJW 2008, 547.

Haftungsrisiken für die Konzernmutter in Polen

Romana Cierpial-Magnor, Olga Horwath Campbell

Inhaltsverzeichnis

I. Einleitung

1. Entwicklung des Gesellschaftsrechts[1]

Die Geschichte des Gesellschaftsrechts in Polen ist stark mit der Rechtsentwicklung seiner Nachbarstaaten verbunden. Nach der Dreiteilung Polens im 18. Jahrhundert zwischen Preußen (Westpolen), Russland (Mittel- und Ostpolen) und der Österreichischen Monarchie (Südpolen) galten auf dem heutigen Staatsgebiet bis 1918 die gesetzlichen Regelungen des jeweiligen Besatzungsstaates. Eine Ausnahme bildete das Königreich Polen unter russischer Herrschaft, wo aufgrund historischer Umstände (Einfluss Napoleons I.) die französischen Zivil- und Handelsgesetzbücher mit russischen Novellierungen eingeführt wurden.[2]

Die Handelsgesellschaften und der Kapitalmarkt haben sich auf dem Gebiet Polens bereits im 19. Jahrhundert entwickelt: Im Jahre 1817 entstand in Warschau die erste Wertpapierbörse. Auch wenn bereits vor dem Zweiten Weltkrieg neben der Warschauer Börse noch sechs weitere Börsen in Polen errichtet wurden, umfasste die Warschauer Börse 90 % des Wertpapierhandelsvolumens.[3] Das Börsenrecht regelte ein eigenes Gesetz.[4] Die Rechtsgrundlagen von damals

---

1 Dieser Kapitel beruht auf dem Arbeitspapier Nr 108 des FOWI, Bachner/Cierpial/Waclawik (Hrsg), Einführung in das polnische Aktienrecht, 2. Auflage, 2005.
2 Bardach/Leśniodorski/Pietrzak, Historia ustroju i państwa polskiego, 426 f.
3 Wierzbowski, Securities Regulation in Poland and the Warsaw Stock Exchange in: Hopt/Kötz/Mestmäcker (Hrsg), Systemtransformation in Mittel- und Osteuropa und ihre Folgen für Banken, Börsen und Kreditsicherheiten, 261.
4 Verordnung des Präsidenten der Republik Polen vom 28. Dezember 1924, Dz. U. 1924, Nr 114, Pos. 199 idgF.

galten auch noch in der Zeit nach 1918, als Polen seine Unabhängigkeit erlangte, und wurden erst 1934 durch neue Regelungen ersetzt. Im Jahre 1928 wurde das erste polnische Aktienrecht (Prawo akcyjne)[5] und 1934 das erste polnische Handelsgesetzbuch (Kodeks handlowy, HGB) erlassen.[6] Der Gesetzgeber entschloss sich für das dualistische System des Privatrechts nach dem deutschen Vorbild. Das polnische HGB wurde nach dem Muster des deutschen HGB 1897 gestaltet. Neben den gemeinsamen Vorschriften für Kaufleute, insbesondere über das Handelsregister, die Prokura, die Firma ua (I. Buch) wurden auch die Handelsgeschäfte (II. Buch) geregelt. Nach 1947 wurde mit der Einführung der Planwirtschaft und der Abschaffung der Freiheit des Handelsgewerbes und – zum Teil – auch des Privateigentums die Regelung über den Einzelkaufmann aufgehoben. Das ursprünglich als Sonderprivatrecht der Kaufleute geschaffene Handelsrecht wurde dem Zivilrecht untergeordnet. Nach dem Grundsatz der Einheit des Privatrechts wurden Sonderregelungen für die Handelsgeschäfte durch allgemeine zivilrechtliche Vorschriften ersetzt. Dennoch blieben noch bis Ende 1999 jene Vorschriften des I. Buches in Kraft, welche die Firma, die Prokura, das Register und die Gesellschaftsformen regelten.

Am 1. Jänner 2001 trat die Reform des polnischen Handelsrechts in Kraft, deren Hauptzweck die Novellierung des Gesellschaftsrechts und seine Anpassung an die Anforderungen der modernen Marktwirtschaft und an das Recht der Europäischen Union war. Die Schaffung des zentralen Landesgerichtsregisters bildete einen der Schwerpunkte der Reform.[7] Dabei handelt es sich um ein EDV-mäßig geführtes öffentliches Register, welches das Unternehmerregister, das Register für Vereine und andere Organisationseinheiten sowie das Register zahlungsunfähiger Schuldner umfasst. Der wichtigste Schritt im Rahmen dieser Reform war das Ersetzen der gesellschaftsrechtlichen Regelungen des HGB durch das neue Gesetzbuch über Handelsgesellschaften (Kodeks spółek handlowych, HGGB)[8].

Die neuesten Änderungen des Gesellschaftsrechts betreffen die Implementierung der EU-Richtlinien zum Gesellschaftsrecht (Kapitalrichtlinie, Verschmelzungsrichtlinie und Gesellschafterrichtlinie), die vereinfachte GmbH-Gründung sowie die Verschmelzung von Gesellschaften. Das Konzernrecht soll nach der dogmatischen Aufarbeitung im HGGB neu geregelt werden.

---

5 Verordnung des Präsidenten der Republik Polen vom 22. März 1928, Dz. U. 1928, Nr 39, Pos. 383 idgF.
6 Verordnung des Präsidenten der Republik Polen vom 27. Juni 1934, Dz. U. 1934, Nr 57, Pos. 502 idgF, in Kraft getreten am 1. Juli 1934.
7 Gesetz vom 20. August 1997 (in Kraft seit 1. Jänner 2001) über das Landesgerichtsregister, Dz. U. 1997, Nr 121, Pos. 769 idgF.
8 Gesetz vom 15. September 2000 (in Kraft seit 1. Jänner 2001), Dz. U. 2000, Nr 94, Pos. 1037 idgF.

2. Entwicklung des Konzernrechts

Die ersten Beiträge über das Konzernrecht sind erst in den 90er-Jahren zu finden, geprägt durch die Praxis der anderen europäischen Länder. Die Diskussion konzentrierte sich auf den Begriff des Konzerns und die Gefahren der Ausbeutung der polnischen Töchter durch ausländische Konzernmütter.[9] Näher analysiert wurden die konzernrechtlichen Regelungen des deutschen Rechts und ihre Tauglichkeit für die polnische Rechtslage.[10] Diese Erkenntnisse spiegeln sich in den fragmentarischen Regelungen der großen Novelle des Gesellschaftsrechts aus dem Jahre 2000 wider.

In der Zeit der Entstehung des Konzernrechts wurde durch den Gesetzgeber eine bewusste Entscheidung getroffen, die Regelung nicht nach dem deutschen Vorbild zu gestalten.[11] Diese Regelung schien in der frühen Phase der politischen Umwandlung zu detailliert und kasuistisch und deswegen auf die Verhältnisse, die sich in der neuen wirtschaftlichen Realität erst ausbildeten, nur schlecht anwendbar. Die HGGB-Formulierungen bekamen den Charakter einer Generalklausel, um der Rechtsprechung eine weitgehende Flexibilität zu ermöglichen.[12] Das HGGB verwendet nicht den Begriff „Konzern" oder „Holding", sondern knüpft an Beherrschungs- und Abhängigkeitsverhältnisse an.[13]

Diese konzernrechtlichen Regelungen des HGGB haben eine lebhafte Diskussion nicht nur über ihren Inhalt und ihre Bedeutung, sondern auch über die Ausgestaltung des polnischen Konzernrechts ausgelöst. Die Lehre[14] hat in den ersten Jahren nach dem Inkrafttreten des Gesetzes vor allem die Themen über die Rolle der Konzerne, die Typen von Konzernstrukturen und ihre Gestaltung,

---

9   Schubel, Gestaltungsfreiheit und Gestaltungsgrenzen im polnischen Vertragskonzernrecht, 21.

10   Sołtysiński, Zgrupowania spółek. Zarys problematyki prawnej, Kwartalnik Prawa Prywatnego (KPP) 1993 H 3, 223 ff und Susz-Kramarska, Koncern jako źródło zagrożenia egzystencji spółki zależnej, Przegląd Ustawodawstwa Gospodarczego (PUG) 1997 H 1, 7 ff.

11   Schubel, Gestaltungsfreiheit ..., 13.

12   Schubel, Gestaltungsfreiheit ..., 80; Szczęsny, Konieczność zatwierdzenia umowy holdingowej przez akcjonariuszy spółek handlowych, Przegląd Prawa Handlowego (PPH) 2006 H 5, 54.

13   In der Lehre werden durch die Autoren Begriffe wie „Konzern", „Holding" oder „Unternehmensgruppe" verwendet.

14   Vgl Kubot, Struktury holdingowe, Zielona Góra 1993; Nogalski/Ronkowski, Holding, organizacja i funkcjonowanie, Warszawa 1995; Stecki, Koncern, Toruń, 2001; Warchoł, Umowy koncernowe w prawie niemieckim i polskim, Kraków 2001; Włodyka, Prawo koncernowe, Kraków, 2003; Jacyszyn, Spółka spółek, Rejent 1993 H 6; Jażdżewski, Koncentracja gospodarcza jako forma współdziałania gospodarczego- uwagi teoretycznoprawne, RPEiS 2000 H 2; Karolak, Instytucja holdingu, PUG, 2001 H 3; Karolak, Prawne mechanizmy ochrony spółki córki oraz jej wierzycieli w strukturze holdingowej, Prawo Spółek (Pr. Sp.) 2001 H 5; Karolak, Stosunki wewnątrzholdingowe, Prawo Spółek 2001 H 6; Leipert, Istota koncernu a art. 4 §1 pkt f k.s.h., PPH 2006 H 2; Romanowski, Pojęcie spółki dominującej w kodeksie spółek handlowych, PiP 2004 H 5; Opalski, Koncern w niemieckim prawie spółek, PPH 1998 H 2; Opalski, Koncern w polskim prawie spółek- porównanie z prawem niemieckim, PPH 1998 H 7; Opalski, Prawo zgrupowań spółek, Warszawa 2012; Pinior, Tworzenie koncernów na skutek podziału spółki w prawie niemieckim, Pr. Sp. 2005 H 6; Płonka, Osoba prawna jako członek zarządu spółki kapitałowej, Państwo i Prawo (PiP) 1991 H 5; Popiołek, Podmiotowy zakres zastosowania art. 6 kodeksu spółek handlowych,

die Beherrschungs- und Abhängigkeitsverhältnisse, die Existenz von Konzerninteressen, die Pflichten in Konzernstrukturen sowie die Haftung einer herrschenden Gesellschaft und deren Vorstand gegenüber der abhängigen Gesellschaft und ihren Gläubigern aufgearbeitet. Die polnische Diskussion war offen für rechtsvergleichende Ansätze, was in mehreren Darstellungen der Lage der Unternehmensgruppen in anderen Rechtssystemen – vor allem aber im deutschen Recht – resultierte.

In den letzten Jahren ist eine Diskussion über die Neuregelung der Unternehmensgruppen aufgekommen. Die Vorlage bilden zwei – sehr unterschiedliche – Entwürfe zur Neuregelung dieser Problematik: das Projekt der Kodifizierungskommission für Zivilrecht vom 22. März 2010[15] sowie das Projekt des polnischen Wirtschaftsministeriums vom 8. März 2010[16]. In beiden Projekten haben die Verfasser auf eine vollständige Regelung des Konzernrechts verzichtet. Die Lehre konzentriert sich in den neusten Beiträgen vor allem auf die im Entwurf der Kodifizierungskommission vorgeschlagenen Lösungen[17].

3. Der Stand der Diskussion über die Haftung der Muttergesellschaft

Der Grundsatz der Trennung der Wirtschaftssubjekte sowie der Grundsatz der „Nichthaftung" der Gesellschafter einer Kapitalgesellschaft für deren Verbindlichkeiten bilden im polnischen Recht sehr starke Barrieren für die Aner-

---

Pr. Sp. 2001 H 7–8; Późniak-Niedzielska, Funkcjonowanie spółki dominującej w świetle przepisów k.s.h., PPH 2002 H 10; Romanowski, Pojęcie spółki dominującej kodeksie spółek handlowych, PiP 2004 H 5; Śmigaj, Odpowiedzialność spółki dominującej w prawie polskim i włoskim, Pr.Sp., 2005 H 1; Staranowicz, Regulacja prawna holdingu w k.s.h., R. Pr. 2003 H 6; Strzępka, Zabezpieczenie przez spółkę dominującą zobowiązań zaciągniętych przez spółki zależne (cz. II), Pr. Sp. 2003 H 1; Strzępka, Zabezpieczenie przez spółkę dominującą zobowiązań zaciągniętych przez spółki zależne (Teil I), Pr. Sp. 2002 H 12; Susz-Kramarska, Koncern jako źródło zagrożenia egzystencji spółki zależnej, PUG 1997 H 1; Szumański, Ograniczona regulacja prawa holdingowego (prawa grup spółek) w kodeksie spółek handlowych, PiP 2001 H 3; Szumański, Regulacja prawa holdingu w polskim i europejskim prawie spółek (zagadnienia pojęciowe), PPH 1996 H 8.

15 Das Projekt befindet sich auf der Homepage des Justizministeriums: http://bip.ms.gov.pl/ projekty-aktow-prawnych/prawo-gospodarcze/.

16 Projekt des Gesetzes über die Beschränkung von Verwaltungshemnissen, http://bip.mg.gov. pl/node/12002 .

17 Szumański, Spór wokół roli interesu grupy spółek i jego realizacji w szczególności do interesu własnego spółki uczestniczącej w grupie, PPH 2010 H 5; Domański/Schubel, Krytycznie o projekcie prawa grup spółek, PPH 2011 H 5; Kwaśnicki, Prawo holdingowe – uwagi do projektu nowelizacji kodeksu spółek handlowch, PPH 2011 H 3; Błaszczyk, Odpowiedzialność cywilna spółki dominującej w projekcie nowelizacji kodeksu spółek handlowych w zakresie grup spółek (cz. I), PPH 2010 H 2; Błaszczyk, Odpowiedzialność cywilna spółki dominującej w projekcie nowelizacji kodeksu spółek handlowych w zakresie grup spółek (cz. II), PPH 2010 H 3; Kwaśnicki/Nilsson, Legalne działanie na szkodę spółki zależnej, PPH 2007 H 12; Romanowski, Wnioski dla prawa polskiego wynikające z uregulowań prawa grup kapitałowych w wybranych systemach prawnych państw UE, Japonii i USA, Studia Prawa Prywatnego 2008 H 2; Zięty, Projekt w zakresie prawa grup spółek (próba oceny) PiP 2010 H 3.

kennung der Durchgriffshaftung im Konzern. Dennoch wird die Verneinung der Haftung auch in dem Fall, wo ein Schaden durch schuldhaftes Verhalten der dominierenden Gesellschaft – entweder der abhängigen Gesellschaft oder deren Gläubiger – entstanden ist, nicht für angemessen gehalten. Die Grundlagen der möglichen Haftung sind nach der geltenden Rechtslage nicht im nur fragmentarisch vorhandenen Konzernrecht, sondern vor allem in den klassischen Regelungen des Gesellschafts- und Zivilrechts zu suchen. Darüber, dass diese Regelungen in einem modernen Konzernrecht nicht ausreichend sind, ist sich die polnische Lehre weitgehend einig. Die Versuche, ein neues Konzernrecht einzuführen, werden schon seit der Novelle zum Gesellschaftsrecht aus dem Jahre 2000 unternommen und scheitern in der Regel an dem Vorschlag, eine Durchgriffshaftung gegen die Muttergesellschaft zu erlauben und gleichzeitig die grundlegenden Prinzipien einer Kapitalgesellschaft, nämlich die Kapital- und Haftungstrennung, zu respektieren. Die Einführung einer *Ex-lege*-Haftung der Muttergesellschaft als Gesellschafter für Verbindlichkeiten der Tochter ist für die meisten polnischen Autoren noch immer undenkbar.[18]

Wie bereits erwähnt, bildet das Projekt der Kommission für die Kodifizierung des Zivilrechts vom 22. März 2010 den neuesten Versuch der Modernisierung des polnischen Konzernrechts.[19] Dieses Projekt enthält zwei besonders wichtige Regelungen für die Fragen der Haftung der Muttergesellschaft: den Begriff einer Unternehmensgruppe mit einem gemeinsamen Gruppeninteresse in Art 4 § 1 Z 5 und Art 21¹ § 1, wonach sich die herrschende und die abhängige Gesellschaft nach dem Gruppeninteresse richten können, wenn dies im Interesse der Gesellschaft liegt und die begründeten Interessen der Gläubiger und Minderheitsaktionäre der abhängigen Gesellschaft nicht beeinträchtigt. Die Regelung in Art 21¹ § 1 sollte also die Interessen aller Beteiligten berücksichtigen. Die Verfolgung dieses Ziels resultiert in einer Unklarheit der Regelung. Wie *Domański/Schubel*[20] richtig erkannt haben, lässt der vorgeschlagene Inhalt keine eindeutigen Schlussfolgerungen über den Umfang der Haftung zu. Die Pflicht zur gleichzeitigen Beachtung von Interessen aller Beteiligten kann nicht umgesetzt werden und führt zu Unsicherheiten beim Vorstand. Über die Absichten der Autoren, die Regelung des Konzernrechts nach der Rozenblum-Doktrin zu gestalten, kann wegen fehlender Elemente – wie zB die konkrete Verpflichtung zum Ersatz der bei der Tochtergesellschaft entstandenen Schäden – nur vermutet werden.

Die Zukunft des polnischen Konzernrechts und somit auch der Regelung über die Haftung der Muttergesellschaft bleibt derzeit unklar. Der überwiegende Teil der Lehre lehnt eine vollständige Regulierung des Konzernrechts[21] nach deut-

---

18 Włodyka, Prawo spółek handlowych, Band 2B, 979; Karolak, Prawne mechanizmy ..., 8.

19 Das Projekt befindet sich auf der Homepage des Justizministeriums, http://bip.ms.gov.pl/projekty-aktow-prawnych/prawo-gospodarcze/.

20 Domański/Schubel, Krytycznie o projekcie prawa grup spółek, PPH 2011 H 5.

21 Solche Regelungen gibt es auch insbesondere in Tschechien, Kroatien und Ungarn. Die vollständige Regelung des Konzernrechts versucht insbesondere das Projekt des polnischen Wirtschaftsministeriums vom 8. März 2010 umzusetzen. Die Kritik des Projektes betrifft vor allem den fehlenden Schutz der abhängigen Gesellschaft. Näher dazu Szumański, Spór wokół roli interesu grupy i jego relacji w szczególności do interesu własnego spółki uczestniczącej w grupie, 9 f.

schem Vorbild, dessen Erfahrungen aus den letzten Jahren nicht überzeugend sind, ab.[22] Dem Postulat, dass die Rolle des Konzernrechts weniger im Schutz der abhängigen Gesellschaften und ihrer Gläubiger und mehr in der Schaffung eines Gleichgewichts zwischen den Interessen aller Beteiligten liegen soll,[23] entspricht vielmehr die französische Rozenblum-Doktrin. Danach hat sich die Regelung des Konzernrechts nur auf Fragen zu konzentrieren, die für die Sicherheit des Rechtsverkehrs unabdingbar sind, und andere Probleme der freien Gestaltung durch die Konzernteilnehmer zu überlassen. Nur drei Punkte sind nach der Doktrin zu beachten: die dauerhafte organisatorische Verbindung, eine langfristige gemeinsame wirtschaftliche Strategie sowie die Absicherung der Ausgleiche zwischen den Gewinnen und Verlusten der Konzernteilnehmer in einem bestimmten, wenn auch längerem Zeitraum.[24]

Gegen die Einführung der Rozenblum-Doktrin in das polnische Recht im Wege entsprechender Konzernverträge oder Erklärungen der Muttergesellschaft hat sich *Opalski*[25] ausgesprochen. Um das Ziel, also den Schutz der abhängigen Gesellschaft und ihrer Gesellschafter, zu erreichen, befürwortet *Opalski*[26] die Einführung einer gesetzlichen Regelung des Interesses der Gesellschaftengruppe, in der die „Spielregeln" die Gesellschaften selbst und die Judikatur erarbeiten sollten. Dadurch könnte die Lage der einzelnen Kapitalgesellschaft in der Relation zu verbundenen Gesellschaften beurteilt werden. Dieser Regelung müssen die Änderungen im Steuerrecht, das derzeit keine Ausnahmen von der objektiven Äquivalenz der Leistungen vorsieht, folgen. Gleichzeitig sollen die Instrumente des Schutzes von Minderheitsaktionären und Gläubigern der Gesellschaft ausgebaut werden.

4. Statistische Daten über vorhandene Konzernstrukturen

Die Diskussion über die rechtliche Gestaltung des Konzerns in Polen ist keinesfalls nur eine theoretische. Im Jänner 2012 publizierte das Polnische Hauptamt für Statistik die zweite Studie, die sich mit dem Thema der Unternehmensgruppen in Polen auseinandergesetzt hat[27]. Als Quelle für die Statistik diente ein Bericht über die Gesellschaften für das Jahr 2010[28]. Zur Durchführung der Studie wurde die Unternehmensgruppe als Zusammensetzung von rechtlich selbständigen Unternehmen, die in einem wirtschaftlichen Verhältnis zueinander-

---

22 Opalski, Prawo zgrupowań ..., 610 ff.
23 Szumański, Spór wokół roli interesu grupy spółek i jego relacji w szczególności do interesu własnego spółki uczestniczącej w grupie, PPH 2010 H 5, 15.
24 Vgl dazu Domański/Schubel, Krytycznie o projekcie prawa grup spółek, PPH 2011 H 5, 7.
25 Opalski, Prawo zgrupowań ..., 618 f.
26 Opalski, Prawo zgrupowań ..., 614 f.
27 Abrufbar auf der Internetseite: http://www.stat.gov.pl/gus/publikacje_a_z_PLK_HTML.htm.
28 Die Pflicht zur Angabe solcher Daten ergibt sich aus Art 30 Z 3 des Gesetzes vom 29. Juli 1995 über die öffentliche Statistik (Dz. U. 1995, 88, Pos. 439, idgF) sowie aus der Verordnung des Ministerrates vom 8. Dezember 2009 über das Programm zur Forschung der öffentlichen Statistik (Dz. U. 2010, 3, Pos. 14, idgF).

stehen, definiert[29]. Innerhalb der Gruppe existiert das Dominanz-Abhängigkeits-Verhältnis. Die Studie unterscheidet zwischen nationalen[30], multinationalen[31] sowie Rumpfunternehmensgruppen[32]. Eine Gruppe kann entweder von fremdem oder von nationalem Kapital kontrolliert werden. In der statistischen Studie wird der Begriff des dominierenden Unternehmens im Vergleich zu der gesetzlichen Regelung vereinfacht: Es handelt sich dabei um eine Einheit, die eine direkte oder indirekte Kontrolle über die anderen Teilnehmer der Gruppe ausübt. Obwohl die Studie nicht mit den im HGGB[33] angewendeten Begriffen operiert, erlaubt sie einen Einblick in die Praxis der polnischen Konzernstrukturen.

Es wurden insgesamt 15.516 in 1.806 Gruppen verbundene Unternehmen identifiziert, 85,6 % davon bilden die von nationalem oder internationalem Kapital abhängigen Gesellschaften, 7 % die herrschenden Unternehmen und weitere 7 % die Unternehmen, die auf einer Mittelstufe stehen, d. h. gleichzeitig kontrolliert werden, aber auch selbst Kontrolle ausüben. Das Fremdkapital in Unternehmensgruppen kommt zu 81,7 % aus den EU-Ländern (den größten Anteil haben deutsche und niederländische Gesellschaften) und zu 8,6 % aus den Vereinigten Staaten. 2010 erreichten die Unternehmensgruppen Einnahmen in der Höhe von insgesamt 652,4 Milliarden Zloty[34] (davon erzielten die nationalen Gruppen 33,7 %, Rumpfunternehmensgruppen 45,2 % und multinationale Gruppen 21,1 %).

Bei den Unternehmensgruppen in Polen handelt es sich vor allem um faktische Konzerne. Beherrschung- bzw. Gewinnabführungsverträge zwischen den verbundenen Gesellschaften werden in der Regel nicht abgeschlossen. In den selten entstehenden vertraglichen Konzernen kommt es kaum zur Übernahme der Haftung für die Verbindlichkeiten der abhängigen Gesellschaften durch die Konzernmutter.

5. Unterschiede GmbH und AG

Im Hinblick auf die Haftungsrisiken der Muttergesellschaft existieren kaum Unterschiede zwischen der gesetzlichen Regelung über die GmbH und der Ak-

---

29 In der europäischen Statistik wird die Unternehmensgruppe in der Verordnung (EG) Nr 177/2008 des Europäischen Parlaments und des Rates vom 20. Februar 2008 zur Schaffung eines gemeinsamen Rahmens für Unternehmensregister für statistische Zwecke und zur Aufhebung der Verordnung (EWG) Nr 2186/93 des EU-Rates.

30 In einer nationalen Gruppe befinden sich nur Unternehmen, die ihren Sitz in Polen haben.

31 Unter diesem Begriff ist eine Gruppe zu verstehen, die sich aus mindestens zwei Unternehmen zusammensetzt, deren Sitz sich in zwei verschiedenen Ländern befindet (Art 1 Buchstabe d der Verordnung).

32 Darunter ist eine Gruppe zu verstehen, die Unternehmen und rechtliche Einheiten einer multinationalen Unternehmensgruppe, die im gleichen Land ansässig sind, bilden. Sie kann aus einer einzigen Einheit bestehen, wenn die übrigen Einheiten nicht gebietsansässig sind. Ein Unternehmen kann die Rumpfunternehmensgruppe bilden oder ein Teil von ihr sein (Art 1 Buchstabe e der Verordnung).

33 Gesetz vom 15. September 2000, Dz. U. 2000, 94, Pos. 1037 idgF.

34 Entspricht ca 160 Mrd. Euro.

tiengesellschaft. Eine explizite Durchgriffshaftung ist weder bei der AG noch bei der GmbH vorgesehen.

Dennoch weist die GmbH im Vergleich zu einer AG wesentliche personalistische Elemente auf. Dazu gehören insbesondere Regelungen über das individuelle Kontrollrecht jedes Gesellschafters gemäß Art 212 HGGB, über Beschränkungen bei der Veräußerung der Anteile (Art 180 ff HGGB), über die Möglichkeit der gerichtlichen Auflösung der Gesellschaft auf Antrag eines Gesellschafters gemäß Art 271 HGGB, über den Ausschluss eines Gesellschafters nach Art 266 HGGB oder über die Erfordernis der Zustimmung der Gesellschafterversammlung zu bestimmten Verfügungen über ein Recht oder Eingehen von Verbindlichkeiten ab einer bestimmten Höhe gemäß Art 230 HGGB. Die personalistischen Elemente in der GmbH werden auch in der Rechtssprechung hervorgehoben. Im Urteil vom 28.05.1991, ICR 241/90[35] hat das Gericht den kapitalistisch-personellen Charakter einer GmbH, bei der das Element des persönlichen Vertrauens nicht ohne Bedeutung ist, hingewiesen. Daraus resultiert auch die Bejahung der Treueplichten der Gesellschafter. Das Oberste Gericht hat die Treuepflichten eines GmbH-Gesellschafters bereits im einen Squeeze-out-Urteil aus dem Jahre 1997[36] eindeutig anerkannt. Ein Gesellschafter, der mit der GmbH konkurriert, indem er ihr die Aufträge entzieht, verstößt gegen die Loyalitätspflichten. Die Treuebindung der Aktionäre wurde erst im Jahre 2008[37] in der Rechtssprechung bestätigt.

Wichtig für die Frage der Haftung der Konzernmutter ist auch Art 189 § 1 und § 2 HGGB: Es handelt sich um das Verbot der Einlagenrückgewähr, wobei bei der GmbH – anders als bei der AG – die Gesellschafter aus keinem Rechtsgrund Zahlungen aus dem Vermögen der Gesellschaft erhalten dürfen, soweit es zur vollständigen Deckung des Betriebskapitals erforderlich ist.

Eine Besonderheit des GmbH-Rechts bildet auch die Regelung in Art 299 HGGB über die Haftung der Geschäftsführer. Diese Vorschrift sieht eine besondere Haftung der Geschäftsführer gegenüber den Gesellschaftsgläubigern für die Gesellschaftsschulden vor, und zwar unabhängig von der Höhe des dadurch entstandenen Schadens. Ist die Zwangsvollstreckung gegen die Gesellschaft fruchtlos geblieben, so haften die Geschäftsführer persönlich und gesamtschuldnerisch für deren Verbindlichkeiten. Ein Vorstandsmitglied kann sich von der Haftung nur dann befreien, wenn es nachweisen kann, dass der Konkurs rechtzeitig angemeldet wurde oder das Ausgleichsverfahren eingeleitet wurde oder dass die Nichtanmeldung des Konkurses oder die Nichtanmeldung des Ausgleichsverfahrens nicht schuldhaft war oder schließlich dass, obwohl der Konkurs nicht angemeldet und ein Verfahren zur Abwendung des Konkurses nicht eingeleitet wurde, dem Gläubiger kein Schaden entstanden ist. Über die Bedeutung der Regelung für Konzernhaftung siehe Kapitel II.5.c.

---

35 Rechtsdatenbank LEX Nr 1084576.
36 E des Obersten Gerichts vom 21.11.1997, II CKN 469/97 (nicht publiziert).
37 E des Obersten Gerichts vom 16.10.2008, III CSK 100/08; LEX 472585.

6. Rechtsquellen

Die Hauptrechtsquelle für das geltende Konzernrecht bilden Art 4, 6 und 7 des allgemeinen Teils des Gesetzbuchs der Handelsgesellschaften (HGGB).[38] Anwendung in konzernrechtlichen Fragen finden aber auch Vorschriften über die Aktiengesellschaft in Art 301 bis 490 HGGB und über die GmbH in Art 151 bis 300 sowie die allgemeinen Vorschriften in Art 1 bis 5 HGGB und die allgemeinen Vorschriften über Kapitalgesellschaften (Art 11 bis 21 HGGB).

In den im HGGB nicht geregelten Fällen sind nach Art 2 HGGB die Vorschriften des Zivilgesetzbuchs (ZGB)[39] anzuwenden. Hier sind vor allem die allgemeinen schuldrechtlichen Regelungen (Art 471 ff ZGB), Regelungen über die Delikthaftung (Art 415 ff ZGB) und die Regelung der Gesellschaft bürgerlichen Rechts (Art 760 ff ZGB) zu nennen. Publikumsgesellschaften unterliegen zusätzlich den kapitalmarktrechtlichen Vorschriften. Im Jahre 2005 traten drei Gesetze zur Regelung des Kapitalmarktrechts in Kraft: das Gesetz über den Handel mit Finanzinstrumenten (FinIHG)[40], das Gesetz über das öffentliche Angebot und die Bedingungen der Einführung von Finanzinstrumenten in ein organisiertes Handelssystem und über die Publikumsgesellschaft (PubGG)[41] und das Gesetz über die Kapitalmarktaufsicht (KapAG). Das letztgenannte Gesetz wurde bereits nach einem Jahr durch das Gesetz über die Finanzmarktaufsicht vom Juli 2006[42] ersetzt. Die bisher wichtigste Regulierung des Kapitalmarktes, nämlich das Gesetz über den öffentlichen Handel mit Wertpapieren, wurde durch die neuen Gesetze vollständig ersetzt.

Nicht zu unterschätzen bei der Beurteilung der Lage der Konzernmutter sind die Vorschriften des Insolvenzrechts[43], insbesondere Vorschriften über Anfechtungstatbestände und Haftung für Konkursverschleppung. Von Bedeutung sind auch das Zivilverfahrensgesetzbuch (ZVG)[44], das Gesetz über das Bankrecht (BG)[45] und das Gesetz über die Verschmelzung und Gruppierung von Banken[46].

Die strafrechtliche Verantwortung regeln insbesondere das Strafgesetzbuch (StGB)[47] und das Finanzstrafgesetzbuch[48].

Einen Ausblick in die Zukunft des polnischen Konzernrechts bieten zwei Entwürfe des Konzernrechts: das Projekt der Kodifizierungskommission für

---

38 Gesetz vom 15.09.2000, Dz. U. 2000 Nr 94, Pos. 1037 idgF.
39 Gesetz vom 23.04.1964, Dz. U. 1964 Nr 16, Pos. 93 idgF.
40 Gesetz vom 25.07.2005, Dz. U. 2005 Nr 184, Pos. 1538 idgF.
41 Gesetz vom 29.07.2005, Dz. U. 2009 Nr 185, Pos. 1439 idgF.
42 Gesetz vom 26.07.2006, Dz. U. 2006 Nr 157, Pos. 1119 idgF.
43 Gesetz über das Insolvenz- und Sanierungsrecht vom 28.02.2003, Dz. U. 2009, Nr 175, Pos. 1361 idgF.
44 Gesetz vom 17.11.1964, Dz. U. 1964, Nr 43, Pos. 296 idgF.
45 Gesetz vom 29.07.2997, Dz. U. 2002 Nr 72, Pos. 665 idgF.
46 Gesetz vom 14.06.1996, Dz. U. 1996 Nr 90, Pos. 406 idgF.
47 Gesetz vom 06.06.1997, Dz. U. 1997, Nr 88, Pos. 553 idgF.
48 Gesetz vom 10.09.1999, Dz. U. 2007 Nr 111, Pos. 765 idgF.

Zivilrecht vom 22. März 2010[49] sowie das Projekt des polnischen Wirtschaftsministeriums vom 8. März 2010[50].

II. Gesellschaftsrecht

1. Grundsatz der Vermögens- und Haftungstrennung

a) Rechtsgrundlagen, Legitimation und Wirkung der beschränkter Haftung

Der Grundsatz der Vermögens- und Haftungstrennung zwischen der Kapitalgesellschaft und Gesellschaftern bildet eines der Grundprinzipien des polnischen Gesellschafsrechts. Kapitalgesellschaften sind gemäß Art 12 HGGB juristische Personen und somit rechtlich von ihren Gesellschaftern getrennt. Die juristische Persönlichkeit erlangt eine Kapitalgesellschaft mit der Eintragung in das Unternehmensregister im Rahmen des Landesgerichtsregisters (Art 12 HGGB) und verliert sie mit der Löschung der Gesellschaft (Art 478 HGGB). Die Gesellschaft und ihre Gesellschafter fungieren im Rechtsverkehr als autonome Rechtssubjekte, die nur durch ein zivilrechtliches Rechtsgeschäft/Verhältnis verbunden sind.[51] Art 151 § 4 HGGB für eine GmbH und Art 301 § 5 HGGB für eine AG besagen, dass die Gesellschafter für die Verbindlichkeiten der Gesellschaft nicht haften.

Soll eine Unternehmensgruppe gebildet werden, kommt es nicht zur Entstehung einer neuen Organisationseinheit mit Rechtspersönlichkeit; das kann nur im Wege der Übernahme einer Gesellschaft durch eine Verschmelzung erfolgen. Die Beibehaltung der eigenen, separaten juristischen Persönlichkeit aller Mitglieder der Gruppe bildet eine der prägnantesten Merkmale des polnischen Konzerns[52]. Dieses sogenannte Trennungsprinzip ist besonders im faktischen Konzern, in dem keine vertragliche Bindung und Regelung des Beherrschungsverhältnisses vorliegt, von Bedeutung.[53] Gegenüber Dritten wird jeder Teilnehmer einer Unternehmensgruppe als eine selbständige, selbst für ihre Verbindlichkeiten haftende Gesellschaft auftreten.[54]

---

49 Das Projekt befindet sich auf der Homepage des Justizministeriums: http://bip.ms.gov.pl/projekty-aktow-prawnych/prawo-gospodarcze/.

50 Projekt des Gesetzes über die Beschränkung von Verwaltungshemnissen, http://bip.mg.gov.pl/node/12002.

51 Vgl dazu ausführlich Opalski, Prawo zgrupowań ..., 476 ff.

52 Karolak, Stosunki wewnątrzholdingowe, Pr. Sp. 2001 H 6, 6.

53 Włodyka, Prawo koncernowe, 178.

54 Als eine Einheit wird eine Unternehmensgruppe nur in spezifischen, gesetzlichen Regelungen betrachtet. So befinden sich zB im Rechnungslegungsgesetz detaillierte Regelungen bezüglich des Konzernabschlusses und das Gesetz über Einkommensteuer der juristischen Personen vom 15. Februar 1992 (Dz. U. 1992, 21, Pos. 86 idgF) enthält Vorschriften über die Entstehung einer Steuer-Kapitalgruppe. Weitere punktuelle Regelungen bezüglich der Konzernstrukturen, vor allem des Dominanz-Abhängigkeits-Verhältnisses, enthalten das Bankenrecht, das Anti-Monopolrecht und das Gesetz über die Nationalen Investitionsfonds. Siehe dazu auch Szumański in: Sołtysiński (Hrsg), System Prawa Prywatnego, Band 17A, 753.

b) *Ausnahmen von dem Grundsatz der Haftungstrennung*

Das polnische Gesellschaftsrecht sieht keine Ausnahmen von dem Grundsatz der Haftungs- und Vermögenstrennung zwischen der Gesellschaft und ihren Gesellschaftern. Aufgrund der starken Verankerung dieses Prinzips werden keine Instrumente zugelassen, die das Verhältnis relativieren könnten. Regelungen, wo bestimmten Handlungen der abhängigen Gesellschaft der Muttergesellschaft zugerechnet werden, wie zB beim Erwerb von Aktienpaketen gemäß Art 87 des Gesetzes über das öffentliche Angebot und die Bedingungen der Einführung von Finanzinstrumenten (PuBGG) sind strikt auf bestimmte Bereiche beschränkt und geben keinen Anlass für allgemeinere Schlussfolgerungen. Das Fehlen des normativen Begriffs des gemeinsamen Konzerninteresses bewirkt, dass eine Flexibilität der Grundsätze der Geschäftsführung nicht möglich ist. Der Vorstand, der im Interesse des Konzerns handelt, macht sich gegenüber der eigenen Gesellschaft verantwortlich, wenn das Handeln nicht auch im – übergeordneten – Interesse der eigenen Gesellschaft erfolgt.[55]

Auch wenn eine Durchbrechung des Trennungsprinzips gesetzlich nicht vorgesehen ist, kann nicht übersehen werden, dass die Verbindung zwischen den Gesellschaftern und der Gesellschaft sehr eng ist. Die Gesellschafter „bilden" die Gesellschaft und entscheiden über ihr Schicksal; zwischen dem Trennungsprinzip und der Bindung im Rahmen der Entscheidungsprozesse entsteht eine Spannung, die die Autonomie der Gesellschaft und der Gesellschafter relativiert. Im Konzern ist der Kontrast zwischen der Autonomie der Gesellschaft im Außenverhältnis und der Unterordnung unter den herrschenden Gesellschafter besonders sichtbar.[56]

Die Haftungsgrundlagen beim Machtmissbrauch im Konzern sind nach der geltenden Rechtslage nicht im – nur fragmentarisch vorhandenen – Konzernrecht, sondern vor allem in den klassischen Regelungen des Gesellschafts- und Zivilrechts zu suchen. Die Lehre unterscheidet drei Gruppen der Grundlagen für die Haftung der Konzernmutter: Verletzung der allgemeinen Grundsätze des Gesellschaftsrechts, insbesondere der Treuepflichten durch die Konzernmutter, Durchgriffshaftung aufgrund des Rechtsmissbrauchs bzw. der zivilrechtlichen Delikthaftung sowie Haftung der Muttergesellschaft als faktisches Organmitglied.[57] Am meisten wird in der Lehre – unter dem Einfluss des deutschen Gesellschaftsrechts – die Frage nach den Treuepflichten diskutiert.[58] Immer mehr Autoren bekennen sich zur Anerkennung der Existenz der Treuepflichten nicht nur in den GmbHs, sondern auch bei den AGs. In der Rechtsprechung sind auch die ersten Urteile bezüglich der Treuepflichten in Aktiengesellschaften zu finden.[59]

---

55 Szumański in: Sołtysiński (Hrsg.), System Prawa Prywatnego, Band 17A, 681.
56 Opalski, Prawo zgrupowań ..., 477.
57 Vgl Zusammenfassung in Schubel, Gestaltungsfreiheit ..., 191.
58 Vgl Sołtysiński in Sołtysiński, System Prawa Prywatnego, Band 17A, 27 ff.
59 E des Obersten Gerichts vom 19.03.1997, II CKN 31/97, LEX 29891; E des Appelationsgerichts in Warschau vom 08.05.2003, I Aca 1874/01, LEX 123877; E des Obersten Gerichts vom 16.04.2004, I CK 537/03, LEX 125525.

Die weiteren genannten Lösungsansätze (Rechtsmissbrauch, Delikthaftung und Organhaftung) wurden in der Rechtsprechung noch nicht umgesetzt.

Eine in der polnischen Lehre[60] diskutierte Überlegung, Konzerne als Gesellschaften bürgerlichen Rechts nach Art 860 ff ZGB zu behandeln, wird mehrheitlich abgelehnt[61]. In diesem Fall müssten die Voraussetzungen der Entstehung einer solchen Gesellschaft kumulativ erfüllt werden: die Schließung eines entsprechenden Gesellschaftsvertrags und die Verfolgung eines gemeinsamen wirtschaftlichen Ziels.[62] Alle faktischen Konzerne, die keine entsprechenden Verträge abschließen, können als GesbR nicht behandelt werden, und auch die vorhandenen Konzernverträge werden in der Regel die Voraussetzungen eines GesbR-Vertrags nicht erfüllen.[63]

c) Schutz der Gläubiger und Schutz der Mitgesellschafter als Haftungsziele

Die Haftung der Konzernmutter gegenüber den Gläubigern und den Gesellschaftern der abhängigen Gesellschaft bildet das zentrale Problem des Konzernrechts. Das Vorhandensein von besonderen Schutzproblemen in Konzernstrukturen ist international weitgehend unbestritten. Die Diskussion betrifft in erster Linie die Frage nach den Lösungsmethoden.[64]

Das Problem der Haftung gegenüber den Minderheitsgesellschaftern resultiert daraus, dass die verhältnismäßige Machtverteilung nach der Beteiligung an der Gesellschaft nicht möglich ist. Die Mehrheit bzw der herrschende Gesellschafter entscheidet in der Regel selbständig, einstimmige Entscheidungen sind nur in Ausnahmefällen vorgesehen.[65] In polnischen Konzernstrukturen sind keine besonderen Schutzmechanismen für die Minderheitsgesellschafter vorgesehen. Sie können sich den allgemeinen gesellschaftsrechtlichen Regelungen bedienen. Insbesondere die Anfechtung der Beschlüsse der Gesellschafterversammlung, *actio pro socio* und Klage auf Schadenersatz gegen die Organmitglieder stehen ihnen zur Verfügung. Der polnische Gesetzgeber hat auch keine Rechtsvorschriften vorgesehen, die eine direkte Haftung der herrschenden Gesellschaft für die Verbindlichkeiten der abhängigen Gesellschaft begründen. In diesem Fall ist eine Durchgriffshaftung nicht möglich, da diese gegen die Vorschriften über die Haftungstrennung verstoßen würde.[66] Die Gläubiger der Tochtergesellschaft können nur mit Hilfe der vorhandenen Instrumente des Gesellschaftsrechts und der Haftungsgrundlagen des bürgerlichen Rechts (Schadenersatzansprüche und *actio pauliana*) gegen die Muttergesellschaft vorgehen.

---

60 Art 860 § 1 ZGB: Durch den Gesellschaftsvertrag verpflichten sich die Gesellschafter zur Erreichung eines gemeinschaftlichen wirtschaftlichen Zwecks durch Handeln in bestimmter Weise, insbesondere durch die Einbringung von Einlagen.

61 Szumański in: Sołtysiński (Hrsg), System Prawa Prywatnego, Band 17A, 684.

62 Włodyka, Prawo koncernowe, 182.

63 Szumański in: Sołtysiński (Hrsg), System Prawa Prywatnego, Band 17A, 684.

64 Schubel, Gestaltungsfreiheit ..., 113 mit weiteren Verweisen.

65 Opalski, Prawo zgrupowań ..., 9.

66 Szumański in: Sołtysiński (Hrsg), System Prawa Prywatnego, Band 17A, 729; Siehe dazu auch Kapitel II.4.

Die Mehrheit der neueren polnischen Lehre[67] bekennt sich zur Notwendigkeit der Ausarbeitung solcher konzernspezifischen Schutzmechanismen. Konkrete Ideen sind aber nur vereinzelt vorhanden. Das Projekt des Konzernrechts[68] hat sich mit dem Schutz der Minderheitsaktionäre und Gläubiger kaum beschäftigt. Die Einführung des Begriffs des Gruppeninteresses und des Ausgleichs innerhalb des Konzerns bilden die ersten Schritte in diese Richtung.

2. Allgemeine Aspekte der Gesellschafterhaftung

a) Unterscheidung Innen- und Außenhaftung

Bei der Analyse der Haftung der Muttergesellschaft muss zwischen der Innen- und Außerhaftung unterschieden werden. Mit der Innenhaftung haben wir zu tun, wenn die herrschende Gesellschaft gegenüber der Tochtergesellschaft oder gegenüber anderen Gesellschaftern ersatzpflichtig wird, zB in Form eines Ausgleichs für Verluste oder als Schadenersatz für vertrags- oder rechtswidriges Verhalten. Die Außenhaftung tritt ein, wenn die Muttergesellschaft für Verbindlichkeiten der Tochter gegenüber deren Gläubigern geradestehen muss. Die Grenzen zwischen Innen- und Außenhaftung verschwimmen, wenn zB die Gläubiger der Tochtergesellschaft ihre Ansprüche gegenüber der Konzernmutter geltend machen und sie pfänden lassen.[69] Dasselbe gilt, wenn in einer Insolvenz der Insolvenzverwalter auf diese Ansprüche im Interesse der Gläubiger zurückgreift.[70]

Bei der Haftung aufgrund der gesellschaftsrechtlichen Vorschriften handelt es sich um eine reine Innenhaftung. Die Gläubiger können keine Ansprüche gegenüber der Muttergesellschaft als herrschendem Gesellschafter stellen, nur im Falle der Insolvenz kann der Insolvenzverwalter die Ansprüche der Tochtergesellschaft und der Minderheitsgesellschafter im Interesse der Gläubiger verfolgen. Bei der Verletzung der Treuepflichten oder des Gleichbehandlungsprinzips können außenstehende Personen wie Gläubiger grundsätzlich keine direkten Ansprüche ableiten. Eine Ausnahme bildet hier die *actio pauliana* gemäß Art 527 ZGB: Sollte nämlich ein Dritter aufgrund eines die Gläubiger benachteiligenden Rechtsgeschäfts des Schuldners einen Vermögensvorteil erlangen, so kann ein jeder der Gläubiger verlangen, dass das Rechtsgeschäft im Verhältnis zu ihm für unwirksam erklärt wird, wenn der Schuldner im Bewusstsein der Gläubigerbenachteiligung gehandelt und der Dritte davon Kenntnis gehabt hat oder bei Einhaltung der gebotenen Sorgfalt haben konnte.[71]

---

67 Schubel, Gestaltungsfreiheit …, 112, Opalski, Prawo zgrupowań …, 620; aATargosz, Missbrauch der Rechtspersönlichkeit, 244 ff.

68 Siehe dazu Kapitel I.2.

69 Winner, Haftung der Muttergesellschaft in Konzern, in: Winner/Cierpial-Magnor, Rechtsprobleme im Konzern, 182; Schmidt, Gesellschaftsrecht (2002), 245.

70 Winner, Haftung der Muttergesellschaft in Konzern, in: Winner/Cierpial-Magnor, Rechtsprobleme im Konzern, 182.

71 Siehe dazu Kapitel IV.2..

b) Rechtsdurchsetzung der Innenhaftung

ba) Geltendmachung durch Gesellschaftsorgane

Ist der Tochtergesellschaft durch vertrags- oder rechtswidriges Verhalten der Mutter ein Schaden entstanden, so ist zunächst nur die Gesellschaft zur Klageerhebung wegen des ihr zugefügten Schadens berechtigt. Zur gerichtlichen und außergerichtlichen Vertretung der AG ist gemäß Art 372 § 1 HGGB der Vorstand der Gesellschaft bestimmt. Besteht der Vorstand der Gesellschaft aus mehreren Personen, so sind für die wirksame Abgabe von Erklärungen und für die Zeichnung im Namen der Gesellschaft zwei Vorstandsmitglieder oder ein Vorstandsmitglied zusammen mit einem Prokuristen erforderlich, sofern der Gesellschaftsvertrag nichts anderes bestimmt (Art 373 § 1 HGGB). Die Satzung kann die Art der Vertretung frei gestalten, zB die gemeinsame Vertretung durch alle Vorstandsmitglieder oder Einzelvertretung vorsehen (Art 373 § 3 HGGB). Vorschriften über die Vertretung der GmbH entsprechen denjenigen über die AG.

Die Zuständigkeit für die Entscheidung über die Erhebung einer Schadenersatzklage wegen Handlungen, die mit der Gründung, Verwaltung oder Aufsicht über die Gesellschaft zusammenhängen, steht der Hauptversammlung zu (Art 393 Z 2 HGGB).

bb) Actio pro socio

Der Schutz der Minderheitsgesellschafter und in bestimmten Fällen[72] auch der Gesellschaft ist durch die Einführung der *actio pro socio* gewährleistet.[73] Hat nämlich die Gesellschaft nicht innerhalb eines Jahres ab Kenntnis der den Schaden verursachenden Handlung eine Schadenersatzklage gegen die schädigende Person eingebracht, so kann gemäß Art 486 HGGB (bei einer GmbH Art 295 § 1 HGGB) jeder Aktionär oder jede andere Person, die einen Titel zur Teilnahme am Gesellschaftsgewinn innehat, eine solche Klage für die Gesellschaft erheben. Der von einem Aktionär geführte Prozess ist dabei kein Hindernis für weitere Klageerhebungen. Dies soll einem fingierten Prozess entgegenwirken.

Das Recht des Gesellschafters auf Klageerhebung umfasst gemäß Art 479 bis 484 HGGB insbesondere Schadenersatzklagen gegen Organmitglieder, Liquidatoren, den Abschlussprüfer der Gesellschaft, Personen, die an der Gründung der Gesellschaft beteiligt waren, Aktionäre, die unbegründete Vermögensvorteile im Zusammenhang mit einer Aktienausgabe gegen Sacheinlage erlangt haben, sowie gegen alle Personen, die bei der Ausgabe von Aktien und Gewinnschuldverschreibungen falsche Informationen öffentlich bekannt gemacht haben. Wie bereits erwähnt, stehen den haftenden Personen im Fall der Klage-

---

72   Insbesondere wenn der Vorstand gegen den Mehrheitsaktionär trotz berechtigten Interesses der Gesellschaft nicht vorgehen will oder kann.

73   Kidyba, Kodeks spółek handlowych, Art 486, 770, Szajkowski in: Sołtysiński/Szajkowski/ Szwaja, Kodeks handlowy. Komentarz, B II, Art 477, Rz 1.

erhebung durch den Aktionär keine Einreden aus einem mit der Gesellschaft abgeschlossenem Vergleich oder aufgrund eines Anspruchsverzichts der Gesellschaft zu (Art 487 HGGB). Ein Gesellschafter, der unbegründet eine Klage erhoben hat, ist verpflichtet, dem Beklagten den vorsätzlichen oder durch grobe Fahrlässigkeit verursachten Schaden zu ersetzen. Als Sicherheit für den möglichen Anspruch des Beklagten auf Schadenersatz kann das Gericht auf das bei der ersten Prozesshandlung anzumeldende Verlangen des Beklagten die Stellung einer Kaution anordnen und bei Nichtleistung der Sicherheit die Klage abweisen (Art 486 § 2 und 295 § 2 HGGB). Diese Ausgestaltung *actio pro socio* ist neben den hohen Gerichtskosten die Ursache für die geringe praktische Bedeutung des Rechtsinstitutes.

Die Forderungen der Gesellschaft auf Schadenersatz verjähren gemäß Art 488 HGGB mit Ablauf von drei Jahren ab dem Tag, an dem die Gesellschaft vom Schaden und von der zum Ersatz verpflichteten Person erfahren hat, aber spätestens mit dem Ablauf von fünf Jahren ab dem Tag, an dem das schadensverursachende Ereignis stattgefunden hat. Diese Vorschrift betrifft ausschließlich Forderungen der Gesellschaft; für Gläubiger und andere geschädigte Personen gelten allgemeine Verjährungsfristen nach Art 118 ZGB. Die veröffentlichte Rechtsprechung kennt nur einen Fall der *actio pro socio*[74].

bc) Nichtigkeits- und Anfechtungsklagen gegen Beschlüsse der Hauptversammlung

Zu den wichtigsten individuellen Schutzrechten eines Aktionärs gehört das Recht, die gerichtliche Nichtigerklärung oder Aufhebung von mangelhaften Beschlüssen der HV zu verlangen (Nichtigkeits- und Anfechtungsklage). Im Falle eines Konzerns kann es sich um Beschlüsse handeln, die aufgrund des Einflusses der Muttergesellschaft als Mehrheitsaktionär rechts- oder satzungswidrige Inhalte haben oder die anderen Aktionäre schädigen.

Aufgrund der Bedeutung der Beschlüsse der Hauptversammlung einer Aktiengesellschaft besteht großes Interesse an der Klarstellung des Rechtsbestandes eines HV-Beschlusses. Die Rechtsbehelfe gegen mangelhafte Beschlüsse sind die Nichtigkeitsklage und die Anfechtungsklage. Sowohl die Nichtigerklärung als auch die Aufhebung eines mangelhaften Beschlusses können nur durch gerichtliche Entscheidung erfolgen.[75] Während in Österreich das AktG zwischen besonders schweren und sonstigen Verstößen gegen das Gesetz oder die Satzung unterscheidet, enthält das HGGB in Art 425 eine Generalklausel, wonach rechtswidrige Beschlüsse immer und unabhängig von der Art des Verstoßes gegen das Gesetz nichtig sind; die daneben bestehenden Anfechtungsgründe regelt Art 422 HGGB. Nach der letztgenannten Bestimmung sind Beschlüsse anfechtbar, die im Widerspruch zur Satzung oder zu den guten Sitten stehen und gegen die Interessen der Gesellschaft verstoßen oder den Zweck haben,

---

74 E des Appellationsgerichts in Katowice, 05.11.1998, I Aca 322/98, OSA 2000 H 2, Pos. 8.
75 Szwaja in: Sołtysiński/Szajkowski/Szumański/Szwaja, Kodeks spółek handlowych, Band III, Art 422, Rz 7.

Aktionäre zu schädigen (Art 422 § 1 HGGB)[76]. Wie sich aus dem Wortlaut der zitierten Vorschrift ergibt, müssen die Anfechtungsgründe kumulativ, und zwar paarweise auftreten. Ein Beschluss kann nur aufgehoben werden, wenn er:

- satzungswidrig ist und gegen die Interessen der Gesellschaft verstößt;
- satzungswidrig ist und die Benachteiligung eines Aktionärs bezweckt;
- sittenwidrig ist und gegen die Interessen der Gesellschaft verstößt oder
- sittenwidrig ist und die Benachteiligung eines Aktionärs bezweckt.[77]

Die bloße Satzungswidrigkeit bzw Sittenwidrigkeit ist nicht ausreichend für die Anfechtung des Beschlusses.[78]

Für die Anfechtung eines Beschlusses ist seine Durchführung nicht notwendig.[79] Klageberechtigt sind gemäß Art 422 § 2 HGGB der Vorstand, der Aufsichtsrat, jedes einzelne Mitglied der genannten Organe, jeder Aktionär, der gegen den Beschluss gestimmt und die Protokollierung seines Widerspruchs verlangt hat, sowie jeder Aktionär, der grundlos nicht zur Teilnahme an der HV zugelassen wurde. Abwesende Aktionäre können nur dann die Aufhebung eines Beschlusses verlangen, wenn die HV mangelhaft einberufen oder wenn der Beschluss nicht durch die Tagesordnung erfasst wurde. Darüber hinaus sind auch der Liquidator der Gesellschaft gemäß Art 466 HGGB[80] sowie der Staatsanwalt gemäß Art 7 ZVG klageberechtigt.

Ist die Klage auf Aufhebung eines HV-Beschlusses offensichtlich grundlos eingebracht worden, so kann dem Kläger gemäß Art 423 § 2 HGGB auf Antrag und zu Gunsten der beklagten AG ein Betrag bis zum zehnfachen Wert der Gerichtskosten sowie der Vergütung eines Anwalts auferlegt werden. Dieser Betrag ist eine Art Strafe für den Kläger, die vor „schikanösen" Klagen abschrecken soll.[81] Die Gesellschaft kann vom Kläger, unabhängig von der Zuerkennung und Höhe der „Strafe", Schadenersatz nach allgemeinen Regeln verlangen (arg Art 423 § 2 in fine HGGB).

Die gerichtliche Bekämpfung von gesetzwidrigen und somit nichtigen Beschlüssen der Hauptversammlung wird von Art 425 HGGB geregelt. Gesetzwidrige Beschlüsse sind von Anfang an nichtig; das Gericht hat die Nichtigkeit nur festzustellen, die gerichtliche Entscheidung hat hier nur deklaratorische

---

76 Vgl auch Szwaja in: Sołtysiński/Szajkowski/Szumański/Szwaja, Kodeks spółek handlowych, B III, Art 422, Rz 9.

77 Szwaja in: Sołtysiński/Szajkowski/Szumański/Szwaja, Kodeks spółek handlowych, Band III, Art 422, Rz 15.

78 Vgl dazu die E des Obersten Gerichts vom 20.06.2001, I CKN 1137/98, OSN 2002 H 3, Pos. 31 und vom 17.11.1938, C I 168/37, PPH 1939 H 9, 326.

79 Vgl E des Obersten Gerichts vom 22.07.1998, I CKN 807/97, OSN 1999 H 2, Pos. 33; Szwaja in: Sołtysiński/Szajkowski/Szumański/Szwaja (Hrsg), Kodeks spółek handlowych, Band III, Art 422, Rz 44.

80 Szwaja in: Sołtysiński/Szajkowski/Szumański/Szwaja (Hrsg.), Kodeks spółek handlowych, B III, Art 422, Rz 62.

81 Szwaja in: Sołtysiński/Szajkowski/Szumański/Szwaja (Hrsg.), Kodeks spółek handlowych, B III, Art 424, Rz 19; Kidyba, Kodeks spółek handlowych, Art 423, 673, Popiołek in: Strzępka (Hrsg.), Kodeks spółek handlowych. Komentarz, Art 423, Rz 1 bis 4.

Wirkung[82]. Die Geltendmachung der Nichtigkeit steht aber gemäß Art 425 § 1 HGGB nicht – wie in Österreich[83] – jedermann zu, sondern nur denjenigen Personen, die auch zur Klageerhebung gemäß Art 422 § 2 HGGB (Anfechtung) berechtigt sind. Gleichzeitig wird für diese Fälle die Geltung von Art 189 ZVG ausgeschlossen: Diese Regelung ermöglicht jeder Person, die ein rechtliches Interesse nachweisen kann, die Einbringung einer Klage auf Feststellung der Nichtigkeit eines Rechtsgeschäfts. Diese Bestimmung bildet einen wichtigen Bestandteil des polnischen Privatrechts[84] und ihre Aufhebung bedeutet, dass nicht klageberechtigte Personen keine Möglichkeit haben, sich gegen nichtige HV-Beschlüsse zu wehren. Die ganze Regelung bewirkt einen Mangel an Rechtssicherheit. Trotz Fehlens einer klaren gesetzlichen Regelung wird die Geltendmachung der Nichtigkeit durch jedermann von der herrschenden Lehre befürwortet.[85] Die Klage auf Feststellung der Nichtigkeit kann innerhalb von sechs Monaten ab dem Tag der Kenntnisnahme von dem Beschluss, aber nicht später als zwei Jahre ab dem Tag der Beschlussfassung (Art 425 § 2 HGGB) erhoben werden. Bei Publikumsgesellschaften sind die Fristen kürzer und betragen 30 Tage ab der Veröffentlichung und ein Jahr ab der Beschlussfassung (Art 425 § 3 HGGB). Mit Ablauf dieser Fristen ist die Erhebung der Nichtigkeitsklage ausgeschlossen. Die Nichtigkeit eines HV-Beschlusses kann aber auch nach dem Ablauf der erwähnten Fristen als Einwand erhoben werden.

Auch gegen die Beschlüsse der Gesellschafterversammlung einer GmbH kann die Anfechtungsklage oder Klage auf Feststellung der Nichtigkeit erhoben werden. Die Regelungen in Art 249 bis 254 HGGB entsprechen weitgehend den Vorschriften über die Aktiengesellschaft.

bd) Sonderprüfung

Um rechts- oder sittenwidrige Vorgänge zwischen der Gesellschaft und dem Mehrheitsgesellschafter festzustellen, muss oft eine Prüfung durchgeführt werden. Die Prüfung der Vorgänge bei der Gründung oder Geschäftsführung einer AG kann aber nach polnischem Recht nur die Hauptversammlung beschließen. Den Minderheitsaktionären stehen in dieser Hinsicht grundsätzlich keine Rechte zu. Der Gesetzgeber hat allerdings eine Ausnahme für die Publikumsgesellschaften gemacht: Es wurde gemäß Art 84 Abs 1 PubGG die Möglichkeit vorgesehen, dass eine 5 %ige Minderheit der Aktionäre die Sonderprüfung beantragen kann. Der Antrag bezieht sich allerdings zunächst nur auf die entsprechende Ergänzung der Tagesordnung einer Hauptversammlung. Für den Beschluss ist

---

82 Kidyba, Kodeks spółek handlowych, 675 f; Szwaja in: Sołtysiński/Szajkowski/Szumański/ Szwaja (Hrsg), Kodeks spółek handlowych, Band III, Art 424, Rz 19.

83 Vgl § 201 öAktG.

84 Vgl auch *Szwaja* in: Sołtysiński/Szajkowski/Szumański/Szwaja (Hrsg), Kodeks spółek handlowych, Band III, Art 425, Rz 37.

85 Popiołek in: Strzępka (Hrsg.), Kodeks spółek handlowych. Komentarz, 1021 f; Frąckowiak in: Kruczalak (Hrsg), kodeks spółek handlowych. Komentarz, 688 f; Szwaja in: Sołtysiński/ Szajkowski/Szumański/Szwaja (Hrsg), Kodeks spółek handlowych, Band III, Art 425, Rz 46.

die übliche Stimmenmehrheit weiterhin erforderlich. Die Minderheitsaktionäre können zu diesem Zweck auch eine außerordentliche HV berufen (Art 401 HGGB). Vor der Beschlussfassung wird der HV eine schriftliche Stellungnahme des Vorstands über die Sonderprüfung vorgestellt (Abs 5 leg cit).

Wurde der entsprechende Beschluss der HV gefasst, so hat er gemäß Art 84 Abs 4 PubGG die Bezeichnung des Sonderprüfers, den Gegenstand und den Umfang der Prüfung, die Dokumente, welche die Gesellschaft dem Prüfer zugänglich machen soll, sowie die Frist für den Beginn der Prüfung, die nicht länger als drei Monate ab der Beschlussfassung sein darf, zu bestimmen. Der Umfang der Prüfung hat dem Antrag zu entsprechen, es sei denn, dass der Antragsteller mit einer Abweichung einverstanden war. Der Antragsteller muss auch die Person des Prüfers schriftlich bewilligen (Art 84 Abs 4 Z 1 leg cit). Das Gesetz bestimmt auch Anforderungen, denen der Prüfer zu entsprechen hat: Er muss das Fachwissen und die Qualifikationen besitzen, die für die Überprüfung einer bestimmten Angelegenheit und die Erstellung eines ordentlichen und objektiven Berichts erforderlich sind. Um die Objektivität zu gewährleisten, sind bestimmte Personen von der Ausübung der Funktion des Sonderprüfers ausgenommen: Insbesondere gehören dazu der Abschlussprüfer der geprüften Gesellschaft, einer verbundenen Gesellschaft oder eines bedeutenden Investors sowie Personen, die zur gleichen Kapitalgruppe gehören wie der Abschlussprüfer.[86]

Die wahre Bedeutung dieses Minderheitsrechts kommt erst dann zur Geltung, wenn die HV den Antrag auf Sonderprüfung nicht annimmt. Hat nämlich die Hauptversammlung keinen Beschluss im Sinne des Antrags gefasst oder steht der Beschluss im Widerspruch zu den Anforderungen in Art 84 Abs 4 leg cit, ist gemäß Art 85 Abs 1 leg cit eine gerichtliche Bestellung des Sonderprüfers auf Kosten der Gesellschaft möglich. Innerhalb von 14 Tagen ab der Beschlussfassung können die antragstellenden Aktionäre die Bestellung eines bestimmten Prüfers beim Gericht beantragen. In diesem Fall kann das Gericht die Sonderprüfung nur dann ablehnen, wenn die genannte Person des Prüfers nicht den Anforderungen des Art 84 Abs 2 f leg cit entspricht (siehe oben) oder wenn der Prüfer aus anderen Gründen keine ordentliche und objektive Berichterstattung gewährleisten kann. Andere Gründe, wie zB Rechtsmissbrauch, hat das Gericht nicht zu prüfen.

Die gerichtliche Entscheidung ergeht mittels eines Beschlusses, wobei dem Vorstand und dem Aufsichtsrat die Möglichkeit zur Stellungnahme geboten werden muss. Für den Fall, dass die Sonderprüfung keine Rechtswidrigkeiten aufdecken würde, kann das Gericht auf Antrag des Vorstands eine Sicherstellung von den Antragstellern verlangen. Der schriftliche Prüfungsbericht ergeht an den Vorstand und den Aufsichtsrat der geprüften Gesellschaft und muss gemäß Art 86 Abs 2 iVm Art 56 Abs 1 leg cit öffentlich bekannt gegeben werden.

---

86 Regelungen über die Abschlussprüfer befinden sich im Gesetz über die Abschlussprüfer (poln. *ustawa o biegłych rewidentach*) vom 7. Mai 2009, Dz. U. 2009 Nr 77, Pos. 649 idgF.

be) Stimmbindungsverträge

Stimmbindungsverträge können auch in Konzernstrukturen von Bedeutung sein, vor allem dort, wo mehrstöckige Strukturen aufgebaut wurden und die Konzernmutter an bestimmten Gesellschaften nicht direkt oder nicht mehrheitlich beteiligt ist. Das polnische Gesellschaftsrecht regelt weder Stimmbindungsverträge noch andere Verträge der Gesellschafter, die neben der Satzung abgeschlossen werden können. Aufgrund der Vertragsfreiheit (Art 353¹ ZGB)[87] müssen die Verträge der Aktionäre, insbesondere über die Gestaltung und Änderung der Satzung, die personelle Besetzung von Organen, die Beschränkung der Veräußerung von Beteiligungen, die Lösung von Streitigkeiten zwischen den Aktionären sowie über die Ausübung des Stimmrechts in der Hauptversammlung, als zulässig anerkannt werden[88]. Sie sind an keine besondere Form gebunden; dennoch wäre die einfache Schriftform aus Beweisgründen empfehlenswert.[89] Diese Verträge betreffen nur die Aktionäre/Gesellschafter als Vertragsparteien und ihre Rechtsnachfolger. Weder die Gesellschaft noch ihre Organe sind an solche Verträge gebunden. Die im Widerspruch zum Vertrag abgegebenen Stimmen sind gültig; ein solches Verhalten kann nur die Pflicht zum Schadenersatz oder zur Zahlung einer Vertragsstrafe auslösen[90].

Die Pflicht zur Abgabe einer bestimmten Willenserklärung durch den Vertragspartner kann gemäß Art 1047 ZVG durch eine rechtskräftige Gerichtsentscheidung ersetzt werden. Diese Bestimmung ist in der Praxis jedoch unbrauchbar, da auch ein stattgebendes Urteil eine bereits erfolgte Abstimmung nicht mehr ändern kann. Die Einbringung einer vorbeugenden Unterlassungsklage ist nach polnischem Recht nicht möglich. Aufgrund der fehlenden Rechtsprechung und Literatur ist die genaue Bestimmung von Grenzen der Privatautonomie hinsichtlich der Stimmbindungsverträge schwierig.

Eine Verpflichtung, stets für die Anträge des Vorstands zu stimmen, ist jedenfalls als unzulässig zu behandeln, weil eine solche Vereinbarung die Umgehung des Art 395 § 2 Z 3 HGGB (Erteilung der Entlastung) und Art 412 § 3 HGGB (Verbot der Bevollmächtigung der Vorstandsmitglieder zur Ausübung von Stimmrechten) bedeuten würde[91]. Auch andere Vereinbarungen, die indirekt die zwingenden Kompetenzen der Gesellschaftsorgane an andere Organe bzw Personen übertragen, sind mE als Rechtsumgehung zu betrachten und somit unzulässig.

---

87 Art 353¹ ZGB lautet: „Die Vertragsparteien können ihr Rechtsverhältnis nach freiem Willen gestalten, soweit dessen Inhalt und Ziel der Besonderheit (der Natur) des Rechtsverhältnisses nicht dem Gesetz und den Grundsätzen des gesellschaftlichen Zusammenlebens widerspricht."

88 Vgl dazu auch Sołtysiński in: Sołtysiński/Szajkowski/Szumański/Szwaja, Kodeks spółek handlowych, Band IV Art 301 Rz 25.

89 Gemäß Art 75 ZGB sind Verträge, deren Wert 2.000 PLN übersteigt, schriftlich abzuschließen (Schriftform *ad probationen*).

90 Vgl dazu Sołtysiński in: Sołtysiński/Szajkowski/Szumański/Szwaja, Kodeks spółek handlowych, Band IV Art 301 Rz 72.

91 Vgl dazu auch Sołtysiński/Szajkowski/Szwaja, Kodeks handlowy, Band II, Art 307 Rz 11.

3. Haftung aufgrund Beteiligung

a) *Kapitalerhaltungsregeln*

Die Grundsätze der Kapitalerhaltung können ein wichtiges Instrument des Konzernrechts bilden. Sie dienen nicht nur dem Schutz der Kapitalgesellschaft selbst und deren Minderheitsgesellschaften vor dem Abfluss des Kapitals – in der Regel zugunsten des herrschenden Gesellschafters –, sondern auch dem Schutz der Gläubiger der Gesellschaft: Der aus den Einlagen gebildete Vermögensfonds tritt anstelle der persönlicher Haftung.[92] Die wichtigste Vorschrift in diesem Zusammenhang ist das Verbot der Einlagenrückgewähr, sie wird aber als Instrument des Konzernrechts in der polnischen Lehre erst seit Kurzem erwähnt.[93] Die Diskussion über die verdeckte Gewinnausschüttung im Konzern befindet sich noch in der Anfangsphase.

aa) *Verbot der Einlagenrückgewähr*

Das Verbot der Einlagenrückgewähr regelt Art 344 § 1 HGGB. Danach dürfen die eingebrachten Einlagen während des Bestehens der Gesellschaft weder ganz noch teilweise an die Aktionäre zurückerstattet werden. Dasselbe gilt für die GmbHs gemäß Art 189 § 1 HGGB, wobei bei der GmbH noch eine zusätzliche Vorschrift vorhanden ist: Nach § 2 leg cit dürfen Gesellschafter aus keinem Rechtsgrund Zahlungen aus dem Vermögen der Gesellschaft erhalten, soweit es zur vollständigen Deckung des Betriebskapitals erforderlich ist. Das Verbot umfasst sowohl die Verpflichtungsgeschäfte, wie Beschluss über die Auszahlung überhöhter Dividende, als auch Verfügungen (Dividendenauszahlung oder Zahlung des Kaufpreises), die eine direkte Vermögensverschiebung bewirken.[94] Das Verbot der Einlagenrückgewähr ist verbunden mit dem Verbot der Verzinsung der Einlagen gemäß Art 346 und 190 HGGB. Die Aktionäre und ihre Rechtsvorgänger dürfen gemäß Art 344 § 2 HGGB nicht von der Pflicht zur vollständigen Einzahlung für die Aktien befreit werden und haften solidarisch.

Solange die Gesellschaft besteht, haben die Aktionäre nur Anspruch auf Bilanzgewinn, der in dem vom Wirtschaftsprüfer geprüften Finanzbericht ausgewiesen und von der Hauptversammlung zur Ausschüttung an die Aktionäre bestimmt worden ist (Art 347 § 1 HGGB). Der Gewinn wird im Verhältnis zu der Anzahl der gehaltenen Aktien verteilt. Sind die Aktien nicht vollständig gedeckt, wird der Gewinn im Verhältnis zu den auf die Aktien geleisteten Einzahlungen verteilt. Die Satzung kann unter Berücksichtigung von Art 348 HGGB (Berechnung der Dividende), Art 349 HGGB (Abschlagszahlung auf die Dividende), Art 351 § 4 HGGB (Vorzugsaktien) und Art 353 HGGB (Dividendensonderrechte) eine andere Art der Gewinnverteilung bestimmen. Das Recht der Gesellschafter einer GmbH auf Gewinn wird in Art 191 HGGB ähnlich geregelt. Gesetzlich vorgesehene Ausnahmen von diesem Grundsatz be-

---

92 Doralt/Diregger, § 15 Rz 74 in: Doralt/Nowotny/Kalls, AktG (2012).
93 Opalski, Prawo zgrupowań ..., 383 ff.
94 Opalski, Prawo zgrupowań ..., 391.

treffen die Möglichkeit einer Vorauszahlung auf eine künftige Dividende gemäß Art 349 HGGB und die Auszahlung der Vergütung für eingezogene Aktien gemäß Art 359 HGGB.

Aktionäre, die unrechtmäßig oder entgegen einer Bestimmung der Satzung Leistungen erhalten haben, sind zu deren Rückerstattung verpflichtet (Art 350 § 1 Satz 1 HGGB). Eine Ausnahme stellt der Fall dar, in dem der Aktionär im guten Glauben einen Anteil am Gewinn empfangen hat (Art 350 § 1 Satz 2 HGGB). Die Vorstands- und Aufsichtsratsmitglieder, die die ungerechtfertigten Leistungen zu vertreten haben, haften für die Rückerstattung gesamtschuldnerisch mit dem Empfänger dieser Leistungen (Art 350 § 1 Satz 3 HGGB). Nach zutreffender Meinung von *Opalski* erfasst diese Pflicht auch solche Leistungen, die als verdeckte Einlagenrückzahlung zu qualifizieren sind.[95]

Die Haftung für rechtswidrige Auszahlungen wurde nach den Vorschriften über die GmbH verschärft: Art 198 § 2 HGGB führt eine subsidiäre Haftung der Mitgesellschafter ein, wenn die Rückzahlung der Auszahlungen weder von dem Empfänger noch von der für die Auszahlung verantwortliche Person erlangt werden kann. Die Gesellschafter haften in diesem Fall verhältnismäßig zu der Höhe der Anteile für Verluste im Gesellschaftsvermögen bis zur vollständigen Deckung des Betriebskapitals. Können von einem Gesellschafter die geschuldeten Beträge nicht erwirkt werden, so haften die übrigen Gesellschafter im Verhältnis zur Anteilshöhe. Bei der Haftung der Mitgesellschafter handelt es sich um eine *ex lege*Haftung für fremde Schuld mit Garantiecharakter. Weder die Höhe des Schadens noch die Schuld der Gesellschafter bilden Voraussetzungen der Verantwortung.[96] Diese Regelung benachteiligt vor allem die Minderheitsgesellschafter im Konzern, wo in der Regel unrechtmäßige Auszahlungen zugunsten des herrschenden Gesellschafters getätigt werden. Kleine Gesellschafter werden zur Haftung herangezogen, auch wenn sie keinen Einfluss auf die Leistungen hatten.[97] In der geplanten Novelle des GmbH-Rechts soll diese Vorschrift ersatzlos gestrichen werden.[98]

Die Ansprüche der Gesellschaft verjähren innerhalb von drei Jahren ab dem Tag der Auszahlung (Art 198 § 4 und 350 § 2 HGGB) mit Ausnahme von Ansprüchen gegen einen Empfänger, dem die Unrechtmäßigkeit der Auszahlung bekannt war; letztere verjähren nach zehn Jahren (Art 118 ZGB).

ab) Verdeckte Gewinnausschüttung

Die Geschäftsverbindungen zwischen dem Gesellschafter und der Gesellschaft können öfters zur Verletzung oder Umgehung der Kapitalerhaltungsregel führen. Diese Situation entsteht vor allem dort, wo die Äquivalenz zwischen der Leistung der Gesellschaft und des Gesellschafters nicht eingehalten wird: nicht

---

95 Siehe dazu ausführlich Opalski, Kapitał zakładowy-Zysk-Umorzenie, 74 ff.

96 Opalski, Prawo zgrupowań ..., 451.

97 Opalski, Prawo zgrupowań ..., 452.

98 Entwurf der Reform der Vermögensstruktur der GmbH, angenommen durch die Kodifizierungskommission für Zivilrecht am 28.10.2010, publiziert in PPH 2010 H 12.

marktgerechte Bezahlung für Dienstleistungen, überhöhte Preise, Erteilung von Darlehen mit überhöhter Verzinsung, fiktive Verträge, unangemessene Vergütung für Tätigkeiten des Aktionärs für die Gesellschaft ua.[99] Solche verdeckten Zahlungen kommen in der Praxis häufiger vor als verbotene Einlagenrückgewähr im Rahmen des Gesellschaftsverhältnisses.[100] Jede Umgehung des Verbots der Einlagenrückgewähr bewirkt die Nichtigkeit der Rechtsgeschäfte nach allgemeinen zivilrechtlichen Grundsätzen (Art 58 ZGB).[101] Unwirksam sind auch Zahlungen, die entgegen den Regelungen des Statuts zustande gekommen sind – darüber entscheidet der rechtliche Charakter der Gesellschaftsverträge als Vereinbarungen, die nicht nur Gründer binden.[102]

Entgegen solchen verdeckten Gewinnausschüttungen soll in der Aktiengesellschaft Art 355 § 3 HGGB[103] wirken. Gemäß dieser Vorschrift dürfen Entgelte für Leistungen der Gründer, Aktionäre und verbundenen Subjekte zugunsten der Gesellschaft nicht höher sein als das im Rechtsverkehr übliche Entgelt. Unter dem im Rechtsverkehr üblichen Entgelt sind die Marktpreise und nicht Bilanzwerte zu verstehen, wobei mE ein gewisser Spielraum für Geschäftspartner vorhanden sein muss. Im Außenverhältnis hat die Gesellschaft den Gesellschafter wie eine dritte Person zu behandeln.[104] Diese Vorschrift sei keine besondere aktienrechtliche Regelung, sondern der Ausdruck des allgemeinen gesellschaftsrechtlichen Grundsatzes, dass zivilrechtliche Verträge zwischen der Gesellschaft und den Gesellschafter für die Gesellschaft nicht nachteilig sein dürfen.[105]

Ob und inwieweit das Gebot des äquivalenten Leistungsaustauschs zwischen der Gesellschaft und den Gesellschaftern in Konzernstrukturen abgeschwächt werden soll, kann für Polen noch nicht endgültig beantwortet werden. Grundsätzlich muss es aufgrund der besonderen wirtschaftlichen Verbindungen im Konzern ähnlich wie in Deutschland und Österreich diese Möglichkeit geben. Die Transaktionen zwischen verbundenen Gesellschaften können nicht einzeln beurteilt werden, sie sind in der Regel vielmehr ein Teil der umfassenden Wirtschaftsbeziehungen. Sollte es zu einem Nachteil kommen, stellt sich die Frage nach der Wiedergutmachung.[106] Im Gegensatz zu diesen Folgerungen steht aber die steuerrechtliche Regelung in Art 11 EStjPG[107]. Danach müssen Leistungen zwischen verbundenen Unternehmen, die keine Kapitalgruppe bilden, immer objektiv äquivalen sein – Ausnahmen bei faktischen Konzernen sind nicht vor-

---

99 Opalski, Prawo zgrupowań …, 396.

100 Opalski, Prawo zgrupowań…, 397.

101 Kidyba, Komentarz bieżący do art. 344 kodeksu spółek handlowych, Rechtsdatenbank LEX; Opalski, Prawo zgrupowań …, 396 und 439.

102 Opalski, Prawo zgrupowań …, 440; So auch Sołtysiński in: Sołtysiński/Szajkowski/Szumański/Szwaja, Kodeks spółek handlowych, Band III Art 304, Rz 15.

103 Eine entsprechende Vorschrift für die GmbH ist nicht vorhanden.

104 Opalski, Prawo zgrupowań …, 399.

105 Oplustil, Glosa do wyroku SN z dnia 16 kwietnia 2004 r., I CK 537/03, Glosa 2005 H 3, 41.

106 Opalski, Prawo zgrupowań …, 402 f.

107 Gesetz über Einkommensteuer juristischer Personen vom 15.2.1992, Dz. U. 2011 Nr 74, Pos. 397 idgF.

gesehen. Nur im Falle einer formal angemeldeten Kapitalgruppe sind Abweichungen vorgesehen (Art 11 Abs 8 EStjPG). Allerdings sind die Bedingungen für die Bildung einer Kapitalgruppe sehr streng. Insbesondere sieht Art 1a Abs 2 EStjPG vor, dass nur Kapitalgesellschaften mit Sitz in Polen und mit einem Grundkapital von durchnittlich 1 Mio. PLN, bei denen die herrschende Gesellschaft mit nicht weniger als als 95 % an den abhängigen Gesellschaften beteiligt ist, eine solche Gruppe bilden können. Zwischen den Gesellschaften muss ein entsprechender Vertrag für mindestens drei Jahre in Form eines Notariaktakts geschlossen und registriert werden. In der Praxis spielen Kapitalgruppen im Sinne des Steuerrechts keine Rolle.

ac) Nachgründung

Damit die Regelungen über die Einbringung der Einlage nicht umgangen werden, enthält HGGB für Aktiengesellschaften Vorschriften über Nachgründungen. Die Nachgründung betrifft Verträge mit Gründern oder Aktionären über den Erwerb von Vermögen durch die Gesellschaft, welches zu einem Preis, der ein Zehntel des eingezahlten Stammkapitals übersteigt, erworben werden soll.[108] Dabei setzt das Gesetz eine Frist von zwei Jahren ab dem Tag der Eintragung der Gesellschaft fest. Innerhalb dieser Frist bedürfen derartige Verträge eines Hauptversammlungsbeschlusses mit Zweidrittelmehrheit (Art 394 § 1 HGGB). Diese Vorschrift findet auch auf den Erwerb von Vermögen der beherrschenden oder abhängigen Gesellschaft Anwendung (Art 394 § 2 HGGB). Der Hauptversammlung ist ein Bericht des Vorstands vorzulegen, welcher der Kontrolle eines Sachverständigen unterzogen und nach in der in Art 312 § 7 HGGB bestimmten Weise bekannt gemacht werden muss (Art 394 § 3 HGGB). Die genannten Regelungen finden dann keine Anwendung, wenn das Vermögen nach den Vorschriften über die öffentlichen Ausschreibungen oder in einem Liquidations-, Konkurs- oder Vollstreckungsverfahren erworben wird, sowie wenn Wertpapiere oder Waren, die auf einem regulierten Markt gehandelt werden, erworben werden sollen. Die Nichteinhaltung der vorgeschriebenen Vorgangsweise resultiert in der Nichtigkeit des Rechtsgeschäfts gemäß Art 17 § 1 HGGB.[109]

Die polnische Regelung über Nachgründungen ist mit der entsprechenden Vorgabe in Art 11 der Kapitalrichtlinie nicht vereinbar.[110] Abweichend von Art 11 Abs 1 der Richtlinie legt die polnische Regelung als Bezugspunkt für die Bestimmung des Preises nicht die in der Satzung bestimme Höhe des Stammkapitals, sondern das (möglicherweise niedrigere) eingezahlte Kapital fest. Dies stellt eine ungerechtfertigte Verschärfung des europäischen Rechts dar, die im

---

108 Dasselbe gilt für (von den Gründern oder Aktionären der Gesellschaft) abhängige Gesellschaften oder Genossenschaften.

109 Kidyba, Komentarz aktualizowany do Art. 394 Kodeksu spółek handlowych, in: Rechtsdatenbank LEX, Kodeks spółek handlowych, Art. 394.

110 Siehe Oplustil, Nabycie mienia dla spółki akcyjnej w ciągu dwóch lat od jej utworzenia, PPH 2005 H 1, 20.

konkreten Fall zu erheblichen praktischen Erschwernissen führen kann. Darüber hinaus sieht das polnische Recht (Art 394 § 4 HGGB) keine der in Art 11 Abs 2 der Richtlinie vorgesehenen Ausnahmen von der Nachgründungsregelung für den Fall des Vermögenserwerbs im Rahmen der laufenden Geschäfte der Gesellschaft vor.[111] Wegen der nicht eindeutigen Formulierung bereitet auch die genaue Bestimmung des Kreises der Veräußerer Schwierigkeiten.[112] Die praktische Bedeutung der Vorschriften über das Verbot der Einlagenrückgewähr ist schwer abzuschätzen. Eine Rechtsprechung zu diesem Thema ist kaum vorhanden.

b) Eigenkapitalersatzrecht

Die Vergabe von Krediten durch Gesellschafter an die Gesellschaft in deren Krise bzw die Besicherung solcher Kredite Dritter durch die Gesellschafter wird ausführlich im Insolvenzrecht geregelt (siehe dazu Kapitel III.3.). Das HGGB enthält nur eine relevante Regelung in Art 14 § 3 HGGB, wonach Forderungen eines Gesellschafters aus einem der Kapitalgesellschaft gewährten Darlehen als Einlage in die Gesellschaft gilt, wenn innerhalb von zwei Jahren seit Abschluss des Darlehensvertrags ein Insolvenzverfahren über das Gesellschaftsvermögen eröffnet wurde.

c) Haftung wegen Tatbeständen bei der Gründung

Eine besondere Verantwortung gegenüber der Gesellschaft ergibt sich aus Art 480 HGGB, Art 292 HGGB (über die GmbH) und Art 481 HGGB. Wer bei der Gründung einer Gesellschaft durch Verletzung von Rechtsvorschriften vorsätzlich oder fahrlässig der Gesellschaft Schaden zufügt, ist gemäß Art 480 bzw 291 HGGB zum Ersatz verpflichtet. Der Kreis der Verpflichteten bereitet der polnischen Lehre Auslegungsprobleme,[113] es ist aber unbestritten, dass dazu die Aktionäre (auch die Konzernmutter) und Vorstands- und Aufsichtsratsmitglieder der Gesellschaft gehören, wenn diese an der Gründung beteiligt waren, wobei diese Haftungsgrundlage gegenüber den Organmitgliedern mit Art 483 HGGB konkurriert. Die Gesellschaft muss im Fall einer Klage den entstandenen Schaden und die Kausalität des rechtswidrigen Handelns des Verursachers beweisen. Wenn es aber nicht zur Anmeldung der Gesellschaft im Unternehmerregister kommt, findet die Vorschrift Art 480 bzw 292 HGGB keine An-

---

111 Vgl Szwaja, O prawidłową wykładnię art. 394 k.s.h., PPH 2003 H 7, 16 und Oplustil, Nabycie mienia dla spółki akcyjnej w ciągu dwóch lat od jej utworzenia, PPH 2005 H 1, 26. Die Verfasser legen Art 394 § 4 HGGB dahingehend richtlinienkonform aus, dass er auch diese Ausnahme erfasst.

112 Oplustil, Nabycie mienia dla spółki akcyjnej w ciągu dwóch lat od jej utworzenia, PPH 2005 H 1, 24 f.

113 Vgl dazu Kidyba, Kodeks spółek handlowych, Art 480, 763; Szajkowski in: Sołtysiński/Szajkowski/Szumański/Szwaja, Kodeks spółek handlowych, Band IV Art 480, Rz 7 f.

wendung, weil es dann kein Rechtssubjekt gibt, das die Ansprüche verfolgen könnte.

Art 481 HGGB sieht die Schadensersatzhaftung derjenigen Personen gegenüber der Gesellschaft vor, die bei der Gründung oder im Zuge der Kapitalerhöhung sich oder Dritten ein überhöhtes Entgelt für Sacheinlagen und erworbene Güter oder besondere Vorteile, die in keinem Verhältnis zu den erbrachten Leistungen stehen, zukommen lassen. Verantwortlich nach Art 481 HGGB sind in der Regel Gründer und Organmitglieder, die schuldhaft die schädigenden Handlungen ausgeführt haben[114]. Diese Vorschrift gehört zu dem breit ausgebauten System der Sicherung der realen Kapitalaufbringung im HGGB. Die Gründer sind aber ohnehin verpflichtet, einen detaillierten schriftlichen Bericht über die Einbringung und Bewertung der Sacheinlagen zusammen mit den angewendeten Bewertungsmethoden zu erstellen (Art 311 HGGB). Die entsprechenden Unterlagen müssen dem Bericht im Original oder als Kopie beigefügt werden. Dieser Bericht wird auch durch sachverständige Prüfer, die vom Registergericht bestimmt werden, geprüft (Art 312 § 2 HGGB)[115]. Eine analoge Haftung wird in Art 292 HGGB für die Beteiligten an der Gründung einer GmbH vorgesehen. Nach der Lehre[116] kann auch die Konzernmutter als Gründer und Gesellschafter dieser Haftung unterliegen.

4. Konzernrechtliche Regelungen

Die fragmentarischen Regelungen des Konzernrechts im HGGB beinhalten keine Bestimmungen, die die Haftung der Konzernmutter auf die Leitungsmacht explizit zurückführen ließen. Es sind auch keine weiteren Rechtsvorschriften vorhanden, die konzernspezifische Eingriffstatbestände, sowohl im Falle eines faktischen als auch eines Vertragskonzerns beinhalten. Im polnischen Recht wurde auch das Konzept des faktischen Geschäftsführers im Konzern weder geregelt noch durch die Lehre oder Rechtsprechung tiefer ausgearbeitet.[117] Deswegen stehen den Gesellschaftern nur die klassischen Institute des Gesellschaftsrechts zur Verfügung, die auf Konzernverhältnisse angewendet werden können.[118] In diesem Kapitel werden diejenigen Vorschriften besprochen, die unter Umständen auch konzernrechtliche Tatbestände betreffen können, sowie die Analysen der neueren Lehre, die sich mit der möglichen Durchgriffshaftung im polnischen Konzern auseinandersetzen.

---

114 Szajkowski in: Sołtysiński/Szajkowski/Szumański/Szwaja, Kodeks spółek handlowych, Band IV, Art 481, Rz 5.

115 Ausführlich über die Einbringung von Sacheinlagen siehe Oplustil, Gläubigerschutz durch reale Kapitalaufbringung im deutschen und polnischen Recht der Kapitalgesellschaften, 248 ff; Cierpial/Wacławik/Bachner, Einführung in das polnische Aktienrecht, Arbeitspapier Nr 99 des FOWI, 29 ff.

116 Strzępka, Komentarz, Art 480, Rz 2; vgl auch E des Obersten Gerichts vom 07.11.1997, II CKN 420/97.

117 Mehr dazu in Schubel, Gestaltungsfreiheit ..., 271 ff.

118 Vgl Zięty, Ochrona akcjonariuszy mniejszościowych w prywatnej spółce zależnej, 121 ff.

a) Die konzernrechtliche Regelung im HGGB

aa) Beherrschungsverhältnis

Artikel 4 HGGB enthält eine Definition der herrschenden Gesellschaft sowie der verbundenen Gesellschaft. Die erste wird durch eine ausgebaute Aufzählung der einzelnen Tatbestände beschrieben. Die Gesellschaft gilt als eine herrschende Gesellschaft, wenn sie:

- über eine unmittelbare oder mittelbare Stimmenmehrheit in der Gesellschafterversammlung, Hauptversammlung oder im Vorstand einer anderen Kapitalgesellschaft (abhängigen Gesellschaft) oder Genossenschaft (abhängige Genossenschaft) verfügt, auch als Pfandgläubiger oder Nießbraucher oder aufgrund einer Vereinbarung mit anderen Personen (Art 4 Abs Z 4 a);
- zur Berufung oder Abberufung der Mehrheit der Vorstandsmitglieder oder Aufsichtsratsmitglieder einer anderen Kapitalgesellschaft oder Genossenschaft befugt ist, auch aufgrund einer Vereinbarung mit anderen Personen (Art 4 Abs 1 Z 4 b und c);
- unmittelbar oder mittelbar über eine Stimmenmehrheit in einer abhängigen Personengesellschaft oder in der Hauptversammlung einer abhängigen Genossenschaft verfügt, auch aufgrund einer Vereinbarung mit anderen Personen, oder wenn ihre Vorstandsmitglieder bei einer anderen Kapitelgesellschaft oder Genossenschaft mehr als die Hälfte des Vorstandes ausmachen (Art 4 Abs 1 24 f).

Diese Aufzählung wird mit einer Generalklausel beendet, nach der ein Beherrschungsverhältnis in jeder Situation besteht, in der eine Handelsgesellschaft einen entscheidenden Einfluss auf die Tätigkeiten einer abhängigen Kapitalgesellschaft oder Genossenschaft ausübt, insbesondere aufgrund eines Gewinnabführungsvertrages (Art 4 § 1 Z 4 f HGGB). Außerhalb des Empfängerkreises bleiben also natürliche Personen, Gesellschaften des bürgerlichen Rechts sowie andere juristische Personen wie Vereine oder Stiftungen. Verbundene Gesellschaft ist nach Art 4 § 1 Z 5 HGGB eine Kapitalgesellschaft, in der eine andere Handelsgesellschaft oder Genossenschaft über mindestens 20% der Stimmen auf der Gesellschafterversammlung oder Hauptversammlung, auch als Pfandgläubiger oder Nießbraucher oder aufgrund von Vereinbarungen mit anderen Personen, verfügt. Dasselbe gilt, wenn diese in einer anderen Kapitalgesellschaft mindestens 20% der Geschäftsanteile oder Aktien besitzt.

Im HGGB wurden in Art 5 § 2 die Grundsätze der Publizität der Beherrschungsverhältnisse zum Ausdruck gebracht. Der Bekanntmachung beim Landesregistergericht unterliegen sowohl die Erlangung als auch der Verlust einer herrschenden Position in einer Aktiengesellschaft durch eine Handelsgesellschaft. Die Informationen sollen im Monitor Sądowy i Gospodarczy[119] publiziert werden, es sei denn, dass in der Satzung die Benachrichtigung aller Gesellschafter durch Einschreibebrief vorgesehen ist. In Art 6 HGGB wurden die

---

119 Polnischer Gerichtsanzeiger.

konzernrechtlichen Publizitätspflichten geregelt. Zur Vermeidung der Aufhebung des Stimmrechts aus Aktien oder Anteilen, die mehr als 33 % des Stammkapitals der abhängigen Gesellschaft vertreten, ist die herrschende Gesellschaft verpflichtet, die abhängige Kapitalgesellschaft über die Entstehung des Beherrschungsverhältnisses innerhalb von zwei Wochen ab dem Tag der Entstehung dieses Verhältnisses zu benachrichtigen. Der Erwerb oder die Wahrnehmung der Rechte aus Aktien oder Anteilen durch eine abhängige Gesellschaft oder Genossenschaft gelten als Erwerb oder Wahrnehmung dieser Rechte durch die herrschende Gesellschaft. Die Konsequenz der Fassung eines Hauptversammlungsbeschlusses unter Verletzung von § 1 leg cit ist Nichtigkeit des Beschlusses, es sei denn, dass die Anforderungen der Beschlussfähigkeit und der Stimmenmehrheit, ausgenommen die ungültigen Stimmen, erfüllt sind.

Nach Art 6 § 4 HGGB können ein Aktionär, ein Gesellschafter oder ein Mitglied des Vorstands oder des Aufsichtsrats einer Kapitalgesellschaft schriftlich verlangen, dass die Handelsgesellschaft, an der sie als Gesellschafter oder Aktionäre beteiligt sind, Auskunft darüber erteilt, ob sie sich im Beherrschungs- oder Abhängigkeitsverhältnis gegenüber einer bestimmten Handelsgesellschaft oder Genossenschaft befinden, die Gesellschafterin oder Aktionärin in derselben Kapitalgesellschaft ist. Berechtigt sind auch Pfandgläubiger, Nießbraucher sowie Rechtsinhaber aufgrund von Vereinbarungen mit anderen Personen. Die Auskunftserteilung hat schriftlich, innerhalb einer Frist von zehn Tagen ab Einlangen des Ansuchens zu erfolgen. Wurde aber das Ansuchen dem Empfänger später als zwei Wochen vor dem Tag, für den die Gesellschafterversammlung oder Hauptversammlung einberufen wurde, bekannt, so beginnt der Lauf der Frist für die Auskunftserteilung erst nach dem Tag der Beendigung der Versammlung. Bis zum Tag der Auskunftserteilung darf die verpflichtete Handelsgesellschaft ihre Rechte aus Aktien oder Anteilen an einer in § 4 Satz 1 bezeichneten Kapitalgesellschaft nicht wahrnehmen. Die Vorschriften von Art 6 §§ 1, 2, 4 und 5 sind auch nach Beendigung des Abhängigkeitsverhältnisses entsprechend anzuwenden.

Sollen andere Gesetze Vorschriften über die Pflicht zur Benachrichtigung über den Erwerb von Aktien, Anteilen oder der Erlangung einer beherrschenden Position in einer Handelsgesellschaft oder Genossenschaft enthalten, bleiben sie von Vorschriften der Art 6 §§ 1–6 HGGB unberührt. Im Falle des Zusammentreffens von Vorschriften, die nicht gleichzeitig angewandt werden können, sind die Vorschriften desjenigen Gesetzes anzuwenden, das strengere Pflichten oder Sanktionen vorsieht (Art 6 § 7 HGGB).

ab) Vertragskonzerne und faktische Konzerne

Zwischen verbundenen Unternehmen können zwar aufgrund der Vertragsfreiheit jegliche rechtlich zulässige Vereinbarungen getroffen werden, die Zusammenarbeit bzw den Einfluss auf abhängige/verbundene Unternehmen regeln sollen, in der Praxis sind aber fast ausschließlich faktische Konzerne vorhanden. Dies resultiert einerseits aus der fehlenden Reglung über die Konzernhaftung, andererseits aus Mangel an finanziellen/steuerlichen Anreizen für den Abschluss eines solchen Vertrags.

Die Konsequenzen des Abschlusses von Konzernverträgen, insbesondere Verträge über die Führung der abhängigen Gesellschaft (Beherrschugsverträge) oder die Abführung des Gewinns der abhängigen Gesellschaft (Gewinnabführungsverträge) sieht Art 7 HGGB vor. In der Praxis sind solche Verträge selten, da es keine Anreize gibt, einen Vertrag abzuschließen, wenn die faktische Kontrolle über eine Gesellschaft ausgeübt werden kann. Auch die Zulässigkeit solcher Verträge ist umstritten.[120] Art 7 § 1 HGGB sieht vor, dass derjenige Teil des Vertrages, der die Bestimmung über den Umfang der Haftung der herrschenden Gesellschaft für die der abhängigen Gesellschaft auf Grund der Nichterfüllung oder Schlechterfüllung des Vertrages zugefügten Schäden sowie über den Umfang der Haftung der herrschenden Gesellschaft für die Verbindlichkeiten der abhängigen Gesellschaft gegenüber ihren Gläubigern enthält, zu den registrierten Unterlagen der Gesellschaft eingereicht werden muss. Auch die Tatsache, dass der Vertrag keine solchen Regelungen enthält, muss gemäß § 2 leg cit bekannt gegeben werden. Die Anmeldung hat zur Vermeidung der Unwirksamkeit der Bestimmungen über die Haftungsbeschränkung der herrschenden Gesellschaft gegenüber der abhängigen Gesellschaft oder ihren Gläubiger innerhalb drei Wochen vom Tag des Vertragsabschlusses stattzufinden. Zum Abschluss eines solchen Vertrages ist ein Zustimmungsbeschluss der Gesellschafterversammlung in einer GmbH (Art 228 Z 6 HGGB) sowie der Hauptversammlung einer AG (Art 393 Z 7 HGGB) erforderlich.[121]

Die Bedeutung der Inhalte von Art 7 HGGB spaltet die polnische Lehre, wobei die große Mehrheit in dieser Regung keine Grundlage der Konzernhaftung erkennt. Art 7 HGGB sei zu unklar formuliert, um eine Haftung gegenüber der abhängigen Gesellschaft sowie ihren Gläubigern zu formulieren; Art 7 HGGB sähe nur eine Registrierungspflicht vor.[122] Eine unbegrenzte Haftung im Innen- und Außenverhältnis bei Unterlassung der Meldung zum Handelsregister befürworten nur wenige Autoren.[123]

Die Regelung über den Vertragskonzern sieht also vor, dass im Konzernvertrag die Haftung der herrschenden Gesellschaft geregelt werden muss. Fehlt eine solche Regelung oder wird die Haftung ausgeschlossen, so wird darüber ein öffentlicher Vermerk im Register eingetragen (Art 7 § 2 HGGB). Die Betrachtung dieser Vorschrift als Schutz der Gläubiger und der abhängigen Gesellschaft

---

120 Vgl dazu ausführlich Opalski, Prawo zgrupowań ..., 274.

121 Die Zustimmung muss aber nur für diejenigen Verträge erteilt werden, die die Gewinnabführung oder Führung der abhängigen Gesellschaft betreffen. Im Falle anderer Konzernverträge ist die Zustimmung nicht erforderlich. Vgl Szczęsny, Konieczność zatwierdzenia umowy holdingowej przez akcjonariuszy spółek handlowych, PPH 2006 H 5, 54–55.

122 Opalski, PPH 1998 H 7, 21; Rodzynkiewicz KSH, 27; Karolak, Prawne ..., PS 2001 H 5, 2; Włodyka, Konzernrecht, 193, Schubel, Gestaltungsfreiheit ..., 196. Anders Szumański in: Sołtysiński,... KSH Band I, 152; Szumański, PiP 2001 H 3, 30 ff.

123 Szumański, in: Sołtysiński/Szajkowski/Szumański/Szwaja, Kodeks spółek handlowych, Band I, 152; Mróz, System Prawa Prywatnego Band 9, 865. Vgl dazu auch Schubel, Gestaltungsfreiheit ..., 175 ff.

ist aber recht illusorisch: Anstatt des Ausschlusses der Haftung oder des Verzichts auf die Haftung kann eine Vertragsbestimmung eingefügt werden, dass die Haftung nach allgemeinen Regeln bzw nach Regeln des Zivilrechts erfolgt. Auch ohne diese Angaben wird die eventuelle Haftung der Konzernmutter nach zivilrechtlichen Vorschriften verlaufen, da für die Fälle, die im HGGB nicht geregelt sind, die Vorschriften des Zivilgesetzbuches gelten (Art 2 HGGB). Die Vertragsklauseln können auch die Haftung der herrschenden Gesellschaft weitgehend begrenzen, ohne sie vollständig auszuschließen. In diesem Fall ist auch keine Bekanntgabe erforderlich,[124] weil Art 7 § 2 HGGB explizit nur den Ausschluss der Haftung oder die fehlenden Regelung behandelt.

In der neueren Lehre gibt es starke Stimmen, die die Zulässigkeit der Konzernverträge in Sinne des HGGB in polnischem Recht verneinen und die Abschaffung diesbezüglicher Regelungen befürworten. Es gebe keine rechtlichen Rahmen für solche Verträge und die Vorschriften über Kapitalgesellschaften sehen keinerlei Möglichkeiten für die Übertragung der Kompetenzen zur Geschäftsführung und Entscheidung über den Gewinn vor. Der Abschluss von Verträgen über Führung der abhängigen Gesellschaft und Abführung der Gewinne würde die Rechte der Minderheitsgesellschafter und der Gläubiger massiv beeinträchtigen.[125] Nach dem geltenden Recht ist es auch nicht zulässig, dass die herrschende Gesellschaft gegen das Interesse der abhängigen Gesellschaft handelt, was natürlich nicht immer den Bedürfnissen der Praxis entspricht[126].

ac) Haftung als faktischer Geschäftsführer (Diskussionsansatz)

In einem Konzern werden nicht selten Geschäftsführerpflichten und -rechte auf Personen übertragen, die keine Organposition innehaben. Das in Europa sehr verbreitete Konzept der faktischen Geschäftsführer[127] bzw *shadow director* hat sich in Polen bis jetzt nicht durchgesetzt. Während die Rechtssprechung nur formal bestellte Organmitglieder anerkennt,[128] wird die Lehre in den letzten Jahren auf Alternativen aufmerksam.

Für die Entwicklung der Haftung der Konzernmutter als faktischer Geschäftsführer kann die Regelung der Haftung der Geschäftsführer einer GmbH von Bedeutung sein: Art 299 HGGB sieht nämlich eine besondere Haftung der Geschäftsführer gegenüber den Gesellschaftsgläubigern für die Gesellschaftsschulden vor. Ist die Zwangsvollstreckung gegen die Gesellschaft fruchtlos geblieben, haften die Geschäftsführer persönlich und gesamtschuldnerisch für deren Verbindlichkeiten. Ein Vorstandsmitglied kann sich von der Haftung nur dann befreien, wenn es nachweisen kann, dass der Konkurs rechtzeitig angemeldet wurde oder dass ein Ausgleichsverfahren eingeleitet wurde oder dass die

---

124 Szczęsny, Konieczność zatwierdzenia umowy holdingowej przez akcjonariuszy spółek handlowych, PPH 2006 H 5, 55.

125 Opalski, Prawo zgrupowań ..., 274.

126 Kwaśnicki/Nilsson, Legalne działanie na szkodę spółki zależnej, PPH 2007 H 12, 27.

127 Vgl dazu ausführlich Schubel, Gestaltungsfreiheit …, 279 ff.

128 E des Obersten Gerichts vom 27.11.1936, C I 273–36.

Nichtanmeldung des Konkurses oder die Nichtanmeldung des Ausgleichsverfahrens nicht schuldhaft war oder schließlich dass, obwohl der Konkurs nicht angemeldet und ein Verfahren zur Abwendung des Konkurses nicht eingeleitet wurde, dem Gläubiger kein Schaden entstanden ist (Art 299 §§ 2 f HGGB). Die Norm dient – historisch gesehen – dem Schutz der Gesellschaftsgläubiger vor allem in dem Fall, in dem die insolvente Gesellschaft faktisch liquidiert und das Vermögen verteilt wird, ohne dass der Konkurs angemeldet wurde und die Gläubiger – wenngleich nur anteilsmäßig – befriedigt wurden.[129]

Die Geschäftsführer unterliegen der Haftung nach Art 200 HGGB ab dem Tag ihrer Bestellung und bis zum Tag der Abberufung, unabhängig von der Eintragung im Register;[130] die sogenannten faktischen Geschäftsführer konnten bis jetzt nicht zur Haftung herangezogen werden[131]. Der Begriff der „fruchtlosen Zwangsvollstreckung" betrifft das gesamte Vermögen der Gesellschaft. Erst wenn die Zwangsvollstreckung wenigsten von einem der Gläubiger durchgeführt wurde und die Gläubiger dennoch nicht befriedigt werden konnten, dürfen die Vorstandsmitglieder zur Haftung herangezogen werden. Auch die (verspätete) Konkursanmeldung beweist, dass das Gesellschaftsvermögen für die Begleichung der Forderungen nicht ausreichend ist.[132]

Art 299 § 1 HGGB begründet eine solidarische Haftung der Vorstandsmitglieder für die Verbindlichkeiten der Gesellschaft. Die Besonderheit der Haftung besteht darin, dass der Gläubiger nicht die Höhe des Schadens, sondern nur die Existenz einer uneinbringlichen Verbindlichkeit nachweisen muss und die Beweislast für gesetzmäßiges (rechtzeitige Konkursanmeldung oder die Einleitung des Vergleichsverfahrens) oder schuldloses (keine Schuld für die nicht rechtzeitige Konkursanmeldung oder Einleitung des Vergleichsverfahrens) Verhalten, sowie für die Nichtentstehung des Schadens die Vorstandsmitglieder trifft.[133] Ein Schaden ist entstanden, wenn die rechtzeitige Anmeldung des Konkurses eine höhere Befriedigung der Gläubiger ermöglicht hätte und durch die Unterlassung der Anmeldung durch ein Vorstandsmitglied diese (höhere) Befriedigung vereitelt wurde. Die Frage, ob die Geschäftsführer von der Haftung befreit sind, wenn sie beweisen können, dass dem Gläubiger deswegen kein

129 Vgl dazu: Allerhand, Kodeks handlowy. Komentarz Art 298 Rz. II; Dziurzyński/Fenichel/Honzatko, Kodeks handlowy. Komentarz Art 298 Rz 1.
130 Szajkowski in: Sołtysiński/Szajkowski/Szumański/Szwaja, Kodeks spółek handlowych, B II Art 299, Rz 8 und 15; (nicht publizierte) E des Obersten Gerichts vom 4.4.2000 I Aca 842/97 aaO.
131 E des Obersten Gerichts vom 27.11.1936, C I 273/36 (OSN 1937 H 11, Pos. 405) und vom 29.06.1938, C I 324/38 (OSN 1938 H 11, Pos. 407).
132 Vgl dazu Giezek/Wnuk Art 298 Rz. 4; Dziurzyński/Fenichel/Honzatko, Kodeks handlowy. Komentarz Art 298 Rz 3; Namitkiewicz, Kodeks handlowy. Spółka z ograniczoną odpowiedzialnością, Art 298 Rz 4; Szajkowski in: Sołtysiński/Szajkowski/Szumański/Szwaja, Kodeks spółek handlowych, Band II Art 299, Rz 8; E des Appellationsgerichts in Poznań vom 16.06.1992, I ACz 183/92 (OSA 1993 H 4 Pos. 28). Dagegen die ältere Rechtsprechung: nach der E des Obersten Gerichts vom 09.06.1937, CI 1927/36, OSP 1937/694 genügt es, wenn der Gläubiger nachweisen kann, dass er nur in einen Teil des Gesellschaftsvermögens Exekution geführt hat und keine Befriedigung erlangt hat.
133 Dziurzyński/Fenichel/Honzatko, Kodeks handlowy. Komentarz, Art 298 Rz 5.

Schaden entstanden ist, weil eine rechtzeitige Anmeldung des Konkurses keine höhere Befriedigung des Gläubigers erbracht hätte, ist nach der neueren Rechtsprechung grundsätzlich zu bejahen.[134] Die Haftung für die Verbindlichkeiten der GmbH setzt zwar die Existenz eines Schadens voraus, ist aber gleichzeitig von dessen Höhe unabhängig. Das bedeutet, dass das Vorstandsmitglied im Falle des Entstehens eines, im Vergleich zur Höhe der Verbindlichkeit, geringen Schadens trotzdem für die ganze Verbindlichkeit haftet. Die Bestimmung ist uE als Sanktion gegenüber dem Vorstand für die nicht rechtzeitige Anmeldung des Konkurses zu verstehen. Eine Möglichkeit, sich der Haftung zu entziehen, besteht, wenn ein Vorstandsmitglied beweisen kann, dass die Anmeldung des Konkurses ohne sein Verschulden unterblieb. Verbindlichkeiten im Sinne des Art 299 § 1 HGGB sind auch Steuerschulden und andere öffentlich-rechtliche Abgaben.[135] Die Haftung gemäß Art 299 HGGB ist von der Haftung für Konkursverschleppung gemäß Art 21 Abs 3 KRR unabhängig. Die Gläubiger können frei entscheiden, auf welche Haftungsgrundlage die Klage gestützt wird, wobei die Haftungsgrundlage des Art 299 HGGB sich für die Gläubiger günstiger erweist, da hier die Schuld der Vorstandsmitglieder nicht nachgewiesen werden muss.[136]

In der Lehre wurde ein interessanter Vorschlag gemacht, die Regelung der Haftung in Art 299 HGGB als Lösungsansatz für die Konzernhaftung – Haftung der herrschenden Gesellschaft als faktischer Geschäftsführer – zu nutzen.[137] Da ihre Aufgabe primär im Schutz der Gesellschaftsgläubiger besteht, könnte sie uU die bestehende Lücke schließen. Beherrscht nämlich eine Gesellschaft eine andere so weit, dass sie tatsächlich die Leitung an sich zieht, was dazu führt, dass die abhängige Gesellschaft in Schwierigkeiten gerät, und auch dann nicht einmal der Konkursantrag rechtzeitig gestellt wird, so muss die herrschende Gesellschaft als faktischer Geschäftsführer gegenüber den Gläubigern (für die Verbindlichkeiten der Gesellschaft) haften.[138] Das Argument, dass die Berufung von juristischen Personen als Geschäftsführer[139] nicht möglich ist, ist nicht stichhaltig, da es beim Konzept des faktischen Geschäftsführers nicht darum geht, dass die herrschende Gesellschaft in den Vorstand der abhängigen Gesellschaft einberufen werden soll, sondern darum, dass die Leitung der abhängigen Gesellschaft auf dem Wege der Konzernmaßnahmen tatsächlich an sich gezo-

---

134 E des Obersten Gerichts vom 16.12.1999, II CKN 630/98 (nicht publiziert) und vom 05.11.1999, III CKN 425/98 (nicht publiziert), so auch Giezek/Wnuk Art 298 Rz 25. In der E vom 05.09.1999, III CKN 425/98 hat das Oberste Gericht eine aA vertreten: „Geschäftsführer, die zum Bankrott der Gesellschaft geführt haben, können sich nicht wirksam darauf berufen, dass durch frühere Anmeldung des Konkurses die Gläubiger von dem Schaden nicht verschont geblieben wären", in: Szajkowski in: Sołtysiński/Szajkowski/Szumański/Szwaja, Kodeks spółek handlowych, B II Art 299, Rz 21.

135 Giezek/Wnuk Art 298 Rz 5; E des Obersten Gerichts vom 02.09.1998, III CKN 602/97.

136 Szajkowski in: Sołtysiński/Szajkowski/Szumański/Szwaja, Kodeks spółek handlowych, Band II Art 299, Rz 19.

137 Karolak, PS 2001 H 5, 2; Włodyka, Konzernrecht, 205; Schubel, Gestaltungsfreiheit ..., 271.

138 Schubel, Gestaltungsfreiheit ..., 272.

139 Karolak, Prawne ..., PS 2001 H 5, 9; Włodyka, Konzernrecht, 206.

gen wird[140]. Eine Haftung der faktischen Organmitglieder ist dem polnischen Rechtssystem nicht ganz fremd: Das Finanzstrafgesetzbuch (FStG) sieht in Art 9 § 3 vor, dass für Steuerstraftaten und Steuerdelikte neben dem Täter auch diejenigen Personen haften, die faktisch die Wirtschaftsangelegenheiten einer natürlichen Person, einer juristischen Person oder einer Organisationseinheit ohne Rechtspersönlichkeit führen.

Im internationalen Vergleich ist die konzernrechtliche Haftung von faktischen Geschäftsführern (*shadow director*) durchaus anerkannt. In Frankreich haften sie im Rahmen des Konkursrechts, wenn das Gesellschaftsvermögen im Zeitpunkt der Konkurseröffnung nicht ausreicht[141]. Die englische Lösung (*Wrongful-trading*-Haftung) sieht eine solche Haftung vor, wenn der Betrieb in der Krise fortgeführt wird und es zur Konkurseröffnung gekommen ist.[142] Auch in Österreich wird die Haftung der faktischen Geschäftsführer zulässig.[143]

In der polnischen Rechtssprechung wurden allerdings bis jetzt keine faktischen Geschäftsführer anerkannt,[144] auch wenn das letzte diesbezügliche Urteil aus dem Jahre 1936 stammt. Eine Rechtsfortbildung wäre aber denkbar.

b) Regelungen im Banken- und Versicherungsrecht

Neben dem HGGB gibt es vereinzelt banken- und versicherungsrechtliche Vorschriften, die Konzerne betreffen. Das Gesetz vom 14.06.1996 über die Verschmelzung und Gruppierung von Banken in Form einer Aktiengesellschaft[145] sieht das Entstehen von vertraglichen Bankkonzernen (Kapitalgruppen von Banken) vor. Diese gesetzlichen Vorschriften haben jedoch ihre Bedeutung verloren, da dieses Gesetz nur noch auf Banken mit 100 % staatlichem Kapital angewendet wird. Die konzernrechtlichen Vorschriften im Gesetz über das Bankrecht (Art 113 bis 120 BG) wurden 2004 ersatzlos gestrichen; in der Begründung wurde es auf die praktische Unbedeutsamkeit und Kollisionen mit anderen Vorschriften des Bankrechts hingewiesen.[146]

Die Regelungen über Verbindungen staatlicher Banken, die entsprechende Konzernverträge abgeschlossen haben, enthalten eine – für das polnische Recht – ganz besondere Regelung. Sie sehen nämlich eine gemeinsame Haftung der Gruppe gegenüber den Gläubigern der einzelnen Banken vor, und zwar nach den Grundsätzen der Bürgschaft (Art 11 leg cit). Jede zu der Gruppe gehö-

---

140 Schubel, Gestaltungsfreiheit ..., 272 f.
141 „Stellt sich bei einem Insolvenzverfahren heraus, dass eine jur. Person überschuldet ist und ein Geschäftsleitungsfehler zur Überschuldung beigetragen hat, so kann das Gericht bestimmen, dass die Schulden der jur. Person ganz oder teilweise auf die rechtmäßig bestellten oder faktischen Geschäftsleiter übertragen werden", siehe dazu ausführlich Schubel, Gestaltungsfreiheit ..., 279 f.
142 Siehe dazu ausführlich Schubel, Gestaltungsfreiheit ..., 279 ff.
143 Doralt/Diregger in: Doralt/Novotny/Kalss, AktG² (2012), § 15 Rz 84.
144 Das Oberste Gericht hat sich in der E vom 27.11.1936, C I 273–36 dagegen ausgesprochen.
145 Ustawa o łączeniu i grupowaniu niektórych banków w formie spółki akcyjnej, Dz. U. 1996 Nr 90, Pos. 406.
146 Opalski, Prawo zgrupowań ..., 273.

rende Bank haftet entsprechend der Summe des Aktienkapitals der Bank im Verhältnis zum gesamten Aktienkapital aller Banken am Tag der Entstehung der Verbindlichkeit. Unklar formuliert ist hingegen die Haftung für die Kapitalflüssigkeit der einzelnen Banken – diese Problematik sollte erst im Konzernvertrag geregelt werden.[147]

Eine Regelung der Unternehmensgruppen sieht auch das Gesetz über Versicherungstätigkeit[148] vor. Allerdings handelt es sich dabei nur um Regelungen auf der Ebene der besonderer Kontrolle, der Rechnungslegung und der Kapitalausstattung. Eine erweiterte Haftung gegenüber den Gläubigern ist nicht vorgesehen.

5. Haftungsdurchgriff (Konzepte)

Wie bereits erwähnt, sieht das polnische Gesellschaftsrecht in keiner Regelung den Haftungsdurchgriff in Konzernstrukturen vor. Das Trennungsprinzip zwischen der Gesellschaft und dem Gesellschafter bildet noch immer einen der wichtigsten Grundsätze im Recht der Kapitalgesellschaften. Die Frage, ob unter bestimmten Voraussetzungen der Gesellschafter dennoch zur Haftung herangezogen werden kann, also ob das Prinzip der Haftungstrennung auch beim Missbrauch der Gesellschaftsform gelten soll, wird immer wieder in der Lehre aufgegriffen.[149] Die Lösungsversuche stützen sich vor allem auf das Verbot des Rechtsmissbrauchs und der Rechtsumgehung sowie auf das Deliktrecht.[150] Die Rechtssprechung hat dazu bis jetzt keine Stellung bezogen. In der neueren Lehre[151] werden – dem deutschen Beispiel folgend – drei Fallgruppen der möglichen Durchgriffshaftung genannt: Beherrschung einer Gesellschaft, Vermögensvermischung und Unterkapitalisierung. Die Durchgriffshaftung wird entweder als *piersing the corporate veil* oder als *disregarding corporate identity*, also Relativierung der rechtlichen Trennung der Kapitalgesellschaften, seltener als Durchgriffshaftung (poln. *odpowiedzialność przebijająca*) bezeichnet.

a) Rechtsmissbrauch und Rechtsumgehung

Eine mögliche Grundlage der Durchgriffshaftung im Konzern bieten die Regelungen über Rechtsumgehung und Rechtsmissbrauch. Nach allgemeinen Vorschriften des Zivilgesetzbuchs ist der Missbrauch der Rechte, die einer Person zustehen, nicht erlaubt (Art 5 ZGB). Ebenfalls rechtswidrig ist ein Rechtsge-

---

147 Opalski, Prawo zgrupowań..., 273.
148 Dz. U. 1996 Nr 90, Pos. 406 idgF.
149 Wiśniewski, Prawo spółek, 53–55; Sołtysiński in: Sołtysiński/Szajkowski/Szumański/Szwaja, Kodeks spółek handlowych, Band I, 140; Włodyka, Prawo spółek, 149 ff; Szubel, Gestaltungsfreiheit ..., 251 ff; Opalski, Prawo zgrupowań ..., 473 ff.
150 Siehe dazu Schubel, Gestaltungsfreiheit ..., 253.
151 Opalski, Prawo zgrupowań ..., 173 ff; Opalski, Problematyka pominięcia prawnej odrębności spółek kapitałowych, PPH 2012 H 8, 17 ff.

schäft, das dem Gesetz widerspricht oder die Umgehung des Gesetzes zum Ziel hat (Art 58 § 1 ZGB). Diese Grundsätze gelten auch im Gesellschaftsrecht, da die zivilrechtlichen Vorschriften gemäß Art 2 HGGB entsprechend anzuwenden sind.[152]

Auf der Grundlage von Art 5 ZGB wäre es möglich, die Fälle zu lösen, wo zwischen der Gesellschaft und dem Gesellschafter oder der Gesellschaften im Konzern die rechtliche Trennung praktisch aufgehoben wurde und die Haftungstrennung gegen die guten Sitten oder zum Zwecke der Rechtsumgehung (Art 58 § 1 ZGB) genutzt wird.[153] Ein Rechtsmissbrauchsverbot im Konzern würde bedeuten, dass die Konzernmutter als Gesellschafter sich nicht vor der Verantwortung gegenüber geschädigten Personen hinter dem „Haftungstrennungsgrundsatz" verstecken könnte. Durch den Missbrauch der ihr zustehenden Rechte sollte der Rechtsschutz ausgeschlossen werden.[154] In der Praxis ist die Anwendung der Regelungen über Rechtsmissbrauch sehr beschränkt, da der Rechtsmissbrauch nach der Lehre und Rechtssprechung nur im Zusammenhang mit dem Missbrauch eines subjektiven Rechts angewendet werden kann. Die Meinung, dass ein „subjektives Recht auf die Verwendung einer juristischen Person" existiert, das auch missbraucht werden kann[155], hat keine breite Unterstützung erhalten[156]. Darüber hinaus wurde bisher das Rechtsmissbrauchsverbot als Generalklausel nur als Schutz eines Beklagten und nicht als Grundlage einer Klage anerkannt.[157] Auch wenn die Lehre inzwischen für eine breitere Anwendung des Rechtsmissbrauchsverbots gemäß Art 5 ZGB plädiert[158], folgt die Rechtsprechung dieser Ansicht nicht.

Das Ausnutzen der Rechtsform als Fall der Rechtsumgehung nach Art 58 ZGB mit der Folge der Nichtigkeit der Gesellschaftsgründung scheitert an den Vorschriften des HGGB. Eine im Register eingetragene Kapitalgesellschaft kann gemäß Art 21 HGGB auch bei Vorhandensein der schwersten Mängel nicht für nichtig erklärt, sondern nur durch das Gericht aufgelöst werden.[159]

---

152 Vgl Sołtysiński in: Sołtysiński/Szajkowski/Szumański/Szwaja, Kodeks Handlowy. Komentarz B I, Art 2 HGGB Rz 12, 20 und Kidyba, Kodeks spółek handlowych, 24 ff.

153 Schubel, Gestaltungsfreiheit …, 257; Opalski, Problematyka pominięcia prawnej odrębności spółek kapitałowych, PPH 2012, 12.

154 Szumański in: Sołtysiński (Hrsg), System Prawa Prywatnego, Band 17A, 730.

155 Vgl dazu Szczepaniak, Nadużycie prawa ... 52 f.

156 Opalski, Problematyka pominięcia prawnej odrębności spółek kapitałowych, PPH 2012, 14.

157 Opalski, Problematyka pominięcia prawnej odrębności spółek kapitałowych, PPH 2012, 13; Pyziak-Szafnicka in: Safian (Hrsg.), System prawa prywatnego, Band I, 821; E des Obersten Gerichts vom 27.01.1999, II CKN 151/98 und vom 28.04.2000, II CKN 258/00 in der Datenbank LEX. Die Rechtsprechung beruft sich vor allem im Bereich des Familienrechts und des Rechts der Wohnungsgenossenschaften auf diese Generalklausel. Es ist aber keine Rechtsprechung des Obersten Gerichts vorhanden, welche das Rechtsmissbrauchsverbot im Gesellschaftsrecht betrifft.

158 Vgl dazu Opalski, Problematyka pominięcia prawnej odrębności spółek kapitałowych, PPH 2012, 14.

159 Siehe dazu ausführlich Opalski, Problematyka pominięcia prawnej odrębności spółek kapitałowych, PPH 2012, 14 f.

b) Beherrschung, Unterkapitalisierung und Vermögensvermischung

Die Beherrschung einer anderen Gesellschaft alleine bildet nach dem polnischen Recht keinen Grund für die Entstehung der Durchgriffshaftung.[160] Auch wenn ein Gesellschafter die Macht in der Konzerntochter an sich zieht, wird das nicht mit der Erweiterung der Haftung verbunden – Macht und Verantwortung gehen auseinander.[161] In der Praxis gehört die Mehrheit der polnischen Kapitalgesellschaften zu Konzernen.[162]

Die Frage, ob eine Unterkapitalisierung der Gesellschaft, also die Situation, wo die Gründer ihre Gesellschaft nicht ausreichend ausgestattet haben, zu einer Haftung gegenüber den Gläubigern führen kann, wird in der neueren Lehre in Hinblick auf die deutschen Ausarbeitungen zu diesem Thema gestellt. Auch die Definition der Unterkapitalisierung wird aus dem deutschen Recht übernommen: unter der nominellen Unterkapitalisierung wird ein zu niedriges Grundkapital verstanden, während unter der materiellen Unterkapitalisierung die fehlende Kapitalausstattung in jeder Form zu verstehen ist.[163] Die Rechtssprechung hat sich bisher mit dem Problem nicht beschäftigt. Die Haftung des Gesellschafters für die Unterkapitalisierung der Gesellschaft setzt die Pflicht einer solchen ausreichenden finanziellen Ausstattung voraus und das polnische Gesellschaftsrecht auferlegt keine solchen Pflichten auf die Gründer und Gesellschafter.[164] Die Vorschrift in Art 14 § 3 HGGB, wonach die Gesellschafterdarlehen als Einlagen in die Gesellschaft gelten, wenn der Vertrag innerhalb von zwei Jahren vor der Konkurseröffnung abgeschlossen wurde, erlaubt eine solche Annahme nicht.[165] Dennoch lässt die Lehre eine Durchgriffshaftung zu, wenn die Unterkapitalisierung offensichtlich und krass ist und für die Gesellschaft eine Zahlungsunfähigkeit sowie einen Forderungsausfall der Gläubiger bedeuten kann. Eine solche Vorgangsweise würde einen Verstoß gegen die Treuepflichten der Aktionäre und die guten Sitten bedeuten.[166] Es handelt sich in diesem Fall um eine deliktische Haftung.

Im Falle der Vermischung wird das Auseinanderhalten der Vermögen und der Tätigkeiten der Gesellschaft und des Gesellschafters erschwert bzw unmöglich gemacht: Es ist nicht sichtbar, wer die Partei eines Rechtsgeschäfts ist und

---

160 Vgl dazu Sołtysiński in: Sołtysiński/Szajkowski/Szumański/Szwaja, Kodeks Handlowy. Komentarz Band III, 25 ff.

161 Opalski, Problematyka pominięcia prawnej odrębności spółek kapitałowych, PPH 2012, 17.

162 Siehe dazu Kapitel I.4.

163 Mieciński, Niedokapitalizowanie spółki z o.o. a wysokość kapitału zakładowego, PPH 1998 H 6, 14; Opalski, Problematyka pominięcia prawnej odrębności spółek kapitałowych, PPH 2012 H 8, 17.

164 Opalski, Problematyka pominięcia prawnej odrębności spółek kapitałowych, PPH 2012 H 8, 18; Herbert in: Sołtysiński (Hrsg.), System prawa prywatnego. Prawo spółek kapitałowych, Band 17A, 187; E des Obersten Gerichts vom 13.10.1988, III CZP 72/88 in: Rechtsdatenbank LEX.

165 Vgl dazu Herbert in: Sołtysiński (Hrsg), System prawa prywatnego. Prawo spółek kapitałowych, Band 17A, 187.

166 Opalski, Problematyka pominięcia prawnej odrębności spółek kapitałowych, PPH 2012 H 8, 18; Wisniewski, Prawo o spółkach, 100.

welche Vermögensgegenstände wem gehören.[167] Eine solche Situation bildet im polnischen Recht grundsätzlich keinen Anlass für die Entstehung der Durchgriffshaftung, kann aber die Grundlage für eine Delikthaftung wegen Vertrauensbruchs oder als *culpa in contrahendo* bilden. Möglich wäre auch die Berufung wegen Irrtum über die Person des Geschäftspartners (Geschäftsirrtum).[168] Die unverschuldeten Schwierigkeiten in der Feststellung der Person des Geschäftspartners dürfen keine Nachteile für ihn auslösen.[169]

6. Haftung wegen Verletzung allgemeiner Prinzipien

a) Verletzung der gesellschaftsrechtlichen Treuepflicht

Nach der bisher herrschenden Meinung[170] obliegen die Aktionäre keine **Treuepflichten** (Loyalitätspflichten), und zwar weder gegenüber der Gesellschaft noch im Verhältnis zueinander. Das Hauptargument bezieht sich auf den Kapitalcharakter der Aktiengesellschaft sowie auf die Tatsache, dass der Gesetzgeber solche Pflichten nur den Organmitgliedern ausdrücklich vorgeschrieben hat (Art 380 HGGB). Daraus sollte sich *e contrario* ergeben, dass den Aktionären keine Treuepflichten auferlegt wurden. Auch der polnische Corporate Governance Code[171] enthält keine solchen Verpflichtungen für börsennotierte Gesellschaften. Besonders in den Publikumsgesellschaften und in den Kommanditgesellschaften auf Aktien sollen Treuepflichten gegen das Wesen dieser Gesellschaften verstoßen.[172] Diese Ansicht wird jedoch im jüngsten Schrifttum[173] immer häufiger kritisiert, wobei die Kritik vor allem an die Auffassungen der deutschen Lehre anknüpft. Es wird darauf hingewiesen, dass die Treuepflicht den Schutz der berechtigten Interessen der Gesellschaft und der anderen Aktionäre bezweckt. Am stärksten sollen die Pflichten in den „geschlossenen" Aktiengesellschaften ausgeprägt sein, wo die personalistischen Elemente do-

---

167 Opalski, Problematyka pominięcia prawnej odrębności spółek kapitałowych, PPH 2012, 19.

168 Opalski, Problematyka pominięcia prawnej odrębności spółek kapitałowych, PPH 2012, 19; Radwański in Radwański, System prawa cywilnego, Band 2 Prawo cywilne – część ogólna, 2002, 396.

169 Opalski, Problematyka pominięcia prawnej odrębności spółek kapitałowych, PPH 2012 H 8, 19.

170 So Sołtysiński in: Sołtysiński/Szajkowski/Szumański/Szwaja (Hrsg), Kodeks Handlowy. Komentarz Band I, Art 328 Rz 20; vgl dazu auch Opalski, Koncern w polskim prawie spółek – porównanie z prawem niemieckim, PPH 1998 H 7, 23, Karolak, Prawne mechanizmy ochrony spółki córki oraz jej wierzycieli w strukturze holdingowej, Prawo Spółek 2001 H 5, 4; Susz-Kramarska, Koncern jako źródło zagrożenia egzystencji spółki zależnej, PUG 1997 H 1, 12; Nowak/Słupik, Odpowiedzialność spółki dominującej i członków jej władz wobec spółki zależnej, Rejent 1999 H 11, 75.

171 Vgl dazu auch Opalski, Prawo zgrupowań …, 282 f.

172 Vgl dazu Romanowski in: System prawa prywatnego, Band XVI, Prawo spółek, 110.

173 Sołtysiński in: Sołtysiński/Szajkowski/Szumański/Szwaja (Hrsg), Kodeks Handlowy. Komentarz, Band III Art 328, Rz 20 ff; Opalski, Prawo zgrupowań …, 275 ff; vgl auch Nowak/Słupik, Odpowiedzialność spółki dominującej i członków jej władz wobec spółki zależnej, Rejent 1999 H 11, 75.

minanter sind.[174] Die Existenz der Treuepflichten in einer GmbH weckt in der polnischen Lehre und Rechtssprechung[175] nicht so viele Zweifel.

Die Treuepflichten sollten nicht nur einen Instrument des Schutzes der Minderheitsaktionäre bilden, sondern auch die Gesellschaft und Gesellschafter gegen Missbrauch der Rechte durch Minderheitsaktionäre schützen.[176] Das Bestehen der Treuepflicht bedeutet das Verbot, der Gesellschaft einen Schaden zuzufügen, sowie das Gebot, die Interessen der AG und ihrer Aktionäre bei der Ausübung der aus ihren Aktien resultierenden Rechte zu berücksichtigen. Es ist dem Mehrheitsaktionär auch verboten, seinen herrschenden Einfluss auf die Gesellschaft zu missbrauchen. Der Mehrheitsaktionär trägt diese Verpflichtung sowohl gegenüber der Gesellschaft als auch gegenüber den Minderheitsaktionären. Die Treuepflichten sollten also sowohl im Verhältnis zwischen dem Aktionär und der Aktiengesellschaft als auch zwischen den Gesellschaftern untereinander gelten.[177]

Obwohl diese Pflicht nicht *expressis verbis* im Gesetz zum Ausdruck gebracht wurde, versucht man sie aus den Vorschriften über gute Sitten (Art 5, 56 und 354 ZGB) abzuleiten oder als immanenter Teil der Mitgliedschaft bei einer Handelsgesellschaft zu definieren[178]. Eine weitere Grundlage bildet die Vorschrift in Art 422 § 1 HGGB, wonach der Beschluss der Hauptversammlung angefochten werden darf, wenn er gegen die guten Sitten verstößt und die Interessen der AG beeinträchtigt oder die Schädigung der Interessen eines Aktionärs bezweckt.

Aufgrund der Verletzung der Treuepflichten können sowohl die Tochtergesellschaft als auch die Minderheitsaktionäre Schadenersatzansprüche gegen die Konzernmutter stellen, wobei die größten Erfolgschancen die Anfechtung von Beschlüssen der Hauptversammlung aufgrund ihrer Sittenwidrigkeit oder des Verstoßes gegen die Interessen der Gesellschaft oder die Gesellschafter (Art 249 § 1 und 422 § 1 HGGB) hätte. Der Verstoß gegen Treuepflichten kann auch in Schadenersatzansprüchen nach den zivilrechtlichen Vorschriften resultieren, wobei die Anspruchsgrundlage die Haftung *ex contractu* (Art 471 ZGB) und nicht *ex delicto* (Art 415 ZGB) bilden soll: zwischen dem Gesellschafter und der Gesellschaft bestehe ein vertragliches „Mitgliedschaftsverhältnis", das auch die Treuepflichten implementiert.[179]

b) Gleichbehandlung der Gesellschafter

Das Gleichbehandlungsprinzip bildet ein Instrument zum Schutz der Minderheitsgesellschafter in Konzernstrukturen. Sein Ziel ist die Vorbeugung des Missbrauchs der Macht des Mehrheitsgesellschafters, um unbegründete Vortei-

174 Sołtysiński in: Sołtysiński/Szajkowski/Szumański/Szwaja (Hrsg), Kodeks Handlowy. Komentarz, Band III Art 328, Rz 21; E des Obersten Gerichts (über die Pflich zur Zusammenarbeit) vom 16.10.2008, III CSK 100/08 in: Rechtsdatenbank LEX.
175 E des Obersten Gerichts vom 21.11.1997, III CSK 100/08, LEX 475285 und vom 19.03.1997, II CKN 31/97, OSNC 1997 G 8, Pos. 116.
176 Opalski, Prawo zgrupowań ..., 275.
177 Opalski, Prawo zgrupowań ..., 283.
178 Opalski, Prawo zgrupowań ..., 276 f.
179 Włodyka, Prawo koncernowe, 195; Opalski, Prawo zgrupowań..., 305.

le zu erhalten.[180] Nach Art 20 HGGB gilt der Grundsatz der Gleichbehandlung aller Aktionäre, die sich in derselben Situation befinden[181]. Die Interpretation des Gesetzes oder der Satzungsreglungen darf nicht zur Auslassung dieses Prinzips führen.[182] Als weiterer Ausdruck des Gleichbehandlungsprinzips gilt der Grundsatz „one share – one vote", der ins HGGB eingeführt wurde, um die Anforderung des Art 42 der Kapitalrichtlinie zu erfüllen. Ein weiteres Verbot der Privilegierung bestimmter Aktionäre bei den Rechtsgeschäften mit der Gesellschaft oder mit verbundenen Unternehmen enthält der polnische Corporate Governance Code.

Das Gleichbehandlungsprinzip bedeutet keine absolute Gleichstellung der Aktionäre, da diese nur unter den gleichen Voraussetzungen und Umständen einheitlich zu behandeln sind.[183] Die Lehre und Rechtsprechung[184] weisen auf drei Fälle hin, in denen eine Beschränkung dieses Prinzips begründet sei: wenn das Gleichbehandlungsprinzip aufgrund des objektiven Interesses der Gesellschaft begrenzt wird[185], wenn der betroffene Aktionär der Aussetzung des Gleichbehandlungsprinzips zustimmt und dafür neue Rechte erwirbt[186] und wenn es sich um die privilegierten Aktien des Fiskus in strategisch wichtigen Unternehmen handelt[187]. Die letztgenannte Ausnahme wurde zum Gegenstand der Rechtsprechung: Das Oberste Gericht hat eine unbegründete Verletzung des Gleichbehandlungsprinzips in dem Fall festgestellt, wenn die Satzungsregelungen die Gültigkeit der Beschlüsse der HV von der Anwesenheit eines bestimmten Aktionärs (Fiskus) abhängig machten.[188] Im Gegensatz zur österreichischen Reglung über den Erwerb von eigenen Aktien, die das Gebot der Gleichbehandlung enthält, verweist Art 362 HGGB nicht ausdrücklich auf dieses Prinzip.

---

180 Opalski, Prawo zgrupowań ..., 337.

181 Vgl Okolski/Modrzejewski/Gasiński, Natura stosunku korporacyjnego spółki akcyjnej, PPH 2000 H 10, 19; Kidyba, Kodeks spółek handlowych, 131 ff; Sójka, Zasada równego traktowania akcjonariuszy w Kodeksie Spółek Handlowych – zagadnienia podstawowe, RPEiS 2000 H 4, 35 ff; Romanowski, Zasada jednakowego traktowania udziałowców spółki kapitałowej, cz. I, PPH 2005 H 1, 5; Rodzynkiewicz, Kodeks spółek handlowych. Komentarz, 55 ff; Sołtysiński in:Sołtysiński/Szajkowski/Szumański/Szwaja (Hrsg), Kodeks spółek handlowych. Komentarz, Band I, 212.

182 Urteil des OG vom 20. Juli 2007, V CSK 154/07; Wajda, Ochrona akcjonariuszy mniejszościowych w kodeksie spółek handlowych, 26; Romanowski, Zasada jednakowego traktowania udziałowców spółki kapitałowej (I), PPH 2005 H 1, 5.

183 Okolski/Modrzejewski/Gasiński, Natura stosunku korporacyjnego spółki akcyjnej, PPH 2000 H 10, 19.

184 E des OG vom 13. Mai 2004, V CK 452/03; Osajda, Glosa 2005 H 2, 5; Bilewska, MoP 2006 H 14, 775.

185 Kidyba, Kodeks spółek handlowych, Band I, 132; Sołtysiński, Kodeks spółek handlowych. Komentarz, Band I, 212; Romanowski, Zasada jednakowego traktowania udziałowców spółki kapitałowej (I), PPH 2005 H 1, 6.

186 Kidyba, Kodeks spółek handlowych, 131 ff.

187 Katner, Pozakodeksowe uprzywilejowanie akcji – konstrukcja złotej akcji Skarbu Państwa według ustawy z 2005 r., PPH 2005 Nr 12, 42 ff.; Okolski/Modrzejewski/Gasiński, Natura stosunku korporacyjnego spółki akcyjnej, PPH 2000 H 10, 25; Mataczyński, „Złote weto" w prawie polskim na tle ustawy z 3 czerwca 2005 r., PPH 2005 H 10, 16 ff.

188 E des OG vom 30. September 2004, IV CK 713/03, OSNC 2005 H 9, Pos. 160.

Die Lehre ist sich jedoch einig, dass der Gleichbehandlungsgrundsatz auch in diesem Fall anzuwenden ist.[189] Eine andere Interpretation wäre nicht EU-rechtskonform, da der Gleichbehandlungsgrundsatz beim Erwerb eigener Aktien durch die Gesellschaft in der neuen Fassung Art 19 Abs 1 der Kapitalrichtlinie zum Ausdruck gebracht wurde.

Soll der Gleichbehandlungsgrundsatz durch das Zusammenwirken der Muttergesellschaft mit der abhängigen Gesellschaft verletzt werden, stehen dem Aktionär verschiedene Möglichkeiten zur Verfügung. Wurde die Verletzung durch einen Beschluss der Hauptversammlung verursacht, so ist er zur Anfechtung des Beschlusses berechtigt[190]. Ist hingegen das Diskriminierungsverbot durch den Beschluss eines anderen Organs der Gesellschaft verursacht worden, kann der Aktionär seine Ansprüche nach allgemeinen gesellschafts- und zivilrechtlichen Vorschriften über die Haftung geltend machen.

III. Insolvenzrechtliche Haftungstatbestände

1. Kridahaftung

Strafrechtlich verfolgt werden insbesondere folgende Kridadelikte: Vereitelung oder Schmälerung der Befriedigung von Gläubigern gemäß Art 300 pStGB, Vereitelung oder Schmälerung der Befriedigung von Gläubigern durch Übertragung des Vermögens gemäß Art 301 pStGB, vorsätzlicher Bankrott (Art 301 § 2 leg cit), bewusst fahrlässiger Bankrott (§ 3 leg cit) und Gläubigerbegünstigung (Art 301 § 1 und Art 302 § 1 leg cit). Bei diesen Delikten haften gemäß Art 308 leg cit neben dem Gemeinschuldner auch diejenigen Personen, die sich aufgrund des Gesetzes, der Entscheidung eines zuständigen Organs oder eines Vertrags mit der Führung der Finanzangelegenheiten des Schuldners befasst haben, sowie Personen, die faktisch die finanziellen Angelegenheiten der juristischen Person oder einer Gruppe von juristischen Personen geleitet haben. Die Konstruktion des faktischen Geschäftsführers wird also durch den Inhalt der Norm zweifellos erfasst. Auch wenn die Lehre vor allem die zivilrechtlich geregelte Besorgung von fremden Angelegenheiten ohne Auftrag gemäß Art 752 ZGB erwähnt, bilden die Regelung eine wichtige Grundlage der Haftung der Konzernmutter bzw ihrer Organmitglieder, die faktisch die Angelegenheiten der Geschäftsführung der Tochtergesellschaft an sich gezogen haben.

Unter der „faktischen Führung von finanziellen Angelegenheiten" werden alle Fälle verstanden, wo eine Person die entsprechenden Aufgaben ohne einen Rechtstitel erfüllt.[191] Nach der Rechtssprechung handelt es sich dabei um jedes Verhalten, durch welches in finanziellen Angelegenheiten eine Entscheidung

---

189 Sołtysiński in: Sołtysiński/Szajkowski/Szumański/Szwaja, Kodeks Handlowy. Komentarz, B III, Art 362, Rz 3.

190 Sołtysiński in: Sołtysiński/Szajkowski/Szumański/Szwaja, Kodeks Handlowy. Komentarz, Band I, Art 20, Rz 11 ff, 215.

191 Majewski, Komentarz do Art. 308 Kodeksu karnego in: Datenbank LEX.

getroffen wird oder eine Entscheidung beeinflusst oder dabei mitgewirkt wird, und zwar auch dann, wenn dies nur einmalig erfolgt.[192] Die faktisch tätige Person muss aber auch die Möglichkeit haben, die Finanzen aktiv zu beeinflussen (zB durch Investitionen) und nicht nur das Vermögen zu schützen.[193]

Den Kreis der Personen, die für eine Straftat zur Verantwortung gezogen werden können, regelt Art 18 StGB. Danach sind für die Straftat neben dem unmittelbaren Täter auch Personen verantwortlich, die die Durchführung einer Straftat leiten oder eine entsprechende Weisung an von ihnen abhängige Personen erteilen (§ 1 leg cit). Ebenfalls strafbar ist die Anstiftung zu einer Straftat (§ 2 leg cit) sowie die Beihilfe (§ 3 leg cit). Im letzten Fall handelt es sich um Personen, die einer anderen Person die Straftat erleichtern, insbesondere durch die Bereitstellung von Mitteln sowie Erteilung von Informationen. Die Beitragstäterschaft ist mit dergleichen Strafe bedroht wie die Täterschaft (Art 19 § 1 StGB). Für die Haftung der Muttergesellschaft stellt sich also die Frage nach der strafrechtlichen Verantwortung für Kridadelikte im Rahmen der Täterschaft oder Beitragstäterschaft, und zwar sowohl im Falle, wenn ein Organmitglied der Mutter an einem Kridadelikt der insolventen Tochter beteiligt war, als auch als Gesellschaft. Der zweite Fall ist aufgrund des Gesetzes über die Verbandsverantwortung für Straftaten vom 28.10.2002[194] möglich. Gemäß Art 16 Abs 1 Gesetz über die Verbandsverantwortung für Straftaten gehören auch alle Kridadelikte zu den Straftaten, für die eine Gesellschaft zur Verantwortung gezogen werden kann (siehe dazu auch Kapitel VI.1.).

2. Insolvenzverschleppungshaftung

Zur Stellung des Konkursantrags sind nach dem polnischen Insolvenzrecht gemäß Art 21 Abs 1 KRR[195] ausschließlich die Vorstandsmitglieder einer AG verpflichtet, und zwar innerhalb von zwei Wochen ab dem Zeitpunkt der Zahlungseinstellung bzw ab dem Tag, an dem das Gesellschaftsvermögen zur Begleichung der Schulden nicht ausreicht (Überschuldung). Die Zahlungseinstellung als Konkursvoraussetzung für alle konkursfähigen Unternehmer[196] bedeutet eine dauerhafte Einstellung der Erfüllung von fälligen Verbindlichkeiten durch den potenziellen Gemeinschuldner (Art 10 iVm Art 11 Abs 1 KRR). Die Pflicht zur Stellung eines Konkursantrags obliegt gemäß Art 21 Abs 2 KRR jeder Person, die zur Vertretung des Schuldners alleine oder gemeinsam mit

---

192 E des Obersten Gerichts vom 05.01.2000, V KKN 192/99, Datenbank LEX Nr 50986.
193 E des Obersten Gerichts vom 27.05.2001, I KZP 7/01, OSNKW 2001 H 7–8, Pos. 55.
194 Gesetz über die Verbandsverantwortung für Straftaten vom 28.10.2002, Dz. U. 2012, Pos. 768.
195 Dieses Gesetz vom 28.02.2003 (Gesetzblatt 2003 Nr. 60, Pos. 535) hat die polnische Konkursordnung aus dem Jahre 1934 ersetzt.
196 Die Definition des Unternehmers enthält das Gesetz über die Gewerbefreiheit (Gesetzblatt 2004 Nr 173, Pos. 1807). Danach gelten als Unternehmer natürliche und juristische Personen sowie Handelsgesellschaften ohne Rechtspersönlichkeit, die im eigenen Namen eine Wirtschaftstätigkeit betreiben. Gesellschaften bürgerlichen Rechts gelten im Bereich der von ihnen betriebenen Wirtschaftstätigkeit ebenfalls als Unternehmer.

anderen Personen befugt ist. Im Falle einer Kapitalgesellschaft sind das also sämtliche Vorstandsmitglieder/Geschäftsführer und, wenn sich die Gesellschaft bereits in der Liquidation befindet, jeder der Liquidatoren. Prokuristen sind zur Stellung des Konkursantrags nicht verpflichtet, da ihnen die Führung des Unternehmens obliegt, aber nicht die Liquidation[197]. Eine entsprechende Berechtigung kann jeder Bevollmächtigte (auch der Prokurist) der Gesellschaft erhalten.[198] Weder Aktionäre noch die Mitglieder anderer Organe sind zur Stellung des Konkursantrags verpflichtet. Es liegt auch keine Berechtigung vor. Es gibt in der polnischen Lehre und Rechtsprechung keine Anhaltspunkte dafür, dass die faktischen Vorstandsmitglieder, wie zB Organe der Muttergesellschaft bzw ihre Mitglieder, zur Stellung des Konkursantrags verpflichtet sein sollten.

Die objektiven Voraussetzungen für die Eröffnung des Konkursverfahrens sind in KRR für Handelsgesellschaften strenger geregelt als für andere Unternehmer. Der Konkurs kann bei den oben genannten Personen nicht nur wie bei den anderen bei Zahlungseinstellung, sondern auch im Falle einer Überschuldung eröffnet werden (Art 11 Abs 2 KRR). Die Überschuldung ist in der Regel auch früher festzustellen als die Zahlungseinstellung. Sie wird als das Überwiegen der Passiven über die Aktiven definiert. Der Fristbeginn für die Stellung des Konkursantrags ist somit objektiv schwer festlegbar und muss einzelfallbezogen festgestellt werden – es ist entscheidend, wann die Überschuldung festgestellt werden konnte und nicht, wann sie tatsächlich festgestellt wurde[199]. Im Ermessen des Gerichts liegt es, den Konkursantrag abzuweisen, wenn die Summe der Verbindlichkeiten 10% des Bilanzwertes des Unternehmers nicht übersteigt, die Zahlungseinstellung keinen dauerhaften Charakter hat, der Zahlungsverzug des Schuldners nicht länger als drei Monate beträgt und durch die Abweisung des Antrags den Gläubigern kein Schaden entstehen würde (Art 12 KRR).

3. Haftung für die Konkursverschleppung

Eine in der Praxis wichtige Haftungsgrundlage bildet Art 21 Abs 3 des polnischen Konkurs- und Reorganisationsrechts (KRR), der eine direkte Haftung der vertretungsbefugten Personen für den Schaden begründet, der den Gläubigern (und anderen Personen) wegen nicht rechtzeitiger Konkursanmeldung entstanden ist. Im Falle einer AG handelt es sich allerdings ausschließlich um Personen, die zur Stellung des Konkursantrags verpflichtet sind, also die Mitglieder des Vorstands (siehe oben). Die Erweiterung dieser Pflicht und der Haftung für ihre Nichterfüllung auf faktische Vorstandsmitglieder oder andere Personen wird weder in der Rechtsprechung noch in der Literatur postuliert. Die Recht-

---

197 Świeboda, Prawo upadłościowe i naprawcze, Art 22, Rz 14.
198 Świeboda, Prawo upadłościowe i naprawcze, Art 22, Rz 14.
199 E des Obersten Gerichts vom 24.07.2002, I CKN 938/00, LEX 55563.

sprechung sieht sogar die Pflichten des Vorstands im engen Zusammenhang mit dem formeller Organmitgliedschaft.[200] Verschuldensmaßstab ist auch hier die Sorgfalt unter Berücksichtigung des beruflichen Charakters der Tätigkeit gemäß Art 355 ZGB. Mangelnde Sachkenntnisse, Desinteresse oder Arbeitsteilung innerhalb des Vorstands entschuldigen nicht. Schuldlos kann also nur dasjenige Vorstandsmitglied sein, das trotz ordentlicher Pflichterfüllung den Eintritt der Konkursvoraussetzung nicht erkannt hat oder ohne sein Verschulden gehindert war, den Konkursantrag zu stellen. Der Fall wäre zB bei einer schweren Krankheit denkbar. Die Ansprüche stehen sowohl den Alt- als auch den Neugläubigern[201] zu. Bei der zu ersetzenden Schadenshöhe handelt es sich um den sogenannten Quotenschaden, also jenen Betrag, um den die Masse durch die Konkursverschleppung geschmälert und die Befriedigung der Gläubiger entsprechend gekürzt worden ist[202]. Das Oberste Gericht führt in seiner Entscheidung vom 9. September 1938[203] aus, dass der Gläubiger beweisen muss, dass die Konkursmasse durch die Konkursverschleppung geschmälert wurde und er dadurch nichts oder weniger erhalten hat, als er bei rechtzeitiger Konkursanmeldung bekommen hätte. Die Klagen auf Schadenersatz wegen Konkursverschleppung nach Art 21 Abs 3 KRR fallen nicht in den Zuständigkeitsbereich des Konkursgerichts, sie werden im gesonderten Zivilverfahren untersucht[204].

Neben der Schadenersatzpflicht für Konkursverschleppung sieht das KRR auch weitere Sanktionen gegenüber den verantwortlichen Organmitgliedern vor. Gemäß Art 373 Abs 1 KRR kann das Gericht[205] für einen Zeitraum von drei bis zehn Jahren einem Vorstandsmitglied das Recht zur Ausübung einer Wirtschaftstätigkeit auf eigene Rechnung sowie der Funktion eines Aufsichtsrats- oder Vorstandsmitglieds oder eines Bevollmächtigten in einer Handelsgesellschaft, einem staatlichen Unternehmen, einer Genossenschaft, einer Stiftung oder einem Verein entziehen. Dazu ist das Konkursgericht ermächtigt, wenn das Vorstandsmitglied schuldhaft: den Antrag auf Konkurseröffnung nicht rechtzeitig gestellt hat; nach der Konkurseröffnung nicht die Geschäftsdokumente herausgegeben bzw das Gesellschaftsvermögen nicht angegeben hat; das in die Konkursmasse fallende Vermögen verborgt, zerstört oder belastet hat oder als Gemeinschuldner im Konkursverfahren seine Verpflichtungen nicht erfüllt oder das Verfahren auf eine andere Weise erschwert hat. Die genannten Sanktionen können auch dann gegenüber den Vorstandsmitgliedern verhängt werden,

---

200 E des Obersten Gerichts vom 08.12.2010, V CSK 172/10, LEX 677904.
201 Unter Altgläubigern sind diejenigen zu verstehen, die bereits vor der Konkursreife der Gesellschaft Forderungsinhaber waren, Neugläubiger hingegen haben erst in der Phase der Konkursverschleppung ihre Forderungen gegen die AG erlangt.
202 Vgl dazu die E des Obersten Gerichts vom 09.09.1938, C I 213/38, OSN 1938, Pos 188; Zoll/Kraft/Thurner, Polnisches Insolvenzrecht, 86 f.
203 E des Obersten Gerichts vom 09.09.1938, C I 213/38, OSN 1938, Pos 188.
204 Jakubecki/Zedler, Prawo upadłościowe i naprawcze, Art 21, Rz 8.
205 Zuständig ist hier das Konkursgericht und – wenn das Konkursverfahren nicht eingeleitet oder aufgehoben oder der Konkursantrag abgewiesen wurde – das für die Konkurseröffnung zuständige Gericht (Art 375 KRR).

wenn sie die Insolvenz absichtlich oder grob fahrlässig herbeigeführt haben (Art 374 KRR). Das Verfahren zur Verhängung der Funktionsverbote kann gemäß Art 376 f KRR innerhalb eines Jahres ab der Einstellung oder Beendigung des Konkursverfahrens bzw Abweisung des Konkursantrags auf Antrag eines Gläubigers, des Konkursverwalters, des Konkursrichters, des Präsidenten des Amtes für den Wettbewerbs- und Verbraucherschutz oder des Vorsitzenden der Wertpapierkommission eingeleitet werden. Die Namen der Personen, denen die Ausübung der genannten Funktionen entzogen wurde, werden von Amts wegen in das Register der zahlungsunfähigen Schuldner beim Landesgerichtsregister[206] eingetragen.

Personen, die tatsächlich die Geschäfte der AG oder GmbH führen bzw einen entscheidenden Einfluss auf den Vorstand ausüben, wird – wie bereits erwähnt – keine Konkursantragspflicht auferlegt. Die Haftung kann somit nur nach allgemeinen zivilrechtlichen Vorschriften erfolgen. Die geschädigten Gläubiger können Schadenersatz auch über Art 415 ZGB verlangen; die Nichtanmeldung des Konkurses ist ein Gesetzesverstoß und löst die allgemeine Delikthaftung aus. Da die Forderungen der geschädigten Gläubiger aus einer unerlaubten Handlung stammen, können sie sowohl gegen die Gesellschaft, in deren Namen der Vorstand gehandelt hat (Art 416 ZGB[207]), als auch direkt gegen die Vorstandsmitglieder gemäß Art 415 ZGB geltend gemacht werden.

4. Anfechtungstatbestände wegen inäquivalenter Geschäfte

Die in Österreich als Eigenkapitalersatzrecht bekannten Vorschriften des Gesellschaftsrechts gehören in Polen überwiegend zur Problematik der Unwirksamkeit im Insolvenzrecht. Die Unwirksamkeit oder Anfechtbarkeit bestimmter Geschäfte mit Gesellschaftern der insolventen Tochtergesellschaft kann eine wichtige Bedeutung für die Mutter als Geschäftspartner der Tochter haben.

So sind gemäß Art 127 KRR gegenüber der Konkursmasse *ex lege* insbesondere folgende Rechtsgeschäfte unwirksam:

a) Rechtsgeschäfte, bei denen der Gemeinschuldner innerhalb eines Jahres vor der Konkursantragstellung über sein Vermögen verfügt hat, wenn sie unentgeltlich abgeschlossen waren bzw. die Leistung des Gemeinschuldners wesentlich höher war als die Gegenleistung. Unter der Leistung des Gemeinschuldners sind auch Leistungen zu verstehen, die dem Schuldner oder einer dritten Person vorbehalten waren (Art 127 Abs 1 KRR). Diese Vorschrift wird gemäß Abs 2 leg cit entsprechend auch für einen gerichtlichen Vergleich

---

206 Das Landesgerichtsregister wurde durch das Gesetz vom 20. August 1997 über das Landesgerichtsregister (Dz. U. 1997, Nr. 121, Pos. 769 idgF) eingeführt. Es ist ein EDV-mäßig geführtes öffentliches Register, welches das Unternehmerregister, die Register für Vereine, für andere gesellschaftliche und berufliche Organisationen, für Stiftungen, für öffentliche Anstalten der Gesundheitsfürsorge sowie das Register zahlungsunfähiger Schuldner umfasst.

207 Art 416 ZGB lautet: „Eine juristische Person ist zum Ersatz des Schadens verpflichtet, den ihr Organ schuldhaft verursacht hat."

sowie die Anerkennung der Klage oder einen Forderungsverzicht angewendet.

b) Besicherung oder Begleichung einer nicht fälligen Forderung durch den Gemeinschuldner, wenn diese innerhalb von zwei Monaten vor Konkursantragstellung erfolgt ist. Der Gläubiger kann jedoch die Erklärung dieser Rechtsgeschäfte für wirksam verlangen, wenn er im Zeitpunkt des Abschlusses von der Insolvenzgründen nichts gewusst hat (Abs 3 leg cit).

c) Entgeltliche Rechtsgeschäfte, die der Gemeinschuldner mit einem Gesellschafter oder einer verbundenen Gesellschaft innerhalb von sechs Monaten vor der Stellung des Konkursantrags getätigt hat (Art 128 Abs 1 KRR). Dies gilt gemäß Abs 2 leg cit auch für Vertreter und Eheleute der Gesellschafter und die Gesellschafter, ihre Vertreter und Eheleute bei verbundenen Gesellschaften.

d) Entgeltliche Rechtsgeschäfte, die der Gemeinschuldner mit einer herrschenden oder abhängigen Gesellschaft innerhalb von sechs Monaten vor der Stellung des Konkursantrags getätigt hat (Art 128 Abs 3 KRR).

Die Klage auf Feststellung der Unwirksamkeit kann der Konkursverwalter (poln. *syndyk, nadzorca sądowy albo zarządca*) innerhalb von zwei Jahren nach der Konkurseröffnung einbringen. Diese Personen müssen keine Gerichtsgebühren entrichten (Art 132 KRR). Die Klageerhebung ist allerdings nach der Rechtsprechung nicht zulässig, wenn eine Leistungsklage möglich wäre.[208] Wird ein Rechtsgeschäft *ex lege* nichtig oder für unwirksam erklärt, so muss alles, was dadurch aus dem Vermögen des Gemeinschuldners ausgeflossen ist oder in sein Vermögen nicht eingetreten ist, der Konkursmasse – wenn möglich in Natura – zugeführt werden. Die vereinbarte Gegenleistung steht dem Dritten zu (134 Abs 1 KRR).

Im Falle der Geschäftsbeziehungen zwischen der Tochter und der Konzernmutter werden aufgrund des Abhängigkeitsverhältnisses (Art 128 Abs 3 KRR) oder der Eigenschaft der Mutter als Gesellschafter der Tochter (Art 129 Abs 1 leg cit) alle entgeltliche Rechtsgeschäfte aus den letzten sechs Monaten vor der Antragstellung *ex lege* unwirksam. Handelt es sich um unentgeltliche Geschäfte zwischen den Konzerngesellschaften oder ist die Leistung der Mutter an die insolvente Tochter nicht äquivalent, so gilt das sogar für alle Geschäfte, die im letzten Jahr vor der Stellung des Konkursantrags getätigt wurden. Die gleiche Wirkung werden gerichtliche Vergleiche, Forderungsverzicht und Klageanerkennung zwischen den Konzerngesellschaften haben. Die Begleichung einer nicht fälligen Forderung der Mutter oder die Erteilung einer Kreditsicherheit an die Mutter in den letzten zwei Monaten vor dem Konkursantrag werden ebenfalls unwirksam.

Die Frage nach der Inäquivalenz der Leistung wird in der Rechtsprechung[209] mit Hilfe der Bestimmung von durchschnittlichen Preisen und Leistungen im

---

208 E des Obersten Gerichts vom 16.04.2010, IV CSK 424/09, LEX 602729.
209 E des Obersten Gerichts vom 09.09.2010, I CSK 69/10, LEX 669416.

Rechtsverkehr im Hinblick auf einen bestimmten Fall gelöst. Es spricht nichts dagegen, die Ungleichheit der Leistungen nach den gleichen Gesichtspunkten zu messen wie im Falle des Wuchers nach Art 388 ZGB.

IV. Zivilrechtliche Tatbestände für die Haftung der Muttergesellschaft

1. Vertragliche Grundlagen

Die Übernahme der Haftung für die Verbindlichkeiten der Tochtergesellschaft gegenüber Dritten ist auch bei faktischen Konzernen möglich und kann auf jede zivilrechtlich zulässige Weise erfolgen. Aufgrund der Vertragsfreiheit kann der Inhalt einzelner Verträge und Willenserklärungen frei gestaltet werden. Im Falle eines vertraglichen Konzerns, wo Verträge über die Abführung des Gewinns oder die Führung der Gesellschaft abgeschlossen wurden, muss sogar im Vertrag eine Vereinbarung über den Umfang der Haftung der herrschenden für die Verbindlichkeiten der abhängigen Gesellschaft (Art 7 § 1 HGGB) getroffen werden. Die Pflicht, eine entsprechende Vereinbarung zu treffen, bedeutet aber nicht, dass die Konzernmutter die Haftung tatsächlich übernehmen muss. In der Regel wird entweder ausdrücklich keine Haftung übernommen oder verweisen die Parteien auf „das geltende Recht", was zum gleichen Ergebnis führt.

Die gängigen Verpflichtungen für Verbindlichkeiten Dritter bilden die Bürgschaft, der Schuldbeitritt und die Schuldübernahme sowie die Garantie. Im Bürgschaftsvertrag verpflichtet sich der Bürge dem Gläubiger gegenüber, die Verbindlichkeit in dem Fall zu befriedigen, dass der Schuldner diese Verbindlichkeit nicht erfüllt hat (Art 876 § 1 ZGB). Aus dieser Formulierung darf allerdings nicht auf die Subsidiarität der Bürgenschuld geschlossen werden; vielmehr kann nach hL der Bürge dann, wenn seine subsidiäre Haftung nicht vereinbart wurde, als Bürge und Zahler in Anspruch genommen werden. Die Verpflichtungserklärung des Bürgen bedarf bei sonstiger Unwirksamkeit der Schriftform (§ 2 leg cit); der ausdrücklichen Bezeichnung der Erklärung als Bürgschaft bedarf es nicht. Die Annahme der Bürgschaft durch den Gläubiger unterliegt keinen Formvorschriften. Hat der Bürge die Forderung des Gläubigers befriedigt, so tritt er *ex lege* in die Rechte des Gläubigers ein und kann vom Schuldner Erfüllung verlangen *(cessio legis)*.

Während bei der Zession der Wechsel auf der Gläubigerseite erfolgt, findet bei der Schuldübernahme (poln. *przejęcie długu)* die Änderung des Schuldners statt. Das polnische Recht unterscheidet streng zwischen der (immer befreienden) Schuldübernahme und dem (kumulativen) Schuldbeitritt (poln. *kumulatywne przystąpienie do długu),* wobei der Vertrag über den Schuldbeitritt gesetzlich nicht geregelt wurde. Schuldübernahme vollzieht sich gemäß Art 519 § 2 ZGB durch einen schriftlichen Vertrag zwischen dem Gläubiger und einem Dritten mit Zustimmung des Schuldners oder einen Vertrag zwischen dem Schuldner und einem Dritten mit Zustimmung des Gläubigers in schriftlicher Form. Hat der Gläubiger von der Zahlungsunfähigkeit des Dritten nichts gewusst, so wird die Schuldübernahme unwirksam. Solange die Zustimmung nicht erteilt wird, sind die Verträge schwebend unwirksam, wobei jede Vertragspartei dem Zustimmungsberechtigten eine Frist für die Erteilung der Zustimmung setzen kann, nach deren fruchtlosen Ablauf die Zustimmung als verweigert gilt. Die Folgen sind jedoch in beiden Fällen unterschiedlich: Während bei der fehlenden Zustimmung des Schuldners der Vertrag als nicht abgeschlossen gilt, bewirkt die Ablehnung der Zustimmung durch den Gläubiger die Haftung des übernehmenden Dritten gegenüber dem Schuldner dafür, dass der Gläubiger von ihm die Erfüllung der Leistung nicht verlangen wird (Art 521 ZGB). Da nach dem Schuldnerwechsel das Schuldverhältnis inhaltlich unverändert bleibt, kann gemäß Art 524 § 1 ZGB der Übernehmer dem Gläubiger gegenüber neben seinen eigenen auch alle Einwendungen des Altschuldners – mit Ausnahme der Aufrechnung mit einer Forderung des bisherigen Schuldners – entgegensetzen. Zur Sicherung der Forderung übernommene Bürgschaften und bestellte beschränkt dingliche Rechte haften nach der befreienden Schuldübernahme nur dann weiter, wenn die Sicherungsgeber dem Fortbestand der Sicherung nach dem Schuldnerwechsel zugestimmt haben (Art 525 ZGB).

Beim kumulativen Schuldbeitritt wird der bisherige Schuldner nicht befreit: Der neue Schuldner tritt neben den alten nur als solidarisch haftender Mitschuldner bei. Der vertragliche Schuldbeitritt ist gesetzlich nicht geregelt, aber aufgrund der Vertragsfreiheit allgemein anerkannt. Der Vertrag ist nicht formgebunden und bedarf keiner Zustimmung des Gläubigers bzw. des bisherigen Schuldners, wenn er zwischen dem Gläubiger und dem Beitretendem zustande kommt. Einen Fall des gesetzlichen Schuldbeitritts regelt Art 554 ZGB, wonach der Erwerber eines Unternehmens oder eines landwirtschaftlichen Betriebs gesamtschuldnerisch mit dem Veräußerer für dessen Verbindlichkeiten haftet, die mit der Führung des Unternehmens verbunden sind.

Weder die Liquiditätszusage noch die Patronatserklärung wurden in Polen gesetzlich geregelt. Auch in der Lehre und Rechtsprechung sind kaum Aussagen zu den beiden Vertragsarten vorhanden. Aufgrund der Vertragsfreiheit ist es dennoch möglich, solche Verträge abzuschließen bzw. entsprechende Willenserklärungen abzugeben. Für diese Zwecke können auch bestehende Sicherungsverträge modifiziert werden, soweit dies den zwingenden Vorschriften nicht widerspricht. Der Inhalt wird in den einzelnen Fällen unterschiedlich sein, dennoch in der Regel einer Garantie oder einer Bürgschaft ähnlich sein. Die Patronatserklärung wird üblicherweise gegenüber der die Tochtergesellschaft finanzierenden Bank abgegeben. Andere Gläubiger, wie zB Lieferanten, kommen aber ebenfalls in Frage. Die in Österreich typischen Formulierungen einer Patronatserklärung können ebenfalls in Polen angewendet werden. Die Wirkung solcher Verträge im Falle der Insolvenz der Mutter- oder Tochtergesellschaft wurde in der Lehre bisher nicht erörtert.

Ist ein Vertrag zwischen der Mutter- und der Tochtergesellschaft abgeschlossen worden, so richtet sich die Haftung wegen seiner Verletzung nach den Vorschriften über die Nicht- oder Schlechterfüllung des Vertrags. Art 471 ZGB sieht in diesen Fällen die Pflicht des Schuldners zum Ersatz des dadurch entstandenen Schadens vor, es sei denn, dass die Nicht- oder Schlechterfüllung die Folge von Umständen ist, die der Schuldner nicht zu vertreten hat. Das Heranziehen des Schuldners zur Haftung setzt voraus, dass der Schaden eingetreten ist, der in einem Kausalzusammenhang zum vertragswidrigen Verhalten steht. Der Haftung kann sich der Schuldner nur dann entziehen, wenn er die mangelhafte Vertragserfüllung nicht zu vertreten hat, also wenn der Schaden trotz Einhaltung der erforderlichen Sorgfalt (Art 172 ZGB) eingetreten ist. Im Prozess hat der Gläubiger den Eintritt des Schadens und den Kausalzusammenhang zwischen der Schlechterfüllung und dem Schaden zu beweisen. Dem Schuldner obliegt hingegen die Beweislast, dass er bei der Erfüllung unter Einhaltung der erforderlichen Sorgfalt vorgegangen ist. Die Rechtsprechung sieht die Frage der Einhaltung der erforderlichen Sorgfalt sehr streng – nicht einmal höhere Gewalt wirkt für den Schuldner befreiend.[210]

Die Haftung des Schuldners erstreckt sich gemäß Art 474 auch auf Handlungen und Unterlassungen von Gehilfen, also Personen, mit deren Hilfe er das Schuldverhältnis erfüllt und denen er die Erfüllung anvertraut. Dies gilt auch für gesetzliche Vertreter (Organmitglieder) des Schuldners. Die Haftung für Gehilfen ist eine Risikohaftung. Auch wenn die Voraussetzung die Schuld des Gehilfen ist, kann der Schuldner sich nicht durch Beweis, dass er die erforderliche Sorgfalt bei der Auswahl des Gehilfen angelegt hat, retten;[211] er muss vielmehr nachweisen, dass die Schlechterfüllung auf von Gehilfen nicht zu vertretenden Umstände beruht.

2. Anfechtungstatbestände nach dem ZGB

Das bürgerliche Recht in Polen hat einige Instrumente zum Schutz der Gläubiger entwickelt. In bestimmten Fällen wirkt ein Schuldverhältnis nicht nur zwischen den Parteien, sondern kann auch die Haftung anderer Personen begründen *(actio pauliana)* oder die dingliche Rechtsposition eines Dritten schwächen *(ius ad rem)*. Diese Instrumente können auch gegen die Mutter oder Tochtergesellschaft eingesetzt werden im Falle, wenn durch die Geschäfte im Konzern die Gläubiger der Gesellschaft gefährdet werden. Wird zB durch einen Vertragsabschluss die Haftungsmasse zwischen den Kapitalgesellschaften verschoben, was zur Verschlechterung der finanziellen Lage der Gesellschaftsgläubiger führt, können diese – unter bestimmten Voraussetzungen – den Vertrag anfechten.

Gemäß Art 527 § 1 ZGB *(actio pauliana)* steht dem Gläubiger zu, ein Rechtsgeschäft im Verhältnis zu ihm für unwirksam erklären zu lassen, wenn

---

210 E des Obersten Gerichts vom 11.01.2001, IV CKN 150/00, OSNC 2001 H 10, Pos. 153; Liebscher/Zoll, Einführung in das polnische Recht, 268.
211 Radwański, Zobowiązania – część ogólna, 257.

das Rechtsgeschäft, bei dem ein Dritter einen Vermögensvorteil erlangt hat, für den Gläubiger benachteiligend war. Der Schuldner musste im Bewusstsein der Gläubigerbenachteiligung gehandelt haben und der Dritte davon Kenntnis gehabt haben. Steht der Dritte in einem engen Verhältnis zum Schuldner, so wird sogar gemäß Art 527 § 3 ZGB vermutet, dass er von der absichtlichen Benachteiligung der Gläubiger gewusst hat. Diese Vermutung gilt gemäß § 4 *leg cit* auch im Falle, wenn der Dritte ein Unternehmer ist, der mit dem Schuldner eine dauerhafte wirtschaftliche Beziehung unterhält. Handelt es sich hingegen um ein unentgeltliches Geschäft, kann es sogar dann für unwirksam erklärt werden, wenn der Dritte von der bewussten Gläubigerbenachteiligung weder wusste noch hätte wissen können (Art 528 ZGB). Auf die Konzernstrukturen wird in der Regel der Tatbestand nach Art 527 § 4 ZGB zutreffen.

Die Voraussetzung der Anfechtbarkeit ist das Auftreten oder die Vertiefung der Zahlungsunfähigkeit des Schuldners. Die (relative) Unwirksamkeit muss jedoch – anders als im Insolvenzrecht – durch ein Gerichtsurteil festgestellt werden und ist nur dann möglich, wenn der Gläubiger tatsächlich einen Schaden erlitten hat. Durch die Anfechtung im Wege der *actio pauliana* erweitert sich der Kreis der Personen, die für die Forderung haften, und ermöglicht die Befriedigung des Gläubigers aus schuldnerfremdem Vermögen. Die Gläubiger der Tochtergesellschaft können also – nach Erfüllung aller Voraussetzungen – auf das Vermögen der Mutter zugreifen und die Gläubiger der Mutter auf das Vermögen der Tochtergesellschaft.

Ein anderes Institut des Zivilrechts, das dem Schutz der Gläubiger dient, ist *ius ad rem* gemäß Art 59 ZGB. Es wurde 1964 in das ZGB eingeführt und sorgt bis heute in der Lehre und Rechtsprechung für Streitigkeiten.[212] Dabei handelt es sich um den Fall, dass ein Vertrag abgeschlossen wurde, dessen Erfüllung die Befriedigung des Anspruchs eines Dritten zumindest teilweise unmöglich macht. Der Dritte kann innerhalb eines Jahres ab dem Vertragsabschluss vor Gericht die Unwirksamkeit des Vertrags ihm gegenüber verlangen; vorausgesetzt, dass die Parteien von seinem Anspruch gewusst haben oder das Geschäft unentgeltlich ist. Die praktische Anwendung der Regelung ist gering. Von Bedeutung sind nur die Fälle, wo ein Dritter aufgrund eines qualifizierten Vorvertrags oder eines Vorkaufsrechts Ansprüche erworben hat.

Die Bedeutung von *ius ad rem* für die Gläubiger der Gesellschaften in Konzernstrukturen ist kleiner als die von *actio pauliana*, dennoch soll die Möglichkeit nicht außer Acht gelassen werden, dass unter Umständen auch die Verträge im Konzern angefochten werden können, wenn dadurch berechtigte Dritte keine Befriedigung ihrer Ansprüche erlangen können.

---

212 Vgl dazu ausführlich Safian in: Pietrzykowski (Hrsg.), Kodeks cywilny. Komentarz, Band I, Art 59, Rz 6 ff.

3. Deliktshaftung

a) Allgemeine Deliktshaftung

Werden keine ausreichenden Anhaltspunkte für die Haftung der Muttergesellschaft im Gesellschaftsrecht gefunden, sind diese im bürgerlichen Recht zu suchen. Die allgemeine Deliktshaftung wird in der Praxis immer dort eingesetzt, wo andere Grundlagen nicht zum Erfolg führen. Auch bei der Durchgriffshaftung im Konzernrecht ist die deliktische Generalklausel der am häufigsten diskutierte Lösungsansatz.[213] Dadurch könnten die Haftungsprobleme ohne Durchbrechung des Trennungsprinzips gelöst werden.[214]

Das polnische Zivilrecht gewährt – nach dem französischen Vorbild – grundsätzlich bei jedem rechtswidrigen Verhalten (auch bei Sittenwidrigkeit) dem Geschädigten einen Schadensersatzanspruch gegenüber dem Verursacher, und zwar auch bei einem reinen Vermögensschaden. Die Ermittlung des Schutzbereichs einer Rechtsnorm ist nicht erforderlich. Die Einschränkung des Schadensumfangs erfolgt aufgrund der sogenannten Adäquanztheorie. Aufgrund der allgemeinen Delikthaftung können somit die Vorstandsmitglieder auch dann von den Gesellschaftern zur Haftung herangezogen werden, wenn der Gesellschaft selbst kein Schaden entstanden ist.

Die allgemeine Grundlage der Delikthaftung bildet Art 415 ZGB. Danach ist jeder, der einem anderen schuldhaft einen Schaden zufügt, zum Schadenersatz verpflichtet. Drei Elemente müssen vorhanden sein, um eine Haftung auszulösen: der Schaden, eine schuldhafte Handlung und der Zusammenhang zwischen dem Schaden und der Handlung. Die Rechtswidrigkeit stellt das objektive Element der Schuld dar und wird in einem sehr weiten Sinn verstanden. Rechtswidrig handelt, wer die Rechtsordnung als Ganzes, insbesondere die Regeln des gesellschaftlichen Zusammenlebens (die guten Sitten) verletzt. Dazu genügt es, wenn ein Vertragspartner gegenüber dem anderen sich nicht anständig, redlich und loyal verhält. Die subjektive Seite der Schuld stellt die Vorwerfbarkeit der Handlung dar, wobei hier keine Unterschiede zwischen Vorsatz und Fahrlässigkeit gemacht werden. Die Nichteinhaltung der erforderlichen Sorgfalt nach Art 355 § 1 ZGB wird als Schuldelement auch im Sinne von Art 415 ZGB allgemein anerkannt. Unter Kausalität werden gemäß Art 361 § 1 ZGB alle normalen Folgen der schadensstiftenden Handlung oder Unterlassung verstanden (Adäquanztheorie). Ein solches Verständnis der Kausalität ermöglicht, die Folgen der Tat danach zu unterscheiden, ob sie durch die Haftung (und somit auch die Schadenersatzpflicht) umfasst sind, und sorgt zugleich dafür, dass der zu ersetzende Schadensumfang nicht ausufert. Die schädigende Person haftet nur für diejenigen Schäden, die als normale Folgen der schadensstiftenden Handlung oder Unterlassung anzusehen sind. Darunter sind Folgen zu verstehen, die typischerweise nach einer Handlung auftreten und objektiv festgestellt werden können. Die Höhe des zu ersetzenden Schadens richtet sich nach den allgemei-

---

213 Włodyka, Prawo koncernowe, 204 ff; Opalski, Koncern w polskim prawie spółek – porównanie z prawem niemieckim, PPH 1998 H 7, 20; Schubel, Gestaltungsfreiheit ..., 258.

214 Schubel, Gestaltungsfreiheit ..., 258; Włodyka, Prawo koncernowe, 208 ff.

nen Schadenersatzregeln und beinhaltet gemäß Art 361 § 2 ZGB die Einbußen, die der Geschädigte erlitten hat, sowie die Vorteile, die er hätte erzielen können, wenn ihm der Schaden nicht entstanden wäre. Die geschädigte Partei muss natürlich das Entstehen eines Schadens sowie das schuldhafte Handeln und die Kausalität beweisen.

Die geschädigte Tochtergesellschaft oder ihre Gläubiger, die gemäß Art 415 ZGB Schadenersatz verlangen, müssen den Schaden, die Schuld und den Kausalzusammenhang beweisen. Das Handeln der Muttergesellschaft als Gesellschafter müsste das Interesse des Gläubigers so beeinträchtigen, dass er die ihm gegenüber der Tochter zustehenden Forderungen dauerhaft nicht erhalten konnte. Solange jedoch die Tochtergesellschaft nicht insolvent ist, sind die Forderungen der Gläubiger durch ihr Vermögen gesichert. Das rechtswidrige Verhalten der Konzernmutter kann im Verstoß gegen die gesellschaftsrechtlichen Vorschriften oder die Treuepflichten liegen.[215] Als sittenwidrig wird in der Lehre auch die Unterkapitalisierung der Tochtergesellschaft angesehen.[216]

Nach der Generalklausel nach Art 415 ZGB können auch Kleinaktionäre der Tochtergesellschaft von der Mutter Schadenersatz verlangen. In diesem Fall würde es sich in der Regel um den sogenannten Reflexschaden handeln. Aufgrund der rechtswidrigen Handlung der Muttergesellschaft müssten die Aktien oder Anteile der anderen Gesellschafter an Wert verlieren. Diese Frage wurde bisher weder in der Lehre noch in der Rechtsprechung behandelt, sie muss aber nach dem „Adäquanzzusammenhang" beurteilt werden. Die Konzernmutter haftet also gegenüber dem Gesellschafter nur für den Schaden, der in einem adäquaten Zusammenhang mit ihrem rechtswidrigen Handeln steht und somit eine normale Folge der bestimmten Handlung darstellt. Haben die Aktien also an Wert verloren, obwohl eine – wenn auch rechtswidrige – Maßnahme des Vorstand normalerweise zur Steigerung der Kurse geeignet wäre, kann er nicht zur Haftung herangezogen werden. Anders ist es unseres Erachtens jedoch im Falle, wenn die Konzernmutter unerlaubterweise (Vertrag oder Verstoß gegen die Treuepflichten) Konkurrenzgeschäfte betreibt oder das Gesellschaftsvermögen abzieht und dadurch ein Vermögensschaden entsteht, der sich auf den Wert der Anteile oder Aktien auswirkt.

b) Culpa in contrahendo

Zur Haftung der Muttergesellschaft aufgrund der *culpa in contrahendo (cic)* kann es insbesondere in dem Fall kommen, wenn die Konzernmutter dem Gläubiger der Tochtergesellschaft die Haftung für ihre Verbindlichkeiten formlos zusichert oder zumindest den Eindruck erweckt, dass sie für die Verbindlichkeiten einstehen wird.

Die *culpa in contrahendo* und die aus ihr resultierende Haftung für Verletzung von bereits vor dem Vertragsabschluss bestehenden Pflichten gehört in

---

215 Opalski, Koncern w polskim prawie spółek – porównanie z prawem niemieckim, PPH 1998 H 7, 28.
216 Targosz, Nadużycie osobowości prawnej, 259.

Polen – anders als in Österreich und Deutschland – zur Deliktshaftung[217] und war bis 2003[218] kein Gegenstand ausdrücklicher gesetzlicher Formulierung. Die Haftung im vorvertraglichen Stadium kann nach polnischem Recht nur entweder durch eine Verletzung von bestimmten gesetzlichen Pflichten oder von Grundsätzen der Redlichkeit bei Verhandlungen ausgelöst werden. Diese Verletzung, soweit sie auch schuldhaft (rechtswidrig und vorwerfbar) erfolgt ist und dadurch ein Schaden entstanden ist, kann im polnischen Recht als Delikt betrachtet werden. Die Rechtswidrigkeit ist dabei im Verstoß gegen die Regeln des gesellschaftlichen Zusammenlebens (gute Sitten) zu suchen.[219] Eine Bezeichnung dieser Handlung als *culpa in contrahendo* ergibt sich (nur) daraus, dass sie noch vor der Vertragsschließung stattgefunden hat. Die Haftung aus *cic* kann als Haftung für Schäden, die durch Handlungen im Prozess der Vertragsschließung und im Zusammenhang mit diesem verursacht wurden, definiert werden. Die Frage, ob der Vertrag am Ende tatsächlich abgeschlossen wurde, ist hier nicht relevant.[220]

Die 2003 eingeführte Regelung im Art 72 § 2 ZGB ist für die vorliegenden Problembereiche nur am Rande von Bedeutung. Es wurde nun ein „selbständiges" Delikt in Form von unredlichen Verhandlungen und somit ein Kriterium der Beurteilung des Verhaltens der verhandelnden Partner definiert.[221] Nach dieser Vorschrift ist die Partei, die in sittenwidriger Weise die Verhandlungen aufgenommen und geführt hat, zum Ersatz des Schadens verpflichtet, der der anderen Partei durch das Vertrauen auf den Vertragsabschluss entstanden ist. Ersetzt wird das negative Interesse.

c) *Tatbestände, die die Haftung auf die Muttergesellschaft erstrecken können*

Neben der Generalklausel in Art 415 ZGB sind im polnischen bürgerlichen Recht Tatbestände geregelt, die die Haftung auf die Muttergesellschaft erstrecken können. So regelt Art 422 ZGB die Haftung von Personen, die einen anderen zu einer Schädigung verleitet haben (Anstifter) oder diesem behilflich gewesen sind oder schließlich aus dem Schaden bewusst Vorteile gezogen haben, und ist auch dann wirksam, wenn sie den Schaden selbst nicht verursacht

---

217 Eine Konstruktion der vertraglichen *cic*-Haftung wird allgemein nur dann anerkannt, wenn tatsächlich ein Vertrag über die Führung von Verhandlungen abgeschlossen wurde. Vgl dazu Rogoń, Problemy negocjacyjnego trybu zawarcia umowy po nowelizacji kodeksu cywilnego, PPH 2003 H 10, 9.

218 Novelle vom 14.02.2003, Dz. U. 2003 Nr 49, Pos. 408.

219 Es wird auch behauptet, dass eine schädigende Handlung aus sich selbst heraus rechtswidrig ist, wenn kein die Rechtswidrigkeit ausschließender Tatbestand vorliegt, vgl Bobrzyński/ Liebscher/Zoll in: Liebscher/Zoll, Einführung in das polnische Recht, 250.

220 Vgl dazu Krajewski in: Łętowska (Hrsg.) System prawa prywatnego, Band 5, Prawo zobowiązań – część ogólna, 711.

221 Rogoń, Problemy negocjacyjnego trybu zawarcia umowy po nowelizacji kodeksu cywilnego, PPH 2003 H 10, 7.

haben[222]. Mehrere Täter haften untereinander solidarisch und auch solidarisch mit der schädigenden Person und sind zur Wiedergutmachung des gesamten Schadens verpflichtet. Dies gilt auch dann, wenn die Haftung der schädigenden Person aus irgendeinem Grund ausgeschlossen wird.[223] Über die Anwendung dieser Vorschrift auf juristische Personen gibt es in der Lehre keine Zweifel.[224]

Im Falle des Konzerns können wir des Öfteren mit einem Tatbestand zu tun haben, bei dem die Konzernmutter als Anstifter zur Schädigung der Kleinaktionäre oder Gläubiger der Tochter agiert und/oder auch aus einer solchen schädigenden Handlung bewusst Vorteile zieht. Der zweite Fall ist in der Praxis wahrscheinlicher und einfacher zu beweisen. Die Lehre[225] hält in solchen Fällen eine Durchgriffshaftung im Wege der Anwendung von Art 422 ZGB für zulässig. Die Haftungsvoraussetzung bildet hier kumulativ das bewusste Erzielen eines Vorteils, also die Erhöhung der Aktiva oder Minderung der Passiva, dessen Quelle die Schadenszufügung einer anderen Person (zB der Gläubiger der Tochtergesellschaft) ist. Der Zusammenhang zwischen dem Verhalten der Konzernmutter und der schädigenden Handlung wird nicht überprüft. Auf eine Ähnlichkeit zur Haftung wegen unberechtigter Bereicherung weist Włodyka[226] hin; der Unterschied liegt darin, dass es bei Art 422 unerheblich ist, ob die Bereicherung noch vorhanden ist. Die Frage nach dem Verschulden wird in der Lehre nicht einheitlich beantwortet. Während Banaszczyk auf eine Verschuldenshaftung hinweist, bei der das „Bewusstsein des Vorteils" bedeutet, meint Włodyka[227], dass im Falle der Hehlerei nach Art 422 die Schuldfrage durch die bewusste Vorteilsziehung ersetzt wurde. Der vom Hehler zustehende Schadensersatz nach Art 422 hat in voller Höhe zu erfolgen und darf nicht nur auf die Höhe des erhaltenen Vorteils reduziert werden.[228]

Die Lehre versucht auch andere Tatbestände, die die Haftung auf die Muttergesellschaft erstrecken können, zu konstruieren. So sollte die Haftung des Beauftragenden nach Art 430 ZGB oder die Haftung für eigene Organe nach Art 416 ZGB zur Hilfe herangezogen werden.[229] Gemäß Art 430 ZGB solle die Muttergesellschaft als Beauftragender gegenüber der Tochter für deren Verbindlichkeiten haften. Das Verschulden der Tochter liege in der Nichterfüllung ihrer Verbindlichkeiten und kann der Mutter als Beauftragende zugerechnet

222 Schubel, Gestaltungsfreiheit ..., 262; Banaszczyk in Pietrzykowski (Hrsg), Kodeks cywilny. Komentarz, Band I, Art 422 Rz 3; vgl auch E des Obersten Gerichts I CR 399/75 vom 10.07.1975.
223 Banaszczyk in Pietrzykowski (Hrsg.), Kodeks cywilny. Komentarz, Band I, Art 422 Rz 4 und 14.
224 Banaszczyk in Pietrzykowski (Hrsg.), Kodeks cywilny. Komentarz, Band I, Art 422 Rz 20; Schubel, Gestaltungsfreiheit ..., 262; Włodyka, Prawo koncernowe, 198 ff.
225 Włodyka in Włodyka (Hrsg), Prawo spółek handlowych, Band 2B, 974 f; Targosz, Nadużycie osobowości prawnej, 259; Schubel, Gestaltungsfreiheit ..., 263.
226 Włodyka in Włodyka (Hrsg), Prawo spółek handlowych, Band 2B, 974.
227 Włodyka in Włodyka (Hrsg), Prawo spółek handlowych, Band 2B, 975.
228 Włodyka in Włodyka (Hrsg), Prawo spółek handlowych, Band 2B, 975; Banaszczyk in Pietrzykowski (Hrsg), Kodeks cywilny. Komentarz, Band I, Art 422 Rz 3.
229 Schubel, Gestaltungsfreiheit ..., 263 ff; Targosz, Nadużycie osobowości prawnej, 260 ff.

werden.[230] Die Behandlung der Tochtergesellschaft als weisungsabhängige Person wäre aber ein Novum in der polnischen Lehre und Rechtsprechung. Die Begründung könnte allerdings beim Vorhandensein eines Beherrschungsvertrags[231] einfacher sein. Auch der Versuch, eine Durchgriffshaftung der Konzernmutter über die Haftung für Delikte eigener Organe nach Art 416 ZGB zu konstruieren, hat wenig Chancen auf Erfolg. Es handelt sich um Situationen, wo die Organmitglieder der Konzernmutter gleichzeitig als faktische Organmitglieder der Tochter agieren.[232] In diesem Fall müsste sich die Konstruktion der faktischen Organe durchsetzen, die aber – anders als zB in Frankreich – bisher weder in der Lehre noch in der Rechtsprechung Geltung erlangt hat.

V. Haftung nach dem Steuer- und Sozialversicherungsrecht

Eine Haftung der Muttergesellschaft für Steuerverbindlichkeiten der Tochter ist in der polnischen Steuerordnung grundsätzlich nicht vorgesehen. Neben der Gesellschaft können nur die Vorstandsmitglieder/Geschäftsführer für die Steuer haftbar gemacht werden. Eine Erweiterung der des Kreises der verantwortlichen Personen auf faktische Geschäftsführer bzw Personen, die sich mit den finanziellen Angelegenheiten befasst haben, ist allerdings im Straffinanzrecht vorgesehen.

Die Haftung der Vorstandsmitglieder gegenüber dem Fiskus für die Steuerschulden der Gesellschaft sieht Art 116 § 1 StO vor. Diese Vorschrift bestimmt, dass dann, wenn die Zwangsvollstreckung gegen die AG zur Gänze oder zum Teil fruchtlos geblieben ist, die Vorstandsmitglieder persönlich und gesamtschuldnerisch für deren Steuerverbindlichkeiten haften. Ein Vorstandsmitglied kann sich von der Haftung nur dann befreien, wenn es nachweisen kann, dass der Konkurs rechtzeitig angemeldet oder das Verfahren zur Abwendung des Konkurses (Ausgleichsverfahren) eingeleitet wurde, oder schließlich, dass die Nichtanmeldung des Konkurses oder die Nichtanmeldung des Ausgleichsverfahrens nicht schuldhaft war. Eine weitere Möglichkeit ist die Angabe von Vermögensgegenständen der Aktiengesellschaft, aus denen im Wege einer Zwangsvollstreckung die Befriedigung der Steuerforderungen im wesentlichen Teil möglich ist (Art 116 § 1 Z 2 StO). Die Norm dient dem Schutz des Fiskus vor allem in dem Fall, in dem die insolvente Gesellschaft faktisch liquidiert und das Vermögen verteilt wird, ohne dass der Konkurs angemeldet wurde und die Gläubiger – wenngleich nur anteilsmäßig – befriedigt wurden. Befindet sich die Aktiengesellschaft erst in Gründung und wurde noch kein Vorstand bestellt, so haftet an seiner Stelle der Bevollmächtigte oder die Gesellschafter, wenn weder Vorstand noch ein Bevollmächtigter der Gesellschaft in Gründung bestellt wurde (Art 116 § 3 Steuerordnung).

---

230 Schubel, Gestaltungsfreiheit …, 265.
231 Schubel, Gestaltungsfreiheit …, 265.
232 Sołtysiński in: Koch/Napierala (Hrsg), Prawo handlowe. Spółki handlowe. Umowy gospodarcze, 159, Targosz, Nadużycie osobowości prawnej, 251.

Die Zwangsvollstreckung muss in das gesamte Vermögen der Gesellschaft geführt werden, bevor die Vorstandsmitglieder zur Haftung herangezogen werden können. Die Haftung umfasst gemäß § 2 leg cit nur diejenigen Steuerverbindlichkeiten, die während der Funktionsausübung als Mitglieder des Vorstands entstanden sind. Unter diesen Steuerverbindlichkeiten sind gemäß Art 107 § 2 Steuerordnung neben der Hauptforderung insbesondere auch Verzugszinsen, Kosten der Zwangsvollstreckung sowie die durch Steuerzahler bzw Steuerinkassanten nicht eingenommene bzw nicht abgeführte Steuerbeträge. Anders als nach Art 299 HGGB, der die Haftung der Vorstandsmitglieder einer GmbH für Gesellschaftsschulden vorsieht und dem Art 116 Steuerordnung sehr ähnlich aufgebaut ist, ist die Entstehung eines Schadens keine Voraussetzung für die Haftung. Ein Vorstandsmitglied kann sich also von der Verantwortung auch dann nicht befreien, wenn es nachweist, dass durch die verspätete Anmeldung des Konkurses dem Fiskus kein Schaden entstanden ist.

Die Haftung der Vorstandsmitglieder gemäß Art 116 StO erstreckt sich auch auf alle Sozialversicherungsabgaben. Art 31 Sozialversicherungsgesetz sieht nämlich die entsprechende Anwendung des Art 116 Steuerordnung auf alle Verbindlichkeiten der Gesellschaft aus den Sozialversicherungsabgaben vor.

Die Verantwortlichkeit der Vorstandsmitglieder für nicht beglichene Steuern der Gesellschaft ist nicht nur zivilrechtlicher Natur. Das Finanzstrafgesetzbuch (FStG) sieht in Art 9 § 3 vor, dass für die Steuerstraftaten und Steuerdelikte neben dem Täter auch diejenigen Personen haften, die aufgrund einer Gesetzesvorschrift, der Entscheidung eines zuständigen Organs oder faktisch die Wirtschaftsangelegenheiten einer natürlichen Person, einer juristischen Person oder einer Organisationseinheit ohne Rechtspersönlichkeit führen. Dies bedeutet, dass ein Vorstandsmitglied einer Aktiengesellschaft bzw Geschäftsführer einer GmbH (auch das/der faktische) bestraft werden kann, wenn die Gesellschaft als Steuerzahler ein Steuerdelikt begangen hat und das Vorstandsmitglied für die „Wirtschaftsangelegenheiten" der AG zuständig war, was auch die Regel ist. Es kann aber eine andere Person benennen, die für die Erfüllung der Pflichten der Gesellschaft als Steuerzahler zuständig ist.[233]

VI. Strafrechtliche Haftung

1. Grundlagen der Verbandsverantwortung

Das Gesetz vom 28.10.2002 über die Verbandsverantwortlichkeit für Straftaten (VerbVG) hat insbesondere die Haftung der Körperschaften für bestimmte Straftaten natürlicher Personen eingeführt. Das Gesetz enthält materielle und prozessuale Normen. Der Verantwortung unterliegen insbesondere alle juristischen Personen und bestimmte Organisationseinheiten ohne Rechtspersönlichkeit (zB Personengesellschaften) sowie gemäß Art 1 Abs 2 leg cit auch auslän-

---

233 E des Obersten Gerichts vom 02.07.2002, IV KK 164/02, Rechtsdatenbank LEX 54408.

dische Gesellschaften; eine Konzernmutter mit Sitz im Ausland kann also zur Haftung herangezogen werden.

Mit der Einführung des Gesetzes können strafrechtlich festgestellte Handlungen natürlicher Personen – unter bestimmten Voraussetzungen – einer Gesellschaft (Körperschaft) zugerechnet werden. Das Gesetz geht nicht davon aus, dass eine Gesellschaft selbst eine Straftat begeht, sondern knüpft an die Handlung einer natürlichen Person an.[234] Den Katalog der der Körperschaft zurechenbaren Straftaten enthält Art 16 Abs 1 VerbVG. Dazu gehören insbesondere alle Kridadelikte und Wirtschaftskriminalität.

Art 3 VerVG definiert die Voraussetzungen der Haftung. Die Straftat der natürlichen Person muss durch ein rechtskräftigen Urteilt bestätigt werden und der Täter musste im Namen oder im Interesse der Körperschaft handeln, und zwar im Rahmen des Vertretungsbefugnisses, einer Vollmacht oder als Kontrollorgan. Darüber hinaus umfasst das Gesetz die Straftaten von Personen, die im Namen oder im Interesse der Körperschaft mit ihrem Wissen gehandelt haben. Das Wissen der Körperschaft ist gegeben, wenn die zur Vertretung oder Kontrolle befugten Personen davon Kenntnis hatten. Bei dem Täter kann es sich auch um einen Unternehmer handeln, der zusammen mit der Körperschaft ein gemeinsames Ziel verfolgt hat.

Als Strafen können sowohl Geldstrafen (Art 7 VerbVG) als auch Strafmaßnahmen (Art 9 VerbVG) auferlegt werden. Eine Geldstrafe kann 1.000 bis 5.000 PLN (ca 1.250 €) oder bis zur Höhe von 3 % des Gewinns des Steuerjahrs, in dem die Straftat begangen wurde, betragen. Als Strafmaßnahmen kommen gemäß Art 8 Abs 1 und 2 VerbVG folgende infrage: Verfall von aus der Straftat – wenn auch mittelbar – erlangten Gegenständen sowie Gegenständen, die bei der Straftat verwendet wurden, Verfall des aus einer Straftat – wenn auch mittelbar – stammenden finanziellen Vorteils, das Werbeverbot, Subvention- und Beihilfeverbot, Ausschluss von öffentlichen Vergabeverfahren oder öffentliche Bekanntgabe des Urteils.[235]

Strafrechtliche Vorschriften, die dem Gesetz über die Verbandsverantwortlichkeit unterliegen, enthalten insbesondere das HGGB, das Strafgesetzbuch (pStGB), das Gesetz über das Entgegenwirken gegen das Inverkehrbringen von Vermögenswerten, die aus illegalen oder versteckten Quellen stammen, sowie über das Entgegenwirken gegen die Finanzierung des Terrors, in denen über 20 Strafbestände, vorwiegend zum Schutz der Gläubiger und der Gesellschaft eingeführt wurden, das Gesetz über Versicherungstätigkeit, Bankrecht, Gesetze über den Kapitalmarkt und Umweltschutz ua. Im Bereich der Unternehmenskriminalität werden die Delikte oft als Unterlassungsdelikte konzipiert, wodurch

---

234 Bentle/Bobrzynski/Liebscher in: Liebscher/Zoll (Hrsg), Einführung in das polnische Recht, 105.

235 Bentle/Bobrzynski/Liebscher in: Liebscher/Zoll (Hrsg), Einführung in das polnische Recht, 105.

die Täter (in der Regel die Vorstandsmitglieder) auch ohne eigenes Handeln zur Haftung herangezogen werden[236].

2. Strafrechtliche Sanktionen nach HGGB

Art 585 HGGB, der eine Freiheitsstrafe bis zu fünf Jahren oder eine Geldstrafe für vorsätzliche Schädigung der Gesellschaft bei der Gründung[237] oder als Organ vorgesehen hat, wurde mit Wirkung ab 13.07.2011 abgeschafft. Es handelte sich um eine besonders strenge und oft kritisierte Vorschrift, bei der die tatsächliche Entstehung eines Schadens für ihre Anwendung nicht notwendig war, es reichte aus, wenn durch das Handeln ein Schaden entstehen hätte können und der Vorsatz auch den Schaden umfasst hat.[238]

Gemäß Art 586 HGGB wird mit einer Freiheitsstrafe bis zu einem Jahr, einer Freiheitsbeschränkung[239] oder einer Geldstrafe bestraft, wer als Vorstandsmitglied oder als Liquidator den Konkurs nicht anmeldet, obwohl die vorliegenden Voraussetzungen für die Eröffnung des Konkurses der Gesellschaft nach den Rechtsvorschriften dazu verpflichten. Es ist also ein echtes Unterlassungsdelikt. Wegen der Einschränkung des Täterkreises auf Vorstandsmitglieder und Liquidatoren einer Gesellschaft handelt es sich um ein Sonderdelikt. Die Tathandlung besteht in der Unterlassung der Konkursanmeldung. Die Frist beträgt zwei Wochen ab der Zahlungseinstellung und/oder Feststellung der Überschuldung, vorausgesetzt, dass in diesem Zeitraum kein Vergleichsantrag gestellt wurde. Es ist nach dem Wortlaut des Gesetzes nicht erforderlich, dass durch die Konkursverschleppung ein Schaden entstanden ist. Die Einstellung des strafrechtlichen Verfahrens wegen der Unterlassung der Konkursanmeldung schließt die zivilrechtliche Haftung der Vorstandsmitglieder nicht aus. Das Zivilgericht ist nur an ein rechtskräftiges Urteil des Strafgerichts gebunden, nicht aber an die Feststellungen im Strafverfahren[240].

Strafrechtlich verfolgt wird nach Art 587 HGGB auch die Veröffentlichung oder Vorlage falscher Angaben: einer Geldstrafe, Freiheitsbeschränkung oder Freiheitsentziehung bis zu zwei Jahren (bei Fahrlässigkeit bis zu einem Jahr) unterliegt, wer bei der Ausübung der im Buch III HGGB (über Kapitalgesellschaften) genannten Pflichten unrichtige Angaben veröffentlicht oder den Gesellschaftsorganen, Staatsbehörden oder Abschlussprüfern falsche Informatio-

---

236 Daszkowski/Leipert, Die straf- und zivilrechtliche Haftung von Mandatsträgern polnischer Kapitalgesellschaften, WiRO 2001 H 11, 332.

237 Als Täter kommen alle Personen in Frage, die bei der Gründung mitgewirkt haben, insbesondere Anwälte, Notare, Richter und Beamte, vgl dazu Uliasz, Przepisy karne w KSH, Monitor Prawniczy 2002 H 4, 153 f.

238 E des Obersten Gerichts vom 26.10.2000, V KKN 226/98, LEX. 50966.

239 Es handelt sich dabei um Maßnahmen, wie zB Verbot des Wohnortwechsels ohne Zustimmung des Gerichts, Ablegung der Rechenschaft über den Strafverlauf und Ausführung der auferlegten Arbeit.

240 E des Appelationsgerichts in Warszawa vom 06.03.2003, I ACa 121/02, Wokanda 2004 H 7–8, Pos. 68.

nen vorlegt. Als Täter kommen hier vor allem die Vorstandsmitglieder in Frage, die in der Regel für die Veröffentlichungen von Informationen und die Kontakte zum Abschlussprüfer und den Behörden zuständig sind und die Tat auch fahrlässig begehen können[241].

Darüber hinaus werden insbesondere folgende Delikte nach den Vorschriften des HGGB strafrechtlich verfolgt:

- Mitwirkung beim Erwerb oder der Verpfändung eigener Gesellschaftsanteile durch oder an die Gesellschaft selbst gemäß Art 588 HGGB;
- Dokumentenfälschung zur Stimmabgabe bei der HV gemäß Art 590 HGGB;
- Ausgabe von Aktien, die nicht vollständig eingezahlt wurden, oder Ausgabe von Aktien vor der Registrierung der Gesellschaft oder der Kapitalerhöhung gemäß Art 592 HGGB;
- die Unterlassung der Vorlage der Gesellschafterliste beim Registergericht (Art 594 § 1 Z 1 HGGB);
- mangelhafte Führung des Aktienbuchs (Art 594 § 1 Z 2 HGGB);
- die Unterlassung der Einberufung der HV (Art 594 § 1 Z 2 HGGB).

3. Strafrechtliche Sanktionen nach pStGB

Im Abschnitt XXXVI des pStGB sind zahlreiche Straftaten gegen den Wirtschaftsverkehr normiert. Dieses weit ausgebaute Normsystem soll die zivilrechtlichen Gläubigerschutzbestimmungen ergänzen und die überindividuellen Interessen in Krisensituationen schützen[242].

Der für die Haftung der (auch faktischen) Organmmitglieder besonders relevante Tatbestand der Untreue ist in Art 296 pStGB geregelt. Danach ist jeder, der aufgrund einer gesetzlichen Vorschrift, Entscheidung des zuständigen Organs oder eines Vertrags mit der Führung der Wirtschaftätigkeit oder der Finanzangelegenheiten einer natürlichen oder juristischen Person betraut wurde und durch Überschreitung der Befugnisse oder Nichterfüllung der Pflichten dieser Person einen erheblichen Schaden zufügt, mit einer Freiheitsstrafe von drei Monaten bis zu fünf Jahren bedroht. Die Verhängung der Strafe kann abgewendet werden, wenn der Täter noch vor der Einleitung des Strafverfahrens den entstandenen Schaden freiwillig und vollständig ersetzt hat (§ 5 leg cit).

Über die Kridahaftung siehe Kapitel III.1.[243]

---

241 Daszkowski/Leipert, Die straf- und zivilrechtliche Haftung von Mandatsträgern polnischer Kapitalgesellschaften, WiRO 2001 H 11, 333.

242 Ins pStGB wurden auch viele Vorschriften des bereits abgeschafften Gesetzes über den Schutz des Wirtschaftsverkehrs aufgenommen, vgl dazu *Majewski/Zoll/Thurner*, Insolvenzrechtlich relevante Bestimmungen des neuen polnischen Gesetzes über den Schutz des Wirtschaftsverkehrs, WiRO 1995 H 4, 145.

243 *Daszkowski/Leipert*, Die straf- und zivilrechtliche Haftung von Mandatsträgern polnischer Kapitalgesellschaften, WiRO 2001 H 11, 334.

4. Haftung der Muttergesellschaft für Geldstrafen der Tochtergesellschaft

Aufgrund der fehlenden Durchgriffshaftung kann die Muttergesellschaft für Geldstrafen der Tochter nicht haften. Auch das polnische Strafrecht sieht hier keine Ausnahmen vor. Interessant für die Problematik der Haftung der Muttergesellschaft ist jedoch die Erweiterung der Haftung im Finanzstrafgesetzbuch. Das Finanzstrafgesetzbuch (FStG) sieht in Art 9 § 3 vor, dass für die Steuerstraftaten und Steuerdelikte neben dem Täter auch diejenigen Personen haften, die aufgrund einer Gesetzesvorschrift, der Entscheidung eines zuständigen Organs oder faktisch die Wirtschaftsangelegenheiten einer natürlichen Person, einer juristischen Person oder einer Organisationseinheit ohne Rechtspersönlichkeit führen. Dies bedeutet, dass ein Vorstandsmitglied einer Aktiengesellschaft oder Gf einer GmbH (auch das/der faktische) bestraft werden kann, wenn die Gesellschaft als Steuerzahler ein Steuerdelikt begangen hat und das Vorstandsmitglied für die „Wirtschaftsangelegenheiten" der Gesellschaft zuständig war, was auch die Regel ist. Es kann aber eine andere Person benennen, die für die Erfüllung der Pflichten der Gesellschaft als Steuerzahler zuständig ist[244].

VII. Haftung für Verbindlichkeiten der Gesellschaft nach der Beendigung

Die Existenz einer Aktiengesellschaft kann durch verschiedene Rechtsakte ein Ende finden; neben der Umwandlung oder bestimmten Fällen der Verschmelzung bzw. Spaltung ist der Eintritt eines Auflösungsgrundes mit einem anschließenden Abwicklungsverfahren der Hauptfall für die Beendigung von Aktiengesellschaften. Art 459 HGGB (entspricht Art 270 HGGB über die GmbH) sieht folgende Auflösungsgründe vor: 1. In der Satzung vorgesehene Gründe (Art 459 Z 1 HGGB); 2. Beschluss der Hauptversammlung über die Auflösung der Gesellschaft oder über die Verlegung des Gesellschaftssitzes in das Ausland (Art 459 Z 2 HGGB); 3. Konkurseröffnung (Art 459 Z 3 HGGB) und 4. Andere gesetzlich vorgesehene Gründe (Art 459 Z 4 HGGB). Mit dem Eintritt eines Auflösungsgrundes endet nicht die AG als juristische Person. Erst nach der Durchführung des obligatorischen[245] Abwicklungsverfahrens (Liquidation), das die Aufgabe hat, die Gläubiger zu befriedigen und das verbleibende Vermögen an die Aktionäre zu verteilen, erfolgt die Auflösung der Gesellschaft, und zwar mit dem Zeitpunkt der Löschung im Handelsregister (Art 478 HGGB und 272 HGGB über die GmbH).

---

244 Vgl dazu auch E des Obersten Gerichts vom 02.07.2002, IV KK 164/02 OSNKW 2002 H 11–12, Pos. 106.

245 Die Durchführung des Abwicklungsverfahrens ist zwingend und einer Regelung des Satzung oder einem HV-Beschluss nicht zugänglich. Vgl Allerhand, Komentarz, Art 264 Rz 1 iVm Art 445 Rz 1; Szajkowski in: Sołtysiński/Szajkowski/Szwaja, Kodeks handlowy, komentarz, Band II, Art 445, Rz 7.

Im Falle der Auflösung einer Kapitalgesellschaft hat der polnische Gesetzgeber keine fortdauernde persönliche Haftung der Gesellschafter vorgesehen. Um die Interessen der Gläubiger zu schützen sind die Aufteilung des Gesellschaftsvermögens und Auszahlungen an Gesellschafter erst nach einem vorangehenden zweifachen Gläubigeraufruf zulässig. Dies betrifft nicht nur allfällige Auszahlungen für das laufende Jahr, sondern auch Dividenden für frühere Geschäftsjahre, in denen die Gewinne verschiedenen Reservefonds zugewiesen wurden.[246]

Die Gläubiger werden gemäß Art 465 § 1 und 286 HGGB aufgefordert, ihre Forderungen innerhalb von sechs Monaten ab der letzten Bekanntmachung bekannt zu geben (arg Art 465 § 2 HGGB). Melden sich Gläubiger nicht, sind sie aber bekannt, so müssen gemäß Art 473 HGGB die erforderlichen Beträge beim Gericht hinterlegt werden; dasselbe betrifft noch nicht fällige[247] oder umstrittene Forderungen. Erst nach Ablauf eines Jahres nach der letzten Bekanntmachung über die Liquidationseröffnung darf mit der Verteilung des nach der Befriedigung oder Sicherstellung der Gläubiger verbliebenen Restvermögens auf die Aktionäre begonnen werden (Art 474 § 1 HGGB). Die Verteilung erfolgt nach dem Verhältnis der auf das Stammkapital geleisteten Einlagen wenn die Satzung keine anderen Regeln vorsieht (Art 474 § 4 HGGB). Die hinsichtlich der Vermögensverteilung privilegierten Vorzugsaktien sind gemäß Art 474 § 2 HGGB bis zur Höhe der jeweils für sie eingezahlten Beträge vorrangig vor anderen Aktien zu berücksichtigen. Ein allfälliger Vermögensüberschuss wird nach denselben Grundsätzen unter allen Aktien verteilt.[248]

Der Gesellschaft unbekannte Gläubiger, die ihre Forderungen nicht rechtzeitig angemeldet haben, können die Befriedigung auch noch aus dem noch nicht verteilten Vermögen verlangen; soweit jedoch ein Aktionär gutgläubig nach dem Ablauf des Sperrjahres einen Teil des Vermögens erhalten hat, ist er nicht mehr zur seiner Rückgabe zwecks Deckung der Gläubigerforderungen verpflichtet (Art 475 § 2 und 287 HGGB).

Die Eintragung der Gesellschaft in das Unternehmerregister hat eine sanierende Wirkung: Wegen rechtlicher Mängel des Gründungsprozesses kann die Gesellschaft nicht mehr für nichtig erklärt werden.[249]

---

246 Siehe dazu ausführlich Szajkowski in: Sołtysiński/Szajkowski/Szwaja, Kodeks handlowy, komentarz, Band II, Art 446, Rz 15 ff.

247 Anders als im Falle der Konkurseröffnung werden die Forderungen in der Liquidation nicht automatisch fällig; Szajkowski in: Sołtysiński/Szajkowski/Szwaja, Kodeks handlowy, komentarz, Band II, Art 457, Rz 1.

248 Kidyba, Kodeks spółek handlowych, Art 474, 755.

249 Vgl auch Pabis, Tworzenie spółki akcyjnej cz. III I, Prawo Spółek 2002 H 3, 3 und 7 f.

Literaturverzeichnis

Allerhand, Kodeks handlowy. Komentarz (Handelsgesetzbuch. Kommentar), Warszawa 1994.

Bardach/Leśniodorski/Pietrzak, Historia ustroju i państwa polskiego (Geschichte des Staates und der Gesellschaftsordnung in Polen), Warszawa 1994.

Bilewska, Wyłączenie prawa poboru akcji a interes spółki (Ausschluß der Übernahme von Aktien und das Gesellschaftsinteresse), MoP 2006 H 14.

Błaszczyk, Odpowiedzialność cywilna spółki dominującej w projekcie nowelizacji kodeksu spółek handlowych w zakresie grup spółek (Zivilrechtliche Haftung der herrschenden Gesellschaft im Projekt der Novellierung des HGGB im Bereich der Gesellschaftengruppen), Teil I, PPH 2010, H 2, Teil II, PPH 2010, H 3.

Cierpial/Wacławik/Bachner (Hrsg), Einführung in das polnische Aktienrecht, Arbeitspapier Nr 99 des FOWI.

Daszkowski/Leipert, Die straf- und zivilrechtliche Haftung von Mandatsträgern polnischer Kapitalgesellschaften, WiRO 2001 H 11.

Domański/Schubel, Krytycznie o projekcie prawa grup spółek (Kritisch über das Projekt des Rechts der Gesellschaftengruppen), PPH 2011 H 5.

Doralt/Nowotny/Kalls, AktG, Wien 2012.

Dziurzyński/Fenichel/Honzatko, Kodeks handlowy. Komentarz (Handelsgesetzbuch. Kommentar), Łódź 1992.

Giezek/Wnuk, Odpowiedzialność cywilna i karna w spółkach prawa handlowego (Zivil- und strafrechtliche Haftung in Handelsgesellschaften), Warszawa 1994.

Hopt/Kötz/Mestmäcker, Systemtransformation in Mittel- und Osteuropa und ihre Folgen für Banken, Börsen und Kreditsicherheiten, Tübingen 2001.

Jacyszyn, Spółka spółek (Eine Gesellschaft der Gesellschaften), Rejent 1993 H 6.

Jakubecki/Zedler, Prawo upadłościowe i naprawcze (Konkurs und Reorganisationsrecht), Warszawa 2003.

Jażdżewski, Koncentracja gospodarcza jako forma współdziałania gospodarczego- uwagi teoretycznoprawne (Wirtschaftliche Konzentration als Form des wirtschaftlichen Zusammenwirkens), RPEiS 2000 H 2.

Karolak, Instytucja holdingu (Das Instiutut des Holdings), PUG, 2001 H 3.

Karolak, Prawne mechanizmy ochrony spółki córki oraz jej wierzycieli w strukturze holdingowej (Rechtliche Mechanismen zum Schutz der Tochtergesellschaft und ihrer Gläubiger in einer Holdingstruktur), Prawo Spółek 2001 H 5.

Karolak, Stosunki wewnątrzholdingowe (Rechtsverältnisse in einer Holding), Prawo Spółek 2001 H 6.

Katner, Pozakodeksowe uprzywilejowanie akcji – konstrukcja złotej akcji Skarbu Państwa według ustawy z 2005 r. (Aktienbevorrechtigung außerhalb des Gesetzbuchs – die Konstruktion der goldenen Aktie des Fiskus im Gesetz aus dem Jahre 2005), PPH 2005 H 12.

Kidyba, Kodeks spółek handlowych (Gesetzbuch über Handelsgesellschaften), B II, Kraków 2004.

Łętowska (Hrsg.), System prawa prywatnego. Prawo zobowiązań – część ogólna (System des Privatrechts. Schuldrecht – allgemeiner Teil), Band 5, Warszawa 2012.

Kruczalak, kodeks spółek handlowych. Komentarz (Gesetzbuch über Handelsgesellschaften. Kommentar), Warszawa 2001.

Kubot, Struktury holdingowe (Holdingstrukturen), Zielona Góra 1993.

Kwaśnicki, Prawo holdingowe – uwagi do projektu nowelizacji kodeksu spółek handlowch (Konzernrecht – Anmerkungen zum Entwurf der Novelle des Gesetzbuchs der Handelsgesellschaften), PPH 2011, H 3.

Kwaśnicki/Nilsson, Legalne działanie na szkodę spółki zależnej (Rechtmäßige Schädigung der abhängigen Gesellschaft), PPH 2007 H 12.

Leipert, Istota koncernu a art. 4 §1 pkt f k.s.h. (Das Wesen des Konzerns und Art 4 § 1 HGGB), PPH 2006 H 2.

Liebscher/Zoll, Einführung in das polnische Recht, 2005.

Majewski, Komentarz do art. 308 Kodeksu karnego (Kommentar zum Art 308 StGB) in: Datenbank LEX.

Majewski/Zoll/Thurner, Insolvenzrechtlich relevante Bestimmungen des neuen polnischen Gesetzes über den Schutz des Wirtschaftsverkehrs, WiRO 1995 H 4.

Mataczyński, „Złote weto" w prawie polskim na tle ustawy z 3 czerwca 2005 r. (Goldenes Vetorecht im polnischen Recht nach dem Gesetz vom 3. Juni 2005), PPH 2005 H 10.

Mieciński, Niedokapitalizowanie spółki z o.o. a wysokość kapitału zakładowego (Unterkapitalisierung der GmbH und die Höhe des Grundkapitals), PPH 1998 H 6.

Namitkiewicz, Kodeks handlowy. Spółka z ograniczoną odpowiedzialnością (Handelsgesetzbuch, Gesellschaft mit beschränkter Haftung), Warszawa 1934.

Nogalski/Ronkowski, Holding, organizacja i funkcjonowanie (Holding, Organisation und Arbeitsweise), Warszawa 1995.

Nowak/Słupik, Odpowiedzialność spółki dominującej i członków jej władz wobec spółki zależnej (Haftung der herrschenden Gesellschaft und ihrer Organmitglieder gegenüber der abhängigen Gesellschaft), Rejent 1999 H 11.

Okolski/Modrzejewski/Gasiński, Natura stosunku korporacyjnego spółki akcyjnej (Die Natur des Korporationsverhältnisses einer Aktiengesellschaft), PPH 2000, H 10.

Opalski, Koncern w niemieckim prawie spółek (Der Konzern im deutschen Gesellschaftsrecht), PPH 1998 H 2.

Opalski, Koncern w polskim prawie spółek – porównanie z prawem niemieckim (Konzern im polnischen Gesellschaftsrecht – ein Vergleich mit dem deutschen Recht), PPH 1998 H 7.

Opalski, Prawo zgrupowań spółek (Das Recht der Gesellschaftsgruppen), Warszawa 2012.

Opalski, Problematyka pominięcia prawnej odrębności spółek kapitałowych (Das Problem der Umgehung der rechtlichen Selbständigkeit von Kapitalgesellschaften), PPH 2012 H 8.

Oplustil, Gläubigerschutz durch reale Kapitalaufbringung im deutschen und polnischen Recht der Kapitalgesellschaften, Warszawa 2010.

Oplustil, Glosa do wyroku SN z dnia 16 kwietnia 2004 r., I CK 537/03 (Glosse zur E des Obersten Gerichts vom 16.4.2004), Glosa 2005 H 3.

Oplustil, Nabycie mienia dla spółki akcyjnej w ciągu dwóch lat od jej utworzenia (Erwerb von Vermögensgegenständen durch eine Aktiengesellschaft in den ersten zwei Jahre nach der Gründung), PPH 2005 H 1.

Osajda, Przegląd orzecznictwa (Rechtssprechung), Glosa 2005 H 2.

Pabis, Tworzenie spółki akcyjnej cz. III (Die Gründung einer Aktiengesellschaft), Prawo Spółek 2002 H 3.

Pietrzykowski (Hrsg), Kodeks cywilny. Komentarz (Zivilgesetzbuch. Kommentar), Band I, Warszawa 2011.

Pinior, Tworzenie koncernów na skutek podziału spółki w prawie niemieckim (Konzernbildung im Wege der Teilung einer Gesellschaft im deutschen Recht), Prawo Spółek 2005 H 6.

Płonka, Osoba prawna jako członek zarządu spółki kapitałowej (Juristische Person als Vorstandsmitglied einer Kapitalgesellschaft), Państwo i Prawo 1991 H 5.

Późniak- Niedzielska, Funkcjonowanie spółki dominującej w świetle przepisów k.s.h. (Die Arbeitsweise der herrschenden Gesellschaft im Lichte der HGGB-Vorschriften), PPH 2002, H 10.

Radwański, System prawa cywilnego, Prawo cywilne – cześć ogólna (System des Zivilrechts, Zivilrecht – allgemeiner Teil), Band 2, Warszawa 2002.

Radwański, Zobowiązania – część ogólna (Schuldrecht – allgemeiner Teil), Warszawa 2004.

Rodzynkiewicz, Kodeks spółek handlowych. Komentarz (Gesetzbuch über Handelsgesellschaften. Kommentar), Warschau 2007.

Rogoń, Problemy negocjacyjnego trybu zawarcia umowy po nowelizacji kodeksu cywilnego (Probleme des Vertragsabschlusses in Form von Verhandlungen nach der Novelle zum ZGB), PPH 2003 H 10.

Romanowski, Pojęcie spółki dominującej w kodeksie spółek handlowych (Der Begriff der herrschenden Gesellschaft im HGGB), PiP 2004 H 5.

Romanowski, Wnioski dla prawa polskiego wynikające z uregulowań prawa grup kapitałowych w wybranych systemach prawnych państw UE, Japonii i USA (Schlussfolgerungen aus den Regelungen über Kapitalgruppen in ausgewählten Rechtssystemen der EU-Staaten, Japan und USA), Studia Prawa Prywatnego 2008 H 2.

Romanowski, Romanowski, Zasada jednakowego traktowania udziałowców spółki kapitałowej, cz. I (Grundsatz der Gleichbehandlung der Gesellschafter einer Kapitalgesellschaft), PPH 2005 H 1.

Schubel, Gestaltungsfreiheit und Gestaltungsgrenzen im polnischen Vertragskonzernrecht, Tübingen 2010.

Sołtysiński/Szajkowski/Szumański/Szwaja, Kodeks spółek handlowych (Gesetzbuch der Handelsgesellschaften), Band III, Warszawa 2003.

Sołtysiński (Hrsg), System Prawa Prywatnego, Prawo spółek kapitałowych (System des Privatrechts. Recht der Kapitalgesellschaften), Band 17A, Warszawa 2010.

Sójka, Zasada równego traktowania akcjonariuszy w Kodeksie Spółek Handlowych – zagadnienia podstawowe (Der Grundsatz der Gleichbehandlung der Aktionäre im Gesetzbuch über Handelsgesellschaften – Grundfragen), RPEiS 2000 H 4.

Staranowicz, Regulacja prawna holdingu w k.s.h. (Die Regulierung der Holdings in HGGB), Radca Prawny 2003 H 6.

Stecki, Koncern (Konzern), Toruń, 2001.

Strzępka, Zabezpieczenie przez spółkę dominującą zobowiązań zaciągniętych przez spółki zależne (Die Besicherung von Verbindlichkeiten der abhängigen Gesellschaften durch die herrschende Gesellschaft), Prawo Spółek 2003, H 1.

Susz-Kramarska, Koncern jako źródło zagrożenia egzystencji spółki zależnej (Konzern als Gefahrenquelle für die abhängige Gesellschaft), PUG 1997 H 1.

Szczepaniak, Charakter prawny holdingu (Der Rechtscharakter einer Holding), Przegląd Sądowy 2010 H 4.

Szczęsny, Konieczność zatwierdzenia umowy holdingowej przez akcjonariuszy spółek handlowych (Die Pflicht zur Bestätigung von Konzernverträgen durch die Aktionäre der Handelsgesellschaften), PPH 2006 H 5.

Szumański, Ograniczona regulacja prawa holdingowego (prawa grup spółek) w kodeksie spółek handlowych (Eingeschänkte Regelung des Holdingsrechts – Rechts der Gesellschaftengruppen – im HGGB), PiP 2001, H 3.

Szumański, Regulacja prawa holdingu w polskim i europejskim prawie spółek, zagadnienia pojęciowe (Regulung der Holding im polnischen und europäischen Gesellschaftsrecht), PPH 1996, H 8.

Szumański, Spór wokół roli interesu grupy spółek i jego realizacji w szczególności do interesu własnego spółki uczestniczącej w grupie (Der Streit über die Rolle und Durchsetzung des Interesses der Gesellschaftengruppe im Vergleich zu dem Interesse der Konzerngesellschaft) , PPH 2010, H 5.

Śmigaj, Odpowiedzialność spółki dominującej w prawie polskim i włoskim (Die Haftung der herrschenden Gesellschaft im polnischen und italienischen Recht), Prawo Spółek 2005, H 1.

Targosz, Nadużycie osobowości prawnej (Missbrauch der Rechtspersönlichkeit), Kraków 2004.

Uliasz, Przepisy karne w KSH (Strafrechtliche Vorschriften im HGGB), Monitor Prawniczy 2002 H 4.

Warchoł, Umowy koncernowe w prawie niemieckim i polskim (Konzernverträge im deutschen und im polnischen Recht), Kraków 2001.

Winner/Cierpial-Magnor, Rechtsprobleme in Konzern, Wien 2012.

Schmidt, Gesellschaftsrecht (2002).

Włodyka, Prawo koncernowe (Konzernrecht), Kraków 2003.

Włodyka (Hrsg), Prawo spółek handlowych (Das Recht der Kapitalgesellschaften), Warszawa 2007.

Zięty, Ochrona akcjonariuszy mniejszościowych w prywatnej spółce zależnej (Schutz der Minderheitsaktionäre der abhängigen Gesellschaft), Olsztyn 2010.

Zięty, Projekt w zakresie prawa grup spółek – próba oceny (Der Entwurf des Rechts der Gesellschaftengruppen. Ein Versuch der Beurteilung), PiP 2010 H 3.

Zoll/Kraft/Thurner, Polnisches Insolvenzrecht, Wien 2002.

Haftungsrisiken für Muttergesellschaften im rumänischen Recht

Lenuţa Botoş *

Literaturverzeichnis

*   Die Autorin bedankt sich bei Herrn Dr. Manole Ciprian Popa, zugelassener Rechtsanwalt in Ru-
     mänien und assoziierter Professor an der Rechtswissenschaftlichen Fakultät der Universität Bu-
     karest, für die fachliche Unterstützung in der Endphase der Verfassung der vorliegenden Arbeit.

I. Einleitung

1. Allgemeines

a) Begriff

Das rumänische Rechtssystem kennt keine einheitliche Regelung der Konzernstrukturen[1] wie beispielsweise das deutsche, kroatische, tschechische oder ungarische Recht. Sie sind dem rumänischen Recht jedoch auch nicht fremd. Als Folge der Expansion internationaler Konzerne nach Rumänien sind Konzernstrukturen hierzulande ebenfalls Realität geworden. Hinzu kommt, dass Ru-

---

1   *M. C. Popa*, Grupurile de societăţi (2011) 111.

mänien seit 2007 Mitglied der Europäischen Union ist. Demzufolge hat sich die Regulierung des Konzernrechts zumindest in bestimmten, speziellen Rechtsbereichen als unvermeidlich erwiesen. Diese speziellen Regelungen betreffen jedoch hauptsächlich den Schutz allgemeiner Interessen und nur ausnahmsweise, im Bereich der *Treasury-Geschäfte* zwischen verbundenen Unternehmen und der Mehrwertsteuergruppe, legt der Gesetzgeber die Funktionsweise der Konzernstrukturen fest.[2]

Mangels einer einheitlichen Regelung des Konzernrechts wurden in den verschiedenen geregelten Rechtsbereichen unterschiedliche Definitionen der Konzernstrukturen und der Begriffe, die das Konzernrecht verwendet, geschaffen, um die konzernrechtlichen Problemstellungen in den entsprechenden Bereichen zu lösen. Die verwendete Terminologie unterscheidet sich markant von Bereich zu Bereich, da der Gesetzgeber die europäischen Richtlinien auf dem Gebiet des Konzernrechts ohne eine entsprechende Adaptierung und eine adäquate Einordnung in das rumänische Recht übernahm.[3] Aus diesen Gründen ist die Definition der Begriffe, die das Konzernrecht verwendet, auf eine jeweils spezifische Interessensphäre beschränkt.[4] Der rumänische Gesetzgeber müsste sich jedoch nicht nur auf die mutatis mutandis Umsetzung der europäischen Richtlinien in das nationale Recht beschränken, sondern vielmehr eine eigene Analyse der Konzernthematik vornehmen, auch unter Einbeziehung der Erfahrungen von anderen Ländern auf diesem Gebiet, ohne dabei jedoch die juristische und wirtschaftliche Realität in Rumänien aus den Augen zu verlieren.[5]

In den meisten Rechtsbereichen, die Konzernrechtsbestimmungen enthalten, definiert der Gesetzgeber konzernrechtliche Begriffe, ohne jedoch den Konzernbegriff an sich zu definieren. Eine Definition des Konzernbegriffs enthält das Kapitalmarktgesetz 2004/297 (Legea privind piaţa de capital – LPC)[6]. Gemäß Art 2 Abs 1 Z 9 LPC ist eine Konzernstruktur eine Einheit von Handelsgesellschaften, gebildet aus einer Muttergesellschaft, ihren Tochtergesellschaften und sonstigen Gesellschaften, an welchen die Muttergesellschaft oder ihre Tochtergesellschaften beteiligt sind, als auch aus jenen Gesellschaften, die durch ein Verhältnis, das einer Konsolidierung aller Gesellschaftskonten und der jährlichen Bilanzen bedarf, verbunden sind. Gemäß Art 2 Abs 1 Z 27 LPC ist die Muttergesellschaft eine juristische Person, ein Aktionär oder ein Gesellschafter einer Handelsgesellschaft, der sich in einer der folgenden Situationen befindet: hält direkt oder indirekt die Mehrheit der Stimmrechte der Gesell-

---

2   *M. C. Popa*, Grupurile (2011) 111.

3   *M. C. Popa*, Grupurile (2011) 455 f.

4   Nach Meinung der Lehre (siehe *Gheorghe*, Structuri suprasocietare. Grupurile de societăţi, RDC 2005/3, 61) kann eine einheitliche Definition der Konzernstruktur unter diesen Umständen nicht dadurch geschaffen werden, indem der Mangel einer einheitlichen Regulierung durch Extrapolation der bereits definierten konzernrechtlichen Begriffe aus den geregelten Bereichen ausgeglichen wird.

5   *M. C. Popa*, Grupurile de societăţi, o realitate în căutarea unei reglementări, RRDA 2008/1, 36.

6   Veröffentlicht im Amtsblatt Rumäniens I 29.6.2004/571 idF Amtsblatt Rumäniens 2.5.2006/375.

schaft; kann die Mehrheit der Mitglieder der Verwaltungs- oder der Kontrollorgane der Gesellschaft oder von anderen Personen mit Entscheidungsmacht in der Gesellschaft bestellen oder abberufen; kann auf Basis der mit der Gesellschaft abgeschlossenen Verträge[7] oder der Gründungsurkunde der Gesellschaft eine bedeutende Einflussnahme auf die Gesellschaft ausüben; ist Aktionär oder Gesellschafter der Gesellschaft und hat alleine die Mehrheit der Verwaltungs- oder Kontrollorgane oder die Geschäftsführer der Tochtergesellschaften in den letzten zwei Finanzjahren bestellt oder kontrolliert alleine die Mehrheit der Stimmrechte auf Basis eines mit den anderen Gesellschaftern oder Aktionären abgeschlossenen Vertrages.

Das Handelsgesellschaftsgesetz 1990/31 (Legea societăților comerciale[8] – LSC) regelt auch die Gründung von Filialen[9]. Der rumänische Begriff *filială* entspricht rechtlich einer Tochtergesellschaft, da sie eine eigene Rechtspersönlichkeit hat. Eine der österreichischen Filiale vergleichbare rumänische Rechtsinstitution ist die *sucursala,* die rechtlich unselbständig ist.

b) Historische Entwicklung

Eine erste moderne Regelung des Gesellschaftsrechts erfolgte durch das Handelsgesetzbuch von 1887 (Codul Comercial al Regatului României[10] – HGB 1887). Das Handelsgesetzbuch wurde nach dem Muster des italienischen ZGB von 1882, das eines der jüngsten Handelsgesetzbücher Europas zur damaligen Zeit war, verfasst.[11] Es wurden die Gesellschaftsformen der offenen Gesellschaft, der Kommanditgesellschaft auf Aktien und der anonymen Gesellschaft (rum: societate anonimă) geregelt.[12] Die anonyme Gesellschaft haftete nur mit dem Gesellschaftskapital und ihre Gesellschafter nur bis zur Höhe der von ihnen in die Gesellschaft eingebrachten Einlagen.[13] Das HGB 1887 erlaubte jeder natürlichen und juristischen Person die Gründung einer Gesellschaft, und demnach entstanden Tochtergesellschaften und Konzernstrukturen automatisch.[14]

Im Jahre 1938 wurde das Handelsgesetzbuch Carol II, das eine Synthese der gerichtlichen Praxis der Zwischenkriegszeit war[15], verabschiedet. Die historischen Ereignisse haben sein Inkrafttreten jedoch verhindert und das HGB 1887

---

7   Siehe dazu das Kapitel II 4. b. *Faktischer Konzern/Vertragskonzern.*
8   Veröffentlicht im Amtsblatt Rumäniens I 17.11.1990/126 idF 10.6.2011/409. Das LSC wurde von *Peter Leonhardt* im Handbuch Wirtschaft und Recht in Osteuropa – WIRO in die deutsche Sprache übersetzt [Erstveröffentlichung: Jahrbuch Ostrecht XXXII (1/1991); Rechtsstand: 31.5.2011]. Für die Verfassung der vorliegenden Arbeit wurde diese Übersetzung des LSC, soweit diese dem aktuellen Gesetzesstand entsprach, herangezogen.
9   Art 42 LSC.
10   Das HGB wurde durch das Dekret 10. 5. 1887/1233 verabschiedet (es trat am 1.9.1887 in Kraft) und veröffentlicht im Amtsblatt Rumäniens I 10.5.1887/31.
11   *Cărpenaru,* Drept comercial român (2001) 6.
12   Art 77 HGB 1887.
13   Art 77 Z 3 HGB 1887.
14   *M. C. Popa,* Grupurile (2011) 12.
15   *Păun Ciprian,* Elite juridice în România secolelor XIX și XX, Revista 22 PLUS 2011/330, abrufbar unter: http://www.revista22.ro/articol-12190.html (23.12.2011).

blieb weiterhin in Kraft.[16] Nachdem Rumänien nach dem Zweiten Weltkrieg zur Planwirtschaft überging, blieb das HGB 1887 nur noch formell in Kraft, kam jedoch nicht zur Anwendung; seine aktive Rolle wurde von Reglementierungen[17] übernommen, die der Planwirtschaft spezifisch waren.[18] Nur in Ausnahmefällen wurde die Gründung von Gesellschaften mit ausländischer Beteiligung in begrenztem Umfang[19] zugelassen.[20] Dies hat jedoch insbesondere wegen zahlreicher gesetzlicher Bestimmungen, die darauf abzielten, ausländische Gesellschaften mit staatlicher Beteiligung der zentralen Planung zu unterstellen, nur zu mäßigen Ergebnissen geführt.[21]

Die verheerenden Folgen der planwirtschaftlichen Politik veranlassten die erste Regierung Rumäniens nach der Revolution, eine Marktwirtschaft mit Handelsgesellschaften als deren wesentliche Träger aufzubauen. In der Verfassung von 1991[22] wurde daher das System einer freien, auf Angebot und Nachfrage gestützten Wirtschaft ausdrücklich proklamiert.[23]

Weiters begann die Umstrukturierung staatlicher Unternehmen in autonome Betriebe und Handelsgesellschaften[24] und das LSC wurde verabschiedet. Da Rumänien bei der Verabschiedung des LSC im Jahre 1990 kaum Erfahrung im Bereich *corporate governance* hatte, hat die damalige Regierung die gesellschaftsrechtlichen Bestimmungen des nie in Kraft getretenen Handelsgesetzbuches Carol II von 1938 in das LSC übernommen.[25] Das LSC regelt Gesellschaften in Form von offenen Handelsgesellschaften, Kommanditgesellschaften,

---

16 *Cărpenaru*, Drept (2001) 7.

17 Eine der gewichtigsten Regelungen dieser Zeit war das Gesetz 1978/5 über die Organisation und die Leitung der staatlichen Unternehmen und deren Betrieb auf Basis der Arbeiterselbstleitung und der wirtschaftlich-steuerlichen Selbstverwaltung (Legea cu privire la organizarea şi conducerea unităţilor socialiste de stat, precum şi la funcţionarea acestora pe baza autoconducerii muncitoreşti şi autogestiunii economico-financiare), veröffentlicht im Amtsblatt Rumäniens 12.7.1978/56. Demnach hatte eine zentrale Muttergesellschaft die Leitung, Beratung und Kontrolle von untergeordneten Unternehmen inne.

18 *Cărpenaru*, Drept (2001) 7.

19 Der rumänische Staat musste an diesen Gemeinschaftsunternehmen mindestens zu 51 % beteiligt sein.

20 Das Dekret 4.11.1972/424 über die Gründung, die Organisation und den Betrieb von Gemeinschaftsunternehmen in der Sozialistischen Republik Rumänien (Decret pentru constituirea, organizarea şi funcţionarea societăţilor mixte în Republica Socialistă România), veröffentlicht im Amtsblatt Rumäniens I 4.11.1972/121.

21 *Căpăţînă*, Aktuelles Gesellschaftsrecht in Rumänien, WIRO 1992/8, 246.

22 Die Verfassung Rumäniens (Constituţia României) verabschiedet am 21.11.1991 und veröffentlicht im Amtsblatt Rumäniens I 21.11.1991/233, im Jahr 2003 durch das Gesetz 2003/429 revidiert.

23 *Căpăţînă*, Aktuelles Gesellschaftsrecht, WIRO 1992/8, 246.

24 Das Gesetz 1990/15 über die Umstrukturierung der staatlichen Wirtschaftsunternehmen in autonome Einheiten und Gesellschaften (Legea privind reorganizarea unităţilor economice de stat ca regii autonome şi societăţi – PrivatisierungsG), veröffentlicht im Amtsblatt Rumäniens I 8.8.1990/98 idF 14.12.2011/883.

25 *David*, Company Groups in Romania: Current Status and Legal Implications, in *Hopt/Jessel-Holst/Pistor*, Unternehmensgruppen in mittel- und osteuropäischen Ländern: Entstehung, Verhalten und Steuerung aus rechtlicher und ökonomischer Sicht (2002) 246.

Aktiengesellschaften, Kommanditgesellschaften auf Aktien und erstmalig die Gesellschaftsform der GmbH[26] und lässt die Gründung von Tochtergesellschaften zu. Damit wurden die Rahmenbedingungen für die Entstehung von Gesellschaftsgruppen geschaffen. Das HGB 1887 hat wieder praktische Bedeutung erlangt und wurde auf dem Gebiet des Gesellschaftsrechts in Ergänzung zum LSC angewandt. In Bezug auf die Gründung von Gesellschaften und die Haftung im Gesellschaftsrecht wurde das Dekret über die natürlichen und juristischen Personen[27] angewandt, das bis zum 1.10.2011 in Kraft war.

In der vergangenen Dekade wurden schrittweise Reglementierungen in Rechtsbereichen von großem öffentlichem Interesse vorgenommen – bis dahin waren konzernrechtliche Regelungen quasi nicht existent.[28] Die ersten konzernrechtlichen Bestimmungen wurden als Folge der Umsetzung der europäischen Richtlinien vom Wettbewerbsgesetz (Legea concurenței – LC)[29] erfasst. Weitere Bestimmungen erfolgten auf den Gebieten der Rechnungslegung, des Kapitalmarkts, des Steuerrechts, des Gesellschaftsrechts, des Insolvenzrechts, des Bankrechts, des Versicherungsrechts, des Umweltrechts und des Arbeitsrechts. Diese speziellen Vorschriften bringen jedoch lediglich konzernrechtliche Regelungen für den jeweiligen Rechtsbereich mit sich.

Die Tatsache, dass die Gesellschaftsgruppen im rumänischen Recht nicht einheitlich reguliert sind, steht deren Verbreitung in der Praxis nicht entgegen.[30]

Gemäß dem rumänischen nationalen Institut für Statistik (Institutul National de Statistică – INR) wurden in Rumänien im Jahre 2010 5.372 nationale und 15.372 internationale Gesellschaftsgruppen gezählt. Lediglich 103 dieser internationalen Gesellschaftsgruppen werden von Rumänien aus, die übrigen vom Ausland aus kontrolliert. Gemessen an der Anzahl der Angestellten werden die meisten der internationalen Gesellschaftsgruppen von Deutschland, Frankreich oder Österreich kontrolliert. Österreich belegt nach Deutschland und Frankreich den dritten Platz mit 8,8 % aller internationalen Gesellschaftsgruppen. Davon sind 3 % in der Rohstoffindustrie, 3 % in der Finanzvermittlung/im Versicherungswesen und 1 % in der Fertigungsindustrie tätig.[31]

---

26 Eine Kapitalgesellschaft in Form einer GmbH war bis zu diesem Zeitpunkt nur in der Provinz Bukowina bekannt. Da die Bukowina von 1775 bis 1919 unter österreichischer Herrschaft stand, wurde das österreichische GmbH-Gesetz, das 1906 in Kraft trat, auch hierzulande angewandt.

27 Das Dekret 1954/31 (Decretul privitor la persoanele fizice şi persoanele juridice) veröffentlicht im Amtsblatt Rumäniens I 30.1.1954/8.

28 *M. C. Popa*, Grupurile de societăţi, o realitate în căutarea unei reglementări, RRDA 2008/1, 33.

29 Veröffentlicht im Amtsblatt Rumäniens I 30.4.1996/88 idF 8.11.2011/2.

30 *David*, Company Groups in Romania, in *Hopt/Jessel-Holst/Pistor*, Unternehmensgruppen in mittel- und osteuropäischen Ländern (2002) 237.

31 *INR*, Pressemitteilung vom 27.4.2012/94 (Pressemitteilung INR), abrufbar unter: http://www.insse.ro/cms/files%5Cstatistici%5Ccomunicate%5Ccom_anuale%5Cgrup_intre_ro%5Cgrup_intrep2010r.pdf (30.6.2012).

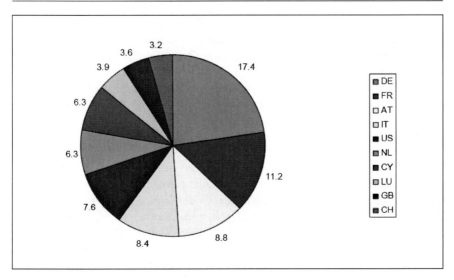

Abbildung 1: Die zehn führenden Herkunftsländer der Konzernmütter von in Rumänien ansässigen internationalen Gesellschaftsgruppen gemessen an der Anzahl der Angestellten[32]

c) Bedeutung des Themas

Alle nach dem LSC in Rumänien gegründeten Gesellschaften sind juristische Personen, auch offene Handelsgesellschaften, Kommanditgesellschaften und Kommanditgesellschaften auf Aktien.[33] „Allen juristischen Personen ist charakteristisch, dass sie eine eigene Organisationsstruktur, ein eigenes Verbandsvermögen und einen bestimmten Zweck haben."[34]

Ungeachtet dessen, dass das Gesetz auch den „Filialen" eigene Rechtspersönlichkeit[35] zuerkennt, können diese de facto von einer anderen oder von mehreren Gesellschaften kontrolliert werden, wenn ihre Wirtschaftsstrategie und die grundlegenden Richtlinien von diesen bestimmt werden.[36] Im Verhältnis zur Muttergesellschaft hat die Tochtergesellschaft nur formal einen eigenen Willen, de facto setzt sie die Weisungen der Muttergesellschaft um, die oft deren Interesse verfolgen und nicht das Interesse der Tochtergesellschaft, was den Minderheitsaktionären und den Gläubigern der Tochtergesellschaft Schaden zufügen kann.[37] Wenn durch die von der Muttergesellschaft ihren Tochtergesellschaften erteilten Weisungen diesen Schäden zugefügt werden, kann sich die Muttergesellschaft mE nicht mehr durch den Trennungsgrundsatz, der im rumänischen Kapitalgesellschaftsrecht grundsätzlich herrscht, schützen. Gegen die Führung

---

32 *INR*, Pressemitteilung INR.
33 Art 1 Abs 2 LSC.
34 *Teveş*, Rumänisches Gesellschaftsrecht I, Osteuropa Recht 2010/1, 74.
35 Art 42 LSC, sowie Begriffserklärung weiter oben.
36 *Păun Cristina*, Societăţi – mamă şi filiale, RDC 1994/4, 50.
37 *Popa*, Proiectul de Lege privind holdingurile: o sumă de inadvertenţe, RRDA 2009/8, 88 f.

durch eine Muttergesellschaft ist dem Grunde nach nichts einzuwenden, solange den Tochtergesellschaften dadurch kein Schaden zugefügt wird. Aus der einheitlichen Leitung mehrerer rechtlich selbständiger Unternehmen entstehen jedoch Gefährdungslagen, welchen das Recht gegensteuern soll: Wenn bei einzelnen Konzerngesellschaften Minderheitsgesellschafter nicht an der Leitung des Konzerns beteiligt sind, besteht für die Konzernleitung ein Anreiz, Entscheidungen zu treffen, zB bei internen Geschäften zwischen Mutter- und Tochtergesellschaft, die die Muttergesellschaft begünstigen und unmittelbar die Tochtergesellschaft, und mittelbar ihre Minderheitsaktionäre, benachteiligen.[38] Eine einheitliche Leitung kann auch den Gläubigern der einzelnen Konzerngesellschaften gefährlich werden, zB wenn die Benachteiligung einer Tochtergesellschaft zur Schwächung ihrer Bonität führt, so dass sie ihre Verbindlichkeiten nicht mehr decken kann.[39]

Konzernstrukturen stellen gleichermaßen Fortschritt und Risiko dar[40] und zeichnen sich durch verzweigte, oft länderübergreifende Beteiligungen aus. Genauso wie die Zugehörigkeit einer Gesellschaft zu einem renommierten Konzern dieser leichten Zugang zu Finanzierungen gewähren kann, ist sie im Falle der Verschlechterung der Konzernlage gleichermaßen anfällig, auch dann, wenn sie nicht direkt mit Schwierigkeiten zu kämpfen hat.[41]

Die im rumänischen Gesellschaftsrecht vorhandenen Vorschriften wurden von den unterschiedlichen Problemstellungen der Konzernstrukturen vor neue Herausforderungen gestellt. Daher regelte der rumänische Gesetzgeber beispielsweise zahlreiche Ausnahmen von der beschränkten Haftung der Kapitalgesellschaften. Dieser Gesetzgebung fehlt es jedoch an Regelungstiefe und -dichte. Hinzu kommt, dass die rumänischen Gerichte in der Auslegungspraxis eher zu zurückhaltend sind, um durch Analogie Lückenfüllung und Rechtsfortbildung pragmatisch und kreativ zu betreiben, und neigen sie oft zu einer wörtlichen Interpretation von Rechtsvorschriften.[42] Infolgedessen ist es im Interesse der Muttergesellschaften, die gesetzlichen Regelungen sowie die Rechtsprechung und Lehrmeinungen auf diesem Gebiet zu kennen, um etwaigen Haftungsrisiken vorzubeugen.

d) Reformen des Konzernrechts

Im Laufe der Jahre haben mehrere letztendlich gescheiterte oder nicht zu Ende geführte Versuche, das Konzernrecht zu regulieren, stattgefunden. Eine erste Initiative für die Regulierung der Holdings[43] wurde bei der Abgeordneten-

---

38 *Doralt/Diregger,* in *Doralt/Nowotny/Kalss,* AktG² § 15 Rz 4.

39 *Doralt/Diregger,* in *Doralt/Nowotny/Kalss,* AktG² § 15 Rz 5.

40 *M. C. Popa,* Grupurile de societăți, o realitate în căutarea unei reglementări, RRDA 2008/1, 37.

41 *M. C. Popa,* Omul și măsura tuturor ... crizelor, RRDA 2009/3, 98.

42 Vgl *Rădulețu,* Schutz der Minderheitsaktionäre in Rumänien, in *Bachner/Dorald/Winner,* Schutz der Minderheitsaktionäre in Mittel- und Osteuropa (2010) 424.

43 Proiectul de lege privind regimul juridic aplicabil societăților comerciale de tip holding http://www.cdep.ro/comisii/juridica/pdf/1999/sz1103.pdf (16.11.2011).

kammer im Jahre 1999 eingereicht und befand sich in der Genehmigungsphase bei der juristischen Kommission der Abgeordnetenkammer, als sie von den Initiatoren wieder zurückgezogen wurde. Der Entwurf beinhaltete für die damalige Zeit sehr moderne Bestimmungen, wie zB die Definition der Holdings und der Kontrolle durch die Muttergesellschaft, das Recht der Muttergesellschaft, den anderen Gesellschaften aus der Gesellschaftsgruppe zinsenlose Kredite und Sicherheiten zu gewähren, etc.[44]

Im Jahre 2009 wurde von der Regierung ein Gesetzesprojekt über Holdings eingereicht, kurz danach präsentierte die Opposition hierzu ein eigenes Gesetzesprojekt. Das Projekt der Regierung wurde abgewiesen, jenes der Opposition nicht. Nichtsdestotrotz wurde dieses Projekt der Opposition bis dato auch nicht umgesetzt. [45] Die Umsetzung dieses Gesetzesprojektes findet jedoch ohnehin keinen Zuspruch seitens der Rechtslehre, da dieses die wirtschaftliche und juristische Realität der Konzerne ignoriere.[46]

Die Initiatoren verfolgen angeblich eine einheitliche Regulierung des Konzernrechts. Das Gesetzesprojekt beinhaltet sowohl die Regelung von Holdinggesellschaften, die ein eigenes Tätigkeitsfeld entfalten, als auch die Regelung von reinen Holdinggesellschaften, die sich lediglich mit der Verwaltung von Beteiligungen beschäftigen.[47]

Dieses Gesetzesprojekt beinhaltet Vorschriften, die nicht nur das Konzernrecht in Rumänien regeln, sondern auch das derzeitige Gesellschaftsrecht grundlegend ändern würden. Demnach könnte zB eine Holding Alleingesellschafter in einer oder in mehreren Gesellschaften sein und eine Tochtergesellschaft in Form einer GmbH könnte wiederum Alleingesellschafter einer weiteren GmbH sein, sofern jede dieser Gesellschaften Geschäfte im eigenen Namen entfalten würde. Somit wären die derzeit im LSC geltenden Einschränkungen über die Mindestzahl[48] der Gesellschafter einer GmbH und über das Verbot von Ketten-GmbHs mit nur einem Gesellschafter beseitigt.

Weiters wäre die Gewährung von Krediten und Sicherheiten zwischen den beteiligten Gesellschaften unter bestimmten Voraussetzungen und Einschränkungen erlaubt. Holdinggesellschaften könnten ihren Tochtergesellschaften zinsenlose Kredite gewähren und diese könnten ihrerseits auch den Holdinggesellschaften Kredite (in diesem Fall jedoch nur verzinst) gewähren, damit sie andere Gesellschaften aus dem Konzern finanzieren können.

Überdies beinhaltet das Gesetzesprojekt auch Regelungen über den Beherrschungsvertrag. Muttergesellschaften könnten die Geschäfte zwischen ihnen

---

44   *M. C. Popa*, Grupurile (2011) 17 f.

45   Details über das Projekt samt Begründung der Initiatoren, die vom Senat genehmigte Variante des Gesetzesprojekts und Anmerkungen der verschiedenen Kommissionen können abgerufen werden unter: http://m.cdep.ro/pls/proiecte/upl_pck.proiect?cam=2& idp=10641 (16.11.2011).

46   *M. C. Popa*, Proiectul de Lege privind holdingurile: o sumă de inadvertenţe, RRDA 2009/8, 94.

47   Siehe dazu das Gesetzesprojekt über Holdings.

48   Mehr dazu im Kapitel I. 2. *Unterschiede GmbH und AG.*

und ihren Tochtergesellschaften auf Basis eines solchen Vertrages regeln. Eine Holdinggesellschaft könnte auf Basis eines Beherrschungsvertrages dazu befugt sein, den Verwaltungs- und Geschäftsführungsorganen der Tochtergesellschaft Weisungen zu erteilen, auch solche, die für die Tochtergesellschaft nachteilig wären, sofern sie im Interesse der Holding oder einer anderen Gesellschaft aus dem Konzern wären. In diesem Fall könnte eine Haftung der Holding bestehen, wenn dadurch der Tochtergesellschaft oder Gläubigern Schaden zugefügt wird.

Summa summarum werden von diesem Gesetzesprojekt jedoch keine Lösungen für die komplexen Probleme eines Konzerns angeboten, wie zB:

- Die rechtliche Behandlung der geschäftlichen Beziehungen zwischen Konzerngesellschaften, zwischen denen kein Beherrschungsvertrag abgeschlossen wurde, im Unterschied zu Konzerngesellschaften zwischen denen ein Beherrschungsvertrag besteht;
- Regelungen bezüglich der Voraussetzungen für den Abschluss eines Beherrschungsvertrages und dessen Überprüfung durch unabhängige Experten und Auditoren;
- Regelungen bezüglich der Auflösung des Beherrschungsvertrages und die Konsequenzen seiner Verletzung;
- Die Grenzen der Muttergesellschaft bei der Erteilung von Weisungen an die Tochtergesellschaft, und die Sorgfaltspflichten der Geschäftsführer der Muttergesellschaft bei der Erteilung von Weisungen an die Tochtergesellschaft;
- Die Pflicht der Geschäftsführer der Tochtergesellschaft über die Geschäfte innerhalb des Konzerns und den Zweck dieser Geschäfte Bericht zu erstatten, ebenso wie über die Gewinne und die Verluste der Tochtergesellschaft;
- Die Vereinbarung der Sorgfaltspflichten der Geschäftsführer der Tochtergesellschaft gegenüber der Tochtergesellschaft mit der Pflicht, die Weisungen der Muttergesellschaft zu befolgen, und die Folgen für den Fall, dass der Tochtergesellschaft durch die Weisungen der Muttergesellschaft Schäden zugefügt werden;
- Die Rechtslage für die Minderheitsaktionäre.[49]

2. Unterschiede GmbH und AG

Da kraft Gesetzes alle rumänischen Handelsgesellschaften juristische Personen sind, ist der Unterschied zwischen den Personen- und Kapitalgesellschaften im rumänischen Recht nicht so stark wie im deutschen Recht ausgeprägt.[50] Dennoch werden in der Rechtsliteratur Diskussionen über die Rechtsnatur der GmbH und AG geführt. So wird die GmbH von der Rechtsliteratur als eine

---

49 *M. C. Popa*, Proiectul, RRDA 2009/8, 93 f.
50 *Teveş*, Rumänisches Gesellschaftsrecht I, Osteuropa Recht 2010/1, 74.

Mischform aus Personen- und Kapitalgesellschaft betrachtet.[51] Nach dem Vorbild der OHG bestehen zwischen den Gesellschaftern einer GmbH gesellschaftsrechtliche Beziehungen *intuitu personae*, aber wie bei der AG greift eine auf ihren Anteil begrenzte Haftungsbeschränkung der Gesellschafter ein.[52] Die AG wird als eine reine Kapitalgesellschaft bezeichnet, da zwischen ihren Gesellschaftern keine persönliche Verbundenheit besteht.[53]

Das LSC sieht für jede Handelsgesellschaftsform eine Mindestanzahl von zwei Gesellschaftern vor.[54] Diese Mindestanzahl an Gesellschaftern ist nicht nur zum Zeitpunkt der Gesellschaftsgründung erforderlich, sondern durchgehend, solange die Gesellschaft besteht.[55] Auch durch die Novellierung des LSC im Jahre 2006[56] wurde diese unbegründete Bestimmung über die Mindestzahl an Gesellschaftern nicht aufgehoben, aber zumindest von vormals fünf auf nunmehr zwei Gesellschafter reduziert.

Von den gesetzlichen Bestimmungen über die Mindestanzahl der Gesellschafter bzw Aktionäre bestehen im rumänischen Gesellschaftsrecht nur zwei Ausnahmen. Die erste Ausnahme betrifft AGs mit ausschließlich oder mehrheitlich staatlichem Kapital. Diese AGs können ihre Geschäftätigkeit mit jeglicher Anzahl an Aktionären ausüben.[57] Diese Vorschrift bezieht sich allerdings nur auf solche AGs, die bereits bestehen[58] und die auf Basis des PrivatisierungsG gegründet bzw umgewandelt wurden, und folglich kann keine neue AG mit dem Staat als einzigen Gesellschafter mehr gegründet werden.[59] In der Rechtsliteratur wurde darauf hingewiesen, dass die gesetzlich verankerte Bestimmung über die AGs mit mehrheitlich staatlichem Kapital keine Begründung findet.[60] Eine zweite Ausnahme von den Bestimmungen über die Mindestanzahl der Gesellschafter besteht bei den GmbHs[61], die mit Einschränkungen auch durch Willenskundgebung einer einzigen Person gegründet werden können.[62] Eine Person darf jedoch nur in einer GmbH Alleingesellschafter sein[63] und eine GmbH darf auch keine andere GmbH als Alleingesellschafter haben, wenn auch diese nur aus einer Person besteht.[64]

---

51 *Teveş*, Rumänisches Gesellschaftsrecht I, Osteuropa Recht 2010/1, 75. Siehe dazu auch *Piperea*, in *Cărpenaru* ua, Legea societăţilor comerciale. Comentariu pe articole⁴ (2009) Art 2 Rz 1.

52 *Căpăţînă*, Aktuelles Gesellschaftsrecht, WIRO 1992/8, 247.

53 *Căpăţînă*, Aktuelles Gesellschaftsrecht, WIRO 1992/8, 247.

54 Gemäß Art 4 LSC muss eine Handelsgesellschaft aus mindestens zwei Gesellschaftern bestehen.

55 *Sitaru*, Corporations and partnerships in Romania (2011) 60.

56 Die Novellierung wurde durch das Gesetz 2006/441 durchgeführt.

57 Art 283 Abs 4 LSC.

58 Hier können im Prinzip nur jene Gesellschaften gemeint sein, die bereits zum Zeitpunkt des Inkrafttretens des LSC bestanden haben.

59 *Adam/Savu*, Legea societăţilor comerciale. Comentarii şi explicaţii (2010) Art 283 Rz 14.

60 *Adam/Savu*, Legea societăţilor comerciale. Comentarii şi explicaţii (2010) Art 283 Rz 15.

61 Art 5 Abs 2 erster Satz LSC.

62 Siehe dazu auch Kapitel II. 4. b. *Faktischer Konzern/Vertragskonzern*.

63 Art 14 Abs 1 LSC.

64 Art 14 Abs 2 LSC.

Eine GmbH wird aufgelöst, wenn sich die Anzahl ihrer Gesellschafter auf einen einzigen reduziert und dieser bereits in einer anderen GmbH Alleingesellschafter ist. Der Staat, durch das Ministerium für öffentliche Finanzen, und jede interessierte Person können in diesem Fall die Auflösung der Gesellschaft auf gerichtlichem Wege beantragen.[65] Entsprechend der bisherigen Rechtsprechung wird die GmbH nicht aufgelöst, wenn der Alleingesellschafter bis zum Ende des Verfahrens zweiter Instanz Gesellschaftsanteile an einen Dritten veräußert und dadurch die Gesellschafteranzahl auf die gesetzlich vorgeschriebene Mindestanzahl angehoben wird.[66]

Hat eine AG während einer Zeitspanne von mehr als neun Monaten weniger als zwei Aktionäre, kann jede daran interessierte Person bei Gericht die Auflösung der Gesellschaft beantragen.[67] Die Konsequenzen der Verminderung der Aktionäre unter die gesetzliche Mindestanzahl sind weniger drastisch geregelt als im Falle einer GmbH. Der Gesetzgeber sieht offensichtlich im Falle einer AG keine Verletzung des allgemeinen und öffentlichen Interesses, da die Intervention des Staates nicht ausdrücklich gesetzlich geregelt wird wie im Falle einer GmbH. Die Gründe für diese unterschiedliche Behandlung von GmbH und AG bleiben unklar. Eine AG wird nicht aufgelöst, wenn der Alleinaktionär bis zum Eintritt der Rechtskraft der gerichtlichen Entscheidung über die Auflösung die Anzahl der Aktionäre wieder aufstockt.[68]

Die Anzahl der Gesellschafter einer GmbH darf 50 Gesellschafter nicht überschreiten.[69] Die maximale Anzahl an Aktionären einer AG ist hingegen nicht begrenzt.

Das Mindestkapital einer GmbH beträgt 200 Lei und ist in gleiche Geschäftsanteile von jeweils mindestens 10 Lei aufzuteilen. Das Gesellschaftskapital muss gemäß Art 9^1 LSC zur Gänze bei der Gründung geleistet werden. Die GmbH ist wegen des sehr geringen Gründungskapitals und der beschränkten Haftung die häufigste Gesellschaftsform in Rumänien. Selbst Kleinunternehmer organisieren sich in GmbHs.[70]

---

65 Art 14 Abs 3 LSC.

66 Siehe dazu CA Oradea, Entscheidung 2004/171/R, veröffentlicht in Dreptul 2005/2.

67 Art 10 Abs 3 zweiter Satz LSC.

68 Art 10 Abs 3 dritter Satz LSC.

69 Art 12 LSC.

70 *Alexander Roth* beschreibt in seinem Beitrag „Die Ausführungsverordnung zur Anwendung der Durchführungsverordnung" in Deutsch-Rumänische Hefte 2002/3–4: *Während in Deutschland der mit seinem gesamten Privatvermögen haftende „königliche Kaufmann" besonders kreditwürdig ist, und ein Kleinstunternehmer, der eine Gesellschaft mit beschränkter Haftung gründet, eher als Schlawiner gilt, bei dem man besser auf Vorkasse besteht, ist es in Rumänien genau umgekehrt. Dort wissen selbst viele Finanzbeamten noch nicht einmal, dass es überhaupt erlaubt ist, selbständig tätig zu sein, ohne eine GmbH gegründet zu haben. Aus Sicht des Unternehmers, der auf diese Weise nie persönlich haftet, ist dieses Verhalten durchaus rational. Aus Sicht der Behörden, Banken und der öffentlichen Wahrnehmung entbehrt die Denkweise jedoch jeglicher Logik und lässt sich wohl nur durch eine mentale Deformation nach 50 Jahren Kommunismus erklären: Alles, was individuell, privat und klein ist, ist schlecht, und alles, was offiziell, förmlich und großspurig daher kommt, ist gut.* http://www.deruge.org/DR-Hefte/2002/DRH-2002-2.pdf (12.3.2012).

Das Grundkapital einer AG darf nicht weniger als 90.000 Lei betragen. Der Mindestnennwert einer Aktie beträgt 0,1 Lei.[71] Die Regierung kann höchstens einmal in zwei Jahren den Mindestbetrag des Gesellschaftskapitals der AGs unter Berücksichtigung der Wechselkurse ändern, sodass dieser Betrag dem Gegenwert von € 25.000 entspricht.[72] Bei einer nicht öffentlichen Gründung muss das einbezahlte Gesellschaftskapital mindestens 30 % des gezeichneten Kapitals betragen. Die Differenz zum gezeichneten Kapital muss bei Bareinlagen[73] innerhalb von zwölf Monaten und bei Sacheinlagen[74] innerhalb von zwei Jahren nach Eintragung der AG einbezahlt werden.[75] Sacheinlagen müssen nach wirtschaftlichen Gesichtspunkten bewertbar sein.[76] Die Bewertung der Sacheinlagen erfolgt bei allen AGs, im Gegensatz zu GmbHs[77], durch einen vom Handelsregisterrichter bestellten Sachverständigen mittels Gutachten.

Die Firma einer AG muss aus einer Bezeichnung bestehen, die geeignet ist, sie von der Firma anderer Gesellschaften zu unterscheiden, mit dem vollständig geschriebenen Zusatz „Societate pe acţiuni" oder dem Zusatz „SA".[78] Die Firma einer GmbH muss aus einer Bezeichnung bestehen, der der Name eines oder mehrerer Gesellschafter hinzugefügt werden kann, mit dem vollständig geschriebenen Zusatz „Societate cu răspundere limitată" oder dem Zusatz „SRL".[79]

Eine GmbH wird von einem oder von mehreren durch die Gründungsurkunde oder Generalversammlung bestellten Geschäftsführern verwaltet und vertreten. Die Geschäftsführer können auch Gesellschafter sein.[80] Wenn eine GmbH weniger als 15 Gesellschafter hat, ist die Bestellung eines Aufsichtsrates fakultativ[81], ansonsten obligatorisch.[82]

Eine AG kann zwischen dem monistischen und dem dualistischen Verwaltungssystem wählen.[83] Im monistischen Verwaltungssystem wird die AG von einem oder von mehreren Geschäftsführern[84], deren Anzahl stets ungerade sein muss, verwaltet.[85] Die Geschäftsführer bzw die Verwaltungsratsmitglieder (rum: consiliu de administraţie) werden von der Hauptversammlung berufen,

---

71 Art 93 Abs 1 LSC.
72 Art 10 Abs 1 LSC.
73 Gemäß Art 16 Abs 1 LSC ist die Leistung von Bareinlagen bei der Gründung aller Handelsgesellschaften obligatorisch. Eine reine Sachgründung ist dementsprechend nach dem rumänischen Recht nicht möglich.
74 Bei öffentlich gegründeten AGs müssen die Aktien, die Sacheinlagen verkörpern, gemäß Art 21 Abs 2 LSC vollständig gedeckt sein.
75 Art 9 Abs 2 LSC.
76 Art 16 Abs 2 erster Satz LSC.
77 Die Bewertung der Sacheinlagen bei der Gründung von GmbHs ist gemäß Art 13 Abs 3 LSC nur im Falle einer GmbH mit einem einzigen Gesellschafter zwingend.
78 Art 35 LRC.
79 Art 36 LRC.
80 Art 197 iVm Art 75 LSC.
81 Art 199 Abs 2 LSC.
82 Art 199 Abs 3 LSC.
83 Art 137 ff und 153 ff LSC.
84 Wenn mehrere Geschäftsführer vorhanden sind, bilden sie einen Verwaltungsrat.
85 Art 137 Abs 1 LSC.

mit Ausnahme der ersten Mitglieder, die durch die Gründungsurkunde bestellt werden.[86] Der Verwaltungsrat kann die Leitung der Gesellschaft auf einen oder mehrere Direktoren übertragen und einen von ihnen zum Generaldirektor ernennen.[87] Im dualistischen System wird die AG vom Leitungsorgan (rum: directorat) und dem Aufsichtsrat (rum: consiliu de supraveghere) verwaltet.[88] Das Leitungsorgan leitet die AG[89] und vertritt sie nach außen.[90] Der Aufsichtsrat überwacht die Arbeit des Leitungsorgans.[91]

Als Geschäftsführer, Verwaltungsratsmitglied oder Aufsichtsratsmitglied einer AG kann auch eine juristische Person bestellt werden.[92] Die Direktoren im monistischen System bzw die Leitungsorganmitglieder im dualistischen System müssen gemäß Art 153[13] Abs 1 LSC jedoch natürliche Personen sein. Ausnahmen hiervon bestehen in Sondergesetzen, wie zB im LPC bei den Investmentgesellschaften, deren Management auch durch eine juristische Person (rum: managementul externalizat către o persoană juridică) ausgeübt werden kann.[93]

Unterschiede zwischen GmbH und AG im Bereich der Haftung sind, soweit vorhanden, in Folge in den jeweiligen Kapiteln dargestellt.

3. Rechtsquellen

a) Gesetzgebung

Mangels einer einheitlichen Regulierung des Konzernrechts stellen die Konzernstrukturen einen neuen Bereich dar, der das Zivilrecht und das Gesellschaftsrecht vor neue Herausforderungen stellt.[94] Das LSC stellt den allgemeinen gesetzlichen Rahmen für alle Handelsgesellschaftsformen dar. Die Bestimmungen des LSC werden durch die Bestimmungen des neuen Zivilgesetzbuches (Codul civil român – Cciv) und der Zivilprozessordnung (Codul de Procedură Civilă[95] – Cprciv) ergänzt[96].

Am 1. Oktober 2011 trat das neue Cciv[97] in Kraft. Das Cciv folgt dem monistischen Modell des Privatrechts und bezieht das Handelsgesetzbuch mit

---

86 Art 137[1] Abs 1 LSC.
87 Art 143 Abs 1 LSC.
88 Art 153 Abs 1 LSC.
89 Art 153[1] Abs 1 LSC.
90 Art 153[3] Abs 1 LSC.
91 Art 153[1] Abs 2 LSC.
92 Siehe Art 153[13] Abs 2 erster Satz LSC.
93 *Piperea*, in *Cărpenaru* ua, Comentariu LSC[4] (2009) Art 153[13] Rz 1.
94 *Bere*, Grupurile de societăţi comerciale, Diplomarbeit Universität Klausenburg (2008) 3, abrufbar unter: http://issuu.com/elsa-cluj/docs/grupuri_de_societati_comerciale (27.12.2011).
95 Dieses Gesetzbuch wurde bereits im Amtsblatt Rumäniens I 15.7.2010/485 veröffentlicht und wird am 1.2.2013 in Kraft treten.
96 Siehe Art 291 LSC.
97 Das Gesetz 2011/71 über die Einführung des Gesetzes 2009/287 über das Cciv (rum: Lege nr. 71/2011 pentru punerea în aplicare a Legii nr. 287/2009 privind Codul civil – EinführungsG Cciv) wurde im Amtsblatt Rumäniens I 10.6.2011/409 veröffentlicht und trat am 1.10.2011 in Kraft.

ein. Das Cciv wird in Ergänzung zum LSC angewandt[98] und setzt das HGB 1887 fast zur Gänze außer Kraft. Die Abschaffung seiner noch in Kraft gebliebenen Bestimmungen wird von der Erlassung weiterer gesetzlicher Normen zeitlich bedingt.[99] Bei der Haftung in Bezug auf die Gründung und die Publizität der Gesellschaft und die Gesellschaftsbeschlüsse kommt subsidiär das Handelsregistergesetz (Legea privind registrul comerţului[100] – LRC) zur Anwendung.

Die Haftung im Insolvenzfall ist im Gesetz über die Insolvenzordnung (Legea procedurii insolvenţei 2006/85[101] – LPI) geregelt. Bei der Haftung für Steuerschulden kommen das Steuergesetzbuch (Codul fiscal[102] – CF) und die Steuerordnung (Codul de procedură fiscală[103] – CPF) zur Anwendung. Die Verbandsverantwortung ist im Strafgesetzbuch (Codul penal[104] – CP) geregelt. Ein neues Strafgesetzbuch (Noul Cod penal[105] – NCP) wurde 2010 verabschiedet und wird voraussichtlich 2013 in Kraft treten. Das NCP beinhaltet auch Straftatbestände in Bezug auf Gläubigerschädigung, *wrongful trading* und Verursachung der Insolvenz einer Gesellschaft. Weitere strafrechtliche Bestimmungen, die die Haftung der Gesellschafter nach sich ziehen können, befinden sich im LSC und LPI. Die Haftung im Umweltrecht ist in der DringlichkeitsVO 2007/68 (Ordonanţa de urgenţă privind răspunderea de mediu cu referire la prevenirea şi repararea prejudiciului asupra mediului[106] – DringlichkeitsVO 2007/68) geregelt.

Hinsichtlich der Haftung von AGs aus dem Kredit- und Versicherungswesen kommen die DringlichkeitsVO 2006/99 über die Kreditinstitutionen und die angemessene Kapitalausstattung (Ordonanţă de urgenţă privind instituţiile de credit şi adecvarea capitalului[107] – DringlichkeitsVO 2006/99) und das Gesetz 2000/32 über das Versicherungswesen und die Überwachung der Versicherungen (Legea privind activitatea de asigurare şi supravegherea asigurărilor – VersicherungsG) zur Anwendung.

b) *Die Rolle der Rechtslehre und der Rechtsprechung*

Die Rechtslehre und die Rechtsprechung werden im rumänischen Recht nicht als Rechtsquellen anerkannt[108], was in der Praxis zu unterschiedlichen

---

98   Art 291 LSC.
99   Die Bestimmungen der §§ 46–55, 57, 58 und 907–935 des HGB 1887 bleiben bis zum Inkrafttreten des neuen Cprciv in Kraft. Die Bestimmungen des zweiten Buches und die der §§ 948, 953, 954 Abs 1 und § 955 bleiben bis zum Inkrafttreten des neuen Seegesetzbuches in Kraft.
100 Veröffentlicht im Amtsblatt Rumäniens I 7.11.1990/121 idF 10.6.2011/409.
101 Veröffentlicht im Amtsblatt Rumäniens I 21.4.2006/359 idF 4.10.2010/672.
102 Veröffentlicht im Amtsblatt Rumäniens I 23.12.2003/927 idF 25.5.2012/356.
103 Veröffentlicht im Amtsblatt Rumäniens I 31.7.2007/513 idF 28.10.2011/763.
104 Veröffentlicht im Amtsblatt Rumäniens I 16.4.1997/65 idF 19.4.2012/258.
105 Veröffentlicht im Amtsblatt Rumäniens I 24.7.2009/510.
106 Veröffentlicht im Amtsblatt Rumäniens I 29.6.2007/446 idF 10.3.2009/149.
107 Veröffentlicht im Amtsblatt Rumäniens I 27.12.2006/1027 idF 16.12.2011/894.
108 *Alunaru*, Erwägungen zum Schmerzensgeldanspruch im gegenwärtigen rumänischen Zivilrecht, in der von der Universität Klausenburg herausgegebenen Online-Fachzeitschrift *Studia*, abrufbar unter: http://studia.law.ubbcluj.ro/articol.php?articolId=347 (25.4.2012).

Rechtslösungen in ähnlich gelagerten Fällen führen kann. Der Generalstaatsanwalt Rumäniens, die Leitungskollegien des Hohen Gerichtshofes für Kassation und Justiz (Înalta Curte de Casaţie şi Justiţie – ÎCCJ) oder jene der Oberlandesgerichte und der Volksanwalt haben jedoch die Pflicht, bei Kenntnis über solche Fälle für eine einheitliche Interpretation und Anwendung des Gesetzes in ganz Rumänien mittels Rekurs im Interesse des Gesetzes (*recurs în interesul legii*) beim ÎCCJ zu intervenieren. Dieser Rekurs kann durch den Generalstaatsanwalt auch auf Antrag des Justizministeriums eingebracht werden.[109] Die Entscheidung des ÎCCJ wird lediglich im Interesse des Gesetzes ausgesprochen und hat keine Auswirkung auf frühere Urteile oder direkt auf die Parteien in anhängigen gerichtlichen Verfahren.[110] Der Spruch des ÎCCJ ist für die Instanzen ab dem Datum der Veröffentlichung im Amtsblatt Rumäniens bindend.[111]

Die Interpretation der Rechtslehre hat in Rumänien lediglich eine rein hinweisende Rolle.[112]

II. Gesellschaftsrecht

1. Grundsatz der Vermögens- und Haftungstrennung zwischen der Kapitalgesellschaft und Gesellschaftern

a) *Rechtsgrundlagen, Legitimation und Wirkung der beschränkten Haftung*

Da eine Gesellschaft ein von ihren Gesellschaftern gesondertes Rechtssubjekt ist, haftet sie eigenständig, sowohl vermögensrechtlich als auch strafrechtlich.[113] Die Haftung einer Kapitalgesellschaft für Verbindlichkeiten ist beschränkt mit ihrem Gesellschaftsvermögen.[114]

Das LSC regelt *expressis verbis* die Haftungstrennung zwischen der Kapitalgesellschaft und ihren Gesellschaftern. Diese haften für die Gesellschaftsverbindlichkeiten grundsätzlich nur bis zur Höhe des jeweils von ihnen gezeichneten Gesellschaftskapitals.[115] Für Gesellschaftsverbindlichkeiten können die Gläubiger grundsätzlich weder die Gesellschafter in Anspruch nehmen, noch deren individuelle Güter.[116]

Die gesetzlich vorgesehene Konsequenz der beschränkten Haftung der Kapitalgesellschaften ist, dass die Gesellschaften nur mit ihrem Gesellschaftsvermögen haften. Diese Vorschrift, die im rumänischen Gesellschaftsrecht den Rang eines Prinzips eingenommen hat, führt immer noch zur Ablehnung der Aufhe-

---

109 Art 508 CPC.
110 Art 511 Abs 2 CPC.
111 Art 511 Abs 4 CPC.
112 Mehr dazu *Barac*, Elemente de teoria dreptului² (2009) 153 f.
113 *Piperea*, in *Cărpenaru* ua, Comentariu LSC⁴ (2009) Art 3 Rz 1.
114 Art 3 Abs 1 LSC.
115 Art 3 Abs 3 LSC.
116 *Piperea*, in *Cărpenaru* ua, Comentariu LSC⁴ (2009) Art 3 Rz 1.

bung der Haftungstrennung zwischen der Kapitalgesellschaft und ihren Gesellschaftern, die jedoch in bestimmten vom Gesetz geregelten Fällen möglich ist.

Die strikte Anwendung des Grundsatzes der beschränkten Haftung der Kapitalgesellschaften würde zu ungerechtfertigten Konsequenzen für Dritte führen.[117]

b) Ausnahmen vom Grundsatz der Haftungstrennung

Die Skepsis gegenüber Konzernen in zahlreichen Ländern Mittel- und Osteuropas bringt die Verlockung mit sich, unter Durchbrechung der getrennten Rechtspersönlichkeit der einzelnen (Tochter-)Gesellschaften durch den Konzern hindurch zu blicken, diesen Schleier bei Seite zu schieben oder sogar zu durchstoßen.[118] Die beschränkte Haftung einer Kapitalgesellschaft wird in Rumänien in ganz bestimmten vom Gesetz geregelten Fällen aufgehoben und die persönliche Haftung der Gesellschafter für die Verbindlichkeiten der Gesellschaft vorgesehen.

Anfangs hat der Gesetzgeber nur den Haftungsdurchgriff auf Gesellschaftsorgane, die die Insolvenz der Gesellschaft verursacht haben, geregelt. Durch die Novellierung des damaligen Insolvenzgesetzes[119] wurde 2002 der Haftungsdurchgriff darüber hinaus auch auf „andere Personen" ausgedehnt. Die Rechtsliteratur hat unter „andere Personen" auch den de facto Geschäftsführer subsumiert. Später hat auch die Rechtsprechung den Haftungsdurchgriff auf den de facto Geschäftsführer bestätigt.[120]

Es folgte die Regelung des Haftungsdurchgriffs auf Gesellschafter der aufgelösten bzw liquidierten Gesellschaft bei Missbrauch der beschränkten Haftung der Gesellschaft und/oder des Gesellschaftsvermögens im LSC.[121]

Eine andere Regelung über den Haftungsdurchgriff im Insolvenzfall wurde für Steuerschulden und sozialrechtliche Verbindlichkeiten der verbundenen natürlichen und juristischen Personen im CPF geschaffen.[122] Andere Bestimmungen in Bezug auf den Haftungsdurchgriff folgten für Umweltschäden in der UmweltschadensVO[123] und im Falle der Verschleierung eines Betrugs, eines Rechtsmissbrauchs oder der Verletzung der öffentlichen Ordnung im neuen Cciv[124].

---

117 *M. C. Popa*, Scurtă prezentare a grupurilor de societăţi, în dreptul comercial francez, AUB Drept, 2010/IV, 113.

118 *Winner*, Haftung der Muttergesellschaft im Konzern. Versuch einer Systematisierung mit rechtsvergleichenden Hinweisen für Mittel- und Osteuropa, in *Winner/Cierpial-Magnor*, Rechtsprobleme im Konzern (2012) 181.

119 Das Insolvenzgesetz 1995/64 wurde im Jahr 2006 durch das neue LPI abgeschafft, seine Bestimmungen über den Haftungsdurchgriff wurden jedoch in das LPI übernommen.

120 Siehe dazu das Kapitel III. 5. *Die Durchgriffshaftung bei Insolvenz.*

121 Siehe dazu das Kapitel II. 5. *Haftungsdurchgriff ieS.*

122 Siehe dazu das Kapitel V. *Haftung nach dem Steuer- und Sozialversicherungsrecht.*

123 Siehe dazu das Kapitel VIII. 1. *Umwelthaftung.*

124 Siehe dazu das Kapitel II. 5. bb. *Missbrauch der beschränkten Haftung der Gesellschaft nach dem Cciv.*

Ausnahmen vom Grundsatz der Haftungstrennung zwischen der Gesellschaft und ihren Gesellschaftern bestehen darüber hinaus auch bei Verletzung der Kapitalerhaltungsregeln, der Treuepflichten und des Gleichbehandlungsgrundsatzes, bei Übertragung der Gesellschaftsanteile, bei Schadenszufügung durch einen Beschluss über die Änderung der Gründungsurkunde etc.[125]

c) Schutz der Gläubiger und Schutz der Mitgesellschafter als Haftungsziele

Durch die Durchbrechung des Prinzips der Haftungstrennung werden in erster Linie die Gläubiger der Gesellschaft geschützt. Das Gesetz schützt sie vor rechtswidrigen oder missbräuchlichen Handlungen der Gesellschafter, die zur Verringerung oder sogar Verschleierung des Gesellschaftsvermögens führen und somit zwangsläufig zur Gefährdung der Befriedigung der Gläubigerforderungen. Die persönliche Haftung der Gesellschafter erhöht die Chancen der Gläubiger auf Befriedigung ihrer Forderungen.

Nicht nur die Gläubiger, sondern auch die gutgläubigen Mitgesellschafter werden durch die persönliche Haftung der Gesellschafter geschützt, da der Haftungsdurchgriff in erster Linie in Verbindung mit einer rechtswidrigen oder missbräuchlichen Handlung zur Anwendung kommt.

Um den Schutz der Gläubiger und der Mitgesellschafter zu gewährleisten, stellt ihnen das Gesetz verschiedene Klagemöglichkeiten zur Verfügung, die nachfolgend behandelt werden.

2. Allgemeine Aspekte der Gesellschafterhaftung

a) Unterscheidung Innen- und Außenhaftung

Weder die rumänische Rechtsprechung noch die rumänische Lehre unterscheidet zwischen der sog Innen- und Außenhaftung der Gesellschafter. Diese Terminologie ist dem rumänischen Recht fremd. Dennoch wird zwischen einer direkten Haftung der Gesellschafter gegenüber den Gläubigern und einer Haftung der Gesellschafter gegenüber der Gesellschaft unterschieden, wobei Letztere auch von den Gesellschaftsgläubigern durch eine indirekte Klage (rum: acțiune oblică)[126] bewirkt werden kann.

Eine direkte Haftung der Gesellschafter gegenüber den Gläubigern der Gesellschaft kann mittels paulanischer Klage[127] bei inäquivalenten Geschäften oder mittels gerichtlicher Klage (als eine Art Widerspruch gegen die Beschlüsse der Gesellschafter betreffend die Änderung der Gründungsurkunde) bewirkt werden. Durch dieses sog *Widerspruchsrecht* (rum: drept de opoziție) gegen solche

---

125 Siehe dazu die entsprechenden Kapitel.
126 Diese Klagemöglichkeit der Gläubiger ist in Art 1560 f Cciv geregelt. Siehe dazu das Kapitel II. 2. bc. *Rechtsdurchsetzung durch Gläubiger.*
127 Siehe dazu das Kapitel III. 3. *Anfechtungstatbestände wegen inäquivalenter Geschäfte.*

Beschlüsse der Gesellschafter kann der benachteiligte Gläubiger entweder die Gesellschaft oder direkt den/die Gesellschafter auf Schadenersatz klagen.[128]

Weiters besteht eine direkte Haftung der Gesellschafter gegenüber den Gläubigern im Falle der Liquidation der Gesellschaft bis zur Höhe ihrer nicht geleisteten Einlagen in das Gesellschaftskapital, nachdem die Gläubiger erfolglos ihre Ansprüche gegenüber der Gesellschaft geltend gemacht haben.[129]

b) Rechtsdurchsetzung der Innenhaftung

ba) Actio pro socio

Die Geltendmachung von Schadenersatzansprüchen der Gesellschaft gegenüber den Gründern, Geschäftsführern, Direktoren, Mitgliedern des Leitungsorgans und des Aufsichtsrates, Zensoren und Wirtschaftsprüfern erfolgt im rumänischen Gesellschaftsrecht durch die sog *Haftungsklage* (rum: acţiune în răspundere) nach Art 155 LSC[130]. Da diese Klage kein individuelles, sondern ein gesellschaftliches Interesse verfolgt, ist diese Klage nach hM eine *actio pro socio*.[131] Die Rechtsdurchsetzung der *actio pro socio* obliegt primär der Generalversammlung, die mit Beschluss der einfachen Mehrheit über die Einbringung oder Nichteinbringung der Haftungsklage entscheidet.[132] Unter den gleichen Voraussetzungen benennt sie ebenfalls die Person, die mit der Durchführung der Haftungsklage bei Gericht beauftragt wird.[133] Die Haftungsklage gegen die oben genannten Personen kann erhoben werden, wenn sie der Gesellschaft durch die Verletzung ihrer Pflichten Schäden zugefügt haben.[134] Das rumänische Recht weist bei dieser Regelung gewisse Gemeinsamkeiten mit der deutschen Haftungsklage nach §§ 147 ff AktG auf[135], wobei der rumänische Gesetzgeber, im Gegensatz zum deutschen Gesetzgeber, diese nicht auf bestimmte Fälle einschränkt.

Wenn die Generalversammlung untätig bleibt oder sie den Antrag der Gesellschafter auf Einbringung einer Haftungsklage ablehnt, kann die Haftungsklage subsidiär von Gesellschaftern eingebracht werden, die einzeln oder zusammen mindestens 5 % des Gesellschaftskapitals vertreten.[136] Die Haftungsklage durch die Minderheitsaktionäre hat dementsprechend subsidiären Charakter im Verhältnis zur Geltendmachung der Schadenersatzansprüche durch die Gesellschaft selbst.[137] Durch die Haftungsklage können die Aktionäre die Schadenersatzan-

---

128 Art 61 LSC.
129 Art 259 LSC.
130 *Răduleţu*, in *Bachner/Dorald/Winner*, Schutz der Minderheitsaktionäre (2010) 497.
131 *Piperea*, in *Cărpenaru* ua, Comentariu LSC⁴ (2009) Art 155–155¹ Rz 1.
132 Art 155 iVm Art 112 LSC.
133 Art 155 Abs 2 LSC.
134 Art 155 Abs 1 LSC.
135 *Răduleţu*, in *Bachner/Dorald/Winner*, Schutz der Minderheitsaktionäre (2010) 497.
136 Art 155¹ LSC.
137 *Răduleţu*, in Bachner/Dorald/Winner, Schutz der Minderheitsaktionäre (2010) 497.

sprüche der Gesellschaft geltend machen[138] und nicht ihre eigenen. Falls ein Aktionär bzw ein Gesellschafter individuelle Schadenersatzansprüche gegen Organmitglieder hat, kann er diese nur mittels einer deliktischen Haftungsklage geltend machen.[139] Die klagenden Aktionäre erheben die Haftungsklage im eigenen Namen jedoch auf Rechnung der Gesellschaft.[140] Die Haftungsklage bleibt eine typische *actio pro socio*[141], auch wenn sie nur von einem Gesellschafter eingebracht wird.[142] Das LSC bestimmt im Falle der Einbringung der *actio pro socio* durch die Gesellschafter *expressis verbis*, dass die Gesellschaft die Gerichtskosten trägt, wenn der Klage stattgegeben wird.[143]

Die *actio pro socio* der Generalversammlung bzw der Minderheitsaktionäre ist im LSC in den Bestimmungen zur Aktiengesellschaft geregelt. Nichtsdestotrotz wird sie durch Analogie auch bei allen anderen Gesellschaftsformen angewandt.[144]

Neben der Haftungsklage nach Art 155 f LSC besteht für die Aktionäre auch die Möglichkeit, gegen jene Beschlüsse der Hauptversammlung, die gegen die Gründungsurkunde der Gesellschaft und das Gesetz verstoßen, mittels einer Anfechtungs- (rum: acţiune în anulare) oder Nichtigkeitsklage (rum: acţiune în nulitate) nach Art 132 LSC gerichtlich vorzugehen.[145] Wenn absolute Nichtigkeitsgründe geltend gemacht werden, kann das Klagerecht nicht nur von den Aktionären, sondern darüber hinaus von jeder interessierten Person ausgeübt werden.[146] Die Möglichkeit, die der Gründungsurkunde und dem Gesetz widersprechenden Beschlüsse der Generalversammlung anzufechten, ist eine scharfe Waffe auch bei jenen Konzernmaßnahmen, die eines Beschlusses der Generalversammlung bedürfen.[147]

bb) Klage auf Ausschluss eines Gesellschafters aus einer GmbH

Bei den GmbHs räumt das Gesetz jedem Gesellschafter das Recht auf Einbringung einer Klage auf Ausschluss jenes Gesellschafters ein, der auch Geschäftsführer ist und sich der Untreue zum Schaden der Gesellschaft schuldig gemacht hat oder zu seinem oder dem Nutzen anderer die Firmenbezeichnung oder das Gesellschaftskapital missbraucht hat.[148]

Darüber hinaus kann jeder Gesellschafter einer GmbH eine Klage auf Ausschluss jenes Gesellschafters einbringen, der seine Einlage, zu der er sich ver-

---

138 *Răduleţu*, in Bachner/Dorald/Winner, Schutz der Minderheitsaktionäre (2010) 499.
139 *Piperea*, in *Cărpenaru* ua, Comentariu LSC[4] (2009) Art 155–155[1] Rz 2.
140 Art 155[1] Abs 1 LSC.
141 *Piperea*, in *Cărpenaru* ua, Comentariu LSC[4] (2009) Art 155–155[1] Rz 1.
142 *Piperea*, in *Cărpenaru* ua, Comentariu LSC[4] (2009) Art 155–155[1] Rz 2.
143 Art 155[1] Abs 3 LSC.
144 *Piperea*, in *Cărpenaru* ua, Comentariu LSC[4] (2009) Art 155–155[1] Rz 1.
145 Siehe dazu auch Kapitel II. 7. *Haftung wegen Verletzung allgemeiner Prinzipien.*
146 Art 132 Abs 3 LSC.
147 *Doralt/Diregger*, in *Doralt/Nowotny/Kalss*, AktG[2] § 15 Rz 89.
148 Art 222 Abs 1 d iVm Art 223 Abs 1 LSC.

pflichtet hat, nicht leistet, obwohl er in Verzug gesetzt wurde.[149] Ein Zwangsausschluss aus einer GmbH kann nur durch Gerichtsbeschluss erfolgen.[150] Da im Falle einer GmbH das gezeichnete Kapital nunmehr vollständig bei der Gründung einbezahlt werden muss, und das Gesetz nicht zwischen der Einlage bei der Gründung und jener zur Erhöhung des Kapitals unterscheidet, finden diese Bestimmungen bei der Gründungseinlage keine Anwendung.[151]

bc) Rechtsdurchsetzung durch Gläubiger

Wenn sich die Gesellschaft zum Schaden der Gläubiger weigert oder es unterlässt, ihre Ansprüche selbst geltend zu machen, können die Gesellschaftsgläubiger durch eine indirekte Klage die Haftung der Gesellschafter bewirken. Diese Klage kann von einem Gläubiger eingebracht werden, der eine fällige und offenkundige Forderung gegen die Gesellschaft hat.[152] Der Gläubiger muss nicht die Zahlungsunfähigkeit der Gesellschaft beweisen, sondern nur, dass ihre Untätigkeit sein Gläubigerinteresse beeinträchtigt.[153]

Die Gläubiger können durch die indirekte Klage (rum: acţiunea oblică) alle Klagerechte ihres Schuldners (in diesem Fall somit der Gesellschaft) ausüben, ausgenommen die höchstpersönlichen Rechte.[154] Durch die indirekte Klage wird die Forderung des klageführenden Gläubigers nicht direkt befriedigt. Die indirekte Klage kann jedoch zu einer Erhöhung des Schuldnervermögens führen[155].

Die Möglichkeit einer indirekten Klage wird konkret auch im Falle der unrechtmäßig den Gesellschaftern ausgezahlten Dividenden von der Rechtsliteratur bejaht. Bleibt die Gesellschaft untätig, kann ein Gläubiger anstelle der Gesellschaft die Rückerstattung der unrechtmäßig bezahlten Dividenden beanspruchen.[156]

c) Rechtsdurchsetzung der Außenhaftung

Die Gläubiger und jede andere interessierte Person, die durch die Beschlüsse der Gesellschaft betreffend die Änderung der Gründungsurkunde benachteiligt wurden, können, wie bereits erwähnt, Schadenersatzansprüche direkt gegenüber der Gesellschaft oder einzelnen Gesellschaftern geltend machen. Dieses Recht kann nur im Falle von Beschlüssen betreffend die Änderung der Gründungs-

---

149 Art 222 Abs 1 a iVm Art 223 Abs 1 LSC.

150 *Teveş*, Rumänisches Gesellschaftsrecht III, Osteuropa Recht 2010/3, 319.

151 *Adam/Savu*, Legea societăţilor comerciale. Comentarii şi explicaţii (2010) Art 222 Rz 24.

152 Art 1560 Abs 1 Cciv.

153 *Turcu*, Noul Cod civil. Legea nr. 287/2009. Cartea V. Despre obligaţii art. 1164–1649 (2011) Art 1560–1561 Rz 1.

154 Art 1560 Abs 2 Cciv.

155 *Bojincă*, Succinte consideraţii privind acţiunea oblică ca modalitate de exercitare de către creditor a drepturilor debitorului său, RDC 2005/7–8, 83.

156 *Adam/Savu*, Comentariu LSC (2010) Art 67 Rz 43.

urkunde ausgeübt werden, da diese durch die Veröffentlichung im Amtsblatt Rumäniens Drittwirkung gegenüber den Gläubigern erlangen.[157] Die Geltendmachung dieser Ansprüche erfolgt mittels gerichtlicher Klage,[158] die sowohl im Falle der AGs als auch der GmbHs erhoben werden kann[159]. Der Widerspruch ist beim Handelsregister anzumelden, das den Widerspruch innerhalb von drei Tagen ab der Einbringung eintragen und an das zuständige Gericht weiterleiten muss.[160] Das Gericht hat im Schnellverfahren über den Widerspruch zu entscheiden.[161] Die ausgesprochene Gerichtsentscheidung kann nur mit Rekurs bekämpft werden.[162] Bei der Einbringung der Klage kann auch die Aussetzung des Vollzuges des angefochtenen Beschlusses betreffend die Änderung der Gründungsurkunde durch einstweilige Verfügung beantragt werden.[163]

Die Rechtsnatur dieser Klage ist in der rumänischen Literatur umstritten.[164] Während manche diese Klagemöglichkeit als veritable Schadenersatzklage qualifiziert haben[165], vertreten andere die Ansicht, dass diese eine komplexere Rechtsinstitution ist, die eine Rechtsnatur *sui generis* hat[166].

Dieses Widerspruchsrecht wird im LSC gesondert auch in anderen Fällen vorgesehen, wie zB bei einem Beschluss über die Herabsetzung des Gesellschaftskapitals[167], über die Übertragung von GmbH-Anteilen an Dritte[168] oder bei einer Verschmelzung oder Spaltung.[169]

Durch die Ausübung dieses Widerspruchsrechts im Falle einer Verschmelzung oder Spaltung kann jedoch, abweichend von den allgemeinen Bestimmungen der Art 62 f LSC, nicht der Vollzug der Verschmelzung oder Spaltung verzögert oder die Durchführung der Verschmelzung oder Spaltung verhindert werden,[170] sondern nur die Befriedigung oder Sicherstellung der Forderungen der Gläubiger bewirkt werden. Wenn keine angemessenen Sicherheiten geboten oder bestellt werden, kann das Gericht die beteiligten Gesellschaften zur sofortigen Erfüllung der Forderungen bzw zur Erfüllung binnen angemessener Frist verpflichten. Die Voraussetzung für die gerichtliche Ausübung dieses Rechts ist das Vorhandensein einer offenkundigen, bestimmten und vor der Veröffentlichung des Verschmelzungs- bzw Spaltungsvorhabens entstandenen, aber noch nicht fälligen Forderung gegen eine an der Verschmelzung oder Spaltung

---

157 *M. C. Popa*, Grupurile (2011) 399.
158 Art 61 Abs 1 LSC.
159 *Leaua*, Societăți comerciale. Proceduri speciale² (2009) 214.
160 Art 62 Abs 1 zweiter Satz LSC.
161 *Teveş*, Rumänisches Gesellschaftsrecht III, Osteuropa Recht 2010/3, 320.
162 Art 62 Abs 3 LSC.
163 Art 62 Abs 2 iVm Art 133 Abs 1 LSC.
164 *Adam/Savu*, Comentariu LSC (2010) Art 61 Rz 23.
165 *Leaua*, Societăți comerciale. Proceduri speciale² (2009) 217.
166 *Adam/Savu*, Comentariu LSC (2010) Art 61 Rz 45.
167 Siehe Kapitel II. 3. ad. *Vermögensminderung unter die Hälfte des Wertes des Gesellschaftskapitals.*
168 Siehe dazu das Kapitel II. 3. f. *Haftung bei Übertragung des Geschäftsanteils.*
169 *M. C. Popa*, Grupurile (2011) 398 f.
170 Art 243 Abs 3 LSC.

beteiligte Gesellschaft.[171] Der Widerspruch des Gläubigers ist zurückzuweisen:[172]

- wenn dieser nicht beweisen kann, dass die Durchsetzung seiner Forderung durch die Verschmelzung oder Spaltung gefährdet wird, oder
- wenn sich aus der Prüfung der Finanzlage der beteiligten Gesellschaften ergibt, dass die Gewährung von (neuen) Sicherheiten nicht notwendig ist, oder
- wenn angemessene Sicherheiten bereits gewährt wurden, oder
- wenn der Nachweis erbracht wird, dass die Verbindlichkeiten bereits beglichen wurden, oder
- wenn der Gläubiger die angebotenen Sicherheiten ablehnt[173].

d) Fristen zur Geltendmachung der Ansprüche

Die allgemeine Verjährungsfrist für die Geltendmachung der Ansprüche beträgt drei Jahre.[174] Das Gesetz regelt jedoch für bestimmte Sondertatbestände spezielle Verjährungsfristen.

Die paulanische Klage muss innerhalb eines Jahres ab Kenntnis oder dem Kennen müssen des Schadens eingebracht werden.[175]

Der Widerspruch gegen die Beschlüsse der Gesellschafter betreffend die Änderung der Gründungsurkunde[176], die Kapitalherabsetzung[177], die Auflösung der Gesellschaft[178], die Verschmelzung oder Spaltung[179] muss innerhalb von 30 Tagen ab Veröffentlichung des Beschlusses im Amtsblatt Rumäniens eingebracht werden.

Die Nichtigkeitsklage nach Art 132 Abs 3 LSC ist unverjährbar, wenn absolute Nichtigkeitsgründe geltend gemacht werden.[180]

e) Besondere Klageanreize

Dem rumänischen Rechtssystem ist die Rechtsinstitution der Sammelklage der Aktionäre nicht bekannt. Die Literatur beschränkt sich in Bezug auf die Klagerechte der Aktionäre darauf, die Rechtsinstitution der class action nach amerikanischem Recht anzuschneiden, ohne sich jedoch dafür oder dagegen auszusprechen.[181]

Das Auftreten mehrerer Personen auf der Kläger- bzw auf der Beklagtenseite vor Gericht ist jedoch möglich, wenn die Rechte bzw die Verpflichtungen

---

171 Art 243 Abs 1 LSC.
172 Art 243 Abs 4 erster Satz LSC.
173 Art 243 Abs 4 zweiter Satz LSC.
174 Art 2517 Cciv.
175 Art 1564 Cciv.
176 Art 62 Abs 1 LSC.
177 Art 208 Abs 3 iVm Art 62 Abs 1 LSC.
178 Art 231 Abs 3 iVm Art 62 Abs 1 LSC.
179 Art 243 Abs 8 iVm Art 62 Abs 1 LSC.
180 Siehe auch das Kapitel II. 2. ba. *Actio pro socio*.
181 *Piperea*, in *Cărpenaru* ua, Comentariu LSC[4] (2009) Art 155–155[1] Rz 2.

der Parteien denselben Rechtsgrund haben oder der Verfahrensgegenstand ein gemeinsames Recht oder eine gemeinsame Verpflichtung darstellt.[182] Dies ist als sog *coparticipare procesuală* bekannt und entspricht der österreichischen Rechtsinstitution der Streitgenossenschaft.[183]

Die Gerichtskosten werden nach rumänischem Recht von jener Partei getragen, die das Verfahren verloren hat; sie werden auf Antrag zugesprochen.[184] Obwohl das Gericht die Gerichtskosten nicht von Amts wegen auferlegen kann, ist dieses verpflichtet, die Parteien über ihr Recht auf Zuspruch der Gerichtskosten zu belehren.[185]

Erfolgshonorare für Rechtsanwälte sind nach der rumänischen Rechtsanwaltsordnung (*Statutul profesiei de avocat* – rRAO)[186] ausdrücklich zugelassen,[187] sofern sie nicht einer *quota litis* Vereinbarung unterliegen[188].

3. Haftung aufgrund Beteiligung

a) Kapitalerhaltungsregeln

aa) Einlagenrückgewähr

Im rumänischen Recht besteht kein ausdrücklich im Gesetz verankertes Verbot der Einlagenrückgewähr. Ein solches Verbot ergibt sich jedoch schlüssig aus den gesetzlichen Bestimmungen über die Verteilung der Dividenden, die Erhaltung des Gesellschaftskapitals und die Bildung gesetzlicher Rücklagen.

In der rumänischen Rechtsliteratur wurde hervorgehoben, dass das Gesellschaftskapital aufgrund seiner Widmung unantastbar sei und nicht für die Verteilung von Dividenden verwendet werden darf[189]. Die von Gesellschaftern geleisteten Einlagen dürfen während des Bestehens der Gesellschaft nicht an die Gesellschafter rückgewährt werden.

Es besteht jedoch die Möglichkeit der Rückgewähr im Falle der Auflösung der Gesellschaft, sofern die Gesellschaft noch Vermögen besitzt, somit meistens im Falle einer freiwilligen Auflösung der Gesellschaft durch die Gesellschafter. Bis zum Inkrafttreten des neuen Cciv wurde die Rückgewähr der Einlagen im Falle der Auflösung der Gesellschaft und nach Befriedigung der Gläubiger durch die Rechtsliteratur anerkannt[190], war jedoch nicht gesetzlich geregelt. Das neue Cciv regelt nunmehr ausdrücklich das Schicksal der Einlagen im Falle der Auflösung der Gesellschaft und besagt, dass der restliche Überschuss nach Auf-

---

182 Art 47 f Cprciv bzw Art 58 ff neues Cprciv.
183 Die Rechtsinstitution der Streitgenossenschaft ist ebenfalls unter *liticonsorţiu* bekannt.
184 Art 274 Abs 1 Cprciv.
185 *Leş*, Codul de procedură civilă. Comentariu pe articole³ (2007) Art 274, 719.
186 Veröffentlicht im Amtsblatt Rumäniens I 19.12.2011/898.
187 Art 129 Abs 1 c rRAO.
188 Art 130 Abs 1 rRAO.
189 *Cărpenaru*, Drept (2001) 157.
190 *Turcu*, Tratat teoretic şi practic de drept comercial I (2008) 359. Siehe auch *Predoiu*, in *Cărpenaru* ua, Comentariu LSC⁴ (2009) Art 7–8¹ Rz 32.

lösung der Gesellschaft und Befriedigung der Gläubiger für die Rückgewähr der einbezahlten Einlagen an die Gesellschafter bestimmt ist.[191]

Die Einlagen können auch in Folge einer Kapitalherabsetzung rückgewährt werden, jedoch nur, sofern die Kapitalherabsetzung nicht auf Grund von Verlusten erfolgt ist. Die Rückgewähr erfolgt im Verhältnis zur Kapitalherabsetzung und für jede Aktie bzw jeden Anteil aliquot zur Einlage.[192]

ab) Gewinnverteilung

Die Gesellschafter haben während des Bestehens der Gesellschaft nur Anspruch auf Dividenden aus dem Bilanzgewinn, der hauptsächlich durch gesetzliche, satzungsmäßige oder sonstige Rücklagen bedingt ist[193]. Gemäß Art 67 Abs 3 LSC können die Dividenden nur aus dem gemäß dem Gesetz ermittelten Gewinn verteilt werden.

Verteilen die Geschäftsführer Dividenden entgegen der Tatsache, dass die Gesellschaft keinen Gewinn erzielt hat oder die Generalversammlung den Jahresabschlussbericht nicht genehmigt hat, haften sie solidarisch wegen der Verteilung von Dividenden aus einem fiktiven Gewinn.[194] Die Gründer, Geschäftsführer, Direktoren oder gesetzlich Vertretungsberechtigten der Gesellschaft werden mit Gefängnisstrafen von zwei bis acht Jahren bedroht, wenn sie bei Fehlen eines Jahresabschlussberichts oder entgegen den Angaben eines Jahresabschlussberichts aus fiktiven Gewinnen oder solchen, die nicht zur Verteilung gelangen konnten, in irgendeiner Form Dividenden einnehmen oder auszahlen.[195] Gemäß Art 6 Abs 1 LSC gelten als Gründer die Unterzeichner der Gründungsurkunde und jene Personen, die eine ausschlaggebende Rolle bei der Gründung der Gesellschaft hatten. Aus diesen Vorschriften geht hervor, dass der Gesetzgeber die Gründereigenschaft auch Personen zuerkennt, die keine Gesellschafter sind. Der Gesetzgeber regelt jedoch nicht, was unter einer ausschlaggebenden Rolle zu verstehen ist.[196] Nur bei den Vorschriften über das Entgelt[197] von Gründern[198] von öffentlich gegründeten AGs, die natürliche Personen sind, regelt der Gesetzgeber, dass diese Vorschriften nur für jene Personen gelten, denen die Gründereigenschaft in der Gründungsurkunde zuerkannt

---

191 Art 1946 Abs 1 erster Halbsatz Cciv.

192 Art 207 Abs 2 b LSC.

193 *Rădulețu*, in *Bachner/Dorald/Winner*, Schutz der Minderheitsaktionäre (2010) 442.

194 *Adam/Savu*, Comentariu LSC (2010) Art 73 Rz 7.

195 Art 272[1] Z 2 LSC.

196 *Predoiu*, in *Cărpenaru ua*, Comentariu LSC[4] (2009) Art 6 Rz 2.

197 Den Gründern einer öffentlich gegründeten AG kann gemäß Art 32 LSC eine Gewinnbeteiligung eingeräumt werden. Diese darf 6 % des Reingewinns der Gesellschaft nicht übersteigen und nicht für eine längere Zeitspanne als fünf Jahre gewährt werden. Bei einer Erhöhung des Gesellschaftskapitals beschränken sich die Rechte der Gründer auf den Gewinn, der dem ursprünglichen Kapital entspricht.

198 Diese Bestimmungen können gemäß Art 32 Abs 4 LSC nur von **natürlichen Personen** geltend gemacht werden, bei denen die Gründereigenschaft in der Gründungsurkunde festgestellt wurde.

wurde[199]. Gemäß den Bestimmungen des Art 272[1] Z 2 LSC und den anderen strafrechtlichen Bestimmungen des LSC[200] würden demzufolge nur jene Gesellschafter haften, die auch die Gründereigenschaft haben, und später beitretende Gesellschafter könnten nach diesen Bestimmungen nicht strafrechtlich zur Verantwortung gezogen werden. Ob eine unterschiedliche Behandlung der Gründungsgesellschafter und der Nichtgründungsgesellschafter aus strafrechtlicher Sicht die wahre Absicht des Gesetzgebers war, ist äußerst fragwürdig. Dieser Aspekt wird weder in der Lehre noch in der Literatur diskutiert.

Ein ausdrückliches Verbot der Verteilung von Dividenden besteht, wenn ein Verlust im Netto-Aktivvermögen der Gesellschaft festgestellt wird. In diesem Fall muss das gezeichnete Gesellschaftskapital gemäß Art 69 LSC aufgestockt oder herabgesetzt werden, bevor eine Zuweisung oder eine Verteilung von Gewinnen vorgenommen wird. Der Wortlaut des Gesetzestextes des Art 69 LSC wurde in der Rechtsliteratur als fehlerhaft kritisiert, da inhaltlich die Verminderung des Netto-Aktivvermögens unter den Wert des Gesellschaftskapitals aufgrund von Verlusten gemeint ist.[201] Dementsprechend besteht ein Gewinnverteilungsverbot immer dann, wenn das Netto-Aktivvermögen der Gesellschaft das Gesellschaftskapital unterschreitet. Durch Art 69 LSC wurde versucht, den Art 15 Abs 1 a)[202] der zweiten RL 77/91/EWG[203] umzusetzen. Werden den Gesellschaftern entgegen den gesetzlichen beziehungsweise satzungsmäßigen Bestimmungen Dividenden ausgezahlt, sind diese rückzuerstatten, wenn die Gesellschaft den Nachweis erbringt, dass die Gesellschafter die rechtswidrige Ausschüttung gekannt haben oder unter den gegebenen Umständen hätten kennen müssen.[204] Aus dieser gesetzlichen Regelung ergibt sich, dass jener Gesellschafter, der Dividenden in gutem Glauben bezogen hat, diese nicht rückerstatten muss. Der Zweck der Klage auf Rückerstattung der unrechtmäßig bezogenen Dividenden ist die Rückführung in das Vermögen der Gesellschaft.[205] Wie bereits erwähnt, können die Gläubiger bei Untätigkeit der Gesellschaft durch die indirekte Klage nach Art 1650 Cciv die Rückerstattung der unrechtmäßig

---

199 Art 32 Abs 4 LSC.

200 Die strafrechtlichen Bestimmungen des LSC werden im Kapitel VI. 4. *Strafrechtliche Bestimmungen im LSC* näher ausgeführt.

201 *Cărpenaru*, in *Cărpenaru* ua, Comentariu LSC[4] (2009) Art 69 Rz 1.

202 Art 15 (1) a) der RL besagt, dass ausgenommen in den Fällen einer Kapitalherabsetzung keine Ausschüttung an die Aktionäre erfolgen darf, wenn bei Abschluss des letzten Wirtschaftsjahres das Netto-Aktivvermögen, wie es der Jahresabschlussbericht ausweist, den Betrag des gezeichneten Kapitals, zuzüglich der Rücklagen, deren Ausschüttung das Gesetz oder die Satzung nicht gestattet, durch eine solche Ausschüttung unterschreitet oder unterschreiten würde.

203 RL 77/91/EWG des Rates vom 13.12.1976 zur Koordinierung der Schutzbestimmungen, die in den Mitgliedstaaten den Gesellschaften im Sinne des Art 58 Abs 2 des Vertrages im Interesse der Gesellschafter sowie Dritter für die Gründung der Aktiengesellschaft sowie für die Erhaltung und Änderung ihres Kapitals vorgeschrieben sind, um diese Bestimmungen gleichwertig zu gestalten.

204 Art 67 Abs 4 LSC.

205 *Adam/Savu*, Comentariu LSC (2010) Art 67 Rz 42.

verteilten Dividenden beantragen. Auch in diesem Fall werden die Dividenden bei erfolgreicher Klage in das Vermögen der Gesellschaft rückgeführt.

Die Dividenden werden grundsätzlich im Verhältnis zum einbezahlten Kapital verteilt und sind spätestens sechs Monate nach der Genehmigung des Jahresabschlussberichts für das abgeschlossene Wirtschaftsjahr zu zahlen.[206] Eine vom Verhältnis zum einbezahlten Kapital abweichende Gewinnverteilung ist zulässig, sofern die verteilte Dividende nicht in einem wesentlichen Missverhältnis zur Beteiligungsquote am Gesellschaftskapital steht[207] oder sofern nicht einer oder mehrere Gesellschafter gänzlich vom Verlust durch eine Knebelungsklausel ausgeschlossen sind (rum: clauză leonină)[208]. Das neue Cciv sieht ausdrücklich vor, dass eine solche Knebelungsklausel, die einen Gesellschafter zur Gänze von der Gewinnverteilung oder der Tragung von Verlusten ausschließt, nichtig ist.[209] Eine Ausnahme hiervon besteht im Falle von jenen Personen, die Leistungen oder Fachkenntnisse in die Gesellschaft einbringen. Diese können von der Beteiligung am Verlust ausgeschlossen werden, wenn eine solche Bestimmung im Gesellschaftsvertrag vorgesehen ist.[210] Die Gesellschafter können am Gewinn und an den Verlusten in einem abweichenden Verhältnis Anteil haben, sofern solche Abweichungen unter den gegebenen Umständen angemessen und im Gesellschaftsvertrag ausdrücklich vorgesehen sind.[211] Falls der Gesellschaftsvertrag lediglich die Gewinnverteilungsquote bestimmt, werden die Verluste gemäß Art 1902 Abs 4 Cciv in Höhe der gleichen Quote getragen.

ac) Verdeckte Gewinnausschüttung

Der rumänische Gesetzgeber hat die Möglichkeit der Gesellschafter, auf das Vermögen der Gesellschaft verdeckt zuzugreifen, erkannt und Transaktionen zwischen verbundenen juristischen und/oder natürlichen Personen[212] dem Grundsatz des freien Marktes unterworfen. Dementsprechend müssen solche

---

206 Gemäß Art 67 Abs 2 LSC werden die Dividenden den Gesellschaftern im Verhältnis ihrer Beteiligungsquote am einbezahlten Gesellschaftskapital ausgezahlt, sofern in der Gründungsurkunde nichts anderes bestimmt wurde. Sie sind innerhalb der durch die Generalversammlung der Gesellschafter oder, je nach Fall, der durch spezielle Gesetze festgelegten Frist, spätestens jedoch sechs Monate nach Genehmigung des Jahresabschlussberichts, für das abgeschlossene Wirtschaftsjahr auszuzahlen. Andernfalls hat die Gesellschaft für die Dauer der Säumnis Schadenersatz in Höhe des gesetzlichen Zinssatzes zu leisten, sofern durch Beschluss der Generalversammlung der Gesellschafter, welcher den Jahresabschlussbericht für das abgeschlossene Wirtschaftsjahr genehmigt hat, kein höherer Zinssatz festgelegt wurde.
207 *Mircea*, Distribuirea dividendelor – aspecte teoretice şi practice, RDC 1999/2, 108.
208 *Cărpenaru*, in *Cărpenaru* ua, Comentariu LSC⁴ (2009) Art 67 Rz 8.
209 Art 1902 Abs 5 Cciv.
210 Art 1902 Abs 6 Cciv.
211 Art 1902 Abs 3 Cciv.
212 Nach den Bestimmungen des Art 7 Punkt 21 CF ist eine Person mit einer anderen verbunden, wenn eines der folgenden Verhältnisse zwischen ihnen besteht: eine natürliche Person ist mit einer anderen natürlichen Person verbunden, wenn diese Ehegatten oder Verwandte bis zum III. Grad sind; eine natürliche Person ist mit einer juristischen Person verbunden, wenn sie an der juristischen Person alleine oder zusammen mit anderen mit ihr verbundenen Personen

Transaktionen zu den gleichen Bedingungen wie zwischen unabhängigen Personen getätigt werden.[213] Die Ermittlung der Gewinne zwischen verbundenen Personen erfolgt unter Beachtung der Grundsätze der Verrechnungspreise.[214] Die Finanzbehörden können den Gewinn oder jede Aufwendung jeder der verbundenen Personen anpassen, damit die Güter und Leistungen dem Marktpreis entsprechen.[215] Zur Vermeidung von Unsicherheiten können Preisvereinbarungen im Voraus mit den Finanzbehörden getroffen werden. Diese Preisvereinbarungen erfolgen auf Antrag und sind für einen Zeitraum von fünf Jahren oder länger gültig.[216] Auf diese Weise kann Rechtssicherheit darüber erlangt werden, dass die innerhalb einer Konzerngruppe getätigten Transaktionen dem Drittvergleich standhalten.

ad) Vermögensminderung unter die Hälfte des Wertes des Gesellschaftskapitals

Wird im genehmigten Jahresabschlussbericht einer Kapitalgesellschaft festgestellt, dass das Netto-Aktivvermögen der Gesellschaft, errechnet als Differenz zwischen der Gesamtheit der Aktiva und der Gesamtheit der Verbindlichkeiten der Gesellschaft, sich auf weniger als die Hälfte des Wertes des gezeichneten Gesellschaftskapitals vermindert hat, muss eine außerordentliche Generalversammlung unverzüglich einberufen werden, damit diese darüber entscheidet, ob die Gesellschaft aufzulösen ist.[217] Die Überwachung des Verhältnisses zwischen dem Netto-Aktivvermögen und dem gezeichneten Gesellschaftskapital sowie die Feststellung der Vermögensminderung unter die Hälfte des Gesellschaftskapitals sind gesetzliche Pflichten der Geschäftsführer bzw des Leitungsorgans der Gesellschaft und haben jeweils aufgrund des Jahresabschlusses des vergangenen Jahres zu erfolgen.[218]

Beschließt die Generalversammlung die Auflösung der Gesellschaft nicht, ist sie verpflichtet, spätestens bis zum Abschluss des Wirtschaftsjahres, das auf dasjenige folgt, in dem der Verlust festgestellt wurde, das Netto-Aktivvermögen auf mindestens die Hälfte des Gesellschaftskapitals aufzustocken.[219] Diese Aufstockung auf mindestens die Hälfte des Gesellschaftskapitals ist keine Kapitalerhöhung, sondern eine Wiederherstellung des Gesellschaftskapitals, an der die bestehenden Gesellschafter grundsätzlich im Verhältnis ihrer Beteiligungsquote

---

direkt oder indirekt mindestens 25% der Geschäftsanteile oder der Stimmrechte hält oder die juristische Person de facto kontrolliert; eine juristische Person ist mit einer anderen juristischen Person verbunden, wenn eine von ihnen direkt oder indirekt, zusammen mit den Beteiligungen ihrer verbundenen Personen, mindestens 25% der Geschäftsanteile oder der Stimmrechte an der anderen juristischen Person hält oder diese kontrolliert.

213 Art 19 Abs 5 erster Satz CF.
214 Art 19 Abs 5 zweiter Satz CF.
215 Art 11 Abs 2 erster Satz CF.
216 Art 42 CprF.
217 Art 153²⁴ Abs 1 LSC.
218 *Teveş*, Rumänisches Gesellschaftsrecht III, Osteuropa Recht 2010/3, 319.
219 Art 153²⁴ Abs 4 LSC.

am Gesellschaftskapital teilnehmen.[220] Die Gesellschafter sind jedoch nicht gezwungen, an der Aufstockung teilzunehmen. Bleibt die Aufstockung erfolglos, ist die Gesellschaft innerhalb der oben genannten Frist verpflichtet, die Kapitalherabsetzung zu beschließen, wobei die gesetzlichen Bestimmungen[221] über das zulässige Mindestkapital zu beachten sind.[222] Eine Herabsetzung unter das vom Gesetz vorgeschriebene Mindestkapital ist nur möglich, wenn die Generalversammlung gleichzeitig mit dem Beschluss über die Kapitalherabsetzung auch einen Beschluss über die Kapitalerhöhung fasst, durch welchen die Höhe des Kapitals auf den gesetzlichen Mindestwert gebracht wird.[223] Das Verfahren der Kapitalherabsetzung erfolgt nach den Bestimmungen der Art 207 ff LSC. Der Beschluss betreffend die Kapitalherabsetzung ist beim Handelsregister anzumelden und im Amtsblatt Rumäniens zu veröffentlichen. Die Kapitalherabsetzung kann erst nach Ablauf von zwei Monaten ab dem Veröffentlichungstag vollzogen werden.[224] Die Gläubiger der Gesellschaft, deren Forderungen vor der Veröffentlichung des Beschlusses entstanden sind, haben Anspruch auf Sicherstellung ihrer Forderungen, die bis zum Tage der Veröffentlichung noch nicht fällig geworden sind und können Widerspruch[225] gemäß Art 62 LSC einlegen.[226] Zahlungen an die Gesellschafter dürfen erst dann erfolgen, wenn die Forderungen der Gläubiger befriedigt wurden oder ihnen entsprechende Sicherheiten gewährt wurden oder der gerichtliche Widerspruch der Gläubiger zurückgewiesen oder abgewiesen wurde und die Entscheidung rechtskräftig wurde.[227]

Wenn keine der zulässigen Maßnahmen getroffen wurde, kann jede interessierte Person bei Gericht die Auflösung der Gesellschaft beantragen.[228] Die Gesellschaft wird jedoch nicht aufgelöst, wenn bis zum Eintritt der Unanfechtbarkeit des Gerichtsurteils über die Auflösung eine Wiederaufstockung des Netto-Aktivvermögens bis zu der Höhe erfolgt, die im Wert mindestens der Hälfte des Gesellschaftskapitals entspricht.[229] In der Praxis werden sehr selten Anträge auf Auflösung einer Gesellschaft auf Basis dieser Bestimmungen gestellt, vielmehr wird die Tendenz der Gläubiger von Gesellschaften beobachtet, Anträge auf Eröffnung des Insolvenzverfahrens zu stellen, um den Schuldner unter Druck zu setzen und vermutlich auch wegen der geringeren Gerichtskosten im Insolvenzverfahren.[230]

---

220 *Piperea*, in *Cărpenaru* ua, Comentariu LSC[4] (2009) Art 153[24] Rz 1.
221 Siehe dazu das Kapitel I. 2. *Unterschiede GmbH und AG*.
222 Art 153[24] Abs 4 LSC.
223 Art 153[24] Abs 4 iVm Art 10 LSC.
224 Art 208 Abs 1 LSC.
225 Siehe dazu das Kapitel II. 2. c. *Rechtsdurchsetzung der Außenhaftung*.
226 Art 208 Abs 2 LSC.
227 Art 208 Abs 4 LSC.
228 Art 153[24] Abs 5 erster und zweiter Satz LSC.
229 Art 153[24] Abs 5 vierter Satz LSC.
230 *Turchetto/Stepan*, Consecinţe juridice ale diminuării activului net al societăţilor comerciale. Consideraţii de drept comparat, RDC 2011/10, 146.

ae) Zwingende Bildung von Rücklagen

Der gesetzlich zwingend vorgesehene Rücklagenfonds (rum: fond de rezervă) ist ein Mittel zur Erhaltung des Gesellschaftskapitals und dient dadurch der Verbesserung des Gläubigerschutzes und schmälert gleichzeitig die Höhe der Dividenden der Aktionäre.[231] Vom Gewinn der Gesellschaft sind jährlich mindestens 5 % für die Bildung des Rücklagenfonds bereitzustellen, bis dieser mindestens 20 % des Gesellschaftskapitals erreicht hat.[232] Der Rücklagenfonds muss 20 % des nominalen Wertes des Gesellschaftskapitals betragen und muss bei der Erhöhung vom Gesellschaftskapital entsprechend erhöht werden.[233] Die bis zum Erreichen der gesetzlichen Höhe jährlich vorgeschriebene Quote von 5 % wird auf Basis des Netto-Gesellschaftsgewinns berechnet.[234]

Der Rücklagenfonds darf nicht zum Zwecke der Dividendenverteilung[235] und auch nicht zur Erhöhung des Gesellschaftskapitals verwendet werden[236].

Bei Verstoß gegen die Bestimmungen über die Bildung und Erhaltung des gesetzlichen Rücklagenfonds haften die Gründer, Geschäftsführer, Direktoren oder gesetzlich Vertretungsberechtigten der Gesellschaft mit Freiheitsstrafen von einem bis drei Jahren.[237] Im Falle einer juristischen Person sieht das CP Geldstrafen als Ersatzstrafen vor.[238]

b) Eigenkapitalersatzrecht

Das rumänische Recht verfügt über kein spezielles Eigenkapitalersatzrecht im Sinne des österreichischen Eigenkapitalersatzgesetzes und auch die Rechtsliteratur behandelt dieses Gebiet nicht. Das LPI beinhaltet jedoch Bestimmungen hinsichtlich der zwischen der Gesellschaft und ihren Gesellschaftern abgeschlossenen Rechtsgeschäfte im Insolvenzfall der Gesellschaft. Von besonderer Relevanz sind diesbezüglich die Regelungen über die Anfechtung von zum Nachteil der Gläubiger abgeschlossenen Rechtsgeschäften und über den gesetzlichen Befriedigungsrang der Gläubigerforderungen, die in Kapitel III. *Insolvenzrechtliche Haftungstatbestände* behandelt werden.

c) Ausfallshaftung für Verbindlichkeiten der Mitgesellschafter

In Rumänien haften die Gesellschafter für Verbindlichkeiten anderer Mitgesellschafter grundsätzlich nicht. Eine Ausnahme hiervon besteht lediglich bei den durch öffentliche Zeichnung gegründeten AGs im Falle der solidarischen Haftung der Gründer, somit der ersten Gesellschafter, gemeinsam mit den ersten

---

231 *Răduleţu*, in *Bachner/Dorald/Winner*, Schutz der Minderheitsaktionäre (2010) 443.
232 Art 183 Abs 1 und Art 201 Abs 2 LSC.
233 *David*, in *Cărpenaru* ua, Comentariu LSC⁴ (2009) Art 183 Rz 1.
234 *David*, in *Cărpenaru* ua, Comentariu LSC⁴ (2009) Art 183 Rz 2.
235 *David*, in *Cărpenaru* ua, Comentariu LSC⁴ (2009) Art 183 Rz 1.
236 Art 210 Abs 2 LSC.
237 Art 272 Abs 1 Pkt 4 iVm Art 183 LSC.
238 Siehe dazu das Kapitel VI. 1. *Grundlagen der Verbandsverantwortung.*

Mitgliedern des Verwaltungsrates bzw des Leitungsorgans und des Aufsichtsrates, für die vollständige Zeichnung des Gesellschaftskapitals, die Leistung der durch Gesetz oder Gründungsurkunde bestimmten Einzahlungen und für das tatsächliche Vorliegen der Sacheinlagen[239]. Die Generalversammlung darf sie von ihrer Haftung während einer Zeitspanne von fünf Jahren nicht entlasten.[240]

Bei Nichteinbringung der Einlagen in eine AG innerhalb der gesetzlich vorgesehenen Frist muss die Gesellschaft zunächst die säumigen Aktionäre zweimal in einem Abstand von 15 Tagen durch Veröffentlichung im Amtsblatt Rumäniens und in einer anderen weit verbreiteten Zeitung mahnen.[241] Wenn die Aktionäre auch nach dieser Mahnung ihre Einlagen immer noch nicht eingebracht haben, kann der Verwaltungsrat bzw das Leitungsorgan entweder beschließen, gegen die Aktionäre gerichtlich vorzugehen oder die betroffenen Namensaktien für ungültig zu erklären.[242] An Stelle der für ungültig erklärten Aktien werden neue Aktien mit der gleichen Ordnungsnummer ausgegeben und verkauft.[243]

d) Haftung wegen unterlassener Meldung der (Allein)Gesellschafterstellung

Ausgenommen bei den Kreditinstituten[244] und den Versicherungs- und Rückversicherungsgesellschaften[245] besteht bei den Kapitalgesellschaften keine Meldepflicht[246] für die Gesellschafter bei Erreichung oder Überschreitung einer bestimmten Beteiligungsschwelle.

Eine unterlassene Meldung beim Handelsregister, folglich auch die Nicht-Meldung der Alleingesellschafterstellung zB bei einer Reduktion der Gesellschafteranzahl, führt gemäß Art 5 Abs 2 LRC dazu, dass sie keine Drittwirkung entfaltet.

e) Haftung wegen Tatbeständen bei der Gründung

Eine nach dem LSC gegründete Gesellschaft erlangt Rechtsfähigkeit mit ihrer Eintragung in das Handelsregister.[247] Die im Namen der Gesellschaft und zum Zwecke der Erlangung ihrer Rechtsfähigkeit abgeschlossenen Geschäfte werden auf Basis einer vorzeitigen Rechtsfähigkeit der Gesellschaft[248] ge-

---

239 Art 31 Abs 1 LSC.
240 Art 31 Abs 3 LSC.
241 Art 100 Abs 1 LSC.
242 Art 100 Abs 2 LSC.
243 Art 100 Abs 4 LSC.
244 Siehe dazu das Kapitel VII. 1. *Bankrecht.*
245 Siehe dazu das Kapitel VII. 2. *Versicherungen, Rückversicherungen.*
246 Anzumerken ist, dass die börsennotierten Gesellschaften nicht Gegenstand der vorliegenden Arbeit sind.
247 Art 1889 Abs 3 Cciv.
248 In der Entscheidung 1029/1996 hat sich der damalige Oberste Gerichtshof Rumäniens – CSJ (jetzt ÎCCJ) bezüglich der Gültigkeit eines in der Gründungsphase von einem der Gründer im Namen der Gesellschaft abgeschlossenen Mietvertrages ausgesprochen. Der Vermieter hat den Mietvertrag wegen fehlender Rechtsfähigkeit der Gesellschaft zum Zeitpunkt des Ver-

tätigt. Eine Haftung der Gesellschaftsgründer kann entweder vertraglich oder deliktisch sein. Die Vertragsparteien können sich auf die Nichterfüllung der Vertragspflichten berufen, während Dritte, deren Interessen durch einen in der Gründungsphase abgeschlossenen Vertrag verletzt wurden, sich lediglich auf die Delikthaftung berufen können.[249]

ea) Haftung für in der Gründungsphase abgeschlossene Geschäfte

Die Gründer, die vertretungsbefugten Personen und andere Personen, die im Namen einer in der Gründungsphase befindlichen Gesellschaft gehandelt haben, haften Dritten gegenüber gesamtschuldnerisch und unbeschränkt für die mit ihnen auf Rechnung der Gesellschaft geschlossenen Rechtsgeschäfte, sofern die Gesellschaft diese nach Erlangung ihrer Rechtspersönlichkeit nicht übernimmt[250] oder wenn die Gesellschaft nicht gegründet wurde, außer sie haben die Haftung in diesen Fällen ausgeschlossen.[251] Übernimmt die Gesellschaft die bereits abgeschlossenen Geschäfte, wird sie Trägerin der Rechte und Pflichten, die aus diesen Verträgen entstanden sind.[252]

Wenn die Gesellschaft aufgrund ihres Tätigkeitsfeldes für die Aufnahme ihrer Geschäftstätigkeit einer speziellen Genehmigung bedarf (zB benötigt eine Bankgesellschaft eine Genehmigung der Nationalbank Rumäniens[253]), haftet sie jedoch selbst für die Verpflichtungen aus Verträgen[254], die zum Zwecke der Erlangung dieser Genehmigung geschlossen wurden.[255] Die direkte Haftung einer Gesellschaft für die zum Zwecke der Erlangung der Genehmigung für die Aufnahme ihrer Tätigkeit abgeschlossenen Geschäfte tritt jedoch nur ein, wenn die Genehmigung erteilt wurde.[256] Wurde die Genehmigung tatsächlich erteilt, haftet die Gesellschaft automatisch für die zu diesem Zweck abgeschlossenen Geschäfte, es bedarf keiner Übernahme.[257]

---

tragsabschlusses angefochten, da die Gesellschaft erst drei Monate nach dem Vertragsabschluss in das Handelsregister eingetragen wurde und dementsprechend erst ab diesem Zeitpunkt Rechtsfähigkeit erlangte. Der ÎCCJ bestätigte jedoch die Entscheidung der zweiten Instanz, durch welche die Gültigkeit des Mietvertrages bestätigt wurde, weil eine Gesellschaft gemäß Art 33 Abs 3 des Dekrets 1954/31 über eine vorzeitige Rechtsfähigkeit verfügt. Gemäß Art 33 Abs 3 dieses Dekrets erlangte die juristische Person bereits mit dem Zeitpunkt des Gründungsaktes und noch vor dem Zeitpunkt der Eintragung, der Anerkennung oder der Erfüllung sonstiger vorgeschriebener Erfordernisse Rechtsfähigkeit bezüglich der zu ihren Gunsten bestellten Rechte, der Erfüllung von Verpflichtungen und der Durchführung vorbereitender Maßnahmen, soweit diese zur gültigen Entstehung der juristischen Person erforderlich sind.

249 *Cârcei*, Constituirea societăților comerciale pe acțiuni (1995) 115.
250 Art 53 Abs 1 erster Satz LSC.
251 Art 210 Abs 3 Cciv.
252 *Adam/Savu*, Comentariu LSC (2010) Art 53 Rz 9.
253 *Cărpenaru*, in *Cărpenaru* ua, Comentariu LSC[4] (2009) Art 53 Rz 10.
254 Art 53 Abs 2 LSC.
255 *Adam/Savu*, Comentariu LSC (2010) Art 53 Rz 19.
256 *Adam/Savu*, Comentariu LSC (2010) Art 53 Rz 20.
257 *Adam/Savu*, Comentariu LSC (2010) Art 53 Rz 21.

Darüber hinaus haften die Gründer der Gesellschaft für die Gültigkeit der in der Gründungsphase abgeschlossenen Geschäfte, die von der Gesellschaft übernommen wurden.[258] Nicht geregelt ist, ob die Haftung der Gründer in diesem Fall gesamtschuldnerisch[259] ist oder nicht.

Die Generalversammlung darf die oben genannten Personen von ihrer Haftung während einer Zeitspanne von fünf Jahren ab der Eintragung der Gesellschaft[260] nicht entlasten.[261]

Die von den Gründern und von den vertretungsbefugten Personen zum Zwecke der Gesellschaftsgründung abgeschlossenen Geschäfte, bei denen sie ihre gesetzlichen oder satzungsmäßigen Befugnisse überschreiten, und andere Geschäfte, die von nicht vertretungsbefugten Personen abgeschlossen wurden, verpflichten die Gesellschaft wie im Falle der Geschäftsführung ohne Auftrag.[262]

eb) Haftung wegen Tatbeständen bei der Eintragung

Für die Richtigkeit der Eintragungen im Handelsregister ist grundsätzlich die Gesellschaft selbst verantwortlich.[263] Diese ist bei Feststellung von unrichtigen Eintragungen verpflichtet, innerhalb von acht Tagen Maßnahmen für die Berichtigung zu ergreifen[264]. Wenn die Gesellschaft dieser Pflicht nicht nachkommt, kann jede interessierte Person innerhalb eines Jahres ab der Eintragung gerichtlich verlangen, dass die Gesellschaftsorgane unter Androhung von Geldstrafen zur Berichtigung verpflichtet werden.[265] Die Gründer, die vertretungsbefugten Personen der Gesellschaft sowie die ersten Mitglieder der Leitungs-, Verwaltungs- und Aufsichtsorgane der Gesellschaft haften unbeschränkt und solidarisch für solche Schäden, die durch unrichtige Eintragungen entstanden sind.[266] Diese Haftung umfasst auch solche Schäden, die durch die Eintragung einer fehlerhaften Gründungsurkunde verursacht wurden.[267]

Weiters haften die Gründer, die Vertretungsberechtigten der Gesellschaft, die ersten Geschäftsführer und die ersten Mitglieder des Leitungsorgans oder des Aufsichtsrates unbeschränkt und solidarisch für den Schaden, der dadurch verursacht wurde, dass die Gesellschaft nicht innerhalb von 15 Tagen[268] ab Ab-

---

258 Art 31 Abs 2 LSC.

259 In der Lehre wird die Solidarhaftung der Gründer in diesem Fall bejaht. Siehe dazu *Adam/Savu*, Comentariu LSC (2010) Art 31 Rz 9.

260 *Adam/Savu*, Comentariu LSC (2010) Art 31 Rz 19.

261 Art 31 Abs 3 LSC.

262 Art 210 Abs 2 Cciv.

263 *Teveş*, Rumänisches Gesellschaftsrecht I, Osteuropa Recht 2010/1, 85.

264 Art 48 Abs 1 LSC.

265 Art 48 Abs 2 und 3 LSC.

266 Art 49 iVm Art 48 LSC.

267 Art 49 iVm Art 46 Abs 1 LSC.

268 Wird die Gesellschaft nicht innerhalb dieser Frist eingetragen, kann gemäß Art 47 Abs 1 LSC jeder Gesellschafter, nachdem er die oben genannten Personen durch Zustellungsurkunde oder Einschreibebrief in Verzug gesetzt hat und diese der Aufforderung nicht innerhalb von acht Tagen nach Empfang Folge geleistet haben, die Durchführung der Eintragung selbst beantragen.

schluss der Gründungsurkunde eingetragen wurde[269], soweit diese Formalitäten von ihnen hätten beantragt werden müssen.[270] Für die Nichtbeachtung der gesetzlichen Vorschriften und Fristen über die Eintragung der Gesellschaft in das Handelsregister drohen ihnen zusätzliche Geldstrafen.[271] Die Nichteinhaltung der gesetzlichen Eintragungsfrist führt jedoch nicht zum Verlust oder zur Verjährung des Eintragungsrechts.[272] Die Eintragung der Gesellschaft kann demnach auch nach Ablauf der gesetzlichen Frist beantragt werden.

Überdies drohen den Vertretern der Gesellschaft Geldstrafen, wenn sie zur Eintragung einer Anmerkung oder zur Vorlage von Unterschriftsproben oder bestimmten Urkunden verpflichtet sind, und diesen Verpflichtungen nicht nachkommen.[273]

ec) Verdeckte Sacheinlagen

Der Erwerb von Gütern von einem Gründer oder einem Aktionär[274] durch die Gesellschaft innerhalb von zwei Jahren ab der Gründung oder Erteilung der Erlaubnis der Aufnahme der Geschäftstätigkeit und gegen Leistung eines Gegenwertes, der 10 % des Wertes des gezeichneten Gesellschaftskapitals übersteigt, unterliegt der vorherigen Genehmigung der Generalversammlung und darüber hinaus muss die zu erwerbende Sache von einem gerichtlich zugelassenen und unabhängigen Sachverständigen bewertet werden.[275] Weiters muss der Sacherwerb in das Handelsregister eingetragen und im Amtsblatt Rumäniens und in einer weit verbreiteten Zeitung veröffentlicht werden.[276] Wenn diese speziellen Voraussetzungen fehlen, ist der Sacherwerb nichtig[277].

Diese Bestimmungen gelten nicht für die im Rahmen der laufenden Geschäftstätigkeit der Gesellschaft oder die auf Anordnung einer Verwaltungsbehörde oder eines Gerichtes oder die im Rahmen von Börsengeschäften getätigten Rechtsgeschäfte über einen Sacherwerb.[278]

---

269 Art 36 Abs 1 iVm Art 47 Abs 1 und Art 49 LSC.
270 Art 203 Cciv.
271 Gemäß Art 44 Abs 2 LRC können der Gesellschaft sowie den für die Eintragung verantwortlichen Personen Geldstrafen in Höhe von 500 bis 2.000 Lei auferlegt werden.
272 *Pîrvu/Simon*, Legea privind registrul comerţului. Comentarii şi explicaţii (2009) Art 17 Rz 7.
273 Art 44 Abs 1 LRC.
274 Die Bestimmungen des Art 44¹ LSC waren ursprünglich im LSC im Kapitel *Die Aktiengesellschaften* geregelt und fanden nur bei diesen Anwendung. Später hat der Gesetzgeber diese Bestimmungen in das Kapitel *Eintragung der Gesellschaft*, dessen Bestimmungen für alle Gesellschaftsformen gelten, übernommen, ohne jedoch den Text anzupassen. Siehe dazu *Piperea*, in *Cărpenaru* ua, Comentariu LSC⁴ (2009) Art 44¹ Rz 1. Die Bestimmungen des Art 44¹ LSC werden dementsprechend bei allen Gesellschaftsformen angewandt und nicht nur bei AGs.
275 Art 44¹ Abs 1 LSC iVm Art 38 f LSC.
276 Art 44¹ Abs 1 LSC.
277 *Piperea*, in *Cărpenaru* ua, Comentariu LSC⁴ (2009) Art 44¹ Rz 2.
278 Art 44¹ Abs 2 LSC.

f) Haftung bei Übertragung des Geschäftsanteils

Bei der Übertragung von Aktien einer AG besteht eine solidarische Haftung der Zeichner und der späteren Übernehmer für die Zahlung der Aktien während eines Zeitraums von drei Jahren, gerechnet vom Zeitpunkt der Eintragung der Übertragung im Register der Aktionäre.[279] Unter *Zahlung der Aktien* ist die vollständige Leistung der Einlage zu verstehen. Für die Gesellschaft besteht dadurch die Möglichkeit, sowohl gegen den Überträger als auch gegen den Übernehmer der Aktien vorzugehen.

Während die Übertragung von GmbH-Anteilen an einen anderen Gesellschafter gesetzlich nicht beschränkt[280] ist, setzt die Übertragung an einen Dritten die Genehmigung der anderen Gesellschafter voraus, die zumindest drei Viertel des Gesellschaftskapitals vertreten müssen[281]. Der Gesellschafterbeschluss über die Genehmigung der Übertragung muss innerhalb von 15 Tagen beim Handelsregister hinterlegt werden, um im Amtsblatt Rumäniens veröffentlicht[282] und den Finanzbehörden angezeigt zu werden[283]. Die Gesellschaftsgläubiger und andere Personen, die durch die Übertragung geschädigt werden, können bei Gericht Widerspruch in Form einer Klage[284] einlegen und beantragen, die Gesellschaft oder die Gesellschafter zum Ersatz des verursachten Schadens zu verpflichten.[285]

In einer jüngst ausgesprochenen Gerichtsentscheidung wurde festgehalten, dass der Zweck dieser Bestimmungen über die Haftung bei der Übertragung von GmbH-Anteilen der Ersatz des Schadens ist, nicht jedoch die Verhinderung der Übertragung der Anteile. Weiters müssen alle Voraussetzungen der Deliktshaftung bewiesen werden.[286]

g) Haftung bei Verletzung der Vorschriften über den konsolidierten Jahresabschluss

Eine Muttergesellschaft ist verpflichtet, einen konsolidierten Jahresabschluss aufzustellen, wenn sie:[287]

---

279 Art 98 Abs 3 LSC.

280 Art 202 Abs 1 LSC.

281 Art 202 Abs 2 LSC.

282 Art 202 Abs 2¹ LSC.

283 Art 202 Abs 2² LSC.

284 Zu den allgemeinen Bestimmungen über das Widerspruchsrecht der Gläubiger siehe das Kapitel II. 2. c. *Rechtsdurchsetzung der Außenhaftung.*

285 Art 202 Abs 2³ LSC.

286 CA Bacău, Entscheidung 22.9.2011/1150. In dieser Entscheidung hat sich das Gericht mit den Schadenersatzansprüchen einer Finanzbehörde befasst. Diese hatte Widerspruch gegen die Übertragung von Anteilen einer GmbH an Dritte erhoben, weil die Gesellschaft offene Steuerverbindlichkeiten hatte. Das Gericht hat die Klage abgewiesen, da die Steuerverbindlichkeiten trotz der Übertragung an Dritte weiterhin zu Lasten der Gesellschaft bestehen und die Finanzbehörde nicht beweisen konnte, dass die Betreibung ihrer Forderung gegen die Gesellschaft unmöglich wäre.

287 Art 11 Abs 2 Order 2009/3055 des Finanzministers (Ordin pentru aprobarea Reglementărilor contabile conforme cu directivele europene), veröffentlicht im Amtsblatt Rumäniens I 766/10.11.2009 idF 563/8.9.2011.

- in einer Tochtergesellschaft die Mehrheit der Stimmrechte hat, oder
- Aktionär oder Gesellschafter in einer Tochtergesellschaft ist, in der die Mehrheit der Mitglieder der Verwaltungs-, der Leitungs- und der Aufsichtsorgane im Geschäftsjahr vor der Aufstellung des konsolidierten Jahresabschlusses bis zum Zeitpunkt von dessen Aufstellung durch die Ausübung der Stimmrechte der Muttergesellschaft benannt wurden, oder
- Aktionär oder Gesellschafter einer Gesellschaft ist, in der sie die Mehrheit der Stimmrechte alleine oder in Folge einer Vereinbarung mit anderen Aktionären bzw Gesellschaftern hat, oder
- Aktionär oder Gesellschafter in einer Tochtergesellschaft ist, und einen beherrschenden Einfluss auf diese auf Basis eines mit der Gesellschaft abgeschlossenen Vertrages oder einer in der Satzung oder in der Gründungsurkunde stipulierten Klausel hat, vorausgesetzt, solche Verträge und Klauseln sind gemäß der für die Tochtergesellschaft anzuwendenden Gesetze zulässig, oder
- die Macht hat, einen beherrschenden Einfluss auf die Tochtergesellschaft auszuüben, oder tatsächlich einen beherrschenden Einfluss auf oder die Kontrolle über diese ausübt, oder
- die Tochtergesellschaft und sich selbst auf einer einheitlichen Basis leitet.

Eine Muttergesellschaft kann von der Pflicht zur Aufstellung eines konsolidierten Jahresabschlusses befreit werden, wenn die Aktiva der zu konsolidierenden Gesellschaften zusammen € 17.250.000 nicht übersteigen oder ihr Netto-Jahresumsatz nicht höher als € 35.040.000 ist oder sie nicht mehr als 250 Mitarbeiter beschäftigt.[288]

Die Nichtbeachtung der Vorschriften über die Pflicht der Mitglieder der Verwaltungs-, Leitungs- und Aufsichtsorgane der Muttergesellschaft, einen konsolidierten Jahresabschluss aufzustellen und diesen zu veröffentlichen, wird vom rumänischen Gesetzgeber als ein Vergehen behandelt und mit Geldstrafen in Höhe von 10.000 bis 30.000 RON bestraft.[289] Aus den gesetzlichen Bestimmungen geht nicht eindeutig hervor, ob die Geldstrafen den Mitgliedern der Verwaltungs-, Leitungs- und Aufsichtsorgane der Muttergesellschaft oder direkt der Muttergesellschaft auferlegt werden. Diesbezüglich liegen auch keine öffentlich zugänglichen Entscheidungen vor. Es kann jedoch an dieser Stelle erwähnt werden, dass die Rechtsprechung in Rumänien auf dem Gebiet der Rechnungslegung allgemein uneinheitlich ist.

---

288 Art 12 Abs 1 Order 2009/3055 des Finanzministers.
289 Art 41 iVm Art 42 Abs 1 Gesetz 1991/82 über die Buchhaltung (Legea contabilității), veröffentlicht im Amtsblatt Rumäniens I 27.12.1991/265 idF 25.7.2011/522.

4. Konzernrechtliche Regelungen ieS

a) Eingriffstatbestände

Das LSC sieht keine dem § 100 öAktG ähnliche Bestimmungen über die Schadenersatzpflicht bei Einflussnahme auf das Handeln der Mitglieder des Vorstandes oder des Aufsichtsrates zur Erlangung gesellschaftsfremder Sondervorteile zum Schaden der Gesellschaft oder ihrer Aktionäre vor.[290] Das LSC beinhaltet jedoch strafrechtliche Bestimmungen bei Erlangung persönlicher Vorteile zum Schaden der Gesellschaft bei bestimmten Tathandlungen.[291]

b) Faktischer Konzern/Vertragskonzern

Die Bildung eines faktischen Konzerns erfolgt zwangsläufig durch die Gründung von Tochtergesellschaften, die in Rumänien mit Einschränkungen betreffend die Mindestanzahl der Gesellschafter zulässig sind.[292]

Tochtergesellschaften können in Rumänien in einer der vom Gesetz geregelten Gesellschaftsformen[293] und unter den für die jeweilige Form festgelegten Bedingungen gegründet werden.[294] Es besteht dementsprechend die gesetzliche Basis für die Gründung von Gesellschaftsgruppen. Die Tochtergesellschaften unterliegen den gesetzlichen Bestimmungen über die Gesellschaftsform, in der sie gegründet wurden.

Gemäß Art 14 Abs 1 LSC kann eine natürliche oder juristische Person nur in einer einzigen GmbH Alleingesellschafter sein. Weiters darf eine GmbH keine andere GmbH als Alleingesellschafter haben, wenn auch diese nur eine Person als Gesellschafter hat.[295] In der Gerichtspraxis wurde entschieden, dass in Rumänien eine GmbH mit einem Alleingesellschafter auch nicht von einer ausländischen Einpersonen-Gesellschaft gegründet werden kann.[296] Diese Einschränkungen sind eine Folge der Umsetzung der 12. Richtlinie des Rates 89/667/ EWG *betreffend Gesellschaften mit beschränkter Haftung mit einem einzigen Gesellschafter.* Gemäß Art 2 Abs 2 können die Mitgliedstaaten bis zur Koordinierung der einzelstaatlichen Vorschriften für das Konzernrecht besondere Bestimmungen oder Sanktionen vorsehen, sofern eine natürliche Person einziger Gesellschafter von mehreren Gesellschaften ist oder eine Einpersonen-Gesellschaft oder eine andere juristische Person einziger Gesellschafter einer Gesellschaft ist. Der rumänische Gesetzgeber hat demensprechend diese Bestimmun-

---

290 Zu den neuen Bestimmungen des Cciv über Bestimmungs-, Beitrags- oder Mittäterschaft siehe das Kapitel IV. 2. b. *Tatbestände, die die Haftung auf die Muttergesellschaft ausdehnen können.*

291 Siehe dazu das Kapitel VI. 4. *Strafrechtliche Bestimmungen im LSC.*

292 Siehe dazu auch das Kapitel I. 2. *Unterschiede GmbH und AG.*

293 Gemäß Art 2 LSC können die Handelsgesellschaften in Form einer Offenen Handelsgesellschaft, einer Kommanditgesellschaft, einer Aktiengesellschaft, einer Kommanditgesellschaft auf Aktien und als Gesellschaft mit beschränkter Haftung gegründet werden.

294 Art 42 erster Satz LSC.

295 Art 14 Abs 2 LSC.

296 *LG Bukarest*, Entscheidung 1996/402.

gen des Art 2 Abs 2 der Richtlinie korrekt umgesetzt, jedoch dadurch die leichte Umgehung dieser Vorschriften durch den Einsatz von Strohmännern nicht ausgeschlossen. Der rumänische Gesetzgeber hat nur die direkte Entwicklung von Gesellschaftsketten verboten, die unter der Kontrolle einer einzigen Person negative Konsequenzen auf dem Gebiet des Wettbewerbs hätten[297], jedoch die faktische Konzentration der Macht in einer Hand aus den Augen verloren.

Die rumänische Rechtsliteratur hat vor indirekten Wegen gewarnt, eine GmbH mit einem de facto Alleingesellschafter zu vervielfachen, wie beispielsweise durch die Neugründung einer GmbH durch eine Einpersonen-GmbH zusammen mit ihrem Alleingesellschafter (als natürliche Person).[298] Die Handelsregister verlangen von einem Alleingesellschafter eine eidesstattliche Erklärung, dass er sämtliche gesetzliche Voraussetzungen für seine Gesellschafterstellung erfüllt, ohne jedoch ausdrücklich erklären zu müssen, dass er in Rumänien oder weltweit nicht Alleingesellschafter in einer anderen GmbH ist.[299] Die Satzung (rum: statut)[300] muss nicht ausdrücklich beinhalten, dass die Gesellschaft eine GmbH mit einem einzigen Gesellschafter ist, die Bezeichnung Gesellschaft mit beschränkter Haftung oder kurz GmbH ist ausreichend.[301]

Die Meinungen in der Rechtsliteratur über die rechtliche Stellung einer Einpersonen-GmbH sind gespalten. Während einige Autoren die Einpersonen-GmbH als eine eigenständige Gesellschaftsform einstufen,[302] wird sie von anderen, denen zuzustimmen ist, als eine GmbH mit lediglich einer geringeren Anzahl an Gesellschaftern gesehen.[303]

Die AGs unterliegen weniger strengen Bestimmungen. Der Gesetzgeber legt nur eine Mindestanzahl von zwei Aktionären fest, ohne weitere Einschränkungen über die Gesellschafterstellung in mehreren AGs vorzusehen.

Der Vertragskonzern im Sinne des dAktG ist in Rumänien nicht geregelt. Dessen ungeachtet definiert der rumänische Gesetzgeber in speziellen Rechtsbereichen die Kontrolle der Muttergesellschaft über ihre Tochtergesellschaften nicht nur anhand des Beteiligungsverhältnisses oder anhand der Stimmrechte in der Generalversammlung der Tochtergesellschaften, sondern auch auf Basis eines Vertrages. Gemäß Art 2 Abs 1 Z 27 LPC kann zB eine Muttergesellschaft die Kontrolle über eine andere Gesellschaft unter anderem auch auf Basis eines mit dieser Gesellschaft abgeschlossenen Vertrages oder auf Basis der Gründungsurkunde dieser Gesellschaft ausüben. Bei einer isolierten Betrachtung dieser Vorschrift des LPC erscheint es auf den ersten Blick so, als hätte der rumänische Gesetzgeber den gesetzlichen Rahmen für den Vertragskonzern geschaffen, was

---

297 *Adam/Savu*, Comentariu LSC (2010) Art 14 Rz 4.

298 *Popescu*, Posibilitatea de multiplicare în fapt a numărului societăţilor cu răspundere limitată constituite de o singură persoană, RDC 1997/11, 87.

299 *Nathanzon/Krenn*, Aktuelle Neuerungen und Wissenswertes zum rumänischen Gesellschaftsrecht, eastlex 2009/3, 93.

300 Eine GmbH mit einem einzigen Gesellschafter kann gemäß Art 5 Abs 2 zweiter Satz LSC nur durch eine Satzung gegründet werden.

301 *Săuleanu*, Societatea cu răspundere limitată cu asociat unic, RRDA 2011/1, 26.

302 *Popescu*, Situatii exceptionale de societăţi comerciale cu asociat unic, RDC 1997/10, 111.

303 *Săuleanu*, Societatea cu răspundere limitată cu asociat unic, RDC 2011/1, 15.

jedoch hier selbstverständlich nicht der Fall ist. Der Gesetzgeber beschränkt sich lediglich auf die Anführung der Kontrolle auf Basis eines Vertrages ohne weitere Präzisierungen im LPC oder in gesonderten Bestimmungen. Dies ist eine Folge der Umsetzung unterschiedlicher europäischer Richtlinien in demselben Gesetz.[304] Die Umsetzung des europäischen Rechts in das LPC erfolgte wortwörtlich, inklusive der Bestimmungen über Konzerne.[305]

Während sich der Gesetzgeber in den meisten dieser Bereiche auf die Erwähnung der Kontrolle auf Basis eines Vertrages beschränkt, geht er im Bereich der MwSt-Gruppe weiter und legt die Bildung, die Voraussetzungen, die Funktionsweise und die Beendigung einer MwSt-Gruppe fest. Infolgedessen behandelt die Rechtsliteratur die MwSt-Gruppe als die erste *de iure* Gesellschaftsgruppe in Rumänien.[306] Die Entstehung der MwSt-Gruppen in Rumänien erfolgte durch die Umsetzung des Art 11 der Richtlinie 2006/112/EG des Rates über das gemeinsame Mehrwertsteuersystem (MwSt-RL) in das nationale Recht. Gemäß Art 11 kann jeder Mitgliedstaat nach Konsultation des beratenden Ausschusses für die Mehrwertsteuer (Mehrwertsteuerausschuss) in seinem Gebiet ansässige Personen, die zwar rechtlich unabhängig, aber durch gegenseitige finanzielle, wirtschaftliche und organisatorische Beziehungen eng miteinander verbunden sind, zusammen als einen Steuerpflichtigen behandeln. Da der Wortlaut des Art 11 kurz gefasst ist und die MwSt-RL keine weiteren Vorschriften zu den MwSt-Gruppen enthält, wird es den Mitgliedstaaten überlassen, detaillierte Vorschriften bezüglich der Umsetzung der Option zur Bildung von MwSt-Gruppen festzulegen.[307] Der rumänische Gesetzgeber hat die MwSt-Gruppen im CF und in den Normen zur Anwendung des CF (Anwendungsnormen)[308] geregelt.

Ziel der Umsetzung dieser Bestimmungen ist vor allem, dass Steuerpflichtige, zwischen denen finanzielle, wirtschaftliche und organisatorische Beziehungen bestehen, nicht mehr als getrennte Mehrwertsteuerpflichtige, sondern als ein Steuerpflichtiger behandelt werden. Demzufolge werden mehrere eng miteinander verbundene Mehrwertsteuerpflichtige zu einem neuen einzelnen Steuerpflichtigen verschmolzen.[309]

Gemäß den Anwendungsnormen können jene Personen, die aus finanzieller, wirtschaftlicher und organisatorischer Sicht in einem engen Verhältnis zueinander stehen, unter Beachtung folgender Voraussetzungen für die Bildung einer MwSt-Gruppe optieren:

- sie müssen in Rumänien ansässig sein;
- sie müssen steuerpflichtig sein;

---

304 *Gheorghe*, Structuri suprasocietare. Grupurile de societăți, RDC 2005/3, 72.

305 *Gheorghe*, Structuri suprasocietare. Grupurile de societăți, RDC 2005/3, 69.

306 *M. C. Popa*, Grupul fiscal unic în materia taxei pe valoare adăugată, RRDA 2011/1, 106.

307 Mitteilung der Kommission an das Europäische Parlament und den Rat über die Option der MwSt-Gruppe gemäß Artikel 11 der Richtlinie 2006/112/EG des Rates über das gemeinsame Mehrwertsteuersystem (Mitteilung der Kommission) vom 2.7.2009, http://ec.europa.eu/taxation_customs/resources/documents/taxation/vat/key_documents/communications/com(2009)325_de.pdf (22.2.2012).

308 Veröffentlicht im Amtsblatt Rumäniens 23.12.2003/927 idF 20.2.2012/122.

309 Mitteilung der Kommission 5.

- sie können nur einer MwSt-Gruppe angehören;
- sie müssen für mindestens zwei Jahre in der Gruppe verbleiben;
- alle Mitglieder der MwSt-Gruppe müssen das gleiche Geschäftsjahr haben.[310]

Enge Verhältnisse aus finanzieller, wirtschaftlicher und organisatorischer Sicht bedeuten, dass das Gesellschaftskapital der steuerpflichtigen Personen direkt oder indirekt zu mindestens 50% von den gleichen Gesellschaftern gehalten wird.[311]

Jedes Mitglied der MwSt-Gruppe haftet solidarisch sowohl für alle eigenen Steuerverbindlichkeiten als auch für jene der anderen Gruppenmitglieder.[312] In einem Konzern haftet in der Regel die Muttergesellschaft für die Verbindlichkeiten ihrer Tochtergesellschaften. Im Falle einer MwSt-Gruppe haften alle Mitglieder der MwSt-Gruppe solidarisch und uneingeschränkt für alle MwSt-Verbindlichkeiten. Demnach kann eine Durchgriffshaftung (*piercing the corporate veil*) auf drei Arten eintreten, und zwar sowohl direkt durch die Haftung der Muttergesellschaft für ihre Tochtergesellschaften (*direct piercing*), als auch umgekehrt durch die Haftung der Tochtergesellschaften für die Muttergesellschaft (*reversed piercing*), oder aber auch auf gleicher Ebene durch die Haftung einer Schwestergesellschaft für eine andere Schwestergesellschaft (*lateral piercing*).[313] Es bleibt der Fiskalbehörde überlassen, gegen welche der Gesellschaften der MwSt-Gruppe sie vorgehen möchte, falls die Muttergesellschaft, als Vertreter der MwSt-Gruppe, die MwSt-Verbindlichkeiten der MwSt-Gruppe nicht entrichtet hat.[314]

c) *Haftung als faktischer Geschäftsführer*

Eine Haftung des de facto Geschäftsführers kommt in erster Linie im Zusammenhang mit den Vorschriften über die Haftung für die Verbindlichkeiten der insolventen Gesellschaft in Betracht. Demnach haften für die Verbindlichkeiten der insolventen Gesellschaft nicht nur die Gesellschaftsorgane, sondern auch „andere Personen", die die Insolvenz durch eine der im Gesetz angeführten Handlungen verursacht haben[315].

Nach Meinung der Lehre ist unter „anderen Personen" auch der de facto Geschäftsführer zu verstehen, da auch dieser, genau wie ein satzungsmäßiger Geschäftsführer, für die Verursachung der Insolvenz verantwortlich sein kann, wenn er entweder gleichzeitig oder an Stelle des satzungsmäßigen Geschäftsführers direkt oder indirekt selbständig geschäftsführende Handlungen tätigt, die eigentlich in die Zuständigkeit des satzungsmäßigen Geschäftsführers fal-

---

310 Anwendungsnormen des CF 4.1.
311 Anwendungsnormen des CF 4.5.
312 Anwendungsnormen des CF 4.14 c) zu Art 127 CF.
313 *M. C. Popa*, Grupul fiscal unic în materia taxei pe valoare adăugată, RRDA 2011/1, 112.
314 *M. C. Popa*, Grupul fiscal unic în materia taxei pe valoare adăugată, RRDA 2011/1, 111.
315 Art 138 LPI. Siehe dazu auch das Kapitel III. 5. *Die Durchgriffshaftung bei Insolvenz.*

len.[316] Ein de facto Geschäftsführer kann entweder ein Mehrheitsgesellschafter oder ein Angestellter oder ein ehemaliger Geschäftsführer sein.[317]

In der Rechtsprechung wurde darüber hinaus auch festgestellt, dass die Haftung des de facto Geschäftsführers nicht zur Entlastung der satzungsmäßigen Gesellschaftsorgane führt.[318]

Die Haftung des de facto Geschäftsführers findet auch im Zusammenhang mit den strafrechtlichen Bestimmungen des LSC[319] betreffend die strafrechtliche Haftung des satzungsmäßigen Geschäftsführers Anwendung. Die Lehre begründet die strafrechtliche Haftung des de facto Geschäftsführers mit den Bestimmungen des Mandatsvertrages, der für seine Gültigkeit nicht der schriftlichen Form bedarf.[320] Folglich kommt ein Mandatsvertrag zwischen einer Gesellschaft und einer natürlichen Person zustande, sobald die Gesellschaft der natürlichen Person die Möglichkeit gibt, im Namen der Gesellschaft Rechtsgeschäfte und Rechtshandlungen zu tätigen und die natürliche Person dies annimmt.[321] Ein zusätzlich von der Lehre vorgebrachtes Argument ist die Bestimmung des Art 72 LSC, der besagt, dass der Geschäftsführer einer GmbH sein Mandat wie ein Mandatar auszuüben hat.[322]

5. Haftungsdurchgriff ieS

a) Gesetzliche Grundlagen

Das LSC sieht in bestimmten Fällen die persönliche und unbeschränkte Haftung der Gesellschafter für die Verbindlichkeiten einer in der Auflösungs- bzw Liquidationsphase befindlichen Gesellschaft vor.[323] Da der Gesetzgeber den Begriff „Gesellschafter" verwendet, wird von der Lehre die Anwendung der Durchgriffshaftung bei GmbHs anerkannt, bei AGs jedoch fälschlicherweise abgelehnt.[324]

---

316 *Turcu*, Acoperirea pasivului debitorului, persoană juridică, în procedura insolvenței, cu patrimoniul conducătorului și al asociatului, în dreptul comercial român și în dreptul comparat (I), RDC 2005/4, 13.

317 *Florescu/Negură/Zamfirache*, Societățile comerciale aflate în insolvență. Practică judiciară privind răspunderea personalului (2009) 21.

318 Entscheidung abrufbar unter: http://jurisprudentacedo.com/Atragerea-raspunderii-penale-a-unui-administrator-de-fapt-care-a-intocmit-documentele-contabile-ale-societatii-debitoare-aflate-in-procedura-insolventei-nu-exonereaza-de-raspundere-administratorii.html (5.1.2012). Die in der vorliegenden Arbeit zitierten gerichtlichen Entscheidungen, für die keine gesonderten Internetquellen angegeben werden, wurden den kostenpflichtigen Rechtsdatenbanken www.legalis.ro oder www.indaco.ro entnommen.

319 Zu den Tatbeständen des LSC siehe das Kapitel VI. 4. *Strafrechtliche Bestimmungen im LSC*.

320 *Crișan/Vasile*, Administratorul de fapt al unei societăți comerciale. Răspunderea penală a acestuia, RDC 2007/7–8, 143 f.

321 *Crișan/Vasile*, Administratorul de fapt, RDC 2007/7–8, 144.

322 *Crișan/Vasile*, Administratorul de fapt, RDC 2007/7–8, 145.

323 Art 237[1] LSC.

324 Nach *Adam/Savu* [Comentariu LSC (2010) Art 237[1] Rz 12] müssen die Bestimmungen des Art 237[1] LSC restriktiv interpretiert werden, sie können nicht durch Analogie bei einer AG angewandt werden.

Dies resultiert aus der Neigung der rumänischen Lehre und Rechtsprechung, Gesetze überwiegend semantisch zu interpretieren. Dabei wird jedoch außer Acht gelassen, dass die Bestimmungen des Art 237[1] LSC allgemeine Bestimmungen sind. Das LSC verwendet die Klammertechnik, wobei ausdrückliche Differenzierungen zwischen den verschiedenen Gesellschaftsformen erst auf den den allgemein geltenden Bestimmungen untergeordneten Ebenen[325] (dort enthaltene Bestimmungen sind im Verhältnis zu den allgemeinen Bestimmungen spezielle Bestimmungen) oder teilweise direkt in den allgemeinen Regelungen mit gesonderter Nennung der Gesellschaftsformen, auf welche sie Anwendung finden, erfolgen.

Der Ablehnung der Durchgriffshaftung im Falle der Aktionäre einer AG und der Zurückhaltung der rumänischen Gerichte, die Durchgriffshaftung nach dem LSC selbst im Falle der Gesellschafter einer GmbH anzuwenden, wurde nunmehr voraussichtlich durch das Inkrafttreten des neuen Cciv[326], das die Durchgriffshaftung bei allen juristischen Personen vorsieht, ein Ende gesetzt.[327]

b) Fallgruppen

ba) Missbrauch der beschränkten Haftung der Gesellschaft nach dem LSC

Ein Gesellschafter haftet unbeschränkt für die nicht erfüllten Verbindlichkeiten der aufgelösten beziehungsweise liquidierten Gesellschaft, wenn er seine beschränkte Haftung und die eigenständige Rechtspersönlichkeit der Gesellschaft zum Schaden der Gläubiger missbräuchlich geltend macht.[328]

bb) Missbrauch der beschränkten Haftung der Gesellschaft nach dem Cciv

Das Gesetz sieht ausdrücklich vor, dass von der Regel, dass eine Gesellschaft für die von ihr eingegangenen Verbindlichkeiten selbst mit ihrem eigenen Vermögen haftet, Ausnahmen bestehen können.[329] Gemäß Art 193 Abs 2 Cciv kann sich niemand gegenüber einer gutgläubigen Person auf die Haftung der juristischen Person berufen, wenn dadurch die Verschleierung eines Betrugs, eines Rechtsmissbrauchs[330] oder die Verletzung der öffentlichen Ordnung[331] verfolgt wird.

Um die Haftung nach dieser Bestimmung auszulösen, muss eine gutgläubige Person nicht beweisen, dass die juristische Person mit dem Zweck gegründet

---

325 *Ackermann*, GmbH nach rumänischem Recht unter besonderer Berücksichtigung der Konsequenzen aus dem EU-Beitritt Rumäniens (2004) 25.

326 Siehe dazu unten das Kapitel II.5.b. *Fallgruppen*.

327 *M. C. Popa*, Grupurile (2011) 426.

328 Art 237[1] Abs 3 LSC.

329 Art 193 Abs 1 Cciv.

330 Ein Recht darf gemäß Art 15 Cciv nicht mit dem Zweck ausgeübt werden, einen anderen zu schädigen oder in einer exzessiven und unzumutbaren Weise entgegen den guten Glauben zu verletzen.

331 Die öffentliche Ordnung inkludiert nunmehr auch die öffentliche Wirtschaftsordnung (Konsumentenschutz, Arbeitsrecht, Wettbewerbsrecht). Siehe dazu *Piperea*, in *Baias* ua, Comentariu NCC (2012) Art 193 Rz 33.

wurde, einen Betrug, Missbrauch oder die Verletzung der öffentlichen Ordnung zu verschleiern, da dies eigentlich ein Nichtigkeitsgrund für die juristische Person wäre. Es ist ausreichend, wenn sie beweist, dass die Gesellschafter sich auf die beschränkte Haftung berufen haben, um einen Betrug, Missbrauch oder die Verletzung der öffentlichen Ordnung zu verschleiern.[332]

Die Folge dieser Bestimmung ist, dass gegenüber der gutgläubigen Person, die mit der juristischen Person Rechtsgeschäfte eingegangen ist, jene Gesellschafter, die sich hinter der juristischen Person der Gesellschaft verborgen haben und sich des Betrugs, Missbrauchs oder der Verletzung der öffentlichen Ordnung schuldig gemacht haben, vermögensrechtlich und sogar strafrechtlich haften. Die Gläubiger der juristischen Person werden demzufolge die Gläubiger dieser Gesellschafter.[333]

bc) Missbrauch des Gesellschaftsvermögens nach dem LSC

Die Haftung der Gesellschafter ist insbesondere dann unbeschränkt, wenn sie über das Vermögen der Gesellschaft verfügen, als sei es ihr eigenes Vermögen, oder wenn sie das Aktivvermögen der Gesellschaft zu ihrem persönlichen Vorteil oder zum Vorteil Dritter vermindern, sofern sie davon Kenntnis haben oder haben müssten, dass die Gesellschaft dadurch nicht mehr in der Lage ist, ihre Verbindlichkeiten zu erfüllen.[334]

bd) Haftungsvoraussetzungen

Die persönliche Haftung der Gesellschafter nach dem LSC ist subsidiär anzuwenden. Die Gläubiger müssen zuerst das Gesellschaftsvermögen in Anspruch nehmen und erst danach die Gesellschafter. Die unbeschränkte Haftung der Gesellschafter kann nur in bestimmten Missbrauchsfällen bei Auflösung bzw Liquidation der Gesellschaft beantragt werden und nicht bereits während der Beobachtungsphase oder der Reorganisation.[335]

Der geschädigte Gläubiger muss den Missbrauch und die Absicht der Gesellschafter, dem Gläubiger zu schaden, beweisen.[336]

Die gerichtlichen Instanzen haben *bis dato* die Anträge auf eine persönliche Haftung der Gesellschafter auf Basis des Art 237[1] LSC abgewiesen, meist, da die Erfüllung der Voraussetzungen nicht bewiesen werden konnte.[337] Da das neue Cciv erst seit Oktober 2011 in Kraft ist, gibt es bisher keine gerichtlichen Entscheidungen, die auf seinen Bestimmungen beruhen.

---

332 *Piperea*, in *Baias* ua, Comentariu NCC (2012) Art 193 Rz 28.
333 *Piperea*, in *Baias* ua, Comentariu NCC (2012) Art 193 Rz 29.
334 Art 237[1] Abs 4 LSC.
335 *Piperea*, in *Cărpenaru* ua, Comentariu LSC[4] (2009) Art 237[1] Rz 3.
336 *Adam/Savu*, Comentariu LSC (2010) Art 237[1] Rz 20.
337 Siehe dazu zB CA Vrancea, Entscheidung 3.3.2009/31.

6. Haftung für Verbindlichkeiten der Gesellschaft nach Beendigung der Gesellschaft und bei Nichtigerklärung der Gesellschaft

a) Haftung für Verbindlichkeiten nach Beendigung der Gesellschaft

Durch die DringlichkeitsVO 2010/43[338] wurde *expressis verbis* die Haftung der Gesellschafter für die Verbindlichkeiten nach der Beendigung der Gesellschaft eingeführt. Demnach haften die Gesellschafter[339] einer im Handelsregister gelöschten Gesellschaft für die Deckung von Verbindlichkeiten bis zur Höhe des Vermögens, das ihnen nach Beendigung der Gesellschaft zugeteilt wurde.[340]

Eine Gesellschaft wird gemäß Art 227 LSC in folgenden Fällen aufgelöst:
- mit Ablauf der für die Dauer der Gesellschaft festgelegten Zeit,
- bei Unmöglichkeit, den Zweck der Gesellschaft zu verwirklichen, oder mit Verwirklichung des Zweckes,
- durch Beschluss der Generalversammlung,
- durch Entscheidung des Gerichts auf Antrag eines Gesellschafters, gestützt auf triftige Gründe, wie schwerwiegende Meinungsverschiedenheiten zwischen den Gesellschaftern, die den Betrieb der Gesellschaft behindern,
- bei Konkurs der Gesellschaft,
- bei Vorliegen anderer vom Gesetz oder in der Gründungsurkunde vorgesehener Gründe.

Eine GmbH kann auf Antrag des Staates und jeder interessierten Person aufgelöst werden, wenn die Anzahl ihrer Gesellschafter auf einen einzigen sinkt und dieser bereits in einer anderen GmbH Alleingesellschafter ist.[341] Eine AG kann auf Antrag jeder interessierten Person aufgelöst werden, wenn sich die Anzahl ihrer Aktionäre auf einen einzigen reduziert.[342] Weiters können eine GmbH[343] und eine AG[344] aufgelöst werden, wenn ihr Gesellschaftsvermögen unter die Hälfte des gezeichneten Gesellschaftskapitals sinkt.

b) Nichtigerklärung der Gesellschaft

Eine im Handelsregister eingetragene Gesellschaft kann gelöscht werden, wenn:
- ihre Gründungsurkunde nicht vorhanden ist oder diese in den gesetzlich vorgesehenen Fällen nicht öffentlich beurkundet wurde (wie zB bei der Einbrin-

---

338 Veröffentlicht im Amtsblatt Rumäniens I 13.5.2010/316.
339 Das LSC verwendet eigentlich den Begriff „Aktionäre". Dies ist allerdings irreführend, da die Bestimmungen des Art 260 LSC allgemeine Vorschriften sind und nicht ausschließlich bei AGs zur Anwendung kommen. Darüber hinaus sieht Art V der DringlichkeitsVO 2010/43 *expressis verbis* vor, dass die Bestimmungen des Art 260 LSC bei allen im Handelsregister eingetragenen juristischen Personen angewandt werden.
340 Art 260 Abs 1 2 LSC.
341 Art 14 Abs 3 LSC. Siehe dazu auch das Kapitel I. 2. *Unterschiede GmbH und AG.*
342 Art 10 Abs 3 LSC.
343 Art 228 Abs 2 iVm Art 153²⁴ LSC.
344 Art 228 Abs 1 iVm Art 153²⁴ LSC.

gung von Einlagen in Form von Immobilien oder bei der Gründung einer AG durch öffentliche Zeichnung);
- alle Gründer am Tag der Gesellschaftsgründung nach dem Gesetz geschäftsunfähig waren;
- der Gegenstand der Geschäftstätigkeit der Gesellschaft verboten ist oder der öffentlichen Ordnung zuwiderläuft;
- der richterliche Beschluss über die Eintragung der Gesellschaft nicht vorliegt;
- eine vom Gesetz vorgeschriebene behördliche Genehmigung zur Gesellschaftsgründung nicht vorliegt;
- die Gründungsurkunde die Bezeichnung der Gesellschaft, den Gegenstand ihrer Geschäftstätigkeit, die Einlagen der Gesellschaft oder das gezeichnete Kapital nicht angibt;
- die gesetzlichen Bestimmungen über das gezeichnete und das einbezahlte Mindestkapital nicht eingehalten wurden;
- die vom Gesetz vorgeschriebene Mindestanzahl an Gesellschaftern nicht beachtet wurde.[345]

Das neue Cciv übernimmt diese Nichtigkeitsgründe des LSC und enthält darüber hinaus folgende weitere Nichtigkeitsgründe, wenn:
- der Gegenstand der Geschäftstätigkeit der Gesellschaft den guten Sitten zuwiderläuft;
- die Gründungsurkunde das eingezahlte Kapital nicht enthält;
- andere zwingend vom Gesetz vorgesehene Vorschriften verletzt werden.[346]

Die vorgesehene Sanktion bei Vorliegen eines Nichtigkeitsgrundes ist die absolute Nichtigkeit der Gesellschaft, außer wenn:
- alle Gründer am Tag der Gesellschaftsgründung nach dem Gesetz geschäftsunfähig waren,
- die vom Gesetz vorgeschriebene Mindestanzahl an Gesellschaftern nicht beachtet wurde oder
- andere zwingend vom Gesetz vorgesehene Vorschriften verletzt wurden.[347]

In diesen Fällen ist die Sanktion die relative Nichtigkeit der Gesellschaft und eine Anfechtungsklage kann innerhalb eines Jahres ab der Gründung bzw ab der Eintragung im Handelsregister eingebracht werden.[348]
Die Nichtigkeit ist in allen Fällen (auch in den Fällen der absoluten Nichtigkeit) heilbar und die Nichtigerklärung der Gesellschaft erfolgt nicht, wenn der geltend gemachte Nichtigkeitsgrund vor dem Schluss der mündlichen Streitverhandlung in erster Instanz beseitigt wurde.[349]

---

345 Art 56 LSC.
346 Art 196 Abs 1 Cciv.
347 Art 196 Abs 2 Cciv.
348 Art 197 Abs 1 Cciv.
349 Art 57 LSC. In diesem Sinne auch Art 197 Abs 2 Cciv.

Wurde eine Gesellschaft jedoch für nichtig erklärt, endet ihre Existenz *ex nunc*, und die Liquidation tritt mit dem Tag ein, an dem die Gerichtsentscheidung über die Nichtigerklärung rechtskräftig wird.[350]

Im Falle der Liquidation der Gesellschaft besteht eine direkte Haftung der Gesellschafter gegenüber den Gläubigern bis zur Höhe ihrer nicht geleisteten Gesellschaftseinlagen, nachdem die Gläubiger erfolglos ihre Ansprüche gegenüber der Gesellschaft geltend gemacht haben.[351]

Darüber hinaus besteht bei Missbrauch der beschränkten Haftung der Gesellschaft oder bei Missbrauch des Gesellschaftsvermögens eine persönliche Haftung der Gesellschafter der aufgelösten bzw liquidierten Gesellschaft.[352]

7. Haftung wegen Verletzung allgemeiner Prinzipien

a) *Verletzung der gesellschaftsrechtlichen Treuepflichten*

aa) *Begründung der gesellschaftsrechtlichen Treuepflichten*

Eine gesetzlich verankerte und ausdrückliche Loyalitätsverpflichtung gegenüber der Gesellschaft trifft im rumänischen Gesellschaftsrecht sowohl den Geschäftsführer[353] bzw die Mitglieder des Verwaltungsrates[354] und die Direktoren[355] im monistischen System, sowie auch die Mitglieder des Leitungsorgans[356] und die Mitglieder des Aufsichtsrates[357] einer AG, die ihr Mandat loyal gegenüber der Gesellschaft und in deren Interesse auszuüben haben. Da sich die Treuepflichten der Verwaltungs- und Leitungsorgane der Gesellschaft am Maßstab des berechtigten Gesellschaftsinteresses messen, haben sie gegenüber den Gesellschaftern keine Treuepflichten. Treuepflichten gegenüber der Gesellschaft treffen auch die Geschäftsführer einer GmbH. Da sie ihr Mandat wie ein Mandatar[358] auszuüben haben, müssen sie immer im Interesse der Gesellschaft, ihrem Mandanten, agieren.

Die Treuepflichten der Gesellschafter gegenüber der Gesellschaft und den anderen Gesellschaftern werden anhand des Grundsatzes von Treu und Glauben und der Wahrung des Gesellschaftsinteresses begründet. Gemäß Art 136¹ LSC müssen die Aktionäre ihre Rechte im guten Glauben unter Beachtung der Rechte und berechtigten Interessen der Gesellschaft und der anderen Gesellschafter ausüben.[359]

---

350 Art 58 Abs 1 erster Satz LSC.

351 Art 259 LSC.

352 Siehe dazu das Kapitel II. 5. *Haftungsdurchgriff ieS.*

353 Art 137 Abs 3 iVm Art 144¹ Abs 4 LSC.

354 Art 144¹ Abs 4 LSC.

355 Art 152 Abs 1 zweiter Satz iVm Art 144¹ Abs 4 LSC.

356 Art 153² Abs 6 iVm Art 144¹ Abs 4 LSC.

357 Art 153⁸ Abs 3 iVm Art 144¹ Abs 4 LSC.

358 Art 72 LSC.

359 Der vorrangige Zweck dieser Bestimmung ist, das Interesse einer Gesellschaft zu wahren, wie auch aus den bisherigen gerichtlichen Entscheidungen, die auf Art 136¹ LSC begründet sind, hervorgeht.

Art 136[1] LSC gilt analog für die Gesellschafter einer GmbH.[360] Die Rechte und die Interessen der Gesellschafter sind legitim, solange sie der *affectio societatis* subsumiert werden können und ihre Ausübung unter Beachtung der Gründungsurkunde und des Gesetzes erfolgt.[361] *Affectio societatis* ist die Absicht der Gesellschafter, sich zusammenzuschließen und eine gemeinsame Geschäftstätigkeit im Rahmen des Gesetzes und der Gründungsurkunde zu entfalten.[362]

Die Treuepflichten der Gesellschafter gegenüber der Gesellschaft und die Beachtung der legitimen Interessen der Gesellschaft und der anderen Gesellschafter können nicht durch den Gesellschaftsvertrag oder die Gründungsurkunde ausgeschlossen werden.[363]

ab) Fallkonstellationen

Die Treuepflichten der Gesellschafter gegenüber der Gesellschaft werden im Falle von Interessenkollisionen besonders hervorgehoben. Befindet sich ein Gesellschafter, ein Geschäftsführer oder ein Mitglied des Leitungs- bzw Aufsichtsorgans in einem persönlichen oder moralischen, dem Gesellschaftsinteresse konträren Interessenkonflikt, muss er sich der Ausübung seiner Rechte enthalten und die Gesellschaft über den Interessenkonflikt umgehend informieren.[364]

Wenn ein Gesellschafter bzw ein Aktionär[365] bei einem bestimmten Geschäft ein der Gesellschaft entgegengesetztes Interesse hat, darf er an keiner Verhandlung oder Entscheidung in Bezug auf dieses Geschäft teilnehmen. Verstößt er dagegen, haftet er für den der Gesellschaft verursachten Schaden, wenn durch seine Stimme die für diese Entscheidung erforderliche Mehrheit gebildet wurde.[366] Der ÎCCJ spricht sich seit einigen Jahren bei der Ausübung des Stimmrechts bei Interessenkollisionen nur für die Leistung von Schadenersatz aus. Der unter Verletzung einer gesetzlichen Vorschrift gefasste Gesellschafterbeschluss könne weder seine Unwirksamkeit noch seine Nichtigkeit nach sich ziehen, außer die Verletzung fällt unter einen gesetzlich ausdrücklich geregelten Anfechtungs- bzw Nichtigkeitsgrund. Folglich ist nach Ansicht des ÎCCJ Schadenersatz bereits eine ausreichende Sanktion.[367] Diese Rechtsansicht scheint jedoch zweifelhaft, da es nicht notwendig ist, dass das Gesetz die Anfechtungsfälle ausdrücklich vorsieht, die Ausübung des Stimmrechts bei Interessenkollisionen bedeutet ebenfalls eine Verletzung der Bestimmungen des Art 136[1] LSC (des

---

360 *David*, in *Cărpenaru* ua, Comentariu LSC[4] (2009) Art 136[1] Rz 3.

361 *David*, in *Cărpenaru* ua, Comentariu LSC[4] (2009) Art 136[1] Rz 2.

362 *Săuleanu*, Element specific al contractului de societate – *affectio societatis*, RDC 2012/3, 80.

363 *Stârc-Meclejan*, Răspunderea patrimonială a asociaţilor/acţionarilor societăţilor comerciale pentru hotărârile adoptate în adunarea generală potrivnic art. 136[1] din Legea nr. 31/1990 (republicată), Dreptul 2011/11, 130 f.

364 *Bratiş*, Regimul juridic, RDC 2010/3, 40.

365 Das Gleiche gilt für die Aktionäre. Siehe dazu Art 127 LSC.

366 Art 197 Abs 3 iVm Art 79 LSC.

367 ÎCCJ, Entscheidung 23.11.2010/4043, abrufbar unter: http://www.scj.ro/SE%20rezumate%202010/hot%204043_23nov2010_.htm (2.12.2011).

Prinzips von Treu und Glauben) und dementsprechend kann auch in diesem Fall ein Gesellschafterbeschluss angefochten werden[368].

In der Praxis können Konstellationen vorkommen, in denen die Treuepflichten durch eine missbräuchliche Ausübung des Stimmrechts verletzt werden. Es können einerseits bestimmte Gesellschafterbeschlüsse nur zugunsten der Mehrheitsgesellschafter erzwungen werden.

Gemäß Art 132 Abs 2 LSC kann jeder Gesellschafter, der an einer Generalversammlung nicht teilgenommen hat oder der gegen einen Tagesordnungspunkt gestimmt hat und die Aufnahme eines Vermerks darüber im Sitzungsprotokoll verlangt hat, den Gesellschafterbeschluss, der gegen die Gründungsurkunde und das Gesetz verstößt, bei Gericht anfechten.[369] Der ÎCCJ hat das gesetzliche Recht eines Gesellschafters, Beschlüsse der Generalversammlung bei Gericht anzufechten, anerkannt. Dieses Recht müsse jedoch gemäß Art 136[1] LSC in gutem Glauben ausgeübt werden, unter Beachtung der Rechte der Gesellschaft und der anderen Gesellschafter.[370]

Der Missbrauch der Mehrheitsgesellschafter besteht in erster Linie, wenn die Gesellschafterbeschlüsse mit der Absicht gefasst wurden, den Minderheitsgesellschaftern zu schaden. Der Mehrheitsgrundsatz schafft lediglich die Vermutung, dass der Wille der Mehrheit dem Gesellschaftswillen entspricht. Im Rahmen des Gesellschaftswillens müsse das Gesellschaftsinteresse verfolgt werden, das seinerseits mit dem gemeinsamen Interesse der Gesellschafter übereinstimmen müsse.[371]

b) Gleichbehandlungsprinzip

Die Gleichbehandlung der Aktionäre bedeutet die Beseitigung jeder Diskriminierung unter den Gesellschaftern und ergibt sich aus der Gleichwertigkeit[372] der Aktien.[373] Es können dennoch bestimmte Arten von Aktien ausgegeben werden, wie Vorzugsaktien, die ihren Besitzern unterschiedliche Rechte gewähren, wenn dies ausdrücklich in der Gründungsurkunde vorgesehen wurde.[374]

Konkretisierungen des Gleichbehandlungsgrundsatzes sind bezüglich der Ausübung des Stimmrechts, des Bezugsrechts oder des Rechts auf den Abwicklungsüberschuss erkennbar[375] und darüber hinaus ebenfalls bei der Ausschüttung der Dividenden, der Ausübung des Rechts auf Teilnahme an den Hauptversammlungen oder dem Auskunftsrecht des Gesellschafters. Eine un-

---

368 *Bojin*, Acţiunea în anularea hotărârilor A.G.A., Dissertation Universität Timişoara (2012) 168.

369 Diese Beschlüsse können innerhalb von 15 Tagen nach deren Veröffentlichung im Amtsblatt Rumäniens angefochten werden.

370 *ÎCCJ*, Entscheidung 2.12.2010/4199 http://www.avocatulroman.ro/societate-comerciala-abuz-de-minoritate-efecte-sanctiunea-aplicabila-15847.htm (5.12.2011).

371 *ÎCCJ*, Entscheidung 11.2.2010/570, http://www.avocatulroman.ro/societate-comerciala-modificarea-actului-constitutiv-15794.htm (7.12.2011).

372 Art 94 Abs 1 LSC.

373 *Duţescu*, Drepturile acţionarilor³ (2010) 17.

374 Art 94 Abs 2 LSC.

375 *Rădulețu*, in *Bachner/Dorald/Winner*, Schutz der Minderheitsaktionäre 427.

terschiedliche Behandlung der Gesellschafter/Aktionäre bei der Verteilung der Dividenden und der Zuweisung der Verluste ist zulässig[376], soweit dies nicht unter eine Knebelungsklausel fällt.[377]

Der ÎCCJ hat festgestellt, dass bei Einräumung eines Vorkaufsrechts im Falle der Veräußerung von Aktien ausschließlich zugunsten des Mehrheitsaktionärs auch ein Verstoß gegen das Gleichbehandlungsprinzip der Aktionäre vorliegt. Die Entscheidung wurde damit begründet, dass ein Gesellschafterbeschluss unter Beachtung der Interessen der Gesellschaft und der anderen Gesellschafter gefasst werden muss. Zwar lässt das LSC Einschränkungen bei der Veräußerung von Gesellschaftsanteilen zu, wenn dies in der Gründungsurkunde vorgesehen ist. Dies bedeutet jedoch nicht, dass solche Einschränkungen „unter allen Umständen" erfolgen dürfen. Von der Regel der Gleichbehandlung der Aktionäre können diese nicht durch Vereinbarungen abweichen. Die Machtstellung eines Mehrheitsaktionärs darf auch nicht dazu führen, dass sich die Minderheit unterwirft, da der Gesellschaftswille mit dem allgemeinen Willen der Gesellschafter übereinstimmen muss. Der Gesellschafterbeschluss wurde in diesem Fall offensichtlich zu dem Zweck gefasst, den Mehrheitsaktionär zum Schaden des Minderheitsaktionärs zu begünstigen.[378]

8. Haftung einer juristischen Person als Geschäftsführer

Eine juristische Person muss sowohl für die rechtmäßigen als auch für die rechtswidrigen Handlungen ihrer Organe einstehen, wenn diese Handlungen im Zusammenhang mit der Ausübung der Organfunktionen oder den erteilten Aufgaben getätigt wurden.[379] Die rechtswidrigen Handlungen ziehen jedoch auch die persönliche und gesamtschuldnerische Haftung der schädigenden Person nach sich, sowohl gegenüber der juristischen Person als auch gegenüber Dritten.[380]

Bei Bestellung einer juristischen Person als Geschäftsführer oder als Mitglied des Aufsichtsrates einer AG[381] muss die juristische Person eine natürliche Person als ständigen Vertreter ernennen.[382] Der ständige Vertreter der juristischen Person unterliegt denselben Bestimmungen und Verpflichtungen wie eine natürliche Person als Geschäftsführer bzw Aufsichtsratsmitglied, und kann genau wie diese sowohl zivilrechtlich als auch strafrechtlich zur Verantwortung gezogen werden. Die Haftung der natürlichen Person befreit freilich die von ihr vertretene juristische Person nicht von der eigenen Haftung und schränkt auch ihre Solidarhaftung nicht ein.[383] Die Solidarhaftung der vertretenen juristischen

---

376 Art 1902 Abs 3 Cciv.
377 Art 1902 Abs 5 Cciv.
378 *ÎCCJ*, Entscheidung 11.2.2010/570.
379 Art 219 Abs 1 neues Cciv.
380 Art 219 Abs 2 neues Cciv.
381 Siehe dazu auch das Kapitel I. 8. *Haftung einer juristischen Person als Geschäftsführer.*
382 Art 153¹³ Abs 2 zweiter Satz LSC.
383 Art 153¹³ Abs 2 dritter Satz LSC.

Person ähnelt der Haftung des Auftraggebers für den Beauftragten, in beiden Fällen ist es irrelevant, ob die gesetzte Handlung durch den Auftraggeber bzw durch die juristische Person hätte verhindert werden können oder nicht.[384] In der Rechtsliteratur wurde die Meinung geäußert, dass nichts dagegen spricht, eine juristische Person selbst als einzigen Geschäftsführer zu berufen.[385] Würde eine Tochtergesellschaft die Muttergesellschaft als Geschäftsführer berufen, würde die Muttergesellschaft nach diesen Bestimmungen sowohl zivilrechtlich als auch strafrechtlich[386] haften, falls die von ihr zum ständigen Vertreter ernannte natürliche Person sich strafbar macht. In der Praxis würde eine solche Konstellation ein hohes Haftungsrisiko für die Muttergesellschaft bedeuten.

III. Insolvenzrechtliche Haftungstatbestände

1. Kridahaftung

a) Betrügerische Krida

Die in Verbindung mit der Insolvenz einer Gesellschaft begangenen Straftaten werden im LPI und im NCP[387] geregelt. Das NCP übernimmt die strafrechtlichen Bestimmungen des LPI und führt darüber hinaus den Straftatbestand des Vertrauensmissbrauchs durch Gläubigerschädigung (rum: abuzul de încredere prin fraudarea creditorilor) ein. Was im österreichischen Recht unter dem Tatbestand der betrügerischen Krida (rum: bancrută frauduloasă) subsumiert wird, könnte in Rumänien entweder den Straftatbestand der betrügerischen Krida oder, nach dem neuen CP, des Vertrauensmissbrauchs durch Gläubigerschädigung erfüllen.

Betrügerische Krida begeht eine Person, die zur Schädigung der Gläubiger die Geschäftsbücher fälscht, entwendet oder zerstört, einen Teil der Aktiva verheimlicht, nicht bestehende Verbindlichkeiten ausweist, nicht geschuldete Beträge in den Geschäftsbüchern, Verträgen oder in der Finanzevidenz ausweist oder einen Teil der Aktiva im Insolvenzfall veräußert.[388] Diese Straftat kann sowohl von einer natürlichen Person als auch von einer juristischen Person[389] begangen werden.[390] Eine Beteiligung an der Begehung der betrügerischen Krida ist sowohl als Mittäter als auch als Bestimmungs- oder Beitragstäter[391] möglich.[392]

---

384 *Adam/Savu*, Comentariu LSC (2010) Art 153[13] Rz 9.

385 *Piperea*, in *Cărpenaru ua*, Comentariu LSC[4] (2009) Art 153[13] Rz 4.

386 Zur strafrechtlichen Haftung der juristischen Person siehe das Kapitel VI. 1. *Grundlagen der Verbandsverantwortung*.

387 Zum voraussichtlichen Inkrafttreten des NCP siehe das Kapitel I. 3. *Rechtsquellen*.

388 Art 143 Abs 2 LPI.

389 Zur strafrechtlichen Haftung der juristischen Person siehe das Kapitel VI. 1. *Grundlagen der Verbandsverantwortung*.

390 *Corlăţeanu/Nae/Rotaru*, Bancruta frauduloasă – Infracţiune prevăzută în legea nr. 85/2006 şi în Codul Penal 2009, RDC 2009/11, 87.

391 Zu Bestimmungs- und Beitragstäterschaft siehe das Kapitel IV. 2. c. *Die Haftung als Bestimmungs- bzw Beitragstäter*.

392 *Hotca*, in *Hotca/Dobrinoiu*, Infracţiuni speciale (2010) Art 143 LPI 15.

Der Straftatbestand des Vertrauensmissbrauchs durch Gläubigerschädigung wird durch die Handlung eines Schuldners erfüllt, der sein Vermögen gänzlich oder teilweise veräußert, verschleiert, schädigt oder zerstört, oder fiktive Rechtsgeschäfte oder Forderungen geltend macht, um seine Gläubiger zu schädigen.[393]

b) Schädigende Geschäftsführung

Die bösgläubige Zufügung von Schäden im Rahmen der Verwaltung und die Aufbewahrung von Gütern durch jene Person, die diese Güter verwalten und aufbewahren muss, erfüllt den Tatbestand der schädigenden Geschäftsführung (rum: gestiune frauduloasă) und wird mit Freiheitsstrafen von sechs Monaten bis fünf Jahren bestraft.[394] Wenn die schädigende Geschäftsführung mit dem Zweck, einen Vermögensvorteil zu erlangen, begangen wurde, und die begangene Tat nicht einen schwerwiegenderen Straftatbestand erfüllt, beträgt die Freiheitsstrafe drei bis zehn Jahre.[395]

Die beiden im CP vorgesehenen Varianten der schädigenden Geschäftsführung werden wiederum schwerwiegender bewertet, wenn sie vom Insolvenzverwalter, Liquidator oder vom Vertreter oder Beauftragten des Schuldners begangen werden.[396] Folglich werden den genannten Personen gemäß Art 144 LPI in der ersten Variante Freiheitsstrafen von drei bis acht Jahren und in der zweiten Variante Freiheitsstrafen von fünf bis zwölf Jahren auferlegt.[397]

Wenn die schädigende Geschäftsführung von anderen Personen als jenen, die in Art 144 LPI vorgesehen sind, begangen wird, kommen die Bestimmungen des CP zur Anwendung.[398] Die Beteiligung an der Begehung der von Art 144 LPI geregelten Straftat ist in allen Beteiligungsformen möglich, die Mittäterschaft ist jedoch nur möglich, wenn alle Mittäter die vom Gesetz verlangte Qualifikation aufweisen (Insolvenzverwalter, Liquidator oder Vertreter oder Beauftragter des Schuldners).[399]

c) Sondernormen

Im LPI werden weitere Straftatbestände geregelt, die in Verbindung mit der Insolvenz und dem Insolvenzverfahren einer Gesellschaft begangen werden können. Als Straftaten werden auch die einfache Krida (rum: bancrută simplă), die Anmeldung einer Scheinforderung zur Insolvenzmasse und die Weigerung, bestimmte Informationen und Unterlagen herauszugeben, sanktioniert.

---

393 Art 239 Abs 1 NCP.
394 Art 214 Abs 1 CP.
395 Art 214 Abs 2 CP.
396 *Turcu*, Legea procedurii insolvenţei. Comentariu pe articole[3] (2009) 144 RZ 1.
397 Art 144 Abs 2 LPI.
398 *Hotca*, in *Hotca/Dobrinoiu*, Infracţiuni speciale (2010) Art 144 LPI Rz 2.
399 *Hotca*, in *Hotca/Dobrinoiu*, Infracţiuni speciale (2010) Art 146 LPI Rz 3.

Der Straftatbestand der Anmeldung einer Scheinforderung zur Insolvenzmasse im eigenen Namen oder durch Mittelsmänner kann von jeder Person erfüllt werden und eine Beteiligung ist in jeder Form möglich. [400]

Die Weigerung des Geschäftsführers, des Direktors oder des gesetzlichen Vertreters des Schuldners, dem Insolvenzrichter oder dem Masseverwalter oder dem Liquidator die in Art 28 Abs 1 lit a-f LPI bestimmten Unterlagen und Informationen[401] zur Verfügung zu stellen, oder die schlechtgläubige Behinderung dieser Personen bei der Verfassung der im Rahmen der Insolvenz erforderlichen Dokumentation wird ebenso als Straftat vom LPI sanktioniert.[402]

2. Insolvenzverschleppungshaftung/wrongful trading

a) Adressat der Insolvenzantragspflicht

Zur Stellung des Insolvenzantrages ist die Gesellschaft durch ihren gesetzlichen Vertreter verpflichtet.[403] Der Antrag muss innerhalb von 30 Tagen ab Eintritt der Insolvenz der Gesellschaft gestellt werden.[404]

Falls sich die Gesellschaft zum Zeitpunkt des Ablaufs der 30-tägigen Frist in außergerichtlichen Verhandlungen über die Schuldenrestrukturierung befindet, muss sie den Antrag innerhalb von fünf Tagen nach dem Scheitern der Verhandlungen stellen.[405]

Im Unterschied zum deutschen Recht, wonach auch die Überschuldung ein Grund für die Eröffnung des Insolvenzverfahrens ist, bestimmt Art 3 Z 1 LPI nur die Zahlungsunfähigkeit und die drohende Zahlungsunfähigkeit im engeren Sinne als Gründe für die Eröffnung des Insolvenzverfahrens.[406] Ein Schuldner ist zahlungsunfähig, wenn die ihm zur Verfügung stehenden finanziellen Mittel nicht ausreichen, um die fälligen Schulden zu begleichen.[407] Die Insolvenz kann offensichtlich oder drohend sein. Die offensichtliche Zahlungsunfähigkeit wird vermutet, wenn der Schuldner nach 90 Tagen ab Fälligkeit einer Forderung diese immer noch nicht beglichen hat.[408] Es liegt drohende Zahlungsunfähigkeit vor, wenn bewiesen wird, dass der Schuldner seine Schulden bei Fälligkeit mit

---

400 *Hotca*, in *Hotca/Dobrinoiu*, Infracţiuni speciale (2010) Art 146 LPI Rz 2.
401 Es handelt sich dabei um: den vom Geschäftsführer und den Wirtschaftsprüfern genehmigten Jahresabschluss; die Monatsbilanz des auf die Antragstellung auf Eröffnung des Insolvenzverfahrens vorangegangenen Monats; eine Liste mit sämtlichen Gütern des Schuldners, inklusive seiner Bankkonten; eine Liste aller Gläubiger mit Angaben über die Verbindlichkeiten; eine Liste aller Transaktionen, die der Schuldner innerhalb von 120 Tagen vor dem Antrag auf Eröffnung des Insolvenzverfahrens getätigt hat; eine Liste aller Transaktionen und Tätigkeiten, die der Schuldner innerhalb der Beobachtungszeit tätigen bzw entfalten möchte; die Konten über den Gewinn und Verlust des der Antragstellung vorangegangenen Jahres.
402 Art 147 LPI.
403 Art 27 Abs 3 LPI.
404 Art 27 Abs 1 LPI.
405 Art 27 Abs 1 ¹ LPI.
406 *Teveş*, Rumänisches Gesellschaftsrecht III, Osteuropa Recht 2010/3, 319, FN 20.
407 Art 3 Z 1 LSC.
408 Art 3 Z 1 a LSC.

den ihm zur Verfügung stehenden Mitteln nicht zahlen können wird.[409] Der Antrag auf Eröffnung des Insolvenzverfahrens ist bei offensichtlicher Insolvenz obligatorisch.[410] Die Antragstellung bei drohender Insolvenz ist jedoch fakultativ[411], die Nichtstellung des Antrages führt nicht zu einer strafrechtlichen Haftung der Gesellschaftsorgane wie bei einer offensichtlichen Insolvenz.

Zur Vermeidung von verfrühten Insolvenzanmeldungen hat der rumänische Gesetzgeber zwei neue Verfahren zum Erhalt der Unternehmen eingeführt[412], die dazu führen sollen, dass betroffene Unternehmen unter dem Schutz des Landesgerichtes bereits in einem Frühstadium der Krise rechtzeitig Sanierungsmaßnahmen einleiten: das sog ad-hoc Mandat (rum: mandat ad-hoc) und das Rettungsverfahren (rum: concordat preventiv). Im Rahmen des ad-hoc Mandates wird ein zugelassener Insolvenzpraktiker bevollmächtigt, mit den Gläubigern der Gesellschaft eine Änderung der Vertragsbeziehungen zu verhandeln, im Rahmen des Rettungsverfahrens erfolgt eine tatsächliche Vereinbarung zwischen der betroffenen Gesellschaft und den Gläubigern zur Weiterführung des Unternehmens im Rahmen eines Rettungsplans.[413]

Befindet sich die Gesellschaft in einem der obigen Verfahren und tritt währenddessen die Zahlungsunfähigkeit ein, gelten hinsichtlich der Fristen für die Stellung des Insolvenzantrages bei Bestehen berechtigter Erfolgsaussichten des laufenden Verfahrens die Bestimmungen des Art 27 Abs 1 ¹ LPI für außergerichtliche Verhandlungen.[414]

b) Haftung bei verfrühter Antragstellung auf Eröffnung des Insolvenzverfahrens

Während im Falle der offensichtlichen Zahlungsunfähigkeit die widerlegbare Vermutung besteht, dass die Gesellschaft insolvent ist,[415] muss bei drohender Zahlungsunfähigkeit bewiesen werden, dass sie ihre Verbindlichkeiten bei Fälligkeit nicht zahlen können wird. Wird schlechtgläubig ein verfrühter Antrag wegen drohender Zahlungsunfähigkeit gestellt, haftet die Gesellschaft für den dadurch verursachten Schaden.[416] Der Gesetzgeber regelt in diesem Fall *expressis verbis* die Haftung des Schuldners selbst und nicht die Haftung seiner gesetzlichen Vertreter.

---

409 Art 3 Z 1 b LSC.

410 Art 27 Abs 1 LPI.

411 *Adam/Savu*, Legea procedurii insolvenţei. Comentarii şi explicaţii (2006) Art 27 Rz 4. Art 27 Abs 2 LPI besagt, dass auch jener Schuldner, bei dem eine Insolvenz droht, einen Antrag auf Eröffnung des Insolvenzverfahrens stellen kann.

412 Eingeführt durch das Gesetz 2009/381 über die Einführung des präventiven Konkordates und des Ad-hoc Mandates (Legea privind introducerea concordatului preventiv şi a mandatului ad-hoc), veröffentlicht im Amtsblatt Rumäniens I 14.12.2009/870 und mit 13.1.2010 in Kraft getreten.

413 *Oprişiu*, Rettungsmaßnahmen zur Vermeidung von Insolvenzen http://www.zoro.ro/index.php?pg=news&art=3017&amnt=1&rub=Rechtliches (16.4.2012).

414 Art 27 Abs 1 ² LPI.

415 Art 3 Z 1 a LSC.

416 Art 27 Abs 4.

Eine Haftung der Muttergesellschaft wegen verfrühter Antragstellung auf Eröffnung des Insolvenzverfahrens ihrer Tochtergesellschaft wurde bisher nach diesen Bestimmungen noch nicht gerichtlich ausgesprochen. Eine Haftung wäre ohne das Vorliegen eines Schadens auch undenkbar. Wenn durch eine verfrühte Antragstellung einem Dritten ein Schaden zugefügt wird, könnte nach den neuen Bestimmungen über die Solidarhaftung des Art 1369 Abs 1 Cciv ein Haftungsrisiko der Muttergesellschaft bestehen, wenn sie ihre Tochtergesellschaft zur Herbeiführung eines Schadens ermutigt oder veranlasst, ihr dazu verhilft oder bewusst aus einer gesetzwidrigen Handlung stammende Güter verbirgt, oder wenn sie aus dem Schaden Vorteile zieht.[417] Zusätzlich kommen die Bestimmungen des Art 1369 Abs 2 Cciv über die Solidarhaftung bei Verhinderung oder Verzögerung einer gerichtlichen Klage gegen eine andere Person in Betracht.

c) Haftung wegen Insolvenzverschleppung

Bei Nichtstellung des Antrages wegen drohender Zahlungsunfähigkeit besteht nach dem LPI keine Haftung der Gesellschaft für den dadurch den Gläubigern entstandenen Schaden. Das LPI stellt hingegen die Nichtstellung oder die verspätete Stellung des Antrages auf Eröffnung des Insolvenzverfahrens wegen offensichtlicher Insolvenz unter Strafe. Der sogenannte *einfache Bankrott* ist mit Freiheitsstrafe von drei Monaten bis zu einem Jahr oder mit Geldstrafe bedroht.[418] Der Vertreter der juristischen Person erfüllt den Straftatbestand des einfachen Bankrotts, wenn er den Antrag nicht innerhalb von sechs Monaten ab Verstreichen der 30–tägigen Frist (bzw 5–tägigen Frist nach dem Scheitern von außergerichtlichen Verhandlungen) für die Stellung des Antrages auf Eröffnung des Insolvenzverfahrens stellt.[419] Eine Haftung der Muttergesellschaft als Bestimmungs- oder Beitragstäter ist möglich.[420]

Die 6-monatige Frist im Falle einer offensichtlichen Insolvenz, bevor eine strafrechtliche Haftung des Geschäftsführers besteht, und die Tatsache, dass in Rumänien die Antragstellung bei drohender Insolvenz nicht obligatorisch ist, stoßen nicht nur aus Sicht des österreichischen Insolvenzrechts auf Unverständnis. Die Interessen der Gläubiger können nicht nur durch einen verfrühten Antrag auf Eröffnung des Insolvenzverfahrens geschädigt werden, sondern auch durch einen verspäteten Antrag. Die Verbindlichkeiten der Gesellschaft können durch einen verspäteten Antrag erhöht werden, die Insolvenzmasse dementsprechend verringert und somit auch die Möglichkeiten der Gläubiger auf Be-

---

417 Über die in der Rechtsliteratur in Bezug auf die Solidarhaftung geführten Diskussionen siehe das Kapitel IV. 2. *Deliktshaftung.*

418 Art 143 Abs 1 LPI.

419 Art 143 Abs 1 iVm Art 27 LPI.

420 Anzumerken ist, dass eine Haftung der Muttergesellschaft wegen einfachen Bankrotts der Tochtergesellschaft *bis dato* nicht gerichtlich ausgesprochen wurde. Es liegt bislang überhaupt nur eine veröffentlichte gerichtliche Entscheidung zu dieser Materie vor, und auch bei dieser wurde nur die Haftung eines Geschäftsführers ausgesprochen und nicht nur wegen einfachen Bankrotts, sondern auch wegen einer Reihe anderer Delikte, unter anderem auch wegen Steuerhinterziehung (LG Alba, Strafabteilung 15.2.2011/68).

friedigung ihrer Forderungen. Dennoch besteht ein Rechtsschutz für Gläubiger mit einer fälligen Forderung in Höhe von mindestens 45.000 Lei[421] (ungefähr € 10.000). Diese können selbst den Antrag auf Eröffnung eines Insolvenzverfahrens gegen ihren Schuldner stellen. Gläubiger mit geringeren Forderungen können diese vor der Eröffnung des Insolvenzverfahrens gerichtlich einklagen, allerdings nur nach den allgemeinen Bestimmungen.

Die in der Rechtsliteratur geäußerte Meinung, dass die Vertreter einer in offensichtlicher oder auch nur drohender Zahlungsunfähigkeit befindlichen Gesellschaft bei Nichtstellung des Antrages auf Eröffnung des Insolvenzverfahrens für alle Schäden, die dadurch den Gläubigern entstehen, haften,[422] ist zu begrüßen. Die Gläubiger können in beiden Fällen geschädigt werden. Die Gläubiger können jedoch für ihre durch die verspätete Stellung des Antrages auf Eröffnung des Insolvenzverfahrens entstandenen Schäden nicht direkt die Vertreter der juristischen Person belangen. Die Vertreter der juristischen Person können jedoch wegen einfachen Bankrotts strafrechtlich zur Verantwortung gezogen werden. Im Rahmen eines solchen Strafverfahrens können sich die geschädigten Gläubiger als Zivilpartei anschließen. Eine gesonderte Schadenersatzhaftung der Vertreter der juristischen Person nach dem LPI ist hingegen *expressis verbis* nur nach Art 138 möglich.[423] Eine zivilrechtliche Haftung nach Art 219 Cciv kann dennoch nicht ausgeschlossen werden. Wie bereits oben erwähnt, muss eine juristische Person sowohl für die rechtmäßigen als auch für die rechtswidrigen Handlungen ihrer Organe einstehen, wenn diese Handlungen im Zusammenhang mit der Ausübung ihrer Organfunktionen oder den ihnen erteilten Aufgaben getätigt wurden.[424] Da die rechtswidrigen Handlungen der Organe auch die persönliche und gesamtschuldnerische Haftung der schädigenden Person nach sich ziehen, sowohl gegenüber der juristischen Person als auch gegenüber Dritten, kann die geschädigte Person (in diesem Fall der Gläubiger) wählen, gegen wen sie zuerst vorgehen möchte. Nichts spricht dagegen, auch wegen Schäden aus Insolvenzverschleppung direkt gegen den gesetzlichen Vertreter gerichtlich vorzugehen.

3. Anfechtungstatbestände wegen inäquivalenter Geschäfte

Den Gläubigern einer Gesellschaft stehen zwei Rechtsinstrumente zur Verfügung, um jene Rechtsgeschäfte, die ein Schuldner zu ihrem Schaden mit Dritten abgeschlossen hat, anzufechten. Außerhalb des Insolvenzverfahrens können sie sich der paulanischen Klage[425] und im Rahmen eines Insolvenzverfahrens einer nach dem LPI geregelten Anfechtungsklage bedienen. Mit Hilfe der paulanischen Klage können Gläubiger zu ihrem Schaden geschlossene Geschäfte des

---

421 Art 3 Z 12 LPI. Für Forderungen aus Arbeitsverhältnissen besteht eine Untergrenze von mindestens sechs durchschnittlichen Brutto-Gehältern pro Mitarbeiter.

422 *Stepan/Turchetto*, Răspunderea asociaţilor/acţionarilor societăţilor în insolvenţă, RDC 2010/2, 77 f.

423 Siehe dazu das Kapitel III. 5. *Die Durchgriffshaftung bei Insolvenz.*

424 Siehe dazu das Kapitel II. 8. *Haftung einer juristischen Person als Geschäftsführer.*

425 Das Cciv verwendet nunmehr den Begriff Unwirksamkeitsklage (rum: acţiunea revocatorie).

Schuldners für unwirksam erklären lassen. Das neue ZGB lässt die Einbringung dieser Klage nunmehr auch bei noch nicht fälligen[426] Forderungen von Gläubigern zu.[427] Die paulanische Klage nach dem Cciv unterscheidet sich von der Anfechtungsklage nach dem LPI.[428] Nach der Eröffnung des Insolvenzverfahrens gegen den Schuldner kann die paulanische Klage nach dem Cciv nicht mehr eingebracht werden, sondern nur noch die Anfechtungsklage nach dem LPI.[429]

Im Insolvenzverfahren kann der Insolvenzverwalter oder der Liquidator jene schädigenden Rechtsgeschäfte anfechten, die die Gesellschaft zum Schaden ihrer Gläubiger innerhalb der letzten 120 Tage, zwei Jahre oder drei Jahre[430] vor der Eröffnung des Insolvenzverfahrens abgeschlossen hat.[431]

Die Anfechtungsklage kann innerhalb von einem Jahr nach Erstellung des detaillierten Berichtes[432] des Insolvenzverwalters über die Finanzlage des Schuldners eingebracht werden, jedoch nicht später als 16 Monate nach Eröffnung des Insolvenzverfahrens.[433] Falls der Insolvenzverwalter bzw der Liquidator untätig bleibt, kann der Gläubigerausschuss die Klage selbst einbringen.[434] Bei ungerechtfertigter Weigerung des Insolvenzverwalters bzw des Liquidators, die Anfechtungsklage einzubringen, können diese zur Verantwortung gezogen werden.[435]

Jene die Gläubiger schädigenden Rechtsgeschäfte, die die Gesellschaft innerhalb der letzten drei Jahre vor der Eröffnung des Insolvenzverfahrens mit einem ihrer Gesellschafter, der über mindestens 20 % des Gesellschaftskapitals oder der Stimmrechte verfügt,[436] mit einem ihrer Geschäftsführer, Direktoren oder Mitglieder der Aufsichtsorgane[437] oder mit einer natürlichen oder juristischen Person, die einen beherrschenden Einfluss auf die Gesellschaft hat[438], abgeschlossen hat, können angefochten werden. Weiters können folgende Rechtsgeschäfte, die die Gesellschaft innerhalb der letzten drei Jahre vor der Eröffnung des Insolvenzverfahrens zum Schaden der Gläubiger abgeschlossen hat, angefochten werden:

---

426 Die Rechtsprechung vor Inkrafttreten des neuen Cciv hat die Stattgebung der paulanischen Klage unter anderem von einer fälligen Forderung des Gläubigers abhängig gemacht. Siehe dazu zB ÎCCJ 2849/13.5.2005, zitiert in *Ninu*, Acţiunea revocatorie (pauliană) şi acţiunea oblică (2010) 1 f.

427 Art 1563 Cciv.

428 *Turcu*, Noul Cod civil (2011) Art 1565 Rz 6.

429 *Turcu*, Noul Cod civil (2011) Art 1565 Rz 7.

430 Der Zeitraum ist von dem jeweiligen anfechtbaren Geschäft abhängig.

431 Art 79 LPI.

432 Gemäß Art 20 Abs 1 Z b LPI muss der Masseverwalter die Situation des Schuldners prüfen und einen detaillierten Bericht darüber erstellen, ob die Gesellschaft saniert werden kann oder nicht. Der Bericht muss ebenfalls Angaben zu den Ursachen der Insolvenz und zu den Personen, die dafür verantwortlich sein könnten, beinhalten.

433 Art 81 Abs 1 LPI.

434 Art 81 Abs 2 LPI.

435 *Buta*, Entscheidungsbesprechung CA Timişoara 14.3.2011/480, CJ 2011/5, 253.

436 Art 80 Abs 2 Z a und c LPI.

437 Art 80 Abs 2 Z d LPI.

438 Art 80 Abs 2 Z e LPI.

- unentgeltliche Übertragungen, ausgenommen Spenden zu humanitären Zwecken;[439]
- Handelsgeschäfte, bei denen die Leistung des Schuldners offensichtlich die empfangene Gegenleistung übersteigt;[440]
- Rechtsgeschäfte, die mit der Absicht aller Vertragsparteien abgeschlossen wurden, Vermögensgegenstände den Gesellschaftsgläubigern zu entziehen oder diese in irgendeiner Weise zu schädigen;[441]
- Rechtsgeschäfte, die mit einem Miteigentümer über ein gemeinsames Gut abgeschlossen wurden.[442]

Weiters können auch Rechtsgeschäfte mit derivativen Finanzinstrumenten, inklusive Nettingvereinbarungen, die auf Basis eines qualifizierten Finanzvertrages innerhalb der letzten zwei Jahre vor der Eröffnung des Insolvenzverfahrens von der Gesellschaft abgeschlossen wurden, angefochten werden, sofern sie mit der Absicht geschlossen wurden, die Zahlungsunfähigkeit zu verheimlichen oder hinauszuzögern oder eine natürliche oder juristische Person zu schädigen.[443]

Darüber hinaus können folgende Rechtsgeschäfte, die die Gesellschaft innerhalb der letzten 120 Tage vor der Eröffnung des Insolvenzverfahrens abgeschlossen hat, angefochten werden:

- Eigentumsübertragungen zugunsten eines Gläubigers zur Erfüllung einer vorherigen Verbindlichkeit oder zu dessen Nutzen, wenn der Betrag, den der Gläubiger im Falle der Insolvenz der Gesellschaft erhalten könnte, geringer wäre als der Betrag, den er im Rahmen des anzufechtenden Geschäfts tatsächlich erhalten hat;[444]
- Bestellung oder Vereinbarung einer dinglichen Sicherheit für eine ursprünglich unbesicherte Forderung;[445]
- Vorauszahlung von Verbindlichkeiten, die erst zu einem Zeitpunkt nach Eröffnung des Insolvenzverfahrens fällig wären.[446]

Wenn einer der in Art 80 LPI dargestellten Fälle vorliegt, besteht nach dem Gesetz die widerlegbare Vermutung, dass Gesellschaftsgläubiger geschädigt wurden.[447] Diese Vermutung bleibt auch dann aufrecht, wenn die Gesellschaft durch missbräuchliche Ausübung von Verfahrensrechten den Zeitpunkt der Eröffnung des Insolvenzverfahrens hinausgezögert hat, um den Ablauf der Anfechtungsfristen herbeizuführen.[448]

---

439 Art 80 Abs 1 Z a LPI.
440 Art 80 Abs 1 Z b LPI.
441 Art 80 Abs 1 Z c LPI.
442 Art 80 Abs 2 Z f LPI.
443 Art 80 Abs 2 Z g LPI. Siehe auch *Adam/Savu*, Comentariu LPI (2006) Art 80 Rz 35.
444 Art 80 Abs 1 Z d LPI.
445 Art 80 Abs 1 Z e LPI.
446 Art 80 Abs 1 Z f LPI.
447 Art 85 Abs 3 erster Satz LPI.
448 Art 85 Abs 4 LPI.

Bei unentgeltlichen Geschäften wird jüngst von der Rechtsliteratur sogar die Meinung einer unwiderlegbaren Vermutung der Gläubigerschädigung vertreten. Demnach ist der Geschäftsführer verpflichtet, keine Geschäfte abzuschließen, die nicht dem Gesellschaftszweck entsprechen, worunter bei Handelsgesellschaften auch unentgeltliche Geschäfte fallen.[449]

Während durch die paulanische Klage nur die Forderung des aktiven Gläubigers befriedigt wird, führt eine Anfechtungsklage im Rahmen eines Insolvenzverfahrens dazu, dass der Dritte, dessen Rechtsgeschäft wirksam angefochten wurde, der Insolvenzmasse alles zurückerstatten muss, was er in Folge des mit der Gesellschaft abgeschlossenen Rechtsgeschäfts erhalten hat. Falls der Dritte gutgläubig war, bekommt er im Gegenzug eine Forderung gegen die Insolvenzmasse.[450] War er dagegen schlechtgläubig, verliert er seine Forderung gegen die Insolvenzmasse.[451] Seine Schlechtgläubigkeit muss jedoch vom Insolvenzverwalter bzw Liquidator bewiesen werden[452], da sich die gesetzliche Vermutung der Gläubigerschädigung nicht auch auf den Dritten erstreckt.[453]

Wurde ein Gut inzwischen weiterveräußert, kann es vom Nacherwerber gerichtlich nur dann zurückgefordert werden, wenn dieser den angemessenen Wert des Gutes nicht entrichtet hat und wusste oder hätte wissen müssen, dass die ursprüngliche Veräußerung anfechtbar ist.[454] Wenn der Nacherwerber Ehegatte, Verwandter oder Verschwägerter bis zum IV. Grad des Schuldners ist, gilt die widerlegbare gesetzliche Vermutung, dass er wusste, dass das ursprüngliche Rechtsgeschäft anfechtbar ist.[455] Angesichts der gesellschaftsrechtlichen Verhältnisse zwischen einer Tochter- und einer Muttergesellschaft sollte diese Vermutung auch auf jene Rechtsgeschäfte Anwendung finden, die zwischen diesen abgeschlossen wurden.

4. Nachrangige Behandlung der Gesellschafterdarlehen

Während die Rechtslehre[456] immer noch heftige Diskussionen darüber führt, ob die unter Gesellschaften gewährten Kredite gesetzmäßig sind oder nicht, wird den Rechtsfolgen von Krediten und Sicherheiten, die einer Gesellschaft

---

449 *Dachie*, Consideraţii cu privire la acţiunea în anulare a unor acte frauduloase încheiate de debitorul aflat în insolvenţă (I), RDC 2012/2, 109.

450 Art 83 Abs 2 erster Satz LPI.

451 Art 83 Abs 2 zweiter Satz LPI.

452 Art 83 Abs 2 dritter Satz LPI.

453 Art 85 Abs 3 dritter Satz LPI.

454 Art 84 Abs 1 LPI.

455 Art 84 Abs 2 LPI.

456 Die Rechtsliteratur beschäftigt sich immer noch mit der Frage, ob die Gewährung von Krediten zwischen Gesellschaften, deren Tätigkeitsfeld nicht die Gewährung von Krediten ist, gesetzmäßig ist oder nicht. Das Gesetz 2009/93 über Finanzinstitutionen, die keine Banken sind (Legea privind instituţiile financiare nebancare), hat jedoch Klarheit darüber geschaffen. So können Gesellschaften anderen Gesellschaften Kredite gewähren, wenn sie dies nicht gewerbsmäßig betreiben, sondern nur gelegentlich. (Siehe dazu *Dumitru*, Discuţii privind legalitatea împrumuturilor/creditărilor între societăţile comerciale, in Dreptul 2011/8).

von ihren eigenen Gesellschaftern gewährt werden, kaum Aufmerksamkeit geschenkt. In der Rechtsliteratur wird vielmehr das Thema der Kreditierung und Besicherung zwischen Konzerngesellschaften im Rahmen von *Treasury-Geschäften* diskutiert. Der Ausgangspunkt hierfür ist eine strafrechtliche Vorschrift des LSC über das Verbot bestimmter *Treasury-Geschäfte* zwischen Konzerngesellschaften.[457] Da Kredite Teil der *Treasury-Geschäfte* sind,[458] sind grundsätzlich auch Kredite zwischen Gesellschaften innerhalb eines Konzerns zulässig. Nach Meinung der Lehre kommen *Treasury-Geschäfte* zwischen Konzerngesellschaften nicht in Konflikt mit dem Bankgesetz, solange diese lediglich innerhalb eines Konzerns getätigt werden.[459]

Ab dem Zeitpunkt der Eröffnung des Insolvenzverfahrens wird die Gleichbehandlung der Gläubiger durch die gesetzliche Reihenfolge der Befriedigung der Gläubigerforderungen ersetzt.[460] Der Gesetzgeber bestimmt exakt die Reihenfolge, in der die Gläubiger der Gesellschaft bei der Liquidation befriedigt werden müssen. Je nach Art der Forderung können bis zu neun Forderungsposten bestehen[461], wobei die Forderungen aus Krediten, die ein Gesellschafter seiner Gesellschaft gewährt, den letzten Platz einnehmen[462]. Dies betrifft jedoch nur solche Kredite, die von einem Gesellschafter gewährt wurden, der über mindestens 10% des Gesellschaftskapitals oder der Stimmrechte in der Generalversammlung verfügt. Diese Kredite werden nachrangig behandelt, unabhängig vom Zeitpunkt der Kreditgewährung und unabhängig von der Kenntnis der finanziellen Situation durch den kreditgebenden Gesellschafter.

Das LPI unterscheidet nicht zwischen besicherten und unbesicherten Krediten. Auch die Rechtslehre und die Rechtsprechung behandeln diese Unterscheidung nicht. Somit stellt sich die Frage, wie die von Gesellschaftern gewährten Kredite behandelt werden, die von der Gesellschaft mit einer dinglichen Sicherheit besichert wurden, und ob der besicherte Gesellschafter nachrangig oder wie ein dinglich besicherter Gläubiger behandelt wird. Da das Kreditgeschäft die Hauptforderung darstellt und die dafür gewährte dingliche Sicherheit die Nebenforderung, und nach dem Grundsatz der Akzessorietät die Nebenforderung der Hauptforderung folgt, ist somit auch eine für die Rückzahlung eines nachrangigen Kredites bestellte dingliche Sicherheit nachrangig zu behandeln[463].

---

457 Siehe dazu das Kapitel VI. 4. *Strafrechtliche Bestimmungen im LSC.*

458 *M. C. Popa*, Operaţiunile de trezorerie în cadrul grupurilor de societăţi în lumina art. 272 din Legea societăţilor comerciale, RRDA 2008/3, 33 f

459 *M. C. Popa*, Operaţiunile, RRDA 2008/3, 39.

460 *Turcu*, Legea procedurii insolvenţei. Comentariu pe articole³ (2009) Art 123 Rz 2.

461 Art 123 LPI.

462 Art 123 Z 9 a LPI.

463 Die Nichtgeltendmachung einer von der Gesellschaft bestellten Sicherheit wäre nach *Vogt* mit dem Grundsatz der Akzessorietät zu begründen. Siehe *Vogt*, in *Schopper/Vogt*, Eigenkapitalersatzgesetz. Praxiskommentar zum EKEG samt Nebenbestimmungen in KO und AO (2003) 229.

Sanierungsdarlehen

Jene Forderungen, die aus Darlehen, die der Gesellschaft nach der Eröffnung des Insolvenzverfahrens gewährt wurden, und die Forderungen, die aus der Fortsetzung der Gesellschaftsaktivität nach der Eröffnung des Insolvenzverfahrens resultieren, werden vorrangig behandelt[464], unabhängig davon, ob die Kredite von Dritten oder von Gesellschaftern, inklusive der Muttergesellschaft, gewährt wurden. Sanierungsdarlehen stehen im dritten Rang in der Befriedigungsreihenfolge der Gläubiger, unmittelbar nach den Forderungen, die aus der Führung des Insolvenzverfahrens resultieren, und den Lohnforderungen. Bis zur Novellierung des LPI im Jahr 2010[465] wurden nur jene Kredite vorrangig behandelt, die der Gesellschaft in der Reorganisationsphase von Kreditinstituten gewährt wurden. Seit der Novellierung werden die in der Reorganisationsphase gewährten Kredite unabhängig vom Kreditgeber, also auch, wenn sie von einem Gesellschafter gewährt wurden, vorrangig behandelt.

5. Die Durchgriffshaftung bei Insolvenz

a) Gesetzlicher Rahmen

Das LPI stellt den gesetzlichen Rahmen für die Durchgriffshaftung jener Personen dar, die die Insolvenz einer Gesellschaft verursacht haben. Bei Kreditinstituten kommt die VO 2004/10 über den Konkurs von Kreditinstituten (rum: Ordonanţă privind falimentul instituţiilor de credit)[466] zur Anwendung.

b) Fallkonstellationen

Der Insolvenzrichter kann auf Antrag des Masseverwalters oder des Liquidators verfügen, dass ein Teil der Passiva von den Mitgliedern des Verwaltungs- bzw Leitungsorgans und/oder des Aufsichtsorgans oder von anderen Personen, die die Insolvenz verursacht haben, getragen wird. Sie haften, wenn sie die Insolvenz durch eine der folgenden Handlungen verursacht haben:[467]
- Nutzung von Gütern oder Krediten der Gesellschaft im eigenen Interesse oder im Interesse einer anderen Person[468];
- Abschluss von Geschäften im eigenen Interesse, aber auf Rechnung der Gesellschaft[469];
- Fortsetzung einer Tätigkeit im eigenen Interesse, die offensichtlich zur Zahlungsunfähigkeit der Gesellschaft geführt hat[470];

---

464 Art 123 Z 3 LPI.
465 Das Gesetz 2010/169 über die Änderung und Ergänzung des LPI, veröffentlicht im Amtsblatt Rumäniens 21.7.2010/505.
466 Veröffentlicht im Amtsblatt Rumäniens I 30.1.2004/84 idF 30.9.2011/694.
467 Art 138 Abs 1 LPI.
468 Art 138 Abs 1 Z a LPI.
469 Art 138 Abs 1 Z b LPI.
470 Art 138 Abs 1 Z c LPI.

- Führung einer fiktiven Buchhaltung, Verschleierung buchhalterischer Dokumente oder Führung einer nicht gesetzesgemäßen Buchhaltung[471];
- Unterschlagung oder Verschleierung von Teilen der Aktiva oder fiktive Erhöhung der Passiva[472];
- Anwendung ruinöser Mittel, um der Gesellschaft Gelder zur Verzögerung der Zahlungsunfähigkeit zu verschaffen[473];
- Bevorzugung von Gläubigern zum Schaden anderer Gläubiger, indem ihnen einen Monat vor dem Eintritt der Insolvenz Zahlungen geleistet wurden[474].

Die gerichtlichen Instanzen sind bei der Zulassung von Haftungsanträgen auf Basis anderer als im Art 138 Abs 1 LPI angegebener Gründe sehr restriktiv.

c) Haftende Personen

Haftende Personen sind die Mitglieder der Geschäftsführung, der Aufsichtsorgane oder andere Personen, wenn sie die Insolvenz verursacht haben. Unter „anderen Personen" können auch die Gesellschafter der Gesellschaft verstanden werden. Die gerichtlichen Instanzen haben jedenfalls die Durchgriffshaftung der Gesellschafter-Geschäftsführer[475] und der de facto Geschäftsführer [476] bestätigt.

---

471 Art 138 Abs 1 Z d LPI.
472 Art 138 Abs 1 Z e LPI.
473 Art 138 Abs 1 Z f LPI.
474 Art 138 Abs 1 Z g LPI.
475 Im Falle einer GmbH mit zwei Gesellschaftern, wobei einer zusätzlich als Geschäftsführer fungierte, wurden die Buchhaltungsevidenzen nicht geführt. In einer ersten Überprüfung des Gesellschaftsvermögens wurde festgestellt, dass die Gesellschaft keine Güter mehr besitzt und eine eventuelle Veräußerung der Aktiva nicht festgehalten wurde. Die erste Instanz (HG Cluj 18.5.2009/1944) hat dem Antrag stattgegeben und die Solidarhaftung des Gesellschafters und des Gesellschafter-Geschäftsführers angeordnet, da die Nichtführung der Buchhaltungsevidenzen eine nach den Bestimmungen des Art 138 Abs 1 Z d LPI gesetzeswidrige Handlung sei. Die Kausalität zwischen der unrechtmäßigen Handlung und dem Schaden der Gläubiger wird *iuris et de iure* vermutet und kann nicht durch Gegenbeweis widerlegt werden. Überdies spielt es keine Rolle, wer Geschäftsführer war, da die Gesellschafter zumindest die Pflicht haben, die Führungsweise der Gesellschaft zu überprüfen, wenn sie nicht aktiv daran teilnehmen. Darüber hinaus führt der Geschäftsführer in der Regel die Gesellschaft auf Anweisungen der Gesellschafter. Die Nichtüberwachung des Geschäftsführers ist ein Grund für den Eintritt der Haftung. Die zweite Instanz (CA Cluj 25.1.2010/151) hat die Entscheidung der ersten Instanz nur teilweise bestätigt. Der Antrag auf Haftung des Gesellschafters wurde abgewiesen und nur die Haftung des Gesellschafter-Geschäftsführers bestätigt, da die erste Instanz fehlerhaft entschieden hätte, dass die Haftung der Gesellschafter auf Basis des Art 138 Abs 1 Z d LPI möglich sei. Der Liquidator hätte bei der Überprüfung des Handelsregisters erkennen können, dass nur einer der Gesellschafter zusätzlich die Funktion des Geschäftsführers innehat. Überdies haften gemäß Art 73 Abs 1 Z c LSC nur die Geschäftsführer gesamtschuldnerisch für das Vorliegen der vom Gesetz vorgeschriebenen Bücher und ihre korrekte Führung.
476 Es wurde die Solidarhaftung der zwei Geschäftsführer und der Alleingesellschafterin auf Basis des Art 138 Abs 1 Z a LPI (Nutzung von Gütern oder Krediten der Gesellschaft im eigenen Interesse oder im Interesse einer anderen Person) und Art 138 Abs 1 Z d LPI (Führung einer fiktiven Buchhaltung, Verschleierung buchhalterischer Dokumente oder Führung einer nicht gesetzesgemäßen Buchhaltung) angeordnet, da de facto die Alleingesellschafterin die Gesellschaft führte. Die Alleingesellschafterin war ebenfalls Buchhalterin der Gesellschaft. Die

Die VO 2004/10 über den Konkurs der Kreditinstitute bestimmt abschließend die Durchgriffshaftung der Verwaltungsorgane, der Zensoren und des Personals mit Kontroll- oder Exekutivaufgaben. Die Haftung „anderer Personen", zu denen auch eine Bankenmutter zählen könnte, ist nicht vorgesehen.[477]

d) Haftungsvoraussetzungen und Fristen

In der Gerichtspraxis wurde entschieden, dass die Haftung nach den Bestimmungen des Art 138 Abs 1 LPI die Eigenschaften der Deliktshaftung erfüllen muss. Dementsprechend müssen die gesetzwidrigen Handlungen, das Verschulden (Form des Vorsatzes) und die Kausalität zwischen der Handlung und dem Schaden bewiesen werden. Die Gerichtspraxis tendiert jedoch langsam dazu, in bestimmten Fällen von der Vermutung des Verschuldens auszugehen. Wenn zB die Buchhaltungsevidenzen gesetzwidrig geführt wurden, wird Kausalität zwischen der gesetzwidrigen Handlung und der Verursachung der Insolvenz vermutet. Kausalität ist auch dann gegeben, wenn die gesetzwidrige Handlung lediglich begünstigend für die Verursachung der Insolvenz war[478].

Der Insolvenzrichter kann im Rahmen eines Insolvenzverfahrens nicht die Haftung der an der Verursachung der Insolvenz schuldigen Personen von Amts wegen verfügen.[479]

Die Durchgriffshaftung nach Art 138 Abs 1 LPI ersetzt nicht die Anwendung des Strafrechts, wenn die begangenen Tathandlungen gleichzeitig Straftatbestände darstellen.[480] Da letztlich die meisten der in Art 138 Abs 1 LPI vorgesehenen Tathandlungen gleichzeitig auch eigenständige Straftaten darstellen, kommt es vor, dass gegen eine für die Insolvenz einer Gesellschaft verantwortliche Person entweder bereits eine eigenständige Zivilklage im Rahmen des Insolvenzverfahrens anhängig ist oder eine Zivilklage im Rahmen eines Strafverfahrens eingebracht wird.[481]

Die Beweislast bei einer zivilrechtlichen Klage wird bei Verletzung strafrechtlicher Bestimmungen deutlich erleichtert.[482] Der Privatbeteiligte eines Strafverfahrens muss nicht mehr das Vorliegen der Voraussetzungen der Deliktshaftung beweisen, die bei Berufung auf die Bestimmungen des Art 138 Abs 1 LPI bewiesen werden müssen.

Entscheidung ist abrufbar unter: http://jurisprudentacedo.com/Atragerea-raspunderii-penale-a-unui-administrator-de-fapt-care-a-intocmit-documentele-contabile-ale-societatii-debitoare-aflate-in-procedura-insolventei-nu-exonereaza-de-raspundere-administratorii.html (5.1.2012).

477 Art 39 VO 2004/10 über den Konkurs von Kreditinstituten.

478 HG Cluj, Entscheidung 18.5.2009/1944.

479 *Turcu/Stan*, Suportarea pasivului debitorului de către conducătorii acestuia în procedura insolvenţei, in der von der Universität Klausenburg herausgegebenen Online-Fachzeitschrift *Studia*, abrufbar unter: http://studia.law.ubbcluj.ro/articol.php?articolId=160 (2.4.2012).

480 Art 138 Abs 2 LPI.

481 *Adam/Savu*, Comentariu LPI (2006) Art 138 Rz 148.

482 *David*, Company Groups, in *Hopt/Jessel-Holst/Pistor*, Unternehmensgruppe (2002) 250.

Der Antrag auf persönliche Haftung kann innerhalb von drei Jahren ab Kenntnis der schuldhaften Person, jedoch nicht später als zwei Jahre nach Eröffnung des Insolvenzverfahrens eingebracht werden.

Die Haftungsklage nach den obigen Bestimmungen (Art 138 Abs 1 LPI) kann lediglich nach Eröffnung des Insolvenzverfahrens eingebracht werden. Vor dessen Eröffnung kann eine Haftungsklage gegenüber den Gesellschaftern nur von der Gesellschaft eingebracht werden, was aus den Bestimmungen der Art 73 und 155 LSC[483] hervorgeht.[484]

e) Antragsbefugte Personen

Antragsbefugt sind in erster Linie der Masseverwalter und der Liquidator. Wenn der Insolvenzbericht keinen Vermerk über die an der Insolvenz schuldigen Personen beinhaltet oder der Masseverwalter bzw der Liquidator entschieden hat, die Haftung der im Bericht angeführten Personen nicht zu beantragen, kann die Haftung vom Präsidenten des Gläubigerkomitees nach der Entscheidung der Gläubigerversammlung oder von einem Gläubiger, der mehr als 50 % der eingetragenen Forderungen an der Insolvenzmasse hat, beantragt werden.[485]

Für den Fall, dass der Antrag auf Haftung der Gesellschafter bzw der Gesellschaftsorgane abgewiesen wurde und der Masseverwalter bzw Liquidator auf die Anfechtung des Beschlusses verzichtet, kann nach der letzten Novellierung des LPI die Gläubigerversammlung oder ein Gläubiger mit mehr als 50 % der Forderungen an der Insolvenzmasse den Rekurs durch den Masseverwalter bzw Liquidator erzwingen.[486] Stellen die Gläubiger selbst den Antrag auf Haftung der Gesellschafter bzw der Gesellschaftsorgane, haben sie nunmehr ein Wahlrecht und können entweder den Rekurs selbst erheben oder den Masseverwalter bzw Liquidator damit beauftragen. Diese Bestimmungen sind eine Ausnahme von den zivilverfahrensrechtlichen Bestimmungen, wonach die Parteien in der zweiten Instanz nicht geändert werden können. Der Rekurs durch den Masseverwalter bzw Liquidator würde den Gläubigern die Gerichtskosten ersparen.[487]

---

483 Siehe dazu das Kapitel II. 2. b. *Rechtsdurchsetzung der Innenhaftung.*
484 *Turcu/Stan,* Suportarea pasivului debitorului.
485 Art 138 Abs 3 LPI.
486 Art 138 Abs 3 LPI.
487 Siehe dazu *Iancu,* Art. 138 alin. (6) din Legea nr. 85/2006 privind insolvenţa. O eroare sau o inovaţie?, RDC 2011/9, 144 f.

IV. Zivilrechtliche Tatbestände

1. Vertragliche Grundlagen

a) Überblick über schuldrechtliche Verpflichtungen für Verbindlichkeiten Dritter

Um die Nachteile der beschränkten Haftung der Gesellschafter für die Verbindlichkeiten einer Kapitalgesellschaft für die Gesellschaftsgläubiger zu begrenzen, ist es in der Praxis üblich, dass die Gläubiger von den Geschäftsführern und/oder den Mehrheitsgesellschaftern persönliche Sicherheiten fordern.[488]

Das neue Cciv hat die Kreditsicherheiten reformiert und insbesondere systematisiert.[489] Neben der Bürgschaft (rum: fideiusiune) werden die Schuldübernahme (rum: preluarea datoriei) und die sogenannten autonomen Sicherheiten, das sind der Garantiebrief (rum: scrisoare de garanție) und die Patronatserklärung (rum: scrisoare de confort), geregelt.

In der Praxis ist die Bürgschaft die geläufigste persönliche Sicherheit. Sie muss nunmehr bei sonstiger absoluter Nichtigkeit schriftlich abgeschlossen werden[490] und kann auch entgeltlich sein[491]. Durch den mit dem Gläubiger eines Dritten abgeschlossenen Vertrag verpflichtet sich der Bürge, die Verbindlichkeiten des Schuldners zu erfüllen, falls dieser sie nicht erfüllt.[492] Die Bürgschaft ist demzufolge subsidiär[493], außer es handelt sich um einen gesetzlichen oder durch das Gericht bestimmen Bürgen[494] oder einen Bürgen-und-Zahler[495]. Der Bürge kann gegenüber dem Gläubiger alle Einreden erheben, die der Schuldner hätte erheben können, mit Ausnahme höchstpersönlicher Einreden.[496] Darüber hinaus hat die Bürgschaft akzessorischen Charakter.[497] Sie kann jedoch im Falle von zukünftigen oder unbestimmten Verbindlichkeiten, oder wenn sie für eine unbestimmte Laufzeit bestellt wurde, nach drei Jahren ab der Bestellung vom Bürgen durch Notifikation an den Schuldner, den Gläubiger und die übrigen Bürgen beendet werden, wenn die Forderung des Gläubigers inzwischen nicht fällig geworden ist.[498]

Die Garantie ist eine unwiderrufliche und bedingungslose Verpflichtung einer Person (Emittent) gegenüber einer anderen Person (Auftraggeber) in Anbe-

---

488 *Predoiu/Piperea*, in *Cărpenaru* ua, Comentariu LSC[4] (2009) Art 191 Rz 3.

489 *Krakkai*, Das rumänische Kreditsicherungsrecht nach Inkrafttreten des neuen Zivilgesetzbuches, eastlex 2012, 4.

490 Art 2282 Cciv.

491 Art 2280 Cciv.

492 Art 2280 Cciv.

493 Art 2293 Cciv.

494 Art 2294 Abs 2 Cciv.

495 Art 2300 Cciv.

496 Art 2296 Cciv.

497 Art 2288 Abs 1 Cciv. Ausnahmen vom akzessorischen Charakter sind gemäß Art 2288 Abs 2 Cicv die Naturalobligationen und die Geschäftsunfähigkeit des Schuldners, wenn der Bürge von diesen Umständen Kenntnis hatte.

498 Art 2316 Abs 1 Cciv.

tracht eines vorherigen Geschäftsverhältnisses, von diesem jedoch unabhängig, eine Geldsumme einer dritten Person (Begünstigten) unter den im Garantiebrief vorgesehenen Bedingungen zu zahlen.[499] Der Emittent kann gegenüber dem Begünstigten keine Einreden aus dem Grundgeschäft einbringen, er kann aber im Falle von Missbrauch oder offensichtlichem Betrug auch nicht zur Zahlung verpflichtet werden.[500] Wenn der Garantiebrief nichts Gegenteiliges vorsieht, entfaltet er seine Wirkung ab dem Zeitpunkt seiner Ausstellung und seine Gültigkeit endet mit Ablauf der vereinbarten Frist, unabhängig davon, wann der Originalgarantiebrief zurückgegeben wird.[501] Bei Leistung von Zahlungen aus der Garantieverpflichtung hat der Emittent ein Rückgriffsrecht gegen den Auftraggeber des Garantiebriefes.[502]

Die Schuldübernahme wurde im neuen Cciv nach dem Muster der *Unidroit*-Grundsätze (Art 9.2.1 – 9.2.8), des schweizerischen Obligationenrechts und des deutschen BGB geregelt.[503] Vor dem Inkrafttreten des neuen Cciv bediente man sich mangels eines gesetzlichen Rahmens für die Schuldübernahme der Novation mit Schuldnerwechsel, die jedoch nicht die gleichen Rechtsfolgen entfaltet.[504]

Die Schuldübernahme kann nunmehr mittels Vertrag zwischen dem alten und dem neuen Schuldner oder zwischen dem Gläubiger und dem neuen Schuldner erfolgen.[505] Soll die Schuldübernahme durch einen Vertrag zwischen den Schuldnern erfolgen, bedarf sie für ihre Gültigkeit der Zustimmung des Gläubigers.[506] Der neue Schuldner tritt an die Stelle des alten, außer der Vertrag bestimmt anderes.[507] Der rumänische Gesetzgeber sieht demzufolge die befreiende Schuldübernahme als Regel vor, die Parteien können jedoch auch vereinbaren, dass der alte und der neue Schuldner solidarisch haften (kumulative Schuldübernahme – Schuldbeitritt).[508] Die Haftung ist ebenso solidarisch, wenn der neue Schuldner zum Zeitpunkt der Schuldübernahme zahlungsunfähig war und der Gläubiger der Schuldübernahme zugestimmt hat, ohne über die Zahlungsunfähigkeit des neuen Schuldners Kenntnis zu haben.[509]

b) *Liquiditätszusagen gegenüber der Tochtergesellschaft*

Liquiditätszusagen der Muttergesellschaft gegenüber einer Tochtergesellschaft sind in Rumänien nicht geläufig und auch nicht gesetzlich geregelt, sie können jedoch nach dem Prinzip der Vertragsfreiheit grundsätzlich vereinbart werden. Die Durchsetzung der aus derartigen Erklärungen entstandenen

---

499 Art 2321 Abs 1 Cciv.
500 Art 2321 Abs 3 Cciv.
501 Art 2321 Abs 7 Cciv.
502 Art 2321 Abs 4 Cciv.
503 *Roşianu*, in *Baias ua*, Noul Cod civil. Comentariu pe articole (2012) Art 1599 Rz 3.
504 *Roşianu*, in *Baias* ua, Comentariu NCC (2012) Art 1599 Rz 1.
505 Art 1599 Cciv.
506 Art 1605 Cciv.
507 Art 1600 Cciv.
508 *Roşianu*, in *Baias* ua, Comentariu NCC (2012) Art 1600 Rz 2.
509 Art 1601 Cciv.

Ansprüche könnte sich in der Praxis jedoch als schwierig erweisen, falls eine Tochtergesellschaft nicht bereit ist, gegen ihre Konzernmutter vorzugehen. Solche Ansprüche könnten jedoch mittels einer Haftungsklage nach Art 155[1] LSC[510] durchgesetzt werden, vorausgesetzt, dass mindestens 5 % der Gesellschaftsanteile sich dafür aussprechen.

Darüber hinaus besteht das Klagerecht der Gläubiger nach Art 1560 Cciv[511], wenn ihre Interessen durch die Untätigkeit der Tochtergesellschaft beeinträchtigt werden, was zB bei Zahlungsunfähigkeit der Tochtergesellschaft der Fall sein könnte.

c) Patronatserklärungen gegenüber Dritten

Die Patronatserklärung wird erstmals im neuen Cciv nach dem Vorbild des französischen *Code Civil*[512] gesetzlich geregelt. Bereits bisher war es in Rumänien üblich, dass im Rahmen von Projekten, die mit EU-Fördergeldern finanziert werden, der vom Antragsteller selbst zu finanzierende Teil von Banken durch Ausstellung von Patronatserklärungen besichert wird.[513] Die nunmehrige Verankerung im Gesetz wird voraussichtlich auch die Anwendung in Konzernstrukturen anregen.

Die Patronatserklärung ist eine unwiderrufliche und autonome Verpflichtung des Emittenten, etwas zu tun oder zu unterlassen, mit dem Zweck, eine andere Person bei der Erfüllung ihrer Verpflichtungen gegenüber ihrem Gläubiger zu unterstützen.[514] Der Emittent kann dem Gläubiger keine Einreden aus dem Grundgeschäft zwischen dem Gläubiger und dem Schuldner entgegenhalten.[515] Wenn der Schuldner seine Verpflichtung nicht erfüllt, kann der Emittent nur schadenersatzpflichtig gegenüber dem Gläubiger werden, und nur, wenn der Gläubiger den Beweis erbringt, dass dieser seine Verpflichtung aus der Patronatserklärung nicht erfüllt hat.[516] Der Emittent hat in diesem Fall ein Regressrecht gegen den Schuldner.[517]

Ungeachtet der gesetzlichen Definition der Patronatserklärung, die als harte Patronatserklärung einzustufen ist, könnten sich in der Praxis auch weiche Pa-

---

510 Siehe dazu das Kapitel II. 2. ba. *Actio pro socio.*
511 Mehr zur indirekten Klage siehe im Kapitel II. 2. bc. *Rechtsdurchsetzung durch Gläubiger.*
512 *La lettre d'intention est l'engagement de faire ou de ne pas faire ayant pour objet le soutien apporté à un débiteur dans l'exécution de son obligation envers son créancier* (Art 2322 *Code Civil*). *La lettre d'intention* ist in Frankreich auch als *la lettre de patronage* bekannt.
513 *Irimia,* in *Baias* ua, Comentariu NCC (2012) Art 2322 Rz 2. Für manche Projekte, wie zB für erneuerbare Energien, ist eine Patronatserklärung zwingende Voraussetzung. Siehe dazu Art 26 Order 2010/714 (Ordin pentru aprobarea Ghidului de finanțare a Programului privind creșterea producției de energie din surse regenerabile) veröffentlicht im Amtsblatt Rumäniens 21.5.2010/341.
514 Art 2322 Abs 1 erster Satz Cciv.
515 Art 2322 Abs 1 zweiter Satz Cciv.
516 Art 2322 Abs 2 Cciv.
517 Art 2322 Abs 3 Cciv.

tronatserklärungen entwickeln, was die Haftung oder Nichthaftung der Muttergesellschaft erheblich beeinflussen würde.

Die Rechtsdurchsetzung der Ansprüche aus Patronatserklärungen der Muttergesellschaft könnte sich, trotz der gesetzlichen Verankerung im neuen Cciv,
in der Praxis weiterhin als schwierig erweisen, da die vorhandene Gerichtspraxis bei der Beurteilung solcher Ansprüche von der Art der übernommenen Verpflichtungen ausgeht. Es wird unterschieden zwischen *Pflichten, etwas zu tun*
(*obligații de a face*), *Pflichten sich zu bemühen* (*obligații de mijloace*), und den
Ergebnispflichten (*obligații de rezultat*).

Der ÎCCJ hat sich zu der Art der Verpflichtung, die von einem neuen Aktionär gegenüber der APAPS[518] abgegeben wurde, ausgesprochen. Der neue Aktionär hatte über die APAPS ein Aktienpaket von 18,2 % der Gesellschaftsanteile
an der SC I. SA Alba Iulia gekauft. In dem mit der APAPS abgeschlossenen
Kaufvertrag hat er sich dazu verpflichtet, die Tilgung der Gesellschaftsschulden
der SC I. SA Alba Iulia gegenüber der APAPS abzusichern. Die APAPS hat die
vom Aktionär ihr gegenüber abgegebene Verpflichtung als eine Ergebnispflicht
gesehen und hat den Aktionär auf Erfüllung geklagt. Der ÎCCJ hat dagegen
die abgegebene Verpflichtung als eine Pflicht, *sich zu bemühen* (*obligație de
mijloace*) eingestuft. Bei dieser Art der Verpflichtung ist im Gegensatz zu einer
Ergebnispflicht die Verpflichtung zum Zeitpunkt der Vereinbarung nicht genau
bestimmt, was dazu führt, dass bei Nichterzielung des vereinbarten Ergebnisses
der Kläger beweisen muss, dass der Schuldner nicht alle Mittel und die nötige
Sorgfalt eingesetzt hat, um das Ergebnis herbeizuführen.[519]

d) Culpa in contrahendo

Die Haftung für den durch die Verletzung der vorvertraglichen Pflichten verursachten Schaden wird erstmals im neuen Cciv geregelt, das ebenfalls Kriterien zur Bewertung des Schadens vorsieht, ohne jedoch offene Fragen über die
Art dieser Haftung abschließend zu klären.[520]

Ein Vertrag kommt gemäß Art 1182 Abs 1 Cciv durch Verhandlungen der
Parteien oder durch die unbedingte Annahme eines Angebotes zustande. Den
Parteien steht es frei, Verhandlungen einzuleiten, zu führen oder zu unterbrechen, und sie können nicht für das Scheitern der Verhandlungen verantwortlich
gemacht werden.[521] Vorvertragliche Verhandlungen sind jedoch den Geboten
des guten Glaubens unterworfen, die vertraglich weder eingeschränkt, noch
ausgeschlossen werden können.[522] Folglich haftet jene Partei, die entgegen dem
guten Glauben Verhandlungen einleitet, fortsetzt oder unterbricht, für den Scha-

---

518 APAPS ist eine Behörde für die Privatisierung und Verwaltung der Staatsbeteiligungen (Au-
toritatea pentru Privatizare și Administrarea Participațiunilor Statului).

519 ÎCCJ, Entscheidung 18.1.2005/69.

520 *Alunaru*, Die Haftung für Verschulden beim Vertragsabschluss in Rumänien, in *Welser*, Haftung aus Verschulden beim Vertragsabschluss in Zentral- und Osteuropa (2012) 52.

521 Art 1183 Abs 1 Cciv.

522 Art 1183 Abs 2 Cciv.

den, den sie der anderen Partei zufügt.[523] Der Gesetzgeber sieht demonstrativ vor, dass die Einleitung oder Fortsetzung von Verhandlungen, ohne jemals die Absicht gehabt zu haben, einen Vertrag abzuschließen, den Geboten des guten Glaubens nicht entspricht.[524] Weiters regelt der Gesetzgeber *expressis verbis* die Haftung bei einer Verletzung der Vertraulichkeitspflichten in der vorvertraglichen Phase und bestimmt, dass die im Rahmen der Vertragsverhandlungen erhaltenen Informationen nicht weitergegeben oder im eigenen Interesse verwendet werden dürfen.[525]

Bei der Festsetzung der Schadenshöhe werden unter anderem die der geschädigten Verhandlungspartei im Rahmen der Verhandlungen angefallenen Kosten und der Verzicht auf andere Vertragsangebote berücksichtigt.[526] Aus diesen Vorschriften geht hervor, dass der Vertrauensschaden zu ersetzen ist, das sogenannte negative Interesse. Nach der österreichischen Lehre wäre im Falle des Vertrauensschadens der Verhandlungspartner, der auf das Zustandekommen des Vertrages vertraut hat, so zu stellen, wie er ohne dieses Vertrauen stünde.[527]

Die neuen gesetzlichen Bestimmungen über die *culpa in contrahendo* könnten ein zusätzliches Haftungsrisiko für die Muttergesellschaft darstellen, zumal in der rumänischen Literatur[528] schon vor dem Inkrafttreten des neuen Cciv die französische Rechtsprechung in Bezug auf die Haftung der Muttergesellschaft auf Grund des bei den Gläubigern der Tochtergesellschaft erweckten Anscheins zitiert wurde. In Anlehnung an diese französische Rechtsprechung wird präzisiert, dass der bei den Gläubigern erweckte Anschein nicht auf einem tatsächlichen Kontrollverhältnis zwischen einer Mutter- und Tochtergesellschaft basiere, sondern auf verschiedenen anderen Elementen, wie zB gemeinsamen Führungsorganen, gemeinsamem Sitz, gemeinsamer Firmenbezeichnung, dem gemeinsamen Auftritt auf dem Markt (Firma, Immaterialgüterrechte), gemeinsamen Mitarbeitern etc.[529]

e) Treuhandschaft

Das neue ZGB regelt erstmals die Rechtsinstitution der Treuhandschaft. Diese wird als ein Rechtsgeschäft definiert, mit dessen Hilfe ein oder mehrere Treugeber reale Rechte[530], Forderungen, Sicherheiten oder andere bestehende oder zukünftige Vermögensrechte oder eine Gesamtheit von Rechten[531] einem

---

523 Art 1183 Abs 4 erster Satz Cciv.
524 Art 1183 Abs 3 Cciv.
525 Art 1184 Cciv.
526 Art 1183 Abs 4 zweiter Satz Cciv.
527 *Welser*, Bürgerliches Recht II[13] (2007) 308.
528 Siehe dazu *M. C. Popa*, Grupurile (2011) 421 f.
529 *M. C. Popa*, Grupurile (2011) 421 f.
530 Ungeachtet dessen, dass der Gesetzgeber den Terminus „Rechte" (rum: drepturi) verwendet, sind sicherlich auch Güter gemeint (*Popa*, Contractul de fiducie reglementat de Noul Cod civil, RRDP 2011/2, 225).
531 Hierunter können auch die Güter einer Gesellschaft fallen (*Popa*, Contractul de fiducie reglementat de Noul Cod civil, RRDP 2011/2, 226).

oder mehreren Treuhändern mit einem bestimmten Zweck zu Gunsten eines oder mehrerer Begünstigten überträgt.[532] Die an den Treuhänder übertragene Treuhandschaftsmasse bildet eine gesonderte Vermögensmasse, unabhängig von seinem Vermögen.[533]

Die gesetzliche Definition der Treuhandschaft hebt drei ihrer Hauptelemente hervor:

- die Übertragung von Rechten;
- die Übertragung erfolgt zu einem ganz bestimmten Zweck;
- die Bildung eines Zweckvermögens.[534]

Die Übertragung ist notwendig, da nach den Bestimmungen des neuen ZGB niemand Treuhänder seiner eigenen Güter werden kann.[535] Der Treugeber kann jedoch weiterhin eine Sache, von der er Rechte an einen Treuhänder übertragen hat, in seinem Besitz, zB mittels Miete oder Leihe, behalten.[536]

Die Institution der Treuhandschaft kann für Verwaltungs- oder Sicherungszwecke dienen.[537]

Als Sicherheit kann die Treuhandschaft nach Meinung der Rechtslehre dienen, indem zB der Schuldner (Treugeber) das Eigentum an einem seiner Güter an einen Treuhänder (der auch der Gläubiger sein kann) überträgt, der bei Ablauf des Treuhandschaftsvertrages die Übergabepflicht hat, entweder an den Treugeber, wenn dieser seine Schuld beglichen hat, oder an den Gläubiger (der ein Dritter sein kann oder der Treuhänder selbst).[538]

Die Treuhandschaft entsteht entweder durch Gesetz oder durch Vertrag in beglaubigter Form.[539] Bei sonstiger Nichtigkeit muss der Treuhandschaftsvertrag gemäß § 779 neues ZGB Folgendes beinhalten:

- Die übertragenen Rechte, Forderungen, Sicherheiten oder anderen Vermögensrechte. Diese müssen genau beschrieben werden, bei einer Immobilie muss auch die Grundbuchnummer angegeben werden.[540] Falls das Treuhandschaftsvermögen Immobiliarrechte umfasst, müssen diese bei sonstiger Nichtigkeit des Treuhandschaftsvertrages im Grundbuch eingetragen werden.[541]
- Die Dauer des Treuhandschaftsvertrages, die 33 Jahre nicht übersteigen darf.
- Die Identität des Treugebers.
- Die Identität des Treuhänders. Als Treuhänder können gemäß § 776 neues ZGB nur Kreditinstitutionen, Investment- oder Finanzdienstleistungsgesell-

---

532 § 773 erster Satz neues ZGB.
533 § 773 zweiter Satz neues ZGB.
534 *I. Popa*, Contractul de fiducie reglementat de Noul Cod civil, RRDP 2011/2, 224.
535 *I. Popa*, Contractul de fiducie reglementat de Noul Cod civil, RRDP 2011/2, 225.
536 *I. Popa*, Contractul de fiducie reglementat de Noul Cod civil, RRDP 2011/2, 226.
537 *I. Popa*, Contractul de fiducie reglementat de Noul Cod civil, RRDP 2011/2, 227.
538 *I. Popa*, Contractul de fiducie reglementat de Noul Cod civil, RRDP 2011/2, 228.
539 § 774 Abs 1 erster Satz neues ZGB.
540 *I. Popa*, Contractul de fiducie reglementat de Noul Cod civil, RRDP 2011/2, 242.
541 § 780 Abs 2 neues ZGB.

schaften, Rückversicherungs- oder Versicherungsgesellschaften, Notare oder Anwälte bestellt werden.

- Die Identität des Begünstigten oder zumindest die Kriterien, wonach seine Identität bestimmt werden kann.
- Der Zweck der Treuhandschaft und der Umfang der Verwaltungs- und Verfügungsrechte des Treuhänders.

Der Treuhandschaftsvertrag und jede seiner Änderungen müssen bei sonstiger Nichtigkeit innerhalb eines Monats nach Abschluss bei der zuständigen Finanzbehörde gemeldet werden.[542] Aus der Begründung der Regierung zum neuen ZGB geht hervor, dass dadurch die Verhinderung von Steuerhinterziehung und Geldwäsche beabsichtigt ist.[543]

Die Eröffnung des Insolvenzverfahrens gegen den Treuhänder hat keine Auswirkung auf das Treuhandschaftsvermögen.[544]

Das Treuhandschaftsvermögen kann nur von jenen Gläubigern verfolgt werden, deren Forderungen auf Güter des Treuhandschaftsvermögens vor dem Abschluss des Treuhandschaftsvertrages entstanden sind. Gläubiger des Treugebers mit dinglichen Rechten an den Gütern des Treuhandschaftsvermögens können diese nur verfolgen, wenn sie ihre Rechte vor dem Abschluss des Treuhandschaftsvertrages in den entsprechenden Publizitätsregistern eingetragen haben.[545]

Die anderen Gläubiger des Treugebers können das Treuhandschaftsvermögen nur dann verfolgen, wenn der Treuhandschaftsvertrag gerichtlich als nichtig mit Wirkung *ex tunc* erklärt wurde.[546]

Gläubiger mit Forderungen an Gütern des Treuhandschaftsvermögens können nur dieses verfolgen, außer es wurde durch den Treuhandschaftsvertrag darüber hinaus auch die Haftung des Treugebers und/oder des Treuhänders vereinbart.[547] Auch bei einer solchen Vereinbarung müssen die Gläubiger zuerst das Treuhandschaftsvermögen und erst danach, je nach den Bestimmungen des Treuhandschaftsvertrages, das Vermögen des Treuhänders bzw des Treugebers verfolgen.[548] Eine Haftung der Muttergesellschaft für Verbindlichkeiten der Tochtergesellschaft wäre danach nur möglich, wenn die Muttergesellschaft durch einen Treuhandschaftsvertrag eine Haftung übernommen hat.

---

542 § 780 Abs 1 neues ZGB.
543 *Krakkai*, Das rumänische Kreditsicherungsrecht nach Inkrafttreten des neuen Zivilgesetzbuches, eastlex 2012, 7.
544 § 785 neues ZGB.
545 § 786 Abs 1 erster Satz neues ZGB.
546 § 786 Abs 1 zweiter Satz neues ZGB.
547 § 786 Abs 2 erster Satz neues ZGB.
548 § 786 Abs 2 zweiter Satz neues ZGB.

2. Deliktshaftung

a) Allgemeine Deliktshaftung

Der Gesetzgeber verankert gesetzlich die Pflicht aller Gesellschaftsmitglieder, die Verhaltensmaßregeln, die das Gesetz oder das örtliche Gewohnheitsrecht voraussetzen, einzuhalten und die Rechte und legitimen Interessen anderer Personen nicht zu verletzen.[549] Wer jedoch diese Pflicht verletzt und urteilsfähig ist, muss den verursachten Schaden vollständig ersetzen.[550]

Die der Deliktshaftung spezifischen Voraussetzungen sind das Vorliegen eines Schadens, eine gesetzwidrige Handlung, das Verschulden und die Kausalität zwischen der gesetzwidrigen Handlung und dem Schaden.[551] Der Schaden wird primär durch die Wiederherstellung des vorherigen Zustandes ersetzt, und nur wenn dies nicht möglich ist, oder wenn die geschädigte Person nicht an einer Naturalrestitution interessiert ist, wird der Schaden durch eine Geldleistung ersetzt.[552] Aus der Formulierung dieser Bestimmung geht nach Meinung der Lehre hervor, dass die geschädigte Person ein Wahlrecht zwischen der Naturalrestitution und der Entschädigung durch eine Geldleistung hat[553]. Die rumänische Deliktshaftung orientiert sich anscheinend zunehmend an den legitimen Interessen der geschädigten Person und weniger an der Sanktionierung eines schuldhaften Verhaltens, was auch durch die gesetzliche Verankerung der subsidiären Haftung[554] im neuen Cciv hervorgehoben wird.[555]

Als absolute Neuheit wird im neuen Cciv die Haftung des Bestimmungs- und Beitragstäters in Art 1369 geregelt, die von den strafrechtlichen Bestimmungen übernommen wurde[556], und die für eine Muttergesellschaft ein Haftungsrisiko darstellen kann. Darüber hinaus wird auch die Solidarhaftung *im Falle der Unmöglichkeit der Feststellung des Schädigers* in Art 1370 geregelt, die, zumindest nach einer jüngst in der Literatur geäußerten Meinung[557], auch für die Muttergesellschaft in Frage kommen kann.

b) Die Haftung als Bestimmungs- bzw Beitragstäter

Die Haftung der Muttergesellschaft kann als Bestimmungs- bzw Beitragstäter nach Art 1369 Abs 1 Cciv in Betracht kommen. Demnach haftet eine Person,

---

549 Art 1349 Abs 1 Cciv.

550 Art 1349 Abs 2 Cciv.

551 *Boilă*, in *Baias* ua, Comentarii NCC (2012) Art 1349 Rz 5.

552 Art 1386 Abs 1 Cciv.

553 *Boilă*, in *Baias* ua, Comentarii NCC (2012) Art 1386 Rz 2.

554 Art 1368 Abs 1 Cciv sieht vor, dass der Mangel an Urteilsfähigkeit den Schädiger von der Entrichtung einer Geldstrafe nicht entlastet, wenn die Haftung der für ihn verantwortlichen Person nicht eintreten kann.

555 *Neculaescu*, Reflecţii privind soluţiile noului Cod civil în materia răspunderii civile delictuale, in *Uliescu*, Noul Cod civil. Comentarii (2011) 214.

556 *Boilă*, in *Baias* ua, Comentarii NCC (2012) Art 1369 Rz 2.

557 Siehe weiter unten das Kapitel IV. 2. c. *Tatbestände, die die Haftung auf die Muttergesellschaft ausdehnen können*.

wenn sie eine andere Person zur Herbeiführung eines Schadens ermutigt oder veranlasst, ihr dazu verhilft oder bewusst aus einer gesetzwidrigen Handlung stammende Güter verbirgt, oder wenn sie aus dem Schaden Vorteile zieht. Darüber hinaus kann die Solidarhaftung der Muttergesellschaft auch dann in Betracht kommen, wenn sie eine gerichtliche Klage gegen die Tochter verhindert oder verzögert.[558]

In der Rechtsliteratur wurde jüngst die Meinung geäußert, dass nach den obigen Vorschriften auch die Solidarhaftung der Gründer oder der Person, die eine juristische Person kontrolliert, in Frage kommen kann, wenn evident ist, dass der Schaden nicht ohne die Veranlassung, den Beitrag oder die Begünstigung durch diese verursacht worden wäre.[559] Dieser Meinung ist zuzustimmen, zumal eine Handelsgesellschaft in Rumänien für ihre Organe haften kann und die Organe nicht immer aus eigenem Antrieb handeln, sondern auch Weisungen befolgen, die in vielen Fällen von der Muttergesellschaft oder von einflussreichen Gesellschaftern stammen.

Von der Lehre und Praxis bisher unbeantwortet blieb jedoch die Frage, ob eine Muttergesellschaft, die Vorteile aus dem Schaden erlangt hat, der durch eine rechtswidrige und schädigende Handlung der Tochtergesellschaft verursacht wurde, auch dann haftet, wenn sie nicht als Bestimmungs-, Beitrags- oder Mittäter gehandelt hat, bzw dies nicht bewiesen werden kann, das Erlangen von Vorteilen aus dem Schaden jedoch schon. Diese Bestimmung des Art 1369 Abs 1 Cciv könnte neben der Bestimmungs- bzw Beitragstäterschaft ein zusätzliches Haftungsrisiko der Muttergesellschaft als eigenständigen Tatbestand darstellen. Bei der Geltendmachung der Haftung jener Person, die Vorteile aus dem Schaden erlangt hat, könnte man sich einer *actio de in rem verso* bedienen.

c) Tatbestände, die die Haftung auf die Muttergesellschaft ausdehnen können

Das neue Cciv regelt nicht nur die direkte Deliktshaftung, also die Haftung für eigene rechtswidrige und schädigende Handlungen, sondern auch Formen der indirekten Haftung, die unter anderem die Haftung für fremdes Verschulden umfasst, wie zB die Haftung des Auftraggebers für das Verhalten des Beauftragten.[560]

Ungeachtet der Tatsache, dass in der Literatur die Meinung vertreten wird, dass eine Weisungsabhängigkeit ebenfalls aus faktischen Situationen entstehen kann[561], wie das zB bei einem faktischen Konzern der Fall wäre, wird die Haftung des Auftraggebers für den von seinem Beauftragten verursachten Schaden

---

558 Vgl Art 1369 Abs 2 Cciv. Dieser besagt, dass die Bestimmungen des Abs 1 ebenfalls zur Anwendung kommen, wenn eine Person die Einbringung einer gerichtlichen Klage gegen den Schädiger verhindert oder verzögert hat.

559 *Piperea*, in *Baias* ua, Comentariu NCC (2012) Art 193 Rz 14.

560 *Boroi/Stănciulescu*, Instituţii de drept civil în reglementarea noului Cod civil (2012) 238.

561 *Boroi/Stănciulescu*, Instituţii de drept (2012) 261.

bisher weder von den Gerichten noch von der Lehre auf die Konzernhaftung der Muttergesellschaft für die Tochtergesellschaft ausgedehnt.

Art 1370 Cciv regelt die Solidarhaftung bei simultaner oder sukzessiver Verursachung eines Schadens durch mehrere Personen, wenn nicht festgestellt werden kann, dass der Schaden durch die Handlung einer von ihnen verursacht wurde, oder, je nach Fall, nicht von einer von ihnen hätte verursacht werden können. Die beiden jüngst in der Literatur geäußerten Meinungen zu diesen Bestimmungen sind äußerst unterschiedlich.

Nach einer Meinung seien diese Bestimmungen im Falle einer Gesellschaftsgruppe oder einer Gruppe von Entitäten mit oder ohne juristischer Persönlichkeit, die einer Behörde untergeordnet sind oder von dieser koordiniert werden, anwendbar. Die Solidarhaftung komme zur Geltung, wenn die Haftung einer der verbundenen oder kontrollierten Gesellschaften bzw Entitäten nicht aufgedeckt oder ihr Verschulden nicht ganz ausgeschlossen werden kann. Nach dieser Meinung komme die Solidarhaftung unabhängig davon in Betracht, ob die Grundlage der Haftung ein Vertrag oder eine gesetzwidrige Handlung ist.[562]

Die zweite Meinung kritisiert vehement den Wortlaut des Art 1370 Cciv. Diese Bestimmungen seien umstritten, da die Bezeichnung des Artikels (*Die Solidarhaftung im Falle der Unmöglichkeit der Feststellung des Schädigers*) nicht mit seinem Inhalt harmonisiert wäre. Bei der vom Gesetzgeber geregelten Unmöglichkeit der Feststellung des Schädigers gehe es in Wahrheit um die Feststellung des Prozentsatzes der Beteiligung der Schädiger und nicht um die Feststellung des Schädigers an sich, da das rumänische Recht bei der Haftung für eigene Handlungen die Verpflichtung zum Schadenersatz von der Identifizierung des Schädigers abhängig macht. Im Zivilrecht sei der Ersatz des *anonymen* Schadens nicht geregelt, außer eventuell im Falle der Haftung für fremdes Verschulden, aber auch in diesem Fall muss das Verhältnis zur verantwortlichen Person festgestellt werden, was wiederum die Identifizierung des Schädigers voraussetzt.[563]

Da die Bestimmungen des Art 1370 Cciv nicht zu jenen Artikeln des Cciv gehören, deren Bestimmungen zur öffentlichen Diskussion standen,[564] und die Rezeptionsquelle nicht öffentlich bekannt ist,[565] und darüber hinaus zu diesen Bestimmungen auch nichts in der Begründung zum neuen Cciv enthalten ist[566], kann die Absicht des Gesetzgebers nicht näher interpretiert werden. Die Bestimmungen des Art 1370 Cciv waren auch nicht Gegenstand des EinführungsG

---

562 *Piperea*, in *Baias* ua, Comentariu NCC (2012) Art 193 Rz 14.

563 *Boilă*, in *Baias* ua, Comentariu NCC (2012) Art 1370 Rz 2.

564 Eine Liste dieser Bestimmungen, die zur öffentlichen Diskussion standen, samt ihren Rezeptionsquellen, ist abrufbar unter: http://www.just.ro/Portals/0/Coduri/dezbateri/cuprins%20 si%20partea%20de%20civil.doc (24.5.2012).

565 Für eine Aufstellung aller Artikel des Cciv samt ihren Rezeptionsquellen siehe *Tabel corespondente NCC – C.civ. din 1864 si alte acte normative*, in *Baias* ua (2012) 2617–2681.

566 Regierung Rumäniens, Expunere de motive Cciv (Begründung der Regierung zum neuen Cciv), veröffentlicht zusammen mit der ursprünglichen Fassung des neuen Cciv in Codul Civil cu prefaţă de Baias (2009).

Cciv oder des Gesetzes 2012/60 *über die Genehmigung der DringlichkeitsVO über die Genehmigung von einigen für das Inkrafttreten des neuen Cciv notwendigen Maßnahmen*[567] (Legea privind aprobarea Ordonanței de urgență a Guvernului nr. 79/2011 pentru reglementarea unor măsuri necesare intrării în vigoare a Legii nr. 287/2009 privind Codul civil), die unter anderem auch Definitionen und Begriffserklärungen zu den Bestimmungen des Cciv umfassten. Die Interpretation dieser Bestimmungen bleibt somit in Zukunft den Gerichten, eventuell mit Hilfe der Rechtsliteratur, überlassen.

3. Besondere Probleme der Rechtsdurchsetzung zivilrechtlicher Ansprüche

Aufgrund des Inkrafttretens des neuen Cciv ist bei der Rechtsdurchsetzung der zivilrechtlichen Ansprüche derzeit in erster Linie darauf zu achten, dass sich im Laufe der Jahre, insbesondere unter dem Einfluss der französischen Lehre, verschiedene Theorien zum intertemporalen Recht und somit zum Grundsatz des Rückwirkungsverbots (rum: neretroactivitatea legii noi) und dem Grundsatz der sofortigen Anwendung des neuen Gesetzes (rum: aplicarea imediată a legii în timp) entwickelt haben, was jedoch nicht ausschließt, dass unter Umständen auch das alte Gesetz weiterbestehen kann (rum: ultraactivitatea legii)[568]. So besagt Art 3 EinführungsG Cciv ausdrücklich, dass jene Rechtsgeschäfte und Rechtshandlungen, die vor dem Inkrafttreten des neuen Cciv abgeschlossen wurden bzw entstanden sind, keine andere Rechtswirkung entfalten können als jene, die vom anwendbaren Gesetz zum Zeitpunkt ihres Abschlusses bzw Entstehens vorgesehen war.

Zu Besonderheiten und Problemen der Rechtsdurchsetzung der Ansprüche aus Patronatserklärungen in der Praxis siehe Kapitel IV. 1. c. *Patronatserklärungen gegenüber Dritten.*

V. Haftung nach dem Steuer- und Sozialversicherungsrecht

1. Allgemeine Regelungen des Abgabenrechts

Das CF regelt sowohl die allgemeinen Grundsätze des Steuerwesens als auch das Verhältnis zwischen dem rumänischen Gesetz und internationalen Übereinkommen über die Besteuerung, inklusive der Doppelbesteuerungsabkommen. Die Zusammenfassung all dieser Vorschriften in einem einzigen gesetzlichen Werk bringt den Nachteil ständiger Novellierungen mit sich. Hinzu kommt,

---

567 Veröffentlicht im Amtsblatt Rumäniens I 17.4.2012/255.

568 *Teveș,* Die Mobiliarsicherheiten im deutschen und rumänischen Recht unter Einbeziehung des französischen und US-amerikanischen Mobiliarsicherungsrechtes (2004) 200.

dass durch die DringlichkeitsVO 2010/117[569] auch die Sozialabgaben in das CF mit einbezogen wurden.[570] Die rumänischen Finanzbehörden sind bereits seit 2004[571] die zuständige Behörde für die Einhebung der Sozialabgaben und vom Gesetz ausdrücklich als Gläubiger für diese bestimmt[572].

In Rumänien gibt es keine gesonderten Gesetze für die Umsatzsteuer oder die Körperschaftsteuer. Das CF ist der gesetzliche Rahmen für Gewinnsteuern, Einkommensteuern, Umsatzsteuer, Akzisen, die lokalen Steuern und Abgaben und die Sozialabgaben, die in das staatliche bzw in die lokalen Budgets, in die Budgets der Krankenversicherung und der Arbeitslosenversicherung und in den Garantiefonds für Lohnforderungen fließen.[573]

Die internationalen Steuerabkommen haben im rumänischen Steuerrecht eine gewichtige Rolle. Das CF sieht ausdrücklich vor, dass bei Unstimmigkeiten zwischen den Bestimmungen des CF und internationaler Abkommen letztere Vorrang haben.[574] Darüber hinaus beinhaltet das CF im Art 118 detaillierte Vorschriften bei Divergenzen zwischen den Bestimmungen des CF und jenen der von Rumänien mit anderen Ländern abgeschlossenen Doppelbesteuerungsabkommen sowie jenen der Gesetzgebung der EU.

Der gesetzliche Rahmen der Verfahrensvorschriften in Bezug auf alle vom CF geregelten Steuern und Sozialabgaben ist in der CPF festgelegt[575], die das allgemeine Recht in dieser Materie bildet[576]. Die CPF beinhaltet ebenfalls Bestimmungen über die Haftung bzw Solidarhaftung für Steuern und Sozialabgaben von insolventen juristischen Personen.

2. Die Haftung für Steuerschulden und sozialrechtliche Verbindlichkeiten

In der Regel muss jede Person selbst für ihre Steuern und Sozialabgaben aufkommen. Auch eine juristische Person haftet für diese grundsätzlich selbst.

Ausnahmen bestehen in bestimmten per Gesetz geregelten Fällen bei insolventen juristischen Personen. Die CPF regelt zunächst die verschuldensabhängige Solidarhaftung der Geschäftsführer und der Gesellschafter für Verbindlichkeiten aus Steuern und Sozialabgaben einer juristischen Person. Eine

---

569 Die DringlichkeitsVO 2010/117 *über die Novellierung des Gesetzes 2003/571 über das CF und die Regelung einiger Steuermaßnahmen* (Ordonanța de urgență pentru modificarea și completarea Legii nr. 571/2003 privind Codul fiscal și reglementarea unor măsuri financiar-fiscale) wurde im Amtsblatt Rumäniens I 30.12.2010/891 veröffentlicht.

570 *Șova*, Drept fiscal (2011) 40.

571 Durch die Verordnung 28.8.2003/86 *über manche Maßnahmen im Finanzbereich* (Ordonanță privind unele reglementări în domeniul financiar – VO 2003/86), veröffentlicht im Amtsblatt Rumäniens I 31.8.2003/624.

572 Art 27 Abs 1 VO 2003/86.

573 Art 1 Abs 1 und Art 2 CF.

574 Art 1 Abs 4 CF.

575 Art 1 CPF.

576 Art 2 Abs 2 CPF.

verschuldensunabhängige Solidarhaftung für Steuern und Sozialabgaben einer juristischen Person besteht bei Vorliegen bestimmter objektiver Kriterien und wenn diese von der haftenden juristischen Person direkt oder indirekt kontrolliert wird oder sie diese kontrolliert oder beide von einem Dritten gemeinsam kontrolliert werden.[577]

Die Prämisse für den Eintritt der Solidarhaftung nach der CPF ist in allen Fällen die Feststellung der Insolvenz der juristischen Person[578], die durch eine endgültige und unwiderrufliche gerichtliche Entscheidung ausgesprochen werden muss[579].

a) Verschuldensabhängige Solidarhaftung

Die CPF regelt zunächst eine verschuldensabhängige Solidarhaftung von Personen[580], die entweder die Insolvenz verursacht haben oder sich anderweitig der Nichtzahlung der Steuerverbindlichkeiten einer juristischen Person schuldig gemacht haben. Demzufolge haften gemäß Art 27 Abs 2 CPF solidarisch mit dem Schuldner für seine offenen Steuern und Sozialabgaben folgende Personen:

- natürliche und juristische Personen, die vor dem Zeitpunkt der Erklärung der Zahlungsunfähigkeit des Schuldners schlechtgläubig Aktiva des Schuldners erworben haben und dadurch seine Insolvenz verursacht haben;
- Geschäftsführer, Gesellschafter und andere Personen, die die Zahlungsunfähigkeit des Schuldners durch schlechtgläubige Veräußerung oder Verschleierung seiner Aktiva verursacht haben;
- Geschäftsführer, die während ihrer Mandatsfunktion schlechtgläubig ihre gesetzliche Pflicht, den Antrag auf Eröffnung des Insolvenzverfahrens zu stellen, nicht erfüllt haben, für alle während ihrer Mandatsfunktion entstandenen und zum Zeitpunkt der Erklärung der Insolvenz nicht entrichteten Steuerverbindlichkeiten und Sozialabgaben;
- Geschäftsführer und andere Personen, die schlechtgläubig über die Nichterklärung und/oder die Nichtentrichtung der Steuern und Sozialabgaben bestimmt haben;
- Geschäftsführer und andere Personen, die schlechtgläubig die unrechtmäßige Rückerstattung von Steuergeldern oder Sozialabgaben veranlasst haben.

b) Verschuldensunabhängige Haftung

Die Vorschriften des Art 27 CPF über die Solidarhaftung von kontrollierenden bzw kontrollierten Gesellschaften wurden durch die DringlichkeitsVO 2010/54 novelliert. Bis dahin hat eine juristische Person solidarisch mit einem insolventen Schuldner gehaftet, wenn sie diesen direkt oder indirekt kontrol-

---

577 Art 27 CPF.
578 *M. C. Popa*, Grupurile (2011) 233.
579 *ÎCCJ*, Entscheidung 3204/2009.
580 *M. C. Popa*, Grupurile (2011) 234.

liert hat, von ihm kontrolliert wurde oder sie und der Schuldner gemeinsam von einem Dritten kontrolliert wurden, und sie darüber hinaus das gleiche Tätigkeitsfeld wie der Schuldner entfaltet hat und mit mindestens der Hälfte der Angestellten oder Dienstleister des Schuldners Arbeits- oder Dienstleistungsverhältnisse hatte.

Durch die DringlichkeitsVO 2010/54 hat der Gesetzgeber die Vorschriften des Art 27 CPF verschärft und folglich auch das Haftungsrisiko einer Muttergesellschaft für die Steuerschulden ihrer Tochtergesellschaft erhöht. Eine juristische Person haftet nunmehr solidarisch mit dem insolventen Schuldner, wenn sie den Schuldner direkt oder indirekt kontrolliert, vom Schuldner kontrolliert wird oder sie und der Schuldner von einem Dritten gemeinsam kontrolliert werden[581], und darüber hinaus jeweils eine der folgenden Bedingungen erfüllt ist[582]:

- die juristische Person hat Sachanlagen des zahlungsunfähigen Schuldners erworben, deren Buchwert mindestens die Hälfte des Buchwertes aller Sachanlagen des Erwerbers beträgt;
- die juristische Person hat oder hatte vertragliche Geschäftsbeziehungen mit Kunden und/oder Lieferanten[583], die auch mit dem Schuldner vertraglich verbunden waren oder sind, sofern der Gesamtwert all dieser Geschäfte die Hälfte des Wertes aller Geschäfte des Schuldners übersteigt;
- die juristische Person hat oder hatte Arbeits- oder Dienstleistungsverhältnisse mit mindestens der Hälfte der Angestellten oder Dienstleister des zahlungsunfähigen Schuldners.

Bis dato sind nur Entscheidungen des ÎCCJ in Bezug auf die Solidarhaftung nach den vor dem Inkrafttreten der DringlichkeitsVO 2010/54 geltenden Vorschriften des Art 27 CPF öffentlich zugänglich. In einer Causa hat sich der ÎCCJ für die Solidarhaftung einer GmbH, die eine andere GmbH indirekt kontrolliert hat, ausgesprochen. Die indirekte Kontrolle wurde nach Meinung des ÎCCJ dadurch ausgeübt, dass der Geschäftsführer der kontrollierten GmbH auch eine Vollmacht der solidarisch haftenden GmbH hatte, um diese Gesellschaft zu vertreten und alle Geschäfte für die Gesellschaft zu tätigen. Beide Gesellschaften waren Schuhproduzenten und hatten dementsprechend auch das gleiche Tätigkeitsfeld. Nach dem Eintritt der Zahlungsunfähigkeit der kontrollierten GmbH hat die solidarisch haftende GmbH von dieser alle Arbeitsgeräte gemietet und mit mehr als der Hälfte ihrer Mitarbeiter Arbeitsverträge abgeschlossen.[584]

---

581 Der Gesetzgeber definiert die Begriffe „Kontrolle" und „indirekte Kontrolle". Gemäß Art 27 Abs 4 CPF bedeutet *Kontrolle*, die Mehrheit der Stimmrechte in der Generalversammlung einer Handelsgesellschaft, eines Vereines oder einer Stiftung, oder die Mehrheit der Stimmrechte im Aufsichtsrat einer Handelsgesellschaft oder im Leitungsorgan eines Vereines oder einer Stiftung zu haben. *Indirekte Kontrolle* liegt vor, wenn eine Person die Kontrolle durch eine oder mehrere andere Personen ausübt.

582 Art 27 Abs 3 CPF.

583 Davon ausgenommen sind Lieferanten von Versorgungseinrichtungen.

584 *ÎCCJ*, Entscheidung 2010/3437.

Die novellierten Bestimmungen des Art 27 CPF stellen nunmehr nicht nur für eine Muttergesellschaft ein großes Haftungsrisiko dar, sondern auch für andere verbundene Gesellschaften wie Schwester- oder Tochtergesellschaften. Hinzu kommt, dass der Gesetzgeber zwar die Voraussetzungen für den Eintritt der Solidarhaftung geregelt hat, den zeitlichen Rahmen, wann diese erfüllt sein müssen, um die Solidarhaftung auszulösen, jedoch nicht, obwohl dies notwendig wäre [585]. Somit könnte selbst dann ein Haftungsrisiko für die Konzernmutter bestehen, wenn diese Kriterien vor langer Zeit und ohne Zusammenhang mit der Insolvenz bestanden haben.

3. Sonstige steuerrechtliche Sonderrisiken in der Praxis

In der Praxis stellen Verrechnungspreise für Transaktionen zwischen verbundenen Gesellschaften ein weiteres Haftungsrisiko dar, da diese zu den gleichen Bedingungen getätigt werden müssen wie zwischen unabhängigen Personen[586]. Die Finanzbehörden können den Gewinn oder jede Aufwendung jeder der verbundenen Personen anpassen, damit die Güter und Leistungen dem Marktpreis entsprechen.[587] Die bis 2008 eher sehr zurückhaltende Anwendung dieser Bestimmungen hat sich seit dem Erlass der Order *über den Inhalt der Dokumentation der Verrechnungspreise*[588] geändert.[589] Hinzu kommt, dass sich die Finanzbehörden bei der Beurteilung der Verrechnungspreise zwischen verbundenen Gesellschaften nunmehr der Datenbank Orbis bedienen, die eine solche Beurteilung ermöglicht und Daten von über 65 Millionen Unternehmen weltweit beinhaltet[590].

VI. Strafrechtliche Haftung

1. Grundlagen der Verbandsverantwortung

Die Verbandsverantwortung wurde 2006 in das rumänische CP nach dem Vorbild des belgischen und des holländischen Modells eingeführt.[591] Demnach ist die strafrechtliche Haftung der juristischen Personen nach dem System der Generalklausel geregelt, und die juristischen Personen können folg-

---

585 *M. C. Popa*, Grupurile (2011) 235.

586 Art 19 Abs 5 erster Satz CF.

587 Art 11 Abs 2 erster Satz CF.

588 Die Order 2008/222 (Ordin privind conţinutul dosarului preţurilor de transfer) wurde im Amtsblatt Rumäniens I 19.2.2008/129 veröffentlicht.

589 *M. C. Popa*, Grupurile (2011) 210 f.

590 *M. C. Popa*, Grupurile (2011) 211.

591 Regierung Rumäniens, Expunere de motive CP (Begründung zum Erlass des Gesetzes über das neue Strafgesetzbuch), abrufbar unter: http://www.cdep.ro/proiecte/2009/300/00/4/em304.pdf (4.6.2012).

lich, ohne bestimmte Straftaten auszuschließen, für jede Straftat haften.[592] Gemäß Art 19¹ Abs 1 CP haftet eine juristische Person strafrechtlich für jene Straftaten, die in einer vom Gesetz vorgesehenen Schuldform und im Rahmen der Ausübung ihres Geschäftsgegenstandes oder in ihrem Interesse oder in ihrem Namen begangen wurden. Von einer strafrechtlichen Haftung sind der Staat und jene öffentlichen Behörden und Institutionen ausgenommen, die keine Tätigkeiten des Privatsektors entfalten. Der Gesetzgeber weist darauf hin, dass die strafrechtliche Haftung einer juristischen Person jedoch nicht die strafrechtliche Haftung der natürlichen Person ausschließt, die die Straftat begangen hat.[593]

Das NCP[594] hat die Bestimmungen des Art 19¹ CP großteils übernommen. Eine juristische Person, ausgenommen der Staat und die öffentlichen Behörden[595], haftet nach den Bestimmungen des NCP strafrechtlich für jene Straftaten, die im Rahmen der Ausübung ihres Geschäftsgegenstandes oder in ihrem Interesse oder in ihrem Namen begangen werden.[596] Diese neuen Bestimmungen sehen keine weiteren Kriterien für den Eintritt der Haftung der juristischen Person vor. Die Begründung der rumänischen Regierung zum Erlass des NCP beinhaltet ebenso keine weiteren Kriterien. Die Ausführungen der Regierung zur Verbandsverantwortung beinhalten im Prinzip nur die Bezeichnung der Verbandsverantwortung als eine Art der direkten Haftung und die Erläuterung, dass diese Haftung nicht nur von den Organen oder Vertretern der juristischen Person, sondern von jeder natürlichen Person bei Vorliegen der gesetzlichen Voraussetzungen ausgelöst werden kann.[597]

Die Lehre hält fest, dass, mangels weiterer Kriterien für den Eintritt der Verbandsverantwortung, die Auslegung dieser im Einzelfall den rumänischen Gerichten überlassen bleibt, die sich dabei, angesichts der Rezeptionsquelle und der gemeinsamen napoleonischen Herkunft des rumänischen und des belgischen Rechts, der Erläuterungen des belgischen Parlaments zum belgischen Strafgesetzbuch bedienen könnten.[598] In der rumänischen Lehre werden die Erläuterungen der belgischen juristischen Kommission zitiert, die den Eintritt der Haftung der juristischen Person, unabhängig davon, ob sie von der Straftat eines Organs, eines Beauftragten oder eines Vertreters ausgelöst wurde, vom Verhalten ihrer Organe in Bezug auf die begangene Straftat abhängig machen.[599] Weiters wird zurecht angemerkt, dass es unrechtmäßig wäre, dass eine juristische Person strafrechtlich für jede von einem ihrer Beauftragten oder Vertre-

---

592 *Hotca/Slăvoiu*, Răspunderea penală a persoanei juridice în reglementarea noului Cod penal, PR 2010/11, 41.

593 Art 19¹ Abs 2 CP

594 Zum voraussichtlichen Inkrafttreten des NCP siehe das Kapitel I. 3. *Rechtsquellen*.

595 Die öffentlichen Institutionen werden im NCP nicht mehr angeführt.

596 Art 135 Abs 1 NCP.

597 Regierung Rumäniens, Expunere de motive CP.

598 *Jurma*, Persona juridică – subiect al răspunderii penale. Cu referiri la Noul Cod penal (2010) 142.

599 *Jurma*, Persona juridică (2010) 141 f.

ter begangene Straftat haftet, nur weil die Tat im Rahmen der Ausübung ihres Geschäftsgegenstandes oder in ihrem Interesse oder in ihrem Namen begangen wurde, selbst wenn die Geschäftsführungsorgane die Straftat nicht akzeptiert, geduldet, ermutigt oder veranlasst haben.[600]

In der bislang eher spärlichen rumänischen Gerichtspraxis zu dieser Materie wurden weder weitere Kriterien für den Eintritt der Verbandsverantwortung entwickelt, noch wurde eine erkennbare Richtung eingeschlagen. Die bisher von untergeordneten Instanzen ausgesprochenen Entscheidungen haben diese Problematik nur angeschnitten. So wurde zB vom LG Bukarest die Verbandsverantwortung einer GmbH auf Grundlage der Haftung ihres Geschäftsführers ausgesprochen, weil dieser die Straftaten im Rahmen der Ausübung des Geschäftszweckes der GmbH und in ihrem Namen begangen hat, ohne dabei jedoch das subjektive Element der Haftung der juristischen Person zu behandeln[601].

Das CP sieht für juristische Personen die Geldstrafe als Ersatzstrafe vor. Wenn das Gesetz für natürliche Personen eine Gefängnisstrafe im Ausmaß von höchstens zehn Jahren oder eine Geldstrafe vorsieht, beträgt die Ersatzstrafe für juristische Personen mindestens 5.000 Lei und höchstens 600.000 Lei.[602] Bei Gefängnisstrafen über zehn Jahren oder lebenslänglichen Freiheitsstrafen beträgt die Mindestersatzstrafe 10.000 Lei und die höchste Ersatzstrafe 900.000 Lei.[603] Die Geldstrafe ist die Hauptstrafe, die einer juristischen Person auferlegt werden kann.[604] Neben der Geldstrafe kann das Gericht, je nach begangener Straftat, der juristischen Person zusätzlich weitere Strafen auferlegen, wie die Auflösung der juristischen Person[605], das Verbot eine oder mehrere Geschäftstätigkeiten zu entfalten[606], die Einstellung bestimmter Betriebe der juristischen Person[607], das Verbot, an der Vergabe von öffentlichen Aufträgen teilzunehmen[608] oder die Veröffentlichung des strafgerichtlichen Urteils[609]. Das NCP sieht darüber hinaus auch das gerichtliche unter Aufsicht stellen der juristischen Person[610] als mögliche zusätzliche Strafe vor.[611]

---

600 *Jurma*, Persona juridică (2010) 144.
601 *Jurma*, Entscheidungsbesprechung des LG Bukarest 6.12.2010/846, CJ 2011/6.
602 Art 71¹ Abs 2 CP.
603 Art 71¹ Abs 3 CP.
604 *Hotca/Slăvoiu*, Răspunderea penală a persoanei juridice în reglementarea noului Cod penal, PR 2010/11, 47.
605 Siehe Art 71² CP.
606 Siehe Art 71³ CP.
607 Siehe Art 71⁵ CP.
608 Siehe Art 71⁶ CP.
609 Siehe Art 71⁷ CP.
610 Siehe Art 144 NCP.
611 *Hotca/Slăvoiu*, Răspunderea, PR 2010/11, 47.

2. Haftung der Muttergesellschaft für Geldstrafen der Tochtergesellschaft

Weder das CP noch das NCP beinhalten Vorschriften über die Verbandsverantwortung der Muttergesellschaft für Geldstrafen der Tochtergesellschaft.

Das NCP beinhaltet erstmals Bestimmungen, wonach die strafrechtliche Haftung einer juristischen Person mit all ihren Konsequenzen bei einer Verschmelzung oder Spaltung auf die Folgegesellschaft übergeht.[612] Dies könnte zB für eine Muttergesellschaft im Falle einer Verschmelzung mit einer ihrer Tochtergesellschaften ein Haftungsrisiko darstellen.

3. Abschöpfung der Bereicherung der Muttergesellschaft

Eine Abschöpfung der Bereicherung der Muttergesellschaft in Folge der Begehung von Straftaten der Tochtergesellschaft ist im rumänischen Recht nicht ausdrücklich vorgesehen.

Nichtsdestotrotz ermöglicht die Rechtsinstitution der *speziellen Beschlagnahmung*[613] die Einziehung aller bei der Begehung einer Straftat verwendeten Sachen oder der daraus entstandenen oder erworbenen Sachen und, wenn diese nicht mehr vorhanden sind, die Einziehung von Geldern und anderen Sachen bis zur Höhe des Wertes der zu beschlagnahmenden Sachen.

Hinzu kommt, dass Art 3 des Rahmenbeschlusses 2005/212/JI des Rates der EU vom 24. Februar 2005 *über die Einziehung von Erträgen, Tatwerkzeugen und Vermögensgegenständen aus Straftaten* durch das Gesetz 2012/63[614] in das rumänische Recht umgesetzt wurde. Durch die sog *erweiterte Beschlagnahmung* (rum: confiscare extinsă) ist es über die spezielle Beschlagnahmung hinaus möglich, weitere Sachen und Gelder einzuziehen, wenn durch die Begehung der Straftat der verurteilten Person Vermögensvorteile entstehen können.[615] Dabei ist auch der Wert der Güter, die von der verurteilten Person an die von ihr kontrollierten juristischen Personen geflossen sind, einzubeziehen.[616] Im Zusammenhang mit juristischen Personen führt der Gesetzgeber hierzu lediglich die von der verurteilten Person kontrollierten juristischen Personen an, wodurch eher eine Haftung der Tochtergesellschaft für ihre Muttergesellschaft in Frage kommen würde.

---

612 Art 151 Abs 1 NCP.

613 Siehe Art 118 CP.

614 Das Gesetz 2012/63 *über die Änderung und Ergänzung des CP und des Gesetzes 2009/286 über das CP* (Lege pentru modificarea şi completarea Codului penal al României şi a Legii nr. 286/2009 privind Codul penal) veröffentlicht im Amtsblatt Rumäniens I 19.4.2012/258 trat am 22.4.2012 in Kraft.

615 Art 118² Abs 1 CP.

616 Art 118² Abs 3 CP.

4. Strafrechtliche Bestimmungen im LSC

a) Allgemeines

Das LSC beinhaltet in den Art 270³ – 282¹ gesonderte strafrechtliche Bestimmungen. Diese werden von der Lehre zunächst in drei Gruppen eingeteilt:

- die erste Gruppe umfasst Straftaten, die im Rahmen der Gesellschaftsgründung und/oder in Bezug auf die Finanzsituation einer Gesellschaft begangen werden können (Art 271 LSC);
- die zweite Gruppe umfasst Straftaten, die im Rahmen der Ausübung der Leitung der Gesellschaft begangen werden können (Art 272 f und 274–280³ LSC) und
- die dritte Gruppe umfasst Straftaten, die im Rahmen des Emittierens von Aktien und/oder Obligationen bzw Schuldverschreibungen (Art 273 LSC[617]) begangen werden können.[618]

Die strafrechtlichen Bestimmungen des LSC sind auf alle Handelsgesellschaftsformen anwendbar.[619] Sie haben jedoch nur einen subsidiären Charakter[620] im Verhältnis zu strengeren strafrechtlichen Bestimmungen. Dies hat zur Folge, dass jedes Mal, wenn ein im LSC geregelter Straftatbestand erfüllt ist, der ebenso einen schwereren Straftatbestand erfüllt, der unter das CP oder unter ein anderes Sondergesetz fällt, und darüber hinaus auch strenger als nach dem LSC bestraft wird, der Täter nach diesen strengeren strafrechtlichen Bestimmungen bestraft wird und nicht nach den Bestimmungen des LSC.[621] Die Anklage bei Begehung von im LSC subsumierten Straftaten wird gemäß Art 282¹ LSC von Amts wegen erhoben.

Nach Meinung der Lehre können die im LSC vorgesehenen Straftatbestände von Geschäftsführern im weiteren Sinne, also auch von Verwaltungs-, Leitungs- und Aufsichtsorganen, aber auch von Zensoren, Liquidatoren und von

---

617 Gemäß Art 273 LSC werden Geschäftsführer, Direktoren, geschäftsführende Direktoren oder gesetzlich Vertretungsberechtigte der Gesellschaft mit Freiheitsstrafen von sechs Monaten bis zu fünf Jahren bestraft, wenn sie: 1. Aktien zu einem geringeren als ihren gesetzlichen Wert oder zu einem Preis ausgeben, der geringer ist als ihr Nennwert, oder gegen Bareinlagen neue Aktien ausgeben, bevor die vorherigen vollständig bezahlt wurden; 2. in der Generalversammlung von nicht gezeichneten oder an Aktionäre nicht ausgegebenen Aktien Gebrauch machen; 3. Darlehen oder Vorschüsse gegen Aktien der Gesellschaft gewähren; 4. dem Inhaber vorzeitig die Aktien aushändigen oder voll oder teilweise bezahlte Aktien aushändigen, sofern dies vom Gesetz nicht vorgesehen ist, oder nicht voll bezahlte Inhaberaktien ausgeben; 5. die gesetzlichen Bestimmungen über die Ungültigkeitserklärung nicht bezahlter Aktien nicht beachten; 6. Schuldverschreibungen ausgeben, ohne die gesetzlichen Bestimmungen zu beachten, oder Aktien ausgeben, die die vom Gesetz vorgeschriebenen Angaben nicht enthalten.

618 *Hotca*, in *Hotca/Dobrinoiu*, Infracţiuni speciale (2010) 448.

619 *Bratiş*, Regimul juridic al conflictului de interese în care se află fondatorii, asociaţii (acţionarii) şi membrii organelor executive din cadrul societăţilor comerciale, RDC 2010/3, 41.

620 *Corlăţeanu/Comănescu*, Folosirea cu rea-credinţă a bunurilor sau creditului societăţii comerciale, RDC 2010/12, 43.

621 Art 281 LSC.

den Aktionären bzw Gesellschaftern, begangen werden.[622] Wenn eine Straftat vom ständigen Vertreter einer juristischen Person, die als Geschäftsführer bestellt wurde, begangen wird, haftet darüber hinaus auch die juristische Person.[623] Infolgedessen kann die Haftung der Muttergesellschaft in Frage kommen, wenn diese als Geschäftsführer der Tochtergesellschaft bestellt wurde.

Die erste Gruppe der strafrechtlichen Bestimmungen des LSC umfasst die strafrechtlichen Bestimmungen des Art 271 LSC. Demnach werden die Gründer, Geschäftsführer, Direktoren, geschäftsführenden Direktoren oder gesetzlich Vertretungsberechtigten der Gesellschaft mit Freiheitsstrafen von einem bis zu fünf Jahren bestraft, wenn sie: 1. in den an die Öffentlichkeit gerichteten Prospekten, Berichten oder Mitteilungen bösgläubig unwahre Angaben über die Gründung der Gesellschaft oder über ihre wirtschaftliche Lage machen oder solche Angaben vollständig oder teilweise bösgläubig verheimlichen; 2. den Aktionären bösgläubig einen unrichtigen Finanzlagebericht oder unrichtige Angaben über die wirtschaftliche Lage der Gesellschaft in der Absicht vorlegen, die wahre Lage der Gesellschaft zu verheimlichen; 3. sich weigern, den Sachverständigen in den Fällen und unter den Bedingungen der Art 26 und 38 LSC die erforderlichen Unterlagen zur Verfügung zu stellen, oder die Sachverständigen bösgläubig daran hindern, die übernommenen Aufgaben zu erfüllen. Folglich beinhaltet Art 271 LSC gleich mehrere Straftatbestände, die nur von den genannten Personen verwirklicht werden können.[624] Eine Beteiligung an der Begehung dieser Straftaten ist in allen Beteiligungsformen möglich, die Mittäterschaft kommt jedoch nur in Frage, wenn alle Täter die vom Gesetz vorgesehene spezielle Qualität aufweisen.[625]

Während die erste Gruppe der strafrechtlichen Bestimmungen des LSC teilweise nur die Gründungsphase einer Gesellschaft betrifft, sind die strafrechtlichen Bestimmungen, die von der zweiten Gruppe umfasst werden, während der gesamten Existenz einer Gesellschaft relevant. Von besonderer Bedeutung sind hierbei die Bestimmungen über die Straftatbestände *Schädigung des Gesellschaftsvermögens* (Art 272) und *Schädigung der Gesellschaft durch unredliche Mittel* (Art 272¹).[626] Beide Straftatbestände können auch von den Gründern der Gesellschaft verwirklicht werden. Die Besonderheit der Bestimmungen des Art 272 besteht insbesondere darin, dass sie die einzigen strafrechtlichen Bestimmungen des LSC sind, die sich mit Konzerngesellschaften befassen.

b) Schädigung des Gesellschaftsvermögens

Gemäß Art 272 Abs 1 Pkt 1 LSC werden die Gründer, Geschäftsführer, Direktoren oder gesetzlich Vertretungsberechtigten der Gesellschaft mit Freiheitsstrafe von einem bis drei Jahren bestraft, wenn sie, in der Absicht, sich oder an-

---

622 *Piperea*, in *Cărpenaru* ua, Comentariu LSC⁴ (2009) 1007.
623 Siehe mehr dazu unter Kapitel II. 8. *Haftung einer juristischen Person als Geschäftsführer.*
624 *Hotca*, in *Hotca/Dobrinoiu*, Infracţiuni speciale (2010) 449.
625 *Hotca*, in *Hotca/Dobrinoiu*, Infracţiuni speciale (2010) 451.
626 Beide Straftatbestände werden in den folgenden zwei Kapiteln näher erläutert.

deren einen Vorteil zum Schaden der Gesellschaft zu verschaffen, auf Rechnung der Gesellschaft Aktien anderer Gesellschaften zu einem Preis erwerben, von dem sie wissen, dass er ihren tatsächlichen Wert erkennbar übersteigt, oder auf Rechnung der Gesellschaft in deren Besitz befindliche Aktien zu einem Preis verkaufen, von dem sie wissen, dass er erkennbar geringer ist als ihr tatsächlicher Wert.

Mit der gleichen Freiheitsstrafe von einem bis drei Jahren werden die Gründer, Geschäftsführer, Direktoren oder gesetzlich Vertretungsberechtigten der Gesellschaft auch dann bestraft, wenn sie zu einem den Interessen der Gesellschaft entgegengesetzten Zweck oder zu ihrem eigenen Vorteil oder um eine andere Gesellschaft zu begünstigen, bei der sie ein unmittelbares oder mittelbares Interesse verfolgen, schlechtgläubig von Sachwerten oder dem Kredit[627] der Gesellschaft Gebrauch machen (Art 272 Abs 1 Pkt 2 LSC).[628] Eine Straftat nach diesen Bestimmungen kann nicht nur von den satzungsmäßigen Geschäftsführern der Gesellschaft begangen werden, sondern auch von den de facto Geschäftsführern[629], was auch von der Rechtsprechung bestätigt wurde[630]. In der Rechtsliteratur hat sich im Zusammenhang mit diesem Straftatbestand die Frage entwickelt, welches Interesse im Rahmen eines Konzerns bei der Beurteilung der Erfüllung eines bestimmten Straftatbestandes zu beachten ist, das Interesse jeder einzelnen Gesellschaft im Konzern oder jenes des gesamten Konzerns.[631] An dieser Stelle wurde die Entscheidung des Strafsenats des französischen *Cour de Cassation* vom 4.2.1985 im Fall *Rozenblum* angeführt, wonach das Konzerninteresse die Benachteiligung einer Gesellschaft unter Umständen rechtfertigen kann. Der *Cour de Cassation* geht folglich davon aus, dass Rechtsgeschäfte unter den Gesellschaften eines Konzerns legitim sind, solange sie die drei folgenden Voraussetzungen erfüllen:

- Es muss faktisch ein Konzern vorliegen;
- Das Rechtsgeschäft muss durch das gemeinsame Interesse des Konzerns gerechtfertigt sein;
- Das Rechtsgeschäft darf nicht zur finanziellen Opferung einer Konzerngesellschaft führen und dadurch ihre Zukunft in Gefahr bringen.

Aus der rumänischen Gerichtspraxis sind bisher keine ähnlichen Entscheidungen bekannt, zumindest nicht öffentlich zugänglich. In einem Fall hat der ÎCCJ die Klage eines Aktionärs auf Nichtigerklärung eines Kreditvertrages und der damit zusammenhängenden Kreditsicherheitsverträge, die im Namen von drei Gesellschaften gültig abgeschlossen wurden, abgewiesen. Der klagende

---

627 Im Sinne zB einer Kreditgewährung direkt durch die Gesellschaft oder Haftungsübernahme (zB Bürgschaft, Garantie oder Kaution) durch die Gesellschaft. Vgl *Piperea*, in *Cărpenaru ua*, Comentariu LSC⁴ (2009) Art 272 Rz 5.
628 Art 272 Abs 1 Pkt 2 LSC.
629 *Truichici*, Folosirea cu rea-credință a creditului societății. Aspecte din jurisrudența franceză, RDC 2010/11, 36.
630 ÎCCJ, Entscheidung 28.4.2010/1657.
631 *Truichici*, Folosirea, RDC 2010/11, 37 f.

Aktionär, der lediglich 0,33 % der Aktien an einer der drei Gesellschaften besaß, hat durch die Erhebung der Nichtigkeitsklage das Interesse dieser einen Gesellschaft verfolgt, nämlich die Verhinderung der Zahlungsunfähigkeit, und kein persönliches Interesse. Für eine Klage im Interesse der Gesellschaft besaß der Kläger jedoch nicht die erforderliche Beteiligung von mindestens 5 % des Gesellschaftskapitals und war somit nach Meinung der Instanz auch nicht aktivlegitimiert. Demzufolge hat der ÎCCJ in diesem Fall die Problematik der Gewährung von Krediten innerhalb eines Konzerns und die damit verbundenen Risiken für die einzelnen Konzerngesellschaften auch nicht behandelt.[632]

Keinesfalls ein Straftatbestand im Sinne der Bestimmungen des Art 272 Abs 1 Pkt 2 LSC besteht, wenn ein Geschäftsführer, Direktor oder gesetzlicher Vertreter der Gesellschaft *Treasury-Geschäfte* zwischen der Gesellschaft und anderen Gesellschaften tätigt, die von dieser unmittelbar oder mittelbar kontrolliert werden oder diese kontrollieren[633]. Durch diese Bestimmung wurden *Treasury-Geschäfte* zwischen den Gesellschaften eines Konzerns von der Sphäre des Straftatbestandes der *Schädigung des Gesellschaftsvermögens* bzw der *Schädigung des Gesellschaftskredites* durch eine Novellierung des LSC 2007[634] ausgenommen.[635] Was in Frankreich von der Jurisprudenz in der Causa *Rozenblum* gelöst wurde, findet in Rumänien nunmehr eine gesetzliche Regelung.[636]

Kredite und Sicherheiten können nicht nur der Tochtergesellschaft durch ihre Muttergesellschaft gewährt werden, sondern auch umgekehrt. Während die Muttergesellschaft durch die Unterstützung ihrer Tochtergesellschaft im Grunde genommen auch sich selbst fördert, ist die Unterstützung der Muttergesellschaft durch die Tochtergesellschaft ein komplexer Sachverhalt, und dics umso mehr, da in Rumänien der Konzern nicht allgemein geregelt ist.[637] Die Entlassung der Geschäftsführer, Direktoren oder gesetzlichen Vertreter der Gesellschaft aus der strafrechtlichen Haftung des Art 272 Abs 2 LSC im Falle von *Treasury-Geschäften* zwischen Konzerngesellschaften kann jedoch nicht zu der Schlussfolgerung führen, dass die Gewährung einer Sicherheit für die Muttergesellschaft durch ihre Tochtergesellschaft automatisch das Interesse der Tochtergesellschaft verfolgt oder dass die Gewährung einer solchen Sicherheit durch die Tochtergesellschaft auch bei Fehlen eines eigenen Interesses der Tochtergesellschaft möglich wäre.[638] Wäre dem so, könnte die Tochtergesellschaft Sicherheiten sogar unentgeltlich gewähren, was selbstverständlich nicht zulässig ist.[639] Folglich muss vom Interesse und von der finanziellen Lage der Tochtergesellschaft ausgegangen werden, was zB durch die Begrenzung der Si-

---

632 *ÎCCJ*, 20.9.2011/2721.

633 Art 272 Abs 2 LSC.

634 Diese Bestimmung wurde durch die DringlichkeitsVO 2007/82, veröffentlicht im Amtsblatt Rumäniens 29.6.2007/446, eingeführt.

635 *M. C. Popa*, Scurtă prezentare, AUB Drept, 2010/IV, 112.

636 *M. C. Popa*, Scurtă prezentare, AUB Drept, 2010/IV, 112.

637 *M. C. Popa*, Aspecte economice privind garanţiile intra-grup, RRDA 2009/4, 103.

638 *M. C. Popa*, Aspecte economice, RRDA 2009/4, 104.

639 *M. C. Popa*, Aspecte economice, RRDA 2009/4, 104.

cherheiten auf einen bestimmten Wert erreicht werden kann.[640] Die Besicherung der Muttergesellschaft könnte sich aber auch positiv auf die Tochtergesellschaft auswirken.[641] Die Verantwortung zu evaluieren und zu entscheiden, inwiefern und unter welchen Konditionen die Besicherung der Muttergesellschaft durch die Tochtergesellschaft das Gesellschaftsinteresse der Letzteren erfüllt, gebührt den Organen der Tochtergesellschaft, die gemäß Art 144¹ LSC mit der Umsicht und Sorgfalt eines Geschäftsführers handeln müssen, und darüber hinaus auf Basis adäquater Informationen.[642] An dieser Stelle muss erwähnt werden, dass gemäß Art 153²² LSC die Verwaltungsrats- bzw die Vorstandsmitglieder Rechtsgeschäfte im Namen und auf Rechnung der Gesellschaft betreffend den Erwerb von Gütern für die Gesellschaft, die Veräußerung, die Vermietung und den Tausch von Gütern aus dem Vermögen der Gesellschaft sowie die Bestellung von Sicherheiten an Gütern der Gesellschaft nur unter der Bedingung der erteilten Zustimmung der Generalversammlung der Aktionäre abschließen dürfen, wenn der Wert dieser Güter die Hälfte des Buchwertes der Aktiva der Gesellschaft zum Zeitpunkt des Abschlusses des Rechtsgeschäfts übersteigt. Bedarf das Rechtsgeschäft nicht der Zustimmung der Generalversammlung, tragen die Verwaltungsratsorgane bzw der Vorstand sowohl die zivilrechtliche als auch die strafrechtliche Verantwortung. Wurde hingegen das Rechtsgeschäft mit Zustimmung und zu den Bedingungen der Generalversammlung abgeschlossen, entfällt ihre zivilrechtliche Haftung, die strafrechtliche Haftung kann hingegen nicht ausgeschlossen werden, die Erfüllung der Entscheidung der Generalversammlung könnte sich höchstens mildernd auswirken.[643] Demzufolge müssten sie sich in diesem Fall wegen Schädigung des Gesellschaftsvermögens (Art 272 LSC) strafrechtlich verantworten.[644] Im Zusammenhang mit der Ausübung des Stimmrechts in der Generalversammlung im Rahmen der Erteilung der Zustimmung der Generalversammlung könnte eine zivilrechtliche Haftung der Aktionäre entstehen, wenn sie ihre gesetzlichen Pflichten gegenüber der Gesellschaft dadurch verletzen.[645] Wenn der Gesellschafter in der Generalversammlung der Gewährung einer Sicherheit seitens der Tochtergesellschaft zu seinen Gunsten zustimmt, kann er auch strafrechtlich (Art 275 Abs 2 LSC) zur Verantwortung gezogen werden.[646]

Gemäß Art 272 Abs 1 Pkt 3 LSC werden die Gründer, Geschäftsführer, Direktoren oder gesetzlich Vertretungsberechtigten der Gesellschaft mit Freiheitsstrafen von einem bis zu fünf Jahren bestraft, nicht nur, wenn sie unmittelbar, sondern auch, wenn sie durch Mittelsmänner von der Gesellschaft, die sie verwalten, oder von einer von dieser kontrollierten Gesellschaft oder von einer Gesellschaft, die die von ihnen verwaltete Gesellschaft kontrolliert, einen Kredit

---

640 *M. C. Popa*, Aspecte economice, RRDA 2009/4, 104 f.
641 *M. C. Popa*, Aspecte juridice privind garanţiile intra-grup, RRDA 2009/5, 63 f.
642 *M. C. Popa*, Aspecte juridice, RRDA 2009/5, 64.
643 *M. C. Popa*, Aspecte juridice, RRDA 2009/5, 65.
644 *M. C. Popa*, Aspecte juridice, RRDA 2009/5, 65 f.
645 *M. C. Popa*, Aspecte juridice, RRDA 2009/5, 65.
646 *M. C. Popa*, Aspecte juridice, RRDA 2009/5, 66.

aufnehmen, sofern dessen Betrag € 5.000 übersteigt, oder wenn sie veranlassen, dass eine dieser Gesellschaften eine Sicherheit für ihre persönlichen Schulden leistet.[647] Anzumerken ist hierbei, dass das LSC nicht alle Kredite, Sicherheiten und andere Vorteile an die Geschäftsführer oder an andere Gesellschaftsorgane und deren Verwandte verbietet, deren Betrag € 5.000 übersteigt, sondern nur solche, die diese Personen bevorzugen und nicht drittüblich sind.[648] Kein Straftatbestand im Sinne der Bestimmung Art 272 Abs 1 Pkt 3 LSC besteht, wenn eine Gesellschaft in ihrer Eigenschaft als Gründer einen Kredit von einer Gesellschaft aufnimmt, von der sie unmittelbar oder mittelbar kontrolliert wird oder die sie unmittelbar oder mittelbar kontrolliert,[649] wobei dies *expressis verbis* nur solche Gründer betrifft, die Handelsgesellschaften sind, und folglich sind Kredite von einem Gründer, der eine juristische Person ist, die nicht auf Gewinn gerichtet ist oder die eine Genossenschaft ist, nicht zulässig.[650]

c) Schädigung der Gesellschaft durch unredliche Mittel

Der Straftatbestand der Schädigung der Gesellschaft durch unredliche Mittel kann von den Gründern, Geschäftsführern, Direktoren oder den gesetzlich Vertretungsberechtigten der Gesellschaft erfüllt werden, wenn sie in der Absicht, sich oder einem Dritten einen Vorteil zum Schaden der Gesellschaft zu verschaffen, falsche Nachrichten verbreiten oder andere unredliche Mittel anwenden, die zu einer Erhöhung oder Verringerung des Wertes der Aktien oder Schuldverschreibungen der Gesellschaft oder sonstiger ihr gehöriger Wertpapiere führen.[651] Der Straftatbestand der *Schädigung der Gesellschaft durch unredliche Mittel* kann auch durch unrechtmäßige Verteilung von Dividenden erfüllt werden.[652] In beiden Varianten wird diese Straftat mit Freiheitsstrafen von zwei bis acht Jahren bestraft.

Diese Straftatbestände können, genau wie die oben dargestellten Straftatbestände (Art 271 und 272 LSC), nur von den genannten Personen verwirklicht werden.[653] Eine Beteiligung ist demzufolge auch hier in jeder Form möglich, bei Mittäterschaft müssen allerdings alle Täter die vom Gesetz vorgesehene spezielle Qualität aufweisen.[654]

---

647 Art 272 Abs 1 Pkt 3 LSC.
648 Art 144⁴ LSC.
649 Art 272 Abs 3 LSC.
650 *Popa*, Operaţiunile, RRDA 2008/3, 41.
651 Art 272¹ Pkt 1 LSC.
652 Art 272¹ Pkt 2 LSC. Die Bestimmungen wurden bereits im Kapitel II. 3. ab. *Gewinnverteilung* näher ausgeführt.
653 *Hotca*, in *Hotca/Dobrinoiu*, Infracţiuni speciale (2010) 459.
654 Siehe *Hotca*, in *Hotca/Dobrinoiu*, Infracţiuni speciale (2010) 451.

VII. Haftung nach Materiengesetzen

1. Bankrecht

Für eine Bankenmutter bestehen neben den im LSC und im LRC geregelten Haftungstatbeständen[655] noch weitere Haftungsrisiken durch die Bestimmungen der DringlichkeitsVO 2006/99, die den speziellen gesetzlichen Rahmen für Kreditinstitute darstellt. Die Nationalbank Rumäniens ist die zuständige Behörde für die Regulierung, Genehmigung und Überwachung der Kreditinstitute.[656]

Einer Muttergesellschaft können nach den Bestimmungen auf Basis dieser DringlichkeitsVO in bestimmten Fällen bei Unterlassung der Meldung eines Anteilserwerbs an einem Kreditinstitut, bei Anteilserwerb trotz Ablehnung durch die Nationalbank, bei Verlust der Eignung als Aktionär eines Kreditinstitutes und bei Unterlassung der finanziellen Unterstützung des Kreditinstitutes Sanktionen auferlegt werden.

Der Erwerb von Anteilen an einem Kreditinstitut ist durch den potenziellen Erwerber samt Informationen über seine Eignung als Aktionär eines Kreditinstitutes und über seine Finanzsituation bei der Nationalbank zu melden und von dieser zu genehmigen.[657] Die Nationalbank kann sich aus triftigen Gründen gegen einen Anteilserwerb aussprechen.[658] Bei unterlassener Meldung des Anteilserwerbs oder bei Erwerb von Anteilen an einem Kreditinstitut, bevor die Nationalbank die Genehmigung dafür erteilt hat, werden die den erworbenen Anteilen entsprechenden Stimmrechte ausgesetzt.[659]

Bei Erwerb einer qualifizierten Beteiligung[660] an einem Kreditinstitut trotz Ablehnung durch die Nationalbank muss der Erwerber seine auf diese Weise erworbenen Aktien innerhalb von drei Monaten ab Mitteilung der Ablehnung wieder veräußern.[661] Wenn die Aktien nach Ablauf der 3-monatigen Frist noch nicht veräußert wurden, werden sie annulliert und an ihrer Stelle neue Aktien emittiert.[662]

Wenn jene Personen, die eine qualifizierte Beteiligung an einem Kreditinstitut halten, nicht mehr die gesetzlichen Voraussetzungen für die Eignung als Aktionär eines Kreditinstitutes erfüllen oder wenn sie einen schädigenden Einfluss auf dessen umsichtige Verwaltung ausüben, kann die Nationalbank, unabhängig von der Auferlegung anderer Sanktionen gegen die Verwaltungs- und Leitungsorgane des Kreditinstitutes, auch die Aussetzung der Stimmrechte der betref-

---

655 Siehe dazu das Kapitel II. *Gesellschaftsrecht*.
656 Art 4 Abs 1 DringlichkeitsVO 2006/99.
657 Art 25 Abs 1 iVm Art 26 DringlichkeitsVO 2006/99. Das Gesetz sieht keine Bestimmungen über die Höhe der zu erwerbenden Anteile vor.
658 Art 26 Abs 2 DringlichkeitsVO 2006/99.
659 Art 231 Abs 1 DringlichkeitsVO 2006/99.
660 Eine qualifizierte Beteiligung ist gemäß Art 7 Punkt 17 DringlichkeitsVO 2006/99 eine direkte oder indirekte Beteiligung, die 10 % oder mehr vom Kapital des Kreditinstitutes oder der Stimmrechte an diesem ausmacht oder einen bedeutenden Einfluss auf dieses ermöglicht.
661 Art 232 Abs 1 erster Satz DringlichkeitsVO 2006/99.
662 Art 232 Abs 1 zweiter Satz DringlichkeitsVO 2006/99.

fenden Aktionäre bestimmen.[663] Sobald diesen die Sanktion der Aussetzung der Stimmrechte auferlegt wurde, dürfen sie auch keine weiteren Aktien des Kreditinstitutes mehr erwerben.[664] Wurde allen Aktionären eines Kreditinstitutes die Sanktion der Aussetzung der Stimmrechte auferlegt, kann die Nationalbank dem Kreditinstitut sogar die erteilte Genehmigung entziehen.[665]

Wenn sich bei einem Kreditinstitut die gesetzlichen oder die durch die Nationalbank festgelegten Indikatoren deutlich verschlechtern oder sich in absehbarer Zeit zu verschlechtern drohen, kann die Nationalbank, um einen solchen Zustand zu beseitigen bzw zu verhindern, die Aktionäre mit einer qualifizierten Beteiligung auffordern, das Kreditinstitut durch folgende Maßnahmen finanziell zu unterstützen:

• Erhöhung des Kapitals oder
• Verbot der gänzlichen oder teilweisen Verteilung des Gewinns oder
• Gewährung von Krediten, die in das Eigenkapital des Kreditinstitutes inkludiert und/oder in Aktien konvertiert werden können.[666]

Wenn die Aktionäre mit einer qualifizierten Beteiligung das Kapital des Kreditinstitutes trotz Aufforderung der Nationalbank nicht erhöhen oder das Verbot der gänzlichen oder teilweisen Verteilung des Gewinns nicht beachten, werden ihre Stimmrechte durch die Nationalbank ausgesetzt.[667] Die Stimmrechte werden solange ausgesetzt, bis die finanzielle Unterstützung erfolgt.[668]

2. Versicherungen, Rückversicherungen

Das VersicherungsG regelt die Organisation, Funktion und Überwachung der Versicherungs- und Rückversicherungsgesellschaften. Die Regulierung und die Überwachung dieser Gesellschaften wird durch die Versicherungsaufsichtskommission (Comisia de Supraveghere a Asigurărilor – CSA) durchgeführt[669].

Das VersicherungsG regelt eine Reihe von Tatbeständen[670], die für eine Muttergesellschaft mit Haftungsrisiken verbunden sein können, wenn sie bei Erfüllung eines Tatbestandes die Eigenschaften eines signifikanten Aktionärs aufweist. Gemäß Art 2 Pkt 10 VersicherungsG ist ein signifikanter Aktionär eine Person, die, direkt oder indirekt, alleine oder zusammen mit anderen natürlichen oder juristischen Personen, Rechte ausübt, die aus dem Besitz von Aktien hervorgehen, die kumuliert mindestens 10% des gesamten Gesell-

---

663 Art 230 Abs 1 DringlichkeitsVO 2006/99.
664 Art 230 Abs 2 DringlichkeitsVO 2006/99.
665 Art 230 Abs 4 DringlichkeitsVO 2006/99.
666 Art 230¹ Abs 1 DringlichkeitsVO 2006/99.
667 Art 230¹ Abs 2 DringlichkeitsVO 2006/99. Die Nicht-Gewährung von Krediten durch die Aktionäre führt nach dieser Bestimmung zu keiner Aussetzung der Stimmrechte.
668 Art 230¹ Abs 3 DringlichkeitsVO 2006/99.
669 Art 4 Abs 1 iVm Art 8 VersicherungsG.
670 Siehe Art 39 VersicherungsG.

schaftskapitals oder der Stimmrechte ausmachen, oder es ihr ermöglichen, einen signifikanten Einfluss auf die Leitung der Versicherung oder Rückversicherung auszuüben.

Neben der Auferlegung von Geldstrafen oder anderen Sanktionen gegen die Versicherungs- oder Rückversicherungsgesellschaft selbst können auch ihre signifikanten Aktionäre mit der Annullierung ihrer abgegebenen Stimmen oder mit der Aussetzung ihrer Stimmrechte sanktioniert werden, unter anderem:[671]

- bei Verletzung der Vorschriften des VersicherungsG oder der von der CSA erlassenen Normen über die Umsicht im Versicherungswesen;[672]
- bei Anmeldung der Versicherung oder Rückversicherung beim Nationalen Handelsregister ohne Genehmigung durch die CSA;[673]
- bei Verletzung der Vorschriften über die Erhaltung des Mindestkapitals, des Reservefonds oder der Liquiditätsreserve;[674]
- bei Verletzung der Vorschriften über die Bildung von Reserven;[675]
- bei Verletzung der Vorschriften über die Übertragung des Versicherungsbestandes[676].

VIII. Andere Rechtsgrundlagen

1. Umwelthaftung

Die RL 2004/35/EG *über Umwelthaftung zur Vermeidung und Sanierung von Umweltschäden* wurde durch die DringlichkeitsVO 2007/68 in rumänisches Recht umgesetzt. Der Gesetzgeber hat über die Vorgaben dieser Richtlinie hinaus eine gesamtschuldnerische Haftung des *Konsortiums und der multinationalen Gesellschaften* gemeinsam mit dem Betreiber, der den Umweltschaden verursacht hat, eingeführt.[677] Eine ähnliche Haftung ist weder in der RL 2004/35/EG noch in der Gesetzgebung anderer europäischer Länder vorgesehen.[678]

Gemäß Art 31 Abs 3 der DringlichkeitsVO 2007/68 haftet ein Konsortium oder eine multinationale Gesellschaft gesamtschuldnerisch mit dem Betreiber, wenn dieser einen Umweltschaden oder die drohende Gefahr eines solchen Schadens verursacht hat und er Teil des Konsortiums bzw der multinationalen Gesellschaft ist. Der Gesetzeswortlaut dieses Artikels wurde in der Rechtsliteratur vehement kritisiert.

671 Siehe Art 39 Abs 2 iVm Art 39 Abs 3 c¹ VersicherungsG.
672 Art 39 Abs 2 a VersicherungsG.
673 Art 39 Abs 2 b VersicherungsG.
674 Art 39 Abs 2 iVm Art 16 und 35 VersicherungsG. Das Mindestkapital bei Versicherungs- und Rückversicherungsgesellschaften beträgt gemäß Art 16 Abs 2 VersicherungsG, je nach Versicherungsart, sieben, zehn oder 14 Milliarden Lei.
675 Art 39 Abs 2 iVm Art 21 f VersicherungsG.
676 Art 39 Abs 2 iVm Art 23 und 44 Abs 2 VersicherungsG.
677 Art 31 Abs 3 DringlichkeitsVO 2007/68.
678 *Perry V. Zizzi*, Reflections of the latest changes in environmental legislation in Romania (2010), abrufbar unter: http://www.balkans.com/open-news.php?uniquenumber=67661 (29.6.2012).

Nach einer in der Rechtsliteratur geäußerten Meinung seien diese Bestimmungen unklar verfasst, da eine Gesellschaft nicht Teil einer multinationalen Gesellschaft sein kann, sondern nur einer Gesellschaftsgruppe, die mindestens in zwei verschiedenen Ländern niedergelassen ist, was möglicherweise vom Gesetzgeber gemeint sein könnte. In diesem Fall könnte die Haftung aller mit dem Verursacher verbundenen Gesellschaften in Frage kommen.[679]

Neben der Kritik über die unklare Formulierung dieser Bestimmungen wird nach einer anderen in der Rechtsliteratur geäußerten Meinung zusätzlich auch ihre Gesetzesmäßigkeit in Frage gestellt.[680] Die Haftung der Muttergesellschaft für ihre Tochtergesellschaft müsse unabhängig davon eintreten, ob die Muttergesellschaft eine multinationale oder eine nationale Gesellschaft ist, da kein nachvollziehbarer Grund dafür bestehe, die Gesellschaften einer ungleichen Behandlung nach dem Sitz zu unterziehen. Vielmehr verletzen diese Bestimmungen den durch ein spezielles Gesetz[681] eingeführten Grundsatz über die Gleichbehandlung der Investoren.[682]

Weder die Begründung zum Erlass dieser DringlichkeitsVO noch ihre Anwendungsnormen beinhalten Angaben zu diesen kritisierten Bestimmungen und es existiert bisher auch keine Judikatur dazu.

2. Arbeitsrecht

In der Praxis kann es vorkommen, dass Angestellte formell in einer Konzerngesellschaft angestellt sind, de facto jedoch ihre Arbeit für eine andere Gesellschaft des Konzerns verrichten. Es stellt sich in solchen Fällen die Frage, wer der wahre Arbeitgeber ist, und was die Konsequenzen solcher Arbeitsverhältnisse sind.[683] Die rumänische Fachliteratur zitiert hierzu die entsprechende französische Rechtsprechung. Demnach wurden die Ansprüche solcher Mitarbeiter in bestimmten Fällen der Muttergesellschaft zugerechnet. Die wirtschaftliche Abhängigkeit der Tochtergesellschaft gegenüber der Muttergesellschaft war allein jedoch nicht ausreichend für die französischen Gerichte. Damit die Muttergesellschaft als Arbeitgeber der Mitarbeiter ihrer Tochtergesellschaft in Anspruch genommen werden kann, ist darüber hinaus ein Unterordnungsverhältnis erforderlich, das eine Kontrolle der Mitarbeiter auch aus disziplinärer Sicht ermöglicht.[684]

---

679 *Perry V. Zizzi*, Reflections (2010).
680 *Popa*, Grupurile (2011) 429 f.
681 Siehe DringlichkeitsVO 1997/92 *über die Stimulierung der direkten Investitionen* (Ordonanţa de urgenţă privind stimularea investiţiilor directe), veröffentlicht im Amtsblatt Rumäniens I 30.12.1997/386. Art 9 dieser DringlichkeitsVO sieht die Gleichbehandlung der Investoren unabhängig davon vor, ob sie Rumänen oder Ausländer sind.
682 *Popa*, Grupurile (2011) 430 f.
683 *Popa*, Grupurile de societăţi, o realitate în căutarea unei reglementări, RRDA 2008/1, 30.
684 *Popa*, Grupurile de societăţi, o realitate în căutarea unei reglementări, RRDA 2008/1, 30.

Abkürzungsverzeichnis

Abs	Absatz
AG	Aktiengesellschaft
APAPS	Autoritatea pentru Privatizare şi Administrarea Participaţiunilor Statului (Amt für die Privatisierung und Verwaltung der Staatsbeteiligungen)
Art	Artikel
AUB Drept	Analele Universităţii din Bucureşti – Seria Drept (Fachzeitschrift der Universität Bukarest – Rechtswissenschaften)
bzw	beziehungsweise
CA	Curte de Apel (Oberlandesgericht)
Cciv	Codul civil român (Zivilgesetzbuch)
CF	Codul fiscal (Steuergesetzbuch)
CJ	Fachzeitschrift „Curierul Judiciar"
CP	Codul penal (Strafgesetzbuch)
CPF	Codul de procedură fiscală (Steuerordnung)
Cprciv	Codul de procedură civilă (Zivilprozessordnung)
CSA	Comisia de Supraveghere a Asigurărilor (Versicherungsaufsichtskommission)
dAktG	deutsches Aktiengesetz
EGMR	Europäischer Gerichtshof für Menschenrechte
etc	et cetera
EU	Europäische Union
EWG	Europäische Wirtschaftsgemeinschaft
f	und der folgende
ff	und die folgenden
G	Gesetz
GmbH	Gesellschaft mit beschränkter Haftung
HG	Handelsgericht
HGB	Handelsgesetzbuch
idF	in der Fassung
ieS	im engeren Sinn
INR	Institutul National de Statistică (Nationales Institut für Statistik)
iVm	in Verbindung mit
ÎCCJ	Înalta Curte de Casaţie şi Justiţie (Hoher Gerichtshof für Kassation und Justiz)
LC	Legea concurenţei (Wettbewerbsgesetz)
LG	Landesgericht
LPC	Legea privind piaţa de capital (Kapitalmarktgesetz)
LPI	Legea procedurii insolvenţei (Insolvenzordnung)
LRC	Legea privind registrul comerţului (Handelsregistergesetz)
LSC	Legea societăţilor comerciale (Handelsgesellschaftsgesetz)
MwSt	Mehrwertsteuer
NCP	Noul Cod penal (Neues Strafgesetzbuch)
öAktG	österreichisches Aktiengesetz
Pkt	Punkt
RDC	Revista de Drept Comercial
RRDA	Revista română de Drept al afacerilor

RL	Richtlinie
rum	rumänisch
Rz	Randziffer
S	Seite
vgl	vergleiche
VO	Verordnung
Z	Ziffer
zB	zum Beispiel

Literaturverzeichnis

Bücher und Aufsätze

Ackermann, GmbH nach rumänischem Recht unter besonderer Berücksichtigung der Konsequenzen aus dem EU-Beitritt Rumäniens, Lit, Münster 2004.

Alunaru, Erwägungen zum Schmerzensgeldanspruch im gegenwärtigen rumänischen Zivilrecht, in der von der Universität Klausenburg herausgegebenen Online-Fachzeitschrift *Studia*: http://studia.law.ubbcluj.ro/articol.php?articolId=347

Alunaru, Die Haftung für Verschulden beim Vertragsabschluss in Rumänien, in *Welser*, Haftung aus Verschulden beim Vertragsabschluss in Zentral- und Osteuropa, Manz, Wien 2012.

Bachner/Dorald/Winner, Schutz der Minderheitsaktionäre in Mittel- und Osteuropa, facultas.wuv Universitätsverlag, Wien 2010; zitiert als Autor in *Bachner/Dorald/ Winner* (S).

Barac, Elemente de teoria dreptului[2], C.H. Beck, Bukarest 2009.

Bere, Grupurile de societăţi comerciale, Diplomarbeit Universität Klausenburg 2008: http://issuu.com/elsa-cluj/docs/grupuri_de_societati_comerciale

Bojin, Acţiunea în anularea hotărârilor A.G.A., Dissertation Universität Timişoara 2012.

Bojincă, Succinte consideraţii privind acţiunea oblică ca modalitate de exercitare de către creditor a drepturilor debitorului său, RDC 2005/7–8, 83–89.

Boroi/Stănciulescu, Instituţii de drept civil în reglementarea noului Cod civil, Hamagiu, Bukarest 2012.

Bratiş, Regimul juridic al conflictului de interese în care se află fondatorii, asociaţii (acţionarii) şi membrii organelor executive din cadrul societăţilor comerciale, RDC 2010/3, 40–49.

Buta, Entscheidungsbesprechung CA Timişoara 14.3.2011/480, CJ 2011/5, 251–256.

Căpăţînă, Aktuelles Gesellschaftsrecht in Rumänien, WIRO 1992/8, 246–249.

Cârcei, Constituirea societăţilor comerciale pe acţiuni, Lumina Lex, Bukarest 1995.

Cărpenaru, Drept comercial român, All Beck, Bukarest 2001.

Corlăţeanu/Comănescu, Folosirea cu rea-credinţă a bunurilor sau creditului societăţii comerciale, RDC 2010/12, 36–52.

Corlăţeanu/Nae/Rotaru, Bancruta frauduloasă – Infracţiune prevăzută în legea nr. 85/2006 şi în Codul Penal 2009, RDC 2009/11, 82–100.

Crişan/Vasile, Administratorul de fapt al unei societăţi comerciale. Răspunderea penală a acestuia, RDC 2007/7–8, 140–145.

Dachie, Consideraţii cu privire la acţiunea în anulare a unor acte frauduloase încheiate de debitorul aflat în insolvenţă (I), RDC 2012/2, 106–113.

David, Company Groups Company: Current Status and Legal Implications, in *Hopt/ Jessel-Holst/Pistor*, Unternehmensgruppen in mittel- und osteuropäischen Ländern: Entstehung, Verhalten und Steuerung aus rechtlicher und ökonomischer Sicht, Mohr Siebeck, Tübingen 2002.

Dumitru, Discuţii privind legalitatea împrumuturilor/creditărilor între societăţile comerciale, Dreptul 2011/8, 83–96.

Duţescu, Drepturile acţionarilor[3], C.H. Beck, Bukarest 2010.

Florescu/Negură/Zamfirache, Societăţile comerciale aflate în insolvenţă. Practică judiciară privind răspunderea personalului, Universul juridic, Bukarest 2009.

Gheorghe, Structuri suprasocietare. Grupurile de societăţi, RDC 2005/3, 61–85.

Hotca/Dobrinoiu, Infracţiuni speciale, C.H. Beck, Bukarest 2010; zitiert als Autor in *Hotca/Dobrinoiu* (Art; S).

Hotca/Slăvoiu, Răspunderea penală a persoanei juridice in reglementarea noului Cod penal, PR 2010/11, 23–70.

Iancu, Art. 138 alin. (6) din Legea nr. 85/2006 privind insolvenţa. O eroare sau o inovaţie?, RDC 2011/9, 139–148.

Jurma, Persona juridică – subiect al răspunderii penale. Cu referiri la Noul Cod penal, C.H. Beck, Bukarest 2010.

Jurma, Entscheidungsbesprechung des LG Bukarest 6.12.2010/846, CJ 2011/6, 336–340.

Krakkai, Das rumänische Kreditsicherungsrecht nach Inkrafttreten des neuen Zivilgesetzbuches, eastlex 2012, 4–8.

Leaua, Societăţi comerciale. Proceduri speciale[2], C.H. Beck, Bukarest 2009.

Mircea, Distribuirea dividendelor – aspecte teoretice şi practice, RDC 1999/2, 108–112.

Nathanzon/Krenn, Aktuelle Neuerungen und Wissenswertes zum rumänischen Gesellschaftsrecht, eastlex 2009/3, 92–93.

Neculaescu, Reflecţii privind soluţiile noului Cod civil în materia răspunderii civile delictuale, in *Uliescu,* Noul Cod civil. Comentarii[3], Universul Juridic, Bukarest 2011.

Ninu, Acţiunea revocatorie (pauliană) şi acţiunea oblică, Hamagiu, Bukarest 2010.

Oprişiu, Rettungsmaßnahmen zur Vermeidung von Insolvenzen http://www.zoro.ro/index.php?pg=news&art=3017&amnt=1&rub=Rechtliches

Păun Ciprian, Elite juridice în România secolelor XIX şi XX, Revista 22 PLUS 2011/330: http://www.revista22.ro/articol-12190.html

Păun Cristina, Societăţi – mamă şi filiale, RDC 1994/4, 48–73.

Perry V. Zizzi, Reflections of the latest changes in environmental legislation in Romania (2010): http://www.balkans.com/open-news.php?uniquenumber=67661

I.Popa, Contractul de fiducie reglementat de Noul Cod civil, RRDP 2011/2, 213–252.

M. C.Popa, Grupurile de societăţi, o realitate in căutarea unei reglementări, RRDA 2008/1, 25–37.

M. C.Popa, Operaţiunile de trezorerie în cadrul grupurilor de societăţi în lumina art. 272 din Legea societăţilor comerciale, RRDA 2008/3, 32–45.

M. C.Popa, Omul e măsura tuturor... crizelor, RRDA 2009/3, 98–101.

M. C.Popa, Aspecte economice privind garanţiile intra-grup, RRDA 2009/4, 103–106.

M. C.Popa, Aspecte juridice privind garanţiile intra-grup, RRDA 2009/5, 63–67.

M. C.Popa, Proiectul de Lege privind holdingurile: o sumă de inadvertenţe, RRDA 2009/8, 87–94.

M. C.Popa, Grupurile de societăţi, C.H. Beck, Bukarest 2011.

M. C.Popa, Grupul fiscal unic în materia taxei pe valoare adăugată, RRDA 2011/1, 106–113.

Popescu, Posibilitatea de multiplicare în fapt a numărului societăţilor cu răspundere limitată constituite de o singură persoană, RDC 1997/11, 86–88.

Popescu, Situaţii excepţionale de societăţi comerciale cu asociat unic, RDC 1997/10, 111–117.

Regierung Rumäniens, Expunere de motive Cciv, in *Codul Civil cu prefaţă de Baias,* C.H.Beck, Bukarest 2009.

Roth, Die Ausführungsverordnung zur Anwendung der Durchführungsverordnung, Deutsch-Rumänische Hefte 2002/3–4: http://www.deruge.org/DR-Hefte/2002/DRH-2002–2.pdf

Săuleanu, Societatea cu răspundere limitată cu asociat unic, RRDA 2011/1, 13–32.

Săuleanu, Element specific al contractului de societate – *affectio societatis,* RDC 2012/3, 80–91.

Sitaru, Corporations and partnerships in Romania, Wolters Kluwer International, Alphen aan den Rijn 2011.

Şova, Drept fiscal, C.H. Beck, Bukarest 2011.

Stârc-Meclejan, Răspunderea patrimonială a asociaţilor/acţionarilor societăţilor comerciale pentru hotărârile adoptate în adunarea generală potrivnic art. 136[1] din Legea nr. 31/1990 (republicată), Dreptul 2011/11, 127–140.

Stepan/Turchetto, Răspunderea asociaţilor/acţionarilor societăţilor în insolvenţă, RDC 2010/2, 76–83.

Teveş, Die Mobiliarsicherheiten im deutschen und rumänischen Recht unter Einbeziehung des französischen und US-amerikanischen Mobiliarsicherungsrechtes, Lit, Münster 2004.

Teveş, Rumänisches Gesellschaftsrecht I, Osteuropa Recht 2010/1, 71–88.

Teveş, Rumänisches Gesellschaftsrecht III, Osteuropa Recht 2010/3, 314–331.

Truichici, Folosirea cu rea-credinţă a creditului societăţii. Aspecte din jurisprudenţa franceză, RDC 2010/11, 36–39.

Turchetto/Stepan, Consecinţe juridice ale diminuării activului net al societăţilor comerciale. Consideraţii de drept comparat, RDC 2011/10, 144–150.

Turcu, Acoperirea pasivului debitorului, persoană juridică, în procedura insolvenţei, cu patrimoniul conducătorului şi al asociatului, în dreptul comercial român şi în dreptul comparat (I), RDC 2005/4, 9–21.

Turcu, Tratat teoretic şi practic de drept comercial I, C.H. Beck, Bukarest 2008.

Turcu/Stan, Suportarea pasivului debitorului de către conducătorii acestuia în procedura insolvenţei, in der von der Universität Klausenburg herausgegebenen Online-Fachzeitschrift *Studia:* http://studia.law.ubbcluj.ro/articol.php?articolId=160

Welser, Bürgerliches Recht II[13], Manz, Wien 2007.

Winner/Cierpial-Magnor, Rechtsprobleme im Konzern. Drittes Jahrbuch des Krakauer Forums der Rechtswissenschaften, facultas.wuv Universitätsverlag, Wien 2012; zitiert als Autor in *Winner/Cierpial-Magnor* (S).

Kommentare

Adam/Savu, Legea procedurii insolvenţei. Comentarii şi explicaţii, C.H. Beck, Bukarest 2006.

Adam/Savu, Legea societăţilor comerciale. Comentarii şi explicaţii, C.H. Beck, Bukarest 2010.

Baias/Chelaru/Constantinovici/Macovei, Noul Cod civil. Comentariu pe articole, C.H. Beck, Bukarest 2012; zitiert als Autor in *Baias* (Art, Rz).

Cărpenaru/David/Predoiu/Piperea, Legea societăților comerciale. Comentariu pe articole[4], C.H. Beck, Bukarest 2009; zitiert als Autor in *Cărpenaru* ua (Art, Rz).

Doralt/Nowotny/Kalss, Kommentar zum Aktiengesetz[2], Linde, Wien 2012; zitiert als Autor in *Doralt/Nowotny/Kalss* (§, Rz).

Leş, Codul de procedură civilă. Comentariu pe articole[3], C.H. Beck, Bukarest 2007.

Pîrvu/Simon, Legea privind registrul comerțului. Comentarii și explicații, C.H. Beck, Bukarest 2009.

Schopper/Vogt, Eigenkapitalersatzgesetz. Praxiskommentar zum EKEG samt Nebenbestimmungen in KO und AO, Springer, Wien 2003; zitiert als Autor in *Schopper/Vogt* (S).

Turcu, Legea procedurii insolvenței. Comentariu pe articole[3], C.H. Beck, Bukarest 2009.

Turcu, Noul Cod civil. Legea nr. 287/2009. Cartea V. Despre obligații art. 1164–1649, C.H. Beck, Bukarest 2011.

Internetquellen

Abgeordnetenkammer Rumäniens: www.cdep.ro

Avocatul român, rumänische Rechtslehre und Jurisprudenz kompakt: www.avocatulroman.ro

INR (Nationales Institut für Statistik): www.insse.ro

ÎCCJ (Hoher Gerichtshof für Kassation und Justiz): www.scj.ro

Justizministerium Rumäniens: www.just.ro

Rechtsdatenbank (kostenpflichtig): www.indaco.ro

Rechtsdatenbank (kostenpflichtig): www.legalis.ro

Rechtsprechung des EGMR und der rumänischen Instanzen (in rumänischer Sprache): http://jurisprudentacedo.com/

Haftungsrisiken für (ausländische) Muttergesellschaften in Konzernstrukturen Russlands

Ingeborg Bauer-Mitterlehner unter Mitarbeit von Sergey Gerasin

Inhaltsverzeichnis

I. Einleitung

1. Allgemeines

Die Russische Föderation (im Folgenden auch als „RF" bezeichnet) musste nach dem Zerfall der Sowjetunion im Jahre 1991 nach beinahe 70 Jahren sozialer Planwirtschaft das Unternehmensrecht grundlegend neu gestalten. Sie konnte dabei im Gesellschafts- und Wirtschaftsrecht – im Gegensatz zu den anderen osteuropäischen Staaten – nicht bzw nur sehr eingeschränkt auf bereits erprobte vorkommunistische Rechtsvorschriften zurückgreifen. Die daher oft hastig eingeführten wirtschaftsrechtlichen Sonderbestimmungen[1] für Unternehmer und ausländische Investoren aus den späten Achtziger- und frühen Neunzigerjahren

---

1 Häufig handelte es sich dabei nicht um Gesetze, sondern um sowjetische oder russische Regierungsverordnungen, wie zB die Verordnung des Ministerrates der Russischen Sozialistischen Föderalen Sowjetrepublik (RSFSR) über Aktiengesellschaften Nr 601 vom 25.12.1990, vgl

wurden aber mit wenigen Ausnahmen[2] durch allgemeingeltende Gesetze ersetzt, wobei insbesondere die Kodifikationen der letzten Jahre eine bedeutende Rolle spielen. Nach der neuen Verfassung der RF im Jahre 1993 wurden ua ein Zivilgesetzbuch, ein Bodengesetzbuch, ein Arbeitsgesetzbuch und ein Steuergesetzbuch in Kraft gesetzt. Die meisten Gesetze orientieren sich am kontinentaleuropäischen Modell und entsprechen den Standards einer modernen Rechtsordnung.[3]

Die russische Gerichtsbarkeit wurde im Jahr 2002 durch einen neuen Zivilprozesskodex und einen Arbitragesprozesskodex grundlegend reformiert.[4] In der Praxis gestaltet sich die Rechtsdurchsetzung jedoch nach wie vor schwierig und es werden uU alternative Methoden,[5] die im rechtlichen Graubereich oder im illegalen Bereich angesiedelt sind, verwendet, wenngleich sich in den letzten Jahren deutliche Verbesserungen abzeichnen.

Die Gründung von russischen Kapitalgesellschaften als Tochtergesellschaften von ausländischen Investoren und die damit verbundenen Rechtsfolgen für die ausländische Mutter stellt den Investor gerade in der RF vor eine Reihe von offenen Fragen, da das russische Zivilrecht sehr umfangreiche Haftungsregeln für die Träger einer juristischen Person vorsieht. Obwohl die Überarbeitung des geltenden Gesellschaftsrechts in der Russischen Föderation gegenwärtig intensiv diskutiert und vorbereitet wird,[6] scheint die Diskussion der Haftungsrisiken für (ausländische) Muttergesellschaften in den Konzernstrukturen Russlands im Wesentlichen[7] auf rechtsvergleichende ausländische Juristen beschränkt zu

---

auch *Heger*, Joint Ventures in der Sowjetunion, Rechtliche Voraussetzungen und wirtschaftliche Aspekte, 1989, S 13 ff für die Joint Venture Verordnungen; für das Gesellschaftsrecht zusammenfassend dargestellt von *Primaczenko,* Kapitalgesellschaftsrecht in Russland: Kampf zwischen US-amerikanischem und kontinentaleuropäischen Modell? in Beiträge und Informationen zum Recht im postsowjetischen Raum, abrufbar unter www.mpipriv.de/de/data/pdf/2010_04_14_01.pdf, S 5 ff.

2   ZB das Föderale Gesetz „Über ausländische Investitionen in der RF" Nr 160-FZ vom 9.7.1999, SZ RF 1999, Nr 28, Pos 3493, zuletzt geändert am 6.12.2011, abrufbar über die Datenbank GARANT; deutsche Übersetzung mit Rechtsstand November 2009 abgedruckt unter RUS 380, in *Breidenbach,* Handbuch Wirtschaft und Recht in Osteuropa, Loseblatthandbuch, Länderteil Russland, Teil 2, EL 91, 2009.

3   Vgl *Micheler/Bauer-Mitterlehner,* Direktinvestitionen, in *Breidenbach,* Handbuch Wirtschaft und Recht in Osteuropa, Loseblatthandbuch, Länderteil Russland, 44. EL, 2003, SYST C, und *Micheler/Bauer-Mitterlehner,* Rechtliche Rahmenbedingungen für die Durchführung von ausländischen Investitionen in der Russischen Föderation, AP des FOWI Nr 96, Juni 2003.

4   Vgl hierzu *Micheler/Bauer-Mitterlehner,* Allgemeines Verfahrensrecht, in *Breidenbach,* Handbuch Wirtschaft und Recht in Osteuropa, Loseblatthandbuch, Länderteil Russland, 44. EL, 2003, SYST DXII, und *Micheler/Bauer-Mitterlehner* Allgemeines Verfahrensrecht in der russischen Föderation AP des FOWI Nr 89, September 2002.

5   Vgl *Bauer-Mitterlehner,* Recent Developments in Russian Economic Law and its Implementation in Practice, in *Hinteregger/Heinrich,* Russia – Continuity and Change, 2004.

6   Vgl die Veröffentlichungen auf der Homepage des Portals des russischen Privatrechts, Государственное учреждение при Президенте Российской Федерации Исследовательский центр частного права – Staatliche Einrichtung beim Präsidenten der Russischen Föderation – Forschungszentrum für Privatrecht, abrufbar unter www.privlaw.ru.

7   Mit Ausnahme der Insolvenzrechtstatbestände, siehe dazu unten.

sein. Umfangreichere Publikationen liegen va aus deutsch-russischer rechtsvergleichender Sicht[8] vor.

Vom Forschungszentrum für Privatrecht beim Präsidenten der Russischen Föderation, das schon die Entwürfe des geltenden Zivilgesetzbuchs verfasst hat, wurde eine Konzeption mit Vorschlägen für eine Neufassung des Zivilgesetzbuchs ausgearbeitet, die auch wesentliche Änderungen des Gesellschaftsrechts[9] vorsieht: Aufgrund des Erlasses des Präsidenten der RF vom 18.6.2008 „Über die Vervollkommnung des Zivilgesetzbuchs der Russischen Föderation"[10] wurde vom Rat beim Präsidenten der RF für die Kodifizierung und Vervollkommnung der Zivilgesetzgebung unter der Leitung von *A.L. Makovskij* bis zum 1.6.2009 eine Konzeption der Entwicklung der Zivilgesetzgebung der Russischen Föderation ausgearbeitet.[11] Dazu gründete der Rat eine eigene Arbeitsgruppe[12] zu Fragen der Vervollkommnung der Gesetzgebung über juristische Personen. Die rund 140 Seiten umfassende Endfassung der Konzeption zur Entwicklung der Zivilgesetzgebung der RF[13] (im Folgenden „Konzeption") wurde durch die Entscheidung des Präsidenten der RF vom 7.10.2009 bestätigt. Auch andere Institutionen erstellten Vorschläge, die Gegenstand der öffentlichen Diskussion waren.[14] Auf Basis dieser Grundlagen wurde im November 2010 ein Gesetzesentwurf über die Neufassung des Zivilgesetzbuchs[15] veröffentlicht. Die geplanten Änderungen im ZGB betreffen ua die juristischen Personen. Am 2. April 2012 leitete Präsident Medwedew einen Gesetzesentwurf zur Novellierung der Zivilgesetzgebung[16] (im Folgenden „Gesetzesentwurf") an die Staatsduma weiter. Dieser Entwurf wurde in der Staatsduma am 27. April 2012 in erster Lesung

---

8   *Rabensdorf,* Die Durchgriffshaftung im deutschen und russischen Recht der Kapitalgesellschaften, 2009, *Aukhatov,* Durchgriffs- und Existenzvernichtungshaftung im deutschen und russischen Sach- und Kollisionsrecht, 2009, *Heeg,* Durchgriffshaftung im russischen Recht der Kapitalgesellschaften, WiRO 2000, S 2, *ders,* Die Finanz- und Haftungsverfassung russischer Kapitalgesellschaften, 2003, etc.

9   Die wichtigsten Vorschläge zur Vervollkommnung des Gesellschaftsrechts fasst *Suchanov* in Moderne Entwicklungen im russischen Gesellschaftsrecht, VDRW-Mitteilungen 42–43/ 2009, S 8–10 zusammen, siehe dazu unten.

10   Ukaz Nr 1108 „Über die Vervollkommnung des Zivilgesetzbuchs der Russischen Föderation" vom 18.6.2008, SZ RF Nr 29, Pos. 3482.

11   *Suchanov,* Moderne Entwicklungen im russischen Gesellschaftsrecht, VDRW-Mitteilungen 42–43/2009, S 8 f.

12   Zu deren Mitgliedern ua Prof. E.A. *Suchanov* gehört.

13   Konzeption zur Entwicklung der Zivilgesetzgebung der RF, (Концепции развития гражданского законодательства Российской Федерации одобренная на заседании Совета под председательством Президента РФ 7 октября 2009 года), Moskau, Statut, 2009, auch abrufbar unter www.privlaw.ru.

14   *Marenov,* Russland – Umfassende Novelle des Zivilgesetzbuches soll zum 1.9.2012 in Kraft treten, www.gtai.de/recht, homepage per 18.6.2012.

15   www.privlaw.ru, www.arbitr.ru

16   Gesetzesentwurf № 47538-6 «О внесении изменений в части первую, вторую, третью и четвертую Гражданского кодекса Российской Федерации, а также в отдельные законодательные акты Российской Федерации» – über die Durchführung von Änderungen in Teil 1, 2 und 3 des Zivilgesetzbuchs der Russischen Föderation sowie in bestimmten anderen Akten der Gesetzgebung der Russischen Föderation.

bestätigt. Aufgrund eines Beschlusses der Staatsduma (vom 16.11.2012, Nr. 1150-GD) wurde der fast 300 Seiten lange Gesetzesentwurf in mehrere Teilentwürfe unterteilt. Am 30.12.2012 wurde mit dem *Gesetz*[17] „Über die Änderungen der Kapitel 1, 2, 3 und 4 des Ersten Teils des ZGB" der erste Teilentwurf beschlossen und trat- mit einigen Ausnahmen – am 1.3.2013 in Kraft.

Der Teilentwurf Nr. 47538-6/2 umfasst das Gesellschaftsrecht. Seine zweite Lesung wurde bereits mehrfach verschoben. Derzeit ist nicht abzusehen, wann mit einer Beschlussfassung zu rechnen ist bzw wie weit der Entwurf noch abgeändert wird.[18]

2. Die Entwicklung des russischen Zivil- und Gesellschaftsrechts

Die Grundzüge des modernen russischen Zivilrechts gehen zT auf vorsowjetische Rechtsquellen zurück. Am Ende des 19. Jahrhunderts war das damals in Russland geltende Recht im Svod Zakonov, einer Zusammenstellung von Einzelgesetzen, niedergeschrieben.[19] Diese Gesetze waren aber zum Teil sehr veraltet. Das geltende Recht konnte den damaligen gesellschaftlichen Anforderungen nicht mehr gerecht werden. Im Jahr 1882 wurde deshalb eine Kommission für die Erstellung eines Zivilgesetzbuches gebildet. Im Jahr 1905 legte diese Kommission einen „Entwurf des Bürgerlichen Gesetzbuches für das Russische Kaiserreich" vor. Dieser Entwurf zeigte auch den Einfluss der deutschen Rechtslehre des 19. Jahrhunderts und regelte zB bereits die Aktiengesellschaft. Aufgrund des Ausbruchs des Ersten Weltkrieges wurde dieser Entwurf aber nicht mehr umgesetzt.[20]

Nach der Revolution im Jahre 1917 wurde das Rechtssystem in Russland grundlegend geändert. Die marxistische Theorie sah das Hauptproblem einer kapitalistischen Gesellschaft in der Konzentration der Produktionsmittel in den Händen einer kleinen Elite, die aufgrund ihrer wirtschaftlich starken Stellung die Arbeiter ausbeutete. Die logische Folge dieser Ausbeutung war die Revolution, die die gesellschaftlichen Verhältnisse umdrehen sollte. Auf die Revolution würde die Übergangsphase zum Kommunismus folgen, die irgendwann zum „Paradies" des Kommunismus führen sollte. In der Übergangsphase war Privateigentum in beschränktem Maße nötig. Produktionsmittel gehörten grundsätzlich dem Staat, während die Bürger nur Konsumgüter im Eigentum haben konnten. Die rechtliche Regelung der Wirtschaftstätigkeit diente der Organisation der sozialistischen Wirtschaftsleitung.[21] Im Endstadium, das ja bekanntlich nicht erreicht wurde, sollte die gesamte Eigentumsordnung aufgelöst werden, alles sollte allen gehören.

---

17 Nr 302–FZ: Föderales Gesetz über die Durchführung von Änderungen in Teil 1, 2, 3 und 4 des Zivilrechtskodexes der Russischen Föderation).

18 So *Suchanov* in einer Lehrveranstaltung am Juridicum Wien am 21.3.2013.

19 Vgl *Butler*, Soviet Law², S 21 f.

20 *Chawale*, Das neue Zivilgesetzbuch der Russländischen Föderation, http://www.jura.uni-passau.de/fakultaet/lehrstuehle/Fincke/frame.htm.

21 *Laptew*, Sowjetisches Wirtschaftsrecht, S 31.

Während der Übergangsphase zum Kommunismus besaß nun der sowjetische Staat die (zuvor enteigneten) Produktionsmittel. Es mussten daher Rechtsinstitute geschaffen werden, die es den zukünftigen Staatsbetrieben ermöglichten, diese Produktionsmittel zu nutzen, um überhaupt erst tätig werden zu können. Solche Rechtsfiguren waren zB die Überlassung von Grund und Boden zur unentgeltlichen unbefristeten Nutzung oder das Recht der operativen Verwaltung.[22]

Einen „Störfaktor" in den planwirtschaftlichen Wirtschaftsbeziehungen schienen die „vermögensmäßigen" Elemente darzustellen, insbesondere in den Beziehungen zwischen übergeordneten Organen und Betrieben. So musste etwa das Ministerium oder die Industrievereinigung als übergeordnetes Organ Mittel aus einer eigens dafür angelegten Reserve zur Verfügung stellen, um Verluste zu ersetzen, die aufgrund einer Änderung der Betriebspläne eintraten.[23] Dieses Verständnis von der Haftung der übergeordneten Organisation für den Betrieb wurde offensichtlich auch für das Mutter-Tochterverhältnis bei den Kapitalgesellschaften herangezogen.[24]

Zudem musste den unterschiedlichen Bedürfnissen in den 15 Teilrepubliken der UdSSR Rechnung getragen werden. Dies erfolgte in Form einer sowjetischen Grundsatzgesetzgebung, deren Ausgestaltung den einzelnen Sowjetrepubliken oblag. Das erste russische Zivilgesetzbuch während der Sowjetzeit wurde 1922 in Kraft gesetzt. Dieses Zivilgesetzbuch sah bereits umfangreiche Regelungen zur Aktiengesellschaft und rudimentäre Bestimmungen für die Genossenschaft mit beschränkter Haftung vor.[25] 1964 wurde das Zivilgesetzbuch von 1922 allerdings durch eine modernere Fassung ersetzt, die keine gesellschaftsrechtlichen Bestimmungen mehr vorsah. Damit existierte praktisch kein Gesellschaftsrecht mehr, und die Beziehungen zwischen den einzelnen Formen der Staatsbetriebe wurden zur Gänze verwaltungsrechtlich durch das Wirtschaftsrecht bestimmt.[26]

Aufgrund dieses Rechtsvakuums war es zur Ermöglichung von ausländischen Direktinvestitionen im Zuge der Perestroijka in den 80er Jahren des letzten Jahrhunderts erforderlich, Rechtsnormen auf Verordnungsbasis zu erlassen, um die Möglichkeit zur Gründung von Joint Venture Gesellschaften (zunächst nur unter Beteiligung eines ausländischen Investors) und in weiterer Folge Kapitalgesellschaften zu schaffen.

---

22 Vgl dazu *Laptew*, Rechtstellung der Betriebe und Vereinigungen in der UdSSR in Deutsches und sowjetisches Wirtschaftsrecht, in den Studien zum ausländischen und internationalen Privatrecht, Hg. Max Plank Institut für ausländisches und internationales Privatrecht, 1979, S 11.

23 *Laptew*, Sowjetisches Wirtschaftsrecht, S 39.

24 Vgl dazu unten Kap I.3.

25 *Primaczenko*, Kapitalgesellschaftsrecht in Russland: Kampf zwischen US-amerikanischem und kontinentaleuropäischen Modell? in Beiträge und Informationen zum Recht im postsowjetischen Raum, abrufbar unter www.mpipriv.de/de/data/pdf/2010_04_14_01.pdf, S 4f.

26 Vgl *Laptew*, Sowjetisches Wirtschaftsrecht, S 45 ff.

Im Mai 1991 wurden die „Grundlagen der bürgerlichen Gesetzgebung der UdSSR und der Unionsrepubliken vom 31. Mai 1991 Nr. 2211-1"[27] verabschiedet, die im Jänner 1992 in Kraft treten sollten.[28] Als Folge des Augustputsches im Jahr 1991 existierte die UdSSR zu diesem Zeitpunkt aber gar nicht mehr. Die daraufhin geführte Diskussion, ob die Grundlagen für die Russische Föderation, die Rechtsnachfolger der Sowjetunion war, in Kraft getreten waren, beendete schließlich ein Dekret des Obersten Sowjets der Russischen Föderation vom 14.07.1992, das die „Grundlagen der bürgerlichen Gesetzgebung der UdSSR und der Unionsrepubliken" bis zur Annahme eines neuen Zivilgesetzbuches in der RF in Kraft setzte.[29]

Die Rechtslage bis zum Zerfall der Sowjetunion im Jahr 1991 wird sehr zutreffend als „Krieg der Gesetze" bezeichnet, da sowjetische und russische Rechtsnormen parallel galten.[30] Der „Krieg der Gesetze" war somit der Kampf zwischen der Sowjetischen und der Russischen Legislative bzw den anderen rechtsgebenden Institutionen. Durch den Zerfall der Union der Sozialistischen Sowjet Republiken (UdSSR) im Dezember 1991 wurde der „Krieg der Gesetze" zugunsten der RF beendet. Da die russischen Rechtsvorschriften aber nicht alle Bereiche abdeckten, entstand ein gewisses Regelungsvakuum, das in der Praxis ohne Rechtsgrundlage häufig durch die „alten" sowjetischen Normen gefüllt wurde. Im Oktober des Jahres 1993 bestätigte Präsident Jelzin daher, dass die sowjetische Gesetzgebung in Russland gilt, soweit sie nicht der russischen Gesetzgebung widerspricht.[31] Außerdem wurden die Arbeiten an der neuen russischen Zivilgesetzgebung vorangetrieben.

Die Neukodifizierung des Zivilgesetzbuches gestaltete sich schwierig, da der russische Gesetzgeber einerseits versuchte, an die bisherige Zivilrechtstradition anzuschließen und bewährte Rechtsinstitute an die neuen Gegebenheiten anzupassen. Andererseits musste er bisher völlig ungebräuchliche und oft auch verneinte Grundsätze und Institute eingliedern. Das sowjetische Rechtssystem war durch die systematische Regulierung aller Lebensbereiche (Arbeits-

---

27 Основы гражданского законодательства Союза ССР и республик, утвержденные Верховным Советом СССР 31.05.1991 N 2211-1.

28 Es handelte sich dabei um ein UdSSR-Grundlagen- Gesetz, quasi die „ZGB –Grundlagen der Sowjetischen Union" die als Basis für die in den 15 Sowjetrepubliken der Sowjetunion in weiterer Folge zu erlassenden Zivilgesetzbücher herangezogen werden sollte. Da die einzelnen Sowjetrepubliken Gesetzgebungshoheit hatten, wurde in der Praxis immer folgendes Procedere eingehalten: der Oberste Sowjet der UdSSR adoptierte Grundlagen, und die Sowjetrepubliken (einschließlich Russland) adoptierten die Gesetzbücher, wobei die Grundlagen weitgehend unter Berücksichtigung lokaler Besonderheiten übernommen wurden. Dies erklärt auch, warum die einzelnen Gesetzbücher der Sowjetrepubliken (zB das Russische und das Usbekische Zivilgesetzbuch, oder die einzelnen Strafgesetzbücher) sehr ähnlich waren.

29 Beschluss des Obersten Rates der RF vom 14.7.1992 N 3301-1 (idF vom 3.3.1995) „Über die Regelung der zivilrechtlichen Beziehungen in der Phase der ökonomischen Reform", Vedomosti vom 30.7.1992, N 30, Art 1800.

30 Zu den einzelnen gesellschaftsrechtlichen Bestimmungen vgl unten, Kap I.3.

31 Art 1 des Erlasses des Präsidenten der RF vom 7. Oktober 1993 Nr 1598 «Über die rechtliche Regelung während der Verfassungsreform» («О правовом регулировании в период поэтапной конституционной реформы в Российской Федерации»).

plätze, Wohnungen, Urlaubsunterkünfte, Kinderbetreuungseinrichtungsplätze etc. wurden zentral verwaltet und zugeteilt) geprägt. Der neue demokratische russische Staat mit einem marktwirtschaftlichen Wirtschaftssystem benötigte dagegen liberalere Regelungen, die es den Bürgern ermöglichen, ihre Rechtsverhältnisse im Sinne der Vertragsfreiheit weitestgehend selbst zu gestalten. Es wurden deshalb Experten aus dem Ausland beigezogen. Starker Einfluss ging von den Niederlanden, Deutschland und den USA aus. Das holländische Gesetzbuch als neueste Kodifizierung in Westeuropa hatte starke Vorbildwirkung. Auch die USA versuchen, ihren Einfluss geltend zu machen. Insbesondere im Gesellschaftsrecht wurde auch das Fehlen eines funktionierenden Wirtschaftsgerichtssystems von den amerikanischen Beratern als eines der Hauptprobleme gesehen.[32]

Auch derzeit wird wieder an einer Novellierung der Zivilgesetzgebung gearbeitet, die zahlreiche Gebiete des Vertragsrechts und das Gesellschaftsrecht umfasst:[33] Am 27. April 2012 wurde im Parlament ein Gesetzesentwurf über eine weitreichende Novelle des Zivilgesetzbuches in erster Lesung verabschiedet, der mit 1.9.2012 in Kraft hätte treten sollen. Der Gesetzesentwurf[34] beruht auf einem Erlass des Präsidenten Medwedew aus dem Jahr 2008.[35] Dieser Erlass beauftragte den Rat für Kodifizierung und Weiterentwicklung der Zivilgesetzgebung beim Präsidenten der Russischen Föderation und das Forschungszentrum für Zivilrecht beim Präsidenten der Russischen Föderation mit der Erstellung der Konzeption. Dabei sollten die Rechtsprechung, die Erfahrungen ausländischer Rechtsordnungen sowie der gegenwärtige Entwicklungsstand der Marktwirtschaft zum Zwecke der Verbesserung des Investitionsklimas berücksichtigt werden.[36] Vorschläge wurden auch von anderen Institutionen (zB dem Ministerium für wirtschaftliche Entwicklung, der Arbeitsgruppe zur Schaffung eines internationalen Finanzzentrums in Moskau, der Präsidialverwaltung) erstellt. Das russische Justizministerium arbeitete aufgrund dieser Gesetzentwürfe eine Gesetzesvorlage aus. Der Gesetzesentwurf sieht zB eine Unterform der russischen GmbH, die Gesellschaft mit zusätzlicher Haftung nicht mehr vor. Auch die Unterteilung in offene und geschlossene Aktiengesellschaften soll abgeschafft werden. Anstatt der Definition der Mutter- und Tochtergesellschaften soll der Affiliationsbegriff (wie bereits in der Wettbewerbsgesetzgebung) eingeführt werden. Hauptgedanke war hier offensichtlich, dass die „Enkelgesellschaft" nach der bisherigen Definition keine Tochtergesellschaft für die Mutter-

---

32 *Black/Kraakman*, A Self-enforcing model of corporate law, (1996) 109 Harvard Law Review 1911, *Chanturia*, Chancen und Schatten des Self-Enforcing –Modells im postsowjetischen Aktienrecht, WiRO 2009, S 97–128.

33 Vgl oben Kap I.1. letzter Absatz.

34 Nr 47538–6, siehe homepage der Staatsduma, http://asozd2.duma.gov.ru/main.nsf/%28Sprav ka%29?OpenAgent&RdNr=47538–6&02.

35 Erlass Nr 1108 vom 18.7.2008 „Über die Weiterentwicklung des Zivilgesetzbuches der Russischen Föderation, vgl gtai-Rechtsnews 8/2008, http://www.gtai.de/GTAI/Navigation/DE/ Trade/Recht-Zoll/wirtschafts-und-steuerrecht,did=65952.html.

36 *Marenov*, Russland – Umfassende Novelle des Zivilgesetzbuches soll zum 1.9.2012 in Kraft treten, www.gtai.de/recht.

gesellschaft ist. Durch die neue Fassung soll offensichtlich die Verantwortung der Muttergesellschaft nicht mehr durch Zwischenschaltung einer Gesellschaft umgangen werden können, sodass nur mehr die tatsächliche Kontrolle relevant ist. Die zweite Lesung im Parlament verzögert sich[37] derzeit noch.

3. Juristische Personen im russischen Recht

Wenngleich für die Untersuchung der Haftungsrisiken für (ausländische) Muttergesellschaften in Konzernstrukturen Russlands ausschließlich die russischen Formen der Kapitalgesellschaften von Interesse sind, ist aus dogmatischer Sicht kurz auf die Regelung der russischen juristischen Personen einzugehen, da das russische Gesellschaftsrecht in einem eigenen Teil im Zivilgesetzbuch allgemeine Bestimmungen für juristische Personen vorsieht.[38] Insbesondere der Umstand, dass die beschränkte Rechtsfähigkeit einer juristischen Person[39] als Normalfall geregelt ist, ist für das weitere Verständnis wichtig.

Das russische Recht definiert in Art 48 Abs 1 des Zivilgesetzbuchs[40] (im Folgenden ZGB) die juristische Person als eine Organisation, die gesondertes Vermögen im Eigentum, zur wirtschaftlichen Leitung oder operativen Verwaltung hat und mit diesem Vermögen für ihre Verbindlichkeiten haftet und im eigenen Namen Vermögensrechte und persönliche, nicht vermögenswerte Rechte erwerben und nutzen sowie Pflichten übernehmen kann und als Klägerin oder Beklagte vor Gericht auftreten kann. Eine juristische Person muss eine selbständige Bilanz oder eine Kostenrechnung führen.

Artikel 48 Abs 2 und 3 ZGB legen eine ausführliche Kategorisierung der juristischen Personen fest, wonach die Kapitalgesellschaften zu den juristischen Personen gehören, gegenüber denen ihre Teilhaber Schuldrechte haben.

Die juristischen Personen werden in weiterer Folge in nicht gewerbliche Organisationen und gewerbliche Organisationen (Art 50 ZGB)[41] eingeteilt, letztere wiederum in staatliche (sog Unitarunternehmen) und private Wirtschaftsorganisationen. Zu den privaten Wirtschaftsorganisationen gehören die Produktions-

---

37 Stand per 21.3.2013.

38 Außerdem regelt das ZGB noch die einfache Gesellschaft (Art 1041 bis 1054 ZGB). Sie ist mit der deutschen und österreichischen Gesellschaft bürgerlichen Rechts vergleichbar und gehört nicht zu den Wirtschaftsgesellschaften. Soll sie unternehmerische Tätigkeit ausüben, so ist es erforderlich, dass die Gesellschafter als Individualunternehmer registriert sind. Eine einfache Gesellschaft kann auch als stille Gesellschaft gestaltet werden.

39 Dieses Konzept hat im Sowjetrecht (siehe dazu oben) seine Wurzeln, vgl *Waehler*, Die Außenhandels- und See-Schiedsgerichtsbarkeit in der UdSSR, S 11, wonach die Rechte des Betriebs entsprechend dem Gegenstand seiner Tätigkeit wahrzunehmen sind, der im Betriebsstatut bestimmt wird.

40 Amtlich bekannt gemacht am 8. Dezember 1994; in Kraft getreten am 1. Jänner 1995; SZ RF 1994, Nr 32, Pos. 3301; Kapitel 4 des I. Teils des ZGB über die juristischen Personen trat allerdings schon mit dem Tag der offiziellen Bekanntmachung am 8.12.1994 in Kraft, gem. Art 6 des Einführungsgesetzes zum ZGB.

41 Eine allgemeine Einteilung in juristische Personen des öffentlichen Rechts und des Privatrechts existiert nicht.

genossenschaften und die Wirtschaftsgesellschaften. Die Produktionsgenossen-schaften sind in der Landwirtschaft tätig und für ausländische Investoren kaum von Interesse. Bei den Wirtschaftsgesellschaften wird zwischen Personen- und Kapitalgesellschaften unterschieden.

Die Personengesellschaften sind somit juristische Personen, finden aber aufgrund der unbeschränkten Haftung und aufgrund des Umstandes, dass Aspekte, die in westeuropäischen Ländern für die Gründung einer Personengesellschaft sprechen, wie ein erhöhter Good Will, am russischen Markt derzeit (noch) keine Rolle spielen, kaum Zuspruch in der Praxis.[42] Auch steuerrechtliche Gestaltungsvarianten fallen durch die explizite Einordnung der Personengesellschaften als juristische Person weg.

In der Praxis haben sich daher vor allem die Kapitalgesellschaften etabliert.

Im Gegensatz zu den meisten westeuropäischen Rechtsordnungen bestimmen die (nicht gewerblichen oder gewerblichen) Ziele der juristischen Person ihre Organisationsform. Die privatrechtlich bestimmte beschränkte Rechtsfähigkeit wird damit als Grundsatz geregelt und als Ausnahme davon die allgemeine Rechtsfähigkeit für gewerbliche Organisationen[43]: Gemäß der allgemeinen Regelung des Art 49 Pkt 1 Satz 1 ZGB haben juristische Personen beschränkte Rechtsfähigkeit. Aber gemäß Art 49 Pkt 1 Satz 2 ZGB sind die Wirtschaftsorganisationen, mit Ausnahme der Staatsbetriebe, voll rechtsfähig.

Eine nicht gewerbliche Organisation ist nur beschränkt rechtsfähig und darf nur solche auf Gewinn gerichtete Tätigkeiten ausüben, die den ideellen Zwecken ihrer Haupttätigkeit dienen.[44]

Diese Einteilung der juristischen Personen ist derzeit Gegenstand der Diskussion und die rechtliche Regelung soll im Zuge einer Reform des ZGB überarbeitet werden. Das grundsätzliche Konzept dürfte aber beibehalten werden. So halten die Verfasser der Konzeption[45] fest, dass die meisten allgemeinen Bestimmungen des ZGB über juristische Personen allgemeingültig seien und nicht überarbeitet werden müssen; lediglich einzelne Bestimmungen bedürfen der Überarbeitung und Präzisierung. Nach der Konzeption sollen die Rechte der Gesellschafter von Kapital- und Personengesellschaften als Gesellschaftsrechte definiert werden, wobei die Tatsache zu berücksichtigen ist, dass diese Kategorie sowohl „Beteiligungsrechte" an juristischen Personen als auch die entsprechenden obligatorischen Rechte beinhalten soll. Auch die in Artikel 48 Abs 2 und 3 ZGB festgelegte Kategorisierung der juristischen Personen soll unter gleichzeitiger Präzisierung beibehalten werden. Auch die grundsätzliche

---

42　Zum 1.2.2012 waren von über 4.500.000 juristischen Personen lediglich 384 in Form einer Vollgesellschaft (entspricht den Offene Handelsgesellschaften und 588 in Form von Kommanditgesellschaften im Staatlichen Register der juristischen Personen registriert, siehe die Statistik auf der Homepage der russischen Steuerbehörde, www.nalog.ru.

43　*Solotych*, Das Zivilgesetzbuch der Russischen Föderation, Teil I Textübersetzung mit Einführung, S 31.

44　*Suchanov*, Die Körperschaften im modernen russischen Zivilrecht, VDRW-Mitteilungen 49–50/2011, S 7.

45　Konzeption, S 47 ff.

Kategorisierung (Einteilung) der juristischen Personen in gewinnorientierte und Non-Profit-Organisationen soll beibehalten werden (Artikel 50 ZGB). Ansonsten würden den Non-Profit-Organisationen (bestimmte Stiftungen, Einrichtungen und Vereinigungen) unbeschränkte Rechte zur Ausübung unternehmerischer Tätigkeit eingeräumt werden, was der zweckgebundenen (beschränkten) Art ihrer Rechtsfähigkeit widersprechen würde.

4. Registrierung von juristischen Personen im russischen Recht

Da sich die Rechtsfolgen der Registrierung von jenen des österreichischen Rechts unterscheiden, wird an dieser Stelle kurz auf die Besonderheiten des russischen Registrierungsrechts eingegangen.

Eine juristische Person unterliegt gemäß Art 51 ZGB der staatlichen Registrierung im Staatlichen Register der juristischen Personen nach dem Gesetz vom 8.08.2001 Nr. 129–FZ „Über die staatliche Registrierung von juristischen Personen und Einzelunternehmern". Die Registrierungsbehörden sind aber im Gegensatz zu den Firmenbuchführern in Österreich nicht berechtigt, eine inhaltliche Kontrolle der Gründungsdokumente durchzuführen.[46] Die Eintragungen im Register verfügen daher nach hL nicht über öffentlichen Glauben.[47] Nach der geltenden Rechtslage herrscht somit kein Publizitätsprinzip für die Angaben im Staatlichen Register der juristischen Personen, und die Überprüfung der Rechtmäßigkeit der körperschaftlichen Beschlüsse und der Transaktionen mit Anteilen und Aktien durch den Registerführer ist auch nicht vorgesehen. Ein gewisser Schutz besteht allenfalls seit der Novelle 2009 für den gutgläubigen Erwerb von GmbH-Anteilen, wobei der Erwerber jedoch nach wie vor beweispflichtig dafür ist, dass er vom Gegenteil nichts wusste oder wissen konnte.[48] Aus Sicht der Verfasser der Konzeption, somit einer Gruppe von führenden russischen Wissenschaftern, wäre es erforderlich, das Publizitätsprinzip des Staatlichen Registers im ZGB zu verankern.[49]

Das Staatliche Register wird von den russischen Steuerbehörden geführt. Mit dieser nicht unumstrittenen Lösung[50] sollte das sogenannte *„Einfensterprinzip"* eingeführt werden. Nach diesem Prinzip sind alle für die Registrierung notwendigen Dokumente ausschließlich der örtlich zuständigen Steuerbehörde

---

46   *Gloukhov/Bauer-Mitterlehner*, Staatliche Registrierung juristischer Personen in der Russischen Föderation, Arbeitspapier des Instituts für mittel- und osteuropäisches Wirtschaftsrecht, Nr 98, Wien, 2003, S 11.

47   *Gloukhov/Bauer-Mitterlehner*, Staatliche Registrierung juristischer Personen in der Russischen Föderation, Arbeitspapier des Instituts für mittel- und osteuropäisches Wirtschaftsrecht, Nr 98, Wien, 2003. S 11 f.

48   Art 302 Abs 1 ZGB, vgl auch *Schmitt/Melnikov*, Gesellschaftsrecht, WiRO D.1. Rdnr 76f.

49   Konzeption der Entwicklung der Zivilgesetzgebung der Russischen Föderation, S 51. Im folgenden: Konzeption)

50   Die Autoren der Konzeption merken an, dass für die Führung dieses Registers eine angemessene juristische Qualifikation, insbesondere im Bereich des Zivilrechts, erforderlich wäre, Konzeption, S 53.

vorzulegen.[51]Da in der Praxis noch immer weitere Registrierungsschritte erforderlich sind, konnte die ursprüngliche Idee, es dem Gründer möglichst einfach zu machen, nicht umgesetzt werden.

Außerdem kritisieren die Autoren der Konzeption, dass nach der geltenden Gesetzeslage verschiedene Registrierungsbehörden nebeneinander (nämlich die Steuerbehörden einerseits und die staatliche Registrierungskammer beim Justizministerium andererseits) bestehen. Es wird diskutiert, dass die Justizbehörden, die derzeit für die Registrierung der Non-Profit-Organisationen zuständig sind, auch die Registrierung der übrigen juristischen Personen und die Führung des Staatlichen Registers übernehmen sollen.[52] Dies würde die Zentralisierung der Registrierung aller juristischen Personen in einer Behörde und damit die Schaffung eines einheitlichen Registers ermöglichen.

Teilweise wurden diese Vorschläge bereits im Zuge der letzten GmbH-Novelle[53] umgesetzt. Im Jahr 2013 wird ein über das Internet zugängliches einheitliches Föderales Register über die Tätigkeit Juristischer Personen eingeführt, das mehr Informationen als derzeit enthält, ua über die Gründung, die Umwandlung, die Löschung aus dem Register, das Satzungskapital[54] und die Erhöhung bzw Herabsetzung des Satzungskapitals.

5. Kapitalgesellschaftsformen im russischen Recht

Das russische Recht kennt derzeit folgende Kapitalgesellschaftsformen: die Gesellschaft mit beschränkter Haftung (obščestvo s ograničennoj otvetstvennost´ju, abgekürzt: OOO), die Gesellschaft mit zusätzlicher Haftung (obščestvo s dopolnitel´noj otvetstvennost´ju, abgekürzt: ODO), die offene Aktiengesellschaft (otkrytoe akcionernoe obščestvo, abgekürzt: OAO) und die geschlossene Aktiengesellschaft (zakrytoe akcionernoe obščestvo, abgekürzt: ZAO).

Die Gesellschaft mit beschränkter Haftung (im Folgenden GmbH) wird definiert als eine Kapitalgesellschaft, deren Satzungskapital in Anteile aufgeteilt ist und deren Gesellschafter nicht mit ihrem persönlichen Vermögen für die Schulden der Gesellschaft haften.[55] Die Anzahl der Gesellschafter ist auf 50 beschränkt.[56]

Bei der Gesellschaft mit zusätzlicher Haftung (GmzH) handelt es sich um eine Form der GmbH, bei der die Haftung der Gesellschafter auf ein Mehrfaches

---

51 *Grudcyna,* Gosudarstvennaja registracija juridičeskich lits: praktičeskije rekomendacii // Advokat. – №12. – 2002, abrufbar über die Datenbank GARANT.

52 Konzeption, S 52.

53 Föderales Gesetz Nr 228–FZ vom 18. Juli 2011.

54 Im Russischen wird sowohl das Grundkapital der AG als auch das Stammkapital der GmbH als „ustavnij kapital" bezeichnet (vgl die Artt 90 Abs 1 und 99 Abs 1 ZGB). Dieser Ausdruck wird im Folgenden für beide Kapitalgesellschaften mit dem Wort „Satzungskapital" übersetzt.

55 Art 2 Pkt 1 GmbHG, Art 87 Pkt 1 ZGB.

56 Art 7 Pkt 3 GmbHG; Pkt 4 Verordnung des Plenums des Obersten Arbitragegerichts Nr 90/14 vom 9.12.1999, Vestnik des Obersten Arbitragegerichts 2000, Nr 2.

ihrer Einlageverpflichtung erweitert ist.[57] Dadurch soll eine zusätzliche persönliche Bindung der Gesellschafter bewirkt werden. Nach Art 95 ZGB gelten die im ZGB für die GmbH (OOO) vorgesehenen Vorschriften sinngemäß für die GmzH (ODO). Das GmbH-Gesetz (GmbHG) regelt die GmzH nicht. Es sieht auch nicht vor, dass sich sein Regelungsbereich auch auf die ODO erstreckt, obwohl eine solche Bestimmung in dem Entwurf, der der Staatsduma zur ersten Lesung vorgelegt wurde, enthalten war[58]. In der Praxis wird diese Rechtsform selten gewählt. Die Verfasser der Konzeption sprechen sich überhaupt für die Abschaffung dieser Gesellschaftsform aus: „Es gibt keinen Grund, die Gesellschaften mit zusätzlicher Haftung, die nur selten auftreten, beizubehalten."[59] Der Gesetzesentwurf sieht die Gesellschaft mit zusätzlicher Haftung nicht mehr vor, sodass in Zukunft davon auszugehen ist, dass diese von der Praxis nicht angenommene Gesellschaftsform nicht mehr gegründet werden kann.

Dies wurde bereits im Empfehlungsschreiben „Über die Gesellschaften mit beschränkter Haftung", (bestätigt am 2. November 1996 durch die Gemeinschaft Unabhängiger Staaten) und im „Konzept der Entwicklung der Gesellschaftsgesetzgebung bis zum Jahr 2008" (bestätigt am 18. Mai 2006 durch die Regierung der Russischen Föderation)[60] empfohlen, bis dato aber noch nicht umgesetzt.[61]

Die Aktiengesellschaft(AG) war lange Zeit die häufigste Gesellschaftsform in Russland. Dies ist im Wesentlichen darauf zurückzuführen, dass die staatlichen Betriebe in Russland durch Umwandlung in Aktiengesellschaften privatisiert wurden. Ein weiterer Grund für die weite Verbreitung der AG ist, dass (derzeit noch) zwei Formen der Aktiengesellschaft existieren. Die geschlossene AG ist im russischen Recht eine Alternative zur GmbH, die zum Einen früher als die GmbH durch ein Sondergesetz geregelt war, zum Anderen sah das GmbH-Gesetz bis zur Novelle 2009[62] ein unabdingbares Austrittsrecht[63] der Gesellschafter vor, sodass insbesondere für Joint Venture Gesellschaftsgründungen die Rechtsform der geschlossenen AG gegenüber der GmbH bevorzugt wurde. Das Austrittsrecht, das seit der Novelle 2009 eine faktultative Norm darstellt und somit nur mehr durch die Satzung vorgesehen werden kann, berechtigt jeden Gesellschafter einer GmbH, zu jedem beliebigen Zeitpunkt aus

---

57 Art 95 ZGB.

58 *Holloch*, Das neue russische Wirtschaftsrecht, insbesondere das Gesellschaftsrecht, in Schroeder (Hg), Die neuen Kodifikationen in Russland, S 69.

59 Konzeption, S 58.

60 Die Konzeption enthält keine weiteren Quellenangaben, es handelt sich wohl um das Konzept des Wirtschaftsministeriums, (siehe: http://www.economy.gov.ru/minec/activity/sections/corpmanagment/doc1119343461453.

61 Konzeption, S 58, Pkt 4.1.4.

62 Siehe dazu unten Kap I.6.

63 Kritisch dazu ua *Wedde*, Das Austrittsrecht im russischen GmbH-Recht, Mitteilungen der Vereinigung für deutsch-russisches Wirtschaftsrecht, 27/2005, S 16 ff.

der Gesellschaft auszutreten.[64] Die Anteile des austretenden Gesellschafters gehen auf die Gesellschaft über. Der austretende Gesellschafter hat Anspruch auf Auszahlung des tatsächlichen Wertes seines Anteils binnen sechs Monaten nach Ende des Finanzjahres, in dem der Austritt erklärt wurde. Dieses Austrittsrecht kann auch gegen den Willen der Mitgesellschafter ausgeübt werden.[65]

Sowohl das ZGB als auch das AktG sehen zwei Formen der AG, die geschlossene und die offene AG, vor. Die geschlossene AG (ZAO) und die offene AG (OAO) sind also zwei Typen einer Rechtsform (der Aktiengesellschaft). Die geschlossene AG (Art 7 Pkt 3 AktG) ist nicht kapitalmarktfähig; es findet keine öffentliche Zeichnung der Aktien statt. Alle Aktien müssen von den Gründern oder einem sonstigen geschlossenen Personenkreis übernommen werden. Die geschlossene AG darf maximal 50 Aktionäre haben, bei Überschreitung muss in eine offene AG „umgewandelt" werden. Dabei handelt es sich um keine eigentliche Umwandlung (reorganisacija), da beide Typen der AG als eine Rechtsform gelten. Es kommt lediglich zur Satzungs- und Firmenänderung, sowie erforderlichenfalls zu einer Kapitalerhöhung.

Bei der offenen AG (Art 7 Pkt 2 AktG) können die Aktien mittels öffentlicher Zeichnung ausgegeben und frei verkauft werden. Die Anzahl der Aktionäre ist nicht beschränkt.

Die Autoren der Konzeption *hielten es überhaupt für sinnvoll, diese Unterteilung der Aktiengesellschaften in offene und geschlossene Aktiengesellschaften gänzlich abzuschaffen.*[66] Auch der Gesetzesentwurf sieht die Abschaffung der Unterteilung in offene und geschlossene Aktiengesellschaften vor, dafür werden eigene Bestimmungen für die sog Publikums-AG eingeführt.[67]

Die Regelungen des ZGB und des GmbHG[68] entsprechen im Wesentlichen der kontinentaleuropäischen Tradition. Das AktG ist vom amerikanischen Recht beeinflusst.

Im Folgenden wird nur noch auf die GmbH und die AG eingegangen. Auf die nähere Behandlung der GmZH wird verzichtet, da der Umstand, dass das GmbH-Gesetz auf sie keine Anwendung findet, wohl nur von theoretischem Interesse ist. Der Einfachheit halber werden daher im folgenden Text die AG und die GmbH unter Vernachlässigung der GmZH als Kapitalgesellschaften bezeichnet.

---

64 Art 8 Pkt 1 GmbH; Art 26 GmbHG; Art 94 ZGB; Vgl auch Pkt 16 Verordnung des Plenums des Obersten Arbitragegerichts Nr 90/14 vom 9.12.1999, Vestnik des Obersten Arbitragegerichts 2000, Nr 2, zur alten Rechtslage.

65 Für viele: *Suchanov,* GmbH, S 10f und *Arzinger/Galander,* S 88f.

66 Siehe Konzeption, S 59.

67 Art 66.3 des Gesetzesentwurfs.

68 Föderales Gesetz über Gesellschaften mit beschränkter Haftung (Nr 14–FZ) veröffentlicht am 17.2.1998.

6. GmbH und AG

a) Rechtliche Regelung – das Verhältnis von ZGB zu GmbHG und AktG

Die GmbH ist in Art 87–94 ZGB und im GmbHG[69]; die AG ist in Art 96–104 ZGB und im AktG[70] geregelt.

Diese Doppelgleisigkeit der Regelung sowohl im ZGB als auch in eigenen Gesetzen erscheint auf den ersten Blick nicht ganz nachvollziehbar und wirft in der Praxis das Problem auf, welche Regelung bei Abweichung der Bestimmungen im Zweifel anzuwenden ist.

Im ZGB sind sowohl das Zivilrecht als auch das Handelsrecht enthalten. Der russische Gesetzgeber hat sich bewusst dafür entschieden, diese beiden Gebiete nicht separat zu regeln. In der Sowjetunion war das Wirtschaftsrecht in stark administrativ geprägten Spezialgesetzen geregelt, das ZGB galt hingegen nur subsidiär. Durch die einheitliche Regelung sollte verhindert werden, dass dieses vorherige Wirtschaftsrecht unter dem Deckmantel des Handelsrechts neu auferstehen könne.[71]

Gemäß Art 3 Abs 2 ZGB müssen alle anderen Normen des Zivilrechts dem ZGB entsprechen.

Damit wird nach einem Teil der Lehre eine zusätzliche Normenhierarchieebene in den verfassungsrechtlich vorgesehenen Stufenbau der Rechtsordnung eingefügt. Diese Vorrangstellung des ZGB ist in der Praxis jedoch umstritten.[72] Eine Vorrangstellung des ZGB gegenüber anderen einfachgesetzlichen Normen ist in der Verfassung nicht vorgesehen und widerspricht somit nach Ansicht eines Teils der Lehre der russischen Verfassung. Trotz mangelnder konstitutioneller Verankerung eines Vorrangs des Zivilgesetzbuches und der prinzipiellen Anerkennung der Grundsätze *lex posterior derogat legi priori* und *lex specialis derogat legi generali* wurde der Vorrang des Zivilgesetzbuches aber von der hL anerkannt.[73] Nach hL handelt es sich bei Art 3 Abs 2 ZGB auch nicht um eine Normenhierarchie im verfassungsrechtlichen Sinne, sondern nur um Auslegungsregeln. Der Gesetzgeber scheint dadurch das Prinzip „*lex specialis derogat legi generali*" standardmäßig auszuschalten. Die Widersprüche werden somit durch die formelle Anerkennung des ZGB formal gelöst.[74]Ausdrückliche Ausnahmen sind jedoch möglich. Das Verfassungsgericht legt zB Art 65 Abs 3 ZGB so aus, dass es diesem Artikel in bestimmten Fragen Priorität gegenüber dem Insolvenzgesetz einräumt.[75]

---

69   Gesetz vom 8.2.1998, SZ RF 1998, Nr 7, Pos 785.

70   Gesetz vom 26.12.1995, SZ RF 1996, Nr 1, Pos 1.

71   *Chawale*, http://www.jura.uni-passau.de/fakultaet/lehrstuehle/Fincke/frame.htm, homepage per 25.3.2004.

72   Vgl die Zusammenfassung bei *Chanturia*, Chancen und Schatten des Self-Enforcing –Modells im postsowjetischen Aktienrecht, WiRO 2009, S 98.

73   Vgl *Braginskij* in *Braginskij*, Kommentar zum Ersten Teil des ZGB der Russischen Föderation, S 30 ff, *Ryzanova*, Zivilgesetzbuch der Russischen Föderation: theoretische Grundlagen des Normvorrangs (Graždanskij kodeks Rossijskoj Federacii: teoreticeskie osnovy prioriteta), Civilist 2007 Nr 3, S 4.

74   *Chanturia*, S 98.

75   Beschluss des Verfassungsgerichts der RF vom 4.12.2003 Nr 503–O.

Das AktG ist im Gegensatz zum kontinentaleuropäisch gestalteten ZGB auch vom nordamerikanischen Recht beeinflusst.[76] Den Umstand, dass sowohl das ZGB als auch das AktG gleiche Sachverhalte regeln, erklärt *Suchanov*[77] damit, dass die internationalen Berater zur Ausarbeitung des ZGB kontinentaleuropäisch dominiert waren, während die Berater und Verfasser bei der Ausarbeitung des AktG primär aus den USA stammten.[78] Es bestehen daher Widersprüche zwischen den Regelungen des ZGB und den Regelungen des AktG.[79] Diese wurden von den Verfassern des AktG bewusst in Kauf genommen.[80]

Im Hinblick auf die Aktiengesellschaft ist die Regelung in einigen Bereichen daher schwer anzuwenden, weil das vom amerikanischen Recht beeinflusste Aktienrecht[81] nicht immer mit den Regeln des ZGB in Einklang gebracht werden kann.[82] So missbilligten die Verfasser des AktGes die relativ weite Konzeption des Haftungsdurchgriffs.[83] Probleme ergaben sich auch aus der anders geregelten Organstruktur.[84]

Das GmbHG basiert auf dem deutschen GmbHG und entspricht daher eher der kontinentaleuropäischen Rechtstradition[85] und die Bestimmungen weichen weniger vom ZGB ab, sodass sich das Problem bisher nicht gestellt hat.

Die Verfasser der Konzeption stellt den Normen des ZGB zur juristischen Person aber grundsätzlich ein gutes Zeugnis aus („Die meisten *allgemeinen Bestimmungen* des ZGB über juristische Personen sind allgemeingültig und müssen nicht überarbeitet werden")[86] und erachten die Aufrechterhaltung der vor-

---

76 *Kadlets/Prechtl*, S 518f.

77 Anlässlich eines Vortrages zum Gesellschaftsrecht der Russischen Föderation im Zuge des Symposiums „Reform des Wirtschaftsrechts in der Russischen Föderation" in Wien am 21.1.2003.

78 Vgl auch *Solotych*, Das Zivilgesetzbuch der Russischen Föderation, Teil I Textübersetzung mit Einführung, Nrmos Verlag, Baden-Baden, 1996, S 21, zum ZGB und *Black/Kraakman*, A Self-enforcing model of corporate law, (1996) 109 Harvard Law Review 1911 zum AktG.

79 Vgl *Holloch,* S 75 f.

80 *Black/Kraakman/Tarassova*, Kommentar zum russischen Aktiengesetz (russisch), 1999; homepage des Social Science Research Network (SSRN): http://ssrn.com/abstract=263142 oder http://dx.doi.org/10.2139/ssrn.263142.

81 So wurde zB das Board-System für die Organstruktur übernommen, wobei dem Rechtsanwender eine Wahlmöglichkeit eingeräumt wird. Die Konzeption spricht sich für die Abschaffung der Wahlmöglichkeit zwischen angloamerikanischer und kontinentaleuropäischer Organstruktur aus: „Eine *exaktere Struktur der Organe einer Aktiengesellschaft* mit ausdrücklicher Trennung der Kontroll- und Verwaltungsfunktionen soll gesetzlich geregelt werden. Die bestehende terminologische Verflechtung bezüglich des Namens des Kontrollorgans soll abgeschafft werden. Dieses soll nicht mehr „Vorstand", sondern „Aufsichtsrat" genannt werden. Um diese Funktionen deutlich voneinander abzugrenzen, wäre es auch notwendig, die gleichzeitige Ausübung von Aufsichtsrats- und Vorstandsfunktionen bei einer Aktiengesellschaft zu verbieten." , Konzeption, S 60.

82 Vgl *Holloch,* S 75f.

83 *Heeg*, Finanz- und Haftungsverfassung, S 16.

84 Vgl *Chanturia*, S 98, *Heeg*, Finanz- und Haftungsverfassung, S 16.

85 *Primaczenko*, Kapitalgesellschaftsrecht in Russland: Kampf zwischen US-amerikanischem und kontinentaleuropäischen Modell? in Beiträge und Informationen zum Recht im postsowjetischen Raum, abrufbar unter www.mpipriv.de/de/data/pdf/2010_04_14_01.pdf, S 10 mwN.

86 Konzeption, S 47.

---

rangigen Rolle der allgemeinen Rechtsnormen des ZGB über die juristischen Personen für sinnvoll. Jedenfalls soll das ZGB zumindest die Grundzüge der Kapitalgesellschaften regeln. Somit könnte die Verabschiedung von Gesetzen, durch die neue, oft zweifelhafte Formen von Kapitalgesellschaften geschaffen werden (zB „Arbeiteraktiengesellschaften"), verhindert werden.[87] Dies würde auch der Entwicklung von Gesetzen, die eine zusätzliche Regelungsebene zwischen dem ZGB und den (Sonder-)Gesetzen über die einzelnen Arten der juristischen Personen (zB Gesetz über die Restrukturierung von juristischen Personen, Gesetz über Non-Profit-Organisationen,[88] etc) darstellen, vorbeugen. Die zivilrechtliche Regelung soll daher in diesem Bereich „doppelgleisig" (ZGB und Sondergesetze) bleiben.[89]

Eine Verbesserung soll weiters durch eine Reduktion der Normen erreicht werden. Dadurch sollen Widersprüche zwischen den einzelnen Normen vermieden werden.[90] Die Hauptrechtsquelle des Rechts der Kapitalgesellschaften soll aber weiterhin das ZGB sein. Alle Rechtsnormen, die Kapitalgesellschaften zum Inhalt haben, sollten nach und nach in das ZGB integriert werden.[91]

Auch ein einheitliches Gesetz zu den Kapitalgesellschaften steht zur Diskussion. Die Zivilgesetzgebung sollte nur die beiden Grundformen der Kapitalgesellschaften – Aktiengesellschaften und Gesellschaften mit beschränkter Haftung – beibehalten.[92]

Es ist somit davon auszugehen, dass die Doppelgleisigkeit auch in Zukunft erhalten bleibt, die einzelnen Widersprüche aber im Zuge der folgenden Gesetzesnovellen wohl sukzessive beseitigt werden.

b) GmbH

Die GmbH hat sich mittlerweile zur häufigsten[93] und wichtigsten Rechtsform in Russland entwickelt.[94] Dies liegt an der im Vergleich zur geschlossenen AG einfacheren und flexibleren Gestaltung der Satzungsbestimmungen (Umlaufbeschlüsse sind möglich, Publizitätspflichten sind geringer, etc) sowie am äußerst niedrigen Satzungskapital in Höhe von 10.000 Rubel.[95] Mehr als fünfzig Prozent

---

87 Konzeption, S 58.

88 Obwohl die Bestimmungen des Föderalen Gesetzes Nr 7–FZ vom 12. Jänner 1996 „Über die nichtkommerziellen Organisationen" den Wortlaut der Rechtsnormen des ZGB in vielerlei Hinsicht wiedergeben, regeln diese zB den Status bestimmter nichtkommerzieller Organisationen nicht (etwa der meisten staatlich finanzierten Einrichtungen).

89 Konzeption, S 47.

90 Konzeption, S 57.

91 Dies war schon im Entwurf des Bürgerlichen Zivilgesetzbuches im zaristischen Russland vorgesehen, Konzeption, S 57 f.

92 Konzeption, S 58.

93 Zum Stichtag vom 1.2.2012 waren von insgesamt 4.537.325 registrierten juristischen Personen 3.559.851 in der Form einer GmbH bzw GmzH registriert, Statistik auf www.nalog.ru

94 *Stoljarskij/Wedde*, Reform der russischen OOO – praktische Aspekte, eastlex 2009, S 140 ff.

95 *Stoljarskij/Wedde*, Reform der russischen OOO – praktische Aspekte, eastlex 2009, S 140, siehe auch unten Kap I.3.

der in Russland eingetragenen juristischen Personen waren bereits im Jahre 2009 GmbHs, heute sind es über 70% aller juristischen Personen und über 90% aller kommerziellen Organisationen.[96] Sie ist auch die beliebteste Gesellschaftsform für kleine und mittlere Unternehmen.[97] Es sind gegenwärtig über 3,5 Millionen GmbHs im russischen Register für juristische Personen registriert.[98]

Als Vorgängerin der GmbH wird in der Literatur die „Genossenschaft mit beschränkter Haftung" angeführt. Bereits im russischen Zivilgesetzbuch aus dem Jahr 1922 finden sich aber nur vier Artikel dazu. Die Aktiengesellschaft wurde zu dieser Zeit bereits durch 45 Artikel im Zivilgesetzbuch und durch mehrere Verordnungen geregelt, was auf eine wesentlich höhere historische Bedeutung dieser Rechtsform schließen lässt. In der Praxis spielte die Genossenschaft nur eine untergeordnete Rolle, da ihre Gründung nur zu bestimmten, gesetzlich erlaubten Zwecken, wie zB zur Gewährleistung der Versorgung mit Elektrizität, möglich war.[99] Aus haftungsrechtlicher Sicht erscheint interessant, dass die Haftung der Gesellschafter der Genossenschaft mit beschränkter Haftung nicht mit der Summe der jeweiligen Einlage beschränkt war, sondern diese subsidiär mit ihrem Vermögen für die Schulden der Genossenschaft einstehen mussten.

Zu Zeiten der UdSSR verlor die Rechtsform der Genossenschaft mit beschränkter Haftung an Bedeutung. Mit dem Übergang zur Planwirtschaft wurden vor allem Rechtsformen zur Führung staatlicher Betriebe und Unternehmen[100] sowie Kolchosen eingeführt.[101] Die rechtliche Regelung dieser Unternehmen erfolgte durch das sowjetische Wirtschaftsrecht, das als Teil des öffentlichen Rechts galt. Die neu geschaffenen Staatsbetriebe galten zwar als juristische Personen[102], konnten aber nicht als Kläger oder Beklagter vor den ordentlichen Zivilgerichten auftreten. Konflikte zwischen den Staatsunternehmen wurden durch eine verwaltungsbehördliche Schlichtungsstelle, die „Gozarbritrash", die Staatsarbitrage, entschieden.[103] Diese hatte weitreichende Kontroll- und Rege-

---

96 www.nalog.ru, siehe die Übersichtstabelle über die staatliche Registrierung von juristischen Personen zum Stichtag vom 1.2.2012

97 *Tihomirov*, Die Gesellschaft mit beschränkter Haftung (Obščestvo s ograničennoj otvetstvennost´ju), S 15.

98 *www.nalog.ru*, zum Stichtag 1.2.2012 waren es 3.559.851 von insgesamt 4.537.325 registrierten juristischen Personen.

99 *Gabov*, Gesellschaften mit beschränkter Haftung (Obščestva s ograničennoj otvetstvennost´ju), S 25.

100 Vgl die Übersicht bei *Laptev*, Rechtsstellung der Betriebe und Vereinigungen in der UdSSR, in Deutsches und sowjetisches Wirtschaftsrecht, Studien des Max Plank Instituts zum ausländischen und internationalen Privatrecht, 1979, 8 ff.

101 *Mogilevskij*, Die Gesellschaft mit beschränkter Haftung (Obščestvo s ograničennoj otvetstvennost´ju), S 9.

102 *Laptev*, Rechtsstellung der Betriebe und Vereinigungen in der UdSSR, in Deutsches und sowjetisches Wirtschaftsrecht, Studien des Max Plank Instituts zum ausländischen und internationalen Privatrecht, 1979, S 11.

103 Vgl *Michler/Bauer-Mitterlehner*, Die russische Arbitragegerichtsbarkeit, Arbeitspapier des FOWI Nr 89, 2003, S 8, Tadewosjan, Entscheidungen von Wirtschaftsstreitigkeiten, in *Such*, Sowjetisches Wirtschaftsrecht, Übersetzung von Dr. Gerhard *Huber*, Staatsverlag der DDR, Berlin 1975, S 347.

lungskompetenzen, konnte Verfahren von Amts wegen einleiten und wurde als Behörde mit Streitentscheidungsaufgaben eingeordnet.[104]

Im internationalen Handelsverkehr wurden diese Staatsunternehmen zumeist durch eigene Außenhandelsorganisationen[105] vertreten, die internationale Wirtschaftsverträge abschlossen und in allfälligen Schiedsverfahren als Vertragspartner auftraten.

Der Begriff der „Gesellschaft mit beschränkter Haftung" wurde im sowjetischen Recht erstmals in den 90er Jahren, im Gesetz über Unternehmen in der UdSSR vom 4.6.1990[106] sowie in der Verordnung der UdSSR Nr. 590 vom 19. Juni 1990 „Über Aktiengesellschaften und Gesellschaften mit beschränkter Haftung" eingeführt. Die fast zeitgleich erlassene Verordnung 601 der RSFSR über Aktiengesellschaften vom 25.12.1990[107] sah hingegen nur die geschlossene Aktiengesellschaft vor. Das Gesetz der RSFSR „Über Unternehmen und unternehmerische Tätigkeit", das ebenfalls am 25.12.1990 erlassen wurde, stellte in Artikel 11 die geschlossene AG der GmbH gleich. Diese glücklicherweise nur kurz andauernde konkurrierende Gesetzgebung auf Unions- und Republiksebene, die durch den Zerfall der Union nicht sofort gelöst wurde, da die neu entstandene Russische Föderation als Rechtsnachfolger der UdSSR deren Rechtsvorschriften übernahm, wurde als Krieg der Gesetze bezeichnet.[108] Im Jahr 1995 wurde die Rechtsform der GmbH im neuen ZGB in den Artikeln 87 ff geregelt.[109] Durch die Inkraftsetzung des neuen ZGB wurde der Krieg der Gesetze im Gesellschaftsrecht beendet. Das GmbHG regelte die GmbH schließlich im Detail. Damit entschied sich der russische Gesetzgeber weitgehend dem deutschen Modell des GmbH-Gesetzes zu folgen.

Einige Vorschriften, wie zB das zwingende Austrittsrecht der Gesellschafter, wurden aber bald als reformbedürftig empfunden.[110] Mit dem Föderalen Gesetz vom 30. Dezember 2008 Nr. 312–FZ „Über die Vornahme von Änderungen im ersten Teil des Zivilgesetzbuches der Russischen Föderation und in anderen Rechtsakten der Russischen Föderation" (im Folgenden GmbH-Novelle 2009) nahm der Gesetzgeber neben anderen Novellierungen wesentliche Änderungen im GmbH-Recht vor. Die Novelle trat teilweise am 1. Juli 2009, teilweise am

---

104 Vgl zB *Westen*, Sowjetunion, 1991, S 38; sowie *Bilinsky*, Das sowjetische Wirtschaftsrecht, in *Maurach/Rosenthal* (Hg), Band 19, 1968, S 399, *Pistor*, Supply and demand for contract enforcement in Russia: courts, arbitration, and private enforcement, Review of Central and East European Law 1996, Nr 1, S 68, siehe auch unten, Kap IV.3.

105 *Laptev*, Rechtsstellung der Betriebe und Vereinigungen in der UdSSR, in Deutsches und sowjetisches Wirtschaftsrecht, Studien des Max Plank Instituts zum ausländischen und internationalen Privatrecht, 1979, s 19, Waehler, Die Außenhandels- und See-Schiedsgerichtsbarkeit in der UdSSR, 1974, S 85.

106 Siehe auch Kap I.6.c. unten.

107 Deutsche Übersetzung: Schwarz, WiRO 1993, S 14 ff.

108 Primaczenko, S 9, vgl auch oben.

109 *Gabov*, Gesellschaften mit beschränkter Haftung (Obščestva s ograničennoj otvetstvennost´ju), S 3.

110 *Mogilevskij*, Die Gesellschaft mit beschränkter Haftung (Obščestvo s ograničennoj otvetstvennost´ju), S 4.

1. Jänner 2010 in Kraft. Es wurden beinahe alle einschlägigen Bestimmungen im ZGB, sowie 35 von 59 Artikeln des russischen GmbHG novelliert.[111]

Im Zuge dieser Reform wurden auch das Gesetz „Über die Grundlagen der Gesetzgebung zum Notariat" vom 11. Februar 1993, sowie das Föderale Gesetz „Über die staatliche Registrierung juristischer Personen" vom 8. August 2001 Nr 129–FZ geändert.[112] Der Gesetzgeber verfolgte mit dieser Novelle im Wesentlichen das Ziel, all jene Mängel, welche über einen Zeitraum von über 10 Jahren im Zuge der Anwendung der Rechtsvorschriften zur GmbH beobachtet wurden, zu beheben.[113] Die aus internationaler Sicht bedeutendste Änderung stellt sicherlich die Abschaffung des unabdingbaren Austrittsrechts für die Gesellschafter dar.[114] Kritisch wird zT die neue Regelung der Anteilsveräußerung von GmbH-Anteilen gesehen, die nur mehr durch notariellen Vertrag erfolgen kann.[115] Mit Föderalem Gesetz Nr. 228–FZ vom 18. Juli 2011 wurde das Gesetz „Über Gesellschaften mit beschränkter Haftung" erneut geändert. Die Änderungen betrafen insbesondere die Herabsetzung des Satzungskapitals und ihre Auswirkung auf die Gläubigerrechte. In Kraft traten diese Änderungen zum 1.1.2012, mit Ausnahme einiger Vorschriften, die erst zum 1. Jänner 2013 wirksam wurden.[116]

c) AG

Die praktische Bedeutung der AG ist nach wie vor als sehr hoch einzuschätzen, auch wenn die Anzahl der eingetragenen AGs im Unternehmensregister rückläufig ist[117] und die Gesellschaft mit beschränkter Haftung die Aktiengesellschaft in zahlenmäßiger Hinsicht als am weitesten verbreitete Kapitalgesellschaftsform abgelöst hat:[118] die Zahl der Aktiengesellschaften ist nach wie vor groß, darüber hinaus sind viele der größten und gesamtwirtschaftlich bedeutendsten russischen Unternehmen in der Form der Aktiengesellschaft organisiert. Das hängt mit der noch immer vorhandenen Dominanz ehemals staat-

---

111 Vgl *Hanson,* Gestaltungsmöglichkeiten im reformierten russischen GmbH-Recht, WiRO 2011, S 97–105. *Schmitt/Melnikov,* Gesellschaftsrecht, WiRO Loseblattsammlung I.D, Nrvember 2011.

112 Mogilevskij, Die Gesellschaft mit beschränkter Haftung (Obščestva s ograničennoj otvetstvennost´ju), S 4.

113 Für viele vgl *Hannsson,* Gestaltungsmöglichkeiten im reformierten russischen GmbH-Recht, WiRO 2011, S 97 ff.

114 *Novoselova,* Neue Regelungen in der Gesetzgebung zur OOO: Gründe für die Änderungen und die daraus resultierenden Folgen, Hozjajstwo i Pravo, Nr 3 2009, S 3f.

115 *Schmitt/Melnikov,* RN 35 ff.

116 *Kormos,* Änderung des Gesetzes „Über Gesellschaften mit beschränkter Haftung", Russland News, www.nalog.pwc.de.

117 www.nalog.ru, zum Stichtag 1.2.2012 waren es über 180.000, im Jahr 2011 gab es noch rund 185.000 AGs.

118 Das GmbHG wurde erst rund zwei Jahre später verabschiedet, sodass sich praktisch ein Startnachteil ergab, vgl *Solotych,* Gesellschaftsrecht, WiRO D.I. RUS Rz 130.

licher Betriebe zusammen. Die Rechtsform der Aktiengesellschaft findet aber auch zunehmend für kleinere und mittlere Betriebe Anwendung. [119]

Die Gründung eines ersten Vorläufers der heutigen Aktiengesellschaft, der „Russischen in Konstantinopel handeltreibenden Kompagnie" (Rossijskaja v Konstinopol torgujuscaja kompanija) erfolgte bereits im Jahr 1757.[120] Im Jahr 1836 wurde ein Aktiengesetz erlassen, das aber idR nur empfehlenden Charakter hatte.[121] Wichtiger waren damals die Praxis der Genehmigungsbehörden und die Spruchpraxis des Dirigierenden Senats.[122] Durch diese wurden einige Prinzipien herausgebildet, die noch im heutigen russischen Aktienrecht zu finden sind.[123] Im 19. Jahrhundert wurden zahlreiche Entwürfe für Aktiengesetze ausgearbeitet, die aber nicht verabschiedet wurden.[124] Ein Entwurf aus dem Jahr 1899 wurde im Aktienrecht des sowjetischen Zivilgesetzbuchs 1923 im Rahmen der Neuen Ökonomischen Politik aber weitgehend übernommen.[125] Die Novellen während der Sowjetzeit waren für die Entwicklung des heutigen Rechts der Aktiengesellschaft nicht von Bedeutung. Erst während der Perestrojka in den späten 1980–er Jahren erfolgte eine Rückbesinnung auf das Aktienrecht.[126] Im Zuge der Perestroika wurde die AG zunächst auf sowjetischer Ebene – wie die GmbH – durch die Ordnung über die Aktiengesellschaften und die Gesellschaften mit beschränkter Haftung, die durch die Verordnung des Ministerrates der UdSSR vom 19.06.1990 Nr. 590 bestätigt wurde, geregelt. Die Geschlossene Aktiengesellschaft wurde zum ersten Mal in Art 11 des Gesetzes der RSFSR vom 25. Dezember 1990 Nr. 445–1 „Über die Unternehmen und die Unternehmenstätigkeit"[127] eingeführt. Damals wurden die Begriffe „GmbH" und „geschlossene Aktiengesellschaft"[128] aber als Synonyme betrachtet. In der Praxis wurden Anfang der 1990–Jahre sehr viele „TOO (AO3T)", registriert, die keine Aktien emittierten. In der RSFSR wurde die AG kurz darauf durch die Verordnung Nr. 601 vom 25.12.1990 geregelt.[129] Bereits nach Sowjetrecht gegründete AGs waren nach dem Wortlaut der Verordnung Nr. 601[130] bis zu einem bestimmten Zeitpunkt umzuregistrieren.[131] Die Regelungen dieser Verordnung wurden jedoch auch bald für die AG als unzureichend befunden, sodass bereits im Jahre 1991 der Entwurf eines Aktiengesetzes im Obersten Sowjet der

---

119 *Kadlets/Prechtl*, Schutz der Minderheitsaktionäre in Russland, in *Bachner/Doralt/Winner* (Hg), Schutz der Minderheitsaktionäre in Mittel- und Osteuropa, S 519.

120 *Lüdemann*, Das Recht der Aktiengesellschaft in Russland S 21 ff.

121 Vgl *Lüdemann*, Das Recht der Aktiengesellschaft in Russland SS 43 f, 46 f, 53, 58.

122 *Kadelets/Prechtl*, S 515 f.

123 Vgl *Lüdemann*, Das Recht der Aktiengesellschaft in Russland S 58 ff.

124 *Lüdemann*, Das Recht der Aktiengesellschaft in Russland S 71 ff.

125 *Kadelets/Prechtl*, S 517.

126 *Kadelets/Prechtl*, S 518.

127 „О предприятиях и предпринимательской деятельности" (Über Unternehmen und die Unternehmenstätigkeit).

128 „Товарищество с ограниченной ответственностью/акционерное общество закрытого типа" (Genossenschaft mit beschränkter Haftung, Aktiengesellschaft geschlossenen Typs).

129 Vgl *Puseizer/Micheler/Kozak*, Die russische Aktiengesellschaft, Wien, Service Verlag, 1993.

130 Vgl die deutsche Übersetzung von *Puseizer* in *Puseizer/Micheler/Kozak*, S 1 bis 51.

131 *Klemm*, Die Entwicklung des russischen Rechts der Kapitalgesellschaften, Berlin, 1996, S 95.

RSFSR behandelt wurde.[132] Die erste gesetzliche Regelung des Aktienrechts erfolgte schließlich durch den ersten Teil des ZGB 1994.[133] Die nur 28 Artikel umfassenden aktienrechtlichen Bestimmungen traten am 8.12.1994 in Kraft[134] und wurden mit 1.1.1996 durch ein detaillierteres Aktiengesetz (Gesetz über die Aktiengesellschaften (AktG)[135] ergänzt.[136]

Erst im ZGB wurden die GmbH und die ZAO explizit als zwei verschiedene Rechtsformen geregelt. Die Regelung Nr. 601 wurde formell erst durch die Verordnung vom 6. März 1996 Nr. 262 außer Kraft gesetzt.[137] Das AktG wurde 2001[138] umfassend novelliert, wobei insbesondere die Rechte der Minderheitsaktionäre gestärkt wurden.[139] In den Jahren 2002 und 2004 wurde insbesondere die Ausschüttung von Dividenden und im Jahr 2004 auch die Besetzung, Bestellung und Abberufung des Direktorenrates sowie die Anfechtung der Beschlüsse des Direktorenrates novelliert.[140]

Sonderbestimmungen für Dienstnehmer-Aktiengesellschaften regelt das Gesetz „Über die Besonderheiten der Rechtslage von Dienstnehmer-Aktiengesellschaften (Volksunternehmen)" vom 19.7.1998.[141]

Für privatisierte Staatsbetriebe sind die Besonderheiten des Gesetzes über die Privatisierung staatlicher und munizipaler Unternehmen[142] zu beachten. Eine AG gilt ab der Beschlussfassung über die Privatisierung bis zum Verkauf von mindestens 75 % der Aktien an nicht staatliche Aktionäre als privatisierter Staatsbetrieb.[143] Die wertpapierrechtlichen Regelungen für Aktiengesellschaften finden sich im Gesetz „Über den Wertpapiermarkt" vom 20.4.1996[144] idF

---

132 Eine ausführliche Darstellung der Parlamentskontroversen findet sich bei *Holloch,* Das neue russische Wirtschaftsrecht, insbesondere das Gesellschaftsrecht, in *Schroeder* (Hg), Die neuen Kodifikationen in Russland, 1999, S 70 f.

133 Erster Teil, SZ RF 1994, Nr 32, Pos 3301.

134 ZGB-Einführungsgesetz, Art 6 Pkt 1. (Федеральный закон от 30.11.1994 N 52-ФЗ (ред. от 08.05.2009) «О введении в действие части первой Гражданского кодекса Российской Федерации», «Собрание законодательства РФ», 05.12.1994, N 32, ст. 3302).

135 Gesetz vom 26.12.1995, SZ RF 1996, Nr 1, Pos 1.

136 *Micheler,* Das neue russische Aktiengesetz im Überblick, Arbeitspapier des Instituts für mittel- und osteuropäisches Wirtschaftsrecht, Nr 33, Wien, 1996, S 2.

137 ПРАВИТЕЛЬСТВО РОССИЙСКОЙ ФЕДЕРАЦИИ ПОСТАНОВЛЕНИЕ от 6 марта 1996 г. N 262 О ПРИЗНАНИИ УТРАТИВШИМИ СИЛУ РЕШЕНИЙ ПРАВИТЕЛЬСТВА РОССИЙСКОЙ ФЕДЕРАЦИИ В СВЯЗИ С ФЕДЕРАЛЬНЫМ ЗАКОНОМ «ОБ АКЦИОНЕРНЫХ ОБЩЕСТВАХ» Verordnung der Regierung der RF vom 6.3.1996 N 262 über die Feststellung der Unwirksamkeit von Regierungsverordnungen im Zusammenhang mit dem Föderalen Gesetz „Über Aktiengesellschaften", Datenbank Konsultant Plus per 30.4.2012.

138 SZ RF 2001, Nr 33 (Teil I), Pos 3423.

139 Vgl *Schmitt/Vogt,* Stärkung der Rechte von Aktionären – Reform des russischen Aktiengesetzes, RIW 2002, S 762.

140 SZ RF 2002, Nr 45, Pos 4436.

141 SZ RF 1998, Nr 30, Pos 3611.

142 SZ RF 2002, Nr 4, Pos 251.

143 Art 1 Pkt 5 Abs 2 AktG.

144 Föderales Gesetz vom 22.04.1996 N 39-FS (idF vom 30.11.2011) „Über den Wertpapiermarkt" / SZ RF vom 22. April 1996, Nr 17, Pos 1918.

vom 7.12.2011[145] („WPG") und dem Gesetz „Über den Schutz der Rechte und gesetzlichen Interessen von Investoren auf dem Wertpapiermarkt"[146].

d) Geschlossene und offene AG

Wie oben ausgeführt bestehen derzeit (noch) zwei Typen der Aktiengesellschaft:[147] die geschlossene und die offene, wobei die Form aus der Firma hervorgehen muss.[148] Die Unterschiede liegen va in der Art der Ausgabe und der Verkehrsfähigkeit der Aktien. Die geschlossene AG ist eine Alternative zur GmbH, die erst 1998 geregelt wurde.[149] Die Abschaffung der Form der geschlossenen AG im Zuge der nächsten Zivilrechtsnovelle ist geplant.

Die geschlossene AG (Art 7 Pkt 3 AktG) ist nicht kapitalmarktfähig; es findet keine öffentliche Zeichnung der Aktien statt. Alle Aktien müssen von den Gründern oder einem sonst geschlossenen Personenkreis übernommen werden. Werden die Aktien einer geschlossenen Aktiengesellschaft veräußert, so haben die übrigen Aktionäre ein Vorkaufsrecht.[150] Die geschlossene AG darf maximal 50 Aktionäre haben; bei Überschreitung dieser Zahl muss sie in eine offene AG umgewandelt[151] werden. Dabei handelt es sich um keine eigentliche Umwandlung[152] im Sinne der Terminologie des russischen AktG. Es kommt lediglich zur Satzungs- und Firmenänderung, sowie erforderlichenfalls zu einer Kapitalerhöhung, die gem. Art 15 Pkt 1 Abs 2 uE unter sonstige Gründe der Reorganisation fallen aber nach russischem Recht keine Umwandlung darstellen.

Die Umwandlung wird in Art 20 AktG als Umwandlung einer Aktiengesellschaft in eine Gesellschaft mit beschränkter Haftung oder in eine Erwerbsgesellschaft definiert. Die „Umformung" einer geschlossenen Aktiengesellschaft in eine offene stellt somit nach russischem Recht keine Umwandlung im Sinne des Art 15 Pkt 2 AktG dar, obwohl es sich nach österreichischem Verständnis sehr wohl um eine Umwandlung handeln würde. Die russische Sichtweise wird damit argumentiert, als es sich dabei nicht um die – für die Umwandlung begriffsnotwendige – Änderung der Rechtsform der Gesellschaft an sich handelt, sondern um die Änderung der Art der Aktiengesellschaft.

145 SZ RF vom 12.12.2011, Nr 50, Pos 7357.

146 SZ RF 1999, Nr 10, Pos 1163.

147 Art 4 Pkt 1 Abs 2 AktG

148 Art 4 Pkt 1 Abs 1 AktG.

149 *Micheler/Bauer-Mitterlehner,* Direktinvestitionen in Russland, in *Breidenbach, (*Hg*),* Handbuch Wirtschaft und Recht in Osteuropa, Rdnr 57.

150 Art 97 Pkt 2 Abs 2 ZGB.

151 Art 7 Pkt 3 AktG und Art 97 Pkt 2 Abs 2 ZGB verwenden den Begriff „umwandeln" (preobrazovat´sja). Als „Umwandlung" ist in Art 20 Pkt 1 AktG aber nur die Umwandlung in eine GmbH oder in eine Produktionsgenossenschaft bzw eine nicht kommerzielle Partnerschaft definiert, während Art 15 AktG unter dem Überbegriff „Reorganisation" sonstige Formen der Umwandlung regelt. Somit müsste der Terminus in Art 7 AktG und in Art 97 ZGB eigentlich „reorganisieren" lauten.

152 Der russische Gesetzgeber definiert den Begriff „reorganizacija" in Art 15 Pkt 2 AktG (als Überbegriff für die Verschmelzung durch Aufnahme und Neugründung, Eingliederung, Teilung, Abspaltung und Umwandlung.

Bei der offenen AG (Art 7 Pkt 2 AktG) können die Aktien mittels öffentlicher Zeichnung ausgegeben und frei verkauft werden. Die Anzahl der Aktionäre ist nicht beschränkt. Die Verfasser der Konzeption schlagen weiters vor, die Besonderheiten der Tätigkeit von Aktiengesellschaften des öffentlichen Rechts im AktG und im ZGB zu regeln. Aktiengesellschaften seien ab dem Zeitpunkt der staatlichen Registrierung ihrer Aktien Aktiengesellschaften des öffentlichen Rechts. Diese Aktien unterlägen dann der uneingeschränkten Platzierung durch öffentliche Aktienzeichnung. Gegenwärtig sind diese Besonderheiten der Tätigkeit der Aktiengesellschaften des öffentlichen Rechts lediglich im Föderalen Gesetz „Über den Wertpapiermarkt" geregelt. [153]

Als Besonderheiten der öffentlichen Aktiengesellschaften nennen die Autoren der Konzeption folgende Punkte: 1) ein höheres Mindest-Satzungskapital; 2) die Mitgliedschaft von unabhängigen Direktoren im Vorstand; 3) die Transparenz der Unternehmensleitung (dh die Offenlegung der Informationen über die Tätigkeit der Gesellschaft, wobei es als sinnvoll erachtet wird, die in der Publizitätsrichtlinie von 1968 (RL 68/151/EWG) enthaltenen Kriterien in das ZGB zu übernehmen); 4) Vorhandensein eines Registerführers, der das Aktienregister führt und die Funktionen einer Zählkommission bei den Aktionärsversammlungen übernimmt.[154]

Gemäß Art 54 ZGB muss die Organisationsform in der Firma einer Gesellschaft enthalten sein. Die Firma der AG muss einen Namen und einen ausgeschriebenen oder abgekürzten auf die Rechtsform hindeutenden Zusatz enthalten (Art 4 AktG). „OAO" ist die Abkürzung für offene, „ZAO" ist die Abkürzung für geschlossene Aktiengesellschaften. Der Name kann eine Sache, eine Person oder ein Phantasiename sein. Ein Sachbezug zum Unternehmensgegenstand ist nur bei bestimmten, eigens geregelten Branchen erforderlich (zB Banken, Kreditorganisationen). Die Firma der AG muss in russischer Sprache ausgedrückt werden. Eine fremdsprachige Bezeichnung kann als Zusatz geführt werden.[155] Die Verwendung der Worte „Russland", „russisch" udgl ist gebührenpflichtig, bei geographischen Bezeichnungen können lokale Bewilligungs- und Gebührenpflichten bestehen.

e) Satzungskapital[156]

Das Mindestkapital der russischen Kapitalgesellschaften[157] ist im internationalen Vergleich sehr gering[158] und wurde auch im Zuge der letzten gesellschaftsrechtlichen Reformen nicht erhöht. Dies ist im Hinblick auf die Haftung der

---

153 Konzeption, S 58 f.

154 Konzeption, S 59.

155 Art 4 Pkt 1 AktG.

156 Zur Bezeichnung siehe FN 64 oben.

157 Derzeit unter 300 bzw 3000 Euro.

158 Kritisch dazu *Rabensdorf*, S 251 f, *Heeg,* die Finanz- und Haftungsverfassung russischer Kapitalgesellschaften, S 56, *Fischer*, Kapitalerhaltung bei der Gesellschaft mit beschränkter Haftung im russischen und deutschen Recht, VDRW-Mitteilungen 42–43/2009, S 26.

russischen Kapitalgesellschaften höchst problematisch. Auch die Autoren der Konzeption sehen die maßgeblichen Funktionen des (Mindest-)Satzungskapitals nicht erfüllt (Bereitstellung des Startkapitals für die Gesellschaftätigkeit, finanzielle Absicherung der Gläubiger).[159] Sie schlagen daher in Anlehnung an EG-Richtlinien (insbesondere die Kapitalrichtlinie von 1976/77(RL 77/91/ EWG) vor, die Höhe des Satzungskapitals für Kapitalgesellschaften zu erhöhen, und zwar auf ein Mindestsatzungskapital für Gesellschaften mit beschränkter Haftung in Höhe von 1 Million Rubel (22.000 bis 25.000 Euro) und für Aktiengesellschaften auf ein Mindestsatzungskapital in Höhe von 2 Millionen Rubel (45.000 bis 50.000 Euro). Für öffentliche Aktiengesellschaften könnte dieser Betrag erhöht werden.[160]

Die russischen Kapitalaufbringungsregeln unterscheiden sich zwar im Detail, sind denen des österreichischen Rechts aber im Grundsätzlichen ähnlich.

Das Satzungskapital der AG besteht aus dem Nominalwert der Aktien, die von den Aktionären erworben wurden.[161] Binnen drei Monaten ab Registrierung müssen 50 % der Aktien einbezahlt werden, dh bei Registrierung der AG muss noch nichts einbezahlt sein. Bis zur Einzahlung der 50 % dürfen aber nur die Gründungsgeschäfte vorgenommen werden.[162] Innerhalb eines Jahres nach Registrierung müssen alle Anteile voll einbezahlt sein.[163] Der Vertrag über die Errichtung der Gesellschaft kann eine kürzere Frist vorsehen.

Das Satzungskapital ist in Rubel festzusetzen.[164] Das Mindest-Satzungskapital der AG ist als Vielfaches des gesetzlich festgelegten Mindestlohnes[165] definiert. Diese Technik wurde ursprünglich angewendet, um die Höhe des Mindestkapitals an die Inflation anzupassen. Das Mindestkapital beträgt für geschlossene AGs das Hundertfache des am Tag der Registrierung geltenden gesetzlichen Mindestlohns. Für offene AGs beträgt das Mindestsatzungskapital das Tausendfache des gesetzlichen Mindestlohns.[166] Verändert sich der Mindestlohn später, so ist bei bereits gegründeten offenen und geschlossenen AGs

---

159 Konzeption, S 61.

160 Konzeption, S 62.

161 Art 25 Pkt 1 AktG.

162 Art 2 Pkt 3 AktG; Art 34 Pkt 1 AktG.

163 Art 34 Pkt 1 AktG.

164 Art 26 AktG.

165 Der staatlich festgesetzte Mindestlohn beträgt zwar seit 1. Juni 2011 4611 Rubel pro Monat, siehe Föderales Gesetz über den Mindestarbeitslohn vom 19.6.2000, SZ RF 2000, Nr 26, Pos 2729RF zuletzt geändert durch das Föderale Gesetz vom 1 Juni 2011 N 106–FZ „Über die Änderung des Artikel 1 des Föderales Gesetz über den Mindestarbeitslohn (Установить минимальный размер оплаты труда с 1 июня 2011 года в сумме 4 611 рублей в месяц), für das Gesellschaftsrecht wird aber nicht dieser arbeits- und sozialrechtliche Mindestlohn (Artikel 3 des Gesetzes) herangezogen, sondern der «Basisbetrag», der für die Berechnung von Steuern, Abgaben, Geldbußen und allen anderen Zahlungen, deren genaue Höhe nicht in den entsprechenden Gesetzen festgelegt wird, verwendet wird (Artikel 5). Während der erstgenannte Mindestlohnbetrag in den vergangenen Jahren kontinuierlich angehoben wurde (siehe oben), ist der letztgenannte Basisbetrag seit dem 1.1.2001 in der Höhe von 100 Rubel unverändert geblieben.

166 Art 26 AktG.

keine Anpassung vorzunehmen.[167] Für geschlossene AGs beträgt das Mindestkapital derzeit somit rund 260 Euro, für offene AGs rund 2.600 Euro.[168]

Das Satzungskapital der GmbH hat seit der GmbH Reform 2009 mindestens 10.000 Rubel zu betragen, umgerechnet also weniger als 300 Euro.[169] Sowohl der geringe Betrag als auch die Aufnahme eines Betrages in das Gesetz werden zT kritisch gesehen.[170] Es sind mindestens 50% bei der Gründung einzubezahlen, der Rest spätestens innerhalb eines Jahres: Bei Entstehung der GmbH muss die Hälfte des Satzungskapitals von den Gründern eingezahlt werden.[171] Die Einzahlung eines bestimmten Anteils auf die Einlage eines jeden Gesellschafters ist nicht erforderlich. Das restliche Satzungskapital muss innerhalb einer in der Satzung zu bestimmenden Frist eingebracht werden, die ein Jahr nicht überschreiten darf.[172]

f) Die Aktie

Eine AG kann Stamm- und Vorzugsaktien ausgeben,[173] wobei der Nominalwert aller Stammaktien einheitlich sein muss. Der Anteil der Vorzugsaktien darf maximal 25% des Satzungskapitals betragen.[174]

Alle Aktien sind Namensaktien.[175] Die Mehrheit der russischen Aktiengesellschaft geben dokumentenlose Namensaktien aus. Die Bezeichnung „dokumentenlose" Aktien bezieht sich aber nur darauf, dass keine Wertpapierzertifikate ausgegeben werden. „Dokumentlos" ist daher nicht ganz korrekt, weil gemäß Pkt 7.3.1 Registerordnung[176] bei der Übertragung von Namenspapieren im Anteilsregister zahlreiche Papierdokumente vorzulegen sind.

Die Aktiengesellschaft muss die Führung des Aktienregisters sicherstellen:[177]; wenn es mehr als 50 Aktionäre gibt, muss das Register bei einem Registrator geführt werden. Wenn es weniger als 50 Aktionäre gibt, kann die AG selbst das Aktienregister führen oder es von einem Registrator führen lassen. Außerdem ist die Emission von Aktien bei der Wertpapierkommission zu registrieren.[178]

Jede Stammaktie gewährt dem Aktionär denselben Umfang an Rechten. Ungleichgewichtige Stimmrechte sind – abgesehen von den Fällen der kumula-

---

167 Pkt 6 Verordnung des Plenums des Obersten Arbitragegerichts Nr 90/14 vom 9.12.1999, Vestnik des Obersten Arbitragegerichts 2000, Nr 2.

168 Wechselkurs von RUB — EUR = 0.0257 per 28.2.2012, http://www.arssilesia24.de.Formular ende

169 Am 28.2.2012 sind es 257 Euro, http://www.arssilesia24.de.

170 *Göckernitz/Wedde*, Das neue russische GmbH-Recht, S 35, *Stoljarskij/Wedde*, Reform der russischen OOO – praktische Aspekte, eastlex 2009, S 140 ff.

171 Art 16 Pkt 2 GmbHG.

172 Art 17 Pkt 1 GmbHG.

173 Art 31 f AktG.

174 Art 25 AktG.

175 Art 25 AktG.

176 Verordnung der Föderationskommission für den Wertpapiermarkt Nr 27 vom 2.10.1997, Vestnik der Föderationskommission für den Wertpapiermarkt 1997, Nr 7.

177 Art 44 Pkt 2 AktG.

178 Art 20 ff Gesetz über den Wertpapiermarkt vom 22.4.1996, SZ RF 1996, Nr 17, Pos 1918.

tiven Abstimmung[179] – unzulässig.[180] Gemäß Art 59 AktG erfolgt die Abstimmung in der Hauptversammlung nach dem Prinzip eine Aktie – eine Stimme. Die einzige – im Art 59 AktG ausdrücklich genannte – gesetzlich zulässige Ausnahme von diesem Prinzip ist die kumulative Abstimmung im Zusammenhang mit der Wahl der Mitglieder des Direktorenrates. Es ist jedoch gemäß Art 11 Pkt 3 AktG möglich, in der Satzung die Höchstzahl der auf den einzelnen Aktionären entfallenden Stimmen festzulegen. Desweiteren stellt auch die sogenannte „goldene Aktie"[181] eine weitere Ausnahme von dem im Art 59 AktG verankerten Prinzip „eine Aktie – eine Stimme" dar. Durch die Satzung der Gesellschaft können nach Art 11 Pkt 3 Abs 2 AktG Beschränkungen der Anzahl der Aktien, die einem Aktionär gehören, und ihres gesamten Nominalwertes sowie der Höchstanzahl von Stimmen, die einem Aktionär zur Verfügung gestellt werden können, festgelegt werden. Die Ausgabe von Mehrstimmrechtsaktien ist unzulässig.[182]

Durch Ausübung des Vorkaufsrechts können Bruchteilsaktien[183] entstehen, die die Rechte einer ganzen Aktie im Umfang des entsprechenden Bruchteils verkörpern.

g) Der Geschäftsanteil der GmbH

Das Wesensmerkmal der GmbH ist – im Unterschied zur AG – die Aufteilung des Satzungskapitals in Geschäftsanteile.[184] Die Mitgliedschaft an einer GmbH kann durch Beteiligung an der Gründung oder durch späteren Erwerb eines Geschäftsanteils erlangt werden. Der Geschäftsanteil eines Gesellschafters kann vor seiner vollständigen Bezahlung nur soweit veräußert werden, als er bereits einbezahlt worden ist.[185] Die Veräußerung von Geschäftsanteilen an Dritte und der Erwerb durch Gesamtrechtsnachfolge oder Erbfolge kann durch die Satzung verboten oder an Bedingungen geknüpft werden.[186] Sofern die Veräußerung an Dritte möglich ist, steht den anderen Gesellschaftern ein ge-

---

179 Bei der kumulativen Abstimmung vertritt jede Aktie so viele Stimmen, wie Mitglieder in den Direktorenrat zu wählen sind. Die Stimmen können auch auf mehrere Kandidaten verteilt werden. Als gewählt gelten die Kandidaten, die die meisten Stimmen erhalten.

180 Art 49 Pkt 1 Abs 4 AktG iVm Art 59 AktG.

181 Die Goldene Aktie ist ein Sonderrecht der Russischen Föderation, der Subjekte der Russischen Föderation oder einer Munizipalität, an der Administration der Aktiengesellschaft teilzunehmen. (Vgl Art 11 pkt 3, letzter Abs: «Устав общества должен содержать сведения об использовании в отношении общества специального права на участие Российской Федерации, субъекта Российской Федерации или муниципального образования в управлении указанным обществом («золотая акция»).»). Siehe auch Art 38 Pkt 1 des Föderalen Gesetzes vom 21.12.2001 Nr 178–FS (idF vom 06.12.2011, mit den Änderungen vom 07.12.2011) „Über die Privatisierung des staatlichen und munizipalen Eigentums".

182 *Solotych,* Das russische Recht der Handelsgesellschaften, in *Breidenbach,* (Hg), Handbuch Wirtschaft und Recht in Osteuropa, SYST 31 Rdnr 219.

183 vgl *Schmitt/Vogt,* S 764.

184 Art 2 Abs 1 GmbHG, vgl auch *Holloch,* S 50.

185 Art 21 Abs 3 GmbHG.

186 Art 21 Abs 1 , 2 und 8 GmbHG.

setzliches Vorkaufsrecht zu, dessen Bedingungen wiederum durch die Satzung ausgestaltet werden können. Die Formerfordernisse des Anteilserwerbs wurden durch die GmbH-Novelle erstmals umfassend geregelt und erfordern nunmehr die Beiziehung eines Notars.

Das GmbHG unterscheidet zwischen dem Nennbetrag und der Höhe des Geschäftsanteils. Der Nennbetrag wird in Rubel festgelegt und entspricht dem Teil des Satzungskapitals, der einem Gesellschafter zusteht. Die Höhe des Geschäftsanteils hingegen repräsentiert das Verhältnis des Nennbetrages eines Anteiles des Gesellschafters zum Satzungskapital der Gesellschaft und wird in Prozent oder in Form eines Bruchteiles angegeben. Das ist der tatsächliche Wert des Geschäftsanteils, der für die Festlegung der Auszahlungsbeträge herangezogen wird. Dieser unterscheidet sich beträchtlich vom Nennbetrag, da der tatsächliche Wert des Geschäftsanteils dem Anteil am Wert der Nettoaktiva proportional entspricht.[187]

h) Bewertung von Sacheinlagen

ha) AG

Bei der Gründung einer Kapitalgesellschaft muss zum Zeitpunkt der Registrierung mindestens 50% des Grund- bzw. Satzungskapitals in bar einbezahlt werden. Der übrige Teil kann in bar und/oder als Sacheinlage eingezahlt werden.

Als Sacheinlage sind Vermögenswerte geeignet, die in Geld bewertet werden können. Jedenfalls sacheinlagenfähig sind Sachen oder Rechte, die einen Markt- oder Börsenpreis haben, also zB Wertpapiere, bewegliche und unbewegliche Sachen, übertragbare Vermögensrechte (zB übertragbare Forderungen), nicht aber höchstpersönliche Rechte, wie Schadenersatzansprüche aufgrund von Gesundheitsverletzungen. Nutzungsrechte und Immaterialgüter sind einlagefähig, wenn sie schutzfähige Objekte des Zivilrechts darstellen. Dazu zählen in Russland beispielsweise Patente, Warenzeichen oder Autorenrechte.[188] Patente, Warenzeichen udgl können an sich nicht als Einlagen eingebracht werden. In Pkt 17 Abs 2 des gemeinsamen Plenarbeschlusses der beiden höchsten russischen Gerichte Nr. 6/8 vom 01.07.1996 wird aber erläutert, dass ein Nutzungsrecht hinsichtlich eines solchen Objektes, das auf die Gesellschaft aufgrund eines ordnungsgemäß registrierten Lizenzvertrags übertragen wird, als Einlage dienen kann.

Der Wert von Sacheinlagen wird durch einen einstimmigen Beschluss der Gründer bestimmt.[189] Unabhängig von der Höhe der Sacheinlage ist eine unabhängige Bewertung vorgesehen.[190] Gem Art 77 Pkt 3 AktG ist in dem Fall, dass Inhaber von mehr als 2% der stimmberechtigten Aktien der Staat und/oder eine

---

187 Art 14 Pkt 1 und 2 GmbHG.
188 *Micheler*, WiRO 1996, S 708.
189 Art 9 Pkt 3 AktG; *Micheler*, WiRO 1996, 121.
190 Art 34 Pkt 3 AktG, п. 10 Постановления Пленума ВАС РФ от 18.11.2003 N 19 «О некоторых вопросах применения Федерального закона «Об акционерных обществах»Вестник ВАС РФ», N 1, 2004.

Kommune sind, die Hinzuziehung eines staatlichen Organs der Finanzkontrolle zwingend.[191] In der Literatur wird die analoge Anwendung der GmbH-Regelung[192] über die Gesellschafterhaftung bei Überbewertung vorgeschlagen.[193] In den Fällen, in welchen die staatliche Registrierung eines Wertpapierprospektes eine zwingende Etappe der Aktienausgabe darstellt und die Bezahlung der Aktien durch Sacheinlage erfolgt, muss nach Art 22.1 Pkt 2 Satz 2 des WPG ein unabhängiger Bewerter den Wertpapierprospekt mitunterzeichnen. Rechtsfolgen der Überbewertung sind in zwei teilweise nicht übereinstimmenden Regelungen enthalten:

Die Personen, die den Wertpapierprospekt unterzeichnet haben, haften gemäß Art 22.1 Pkt. 3 WPG solidarisch untereinander und subsidiär im Verhältnis zum Emittenten für den schuldhaft zugefügten Schaden, der den Inhabern der Wertpapiere infolge von im Wertpapierprospekt ungetreu, nicht komplett und/oder irreführend angegebenen Informationen, die durch sie bestätigt wurde, zugefügt wurde. Dabei beträgt die Verjährungsfrist für den Schadenersatz aus den in diesem Artikel aufgeführten Gründen drei Jahre ab dem ersten Tag der Unterbringung von Wertpapieren oder, wenn die staatliche Registrierung der Ausgabe (der zusätzlichen Ausgabe) der Emissionswertpapiere durch die Registrierung des Wertpapierprospektes erfolgte, ab dem ersten Tag des öffentlichen Verkehrs der Emissionswertpapiere.

Gem Art 5 Pkt 4 des Föderalen Gesetzes „Über den Schutz von Rechten und gesetzlichen Interessen von Investoren im Wertpapiermarkt"[194] haften der unabhängige Bewerter und der Wirtschaftsprüfer, die den Wertpapierprospekt mitunterzeichnet haben, solidarisch mit anderen Personen, die den Wertpapierprospekt unterzeichnet haben, und subsidiär im Verhältnis zum Emittenten für den Schaden, der den Investoren durch den Emittenten infolge der im Wertpapierprospekt ungetreu und (oder) für den Investor irreführend angegebenen und durch sie bestätigten Informationen zugefügt wurde. Die Klage auf Schadenersatz aus diesen Gründen muss innerhalb eines Jahres, nachdem die Verletzung offen gelegt wurde, jedoch spätestens drei Jahre ab dem ersten Tag der Unterbringung der Wertpapiere bei Gericht erhoben werden.

hb) GmbH

Auch bei der GmbH kann die Einzahlung des Kapitals durch Sacheinlagen erfolgen. Sacheinlagen, deren Wert mehr als 20.000 Rubel umfasst, müssen zusätzlich von einem unabhängigen Gutachter bewertet werden. Kommt es dennoch zu einer Überbewertung, haften Gesellschafter und Gutachter gesamtschuldnerisch und subsidiär für drei Jahre in Höhe der Überbewertung für die

---

191 Vgl Постановление ФАС Поволжского округа от 14.03.2007 по делу N A65–9847/2006–СГ1–18 /КонсультантПлюс.

192 Pkt 7 Verordnung des Plenums des Obersten Arbitragegerichts Nr 90/14 vom 9.12.1999, Vestnik des Obersten Arbitragegerichts 2000, Nr 2.

193 *Suchanov*, RIW 1998, S 708.

194 Nr 46–FZ, vom 05.03.1999.

Verbindlichkeiten der Gesellschaft, falls deren Vermögen dazu nicht ausreicht, (Art 15 Abs 2 GmbHG) Das Rechtsinstitut der verdeckten Sacheinlage besteht nicht. Es steht somit kein Rechtsmittel gegen eine rein zur Gläubigerschädigung gegründete GmbH ohne werthaltiges Kapital zur Verfügung.

Die Verfasser der Konzeption schlagen vor, die gegenseitige Beteiligung von Kapitalgesellschaften am Grund- bzw. Satzungskapital der jeweils anderen Gesellschaft (Überkreuzbeisitz) zu verbieten oder wesentlich einzuschränken. Das Fehlen eines solchen Verbots erlaubt es der Geschäftsführung der Muttergesellschaft, ihre Stimmen bei Generalversammlungen der Muttergesellschaft durch die Tochtergesellschaft abzugeben. Für den Fall einer Verletzung dieses Verbots muss festgelegt werden, dass die Aktien (Anteile), die verbotswidrig erworben wurden, ihren Eigentümern keine Rechte einräumen (kein Stimmrecht, keine Beschlussfähigkeit bei Generalversammlungen, keine Dividenden usw). Die Autoren der Konzeption erachten es auch als sinnvoll, Personen, die eine Gesellschaft auf diese Art kontrollieren, subsidiär für durch die Gesellschaft abgewickelte Transaktionen haften zu lassen, wenn sie der Gesellschaft ihren Willen aufzwingen.[195]

hc) Rücklagen

Die AG muss eine Rücklage („Reservefonds") in der in der Satzung der Gesellschaft vorgesehenen Höhe, mindestens jedoch in der Höhe von 5 % des Satzungskapitals bilden.[196] Bis die in der Satzung festgelegte Höhe des Reservefonds erreicht ist, müssen jährlich mindestens 5 % des Reingewinns in den Reservefonds eingebracht werden. Der Reservefonds darf nur zur Abdeckung von Verlusten sowie mangels anderer Mittel zur Tilgung von Obligationen und zum Kauf eigener Aktien verwendet werden.

II. Gesellschaftsrecht

1. Grundsatz der Vermögens- und Haftungstrennung zwischen der Gesellschaft und den Gesellschaftern

a) Allgemeine Haftungsbeschränkung der russischen juristischen Personen

Eine grundsätzliche Haftungsbeschränkung, die nur durch das Gesetz selbst oder in den Gründungsdokumenten modifiziert werden kann, findet sich als feste „Grundregel" bei allen russischen juristischen Personen:[197] Die Gesellschafter haften nicht für Verbindlichkeiten einer juristischen Person, sofern nicht im ZGB oder in den Gründungsdokumenten der Gesellschaft etwas anderes bestimmt ist (Art 56 Pkt 3 Abs 1 ZGB).

---

195 Konzeption, S 63.
196 Art 35 Pkt 1 AktG.
197 *Rabensdorf,* Die Durchgriffshaftung im deutschen und russischen Recht der Kapitalgesellschaften, 2009, S 22f.

b) Durchbrechung der Haftungsbeschränkung bei juristischen Personen

Grundsätzlich gilt somit für russische juristische Personen, dass die Trägerpersonen nicht für die Verbindlichkeiten der juristischen Person haften. Dieser Grundsatz wird aber im ZGB so häufig durchbrochen, dass *Solotych*[198] und *Rabensdorf*[199] die beschränkte Haftung als Grundregel als äußerst fragwürdig bezeichnen. Die Durchbrechung des Grundsatzes wird durch die im ZGB häufig angewendete Regelungstechnik des Gesetzesvorbehaltes[200] erlaubt, der in diesem Fall übersetzt wie folgt formuliert ist: „Die Gründer (Beteiligten) einer juristischen Person oder der Eigentümer ihres Vermögens haften nicht für Verbindlichkeiten der juristischen Person […] mit Ausnahme der Fälle, die durch dieses Gesetzbuch oder die Gründungsdokumente der juristischen Person geregelt sind." Somit haften die Gesellschafter nach der allgemeinen Regel nur dann nicht für die Verbindlichkeiten der juristischen Person, wenn durch das ZGB oder die Gründungsdokumente nichts anderes vorgesehen ist.

c) Durch das ZGB oder die Satzung vorgesehene Durchbrechung der Haftungsbeschränkung bei juristischen Personen

Bei der Mehrzahl der im ZGB geregelten juristischen Personen ist die subsidiäre Haftung der Beteiligten schon durch die Rechtsform selbst vorgesehen[201]: Bei den Personengesellschaften (Art 75 für die Vollgesellschaft, Art 82 Pkt 2 für die Kommanditgesellschaft), Verbrauchergenossenschaften (Art 116 Pkt 4) und Fiskalunternehmen (Art 115 Pkt 5) haften die Beteiligten unbeschränkt. Bei der GmzH ist die Höhe der Haftung durch die Gründungsdokumente festzulegen (Art 95 Pkt 1 ZGB). Bei den Produktionsgenossenschaften (Art 107 Pkt 2 ZGB) kann die Höhe des Haftbetrages durch die Satzung der Genossenschaft vorgesehen werden, ebenso bei den Vereinigungen (Art 121 Pkt 4 ZGB).

Als Erklärung für diese Durchgriffsregelungen vermutet *Solotych*[202] die Klarstellung der Haftung des Staates für seine juristischen Personen. Das russische Recht sieht keine Zuordnung der juristischen Personen zum öffentlichen Recht oder zum Privatrecht vor,[203] dies könnte ein Grund für diese weitgehenden Regelungen sein. Da die rechtliche Regelung der juristischen Personen derzeit diskutiert wird und eine Neuregelung bevorsteht,[204] kann angenommen werden, dass die Problematik von gesetzgeberischer Seite erkannt wurde. *Suchanov* schlägt auch vor, die Anzahl der juristischen Personen drastisch zu reduzieren.

---

198 *Solotych*, Das Zivilgesetzbuch der Russischen Föderation, Teil I, S 37.

199 S 25.

200 Zur Regelungstechnik des Gesetzesvorbehaltes vgl *Roggemann/Bergmann*, Grundzüge und Entwicklung des Zivilrechts der Russischen Föderation zum ZGB RF (Erster Teil) von 1994, in *Roggemann* (Hg) Zivilgesetzbuch der Russischen Föderation (Erster Teil) von 1994, 1997, S 32.

201 *Solotych*, Zivilgesetzbuch, S 37, *Rabensdorf*, S 25.

202 *Solotych*, Zivilgesetzbuch, S 37.

203 *Solotych*, Zivilgesetzbuch, Teil I, S 30.

204 So sollen zB die Staatskooperationen in AGs umgewandelt werden, vgl *Suchanov*, Die Körperschaften im modernen russischen Zivilrecht, VDRW-Mitteilungen S 49–50/2011, S9.

Für die Wirtschaftsgesellschaften haben die oben angeführten gesetzlichen Durchgriffsregelungen aber nicht allzu große Auswirkungen:

Bei den Personengesellschaften, die ja nach russischem Recht juristische Personen sind, wird die persönliche Haftung der Gesellschafter ebenfalls unter den Begriff Durchgriffshaftung subsumiert.[205] Die gesetzlich normierte Durchgriffshaftung ergibt sich somit aufgrund der dogmatischen Zuordnung der Personengesellschaften zu den juristischen Personen.

Für die hier behandelten und am meisten verbreiteten Kapitalgesellschaften (GmbH und AG) ist diese Haftung im ZGB ohnehin gesetzlich auf den nicht bezahlten Teil der Einlage beschränkt. Eine vom Gesetz abweichende andere Regelung durch die Satzung ist gesetzlich nicht vorgesehen und somit unzulässig.

Auch die Gesellschaft mit zusätzlicher Haftung, die ex lege eine zusätzliche Haftung mit einem satzungsmäßig bestimmten Vielfachen der Einlage vorsieht, wirft keine größeren dogmatischen Probleme auf, da sie nur eine im Vornhinein bestimmte Erweiterung des Haftungskapitals vorsieht, im Prinzip eine Erhöhung des Satzungskapitals ohne Einzahlungsverpflichtung.

d) Durchbrechung der Haftungsbeschränkung bei Konkurs der juristischen Personen

Art 56 Pkt 2 Abs 2 ZGB[206] sieht eine subsidiäre Haftung der Beteiligten und Gründer für alle juristischen Personen im Falle des Konkurses vor: Wurde der Konkurs durch die Gründer (Beteiligten), durch den Eigentümer des Vermögens der juristischen Person oder durch andere Personen verursacht, die das Recht haben, der juristischen Person verbindliche Weisungen zu erteilen oder anderweitig die Möglichkeit haben, ihre Handlungen zu beeinflussen, so haften diese Personen subsidiär für ihre Verbindlichkeiten. Es handelt sich bei dieser Bestimmung aber um eine Kann- Bestimmung.[207] Ob der Verursacher nach dieser Bestimmung tatsächlich belangt wird, steht daher im Ermessen des Gerichts.[208] In der Praxis wird die Anwendung dieser Bestimmung durch den Umstand erschwert, dass Art 105 ZGB und das AktG und das GmbHG für die Kapitalgesellschaften ähnliche Bestimmungen vorsehen.[209] Eine wesentliche Verbesserung für den Gläubiger dürfte aber durch die Reform des Insolvenzgesetzes aus dem Jahr 2002[210] im Jahr 2009 (Insolvenzrechtsnovelle 2009[211]) erzielt worden sein: Bis zur Insolvenzrechtsnovelle 2009 musste das Verschulden[212] nachgewiesen

---

205 *Rabensdorf*, S 25.
206 Zum Verhältnis dieser Bestimmung zu den insolvenzrechtlichen Regelungen siehe unten.
207 *Solotych*, Zivilgesetzbuch, S 38, *Aukatov*, S 98.
208 *Rabensdorf*, S 110, *Solotych*, Zivilgesetzbuch, S 38 mwN.
209 Siehe dazu unten, Kap III.
210 Föderales Gesetz über die Zahlungsunfähigkeit (Insolvenz) Nr 127 FZ vom 26.10.2002, SZ RF Nr 43 Pos 4190.
211 Föderales Gesetz über die Änderungen von einzelnen Gesetzgebungsakten der RF Nr 73–FZ vom 28.4.2009, SZ RF Nr 18, 2153, in Kraft getreten am 5.6.2009.
212 AA *Rabensdorf*, S 109.

werden[213], was sich in der Praxis als äußerst schwierig herausstellte. Bisher war die Heranziehung der Gesellschafter zur Haftung daher sehr selten.[214] Aufgrund der neu eingeführten Beweislastumkehr wird nun aber aufgrund von Art 10 Abs 4 des Insolvenzgesetzes das Verschulden des Gesellschafters vermutet. Die Beweislast trägt nach der neuen Rechtslage nunmehr der Gesellschafter.[215]

Natürliche Personen, die die Insolvenz einer juristischen Person verursachen, haften überdies subsidiär nach dem Insolvenzrecht.

2. Haftungsbeschränkung der russischen Kapitalgesellschaften

a) Grundsatz der Haftungstrennung

Das Prinzip der beschränkten Haftung ist für die Kapitalgesellschaften im russischen Recht explizit in den Artt 3 Pkt 1 AktG, 3 Pkt 1 GmbHG und 56 Pkt 1 ZGB geregelt. Demnach steht den Gläubigern einer Kapitalgesellschaft grundsätzlich nur das Gesellschaftsvermögen zur Befriedigung ihrer Verbindlichkeiten zur Verfügung. Die Existenz des Gesellschaftsvermögens wird aber nur bei der Registrierung der Kapitalgesellschaft durch die Registerführer überprüft. Diese Bestimmungen werden ergänzt durch Kapitalaufbringungs- und Erhaltungsvorschriften. In Anbetracht des geringen Mindestkapitals der russischen Kapitalgesellschaften werden die Gläubiger aber häufig ins Leere greifen.[216]

Die GmbH wird in Art 2 GmbHG als eine von einer oder mehreren Personen gegründete Kapitalgesellschaft definiert, deren Satzungskapital in Geschäftsanteile zerlegt ist. Die Gesellschafter haften nicht für die Verbindlichkeiten der Gesellschaft und tragen das Risiko von Verlusten aus der Tätigkeit der Gesellschaft in den Grenzen des Wertes ihrer Geschäftsanteile am Satzungskapital der Gesellschaft. Eine Durchbrechung dieses Prinzips besteht nur für nicht volle einbezahlte Geschäftsanteile: Nur Gesellschafter, die ihre Geschäftsanteile nicht vollständig einbezahlt haben, haften gesamtschuldnerisch für die Verbindlichkeiten in Höhe des nicht einbezahlten Teils der ihnen gehörenden Geschäftsanteile am Satzungskapital der Gesellschaft.[217]

Die Aktiengesellschaft wird in Art 2 AktG als kommerzielle Organisation definiert, deren Satzungskapital in eine bestimmte Anzahl von Aktien zerlegt ist, die die schuldrechtlichen Rechte der Gesellschafter (Aktionäre) gegenüber der Gesellschaft bescheinigen. Die Aktionäre haften nicht für die Schulden der Gesellschaft, tragen jedoch das mit der Tätigkeit der Gesellschaft verbundene Verlustrisiko bis zur Höhe der ihnen gehörenden Aktien.[218]

---

213 *Bezborodov/Budak*, Neuerungen im russischen Insolvenzrecht, estlex 2010, S 101.
214 *Aukatov*, S 257, vgl auch die Übersicht über die Judikatur bei FN 105.
215 *Bezborodov/Budak*, Neuerungen im russischen Insolvenzrecht, estlex 2010, S 102.
216 Für die GmbH vgl *Göckernitz/Wedde*, Das neue russische GmbH-Recht, 2009, S 32.
217 Art 2 Abs 2 GmbG.
218 Art 96 Pkt 1 Abs 1 ZGB.

Unter dem Wert der Aktien ist der in dem Vertrag über die Errichtung der Gesellschaft festgehaltene oder in dem jeweiligen Aktienkaufvertrag bestimmte Wert zu verstehen.[219]

Eine persönliche Haftung der Aktionäre für die Verbindlichkeiten der Gesellschaft besteht, wie bei der GmbH, nur insoweit, als diese ihre Einlagen auf das Satzungskapital der Gesellschaft nicht oder nicht vollständig geleistet haben.[220] So bestimmt Art 2 Punkt 1 Abs 3 AktG, dass die Aktionäre, die „ihre Aktien nicht vollständig bezahlt haben", solidarisch für die Verbindlichkeiten der Gesellschaft haften, wobei diese Haftung mit der Höhe der von dem betreffenden Aktionär noch nicht eingezahlten Einlage nach oben begrenzt ist.

Vor der Eintragung der Gesellschaft ist die Gesellschaft als solche nicht entstanden und kann somit nicht haften. Die Gründer haften persönlich und gesamtschuldnerisch.[221] Die Rechtsfigur der Vorgesellschaft ist im russischen Recht nicht bekannt. Erst nach der Errichtung können die Gründungsverbindlichkeiten (bei der GmbH bis zu einem Fünftel des Kapitals[222]) auf die Gesellschaft übertragen werden.

b) Ausnahmen von dem Grundsatz der Haftungstrennung

Das Übertragen der Verbindlichkeiten der juristischen Person auf Dritte, als Ausnahme des Grundsatzes der beschränkten Haftung, wird auch in der russischen Literatur als „Durchsgriffhaftung" bzw als „piercing the corporate veil" bezeichnet.[223]

Obwohl diese Durchgriffshaftung im russischen Recht gesetzlich statuiert ist,[224] hat man sich in Russland bisher nur sehr wenig mit dieser Problematik auseinandergesetzt. Aufgrund der fehlenden dogmatischen Auseinandersetzungen mit dem Thema lässt sich (noch) keine klare Doktrin der Durchsgriffshaftung erkennen.[225] Die gesetzliche Regelung für Tochterkapitalgesellschaften und abhängige Kapitalgesellschaften (erstmals normiert im neuen Teil I des ZGB 1994) sorgte zwar unter den in Russland tätigen ausländischen Juristen für Aufregung und wurde in Seminaren und Arbeitskreisen umfassend diskutiert, da eine Umgehung der beschränkten Haftung für ausländische Tochterunternehmen gewittert wurde.[226] Diese Befürchtung wurde von der Mehrheit der russischen Juristen, soweit ersichtlich, von Anfang an nicht geteilt. So hielt *Avi-*

---

219 *Dunajewsky/Osinowsky/Borisenko*, Kommentar zum Aktiengesetz, 2001, S 19.

220 Siehe dazu unten Kap III.1.

221 Für die GmbH vgl *Göckernitz/Wedde*, Das neue russische GmbH-Recht, 2009, S 32.

222 Art 11 Pkt 6 GmbHG.

223 *Rabensdorf*, S 24 f mwN.

224 Bei der Definition der Tochtergesellschaften und der abhängigen Gesellschaften in Art 105 ZGB, Art 6 AktG, Art 6 GmbHG.

225 *Heinz*, Vicarious Liability and Piercing the Corporate Veil in Russia, The Moscow Times, 24.5.2011, www.themoscowtimes.com.

226 zB *Natasha Mileusnic*, Troubling Parent Liability, in The Moscow Times, 14.2.1995. www.themoscowtimes.com.

lov[227] im Jahr 2005, also zehn Jahre nach dem Inkraftttreten der Durchgriffshaftungsbestimmungen, mE repräsentativ für die hL in Russland, fest, dass es sich bei den Haftungsbestimmungen der Artt 105 ZGB und 6 AktG bzw. GmbHG nur um allgemeine schadenersatzrechtliche Bestimmungen handle, die sich ohnehin auch aus den allgemeinen Grundsätzen des Zivilrechts ergeben.[228] Die ausdrückliche gesetzliche Normierung sei nur eine Klarstellung.

Die Verfasser der Konzeption fordern hingegen, dass die Bestimmungen des ZGB über Mutter- und Tochtergesellschaften verbessert werden sollen. Die Bestimmungen zur Haftung der Muttergesellschaft für Schulden der Tochtergesellschaft sollten vereinheitlicht und mit den Regeln des Artikel 105 Abs 2 ZGB in Einklang gebracht werden. Nach der allgemeinen Regel soll eine solche Haftung der Muttergesellschaft auch ohne deren Verschulden greifen. Nur im Falle der Insolvenz setzt die Haftung der Muttergesellschaft deren Verschulden voraus. Eine solche Haftung soll auch in allen Fällen eintreten, in welchen die Tochtergesellschaft Beschlüsse der Muttergesellschaft umsetzte.[229] Der Gesetzesentwurf führt anstatt der Definition der Mutter- und Tochtergesellschaften den Affiliationsbegriff (wie bereits in der Wettbewerbsgesetzgebung) ein. Dadurch soll die Haftung auch auf die „Enkelgesellschaft" die nach der bisherigen Definition keine Tochtergesellschaft für die Muttergesellschaft ist, erstreckt werden.

Die vorhandene Literatur stammt primär von ausländischen Juristen[230] und ist daher in deutscher oder englischer Sprache nach rechtsvergleichenden Gesichtspunkten verfasst.

Rabensdorf[231] erklärt dies damit, dass die russische Rechtssprechung mit dem „Neukind" Durchgriffshaftung, das mit der Einführung des ersten Teils des russischen ZGB am 1.1.1995 geboren wurde, überfordert sei, und die einschlägige russische Literatur sich bei der Auslegung zurückhält, sodass die Durchgriffsregeln als Fremdkörper im russischen Recht erscheinen.

Allerdings zeichnet sich in den letzten Jahren eine vermehrte Sensibilität für Durchgriffstatbestände bei Insolvenz der Tochter ab.[232] Durch die letzte Insolvenzrechtsnovelle im Jahr 2009 wurde die Anzahl der eingebrachten Gerichtsverfahren, durch welche die Haftung der Muttergesellschaft aufgrund der Insolvenz der Tochter geltend gemacht wird, erheblich erhöht.[233]

---

227 vom Institut für Gesetzgebung beim Präsidenten der RF, anlässlich eines Praktikerseminars des FOWI im Sommer 2005.

228 Mitschrift der Autorin vom September 2002.

229 Konzeption, S 59 f.

230 zB *Heeg*, S 292 ff.

231 Die Durchgriffshaftung im russischen Recht der Kapitalgesellschaften, S 1.

232 Vgl *Aukatov*, S 257 f.

233 Siehe dazu unten, Kap III.

c) Konzernhaftung

Art 105 ZGB und Art 6 Pkt 3 Abs 2 AktG und Art 6 Pkt 3 Abs 2 GmbHG sehen für Tochterkapitalgesellschaften[234] eine Durchbrechung des Trennungsprinzips unter verschiedenen Voraussetzungen vor.

Eine Gesellschaft gilt als Tochtergesellschaft, wenn eine andere Gesellschaft aufgrund einer überwiegenden Beteiligung an ihrem Satzungskapital, aufgrund eines Vertrages oder auf andere Weise die Möglichkeit hat, die von dieser Gesellschaft zu treffenden Entscheidungen zu bestimmen.[235] Voraussetzung ist somit das Vorliegen eines Beherrschungsverhältnisses bzw. die Möglichkeit der Muttergesellschaft, die Entscheidungen der Tochtergesellschaft zu bestimmen.[236] Die Mutter-Tochterbeziehung ist somit eine Konsequenz von wirtschaftlichen und rechtlichen Verflechtungen und kein rein rechtliches Subordinationsverhältnis.[237] Anstatt der Definition der Mutter- und Tochtergesellschaften wird im Gesetzesentwurf der Affiliationsbegriff verwendet, wodurch auch „Enkelgesellschaften „ bei tatsächlicher Kontrolle miterfasst sind.

Der russische Gesetzgeber sieht für die AG und die GmbH in folgenden drei Fällen eine Haftung der Muttergesellschaft für die Schulden ihrer Tochtergesellschaft vor.

- Gesamtschuldnerische Haftung für Geschäfte, die die Tochter in Erfüllung der Anweisungen der Mutter abgeschlossen hat
- Subsidiäre Haftung gegenüber den anderen Gesellschaftern der Tochtergesellschaft für durch ihre Weisungen zugefügten Schaden
- Haftung der Mutter für Verbindlichkeiten der Tochtergesellschaft, wenn die Tochtergesellschaft durch die Schuld der Mutter insolvent wird

Die praktische Bedeutung der drei Haftungsregeln wird in der Literatur unterschiedlich bewertet. Die Einschätzungen reichen von der Bezweiflung der Relevanz dieser Normen[238] bis zur Bewertung als erhebliche, bisher in ihren Auswirkungen nicht überschaubare Haftungsrisiken für ausländische Muttergesellschaften.[239] Es gab zwei einschlägige höchstgerichtliche Beschlüsse.[240]

---

234 Zur Problematik der Terminologie siehe unten, Kap II.4.

235 Art 105 Pkt 1 ZGB; Art 6 Pkt 2 GmbHG; Art 6 Pkt 2 AktG.

236 *Arzinger/Galander*, Russisches Wirtschaftsrecht, 2. Aufl., Reinickendorf, Grundeigentumverlag GmbH, Berlin 2002, S 50 f.

237 Vgl *Heeg*, WiRO 2000, S 1 f, *Plagemann*, Satzungstrenge im russischen Aktienrecht, WiRO 2011, S 235.

238 *Suchanov*, Das Gesetz über Gesellschaften mit beschränkter Haftung, ChiP 1998, Nr 5.

239 *Arzinger/Galander*, S 53.

240 Pkt 31 gemeinsamer Beschluss des Obersten Gerichts und des Obersten Arbitragegerichts Nr 4/8 vom 1.7.1996, Vestnik des Obersten Arbitragegerichts 1996 Nr 9; (der Beschluss wurde aber durch den Beschlüsse des Plenums des Obersten Gerichts vom 18.11.2003 N 19, und des Plenums des Obersten Arbitragegerichts 20.11.2003 N 20; außer Kraft gesetzt); Pkt 12 gemeinsamer Beschluss des Obersten Gerichts und des Obersten Arbitragegerichts Nr 6/8 vom 2.4.1997, Vestnik des Obersten Arbitragegerichts 1997, Nr 6.

d) Haftung für Einpersonengesellschaften

Das russische Recht sieht derzeit keine besonderen Haftungsbestimmungen für Einpersonengesellschaften vor. Es besteht lediglich ein sog „Chaining-Verbot": Einpersonengründungen sind zulässig,[241] es ist aber zu beachten, dass die einzige Gründerin keine andere Einpersonengesellschaft sein darf.[242] Diese auch in anderen osteuropäischen Ländern vorzufindende Bestimmung soll wohl dazu dienen, zu viele „Gesellschaftsketten" zu vermeiden, um so die Transparenz im Gesellschaftsrecht zu erhöhen. Die Konzeption[243] sieht die Einführung von zusätzlichen Haftungsregelungen für Einpersonengesellschaften vor: Die Bestimmungen über Einpersonengesellschaften sollen durch Regelungen über die subsidiäre Haftung des Gesellschafters für Schulden der Einpersonengesellschaft ergänzt werden. Diese subsidiäre Haftung des Gesellschafters soll bei Vermögenslosigkeit der Gesellschaft und immer dann greifen, wenn die Gesellschaft Geschäfte nach dem Willen (im Auftrag) des Einzelgesellschafters ausführt.

e) Haftung für nicht voll bezahlte Einlagen in das Satzungskapital

Nach russischem Recht ist bei der Gründung[244] einer Kapitalgesellschaft das Einbringen des halben Satzungskapitals erforderlich. Dies bezieht sich aber auf die Gesamtsumme des Satzungskapitals, sodass einzelne Gründer uU gar eine Einlage erbringen.[245] Die zweite Hälfte kann binnen Jahresfrist eingebracht werden. Bis zur Einbezahlung des vollständigen Satzungskapitals haften die Gesellschafter mit ausständigen Einlagen solidarisch bis zur Höhe ihrer Einlageverpflichtung.

Bei Registrierung einer GmbH muss die Hälfte des Satzungskapitals von den Gründern einbezahlt werden.[246] Die Einzahlung eines bestimmten Anteils auf die Einlage eines jeden Gesellschafters ist nicht erforderlich. Das restliche Satzungskapital muss innerhalb einer in der Satzung zu bestimmenden Frist eingebracht werden, die ein Jahr ab dem Zeitpunkt der staatlichen Registrierung nicht überschreiten darf.[247] Sofern der Gesellschafter dieser Einlageverpflichtung nicht nachkommt, geht der Geschäftsanteil auf die Gesellschaft über[248] und muss binnen eines Jahres auf die anderen Gesellschafter aufgeteilt oder weiterveräußert werden.[249] Gesellschafter, die ihre Einlagen nicht vollständig eingebracht haben, haften im Rahmen des Wertes des nicht bezahlten Teils der Einlage eines jeden Gesellschafters solidarisch für die Verbindlichkeiten der

---

241 Art 9 Pkt 1 AktG; Art 9 Pkt 5 AktG.
242 Art 10 Pkt 2 AktG.
243 Konzeption S 60.
244 Bei der AG binnen 3 Monaten ab Registrierung, siehe dazu gleich unten.
245 *Rabensdorf*, S 46.
246 Art 16 Pkt 2 GmbHG.
247 Art 17 Pkt 1 GmbHG.
248 Art 16 Pkt 3 GmbHG.
249 Art 24 Pkt 2 bis 4 GmbHG.

Gesellschaft.[250] Nach dem Wortlaut des GmbHGes haftet ein säumiger Gesellschafter gesamtschuldnerisch für den gesamten aushaftenden Betrag. Dies wird jedoch in der russischen Literatur überwiegend verneint.[251]

Bei der AG sind gem Art 34 Abs 1 AktG 50 % des Ausgabebetrags[252] der im Zuge einer Gründung übernommenen Aktien binnen drei Monaten nach der Registrierung der Gesellschaft, der Rest innerhalb eines Jahres zu leisten. Es ist nicht jeder Aktionär verpflichtet, den auf ihn entfallenden Anteil zu bezahlen, da es ausreicht, wenn die geforderte Summe insgesamt aufgebracht wird.[253] Bis zur vollständigen Bezahlung einer Aktie steht einem Gründungsgesellschafter daraus kein Stimmrecht zu, sofern die Satzung nichts Abweichendes vorsieht.[254]

Gem Art 96 ZGB haften Aktionäre bis zur vollständigen Bezahlung der ihnen gehörenden Aktien für den noch ausständigen Betrag gegenüber den Gläubigern der Gesellschaft solidarisch und direkt. Nach dem Wortlaut der ZGB-Bestimmungen ist nicht eindeutig, ob ein säumiger Aktionär nur im Rahmen des auf ihn entfallenden Anteils haftet oder gesamtschuldnerisch für den gesamten ausständigen Betrag.[255] Werden Aktien nicht binnen eines Jahres nach Registrierung der Gesellschaft vollständig einbezahlt, gehen die Aktien zu diesem Zeitpunkt ex lege auf die Gesellschaft in dem Ausmaß über, das dem Preis der nicht bezahlten Beträge entspricht.[256]

3. Allgemeine Aspekte der Gesellschafterhaftung

a) Schutz der Gläubiger und Schutz der Mitgesellschafter als Haftungsziele

Das russische Recht schützt die Gläubiger und Gesellschafter durch eine Reihe von expliziten Haftungsnormen und durch konzernrechtliche Bestimmungen. Grundsätzlich erscheint das russische Gesellschaftsrecht aber eher als gesellschafterfreundlich als gläubigerfreundlich ausgestaltet. [257]

b) Unterscheidung Innen- und Außenhaftung

Abgesehen von den konzernrechtlichen Bestimmungen sind die Normen nur im Innenverhältnis durch die Gesellschafter oder die Gesellschaft durchzusetzen. Außerhalb des Unternehmensverbundes sind keinerlei Schadenersatzan-

---

250 Art 87 Pkt 1 Abs 2 ZGB.
251 Für viele: *Avilov* in *Sadikov* ZGB Teil 1 1995, S 110.
252 Dieser muss gem Art 36 Pkt 1 AktG mindestens dem Nennwert entsprechen, die Vereinbarung eines Agios ist zulässig.
253 *Teljukina*, AktG Art 34 Rz 3.
254 Möglich ist zum Beispiel die Regelung, dass das Stimmrecht ab Bezahlung eines bestimmten Teils entsteht; vgl *Teljukina*, AktG Art 34 Rz 4.
255 Vgl *Rabensdorf*, S 45.
256 Art 34 Abs 1 AktG; dabei kann auch Miteigentum der Gesellschaft und eines Aktionärs bzgl einer Aktie entstehen; vgl *Teljukina*, AktG, Art 34 Rz 4.
257 *Rabensdorf*, S 249.

sprüche gegen die Gesellschafter, etwa aus der Verletzung der Treuepflicht oder aus dem Deliktsrecht vorgesehen.[258] Der russische Gesetzgeber sieht durch die Schaffung von Zustimmungs- und Haftungsnormen in der Organverfassung der Kapitalgesellschaften explizit drei Sicherungsmaßnahmen der Innenhaftung zum Schutz des Vermögens der Gesellschaft für die Gläubiger und Minderheitsgesellschafter vor: die „Bedeutenden Rechtsgeschäfte" und die „Rechtsgeschäfte mit interessierten Personen"[259], sowie die Organhaftung für die Leitungsorgane.

Das russische GmbH- und Aktienrecht schützt die die Erhaltung des Haftungskapitals der Gesellschaft zum Einen dadurch, dass bestimmte Geschäfte der Zustimmung der Gesellschafter bzw des Direktorenrats vorbehalten sind. Damit soll verhindert werden, dass das Management ohne Beteiligung der Gesellschafter das Vermögen der Gesellschaft, etwa durch Verpfändungen[260] oder Abschluss von nicht fremdüblichen Verträgen mit nahestehenden Personen, aushöhlt. Geschäfte, für die die erforderliche Zustimmung nicht eingeholt wurde, können vom Gericht für unwirksam erklärt werden. Die Gesellschaft ist nicht an sie gebunden. So bleibt das Haftungskapital der Gesellschaft erhalten. In der Praxis stellt sich dabei allerdings das Problem des Vertrauensschutzes, da ein Vertragspartner von außen nicht einschätzen kann, ob ein zustimmungspflichtiges Rechtsgeschäft vorliegt.[261] Zum Anderen haften die Leitungsorgane der Gesellschaft für schuldhafte Handlungen oder Unterlassungen, in deren Folge der Gesellschaft ein Schaden entsteht, im Innenverhältnis.[262]

In der Außenhaftung dienen konzernrechtliche Bestimmungen, insolvenzrechtliche Bestimmungen, und die Kapitalaufbringungs- und Erhaltungsregeln dem Gesellschafterschutz und zumindest indirekt dem Gläubigerschutz. Da diese in den folgenden Kapiteln detailliert behandelt werden, wird im Folgenden nur auf die Bedeutenden Rechtsgeschäfte und die Rechtsgeschäfte bei Interessiertheit sowie die Organhaftung eingegangen.

c) *Bedeutende Rechtsgeschäfte*

Ein bedeutendes Rechtsgeschäft liegt beim Abschluss eines oder mehrerer miteinander verbundenen Rechtsgeschäfte vor, die direkt oder indirekt zum Erwerb oder zur Veräußerung von Vermögenswerten führen, deren Wert höher als 25 % des ermittelten Bilanzwertes der Gesellschaftsaktiva zum Zeitpunkt der Beschlussfassung über den Abschluss des Rechtsgeschäfts ist. Ausgenommen sind alle gewöhnlichen Rechtsgeschäfte, die zum täglichen Geschäftsbetrieb

---

258 *Rabensdorf*, S 69.
259 Die Bestimmungen werden in der Literatur zT heftig mit dem Argument kritisiert, dass es sich um eine nicht gelungene Übersetzung aus dem Amerikanischen handelt, zB von *Avilov*, Die russische Aktiengesetzgebung und Probleme ihrer Vervollkommnung, VDRW-Mitteilungen 18–19/2001, S 11 , vgl auch *Heeg*, S 271.
260 *Heeg*, Finanz- und Haftungsverfassung , S 264.
261 *Avilov*, S 12, *Rabensdorf*, S 62.
262 *Braginskij*, S 105, vgl auch *Knieper*, Sorgfaltspflichten und Haftung in den Aktiengesellschaften der Transformationsstaaten, S 261.

der Gesellschaft gehören.[263] Ein bedeutendes Rechtsgeschäft, das nicht zum täglichen Geschäftsbetrieb gehört, kann nur mit Zustimmung des Direktorenrates oder der Hauptversammlung oder Gesellschafterversammlung wirksam abgeschlossen werden.[264]

d) Billigung eines bedeutenden Rechtsgeschäfts

Bei der GmbH muss die Gesellschafterversammlung zustimmen. Wurde ein Direktorenrat eingerichtet, kann ihm auch bei der GmbH die Kompetenz zur Entscheidung über den Abschluss eines Rechtsgeschäftes dessen Wert 25 % bis 50 % der Gesamtaktiva der Gesellschaft ausmacht, übertragen werden.[265] Bei der GmbH kann die Billigungspflicht durch die Satzung gänzlich abbedungen werden.[266] Außerdem ist seit der GmbH-Novelle 2009 unter gewissen Voraussetzungen auch eine Billigung für zukünftige Rechtsgeschäfte möglich.[267]

Für die AG regeln die Art 78 f AktG besondere Zustimmungsrechte der Hauptversammlung bzw des Direktorenrates. In die Zuständigkeit des Direktorenrats fallen Rechtsgeschäfte, deren Wert zwischen 25 % und 50 % des Bilanzwertes liegt. Die Entscheidung ist einstimmig zu treffen, ansonsten wird die Entscheidung auf die Hauptversammlung übertragen.[268] In diesem Fall, sowie wenn der Wert des bedeutenden Rechtsgeschäfts 50 % der Gesamtaktiva der Aktiengesellschaft übersteigt, ist für den Abschluss ein Hauptversammlungsbeschluss mit einer Mehrheit von 75 % erforderlich.[269] Die Satzung kann weitere Fälle vorsehen, die dem Verfahren der Billigung unterliegen.[270]

Diese Vorschriften sind auch anzuwenden, wenn eine Tochtergesellschaft Geschäfte mit ihrer ausländischen Muttergesellschaft abschließt. Sie kommen immer dann zur Anwendung, wenn ein bedeutendes Geschäft abgeschlossen

---

263 Gem Art 78 Pkt 1 AktG sind folgende drei Rechtsgeschäfte ausgenommen: Rechtsgeschäfte im Zuge der Ausübung der gewöhnlichen Geschäftstätigkeit der Gesellschaft, Rechtsgeschäfte, die mit der Unterbringung von Aktien durch Zeichnung sind und Rechtsgeschäfte, die im Zusammenhang mit Wertpapieren stehen, die in Stammaktien umwandelbar sind. Es handelt sich dabei um eine abschließende Aufzählung, vlg. Plenarbeschluss des VAS vom 18.3.2003 Nr 19 und VO des VAS „Über einige Fragen der Anwendung des Aktiengesetzes, Vestnik VAS 2004, Nr 1, S 4 ff.

264 Art 78 AktG definiert das bedeutende Rechtsgeschäft als Rechtsgeschäft bzw mehrere miteinander e Rechtsgeschäfte, die mit dem Erwerb oder der Veräußerung bzw mit der Möglichkeit sind, dass Vermögen durch die Gesellschaft direkt oder indirekt veräußert wird, deren Wert 25 % oder mehr des Bilanzwerts der Aktiva der Gesellschaft zum Stichtag des letzten Rechnungslegungsberichts betragen, außer es handelt sich um im Rahmen der gewöhnlichen Geschäftstätigkeit abgeschlossene Geschäfte, (Übersetzung von *Lenga/Wipplinger*, WiRO RUS 350). In Art 46 Pkt 1 GmbHG wird das bedeutende Rechtsgeschäft wie in der ersten Alternative des Art 78 Pkt 1 AktG definiert, nur dass der Wert des bedeutenden Rechtsgeschäfts durch die Satzung erhöht werden kann.

265 Art 64 GmbHG.

266 Art 46 Pkt 6 GmbHG.

267 *Stolkarskij/Wedde*, Reform der russischen OOO – praktische Aspekte, eastlex 2009, S 142.

268 Art 59 Pkt 2 AktG.

269 *Micheler/Bauer-Mitterlehner*, Investitionen, RdNr 158 ff.

270 Art 78 Pkt 1 2. Satz AktG.

wird und gelten auch, wenn die Beteiligung des Geschäftspartners an der Gesellschaft unter 20% liegt. Eine Ausnahme besteht bei der AG für Einpersonenaktiengesellschaften, bei denen der einzige Gesellschafter gleichzeitig das Exekutivorgan ist. Bei der GmbH kann die Regel durch die Satzung gänzlich ausgeschlossen werden.[271]

e) Geschäfte mit interessierten Personen

Zum Schutz vor Vermögensverschiebungen der Gesellschaft und vor der unkontrollierten Machtausübung des Mehrheitsgesellschafters sehen die Art 45 GmbHG und die Artt 81–84 AktG spezielle Vorschriften für den Abschluss von Rechtsgeschäften mit bestimmten Personengruppen (interessierten Personen) vor.[272] Ein Rechtsgeschäft mit einer interessierten Person liegt vor, wenn eine GmbH oder eine Aktiengesellschaft und eine ihr nahestehende Person Vertragspartner desselben Rechtsgeschäfts sind. Dies sind Rechtsgeschäfte der Gesellschaft, an denen die Mitglieder des Direktorenrats, der Exekutivorgane[273], Gesellschafter, die zusammen mit verbundenen Personen[274] über mindestens 20% der Stimmen verfügen oder Personen, die berechtigt sind, der Gesellschaft bindende Weisungen zu erteilen, ein Interesse haben.

Laut einer Regierungsverfügung[275] ist für die Definition der verbundenen Personen das Bundesgesetz über den Wettbewerb und die Begrenzung monopolistischer Tätigkeit heranzuziehen.[276] Gem Art 4 des Wettbewerbsgesetzes sind darunter natürliche und juristische Personen zu verstehen, die in der Lage sind, Einfluss auf die Tätigkeit von juristischen und/oder natürlichen Personen, die unternehmerische Tätigkeit ausüben, zu nehmen.

Rechtsgeschäfte mit interessierten Personen bedürfen der Zustimmung der Gesellschafterversammlung[277] (bei der GmbH) oder der Hauptversammlung[278] (bei der AG) bzw des Direktorenrats.[279] Das Bestehen eines Interesses der genannten Personen wird dann vermutet, wenn sie selbst, bestimmte, im Gesetz angeführte Verwandte[280] und/oder mit ihnen verbundene Personen (einzeln oder gemeinsam) Partei des abzuschließenden Rechtsgeschäfts sind, eine mindestens 20% Kapitalbeteiligung an der Partei des Rechtsgeschäfts halten, oder eine

---

271 *Micheler/Bauer-Mitterlehner,* Investitionen, RdNr 158 ff.
272 Vgl *Rabensdorf,* S 66.
273 Inklusive der Mitglieder einer geschäftsführenden Organisation oder des Geschäftsführers.
274 Eine verbundene Personen gilt gem Art 45 Pkt 6 GmbHG und Art 93 AktG nach den Anforderungen der Gesetze der RF als „mit der Gesellschaft afiliiert".
275 Verfügung der Regierung der RF vom 29.12.2008 N 2043–r.
276 *Kadelets/Prechtl,* S 530.
277 Art 45 Pkt 3 GmbHG.
278 Art 83 Pkt 3–6 AktG regeln eine Reihe von Ausnahmetatbeständen, in welchen die Zuständigkeit auf die Hauptversammlung übertragen wird, siehe dazu gleich unten.
279 Art 46 Pkt 7 GmbHG, Art 83 Pkt 1 AktG.
280 Gem Art 45 Pkt 1 GmbHG und Art 81 Pkt 1 AktG sind das Ehegatten, Eltern, Kinder, Geschwister, Cousins und Cousinen, Adoptiveltern und Adoptivkinder.

Funktion in den Leitungsorganen[281] der Partei des Rechtsgeschäfts innehaben. Dies gilt für Parteien des Rechtsgeschäfts sowie für Vermittler, Vertreter und Begünstigte des Rechtsgeschäfts. Dieser Personenkreis kann durch die Satzung der Gesellschaft erweitert werden.[282]

Diese Vorschrift ist für ausländische Muttergesellschaften insbesondere von Bedeutung, da nicht nur bestimmte Organmitglieder als interessiert gelten, sondern auch Gesellschafter, die allein oder gemeinsam mit einer verbundenen Person[283] über mindestens 20%[284] der stimmberechtigten Aktien der Gesellschaft halten. Zu dem verdächtigen Personenkreis zählen außerdem Personen, die der Gesellschaft verbindliche Weisungen erteilen können. Die Regelung erfasst daher auch Rechtsgeschäfte, die eine russische Tochter mit ihrer ausländischen Mutter abschließt.[285]

Rechtsgeschäfte mit Mitgliedern des verdächtigen Personenkreises bedürfen der Zustimmung des Direktorenrates oder der Gesellschafter- bzw Hauptversammlung.[286] Wenn der Gegenstand des Geschäfts oder mehrerer verbundener Geschäfte Vermögen im Wert von weniger als 2% des Bilanzwerts ausmacht, fällt die Zustimmung bei der AG in die Kompetenz des Direktorenrats. Bei der GmbH kann die Zuständigkeit in die Kompetenz des Direktorenrates übertragen werden, sofern ein solcher eingerichtet ist.[287] Dabei entscheidet grundsätzlich die einfache Mehrheit der Direktoren, die kein Interesse am Rechtsgeschäft haben.[288] Bei darüber liegendem Wert fällt die Zustimmungskompetenz der Hauptversammlung zu.[289] Sie entscheidet mit der Mehrheit der Stimmen der Aktionäre, die kein Interesse am Rechtsgeschäft haben. Für bestimmte unbedenkliche Rechtsgeschäfte sind Erleichterungen möglich.[290] Der gesetzwidrige Abschluss eines Rechtsgeschäfts mit interessierten Personen zieht die Möglichkeit seiner Anfechtung durch die Gesellschaft oder eines Gesellschafters nach sich.[291]

In Aktiengesellschaften mit mehr als eintausend Aktionären müssen die abstimmenden Direktoren unabhängig iSd Art 83 Pkt 3 AktG sein. Bei darüber liegendem Wert fällt die Zustimmungskompetenz der Hauptversammlung zu. Sie entscheidet mit der Mehrheit der Stimmen der Aktionäre, die kein Interesse am Rechtsgeschäft haben.

---

281 Dies umfasst auch Funktionen in den Leitungsorganen der geschäftsführenden Organisation oder den Geschäftsführers einer solchen juristischen Person.

282 Art 45 Pkt 1 letzter Satz GmbHG, Art 81 Pkt 1 letzter Spiegelstrich AktG.

283 Vgl FN 255.

284 Art 45 Pkt 1 GmbHG; Art 81 Pkt 1 AktG; siehe dazu auch Pkt 14 Informationsbrief des VAS Nr 62 vom 13.3.2001, Vestnik des Obersten Arbitragegerichts 2001, Nr 7.

285 *Micheler/Bauer-Mitterlehner*, Rahmenbedinungen, AP Nr 96, S 37.

286 Art 45 Pkt 3 und Pkt 7 GmbHG; Art 83 Pkt 1 AktG.

287 Art 46 Pkt 7 GmbHG.

288 Art 83 Pkt 2 und 3 AktG.

289 Art 45 Pkt 7 GmbHG, Art

290 Siehe Art 45 Pkt 6 GmbHG, Art 83 Pkt 5 und 6 AktG.

291 Art 83 Pkt 7 Pkt 8 AktG.

Im Aktienrecht werden die Maßnahmen zur Lösung von Interessenskonflikten durch Berichts- und Informationspflichten der in einem Interessenskonflikt im obigen Sinn befangenen Personen an den Direktorenrat, die Revisionskommission und den Abschlussprüfer ergänzt.[292] So haben zB die in Art 81 AktG angeführten Personen nicht nur über ihnen bekannte abgeschlossene oder beabsichtigte Rechtsgeschäfte, in denen sie als Personen, die ein Interesse haben, angesehen werden, sondern generell über die juristischen Personen, in denen sie Funktionen in den Leitungsorganen ausüben und/oder in denen sie (alleine oder gemeinsam mit verbundenen Personen) mindestens 20 % der stimmberechtigten Aktien halten, zu informieren.

Eine Ausnahme besteht, in diesem Fall bei GmbH und AG, nur für Einpersonengesellschaften, deren einziger Gesellschafter auch das Exekutivorgan der Gesellschaft bildet.[293] Anders als bei den bedeutenden Rechtsgeschäften kann die Regelung durch die Satzung einer GmbH offenbar nicht abbedungen werden. Für bestimmte unbedenkliche Rechtsgeschäfte sind aber Erleichterungen möglich.[294]

Der gesetzwidrige Abschluss eines Rechtsgeschäfts mit interessierten Personen zieht die Möglichkeit der Anfechtung durch die Gesellschaft oder eines Gesellschafters nach sich.[295] Der Grad der Interessiertheit spielt dabei keine Rolle.[296] Wurde die erforderliche Zustimmung nicht eingeholt, so kann das Geschäft vom Gericht für unwirksam erklärt werden.[297]

f) Verhältnis der Bestimmungen für bedeutende Rechtsgeschäfte und Rechtsgeschäfte mit interessierten Personen zueinander

Erfüllt ein bedeutendes Rechtsgeschäft gleichzeitig die Qualifikation eines Geschäftes mit interessierten Personen, so sind darauf nur die Bestimmungen über bedeutende Rechtsgeschäfte anzuwenden.[298] Dies zieht uU eine Schwächung des Minderheitenschutzes nach sich, weil Art 81 ff AktG und Art 46 GmbHG nicht unbedingt strengere Voraussetzungen vorsehen.[299] So ist zB gem Art 83 AktG kein einstimmiger Beschluss des Direktorenrats bzw eine drei Viertel-Mehrheit in der Hauptversammlung zur Billigung eines Geschäfts, an dem ein Interessenskonflikt besteht, erforderlich.[300]

---

292 Art 82 AktG;
293 Art 45 Pkt 6 GmbHG; Art 81 Pkt 2 AktG.
294 Art 83 Pkt 5 und 6 AktG.
295 Art 46 Pkt 5 GmbHG, Art 83 Pkt 8 AktG.
296 *Chanturia*, S 101.
297 Art 45 Pkt 5 GmbHG; Art 84 Pkt 1 AktG.
298 Art 46 Pkt 8 GmbHG, Art 79 Pkt 5 AktG.
299 Vgl *Kadelets/Prechtl*, S 560.
300 *Kadelets/Prechtl*, S 56.

g) Anfechtung eines bedeutenden Rechtsgeschäfts oder eines Rechtsgeschäfts mit interessierten Personen

Durch die Möglichkeit der Anfechtungsklage[301] ist die Vertretungsmacht der Exekutivorgane bei bedeutenden Rechtsgeschäften und Rechtsgeschäften mit interessierten Personen gesetzlich beschränkt. Bei einem Verstoß gegen die gesetzlichen Regelungen können die Gesellschafter und die Gesellschaft das abgeschlossene Rechtsgeschäft für unwirksam erklären lassen.[302] Das Rechtsgeschäft ist also zunächst gültig, kann aber von der Gesellschaft (vertreten durch das Exekutivorgan) oder den Gesellschaftern angefochten werden.[303] Dies ist auch vom Gesichtspunkt des Rechtsverkehrs problematisch, da sich der Vertragspartner uU nicht auf die Gültigkeit eines abgeschlossenen Rechtsgeschäfts verlassen kann.[304] Die weiten Anfechtungsmöglichkeiten wurden von der Lehre kritisiert[305] und führten in der Praxis immer wieder zur missbräuchlichen Einbringung von Anfechtungsklagen. Die Möglichkeit zur Anfechtung wurde daher durch das Gesetz „Über die Änderung von einigen Rechtsakten der RF"[306] zum Schutz des Rechtsverkehrs erheblich erschwert. Die Klage ist nach der neuen Rechtslage ua abzuweisen, wenn die andere Partei von der gesetzwidrigen Abwicklung des Rechtsgeschäfts nicht wusste oder hätte wissen müssen oder das Rechtsgeschäft nicht zu ungünstigen Rechtsfolgen für die Gesellschaft geführt hat.

h) Organhaftung

Die Haftungsnormen für die Leitungsorgane der russischen Kapitalgesellschaften haben den Zweck, das Vermögen der Gesellschaften zusätzlich und selbständig zu schützen.[307] Art 53 Pkt 3 ZGB verpflichtet Personen, die kraft Gesetz oder gemäß den Gründungsdokumenten einer juristischen Person in deren Namen auftreten, nach Treu und Glauben und vernünftig im Interesse der Gesellschaft zu handeln. Sie haften für der juristischen Person zugefügte Schäden, wenn dies von den Gesellschaftern gefordert wird. Die Haftung wird für die GmbH in Art 44 Pkt 1 und für die AG in Art 71 Pkt 1 AktG näher ausgeführt: Gem Art 44 Pkt 2 GmbHG und Art 71 Pkt 2 Abs 1 AktG haben die Mit-

---

301 Das GmbHG sah schon immer explizit die Möglichkeit einer Anfechtungsklage vor (Art 46 Pkt 5 GmbHG). Im Aktienrecht wurde diese Regelung nach der alten Rechtslage nach hL analog angewandt, vgl *Bakshinskas* in *Šitkina* (Hg) Gesellschaftsrecht, S 499 f, vgl auch *Rabensdorf*, S 61.

302 Artt 45 Pkt 5 und 46 Pkt 5 GmbHG, Artt 79 Abs 6 und 84 Pkt 2 AktG.

303 Gem Art 168 ZGB ist ein Rechtsgeschäft, das dem Gesetz oder anderen Rechtsakten widerspricht, ungültig, sofern es nicht durch das Gesetz für anfechtbar erklärt wurde.

304 Vgl *Kadelets/Prechtl*, S 643f; Unklar ist weiters, ob auch Geschäfte anfechtbar sind, die aufgrund einer Satzungsbestimmung gem Art 78 Abs 1 AktG dem Verfahren nach Art 79 AktG unterworfen sind.

305 Für viele *Avilov*, S 12, für die russische Literatur, vgl auch *Chanturia*, S 101.

306 Федеральный закон от 19 июля 2009 г. N 205-ФЗ, Föderales Gesetz Nr 205 – FS, SZ RF vom 19.7.2009, Nr 29, Pos 3642.

307 *Rabensdorf*, S 62.

glieder des Direktorenrats, der Generaldirektor bzw die Vorstandsmitglieder, sowie die Verwalter, die Mitglieder einer geschäftsführenden Organisation bzw der Fremdgeschäftsführer (im Folgenden als „Leitungsorgane" bezeichnet) im Interesse der Gesellschaft gewissenhaft und angemessen zu handeln. Die Leitungsorgane haften der Gesellschaft für rechtswidrig und schuldhaft verursachte Schäden solidarisch.[308] Ist ein Kollegialorgan vorhanden, so sind jene Mitglieder des Exekutivorgans, die gegen die schadenskausale Entscheidung gestimmt oder an der entsprechenden Beschlussfassung nicht teilgenommen haben, von der Haftung befreit.[309] Bei der Bestimmung der Grundlagen und des Umfangs der Haftung sind die üblichen Bedingungen des Geschäftsverkehrs und alle anderen Umstände, die für das Verfahren von Bedeutung waren, heranzuziehen.[310] Das bloße Fehlschlagen unternehmerischer Entscheidungen ist nicht bereits an sich haftungsbegründend,[311] es bedarf einer rechtswidrigen Verletzung der Geschäftsführerpflichten. Neben der Festsetzung dieser allgemeinen Sorgfaltspflicht gibt es grundsätzlich[312] keinen Katalog an Geschäftsführerpflichten.[313] Die Ausgestaltung des allgemeinen Prinzips der Sorgfaltspflicht obliegt daher den Gerichten.[314] Die wirksame Anwendung der Organhaftung wird aber durch das Fehlen von konkreten Haftungsgrundlagen in Form von personifizierten Geschäftsführerpflichten wesentlich erschwert.[315] Eine weitere Erschwerung der Haftungsdurchsetzung liegt darin, dass nach Art 10 ZGB das treue und sorgfältige Handeln in privatrechtlichen Rechtsverhältnissen vermutet wird.[316] Eine Umkehrung der Beweislast ist nicht vorgesehen.[317] Der Kläger muss also auch die Rechtswidrigkeit des Handelns des beklagten Organmitglieds beweisen.[318] Für mangelndes Verschulden bleibt das beklagte Organmitglied beweispflichtig.[319] Die Organhaftung greift nicht, wenn in föderalen Gesetzen andere Gründe und ein anderer Haftungsumfang vorgesehen sind.[320]

---

308 Art 71 Pkt 4 AktG.

309 Art 72 Pkt 2 Abs 2 AktG.

310 Art 71 Pkt 3 AktG.

311 *Chanturia*, WiRO 2009, 100.

312 Abgesehen von den Vorschriften für die bedeutenden Rechtsgeschäfte und die Rechtsgeschäfte mit interessierten Personen, vgl dazu oben.

313 *Tichomirov*, „Obščestvo s ograničennoj otvetstvennost´ju, (Kommentar zum Föderalen Gesetz über Gesellschaften mit beschränkter Haftung), S 350, *Chanturia*, S 100, *Kadelets/ Prechtl* S 558, *Rabensdorf*, S 63.

314 *Tichomirov*, „Obščestvo s ograničennoj otvetstvennost´ju, 2010 (Kommentar zum Föderalen Gesetz über Gesellschaften mit beschränkter Haftung), RIS „GARANT.

315 *Chanturia*, WiRO 2009, 100.

316 *Dobrovolskij*, Die Anwendung des Gesellschaftsrechts (Priminenie korporativnogo prava) 302.

317 *Chanturia*, S 100, *Knieper*, Sorgfaltspflichten und Haftung in den Aktiengesellschaften der Transformationsstaaten S 257.

318 Entscheidung des Arbitrageberichts der Stadt Moskau N A40–38436/04–102–245.

319 Art 401 Pkt 2 AktG.

320 *Kadelets/Prechtl*, S 559.

Die Organhaftung ist somit eine Verschuldenshaftung.[321] Klagsbefugt sind die Gesellschaft und die einzelnen Gesellschafter.[322] Bei der AG müssen die Aktionäre außerdem über mindestens 1 % der untergebrachten gewöhnlichen Aktien der Gesellschaft verfügen. Die Klagseinbringung sowie die erfolgreiche Durchsetzung einer Klage gegen die Mitglieder des Direktorenrats bzw des Exekutivorgans wird im Aktienrecht zusätzlich dadurch erschwert, dass die Einsichtnahme in die Sitzungsprotokolle der genannten Organe, auf denen die schadensverursachenden Entscheidungen beruhen, gem Art 91 Pkt 1 AktG nur Aktionären zusteht, die gemeinsam mindestens 25 % der stimmberechtigten Aktien halten.[323]

In der Praxis wird daher die Beendigung des Dienstvertrages[324] häufig die einzige Folge für Fehler in der Geschäftsführung sein, sofern die Konflikte nicht „Privat" gelöst werden.[325]

i) Bewertung

Die Definition der bedeutenden Rechtsgeschäfte erscheint als für die praktische Anwendung zu unbestimmt.[326] *Avilov* führt für die AG sogar die vollkommene Schutzlosigkeit Dritter – der Partner der Gesellschaft – als Folge dieser zu unbestimmten Definition an, da sie eine willkürliche Vorgehensweise der Gesellschaft ermöglicht, ein besonderes Verfahren des Geschäftsabschlusses festzulegen und erachtet diese Bestimmungen als für den Wirtschaftsverkehr ausgesprochen gefährlich.[327] Die Vorschriften für Rechtsgeschäfte mit interessierten Personen erscheinen wiederum zu komplex.[328] Die Möglichkeit, nach diesen Bestimmungen rechtswidrig abgeschlossene Rechtsgeschäfte durch Anfechtungsklage für unwirksam erklären zu lassen, ist jedenfalls geeignet, den Vertrauensschutz im Rechtsverkehr zu vermindern.[329] Auch die Bestimmungen zur Organhaftung bringen erhebliche Schwierigkeiten im Hinblick auf die gerichtliche Durchsetzung mit sich, sodass der Rechtsweg häufig gescheut wird.[330]

---

321 *Rabensdorf*, S 65.
322 Art 44 Pkt 5 GmbHG, Art 72 Pkt 5 AktG.
323 *Kadelets/Prechtl*, S 559.
324 Gem Art 69 Pkt 3 des Arbeitsgesetzbuches der RF hat der Generaldirektor bei der Vertretung der Gesellschaft die Interessen der Gesellschaft zu wahren.
325 *Knieper*, Sorgfaltspflichten und Haftung in den Aktiengesellschaften der Transformationsstaaten, WiRO 2003, S 257, mit Verweis auf *Chanturia, Rabensdorf*, S 68.
326 *Rabensdorf*, S 62.
327 *Avilov*, S 12.
328 *Rabensdorf*, S 67.
329 Vgl *Avilov*, S 11 f, *Heeg*, Finanz- und Haftungsverfassung, S 266, *Rabensdorf*, S 62.
330 *Rabensdorf*, S 68.

j) Rechtsdurchsetzung der Innenhaftung (Geltendmachung durch Gesellschaftsorgane, actio pro socio, Rechtsdurchsetzung durch Gläubiger)

ja) Actio pro socio

Das russische Recht sieht sowohl die Möglichkeit von gewöhnlichen direkten Klagen, die die Person, deren Rechte bzw rechtliche Interessen verletzt wurden, nach allgemeinen Regeln selbst einbringt, als auch die sogenannten indirekten Klagen im Interesse einer anderen Person vor. Klagen im Interesse der Gesellschaft können die Gesellschafter nur in den gesetzlich vorgesehenen Fällen einbringen.[331] Für die AG normiert das AktG in Art 71 Ziff 5 eine Form der actio pro socio: Das Klagerecht gegen Organe kommt sowohl der Gesellschaft selbst als auch den Gesellschaftern zu, wobei Aktionäre zusammen mindestens 1 % der Stammaktien halten müssen. Die Gesellschaft kann somit ein schuldhaft handelndes Mitglied des Exekutivorgans auf Schadenersatz klagen. Da Klagen der Gesellschaft aber vom Generaldirektor zu unterfertigen sind und das Gesetz keine Vorkehrungen für den Fall dieses Interessenskonfliktes trifft, wird es idR zu keiner Klageerhebung kommen, solange das Mitglied des Exekutivorgans, das den Schaden verursacht hat, noch im Amt ist.[332] Es gilt die allgemeine Verjährungsfrist von drei Jahren gem Art 196 ZGB.[333]

Eine Klage von Aktionären ohne Beilage von Beweisen über den tatsächlichen Aktienbesitz in diesem Umfang wird nicht bearbeitet bzw zurückgewiesen.[334] Hinsichtlich der von Aktionären angestrengten indirekten Klage ist in Übereinstimmung mit dem Arbitrageprozesskodex (APO)[335] vorzugehen.[336] Das Fehlen von einschlägigen Bestimmungen im APO über diese sogenannten indirekte Klagen durch Privatpersonen bereitet in der praktischen Rechtsanwendung aber insbesondere im Hinblick auf die prozessuale Stellung der Gesellschaft, um deren Anspruch es geht, erhebliche Schwierigkeiten.[337]

jb) Verfahrenskosten

Ein weiteres Hindernis zur Einbringung von Klagen gegen die Gesellschaft stellen uU die Verfahrenskosten dar. Die Verfahrenskosten setzen sich aus der staatlichen Gerichtsgebühr (Gerichtskosten) und den mit der Verhandlung verbundenen Auslagen zusammen.[338]

---

331 Entschließung des Plenums des VAS RF Nr 19; Punkt 37.

332 Vgl *Karimullin*, Minderheitsaktionäre, S 11.

333 Vgl *Schmitt/Melnikov*, WiRO Rdnr 150.

334 *Zhurbin*, Gruppenklage und abgeleitete Klagen in der Praxis der Arbitragegerichte Datenbank Konsultant Plus.

335 Арбитражный процессуальный кодекс Российской Федерации от 24 июля 2002 г. N 95-ФЗ, Arbitrageprozesskodex der Russischen Föderation vom 24. Juli 2002, SZ RF vom 29.7.2002, Nr 30, Pos 3012.

336 *Kadelets/Prechtl*, S 571.

337 Entscheidung des Arbitrageberichts der Stadt Moskau N A40–38436/04–102–245.

338 Art 89 APO.

Die Höhe der staatlichen Gerichtsgebühr ist abhängig vom Streitwert. Sie beträgt bei den Arbitragegerichten maximal 100.000 Rubel. Der Kläger muss bei Klagseinbringung einen Gerichtskostenvorschuss leisten. Das Gericht kann auch die Höhe der Prozesskosten mindern, die Zahlung aufschieben oder eine Ratenzahlung gewähren. Die staatliche Gerichtsgebühr ist der obsiegenden Partei auf Antrag zu ersetzen.[339] Prozesskostenhilfe wird in Russland nicht gewährt, unter bestimmten Voraussetzungen ist aber eine Prozesskostenbefreiung möglich.

Die Vertretungskosten sind in angemessenem Umfang zu ersetzen, was in der Praxis einige Probleme bereitet. Das Gericht spricht ein für den konkreten Fall erforderliches und angemessenes Anwaltshonorar zu, das sich nach den Usancen des jeweiligen Gerichtsbezirks richtet.[340] Barauslagen, die durch Belege nachgewiesen werden, sind ebenfalls ersatzfähig. Anwaltshonorare sind nicht gesetzlich geregelt, sie werden frei vereinbart. Die Honorarvereinbarungen, die die russischen Anwälte mit ihren Mandanten abschließen, werden idR auf Basis des Zeitaufwands getroffen. Das russische Recht kennt grundsätzlich keinen Anwaltszwang für die Vertretung vor Gericht.[341] Eine Vertretung durch Dritte, die über keine spezifische Ausbildung verfügen müssen, ist daher grundsätzlich möglich. Auch eine gesetzliche Regelung der ersatzfähigen Anwaltskosten, vergleichbar dem österreichischen Anwaltarif, ist nicht vorgesehen.[342] Erfolgsbasierte Vergütungsmodelle („quota litis") sind zwar grundsätzlich unzulässig[343], in Vermögensstreitigkeiten ist jedoch eine Vergütung, die proportional zum Wert der erfolgreich abgeschlossenen Klage ist, möglich.[344]

4. Haftung aufgrund Beteiligung

Das russische Recht sieht kein allgemeines Verbot der Einlagenrückgewähr vor. Der Schutz des Mindestkapitals erfolgt durch andere Vorschriften, und zwar durch Einschränkungen bei der Gewinnverteilung und dem Erwerb eige-

---

339 Art 110 APO.

340 *Kopylov*, Das Verfahren vor dem Wirtschaftsgericht (Arbitragegericht) der Russischen Föderation, IPRax 2010, S 271, *Plagemann*, Wirtschaftsgerichtsbarkeit im russischen Recht – Teil 2, WiRO 2011, S 295.

341 *Plagemann*, Wirtschaftsgerichtsbarkeit im russischen Recht – Teil 2, WiRO 2011, S 294 mwN.

342 *Micheler/Bauer-Mitterlehner*, Verfahrensrecht, AP Nr 89.

343 Ziff. 2 des Informationsbriefs des Präsidiums des Höchsten Arbitragegerichts Nr 48 vom 29.09.1999 „Über Einzelfragen der Gerichtspraxis, die bei Verhandlung von Streitigkeiten, die mit Verträgen über Erbringen von Rechtsberatungsdienstleistungen verbunden sind, entstehen".

344 Art 16 Abs 3 des Kodexes der Berufsethik des Anwalts vom 31.1.2003, (Кодекс профессиональной этики адвоката, принят первым Всероссийским съездом адвокатов 31 января 2003 г., (с изменениями и дополнениями, утвержденными третьим Всероссийским съездом адвокатов 5 апреля 2007 г.) abrufbar über die Datenbank GARANT.

ner Anteile,[345] sowie durch zwingende Kapitalherabsetzung.[346] Der Erwerb eigener Anteile ist haftungsrechtlich insofern problematisch, als dabei wie bei der Gewinnverteilung Zahlungen von der Gesellschaft an die Gesellschafter fließen und die Gefahr der Selbstkontrolle der Gesellschaft über die gesellschaftseigenen Anteile besteht.[347]

a) Einschränkungen bei der Gewinnverteilung

Gewinnausschüttungen sind grundsätzlich auf die Verteilung des buchhalterisch ermittelten Reingewinns der Gesellschaft beschränkt.[348] Zum Schutz des Stammkapitals als Haftungsfonds für die Gläubiger sieht der Gesetzgeber eine Reihe von Einschränkungen und Verboten zur Gewinnausschüttung vor.[349]

Aktiengesellschaften müssen eine Rücklage (einen Reservefonds) in Höhe von mindestens 5 % des Satzungskapitals bilden.[350] Bis die in der Satzung festgelegte Höhe des Reservefonds erreicht ist, müssen jährlich 5 % des Reingewinns in den Reservefonds eingebracht werden. Der Reservefonds darf nur zur Abdeckung von Verlusten sowie mangels anderer Mittel zur Tilgung von Obligationen und zum Kauf eigener Aktien verwendet werden.[351] Bei GmbHs kann fakultativ ein Reservefonds eingerichtet werden.[352]

Ein Beschluss über die Auszahlung einer Dividende ist ua dann nicht zulässig, wenn das Satzungskapital noch nicht vollständig aufgebracht wurde, die Gesellschaft insolvent ist oder das Reinvermögen der Gesellschaft niedriger als die Summe aus Satzungskapital und gegebenenfalls Reservefonds ist, oder die beiden letzten Fälle als Folge der Auszahlung eintreten würden.[353] Auch bereits beschlossene Dividenden dürfen unter diesen Umständen nicht ausgezahlt werden, wobei diese Sperre bei Wegfall dieser Umstände wieder entfällt und die Gesellschaft zur Auszahlung verpflichtet ist.[354] Rechtswidrige Gewinnausschüttungsbeschlüsse sind nichtig und führen zu allgemein-zivilrechtlichen Erstattungsansprüchen.[355] Das Gesellschaftsrecht selbst sieht keine Rückgewährungsansprüche der Gesellschaft gegen die Gesellschafter für verbotene Dividendenauszahlungen vor.[356]

Offen bleibt die Frage, ob außerhalb der förmlichen Gewinnverteilung eine Einlagenrückgewähr zulässig ist, die das Satzungskapital und gegebenenfalls

---

345 *Rabensdorf*, S 52.
346 Siehe dazu gleich unten, Kap II.5.
347 *Fischer*, S 26, für die GmbH.
348 Art 28 Pkt 1 GmbHG, Art 42 Pkt 2 AktG.
349 *Rabensdorf*, S 55.
350 Art 35 Pkt 1 AktG.
351 *Bauer-Mitterlehner/Karimullin/Micheler*, Einführung in das russische Aktienrecht, Arbeitspapier des FOWI Nr 101, S 13.
352 Art 30 GmbHG.
353 Art 29 Pkt 1 GmbHG, Art 43 Pkt 4 AktG.
354 Art 29 Pkt 2 letzter Absatz GmbHG, Art 43 Pkt 4 AktG
355 *Kruse*, Das Recht der personalistischen Kapitalgesellschaft russischen Rechts 279 f.
356 Kritisch dazu *Rabensdorf*, S 55.

den Reservefonds nicht angreift. *Kadelets/Prechtl* schlagen dazu vor, in der Bestimmung des Art 42 AktG[357] eine abschließende Regel zu sehen. Rechtsgeschäfte, die eine verdeckte Gewinnausschüttung darstellen, sind somit als gem Art 168 ZGB nichtig anzusehen.[358] Die Gesellschaft ist aber wiederum auf die allgemeinen zivilrechtlichen Erstattungsansprüche beschränkt.

b) Erwerb eigener Aktien

Das russische Aktienrecht sieht unter bestimmten Voraussetzungen die Möglichkeit des Erwerbs eigener Aktien vor. Da die Aktionäre aus dem Vermögen der Gesellschaft ausbezahlt werden müssen, könnte der Erwerb eigener Aktien das Haftungskapital der Gesellschaft beeinträchtigen.[359] Das AktG unterscheidet zwischen der Einziehung von Aktien zum Zwecke der Kapitalherabsetzung (Erwerb eigener Anteile, Aktienamortisation)[360] und dem Aufkauf eigener Aktien.[361] Unter gewissen Voraussetzungen besteht auch eine Rückkaufverpflichtung der Gesellschaft.

Die Satzung einer AG kann vorsehen, dass die Gesellschaft zum Erwerb von untergebrachten Aktien berechtigt ist, wenn ein Beschluss der Hauptversammlung über die Herabsetzung des Satzungskapitals durch den Erwerb von untergebrachten Aktien vorliegt. Ein entsprechender Hauptversammlungsbeschluss ist unzulässig, wenn dadurch der Nominalwert der im Umlauf verbleibenden Aktien unter die gesetzlich vorgesehene Mindesthöhe des Satzungskapitals sinken würde.[362] Die Aktien werden bei ihrem Erwerb durch die Gesellschaft gelöscht.

Auch die Möglichkeit zum Aufkauf eigener Aktien muss durch die Satzung vorgesehen sein.[363] Die Gesellschaft ist berechtigt, auf Beschluss der Hauptversammlung oder des Direktorenrates, sofern die Satzung ihn zur Beschlussfassung in dieser Angelegenheit berechtigt, die von ihr untergebrachten Aktien zu erwerben. Ein entsprechender Beschluss darf nicht gefasst werden, wenn der Nominalwert der im Umlauf befindlichen Aktien der Gesellschaft weniger als 90 % des Grundkapitals der Gesellschaft beträgt. Die von der Gesellschaft erworbenen Aktien gewähren kein Stimmrecht, sie werden bei der Stimmauszählung nicht berücksichtigt, auf sie entfallen keine Dividenden. Solche Aktien müssen spätestens binnen eines Jahres ab dem Datum ihres Erwerbes weiterveräußert werden. Andernfalls muss die Hauptversammlung einen Beschluss über die Herabsetzung des Grundkapitals fassen.[364]

Eine Rückkaufverpflichtung der Gesellschaft ist im Falle der Reorganisation der Gesellschaft sowie bei Abschluss eines bedeutenden Rechtsgeschäfts über

---

357 Für die GmbH: Art 28 GmbHG.
358 Vgl *Kadelets/Prechtl* für das Aktienrecht.
359 *Rabensdorf*, S 56.
360 „priobretenie", Art 72 AktG.
361 „vykup", Art 75 AktG.
362 Art 72 Pkt 1 AktG.
363 Art 72 Pkt 2 AktG.
364 Art 72 Pkt 3 AktG.

Vermögen, dessen Wert 50 % der Bilanzaktiva übersteigt und bei Satzungsänderungen und -ergänzungen, die die Rechte der Aktionäre einschränken, vorgesehen. Aktionäre mit stimmberechtigten Aktien können den Erwerb ihrer Aktien durch die Gesellschaft verlangen[365]. Diese Rückkaufverpflichtung wird in der Literatur auch als Austrittsrecht bei der Aktiengesellschaft bezeichnet.[366] Voraussetzung ist, dass die Aktionäre in der Hauptversammlung gegen den Beschluss gestimmt oder an der Beschlussfassung nicht teilgenommen haben. Die Aktiengesellschaft ist dann verpflichtet, die Aktien binnen 30 Tagen nach Ablauf der Frist von 45 Tagen, innerhalb derer der Aktionär den Erwerb fordern kann, zu erwerben.[367] Der Preis wird nach einer gesetzlich vorgesehenen Bewertungsregel[368] durch den Direktorenrat bestimmt. Im Unterschied zur GmbH können Aktionäre nicht ausgeschlossen werden.

c) Erwerb eigener GmbH-Anteile

Es besteht ein grundsätzliches Verbot[369] zum Erwerb eigener GmbH-Anteile, aber nur bestimmte Fälle sind gem Art 23 Pkt 2 GmbHG zulässig, zB der Austritt und der Ausschluss eines Gesellschafters.[370] Die Gefahr der Selbstkontrolle der Gesellschaft über die gesellschaftseigenen Anteile wird dadurch beseitigt, dass der Gesellschaft keine Rechte aus den erworbenen Anteilen zustehen.[371]

Sofern die Satzung[372] dies vorsieht, ist ein Gesellschafter einer GmbH[373] berechtigt, zu jedem beliebigen Zeitpunkt aus der Gesellschaft auszutreten.[374] Die Anteile des austretenden Gesellschafters gehen auf die Gesellschaft über. Der austretende Gesellschafter hat Anspruch auf Auszahlung des wirklichen Wertes seines Anteils binnen 6 Monaten nach Ende des Finanzjahres, in dem der Austritt erklärt wurde. Dieses Austrittsrecht kann auch gegen den Willen der Mitgesellschafter ausgeübt werden.[375]

Die Gesellschafter einer GmbH können auch ausgeschlossen werden. Wenn ein Gesellschafter seine Pflichten grob verletzt oder durch Handlungen oder Unterlassungen die Tätigkeit der Gesellschaft unmöglich macht oder wesentlich erschwert, können Gesellschafter, die mindestens 10 % der Geschäftsanteile halten, bei Gericht den Ausschluss dieses Gesellschafters verlangen.[376]

---

365 Art 75 Pkt 1 AktG.
366 *Micheler/Bauer-Mitterlehner*, Investitionen, S 39.
367 Art 76 Pkt 4 AktG.
368 Art 75 Pkt 3 AktG.
369 Art 23 Pkt 1 GmbHG.
370 *Rabensdorf* S 58.
371 Art 24 Pkt 1 GmbHG.
372 Bis zur GmbH-Reform 2009 war das Austrittsrecht zwingendes Recht.
373 Auch nach neuer Rechtslage, vgl dazu oben Kap I.6.b.
374 Art 8 Pkt 1 GmbH; Art 26 GmbHG; Art 94 ZGB; Pkt 16 der Verordnung des Plenums des VAS Nr 90/14 vom 9.12.1999, Vestnik des Obersten Arbitragegerichts 2000, Nr 2.
375 Für viele: *Suchanov,* GmbH, S 10f und *Arzinger/Galander,* S 88f, zur alten Rechtslage.
376 Art 10 GmbHG; kritisch zum Ausschlussrecht *Suchanov,* GmbH, S 11.

Ein Ausschlussgrund ist nach der Judikatur[377] das systematische und grundlose Fernbleiben von Gesellschafterversammlungen, um so die Beschlussfassung zu Punkten zu verhindern, für die Einstimmigkeit erforderlich ist.

Es besteht grundsätzlich kein Verbot zum Erwerb eigener Aktien, sondern nur einige Fälle der Beschränkung.

d) Kapitalerhaltungsregeln

da) GmbH

Die Kapitalerhaltungsvorschriften für die GmbH sind aus deutscher und österreichischer Sicht nicht allzu umfangreich[378] und dienen im Wesentlichen dem Erhalt des Mindestkapitals als Haftungsfonds durch Kapitalherabsetzung zur Beseitigung einer Unterbilanz.[379] Diese Regelungen finden sich in den Bestimmungen über die zT zwangsweise Kapitalherabsetzung gem Art 20 Pkt 3 GmbHG: Wenn das Satzungskapital einer GmbH den Wert der Nettoaktiva der Gesellschaft (im Folgenden auch als Eigenkapital bezeichnet) übersteigt, so ist das Satzungskapital entsprechend herabzusetzen.[380] Innerhalb der ersten zwei Jahre hat eine solche Differenz keine Konsequenzen. Ab dem Ende des dritten Geschäftsjahres hat die Gesellschaft bis zu sechs Monate Zeit, um das Satzungskapital auf die Höhe des Eigenkapitals herabzusetzen. So wird die Höhe des Satzungskapitals an die tatsächliche Vermögenssituation der Gesellschaft angepasst.[381] Liegt der Wert des Eigenkapitals nach der Sanierungsfrist unter dem gesetzlichen Mindestkapital, muss die Gesellschaft liquidiert werden.[382] Für die folgenden Geschäftsjahre ist dann zum Ende des Geschäftsjahres zu prüfen, ob eine Differenz besteht. Ist dies der Fall, so hat die Gesellschaft wiederum sechs Monate Zeit zur Anpassung des Satzungskapitals.

Das GmbH-Gesetz sieht ein detailliert geregeltes Verfahren zur Information der Gläubiger vor. Fasst die Gesellschaft den Beschluss über die Herabsetzung des Satzungskapitals, so ist sie verpflichtet, die staatliche Registrierungsbehörde binnen drei Werktagen über den Beschluss zu informieren und innerhalb von zwei aufeinanderfolgenden Monaten jeweils einmal pro Monat entsprechende Informationen über die Herabsetzung in den Printmedien, in denen auch Informationen über die staatliche Registrierung juristischer Personen bekannt gemacht werden, zu veröffentlichen. Die Gläubiger sind berechtigt, binnen 30 Tagen ab der letzten Veröffentlichung vorzeitige Beendigung oder Erfüllung ihrer Forderungen und Schadenersatz für damit verbundene Verluste zu verlangen.[383]

---

377 Pkt 17 Verordnung des Plenums des Obersten Arbitragegerichts Nr 90/14 vom 9.12.1999, Vestnik des VAS 2000, Nr 2.

378 Vgl *Fischer*, Kapitalerhaltung bei der GmbH im russischen und deutschen Recht, VDRW-Mitteilungen 42–43/2009, S 21, und *Göckernitz/Wedde*, S 36, jeweils für das deutsche Recht.

379 *Fischer*, S 22.

380 Art 20 Pkt 3 GmbHG.

381 *Fischer*, S 22.

382 Art 20 Pkt 3 GmbHG, zuletzt geändert durch das Föderale Gesetz Nr 228–FZ vom 18.7.2011.

383 Art 20 Pkt 4 GmbHG.

Binnen sechs Monaten ab der letzten Veröffentlichung kann der Rechtsweg ergriffen werden. Das Gericht kann die Erfüllung der Gläubigerforderungen nur ablehnen, wenn die Gesellschaft beweist, dass die Herabsetzung des Satzungskapitals die Rechte der Gläubiger nicht beeinträchtigt oder ausreichende Sicherheiten vorliegen.[384] Darüber hinaus sind die Gesellschaften verpflichtet, jedem Interessierten Zugang zu Informationen über ihr Eigenkapital zu gewähren. Dem Jahresabschluss der Gesellschaft ist ein Abschnitt über den Stand des Eigenkapitals hinzuzufügen. Zusätzlich muss begründet werden, warum das Eigenkapital unter den Wert des Satzungskapitals gesunken ist und welche Maßnahmen zur Behebung dieses Zustandes vorgesehen werden.[385]

Eine Nachschusspflicht der Gesellschafter kann gem Art 9 GmbHG vorgesehen werden.

db) AG

Art 35 AktG regelt die Pflichten von Aktiengesellschaften für den Fall, dass das Eigenkapital nach Abschluss des zweiten oder jedes darauffolgenden Geschäftsjahres geringer ist als das Satzungskapital der AG im Wesentlichen wie bei der GmbH: Wenn nach Abschluss des zweiten oder eines darauffolgenden Geschäftsjahres das Eigenkapital geringer als das Satzungskapital der Gesellschaft ist, ist dem Jahresabschluss ein Abschnitt über die Zusammensetzung des Eigenkapitals beizufügen. Dieser Abschnitt muss eine Liste von Maßnahmen zum Ausgleich der Differenz umfassen. Falls am Ende des darauffolgenden Geschäftsjahres immer noch eine Unterkapitalisierung vorliegt, so muss binnen sechs Monaten entweder ein Beschluss über die Herabsetzung des Satzungskapitals oder über die Liquidation der Gesellschaft erfolgen. Die AG muss jedenfalls liquidiert werden, wenn der Wert des Eigenkapitals geringer als der Wert des gesetzlichen Mindestkapitals ist. Die AG muss dann binnen von sechs Monaten ab Abschluss des Geschäftsjahres einen Beschluss über ihre Liquidation fassen.

Nach einem Informationsschreiben des Föderalen Dienstes für Finanzmärkte[386] führt die Nichteinhaltung dieser Pflichten aber nicht zu einer Beschränkung ihrer Rechtsfähigkeit.[387] Die AG kann weiterhin tätig bleiben und Verträge abschließen, einschließlich solcher, die ihrer Finanzierung dienen.

---

384 Vgl *Kormos*, Änderung des Gesetzes „Über Gesellschaften mit beschränkter Haftung", http://blogs.pwc.de/russland-news/2011/10/10/anderung-des-gesetzes-uber-gesellschaften-mit-beschrankter-haftung.

385 Kormos, www.pwc.de.

386 Informationsschreiben vom 27.3.2012 des Föderalen Dienstes für Finanzmärkte (FSFR): Информационное письмо Федеральной службы по финансовым рынкам от 27 марта 2012 г. N 12–ДП-03/12363 «Об увеличении уставного капитала акционерного общества, стоимость чистых активов которого меньше его уставного капитала», Informationsbrief des Föderalen Dienstes für den Finanzmarkt vom 27. März 2012, abrufbar über die Datenbank GARANT.

387 *Großkopf*, Informationsschreiben zur Unterkapitalisierung und zu Kapitalerhöhungen bei Aktiengesellschaften, http://blogs.pwc.de/russland-news/2012/04/30/informationsschreiben-zur-unterkapitalisierung-und-zu-kapitalerhohungen-bei-aktiengesellschaften.

Das AktG sieht keine Nachschusspflicht für Aktionäre, wie dies bei der GmbH der Fall ist,[388] vor.[389] Eine Erhöhung des Satzungskapitals einer AG kann nur durch eine nominelle oder eine effektive Kapitalerhöhung durchgeführt werden.

dc) Bewertung

Bei Verringerung des Wertes der Nettoaktiva der Gesellschaft unter den Betrag des Satzungskapitals sieht das russische Recht also gem den Artt 20 Pkt 3 GmbHG und 35 Pkt 4 AktG eine Kapitalherabsetzung bzw unter bestimmten Umständen die Liquidation der Gesellschaft vor: ist der Wert der Nettoaktiva der Gesellschaft nach Abschluss des dritten oder jedes nachfolgenden Geschäftsjahres niedriger als das Satzungskapital, so hat eine Kapitalherabsetzung oder die Liquidation zu erfolgen. Sind die Nettoaktiva niedriger als das am Tag der Gründung der Gesellschaft geltende Mindestkapital, so ist die Gesellschaft zu liquidieren. In Anbetracht des geringen Mindestkapitals der Kapitalgesellschaften und der Probleme bei der Bewertung der Reinaktiva[390] der Gesellschaft erscheint der tatsächliche Schutz durch diese Bestimmungen aber eher gering.

e) Einlagenrückgewähr

Im russischen Recht besteht kein allgemeines Verbot der Einlagen- oder Vermögensrückgewähr.[391]

In der Aktiengesellschaft sind Ausschüttungen an die Gesellschafter grundsätzlich auf die Verteilung des buchhalterisch ermittelten Reingewinns in Form von Dividenden begrenzt.[392] Grundsätzlich steht für die Dividendenzahlung nunmehr der gesamte ermittelte und akkumulierte (nicht verteilte) Reingewinn zur Verfügung.[393] Eine Ausnahme besteht gem Art 42 Pkt 2 AktG nur für bestimmte Vorzugsaktien, für die Dividenden auch aus zuvor zu diesem Zweck gebildeten Sonderfonds ausbezahlt werden dürfen.[394]

f) Eigenkapital-Ersatz

Das russische Recht sieht keine Sonderbestimmungen für in der Krise gewährte Gesellschafterdarlehen bei GmbH[395] und AG vor.

---

388 Art 9 GmbHG.
389 *Kadelets/Prechtl*, S 535.
390 Vgl *Rabensdorf*, S 54.
391 *Fischer*, S 21, *Göckernitz/Wedde*, S 36.
392 Art 42 Pkt 1 und 2 AktG.
393 *Teljukina*, AktG, Art 42 Rz 8.
394 *Kadelets/Prechtl* S 356.
395 *Göckernitz/Wedde*, S 36.

g) Ausfallshaftung für Verbindlichkeiten der Mitgesellschafter

Eine Haftung für die Verbindlichkeiten der Mitgesellschafter ist im russischen Recht nur bis zur vollständigen Einbezahlung des Satzungskapitals im Zusammenhang mit der Gründung der Gesellschaft vorgesehen. Bei der GmbH muss zum Zeitpunkt der Registrierung die Hälfte des Stammkapitals einbezahlt werden.[396] Bei der AG hat die Einbezahlung von 50 % der Aktien binnen drei Monaten ab Registrierung[397] der Gesellschaft zu erfolgen.[398] Dabei ist nicht jeder Aktionär verpflichtet, den auf ihn entfallenden Anteil zu bezahlen, da es ausreicht, wenn die geforderte Summe insgesamt aufgebracht wird.[399] Das restliche Satzungskapital muss innerhalb einer in der Satzung zu bestimmenden Frist eingebracht werden, die ein Jahr ab dem Zeitpunkt der staatlichen Registrierung nicht überschreiten darf.[400] GmbH-Gesellschafter, die ihre Einlagen nicht vollständig eingebracht haben, haften nach hL im Rahmen des Wertes des nicht bezahlten Teils der Einlage eines jeden Gesellschafters solidarisch für die Verbindlichkeiten der Gesellschaft.[401] Nach dem Wortlaut des GmbH- Gesetzes haftet ein säumiger Gesellschafter gesamtschuldnerisch für den gesamten aushaftenden Betrag. Dies wird jedoch in der russischen Literatur überwiegend verneint.[402] Aktionäre haften bis zur vollständigen Bezahlung der ihnen gehörenden Aktien für den noch ausständigen Betrag gegenüber den Gläubigern der Gesellschaft solidarisch und direkt.[403] Nach dem Wortlaut der ZGB-Bestimmungen ist nicht eindeutig, ob ein säumiger Aktionär nur im Rahmen des auf ihn entfallenden Anteils haftet oder gesamtschuldnerisch für den gesamten ausständigen Betrag.[404]

h) Haftung wegen unterlassener Meldung der (Allein)Gesellschafterstellung

Die Vorschriften zu Alleingesellschafterstellung beschränken sich auf den Gründungsvorgang: Einpersonen-Gründungen sind nach russischem Recht grundsätzlich zulässig.[405] Einziger Gesellschafter einer GmbH oder AG darf aber nicht eine Kapitalgesellschaft sein, die ihrerseits eine Einpersonen-Gesellschaft ist.[406] Nach der Konzeption[407] sollen die Bestimmungen über Einpersonengesellschaften aber durch Regeln zur subsidiären Haftung des (Allein-) Gesellschafters für Schulden der Einpersonengesellschaft ergänzt werden. Die

---

396 Art 16 Pkt 2 GmbHG.

397 Art 34 Pkt 1 AktG.

398 Bis zu diesem Zeitpunkt darf die AG nur Rechtsgeschäfte, die für die Gründung der Gesellschaft zweckmäßig und notwendig sind, abschließen, Art 2 Pkt 3 AktG.

399 *Teljukina*, AktG, Art 34 Rz 3.

400 Art 17 Pkt 1 GmbHG, Art 34 Abs 1 AktG.

401 Art 87 Pkt 1 Abs 2 ZGB.

402 Für viele: Avilov in *Sadikov*, ZGB Teil 1 2003, S 110.

403 Art 96 Pkt 1 ZGB.

404 Vgl *Rabensdorf*, S 45.

405 Art 2 Pkt 1 GmbHG; Art 7 Pkt 2 GmbHG.

406 Art 88 Pkt 2 ZGB; Art 7 Pkt 2 Abs 3 GmbHG; Art 98 Pkt 6 Abs 2 ZGB; Art 9 Pkt1 Abs 2 AktG.

407 S 60.

subsidiäre Haftung des Gesellschafters soll bei Vermögenslosigkeit der Gesellschaft und immer dann greifen, wenn die Gesellschaft Geschäfte nach dem Willen (im Auftrag) des Einzelgesellschafters ausführt.

Unklar ist, ob sich dieses Chaining Verbot nur auf russische Gesellschaften oder auch auf ausländische Muttergesellschaften bezieht.[408] Nach der alten Praxis der Registrierungsbehörden, die bis zum 30.6.2002 auch inhaltliche Prüfungen vornahmen, wurden Einpersonen-Tochtergesellschaften von ausländischen Einpersonen-Muttergesellschaften registriert.[409] Da den Registrierungsbehörden seit 1.7.2002 kein inhaltliches Prüfungsrecht mehr zukommt, bleibt die Entwicklung der Rechtssprechung abzuwarten.[410] In der Praxis kann die Problematik leicht dadurch vermieden werden, dass ein kleiner Anteil von einer Schwestergesellschaft gehalten wird.

Das russische Recht sieht aber eine Oberbegrenzung der Gesellschafter bei der geschlossenen AG vor: Die Zahl der Gesellschafter einer geschlossenen AG darf 50 nicht überschreiten.[411] Die Gesellschaft ist dann binnen eines Jahres in eine offene AG umzuwandeln oder die Gesellschaft unterliegt der gerichtlichen Auflösung. Offene AGs können beliebig viele Gesellschafter haben.

i) Exkurs: Sog. „Eintagesgesellschaften"

Als „Eintagesgesellschaften" werden in der russischen Literatur Unternehmen bezeichnet, die nur zum Schein bzw. zur Erfüllung eines bestimmten kurzfristigen (und oft rechtswidrigen) Vorhabens gegründet werden, die also von Anfang an nicht beabsichtigen, geschäftlich tätig zu werden. Charakteristisch für Eintagesgesellschaften sind ein sehr geringes Eigenkapital, fehlende Bilanzunterlagen und die Unerreichbarkeit der Geschäftsführer.[412] Probleme könnten sich ergeben, weil der Vertragspartner derartiger Gesellschaften uU gesamtschuldnerisch für Steuervergehen haftet und dass Scheingeschäfte gem Art 170 ZGB nichtig sind.

j) Haftung für Tatbestände bei der Gründung

ja) Rechtsgeschäfte bei Gründung der Gesellschaft

Das russische Recht kennt das Institut der Vorgesellschaft nicht. Juristische Personen entstehen grundsätzlich mit ihrer Registrierung.[413] Nach russischem

---

408 *Avilov* sprach sich anlässlich eines Praktikerseminars des FOWI im Jahr 2005 für die Einbeziehung der ausländischen Muttergesellschaft aus.

409 *Arzinger/Galander,* S 85, berichten dagegen, dass die Moskauer Registrierungsbehörden die Ansicht vertraten, dass das Chaining-Verbot auch für ausländische Einpersonengesellschaften gilt.

410 Vgl auch *Schmitt/Melnkiov,* Rdnr 28f.

411 Art 7 Pkt 3 Abs 2 AktG; Art 10 Pkt 2 AktG.

412 Vgl *Weber*, Eintagesgesellschaften in der Russischen Föderation – Ihre Entstehungsformen und ihre Bekämpfung" IWB 2012 Heft 5, 173–176.

413 Art 51 Pkt 2 ZGB.

Recht ist es nicht daher möglich, Vermögensgegenstände zugunsten der späteren Gesellschaft bereits vor ihrer staatlichen Registrierung zu erwerben, da auf Seiten des Erwerbers noch kein rechtfähiges Subjekt vorliegt. In der Praxis wird daher von den zukünftigen Gesellschaftern ein Vertrag über die Errichtung der Gesellschaft[414] abgeschlossen. In der Rechtsprechung wird er als Vertrag über die gemeinschaftliche Tätigkeit, dh als Vertrag über eine einfache bürgerlich-rechtliche Gesellschaft, der durch Kapitel 55 (Art 1041 ff) ZGB geregelt wird, gesehen.[415] Im Vertrag legen die Gründer der Gesellschaft ihre Rechte und Pflichten im Zusammenhang mit der Errichtung der Gesellschaft fest. Der Vertrag über die Errichtung der Gesellschaft dient ausschließlich der Regelung der Rechtsverhältnisse der Gründer für die Zeit vor der rechtmäßigen Entstehung der Gesellschaft und gilt im Falle der ordnungsgemäßen Errichtung der Gesellschaft als erfüllt. Im Zeitpunkt der Registrierung der Gesellschaft verliert der Vertrag über die Errichtung der Gesellschaft seine rechtliche und faktische Bedeutung.

jb) Gründerhaftung

Die Registrierungsbehörde ist berechtigt, bei groben und nicht heilbaren Verstößen gegen Rechtsvorschriften im Zusammenhang mit der der Gründung sowie bei wiederholten oder groben Verstößen gegen Rechtsvorschriften über die staatlichen Registrierung bei Gericht die Liquidation der gegründeten Gesellschaft zu beantragen. Eine gefestigte Rechtsprechungspraxis zu dieser Regelung fehlt. Das Höchste Arbitragegericht der Russischen Föderation (VAS) empfiehlt den Gerichten bei der Anwendung einer ähnlichen Regelung, nämlich Art 61 ZGB,[416] eine angemessene Frist für die Vornahme von Korrekturen, zB für den Abschluss eines Vertrages mit einem Registerführer oder für die Aufnahme von gesetzeskonformen Regelungen in die Satzung, zu setzen und erst nach fruchtlosem Ablauf dieser Frist über die Liquidation der mit Rechtsverletzungen gegründeten Gesellschaft zu entscheiden.[417] Nach der neueren Rechtsprechung kann eine juristische Person dann nicht liquidiert werden, wenn die Verstöße nur gering sind oder die schädigenden Folgen beseitigt werden. Die

---

414 Pkt 1.2.1 (b).

415 Pkt 3 der Präsidialverordnung des Obersten Gerichts der Russischen Föderation und des Höchsten Arbitragegerichts der Russischen Föderation „Über die Einzelfragen der Anwendung des Föderalen Gesetzes „Über die Aktiengesellschaften" Nr 4/8 vom 02.04.1997, vgl auch Pkt 6 des Beschlusses Nr 19.

416 Gem Art 61 Abs 2 Pkt 1 letzter Satz ZGB kann eine juristische Person aufgrund der gerichtlichen Feststellung der Unwirksamkeit ihrer Registrierung wegen unheilbaren Verstößen gegen Rechtsvorschriften bei ihrer Gründung liquidiert werden.

417 Pkt 4. 5 der Übersicht der Verhandlungspraxis über Streitigkeiten, die mit der Liquidation von juristischen Personen (kommerziellen Organisationen) verbunden sind, bestätigt durch den Informationsbrief des VAS der Russischen Föderation Nr 50 vom 13.01.2000, abrufbar über die Datenbank GARANT.

Gesellschaft unterliegt nur dann der Liquidation, wenn die Rechtsverletzungen bei ihrer Errichtung grob und nicht heilbar sind.[418]

Auch das russische Verfassungsgericht erklärte, dass diese Sanktion aus rein formalen Gründen nicht angewandt werden darf. Die Verletzungen müssen sowohl nach ihrer Natur als auch von ihren Folgen her so schwerwiegend sein, dass die zwangsweise Liquidation eine Maßnahme zum Schutz der Rechte und geschützten Interessen dritter Personen darstellt. In der Praxis sind die Gerichte insbesondere bei Liquidationsklagen, die von der Steuerbehörde eingebracht werden, zurückhaltend. Keine grobe Rechtsverletzung stellt es zB dar, wenn eine Gesellschaft im Antrag auf Registrierung als ihren Sitz eine fiktive Adresse angegeben hat, insbesondere, wenn die Gesellschaft rechtzeitig ihre steuerrechtlichen Pflichten erfüllt hat.[419] Als geringfügig werden auch die nicht rechtzeitige Einbezahlung des Satzungskapitals[420] oder das Fehlen der Erlaubnis zur Verwendung des Wortes „Russland" in der Firma der Gesellschaft[421] gewertet.

jc) Anfechtung der Eintragung der Gesellschaft

Die Gründer oder sonstige Dritte, die in ihren bürgerlichen Rechten oder gesetzlich geschützten Interessen verletzt sind, könnten die Unwirksamkeitserklärung der Registrierung nach Art 13 ZGB anregen. Dazu müssen zwei Voraussetzungen vorliegen: die Nicht-Übereinstimmung mit den geltenden Rechtsvorschriften und die Verletzung von Rechten oder geschützten Interessen von natürlichen oder juristischen Personen.

Nichtübereinstimmung mit geltenden Rechtsvorschriften ist gegeben, wenn der Antragsteller nicht alle durch das Gesetz vorgesehenen Dokumente vorgelegt hat oder sie einer unzuständigen Registrierungsbehörde vorgelegt hat und die Registrierungsbehörde die Registrierung nicht verweigerte, obwohl sie dazu gem Art 23 Pkt 1 RegG verpflichtet gewesen wäre. Es gilt die allgemeine Verjährungsfrist von drei Jahren.

Personen, die ein rechtliches Interesse an der Löschung der Registrierung haben, sind berechtigt, die Registrierung anzufechten. Ein Beispiel für die Verletzung von Rechten oder geschützten Interessen von natürlichen oder juristischen Personen wäre eine fiktive Firmengründung, bei welcher die Unterschrift des Gründers, der sie in Wirklichkeit nicht gewollt hat, gefälscht wurde. Wegen in-

---

418 Vgl Pkt 2 und 3 des Informationsbriefs des VAS vom 13.08.2004 Nr 84 „Über einzelne Fragen der Anwendung von Artikel 61 des Zivilgesetzbuchs der Russischen Föderation durch die Arbitragegerichte", abrufbar über die Datenbank GARANT.

419 Vgl die Beschlüsse des Föderalen Arbitragegerichts des Moskauer Gerichtsbezirks Nr KG-A40/8966-04 vom 11.10.2004 und des Wolga-Gerichtsbezirks Nr A 55-9183/03-35 vom 18.03.2004.

420 Beschluss des Föderalen Arbitragegerichts des Moskauer Gerichtsbezirks Nr KG-A40/11814-04 vom 21.12.2004.

421 Beschluss des Föderalen Arbitragegerichts des Moskauer Gerichtsbezirks Nr KG-A40/6294-04 vom 02.08.2004.

haltlicher Fehler im Gründungsverfahren bzw in den vorgelegten Dokumenten kann die Registrierung nicht angefochten werden.[422]

Die Nichtigkeitserklärung wirkt ex nunc. Alle vor der Löschung der Angabe über die Gesellschaft im Unternehmensregister vorgenommenen Rechtsgeschäfte bleiben wirksam.[423]

jd) Verwaltungsrechtliche Haftung der Gründer

Der Antragsteller der zu registrierenden Gesellschaft (dh das vertretungsberechtigte Organ des Gründers der Gesellschaft, das den Registrierungsantrag unterzeichnen soll bzw unterzeichnet hat) haftet für die Nichtvorlage, die nicht fristgerechte Vorlage oder die Vorlage unzutreffender Angaben/Informationen.[424] Das Organ des Gründers der Gesellschaft kann insbesondere zu einer verwaltungsrechtlichen Geldstrafe in Höhe von 50 Monatsmindestlöhnen[425] herangezogen werden. Im Falle der Vorlage von vorsätzlich falschen Angaben in den bei der Registrierungsbehörde vorgelegten Unterlagen (zB über eine fiktive Sitzadresse), kann, sofern diese Handlung keine Straftat darstellt, ebenso eine verwaltungsrechtliche Geldstrafe in Höhe von 50 Monatsmindestlöhnen[426] gegen das Organ des Gründers der Gesellschaft, das den Registrierungsantrag unterzeichnet hat, oder eine Disqualifikation[427] für eine Frist von bis zu drei Jahren[428] ausgesprochen werden.

je) AG vor Einbezahlung von 50% des Satzungskapitals

Die AG entsteht zwar mit der Registrierung[429], sie darf aber bis zur Einbezahlung von 50% des Satzungskapitals der Gesellschaft[430] nur Rechtsgeschäfte, die für die Gründung der Gesellschaft zweckmäßig und notwendig sind, abschließen.[431] Die Gesellschaft kann Verpflichtungen ihrer Gründer aus Rechtsgeschäf-

---

422 *Kadelets/Prechtl*, S 523 f.

423 Informationsbrief des VAS „Über die Rechtsgeschäfte der juristischen Person, deren Registrierung als unwirksam erklärt wurde" Nr 54 vom 09.06.2000.

424 Art 25 Pkt 1 des RegG.

425 Art 14.25 Ziff. 3 des Gesetzbuchs über die Verwaltungswidrigkeiten der Russischen Föderation vom 30.12.2001, Nr 195–FS, SZ RF vom 7.1.2002, Nr 1, Pos 1.

426 Ca. EURO 135,–.

427 Die „Disqualifikation" wird in Art 3.11 Pkt 3 des Gesetzbuchs über die Verwaltungswidrigkeiten der Russischen Föderation vom 30.12.2001 als „Entzug des Rechtes einer natürlichen Person, leitende Positionen im Exekutivorgan einer juristischen Person einzunehmen, eine Direktorenrats- (Aufsichtsrats)Mitgliedschaft zu übernehmen, unternehmerische Tätigkeit durch Verwaltung einer juristischen Person auszuüben sowie die Verwaltung einer juristische Person in anderen durch die Vorschriften der Russischen Föderation bestimmten Fällen auszuüben" definiert.

428 Art 14.25 Ziff. 4 des Gesetzbuchs über die Verwaltungswidrigkeiten der Russischen Föderation vom 30.12.2001.

429 Art 2 Pkt 5 AktG; Art 8 AktG; Art 13 AktG.

430 Die Höhe des einbezahlten Satzungskapitals wird nicht in das Unternehmensregister eingetragen.

431 Art 2 Pkt 3 AktG.

ten, die für die Gründung der Gesellschaft zweckmäßig und notwendig waren, durch Beschluss der Gesellschafterversammlung übernehmen.[432]

jf) Sacheinlagen

Nach der russischen Rechtsprechung können Objekte geistigen Eigentums, wie zB Patente, Software-Programme oder know how nicht als Einlage dienen, da ihr Wert nicht in Geld ermittelt werden kann. In der Gründungsversammlung bestätigen die Gründer einstimmig den Wert der Sacheinlagen, dh von nicht in Geld bestehendem Einlagevermögen, wie zB Immobilien, Produktionsanlagen, Wertpapieren, Urheberrechten oder Know how.

Dieser Geldbewertung durch die Gründer geht die verpflichtende Geldbewertung durch einen gesellschaftsfremden Bewerter voraus (vgl auch das Föderale Gesetz „Über die Bewertungstätigkeit in der Russischen Föderation" vom 29.7.1998[433] im Folgenden „Bewertungsgesetz[434]")[435]. Die Gründer sind bei der Bestellung des Bewerters relativ frei und nicht an die Weisungen der Registrierungsbehörde – wie dies zB bei Bestellung des Gründungsprüfers durch das Registrierungsgericht nach österreichischem Recht der Fall ist – gebunden.

Die Höhe der Bewertung durch die Gründer darf die Höhe der unabhängigen Bewertung, die im Bericht des unabhängigen Bewerters angegeben wird, nicht überschreiten.[436] Die Kontrolle über die Einhaltung dieser Vorschrift wird zur Zeit insbesondere durch die Föderale Behörde für Finanzmärkte (Federal´naja sluzhba po finansovym rynkam, „FSFR") ausgeübt, bei der die Gesellschaft im Falle einer Sachgründung diesen Bericht gemeinsam mit ihrem Antrag auf die Registrierung der Aktienausgabe vorlegen muss. Eine Gründungsprüfung in der Form, wie sie in Österreich oder Deutschland durch das Gericht stattfindet, findet nicht statt. Die Steuerbehörde, die die staatliche Registrierung vornimmt, kann die Eintragung auch nicht aufgrund einer Überbewertung der Sacheinlage ablehnen.[437]

Bei der GmbH müssen Sacheinlagen, deren Wert das Zweihundertfache des Mindestarbeitslohnes übersteigt, zusätzlich von einem unabhängigen Gutachter bewertet werden. Kommt es dennoch zu einer Überbewertung, haften die Gesellschafter und der Gutachter für drei Jahre gesamtschuldnerisch und subsidiär in Höhe der Überbewertung für die Verbindlichkeiten der Gesellschaft, falls deren Vermögen dazu nicht ausreicht.[438] Für die AG ist unabhängig von der

---

432 Art 10 AktG.
433 SZ RF 1998, Nr 31, Pos. 3813, deutsche Übersetzung in *Brunner/Schmid/Westen* (Hg), Wirtschaftsrecht der osteuropäischen Staaten, II 1 Russische Föderation, III 2 e.
434 SZ RF 1998, Nr 31, Pos. 3813.
435 Art 34 Pkt 3 Abs 3 erster Satz iVm Art 77 AktG.
436 Art 34 Pkt 3 Abs 3 S 1 AktG.
437 Eine Ablehnung ist nur bei Nichtvorlage der erforderlichen Dokumente oder bei Unzuständigkeit der Behörde zulässig, Art 23 Pkt 1 RegG.
438 Art 15 Abs 2 GmbHG; Pkt 7 Verordnung des Plenums des VAS Nr 90/14 vom 9.12.1999, Vestnik des Obersten Arbitragegerichts 2000, Nr 2.

Höhe der Sacheinlage eine unabhängige Bewertung vorgesehen.[439] Eine gesetzliche Haftung für die Überbewertung ist im AktG nicht vorgesehen.[440] *Suchanov*[441] schlug daher bereits 1998, also zwei Jahre nach Inkrafttreten des AktGes, die analoge Anwendung von Art 15 Pkt 2 GmbHG vor, wonach Gesellschafter und Bewerter für drei Jahre ab der Registrierung solidarisch und subsidiär für die Verbindlichkeiten der Gesellschaft in Höhe der überhöhten Bewertung der Sacheinlagen haften. Die Autoren der Aktienkommentare übernehmen diesen Vorschlag jedoch nicht.[442] Einschlägige Judikatur zu dieser Frage liegt noch nicht vor.[443]

Der Bewerter haftet aber nach dem Bewertungsgesetz, wenn sich (nachträglich) herausstellt, dass er die Sacheinlage überbewertet hat. Die Grundsätze für die Ausübung dieser Tätigkeit sind im Föderalen Gesetz „Über die Bewertungstätigkeit in der Russischen Föderation" vom 29.07.1998 Nr 135-FZ (im folgenden: „Bewertungsgesetz") geregelt.[444] Das Bewertungsgesetz sieht in Art 24.6 die Haftung des Bewerters vor. Art 24.7 regelt den verpflichtenden Abschluss einer Haftpflichtversicherung für Bewerter. Versicherungsfall aus der vertraglichen Haftpflichtversicherung ist die entweder durch ein rechtskräftig gewordenes Urteil eines Arbitragegerichts oder durch Anerkennung durch den Versicherer festgestellte Verursachung von Schäden. Diese müssen aufgrund von Tätigkeiten oder Unterlassungen, die Verletzungen der einschlägigen anwendbaren Vorschriften die im Gesetz angeführt sind, darstellen, entstanden sein. (Art 24.7 Abs 2 Bewertungsgesetz).

5. Konzernrechtliche Regelungen ieS

a) *Durchgriff auf herrschende Gesellschaften für Verbindlichkeiten abhängiger Gesellschaften (Konzernhaftung)*

Art 105 ZGB und Art 6 Pkt 3 Abs 2 AktG und Art 6 Pkt 3 Abs 2 GmbHG sehen für Tochtergesellschaften eine Durchbrechung des Trennungsprinzips unter verschiedenen Voraussetzungen vor.

Der Begriff „Konzern" ist im russischen Recht nicht definiert,[445] auch die bekannten Finanz-Industriegruppen[446] oder die Holding werden hier nicht her-

---

439 Art 34 Pkt 3 AktG.
440 Kritisch dazu *Solotych,* Gesellschaftsrecht, Rdnr 155.
441 RIW, 1998, S 708.
442 Für viele: *Braginskij* in *Sapkina, ,Zalesskij* in *Tichomirov.*
443 Abfrage der Rechtsdatenbank Garant per 10.3.2012.
444 SZ RF vom 3. 8.1998, Nr 31, Pos 3813; idF vom 3.12.2011.
445 Zur Problematik der verschiedenen Definitionen siehe *Rabensdorf,* S 159f.
446 Finanz-Industrie-Gruppen sind juristische Personen, die eine Muttergesellschaft und mehrere Tochtergesellschaften umfassen und ihr Vermögen ganz oder teilweise vereinigt haben. Sie werden auf vertraglicher Grundlage geschaffen. In einer Finanz-Industrie-Gruppe müssen sowohl produzierende Betriebe als auch Kreditinstitute vertreten sein, vgl *Sinel'nikov,* Finanz-Industrie-Gruppen als Element der russischen Strukturpolitik, Forschungsbericht des Bundesinstituts für ostwissenschaftliche und internationale Studien; 1995, abrufbar unter http://nbn-resolving.de/urn:nbn:de:0168–ssoar-45963, S 1.

angezogen. Zum näheren Verständnis sei daher zunächst auf die russische Definition der Tochtergesellschaften und abhängigen Gesellschaften eingegangen.

aa) Tochtergesellschaften

Das russische Recht definiert den Begriff „Tochtergesellschaft" und den Begriff „abhängige Gesellschaft" und ordnet in bestimmten Fällen eine Haftung der Muttergesellschaft an.

Eine Gesellschaft gilt als Tochtergesellschaft, wenn eine andere Gesellschaft aufgrund einer überwiegenden Beteiligung an ihrem Satzungskapital, aufgrund eines Vertrages oder auf andere Weise die Möglichkeit hat, die von dieser Gesellschaft zu treffenden Entscheidungen zu bestimmen[447]. Voraussetzung ist somit das Vorliegen eines Beherrschungsverhältnisses bzw. die Möglichkeit der Muttergesellschaft, die Entscheidungen der Tochtergesellschaft zu bestimmen[448]. Die Mutter-Tochterbeziehung ist somit eine Konsequenz von wirtschaftlichen und rechtlichen Verflechtungen und kein rein rechtliches Subordinationsverhältnis.[449]

Es ist nicht geregelt, ab welcher Kapitalbeteiligung eine beherrschende Beteiligung vorliegt. Ob eine Gesellschaft als Tochtergesellschaft zu qualifizieren ist, bestimmt sich nach den Umständen des Einzelfalls.[450] *Heeg* sieht darin in Ermangelung der Legaldefinition des Beherrschungsverhältnisses einen unbestimmten Rechtsbegriff.[451] Ob eine Beherrschungsmöglichkeit vorliegt, ist somit durch Einzelfallprüfung durch das Gericht zu überprüfen. Die Meinungen in der Literatur und Judikatur gehen auseinander;[452] eine Beteiligung von über 50 % wird jedenfalls als ausreichend angesehen.[453] Ein Beherrschungsverhältnis wird auch durch Geschäftsführungs-, Verwaltungs-[454] oder andere Verträge begründet, die die Einwilligung der beherrschenden Gesellschaft in bestimmten Geschäftsbereichen vorsehen.[455] In der Literatur werden auch Satzungsbestimmungen, die der Muttergesellschaft das Recht zur Erteilung von verbindlichen Anweisungen einräumen, die Entsendung von Vertretern in den Direktorenrat und rein faktische Handlungen wie die Ausübung von Druck genannt.[456]

---

447 Art 105 Pkt 1 ZGB; Art 6 Pkt 2 GmbHG; Art 6 Pkt 2 AktG.

448 *Arzinger/Galander*, Russisches Wirtschaftsrecht, S 50 f.

449 Vgl *Heeg*, WiRO 2000, S 1 f, *Plagemann*, Satzungstrenge im russischen Aktienrecht, WiRO 2011, S 235.

450 *Karimullin*, Der Schutz der Minderheitsaktionäre in Russland, Arbeitspapier des FOWI Nr 84, Wien, 2001, S 26.

451 WiRO 2000, S 1.

452 Siehe die Übersicht bei *Heeg*, Durchgriffshaftung im russischen Recht der Kapitalgesellschaften, WiRO 2000, S 2.

453 *Heeg*, S 2 mwN; *Šapkina* in *Sadikov*, Kommentar zum Zivilgesetzbuch der RF, Teil I (2. Auflage, 2003) Art 105.

454 *Heeg*, S 2; *Suchanov*, Kommentar zum 1. Teil des ZGB für Unternehmer 1.A 135, 2.A. 194.

455 *Šapkina* in *Sadikov*, Kommentar zum Zivilgesetzbuch der RF, Teil I (2. Auflage, 2003) Art 105; *Karimullin*, Minderheitsaktionäre, S 26.

456 *Heeg*, S 2f mwN.

Der Gesetzgeber definiert ebenfalls nicht, was unter der Möglichkeit, die Entscheidungen der Tochter auf andere Weise zu beeinflussen, zu verstehen ist.

Die mangelnde Rechtssicherheit wird insbesondere in der ausländischen Literatur kritisiert und in der Praxis wird empfohlen, zur Vermeidung eines Haftungsdurchgriffs eine weitere ausländische Gesellschaft zwischenzuschalten, um die Haftung der Großmutter dem nationalen ausländischen Recht zu unterstellen.[457]

Die Verfasser der Konzeption schlagen daher vor, die Regelung*en des ZGB über Mut*ter- und Tochtergesellschaften zu verbessern: Die Bestimmungen zur Haftung der Muttergesellschaft für Schulden der Tochtergesellschaft sollten vereinheitlicht und mit den Regeln des Artikel 105 Abs 2 ZGB in Einklang gebracht werden. Nach der allgemeinen Regel soll eine solche Haftung der Muttergesellschaft auch ohne deren Verschulden greifen. Nur im Falle der Insolvenz setzt die Haftung der Muttergesellschaft deren Verschulden voraus. Eine solche Haftung soll auch in allen Fällen eintreten, in welchen die Tochtergesellschaft Beschlüsse der Muttergesellschaft umsetzte.[458] Der Gesetzesentwurf ersetzt die Definition der Mutter- und Tochtergesellschaften durch den Affiliationsbegriff. Hauptgedanke war hier offensichtlich, dass die „Enkelgesellschaft" nach der bisherigen Definition keine Tochtergesellschaft für die Muttergesellschaft ist. Durch die neue Definition soll die Verantwortung der Muttergesellschaft für die Enkelgesellschaft nicht mehr durch Zwischenschaltung einer Gesellschaft umgangen werden können, sodass nur mehr auf die tatsächliche Kontrolle abgestellt wird.

Neben der Tochtergesellschaft definiert der Gesetzgeber die abhängige Gesellschaft, die ab einer Beteiligung von mehr als 20 % vorliegt. Der Erwerb einer solchen Beteiligung ist zu veröffentlichen.[459] Auffallend ist, dass die Begriffe der Tochtergesellschaft und der abhängigen Gesellschaft nach der deutschen und österreichischen Terminologie genau umgekehrt verwendet werden.[460] Die Autoren der Konzeption hielten es überhaupt für zweckmäßig, die Begriffe der abhängigen Gesellschaft und der Mehrheitsbeteiligungsgesellschaft in Artikel 106 ZGB ganz aus dem ZGB zu streichen, da diese in der Praxis kaum Anwendung finden.[461]

ab) Haftung für Schulden der Tochtergesellschaft

Der russische Gesetzgeber sieht für die AG und die GmbH in drei Fällen eine Haftung der Muttergesellschaft für die Schulden ihrer Tochtergesellschaft vor.

---

457 *Plagemann*, S 236.
458 Konzeption, S 59 f.
459 Art 106 ZGB; Art 6 Pkt 4 GmbHG; Art 6 Pkt 4 AktG.
460 Vgl *Arzinger/Galander*, S 50f.
461 Konzeption S 58.

- Gesamtschuldnerische Haftung für Geschäfte, die die Tochter in Erfüllung der Anweisungen der Mutter abgeschlossen hat

Eine Muttergesellschaft haftet solidarisch mit der Tochter für Geschäfte, die die Tochter in Ausführung ihrer Anweisungen geschlossen hat.[462] Bei Tochteraktiengesellschaften gilt dies nur, wenn das Recht zur Erteilung von verbindlichen Anweisungen vertraglich oder durch eine Satzungsbestimmung festgelegt war.[463] Das GmbHG nimmt diese Einschränkung nicht vor. Es bestehen jedoch Tendenzen, diese Bestimmung des Aktienrechts entgegen ihrem Wortlaut auszulegen und die Haftung nicht an das Vorliegen eines Vertrages oder einer Satzungsbestimmung zu binden.[464]

- Subsidiäre Haftung gegenüber den anderen Gesellschaftern der Tochtergesellschaft für durch Weisungen zugefügten Schaden

Gegenüber den anderen Gesellschaftern der Tochtergesellschaft haftet die Mutter subsidiär für den durch ihre Weisungen zugefügten Schaden. Die Haftung setzt Verschulden voraus.[465] Art 105 Abs 3 ZGB räumt den Gesellschaftern einer Tochtergesellschaft das Recht ein, von der Muttergesellschaft Ersatz für von der Muttergesellschaft schuldhaft zugefügte Nachteile zu begehren. Der Schaden gilt dann als durch die beherrschende Gesellschaft schuldhaft verursacht, wenn sie die ihr zustehenden Rechte und Möglichkeiten in dem Wissen, dass sie damit die Tochtergesellschaft schädigt, ausgeübt hat.[466]

Für Tochteraktiengesellschaften ist das Verschulden näher definiert: die Mutteraktiengesellschaft haftet nur für solche Schäden, die dadurch entstanden sind, dass diese ihr Recht bzw die faktische Möglichkeit, die von der Tochtergesellschaft zu treffenden Entscheidungen zu bestimmen, mit dem Zweck ausgeübt hat, die Tochter zu einer bestimmten Handlung zu bestimmen, und dabei wusste, dass der Tochtergesellschaft daraus ein Schaden erwächst. Angesichts des Gesetzesvorbehaltes in Art 105 Abs 3 ZGB ist die aktienrechtliche Haftungseinschränkung durch die Anhebung des Verschuldensmaßstabes unproblematisch.[467]

Das GmbHG enthält die ZGB-Regelung ohne die Einschränkung des Aktienrechts. Die analoge Anwendung des AktGes wird nach hL abgelehnt, da die Einschränkung im ersten Entwurf des GmbH-Gesetzes noch enthalten war, letztlich aber nicht übernommen wurde.[468]

---

462 Art 6 Pkt 3 GmbHG; Art 6 Pkt 3 AktG; Art 105 Pkt 2 Abs 2 ZGB.
463 Art 6 Pkt 3 Abs 2 AktG.
464 *Šapkina*, Arbitrazno-sudebnaja praktika primenenija federal'nogo zakona ob ob akcionernych obščestvach, Hg: *Glushetzkij/Vitrjanskij/Suchanov/Cecura/Jakutin* Ekonomika i shizn', Moskau, 1997, zitiert bei *Heeg*, S 3 FN 32.
465 Art 6 Pkt 3 Abs 4 GmbHG; Art 3 Pkt 3 GmbHG; Art 6 Pkt 3 Abs 4 Satz 1 AktG.
466 Art 6 Pkt 3 Abs 4 Satz 2 AktG; Art 3 Pkt 3 AktG.
467 *Kadelets/Prechtl*, S 537.
468 Vgl *Rabensdorf*, S 197f, *Arzinger/Galander*, S 52, *Heeg*, S 202 und in WiRO 2000, S 1.

Gem Art 401 ZGB hat der Kläger das Mutter-Tochter-Verhältnis, die Tatsache der Rechtswidrigkeit und die Höhe des Schadens zu beweisen. Vom Schuldvorwurf muss sich die beklagte Gesellschaft freibeweisen.[469]

• Haftung der Mutter für Verbindlichkeiten der Tochtergesellschaft, wenn die Tochtergesellschaft durch die Schuld der Mutter insolvent wird

Im Fall der Insolvenz der Tochtergesellschaft haftet die Muttergesellschaft ebenfalls subsidiär, wenn sie die Insolvenz verschuldet hat.[470] Im ZGB ist die Haftung bei Fahrlässigkeit und Vorsatz vorgesehen. Das Aktiengesetz beschränkt die Verschuldenshaftung der Muttergesellschaft für die Insolvenz der Tochteraktiengesellschaft auf Vorsatz. Nach Art 3 Pkt. 3 Abs 3 AktG liegt Vorsatz vor, wenn die Muttergesellschaft von der Möglichkeit und/oder dem Recht, die Entscheidungen der Tochtergesellschaften zu bestimmen, mit dem Ziel Gebrauch gemacht hat, die Tochtergesellschaft eine Handlung vornehmen zu lassen, von der sie weiß, dass diese die Insolvenz der Tochter bewirkt. In der Praxis wird dies nur in außergewöhnlichen Ausnahmefällen vorkommen.[471] Die Haftungsregeln bei Insolvenz der Tochtergesellschaft wurden jedoch durch die Neuregelung des Insolvenzrechts im Jahr 2009 verschärft.[472]

Die praktische Bedeutung der drei Haftungsregeln wird in der Literatur unterschiedlich bewertet. Die Einschätzungen reichen von der Bezweiflung der Relevanz dieser Normen[473] bis zur Bewertung als erhebliche, bisher in ihren Auswirkungen nicht überschaubare Haftungsrisiken für ausländische Muttergesellschaften.[474] Es gibt einen einschlägigen höchstgerichtlichen Beschluss, in welchem das Oberste Gericht und das Oberste Arbitragegericht zu Auslegungsfragen Stellung nehmen.[475] Nach Meinung der Höchstgerichte ist für das Vorliegen des Mutter-Tochterverhältnisses bereits das Bestehen des Weisungsrechts für einzelne Rechtsgeschäfte ausreichend.[476] Höchstgerichtliche Judikatur liegt – soweit ersichtlich – derzeit noch nicht vor, wenngleich die Anzahl der Verfahren in den letzten Jahren stark zugenommen hat.[477]

---

469 *Kadelets/Prechtl*, S 537.
470 Art 6 Pkt 3 Abs 3 GmbHG; Art 3 Pkt 3 AktG; Pkt 12 Verordnung des Obersten Arbitragegerichts und des Obersten Gerichts Nr 4/8 vom 2.4.1997, Vestnik des Obersten Arbitragegerichts 1997, Nr 6.
471 *Holloch*, S 76 f.
472 Vgl dazu unten, Kap 3.
473 *Suchanov*, Das Gesetz über Gesellschaften mit beschränkter Haftung, ChiP 1998, Nr 5.
474 *Arzinger/Galander*, S 53.
475 Pkt 31 des gemeinsamen Beschlusses des Obersten Gerichts und des Obersten Arbitragegerichts Nr 6/8 vom 1.7.1996, Vestnik des Obersten Arbitragegerichts 1996 Nr 9; der gemeinsame Beschluss des Obersten Gerichts und des Obersten Arbitragegerichts Nr 4/8 vom 2.4.1997, Vestnik des Obersten Gerichts 1997 Nr 6/97, wurde aufgehoben durch den Beschluss des Obersten Gerichts vom 18.11.2003 Nr 19, und den Beschluss des Obersten Arbitragegerichts vom 20.11.2003 Nr 20.
476 Kritisch dazu *Rabensdorf*, S 172.
477 Vgl *Bezborodov/Budak*, Neuerungen im russischen Insolvenzrecht, eastlex 2010, S 101.

Natürliche Personen, die die Insolvenz einer juristischen Person verursachen, haften überdies subsidiär nach dem Insolvenzrecht (Bundesgesetz vom 26.10.2002 Nr. 127–FZ „Über Zahlungsunfähigkeit (Insolvenz)").

Die Konzeption[478] sieht außerdem die Einführung von zusätzlichen Haftungsregelungen für Einpersonengesellschaften vor: Die Bestimmungen über Einpersonengesellschaften sollen durch Regelungen über die subsidiäre Haftung des (Allein-)Gesellschafters für Schulden der Gesellschaft ergänzt werden. Diese subsidiäre Haftung des Gesellschafters soll bei Vermögenslosigkeit der Gesellschaft und immer dann greifen, wenn die Gesellschaft Geschäfte nach dem Willen (im Auftrag) des Einzelgesellschafters ausführt.

b) Eingriffstatbestände

Die Folgen von Handlungen zum Schaden der Gesellschaft durch Mitglieder des Vorstands und des Aufsichtsrats zwecks Erlangung gesellschaftsfremder Vorteile (vgl § 100 öAktG) sind im russischen Recht im Wesentlichen durch die Bestimmungen zur Organhaftung geregelt. So verpflichtet Art 53 ZGB alle Personen, die kraft Gesetz oder Statut im Namen einer juristischen Person handeln, treu und sorgfältig im Interesse der Gesellschaft zu handeln und ordnet auch deren Haftung für der juristischen Person zugefügte Schäden an, wenn dies von den Gründern (Mitgliedern) gefordert wird.

Bei der AG finden sich die näheren Bestimmungen in Art 71 AktG: Der Generaldirektor, die Mitglieder des Kollegialexekutivorgans oder die geschäftsführende Organisation bzw. der Fremdgeschäftsführer (im Folgenden „Mitglieder des Exekutivorgans") müssen bei der Ausübung ihrer Rechte und der Erfüllung ihrer Pflichten im Interesse der Gesellschaft handeln und ihre Rechte und Pflichten gegenüber der Gesellschaft gewissenhaft und angemessen ausüben bzw erfüllen.[479] Die Mitglieder des Exekutivorgans haften für Verluste der Gesellschaft, die von ihnen schuldhaft verursacht wurden.[480] Die Organhaftung ist somit als Verschuldenshaftung konzipiert und nicht auf Vorsatz beschränkt.[481] Haben mehrere Personen den Schaden verursacht, so haften sie gesamtschuldnerisch und solidarisch für die verursachten Schäden.[482] Ist ein Kollegialorgan vorhanden, so sind jene Mitglieder des Exekutivorgans, die gegen die schadenskausale Entscheidung gestimmt oder an der entsprechenden Beschlussfassung nicht teilgenommen haben, von der Haftung befreit.[483] Neben der Festsetzung dieser allgemeinen Sorgfaltspflicht gibt es grundsätzlich keinen Katalog an konkreteren Geschäftsführerpflichten.[484] Auch im russischen Recht ist grundsätzlich anerkannt, dass das bloße Fehlschlagen unternehme-

---

478 Konzeption S 60.
479 Art 71 Pkt 1 AktG.
480 Art 71 Pkt 2 Abs 1 AktG; vgl auch Art 53 Pkt 3 Satz 2 ZGB.
481 Vgl *Rabensdorf*, S 65 mwN.
482 Art 71 Pkt 4 AktG.
483 Art 72 Pkt 2 Abs 2 AktG.
484 *Rabensdorf*, S 63, *Kadelets/Prechtl*, S 570.

rischer Entscheidungen nicht bereits an sich haftungsbegründend ist, sondern es einer rechtswidrigen Verletzung der Geschäftsführerpflichten bedarf.[485] Für Mitglieder des Direktorenrats gelten die gleichen Haftungsbestimmungen wie für das Exekutivorgan bzw. die Mitglieder eines kollektiven Exekutivorgans. Die Organhaftung greift nicht, insoweit in föderalen Gesetzen andere Gründe und ein anderer Umfang der Haftung vorgesehen sind.[486]

Bei der Bestimmung der Grundlagen und des Umfangs der Haftung sind die üblichen Bedingungen des Geschäftsverkehrs und alle anderen Umstände, die für das Verfahren von Bedeutung waren, heranzuziehen.[487] Die Aktionäre sind im Interesse der Gesellschaft klageberechtigt. Gläubiger sind nicht klageberechtigt. Die Gesellschaft kann ein schuldhaft handelndes Mitglied des Exekutivorgans auf Schadenersatz klagen. Da Klagen der Gesellschaft aber vom Generaldirektor zu unterfertigen sind und das Gesetz keine Vorkehrungen für den Fall dieses Interessenskonfliktes trifft, wird es idR zu keiner Klageerhebung kommen, solange das Mitglied des Exekutivorgans, das den Schaden verursacht hat, noch im Amt ist.[488]

Als Alternative bietet sich die Einbringung einer mittelbaren Klage durch die Aktionäre der Gesellschaft an. Aktionäre, die alleine oder zusammen über mindestens 1 % der Stammaktien der Aktiengesellschaft verfügen, sind berechtigt, im Namen der Gesellschaft Klage auf Ersatz des der Aktiengesellschaft zugefügten Schadens zu erheben.[489] Praktisch ist die Einbringung dieser mittelbaren Klage schwer durchsetzbar, da zunächst der Generaldirektor abzuberufen und seine Position neu zu besetzen wäre. Es gibt aber bereits Gerichtsentscheidungen[490], wo die Aktionäre den Geschäftsführer erfolgreich abgesetzt haben. Die Gesellschaft kann aber jederzeit auf den Anspruch verzichten bzw sich vergleichen. Aktionäre sind auch im eigenen Interesse berechtigt, Schadenersatzklage gegen die oben aufgelisteten Organe zu erheben.

Für die GmbH wird die Organhaftung in Art 44 GmbHG im Wesentlichen wie bei der AG geregelt.[491]

Außerdem kann der Missbrauch der Vertretungsmacht zur strafrechtlichen Haftung führen.[492] Das Strafgesetzbuch sieht außerdem für den Missbrauch von Insiderinformationen und Verletzungen der Offenlegungspflicht Haftstrafen von bis zu drei Jahren vor.[493] Inwieweit solche Strafen in der Praxis auch tatsächlich verhängt werden, ist nicht bekannt: Im nationalen Bericht „Corporate Gover-

---

485 *Chanturia*, WiRO 2009, 100.

486 *Kadelets/Prechtl*, S 571.

487 Art 71 Pkt 3 AktG.

488 Vgl *Karimullin*, Minderheitsaktionäre, S 11.

489 Art 71 Pkt 5 AktG, п. 37 Постановление Пленума ВАС РФ от 18.11.2003 N 19 «О некоторых вопросах применения Федерального закона «Об акционерных обществах».

490 Beschluss des Föderalen Arbitragegerichts des Westsibirischen Kreises vom 27.12.2012 in der Sache NA-27-18008/2011.

491 Vgl *Göckernitz/Wedde*, S 34.

492 Art 201 Strafgesetzbuch der RF vom 13.7.1996, SZ RF 1996, Nr 25, Pos 2954.

493 Art 185 und 185.1 Strafgesetzbuch der RF vom 13.7.1996, SZ RF 1996, Nr 25, Pos 2954.

nance und wirtschaftlicher Aufschwung in Russland"[494], der am 04.06.2004 präsentiert wurde, ist angeführt, dass „ungeachtet der großen Menge von öffentlich besprochenen Fälle solcher Pflichtverletzungen die Anzahl der sich daraus ergebenden strafrechtlichen Verfahren äußerst gering ist".

c) Faktischer Konzern/Vertragskonzern

Verträge, die den deutschen Beherrschungsverträgen entsprechen, sind in der russischen Praxis keine übliche Erscheinung.[495] Dies liegt daran, dass das russische Recht eine explizite Haftung der herrschenden Gesellschaft für die Schulden einer Tochtergesellschaft bzw einer abhängigen Gesellschaft vorsieht und die Definition der Tochtergesellschaft bzw abhängigen Gesellschaft nicht ganz eindeutig[496] ist. Die Muttergesellschaft[497] haftet solidarisch mit der Tochter für Geschäfte, die die Tochter in Ausführung ihrer Anweisungen geschlossen hat.[498] Als Tochtergesellschaft gilt ua eine Gesellschaft, wenn eine andere (Mutter-) Gesellschaft gemäß einem zwischen ihnen geschlossenen Vertrag oder auf sonstige Weise die Möglichkeit hat, die von einer solchen Gesellschaft zu treffenden Entscheidungen zu bestimmen.[499] Nach dem Aktiengesetz[500] gilt die Haftungsbestimmung nur, wenn vertraglich oder durch eine Satzungsbestimmung das Recht zur Erteilung von verbindlichen Anweisungen festgelegt ist.[501] Bei der GmbH kommt die Haftung dann zum Tragen, wenn die Erteilung von verbindlichen Anweisungen auf sonstige Weise zulässig ist. In der Praxis wird der Abschluss von Beherrschungsverträgen oder anderen Konstruktionen, wonach sich eine Gesellschaft einer beherrschenden Gesellschaft unterstellt, daher vermieden.[502]

6. Haftungsdurchgriff ieS

a) Gesetzliche Grundlagen/Anerkennung als Haftungsgrundlage prater legem?

Eine Haftung der Gründer oder Gesellschafter für Verbindlichkeiten der Gesellschaft ist im russischen Recht gem Art 56 Pkt 3 ZGB nur in den im ZGB[503] oder in den Gründungsurkunden der juristischen Person geregelten Fällen vor-

---

494 Corporate Governance und wirtschaftlicher Aufschwung in Russland, Nationaler Corporate Governance-Ausschuss, Moskau 2004 S 59.

495 *Rabensdorf*, S 167, mwN.

496 Vgl oben, Kap II.4 zur Definition der Tochtergesellschaft.

497 Wörtlich übersetzt „(Haupt-) Kapital- oder Personengesellschaft, vgl *Göckernitz/Wedde*, S 55, FN 162.

498 Art 6 Pkt 3 GmbHG; Art 6 Pkt 3 AktG; Art 105 Pkt 2 Abs 2 ZGB.

499 Art 6 Pkt 2 GmbHG und Art 6 Pkt 2 AktG.

500 Zum Verhältnis zwischen AktG und ZGB siehe oben, Kap.1.1.

501 Art 6 Pkt 3 Abs 2 AktG.

502 *Rabensdorf*, S 167.

503 Siehe dazu oben zu den Haftungsbestimmungen im Mutter-Tochter-Verhältnis gem Art 105 ZGB, Kap II.4.

gesehen. Davon ausgenommen sind Fälle, die die Insolvenz der juristischen Person verursacht haben.[504]

Das russische Recht ist allgemein sehr formal gestaltet und lässt somit wenig Spielraum für Konzepte, die nicht im Sinne des Gesetzes liegen. Die Anerkennung von Haftungsgrundlagen prater legem, die also nicht mehr vom Gesetzeswortsinn gedeckt sind, scheint daher im russischen Recht aufgrund der tendenziell formalistischen Auslegungsregeln nicht üblich zu sein. Allfällige Rechtsgeschäfte, die nicht dem Gesetz oder anderen Rechtsakten entsprechen, sind gem Art 168 ZGB nichtig.

7. Haftung wegen Verletzung allgemeiner Prinzipien

a) Verletzung der gesellschaftsrechtlichen Treuepflicht

Im russischen Recht wird ein allgemeiner Schadenersatzanspruch gegenüber den Gesellschaftern aufgrund der Verletzung der Treupflicht gegenüber der Gesellschaft nicht anerkannt.[505] Der Anwendung allgemeiner Treupflichten im russischen Recht steht wohl noch entgegen, dass das russische Gesellschaftsrecht noch relativ jung ist und daher noch keine ausreichend gefestigten Standards für das Gesellschafterverhalten vorliegen.[506] Angesichts des Fehlens allgemeiner gesellschaftsrechtlicher Treuepflichten von Gesellschaftern sind die diesbezüglichen Regelungsprobleme nur im Ausmaß ihres Aufgriffs durch gesetzliche Spezialbestimmungen, wie etwa der Durchgriffshaftung auf Muttergesellschaften oder das Stimmverbot für Geschäfte, bei denen ein Interessenskonflikt besteht, zu lösen.[507]

In diesem Zusammenhang ist auch das Verbot des Rechtsmissbrauchs nach russischem Recht zu prüfen:[508] Der Begriff ist immer wieder Gegenstand der Diskussion, sodass der Gesetzesentwurf die explizite Regelung in Art 10 ZGB vorsieht.[509] Derzeit sind gem Art 10 ZGB „Handlungen von natürlichen und juristischen Personen unzulässig, wenn diese mit der Intention vorgenommen werden, einem anderen zu schaden, sowie der anderweitige Missbrauch von Rechten." Nach einer Erklärung des Verfassungsgerichts[510] stellt das Verbot des Rechtsmissbrauchs ein allgemeines Rechtsprinzip dar. In bürgerlich-rechtlichen Streitigkeiten ohne Involvierung staatlicher Interessen wird das Rechtsmissbrauchsverbot aber deutlich seltener angewendet,[511] trotz der ausdrücklichen Bezugnahme in

---

504 Art 56 Pkt 3 Abs 2 ZGB, siehe dazu unten Kap III.
505 *Rabensdorf,* S 67: für die GmbH: *Jem/Kozlova,* Zakonodatel´stvo 2000, Nr 3; für die AG: *Dobrovolskij,* die Anwendung des Gesellschaftsrechts (Priminenie korporativnogo prava) S 300.
506 *Kadlets/Prechtl,* S 522.
507 *Kadlets/Prechtl,* S 523.
508 Vgl *Kadlets/Prechtl,* S 523.
509 *Markenov,* Russland – Umfassende Novelle des Zivilgesetzbuches soll zum 1.9.2012 in Kraft treten, www.gtai.de/recht, homepage per 18.6.2012.
510 Punkt 4.3 der Entscheidung des Verfassungsgerichts der RF vom 15. März 2005, Nr 3-p.
511 *Dobrovolskij,* Die Anwendung des Gesellschaftsrechts (Priminenie korporativnogo prava) S 296.

Art 10 Pkt 1 ZGB. Die Sanktion für rechtsmissbräuchliches Verhalten ist die Versagung des richterlichen Rechtsschutzes, der streng auf Rechtsmissbrauch beschränkt ist.[512] In der Realität des Geschäftslebens in Russland sind rechtsmissbräuchliche Vorgehensweisen, etwa im Steuerrecht, weit verbreitet.[513] Bei vielen der unter dem „Begriff" Rechtsmissbrauch bekannten und diskutierten Techniken der Erlangung von Einfluss bzw Kontrolle über eine Gesellschaft ist der Rechtsmissbrauch jedoch kombiniert mit (straf-)rechtswidrigem Verhalten. Die in der Literatur unter „Rechtsmissbrauch" beschriebenen Fälle sind zu einem Teil darauf zurückzuführen, dass das russische Gesellschaftsrecht so konzipiert ist, dass weitgehend auf die Einschaltung von Gerichten und Verwaltungsbehörden verzichtet wird.[514]

b) Exkurs: allfällige Haftung aufgrund der Nichtigkeit von Rechtsgeschäften

Die Nichtigkeitsvorschriften des russischen ZGB sind sehr weitreichend, sodass gegebenenfalls eine bereicherungsrechtliche Rückabwicklung gem Art 167 ZGB in Frage kommt. So sind Rechtsgeschäfte, die den Anforderungen des Gesetzes oder sonstiger Rechtsvorschriften nicht entsprechen (Art 168 ZGB), die zu einem Zweck vorgenommen werden, der offensichtlich den Grundlagen der Rechtsordnung und der Sittlichkeit widerspricht (Art 169 ZGB) oder die als Scheingeschäfte gelten (Art 170 ZGB) nichtig. Da der Gesetzesentwurf erstmals den Begriff des guten Glaubens einführt[515], sind insbesondere bei Scheingeschäften schadenersatzrechtliche Haftungsansprüche denkbar.

III. Insolvenzrechtliche Haftungstatbestände

Nach der neuen Verfassung der RF im Jahre 1993 wurden bereits mehrere Fassungen[516] eines neuen Insolvenzgesetzes, das wiederum zahlreichen Novellierungen[517] unterlag, in Kraft gesetzt.

---

512 Verfügungen des Plenums des Obersten Gerichts der RF Nr 6/8, S 5.

513 Vgl *Dobrovolskij*, Die Anwendung des Gesellschaftsrechts (Priminenie korporativnogo prava) S 300 ff.

514 Dieses *self-enforcing model* als Grundlage des Gesellschaftsrechts wurde von westlichen Beratern aufgrund der Befürchtung, dass die russischen Gerichte nicht in der Lage wären, aus dem Gesellschaftsverhältnis entstehende Streitigkeiten entsprechend zu lösen, herangezogen, vgl *Black/Kraakman*, A Self-enforcing model of corporate law, (1996) 109 Harvard Law Review 1911 ff.

515 Art 1 Pkt 4 ZGB soll vorsehen, dass die Teilnehmer am zivirechtlichen Verkehr mit gutem Glauben handeln sollen, vgl auch *Markenov*, Russland – Umfassende Novelle des Zivilgesetzbuches soll zum 1.9.2012 in Kraft treten, www.gtai.de/recht, homepage per 18.6.2012.

516 Föderales Gesetz vom 08.01.1998 Nr 6-FS (idF vom 21.03.2002, mit den Änderungen vom 01.10.2002) „Über die Zahlungsunfähigkeit (den Bankrott)", SZ RF vom 12.01.1998, Nr 2, Pos 22.2.

517 Föderales Gesetz vom 26.10.2002 Nr 127-FS (idF vom 06.12.2011) „ Über die Zahlungsunfähigkeit (den Bankrott)", SZ RF vom 28.10.2002, Nr 43, Pos 4190; mit insgesamt 39 Novellierungen.

Juristische Personen (außer den Einrichtungen[518]) haften für ihre Verbindlichkeiten mit ihrem gesamten Vermögen.[519] Die Teilhaber (Gründer) einer juristischen Person haften nach der allgemeinen Regel[520] nicht für deren Verbindlichkeiten; im Falle der Insolvenz (des Bankrotts) einer juristischen Person sieht das ZGB die Möglichkeit einer subsidiären Haftung der Teilhaber (Gründer) sowie anderer Personen vor.[521] Gem Art 56 Abs 3 ZGB kann den Gründern (Teilhabern) einer juristischen Person oder anderen Personen, die der Gesellschaft verbindliche Weisungen erteilen oder ihre Handlungen auf andere Weise beeinflussen können, bei umzureichendem Vermögen der juristischen Person die subsidiäre Haftung für ihre Verbindlichkeiten auferlegt werden, wenn sie die Insolvenz verursacht haben. Es handelt sich dabei um eine Kann-Bestimmung.

Als Personen, die subsidiär zur Haftung herangezogen werden können, nennt das Föderale Gesetz über die Insolvenz (den Bankrott) vom 26. Oktober 2002 (im Folgenden: InsG)[522] den Leiter des Schuldners, die Gründer (Teilhaber), die Mitglieder der Leitungsorgane des Schuldners sowie die Mitglieder der Liquidationskommission (den Liquidator).[523] Die ursprüngliche Fassung des Art 10 Abs 4 InsG wiederholte wörtlich die Bestimmung des Art 56 Pkt 3 ZGB. Die Neufassung aus dem Jahr 2009[524] legt nunmehr fest, dass auch Personen, die den Schuldner kontrollieren, subsidiär für den Ersatz von Schäden, die sich aus den Weisungen ergeben, haften können.[525] Damit wurde der Kreis der Personen, die zur subsidiären Haftung herangezogen werden können, erweitert. Gem Art 2 InsG sind unter kontrollierenden Personen jene Personen zu verstehen, die das Recht haben oder innerhalb von zwei Jahren vor der Erklärung der Insolvenz des Schuldners durch das Arbitragegericht das Recht hatten, dem Schuldner verbindliche Anweisungen zu erteilen oder auf andere Weise die Möglichkeit haben bzw hatten, die Handlungen des Schuldners (direkt oder indirekt)zu bestimmen.[526] Als kontrollierende Personen kommen auch ehemalige Aktionäre oder Teilhaber in Frage. Die Personen, die den Schuldner kontrollieren, haften ab dem Zeitpunkt der Zahlungen an die Gläubiger solidarisch für die subsidiäre Haftung aus Verpflichtungen der juristischen Person. Als Haftungsgrundlage wird der Schaden des Gläubigers aufgrund der Weisung der genannten Personen sowie das unzureichende Vermögen der juristischen Person, das die Konkurs-

---

518 Gem Art 120 Abs 1 ZGB sind Einrichtungen Organisationen, die vom Eigentümer zur Ausübung von Funktionen in der Verwaltung (…) gegründet und gänzlich oder teilweise von ihm finanziert werden. Gem Art 120 Abs 2 haftet der Eigentümer subsidiär für die Verbindlichkeiten der Einrichtung.

519 Art 55 Abs 1 ZGB, Art 48 Abs 1 ZGB; Siehe auch Art 87 Abs 1 und Art 96 Abs 1 ZGB.

520 Vgl dazu oben Kap 1.

521 Art 56 Pkt 3 ZGB.

522 Föderales Gesetz vom 26.10.2002 Nr 127-FS (idF vom 06.12.2011) „ Über die Zahlungsunfähigkeit (den Bankrott)".

523 Art 10 Abs 1 InsG.

524 Fassung des Föderalen Gesetzes vom 28.04.2009 N 73-FS, SZ RF

525 Vgl auch *Bezborodv/Budak*, Neuerungen im russischen Insolvenzrecht, eastlex 2010, S 102.

526 Art2 InsG.

masse bildet, herangezogen. Nach der neuen Rechtslage wird das Verschulden der Gesellschafter vermutet, sodass die Beweislast der Gesellschafter trägt.[527]

Das Arbitragegericht ist berechtigt, die Höhe des Haftungsbetrages zu reduzieren, wenn sich herausstellt, dass die Höhe des Schadens, der den vermögenswerten Rechten der Gläubiger durch das Verschulden der kontrollierenden Person zugefügt wurde, wesentlich geringer ist als die Forderungen, die von der kontrollierenden Person aufgrund ihrer subsidiären Haftung befriedigt werden sollen.[528]

So stellte das zwölfte Appelationsarbitragegericht mit Beschluss [529] fest, dass trotz des Wortlauts von Artt 15 und 393 ZGB in Insolvenzangelegenheiten folgende Kriterien heranzuziehen sind:

- Eintritt des Schadens,
- Die Rechtswidrigkeit des Verhaltens des Schadensverursachers,
- die Schuld des Schadensverursachers, und
- der Kausalzusammenhang[530] zwischen den Handlungen des Schadensverursachers und den eingetretenen Folgen.[531]

Bei Vorliegen dieser Voraussetzungen ist der Klage auf deliktischem Schadenersatz bei Nachweis aller Bedingungen stattzugeben.[532] In der Praxis scheitern die eingereichten Klagen aber häufig an der Beweislast für diese Kriterien. So werden in der Literatur zB die Schwierigkeit, Verschulden und Kausalzusammenhang zu beweisen, sowie die allgemeine Beweislastverteilung als Ursachen für den seltenen Erfolg der Klagen auf Durchgriffshaftung angeführt.[533]

Die gesellschaftsrechtlichen Regeln sehen bei Insolvenz der Tochtergesellschaft ebenfalls eine subsidiäre Haftung der Muttergesellschaft vor, wenn sie

---

527 Art 10 Pkt 4 InsG, vgl auch *Bezborodv/Budak*, Neuerungen im russischen Insolvenzrecht, eastlex 2010, S 102, anders *Knaul/Gromovoj/Knorr* in Aktuelles russsisches Insvolvenzrecht – Wichtige Aspekte in der Krise, Juni 2010, www.roedl.com./ru, Homepage per 26.6.2012, die davon ausgehen, dass das Gesetz die Frage der Beweislast offen lässt.

528 Art 10 Abs 4 InsG.

529 Постановление Двенадцатого арбитражного апелляционного суда от 11.04.2012 по делу N A12–21990/2010 По требованию об отмене определения об отказе в привлечении к субсидиарной ответственности /abrufbar über die Datenbank Konsultant Plus.

530 Gem Art 56 Abs 3 und Art 105 Art 2 ZGB.

531 siehe zB die Verfügung des VAS vom 22.8.2005, Определение Верховного Суда РФ от 22.08.2005 N 78-005-52 (оправдательный приговор по делу о преднамеренном банкротстве и уклонении от уплаты налогов оставлен без изменения, поскольку не представлено доказательств виновных действий осужденных, совершением которых они привели предприятие к состоянию неплатежеспособности) abrufbar über die Datenbank Konsultant Plus.

532 Постановление Двенадцатого арбитражного апелляционного суда от 11.04.2012 по делу N A12–21990/2010 По требованию об отмене определения об отказе в привлечении к субсидиарной ответственности /КонсультантПлюс:Версия Проф; abrufbar über die Datenbank Konsultant Plus.

533 *Bezborodv/Budak*, Neuerungen im russischen Insolvenzrecht, eastlex 2010, S 101, *Aukhatov*, Durchgriffs- und Existenzvernichtungshaftung im deutschen und russischen Sach- und Kollisionsrecht, S 116, *Mereminskaja*, Durchgriffshaftung im System des Gläubigerschutzes nach dem russischen GmbH-Recht, WiRO 2001, S 369f.

die Insolvenz verschuldet hat.[534] Im ZGB und im GmbHG ist die Haftung bei Fahrlässigkeit und Vorsatz vorgesehen. In der Literatur wird immer wieder kritisiert, dass in der geltenden Gesetzgebung die Haftung der GmbH-Gesellschafter strenger geregelt ist als die Haftung der Aktionäre. Das Aktiengesetz beschränkt die Verschuldenshaftung der Muttergesellschaft auf wissentlichen Vorsatz. So greift die Haftung der Aktionäre nur in dem Fall, wenn sie von ihren Rechten oder sonstigen Möglichkeiten mit dem Wissen, dass dies die Insolvenz der Gesellschaft zur Folge hat, Gebrauch machen. (Art 3 Abs 3 AktG). Diese Bestimmung erschwert die Heranziehung von Aktionären zur Haftung wesentlich. Während vor dem Inkrafttreten des AktGes die Haftung der Aktionäre durch das ZGB geregelt waren, das nicht auf die Wissentlichkeit abstellte, wird nach dem Inkrafttreten des AktG gegenwärtig nicht nur der Nachweis des ursächlichen Zusammenhangs, sondern auch das Verschulden in Form von Wissentlichkeit gefordert, sodass die Heranziehung von Aktionären zur Haftung praktisch unmöglich erscheint. [535] Nach der alten Rechtslage war auch der fehlende Nachweis des Verschuldens einer der häufigsten Gründe für die Ablehnung der Durchgriffshaftung auf die Gesellschafter.[536] Eine Verbesserung der Stellung der Gläubiger erfolgte durch Neufassung des InsG im Jahr 2009, da nunmehr das Verschulden der Aktionäre vermutet wird, sodass die Beweislast der Aktionär trägt.[537]Regelungen zur zivilrechtlichen Haftung des Schuldners und anderer Personen (der Leiter, der Mitglieder des Direktorenrats, der Teilhaber) im Insolvenzfall finden sich auch in anderen Spezialgesetzen, wie dem Gesetz über Kreditorganisationen.[538]

Gem Art 142 Abs 1 2 InsG in der Fassung vom 28.04.2009 N 73-ФЗ, ist in dem Fall, wenn die Forderungen der Konkursgläubiger und Organe nicht aus der Konkursmasse befriedigt werden konnten, sind der Konkursverwalter, die Konkursgläubiger und die bevollmächtigten Organe, deren Forderungen nicht befriedigt wurden, berechtigt, bis zum Abschluss des Konkursverfahrens einen

---

534 Art 6 Pkt 3 Abs 3 GmbHG; Art 3 Pkt 3 AktG; Pkt 12 Verordnung des Obersten Arbitragegerichts und des Obersten Gerichts Nr 4/8 vom 2.4.1997, Vestnik des Obersten Arbitragegerichts 1997, Nr 6.

535 Корпоративное право: учебник/Отв. ред. И.С. Шткина. – М.: Волтерс Клувер, 2007. С. 467.

536 *Bezborodv/Budak*, Neuerungen im russischen Insolvenzrecht, eastlex 2010, S 102.

537 Art 10 Pkt 4 InsG, vgl auch *Bezborodv/Budak*, Neuerungen im russischen Insolvenzrecht, eastlex 2010, S 102.

538 Ст. 14 Федерального закона от 25.02.1999 № 40-ФЗ (ред. от 06.12.2011) „О несостоятельности (банкротстве) кредитных организаций". См. также: Постановление ФАС Московского округа от 09.04.2009 N КГ-А40/2333-09 по делу N А40-47940/07-103-141 (в удовлетворении исковых требований о взыскании в порядке субсидиарной ответственности убытков отказано правомерно, так как истец не представил надлежащие и бесспорные доказательства, свидетельствующие о наличии причинно-следственной связи между бездействием ответчиков и банкротством банка).

Antrag auf Heranziehung der subsidiären Haftung der in Artt 9 und 10 InsG genannten Personen zu stellen.[539]

Die subsidiäre Haftung soll Vermögensschäden der Gläubiger kompensieren, das bedeutet, dass vor der Geltendmachung der Forderung gegenüber der Person, die subsidiär (neben dem Hauptschulder) haftet, die Forderung zuerst gegenüber dem Hauptschuldner geltend gemacht werden muss (Art 399 Abs 1 ZGB).[540] Art 56 ZGB ist aber lex specialis zu Art 300 Abs 1 ZGB, sodass dieser auf die Gründer (Teilhaber) einer juristischen Person im Falle der Insolvenz keine Anwendung findet. [541]

1. Kridahaftung

Die strafrechtlichen insolvenzrechtlichen Tatbestände, die va den Generaldirektor einer juristischen Person betreffen können, finden sich in Artt 195 bis 197 StGB[542] und umfassen unrechtmäßige Handlungen während der Insolvenz, vorsätzliche Verursachung der Insolvenz sowie die fiktive Insolvenz.[543] Auch nach dem InsG ist der Generaldirektor verpflichtet, den Insolvenzantrag zu stellen, wenn die gesetzlichen Voraussetzungen vorliegen.[544] Die zivilrechtliche Haftung des Generaldirektors als Leitungsorgan ist sehr umfangreich in Art 10 InsG geregelt. So wird der Leiter schadenersatzpflichtig, wenn er die Vorschriften des InsG verletzt. Er haftet subsidiär für alle Verbindlichkeiten, die nach Ablauf der Antragsfrist entstehen, wenn er den Insolvenzantrag nicht oder nicht rechtzeitig stellt. Auch ein verfrüht oder unnötig gestellter Insolvenzantrag begründet eine Schadenersatzpflicht des Generaldirektors.[545]

Die Insolvenz einer juristischen Person kann zivilrechtliche, administrative und strafrechtliche Verantwortlichkeit nach sich ziehen. Da in der RF, im Gegensatz zu einer Reihe von anderen „Common Law" Ländern,[546] ausschließlich natürliche Personen der strafrechtlichen Verantwortung unterliegen[547] (Aktio-

---

539 Постановление Двенадцатого арбитражного апелляционного суда от 11.04.2012 по делу N А12–21990/2010 По требованию об отмене определения об отказе в привлечении к субсидиарной ответственности /КонсультантПлюс:Версия Проф.

540 Постановление Двенадцатого арбитражного апелляционного суда от 11.04.2012 по делу N А12-21990/2010 По требованию об отмене определения об отказе в привлечении к субсидиарной ответственности /КонсультантПлюс:Версия Проф

541 *Aukhatov*, Durchgriffs- und Existenzvernichtungshaftung im deutschen und russischen Sach- und Kollisionsrecht, 2009, S 96 mwN.

542 Strafgesetzbuch der RF, SZ RF vom 17.6.1996, N 25, Pos 2954.

543 Vgl dazu das Kapitel zum Strafrecht unten.

544 Siehe dazu gleich unten.

545 *Knaul/Gromovoj/Knorr*, Aktuelles russsisches Insvolvenzrecht – Wichtige Aspekte in der Krise, Juni 2010, www.roedl.com./ru, Homepage per 26.6.2012.

546 Vgl zB Sektion 2 des Kanaischen Strafgesetzbuchs, (section 2 ("organization", „representative", „senior officer"), section 22.1. and section 22.2 of the Canadian Criminal Code (R.SC., 1985, c. C-46); vgl auch: *Canadian Dredge & Dock Co. v. The Queen*, [1985] 1 SC.R. 662.

547 Vgl auch das Kapitel zum Strafrecht, unten.

näre, Leiter, etc). kommen Muttergesellschaften als juristische Personen grundsätzlich nicht als Subjekte der strafrechtlichen Haftung in Frage.

Ein Sachverhalt kann gleichzeitig zivilrechtliche und administrative Haftung, oder strafrechtliche und zivilrechtliche Haftung begründen. Die gleichzeitige Heranziehung eines Subjektes zur administrativen und strafrechtlichen Haftung für dieselbe Rechtsverletzung ist jedoch nicht möglich.[548] Gem Art 2.1. Abs 3 befreit die Heranziehung von natürlichen Personen zur strafrechtlichen oder administrativen Verantwortung aber nicht von der administrativen Verantwortung der juristischen Person für die erfolgte Rechtsverletzung.[549] Fragen der zivilrechtlichen und (oder) administrativen Haftung werden von den Arbitragegerichten im Zuge des Insolvenzverfahrens beurteilt. Fragen der strafrechtlichen Verantwortlichkeit fallen in die Zuständigkeit der Gerichte der allgemeinen Jurisdiktion.[550]

Gem Art 69 Abs 4 APK und Art 61 Abs 4 des Zivilprozesskodex der RF sind die rechtskräftigen Strafurteile hinsichtlich der Frage, ob die Handlung bzw Unterlassung von der jeweiligen Person begangen wurde, verbindlich für die Gerichte, die die zivilrechtlichen Folgen dieser Handlungen bzw Unterlassungen, verhandeln. Aus diesen Bestimmungen folgt, dass das Strafurteil für das zivilrechtliche Verfahren nur in zwei Fragen präjudiziell ist: Wurde die Handlung oder Unterlassung von der jeweiligen Person begangen? Andere Fakten, die im Strafurteil festgestellt werden, haben keine Präjudizwirkung. Andere Sachverhalte unterliegen auch dann der Beweispflicht, wenn sie durch das Strafgericht schon beurteilt wurden. So hat zB die Unwirksamerklärung von nachteiligen Rechtsgeschäften oder die Konfiskation von Liegenschaften der Gesellschaft im Strafurteil keine Präjudizwirkung im Zivilverfahren und unterliegt der Beweispflicht der Parteien. [551]

2. Insolvenzverschleppungshaftung/wrongful trading

Bei drohender Insolvenz ist der Schuldner bei Vorliegen von Umständen, die offensichtlich davon zeugen, dass er nicht in der Lage sein wird, die Zahlungsverpflichtungen zu erfüllen und (oder) der Verpflichtung zur Tätigung von

---

548 Правоведение: учебник /А.Н. Тарбагаев, В.М. Шафиров, И.В. Шишко и др.; отв. ред. И.В. Шафиров. М.: Проспект, 2010б с. 152; Административная ответственность: учебно.-практическое пособие /Э.Г. Липатов, А.В. Филатова, С.Е. Чаннов; под. ред. С.Е. Чаннова. – М.: Волтерс Клувер, 2010. С. 171 (*Trabagaev/Šafirov/Šiško*, in Lehrbuch der Rechtswissenschaft, S 152, Hg: *Šafirov; Lipatov/Filatov*/Cannov, Administrative Haftung, S 171).

549 Административная ответственность: учебно.-практическое пособие/Э.Г. Липатов, А.В. Филатова, С.Е. Чаннов; под. ред. С.Е. Чаннова. – М.: Волтерс Клувер, 2010. С. 171 (*Lipatov/Filatov*/Cannov, Administrative Haftung, S 171).

550 Art 31 Strafprozesskodex der RF vom 18.12.2001 Nr 174-FS, SZ RF vom 24.12.2001, Nr 52 (Teil I), Pos 4921.

551 Определение Верховного Суда РФ от 17.02.2009 N 2-В08-13 (Beschluss des Obersten Gerichts der RF vom 17.02.2009 N 2-V08-13).

Pflichtzahlungen fristgerecht nachzukommen, berechtigt, beim Arbitragegericht einen Schuldnerantrag zu stellen.[552] Dagegen ist der Leiter des Schuldners verpflichtet, beim Arbitragegericht einen Schuldnerantrag zu stellen, wenn der Schuldner die Merkmale der Zahlungsunfähigkeit und (oder) Überschuldung aufweist.[553]

Unter Zahlungsunfähigkeit wird die Unfähigkeit verstanden, die Verbindlichkeiten gegenüber den Gläubigern und (oder) andere bestehende Verbindlichkeiten innerhalb von drei Monaten zu erfüllen.[554] Überschuldung ist dann gegeben, wenn die Summe Geldforderungen gegen den Schuldner und die Verpflichtungen zur Tätigung von Pflichtzahlungen sein Eigenkapital (die Aktiva) übersteigen.[555]

Das StGB sieht einzelne Haftungstatbestände wie die verspätete oder auch unberechtigte Einbringung eines Insolvenzantrags vor. Art 10 InsG sieht aber keine subsidiäre Haftung der Gründer des Schuldners für die Nichteinbringung des Insvolvenzantrages vor. [556]

3. Anfechtungstatbestände wegen inäquivalenter und anderer Geschäfte

Durch das föderale Gesetz vom 28.04.2009 N 73-ФЗ wurde das InsG durch ein neues Kapitel III.1 („Anfechtung von Rechtsgeschäften des Schuldners") ergänzt. Das Kapitel regelt die Grundlagen und das Verfahren der Anfechtung von verdächtigen Rechtsgeschäften des Schuldners, Rechtsgeschäften mit Schädigungsvorsatz sowie von Rechtsgeschäften, die einen Gläubiger gegenüber den anderen bevorzugen.[557] Die Anfechtung hat zur Folge, dass die vom Schuldner erbrachten Leistungen zurückzuerstatten sind. Ist dies nicht (mehr) möglich, so ist Wertersatz zu leisten. Neu ist der Begriff des „verdächtigen Rechtsgeschäfts". Verdächtige Rechtsgeschäfte liegen dann vor, wenn die Gegenleistung nicht gleichwertig ist. Diese Rechtsgeschäfte können für unwirksam erklärt werden, wenn sie innerhalb eines Jahres vor der Stellung des Insolvenzantrages oder danach vorgenommen wurden. Weiters umfassen verdächtige Rechtsgeschäfte auch Rechtsgeschäfte, die zum Zwecke der Schadenszufügung für Gläubiger abgeschlossen wurden. Diese Rechtsgeschäfte sind anfechtbar, wenn sie innerhalb der letzten drei Jahre vor der Stellung des Insolvenzantrages oder danach vorgenommen wurden.

---

552 Art 8 InsG.
553 Art 9 Abs 1 InsG.
554 Art 2 InsG.
555 Art 2 InsG.
556 Постановление Семнадцатого арбитражного апелляционного суда от 22.04.2011 N 17АП-2419/2011-ГК по делу N А50-14524/2008, abrufbar über die Datenbank Konsultant-Plus.
557 Art 61.3 InsG.

IV. Zivilrechtliche Tatbestände für die Haftung der Muttergesellschaft

1. Vertragliche Grundlagen

a) *Überblick über schuldrechtliche Verpflichtungen für Verbindlichkeiten Dritter (Bürgschaft, Garantie, Schuldbeitritt etc)*

Die wichtigsten Vorschriften des russischen Sicherungsrechts sind in Kapitel 23 „Sicherung der Erfüllung von Schuldverhältnissen" des 1 Teils des ZGB geregelt. Die weiteren Regelungen zu Einzelsicherheiten finden sich in den anderen Kapiteln des ZGB und in föderalen Gesetzen, wie zB dem Hypothekengesetz. Auch die beiden höchsten russischen Zivilgerichte haben sich bereits mit Fragen zu den Sicherheiten beschäftigt; so enthält die gemeinsame Verordnung der beiden Gerichte Nr. 13/14 vom 08.10.1996 („Verordnung Nr. 13/14") Klarstellungen zu Fragen der Personensicherheiten. [558] Der Gesetzesentwurf sieht allerdings umfangreiche Änderungen bei den Sicherheiten vor, auf die an dieser Stelle nicht eingegangen werden kann. Die Autoren der Konzeption schlagen außerdem vor, die schuldrechtlichen Schutzmöglichkeiten und ihr Verhältnis zu anderen Möglichkeiten des Schutzes bei Verletzung subjektiver bürgerlicher Rechte näher zu definieren. So soll im Falle der Nichterfüllung der durch den Schuldner eingegangenen Obligationen der Gläubiger berechtigt sein, zwangsweise Erfüllung über das Gericht zu fordern, sofern sich aus dem ZGB, den anderen Gesetzen oder dem Gehalt der Obligation nichts anderes ergibt.

Art 329 Ziff. 1 ZGB zählt die gesetzlich vorgesehenen Sicherungsmöglichkeiten auf, bestimmt aber ausdrücklich, dass auch vertraglich geregelte Sicherungsmöglichkeiten zulässig sind. Als gesetzliche Sicherungsarten nennt Art 329 Ziff. 1 ZGB die Vertragsstrafe, das Pfand, das Zurückbehaltungsrecht, die Bürgschaft, die Bankgarantie und die Draufgabe. Zu weiteren gesetzlichen Sicherungsarten gehören der Eigentumsvorbehalt (491 ZGB) und die staatliche Garantie (Art 115, 117 Budgetkodex).[559] Für (ausländische) Muttergesellschaften sind davon va die Bürgschaft und die Garantie von Interesse.

aa) Bürgschaft

Durch eine Bürgschaft verpflichtet sich der Bürge, dem Gläubiger eines anderen für die Erfüllung seiner Verbindlichkeiten im ganzen oder zu einem Teil zu haften (Art 361 Abs 1 ZGB). Als Bürge kann grundsätzlich jede Person auftreten. Der Bürge haftet neben dem Schuldner gesamtschuldnerisch, sobald der Schuldner seiner Pflicht nicht ordnungsgemäß nachkommt. Die subsidiäre Haftung des Bürgen bedarf – im Gegensatz zum österreichischen Recht – einer Sondervereinbarung oder einer Sondervorschrift. Der Bürge ist berechtigt, die

---

558 *Karimullin* AP 74, S 4f.

559 Vgl *Karimullin*, AP 74, S 5.

dem Schuldner zustehenden Einreden gegenüber dem Gläubiger geltend zu machen, auch wenn der Schuldner auf Einreden verzichtet (Art 364 ZGB). Leistet der Bürge an den Gläubiger, geht die gesicherte Forderung kraft Gesetz auf ihn über (Art 365 ZGB). Dabei kann er den gezahlten Betrag nebst Verzugszinsen gem. Art 395 ZGB und Ersatz sonstigen Schadens verlangen. Die Verzugszinsen werden auf den ganzen Betrag, der dem gesicherten Gläubiger gezahlt wurde und der sich aus einer Hauptschuld und Zinsen zusammensetzen kann, berechnet (Ziff. 18 der Verordnung Nr. 13/14). Insoweit ist der Zinseszins auch ohne eine Sondervereinbarung ersatzfähig.

Es empfiehlt sich, in einer Bürgschaft eine Regelung über eine kalendermäßige Erfüllungsfrist zu vereinbaren. Andernfalls findet die einjährige Ausschlussfrist gem. Art 367 Ziff. 4 Satz 2 ZGB Anwendung. Das Höchste Arbitragegericht hält eine Vereinbarung, nach der eine Bürgschaft bis zur tatsächlichen Erfüllung der Hauptschuld gültig sein soll, für unwirksam. Sie sei mit den Erfordernissen von Art 190 ZGB, der bei der Fristbestimmung auf das kalendermäßige Datum oder auf ein unumgängliches Ereignis abstellt, unvereinbar und deswegen nichtig (Ziff. 2 der durch den Informationsbrief Nr. 28 vom 20.01.1998 des Höchsten Arbitragegerichts bestätigten „Übersicht über die Verhandlungspraxis von Streitigkeiten, die mit der Anwendung der Vorschriften des ZGB über die Bürgschaft verbunden sind").

Auch bei Ausstellung einer Garantie auf erstes Anfordern besteht das Risiko, dass diese vom Gericht in eine Bürgschaft umgedeutet wird und die Klage unter Verweis auf Art 367 Ziff. 4 Satz 2 ZGB zurückgewiesen wird, sofern der Gläubiger nicht innerhalb eines Jahres nach Eintritt der Fälligkeit der Hauptschuld gegen den Garanten Klage erhoben hat. Damit würde die Ausschlussfrist eingreifen, und eine Sicherung wäre nicht mehr gegeben.

Insgesamt ist die Bürgschaft sehr gläubigerfreundlich geregelt.[560] Der Gesetzesentwurf sieht eine Novellierung vor.

ab) Bankgarantie

Aufgrund einer Bankgarantie – geregelt in den Art 368–379 ZGB – kann ein Gläubiger (Begünstigter, etwa der Verkäufer einer Ware) von einer Bank oder einer Versicherungsgesellschaft (Garant) seines Schuldners (Prinzipal) Zahlung in Höhe der gegenüber dem Schuldner bestehenden Forderung verlangen. Personen, die nicht unter die oben angeführten Bestimmungen fallen, können nur eine Bürgschaftserklärung zu den Bedingungen von Art 361–367 ZGB (siehe oben) abgeben. Der Garant hat zu zahlen, wenn der Begünstigte eine schriftliche Zahlungsforderung vorlegt.

Die Pflicht des Garanten zur Zahlung ist von dem zwischen dem Begünstigten und dem Prinzipalen bestehenden Schuldverhältnis unabhängig; Einreden aus diesem Schuldverhältnis kann die Bank nicht erheben (Art 370 ZGB). Allerdings erlangt der Garant, der seine Verpflichtung aus der Garantie erfüllt

---

560 Arnsperger/Richter, Bürgschaft im Recht der Russischen Föderation, WiRO 11/2011, S 328.

hat, gegenüber dem Prinzipal ein Rückgriffsrecht (Art 379 ZGB). Bei Verzug kann der Garant vom Prinzipal sowohl den ausbezahlten Betrag wie auch die Verzugszinsen nach Art 395 ZGB fordern.[561]

Eine Bankgarantie kann nach dem Wortlaut des ZGB nur durch eine Bank, ein anderes Kreditinstitut oder durch eine Versicherungsgesellschaft ausgestellt werden. Im Beschluss des Föderalen Arbitragegerichts des Fernöstlichen Kreises vom 11.04.2011 N F03-867/2011 in der Sache A73-8603/2010 hält das Gericht fest, dass die Austellung von Bankgarantien gem Art 5 des Föderalen Gesetzes 02.12.1990 N 395-1 «über Banken und Bankentätigkeit» (im folgenden BankG)[562] ein Bankgeschäft darstellt. Gem Art 13 BankG dürfen Bankgeschäfte nur Grundlage von Lizenzen der Bank Russlands vorgenommen werden. Andere Personen als Banken, Versicherungen und Kreditinstitutionen dürfen daher uE keine Bankgarantien ausstellen, sondern nur Bürgschaften.

Personen, die nicht unter die oben angeführten Bestimmungen fallen,[563] können neben der Bürgschaftserklärung nach dem ZGB auch außenwirtschaftliche Bürgschaften mit Verweis auf die durch die Internationale Handelskammer (ICC) im Jahre 1978 veröffentlichten „Einheitlichen Richtlinien für Vertragsgarantien"[564] und die seit 1992 geltenden „Einheitlichen Richtlinien für Garantien auf erstes Anfordern"[565] ausstellen. Die Richtlinien begrenzen ihren Anwendungsbereich nicht auf „Bank-"Garantien. Vielmehr erfassen sie alle Sicherheiten, die von einer Bank, Versicherungsgesellschaft oder anderen Stelle oder Person übernommen werden. Auch wenn im internationalen Wirtschaftsverkehr in aller Regel Banken wegen ihrer gewährleisteten Bonität Garantien herauslegen, können in Ausnahmefällen, etwa bei Transfer- und Kreditgeschäften im transnationalen Konzern, auch Nicht-Banken eine Garantieverpflichtung übernehmen.[566] Diese Richtlinien wurden mehrfach in Russisch veröffentlicht und werden in der Praxis angewandt.[567] Aufgrund der Definition in Art 2a der Einheitlichen Richtlinien für Garantien auf erstes Anfordern, wonach unter einer Garantie eine Garantie oder eine sonstige Zahlungsverpflichtung (…) zu verstehen ist, wäre die Garantie nach ICC Einheitlichen Richtlinien Nr. 458 im russischen Recht als Bürgschaft zu qualifizieren, wenn diese Garantie nicht durch eine Bank, Versicherung oder Kreditorganisation ausgegeben ist.

---

561 *Karimullin*, AP 74, S 15.

562 SZ RF 1996, Nr 6, Pos 492.

563 Somit auch Muttergesellschaften.

564 Einheitliche Richtlinien für Vertragsgarantien (englische Bezeichnung: Uniform Rules for Contract Guarantees), von der Internationalen Handelskammer, Paris, als ICC-Publikation Nr 325 veröffentlicht.

565 Einheitliche Richtlinien für auf Anforderung zahlbare Garantien (ERG; englische Bezeichnung: Uniform Rules for Demand Guarantees) von der ICC als ICC-Publikation Nr 458 veröffentlicht und zur Verwendung für alle Arten von Bankgarantien, die im Auftrag und für Rechnung Dritter erstellt werden, empfohlen. Eine überarbeitete Fassung, (ICC Publikation Nr 758) trat am 1. Juli 2010 in Kraft.

566 *Berger*, Internationale Bankgarantien, 3 DZWir 1993, at 1 et seq., abrufbar unter http://www.trans-lex.org/119200, hompage per 22.6.2012.

567 *Karimullin*, AP Nr 74, S 26.

Garantien können auch die Russische Föderation, Subjekte der Russischen Föderation und die Gemeinden (Art 126 Punkt 6 ZGB, Art.27.2 Pkt. 1 des Wertpapiermarktgesetzes) ausstellen. In diesen Fällen handelt es sich aber um Staats- bzw. Munizipalgarantien, und nicht um Bankgarantien.

ac) Erfüllung eines Schuldverhältnisses durch einen Dritten

Das russische ZGB sieht eigentlich keinen Schuldbeitritt, sondern nur die Erfüllung eines Schuldverhältnisses durch einen Dritten vor. Gem Art 313 ZGB kann die Erfüllung eines Schuldverhältnisses von einem Schuldner einem Dritten auferlegt werden, wenn sich aus dem Gesetz oder anderen Rechtsakten, den Bedingungen des Schuldverhältnisses oder aus seinem Wesen nicht die Verpflichtung ergibt, das Schuldverhältnis persönlich zu erfüllen. Ein Dritter kann nur dann auf eigene Kosten die Forderung eines Gläubigers ohne Einverständnis des Schuldners befriedigen, wenn er Gefahr läuft, sein Recht auf das Vermögen eines Schuldners (Pachtrecht, Pfandrecht oder andere) infolge Vollstreckung eines Gläubigers in dieses Vermögen zu verlieren. Die Autoren der Konzeption halten die geltende Regelung für zu starr und schlagen folgende Verbesserungen vor: Die Regeln über die Erfüllung von Obligationen durch eine dritte Person sollen eingeschränkt werden auf Beschränkungen der Beziehung zwischen der dritten Person und dem Gläubiger in der Frage der Erfüllung oder Nichterfüllung. Die Frage der Geltendmachung der Erfüllung der Obligation gegenüber der dritten Person betrifft die Sphäre des Verhältnisses zwischen der dritten Person und dem Schuldner und berührt nicht die Interessen des Gläubigers. Die Vorschriften/Bestimmungen über die Geltendmachung der Erfüllung der Obligation durch den Schuldner gegenüber der dritten Person sollen daher aus Punkt 1 Artikel 313 ZGB entfernt werden. Zur Wahrung der gesetzlichen Interessen der dritten Person in unternehmerischen Beziehungen zur Erfüllung von monetären Verpflichtungen muss davon ausgegangen werden, dass es für den Gläubiger prinzipiell keine Bedeutung hat, wer genau die Verpflichtung zur Zahlung von Geldmitteln erfüllt – der Schuldner selbst oder eine dritte Person. Daher ist es erforderlich, den ZGB durch eine dispositive Norm/Vorschrift zu ergänzen, die vorsieht, dass in unternehmerischen Beziehungen eine dritte Person, die ein entsprechendes, berechtigtes Interesse hat, im Falle der direkten Erfüllung der Obligation berechtigt ist, auf seine Kosten eine monetäre Obligation des Gläubigers ohne Zustimmung des Schuldners zu erfüllen. In diesem Fall gehen die Rechte des Gläubigers aus der Obligation (dem Schuldverhältnis) in Übereinstimmung mit den Artikeln 382 bis 387 ZGB auf die dritte Person über. [568]

---

[568] S 103, Punkt 2.2 und 2.3

b) Patronatserklärungen gegenüber Dritten

Aufgrund des Prinzips der Vertragsfreiheit im russischen Zivilrecht ist es möglich, schuldrechtliche Sicherungsmechanismen wie Patronatserklärungen zu vereinbaren. Es muss jedoch damit gerechnet werden, dass ein entsprechendes Verlangen bei einer russischen Vertragspartei auf Unverständnis stößt und die Realisierung des vereinbarten Rechts in der Praxis auf große Schwierigkeiten treffen wird.[569]

c) Culpa in contrahendo

Vorvertragliche Pflichten sind derzeit im Wesentlichen[570] nur im Zusammenhang mit vertraglich oder gesetzlich begründeten Ansprüchen auf den Abschluss eines Vertrages geregelt.[571] Art 429 ZGB (Teil II) regelt den Vorvertrag. Wenn eine Partei, die einen Vorvertrag abgeschlossen hat, sich weigert, den Hauptvertrag abzuschließen, ist die andere Partei berechtigt, das Gericht anzurufen und die Erzwingung des Vertragsabschlusses zu fordern.[572] Diese Rechtsfolge gilt auch bei gesetzlichem Kontrahierungszwang (sog „Öffentliche Verträge") gem Art 445 Pkt 5 iVm Art 426 Pkt 1 ZGB.[573] Ein der culpa in contrahendo vergleichbares Rechtsinstitut besteht nicht.[574] Die Autoren der Konzeption raten jedoch zur Einführung eines entsprechenden Rechtsinstituts: Um unredliches Verhalten im Zusammenhang mit unternehmerischer Tätigkeit im Stadium der Verhandlungen über einen Vertragsabschluss zu verhindern, sollen spezielle Regeln über die sogenannte vorvertragliche Sorgfaltspflicht (culpa in contrahendo) eingeführt werden, die sich an den entsprechenden Regeln ausländischer Rechtsordnungen orientieren.[575] Auch der Gesetzesentwurf sieht in Art 434.1 eine „Haftung für Verschulden bei Vertragsverhandlungen" vor.[576]

2. Deliktshaftung

a) Allgemeine Deliktshaftung (Grundlagen, rechtliche Ausgestaltung, Schutzgesetzcharakter gesellschaftsrechtlicher Normen)

Juristische Personen haften nach russischem Recht gem der Kollektivtheorie für die Handlung ihrer Organe wie für eigenes Handeln und sind so in Gestalt ihrer Organe auch deliktsfähig.[577] Sie haften nicht nur für die Handlungen ihrer

---

569 *Karimullin*, Sicherheiten, S 20.

570 Vergleichbare Regeln gelten für Auktionen und Ausschreibungen gem Art 448 ZGB, vgl *Solotych*, Zivilgesetzbuch, S 59.

571 *Solotych*, Zivilgesetzbuch, S 59.

572 Art 429 Pkt 5 iVm Art 445 Pkt 4 ZGB.

573 Vgl die näheren Ausführungen bei *Steininger*, Das russische Kaufrecht, S 150 ff.

574 Falter, Rdnr 71, WiRO, Steiniger, S443.

575 Konzeption, S 122.

576 *Marenov*, Russland – Umfassende Nrvelle des Zivilgesetzbuches soll zum 1.9.2012 in Kraft treten, www.gtai.de/recht, homepage per 18.6.2012.

577 *Solotych*, Zivilgesetzbuch, S 34.

Organe, sondern auch für die Handlungen sämtlicher Mitarbeiter. Der Schutz aus deliktischer Haftung ist im russischen Recht sehr umfangreich geregelt, sodass diesem ein vertraglicher Anspruch idR gar nicht vorzuziehen sein wird.[578] Das russische Zivilrecht gewährt gem Art 1064 ZGB unabhängig von der Art des verletzten Rechtsguts einen generellen Anspruch auf Schadenersatz[579], und auch ein reiner Vermögensschaden begründet einen deliktischen Anspruch.[580] Der Deliktschuldner ist beweispflichtig für sein fehlendes Verschulden.[581] Art 1099 ff ZGB sieht auch eine Haftung für moralischen Schaden gem Art 151 ZGB vor. Dies gilt nach einer Entscheidung des Obersten Gerichts auch für juristische Personen.[582]

b) Tatbestände, die die Haftung auf die Muttergesellschaft erstrecken können

Es gibt im russischen Recht keinen Unterschied zwischen der Haftung für Erfüllungsgehilfen und der Haftung für Verrichtungsgehilfen.[583] Personen, die gemeinsam einen Schaden zugefügt haben, haften solidarisch.[584] Die Judikatur geht auch von einer solidarischen Haftung aus, wenn die Zuordnung des Schadensverursachers bei mehreren juristischen Personen nicht eindeutig ist.[585] Die Schadenersatzplicht kann durch das Gesetz auch einer Person auferlegt werden, die nicht Schadensverursacher ist.[586] Das ZGB sieht eine Reihe von speziellen Haftungstatbeständen für andere vor, wobei für die Haftung der Muttergesellschaft allenfalls die Haftung für (gemeinsame) Mitarbeiter[587] in Frage kommen könnte. Der Gesetzesentwurf sieht umfangreiche Änderungen zur Vollmacht und Stellvertretung vor.

3. Rechtsdurchsetzung bei zivilrechtlichen Ansprüchen

Wenngleich die russische Gerichtsbarkeit nicht den besten Ruf genießt,[588] ist in den letzten Jahren doch eine merkbare Verbesserung bei der Rechtsdurchsetzung von zivilrechtlichen Ansprüchen zu bemerken. Insbesondere für Verfahren zwischen Unternehmen ist das Vertrauen in die Wirtschaftsgerichtsbarkeit ge-

---

578 *Solotych*, Zivilgesetzbuch, S 59.
579 Vergleichbar dem französischen Code civil.
580 *Solotych*, Zivilgesetzbuch, S 59.
581 Art 1064 Abs 2 ZGB.
582 Vgl *Melnikov*, Das russische Wirtschaftsstrafrecht, S 241.
583 *Solotych*, Zivilgesetzbuch, S 59.
584 Art 1080 ZGB.
585 Судебно-арбитражная практика применения Гражданского кодекса Российской Федерации. Анмеркунген zu Art 1080 ZGB, abrufbar über die Rechtsdatenbank GARANT.
586 Art 1064 Abs 1 2. Satz.
587 Art 1068 ZGB.
588 Vgl zB *Luchterhandt*, Der zweite JUKOS-Strafprozess gegen Michail Chodorkowskij und Platon Lebedew, Russland-Analysen Nr 214 der Forschungsstelle Osteuropa an der Universität Bremen und Deutsche Gesellschaft für Osteuropakunde, vom 11.02.2011, abrufbar unter http://www.forschungsstelle.uni-bremen.de, homepage per 22.6.2012. für die Strafge-

stiegen.[589] Die altbekannten Probleme (Korruption und Schattenwirtschaft, unterbezahlte und überarbeitete Richter, Budgetabhängigkeit der Gerichte, etc.[590]) dürften aber noch nicht zur Gänze überwunden sein. *Yakovlev/Frye* nennen auch die niedrige Flexibilität bei der Urteilsfindung,[591] die wohl auch mit dem Umstand zusammenhängen dürfte, dass als gesetzliche Verfahrensdauer für ein Verfahren erster Instanz bis zur Urteilsverkündung insgesamt nur drei Monate vorgegeben werden.[592]

a) Das russische Gerichtssystem

Das staatliche Gerichtssystem in der Russischen Föderation besteht aus den Verfassungsgerichten (dem Verfassungsgericht der Russischen Föderation und den Verfassungsgerichte der Subjekte der Föderation), und zwei Formen von Zivilgerichten, den ordentlichen Gerichten und den Wirtschaftsgerichten, den sog Arbitragegerichten.[593] Die russischen Arbitragegerichte haben sich aus der sowjetischen Staatsarbitrage entwickelt. Die sowjetische Staatsarbitrage hatte weitreichende Kontroll- und Regelungskompetenzen. Sie konnte Verfahren von Amts wegen einleiten und war an die Anträge der Parteien nicht gebunden. Aus diesem Grund wurde sie nicht als Wirtschaftsgericht, sondern als Behörde mit Streitentscheidungsaufgaben eingeordnet.[594] Die Staatsarbitrage war eine auf die Planwirtschaft und ihre Ziele zugeschnittene Behörde. Arbitragegerichte sind nunmehr staatliche Gerichte.[595] Sie haben im Wesentlichen die Funktion von Wirtschaftsgerichten. Probleme könnten sich zum Einen noch daraus ergeben, dass die Arbitragegerichte und ihre Richter ihren Ursprung in weisungsgebundenen Verwaltungsbehörden und Beamten haben. Da die erste Reform

---

richtsbarkeit; *Yakovlev/Frye*, Wie effizient sind die russischen Wirtschaftsgerichte? Russland-Analysen Nr 179 vom 13,3,2009, *Nussberger,* Zur Entwicklung der Rechtskultur in Russland, Russlandanalysen vom 26.6.2004, *Solotych* empfiehlt etwa, den Rechtsweg in Russland durch die Vereinbarung von Schiedsklauseln nach Möglichkeit zu umgehen, in: Die Vollstreckung von Gerichtsurteilen in Russland, forost Arbeitspapier Nr 35, S 62, etc .

589 Yakovlev/Frye, Wie effizient sind die russischen Wirtschaftsgerichte? Russland-Analysen Nr 179 vom 13,3,2009, S 15.

590 *Frye/Zhuravskaya*, Rackets, Regulation and the Rule of Law. Journal of Law, Ecnomics and Organisations 16 (2), 2000, S 478–502, *Bauer-Mitterlehner,* Recent Development in Russian Economic Law and its Implementation in Practice.

591 Yakovlev/Frye, Wie effizient sind die russischen Wirtschaftsgerichte? Russland-Analysen Nr 179 vom 13,3,2009, S 15

592 Art 134 iVm Art 152 APO.

593 Die Bezeichnung „Arbitragegericht" = „arbitražnij sud"für die staatlichen Wirtschaftsgerichte geht auf die historischen Wurzeln dieser Gerichte zurück. In der Praxis bereitet diese Bezeichnung immer wieder Probleme, da „arbitražnij" = „Arbitrage-" mit „schiedsgerichtlich" bzw mit „Schiedsgerichtsbarkeit" übersetzt wird, vgl *Micheler/Bauer-Mitterlehner*, AP 89, S 6.

594 Vgl zB *Westen*, Sowjetunion, 1991, S 38; sowie *Bilinsky*, Das sowjetische Wirtschaftsrecht, *Maurach/Rosenthal* (Hg), Band 19, 1968, S 399; *Pistor*, Supply and demand for contract enforcement in Russia: courts, arbitration, and private enforcement, Review of Central and East European Law 1996, Nr 1, S 68.

595 *Schroeder*, Recht und Rechtspflege in Rußland nach dem Sozialismus, JOR 1995, S 20.

bereits im Jahr 1991 erfolgte und die Arbitragegerichte nunmehr schon über zehn Jahre tätig sind, steigt die Erfahrung der Richter und damit die Qualität der Urteile. Zum Anderen können sich Probleme daraus ergeben, dass es zwei Formen von Zivilgerichten gibt, die zT gleiche Sachverhalte mit anderen Parteien entscheiden. Durch gemeinsame Beschlüsse und Mitteilungen der beiden Höchstgerichte[596] wird versucht, Einheitlichkeit zu erzielen. Auch die Spezialisierung der Richter wird durch den Umstand, dass es keine eigene Verwaltungsgerichtsbarkeit gibt und so auch Steuer- und Verwaltungsangelegenheiten in die Kompetenz der ordentlichen Gerichte und der Arbitragegerichte fallen, erschwert. Nach dem APO fallen privatrechtliche und verwaltungsrechtliche Zuständigkeiten, Zuständigkeiten im Bereich Vollstreckung und sonstige Zuständigkeiten in den Zuständigkeitsbereich der Arbitragegerichte.

Die beiden Formen der Zivilgerichte[597] decken unterschiedliche sachliche Zuständigkeiten ab und verfügen über jeweils eigene Höchstgerichte, dem Obersten Gericht und dem Obersten Arbitragegericht (VAS).[598] Eine eigene Verwaltungsgerichtsbarkeit besteht derzeit noch nicht.

Die ordentlichen Gerichte verhandeln im Wesentlichen Rechtsstreitigkeiten unter Beteiligung von Bürgern, (aus Zivil-, Straf-, und Verwaltungsangelegenheiten sowie aus Familien-, Arbeits- und Erbrechtsverhältnissen).[599]

Zur Kompetenz der Arbitragegerichte gehören Streitigkeiten, die mit der Ausübung wirtschaftlicher Tätigkeit durch juristische Personen und Einzelunternehmer zusammenhängen. Im Allgemeinen kann man die Zuständigkeit von Arbitragegerichten als Zuständigkeit für die Verhandlung über zivilrechtliche wirtschaftliche Streitigkeiten zwischen juristischen und natürlichen Personen, die eine unternehmerische Tätigkeit ausüben (Privatunternehmer), aus unterschiedlichen Rechtsverhältnissen definieren.[600] Die Arbitragegerichte sind aber auch für Verwaltungsstreitigkeiten im Bereich der unternehmerischen und anderen wirtschaftlichen Tätigkeiten und Steuerangelegenheiten zuständig.[601] Die sachliche Zuständigkeit ist in Art 27 ff APO geregelt. Arbitragegerichte sind für „wirtschaftliche Streitigkeiten" und andere Angelegenheiten, die mit der Ausübung unternehmerischer und wirtschaftlicher Tätigkeit verbunden sind, zuständig. Sie entscheiden unternehmerische und wirtschaftliche Streitigkeiten und behandeln andere Angelegenheiten, an denen juristische bzw. natürliche Personen mit Unternehmerstatus beteiligt[602] sind. Art 28 ff APO enthalten eine wohl demonstrative Aufzählung[603] und unterscheiden zwischen zivilrechtlichen, administrativen und anderen Angelegenheiten.[604]

---

596 Siehe dazu gleich unten.
597 Die Bezeichnung ist nicht ganz korrekt, da ja auch Verwaltungs- und Steuerstreitigkeiten in ihre Zuständigkeit fallen.
598 Verchovnij arbitražnij sud (oberstes Arbitragegericht der Russischen Föderation).
599 Art 126 der Verfassung der RF, SZ RF.
600 *Micheler/Bauer-Mitterlehner*, AP 89 S 7.
601 Art 127 Verf iVm Art 5 ArbitrageGG.
602 Streitigkeiten *mit Beteiligung* (s učastiem) von Unternehmern.
603 Vgl dazu auch *Wölk*, Fn.zu Rn. 11, S 29 ff zur alten Rechtslage.
604 Siehe auch Art 5 ArbitrageGG.

Die örtliche Zuständigkeit für Verfahren mit ausländischen Parteien ist auffallend weit geregelt. So begründen zB die folgenden Tatbestände die örtliche Zuständigkeit eines Verfahrens mit ausländischen Parteien für das Arbitragegericht: der Kläger eines Verfahrens über den Schutz des Geschäftsrufes befindet sich in Russland, der Rechtsstreit betrifft in Russland ausgegebene Wertpapiere, ein Feststellungsverfahren betrifft Rechtsverhältnisse, die in Russland rechtliche Bedeutung erlangen, oder eine sonstige Rechtsstreitigkeit weist eine „enge Verbindung" zu Russland auf.

Die russischen Gerichtsentscheidungen haben keine den Gerichtsentscheidungen des common law vergleichbare Bindungswirkung.[605] Die Spruchpraxis der obersten Gerichte spielt aber eine bedeutende Rolle in der Praxis,[606] wobei den obersten Gerichten auch umfangreiche Aufgaben im Bereich der Interpretation und Rechtsfortbildung zukommen. Die Höchstgerichte wirken an der Auslegung von Rechtsvorschriften nicht nur durch ihre Judikatur mit, sie haben auch die Befugnis, ohne Vorliegen eines Anlassfalles zu Auslegungsfragen Stellung zu nehmen. Die Erkenntnisse, Beschlüsse, Informationsbriefe des Obersten Arbitragegerichts werden in den Mitteilungen des Obersten Arbitragegerichts veröffentlicht (Vestnik Vyssego Arbitražnogo Suda).[607] Für Praktiker sind diese Stellungnahmen des Obersten Arbitragegerichte eine wichtige Argumentationshilfe im Umgang mit den russischen Behörden und Gerichten.

b) Schiedsgerichtsbarkeit

Russland verfügt über ein modernes Schiedsverfahrensrecht, sodass die Möglichkeit, gegen die Zuständigkeit der staatlichen Gerichte zu optieren und unparteiische, private Schiedsrichter mit entsprechender wirtschaftlicher Erfahrung zu wählen, jedenfalls zu prüfen ist. Auf internationale Schiedsverfahren finden die verfahrensrechtlichen Vorschriften des Gesetzes über die internationale Handelsschiedsgerichtsbarkeit („IHSG-Gesetz")[608] Anwendung.[609] Das IHSG-Gesetz wurde aufgrund des entsprechenden UNCITRAL-Modellgesetzes von 1985 erlassen und trat am 14.8.1993 in Kraft. Als internationale Schiedsverfahren werden zivilrechtliche Streitigkeiten gesehen, die im Bereich der internationalen Wirtschaftsbeziehungen auftreten, wenn eine Partei ihren

---

605 Siehe *Micheler/Bauer-Mitterlehner*, Direktinvestitionen, in Handbuch Wirtschaft und Recht in Osteuropa.

606 Vgl hierzu *Micheler/Bauer-Mitterlehner*, Allgemeines Verfahrensrecht, in Handbuch Wirtschaft und Recht in Osteuropa.

607 Die Erkenntnisse, Beschlüsse, Informationsbriefe des Obersten Arbitragegerichts sind auch von der website des Obersten Arbitragegerichts abrufbar, http://www.arbitr.ru.

608 VSND RF I VS RF, 1993, Nr 32, Pos. 1240 deutsche Übersetzung: Handbuch Wirtschaft und Recht in Osteuropa, Band 3, Nr 916, Hg. *Breidenbach*.

609 Art 1 Abs 1 IHSG-Gesetz; vgl auch *Märkl,* Schiedsgerichtsbarkeit in Rußland, 1998, S 42 ff.; *Karimullin*, Die Besicherung und Geltendmachung von Forderungen in der Russischen Föderation, Arbeitspapier Nr 74 des Forschungsinstitutes für mittel- und osteuropäisches Wirtschaftsrecht, 2000, S 32 f.

Sitz außerhalb der RF hat.[610] Sachlich zuständig sind die internationalen Handelsschiedsgerichte nach Vereinbarung der Parteien, wenn es um Streitigkeiten geht, die entweder vertragliche oder andere zivilrechtliche Beziehungen bei der Durchführung des Außenhandels betreffen, oder die bei Streitigkeiten von Unternehmen mit ausländischen Investoren entstehen.[611] Durch die Novelle der APO im Jahr 2009[612] wurde aber die Zuständigkeit der staatlichen Arbitragegerichte neu geregelt, sodass genau geprüft werden muss, ob eine Schiedsvereinbarung zulässig ist.[613]

c) Probleme der Vollstreckung

Das Vollstreckungsverfahren galt lange Zeit als „Problemkind" des russischen Wirtschaftsrechts.[614] Die wichtigsten Bestimmungen finden sich in der APO und im Gesetz „über das Vollstreckungsverfahren" vom 21.7.1997.[615] Nach wie vor scheinen jedoch Faktoren wie eine eher schuldnerfreundliche Gesetzgebung, Korruption und mangelnde Flexibilität bei der Urteilsfindung,[616] Schattenwirtschaft[617] sowie die die schlechte wirtschaftliche Lage vieler Schuldner[618], dazu zu führen, dass Forderungen nicht immer erfolgreich eingetrieben werden können. Insgesamt wird dem russischen Vollstreckungsrecht in der Literatur mittlerweile ein etwas positiveres Urteil ausgestellt,[619] dies gilt insbesondere für die Vollstreckung von ausländischen Schiedsurteilen.[620]

d) Anerkennung und Vollstreckung von ausländischen Gerichtsurteilen in Wirtschaftsangelegenheiten

Während die Vollstreckung ausländischer Schiedsurteile nach dem New Yorker Übereinkommen in der Praxis verhältnismäßig gut funktioniert, bleibt zu beachten, dass die Anerkennung und Vollstreckung ausländischer Gerichtsurteile nicht nach diesem Abkommen möglich ist.

---

610 *Märkl*, S 52.
611 Art 1 Abs 2 des Gesetzes „Über die internationale Wirtschaftsarbitrage".
612 Seit 20. Oktober 2009 gilt das neue Kapitel 28.1. der APO, das die Behandlung von korporativen Streitigkeiten regelt, abrufbar über die Datenbank GARANT.
613 Kritisch dazu *Schmitt/Melnikov*, RdNr 10 ff.
614 *Micheler/Bauer-Mitterlehner*, Allgemeines Verfahrensrecht, Rdnr 86, *Bauer-Mitterlehner*, Recent Developments, *Solotych*, Die Vollstreckung von Gerichtsurteilen in Russland, forost Arbeitspapier Nr, 35, zur Rechtslage vor 1997 vgl zB, *Šerstjuk*, ChiP 1996, Nr 3, 16 ff; *Wölk*, S 70 ff.
615 SZ RF 1997, Nr 30, Pos. 3591.
616 *Yakovlev/Frye*, Wie effizient sind die russischen Wirtschaftsgerichte? Russland-Analysen Nr 179 vom 13,3,2009, S 15.
617 Yakovlev/Frye, S 14.
618 Interview mit dem Präsidenten des Obersten Arbitragegerichts, *Benjamin Jakovlev* in der Zeitschrift „Gesetzgebung" (Zakonodatel'stvo) 1997, Nr 1, S 4.
619 *Plagemann*, WiRO 11/2011, S 336, mwN.
620 *Solotych*, Die Vollstreckung von Gerichtsurteilen in Russland, forost Arbeitspapier Nr 25, S 62.

Die Anerkennung bzw. Vollstreckung ausländischer Gerichtsurteile erfolgt nach dem russischen Recht entweder auf Grund eines internationalen Abkommens oder eines föderalen Gesetzes. Bisher wurde die internationale Vollstreckbarkeit nur im Insolvenzgesetz geregelt, sonst wurden noch keine föderalen Gesetze dazu erlassen, sodass zu prüfen ist, ob ein entsprechendes Vollstreckungsabkommen[621] vorliegt. Außerdem finden sich im russischen Recht auch Ansätze, Gerichtsurteile grundsätzlich auf der Grundlage der Gegenseitigkeit zu vollstrecken. Ausländische Schiedsurteile werden aufgrund von internationalen Abkommen relativ problemlos vollstreckt.

da) Vollstreckung aufgrund eines völkerrechtlichen Abkommens

Gem Art 241 APO[622] erfordert die Vollstreckung von ausländischen Gerichtsurteilen in Russland, dass die Vollstreckbarkeit durch völkerrechtliche Abkommen oder durch Föderales Gesetz geregelt ist. Ein Vollstreckungsübereinkommen für die Vollstreckung ordentlicher Gerichtsurteile mit Österreich oder Deutschland besteht nicht. In Österreich werden russische Gerichtsurteile somit in Ermangelung eines Abkommens derzeit nicht vollstreckt. Auch umgekehrt ist die Vollstreckung österreichischer Urteile in Russland aufgrund eines völkerrechtlichen Abkommens formalrechtlich nicht möglich.[623]

Die UdSSR bzw. Russland haben eine Reihe von multi- und bilateralen Abkommen[624] zur Anerkennung bzw. Vollstreckung von ausländischen Gerichtsurteilen abgeschlossen. Die RF ist auch Mitglied einer Reihe von multilateralen Abkommen[625] die aber nicht die Vollstreckung von Urteilen der ordentlichen Gerichtsbarkeit oder der Arbitragegerichtsbarkeit regeln.[626] Lediglich im Bereich der Vollstreckung von Schiedsurteilen besteht das New Yorker Übereinkommen zur Anerkennung und Vollstreckung von Schiedssprüchen. Schließlich

---

621 zB mit Italien, Griechenland und einer Reihe von osteuropäischen Staaten.

622 Dies gilt auch für nichtwirtschaftliche Angelegenheiten: Nach Art 409 Abs 1 ZivilGO können Entscheidungen ausländischer Gerichte in der RF nur dann vollstreckt werden, wenn dies durch eine internationale Vereinbarung der RF vorgesehen ist.

623 Vgl *Plagemann*, WiRO 10/2011, S 298 für Deutschland.

624 Das Kiewer Abkommen von 1992 sieht die gegenseitige Anerkennung bzw Vollstreckung von Urteilen der Wirtschaftsgerichte von 9 GUS Ländern vor (Russland, Weißrussland, Ukraine, Usbekistan,Tadschikistan, Kasachstan, Kirgisien, Armenien und Turkmenistan). Das Minsker Abkommen von 1998 schafft ein einheitliches Verfahren für die Vollstreckung von Urteilen russischer und weißrussischer Wirtschaftsgerichte. Insgesamt bestehen bilaterale Abkommen mit ca 40 Staaten, vgl *Solotych*, Die Vollstreckung von Gerichtsurteilen in Russland, forost Arbeitspapier Nr, 35 S 54 ff.

625 zB das Haager Übereinkommen über den Zivilprozeß von 1954, BGBl. 1958 II, S 577; das Haager Übereinkommen über die Zustellung gerichtlicher und außergerichtlicher Schriftstücke im Ausland in Zivil- und Handelssachen, das Haager Übereinkommen über die Beweisaufnahme im Ausland in Zivil- und Handelssachen, SZ RF RF 2001, Nr 7, Pos. 615, 616; ferner WiRO 2001, S 155.

626 Eine Aufzählung der Staaten, mit denen die RF bilaterale Vollstreckungsabkommen abgeschlossen hat, nennen *Evsikova/Krasnoperova/Fil'kina*, APO, Art 241, und *Arzinger/Galander*, Wirtschaftsrecht, S 362.

ist weder in Art 244 APO noch in Art 412 ZivilGO die Möglichkeit der Anerkennung bei Verbürgung der Gegenseitigkeit aufgenommen worden. Zwischen der RF und Österreich besteht auch kein Übereinkommen[627] über die Vollstreckung von Urteilen der ordentlichen Gerichtsbarkeit oder der staatlichen Arbitragegerichtsbarkeit. Da also hinsichtlich der Vollstreckung von Urteilen staatlicher Gerichte zwischen der RF und der Österreich kein Übereinkommen besteht, entfällt diese Grundvoraussetzung für die Vollstreckung österreichischer Urteile in der RF und umgekehrt.

db) Vollstreckung in Insolvenzangelegenheiten

Das Insolvenzgesetz sieht jedoch gem Art 1 Pkt 6 Abs 2 die Möglichkeit der Vollstreckung ausländischer Gerichtsurteile in Insolvenzangelegenheiten unter der Voraussetzung der Gegenseitigkeit vor. Für die Vollstreckung in Insolvenzangelegenheiten ist somit kein Abkommen, sondern lediglich die Gegenseitigkeit erforderlich.[628] Bislang dürfte das mangels einschlägiger Gerichtspraxis in Österreich nicht der Fall sein.[629]

dc) Vollstreckung aufgrund der Gegenseitigkeit als allgemeines Prinzip des Völkerrechts

Ausländische Gerichtsurteile können in Russland auch grundsätzlich auf der Grundlage der Gegenseitigkeit vollstreckt werden. Durch die Klassifizierung der Gegenseitigkeit als allgemeines Prinzip des Völkerrechts durch die Rechtssprechung der letzten Jahre ist die Vollstreckung aufgrund der Gegenseitigkeit nunmehr auch in anderen Angelegenheiten denkbar.[630] Die allgemein anerkannten Prinzipien und Normen des Völkerrechts sind – wie die völkerrechtlichen Verträge der RF – Bestandteil des innerstaatlichen russischen Rechts und stehen im Stufenbau der Rechtsordnung wohl – wie die völkerrechtlichen Verträge – über den föderalen Gesetzen.[631]

Weder in Art 244 APO noch in Art 412 ZivilGO wurde ausdrücklich die Möglichkeit der Anerkennung bei Verbürgung der Gegenseitigkeit aufgenommen Daher kann die Vollstreckung von Urteilen staatlicher Gerichte im Verhältnis der RF zu Österreich uE auch nicht auf diesen Grundsatz gestützt werden.[632] Zu beachten ist aber, dass die Länder des common law hinsichtlich der

---

627 Lediglich im Bereich der Vollstreckung von Schiedsurteilen besteht das New Yorker Übereinkommen zur Anerkennung und Vollstreckung von Schiedssprüchen (UNÜ), siehe dazu gleich unten.

628 *Plagemann*, aaO, mwN.

629 Vgl *Solotych*, die Vollstreckung von Gerichtsurteilen in Russland, forost Arbeitspapier Nr, 35, Juni 2006, S 13 für das deutsche Recht.

630 *Plagemann*, aaO, mwN.

631 Die allgemein anerkannten Prinzipien und Normen des Völkerrechts und die völkerrechtlichen Verträge der Rußländischen Föderation sind Bestandteil ihres Rechtssystems, Art 15 Abs 4 Verf, http://www.constitution.ru/de.

632 Vgl *Stein/Jonas/Roth*, ZPO Band 4/1 (Tübingen 1998), Art 300–347, Rdnr. 156 u 178.

Anerkennung ausländischer Urteile wesentlich großzügiger sind[633] und daher international tätige Unternehmen damit rechnen müssen, dass sowohl russische Entscheidungen in diesen Ländern ihnen gegenüber durchgesetzt werden können[634], als auch russische Gerichte Urteile aus diesen Ländern auf der Grundlage des Gegenseitigkeitsprinzips anerkennen und vollstrecken. Es gibt mehrere einschlägige russische Entscheidungen zur Anerkennung und Vollstreckung von ausländischen Gerichtsurteilen auf Grundlage des Gegenseitigkeitsprinzips.[635]

e) Vollstreckung von Schiedsurteilen

Ein wesentlicher Vorteil der Schiedsgerichtsbarkeit ist die Möglichkeit der durch völkerrechtliche Abkommen geregelten Vollstreckung von russischen Schiedssprüchen im Ausland, bzw von ausländischen Schiedssprüchen in der RF. Gem Art 1 Abs 5 IHSG-Gesetz sind die internationalen Regelungen im Bereich der Schiedsgerichtsbarkeit, insbesondere das Europäische „Genfer" Übereinkommen über die Handelsschiedsgerichtsbarkeit vom 21.4.1961 und das New Yorker UN-Übereinkommen über die Anerkennung und Vollstreckung ausländischer Schiedssprüche vom 10.6.1958 vorrangig anzuwenden.

V. Haftung nach dem Steuer- und Sozialversicherungsrecht

1. Haftung der Muttergesellschaft für Steuerverbindlichkeiten der Tochtergesellschaft

a) Allgemeine Regelungen des Abgabenrechts und des Doppelbesteuerungs- abkommens zwischen Österreich und Russland

Die Grundlagen des russischen Steuersystems finden sich im ersten und zweiten Teil des Steuergesetzbuchs der RF. Für inländische und ausländische juristische Personen sowie für Unternehmen mit ausländischer Beteiligung gelten grundsätzlich[636] die gleichen Steuern. Ausnahmen bilden nur die Tatbestände, die unter ein Doppelbesteuerungsabkommen fallen. Das russische Steuersystem besteht entsprechend dem föderalen Aufbau des Russischen Staates aus föderalen, regionalen und lokalen Steuern.

Die wichtigsten Steuern, die eine Tochtergesellschaft nach russischem Recht zu entrichten hat, sind die Umsatzsteuer (Mehrwertsteuer), die Gewinnsteuer, die Vermögenssteuer, die Lohnsteuer und die einheitliche Sozialversiche-

---

633 Siehe für alle *Briggs*, The Conflict of Laws, Oxford, 2002, S 131 ff.

634 vgl *Micheler/Bauer-Mitterlehner*, Allgemeines Verfahrensrecht in der Russischen Föderation, Arbeitspapier des FOWI Nr 89, 2002, S 56.

635 zB das Urteil des Obersten Gerichts der Russischen Föderation Nr 5-G02-64 v. 07.06.2002.

636 Ausnahmen bilden etwa Investitionsbegünstigungen für bestimmte Regionen oder die sog Großvaterklausel, die für bestimmte Investoren Verschlechterungen des Steuersystems für sieben Jahre für nicht anwendbar erklärt.

rungssteuer. Der Umsatzsteuersatz beträgt idR 18 %, für bestimmte Waren und Dienstleistungen nur 10 %. Der Gewinnsteuersatz (Körperschaftssteuersatz) beträgt 20 %. Jeder Arbeitgeber muss für die Arbeitnehmer die einheitliche Sozialversicherungssteuer von 30 % für Löhne und Gehälter bis 512.000 Rubel abführen. Für den darüber liegenden Teil des Jahresgehalts ist eine zusätzliche Abgabe von 10 % an den Pensionsfonds abzuführen. Als Bemessungsgrundlage gelten die Jahresbruttogehälter der Arbeitnehmer. Der Lohnsteuersatz für russische Arbeitnehmer beträgt grundsätzlich 13 %. Für ausländische Arbeitnehmer (Nicht-Residente) kann er bei auch 30 % betragen. Die Tochtergesellschaft muss die Lohnsteuer bei Auszahlung der Gehälter an ihre Arbeitnehmer einbehalten und abführen. Außerdem ist ein verpflichtender Betriebsunfallversicherungsbeitrag von maximal 8,5 % zu bezahlen.

Gewinnausschüttungen der russischen Tochtergesellschaft an eine österreichische Muttergesellschaft unterliegen der russischen Quellensteuer in Höhe von 15 % Im Falle der Schachtelbeteiligung (Beteiligung am Stammkapital der Tochtergesellschaft mit mindestens 10 % und einem Kapitalanteil von mindestens 100.000 USD oder den Gegenwert in anderer Währung) beträgt die Quellensteuer Art 10 Abs 2 des russischen-österreichischen Doppelbesteuerungsabkommens (DBA)[637] nur 5 %.

Artikel 9 DBA sieht Sonderbestimmungen für verbundene Unternehmen vor.[638] Es handelt sich dabei jedoch nicht um Haftungsbestimmungen sondern um ein Verfahren zur Anrechnung der steuerrechtlichen Behandlung von nicht fremdüblichen Leistungen zwischen verbundenen Unternehmen. Wenn die Bedingungen der zwischen über die Grenze verbundenen Unternehmen abgewickelten Geschäfte nicht einem Fremdvergleich standhalten, lässt Art 9 DBA eine Gewinnkorrektur zu. Um verbundene Unternehmen handelt es sich nach herrschender Ansicht[639] dann, wenn die Unternehmen gesellschaftsrechtlich unmittelbar oder mittelbar miteinander verflochten sind. Der Ansässigkeitsstaat des verbundenen Unternehmens wird unter bestimmten Voraussetzungen ermächtigt, die Gewinne dieses Unternehmens zu erhöhen und zu besteuern. Dieser Tatbestand findet auf Geschäftsbeziehungen zwischen Muttergesellschaft und der Tochter- oder der Enkelgesellschaft und auf die Geschäftsbeziehungen zwischen Schwestergesellschaften Anwendung. Um eine Doppelbesteuerung zu vermeiden, sieht Art. 9 Abs 2 DBA eine Gegenberichtigung der Steuerbemessungsgrundlage im anderen Vertragsstaat vor. Die Anpassung setzt jedoch voraus, dass zwischen den beiden Staaten Einigkeit über die Gewinnkorrektur im Wege der Konsultationen oder im Rahmen eines Verständigungsverfahrens erzielt wurde. Hinsichtlich des Rechtsinstituts des Verständigungsverfahrens ist

---

637 BGBl Nr 10/2003, vgl auch *Kofler*, Schachteldividenden im neuen DBA mit Russland, SWI 2003.

638 Im Detail siehe *Polivanova-Rosenauer*, Das neue Doppelbesteuerungsabkommen zwischen Österreich und Russland, AP des FOWI Nr 87, 2002, S 36.

639 *Polivanova-Rosenauer*, Das neue Doppelbesteuerungsabkommen zwischen Österreich und Russland, AP des FOWI Nr 87, 2002, S 36.

jedoch eine Verpflichtung zur Einigung nicht gegeben, sodass eine Erstberichtigung nicht immer eine Gegenberichtigung zur Folge hat.[640]

b) Haftungsbestimmungen

Gemäß Art 49 des russischen Steuergesetzbuchs (SteuerGB)[641] haften die Gesellschafter einer juristischen Person subsidiär für die steuerrechtlichen Verbindlichkeiten der Gesellschaft, wenn sich die Gesellschaft in Liquidation befindet und das Gesellschaftsvermögen nicht zur vollständigen Tilgung ausreicht. Nach Ansicht der obersten Gerichte ist aber eine Haftung der Gesellschafter nach den zivilrechtlichen Vorschriften Voraussetzung für die Haftung nach dem Steuergesetzbuch. При применении данной нормы необходимо учитывать, что, поскольку в законодательстве Российской Федерации о налогах и сборах не предусмотрено иное, такое возможно только в том случае, когда в соответствии с гражданским законодательством учредители (участники) ликвидируемого юридического лица несут субсидиарную ответственность по его долгам.[642]

c) Sonstige steuerrechtliche Sonderrisiken in der Praxis

Als sonstiges steuerrechtliches Risiko könnte die Neuregelung der Verrechnungspreisbestimmungen gem Art 20 ff SteuerGB gesehen werden. Die Neuregelung der Verrechnungspreisbestimmungen sieht ab 2014 relativ hohe Geldbußen für Verstöße gegen die Verrechnungspreisregeln vor. So beträgt die Geldbuße für nicht bezahlte Steuern ab 2014 20 % und ab 2017 sogar 40 %. Art. 20 SteuerGB definiert das Konzept der verbundenen Personen als juristische Personen, deren Beziehungen zueinander einen Einfluss auf die vertraglichen Bedingungen oder die Ergebnisse ihrer Geschäftstätigkeit haben können. Für den Bereich der juristischen Personen ist diese Voraussetzung bei einer mittelbaren oder unmittelbaren Beteiligung von 25 % erfüllt oder wenn eine Partei mindestens 50 % des Aufsichtsrates der anderen Partei bestellen kann. Art. 20 Abs 2 räumt dem zuständigen Gericht die Befugnis ein, den Kreis der verbundenen Personen bei Notwendigkeit im Einzelfall zu erweitern.

---

640 *Polivanova-Rosenauer*, Das neue Doppelbesteuerungsabkommen zwischen Österreich und Russland, AP des FOWI Nr 87, 2002, S 36 f.

641 Steuerkodex der RF, Teil I und II, Steuerkodex der Russischen Föderation erster Teil vom 31. Juli 1998, N 146-FS und zweiter Teil vom 5. August 2000, N 117-FS, Налоговый кодекс Российской Федерации часть первая от 31 июля 1998 г. N 146-ФЗ и часть вторая от 5 августа 2000 г. N 117-ФЗ, SZ RF vom 3.8.1998, Nr 31, Pos 7152–7219 und SZ RF vom 7.8.2000, Nr 32, Pos 6421–6527 (Steuerkodex der Russischen Föderation, erster Teil vom 31. Juli 1998, N 146-FS und zweiter Teil vom 5. August 2000, N 117-FS).

642 Постановление Пленума Верховного Суда РФ и Высшего Арбитражного Суда РФ от 11 июня 1999 г. N 41/9. «О некоторых вопросах, связанных с введением в действие части первой Налогового кодекса Российской Федерации» (Beschluss des Plenums des Obersten Gerichts der RF und des Obersten Arbitragegerichts der RF vom 11. Juni 1999 N 41/9: „Über einige Fragen im Zusammenhang mit der Anwendung des ersten Teils des Steuerkodexes der Russischen Föderation".)

2. Haftung der Muttergesellschaft für sozialrechtliche Verbindlichkeiten der Tochtergesellschaft

Die russischen Sozialabgaben werden durch eine einheitliche Sozialsteuer eingehoben. Das Verfahren richtet sich nach dem SteuerGB. Da es sich somit um eine Steuer handelt, gelten dieselben Prinzipien wie bei den anderen Steuern und es gilt daher das oben Ausgeführte.

VI. Strafrechtliche Haftung

1. Grundlagen der Verbandsverantwortung

Das russische Wirtschaftsstrafrecht findet sich im StGB. Die Relevanz des Wirtschaftsstrafrechts zeigt sich daran, dass von den insgesamt 360 Artikeln des StGB allein 50 das Wirtschaftsstrafrecht betreffen.[643] Die wichtigsten Wirtschaftsstraftaten sind im Abschnitt 7, Kapitel 22 StGB („Straftaten im Bereich der wirtschaftlichen Betätigung") geregelt. Juristische Personen können jedoch im Rahmen des russischen Strafrechts nicht bestraft werden.[644] Eine Beitragstäterschaft der Muttergesellschaft scheidet deshalb ebenfalls aus. Gem Art 19 StGB unterliegen nur schuldhaft handelnde natürliche Personen der strafrechtlichen Verantwortlichkeit. Eine explizite Zurechnungsvorschrift, die die strafrechtliche Haftung auf die juristische Person erstrecken würde, existiert im russischen Strafrecht nicht.[645] Eine analoge Anwendung der deliktischen Haftungsbestimmungen ist im Strafrecht jedenfalls nach allgemeinen Prinzipien auszuschließen.

Die haftungsrechtlichen Regelungen für juristische Personen finden sich im Zivilrecht.[646] Gem Art 1068 ZGB haftet eine juristische Person schadenersatzrechtlich für alle Schäden, die einem Dritten durch ihre Mitarbeiter zugefügt werden.[647] Für Schäden, die durch Vertreter einer juristischen Person verursacht wurden, haftet die juristische Person gem Art 53 Pkt 3 2. Satz ZGB. Juristische Personen sind somit in Gestalt ihrer Organe auch deliktsfähig.[648] Zivilrechtliche Haftungen für Tochtergesellschaften sind insbesondere in Fällen, in welchen Handlungen oder Unterlassungen der Gesellschafter zur Insolvenz der Tochter führen, geregelt.[649]

---

643 *Melnikov*, das russische Wirtschaftsstrafrecht, eine rechtsvergleichende Darstellung vor dem Hintergrund des deutschen Rechts, S 69.
644 *Melnikov*, S 239.
645 *Melnikov*, S 240.
646 Siehe dazu oben die Ausführungen zum deliktischen Schadenersatz.
647 *Melnikov*, S 240.
648 *Solotych*, Zivilgesetzbuch, S 33, *Melnikov*, S 240.
649 Art 56 ZGB, vgl dazu oben.

Juristische Personen haften jedoch für verwaltungsstrafrechtliche Übertretungen nach dem russischen Ordnungswidrigkeitenrecht.[650] Der Kodex über Ordnungswidrigkeiten[651] enthält zahlreiche Regelungen, die die Besonderheiten seiner Anwendung auf juristische Personen regeln.[652]

2. Haftung der Muttergesellschaft für Geldstrafen der Tochtergesellschaft

Da Tochtergesellschaften als juristische Personen nicht der strafrechtlichen Verantwortung unterliegen, ist somit auch eine strafrechtliche Haftung der Muttergesellschaft für Geldstrafen der Tochtergesellschaft nicht gegeben. Geldstrafen können nur gegen die Organe (zum Teil auch die Gründer/Teilhaber einer juristischen Person, sofern es sich dabei um natürliche Personen handelt) als natürliche Person verhängt werden. Die strafrechtliche Verantwortung für einzelne Abgabendelikte gem Art 199 ff, wie zB das Sichentziehen vor der Zahlung von Steuern und Abgaben einer Organisation oder die Nichterfüllung der Pflichten des Steuereinnehmers im Unternehmen könnte nach den Umständen des Einzelfalls auch einen Mitarbeiter in leitender Funktion, wie etwa den Hauptbuchhalter des Unternehmens, treffen.[653]

Im Zuge der Organhaftung sieht das StGB zB für den Missbrauch von Insiderinformationen und Verletzungen der Offenlegungspflicht sogar Haftstrafen von bis zu drei Jahren vor.[654] Außerdem kann der Missbrauch von Vertretungsmacht zur strafrechtlichen Haftung führen.[655] Das StGB führt in Art 195 bis 197 auch eine Reihe von Tatbeständen im Zusammenhang mit der Insolvenz der Gesellschaft an, die die strafrechtliche Haftung eines Organs (idR des Generaldirektors) nach sich ziehen kann. Art 195 StGB regelt die Konsequenzen von rechtswidrigen Handlungen während der Insolvenz und umfasst im Wesentlichen Handlungen, die die Durchsetzung von Gläubigeransprüchen erschweren oder vereiteln, etwa durch Verheimlichung, Übergabe oder Zerstörung.[656] Art 196 regelt die vorsätzliche Herbeiführung der Insolvenz, wobei ein „großer Schaden"[657] entstanden sein muss.[658] Ein eigener Straftatbestand der Insolvenzverschleppung existiert nicht. Es gibt auch einen in Österreich und Deutschland nicht geregelten Straftatbestand, den Tatbestand der fingierten Insolvenz gem

---

650 SZ RF.

651 Кодекс Российской Федерации об административных правонарушениях от 30 декабря 2001 г. N 195-ФЗ, SZ RF vom 7.1.2002, Nr 1, Pos 1.

652 *Ivanov*, Die Verantwortlichkeit von Unternehmen im russischen Ordnungswidrigkeitenrecht – de lege lata und de lege fernanda, ZStW 2011 Heft 2, 63–78.

653 Vgl *Melnikov*, S 128 ff.

654 Art 185 und 185.1 Strafgesetzbuch der RF vom 13.7.1996, SZ RF 1996, Nr 25, Pos 2954.

655 Art 201 StGB.

656 *Melnikov*, S 151 ff.

657 Gem Art 169 StGB liegt ein großer Schaden vor, wenn die Summe von Rubel 250.000 überschritten wird.

658 *Melnikov*, S 157 f.

Art 197 StGB.[659] Dabei muss durch die falsche öffentliche Bekanntmachung der Insolvenz ein großer Schaden[660] entstanden sein.

3. Abschöpfung der Bereicherung der Muttergesellschaft

Die Art 104 1 ff Strafgesetzbuch der RF (Im Folgenden „StGB") regeln die Eigentumssanktionen im russischen Strafrecht. Mittel bzw Gegenstände, die als Folge von bestimmten Straftaten erlangt wurden, können konfisziert werden. Die Vermögenskonfiskation gem Art 104 1 bedeutet die zwangsweise und entschädigungslose Überführung von Geld, Wertsachen und sonstigem Vermögen in das Eigentum des Staates. Der Vermögenskonfiskation unterliegt nur Vermögen, das infolge der Begehung einer Straftat erlangt wurde. Ist eine Konfiskation von Wertsachen und sonstigem Vermögen nicht möglich, kann gem Art 104² auch ersatzweise die Konfiskation einer Geldsumme erfolgen. Art 104³ regelt den Schadenersatz desjenigen, dem durch die Tat ein Schaden entstanden ist.[661] Eine Konfiskation von Mitteln gegen einen Dritten, wie etwa der Gesellschaft, deren Generaldirektor die Straftat begangen hat, oder der Muttergesellschaft, ist möglich, sofern diese von der Straftat wussten oder hätten wissen müssen.[662]

VII. Internationales Privatrecht und die Zuständigkeit für Konzernhaftungsstreitigkeiten

1. Russisches IPR

Das internationale Privatrecht (IPR) wurde in Teil III des ZGB neu geregelt und trat am 1. März 2002 in Kraft. Es entspricht dem Stand eines positiven IPR in Westeuropa.[663]

Das Personalstatut für juristische Personen ist gem Art 1202 ZGB das Recht am Ort der Gründung der juristischen Person. In Art 1202 Abs 2 ZGB wird eine exemplarische Aufzählung vorgenommen. Das Personalstatut ist so gem Art 1202 Pkt 7 für das Innenverhältnis, ua die Beziehung zwischen der juristischen Person und den an ihr Beteiligten sowie gem Art 1202 Pkt 8 die Fähigkeit der juristischen Person, für ihre Verbindlichkeiten zu haften, maßgeblich. Streitigkeiten aus dem Gründungsvertrag fallen jedenfalls unter das Personalstatut der Gesellschaft.[664]

---

659 *Melnikov*, S 159 ff.
660 Siehe dazu oben FN 721.
661 *Melnikov*, S 235.
662 Art 104 1 Pkt 3 StGB.
663 *Solotych*, Neues russisches IPR, WiRO 2002, S 41.
664 *Sotbarn*, Russisches internationales Privatrecht der vertraglichen Schuldverhältnisse, S 107.

Bei anderen Gesellschaftervereinbarungen ist zu prüfen, ob die schuldrechtliche Natur dieser Verträge eine eigenständige Anknüpfung rechtfertigt.[665] Für eine im Kern schuldrechtliche Abrede schlägt *Sotbarn* daher eine Beurteilung nach Artt 1210 und 1211 ZGB vor. Damit wäre eine Rechtswahl möglich bzw in Ermangelung einer solchen würden die allgemeinen Regeln zur engsten Verbundenheit gem Art 1211 ZGB Anwendung finden. Nur bei Eingriffen in die Verfassung der Gesellschaft, wie etwa bei Stimmbindungsabsprachen, findet demnach das Personalstatut Anwendung.[666] Zum gegenteiligen Ergebnis kam in dieser Frage das Föderale Arbitragegericht des Westsibirischen Bezirks in einer Entscheidung aus dem Jahr 2006, in welcher die Zulässigkeit der Rechtswahl abgelehnt wurde.[667] Dazu wurde ausgeführt, dass Ausnahmen vom Personalstatut nur zulässig sind, soweit sie expizit vorgesehen sind.[668]

2. Zuständigkeit

Grundsätzlich ist das Arbitragegericht am Sitz des Beklagten zuständig (Art 25 Pkt. 1 APO). Eine Klage gegen eine russische juristische Person, die ihren Sitz auf dem Gebiet eines anderen Staates hat, kann am Sitz des Klägers oder an jenem Ort eingebracht werden, an dem sich Vermögen des Beklagten befindet (Art 26 Z3 APO). Eine Klage aus einem Vertrag, in dem der Erfüllungsort genannt ist, kann auch an diesem Ort eingebracht werden (Art 26 Pkt. 4 APO). Für Streitigkeiten mit Beteiligung ausländischer juristischer und natürlicher Personen normiert Art 212 APO weitere Gerichtsstände.[669] Diese Gerichtsstände sind nicht zwingend und die Parteien können einen anderen Gerichtsstand vereinbaren (Art 30 APO).

Zwingende Gerichtsstände sind zB für Klagen zum Eigentumsrecht an oder die Herausgabe von Gebäuden, Anlagen und Grundstücken vorgesehen. Diese Klagen sind an dem Ort einzubringen, an dem sich der Klagsgegenstand befindet (Art 29 Pkt. 1 APO). Auch das Insolvenzverfahren muss am Sitz des Schuldners durchgeführt werden (Art 28 APO).

Sofern gesetzlich nichts anderes vorgesehen ist, kann bis zur Entscheidung in erster Instanz eine Schiedsvereinbarung getroffen werden (Art 4 Abs 6. APO).[670] Entscheidungen staatlicher Gerichte können außerdem mangels eines einschlägigen Abkommens in Deutschland und Österreich nicht vollstreckt werden.[671] Zu beachten ist aber, dass es mit einigen europäischen Ländern Vollstreckungs-

---

665 *Sotbarn*, S 107 f.

666 *Sotbarn*, S 108.

667 Nr F04-2109/2005.

668 Kritisch dazu *Sotbarn*, S 109.

669 Siehe dazu gleich unten.

670 Siehe auch Art 1 des Föderationsgesetzes über die Schiedsgerichte in der russischen Föderation Gesetz vom 24.7.2002 SZ RF 2002 Nr 20 Pos. 3019, zur Zulässigkeit einer Schiedsvereinbarung in gesellschaftsrechtlichen Angelegenheiten vgl oben.

671 Vgl oben und auch *Steininger* in *Breidenbach* Nr RUS 93 SYST, Rdnr. 79.

abkommen gibt und die Länder des common law hinsichtlich der Anerkennung ausländischer Urteile wesentlich großzügiger sind.[672]

3. Inländische Zuständigkeit für ausländische juristische Personen

Die russischen Arbitragegerichte sind grundsätzlich für Streitigkeiten zuständig, an denen unternehmerisch tätige ausländische Organisationen, Organisationen mit ausländischen Investitionen[673], internationale Organisationen, ausländische Bürger oder staatenlose Personen beteiligt sind (Art 27 Abs 2 Pkt 5 APO).[674] Art 247 APO legt fest, unter welchen Voraussetzungen inländische Gerichtsbarkeit für ausländische juristische Personen vorliegt:[675] Eine ausländische juristische Person kann unter anderem in Russland klagen bzw. geklagt werden, wenn die Beklagte Vermögen in Russland hat, die Geschäftsleitung, eine Filiale oder eine Vertretung in Russland unterhält[676], wenn die Klage aufgrund eines Vertrages, der in Russland vollstreckt wurde oder werden soll, eingebracht wird, oder, wenn eine Schadenersatzklage eingebracht wird, die sich auf eine Handlung stützt, die in Russland begangen wurde (Art 247 Abs 1 Pkt 4 APO). Der Tatbestand ist sehr weit gefasst, sodass es einige Anknüpfungspunkte für ein Gerichtsverfahren gegen ausländische Muttergesellschaften in der RF gibt.

VIII. Fazit

Das Haftungsregime der russischen Kapitalgesellschaften unterscheidet sich nicht grundsätzlich vom österreichischen Recht. Das Prinzip der beschränkten Haftung ist für die Kapitalgesellschaften explizit geregelt. Es besteht eine grundsätzliche Haftungsbeschränkung, die nur durch das Gesetz selbst oder in den Gründungsdokumenten modifiziert werden kann. Für die behandelten Kapitalgesellschaften (GmbH und AG) ist diese Haftung im ZGB aber gesetzlich auf den nicht bezahlten Teil der Einlage beschränkt. Eine vom Gesetz abweichende andere Regelung ist nicht zulässig.

Eine persönliche Haftung der Gesellschafter für die Verbindlichkeiten der Gesellschaft besteht somit nur insoweit, als diese ihre Einlagen auf das Satzungskapital der Gesellschaft nicht oder nicht vollständig geleistet haben. Bei

---

672 Vgl dazu oben Kap IX3.d.(3).

673 Vgl dazu *Puseizer/Micheler*, Handelsgerichtsbarkeit in Rußland, Arbeitspapier Nr 15, des Forschungsinstitutes für mittel- und osteuropäisches Wirtschaftsrecht, Wien 1994.

674 Vor Einführung der APO waren die Arbitragegerichte für ausländische Personen und Gesellschaften mit ausländischer Beteiligung nur dann zuständig, wenn die Parteien die Zuständigkeit ausdrücklich vereinbarten, vgl *Micheler/Bauer-Mitterlehner*, Allgemeines Verfahrensrecht, Rdnr 38.

675 vgl zur alten Rechtslage *Šebanova*, Zur Vorbereitung von Verfahren bei Arbitragegerichten in Angelegenheiten, an denen ausländische Personen beteiligt sind, VVAS 1997, Nr 6, S 100.

676 vgl auch Z. 1 Informationsbrief des Präsidiums des Obersten Arbitragegerichts Nr 10 vom 25.12.1996, VVAS 1997, Nr 3, S 87.

der Gründung einer Kapitalgesellschaft[677] ist das Einbringen des halben Satzungskapitals erforderlich, die zweite Hälfte muss binnen Jahresfrist eingebracht werden. Bis zur Einbezahlung des vollständigen Satzungskapitals haften die Gesellschafter mit ausständigen Einlagen solidarisch bis zur Höhe ihrer Einlageverpflichtung.

Ansonsten steht den Gläubigern einer Kapitalgesellschaft grundsätzlich nur das Gesellschaftsvermögen zur Befriedigung ihrer Verbindlichkeiten zur Verfügung. Die Existenz des Gesellschaftsvermögens wird aber nur bei der Registrierung der Kapitalgesellschaft durch die Registerführer überprüft. Diese Bestimmungen werden durch Kapitalaufbringungs- und Erhaltungsvorschriften ergänzt. In Anbetracht des geringen Mindestkapitals der russischen Kapitalgesellschaften werden die Gläubiger aber häufig ins Leere greifen.

Das Übertragen der Verbindlichkeiten der juristischen Person auf Dritte, als Ausnahme des Grundsatzes der beschränkten Haftung, wird auch in der russischen Literatur als „Durchsgriffhaftung" bzw als „piercing the corporate veil" bezeichnet. Für Tochterkaptitalgesellschaften ist eine Durchbrechung des Trennungsprinzips unter verschiedenen Voraussetzungen vorgesehen. Eine Voraussetzung ist das Vorliegen eines Beherrschungsverhältnisses oder die Möglichkeit der Muttergesellschaft, die Entscheidungen der Tochtergesellschaft zu bestimmen. Die Mutter-Tochterbeziehung ist somit eine Konsequenz von wirtschaftlichen und rechtlichen Verflechtungen und kein rein rechtliches Subordinationsverhältnis. Im Gesetzesentwurf zum neuen Zivilgesetzbuch der RF wird die Definition erweitert, es wird der Affiliationsbegriff verwendet, wodurch auch „Enkelgesellschaften „ bei tatsächlicher Kontrolle mit erfasst sind.

Der russische Gesetzgeber sieht in folgenden drei Fällen eine explizite Haftung der Muttergesellschaft für die Schulden ihrer Tochtergesellschaft vor: Gesamtschuldnerische Haftung für Geschäfte, die die Tochter in Erfüllung der Anweisungen der Mutter abgeschlossen hat; Subsidiäre Haftung gegenüber den anderen Gesellschaftern der Tochtergesellschaft für durch Weisungen zugefügten Schaden; und die Haftung der Mutter für Verbindlichkeiten der Tochtergesellschaft, wenn die Tochtergesellschaft durch die Schuld der Mutter insolvent wird. Die rechtliche Durchsetzung der Haftung scheitert aber in den meisten Fällen an der Beweislast für das Verschulden.

Das ZGB und das Insolvenzrecht sehen eine subsidiäre Haftung der Beteiligten und Gründer für die für alle juristischen Personen bei Insolvenz vor: Wurde der Konkurs durch die Gründer (Beteiligten), durch den Eigentümer des Vermögens der juristischen Person oder durch andere Personen verursacht, die das Recht haben, der juristischen Person verbindliche Weisungen zu erteilen oder anderweitig die Möglichkeit haben, ihre Handlungen zu beeinflussen, so haften diese Personen subsidiär für ihre Verbindlichkeiten. Eine wesentliche Verbesserung für den Gläubiger dürfte aber durch die Reform des Insolvenzgesetzes im Jahr 2009 erzielt worden sein: Aufgrund der neu eingeführten Beweislastum-

---

677 Bzw innerhalb von 3 Monaten bei der AG.

kehr wird nun das Verschulden des Gesellschafters vermutet. Die Beweislast trägt nach der neuen Rechtslage nunmehr der Gesellschafter, was zu einem Anstieg an eingereichten Gerichtsverfahren geführt hat.

Die Erhaltung des Haftungskapitals der Gesellschaft wird dadurch geschützt, dass bestimmte Geschäfte (bedeutende Rechtsgeschäfte und Rechtsgeschäfte mit interessierten Personen) der Zustimmung der Gesellschafter bzw des Direktorenrats vorbehalten sind. Damit soll verhindert werden, dass das Management ohne Beteiligung der Gesellschafter das Vermögen der Gesellschaft aushöhlt. Geschäfte ohne Zustimmung können für unwirksam erklärt werden. Die Leitungsorgane der Gesellschaft haften für schuldhafte Handlungen oder Unterlassungen, aus denen der Gesellschaft ein Schaden entsteht, im Innenverhältnis. In der Außenhaftung dienen konzernrechtliche Bestimmungen, insolvenzrechtliche Bestimmungen, und die Kapitalaufbringungs- und Erhaltungsregeln dem Gesellschafterschutz und zumindest indirekt dem Gläubigerschutz. Die Möglichkeit, nach diesen Bestimmungen rechtswidrig abgeschlossene Rechtsgeschäfte durch Anfechtungsklage für unwirksam erklären zu lassen, vermindert aber auch den Vertrauensschutz im Rechtsverkehr. Auch die Bestimmungen zur Organhaftung bringen erhebliche Schwierigkeiten im Hinblick auf die gerichtliche Durchsetzung mit sich, sodass der Rechtsweg häufig gescheut wird.

Die Kapitalerhaltungsregeln wurden in letzter Zeit verschärft, in Anbetracht des geringen gesetzlichen Satzungsmindestkapitals sind sie aber nur bedingt geeignet, einen akzeptablen Haftungsfonds zu gewähren. Bei Verringerung des Wertes der Nettoaktiva der Gesellschaft unter den Betrag des Satzungskapitals sieht das russische Recht eine Kapitalherabsetzung bzw unter bestimmten Umständen die Liquidation der Gesellschaft vor. Ist der Wert der Nettoaktiva der Gesellschaft nach Abschluss des dritten oder jedes nachfolgenden Geschäftsjahres niedriger als das Satzungskapital, so hat eine Kapitalherabsetzung oder die Liquidation zu erfolgen. Sind die Nettoaktiva niedriger als das am Tag der Gründung der Gesellschaft geltende Mindestkapital, so ist die Gesellschaft zu liquidieren.

Das russische Recht ist allgemein sehr formal gestaltet und lässt somit wenig Spielraum für Konzepte, die nicht im Sinne des *Gesetz*es liegen. Die Anerkennung von Haftungsgrundlagen prater legem, die also nicht mehr vom Gesetzeswortsinn gedeckt sind, scheint daher im russischen Recht aufgrund der tendenziell formalistischen Auslegungsregeln nicht üblich zu sein. Allfällige Rechtsgeschäfte, die nicht dem Gesetz oder anderen Rechtsakten entsprechen, sind gem Art 168 ZGB nichtig. Die strafrechtliche Haftung ist im russischen Recht auf natürliche Personen beschränkt.

Abkürzungsverzeichnis

aA	anderer Ansicht
Abs	Absatz
AG	Aktiengesellschaft
AktG	Gesetz über die Aktiengesellschaften (Zakon ob akcionernych obščestvach) vom 26.12.1996, SZ RF 1996, Nr 1, Pos 1.
AG, AO	Akcionernoe obščestvo (Aktiengesellschaft)
ZAO	Zakrytoe Akcionernoe obščestvo (Geschlossene Aktiengesellschaft)
OAO	Otkrytoe Akcionernoe obščestvo (Offene Aktiengesellschaft)
AP	Arbeitspapier
APO	Arbitrageprozesskodex der RF
Art	Artikel
bzw	beziehungsweise
ders	derselbe
dh	das heißt
EL	Ergänzungslieferung
etc	et cetera
EZ	Ekonomika i Žizn´
FSFR	Federal´naja sluzhba po finansovym rynkam (Föderale Behörde für Finanzmärkte)
FKZB	Federal´naja komissija po rynku zennych bumag Rossijskoj Federacii (Föderale Kommission für den Wertpapiermarkt)
FOWI	Forschungsinstitut für mittel- und osteuropäisches Wirtschaftsrecht
FZ	Federalnyj Zakon (Bundesgesetz)
gem	gemäß
GmbH, OOO	Obščestvo s ograničennoj otvetstvennost´ju (Gesellschaft mit beschränkter Haftung)
ODO	Obščestvo s dopolnitel´noj otvetstvenost´ju (Gesellschaft mit zusätzlicher Haftung)
GmbHG	Gesetz über Gesellschaften mit beschränkter Haftung (Zakon ob obščestvach s ograničennoj otvetstvennost´ju) vom 8.2.1998, SZ RF 1998, Nr 7, Pos 785.
Hg	Herausgeber(in)
IdF	in der Fassung
InsG	Föderales Gesetz vom 26.10.2002 Nr 127–FS (idF vom 06.12.2011) „ Über die Zahlungsunfähigkeit (den Bankrott)", SZ RF vom 28.10.2002, Nr 43, Pos 4190
iVm	in Verbindung mit
Kap	Kapitel
lit	litera
Nr	Nummer
Pkt	Punkt
Pos	Position
Rdnr	Randnummer
RegG	Gesetz über die staatliche Registrierung juristischer Personen vom 8.8.2001, veröffentlicht in der Rossijskaja Gazeta vom 10.8.2001
RF	Rossijskaja Federacija (Russische Föderation)
RSFSR	Russische Sozialistische Föderale Sowjet Republik

S	Seite
sog	so genannt
SteuerGB	Steuergesetzbuch der RF, SZ RF vom 3.8.1998, Nr 31, Pos 7152–7219 und SZ RF vom 7.8.2000, Nr 32, Pos 6421–6527
StGB	Strafgesetzbuch der RF, SZ RF vom 17.6.1996, N 25, Pos 2954.
SZ RF	Sobranie Zakonodatel'stva Rossijskoj Federacii (Sammlung der Gesetzgebung der Russischen Föderation)
ua	unter anderem
udgl	und dergleichen
UdSSR	Union der Sozialistischen Sowjet Republiken
USA	Vereinigte Staaten von Amerika
uU	unter Umständen
va	vor allem
vgl	vergleiche
VAS	Verchovnij arbitražnij sud (oberstes Arbitragegericht der Russischen Föderation)
VVAS	Vedomosti Verchovnogo arbitražnogo suda (Zeitschrift des obersten Arbitragegerichts der Russischen Föderation)
WiRO	Wirtschaft und Recht in Osteuropa
WPG	Föderales Gesetz „Über den Wertpapiermarkt" idF vom 28.12.2002
zB	zum Beispiel
Z	Ziffer
ZGB	Zivilgesetzbuch der RF (Graždanskij kodeks RF) SZ RF 1994, Nr 32, Pos 3301, SZ RF 1996, Nr 5, Pos 410, SZ RF 2001, Nr 49, Pos 4552
zT	zum Teil

Literaturverzeichnis

Arnsperger/Richter, Bürgschaft im Recht der Russischen Föderation, WiRO 11/2011, S 328.

Arzinger/Galander, Russisches Wirtschaftsrecht, 2. Aufl., 2002.

Aukhatov, Durchgriffs- und Existenzvernichtungshaftung im deutschen und russischen Sach- und Kollisionsrecht, 2009.

Avilov, Die russische Aktiengesetzgebung und Probleme ihrer Vervollkommnung, VDRW-Mitteilungen 18–19/2001.

Bauer-Mitterlehner, Recent Development in Russian Economic Law and its Implementation in Practice, in *Hinteregger/Heinrich,* Russia – Continuity and Change, 2004

Bauer-Mitterlehner/Karimullin/Micheler, Einführung in das russische Aktienrecht, Arbeitspapier des FOWI, Nr 101, Wien, 2003.

Berger, Internationale Bankgarantien, 3 DZWir 1993, at 1 et seq., http://www.trans-lex.org/119200.

Black/Kraakman, A Self-enforcing model of corporate law, (1996) 109 Harvard Law Review 1911.

Black/Kraakman/Tarassova, Kommentar zum russischen Aktiengesetz (russisch), 1999; homepage des Social Science Research Network (SSRN): http://ssrn.com/abstract=263142 oder http://dx.doi.org/10.2139/ssrn.263142.

Bezborodv/Budak, Neuerungen im russischen Insolvenzrecht, eastlex 2010, S 99–102.

Braginskij in *Braginskij*, Kommentar zum Ersten Teil des ZGB der Russischen Föderation (Комментарий к Гражданскому кодексу Российской Федерации. Часть первая – Kommetarij časti pervoj Gražhdanskogo Kodeksa Rossijskoj Federacii) Moskau, 1995.

Briggs, The Conflict of Laws, Oxford, 2002.

Butler, Soviet Law², 1988.

Chanturia, Chancen und Schatten des Self-Enforcing-Modells im postsowjetischen Aktienrecht, WiRO 2009, 97 ff.

Demidova, Die Regulierung von Übernahmen in Russland: Gründe für die Übernahme des europäischen Modells (Regulirovanie pogloshshenij v Rossii: priciny sledovanija evropejskoj modeli), Rossijskaja Justicija 2007, Nr 2, 19 ff.

Dobrovolskij, Die Anwendung des Gesellschaftsrechts (Priminenie korporativnogo prava, 2008.

Dunajewsky/Osinowsky/Borisenko, Kommentar zum Aktiengesetz, 2001.

Evsikova/Krasnoperova/Fil´kina, Kommentar zur APO, abrufbar über die Datenbank GARANT.

Fischer, Kapitalerhaltung bei der Gesellschaft mit beschränkter Haftung im russischen und deutschen Recht, VDRW-Mitteilungen 42–43/2009, S 19–31.

Frye/Zhuravskaya, Rackets, Regulation and the Rule of Law. Journal of Law, Ecnonomics and Organisations 16 (2), 2000, S 478–502.

Gabov, Obščestva s ograničennoj otvetstvennost´ju v Rossijskom zakonodatel'stve, 2010.

Göckernitz/Wedde, Das neue russische GmbH-Recht, Einführung und Textsammlung, 2009.

Gloukhov/Bauer-Mitterlehner, Staatliche Registrierung juristischer Personen in der Russischen Föderation, Arbcitspapicr dcs Instituts für mittel- und osteuropäisches Wirtschaftsrecht, Nr. 98, Wien, 2003.

Großkopf, Informationsschreiben zur Unterkapitalisierung und zu Kapitalerhöhungen bei Aktiengesellschaften, http://blogs.pwc.de/russland-news/2012/04/30, blog vom 30.4.2012.

Grudcyna, Gosudarstvennaja registracija juridičeskich lits: praktičeskije rekommendacii (Die staatliche Registrierung von juristischen Personen- praktische Empfehlungen), Advokat – №12. – 2002, abrufbar über die Datenbank GARANT.

Hannsson, Gestaltungsmöglichkeiten im reformierten russischen GmbH-Recht, WiRO 2011, S 97 ff.

Heeg, Durchgriffshaftung im russischen Recht der Kapitalgesellschaften, WiRO 2000, S 2.

Heeg, Die Finanz- und Haftungsverfassung russischer Kapitalgesellschaften, 2003.

Heger, Joint Ventures in der Sowjetunion, Rechtliche Voraussetzungen und wirtschaftliche Aspekte, 1989.

Heinz, Vicarious Liability and Piercing the Corporate Veil in Russia, The Moscow Times, 24.5.2011, www.themoscowtimes.com.

Holloch, Das neue russische Wirtschaftsrecht, insbesondere das Gesellschaftsrecht, in *Schroeder* (Hg), Die neuen Kodifikationen in Russland, 1999.

Ivanov, Die Verantwortlichkeit von Unternehmen im russischen Ordnungswidrigkeitenrecht – de lege lata und de lege fernanda, ZStW 2011 Heft 2, 63–78.

Kadlets/Prechtl, Minderheitenschutz in der russischen Aktiengesellschaft, *in Bachner/Doralt/Winner (Hg),* Schutz der Minderheitsaktionäre in Mittel- und Osteuropa, Wien, 2010.

Karimullin, Die Besicherung und Geltendmachung von Forderungen in der Russischen Föderation, Arbeitspapier des FOWI Nr 74, 2000.

Karimullin, Der Schutz der Minderheitsaktionäre in Russland, Arbeitspapier des FOWI Nr 84, Wien, 2001.

Knaul/Gromovoj/Knorr, Aktuelles russsisches Insvolvenzrecht – Wichtige Aspekte in der Krise, Juni 2010, www.roedl.com./ru, Homepage per 26.6.2012

Knieper, Konzepte und Methoden der Kodifikation in Übergangsgesellschaften am Beispiel Georgiens, WiRO 1994, 233 ff.

Knieper, Sorgfaltspflichten und Haftung in den Aktiengesellschaften der Transformationsstaaten, WiRO 2003, S 257–262.

Kofler, Schachteldividenden im neuen DBA mit Russland, SWI 2003.

Kopylov, Das Verfahren vor dem Wirtschaftsgericht (Arbitragegericht) der Russischen Föderation, IPRax 2010, S 271 ff.

Kormos, Änderung des Gesetzes „Über Gesellschaften mit beschränkter Haftung", Russland News, blog, www.pwc.de.

Koryakovcev, Kommentar zum Aktiengesetz (abrufbar über die Datenbank Konsultant Plus).

Laptev, Sowjetisches Wirtschaftsrecht, Berlin, 1975.

Laptev, Rechtsstellung der Betriebe und Vereinigungen in der UdSSR, in Deutsches und sowjetisches Wirtschaftsrecht, Studien des Max Plank Instituts zum ausländischen und internationalen Privatrecht, 1979.

Lipatov/Filatov/Cannov, Administrative Haftung, Moskau, 2010.

Luchterhandt, Der zweite JUKOS-Strafprozess gegen Michail Chodorkowskij und Platon Lebedew, Russland-Analysen Nr 214 der Forschungsstelle Osteuropa an der Universität Bremen und Deutsche Gesellschaft für Osteuropakunde, vom 11.02.2011, abrufbar unter http://www.forschungsstelle.uni-bremen.de, homepage per 22.6.2012.

Lüdemann, Das Recht der Aktiengesellschaft in Russland – Von den Anfängen bis zum Aktiengesetz von 1996, 2001.

Makovskij et al, Konzeption der Entwicklung der Zivilgesetzgebung der Russischen Föderation abrufbar unter www.privlaw.ru.

Marenov, Russland – Umfassende Novelle des Zivilgesetzbuches soll zum 1.9.2012 in Kraft treten, www.gtai.de/recht, homepage per 18.6.2012.

Märkl, Schiedsgerichtsbarkeit in Rußland, 1998.

Melnikov, Das russische Wirtschaftsstrafrecht, 2011.

Mereminskaja, Durchgriffshaftung im System des Gläubigerschutzes nach dem russischen GmbH-Recht, WiRO 2001, S 369–371.

Micheler, Das Russische Aktiengesetz im Überblick, Wirtschaft und Recht in Osteuropa 1996, S. 81.

Micheler, Sacheinlagen bei Gründung von Aktiengesellschaften und GmbH nach dem russischen Recht, WiRO 1996, S. 121.

Micheler/Bauer-Mitterlehner, Direktinvestitionen, in *Breidenbach*, (Hg), Handbuch Wirtschaft und Recht in Osteuropa, Loseblatthandbuch, Länderteil Russland, 44. EL, 2003, SYST C.

Micheler/Bauer-Mitterlehner, Rechtliche Rahmenbedingungen für die Durchführung von ausländischen Investitionen in der Russischen Föderation, AP Nr 96 des FOWI, Juni 2003.

Micheler/Bauer-Mitterlehner, Allgemeines Verfahrensrecht, in *Breidenbach*, (Hg) Handbuch Wirtschaft und Recht in Osteuropa, Loseblatthandbuch, Länderteil Russland, 44. EL, 2003, SYST DXII.

Micheler/Bauer-Mitterlehner Allgemeines Verfahrensrecht in der russischen Föderation AP des FOWI Nr 89, September 2002.

Mileusnic, Troubling Parent Liability, in The Moscow Times, 14.2.1995. www.themoscowtimes.com.

Mogilevskij, Obščestva s ograničennoj otvetstvennost´ju: Zakonodal'stvo i praktika ego promenenija, 2010.

Novoselova, Novye polozheniya zakonodatelstva ob OOO: Prichiny izmeneniya i posledstviya, Hozjajstwo i Pravo, Nr 3 2009.

Nussberger, Zur Entwicklung der Rechtskultur in Russland, Russlandanalysen vom 26.6.2004.

Pistor, Supply and demand for contract enforcement in Russia: courts, arbitration, and private enforcement, Review of Central and East European Law 1996, Nr 1, S 68.

Plagemann, Satzungstrenge im russischen Aktienrecht, WiRO 2011, S 235 ff.

Plagemann, Wirtschaftsgerichtsbarkeit im russischen Recht – Teil 1–3, WiRO 2011, S 262–268, S 293–299 und S 334–336.

Polivanova-Rosenauer, Das neue Doppelbesteuerungsabkommen zwischen Österreich und Russland, AP des FOWI Nr 87, 2002.

Primaczenko, Kapitalgesellschaftsrecht in Russland: Kampf zwischen US-amerikanischem und kontinentaleuropäischen Modell? in Beiträge und Informationen zum Recht im postsowjetischen Raum, abrufbar unter www.mpipriv.de/de/data/pdf/2010_04_14_01.pdf.

Puseizer/Micheler/Kozak, Die russische Aktiengesellschaft, 1993.

Puseizer/Micheler, Handelsgerichtsbarkeit in Rußland, Arbeitspapier Nr 15, des Forschungsinstitutes für mittel- und osteuropäisches Wirtschaftsrecht, Wien 1994.

Rabensdorf, Die Durchgriffshaftung im deutschen und russischen Recht der Kapitalgesellschaften, 2009.

Roggemann/Bergmann, Grundzüge und Entwicklung des Zivilrechts der Russischen Föderation zum ZGB RF (Erster Teil) von 1994, in *Roggemann* (Hg) Zivilgesetzbuch der Russischen Föderation (Erster Teil) von 1994, 1997.

Ryzanova, Grazhdanskij kodeks Rossijskoj Federacii: teoreticheskie osnovy prioriteta Zivilgesetzbuch der Russischen Föderation: theoretische Grundlagen des Normvorrangs, Civilist 2007 Nr. 3, 4 ff.

Schmitt/Melnikov, Gesellschaftsrecht, in *Breidenbach,* (Hg), Handbuch Wirtschaft und Recht in Osteuropa, Loseblatthandbuch, Länderteil Russland, 103. EL, 2011, SYST D.1.

Schmitt/Vogt, Stärkung der Rechte von Aktionären – Reform des russischen Aktiengesetzes, RIW 2002, S. 762.

Schroeder, Recht und Rechtspflege in Rußland nach dem Sozialismus, JOR 1995, S 20.

Sadikov, Kommentar zum Zivilgesetzbuch der RF, Teil I (2. Auflage, 2003).

Šapkina, Kommentar zum AktG (Datenbank GARANT).

Šebanova, Zur Vorbereitung von Verfahren bei Arbitragegerichten in Angelegenheiten, an denen ausländische Personen beteiligt sind, VVAS 1997, Nr 6, S 100.

Šitkina, Korporativnoe pravo (Gesellschaftsrecht), 2008.

Sinel´nikov, Finanz-Industrie-Gruppen als Element der russischen Strukturpolitik, Forschungsbericht des Bundesinstituts für ostwissenschaftliche und internationale Studien; 1995, abrufbar unter http://nbn-resolving.de/urn:nbn:de:0168-ssoar-45963.

Solotych, Das Zivilgesetzbuch der Russischen Föderation, Teil I Textübersetzung mit Einführung, Nomos Verlag, Baden-Baden, 1996.

Solotych, Neues russisches IPR, WiRO 2002, S. 41–43.

Solotych, Das russische Recht der Handelsgesellschaften, in Breidenbach, (Hg), Handbuch Wirtschaft und Recht in Osteuropa, SYST 31, 1998.

Solotych, Die Vollstreckung von Gerichtsurteilen in Russland, forost Arbeitspapier Nr, 35, Juni 2006.

Sotbarn, Russisches internationales Privatrecht der vertraglichen Schuldverhältnisse, 2010.

Stein/Jonas/Roth, ZPO Band 4/1, Tübingen 1998.

Steininger, Das russische Kaufrecht, 2001.

Stoljarskij/Wedde, Reform der russischen OOO – praktische Aspekte, eastlex 2009, S 140 ff.

Suchanov, Die Körperschaften im modernen russischen Zivilrecht, VDRW-Mitteilungen 49–50/2011, S 5–12.

Suchanov, Moderne Entwicklungen im russischen Gesellschaftsrecht, VDRW-Mitteilungen 42–43/2009, S 4–10.

Suchanov, Kommentar zum 1. Teil des ZGB für Unternehmer 1.A 135, 2.A. 194, abrufbar über die Datenbank GARANT.

Suchanov, Das Gesetz über Gesellschaften mit beschränkter Haftung, ChiP 1998, Nr 5.

Tadewosjan, Entscheidungen von Wirtschaftsstreitigkeiten, in *Such*, Sowjetisches Wirtschaftsrecht, Übersetzung von Dr. Gerhard Huber, 1975, S 345–362.

Trabagaev/Šafirov/Šiško, Lehrbuch der Rechtswissenschaft, Hg Šafirov, Moskau, 2010.

Tihomirov, Obščestvo s ograničennoj otvetstvennost´ju, 2010.

Waehler, Die Außenhandels- und See-Schiedsgerichtsbarkeit in der UdSSR, 1974.

Weber, Eintagesgesellschaften in der Russischen Föderation – Ihre Entstehungsformen und ihre Bekämpfung" IWB 2012 Heft 5, S 173–176.

Wedde, Das Austrittsrecht im russischen GmbH-Recht, Mitteilungen der Vereinigung für deutsch-russisches Wirtschaftsrecht, 27/2005, S 16–20.

Yakovlev/Frye, Wie effizient sind die russischen Wirtschaftsgerichte? Russland-Analysen Nr 179 vom 13.3.2009.

Zhurbin, Gruppovye i proizvodnye iski v sudebno-arbitrazhnoj praktike (die Gruppenklage und abgeleitete Klagen in der Praxis der Arbitragegerichte, Datenbank Konsultant Plus.

Haftungsrisiken für die Muttergesellschaft im Konzern im slowakischen Recht

Angelika Mašurová*

Inhaltsverzeichnis

---

*   *Dr. Angelika Mašurová* ist Landesreferentin für die Slowakische Republik und für die Tschechische Republik am Forschungsinstitut für mittel- und osteuropäisches Wirtschaftsrecht an der Wirtschaftsuniversität Wien.

I. Einleitung

1. Allgemeines

Die slowakische Rechtsordnung gehört zu denjenigen europäischen Rechtsordnungen, in denen es kein geregeltes Konzernrecht gibt. Konzernrechtliche Tatbestände lassen sich lediglich vereinzelt – insb in den Bestimmungen des Handels-, Gesellschaftsrechts-, Kapitalmarkt- und des Steuerrechts – finden. Zu nennen sind in diesem Zusammenhang insb die Begriffsdefinitionen „herrschende Person" und „beherrschte Person" (§ 66 ObZ[1]) bzw „Mutter- und Tochtergesellschaft" (§ 8 lit i und j ZoCP[2] und § 22 ÚčZ[3]), der Kontrollbegriff gem § 8 lit h ZoCP sowie die qualifizierten Beteiligungsschwellen im Kapitalmarktrecht. Es handelt sich insgesamt um Tatbestände, bei deren Vorliegen besondere Verpflichtungen der beteiligten Personen zum Tragen kommen, wie zB die Informationspflichten im Zusammenhang mit der Beteiligungspublizität bei der Über- oder Unterschreitung der Schwellen von 5%, 10%, 15%, 20%, 25%,

---

1   513/1991 Zb *Obchodný zákonník* (Handelsgesetzbuch).
2   566/2001 Zz *Zákon o cenných papieroch* (Gesetz über Wertpapiere).
3   431/2002 Zz *Zákon o účtovníctve* (Gesetz über die Rechnungslegung).

30%, 50% oder 75% gem § 41 ZoBCP,[4] die Pflicht zur Konzernrechnungslegung bei Vorliegen von Mutter- und Tochterbeziehung iSv § 22 ÚčZ, weiters die Verpflichtung zur Legung eines Pflichtangebots gem § 114 Abs 2 S 2 ZoCP bei Erreichung der kontrollierenden Beteiligung in der Höhe von 33% sowie die Genehmigungspflichten der Gesellschaftsorgane, wenn die beherrschte Gesellschaft bestimmte Leistungen an die herrschende Gesellschaft erbringt. Die Verletzung dieser Verpflichtungen führt zur Verhängung verwaltungsrechtlicher Sanktionen, zum Verlust von Stimmrechten oder zur absoluten Nichtigkeit des angestrebten Rechtsgeschäfts, sie zieht jedoch laut Gesetz keine konzernrechtliche Haftung der Muttergesellschaft nach sich. Auch durch die Rechtsprechung wurde diesbezüglich *bis dato* keine Haftung entwickelt.

Die Erreichung einer qualifizierten Beteiligung in der Gesellschaft kann auch besondere Rechte begründen. In diesem Zusammenhang sind insb das *Squeeze-out*-Recht des Mehrheitsaktionärs gem § 118i ZoCP bei Erreichung einer 95%iger Beteiligung am Grundkapital und *vice versa* das *Sell-out*-Recht des Minderheitsaktionärs gem § 118j ZoCP bei der Erreichung einer 5%igen Beteiligung am Grundkapital zu nennen. Die Beteiligungspublizität, das Pflichtangebot sowie das *Squeeze-out* und das Andienungsrecht kommen nur bei börsennotierten Aktiengesellschaften zur Anwendung. Außerdem können *Squeeze-out* und *Sell-out* lediglich im Falle eines vorangehenden Pflichtangebotes durchgeführt werden.

Schließlich gibt es wichtige konzernspezifische Vorschriften im Umgründungsrecht, die die Grundlage für vereinfachte und deshalb kostengünstigere Umgründungsverfahren bei Strukturänderungen innerhalb von Unternehmensverbindungen darstellen. Die slowakische Rechtsordnung ermöglicht steuerneutrale Verschmelzungen und Spaltungen von Gesellschaften.[5] Dagegen regelt das slowakische Steuerrecht keine Gruppenbesteuerungsmöglichkeit, wie es seit 2005 in Österreich gem § 9 KStG der Fall ist. Es ist jedoch grundsätzlich möglich, slowakische Gesellschaften in die österreichische Gruppe einzubeziehen.[6]

Das Thema „Konzern" und die damit zusammenhängende Haftung des Mehrheitsgesellschafters der Tochtergesellschaft beschäftigt – von Ausnahmen abgesehen[7] – weder die Rechtsprechung noch die Lehre in besonderem Maße. Ähnlich wird auch die Durchgriffshaftung des Hauptaktionärs in der Literatur kaum[8] thematisiert, sondern die Trennung zwischen der Vermögenssphäre der Gesellschaft und jener der Gesellschafter wird als ein wesentliches Merk-

---

4   429/2002 Zz *Zákon o burze cenných papierov* (Gesetz über die Wertpapierbörse). Besondere Schwellen sieht die Rechtsordnung im Banken-, Versicherungs- und Wertpapierdienstleistungsbereich vor, s zB § 79 ZoCP.

5   *Reker/Röhle/Steger*, Unternehmensgründung in der Slowakei 35.

6   S dazu näher *Reker/Röhle/Steger*, Unternehmensgründung in der Slowakei 54 f.

7   Zu den Ausnahmen s insb *Benedik*, BSA 5/2002, 23 ff.

8   Zu den Ausnahmen vgl iZm der unzureichenden Kapitalausstattung (qualifizierte Unterkapitalisierung) insb *Vráblová*, Ochrana majetku 276 ff, 304, 327 und jüngst insb in Anlehnung an die deutsche Rechtslage und die tschechische Lehre zur Durchgriffshaftung die Überlegungen von *Horváthová*, BSA 12/2012, 29 ff.

mal von Kapitalgesellschaften hervorgehoben.[9] Dabei stellen in der Slowakei verschiedene Konzernstrukturen mit einheitlicher Leitung, die aufgrund einer Beteiligung entstehen, oder Holdingstrukturen mit ausländischen Muttergesellschaften keine Seltenheit dar. Ihre Existenz wird jedoch eher durch die Nachrichten in den Wirtschaftsmedien als in der Darstellung konkreter Rechtsprobleme durch die Judikatur und Lehre belegt.

2. Unterschiede GmbH und AG

Das slowakische Gesellschaftsrecht regelt zwei Arten von Kapitalgesellschaften: die Aktiengesellschaft (AG) und die Gesellschaft mit beschränkter Haftung (GmbH).

a) Gesellschaft mit beschränkter Haftung

Gemäß der Grunddefinition in § 105 Abs 1 ObZ handelt es sich bei der Gesellschaft mit beschränkter Haftung um eine Gesellschaft, deren Stammkapital die im Voraus bestimmten Gesellschaftereinlagen (Stammeinlagen) bilden.

Die höchstmögliche Gesellschafteranzahl beträgt 50 Personen.[10] Die GmbH kann gem § 105 Abs 2 ObZ auch von einer einzigen Person gegründet werden. Allerdings darf gem § 105a Abs 1 S 1 ObZ eine GmbH mit einem einzigen Gesellschafter nicht der einzige Gesellschafter oder der einzige Gründer einer anderen GmbH[11] sein. Diese Einschränkung gilt nach der hL[12] und der Praxis der Registergerichte[13] auch für ausländische Personen.[14] Ein Verstoß gegen das Verbot der „Verkettung von Einpersonengesellschaften" wird jedoch durch keine Haftungsverschärfung sanktioniert. Es droht genauso wie im Falle der Überschreitung der maximalen Gesellschafteranzahl lediglich die Auflösung der Gesellschaft, die entw auf Antrag eines Staatsorgans bzw einer anderen Person, die daran ein Rechtsinteresse nachweist, oder von Amts wegen erfolgen kann.[15] Die Einhaltung der Bestimmungen über die Mindest- bzw Maximalanzahl der

---

9   Vgl zB *Blaha* in Patakyová et al, ObZ³ § 105 S 310; *Hanes*, Spoločnosť s ručením obmedzeným⁴ 21; *Stessl*, BSA 4/2002, 10.

10   § 105 Abs 3 ObZ.

11   Obwohl in § 105a Abs 1 S 1 ObZ allg von „Gesellschaften" die Rede ist, beziehen sich die dort geregelten Beschränkungen nur auf GmbHs, vgl *Majeriková* in Ovečková et al, ObZ³ § 105a S 498.

12   *Blaha* in Patakyová et al, ObZ³ § 105a S 313; *Majeriková* in Ovečková et al, ObZ³ § 105a S 499.

13   S Nachweis bei *Majeriková* in Ovečková et al, ObZ³ § 105a S 499.

14   IdZ ist auch § 24 Abs 1 ObZ zu beachten, wonach ausländische Personen unter denselben Bedingungen wie inländische Personen Kapitalgesellschaften in der Slowakei gründen oder Beteiligungen an slowakischen Kapitalgesellschaften erwerben können. S auch *Blaha* in Patakyová et al, ObZ³ § 105a S 313; *Patakyová* in Patakyová et al, ObZ³ § 24 S 58.

15   § 68 Abs 6 lit c ObZ. Das Gericht ist allerdings in beiden Fällen gem § 68 Abs 7 ObZ verpflichtet, eine angemessene Frist zur Beseitigung des Auflösungsgrundes zu gewähren. S dazu auch *Blaha* in Patakyová et al, ObZ³ § 105 S 311, § 105a S 312.

Gesellschafter soll auch dadurch gewährleistet werden, dass diese Tatsachen der Rechtspfleger am Registergericht vor der Eintragung der Gesellschaft gem § 7 Abs 3 lit b und d ZOR materiell zu überprüfen hat. Eine GmbH, die eine andere GmbH gründen will, ist außerdem gem § 11 Abs 2 lit d der VO Nr 25/2004 Zz[16] verpflichtet, bei der Anmeldung zur Eintragung dieser Gesellschaft eine schriftliche Erklärung darüber abzugeben, dass sie mehrere Gesellschafter hat. Die Sanktion wegen unrichtiger Angaben bei der Stellung des Antrages auf Eintragung ins Handelsregister beträgt gem § 11 Abs 2 ZOR[17] bis zu € 3.310,– und sie kann im Falle von Gesellschaften als Antragsteller nur über Mitglieder deren Statutarorgane verhängt werden.[18]

Besondere Sanktionen in Form von Einschränkungen bei der Gründung neuer Gesellschaften ergeben sich iZm dem Insolvenzrecht: Wird über das Vermögen einer GmbH mit einem Alleingesellschafter der Konkurs eröffnet, kann dieser Gesellschafter gem § 105a Abs 2 ObZ eine weitere Einpersonen-GmbH[19] erst nach Ablauf eines Jahres nach der Begleichung der Verbindlichkeiten gründen, die sich auf das dem Konkurs unterliegende Vermögen beziehen.[20] Um welche Verbindlichkeiten es sich im konkreten Fall handelt, ergibt sich aus dem rechtskräftigen gerichtlichen Verteilungsbeschluss. Das Gesetz sieht keine vergleichbare Sanktion für den Fall vor, wenn das Gericht den Konkursantrag mangels kostendeckenden Vermögens zurückweist oder das Konkursverfahren mangels Masse einstellt.[21] Das Verbot bezieht sich nur auf die Gründung einer neuen Einpersonen-GmbH, nicht jedoch auch auf den Erwerb von sämtlichen Beteiligungen an einer bereits bestehenden GmbH.[22]

Kommt es zur Insolvenz der Gesellschaft, die einen Grund für die Stellung des Konkursantrags darstellt,[23] aufgrund einer absichtlichen und durch eine rechtskräftige Gerichtsentscheidung nachgewiesenen Handlung, darf derjenige, der die absichtliche Handlung verursacht hat, eine weitere Einpersonen-GmbH[24] erst nach Ablauf von 10 Jahren ab der Begleichung der Verbindlichkeiten der untergegangenen Gesellschaft gründen.[25] Allerdings ist nicht geklärt, ob nach dieser Bestimmung das absichtliche Handeln der Geschäftsführer der

---

16 *Vyhláška Ministerstva spravodlivosti Slovenskej republiky, ktorou sa ustanovujú vzory tlačív na podávanie návrhov na zápis do obchodného registra a zoznam listín, ktoré je potrebné k návrhu na zápis priložiť* (Verordnung des Justizministeriums der SR, mit der die Muster für die Vordrucke zur Stellung von Anträgen auf Eintragung ins Handelsregister und das Verzeichnis von Urkunden, die dem Antrag beizulegen sind, festgelegt werden).

17 530/2003 Zz *Zákon o obchodnom registri* (Gesetz über das Handelsregister).

18 Vgl § 5 Abs 1 iVm § 11 ZOR.

19 Vgl *Blaha* in Patakyová et al, ObZ³ § 105a S 314.

20 Krit *Majeriková* in Ovečková et al, ObZ³ § 105a S 500.

21 Krit *Blaha* in Patakyová et al, ObZ³ § 105a S 314.

22 *Blaha* in Patakyová et al, ObZ³ § 105a S 314.

23 Zu den Voraussetzungen s ausführlich unten Kap III.2.

24 *Blaha* in Patakyová et al, ObZ³ § 105a S 314.

25 § 105a Abs 3 ObZ.

Muttergesellschaft dieser zugerechnet werden kann oder ob in einem solchen Fall die vorgesehene Sanktion lediglich die Geschäftsführer trifft.[26]

Das oberste Organ der GmbH ist gem § 125 Abs 1 S 1 ObZ die Generalversammlung. § 125 Abs 1 S 2 ObZ zählt jene Angelegenheiten auf, die zwingend in die Kompetenz der GV fallen, darunter insb die Genehmigung des Jahresabschlusses, die Entscheidung über die Gewinn- und Verlustverteilung, weiters die Entscheidungen über die Kapitalerhöhung, über die Kapitalherabsetzung, über die Sacheinlagen, über den Ausschluss von Gesellschaftern, über den Verkauf des Unternehmens oder eines Teiles davon, über die Auflösung der Gesellschaft sowie über die Umgründungen. Darüber hinaus ist die GV für die Ernennung und Abberufung von Geschäftsführern und von AR-Mitgliedern zuständig. Die GV entscheidet gem § 125 Abs 2 ObZ auch über die Ernennung und Abberufung von Prokuristen, falls der Gesellschaftsvertrag oder ggf die Satzung nichts anderes bestimmen. Außerdem kann sich die GV gem § 125 Abs 3 ObZ auch die Entscheidung über andere Angelegenheiten vorbehalten, die sonst in die Kompetenz anderer Organe der Gesellschaft gehören.

Gem § 127 Abs 1 ObZ ist die GV beschlussfähig, wenn Gesellschafter anwesend sind, die zumindest über die Hälfte aller Stimmen verfügen, falls der Gesellschaftsvertrag nichts anderes bestimmt. Die Gesellschafter entscheiden in der GV grundsätzlich mit der einfachen Stimmenmehrheit.[27] Wichtigen Angelegenheiten wie zB den Satzungsänderungen, der Kapitalerhöhung, der Kapitalherabsetzung, der Auflösung der Gesellschaft und Umgründungen muss jedoch gem § 127 Abs 4 ObZ zumindest eine Zweidrittelmehrheit aller Gesellschafterstimmen zustimmen. Der Gesellschaftsvertrag kann auch in anderen Fällen eine höhere Stimmenmehrheit vorsehen oder die vorgeschriebene Zweidrittelmehrheit erhöhen. Mangels einer anderen Bestimmung im Gesellschaftsvertrag ist für die Anzahl der Stimmen jedes Gesellschafters das Verhältnis des Wertes seiner Stammeinlage zur Höhe des Stammkapitals ausschlaggebend.[28] Es besteht auch die Möglichkeit, dass die Gesellschafter ihre Entscheidungen außerhalb der GV treffen.[29] In diesem Fall wird die erforderliche Mehrheit aus der Gesamtzahl der sämtlichen Gesellschaftern zustehenden Stimmen berechnet.

Hat die GmbH lediglich einen einzigen Gesellschafter, übt dieser gem § 132 Abs 1 ObZ die Befugnisse der GV aus. Seine Entscheidungen müssen schriftlich erfolgen und er muss sie unterzeichnen, falls das Gesetz nichts anderes bestimmt. Der Schriftform bedürfen darüber hinaus auch Verträge, die zwischen der Gesellschaft und ihrem Alleingesellschafter abgeschlossen werden, falls der Alleingesellschafter zugleich im Namen der Gesellschaft handelt.[30]

---

26 In diesem Sinne wohl *Blaha* in Patakyová et al, ObZ³ § 105a S 314, nach dessen Meinung die Prüfung der absichtlichen Handlung, die zur Insolvenz geführt hat, im Strafverfahren gem § 227 TZ zu erfolgen hat, da dies im Konkursverfahren nicht überprüft wird.

27 § 127 Abs 3 ObZ.

28 § 127 Abs 2 ObZ.

29 S dazu näher § 130 ObZ.

30 § 132 Abs 2 ObZ.

Die Geschäftsführer stellen das Statutarorgan der Gesellschaft dar. Zum GmbH-Geschäftsführer können gem § 133 Abs 2 ObZ nur natürliche Personen bestellt werden. Für die Entscheidung über Angelegenheiten der Geschäftsführung, die in die Kompetenz der Geschäftsführer fallen, ist gem § 134 ObZ die Zustimmung der einfachen Mehrheit aller Geschäftsführer notwendig, falls der Gesellschaftsvertrag keine höhere Stimmenmehrheit vorsieht. Jeder einzelne Geschäftsführer ist berechtigt, nach außen hin im Namen der Gesellschaft zu handeln, falls der Gesellschaftsvertrag nichts anderes bestimmt.[31] Die Geschäftsführungsbefugnisse können zwar entw durch den Gesellschaftsvertrag oder durch die GV beschränkt werden, derartige Einschränkungen sind jedoch gegenüber Dritten unwirksam.[32]

Fakultativ kann gem § 137 ObZ als ein weiteres Gesellschaftsorgan der AR bestellt werden, falls dies im Gesellschaftsvertrag vorgesehen ist.

Der zT personalistische Charakter der GmbH kommt bei der Regelung der Rechte und Pflichten der Gesellschafter zum Ausdruck. Im Unterschied zum Aktienrecht können der Gesellschaftsvertrag oder die Satzung gem § 136 Abs 3 ObZ vorsehen, dass sich das primär für die Geschäftsführer geltende Konkurrenzverbot[33] auch auf die GmbH-Gesellschafter bezieht.

Für die Änderung des Gesellschaftsvertrages ist gem § 141 Abs 1 ObZ die Zustimmung sämtlicher Gesellschafter erforderlich, es sei denn eine bestimmte Angelegenheit wird durch das Gesetz in die Kompetenz der GV gestellt oder es ist gesetzlich was anderes vorgesehen.

Sollen durch den Gesellschaftsvertrag die Pflichten der Gesellschafter erweitert oder die Rechte der Gesellschafter eingeschränkt werden, müssen dem die betroffenen Gesellschafter zustimmen.[34]

Im Unterschied zum Aktienrecht, wo der Ausschluss des Gesellschafters aus der Gesellschaft nur im Falle der Nichtleistung des ausständigen Teiles des Ausgabebetrages trotz Mahnung und Setzung der gesetzlich vorgeschriebenen Nachfrist erfolgen darf, kann der GmbH-Gesellschafter gem § 149 Abs 1 ObZ auch dann aus der Gesellschaft ausgeschlossen werden, wenn er seine sonstigen Pflichten in erheblicher Weise verletzt, obwohl er zu ihrer Erfüllung aufgefordert und auf den drohenden Ausschluss hingewiesen wurde. Einen diesbezüglichen Antrag kann die Gesellschaft bei Gericht stellen, wenn damit Gesellschafter einverstanden sind, deren Stammeinlagen zumindest der Hälfte des Stammkapitals entsprechen. Andererseits kann auch der Gesellschafter gem § 148 Abs 1 ObZ bei Gericht die Aufhebung seiner Beteiligung in der Gesellschaft beantragen, falls von ihm billigerweise nicht verlangt werden kann, dass er weiterhin in der Gesellschaft verbleibt. Konkurseröffnung über das Vermögen des Gesellschafters oder Zurückweisung des Konkursantrages mangels Vermögens haben dieselben Wirkungen wie die Aufhebung der Beteiligung durch das Gericht.[35]

---

31 § 133 Abs 1 ObZ.
32 § 133 Abs 3 ObZ.
33 S dazu näher § 136 Abs 1 f ObZ.
34 § 141 Abs 2 ObZ.
35 § 148 Abs 2 ObZ.

Dasselbe gilt im Falle der Exekution auf den Geschäftsanteil, wenn der Gesellschaftsvertrag die Übertragung des Geschäftsanteils nicht zulässt oder wenn für die Übertragung des Geschäftsanteils die Zustimmung der GV erforderlich ist.[36]

Der Gesellschafter, der aus der Gesellschaft ausgetreten ist oder aus ihr ausgeschlossen wurde, hat gem § 150 Abs 1 ObZ einen Ausgleichsanspruch.[37] Für die Berechnung der Höhe des Ausgleichsanspruchs ist das Verhältnis der eingezahlten Stammeinlage des Gesellschafters, dessen Beteiligung in der Gesellschaft erloschen ist, zu den sonstigen eingezahlten Stammeinlagen sämtlicher Gesellschafter ausschlaggebend, sofern der Gesellschaftsvertrag nichts anderes bestimmt.[38]

Das Mindeststammkapital der GmbH hat gem § 108 Abs 1 ObZ mindestens € 5.000,– zu betragen; der Wert der Stammeinlage muss gem § 109 Abs 1 ObZ zumindest € 750,– betragen. Vor der Eintragung der Gesellschaft ins Handelsregister muss von jeder Geldeinlage zumindest 30 % eingezahlt werden. Die Sacheinlagen müssen zur Gänze eingebracht werden.[39] Der Gesamtwert der eingezahlten Bareinlagen muss zusammen mit dem Wert der eingebrachten Sacheinlagen gem § 111 Abs 1 ObZ zumindest 50 % des gesetzlichen Mindeststammkapitals betragen. Wird die Gesellschaft von einem einzigen Gründer gegründet, kann sie nur dann ins Handelsregister eingetragen werden, wenn das Stammkapital in vollem Umfang eingezahlt wurde.[40] Vor der Eintragung der Gesellschaft ins Handelsregister hat gem § 7 Abs 3 lit c ZOR der Rechtspfleger am Registergericht materiell zu überprüfen, ob die zwingenden gesetzlichen Bestimmungen über die Leistung von Einlagen eingehalten wurden.

---

36 § 148 Abs 3 ObZ. Wird der Konkurs über das Vermögen des Gesellschafters, dessen Mitgliedschaft erloschen ist, mit rechtswirksamer Gerichtsentscheidung aus anderen Gründen als infolge der Erfüllung des Verteilungsbeschlusses oder mangels kostendeckenden Vermögens beendet und hat die Gesellschaft bislang seinen Geschäftsanteil gem § 113 Abs 5 f ObZ nicht verwendet, erneuert sich gem § 148 Abs 4 ObZ die Mitgliedschaft des Gesellschafters in der Gesellschaft; hat die Gesellschaft den Ausgleichsanspruch bereits ausgezahlt, hat sie Anspruch auf Rückerstattung. Dies gilt sinngemäß auch dann, wenn die Exekution auf den Geschäftsanteil mit rechtswirksamer Gerichtsentscheidung eingestellt wurde.

37 Denselben Anspruch hat auch der Rechtsnachfolger des Gesellschafters, falls der Geschäftsanteil nicht auf ihn übertragen wurde.

38 § 150 Abs 2 ObZ. Nach der allg Regelung des § 61 Abs 2 ObZ ist die Höhe des Ausgleichsanspruchs aufgrund des ordentlichen Jahresabschlusses zu bestimmen, der für den Rechnungszeitraum erstellt wurde, der dem Rechnungszeitraum, in dem die Beteiligung des Gesellschafters erloschen ist, vorangeht, falls der Gesellschaftsvertrag nichts anderes bestimmt. Der Ausgleichsanspruch ist in bar zu leisten, es sei denn durch das Gesetz, den Gesellschaftsvertrag oder die Satzung wird etwas anderes bestimmt. Falls der Gesellschaftsvertrag oder die Satzung nichts anderes vorsehen, ist nach § 61 Abs 3 ObZ der Anspruch auf Auszahlung der Ausgleichsleistung nach Ablauf des dritten Monats ab der Genehmigung des ordentlichen Jahresabschlusses fällig, der für den Rechnungszeitraum erstellt wurde, welcher dem Rechnungszeitraum, in dem die Beteiligung des Gesellschafters erloschen ist, vorangeht. Kommt es zu keiner Genehmigung des Jahresabschlusses, ist für die Berechnung der Frist der Zeitpunkt ausschlaggebend, zu dem der Jahresabschluss hätte genehmigt werden sollen.

39 Vgl § 59 Abs 2 S 3 ObZ.

40 § 111 Abs 2 ObZ.

Werden sämtliche Geschäftsanteile in der Hand eines einzigen Gesellschafters vereinigt, ist dieser Gesellschafter gem § 119 ObZ verpflichtet, innerhalb von drei Monaten ab der Vereinigung der Geschäftsanteile sämtliche Bareinlagen einzuzahlen oder einen Teil des Geschäftsanteils auf eine andere Person zu übertragen, andernfalls hat das Registergericht die Gesellschaft von Amts wegen aufzulösen und ihre Abwicklung anzuordnen.

Im Gesellschaftsvertrag ist die Frist zur Einzahlung des restlichen Teils der Bareinlage zu bestimmen.[41] Die Frist darf gem § 113 Abs 1 ObZ maximal fünf Jahre ab der Gründung der Gesellschaft oder ab dem Erwerb der Gesellschafterstellung bzw ab der Übernahme der Verpflichtung zur Leistung einer neuen Einlage betragen, andernfalls ist der Gesellschafter verpflichtet, Verzugszinsen in der Höhe von 20 % von der nicht eingezahlten Summe zu bezahlen, soweit der Gesellschaftsvertrag nichts anderes bestimmt.[42] Darüber hinaus ist die Gesellschaft befugt, den Gesellschafter unter Androhung des Ausschlusses aufzufordern, seiner Einlagenpflicht nachzukommen. Die dafür bestimmte Frist darf nicht weniger als drei Monate betragen.[43] Der Ausschluss aus der Gesellschaft hat gem § 113 Abs 4 ObZ durch die GV zu erfolgen. Den Geschäftsanteil erwirbt vorerst die GmbH; die GV kann in der Folge die Übertragung des Geschäftsanteils auf einen anderen Gesellschafter oder auf eine dritte Person beschließen.[44]

Gem § 121 Abs 1 ObZ kann im Gesellschaftsvertrag[45] bestimmt werden, dass die GV berechtigt ist, die Gesellschafter zu Geldleistungen über die Höhe deren Stammeinlagen hinaus zur Deckung von Verlusten der Gesellschaft bis zur Hälfte des Stammkapitals entsprechend der Höhe ihrer Stammeinlagen zu verpflichten. Die GV entscheidet über die Leistung von Zuzahlungen in der Folge mit einfacher Stimmenmehrheit, falls im Gesellschaftsvertrag keine höhere Mehrheit verankert ist.[46] Die GV kann die Gesellschafter nur dann zur Leistung von Zuzahlungen verpflichten, wenn im Jahresabschluss ein Verlust ausgewiesen wird. Nach einem Teil der Lehre können die bereits geleisteten Zuzahlungen unter Einhaltung des Gleichbehandlungsgrundsatzes den Gesellschaftern zurückgewährt werden, wenn sich die Vermögenssituation der Gesellschaft auch ohne ihre Verwendung bessert.[47] Das Gesetz sieht im Falle des Beschlusses über

---

41 Vgl § 110 Abs 1 lit d ObZ.

42 § 113 Abs 2 ObZ. Nach einem Teil der Lehre handelt es sich hier um eine dispositive Regelung, deren Anwendung im Gesellschaftsvertrag ausgeschlossen werden kann, vgl *Hanes*, Spoločnosť s ručením obmedzeným⁴ 99, 170.

43 § 113 Abs 3 ObZ.

44 § 113 Abs 5 ObZ. Kommt es zu keiner Übertragung des Geschäftsanteils, hat die GV gem § 113 Abs 6 ObZ innerhalb von sechs Monaten ab dem Tag, an dem der Gesellschafter ausgeschlossen wurde, über die Herabsetzung des Stammkapitals um die Einlage des ausgeschlossenen Gesellschafters zu entscheiden, ansonsten kann sie das Registergericht auch ohne Antrag auflösen und deren Abwicklung anordnen.

45 Wegen der Notwendigkeit der Verankerung der Nachschusspflicht im Gesellschaftsvertrag kann diese gem § 141 Abs 2 ObZ nur bei Zustimmung sämtlicher Gesellschafter begründet werden, vgl auch *Hanes*, Spoločnosť s ručením obmedzeným⁴ 180.

46 S §127 Aba 2 ObZ, vgl auch *Hanes*, Spoločnosť s ručením obmedzeným⁴ 181.

47 *Hanes*, Spoločnosť s ručením obmedzeným⁴ 181. AA *Vráblová*, Ochrana majetku 307.

die Leistung von Zuzahlungen kein Austrittsrecht der Gesellschafter vor. Nach der Lehre wäre die Verankerung eines derartigen Rechts im Gesellschaftsvertrag unwirksam.[48] Die Leistung von Zuzahlungen hat gem § 121 Abs 2 ObZ keinen Einfluss auf die Höhe der Stammeinlage des Gesellschafters.[49]

b) Aktiengesellschaft

Die Aktiengesellschaft ist gem § 154 Abs 1 ObZ eine Gesellschaft, deren Grundkapital auf eine bestimmte Anzahl von Aktien mit einem bestimmten Nennbetrag verteilt ist. Die AG haftet gegenüber den Gläubigern mit ihrem gesamten Vermögen. Die Aktionäre haften für die Verbindlichkeiten der Gesellschaft nicht. Die Rechte der Aktionäre sind in Aktien verkörpert, die grundsätzlich[50] einfach übertragen werden können.

AGs können sowohl von natürlichen als auch von juristischen Personen gegründet werden. Auch die Einpersonengründung ist zulässig, allerdings gem § 162 Abs 1 ObZ auf juristische Personen beschränkt.[51] Der einzige Aktionär ist ins Handelsregister einzutragen; bei juristischen Personen müssen der Handelsname (oder Bezeichnung) und der Sitz eingetragen werden. Nach den allgemeinen Regelungen, die auch in diesem Fall zur Anwendung kommen, trifft diese Eintragungspflicht bei der Ersteintragung der AG nicht den Alleinaktionär, sondern den Vorstand, wobei der Antrag von sämtlichen Vorstandsmitgliedern zu unterzeichnen ist.[52] Den Antrag auf Änderung der eingetragenen Tatsachen haben die Vorstandsmitglieder in vertretungsbefugter Zahl im Namen der Gesellschaft zu stellen.[53] Bei Verstoß gegen diese Verpflichtung kann das Registergericht über diese Personen gem § 11 ZOR eine Ordnungsstrafe bis zu € 3.310,– verhängen. Da es sich bei der Eintragung des Alleinaktionärs um eine Eintragung mit bloß deklarativer Wirkung handelt, kann der Aktionär gem § 200a Abs 1 OSP[54] einen Antrag auf Durchführung der Übereinstimmung der Eintragung im Handelsregister mit dem tatsächlichen Zustand stellen.[55] Das Registergericht kann außerdem auch von Amts wegen die Eintragung im Han-

---

48 *Hanes*, Spoločnosť s ručením obmedzeným⁴ 183.
49 Im Falle der Verletzung der Verpflichtung zur Leistung von Zuzahlungen kommen die für die Einzahlung von Stammeinlagen geltenden Vorschriften (§ 113 Abs 2 bis 4 ObZ) entsprechend zur Anwendung.
50 Eine Beschränkung der Übertragbarkeit gestattet das Gesetz bei Namensaktien, falls die Aktien der Gesellschaft nicht zum Handel am geregelten Markt zugelassen wurden, s dazu näher § 156 Abs 9 ObZ.
51 Bei natürlichen Personen sind mind zwei Gründer notwendig. Eine natürliche Person kann jedoch alleine sämtliche Aktien einer bereits bestehenden AG nachträglich erwerben, sodass nach der Gründung auch eine natürliche Person Alleinaktionärin der AG werden kann.
52 § 175 Abs 2 ObZ.
53 Vgl § 5 Abs 1 ZOR.
54 99/1963 Zb *Občiansky súdny poriadok* (Zivilprozessordnung).
55 Einen Nachteil dieses Verfahrens im Vergleich zum Antragsverfahren gem ZOR stellt allerdings die Tatsache dar, dass keine Frist vorgeschrieben ist, innerhalb der das Gericht die Eintragung durchzuführen hat, und dass die Höhe der Kosten für die Antragstellung nicht eindeutig geregelt ist.

delsregister berichtigen. Die Nichteintragung des einzigen Aktionärs begründet keine besondere Haftung.

Die slowakische AG muss zwingend folgende drei Organe bilden: den Vorstand, die Hauptversammlung und den Aufsichtsrat. Die Geschäftsführung und die Aufsicht über die Geschäftsführung sind auf zwei verschiedene Organe – den Vorstand und den AR – verteilt. Das gesetzliche Leitbild der AG stellt die Publikums-AG mit einem unabhängigen Vorstand dar.[56] Die Realität sieht jedoch anders aus: Es gibt kaum Aktiengesellschaften mit Streubesitz und das sowohl bei den börsennotierten als auch bei den privaten AGs. Somit fällt das Argument des Streubesitzes als eine gewisse Garantie für die unabhängige Leitung der Gesellschaft weg.

Der Vorstand ist das Geschäftsführungsorgan. Die Zustimmung der HV ist lediglich in Ausnahmefällen einzuholen. § 187 Abs 1 ObZ enthält einen Katalog von wichtigen Angelegenheiten, die in die Kompetenz der HV fallen, wie zB Satzungsänderungen oder die Entscheidung über die Kapitalherabsetzung bzw -erhöhung (mit Ausnahme des genehmigten Kapitals). Darüber hinaus hat die HV über weitere Angelegenheiten zu entscheiden, die durch das Gesetz oder durch die Satzung in ihre Kompetenz gestellt werden.

Eine Kompetenzverschiebung unter den Gesellschaftsorganen setzt eine gesetzliche Grundlage voraus, die eine solche Verschiebung direkt oder über die Satzung gestattet. In der Slowakei werden die ungeschriebenen Zuständigkeiten der HV nicht thematisiert. Dies hängt wohl hauptsächlich damit zusammen, dass einzelne Gesellschaftsangelegenheiten in der Praxis nicht selten durch die Satzung auf die HV und somit auf den Mehrheitsaktionär übertragen werden. Meiner Meinung nach ist dies insoweit möglich, als dadurch nicht die allg Geschäftsführungsbefugnis des Vorstandes eingeschränkt wird, auch wenn es sich nicht unbedingt um Strukturentscheidungen im Sinne der *Holzmüller*-Doktrin[57] handelt. Es ist dabei immer auf den konkreten Unternehmensgegenstand einer AG abzustellen. Im Unterschied zu Österreich sind in der Slowakei Weisungserteilungen an den Vorstand durch die HV in den Fällen als zulässig anzusehen, wo eine bestimmte Angelegenheit durch das Gesetz oder (zulässigerweise) durch die Satzung in die Kompetenz der HV übertragen wurde.[58] Weisungsbefugt ist meiner Meinung nach jene Mehrheit, die in der HV dem Gesetz oder der Satzung zufolge über die konkrete Maßnahme zu beschließen hat. Die Mehrheit ist in diesem Fall von der gesamten Stimmenanzahl zu berechnen.

Die Intensität der Einflussnahme auf die Gesellschaftsleitung durch bestimmte Aktionärsgruppen hängt auch von den Regeln über die Bestellung und Abberufung der Leitungs- und Aufsichtsorgane ab. Die mittelbare Abhängigkeit des Vorstandes von der Aktionärsmehrheit ist in der Slowakei ziemlich stark ausgeprägt, denn die Vorstandsmitglieder können jederzeit ohne Angabe von Gründen von der HV mit einfacher Mehrheit abberufen werden.

---

56   Vgl *Pala/Palová/Žitňanská* in Ovečková et al, ObZ³ § 184 S 833.
57   Zur *Holzmüller*-Doktorin s BGH 25.2.1982, II ZR 174/80.
58   So auch für die ČR *Eichlerová* in Pauknerová/Tomášek et al, Proměny soukromého práva 75 ff.

Das Grundkapital der AG muss mindestens € 25.000,– betragen. Die Höhe des Grundkapitals samt dem Umfang der tatsächlichen Einzahlung sind gem § 2 Abs 2 lit d ZOR ins Handelsregister einzutragen. Die Einlagenpflicht entsteht entw bei der Gründung der Gesellschaft oder bei einer späteren Kapitalerhöhung. Im Unterschied zu Sacheinlagen[59] müssen im Aktienrecht die Bareinlagen nicht sofort vollständig eingezahlt werden. Bei der Einheitsgründung[60] müssen vor der Eintragung der Gesellschaft ins Handelsregister mind 30 % der Bareinlagen eingebracht werden.[61] Der Rest ist innerhalb eines Jahres nach der Entstehung der Gesellschaft zu leisten, sofern in der Satzung nicht eine kürzere Frist bestimmt ist.[62] Bei einer späteren Kapitalerhöhung durch Zeichnung neuer Aktien muss der Zeichner grundsätzlich mind 30 % der Nennbeträge der von ihm gezeichneten Aktien in der von der HV bestimmten Frist einzahlen. Im Falle von AGs, deren Aktien an der Wertpapierbörse notiert sind, muss innerhalb dieser Frist der ganze Ausgabebetrag geleistet werden. [63]

Die Aktionäre können gem § 177 Abs 2 ObZ von ihrer Pflicht zur Einlagenleistung nicht befreit werden. Sie dürfen gegen diese Pflicht auch nicht eine Forderung gegenüber der Gesellschaft aufrechnen. Eine einvernehmliche Aufrechnung[64] bzw eine einseitige Aufrechnung seitens der Gesellschaft[65] wird jedoch als zulässig angesehen.

Gerät der Aktionär mit der Einzahlung des Ausgabebetrages oder eines Teiles davon in Verzug, muss er jährlich Verzugszinsen in der Höhe von mind 20 % von der Summe, mit deren Einzahlung er im Verzug ist, bezahlen. Die Satzung kann auch einen anderen Zinssatz festlegen.[66] Der Vorstand muss den säumigen Aktionär im Namen der Gesellschaft schriftlich auffordern, seiner Pflicht zur Einzahlung der Einlage innerhalb der in der Satzung vorgeschriebenen Frist nachzukommen. Ist keine Frist in der Satzung vorgesehen, bestimmt das Gesetz für diesen Fall eine Frist von 60 Tagen ab der Zustellung der Aufforderung. Die Aufforderung der Vorstandsmitglieder hat auch den Hinweis auf einen möglichen Ausschluss des Aktionärs aus der Gesellschaft zu enthalten.[67]

Solange die Bareinlagen nicht vollständig eingezahlt sind, erhält der Aktionär statt Aktien einen Zwischenschein. Der Zwischenschein ist ein auf den Namen einer Person oder auf die Namen mehrerer Personen lautendes Wertpapier. Er verbrieft die gleichen Rechte wie die Aktie, die er ersetzt. Darüber hinaus ist mit ihm die Pflicht zur Einzahlung des Ausgabebetrages der Aktie verbunden.[68]

---

59 Vgl § 59 Abs 2 S 3 ObZ.
60 Das slowakische Handelsgesetzbuch regelt auch die Stufengründung, diese Gründungs-Art spielt jedoch in der Praxis keine Rolle. Zur Stufengründung s näher § 164 ff ObZ.
61 § 175 Abs 1 ObZ.
62 § 177 Abs 1 S 1 ObZ.
63 § 204 Abs 2 ObZ.
64 *Ďurica* in Suchoža et al, ObZ § 177 S 413; *Patakyová* in Patakyová et al, ObZ[3] § 177 S 525; *Pala/Palová/Žitňanská* in Ovečková et al, ObZ[3] § 177 S 803.
65 *Ďurica* in Suchoža et al, ObZ § 177 S 413; *Patakyová* in Patakyová et al, ObZ[3] § 177 S 525.
66 § 177 Abs 3 ObZ.
67 § 177 Abs 4 ObZ. Zum Ausschluss des Aktionärs s näher § 177 Abs 5 ff ObZ.
68 § 176 Abs 3 S 1 ObZ.

Personen, auf deren Namen der Zwischenschein lautet, sind Gesamtschuldner des noch ausständigen Teiles des Ausgabebetrages der Aktien.[69]

3. Rechtsquellen

Die wichtigste Rechtsquelle, die die Rechtsstellung der Gesellschafter von Kapitalgesellschaften regelt, stellt das Handelsgesetzbuch (Nr 513/1991 Zb) dar, in dem auch das gesamte Gesellschaftsrecht inkorporiert ist. Als weitere Rechtsquellen sind insb das Bürgerliche Gesetzbuch (Nr 40/1964 Zb), das Gesetz über Wertpapiere (Nr 566/2001 Zz), das Gesetz über die Wertpapierbörse (Nr 429/2002 Zz), das Gesetz über das Handelsregister (Nr 530/2003 Zz), das Gesetz über Konkurs und Restrukturierung (Nr 7/2005), die Exekutionsordnung (Nr 233/1995 Zz) und das Gesetz über die Rechnungslegung (Nr 431/2002 Zz) zu nennen.

II. Gesellschaftsrecht

1. Grundsatz der Vermögens- und Haftungstrennung zwischen der Kapitalgesellschaft und den Gesellschaftern

a) Rechtsgrundlagen, Legitimation und Wirkung der beschränkten Haftung

In der Lehre wird die Haftungstrennung als ein zentrales Merkmal der Kapitalgesellschaften angesehen.[70] Ausschlaggebend sind dafür die Begriffsbestimmungen des GmbH- und des Aktienrechts. Die GmbH haftet gem § 106 S 1 f ObZ für die Verletzung ihrer Verbindlichkeiten mit ihrem gesamten Vermögen. Der Gesellschafter haftet für die Verbindlichkeiten der Gesellschaft nur bis zur Höhe seiner nicht eingezahlten Einlage. Die AG haftet gem § 154 Abs 1 S 2 f ObZ für die Verletzung ihrer Verbindlichkeiten mit ihrem gesamten Vermögen. Der Aktionär haftet nicht für die Verbindlichkeiten der Gesellschaft.

Nach der hL[71] lassen diese Legaldefinitionen keine teleologische Reduktion zu, die zu einer Durchgriffshaftung bzw zu einer Haftung für konkrete Verbindlichkeiten der Gesellschaft seitens der Gesellschafter (mit Ausnahme der gesetzlichen Bürgschaft der GmbH-Gesellschafter während des Zeitraumes, in dem diese ihre Bareinlagen noch nicht vollständig eingezahlt haben) führen könnte.

b) Ausnahmen vom Grundsatz der Haftungstrennung

Eine Außenhaftung der GmbH-Gesellschafter mit ihrem gesamten Vermögen[72] in Form einer gesetzlichen Bürgschaft während der Existenz der Gesell-

---

69   § 176 Abs 4 ObZ iVm § 156 Abs 5 ObZ.
70   S bereits oben FN 9.
71   Zu den Ausnahmen s oben FN 8.
72   Vgl *Blaha* in Patakyová et al, ObZ³ § 106 S 316.

schaft[73] regelt das ObZ in § 106 S 2 ausdrücklich nur im Falle der nicht vollständigen Leistung von Bareinlagen[74]. Der Gesellschafter wird nicht bereits im Zeitpunkt der vollständigen Leistung der Einlage, sondern erst wenn diese Tatsache ins Handelsregister eingetragen wird, von der Haftung befreit.[75]

Die gesetzliche Bürgschaft der GmbH-Gesellschafter richtet sich gem § 56 Abs 6 S 2 ObZ nach den handelsrechtlichen Bestimmungen über die rechtsgeschäftliche Bürgschaft (§§ 303 ff ObZ), soweit im Gesetz nichts anderes geregelt ist. Das bedeutet, dass überall dort, wo im Gesetz ausnahmsweise die Bürgschaft der GmbH-Gesellschafter vorgesehen ist, die Gesellschafter subsidiär für die Verbindlichkeiten der Gesellschaft einstehen müssen,[76] denn gem § 306 Abs 1 ObZ ist der Gläubiger grundsätzlich nur dann berechtigt, vom Bürgen die Erfüllung der Verbindlichkeit zu verlangen, wenn der Schuldner seine Verbindlichkeit nicht innerhalb einer angemessenen Frist, nachdem ihn der Gläubiger hiezu aufgefordert hat, erfüllt. Die gerichtliche Geldendmachung der Forderung ist aber nicht notwendig.[77] Die Aufforderung ist nur dann nicht erforderlich, wenn sie der Gläubiger nicht verwirklichen kann,[78] oder wenn es unzweifelhaft ist, dass der Schuldner seine Verbindlichkeit nicht erfüllen wird, insb weil über sein Vermögen der Konkurs eröffnet wurde.

Die Geschäftsführer sind gem § 113 Abs 1 S 3 ObZ verpflichtet, dem Registergericht ohne unnötige Verzögerung die erfolgte Einlagenleistung mitzuteilen. Der Antrag auf Eintragung der Änderung ins Handelsregister ist gem § 5 Abs 5 ZOR innerhalb von 30 Tagen ab der Leistung des ausständigen Teils der Einlage zu stellen.[79] Das Gesetz regelt nicht, was zu geschehen hat, wenn der Gesellschafter erst nachdem er vom Gläubiger der Gesellschaft in Anspruch genommen wird bzw nachdem er bei Gericht geklagt wird, die Einlage an die Gesellschaft leistet und diese Tatsache in der Folge ins Handelsregister eingetragen wird.[80]

---

73 Anders ist die Rechtslage im Falle der Auflösung der Gesellschaft, s dazu näher unten Kap II.3.f.

74 Bei Sacheinlagen stellt sich diese Problematik nicht, weil die Sacheinlagen vor der Eintragung der Gesellschaft bzw vor der Eintragung der Kapitalerhöhung ins Handelsregister vollständig eingebracht werden müssen. Bei der GmbH sind gem § 2 Abs 2 lit c ZOR neben der Höhe des Stammkapitals und des Umfangs seiner tatsächlichen Einbringung auch die Vor- und Familiennamen und die Wohnsitze bzw die Handelsnamen oder die Bezeichnungen und die Sitze sämtlicher Gesellschafter samt der Höhe deren Stammeinlagen sowie der Angabe darüber, in welchem Umfang die einzelnen Stammeinlagen geleistet wurden, ins Handelsregister einzutragen.

75 Vgl *Blaha* in Patakyová et al, ObZ[3] § 106 S 316; *Hanes*, Spoločnosť s ručením obmedzeným[4] 24, 185; *Majeriková* in Ovečková et al, ObZ[3] § 106 S 502.

76 *Blaha* in Patakyová et al, ObZ[3] § 106 S 315; *Hanes*, Spoločnosť s ručením obmedzeným[4] 21, 23 f; *Majeriková* in Ovečková et al, ObZ[3] § 106 S 501, 503 f.

77 *Ovečková* in Ovečková et al, ObZ[3] § 306 S 156.

78 ZB weil der Aufenthaltsort des Schuldners unbekannt ist, vgl *Ovečková* in Ovečková et al, ObZ[3] § 306 S 156.

79 S auch *Blaha* in Patakyová et al, ObZ[3] § 106 S 316.

80 Nach der Rechtsprechung in ČR hat in diesem Fall das Gericht das Verfahren einzustellen und die Klage abzuweisen, weil es bei der Fällung seiner Entscheidung von der aktuellen Sachlage auszugehen hat, s NS ČR 27.1.2004, 29 Odo 629/2003; NS ČR 20.6.2000, 29 Cdo 281/2000.

Das Gesetz sieht in § 106 S 3 ObZ vor, dass eine Leistung seitens des Gesellschafters für die Gesellschaft, die aus Gründen der gesetzlichen Bürgschaft erbracht wird, auf die Einzahlung der Einlage angerechnet wird. Es kommt hier *ex lege*[81] zur gegenseitigen Aufrechnung von Forderungen, die durch eine abweichende Vereinbarung nicht ausgeschlossen werden kann. Für die Wirksamkeit der Aufrechnung ist keine Aufrechnungserklärung notwendig.[82] Ist die Vornahme der Aufrechnung nicht möglich,[83] kann der Gesellschafter den Ersatz von der Gesellschaft verlangen. Bekommt er den Betrag von der Gesellschaft nicht ersetzt, ist er berechtigt, den Ersatz von den anderen Gesellschaftern verhältnismäßig nach dem Umfang ihrer Beteiligung am Stammkapital zu verlangen.[84] Der Gesellschafter sollte sich zu diesem Zweck an die Mitgesellschafter wenden, die ihre Einlagen noch nicht vollständig eingebracht haben. Erlangt er allerdings auf diese Weise nicht die vollständige Befriedigung, kann er auch die Gesellschafter, die wegen bereits geleisteten Einlagen nach außen hin nicht mehr haften, in Anspruch nehmen.[85]

Wird über die Gesellschaft Konkurs eröffnet, so bürgen gem § 56 Abs 6 S 3 ObZ die GmbH-Gesellschafter, die ihre Bareinlagen noch nicht vollständig eingezahlt haben, in demselben Umfang für die Verbindlichkeiten der Gesellschaft, in dem sie dies vor der Konkurseröffnung getan haben,[86] allerdings nur insoweit, als die Gläubiger, die ihre Forderungen rechtzeitig angemeldet haben, im Konkursverfahren nicht befriedigt wurden. Zwischen der Konkurseröffnung und der Konkursbeendigung können somit die Gläubiger ihre Forderungen gegenüber den Gesellschaftern aus dem Titel der Bürgschaft für die Verbindlichkeiten der Gesellschaft nicht direkt diesen gegenüber erfolgreich geltend machen.[87]

Im Unterschied zum GmbH-Recht sieht das Aktienrecht keine Bürgschaft der Aktionäre, die ihre Bareinlagen[88] nicht vollständig geleistet haben, gegenüber den Gläubigern der Gesellschaft vor. Der Umfang der Einzahlung von Einlagen wird auch nicht ins Handelsregister eingetragen. Der Aktionär haftet für den noch ausständigen Teil der Bareinlage nur gegenüber der Gesellschaft. Die Haftungs- und Vermögenstrennung kommt somit bei dieser Gesellschaftsart noch mehr zum Ausdruck.

---

81 Weil die Aufrechnung in diesem Fall *ex lege* erfolgt, steht diese Bestimmung nicht im Widerspruch zu § 108 Abs 2 ObZ, der das Verbot der Aufrechnung mit der Forderung des Gesellschafters gegen die Forderung der Gesellschaft auf Einzahlung der Einlage durch einseitige Erklärung seitens des Gesellschafters regelt, vgl *Majeriková* in Ovečková et al, ObZ[3] § 106 S 504, § 108 S 508. S auch *Hanes*, Spoločnosť s ručením obmedzeným[4] 169.

82 *Blaha* in Patakyová et al, ObZ[3] § 106 S 317.

83 Insb weil er die Einlage bereits erbracht hat, diese Tatsache aber nicht im Handelsregister eingetragen war, vgl *Majeriková* in Ovečková et al, ObZ[3] § 106 S 502.

84 § 106 S 4 ObZ.

85 *Majeriková* in Ovečková et al, ObZ[3] § 106 S 503.

86 *Majeriková* in Ovečková et al, ObZ[3] § 56 S 228.

87 *Hanes*, Spoločnosť s ručením obmedzeným[4] 185.

88 Bei Sacheinlagen stellt sich diese Problematik gar nicht, weil genauso wie bei der GmbH sämtliche Sacheinlagen vor der Eintragung der AG bzw vor der Eintragung der Kapitalerhöhung ins Handelsregister eingebracht werden müssen.

2. Allgemeine Aspekte der Gesellschafterhaftung

a) Schutz der Gläubiger und Schutz der Mitgesellschafter als Haftungsziele

Nach der gesetzlichen Vorgabe werden sowohl die Gläubiger als auch die Gesellschafter der Tochtergesellschaft idR bloß mittelbar geschützt, denn im Zentrum des ausdrücklich geregelten gesellschaftsrechtlichen Haftungsrechts stehen grundsätzlich die Ansprüche der Tochtergesellschaft. Dabei handelt es sich überwiegend um Ansprüche gegenüber den eigenen Gesellschaftsorganen und nicht gegenüber den Gesellschaftern.[89] Die Problematik der Außenhaftung, wo diese nicht ausdrücklich geregelt wird,[90] wird auch in der Literatur nur vereinzelt behandelt.[91]

b) Unterscheidung Innen- und Außenhaftung

Weder die slowakische Rechtsordnung noch die slowakische Lehre oder Judikatur benutzen die Begriffe „Innen- und Außenhaftung", eine derartige Unterscheidung ergibt sich jedoch mittelbar aus dem Gesetz.

Abgesehen von dem oben dargestellten Einstehenmüssen für die Verbindlichkeiten der Gesellschaft im Falle der nicht vollständigen Leistung der Bareinlage im GmbH-Recht regelt das Handelsgesetzbuch keine direkten Ansprüche der Gläubiger der Gesellschaft gegenüber den einzelnen Gesellschaftern. Eine Außenhaftung bei der Annahme verbotener Zahlungen, die nicht in gutem Glauben als Gewinnanteile bezogen wurden,[92] ist in der Slowakei im Gesetz nicht vorgesehen. Bei der Verletzung der Kapitalerhaltungsregeln ist ausdrücklich lediglich eine Innenhaftung geregelt. Den unmittelbaren Gläubigerschutz beinhalten im vorliegenden Zusammenhang hauptsächlich das zivilrechtliche sowie das insolvenzrechtliche Anfechtungsrecht sowie die insolvenzrechtliche Rangordnung.[93] Die Durchgriffshaftung wird in der Literatur[94] vereinzelt diskutiert, in der Praxis spielte diese Problematik *bis dato* jedoch keine Rolle. Als Grundlage für eine eventuelle Haftung von Muttergesellschaft gegenüber den Gläubigern der Tochtergesellschaft sowie den Mitgesellschaftern kommen somit hauptsächlich die allgemeinen Haftungstatbestände des Zivilrechts in Frage.[95] Eine direkte

---

89 S insb die Bestimmungen über die Haftung der Geschäftsführer von GmbHs und der Vorstandsmitglieder von AGs in § 135a ObZ u § 194 ObZ.

90 Vgl insb die Haftung der Gesellschaftsorgane gem § 218g Abs 1 ObZ für Schäden, die sie den Aktionären bei der Vorbereitung und Durchführung von Umgründungsmaßnahmen durch Verstoß gegen die ihnen obliegenden Pflichten zugefügt haben, und für die verspätete Stellung des Konkursantrages. Zu der letzteren Haftung s ausführlich unten Kap III.2.

91 Vgl oben FN 8. Ein Hindernis für die Außenhaftung der Gesellschaftsorgane, wo diese nicht ausdrücklich geregelt ist, stellt nach der Rechtsprechung § 420 Abs 2 OZ dar. (Zu dieser Bestimmung s IV.3.) Krit *Švidroň*, PO 2013, 3.

92 Vgl § 56 Abs 1 öAktG.

93 S dazu näher unten Kap III.4.

94 Vgl *Horváthová*, BSA 12/2012, 29 ff.

95 S dazu näher unten Kap IV.

Haftung gegenüber den Mitgesellschaftern wird seitens der Lehre außerdem im Falle der Verletzung der gesellschaftsrechtlichen Treuepflicht bejaht, die höchstgerichtliche Judikatur hat sich allerdings mit diesbezüglichen Haftungsfragen noch nicht beschäftigt.[96] Vollkommen ungeklärt ist schließlich die Frage, inwieweit den GmbH-Gesellschaften bzw Aktionären Schadenersatzansprüche gegenüber ihren Mitgesellschaftern entstehen, wenn sie lediglich einen Reflexschaden erleiden.[97]

c) Rechtsdurchsetzung der Innenhaftung

Die Ansprüche der Gesellschaft gegenüber ihren Gesellschaftern wegen gesetzwidriger Leistungen an diese können unter bestimmten Voraussetzungen im Namen der Gesellschaft von den anderen Mitgesellschaftern geltend gemacht werden, denn die slowakische Rechtsordnung ermöglicht die Verfolgung dieser vermögensrechtlichen Ansprüche der Gesellschaft durch eine qualifizierte Aktionärsminderheit bzw durch einen einzigen GmbH-Gesellschafter im Wege der *actio pro socio*.

Auf Verlangen der 5%-igen Aktionärsminderheit[98] haben der Vorstand und der AR diese Ansprüche ohne unnötige Verzögerung geltend zu machen.[99] Bleiben diese Organe untätig, so können die Ansprüche im Namen der Gesellschaft direkt durch die Minderheitsaktionäre bei Gericht geltend gemacht werden, wobei die Aktionäre beweisen müssen, dass sie über den erforderlichen Anteil am Grundkapital verfügen und dass sie vom Vorstand oder AR erfolglos die Geltendmachung dieser Ansprüche verlangt haben.[100] Die Minderheit muss anscheinend nicht versuchen, zuvor einen HV-Beschluss über die Klage herbeizuführen. Ein Klagezulassungsverfahren oder eine Zurückweisung wegen offensichtlicher Unbegründetheit[101] zur Verhinderung von Missbrauch ist ebenfalls nicht vorgesehen.[102]

Im GmbH-Recht kann im Falle von gesetzwidrigen Leistungen an die Mitgesellschafter sowie im Falle, dass ein Gesellschafter nicht rechtzeitig seine Einlage leistet, jeder Gesellschafter die *actio pro socio* erheben.[103] Weil im Han

---

96 Vgl dazu näher unten Kap II.6.

97 Vgl die Judikatur zur geltenden Rechtslage in der Tschechischen Republik (insb NS ČR 24.6.2009, 29 Cdo 3180/2008; NS ČR 25.6.2009, 29 Cdo 3663/2008), die darauf hinausläuft, dass den Gesellschaftern ein direkter Schadenersatzanspruch sowohl gegenüber den faktischen als auch den tatsächlichen Geschäftsführern nur dann zusteht, wenn es sich dabei nicht bloß um einen Reflexschaden handelt. Im Falle des bloßen Reflexschadens haben die Aktionäre lediglich die Möglichkeit, den Anspruch im Namen der Gesellschaft mittels *actio pro socio* geltend zu machen.

98 In der Satzung kann bestimmt werden, dass dieses Recht der Minderheit zusteht, die Aktien mit einem niedrigeren Nennbetrag als 5% des Grundkapitals hält.

99 § 182 Abs 1 f iVm § 181 Abs 1 ObZ.

100 *Pala/Palová/Žitňanská* in Ovečková et al, ObZ³ § 182 S 825.

101 Vgl § 134 Abs 1 öAktG.

102 Vgl *Mašurová* in Schutz der Minderheitsaktionäre 667.

103 § 122 Abs 3 S 1 ObZ.

delsgesetzbuch bei den Ansprüchen, die der GmbH-Gesellschafter im Namen der Gesellschaft geltend machen kann, die Ansprüche der Gesellschaft auf Leistung der Zuzahlungen oder die Ansprüche wegen der Verletzung des Konkurrenzverbotes nicht ausdrücklich angeführt sind, ist die Geltendmachung dieser Ansprüche im Namen der Gesellschaft durch *actio pro socio* nach einem Teil der Lehre ausgeschlossen.[104]

Nur jene Gesellschafter, die den Antrag bei Gericht eingereicht haben (oder durch sie bevollmächtigte Personen), können während der Gerichtsverhandlung Rechtshandlungen im Namen der Gesellschaft setzen,[105] um eine Zurückziehung der Klage seitens der Aktionäre mit gegenteiliger Meinung über die Prozessführung zu verhindern.[106]

Im Falle der Erhebung der *actio pro socio* müssen die Gesellschafter die Prozesskosten zuerst selbst tragen. Die Kosten für die Erhebung der Gesellschafterklage betragen 6% vom Streitwert, jedoch mind € 16,50 und max € 33.193,50.[107] Wird der Gesellschaft der Anspruch auf Ersatz der Prozesskosten durch gerichtliche Entscheidung zuerkannt, so haben die Personen, die zum Ersatz der Prozesskosten verpflichtet werden, diese den Aktionären zu ersetzen.[108]

Verlieren die Gesellschafter den Prozess, so fallen die Kosten jedenfalls ihnen zulasten; sie tragen somit ein 100%-iges Kostenrisiko, während bei Obsiegen der eingeklagte Betrag an die AG erfolgt und daher alle Aktionäre (auch solche, die nicht an der Prozessführung mitgewirkt haben oder dagegen waren) davon profitieren. Die Motivation, solche Klagen einzubringen, dürfte daher eher gering[109] sein.[110] In der Praxis wird das der (verdeckten) Einlagenrückgewähr zugrunde liegende Rechtsgeschäft durch die Feststellungsklage angefochten.[111] Dies hängt wohl auch damit zusammen, dass die Kosten für die Erhebung dieser Klagen nicht vom Streitwert abhängen, sondern der Kläger einen fixen Pauschalbetrag in der Höhe von € 99,50[112] zu leisten hat.

Die Möglichkeit einer Einziehungsermächtigung seitens der Gläubiger ist im Falle der Einlagenrückgewähr ausdrücklich nicht vorgesehen.[113] Es kommt

---

104 *Blaha* in Patakyová et al, ObZ³ § 122 S 370. AA *Majeriková* in Ovečková et al, ObZ³ § 122 S 580.

105 § 182 Abs 2 ObZ u § 122 Abs 3 S 3 ObZ.

106 *Ďurica* in Suchoža et al, ObZ § 182 S 434.

107 S Tarifposten 1a des Tarifbuchs der Gerichtsgebühren im Zivilverfahren iSd Gesetzes Nr 71/1992 Zb über Gerichtsgebühren. S auch *Patakyová* in Patakyová et al, ObZ³ § 182 S 539.

108 § 182 Abs 3 ObZ u § 122 Abs 4 ObZ.

109 S auch *Patakyová* in Patakyová et al, ObZ³ § 182 S 513 f.

110 Vgl *Mašurová* in Schutz der Minderheitsaktionäre 667 f.

111 Vgl NS SR 15.12.2010, 5 Obo 73/2009; NS SR 23.4.2008, 5 Obo 29/2006.

112 S Tarifposten 1b des Tarifbuchs der Gerichtsgebühren im Zivilverfahren iSd Gesetzes Nr 71/1992 Zb über Gerichtsgebühren. S dazu auch NS SR 15.12.2010, 5 Obo 73/2009.

113 Diese kommt gem § 122 Abs 5 u § 194 Abs 9 ObZ nur im Falle der Geltendmachung der Schadenersatzansprüche und der Ansprüche aus der gesetzlichen Bürgschaft, die die Gesellschaft gegenüber ihren Organmitgliedern hat, in Betracht.

jedoch die Pfändung des Anspruches im Rahmen eines Exekutionsverfahrens[114] gemäß dem EP[115] in Betracht, wenn der Gläubiger seine Forderung aus dem Vermögen der Gesellschaft nicht befriedigen kann. Dafür ist es allerdings notwendig, dass die Gesellschaft ihre Pflicht gegenüber dem Gläubiger, die ihr aufgrund einer vollstreckbaren Entscheidung auferlegt wurde, nicht freiwillig erfüllt und dass der Gläubiger den Anspruch der Gesellschaft gegenüber den Aktionären beweist bzw dass ein derartiger Anspruch vom Exekutor festgestellt wird.[116] Werden diese beiden Voraussetzungen erfüllt, ist der Gläubiger der Gesellschaft berechtigt, einen Antrag auf Durchführung einer Forderungsexekution zu stellen. Eine Exekution auf Geldforderungen, die nicht gegenüber einer Bank bestehen, erfolgt im Wege der Anweisung der Forderung: Der Exekutor weist den Drittschuldner an, nach der Zustellung des Auftrages zur Einleitung der Exekution durch Anweisung der Forderung nicht an den Verpflichteten zu bezahlen. Dieser Auftrag ist dem Drittschuldner zu eigenen Handen zuzustellen. Darüber hinaus hat der Exekutor über den Beginn der Exekution durch Anweisung der Forderung sowohl den betreibenden Gläubiger als auch den Verpflichteten zu benachrichtigen. Er hat zugleich dem Verpflichteten zu untersagen, nach der Zustellung der Mitteilung über den Beginn der Exekution über seine Forderung bis zur Höhe der vollstreckbaren Forderung samt Anhang zu verfügen.[117]

Nach Ablauf der 14–tägigen Frist zur Erhebung von Einwendungen gegen die Exekution bzw nach der Zustellung der Gerichtsentscheidung über die Ablehnung der Einwendungen, erteilt der Exekutor den Auftrag zur Durchführung der Exekution durch Anweisung der Forderung. Der Auftrag ist dem betreibenden Gläubiger, dem Verpflichteten und dem Drittschuldner zuzustellen; im Falle der zwei Letzteren hat die Zustellung zu eigenen Handen zu erfolgen.[118]

Der Verpflichtete verliert das Recht auf Bezahlung der Forderung mit dem Tag, an dem dem Drittschuldner der Auftrag zur Einleitung der Exekution zugestellt wurde. Ist die Forderung des Verpflichteten zum Zeitpunkt der Zustellung des Auftrages zur Durchführung der Exekution nicht fällig, hat sie der Drittschuldner dem betreibenden Gläubiger zu bezahlen, sobald sie fällig wird, sofern der betreibende Gläubiger mit dem Exekutor schriftlich nichts anderes vereinbart hat. Durch die Bezahlung an den betreibenden Gläubiger wird der Drittschuldner grundsätzlich von seiner Schuld gegenüber dem Verpflichteten befreit.[119]

Im Falle, dass der Drittschuldner dem betreibenden Gläubiger bzw dem Exekutor die Forderung nicht unverzüglich nach der Zustellung des Auftrages

---

114 Die Ausführungen zur Pfändung des Anspruches im Rahmen eines Exekutionsverfahrens beruhen auf dem von mir verfassten Bericht „Vorstandshaftung im slowakischen Recht" in Vorstandshaftung 833 f.
115 233/1995 Zz *Exekučný poriadok* (Exekutionsordnung).
116 Vgl § 54 Abs 1 EP.
117 Vgl § 106 EP.
118 Vgl § 107 EP.
119 § 108 EP.

zur Durchführung der Exekution (bzw nach der Fälligkeit der Forderung) bezahlt, kann der betreibende Gläubiger vom Drittschuldner im Rechtsweg die Bezahlung der Forderung in eigenem Namen verlangen.[120]

3. Haftung aufgrund der Beteiligung

a) Kapitalerhaltungsregeln

§ 179 Abs 3 und 4 ObZ trägt in Übereinstimmung mit den europäischen Vorgaben bei der Gewinnverteilung auf die Aktionäre dem Verbot der Einlagenrückgewähr und somit dem Grundsatz der Kapitalerhaltung Rechnung.[121] Demnach kann bis zur Auflösung der Gesellschaft nur der Reingewinn auf die Aktionäre verteilt werden, vermindert um die Leistungen in den Reservefonds (ggf in andere Fonds, die die Gesellschaft aufgrund des Gesetzes bildet) und um die nicht gedeckten Verluste aus vergangenen Rechnungszeiträumen.[122] Außerdem kann der Reingewinn (oder andere Eigenmittel der Gesellschaft) dann nicht auf die Aktionäre verteilt werden, wenn das Eigenkapital der Gesellschaft, welches aufgrund des genehmigten ordentlichen Rechnungsabschlusses ermittelt wurde, unter dem Wert des Grundkapitals samt dem durch das Gesetz bzw die Satzung vorgeschriebenen Reservefonds und ggf samt anderen Fonds, die gemäß dem Gesetz oder der Satzung nicht zur Leistung an die Aktionäre verwendet werden dürfen, vermindert um den Wert des nicht eingezahlten Grundkapitals, falls dieser Wert noch nicht in die Aktiva der Bilanz einbezogen wurde, liegt oder nach der Gewinnverteilung liegen würde.[123] § 179 Abs 3 und 4 ObZ gelten auch bei der Auszahlung der Gewinnanteile an die GmbH-Gesellschafter.[124]

Abgesehen von dem Fall der Kapitalherabsetzung im GmbH- und Aktienrecht[125] und von den Fällen des zulässigen Erwerbs eigener Aktien[126] sowie der Kraftloserklärung des Zwischenscheins[127] im Aktienrecht dürfen weder den Aktionären noch den GmbH-Gesellschaftern ihre Einlagen zurückgewährt werden.[128]

Weder eine AG noch eine GmbH darf ihren Gesellschaftern Zinsen aus den Einlagen oder eine Dividendenvorauszahlung bzw Vorauszahlungen auf Gewinnanteile gewähren.[129] Diese Aufzählung der möglichen sonstigen Formen der Einlagenrückgewähr ist bloß demonstrativ.[130] In der Literatur werden in An-

---

120 § 109 Abs 1 S 1 EP.

121 *Pala/Palová/Žitňanská* in Ovečková et al, ObZ³ § 179 S 810 ff.

122 Auf der anderen Seite kann der Reingewinn um den nicht verteilten Gewinn aus vorherigen Rechnungszeiträumen und um Leistungen aus den Fonds, deren Bildung nicht zwingend vorgeschrieben ist, erhöht werden. (§ 179 Abs 3 ObZ.)

123 § 179 Abs 4 S 1 ObZ.

124 § 123 Abs 2 S 1 ObZ.

125 § 179 Abs 7 ObZ.

126 § 179 Abs 6 lit a ObZ.

127 § 179 Abs 6 lit b ObZ.

128 § 123 Abs 3 ObZ u § 179 Abs 2 iVm Abs 7 ObZ.

129 § 179 Abs 5 ObZ u § 123 Abs 2 S 2 ObZ.

130 *Patakyová* in Patakyová et al, ObZ³ § 179 S 530; *Vráblová*, Ochrana majetku 159.

lehnung insb an die deutsche Rechtslage auch andere Formen der verdeckten Einlagenrückgewähr – hauptsächlich in Form von Leistungen an die Aktionäre[131] bzw an von bestimmten Aktionären beherrschte Gesellschaften[132] sowie in Form von Krediten bzw von Kreditsicherungen[133] zugunsten der Gesellschafter – als unzulässig angesehen, bei denen ein Missverhältnis von Leistung und Gegenleistung zulasten der Gesellschaft vorliegt, falls es sich zugleich um Geschäfte handelt, die die Gesellschaft unter diesen Bedingungen mit einem unbeteiligten Dritten nicht abgeschlossen hätte.[134] Dies sollte unabhängig davon gelten, ob die Person, zu deren Gunsten die Leistung ohne eine angemessene Gegenleistung erbracht wurde, davon wusste oder wissen musste.[135]

Auch die slowakischen Gerichte beschäftigten sich in den letzten Jahren mit der verdeckten Einlagenrückgewähr, selbst wenn sie diese Problematik nicht ausdrücklich als solche bezeichneten. In diesem Zusammenhang möchte ich insb auf zwei Entscheidungen des NS SR hinweisen. Es ging erstens um einen Fall, in dem ein Gesellschafter mit Feststellungklagen die Feststellung der absoluten Nichtigkeit von Arbeits- bzw Managerverträgen begehrte, auf deren Grundlage bestimmten Gesellschaftern zu hohe Entgelte für deren Arbeitstätigkeit für die Gesellschaft gezahlt wurden. Der Gesellschafter begründete seine Klage damit, die Verträge würden gegen zwingende Arbeitsvorschriften und gegen von ihm nicht näher definierte „Anstandsvorschriften" verstoßen. In der Berufung argumentierte er auch mit seinem Recht auf Schutz vor der Schädigung der Gesellschaft, welches mit seinen Vermögensrechten, die sich aus seiner Gesellschafterstellung ergeben, zusammenhänge.

NS SR[136] ging auf die Problematik der Einlagenrückgewähr nicht ein, sondern beschäftigte sich hauptsächlich damit, ob auf der Seite des klagenden Gesellschafters die Voraussetzungen für die Erhebung der Feststellungsklage, also insb ein dringendes Rechtsinteresse an der absoluten Nichtigkeit der Arbeits- und Managerverträge iSv § 80 lit c OSP vorliegt. Laut der Entscheidung des NS SR sei in einem solchen Fall ein dringendes Interesse des Gesellschafters an der Feststellung der Ungültigkeit dieser Verträge grundsätzlich nicht ausgeschlossen. Dieses könne vielmehr darin liegen, dass durch den Abschluss der Verträge sein Anteil am Vermögen der Gesellschaft und das damit zusammenhängende und durch § 123 Abs 2 ObZ garantierte Recht auf Gewinnanteil beeinträchtigt werden. Da aber gleichzeitig eine andere Prozessvoraussetzung (die Klage auf Feststellung der absoluten Nichtigkeit des Vertrages richtete sich nur gegen die Gesellschaft und nicht auch gegen die andere Vertragspartei) nicht eingehalten wurde, hat das

---

131 *Vráblová*, Ochrana majetku 160, 165 f. S auch *Pala/Palová/Žitňanská* in Ovečková et al, ObZ³ § 179 S 812.

132 *Vráblová*, Ochrana majetku 179.

133 *Vráblová*, Ochrana majetku 160, 170 ff.

134 *Vráblová*, Ochrana majetku 161, 320 f. S allg *Blaha* in Patakyová et al, ObZ³ § 123 S 373.

135 *Vráblová*, Ochrana majetku 165.

136 NS SR 1.7.2002, 2 Obo 222/01.

NS SR als Berufungsgericht das Urteil des Erstgerichtes, mit dem die Klage abgewiesen wurde, als sachlich richtig bestätigt.[137]

Ähnlich argumentierte NS SR[138] auch im zweiten Fall. Hier ging es um den Abschluss eines Schenkungsvertrags, auf dessen Grundlage Liegenschaften von einer GmbH auf eine andere GmbH, an der nur einige Gesellschafter der ersten GmbH Beteiligungen hielten und eben diese Gesellschafter die Liegenschaften als Stammeinlagen in die erste Gesellschaft eingebracht hatten, übertragen wurden. Diesen Vertrag hat der nur an der ersten GmbH beteiligte Gesellschafter, der bei der Gründung dieser Gesellschaft nur eine Bareinlage eingezahlt hatte, mit der Begründung angefochten, durch die Übertragung der Liegenschaften ins Eigentum der zweiten GmbH sei der Wert seines Geschäftsanteils gemindert worden. Mit der Klage wollte er deshalb vom Gericht die absolute Nichtigkeit der Schenkungsverträge iSv § 39 OZ feststellen lassen. Das NS SR hat die Entscheidung des Gerichtes erster Instanz, mit der dem Begehren des Klägers stattgegeben wurde – ua mit der Begründung, es handle sich um die Umgehung des Verbots der Einlagenrückgewähr – aufgehoben und die Rechtssache zur erneuten Verhandlung an das Gericht der ersten Instanz zurückverwiesen, da das Erstgericht seiner Meinung nach nicht ausreichend nachgewiesen hat, ob ein dringendes Rechtsinteresse des Klägers an der Feststellung der absoluten Nichtigkeit der Schenkungsverträge bestand. Dieses gelte laut NS SR nur dann als erwiesen, wenn nachgewiesen wird, dass die Übertragung der Liegenschaften tatsächlich den Wert des Geschäftsanteils des klagenden Gesellschafters beeinträchtigen konnte.

Falls Aktionäre gesetz- oder satzungswidrige Leistungen von der AG erhalten, sind sie gem § 179 Abs 9 ObZ grundsätzlich verpflichtet, diese Leistungen der AG zurückzugeben. Das Gesetz sieht jedoch zugunsten der Aktionäre von der zwingenden Verpflichtung zur Rückerstattung gesetzwidrig ausbezahlter Dividenden gem § 179 Abs 1 ObZ eine Ausnahme vor, falls sie diese im guten Glauben erhalten haben. Die Gutgläubigkeit des Aktionärs wird durch das Gesetz vermutet, somit obliegt der Gesellschaft diesbezüglich die Beweislast.[139] Die GmbH-Gesellschafter sind ausdrücklich nur verpflichtet, einen gesetzwidrig bezogenen Gewinnanteil der Gesellschaft zurückzugeben.[140] Auf ein subjektives Wissen der Gesellschafter hierüber kommt es dabei allerdings nicht an.[141] Die Gesellschaft darf auf ihre Ansprüche gegenüber den Gesellschaftern nicht verzichten.

Die Pflicht zur Geltendmachung der gesetzwidrig geleisteten Ausschüttungen an die Aktionäre trifft primär das Statutarorgan. Gem § 182 Abs 1 lit d ObZ kann jedoch auch die qualifizierte Aktionärsminderheit von 5 % des Grundka-

---

137 S dazu ausführlich auch *Vráblová*, Ochrana majetku 166.
138 NS SR 15.12.2010, 5 Obo 73/2009. S auch NS SR 23.4.2008, 5 Obo 29/2006.
139 *Patakyová* in Patakyová et al, ObZ³ §179 S 530.
140 § 123 Abs 4 S 1 ObZ.
141 Vgl *Vráblová*, Ochrana majetku 182.

pitals[142] vom Vorstand verlangen, dass er im Namen der Gesellschaft Ansprüche auf Einzahlung des Ausgabebetrages gegenüber jenen Aktionären geltend macht, die mit der Einzahlung des Ausgabebetrages im Verzug sind, und dass er im Namen der Gesellschaft Ansprüche auf Rückgewähr einer Leistung geltend macht, die die Gesellschaft im Widerspruch zum ObZ ausbezahlt hat. Es handelt sich insb um Leistungen, die im Widerspruch zu den Bestimmungen der § 179, § 59a u § 196a ObZ gewährt wurden.[143]

Schließlich ist im vorliegenden Zusammenhang noch § 196a ObZ zu erwähnen. Diese Bestimmung kommt nur bei den AGs zur Anwendung und sie betrifft primär solche Verträge, die zwischen der Gesellschaft und ihren Statutarorganen, Prokuristen oder anderen Personen, die befugt sind, im Namen der Gesellschaft zu handeln (oder all diesen Personen nahestehende Personen[144] bzw Personen, die für ihre Rechnung handeln), abgeschlossen werden und auf deren Grundlage die Gesellschaft diesen Personen ein Darlehen oder einen Kredit gewährt, ihre Verbindlichkeiten sichert oder ihnen einen Teil des Gesellschaftsvermögens ins Eigentum oder zur Nutzung überträgt.[145] Diese Verträge erfordern für ihre Wirksamkeit gem § 196a Abs 1 ObZ die vorherige Genehmigung durch den AR. Außerdem können derartige Rechtsgeschäfte nur unter Einhaltung der im Geschäftsverkehr gewöhnlichen Bedingungen erfolgen. Wird eine von diesen zwingenden Voraussetzungen nicht eingehalten, ist das Rechtsgeschäft iSv § 39 OZ absolut nichtig, die begünstigten Personen gelten als ungerechtfertigt bereichert und die Gesellschaft ist berechtigt, die bereits erbrachten Leistungen herauszuverlangen.[146]

Eine Ausdehnung dieser Bestimmung auf die Leistungen der AG an ihre Gesellschafter wird seitens der hL Lehre nicht in Erwägung gezogen.[147] Die Zustimmung des AR und das Vorliegen der im Geschäftsverkehr üblichen Bedingungen ist allerdings auch dann notwendig, wenn die oben genannten Personen berechtigt sind, für andere Personen zu handeln, und die Leistung der Gesellschaft zugunsten dieser Personen erfolgt.[148] Es ist nicht klar, ob darunter auch das Handeln des Statutarorgans im Namen einer anderen Gesellschaft zu

---

142 In der Satzung kann bestimmt werden, dass dieses Recht einer Minderheit zusteht, die Aktien mit einem niedrigeren Nennbetrag als 5 % des Grundkapitals hält.

143 *Patakyová* in Patakyová et al, ObZ³ § 182 S 538; *Pala/Palová/Žitňanská* in Ovečková et al, ObZ³ § 196a S 895.

144 Gem § 116 OZ sind unter „nahestehenden Personen" jedenfalls die Verwandten in der geraden Linie, die Geschwister und die Ehepartner zu verstehen; andere Personen in der Familien- oder einer ähnlichen Beziehung dann, wenn die Beeinträchtigung, die eine von ihnen erleiden würde, die andere Person begründet als ihre eigene Beeinträchtigung empfinden würde. Die tschechische Judikatur hat die Begriffsbestimmung „nahestehende Personen" in bestimmten Fällen auch auf juristische Personen ausgedehnt, s dazu die Ausführungen zum tschechischen Recht.

145 Durch den Verweis in § 200 Abs 3 ObZ kommt diese Bestimmung auch dann zur Anwendung, wenn derartige Rechtsgeschäfte zugunsten einzelner AR-Mitglieder abgeschlossen werden.

146 Vgl *Kubinec*, ObP 8–9/2004, 18; *Patakyová* in Patakyová et al, ObZ³ § 196a S 588; *Pala/Palová/Žitňanská* in Ovečková et al, ObZ³ § 196a S 895.

147 S insb krit *Vráblová*, Ochrana majetku 168.

148 § 196a Abs 2 S 1 ObZ.

subsumieren ist. Nach der hL[149] trifft dies zu, somit ist die Zustimmung des AR und das Vorliegen von im Geschäftsverkehr üblichen Bedingungen auch dann erforderlich, wenn die Mutter- und Tochtergesellschaft dieselben Personen im Statutarorgan oder dieselben Prokuristen haben. Die Genehmigung durch den AR ist zwar nach ausdrücklicher gesetzlicher Bestimmung[150] nicht notwendig, wenn es sich um eine Leistung der herrschenden Person an die beherrschte Person handelt.[151] Aufgrund des Umkehrschlusses sollte sie aber sehr wohl im Falle der Leistungen der beherrschten Person an die herrschende Person erforderlich sein.

b) Eigenkapitalersatzrecht

Weder die slowakische Judikatur noch die slowakische hL[152] setzten sich mit dem Rückzahlungsverbot von Finanzplankrediten, die ihrer objektiven Funktion nach der Ergänzung eines geringeren Eigenkapitalstocks dienen und einer kreditunwürdigen Gesellschaft gewährt werden (sog eigenkapitalersetzende Darlehen),[153] auseinander. Am ehesten können in der Slowakei derartige Transaktionen durch das Anfechtungsrecht[154] – unter der Voraussetzung, dass die Anfechtung der Geltendmachung einer Forderung aus dem Darlehensvertrag möglich ist, denn die diesbezüglichen slowakischen Bestimmungen regeln ausdrücklich nur die Anfechtung von Rechtsgeschäften und nicht allgemein von Rechtshandlungen – und durch die Rangordnung im Konkurs aufgegriffen werden.

Neben der insolvenzrechtlichen Anfechtung[155] ist auch im allgemeinen Zivilrecht die Gläubigeranfechtung vorgesehen. Das Anfechtungsrecht setzt ein gültiges Rechtsgeschäft voraus.[156]

Vom zivilrechtlichen Anfechtungsrecht (§ 42a f OZ) sind ua solche Rechtsgeschäfte erfasst, die die Gläubiger des Schuldners benachteiligen und die innerhalb der letzten drei Jahre zwischen dem Schuldner – einer juristischen Person – und einer anderen juristischen Person vorgenommen wurden, an der der Schuldner zum Zeitpunkt der Vornahme des Rechtsgeschäfts eine zumindest 10%ige Beteiligung hält. Dasselbe gilt, wenn die Muttergesellschaft ein derartiges Rechtsgeschäft zugunsten ihrer zumindest 10%igen Tochtergesellschaft

---

149 *Ďurica* in Suchoža et al, ObZ § 196a S 474; *Patakyová* in Patakyová et al, ObZ[3] § 196a S 588.

150 § 196a Abs 2 S 2 ObZ.

151 Dagegen müssen die Bedingungen des laufenden Geschäftsverkehrs auch in diesem Falle eingehalten werden, s *Kubinec*, ObP 8–9/2004, 17; *Patakyová* in Patakyová et al, ObZ[3] § 196a S 588; *Pala/Palová/Žitňanská* in Ovečková et al, ObZ[3] § 196a S 895.

152 Ausnahme s lediglich bei *Vráblová*, Ochrana majetku 308 ff, 321 f, nach deren Meinung die Gesellschafter aufgrund der in § 265 verankerten Grundsätze des ehrlichen Geschäftsverkehrs iVm dem Verbot der Einlagenrückgewähr verpflichtet seien, in Krisenzeiten die Gesellschaft aus Eigen- und nicht aus Fremdmitteln zu finanzieren, somit deren Anspruch auf Rückzahlung derartiger Kredite in der Krise keinen rechtlichen Schutz genieße und das Statutarorgan der Gesellschaft die Rückzahlung des Kredits verweigern könne.

153 S dazu allg zB *Doralt/Winner*, MünchKomm zum AktG[3] § 57 RZ 287.

154 S auch *Vráblová*, Ochrana majetku 278 ff.

155 S dazu ausführlich im Kap III.3.

156 *Dulak* in Lazar et al, Občianske právo, I. Teil 139; *Svoboda* in Svoboda et al, OZ[5] § 42a S 102.

tätigt, es sei denn, dass die Tochtergesellschaft (deren Statutarorgan) beweist, dass sie (ihr Statutarorgan) die Absicht des Schuldners, die Gläubiger zu benachteiligen, auch bei gehöriger Sorgfalt nicht erkennen konnte. Die Benachteiligungsabsicht wird somit in diesem Fall präsumiert.[157]

Der Gläubiger kann gem § 42a Abs 1 OZ bei Gericht die Feststellung beantragen, dass derartige Rechtsgeschäfte ihm gegenüber unwirksam sind, falls sie die Befriedigung seiner eintreibbaren Forderung[158] beeinträchtigen. Er trägt somit die Beweislast bezüglich der qualifizierten Verringerung des Eigentums des Schuldners. Dieses Recht steht dem Gläubiger auch dann zu, wenn der Anspruch gegenüber dem Schuldner aus einem anfechtbaren Rechtsgeschäft bereits vollsteckbar ist[159] oder wenn dieser Anspruch bereits befriedigt wurde.

Die Anfechtungsklage ist gem § 42b Abs 2 OZ gegen denjenigen zu erheben, der aufgrund des angefochtenen Rechtsgeschäfts des Schuldners einen Vorteil erlangte. Die dreijährige Anfechtungsfrist ist eine Präklusivfrist.[160] Auch nach der erfolgreichen Anfechtung bleibt das Rechtsgeschäft wirksam; der Gläubiger kann die Befriedigung seiner Forderung aus dem verlangen, was aufgrund des angefochtenen Rechtsgeschäfts dem Vermögen des Schuldners entgangen ist. Ist dies nicht möglich, hat er Schadenersatzansprüche gegenüber demjenigen, der aus diesem Rechtsgeschäft einen Vorteil hatte.[161]

Die Gläubiger können weiters gem § 42a Abs 5 OZ solche vom Schuldner innerhalb der letzten drei Jahre vorgenommenen Rechtsgeschäfte anfechten, auf deren Grundlage der Schuldner eine Verpflichtung ohne eine angemessene Gegenleistung übernommen hat,[162] falls dies zur Zahlungsunfähigkeit des Schuldners gegenüber anderen Gläubigern führte. In diesem Fall kommt es weder auf die Absicht des Schuldners, den Gläubiger zu beeinträchtigen, noch auf die Kenntnis der begünstigten Person an.[163] Weiters handelt es sich um Rechtsgeschäfte, die in der Absicht getätigt wurden, eine Zahlung an den Gläubiger unbegründet aufzuschieben oder zu verhindern bzw eine Schuld zu überneh-

---

157 *Svoboda* in Svoboda et al, OZ⁵ § 42a S 102.

158 In der Lehre ist es strittig, ob bereits ein vollstreckbarer Exekutionstitel vorliegen muss. Dafür *Svoboda* in Svoboda et al, OZ⁵ § 42a S 101 f. AA *Mazák* in Vojčík et al, OZ³ § 42b S 150 f. So auch NS SR 23.12.1999, 3 Cdo 102/99. Nach der letztgenannten Ansicht kommt es auf die Fälligkeit der Forderung und somit auf die Möglichkeit, diese bei Gericht erfolgreich geltend zu machen, an. Allerdings stellt in der Praxis oft erst ein vollstreckbarer Exekutionstitel den Beweis für die Existenz einer eintreibbaren Forderung dar, was unter Anbetracht der dreijährigen Präklusivfrist für die Anfechtung bedenklich erscheint, denn es kann somit leicht passieren, dass das Anfechtungsrecht untergeht, bevor man den erforderlichen Beweis erlangt, vgl *Mazák* in Vojčík et al, OZ³ § 42b S 152 f.

159 Dies bedeutet, dass der andere Gläubiger bereits einen Exekutionstitel hat, s *Dulak* in Lazar et al, Občianske právo, I. Teil 139.

160 *Dulak* in Lazar et al, Občianske právo, I. Teil 141; *Mazák* in Vojčík et al, OZ³ § 42b S 151; *Svoboda* in Svoboda et al, OZ⁵ § 42a S 103.

161 § 42b Abs 4 ObZ.

162 Die Höhe der angemessenen Gegenleistung ist grundsätzlich durch ein Sachverständigengutachten oder durch eine Sachverständigenschätzung festzustellen. S auch *Mazák* in Vojčík et al, OZ³ § 42b S 158.

163 *Svoboda* in Svoboda et al, OZ⁵ § 42a S 103.

men, die der Schuldner zum Zeitpunkt der Fälligkeit nicht erfüllen wird. Die Kenntnis der begünstigten Person ist dabei nicht erforderlich.[164] Die Beeinträchtigungsabsicht muss jedoch der Gläubiger beweisen.[165]

Ein besonderes Anfechtungsrecht des Gläubigers ist außerdem im Handelsgesetzbuch iZm dem Unternehmensverkauf geregelt. Wird durch den Verkauf eines Unternehmens die Durchsetzung der Forderungen seitens des Gläubigers unzweifelhaft erschwert, was der Gläubiger zu beweisen hat,[166] kann er gem § 478 Abs 1 ObZ innerhalb von 60 Tagen ab dem Tag, an dem er über den Verkauf des Unternehmens Kenntnis erlangt hat – spätestens jedoch innerhalb von 6 Monaten ab dem Tag, an dem die Eintragung des Unternehmensverkaufs ins Handelsregister erfolgte – bei Gericht die Feststellung beantragen, dass ihm gegenüber die Übertragung der Verbindlichkeit des Verkäufers auf den Käufer unwirksam ist. Mangels einer näheren Ausführung im Gesetz ist davon auszugehen, dass sich das Anfechtungsrecht auf sämtliche Verbindlichkeiten unabhängig von deren Fälligkeit bezieht.[167] Die Anfechtung bezieht sich nur auf solche Verbindlichkeiten, die der Schuldner gegenüber demjenigen Gläubiger hatte, der die Anfechtungsklage erhoben hat; diese Verbindlichkeiten gehen nicht auf den Käufer über. Der Vertrag über den Verkauf des Unternehmens kann gem § 42a OZ angefochten werden.[168]

Im Falle der erfolgreichen Anfechtung durch den Gläubiger ist der Verkäufer diesem gegenüber verpflichtet, die Forderung dieses Gläubigers zum Zeitpunkt deren Fälligkeit zu erfüllen; er ist somit weiterhin der Schuldner dieses Gläubigers. Er ist jedoch berechtigt, vom Käufer die Leistung, die er wegen der erfolgreichen Anfechtung dem Gläubiger erbracht hat, samt Zubehör zu verlangen.

Die Bestimmungen über das handelsrechtliche Anfechtungsrecht sind zwingend und stellen eine *lex specialis* zu dem zivilrechtlichen Anfechtungsrecht dar. Für die handelsrechtliche Anfechtung ist keine absichtliche Beeinträchtigung der Gläubiger seitens des Schuldners erforderlich. Die Beweislast des Gläubigers bezieht sich auf die objektiven Sachverhalte.[169]

c) Haftung bei Übertragung des GmbH-Anteils und des Zwischenscheins

Ein GmbH-Gesellschafter kann gem § 115 Abs 1 ObZ seinen Geschäftsanteil mit der Zustimmung der GV[170] auf einen anderen GmbH-Gesellschafter über-

---

164 *Svoboda* in Svoboda et al, OZ[5] § 42a S 103.

165 *Mazák* in Vojčík et al, OZ[3] § 42b S 159.

166 ZB durch Nachweis einer erfolglosen Exekution, *Fúsek/Kolaříková* in Ovečková et al, ObZ[3] § 478 S 496.

167 *Ďurica* in Patakyová et al, ObZ[3] § 478 S 964.

168 *Fúsek/Kolaříková* in Ovečková et al, ObZ[3] § 478 S 497.

169 Vgl *Fúsek/Kolaříková* in Ovečková et al, ObZ[3] § 478 S 496; *Ďurica* in Patakyová et al, ObZ[3] § 478 S 964.

170 Die Zustimmung einer einfachen Mehrheit genügt, falls im Gesellschaftsvertrag nichts Abweichendes bestimmt ist, s *Majeriková* in Ovečková et al, ObZ[3] § 115 S 538.

tragen, falls im Gesellschaftsvertrag nichts anderes bestimmt ist.[171] Auf eine andere Person kann der Gesellschafter seinen Geschäftsanteil gem § 115 Abs 2 ObZ nur dann übertragen, falls dies im Gesellschaftsvertrag vorgesehen ist. Im Gesellschaftsvertrag kann gleichzeitig bestimmt werden, dass auch in diesem Fall die Zustimmung der GV erforderlich ist.

Der Vertrag über die Übertragung des Geschäftsanteils muss schriftlich abgeschlossen werden und die Unterschriften müssen amtlich beglaubigt sein. Der Erwerber des Geschäftsanteils, der nicht bereits vorher ein Gesellschafter der GmbH war, muss darin erklären, dass er zum Gesellschaftsvertrag und ggf zur Satzung der Gesellschaft beitritt.[172]

Die Übertragung des Geschäftsanteils wird gegenüber der Gesellschaft gem § 115 Abs 4 ObZ erst nach der Zustellung des Vertrages über die Übertragung des Geschäftsanteils an diese wirksam, falls in diesem Vertrag nicht ein späterer Zeitpunkt der Wirksamkeit bestimmt ist. Die Wirksamkeit gegenüber der Gesellschaft kann jedoch nicht vor der Zustimmung der GV eintreten, falls diese Zustimmung nach dem Gesetz oder nach dem Gesellschaftsvertrag erforderlich ist.

Die Eintragung des Gesellschafters ins Handelsregister hat bezüglich des Erwerbs der Gesellschafterstellung lediglich eine deklarative Wirkung; der Erwerber des Gesellschafteranteils erwirbt gegenüber der Gesellschaft die Gesellschafterstellung bereits zum Zeitpunkt der Übertragung des Geschäftsanteils auf der Grundlage eines wirksamen Vertrages.[173] Hinsichtlich der gesetzlichen Bürgschaft für die Verbindlichkeiten der Gesellschaft gegenüber den Gläubigern der Gesellschaft[174] im Falle einer noch nicht vollständig eingezahlten Bareinlage hat diese Eintragung dagegen kon-stitutive Wirkung,[175] denn gem § 118 Abs 2 S 2 ObZ geht die Bürgschaftsverpflichtung des bisherigen Gesellschafters für die Verbindlichkeiten der Gesellschaft erst mit der Eintragung der Änderung in der Person des Gesellschafters auf den Erwerber des Geschäftsanteils über. Außerdem bürgt der Veräußerer des Geschäftsanteils gem § 115 Abs 3 S 3 ObZ gegenüber der Gesellschaft für die vollständige Einzahlung der Stammeinlage durch den Erwerber. Die gesetzliche Bürgschaft bezieht sich dieser Bestimmung zufolge nur auf das Innenverhältnis.[176]

Die Nachschusspflicht geht gleichfalls auf den Erwerber des GmbH-Geschäftsanteils über.[177] In diesem Fall sieht das Gesetz keine Haftung des Veräußerers vor.

Im Falle der Übertragung des Zwischenscheins entsteht gem § 176 Abs 3 S 3 ObZ eine gesetzliche Bürgschaft[178] des ursprünglichen Zeichners für die

---

171 Es handelt sich um eine dispositive Regelung, *Majeriková* in Ovečková et al, ObZ³ § 115 S 537.

172 § 115 Abs 3 S 1 f ObZ.

173 *Majeriková* in Ovečková et al, ObZ³ § 115 S 543 f.

174 Vgl oben Kap II.1.b.

175 Vgl *Majeriková* in Ovečková et al, ObZ³ § 115 S 538, § 118 S 567 f.

176 Vgl *Blaha* in Patakyová et al, ObZ³ § 115 S 354.

177 Vgl *Majeriková* in Ovečková et al, ObZ³ § 115 S 542.

178 Vgl *Ďurica* in Suchoža et al, ObZ § 176 S 408; *Patakyová* in Patakyová et al, ObZ³ § 176 S 519.

Einzahlung des ausständigen Teiles des Ausgabebetrages der Aktie durch den neuen Erwerber des Zwischenscheins.

d) Haftung wegen Tatbeständen bei der Gründung

Personen, die befugt sind, vor der Entstehung der Gesellschaft in ihrem Namen zu handeln (in der Folge: verpflichtete Personen), sind gem § 64 Abs 1 f ObZ aus diesem Handeln vorerst persönlich und zur ungeteilten Hand verpflichtet. Neben den Gründern kommen in diesem Zusammenhang auch die zukünftigen Statutarorgane in Betracht.[179]

Falls der Vorstand der AG bzw die GV der GmbH[180] das Handeln im Namen der Gesellschaft innerhalb von 3 Monaten ab der Entstehung der Gesellschaft genehmigt, so gilt, dass aus diesem Handeln die Gesellschaft von Anfang an verpflichtet ist. Die Gesellschaft darf keine anderen Verbindlichkeiten übernehmen als diejenigen, die mit ihrer Entstehung zusammenhängen, mit Ausnahme solcher Verbindlichkeiten, die die verpflichteten Personen unter der aufschiebenden Bedingung der nachträglichen Genehmigung durch das zuständige Gesellschaftsorgan übernommen haben.[181]

Die verpflichteten Personen haben ein Verzeichnis der Rechtsgeschäfte zu erstellen, die die Gesellschaft innerhalb von 3 Monaten ab ihrer Entstehung zu genehmigen hat. Bei Verletzung dieser Pflicht haften sie gegenüber den Gläubigern der Gesellschaft solidarisch, falls sie ihnen dadurch einen Schaden zufügen. Das Statutarorgan bzw dessen Mitglieder sind verpflichtet, den an den schuldrechtlichen Beziehungen Beteiligten die Genehmigung der Rechtsgeschäfte, die vor der Entstehung der Gesellschaft abgeschlossen wurden, ohne unnötige Verzögerung mitzuteilen.[182]

e) Haftung im Zusammenhang mit der Sacheinlage

Im Unterschied zu Bareinlagen müssen die Sacheinlagen vor der Entstehung der Gesellschaft bzw vor der Wirksamkeit der Kapitalerhöhung vollständig eingebracht werden.[183] Sacheinlagen müssen grundsätzlich[184] durch ein Sachverständigengutachten[185] bewertet werden, das die Beschreibung der Sacheinlage, die Art ihrer Bewertung und die Angabe darüber, ob der Wert der Sacheinlage dem Ausgabebetrag der Aktien bzw dem Wert der Einlagenverpflichtung des GmbH-Gesellschafters entspricht, enthalten muss.[186]

---

179 *Ďurica* in Patakyová et al, ObZ[3] § 64 S 193 f; *Majeriková* in Ovečková et al, ObZ[3] § 64 S 299.

180 Vgl *Majeriková* in Ovečková et al, ObZ[3] § 64 S 301.

181 Vgl *Ďurica* in Patakyová et al, ObZ[3] § 64 S 194; *ders* in Suchoža et al, ObZ § 64 S 148; *Majeriková* in Ovečková et al, ObZ[3] § 64 S 301.

182 § 64 Abs 3 f ObZ.

183 Vgl § 59 Abs 2 S 3 ObZ.

184 Zu der Ausnahme im Falle der Kapitalerhöhung s ausführlich § 59b ObZ.

185 Das Sachverständigengutachten ist durch einen Sachverständigen iSd des Gesetzes Nr 382/2004 Zz über Sachverständige, Dolmetscher und Übersetzer zu erstellen.

186 § 59 Abs 3 S 2 ObZ.

Der Ausgabebetrag der Aktien bzw die Höhe der Einlage des GmbH-Gesellschafters darf nicht höher, wohl aber niedriger als der Wert der Sacheinlage sein.[187] In diesem Zusammenhang möchte ich allerdings auf die Entscheidung des NS SR[188] hinweisen, mit der dieses feststellte, dass ein erhebliches Missverhältnis zwischen dem Wert der Sacheinlage und der Geldsumme, in deren Höhe die Sacheinlage (91.500.592,– SK und 20.000,– SK) auf die Einlage des Gesellschafters angerechnet wird, sittenwidrig ist, weil von der Höhe der Einlage grundsätzlich der Umfang der Gesellschafterrechte abhängt. Im vorliegenden Fall wurde nach der Konkurseröffnung über das Vermögen des Gesellschafters (einer AG) vom Insolvenzverwalter die Klage auf Feststellung der absoluten Nichtigkeit des Rechtsgeschäfts, auf dessen Grundlage die Einlage in die Gesellschaft (eine GmbH) eingebracht wurde, bei Gericht gestellt. NS SR hat in der Folge den Vertrag über die Sacheinlage für absolut nichtig iSv § 39 OZ erklärt. Das Gericht hat das für die Erhebung der Feststellungsklage erforderliche dringende Rechtsinteresse aufseiten des Insolvenzverwalters mit der Begründung anerkannt, aufgrund der Feststellung der absoluten Nichtigkeit des Vertrages über die Sacheinlage (in diesem Fall Liegenschaften) könne es zur Erneuerung des Eigentumsrechts des Schuldners (AG) kommen, wodurch die Sacheinlage ins Massevermögen fallen würde. NS SR hat gleichzeitig festgestellt, dass die Regelung der konkursrechtlichen Anfechtungsklage die Erhebung der Feststellungsklage iSv § 80c OSP seitens des Insolvenzverwalters nicht ausschließt, weil die Anfechtungsklage lediglich im Falle von gültig abgeschlossenen Rechtsgeschäften in Frage kommt.

Erwirbt die Gesellschaft kein Eigentum bzw kein sonstiges Recht an der Sacheinlage, hat sie die Sache dem Aktionär zurückzugeben und dieser hat binnen 90 Tagen den Wert der Sacheinlage in bar an die Gesellschaft zu leisten. Das Statutarorgan der Gesellschaft ist verpflichtet, den Gesellschafter zur Leistung des Geldes unverzüglich schriftlich aufzufordern.[189]

Erreicht der Wert der Sacheinlage zum Zeitpunkt der Eintragung des Grundkapitals ins Handelsregister nicht den bei der Übernahme der Einlagenverpflichtung bestimmten Betrag, hat gem § 59 Abs 6 ObZ der Gesellschafter die Wertdifferenz der Gesellschaft in bar zu zahlen.

Weiters sind im vorliegenden Zusammenhang die Vorschriften über die Nachgründung (§ 59a ObZ) zu beachten, deren Zweck es ist zu verhindern, dass die besonderen Schutzvorschriften über die Gründung mit Sacheinlagen umgangen werden.[190] Erwirbt die Gesellschaft von einem ihrer Gründer oder Gesellschafter,[191] diesen nahestehenden Personen[192] oder von einer Person, die

---

187 Vgl Ďurica in Patakyová et al, ObZ³ § 59 S 173.
188 NS SR 1.7.2004, 4 Obo 125/2003. S dazu auch Ďurica in Patakyová et al, ObZ³ § 59 S 173.
189 § 59 Abs 2 S 4 f ObZ.
190 Ďurica in Patakyová et al, ObZ³ § 59a S 176; Majeriková in Ovečková et al, ObZ³ § 59a S 271; Stessl, BSA 4/2002, 16.
191 Der slowakische Gesetzgeber hat daher (anders als der österreichische – vgl § 45 Abs 1 öAktG) vom in Art 11 Abs 1 KapitalRL vorgesehenen Wahlrecht Gebrauch gemacht und auch Aktionäre erfasst.
192 Vgl oben FN 144.

die Gründer oder Gesellschafter beherrscht oder von ihnen beherrscht wird, Vermögen für einen Gegenwert von mindestens 10 % des Grundkapitals, so muss der Vertragsgegenstand grundsätzlich[193] durch ein Sachverständigengutachten bewertet werden.[194] Wird der Vertrag innerhalb von zwei Jahren ab der Entstehung der Gesellschaft abgeschlossen, so muss der Vertragsentwurf von der Gesellschafterversammlung mit einfacher Mehrheit der Stimmen der anwesenden Aktionäre[195] genehmigt werden.[196] In der Lehre ist es strittig, welche Konsequenzen die Nichterteilung der Genehmigung durch die HV hat. Nach der hM[197] sollte dies die Wirksamkeit des Vertrages nicht beeinträchtigen.

Der Vertrag wird erst dann wirksam, wenn er zusammen mit dem Sachverständigengutachten bei der Urkundensammlung hinterlegt wird. Bedarf der Vertrag für seine Wirksamkeit der Eintragung in eine besondere Evidenz, muss er samt Sachverständigengutachten vor der Eintragung in dieser Evidenz in der Urkundensammlung hinterlegt werden.[198]

Erwirbt die Gesellschaft den Vertragsgegenstand zu einem höheren als im Sachverständigengutachten angeführten Preis, bleibt das Rechtsgeschäft gültig. Die dafür verantwortlichen Personen machen sich dadurch allerdings schadenersatzpflichtig.[199] Ob § 59 Abs 6 ObZ über die Differenzhaftung des Gesellschafters bei der Einlage einer nicht werthaltigen Sache auf die Nachgründung analog anzuwenden ist, wird in der slowakischen Standardliteratur nicht erörtert, ist aber meiner Meinung nach zu bejahen.[200]

Nach dem Gesetzeswortlaut fallen solche Verträge nicht unter die Nachgründungsregelung, auf deren Grundlage die Gesellschaft ihre Vermögensgegenstände veräußert.[201] Die Bestimmungen über die Nachgründung kommen weiters bei solchen Verträgen nicht zur Anwendung, die im Rahmen des gewöhnlichen Geschäftsverkehrs abgeschlossen werden, beim Vermögenserwerb aufgrund einer richterlichen oder verwaltungsbehördlichen Entscheidung und beim Erwerb von Wertpapieren an der Wertpapierbörse zum Börsenkurs.[202]

Die Anwendung der Bestimmungen über die Sacheinlagen in den Fällen, wenn der Gesellschafter eine Bareinlage leistet und daraufhin im zeitlichen und

---

193 § 59a Abs 6 ObZ iVm § 59b ObZ regeln eine Ausnahme, wenn es über den betreffenden Vermögensgegenstand bereits ein Sachverständigengutachten gibt, das nicht älter als sechs Monate ist und die Minderheitsaktionäre mit seiner Verwendung einverstanden sind.

194 § 59a Abs 1 S 1 ObZ.

195 *Majeriková* in Ovečková et al, ObZ³ § 59a S 273.

196 § 59a Abs 2 ObZ.

197 *Ďurica* in Patakyová et al, ObZ³ § 59a S 177; *Majeriková* in Ovečková et al, ObZ³ § 59a S 273. AA und für eine absolute Nichtigkeit gem § 39 OZ *Bednár*, JR 8–9/2005, 1103; *Čavojský*, ObP 1/2004, 24.

198 § 59a Abs 1 S 2 f ObZ.

199 *Ďurica* in Patakyová et al, ObZ³ § 59a S 177; *ders* in Suchoža et al, ObZ § 59a S 137; *Majeriková* in Ovečková et al, ObZ³ § 59a S 272 f.

200 Vgl *Mašurová* in Schutz der Minderheitsaktionäre 605.

201 Krit *Bednár*, JR 8–9/2005, 1101 f; *Vráblová*, Ochrana majetku 168.

202 Vgl § 59a Abs 4 ObZ.

sachlichen Zusammenhang an die Gesellschaft eine Sache veräußert und die damit zusammenhängende weiter bestehende Verpflichtung des Gesellschafters zur Leistung der Einlage wird zwar unter Hinweis auf die deutsche und österreichische Rechtslage in der slowakischen Lehre zT diskutiert,[203] in der Praxis spielt die Problematik der sog verdeckten Sacheinlage jedoch soweit ersichtlich keine Rolle.

f) Haftung für Verbindlichkeiten der Gesellschaft nach Beendigung der Gesellschaft

Nach der Beendigung der Gesellschaft bürgen die Gesellschafter gem § 56 Abs 7 ObZ *ex lege* für die Verbindlichkeiten der Gesellschaft bis zur Höhe ihrer Anteile am Abwicklungserlös, mindestens jedoch in dem Umfang, in dem sie bei Bestehen der Gesellschaft gebürgt haben. Untereinander führen die Gesellschafter einen gegenseitigen Ausgleich auf dieselbe Weise wie im Falle der Bürgschaft während des Bestehens der Gesellschaft durch.

4. Konzernrechtliche Regelungen ieS

In der Slowakischen Republik gibt es kein eigens geregeltes Konzernrecht.[204] Die rechtliche Grundlage für die Bildung von Unternehmensvereinigungen stellt die allg Bestimmung des § 66a ObZ dar, der die Definition der Begriffe „herrschende Person" und „beherrschte Person" enthält.

Die beherrschte Person iSv § 66a Abs 1 ObZ ist eine Gesellschaft, in der eine bestimmte Person (herrschende Person) zumindest über eine einfache[205] Stimmenmehrheit verfügt. Die Beherrschung kann entw dadurch entstehen, dass die herrschende Person eine ausreichende Anzahl von stimmberechtigten Geschäftsanteilen bzw Aktien erwirbt, oder dadurch, dass sie aufgrund einer Vereinbarung mit anderen berechtigten Personen die einfache Mehrheit der Stimmrechte in der beherrschten Gesellschaft ausüben kann.[206] Nach dem ausdrücklichen Gesetzeswortlaut ist es irrelevant, ob diese Vereinbarung den Regeln des § 186a ObZ über Stimmbindungsverträge entspricht oder ob diese verletzt wurden und die Vereinbarung deshalb nichtig ist. Der Stimmrechtsanteil der herrschenden Person erhöht sich gem § 66a Abs 3 ObZ um jene Stimmrechte, die mit Geschäftsanteilen oder Aktien verbunden sind, die sich im Vermögen anderer Personen befinden, falls diese Personen durch die herrschende Person

---

203 *Stessl*, BSA 4/2002, 15; *Vráblová*, Ochrana majetku 83 ff, 315 f.

204 Die Ausführungen zu den Begriffsbestimmungen „herrschende Person", „beherrschte Person" und „Handeln im Einvernehmen" beruhen auf dem von mir verfassten Bericht „Schutz der Minderheitsaktionäre in der Slowakei" in Schutz der Minderheitsaktionäre 607 ff.

205 *Bartová* in Patakyová et al, ObZ³ § 66a S 205.

206 Ein solcher Vertrag kann sich darauf beschränken, den (die) Vertragspartner zur Stimmabgabe im Sinne der herrschenden Personen zu verpflichten; er kann aber auch vorsehen, dass die herrschende Person bevollmächtigt ist, nach eigenem Ermessen das Stimmrecht des Vertragspartners auszuüben, vgl *Majeriková* in Ovečková et al, ObZ³ § 66a S 313.

mittelbar oder unmittelbar beherrscht werden. Weiters erhöht sich der Stimmrechtsanteil um solche Stimmrechte, die durch andere Personen im eigenen Namen, aber für Rechnung der herrschenden Person ausgeübt werden.[207] Dagegen vermindert sich der Stimmrechtsanteil der herrschenden Person gem § 66a Abs 4 ObZ um jene Stimmrechte, welche die herrschende Person für Rechnung einer anderen Person ausübt,[208] oder welche mit Geschäftsanteilen bzw Aktien verbunden sind, die auf die herrschende Person zur Besicherung ihrer Forderung übertragen wurden, falls die herrschende Person verpflichtet ist, sich bei der Stimmrechtsausübung nach den Weisungen der Person zu richten, die ihr die Geschäftsanteile oder Aktien als Sicherheit zur Verfügung gestellt hat.

Die herrschende Person wird durch einen Umkehrschluss definiert. Das Gesetz bestimmt in § 66a Abs 2 ObZ, dass darunter eine Person zu verstehen ist, die in der beherrschten Person eine Stellung iSd Abs 1 (s oben) innehat. Es kann sich sowohl um eine juristische als auch um eine natürliche Person handeln.[209]

§ 66a ObZ enthält bloß die Definition der beherrschten und der herrschenden Person, aber keine besonderen Rechtsfolgen der Beherrschung von Gesellschaften. Rechtsfolgen sind in anderen Vorschriften des Handelsgesetzbuches und des Gesetzes über die Wertpapiere vorgesehen, die an den Begriffsdefinitionen des § 66a ObZ anknüpfen. Es handelt sich insb um die Bestimmungen über die Nachgründung (§ 59a Abs 3 ObZ), über den Erwerb eigener Aktien bzw Geschäftsanteile (§ 161 f Abs 2 ObZ, § 120 Abs 3 f ObZ) und über die Gewährung bestimmter Vermögensvorteile für solche Personen, die ein besonderes Naheverhältnis zur Gesellschaft haben (§ 196a Abs 2 S 2 ObZ).[210]

Von den allg Bestimmungen des Gesellschaftsrechts ist iZm der Beherrschung einer Gesellschaft weiters § 66b ObZ zu nennen, der das Handeln im Einvernehmen regelt. Es geht hier um ein Handeln zur Erreichung desselben Zieles, welches zwischen folgenden Personen (ausdrücklich oder konkludent) vereinbart[211] und anschließend durchgeführt wird:

- zwischen einer juristischen Person auf der einen Seite und ihren Gesellschaftern bzw ihren Mitgliedern, ihrem Statutarorgan bzw den Mitgliedern ihres Statutarorgans, den Mitgliedern ihres Aufsichtsorgans, ihren Arbeitnehmern, die der direkten Leitung des Statutarorgans bzw der Mitglieder des Statutarorgans unterstehen, ihren Prokuristen, ihren Abwicklern, ihren Verwaltern

---

207 Darunter fällt zB die Stimmrechtsausübung seitens eines Verwalters, der aufgrund des Vertrages über die Verwaltung von Wertpapieren gem § 41 ZoCP die Stimmrechte iZm den ihm anvertrauten Aktien in eigenem Namen auszuüben hat, vgl *Majeriková* in Ovečková et al, ObZ³ § 66a S 314.

208 Nicht berücksichtigt werden hier allerdings die Stimmrechte, die die herrschende Person für Rechnung von Personen ausübt, die entw mittelbar oder unmittelbar von ihr beherrscht werden oder die sie mittelbar oder unmittelbar beherrschen.

209 *Bartová* in Patakyová et al ObZ³ § 66a S 204; *Ďurica* in Suchoža et al, ObZ § 66a S 157.

210 *Bartová* in Patakyová et al, ObZ³ § 66a S 203 f; *Majeriková* in Ovečková et al, ObZ³ § 66a S 315 f.

211 *Bartová* in Patakyová et al, ObZ³ § 66b S 209; *Majeriková* in Ovečková et al, ObZ³ § 66b S 317 f.

im Rahmen eines Insolvenzverfahrens oder diesen Personen nahestehenden Personen[212] auf der anderen Seite;

- zwischen den Gesellschaftern bzw den Mitgliedern der juristischen Person, den Mitgliedern des Statutar- und Aufsichtsorgans, den Arbeitnehmern, die der direkten Leitung des Statutarorgans bzw der Mitglieder des Statutarorgans unterstehen, den Prokuristen, den Abwicklern, den Verwaltern im Rahmen eines Insolvenzverfahrens oder diesen Personen nahestehenden Personen untereinander;
- zwischen Personen, die einen Stimmbindungsvertrag über die Leitung der Gesellschaft[213] abgeschlossen haben;
- zwischen der herrschenden und der beherrschten Person oder zwischen Personen, die direkt oder indirekt von derselben Person beherrscht werden.

Diese Bestimmung ist nicht als eine widerlegbare Vermutung konzipiert.[214] Genauso wie § 66a ObZ enthält auch § 66b ObZ bloß Begriffsdefinitionen, die erst iZm anderen Bestimmungen[215] Bedeutung erlangen, in welchen bestimmte Rechtsfolgen an das „Handeln im Einvernehmen" geknüpft werden.[216]

Auf unternehmensbezogene Beherrschungsverhältnisse, die auf der Grundlage einer qualifizierten Beteiligung, aufgrund einer Vereinbarung oder aufgrund einer bestimmten Vorgehensweise entstehen, nehmen auch andere Gesetze Bezug. Einen Sondertatbestand des Handelns im Einvernehmen für Zwecke des Übernahmerechts regelt § 114 Abs 6 ZoCP. Danach trifft die Angebotspflicht gemeinsam vorgehende Rechtsträger, worunter natürliche oder juristische Personen zu verstehen sind, die aufgrund einer schriftlichen oder mündlichen Vereinbarung[217] entw mit dem Bieter oder mit der Zielgesellschaft zusammenarbeiten, wobei diese Zusammenarbeit entw auf den Erwerb der kontrollierenden Beteiligung in der Zielgesellschaft oder auf Verhinderung eines erfolgreichen Ergebnisses des Übernahmeangebotes ausgerichtet ist. Darüber hinaus gelten Personen, die von einer anderen Person gem § 8 lit h ZoCP[218] kontrolliert wer-

---

212 S dazu näher oben FN 144.
213 Darunter fällt zB ein Stimmbindungsvertrag über die Wahl der Vorstandsmitglieder oder über die Erteilung der Zustimmung zum Abschluss von Verträgen, die ein höheres Unternehmensrisiko zum Inhalt haben; s *Majeriková* in Ovečková et al, ObZ³ § 66b S 318.
214 *Majeriková* in Ovečková et al, ObZ³ § 66b S 317; krit *Bartová* in Patakyová et al ObZ³ § 66b S 209.
215 Vgl zB die Bestimmung über die Meldepflicht gem § 41 Abs 9 lit a iVm Abs 1 und Abs 2 ZoBCP.
216 *Bartová* in Patakyová et al ObZ³ § 66a S 208; *Ďurica* in Suchoža et al, ObZ § 66b S 159; *Majeriková* in Ovečková et al, ObZ³ § 66b S 319 f.
217 Diese kann entw ausdrücklich abgeschlossen werden oder sie wird auf eine solche Art und Weise abgeschlossen, dass keine Zweifel darüber bestehen, was die Vertragsparteien beabsichtigt haben.
218 § 8 lit h ZoCP regelt einen eigenen Kontrollbegriff für die Zwecke des Kapitalmarktrechts. Nach dieser Bestimmung sind die Voraussetzungen eines Kontrolltatbestandes insb dann erfüllt, wenn eine mittelbare oder unmittelbare Beteiligung an mehr als 50 % des Grundkapitals oder an mehr als 50 % der Stimmrechte der juristischen Person vorliegt oder die Möglichkeit

den, als Personen, die gemeinsam miteinander und[219] mit der sie kontrollierenden Person handeln.

§ 9 ZKR[220] definiert den Begriff „verbundene Person" für die Zwecke des Insolvenzrechts, worunter auch die Mutter- und Tochtergesellschaften fallen, falls die Muttergesellschaft eine qualifizierte Beteiligung an der Tochtergesellschaft hält. Diese Begriffsbestimmung ist insb im konkursrechtlichen Anfechtungsrecht von Bedeutung, da im Falle des Vorliegens eines anfechtbaren Rechtsgeschäftes die mit dem Schuldner verbundenen Personen strenger als die sonstigen Begünstigten behandelt werden.[221]

Das ÚčZ definiert für die Zwecke der Konzernrechnungslegung die Begriffe „rechnungslegende Muttereinheit" und „rechnungslegende Tochtereinheit". Als rechnungslegende Muttereinheit gilt gem § 22 Abs 3 ÚčZ ua eine Handelsgesellschaft,

a) die in einer anderen Handelsgesellschaft über die Mehrheit der Stimmrechte verfügt,

b) die als Gesellschafter bzw Aktionär in einer anderen Handelsgesellschaft berechtigt ist, die Mehrheit der Mitglieder des Statutarorgans oder des Aufsichtsorgans zu ernennen oder abzuberufen,

c) die berechtigt ist, eine Handelsgesellschaft, deren Gesellschafter bzw Aktionär sie ist, aufgrund einer mit dieser Handelsgesellschaft abgeschlossenen Vereinbarung, aufgrund des Gesellschaftsvertrages oder aufgrund der Satzung zu beherrschen, falls dies nach dem für diese Gesellschaft geltenden Recht möglich ist,

d) die Gesellschafter oder Aktionär in einer Handelsgesellschaft ist, in der die Mehrheit der Mitglieder des Statutarorgans oder des Aufsichtsorgans, die ihre Funktion während des laufenden Rechnungszeitraumes und während des unmittelbar vorhergehenden Rechnungszeitraumes bis zur Erstellung des Konzernabschlusses ausgeübt haben, ausschließlich aufgrund ihrer Stimmrechtsausübung ernannt wurde,

e) die Gesellschafter oder Aktionär in einer Handelsgesellschaft ist und aufgrund der Vereinbarung mit den anderen Gesellschaftern oder Aktionären die Mehrheit der Stimmen ausübt.

---

besteht, einen vergleichbaren entscheidenden Einfluss auf die Leitung der juristischen Person auszuüben, und zwar entw aufgrund der Satzung der juristischen Person oder aufgrund eines Vertrages, der zwischen der juristischen Person und deren Gesellschafter oder Mitglied vereinbart wurde, oder aufgrund einer Vereinbarung, die zwischen den Gesellschaftern der juristischen Person geschlossen wurde. Der Kontrolltatbestand im Sinne dieser Bestimmung liegt außerdem dann vor, wenn einer Person das Recht zusteht, das Statutarorgan, die Mehrheit der Mitglieder des Statutarorgans oder des AR oder den Direktor der juristischen Person zu ernennen oder abzuberufen.

219 Im Gesetz steht zwar „oder", doch im Sinne von Art 2 Abs 2 ÜbRL sollte hier „und" stehen.

220 5/2007 Zz *Zákon o konkurze a reštrukturalizácii* (Gesetz über Konkurs und Restrukturierung).

221 S dazu ausführlich unten Kap III.3.a.

Bei der Berechnung der Stimmrechte der rechnungslegenden Muttereinheit iSv lit a), b), d) und e) sind den Stimmrechten und den Rechten auf Ernennung und Abberufung der Mitglieder des Statutar- oder Aufsichtsorgans auch die Rechte ihrer sonstigen rechnungslegenden Tochtereinheiten sowie die Rechte der natürlichen oder juristischen Person, die in eigenem Namen aber für Rechnung der rechnungslegenden Muttereinheit oder einer anderen rechnungslegenden Tochtereinheit handelt, hinzuzurechnen.[222] Gleichzeitig werden von diesen Stimmrechten solche Stimmrechte abgezogen, die mit Aktien oder Geschäftsanteilen verbunden sind, die für Rechnung einer anderen rechnungslegenden Einheit[223] als der rechnungslegenden Mutter- oder Tochtereinheit gehalten werden oder welche die rechnungslegende Muttereinheit als Sicherheit erhalten hat, falls sie die mit diesen Aktien bzw Geschäftsanteilen verbundenen Stimmrechte nach den Weisungen der rechnungslegenden Einheit ausübt, die diese Sicherheit geleistet hat.[224]

Bei der Berechnung der Stimmrechte nach lit a), d) und e) werden von der Gesamtzahl der Stimmrechte der Gesellschafter oder der Aktionäre der rechnungslegenden Tochtereinheit jene Stimmrechte abgezogen, die mit Aktien und Geschäftsanteilen verbunden sind, die von dieser rechnungslegenden Tochtereinheit bzw von einer ihrer rechnungslegenden Tochtereinheiten oder von einer Person, die in eigenem Namen aber für Rechnung dieser rechnungslegenden Einheiten handelt, gehalten werden.[225]

Die rechnungslegende Tochtereinheit wird in § 22 Abs 4 ÚčZ als eine rechnungslegende Einheit definiert, in der die rechnungslegende Muttereinheit die oben dargestellten Rechte hat.

Gem § 22 Abs 10 ÚčZ trifft die rechnungslegende Muttereinheit die Pflicht zur Erstellung des Konzernabschlusses und des Konzernberichtes, wenn laut ihrer Jahresabschlüsse und der Jahresabschlüsse aller ihrer rechnungslegenden Tochtereinheiten zum Tag, zu dem der Konzernrechnungsabschluss erstellt wird, sowie während des unmittelbar vorhergehenden Rechnungszeitraums zumindest zwei der folgenden Bedingungen erfüllt werden bzw wurden:

- die Gesamtsumme des Vermögens der rechnungslegenden Muttereinheit und der rechnungslegenden Tochtereinheiten ist höher als € 17.000.000,–,[226]
- der reine Umsatz der rechnungslegenden Muttereinheit und der rechnungslegenden Tochtereinheit ist höher als € 34.000.000,–,[227]
- die durchschnittliche Anzahl von Angestellten der rechnungslegenden Muttereinheit und der rechnungslegenden Tochtereinheit im Rechnungszeitraum überschreitet 250 Personen.

---

222 § 22 Abs 5 ÚčZ.
223 Zur Begriffsbestimmung der „rechnungslegende Einheit" iSd ÚčZ s näher § 1 Abs 2 ÚčZ.
224 § 22 Abs 6 ÚčZ.
225 § 22 Abs 7 ÚčZ.
226 Zur Berechnung s näher § 26 Abs 3 ÚčZ.
227 Als reiner Umsatz gelten für diesen Zweck die aus dem Verkauf von Erzeugnissen, Waren und aus der Erbringung von Dienstleistungen erzielten Erträgnisse sowie andere Erträgnisse, die mit der laufenden Tätigkeit der Gesellschaft nach dem Abzug von Ermäßigungen zusammenhängen.

Darüber hinaus trifft gem § 22 Abs 11 S 1 ÚčZ die Pflicht zur Erstellung des Konzernabschlusses eine rechnungslegende Muttereinheit dann, wenn ihre Wertpapiere oder die Wertpapiere einer ihrer rechnungslegenden Tochtereinheiten zum Handel am geregelten Markt in einem EU-Mitgliedsstaat oder in einem EWR-Mitgliedstaat zugelassen wurden.

Die rechnungslegende Muttereinheit ist verpflichtet, rechtzeitig den rechnungslegenden Tochtereinheiten und sonstigen rechnungslegenden Einheiten, die in den Konzernabschluss einbezogen werden, mitzuteilen, dass sie den Konzernrechnungsabschluss zu erstellen hat. Die rechnungslegenden Tochtereinheiten und die sonstigen rechnungslegenden Einheiten sind in der Folge verpflichtet, die dafür notwendigen Informationen samt ihren Jahresabschlüssen der rechnungslegenden Muttereinheit rechtzeitig zur Verfügung zu stellen.[228]

Von der Pflicht zur Erstellung des Konzernabschlusses und des Konzernberichtes ist die rechnungslegende Muttereinheit gem § 22 Abs 12 ÚčZ dann befreit, wenn lediglich durch die Erstellung des Jahresabschlusses die Rückschlüsse auf die Finanzlage, auf die Aufwendungen, auf die Erträgnisse und auf die Ergebnisse der wirtschaftlichen Tätigkeit der gesamten Konzerneinheit nicht wesentlich beeinträchtigt werden.

Die rechnungslegende Muttereinheit, die zugleich eine rechnungslegende Tochtereinheit ist und deren rechnungslegende Muttereinheit unter den Anwendungsbereich der Rechtsordnung eines anderen EU-Mitgliedstaats fällt, trifft grundsätzlich[229] keine Pflicht zur Erstellung des Konzernabschlusses und des Konzernberichtes, wenn deren rechnungslegende Muttereinheit entw alle ihre Aktien oder Geschäftsanteile hält oder mindestens 90 % ihrer Aktien oder Geschäftsanteile hält und alle sonstigen Gesellschafter mit der Befreiung von der Erstellung des Konzernabschlusses sowie des Konzernberichtes einverstanden sind.[230] In diesem Fall müssen allerdings die rechnungslegende Tochtereinheit sowie sämtliche ihre rechnungslegenden Tochtereinheiten in den Konzernabschluss der rechnungslegenden Muttereinheit, der gemäß den Rechtsvorschriften der EU zu erstellen ist, einbezogen werden. Außerdem ist es notwendig, dass der Konzernabschluss der rechnungslegenden Muttereinheit und die Übereinstimmung ihres Konzernberichtes mit dem Rechnungsabschluss vom Auditor gemäß den Rechtsvorschriften der EU überprüft werden, dass sowohl der Konzernabschluss als auch der Konzernbericht der rechnungslegenden Muttereinheit gemäß den Rechtsvorschriften der EU veröffentlicht werden und schließlich, dass die rechnungslegende Tochtereinheit in den Bemerkungen zum ordentlichen Jahresabschluss die Firma und den Sitz der rechnungslegenden Muttereinheit, die den Konzernabschluss erstellt, angibt und gleichzeitig darauf hinweist, dass sie selbst von dieser Verpflichtung befreit wurde.[231]

---

228 § 22 Abs 14 f ÚčZ.
229 Diese Befreiung kommt dann nicht zur Anwendung, wenn die Wertpapiere der rechnungslegenden Tochtereinheit, die zugleich Muttereinheit ist, in einem EU-Mitgliedstaat oder in einem EWR-Mitgliedstaat notiert sind, s § 22 Abs 11 S 2 ÚčZ.
230 § 22 Abs 8 ÚčZ.
231 § 22 Abs 9 ÚčZ.

Die oben genannten Bestimmungen bilden in der Slowakei die Grundlage für die Bildung von faktischen Konzernen aufgrund einer qualifizierten Beteiligung[232] sowie von Vertragskonzernen.[233] Die slowakische Rechtsordnung bietet zT auch die Möglichkeit der Sicherung des durch die Beteiligung vermittelten Einflusses durch Organverschränkungen. Dem GmbH-Geschäftsführer sowie den Vorstands- bzw AR-Mitgliedern ist es zwar grundsätzlich nicht gestattet, als Statutarorgan bzw als Mitglied des Statutarorgans oder eines anderen Organs bei einer anderen juristischen Person mit einem ähnlichen Unternehmensgegenstand tätig zu sein, wobei die Einschränkungen des gesetzlichen Konkurrenzverbotes[234] durch die Satzung oder den Gesellschaftsvertrag nicht möglich sind.[235] Nach der geltenden Rechtslage ist es nicht einmal möglich, in Einzelfällen das Wettbewerbsverbot aufzuweichen, was in der Praxis insb bei Holdingsstrukturen, in welchen die Tochtergesellschaften keine Beteiligungen aneinander halten, ein großes Hindernis darstellt.[236] Eine Ausnahme vom Verbot der Organverschränkung zwischen zwei Gesellschaften mit ähnlichem Unternehmensgegenstand sieht das Gesetz nämlich dann vor, wenn es sich um eine Gesellschaft handelt, an deren Unternehmen sich auch die andere Gesellschaft beteiligt.[237]

Fraglich bleibt allerdings, ob sich aus all den oben genannten Bestimmungen auch die Zulässigkeit der Ausübung von Leitungsmacht in der beherrschten Gesellschaft durch die herrschende Gesellschaft und des damit zusammenhängenden Anspruchs der herrschenden Gesellschaft auf Informationsbeschaffung ableiten lässt. Weiters ist unklar, inwieweit das Statutarorgan der Tochtergesellschaft auf die Interessen der Muttergesellschaft bzw des Konzerns Rücksicht nehmen kann, falls dies zulasten der Tochtergesellschaft geht.

Dass die Rechtsordnung die Einflussnahme durch die Muttergesellschaft auf die Tochtergesellschaft ermöglicht, ergibt sich meiner Meinung nach aus den einschlägigen konzernrechtlichen Tatbeständen. Das Verbot, einen Nachteil zuzufügen, welcher nicht vollständig und unverzüglich ausgeglichen wird, ergibt sich mE genauso wie es von der hL[238] in Österreich vertreten wird, aus den fundamentalen Grundsätzen des Kapitalgesellschaftsrechts (Verbot der Einlagenrückgewähr, Gleichbehandlungsgebot, Treuepflicht). Daneben kommt auch eine Schadenersatzhaftung der Mitglieder des Statutarorgans nach den allgemeinen Regeln über die Vorstands- bzw Geschäftsführerhaftung in Betracht. Eine etwaige Außenhaftung der Muttergesellschaft wegen Erteilung von Weisungen bzw wegen der Abstimmung in der Gesellschafterversammlung könnte meiner Meinung nach allenfalls aus den allgemeinen Prinzipien des Schaden-

---

232 S auch *Bartová* in Patakyová et al ObZ³ § 66a S 207.

233 *Benedik*, BSA 5/2002, 19 ff.

234 Die Ausführungen zum Konkurrenzverbot beruhen auf dem von mir verfassten Bericht „Schutz der Minderheitsaktionäre in der Slowakei" in Schutz der Minderheitsaktionäre 598 f.

235 *Hainish*, BSA 1–2/2006, 18; *Majeriková* in Ovečková et al, ObZ³ § 65 S 302.

236 Vgl zu diesem Problem zB *Čikovský*, Trend 12.1.2006, 36 f.

237 Vgl § 136 Abs 1 lit d, § 196 Abs 1 lit d und § 200 Abs 3 ObZ. Diese Bestimmungen sind allerdings widersprüchlich, falls die Gesellschaften nicht wechselseitig aneinander Beteiligungen halten; krit dazu auch *Pala/Palová/Žitňanská* in Ovečková et al, ObZ³ § 196 S 893.

238 S insb *Doralt/Diregger*, AktG² § 15 RZ 77.

ersatzrechts[239] abgeleitet werden. In der herrschenden Lehre wird dies jedoch nicht thematisiert, und mit einer derartigen Problematik musste sich bis jetzt auch die Rechtsprechung nicht auseinandersetzen.

Etwaige Nachteilzufügungen werden aufgrund der Tatsache, dass kein Abhängigkeitsbericht zu erstellen ist, weniger ersichtlich. Es ist auch keine Pflicht zur Offenlegung der Verträge zwischen der Mutter- und Tochtergesellschaft gesetzlich verankert.

5. Haftungsdurchgriff ieS

Haftungsdurchgriff ist weder in der Judikatur noch in der relevanten Kommentarliteratur[240] ein Thema. Als eine Art „Inspiration" können die Ausführungen in der tschechischen Literatur dienen. Hier möchte ich auf das einschlägige Kapitel zum tschechischen Recht verweisen.

6. Haftung wegen Verletzung der Treuepflicht[241]

In der Slowakei ist die Treuepflicht ausdrücklich im Gesetz verankert. Nach der allg Bestimmung des § 56a Abs 1 ObZ sind Rechtsmissbräuche durch die Gesellschafter aller Handelsgesellschaften, insb ein missbräuchlicher Einsatz von Stimmenmehrheiten und Stimmenminderheiten, verboten. § 176b Abs 1 ObZ, der in Bezug zu § 56 Abs 1 ObZ die Sondervorschrift darstellt,[242] regelt eine umfassendere[243] Pflicht für die Gesellschafter einer AG: Diese dürfen ihre Aktionärsrechte nicht zulasten von Rechten und berechtigten Interessen anderer Aktionäre ausüben. Die Treuepflicht trifft sowohl Mehrheits- als auch Minderheitsaktionäre.[244] Nach dem Gesetzeswortlaut besteht die Treuepflicht nur gegenüber den Mitgesellschaftern, es ist jedoch davon auszugehen, dass sie gleichermaßen auch gegenüber der Gesellschaft zum Tragen kommt.[245] In der Slowakei gibt es keine publizierte höchstgerichtliche Entscheidung zur Treuepflicht im Gesellschaftsrecht, was darauf hindeutet, dass die Berufung auf die Treuepflicht als Grundlage für eine etwaige Konzernhaftung keine große

---

239 S dazu näher unten Kap IV.2.

240 Ausnahmen bilden in der jüngsten Zeit lediglich Arbeiten, die durch die ausländischen Rechtsentwicklungen inspiriert sind. Vgl oben FN 8.

241 Die Ausführungen zu diesem Kapitel beruhen auf dem von mir verfassten Bericht „Schutz der Minderheitsaktionäre in der Slowakei" in Schutz der Minderheitsaktionäre 591.

242 Vgl *Patakyová* in Patakyová et al, ObZ³ § 176b S 522; *dies*, PrRo 2004, 751; *Pala/Palová/ Žitňanská* in Ovečková et al, ObZ³ § 176b S 799.

243 *Patakyová*, PrRo 2004, 751.

244 *Patakyová* in Patakyová et al, ObZ³ § 176b S 522; *Pala/Palová/Žitňanská* in Ovečková et al, ObZ³ § 176b S 799.

245 Dies hat der NS ČR ausdrücklich im GmbH-Recht anerkannt, s NS ČR 26.6.2007, 29 Odo 387/2006. S auch NS ČR 31.1.2006, 29 Odo 1007/2005. S dazu näher *Baňacká*, BSA 3/2009, 16 ff; *Čech*, PrRa 11/2007, 31 f; *ders*, JurP 2006, 67 ff.

praktische Bedeutung hat. Dies hängt mE damit zusammen, dass in der Slowakei im Gesetz nicht ausdrücklich geregelt ist, welche Rechtsfolgen die Verletzung der Treuepflicht nach sich zieht. Laut Lehre kommen in diesem Fall insb die Schadenersatzansprüche gem § 757 iVm § 373 ObZ[246] und die Anfechtung der einschlägigen HV-Beschlüsse gem § 183 ObZ[247] in Frage.[248]

III. Insolvenzrecht

1. Kridahaftung und strafrechtliche Haftung wegen Konkursverschleppung

Die strafrechtliche Haftung wegen betrügerischer Krida ist in § 239 TZ[249] geregelt. Eine echte strafrechtliche Haftung von juristischen Personen ist jedoch in der slowakischen Rechtsordnung nicht vorgesehen. Dasselbe gilt auch im Falle der strafrechtlichen Haftung wegen Konkursverschleppung gem § 242 TZ sowie wegen betrügerischer und verschuldeter Insolvenzverursachung gem §§ 227 f TZ. Nach der aktuellen Rechtslage kommt die juristische Person gleichfalls nicht als „Beitragstäter" in Betracht. In der Slowakei wurden *bis dato* seitens der Lehre und Rechtsprechung auch keine Rechtsgrundlagen für die Begründung der zivilrechtlichen Außenhaftung der Muttergesellschaft gegenüber den Gläubigern der Tochtergesellschaft für die von ihren Repräsentanten bei Ausübung der Vertretungsbefugnisse begangenen deliktischen Handlungen in Erwägung gezogen.[250]

§ 83a und § 83b TZ sehen lediglich eine mittelbare strafrechtliche Verantwortlichkeit von juristischen Personen vor, falls die Straftat im Zusammenhang mit der Vertretung der juristischen Person, im Zusammenhang mit der Beschlussfassung in der juristischen Person oder im Zusammenhang mit der Aufsicht über die juristische Person begangen wurde.[251]

2. Insolvenzverschleppungshaftung

Die insolvenzrechtliche Konkursverschleppungshaftung kann den Mehrheitsgesellschafter schon deshalb nicht treffen, weil er weder berechtigt noch verpflichtet ist, den Konkursantrag zu stellen. Gem § 11 Abs 1 S 2 ZKR sind der

---

246 *Patakyová* in Patakyová et al, ObZ[3] § 176b S 522; *dies*, PrRo 2004, 751.
247 *Majeriková* in Ovečková et al, ObZ[2] § 56a S 181 f.
248 Vgl *Mašurová* in Schutz der Minderheitsaktionäre 591.
249 300/2005 Zz *Trestný zákon* (Strafgesetz).
250 Wie es zB in Österreich nach der Judikatur und Lehre im Falle der Verletzung des Schutzgesetzes iSv § 1311 ABGB der Fall ist.
251 S dazu näher unten Kap VI.

Schuldner, der Gläubiger[252] und im Namen des Schuldners der Abwickler sowie andere Personen, falls dies das ZKR vorsieht, berechtigt, den Konkursantrag zu stellen. Zu den Letztgenannten gehören insb das zuständige Aufsichtsorgan und der Zwangsverwalter bei bestimmten Institutionen, insb Banken, Versicherungsgesellschaften und Wertpapierhändlern.[253]

Nach der bis 31.12.2012 geltenden Rechtslage war jeder Schuldner, der sich in der Insolvenz[254] befand, verpflichtet, innerhalb von 30 Tagen ab dem Zeitpunkt, an dem er von seiner Insolvenz erfahren hat oder bei Einhaltung der fachlichen Sorgfalt hätte erfahren müssen, den Konkursantrag zu stellen. Seit 1.1.2013 besteht die Pflicht zur Stellung des Konkursantrages nur dann, wenn der Schuldner überschuldet ist. Handelt es sich beim Schuldner um eine juristische Person, trifft gem § 11 Abs 2 ZKR die Pflicht zur Stellung des Konkursantrags im Namen des Schuldners ihr Statutarorgan bzw die Mitglieder ihres Statutarorgans, ihren Abwickler sowie ihren gesetzlichen Vertreter[255].

Falls die zur Stellung des Konkursantrags verpflichtete Person ihre Konkursantragspflicht verletzt, haftete sie gem § 11 Abs 4 ZKR in der bis 31.12.2012

---

252 Der Gläubiger ist gem § 11 Abs 3 ZKR dann berechtigt, den Konkursantrag zu stellen, wenn er begründet annehmen kann, dass sein Schuldner zahlungsunfähig ist. Dies ist dann der Fall, wenn der Schuldner mehr als 30 Tage mit der Erfüllung von zumindest zwei Geldschulden gegenüber mindestens zwei Gläubigern in Verzug ist und von einem dieser Gläubiger schriftlich zur Zahlung aufgefordert wurde. Falls das Gericht das Konkursverfahren in der Folge einstellt, weil es zur Feststellung kommt, dass der Schuldner doch zahlungsfähig ist, haftet der Gläubiger gem § 11 Abs 5 ZKR gegenüber dem Schuldner als auch gegenüber anderen Personen für den Schaden, der ihnen iZm den Wirkungen des Beginns des Konkursverfahrens entstanden ist, es sei denn der Gläubiger beweist, dass er bei der Stellung des Konkursantrages mit fachlicher Sorgfalt gehandelt hat. Diese Haftung bezieht sich gleichfalls auf das Statutarorgan oder auf das Mitglied des Statutarorgans, das im Namen des Gläubigers über die Stellung des Konkursantrags entschieden hat.

253 S dazu näher § 176 ZKR. Darüber hinaus ist auch ein ausländischer Verwalter bei der Erfüllung der Voraussetzungen gem Art 29 der VO Nr 1346/EG berechtigt, in der SR den Konkursantrag zu stellen, s Ďurica, ZKR § 11 S 45.

254 Die Insolvenz des Schuldners liegt gem § 3 Abs 1 S 1 AktG dann vor, wenn er entweder zahlungsunfähig oder überschuldet ist. Als zahlungsunfähig gilt gem § 3 Abs 2 ZKR, wer nicht in der Lage ist, zumindest zwei Geldschulden, die zumindest bei zwei Gläubigern zu begleichen sind, innerhalb von 30 Tagen nach deren Fälligkeit zu erfüllen. Als eine Forderung gelten in diesem Fall alle Forderungen, die innerhalb von 90 Tagen vor der Konkursantragsstellung ursprünglich einem einzigen Gläubiger gehört haben. Als überschuldet gilt gem § 3 Abs 3 ZKR, wer zur Führung der Rechnungslegung nach dem ÚčZ verpflichtet ist, mehr als einen Gläubiger hat und bei dem der Wert seiner Verbindlichkeiten den Wert seines Vermögens übersteigt. Die Feststellung des Wertes der Verbindlichkeiten und des Vermögens hat auf der Grundlage der Rechnungslegung oder auf der Grundlage des durch ein Sachverständigengutachten festgestellten Wertes zu erfolgen, wobei das Gutachten vor den Angaben in der Rechnungslegung Vorrang hat. Es sind auch die zu erwartenden Ergebnisse der zukünftigen Vermögensverwaltung und ggf des zukünftigen Betriebs des Unternehmens zu berücksichtigen, wenn unter Berücksichtigung sämtlicher Umstände begründet zu erwarten ist, dass die Vermögensverwaltung oder der Betrieb des Unternehmens fortgesetzt werden kann. In die Summe der Verbindlichkeiten sind nachrangige Verbindlichkeiten iSd § 408a ObZ sowie Verbindlichkeiten, die im Konkursverfahren als nachrangige Verbindlichkeiten erfüllt werden, nicht einzubeziehen.

255 Krit Ďurica, ZKR § 11 S 43.

geltenden Fassung gegenüber den Gläubigern für den Schaden, der ihnen dadurch entstanden ist, es sei denn sie wies nach, dass sie mit fachlicher Sorgfalt gehandelt hatte. Die Pflicht zur Stellung des Konkursantrages galt nicht als erfüllt, wenn das Gericht den Konkursantrag zurückwies oder das Konkursverfahren wegen Zurückziehung des Konkursantrages einstellte. Wurde der Konkursantrag nicht rechtzeitig gestellt, so wurde angenommen, dass die Höhe des Schadens, der dadurch den Gläubigern entstanden ist, der Summe ihrer Forderungen entsprach, die nach der Aufhebung des Konkurses oder nach der Einstellung des Konkursverfahrens mangels Vermögens nicht befriedigt wurden, es sei denn eine andere Höhe des Schadens nachgewiesen wurde. Es handelte sich um eine objektive Haftung. Für die Schadenersatzhaftung mussten folgende Voraussetzungen erfüllt sein: Verletzung der Pflicht zur Stellung des Konkursantrages, Entstehung des Schadens, Kausalzusammenhang zwischen dem Schadenseintritt und der Verletzung der Pflicht zur Stellung des Konkursantrages sowie die Beendigung des Konkursverfahrens auf die vorgesehene Art und Weise. Die Beweislast bezüglich der des Schadenseintritts trug der Gläubiger.[256] Der Schadenersatzanspruch verjährte innerhalb eines Jahres nach Aufhebung des Konkurses oder nach der Einstellung des Konkursverfahrens mangels Vermögens. Diese Haftungsbestimmung hat in der Praxis keine Rolle gespielt.[257]

Seit 1.1.2013[258] ist die Haftung im ZKR folgendermaßen geregelt: Eine Person, die während der letzten vier Jahre vor dem Beginn des Konkursverfahrens als Statutarorgan bzw als Mitglied des Statutarorgans, als Abwickler oder als gesetzlicher Vertreter ihre Pflicht zur rechtzeitigen Stellung des Konkursantrages verletzt hat, ist nach der Konkurseröffnung verpflichtet, zugunsten der Masse jene Summe zu bezahlen, die der im Handelsregister zum Zeitpunkt der Pflichtverletzung eingetragenen Höhe des Grund- bzw Stammkapitals des Schuldners entspricht, jedoch maximal bis zum Zweifachen des gesetzlich vorgesehenen Mindestgrundkapitals. Gibt es mehrere Schädiger, so haften sie zu dem Teil, in dem ihre Verpflichtung der Höhe nach die gleiche ist, solidarisch. Von der Haftung kann sich derjenige befreien, der nachweist, dass er die Pflicht zur rechtzeitigen Stellung des Konkursantrages nicht verletzt hat oder dass er mit fachlicher Sorgfalt gehandelt hat. Von der Haftung kann sich auch derjenige befreien, der nicht berechtigt ist, im Namen des Schuldners selbständig zu handeln, wenn er nachweist, dass er die Pflicht zur Stellung des Konkursantrags mangels notwendigen Zusammenwirkens seitens anderer Personen, mit denen er gemeinsam handeln sollte, nicht erfüllen konnte, und dass er ohne unnötige

---

256 *Ďurica*, ZKR § 11 S 47 f.

257 *Ďurica*, ZKR § 11 S 50.

258 Hat der Schuldner die Voraussetzungen für die Überschuldung vor dem 1.1.2013 erfüllt und dauern die Voraussetzungen für die Überschuldung auch nach diesem Zeitpunkt fort, sind Personen, die vor dem 1.1.2013 die Funktion des Statutarorgans bzw dessen Mitglieds, des Abwicklers oder des gesetzlichen Vertreters ausgeübt haben, iSd § 11 Abs 4 ZKR verpflichtet, zugunsten der Masse die Geldsumme in der Höhe des eingetragenen Grund- bzw Stammkapitals des Schuldners zu leisten, falls sie nicht bis zum 31.3.2013 den Konkursantrag gestellt haben. S die Übergangsbestimmung des § 206a Abs 3 ZKR. Vgl auch *Ďurica*, ZKR § 206a S 1107 f.

Verzögerung, nachdem er über diese Pflichtverletzung erfahren hat oder hätte erfahren können, bei der Urkundensammlung eine Mitteilung darüber hinterlegt hat, dass der Schuldner überschuldet ist. Falls sich die verpflichtete Person und der Abwickler über das Vorliegen der Voraussetzungen für die Bezahlung der Geldsumme in die Masse nicht einig werden, hat hierüber das Gericht auf Antrag des Abwicklers zu entscheiden.[259] Die Haftung nach den allgemeinen zivilrechtlichen Grundsätzen gem § 420 ObZ bleibt weiterhin bestehen.[260]

Trotz der Tatsache, dass sich die GV der GmbH gem 125 Abs 3 ObZ Entscheidung über Angelegenheiten vorbehalten kann, die primär in die Kompetenz anderer Organe fallen würden und der Tatsache, dass nach der hier vertretenen Meinung die HV der AG dem Vorstand bezüglich der in ihre Kompetenz fallenden Angelegenheiten Weisungen erteilen darf,[261] regelt das ZKR keine Verpflichtung der GmbH-Gesellschafter oder der Aktionäre, aktiv auf die Konkursantragstellung durch die Geschäftsführer hinzuwirken. Gleichfalls wird weder seitens der Lehre noch seitens der Judikatur die Konkursantragspflicht auf faktische Geschäftsführer erstreckt. Ein Verbot, die Konkursantragstellung beim Vorliegen der gesetzlichen Erfordernisse durch Weisungen oder informelle Einflussnahme seitens der Gesellschafter zu verhindern, ergibt sich mE aus den allgemeinen gesellschaftsrechtlichen und zivilrechtlichen Grundsätzen.

3. Anfechtungsrecht

a) *Verbundene Personen im Sinne des Konkursrechts*

Für bestimmte Leistungen zugunsten der mit dem Schuldner verbundenen Personen gelten im konkursrechtlichen Anfechtungsrecht zT strengere Vorschriften, die hauptsächlich die Verlängerung von Anfechtungsfristen und die Beweislastumkehr zulasten dieser Personen beinhalten.[262] Als eine mit der juristischen Person verbundene Person gilt gem § 9 Abs 1 ZKR neben ihrem Statutarorgan bzw den Mitgliedern ihres Statutarorgans, ihren AR-Mitgliedern, Prokuristen sowie leitenden Angestellten auch eine andere natürliche oder juristische Person, die in der juristischen Person eine qualifizierte Beteiligung hat, sowie das Statutarorgan bzw ein Mitglied des Statutarorgans, ein AR-Mitglied, ein leitender Angestellter oder ein Prokurist der Person, die eine qualifizierte Beteiligung in der erstgenannten juristischen Person hat, und all diesen Personen nahestehende Personen.[263] Darüber hinaus gilt *vice versa* als eine mit einer

---

259 S dazu näher § 74a ZKR.

260 Vgl *Ďurica*, ZKR § 11 S 46 f.

261 S dazu näher oben Kap I.2.b.

262 Vgl *Pospíšil*, ZKR § 9 S 39. Außerdem darf zB gem § 89 ZKR der Insolvenzverwalter nach der Konkurseröffnung im Zusammenhang mit dem Betrieb des Unternehmens bzw eines Unternehmensteiles des Schuldners oder im Zusammenhang mit der Verwaltung des Massevermögens ohne die Genehmigung des zuständigen Organs keine Verträge mit solchen Personen abschließen, die als mit ihm oder mit dem Schuldner verbundene Personen gelten.

263 Zum Begriff „nahestehende Person" s oben FN 144.

juristischen Person verbundene Person auch eine juristische Person, an der diese juristische Person bzw eine der oben angeführten Personen eine qualifizierte Beteiligung hält.

Unter einer qualifizierten Beteiligung ist gem § 9 Abs 3 ZKR eine mittelbare oder eine unmittelbare Beteiligung von zumindest 5 % am Grundkapital der juristischen Person oder an den Stimmrechten in der juristischen Person zu verstehen, sowie die Möglichkeit, einen derartigen Einfluss auf die Leitung der juristischen Person auszuüben, der mit dem Einfluss aufgrund dieser Beteiligungen vergleichbar ist. Unter einer mittelbaren Beteiligung ist eine solche Beteiligung zu verstehen, die von anderen juristischen Personen gehalten wird, in denen der Besitzer der mittelbaren Beteiligung eine qualifizierte Beteiligung hat.

b) Anfechtbare Rechtsgeschäfte

ba) Allgemeines

Allgemein wird in § 57 Abs 1 ZKR geregelt, dass Rechtsgeschäfte, die das Vermögen des Schuldners betreffen, im Konkurs gegenüber dessen Gläubigern unwirksam sind, falls sie der Insolvenzverwalter oder der Gläubiger,[264] der seine Forderung angemeldet hat, nach dem ZKR erfolgreich anfechten. Gem § 57 Abs 4 ZKR können nach dem ZKR nur solche Rechtsgeschäfte des Schuldners angefochten werden, die die Befriedigung der angemeldeten Forderungen eines der Gläubiger des Schuldners beeinträchtigen.[265] Es muss sich um Forderungen handeln, die zum Zeitpunkt der Wirksamkeit des angefochtenen Rechtsgeschäfts existiert haben.[266] Diese Voraussetzungen sind vom Antragsteller zu beweisen.[267] Dagegen ist es nicht notwendig, dass die Forderungen zu diesem Zeitpunkt auch fällig waren.[268] Das Anfechtungsrecht bezieht sich ausschließlich auf Rechtsgeschäfte des Schuldners.[269] Nur gültige und wirksame Rechtsgeschäfte können angefochten werden.[270]

---

264 Der Gläubiger kann das Rechtsgeschäft nur dann anfechten, wenn der Insolvenzverwalter seiner Anregung zur Anfechtung nicht in einer angemessenen Frist Folge leistet. Der Insolvenzverwalter ist gem § 86 Abs 2 S 2 ZKR verpflichtet, mit fachlicher Sorgfalt sämtliche Rechtsgeschäfte des Schuldners zu überprüfen und jene Rechtsgeschäfte anzufechten, deren Anfechtbarkeit begründet anzunehmen ist.

265 Ist diese Voraussetzung erfüllt, bezieht sich das Anfechtungsrecht gem § 57 Abs 3 ZKR auch auf solche Rechtsgeschäfte, aus denen die Ansprüche bereits vollstreckbar oder befriedigt sind, dh wenn bereits entw ein Exekutionstitel vorliegt oder die Verpflichtung aus dem Schuldverhältnis durch Erfüllung erloschen ist, s Ďurica, ZKR § 57 S 445.

266 Vgl Ďurica, ZKR § 57 S 440.

267 Ďurica, ZKR § 57 S 439.

268 Ďurica, ZKR § 57 S 444.

269 Ďurica ZKR § 57 S 438.

270 Ďurica, ZKR § 57 S 438; Pospíšil, ZKR § 57 S 235.

bb) Rechtsgeschäfte ohne angemessene Gegenleistung und begünstigende Rechtsgeschäfte

Im Einzelnen gehören zu den anfechtbaren Rechtsgeschäften erstens Rechtsgeschäfte ohne eine angemessene Gegenleistung. Darunter sind gem § 58 Abs 1 ZKR einerseits unentgeltliche Rechtsgeschäfte und andererseits derartige entgeltliche Rechtsgeschäfte zu verstehen, auf deren Grundlage der Schuldner eine Leistung erbracht hat oder sich zur Erbringung einer Leistung verpflichtet hat, deren gewöhnlicher Preis erheblich höher ist, als der Preis, den er für diese Leistung erhalten hat bzw erhalten soll.

Dem Anfechtungsrecht unterliegen weiters die sog begünstigenden Rechtsgeschäfte. Es handelt sich hier gem § 59 Abs 1 ZKR um Rechtsgeschäfte, auf deren Grundlage der Schuldner zur Gänze oder zum Teil eine Geldforderung beglichen hat, die erst zum Zeitpunkt der Konkurseröffnung fällig werden sollte,[271] weiters um Rechtsgeschäfte, auf deren Grundlage der Schuldner seine Verbindlichkeit zu einem späteren Zeitpunkt besichert hat, als diese entstanden ist, sowie um Rechtsgeschäfte, auf deren Grundlage der Schuldner eine Abänderung oder Ersetzung seiner Verbindlichkeit zu eigenen Lasten vereinbart hat oder auf deren Grundlage er in einer anderen Weise einen seiner Gläubiger vor den übrigen Gläubigern unbegründet begünstigt hat. Als begünstigend gelten außerdem gem § 59 Abs 2 ZKR solche Rechtsgeschäfte, auf deren Grundlage der Schuldner zur Gänze oder zum Teil auf seine Rechte verzichtet bzw zur Gänze oder zum Teil die Schuld seines Schuldners erlässt, sowie Rechtsgeschäfte, auf deren Grundlage er eine Abänderung oder Ersetzung seines Rechts zu eigenen Lasten vereinbart hat, auf deren Grundlage er mittels Vereinbarung oder auf eine andere Weise das Erlöschen seiner Rechte ermöglicht hat oder sich selbst auf eine andere Weise zulasten seiner Gläubiger benachteiligt hat.

All diese Rechtsgeschäfte sind nach objektiven Kriterien zu beurteilen.[272] Für die erfolgreiche Anfechtung ist eine Schädigungsabsicht des Schuldners zulasten der Gläubiger nicht erforderlich. Entscheidend ist die Tatsache, dass diese Rechtsgeschäfte zur Insolvenz des Schuldners geführt haben oder während der Insolvenz vorgenommen wurden.[273] Ein diesbezüglicher Beweis obliegt somit prinzipiell demjenigen, der sich auf diese Tatsache beruft. Handelt es sich allerdings um ein Rechtsgeschäft zugunsten einer mit dem Schuldner verbundenen Person, so wird die Insolvenz zum Zeitpunkt der Erbringung des Rechtsgeschäfts angenommen, sofern nicht das Gegenteil bewiesen wird.[274] Es handelt sich hier um eine widerlegbare Vermutung.[275] Einen eventuellen Ge-

---

271 Anzufechten ist somit das einseitige Rechtsgeschäft des Schuldners, also die Erfüllung der Verbindlichkeit des Gläubigers in dem Umfang, in dem sie noch nicht fällig war, und nicht jenes Rechtsgeschäft, auf dessen Grundlage die Erfüllung erfolgte (zB der Kaufvertrag), s Ďurica, ZKR § 59 S 453.

272 Ďurica, ZKR § 60 S 457; Pospíšil, ZKR § 58 S 238, § 59 S 240.

273 Vgl § 58 Abs 2 S 1 ZKR, § 59 Abs 3 S 1 ZKR.

274 Vgl § 58 Abs 2 S 2 ZKR, § 59 Abs 3 S 2 ZKR.

275 Pospíšil, ZKR § 58 S 238, § 59 S 240.

genbeweis hat der Begünstigte zu erbringen.[276] Das Anfechtungsrecht bezieht sich nur auf Rechtsgeschäfte, die innerhalb eines bestimmten Zeitraumes vor der Konkurseröffnung vorgenommen wurden: Angefochten werden können grundsätzlich lediglich solche Rechtsgeschäfte, die während eines Jahres vor dem Beginn des Konkursverfahrens getätigt wurden. Eine Verlängerung der Anfechtungsfrist auf den Zeitraum von drei Jahren vor dem Beginn des Konkursverfahrens kommt allerdings iZm solchen Rechtsgeschäften zum Tragen, die zugunsten einer mit dem Schuldner verbundenen Person erbracht wurden.[277]

bc) Rechtsgeschäfte mit Benachteiligungsabsicht

Gem § 60 Abs 1 ZKR können sämtliche Rechtsgeschäfte angefochten werden, durch die die Gläubiger des Schuldners benachteiligt werden, falls sie mit Benachteiligungsabsicht vorgenommen wurden und diese Benachteiligungsabsicht der anderen Seite bekannt war oder bekannt sein musste. Bei diesen Rechtsgeschäften müssen somit subjektive Voraussetzungen sowohl auf der Seite des Schuldners als auch auf der Seite des Begünstigten erfüllt sein.[278] Im Falle der mit dem Schuldner verbundenen Personen gilt gem § 60 Abs 2 ZKR ex lege die widerlegbare Vermutung[279] sowohl darüber, dass die Benachteiligungsabsicht vorgelegen ist, als auch darüber, dass die andere Seite von dieser Benachteiligungsabsicht wusste. Im Unterschied zu den Rechtsgeschäften gem § 58 und § 59 ZKR ist es in diesem Fall irrelevant, ob sich der Schuldner zum Zeitpunkt der Vornahme des Rechtsgeschäfts bereits in der Insolvenz befand oder das Rechtsgeschäft zur Insolvenz des Schuldners geführt hat.[280] Auch die Anfechtung dieser Rechtsgeschäfte ist zeitlich begrenzt: Nur solche benachteiligende Rechtsgeschäfte können angefochten werden, die innerhalb von fünf Jahren vor dem Beginn des Konkursverfahrens vorgenommen wurden.[281]

bd) Nach der Aufhebung des Konkurses vorgenommene Rechtsgeschäfte

Schließlich können gem § 61 ZKR sämtliche Rechtsgeschäfte angefochten werden, die der Schuldner nach der Aufhebung des Konkurses vorgenommen hat, wenn innerhalb von sechs Monaten nach der Aufhebung über sein Vermögen erneut Konkurs eröffnet wird. In diesem Fall sind von der Anfechtung die gewöhnlichen Rechtsgeschäfte des Schuldners ausgenommen. Sonstige

---

276 *Ďurica*, ZKR § 58 S 450.
277 Vgl § 58 Abs 3 ZKR, § 59 Abs 4 ZKR. Falls vor der Konkurseröffnung ein Restrukturierungsverfahren im Gange war, während dessen der Konkurs eröffnet wurde, ist gem § 57 Abs 5 ZKR für den Beginn des Fristenlaufs der Beginn des Restrukturierungsverfahrens entscheidend.
278 Vgl *Pospíšil*, ZKR § 60 S 242.
279 *Pospíšil*, ZKR § 60 S 242.
280 Begründungsbericht zum ZKR.
281 § 60 Abs 3 ZKR. Falls vor der Konkurseröffnung ein Restrukturierungsverfahren im Gange war, während dessen der Konkurs eröffnet wurde, ist gem § 57 Abs 5 ZKR für den Beginn des Fristenlaufs der Beginn des Restrukturierungsverfahrens entscheidend.

Rechtsgeschäfte können auch in diesem Zusammenhang nur dann erfolgreich angefochten werden, wenn sie die Befriedigung der Gläubigerforderungen beeinträchtigen. Die Benachteiligungsabsicht des Schuldners und die Kenntnis bzw fahrlässige Unkenntnis der begünstigten Personen hierüber stellen hier keine Anfechtungsvoraussetzung dar.[282]

be) Geltendmachung des Anfechtungsrechts und Anfechtungsfristen

Die konkursrechtliche Anfechtungsklage kann erst nach der Eröffnung des Konkurses erhoben werden. Bis dahin kann das Rechtsgeschäft nach dem allgemeinen Zivilrecht[283] angefochten werden. Nach der Konkurseröffnung wird ein allfälliges zivilrechtliches Anfechtungsverfahren unterbrochen, falls es sich auf ein Vermögen bezieht, das die Konkursmasse bildet.[284] Das Anfechtungsrecht können gem § 62 Abs 5 S 1 1. HalbS der Insolvenzverwalter oder der Gläubiger innerhalb eines Jahres ab Konkurseröffnung[285] entw direkt bei der verpflichteten Person[286] oder mittels Klage bei Gericht geltend machen.[287] Der Insolvenzverwalter oder der Gläubiger einer angemeldeten Forderung können das Anfechtungsrecht im Rahmen der Überprüfung der angemeldeten Forderungen oder eines angemeldeten Sicherungsrechts auch in der Weise geltend

---

282 *Ďurica*, ZKR § 61 S 460.

283 S oben Kap II.3.b.

284 *Ďurica*, ZKR § 57 S 439.

285 Dh ab dem Tag, der der Veröffentlichung der Konkurseröffnung im Handelsamtsblatt folgt, s *Ďurica*, ZKR § 57 S 443.

286 Das Anfechtungsrecht gilt nur dann als bei der verpflichteten Person geltend gemacht, wenn es die verpflichtete Person schriftlich anerkennt. Gem § 62 Abs 1 ZKR ist das Anfechtungsrecht primär gegenüber demjenigen geltend zu machen, der mit dem Schuldner das anfechtbare Rechtsgeschäft vereinbart hat, zu dessen Gunsten der Schuldner das einseitige anfechtbare Rechtsgeschäft getätigt hat (zB Aufrechnung oder Schulderlass, vgl *Pospíšil*, ZKR § 62 S 245) oder wer aus dem anfechtbaren Rechtsgeschäft des Schuldners direkt einen Vorteil hatte (zB beim Vertrag zugunsten Dritter, vgl *Pospíšil*, ZKR § 62 S 246). Darüber hinaus kann gem § 62 Abs 2 ZKR das Anfechtungsrecht auch gegenüber der Person geltend gemacht werden, zu deren Gunsten auf der Grundlage des Rechts aus dem anfechtbaren Rechtsgeschäft ein weiteres Recht begründet wurde (zB die Einräumung eines Pfandrechts zugunsten einer dritten Person an einer Sache, die vom Schuldner aufgrund eines anfechtbaren Kaufvertrages veräußert wurde, vgl *Pospíšil*, ZKR § 62 S 246), falls dem Begünstigten zum Zeitpunkt des Erwerbs dieses Rechts die Umstände, die die Anfechtbarkeit des Rechtsgeschäfts gegenüber demjenigen, der dieses Recht eingeräumt hat, begründen, bekannt waren oder bekannt sein mussten, wenn der Begünstigte dieses Recht auf der Grundlage eines unentgeltlichen Rechtsgeschäfts erworben hat oder wenn es sich bei dem Begünstigten um eine mit dem Schuldner oder mit demjenigen, der dieses Recht eingeräumt hat, verbundene Person handelt, es sei denn es wird nachgewiesen, dass der Begünstigte zum Zeitpunkt des Erwerbs dieses Rechts auch bei der Einhaltung der fachlichen Sorgfalt die Umstände, die die Anfechtung des Rechtsgeschäfts gegenüber demjenigen, der dieses Recht eingeräumt hat, begründen, nicht erkennen konnte. In all diesen Fällen muss das Anfechtungsrecht gem § 62 Abs 4 ZKR gegenüber sämtlichen Rechtsvorgängern bis hin zu jenem Rechtsvorgänger geltend gemacht werden, der das Recht unmittelbar vom Schuldner erworben hat. Diese Personen bilden eine notwendige Streitgenossenschaft (s *Ďurica*, ZKR § 62 S 465).

287 § 57 Abs 2 ZKR.

machen, dass sie diese Forderung oder dieses Sicherungsrecht des Rechtsgrundes nach, der Höhe nach, der Sicherung durch das Sicherungsrecht nach oder der Rangordnung der Sicherung nach bestreiten.[288] Nach dem Verstreichen der einjährigen Frist erlischt das Anfechtungsrecht endgültig (Präklusion).[289]

Das Anfechtungsrecht kann gem § 62 Abs 3 ZKR auch gegenüber dem Rechtsnachfolger einer juristischen Person geltend gemacht werden. Wenn aus Gründen der Auflösung mit Abwicklung[290] keine Rechtsnachfolger vorhanden sind, kann das Anfechtungsrecht auch gegenüber den ehemaligen Gesellschaftern im Ausmaß ihrer Verantwortung in Form der gesetzlichen Bürgschaft gem § 56 Abs 7 ObZ[291] geltend gemacht werden.[292] Entscheidend ist in diesem Zusammenhang die Gesellschaftereigenschaft zum Zeitpunkt der Auflösung der juristischen Person.[293]

bf) Rechtsfolgen der Anfechtung

Die Entscheidung des Gerichtes über die Unwirksamkeit eines Rechtsgeschäftes ist gegenüber sämtlichen Teilnehmern des Konkursverfahrens wirksam. Die Ansprüche aus den unwirksamen Rechtsgeschäften können zugunsten der Masse entweder durch den Insolvenzverwalter oder durch den Gläubiger, der das Rechtsgeschäft angefochten hat, geltend gemacht werden.[294] Die Rechtsfolgen der erfolgreichen Geltendmachung des Anfechtungsrechts bei verpflichteten Personen, deren Voraussetzung die schriftliche Anerkennung des Anfechtungsrechts seitens dieser Personen ist, werden dagegen im Gesetz nicht ausdrücklich geregelt.[295]

Eine erfolgreiche Anfechtung begründet die Unwirksamkeit des betreffenden Rechtsgeschäfts gegenüber jenen Gläubigern des Schuldners, die ihre Forderungen ordnungsgemäß und rechtzeitig angemeldet haben. Das Rechtsgeschäft bleibt auch weiterhin gültig.[296]

Handelt es sich um ein unwirksames Rechtsgeschäft, das eine Sache, ein Recht oder einen anderen Vermögenswert betrifft, die aus dem Vermögen des Schuldners auf andere Personen übertragen wurden, sind gem § 63 Abs 1 ZKR diejenigen, denen gegenüber das Anfechtungsrecht geltend gemacht wurde, solidarisch verpflichtet, einen Geldersatz für diese Sache, dieses Recht oder

---

288 § 62 Abs 6 ZKR.
289 *Ďurica*, ZKR § 57 S 443; *Pospíšil*, ZKR § 58 S 238, § 59 S 240, § 60 S 242.
290 Nach dem Gesetzeswortlaut kann das Anfechtungsrecht gegenüber den Gesellschaftern dann nicht geltend gemacht werden, wenn die Gesellschaft ohne Rechtsnachfolger aufgelöst wird, jedoch vor der Auflösung mangels Gesellschaftsvermögens keine Abwicklung stattfindet, krit auch *Ďurica*, ZKR § 62 S 464.
291 S dazu näher oben Kap II.3.f.
292 In § 62 Abs 3 ZKR wird fälschlicherweise auf § 56 Abs 6 ObZ verwiesen, vgl *Ďurica*, ZKR § 62 S 463.
293 *Ďurica*, ZKR § 62 S 463.
294 § 62 Abs 5 S 1 2. HalbS f ZKR.
295 Vgl *Ďurica*, ZKR § 63 S 470.
296 *Ďurica*, ZKR § 63 S 470.

einen anderen Vermögenswert in die Masse zu leisten. Von demjenigen, gegenüber dem das Anfechtungsrecht geltend gemacht wurde, kann immer nur so viel gefordert werden, wie viel aufgrund des unwirksamen Rechtsgeschäfts tatsächlich auf ihn übertragen wurde. Die verpflichtete Person hat im Falle eines unentgeltlichen Rechtsgeschäfts den Gesamtwert der Leistung des Schuldners zum Zeitpunkt der Leistungserbringung zurückzugeben, unabhängig davon in welchem Ausmaß die Forderungen der Gläubiger nicht befriedigt werden konnten. Im Falle eines entgeltlichen Rechtsgeschäftes ist die Differenz zwischen dem Marktwert des übertragenen Vermögens, des übertragenen Rechtes oder des übertragenen anderen Vermögenswertes und dem Wert der Gegenleistung zum Zeitpunkt der Wirksamkeit des Rechtsgeschäfts in die Masse zu leisten.[297] Falls sich die aufgrund des angefochtenen Rechtsgeschäfts übertragenen Objekte bei einer der verpflichteten Personen befinden, kann stattdessen von ihnen deren Herausgabe verlangt werden. Das Wahlrecht obliegt demjenigen, der das Anfechtungsrecht erfolgreich geltend gemacht hat.[298]

Handelt es sich um ein unwirksames Rechtsgeschäft, mit dem der Schuldner seine Geldschuld erfüllt hat, ist der Gläubiger gem § 63 Abs 2 ZKR verpflichtet, die Leistung des Schuldners in die Masse zurückzugeben. Nach der Rückerstattung wird die Forderung in vollem Umfang erneuert. Der Anspruch auf Befriedigung der erneuerten Forderung kann im Konkurs als eine Forderung gegen die Masse geltend gemacht werden; allerdings nur in dem Umfang, in dem die erneuerte Forderung befriedigt worden wäre, wenn sie mittels Anmeldung geltend gemacht worden wäre.[299]

In anderen als den oben angeführten Fällen der Unwirksamkeit von Rechtsgeschäften kann verlangt werden, dass die verpflichtete Person etwas zur Verfügung stellt, etwas tut, etwas unterlässt oder etwas duldet, damit das unter den Konkurs fallende Vermögen in einen solchen Zustand gerät, in dem es sich befinden würde, wenn das unwirksame Rechtsgeschäft nicht vorgenommen worden wäre.[300]

Wer als Folge eines unwirksamen Rechtsgeschäfts etwas in die Masse leisten musste, kann gem § 64 ZKR die Rückerstattung seiner Gegenleistung von seinem Vormann verlangen.[301] Der Vormann, der verpflichtet ist, seinem Nachfolger die Gegenleistung zurückzuerstatten, hat wiederum das Recht, von seinem Vormann die Rückgewähr seiner Leistung zu verlangen. Handelt es sich bei dem Vormann um den Schuldner, kann dieses Recht nur als eine Forderung gegenüber der Masse geltend gemacht werden, allerdings nur in einem angemessenen Umfang, in welchem die Leistung in die Masse zurückgeführt wurde. Soweit sich die Forderungen decken, kann nach einem Teil der Lehre[302] eine

---

297 *Ďurica*, ZKR § 63 S 471.
298 *Ďurica*, ZKR § 63 S 471 f.
299 Zur Unmöglichkeit der Durchsetzung dieser Bestimmung in der Praxis s *Ďurica*, ZKR § 63 S 472.
300 § 63 Abs 3 ZKR.
301 Vgl *Pospíšil*, ZKR § 64 S 250.
302 *Pospíšil*, ZKR § 64 S 250.

Aufrechnung erfolgen. Falls aus Gründen der Anfechtung eines unwirksamen Rechtsgeschäfts ein Vermögen in diese Masse (zurück)gegeben wird, das nach dem Zeitpunkt, zu dem es aus dem Vermögen des Schuldners übertragen wurde, mit einem Recht zugunsten einer dritten Person belastet wurde,[303] ist gem § 66 ZKR derjenige, der dieses Recht begründet hat, verpflichtet, zugunsten der Masse Schadenersatz zu leisten. Aktivlegitimiert für die Geltendmachung der Schadenersatzansprüche ist der Insolvenzverwalter oder der Gläubiger, der seine Forderung rechtzeitig angemeldet hat.[304] Der Schaden ist in Geld zu ersetzen.[305]

Soweit infolge der Leistung in die Masse wegen eines unwirksamen Rechtsgeschäfts die Masse bereichert wurde,[306] ist gem § 65 ZKR derjenige, zu dessen Lasten die Masse bereichert wurde, berechtigt, von der Masse diese Bereicherung als Forderung gegen die Masse zu verlangen.

4. Rangordnung

Gem § 95 Abs 3 ZKR werden Forderungen von mit dem Schuldner verbundenen Personen nachrangig[307] befriedigt. In diese Kategorie fallen gleichfalls Forderungen, die in der Vergangenheit einer mit dem Schuldner verbundenen Person gehörten bzw Forderungen von Personen, die in der Vergangenheit als mit dem Schuldner verbundene Personen galten. Etwaige Besicherungen dieser Forderungen durch Sicherungsrechte werden im Konkurs nicht berücksichtigt.

IV. Zivilrechtliche Tatbestände für die Haftung der Muttergesellschaft

1. Vertragliche Grundlagen

a) Überblick über schuldrechtliche Verpflichtungen für Verbindlichkeiten Dritter

Zu den wichtigsten persönlichen Kreditsicherheiten gehören in der Praxis die Bürgschaft, die Bankgarantie und die Schuldübernahme.[308]

Die Bürgschaft ist sowohl im Bürgerlichen Gesetzbuch als auch im Handelsgesetzbuch geregelt. Falls auf das Hauptschuldverhältnis die Bestimmungen

---

303 Es handelt sich idZ insb um Pfandrechte oder Servitute, die nicht erfolgreich gem § 62 Abs 2 f ZKR angefochten werden konnten, vgl *Pospíšil*, ZKR § 66 S 251.

304 *Ďurica*, ZKR § 66 S 479.

305 *Ďurica*, ZKR § 66 S 480.

306 ZB der Wert der zurückgewährten Sache ist aufgrund der Investition der verpflichteten Person gestiegen, vgl *Ďurica*, ZKR § 66 S 477.

307 Die nachrangige Forderung ist gem § 408a ObZ zu behandeln, dh sie wird erst nach der Befriedigung der Forderungen von anderen Gläubigern befriedigt.

308 Vgl auch die Ausführungen zur aktuellen tschechischen Rechtslage im einschlägigen Kapitel.

des Handelsgesetzbuches Anwendung finden, sind gem § 261 Abs 4 ObZ auch auf die Bürgschaft die Bestimmungen des Handelsgesetzbuches anzuwenden.

Gem § 546 S 2 OZ entsteht die Bürgschaft durch die schriftliche Erklärung des Bürgen, dass er gegenüber dem Gläubiger die Verpflichtung zur Befriedigung einer bestimmten Forderung übernimmt, falls diese Forderung durch den Schuldner nicht befriedigt wird. Der Bürge ist gem § 548 Abs 1 OZ verpflichtet, die Schuld zu erfüllen, nachdem der Gläubiger den Hauptschuldner erfolglos zur Erfüllung seiner Schuld aufgefordert hat. Der Bürge kann gegenüber dem Gläubiger sämtliche Einwendungen geltend machen, die dem Schuldner gegenüber dem Gläubiger zustehen.[309] Der Bürge ist gem § 549 OZ berechtigt, die Leistung zu verweigern, falls den Gläubiger die Schuld daran trifft, dass der Schuldner die Forderung nicht befriedigen kann. Nachdem der Bürge die Schuld erfüllt hat, kann er sich beim Schuldner regressieren.[310]

Gem § 303 ObZ wird eine Person, die gegenüber dem Gläubiger schriftlich erklärt, dass sie ihn befriedigen wird, wenn der Schuldner seine Schuld nicht erfüllt, zum Bürgen des Schuldners.

Durch die Bürgschaft kann gem § 304 Abs 1 ObZ nur eine gültige Verbindlichkeit des Schuldners besichert werden. Der Entstehung der Bürgschaft steht allerdings nicht entgegen, wenn das Hauptschuldverhältnis wegen der mangelnden Geschäftsfähigkeit des Schuldners absolut nichtig ist und der Bürge zum Zeitpunkt seiner Bürgschaftserklärung davon wusste. Durch die Bürgschaft kann auch eine Verbindlichkeit besichert werden, die erst in der Zukunft entsteht oder deren Entstehung von der Erfüllung einer Bedingung abhängt.[311]

Der Gläubiger ist gem § 306 Abs 1 ObZ nur dann berechtigt, vom Bürgen die Erfüllung der Verbindlichkeit zu verlangen, wenn der Schuldner seine Verbindlichkeit nicht in einer angemessenen Frist erfüllt hat, nachdem er dazu vom Gläubiger schriftlich aufgefordert wurde. Diese Aufforderung ist nur dann nicht erforderlich, wenn der Gläubiger dazu nicht in der Lage ist oder wenn es unzweifelhaft ist, dass der Schuldner seine Verbindlichkeit nicht erfüllen wird, was insb nach der Konkurseröffnung der Fall ist.

Der Bürge kann dem Gläubiger gegenüber sämtliche Einwendungen, zu deren Geltendmachung der Schuldner berechtigt ist, geltend machen. Der Bürge kann weiters für die Aufrechnung die Forderungen des Schuldners gegenüber dem Gläubiger verwenden, falls der Schuldner zur Aufrechnung berechtigt gewesen wäre, wenn der Gläubiger bei ihm die Forderung eigetrieben hätte. Der Bürge kann für die Aufrechnung auch seine eigenen Forderungen gegenüber dem Gläubiger verwenden.[312]

Falls der Bürge den Gläubiger ohne Wissen des Schuldners befriedigt, kann der Schuldner gegenüber dem Bürgen sämtliche Einwendungen geltend machen, zu deren Geltendmachung er gegenüber dem Gläubiger berechtigt war. Der Schuldner kann allerdings gegenüber dem Bürgen solche Einwendungen

---

309 § 548 Abs 2 OZ.
310 § 550 OZ.
311 § 304 Abs 2 ObZ.
312 § 306 Abs 2 ObZ.

nicht geltend machen, auf die der Schuldner den Bürgen nicht ohne unnötige Verzögerung hingewiesen hat, nachdem ihm die Nachricht zugestellt wurde, dass der Gläubiger die Ansprüche aus der Bürgschaftsverpflichtung geltend gemacht hat.[313] Andererseits ist der Schuldner gem § 306 Abs 3 ObZ verpflichtet, dem Bürgen die Aufwendungen zu ersetzen, die diesem dadurch entstanden sind, dass er eine Einwendung, die ihm der Schuldner mitgeteilt hat, gegenüber dem Gläubiger erfolglos geltend gemacht hat.

Mehrere Bürgen bürgen gem § 307 Abs 1 S 1 ObZ für dieselbe Verbindlichkeit solidarisch.

Die Bürgschaft erlischt gem § 311 Abs 1 ObZ grundsätzlich mit dem Erlöschen der Verbindlichkeit, die sie besichert. Sie erlischt allerdings dann nicht, wenn die Verbindlichkeit aus Gründen der Unmöglichkeit der Leistung seitens des Schuldners erloschen ist und der Bürge in der Lage ist, die Verbindlichkeit zu erfüllen. Die Bürgschaft erlischt außerdem dann nicht, wenn der Schuldner, der eine juristische Person ist, aufgelöst wird.[314]

Im Unterschied zur Bürgschaftsverpflichtung ist die Bankgarantie nicht akzessorisch. Die Bankgarantie entsteht gem § 313 ObZ durch die schriftliche Erklärung der Bank in der Garantieurkunde, dass sie den Gläubiger bis zur Höhe eines bestimmten Geldbetrages befriedigt, falls der Schuldner seine Verbindlichkeit nicht erfüllt oder falls sonstige in der Garantieurkunde bestimmte Bedingungen nicht erfüllt werden.

Wird die Bankgarantie durch eine andere Bank bestätigt, kann der Gläubiger Ansprüche aus der Bankgarantie gem § 315 Abs 1 f ObZ auch gegenüber dieser Bank geltend machen. Die Bank, die die Bankgarantie bestätigt hat und in der Folge auf ihrer Grundlage die Leistung erbracht hat, hat Anspruch auf den Ersatz dieser Leistung gegenüber der Bank, die sie um die Bestätigung der Bankgarantie ersucht hat.

Die Bank ist verpflichtet, ihre Pflichten zu erfüllen, wenn sie der Gläubiger schriftlich darum ersucht.[315] Eine vorherige Aufforderung des Schuldners zur Zahlung seiner Verbindlichkeit ist nur dann erforderlich, wenn dies die Garantieurkunde vorsieht.[316] Die Bank kann gegenüber dem Gläubiger nur solche Einwendungen geltend machen, deren Geltendmachung die Garantieurkunde zulässt.[317] Falls sich aus der Garantieurkunde nichts anderes ergibt, ist die Bank nicht einmal berechtigt, solche Einwendungen geltend zu machen, zu deren Geltendmachung der Schuldner gegenüber dem Gläubiger berechtigt wäre.[318]

Der Schuldner ist gem § 321 Abs 2 ObZ verpflichtet, der Bank das zu bezahlen, was die Bank aufgrund der Verpflichtung aus der Garantieurkunde geleistet hat, die im Einklang mit dem mit dem Schuldner abgeschlossenen Vertrag erstellt wurde. Der Schuldner kann gegenüber der Bank die Einwendungen, die er

---

313 § 309 ObZ.
314 § 311 Abs 2 ObZ.
315 § 317 S 1 *in fine* ObZ und § 319 S 1 ObZ.
316 § 317 S 2 ObZ.
317 § 316 Abs 1 S 2 ObZ.
318 § 317 S 1 ObZ.

gegenüber dem Gläubiger hätte, nicht geltend machen, wenn der Vertrag zwischen der Bank und dem Schuldner nicht die Verpflichtung der Bank enthielt, die Geltendmachung derartiger Einwendungen gegenüber dem Gläubiger in den Inhalt der Garantieurkunde einzubeziehen.[319]

Die Schuldübernahme ist nur im Bürgerlichen Gesetzbuch geregelt. Für ihre Entstehung ist gem § 531 Abs 1 u 3 OZ ein schriftlicher Vertrag zwischen dem Alt- und Neuschuldner sowie die Zustimmung des Gläubigers notwendig. Liegt die Zustimmung des Gläubigers nicht vor, kommt es lediglich zu einem Schuldbeitritt.[320] Der neue Schuldner kann gegenüber dem Gläubiger sämtliche Einwendungen geltend machen, die dem Altschuldner zugestanden sind.[321] Gem § 532 OZ verursacht die Schuldübernahme keine Änderung des Inhalts von übernommenen Verpflichtungen. Die durch dritte Personen gewährten Sicherheiten bleiben allerdings nur dann aufrecht, wenn diese Personen der Änderung auf der Seite des Schuldners zugestimmt haben.

b) Patronatserklärungen gegenüber Dritten

Obwohl die Patronatserklärung nicht ausdrücklich geregelt ist, spielt sie in der Praxis bei der Gewährung von Bankkrediten als zusätzliche Sicherheit eine Rolle. Ob es sich in diesem Zusammenhang seitens der Muttergesellschaft um eine verbindliche Liquiditätszusage handelt oder lediglich um ein unverbindliches Versprechen zur Aufbringung der erforderlichen Bemühung, damit die Tochtergesellschaft ihre Liquidität bewahrt, ist immer im konkreten Fall durch die Auslegung zu ermitteln.

2. Delikthaftung

a) Allgemeine Delikthaftung

In der Slowakei wird die deliktische Schadenersatzhaftung sowohl im Handelsgesetzbuch als auch im Zivilgesetzbuch eigenständig geregelt. Im Unterschied zur handelsrechtlichen Schadenersatzhaftung, die eine verschuldensunabhängige Haftung mit der Möglichkeit der Liberalisierung darstellt (§§ 373 ff iVm § 757 ObZ), ist für die zivilrechtliche Haftung das Vorliegen des Verschuldens auf der Seite des Schädigers erforderlich, das in der Form der Fahrlässigkeit präsumiert wird (§ 420 OZ).[322] Die allgemeinen zivilrechtlichen Bestimmungen des deliktischen Schadenersatzrechts kommen in gesellschaftsrechtlichen Beziehungen dann zur Anwendung, wenn der Schaden durch eine Pflichtverletzung entsteht, die nicht das ObZ, sondern das OZ statuiert, und wenn auch die sonstigen Haftungsvoraussetzungen des OZ erfüllt sind. Als Grundlage für die Außenhaftung der Muttergesellschaft kommt insb § 424 OZ in Betracht, der

---

319 § 321 Abs 3 ObZ.
320 § 531 Abs 2 OZ.
321 § 531 Abs 4 OZ.
322 *Fekete*, OZ § 420 S 1064; *Plank* in Vojčík et al, OZ³ § 420 S 502.

die allgemeine Haftung des Schädigers für absichtliche sittenwidrige Schadenszufügung regelt.[323]

b) culpa in contrahendo

Eine allgemeine Haftung wegen Verletzung der vorvertraglichen Pflichten ist in der slowakischen Rechtsordnung nicht geregelt. Durch die Lehre[324] und zT auch durch die Rechtsprechung[325] wird die Haftung aus *culpa in contrahendo* anerkannt. Eine Erstreckung dieser Haftung auf die Muttergesellschaft in Gestalt einer besonderen Konzernhaftung wurde in der Slowakei jedoch *bis dato* nicht in Erwägung gezogen.

3. Tatbestände, die die Haftung auf die Muttergesellschaft erstrecken könnten

In Zusammenhang mit einer möglichen Haftungserstreckung sind insb § 420 Abs 2 OZ und § 331 ObZ zu nennen.[326]

§ 420 Abs 2 OZ bestimmt, dass ein Schaden auch dann als durch die juristische oder natürliche Person verursacht gilt, wenn er bei der Ausübung deren Tätigkeit durch solche Personen verursacht wurde, derer sich die juristische oder natürliche Person für diese Tätigkeit bediente. Die Personen, deren Dienste die juristischen oder natürlichen Personen in Anspruch genommen haben, haften für den auf diese Weise verursachten Schaden gegenüber Dritten nicht; ihre Haftung nach arbeitsrechtlichen Bestimmungen wird dadurch nicht berührt. § 420 Abs 2 OZ bezieht sich sowohl auf die Haftung aus Delikt als auch auf die Haftung aus Vertrag.[327] Der unmittelbare Schädiger haftet nur im Falle des sog Exzesses persönlich, also wenn er durch die Tätigkeit, die zur Schadenszufügung geführt hat, lediglich eigene Interessen bzw die Interessen dritter Personen verfolgt hat, auch wenn diese Tätigkeit im Rahmen bzw im Zusammenhang mit der Erfüllung seiner arbeitsrechtlichen oder sonstigen Pflichten gegenüber dem Geschäftsherrn ausgeübt wurde.[328]

Gem § 331 ObZ haftet der Schuldner, der seine Verbindlichkeit mit Hilfe einer anderen Person erfüllt, in derselben Weise, als hätte er die Verbindlichkeit selbst erfüllt, falls das Gesetz nichts Abweichendes bestimmt. Für eine etwaige Haftungsausschließung ist es notwendig, dass die Haftungsausschließungs-

---

323 Vgl die Ausführungen zur geltenden tschechischen Rechtslage im einschlägigen Kapitel.
324 Vgl insb *Csach*, JR 2009, 48–56; *ders*, BSA 5/2006, 36–46; *Moravčíková*, BSA 9–10/2005, 26–35; *Štefanko*, PO 2008, 170–189.
325 NS SR 21.12.2009, 4 M Cdo 23/2008 iZm der Schadenszufügung infolge eines unwirksamen Rechtsgeschäfts.
326 Vgl die Ausführungen zur geltenden tschechischen Rechtslage im einschlägigen Kapitel.
327 *Fekete*, OZ § 420 S 1061.
328 *Fekete*, OZ § 420 S 1063 f.

gründe iSv § 374 ObZ sowohl bei dem Verpflichteten als auch bei den Personen, die er für die Erfüllung seiner Verbindlichkeiten benutzt hat, vorliegen.[329]

Die genannten Bestimmungen wurden bis jetzt allerdings im Zusammenhang mit konzernrechtlichen Verhältnissen weder seitens der Lehre noch seitens der Rechtsprechung[330] thematisiert.

V. Haftung nach dem Steuerrecht

Für die Muttergesellschaft könnte die gesetzliche Bürgschaft für die Mehrwertsteuer nach dem ZDPH[331] Bedeutung erlangen. Gem § 69 Abs 1 4 dieses Gesetzes bürgt der Steuerzahler, dem im Inland eine Ware geliefert wird bzw geliefert werden soll oder eine Dienstleistung erbracht wird bzw erbracht werden soll, für die auf der Rechnung angeführte Steuer der vorherigen Stufe, wenn der Lieferant bzw der Dienstleistungserbringer diese Steuer nicht bezahlt hat oder zahlungsunfähig wurde und der Steuerzahler zum Zeitpunkt der Entstehung der Steuerschuld wusste oder auf der Grundlage ausreichender Gründe wissen sollte oder wissen konnte, dass diese Steuer oder ein Teil davon nicht bezahlt wird. Als „ausreichende Gründe" gelten in diesem Zusammenhang folgende Tatsachen:

- Die Gegenleistung auf der Rechnung ist ohne eine wirtschaftliche Begründung unangemessen hoch oder unangemessen niedrig.
- Der Steuerzahler setzte die Abwicklung von steuerbaren Geschäften mit einem anderen Steuerzahler fort, bei dem die Gründe für die Beendigung der Registrierung gem § 81 Abs 4 lit b) zweiter Punkt eingetreten sind,[332] auch nachdem diese Tatsache im einschlägigen Verzeichnis, das vom Finanzdirektorium der Slowakischen Republik geführt wird, veröffentlicht wurde.
- Zum Zeitpunkt der Entstehung der Steuerpflicht war das Statutarorgan bzw dessen Mitglied oder der Gesellschafter des Steuerzahlers das Statutarorgan bzw dessen Mitglied oder der Gesellschafter des anderen Steuerzahlers, der die Ware geliefert oder die Dienstleistung erbracht hat.

Durch die Auflösung des Lieferanten der Ware bzw des Dienstleistungserbringers wird gem § 69b Abs 2 ZDPH die Verpflichtung aus der gesetzlichen Bürgschaft nicht beeinträchtigt. Der Bürge ist verpflichtet, die nicht entrichtete Steuer innerhalb von 8 Tagen ab der Zustellung der Entscheidung des zuständigen Finanzamtes zu entrichten, mit der ihm dieses die Verpflichtung zur Entrichtung der nicht bezahlten Steuer auferlegt. Gegen diese Entscheidung kann

---

329 § 375 ObZ.

330 Anders die tschechische Rechtslage, vgl im einschlägigen Kapitel.

331 222/2004 Zz *Zákon o dani z pridanej hodnoty* (Gesetz über die Mehrwertsteuer).

332 Dh er hat im Kalenderjahr wiederholt seine Pflicht zur Abgabe der Steuererklärung bzw zur Steuerzahlung nicht erfüllt oder war wiederholt an seinem Sitz oder am Ort der Ausübung seiner unternehmerischen Tätigkeit bzw an der Adresse seiner Betriebsstätte nicht erreichbar bzw hat er wiederholt seine Pflichten iZm der Steuerkontrolle verletzt.

der Bürge innerhalb von 8 Tagen ab der Zustellung Berufung erheben. Die Berufung hat keine aufschiebende Wirkung.[333]

VI. Strafrechtliche Haftung

In der Slowakei wurde lediglich eine mittelbare strafrechtliche Haftung von juristischen Personen verankert.[334] Gem § 83a TZ kann das Gericht grundsätzlich[335] eine Geldsumme in der Höhe von € 800,– bis € 1.660.000,– zulasten einer juristischen Person für verfallen erklären, falls eine Straftat, wenn auch nur im Stadium des Versuchs, im Zusammenhang mit der Vertretung der juristischen Person, im Zusammenhang mit der Beschlussfassung der juristischen Person oder im Zusammenhang mit der Aufsicht über die juristische Person begangen wurde. Dasselbe gilt, wenn eine Beitragstäterschaft an einer Straftat erfolgt ist. Bei der Bemessung der Höhe des für verfallen zu erklärenden Geldbetrages hat das Gericht die Erheblichkeit und den Umfang der Straftat, den erlangten Vorteil, den verursachten Schaden, die Umstände bei der Begehung der Straftat und deren Folgen für die juristische Person zu berücksichtigen.[336] Im Falle der Verschmelzung oder der Spaltung der juristischen Person hat das Gericht den Geld- bzw Vermögensverfall zulasten des Rechtsnachfolgers zu verhängen.[337]

Hat die juristische Person im Zusammenhang mit der Begehung von besonderen Delikten[338] in den oben angeführten Situationen Vermögen erworben, so hat das Gericht grundsätzlich[339] dieses Vermögen für verfallen zu erklären.

VI. Fazit

Der konzernrechtliche Schutz in der slowakischen Rechtsordnung ist zusammenfassend als nicht ausreichend zu qualifizieren. Der unzureichende Schutz der an der Konzernleitung nicht beteiligten (außenstehenden) Aktionäre wird womöglich auch deshalb in der Praxis und auch in der Lehre nicht thematisiert, weil die meisten Muttergesellschaften (Holdinggesellschaften) in der Slowakei eine 100%ige Tochtergesellschaft oder eine sog organisatorische Einheit (eine Art Niederlassung) gründen und die aus der Kuponprivatisierung hervorgegangenen Gesellschaften idR neben einem verhältnismäßig geringfügigen Streu-

---

333 § 69b Abs 4 ZDPH.
334 Vgl *Madliak* in Právo, obchod, ekonomika 191 ff.
335 Zu den Ausnahmen s § 83a Abs 2 TZ.
336 § 83a Abs 3 TZ.
337 § 83a Abs 4 u § 84a Abs 4 TZ.
338 Es handelt sich um die Delikte gem § 58 Abs 2 f TZ, zB Menschenhandel, Geldfälschung oder Steuerhinterziehung.
339 Zu den Ausnahmen s § 83b Abs 2 f TZ.

besitz einen starken Kernaktionär oder mehrere Mehrheitsaktionäre haben.[340] Nicht verständlich ist jedoch die – von wenigen Ausnahmen in der Literatur, die hauptsächlich durch fremde Rechtsordnungen inspiriert sind, abgesehen – fehlende Auseinandersetzung mit dem Gläubigerschutz; denn auch in der Slowakei kann man nicht ausschließen, dass die Einflussnahme der Muttergesellschaft auf die Tochtergesellschaft zur Schwächung der Bonität der Letzteren führen kann, wobei die „Leidtragenden" in einer solchen Situation letztendlich die Gläubiger der Tochtergesellschaft sind. Hier zeigt sich deutlich das Beharren auf dem historischen Trennungsprinzip, das eine Haftung des Gesellschafters für die Verbindlichkeiten der Gesellschaft grundsätzlich ausschließt. Ein weiterer Grund für die unzureichende Beschäftigung mit dem Konzernrecht seitens der Judikatur und der Lehre wird wohl die Tatsache sein, dass der Kapitalmarkt in der Slowakei noch recht unterentwickelt ist.

Abkürzungsverzeichnis

aA	anderer Ansicht
ABGB	Allgemeines Bürgerliches Gesetzbuch
Abs	Absatz
AG(s)	Aktiengesellschaft(en)
AktG	Aktiengesetz
allg	allgemein; allgemeine, -er, -es
AR	Aufsichtsrat
Art	Artikel
BGH	Bundesgerichtshof
BSA	*Bulletin slovenskej advokácie* („Bulletin der slowakischen Anwaltschaft")
bzgl	bezüglich
bzw	beziehungsweise
ČR	*Česká republika* („Tschechische Republik")
ders	derselbe
dh	das heißt
dies	dieselbe
EG	Europäische Gemeinschaften
entw	entweder
EP	*Exekučný poriadok* („Exekutionsordnung")
et al	*et alii* („und andere")
f	und der, die, das folgende
ff	und die folgenden
FN	Fußnote
gem	gemäß
ggf	gegebenenfalls
GmbH	Gesellschaft mit beschränkter Haftung
GV	Generalversammlung

---

340 Dies ergab sich aus der Überprüfung der Jahresberichte von Aktiengesellschaften, die an der Wertpapierbörse in Bratislava notieren.

hA	herrschende Ansicht
HalbS	Halbsatz
hL	herrschende Lehre
hM	herrschende Meinung
Hrsg	Herausgeber
HV	Hauptversammlung(en)
idR	in der Regel
idZ	in diesem Zusammenhang
insb	insbesondere
iSd	im Sinne der/des
iSv	im Sinne von
iVm	in Verbindung mit
iZm	in Zusammenhang mit
JR	*Justičná revue* („Justizrevue")
JurP	*Jurisprudence* („Jurisprudenz")
Kap	Kapitel
krit	kritisch
lit	*litera* („Buchstabe")
max	maximal
mind	mindestens
Nr	Nummer
NS ČR	*Nejvyšší soud České republiky* („Oberstes Gericht der Tschechischen Republik")
NS SR	*Najvyšší súd Slovenskej republiky* („Oberstes Gericht der Slowakischen Republik")
ObP	*Obchodné právo* („Handelsrecht")
OZ	*Občiansky zákonník* („Bürgerliches Gesetzbuch")
ObZ	*Obchodný zákonník* („Handelsgesetzbuch")
OSP	*Občiansky súdny poriadok* („Zivilprozessordnung")
öAktG	österreichisches Aktiengesetz
PO	*Právny obzor* („Rechtshorizont")
PrRa	*Právní rádce* („Rechtsberater")
PR	*Právní rozhledy* („Rechtliche Rundschau")
RZ	Randzahl
S	Satz; Seite
s	siehe
SK	*Slovenská koruna* („Slowakische Krone")
sog	so genannte, -er, -es
SR	*Slovenská republika* („Slowakische Republik")
TZ	*Trestný zákon* („Strafgesetz")
u	und
ua	unter anderem
ÚčZ	*Zákon o účtovníctve* („Gesetz über die Rechnungslegung")
uU	unter Umständen
ÜbRL	Übernahmerichtlinie
vgl	vergleiche
VO	Verordnung
zB	zum Beispiel

ZKR	*Zákon o konkurze a reštrukturalizácii* („Gesetz über Konkurs und Restrukturierung")
ZOR	Zákon o obchodnom registri („Gesetz über das Handelsregister")
ZDPH	*Zákon o dani z pridanej hodnoty* („Gesetz über die Mehrwertsteuer")
zT	zum Teil
Zb	*Zbierka zákonov* („Gesetzessammlung"; Bezeichnung vor 1993)
ZoBCP	*Zákon o burze cenných papierov* („Gesetz über die Wertpapierbörse")
ZoCP	*Zákon o cenných papieroch* („Gesetz über Wertpapiere")
Zz	*Zbierka zákonov* („Gesetzessammlung"; Bezeichnung nach 1993)

Literaturverzeichnis

Bachner/Doralt/Winner (Hrsg), Schutz der Minderheitsaktionäre in Mittel- und Osteuropa, Nomos/facultas, Wien, 2010; zitiert als: *AutorIn* in Schutz der Minderheitsaktionäre (S).

Bednár, Význam § 59a Obchodného zákonníka z hľadiska transparentnosti vzťahov medzi spoločníkmi a obchodnými spoločnosťami (Die Bedeutung des § 59a Handelsgesetzbuch aus der Sicht der Transparenz von Beziehungen zwischen Gesellschaftern und Handelsgesellschaften), Justičná revue 2005, 1098–1105; zitiert als: *Bednár*, JR 2005, (S).

Benedik, Ovládacie zmluvy v slovenskom právnom poriadku (Beherrschungsverträge in der slowakischen Rechtsordnung), Bulletin slovenskej advokácie 5/2002, 15–27; zitiert als: *Benedik*, BSA 5/2002, (S).

Baňacká, Prevoditeľnosť obchodného podielu. 2. časť (Übertragbarkeit des Geschäftsanteils. 2. Teil), Bulletin slovenskej advokácie 3/2009, 10–18; zitiert als: *Baňacká*, BSA 3/2009, (S).

Csach, Zodpovednosť za *culpa in contrahendo* podľa Najvyššieho súdu Českej republiky – nasledovaniahodné riešenie? (Haftung für *culpa in contrahendo* nach dem Obersten Gericht der Tschechischen Republik – eine nachahmenswerte Lösung?), Justičná revue 2009, 48–56; zitiert als: Csach, JR 2009, (S).

Csach, Doktrína *culpa in contrahendo* v obchodnom práve (Die Doktrin *culpa in contrahendo* im Handelsrecht), Bulletin slovenskej advokácie 5/2006, 36–46; zitiert als: *Csach*, BSA 5/2006, (S).

Čavojský, Poznámky k problematike vnútorného obchodovania (Bemerkungen zur Problematik des Insiderhandels), Obchodné právo 1/2004, 16–26; zitiert als: *Čavojský*, ObP 1/2004, (S).

Čech, K převodu obchodního podílu (Über die Übertragung eines Geschäftsanteils), Právní rádce 11/2007, 31–33; zitiert als: *Čech*, PrRa 11/2007, (S).

Čech, K (nepsaným) povinnostem společníka společnosti s ručením omezeným aneb potvrzení existence povinnosti loajality společníka v českém právu (Über die (ungeschriebenen) Pflichten eines Gesellschafters der Gesellschaft mit beschränkter Haftung oder Bestätigung der Loyalitätspflicht des Gesellschafters im tschechischen Recht), Jurisprudence 3/2006, 67–70; zitiert als: *Čech*, JurP 3/2006, (S).

Doralt/Nowotny/Kalss (Hrsg), Kommentar zum Aktiengesetz, 2. Auflage, Linde, Wien, 2012; zitiert als: *AutorIn* in Doralt/Nowotny/Kalss, AktG[2] (§ RZ).

Ďurica, Zákon o konkurze a reštrukturalizácii, komentár (Gesetz über Konkurs und Restrukturierung, Kommentar), C.H.Beck, Praha, 2012; zitiert als: *Ďurica*, ZKR (§ S).

Fekete, Občiansky zákonník, Veľký komentár (Bürgerliches Gesetzbuch, Großer Kommentar), Eurokódex, Bratislava, 2011; zitiert als: *Fekete*, OZ (§ S).

Goette/Habersack (Hrsg), Münchener Kommentar zum Aktiengesetz, 3. Auflage, C.H. Beck/Vahlen, München, 2008; zitiert als: *AutorIn* in MünchKomm zum AktG[3] (§ RZ).

Hanes, Spoločnosť s ručením obmedzeným v novej právnej úprave (Die Gesellschaft mit beschränkter Haftung in der neuen rechtlichen Regelung), 4. Auflage, IURA EDITION, Bratislava, 2002; zitiert als: *Hanes*, Spoločnosť s ručením obmedzeným[4] (S).

Hainish, Zákaz konkurencie členov predstavenstva v akciovej spoločnosti (Konkurrenzverbot der Vorstandsmitglieder in der Aktiengesellschaft), Bulletin slovenskej advokácie 1–2/2006, 17–25; zitiert als: *Hainish*, BSA 1–2/2006, (S).

Horváthová, Doktrína „piercing the corporate veil" a zodpovednosť materských obchodných spoločností. Exkurz svetovými právnymi systémami a možná aplikácia na Slovensku (2. časť) (Die Doktrin „piercing the corporate veil" und die Haftung der Muttergesellschaften. Streifzug durch die weltweiten Rechtssysteme und die mögliche Anwendung in der Slowakei (2. Teil) Bulletin slovenskej advokácie 12/2012, 28–33; zitiert als: *Horváthová*, BSA 12/2012, (S).

Kubinec, Ochrana majetku akciovej spoločnosti pred zneužitím zo strany osôb konajúcich v mene spoločnosti v zmysle § 196a Obchodného zákonníka (Schutz des Vermögens einer Aktiengesellschaft vor dem Missbrauch durch Personen, die im Namen der Gesellschaft im Sinne von § 196a des Handelsgesetzbuches handeln), Obchodné právo 8–9/2004, 15–18; zitiert als: *Kubinec*, ObP 8–9/2004, (S).

Lazar et al, Občianske právo hmotné (Das materielle bürgerliche Recht), I. Teil, IURA EDITION, Bratislava, 2010; zitiert als: *AutorIn* in Lazar et al, Občianske právo, I. Teil (S).

Madliak, Problematika trestnej zodpovednosti právnických osôb (Problematik der strafrechtlichen Haftung von juristischen Personen), Zborník vedeckých prác: Právo, Obchod, Ekonomika (Sammelband wissenschaftlicher Arbeiten: Recht, Handel und Wirtschaft), Univerzita Pavla Jozefa Šafárika v Košiciach, Košice, 2011; zitiert als: *Madliak* in Právo, Obchod, Ekonomika (S).

Moravčíková, Doktrína *culpa in contrahendo* v obchodnom práve (Die Doktrin *culpa in contrahendo* im Handelsrecht), Bulletin slovenskej advokácie 9–10/2005, 26–35; BSA 9–10/2005, (S).

Ovečková et al, Obchodný zákonník, komentár (Handelsgesetzbuch, Kommentar), 3. Auflage, IURA EDITION, Bratislava, 2012, zitiert als: *AutorIn* in Ovečková et al, ObZ[3] (§ S).

Patakyová et al, Obchodný zákonník, komentár (Handelsgesetzbuch, Kommentar), 3. Auflage, C.H.Beck, Praha, 2012; zitiert als: *AutorIn* in Patakyová et al, ObZ[3] (§ S)

Patakyová, Zneužitie práva v obchodných vzťahoch v Slovenskej republike (Rechtsmissbrauch in handelsrechtlichen Beziehungen in der Slowakischen Republik), Právní rozhledy 2004, 748–752; zitiert als: *Patakyová*, PR 2004, (S).

Pauknerová/Tomášek et al, Nové jevy v právu na počátku 21. století IV., Proměny soukromého práva (Neue Phänomene im Recht am Anfang des 21. Jahrhunderts IV., Wandlungen des Privatrechts), Karolinum, Praha, 2009; zitiert als: *AutorIn* in Pauknerová/Tomášek et al, Proměny soukromého práva (S).

Pospíšil, Zákon o konkurze a reštrukturalizácii, komentár (Gesetz über Konkurs und Restrukturierung, Kommentar), IURA EDITION, Bratislava, 2012; zitiert als: *Pospíšil*, ZKR (§ S).

Reker/Röhler/Steger, Unternehmensgründung in der Slowakei, LexisNexis/ARD/Orac, Wien, 2005; zitiert als: *Reker/Röhler/Steger*, Unternehmensgründung in der Slowakei (S).

Stessl, Nástroje vytvorenia a zachovania základného kapitálu v novom slovenskom akciovom práve – prvá časť (Instrumente zur Bildung und Erhaltung des Grundkapitals im neuen slowakischen Aktienrecht – erster Teil), Bulletin Slovenskej advokácie 4/2002, 9–19; zitiert als: *Stessl*, BSA 4/2002, (S).

Suchoža et al, Obchodný zákonník a súvisiace predpisy (Handelsgesetzbuch und zusammenhängende Vorschriften), Eurounion, Bratislava, 2003; zitiert als: *AutorIn* in Suchoža et al, ObZ (§ S).

Štefanko, Culpa in contrahendo alebo zodpovednosť za zavinenie v predzmluvných vzťahoch (*Culpa in contrahendo* oder Haftung für das Verschulden in vorvertraglichen Beziehungen), Právny obzor 2008, 170–189; zitiert als: *Štefanko*, PO 2008, (S).

Švidroň, Právna zodpovednosť za porušenie dobrých mravov (Haftung für die Verletzung der guten Sitten), Právny obzor 2013, 3–23, zitiert als: *Švidroň*, PO 2013, (S).

Vráblová, Ochrana majetku kapitálových spoločností (Schutz des Vermögens von Kapitalgesellschaften), Epos, Bratislava, 2003; zitiert als: *Vráblová*, Ochrana majetku (S).

Vojčík et al, Občiansky zákonník, stručný komentár (Bürgerliches Gesetzbuch, Kurzkommentar), 3. Auflage, IURA EDITION, Bratislava, 2010; zitiert als: *AutorIn* in Vojčík et al, OZ[3] (§ S).

Svoboda et al, Občiansky zákonník, komentár a súvisiace predpisy (Bürgerliches Gesetzbuch, Kommentar und zusammenhängende Rechtsvorschriften), 5. Auflage, Eurounion, Bratislava, 2005; zitiert als: *AutorIn* in Svoboda et al, OZ[5] (§ S).

Haftungsrisiken für die Muttergesellschaft im Konzern im tschechischen Recht

Angelika Mašurová*, Alena Pokorná**

Inhaltsverzeichnis

*   Dr. *Angelika Mašurová* ist Landesreferentin für die Slowakische Republik und für die Tsche-
    chische Republik am Forschungsinstitut für mittel- und osteuropäisches Wirtschaftsrecht an
    der Wirtschaftsuniversität Wien.

** Mgr. *Alena Pokorná* ist Doktorandin am Lehrstuhl für Handelsrecht an der Juridischen
    Fakultät der Masaryk-Universität in Brünn. Die Autorinnen bedanken sich bei Frau *Univ.-
    Prof. Dr. Jarmila Pokorná, CSc.*, Professorin am Lehrstuhl für Handelsrecht an der Juridisch-
    en Fakultät der Masaryk-Universität in Brünn, für hilfreiche fachliche Konsultationen.

I. Einleitung

1. Allgemeines

Die tschechische Regelung des Konzernrechts ist im Gesetz Nr 513/1991 Sb
Handelsgesetzbuch (*Obchodní zákoník* – in der Folge auch: ObchZ) verankert.
Ihr Vorbild stellt vor allem die deutsche Regelung dar,[1] deren Grundlage sich
im deutschen Aktiengesetz befindet. Ähnlich wie das deutsche Recht regelt
auch das tschechische Recht die Rechtsinstitute des Mehrheitsgesellschafters,
der beherrschten und der herrschenden Person, der leitenden und der geleiteten
Person, und es unterscheidet zwischen dem faktischen Konzern und dem Vertragskonzern.

---

1   *Pokorná* in Pokorná/Kovařík/Čáp et al, ObchZ § 66a S 348.

Die tschechische Rechtsordnung zeichnet sich durch einen verhältnismäßig umfangreichen Schutz der beherrschten Gesellschaften, deren Gesellschafter und Gläubiger nach der Entstehung des Beherrschungsverhältnisses und des Konzerns aus. Sie regelt darüber hinaus auch den vorläufigen Schutz der Minderheitsaktionäre und der sonstigen Eigentümer der notierten Beteiligungspapiere durch die Bestimmungen über das Pflichtangebot.[2] Die Judikatur des Obersten Gerichts der Tschechischen Republik (*Nejvyšší soud České republiky*; in der Folge auch: NS ČR) zeigt jedoch, dass die konzernrechtlichen Schutzinstrumente verhältnismäßig selten (Überprüfung des Berichtes über die verbundenen Unternehmen) oder kaum (Schadenersatzhaftung, Institut der gesetzlichen Bürgschaft) von den Gesellschaftern oder Gesellschaftsgläubigern in Anspruch genommen werden.

Die Konzernrechtproblematik ist in tschechischen juristischen Kreisen seit längerer Zeit ein aktuelles Thema. Die ersten Bestimmungen über den faktischen Konzern (§ 66a ObchZ), den Vertragskonzern (§ 190a ObchZ) und das Handeln im Einvernehmen (§ 66b ObchZ) wurden durch das Gesetz Nr 142/1996, das am 1.7.1996 in Kraft getreten ist, ins tschechische Recht inkorporiert; auf die Notwendigkeit einer einheitlichen Konzernregelung wurde jedoch seitens der Lehre bereits früher hingewiesen.[3] Ein ausführliches Konzernrecht wurde im tschechischen Handelsgesetzbuch erst durch das Gesetz Nr 370/2000 Sb eingeführt, welches am 1.1.2001 in Kraft getreten ist. Durch diese Novelle wurden darüber hinaus zwei weitere haftungsrechtlich relevante Bestimmungen verankert. Es handelt sich einerseits um § 66 Abs 6 ObchZ, der die Rechtsgrundlage für die Verantwortung der sog faktischen Geschäftsführer darstellt, und andererseits um § 66c ObchZ, der eine besondere gesetzliche Bürgschaft von Personen regelt, die die Statutar- oder Aufsichtsorgane der Gesellschaft bzw deren Mitglieder sowie Prokuristen oder sonstige Bevollmächtigte der Gesellschaft zu einem für die Gesellschaft oder deren Gesellschafter schädlichen Handeln anstiften.

Bei tschechischen Kapitalgesellschaften wird das Prinzip der Vermögenstrennung zwischen der Vermögenssphäre der Gesellschaft und jener der Gesellschafter grundsätzlich respektiert. Es gilt jedoch nicht ausnahmslos, da das Gesetz auch die Tatsache berücksichtigt, dass der Mehrheitsgesellschafter in der Gesellschaft einen entscheidenden Einfluss ausüben kann. In diesem Fall könnte seine Verantwortung gerade von den bereits oben erwähnten Bestimmungen § 66 Abs 6 und § 66c abgeleitet werden. In der Praxis kommen sie allerdings kaum zum Tragen.[4] Darüber hinaus gibt es in der letzten Zeit in der tschechischen fachlichen Diskussion Überlegungen über eine mögliche Anwen-

---

2   *Černá*, Faktický koncern² 38.
3   *Eliáš/Bartošíková/Pokorná* et al, Kurs obchodního práva, Právnické osoby jako podnikatelé⁵ 380.
4   S näher unten Kap II.4.a. und c.

dung der Doktrin *piercing the corporate veil*,[5] die in der Entscheidungspraxis der Gerichte aber bis jetzt keinen Widerhall gefunden haben; es ist jedoch immerhin damit zu rechnen, dass sich diesbezügliche Diskussionen in der Zukunft weiter entwickeln werden.

Im Zusammenhang mit der Reform des tschechischen Privatrechts kommt es ab dem 1.1.2014 zur grundlegenden Änderung der Regelung des Konzernrechts. Die Autoren des neuen Gesetzes über Handelsgesellschaften und Genossenschaften – Gesetz über die Handelskörperschaften (*Zákon o obchodních společnostech a družstvech – Zákon o obchodních korporacích*; in der Folge auch: ZOK)[6] ließen sich von der französischen Regelung inspirieren, somit wurde hauptsächlich auf die sog *Rozenblum*-Doktrin Gewicht gelegt, wenn auch die französische Regelung nicht zur Gänze übernommen wird, wie sich auch aus dem Begründungsbericht zu diesem Gesetz ergibt.[7]

2. Unterschiede GmbH und AG

Die GmbH[8] ist nach tschechischem Recht eine Gesellschaft, deren Stammkapital durch die Stammeinlagen der Gesellschafter gebildet wird und deren Gesellschafter für die Verbindlichkeiten der Gesellschaft während der Existenz der Gesellschaft bürgen, solange die Einzahlung der Stammeinlagen nicht ins Handelsregister eingetragen ist. Eine derartige gesetzliche Bürgschaftsverpflichtung kann nur im Falle der Bareinlagen entstehen, da gem § 59 Abs 2 S 3 ObchZ die Sacheinlagen zum Zeitpunkt der Eintragung des Grundkapitals bzw der Kapitalerhöhung ins Handelsregister vollständig eingebracht werden müssen.[9] Die Gesellschaft kann von einem oder mehreren Gründern (max 50)[10] gegründet werden. Eine Ein-Personen-GmbH darf gem § 105 Abs 2 ObchZ nicht der einzige Gesellschafter in einer anderen GmbH sein. Die obligatorischen Organe der GmbH sind die Generalversammlung (in der Folge auch: GV) und ein oder mehrere Geschäftsführer. Der Aufsichtsrat (in der Folge auch: AR) wird nur dann bestellt, wenn es im Gesellschaftsvertrag oder im Gesetz vorge-

---

5   Die Doktrin *piercing the corporate veil* bezeichnet die Situation, wenn die vermögensrechtliche Eigenständigkeit der Gesellschaft durchbrochen wird und die Gesellschafter ihre Forderungen gegenüber der Gesellschaft aus dem Privatvermögen der Gesellschafter befriedigen können. S dazu ausführlich unten Kap II.5.

6   Zum neuen Gesetz über Handelskörperschaften s allg *Čech*, PrRa 5/2012, 6 ff.

7   Begründungsbericht zum ZOK, abgedruckt in *Havel* et al, Zákon o obchodních korporacích 62.

8   Die GmbH ist in §§ 105 ff ObchZ geregelt.

9   S dazu näher unten Kap II.3.f. Vor der Anmeldung der Eintragung der Gesellschaft ins Handelsregister müssen gem § 111 Abs 1 ObZ das Emissionsagio und von jeder Bareinlage mind 30% bezahlt werden. Die Gesamthöhe der eingezahlten Bareinlagen einschließlich des Werts der Sacheinlagen muss jedoch mind 100.000,– Kč betragen. Falls die Gesellschaft von einem einzigen Gründer gegründet wird, kann sie gem § 111 Abs 2 ObZ erst nach der vollständigen Einbringung des Stammkapitals zur Eintragung ins Handelsregister angemeldet werden.

10   Vgl § 105 Abs 3 ObchZ.

sehen ist. Die Höhe des Stammkapitals muss mind 200.000,– Kč (das sind ca € 8.000,–[11]) betragen.

Die AG[12] wird vom Gesetz als eine Gesellschaft definiert, deren Grundkapital auf eine bestimmte Aktienanzahl mit einem bestimmten Nennbetrag aufgeteilt ist und deren Aktionäre für die Verbindlichkeiten der Gesellschaft während der Existenz der Gesellschaft nicht bürgen. Genauso wie die GmbH kann auch die AG durch einen oder mehrere Gründer gegründet werden, wobei das Gesetz im Unterschied zum GmbH-Recht keine maximale Anzahl von Gesellschaftern in einer AG regelt. Die obligatorischen Organe der AG sind die Hauptversammlung (in der Folge auch: HV), der Vorstand und der AR. Die AG kann entweder mittels Stufengründung oder mittels Einheitsgründung gegründet werden. Im Falle der Stufengründung muss das Grundkapital mindestens 20.000.000,– Kč (das sind ca € 800.000,–) betragen, falls eine Sondervorschrift keine höhere Summe vorschreibt.[13] Bei der Einheitsgründung muss das Grundkapital zumindest 2.000.000,– Kč (das sind ca € 80.000,–) betragen.

Für beide Gesellschaftsformen bestimmt das Gesetz einheitlich, dass sie für die Verletzung ihrer Verbindlichkeiten mit ihrem gesamten Vermögen haften.

Im neuen Gesetz über die Handelskörperschaften hat die rechtliche Regelung des GmbH-Rechts zahlreiche Änderungen erfahren.[14] Im Zusammenhang mit der oben angeführten Grundcharakteristik der GmbH ist vor allem auf die Abkehr vom Stammkapital als einem Mittel des Gläubigerschutzes hinzuweisen, weil die Stammeinlage in Zukunft lediglich 1,– Kč betragen kann. Eine GmbH wird in Zukunft entw von einem Gründer oder mehreren Gründern gegründet werden können, im Gegensatz zur geltenden Rechtslage wird allerdings die Anzahl der Gesellschafter nach oben hin nicht begrenzt sein und es wird keine Einschränkungen bei der Gründung von Ein-Personen-GmbHs geben. Als obligatorische Gesellschaftsorgane bleiben die GV und ein oder mehrere Geschäftsführer. Die Bestellung des AR wird auch weiterhin nur dann notwendig sein, wenn dies vom Gesellschaftsvertrag oder Gesetz vorgeschrieben wird.

Nach dem In-Kraft-Treten des ZOK wird nicht mehr die Möglichkeit bestehen, eine AG[15] durch Stufengründung zu gründen.[16] Die minimale Höhe des Grundkapitals wird somit durch den Betrag in der Höhe von 2.000.000,– Kč

---

11 Der aktuelle Referenzkurs betrug im Mai 2013 laut Homepage der Österreichischen Nationalbank ca 26.

12 Die AG ist in §§ 154 ff ObchZ geregelt.

13 ZB § 4 Abs 1 des Gesetzes Nr 21/1992 Sb über Banken oder § 18 des Gesetzes Nr 277/2009 über das Versicherungswesen.

14 Die GmbH ist in § 132 ff ZOK geregelt. Zu den Änderungen bei der Regelung der GmbH s Begründungsbericht zum ZOK, abgedruckt in *Havel* et al, Zákon o obchodních korporacích 83 ff. Vgl weiters *Čech*, PrRa 5/2012, 14; *Havel*, or 2011, 351–355; *Pelikán*, or 2012, 76–79.

15 AG ist in §§ 243 ff ZOK geregelt. Zu den Änderungen bei der Regelung der AG s Begründungsbericht zum ZOK, abgedruckt in *Havel* et al, Zákon o obchodních korporacích 117 f. Vgl weiters *Čech*, PrRa 5/2012, 22 ff; *Lasák*, or 2012, 46–51.

16 Vgl Begründungsbericht zum ZOK, abgedruckt in *Havel* et al, Zákon o obchodních korporacích 120.

bzw € 80.000,–[17] vereinheitlicht. Im Gegensatz zur geltenden Rechtslage ermöglicht das ZOK die Wahl zwischen zwei verschiedenen Systemen der Organstruktur, und zwar zwischen dem dualistischen System, in dem der Vorstand und der AR bestellt werden, und dem monistischen System, in dem der Verwaltungsrat und der geschäftsführende Direktor bestellt werden.

Sowohl für die GmbH als auch für die AG gilt weiterhin, dass die Gesellschaft für die Verletzung ihrer Verbindlichkeit mit ihrem gesamten Vermögen haftet. Die Art der Bürgschaft der GmbH- Gesellschafter während des Bestehens der Gesellschaft bleibt inhaltlich dieselbe wie nach der geltenden Rechtslage.[18] Es ändert sich gleichfalls nicht die Rechtsstellung der Aktionäre in der AG – während der Existenz der Gesellschaft bürgen sie für deren Verbindlichkeiten nicht.

3. Rechtsquellen

Im tschechischen Recht befindet sich der Schwerpunkt der Regelung der Handelsgesellschaften im Handelsgesetzbuch (Gesetz Nr 513/1991 Sb). Das Handelsgesetzbuch regelt neben dem Gesellschafts- und Genossenschaftsrecht auch die Rechtsstellung von Unternehmern, handelsrechtliche Schuldverhältnisse[19] sowie einige andere mit der unternehmerischen Tätigkeit zusammenhängende Beziehungen.[20]

Die rechtliche Regelung von Handelsgesellschaften besteht aus zwei Teilen und zwar aus dem Allgemeinen Teil und dem Besonderen Teil. Der Allgemeine Teil enthält Bestimmungen, die insb die Gründung von Handelsgesellschaften, das Grund- bzw Stammkapital, die Voraussetzungen für die Einbringung von (Stamm)Einlagen, die Entstehung von Gesellschaften, das Handeln im Namen der Gesellschaft vor der Eintragung ins Handelsregister, die Rechtsstellung des Statutarorgans sowie die Auflösung, Beendigung und Abwicklung von Handelsgesellschaften regeln. Im Besonderen Teil sind die einzelnen Gesellschaftsarten – dh die Offene Handelsgesellschaft (*veřejná obchodní společnost; v.o.s.*), die Kommanditgesellschaft (*komanditní společnost; k.s.*), die Gesellschaft mit beschränkter Haftung (*společnost s ručením omezeným; s.r.o.*) und die Aktiengesellschaft (*akciová společnost; a.s.*) geregelt. Der Allgemeine Teil des Gesellschaftsrechts kommt bei allen Gesellschaftsarten zur Anwendung, falls in dem Besonderen Teil nichts Abweichendes geregelt ist. Die Bestimmungen über den faktischen Konzern (§ 66a ObchZ) gehören zum Allgemeinen Teil des Gesellschaftsrechts. Der Gewinnabführungs- und Beherrschungsvertrag sind in

---

17 In Zukunft wird es möglich sein, das Grundkapital in Euro einzubringen.
18 Begründungsbericht zum ZOK, abgedruckt in *Havel* et al, Zákon o obchodních korporacích 84. S auch *Vrba*, or 2012, 173 f.
19 Die Regelung von handelsrechtlichen vertraglichen Schuldverhältnissen besteht aus Allgemeinen Bestimmungen sowie der Regelung der einzelnen Vertragstypen, wobei die geltende Rechtslage häufig durch eine Doppelregelung von handelsrechtlichen und zivilrechtlichen Schuldverhältnissen gekennzeichnet ist.
20 § 1 Abs 1 ObchZ.

§§ 190 ff ObchZ geregelt, die einen Bestandteil der aktienrechtlichen Regelungen bilden, jedoch auch auf andere juristische Personen, insb auf die GmbH, Anwendung finden.[21]

Eine wichtige Rechtsvorschrift stellt auch das Gesetz Nr 40/1964 Sb Bürgerliches Gesetzbuch dar. Diesem grundlegenden Kodex des Zivilrechts kommt gegenüber den besonderen Bestimmungen des Handelsgesetzbuches die Stellung der *lex generalis* zu. Auf die Bestimmungen des Bürgerlichen Gesetzbuches, die die Haftung der Muttergesellschaft begründen könnten, wird insb im Kapitel über die Haftung als Folge der Verletzung allgemeiner Prinzipien und im Kapitel über die Haftung aufgrund von zivilrechtlichen Tatbeständen näher eingegangen.

Weitere Rechtsquelle ist das Gesetz Nr 182/2006 Sb über die Insolvenz und die Möglichkeiten ihrer Lösung – Insolvenzgesetz (*Zákon o úpadku a způsobech jeho řešení – Insolvenční zákon* – in der Folge auch: InsZ), welches die Regelung der Haftung der Mitglieder des Statutarorgans des Schuldners für eine verspätete Stellung des Insolvenzantrags sowie weitere die Konzerne betreffende Bestimmungen enthält. Eine besondere Regelung der Bürgschaft der Gesellschafter für die Verbindlichkeiten der Gesellschaft regelt außerdem das Gesetz Nr 125/2008 Sb über die Umwandlungen von Handelsgesellschaften und Genossenschaften (*Zákon o přeměnách obchodních společností a družstev*).

Das tschechische Zivilrecht unterliegt derzeit einem umfangreichen Reformprozess. Am 22.3.2012 wurden in der Gesetzessammlung der Tschechischen Republik drei wichtige neue Gesetze veröffentlicht, und zwar das Gesetz Nr 89/2012 Sb Bürgerliches Gesetzbuch (*Občanský zákoník* – in der Folge auch: NOZ), das Gesetz Nr 90/2012 Sb über die Handelskörperschaften und das Gesetz Nr 91/2012 Sb über das Internationale Privatrecht. Das neue Bürgerliche Gesetzbuch wird nicht nur das derzeit geltende Bürgerliche Gesetzbuch, sondern – zusammen mit dem Gesetz über die Handelskörperschaften – auch das derzeit geltende Handelsgesetzbuch ersetzen. Die Regelung von Handelsgesellschaften sowie das Konzernrecht wurden in vielerlei Hinsicht geändert und in das Gesetz über die Handelskörperschaften übertragen, in dem der Gesetzgeber die bisherige Regelungsstruktur von Handelsgesellschaften – also den Allgemeinen Teil, in dem auch die Konzernrechtsproblematik verankert ist, und den Besonderen Teil – beibehalten hat. Laut dem Begründungsbericht war das tschechische Handelsrecht in der Beziehung zu den Rechtsvorschriften der benachbarten EU-Länder insb auf dem Gebiet der *corporate governance*, des Konzernrechts, des GmbH-Rechts sowie jener Bereiche, die auf das Insolvenzrecht Bezug nehmen, nicht mehr konkurrenzfähig.[22] Das Gesetz über Handelskörperschaften ist eine *lex specialis* im Verhältnis zu dem neuen Bürgerlichen Gesetzbuch. Eine Doppelregelung der Rechtsinstitute im Zivil- und Handels-

---

21 Vgl unten Kap II.4.b.bc.1.
22 Begründungsbericht zum ZOK, abgedruckt in *Havel* et al, Zákon o obchodních korporacích 19.

recht wurde – im Unterschied zu der geltenden Rechtslage – vermieden, es sei denn deren Notwendigkeit hat sich aus dem Spezialitätsgrundsatz ergeben.[23] Mehrere die Handelsgesellschaften betreffende Bestimmungen, die für alle juristischen Personen gelten, wurden im neuen Bürgerlichen Gesetzbuch verankert.[24] Das In-Kraft-Treten der drei neuen Gesetze ist für 1.1.2014 vorgesehen. Auf die relevanten Änderungen, die die Reform mit sich bringt, wird im weiteren Text hingewiesen.

Laut Übergangsbestimmungen richten sich nach ZOK und NOZ solche Rechte und Pflichten, die nach deren In-Kraft-Treten entstehen.[25] Bestimmungen in Gesellschaftsverträgen, die den zwingenden Bestimmungen des Gesetzes über die Handelskörperschaften widersprechen, werden gem § 777 Abs 1 ZOK mit dessen In-Kraft-Treten aufgehoben. Die Handelskörperschaften sind verpflichtet, ihre Gesellschaftsverträge innerhalb von 6 Monaten ab dem In-Kraft-Treten des ZOK an die neue Rechtslage anzupassen, andernfalls hat sie das Registergericht nach dem Ablauf einer angemessenen Nachfrist zur Herstellung des gesetzeskonformen Zustandes aufzulösen und ihre Abwicklung anzuordnen.[26] Sämtliche Fristen und Zeiträume, die vor dem In-Kraft-Treten des ZOK zu laufen begonnen haben, sind gem § 778 ZOK nach den bisherigen Vorschriften zu beurteilen. Dasselbe gilt auch für solche Fristen und Zeiträume, die zwar erst nach dem In-Kraft-Treten des ZOK zu laufen begonnen haben, jedoch die Geltendmachung von Rechten betreffen, für die die bisherige Rechtslage gilt. Eine ähnliche Regelung enthält § 3036 NOZ.

Die Bestimmungen des ObchZ, die die Rechte und Pflichten der Gesellschafter regeln und die den zwingenden Regelungen des ZOK nicht widersprechen, gelten gem § 777 Abs 4 ZOK als Bestandteile von Gesellschaftsverträgen von Handelskörperschaften, die vor dem In-Kraft-Treten des ZOK entstanden sind, falls die Gesellschafter im Gesellschaftsvertrag nicht von diesen gesetzlichen Bestimmungen abgewichen sind. Handelskörperschaften, die vor dem In-Kraft-Treten des ZOK gegründet wurden, können sich durch die Abänderung deren Gesellschaftsverträge zur Gänze dem ZOK unterwerfen. Diese Tatsache ist ins Handelsregister einzutragen. Die Eintragung hat konstitutive Wirkung.[27]

Schadenersatzansprüche, die aufgrund von Verletzungen gesetzlicher Pflichten entstehen, zu denen es vor dem In-Kraft-Treten des NOZ gekommen ist, sind gem § 3078 NOZ nach den bisherigen Vorschriften zu beurteilen. Entscheidet das Gericht zum Zeitpunkt des In-Kraft-Tretens des ZOK über einen Schadenersatzanspruch, der aufgrund einer Pflichtverletzung entstanden ist, zu

---

23 Begründungsbericht zum ZOK, abgedruckt in *Havel* et al, Zákon o obchodních korporacích 18.

24 ZB die Regelung über das Handeln im Namen der Gesellschaft vor ihrer Eintragung ins Handelsregister oder die Regelung über die Abwicklung. S dazu näher *Dědič*, ObPr 1/2012, 2 ff.

25 Vgl § 775 ZOK u § 3028 NOZ. Allerdings finden gem § 3030 die Bestimmungen der §§ 1–14 NOZ auch auf Rechte und Pflichten Anwendung, die nach den bisherigen Rechtsvorschriften zu beurteilen sind.

26 § 777 Abs 2 ZOK.

27 § 777 Abs 5 ZOK.

der es vor dem In-Kraft-Treten des ZOK gekommen ist, kann es auf Antrag des Geschädigten diesem auch den Ersatz einer immateriellen Beeinträchtigung zusprechen, falls besonders berücksichtigungswürdige Gründe iSv § 2 Abs 3 NOZ vorliegen.

II. Gesellschaftsrecht

1. Grundsatz der Vermögens- und Haftungstrennung zwischen der Kapitalgesellschaft und den Gesellschaftern

a) *Rechtsgrundlagen, Legitimation und Wirkung der beschränkten Haftung*

Sowohl die GmbH als auch die AG sind juristische Personen mit eigener Rechtssubjektivität, die von der Rechtssubjektivität der Gesellschafter zu trennen ist. Sie haften für ihre Verbindlichkeiten mit ihrem gesamten Vermögen und sind grundsätzlich allein für diese Verbindlichkeiten verantwortlich.[28] Dies ergibt sich bereits aus der gesetzlichen Definition beider Gesellschaftsarten. Es gibt jedoch innerhalb und auch außerhalb des Konzernrechts Bestimmungen, die eine besondere Verantwortung der Gesellschafter begründen. Diese ausdrücklich geregelten Haftungstatbestände werden seitens der Lehre weiterentwickelt.

b) *Ausnahmen vom Grundsatz der Haftungstrennung*

Der allgemein anerkannte Grundsatz der Vermögenstrennung zwischen der Vermögenssphäre der Kapitalgesellschaft und jener ihrer Gesellschafter wird in der Tschechischen Republik sowohl nach der aktuellen als auch nach der künftigen Rechtslage nur ausnahmsweise – insb durch die beschränkte Bürgschaft der GmbH-Gesellschafter für die Verbindlichkeiten der Gesellschaft – durchbrochen.

Die Bürgschaft ist allgemein für alle Gesellschaftsformen in § 56 Abs 5 ObchZ geregelt, wonach die Vorschriften, welche die einzelnen Gesellschaftsformen regeln (dh Offene Handelsgesellschaft, Kommanditgesellschaft, Gesellschaft mit beschränkter Haftung und Aktiengesellschaft), bestimmen, in welchem Umfang die Gesellschafter für die Verbindlichkeiten der Gesellschaft bürgen.[29] Es handelt sich hier um die Bürgschaft der Gesellschafter während der Existenz der Gesellschaft einschließlich des Zeitraumes, in dem sie bereits aufgelöst, aber noch nicht im Handelsregister gelöscht ist.[30]

---

28 Vgl *Pokorná* in Pokorná/Kovařík/Čáp et al, ObchZ § 56 S 262.
29 Die einschlägigen Bestimmungen über die Bürgschaft bei den einzelnen Gesellschaftsarten sind *leges speciales* zu § 56 ObchZ, vgl Kreisgericht České Budějovice 14.9.2000, 10 Ca 169/2000–24.
30 *Kozel* in Kobliha/Kalfus/Krofta/Kovařík/Kozel/Pokorná/Svobodová, ObchZ § 56 S 141.

Die Bürgschaft der Gesellschafter ist nur zT (insb was den Umfang betrifft) durch die besonderen gesellschaftsrechtlichen Bestimmungen geregelt. Ansonsten gelten für sie entsprechend die Regeln über die vertragliche Bürgschaft (§§ 303 ff ObchZ), soweit dies die Natur der Rechtsbeziehung zwischen der Gesellschaft und dem Gesellschafter zulässt.[31]. Die Bürgschaftsverpflichtung der Gesellschafter für die Verbindlichkeiten der Gesellschaft ergibt sich unmittelbar aus dem Gesetz, es ist somit nicht notwendig, dass der Gesellschafter durch seine Willenserklärung die Bürgschaft für die Verbindlichkeiten der Gesellschaft übernimmt.[32] Die Gesellschafter können durch eigene Willenserklärung diese Bürgschaft weder ausschließen noch einschränken. Gleichfalls ist es ihnen nicht gestattet, die Ausschließung oder Einschränkung der Bürgschaft im Gesellschaftsvertrag zu vereinbaren.[33]

Die Bürgschaftsverpflichtung der Gesellschafter ist im Verhältnis zur Hauptverpflichtung der Gesellschaft akzessorisch und subsidiär. Die Gesellschafter trifft die Pflicht zur Befriedigung des Gläubigers erst dann, wenn die Gesellschaft ihre Verpflichtungen nicht erfüllt und der Gläubiger sie dazu auffordert. Der Gläubiger ist erst dann berechtigt, vom Gesellschafter die Erfüllung der Verbindlichkeiten zu verlangen, wenn die Gesellschaft ihre fällige Verbindlichkeit nach seiner schriftlichen Aufforderung nicht in einer angemessenen Frist beglichen hat. Diese Aufforderung ist nur dann nicht erforderlich, wenn der Gläubiger dazu nicht in der Lage ist, oder wenn es unzweifelhaft ist, dass die Gesellschaft ihre Verbindlichkeiten nicht erfüllen wird (zB weil der Konkurs über das Vermögen der Gesellschaft eröffnet wurde[34]). Es ist jedoch nicht notwendig, dass der Gläubiger die Gesellschaft zuerst klagt oder einen Antrag auf Konkurseröffnung stellt.[35] Hat die Gesellschaft mehrere bürgende Gesellschafter, haften diese für ihre Verbindlichkeiten solidarisch. Wird die Bürgschaftsverpflichtung von einem der Gesellschafter erfüllt, erlischt auch die Bürgschaftsverpflichtung der übrigen Gesellschafter, jedoch nur in Bezug auf diese konkrete Schuld. Der Gesellschafter, der die Verbindlichkeit der Gesellschaft begleicht, erwirbt gegenüber der Gesellschaft die Rechte des Gläubigers.[36]

Nach dem Umfang der Bürgschaft unterscheidet das tschechische Recht die beschränkte und unbeschränkte Bürgschaft. Unbeschränkt bürgende Gesellschafter bürgen *ex lege* mit ihrem gesamten Vermögen für sämtliche Verbindlichkeiten der Gesellschaft in voller Höhe. Auf diese Weise ist die Bürgschaft der Gesellschafter der Offenen Handelsgesellschaft in § 86 ObchZ und der Komplementäre der Kommanditgesellschaft in § 93 Abs 1 ObchZ geregelt. Im Falle der beschränkten Bürgschaft ist der Umfang der Bürgschaft durch einen bestimmten Betrag begrenzt, bis zu dessen Höhe die Gesellschafter aufgrund des Gesetzes mit ihrem gesamten Vermögen bürgen. Dies ist zB bei der Bürg-

---

31 *Dědič* in Dědič et al, ObchZ § 56 S 339.
32 *Štenglová* in Štenglová/Plíva/Tomsa et al, ObchZ[13] § 56 S 216.
33 *Pokorná* in Pokorná/Kovařík/Čáp et al, ObchZ § 106 S 505.
34 *Pokorná* in Pokorná/Kovařík/Čáp et al, ObchZ § 106 S 505.
35 *Dědič* in Dědič et al, ObchZ § 56 S 340, § 106 S 966.
36 *Dědič* in Dědič et al, ObchZ § 106 S 966.

schaft der GmbH-Gesellschafter der Fall, die sowohl in zeitlicher als auch in betragsmäßiger Hinsicht beschränkt ist.

Was den Umfang betrifft, so bürgen die GmbH-Gesellschafter gem § 106 Abs 2 ObchZ während der Existenz der Gesellschaft[37] bis zur Gesamthöhe aller laut der Eintragung im Handelsregister nicht eingezahlten Stammeinlagen. Das bedeutet, dass ein Gesellschafter, der seine Stammeinlage vollständig eingebracht hat, nicht automatisch von der Bürgschaft für die Verbindlichkeiten der Gesellschaft befreit wird, auch wenn diese Tatsache ins Handelsregister eingetragen wird. Die Bürgschaftsverpflichtung trifft alle GmbH-Gesellschafter, solange nicht sämtliche Stammeinlagen eingezahlt sind und diese Tatsache ins Handelsregister eingetragen ist. Die Bürgschaft ist somit auch in zeitlicher Hinsicht beschränkt. Die Eintragung ins Handelsregister hat konstitutive Wirkung, was dem Schutz dritter Personen dient,[38] sie ist also eine notwendige Voraussetzung dafür, dass die Stammeinlage als eingezahlt gilt. Ohne die entsprechende Eintragung im Handelsregister ändert sich nichts an der Bürgschaftsverpflichtung des Gesellschafters.

Durch die Zahlung an die Gläubiger allein kommt es nicht zum Erlöschen der Bürgschaft und es wird dadurch auch nicht ihr Umfang gemindert. Es erlischt lediglich die konkrete Schuld der Gesellschaft bzw ihr Teil in dem Umfang, in dem sie vom Gesellschafter beglichen wurde.[39] Die Leistung für die Gesellschaft aus dem Titel der gesetzlichen Bürgschaft wird auf die Einzahlung der Einlagen desjenigen Gesellschafters angerechnet, der die Leistung dem Gläubiger gewährt hat. Ist dies nicht möglich, weil der Gesellschafter die Einlage bereits vollständig eingebracht hat, kann der Gesellschafter Ersatz von der Gesellschaft verlangen. Kann er ihn von der Gesellschaft nicht erhalten, ist er berechtigt, ihn von dem Gesellschafter zu verlangen, der seine Stammeinlage nicht eingezahlt hat, ansonsten von jedem Gesellschafter in dem Umfang, in dem sich dieser am Stammkapital der Gesellschaft beteiligt.

Wird der GmbH-Gesellschafter aus seiner gesetzlichen Bürgschaftsverpflichtung geklagt und werden während des Prozesses sämtliche Einlagen eingezahlt und wird diese Tatsache in der Folge auch ins Handelsregister eingetragen, hat das Gericht das Verfahren einzustellen und die Klage abzuweisen, weil es bei der Fällung seiner Entscheidung von der aktuellen Sachlage auszugehen hat.[40] Es wäre jedoch unbillig, wenn die Prozesskosten in einem solchen Fall der Gläubiger der Gesellschaft tragen würde, deshalb sind sie dem Gesellschafter aufzuerlegen.[41] Falls während der Existenz der Gesellschaft eine Kapitalerhöhung beschlossen wird, entsteht die Bürgschaftsverpflichtung erneut und besteht dann bis zur Eintragung der vollständigen Einzahlung der Einlagen ins Handelsregister.[42]

---

37 Zur Bürgschaft nach der Beendigung der Gesellschaft s unten II.3.h.
38 *Pokorná* in Pokorná/Kovařík/Čáp et al, ObchZ § 106 S 505.
39 Vgl *Pokorná* in Pokorná/Kovařík/Čáp et al, ObchZ § 106 S 506.
40 NS ČR 27.1.2004, 29 Odo 629/2003; NS ČR 20.6.2000, 29 Cdo 281/2000.
41 *Dědič* in Dědič et al, ObchZ § 106 S 967.
42 *Pokorná* in Pokorná/Kovařík/Čáp et al, ObchZ § 105 S 499.

Im Unterschied zu GmbH-Gesellschaftern bürgen die Aktionäre der Aktiengesellschaft gem § 154 Abs 1 ObchZ während der Existenz der Gesellschaft nicht für deren Verbindlichkeiten.

Die Konzeption der Bürgschaft der GmbH-Gesellschafter im neuen Gesetz über die Handelskörperschaften entspricht derjenigen nach der geltenden Rechtslage. Die Bürgschaftsverpflichtung ist ein akzessorisches und subsidiäres Sicherungsinstrument, die Gesellschafter sind somit erst dann zur Leistung verpflichtet, wenn die Gesellschaft als Primärschuldnerin ihre Verbindlichkeiten nicht erfüllt. Die Bürgschaft der GmbH-Gesellschafter für die Verbindlichkeiten der Gesellschaft bleibt inhaltlich dieselbe[43], auch wenn bestimmte terminologische Änderungen durchgeführt wurden. So bürgen gem § 132 ZOK die Gesellschafter für die Schulden der Gesellschaft solidarisch bis zu der Höhe, in welcher sie ihre Einlagenpflichten laut Eintragung im Handelsregister zu jenem Zeitpunkt nicht erfüllt haben, zu dem sie zur Leistung durch den Gläubiger aufgefordert wurden.

Was die AG betrifft, so kommt in Zukunft genauso wie nach der geltenden Rechtslage keine gesetzliche Bürgschaft der Aktionäre für die Verbindlichkeiten der Gesellschaft während deren Existenz zum Tragen.

In der Lehre gibt es Stimmen, die auf die Notwendigkeit der ausdrücklichen Verankerung der Doktrin *piercing the corporate veil* im tschechischen Recht[44] sowie auf die Möglichkeiten der Geltendmachung dieser Doktrin *de lege lata* unabhängig von ihrer ausdrücklichen gesetzlichen Verankerung[45] hinweisen. Diese Überlegungen haben sich in der Praxis aber bisher nicht durchgesetzt.

Eine gesetzliche Grundlage hat dagegen der in § 66 Abs 6 ObchZ verankerte Haftungstatbestand. Demzufolge beziehen sich die Bestimmungen des Handelsgesetzbuches sowie besonderer Vorschriften über die Haftung und die Bürgschaft von Gesellschaftsorganen und deren Mitglieder gleichfalls auf die Personen, die auf der Grundlage einer Vereinbarung, einer Beteiligung in der Gesellschaft oder auf der Grundlage einer anderen Tatsache das Verhalten der Gesellschaft beeinflussen. Dies gilt ohne Rücksicht darauf, welche Beziehung sie zu der Gesellschaft haben. Diese Bestimmung dehnt die Anwendbarkeit der Regeln über die Verantwortung der Mitglieder von Gesellschaftsorganen auch auf solche Personen aus, die selbst keine Organmitglieder sind, jedoch eine derartige Stellung haben, dass sie in der Lage sind, die Entscheidungen von Organmitgliedern zu beeinflussen. Es handelt sich um ein Rechtsinstitut, das dem Rechtsinstitut des sog *shadow director* im englischen Recht entspricht. Weiters sind in diesem Zusammenhang der besondere Eingriffstatbestand des § 66c ObchZ, der im Wesentlichen § 100 öAktG entspricht, und die besondere Haftungsregelung im Konzernrecht zu erwähnen.[46] Allerdings spielen diese

43 Vgl oben FN 18.
44 *Glückselig*, PR 2002, 219–223.
45 *Černá* in Pauknerová/Tomášek et al, Proměny soukromého práva 28–85; *Lokajíček*, PR 2011, 425–437.
46 Zu den einzelnen Bestimmungen s näher unten II.4.

Bestimmungen – wie bereits oben erwähnt – in der Entscheidungspraxis des NS ČR kaum eine Rolle.

Der Grundsatz der Trennung von Vermögenssphären der Gesellschaft und der Gesellschafter wird auch in Zukunft respektiert werden. Laut Begründungsbericht[47] enthalte das Gesetz über die Handelskörperschaften keine Regeln über eine mögliche Durchgriffshaftung des verantwortlichen Subjekts, sondern diese seien vielmehr eine Sache der Auslegung des neuen zivilrechtlichen Deliktrechts. An die Regeln von *piercing the corporate veil* werde jedoch in der Weise angeknüpft, dass für den Fall einer Beeinträchtigung der Gesellschaft und ihrer damit zusammenhängenden Leistungsunfähigkeit die Bürgschaft der einflussreichen Person für die Erfüllung der Schulden der beeinflussten Person geregelt wurde. Weder die Bestimmungen über den faktischen Geschäftsführer in § 66 Abs 6 ObchZ noch der Eingriffstatbestand des § 66c ObchZ wurden vom neuen Gesetz übernommen.

2. Allgemeine Aspekte der Gesellschafterhaftung

a) Schutz der Gläubiger und Schutz der Mitgesellschafter als Haftungsziele; Stand der Diskussion

In der tschechischen Fachliteratur wird die Notwendigkeit des Schutzes der Gesellschaftsgläubiger und der Minderheitsgesellschafter regelmäßig diskutiert. Diese Diskussion reagiert nicht nur auf die Rechtsentwicklung in der Tschechischen Republik, sondern auch auf jene im Ausland. Einer kritischen Analyse wird in der letzten Zeit vor allem die Schutzfunktion des Grund- bzw Stammkapitals von Kapitalgesellschaften unterzogen,[48] es werden Stimmen laut, die die Verankerung der Doktrin *piercing the corporate veil*[49] und des Instituts des kapitalersetzenden Darlehens[50] im tschechischen Recht fordern, gleichfalls werden die Bestimmungen diskutiert, welche die Haftung der Mitglieder des Statutarorgans (einschließlich der Haftung des sog faktischen Geschäftsführers) regeln, und das Interesse der akademischen Kreise wendet sich auch dem Schutz der Gläubiger und Minderheitsgesellschafter im Konzern zu. Einige Instrumente des Vermögensschutzes von Kapitalgesellschaften, auf die in den einschlägigen Kapiteln jeweils hingewiesen wird, verbleiben allerdings lediglich auf der theoretischen Ebene der gesetzlichen Regelung bzw der Fachliteratur (allenfalls beider zugleich), ohne sich bis jetzt in der Entscheidungspraxis der Gerichte durchgesetzt zu haben.

Auf die Notwendigkeit des Gläubiger- und Gesellschafterschutzes reagiert auch das neue Gesetz über Handelskörperschaften, das in die Regelung dieser Problematik zahlreiche Änderung bringen wird. Sein liberaler Charakter wird

47 Abgedruckt in *Havel* et al, Zákon o obchodních korporacích 62 f.
48 ZB *Černá*, PR 2005, 816–823.
49 S dazu näher unten II.5.
50 S dazu näher unten II.3.b.

durch Regelungen, welche die Grundlage für die Motivation zur ordentlichen Verwaltung (*corporate governance*) darstellen, ergänzt. Es handelt sich in diesem Zusammenhang insb um die Pflicht zum Wirtschaften mit der Sorgfalt eines ordentlichen Geschäftsleiters, die Einführung der *business judgement rule*,[51] den Insolvenztest sowie die Regelung der persönlichen Bürgschaft für das sog *wrongful trading*.[52]

b) Unterscheidung Innen- und Außenhaftung

Das Gesetz schützt sowohl die Gesellschaftsgläubiger als auch die Gesellschaft und deren Gesellschafter vor rechtswidrigen Eingriffen in ihre Rechtssphären, wobei zwischen der Innen- und Außenhaftung zu unterscheiden ist. Die bereits oben besprochene akzessorische und subsidiäre Bürgschaft der GmbH-Gesellschafter für die Verbindlichkeiten der Gesellschaft im Falle der nicht vollständig eingezahlten Bareinlage ist ein Beispiel für die mittelbare Außenhaftung.

Eine mittelbare Außenhaftung der leitenden Person ist auch im Vertragskonzern vorgesehen. Im Falle des Abschlusses eines Beherrschungsvertrages regelt § 190b Abs 5 ObchZ das Institut der gesetzlichen Bürgschaft der leitenden Person für die Schadenersatzansprüche der geleiteten Person und jene der Gläubiger der geleiteten Person gegenüber Personen, die der geleiteten Person im Namen der leitenden Person Weisungen erteilt haben.

Dagegen steht im faktischen Konzern gem § 66a Abs 14 ObchZ die Innenhaftung der herrschenden Gesellschaft gegenüber der beherrschten Gesellschaft im Vordergrund, falls sie aufgrund des Herrschaftsverhältnisses der beherrschten Person eine Vermögensbeeinträchtigung zufügt und innerhalb der vorgesehenen Frist weder diese Vermögensbeeinträchtigung ersetzt noch mit der beherrschten Person einen Vertrag über den Ersatz der Beeinträchtigung abschließt.[53]

Im Zusammenhang mit der Problematik einer möglichen Innen- und Außenhaftung der Hauptgesellschafter ist es angebracht, die Aufmerksamkeit auf einige weitere Bestimmungen zu richten. Zunächst sind hier die allgemeinen Bestimmungen über die Vorstands- und Geschäftsführerhaftung zu nennen, die in Verbindung mit § 66 Abs 6 ObchZ auch für die Haftung der Muttergesellschaft Bedeutung erlangen können.

Die innere Schadenersatzhaftung der Vorstandsmitglieder der AG für den Schaden, den sie im Rahmen ihrer Funktionsausübung der Gesellschaft zugefügt haben, und die an diese anknüpfende mittelbare Außenhaftung gegenüber den Gesellschaftsgläubigern in Form der Bürgschaft begründet § 194 Abs 5 und 6 ObchZ,[54] der sowohl auf die AR-Mitglieder der AG als auch auf die Geschäfts-

---

51 S dazu näher *Broulík*, or 2012, 167; *Hámorská*, or 2012, 251 f.

52 *Havel* et al, Zákon o obchodních korporacích 7.

53 Daneben ist die herrschende Gesellschaft auch gegenüber den außenstehenden Gesellschaftern der beherrschten Gesellschaft zum Ersatz jenes Schadens verpflichtet, der ihnen dadurch entstanden ist.

54 Vgl § 159 Abs 3 NOZ.

führer und AR-Mitglieder der GmbH entsprechende Anwendung findet.[55] Die Vorstandsmitglieder sind verpflichtet, ihre Tätigkeiten mit der Sorgfalt eines ordentlichen Geschäftsleiters[56] auszuüben und über vertrauliche Informationen und Tatsachen, deren Verrat an dritte Personen der Gesellschaft einen Schaden zufügen könnte, Verschwiegenheit zu bewahren. Jene Vorstandsmitglieder, die der Gesellschaft durch Verletzung ihrer rechtlichen Pflichten bei der Ausübung ihrer Funktion einen Schaden verursachen, haften für diesen Schaden solidarisch. Es handelt sich um eine objektive Schadenersatzhaftung gem § 373 ff ObchZ mit der Liberalisierungsmöglichkeit gem § 374 ff ObchZ.[57] Das Vorstandsmitglied trägt seit 1.1.2001[58] die Beweislast dafür, dass es mit der Sorgfalt eines ordentlichen Geschäftsleiters gehandelt hat. Ein Vertrag zwischen der Gesellschaft und dem Vorstandsmitglied oder eine Satzungsbestimmung, die die Haftung des Vorstandsmitglieds ausschließen bzw einschränken, sind absolut nichtig. Für den Schaden, den sie der Gesellschaft durch Ausführung von Weisungen der HV zufügen, haften die Vorstandsmitglieder nur dann, wenn die Weisungen der HV gesetzwidrig[59] waren. An die innere Haftung gegenüber der Gesellschaft knüpft die mittelbare Außenhaftung der Vorstandsmitglieder gegenüber den Gesellschaftsgläubigern in Form der akzessorischen und subsidiären Bürgschaft an. Jene Vorstandsmitglieder, die der Gesellschaft gegenüber schadenersatzpflichtig sind, bürgen solidarisch für die Verbindlichkeiten der Gesellschaft, falls der Schaden der Gesellschaft nicht ersetzt wurde und die Gläubiger aus Gründen der Zahlungsunfähigkeit oder der Zahlungseinstellung seitens der Gesellschaft nicht in der Lage sind, die Befriedigung ihrer Forderungen aus dem Gesellschaftsvermögen zu erlangen. Es ist nicht notwendig, dass die Voraussetzungen für die Stellung eines Insolvenzantrags vorliegen.[60] Die

---

55 Vgl §§ 200 Abs 3, 138 Abs 2 u 135 Abs 2 ObchZ.

56 Die Pflicht der Organmitglieder zur Ausübung ihrer Tätigkeit mit der Sorgfalt eines ordentlichen Geschäftsleiters legt § 194 Abs 5 ObchZ fest, ohne sie näher zu definieren. (Zur Begriffsbestimmung dieses Rechtsinstituts in der Fachliteratur s *Pokorná* in Pokorná/Kovařík/Čáp et al, ObchZ § 194 S 945–947.) Für die Zukunft ist diese Pflicht im neuen Bürgerlichen Gesetzbuch verankert und sie gilt ausnahmslos für die Organmitglieder sämtlicher juristischen Personen. Wer gem § 159 Abs 1 NOZ die Funktion des Mitglieds eines gewählten Organs annimmt, verpflichtet sich, dass er sie mit der notwendigen Loyalität und mit den erforderlichen Kenntnissen und der erforderlichen Sorgfalt ausüben wird. Es wird angenommen, dass derjenige sorgfaltswidrig handelt, der nicht fähig ist, die Sorgfalt des ordentlichen Geschäftsleiters auszuüben, obwohl er dies bei der Annahme der Funktion oder später bei ihrer Ausübung hätte erkennen müssen und für sich daraus keine Konsequenzen gezogen hat.

57 NS ČR 20.1.2009, 29 359/2007; *Dědič* in Dědič et al, ObchZ § 194 S 2419; *Pokorná* in Pokorná/Kovařík/Čáp et al, ObchZ § 194 S 947; *Štenglová* in Štenglová/Plíva/Tomsa et al, ObchZ[13] § 194 S 721.

58 Die Beweislastumkehr zulasten der Vorstandsmitglieder bezieht sich nicht auf Handlungen, die vor 1.1.2001 gesetzt wurden. Vgl dazu auch NS ČR 10.3.2009, 29 Cdo 4462/2008; NS ČR 30.3.2011, 29 Cdo 4276/2009; NS ČR 29.7.2010, 23 Cdo 3665/2008; NS ČR 20.1.2009, 29 359/2007.

59 Hier ist darauf hinzuweisen, dass die HV nicht befugt ist, den Vorstandsmitgliedern bezüglich der Geschäftsführung Weisungen zu erteilen, s *Dědič* in Dědič et al, ObchZ § 194 S 2420; *Štenglová* in Štenglová/Plíva/Tomsa et al, ObchZ[13] § 194 S 721.

60 S *Pokorná* in Pokorná/Kovařík/Čáp et al, ObchZ § 194 S 948.

gesetzliche Bürgschaft der Organmitglieder bezieht sich lediglich auf die Geldschulden der Gesellschaft.[61] Der Umfang der Bürgschaft ist durch den Umfang der Schadenersatzpflicht begrenzt. Die Bürgschaftsverpflichtung erlischt, sobald ein verpflichtetes Vorstandsmitglied den Schaden ersetzt. Die Geltendmachung der gesetzlichen Bürgschaft ist jedoch in der Praxis problematisch, weil der Gläubiger beweisen muss, dass der Gesellschaft gegenüber den Vorstandsmitgliedern Schadenersatzansprüche zustehen[62] und dass sie zahlungsunfähig ist bzw ihre Zahlungen eingestellt hat. § 194 Abs 5 f ObchZ kommt auch dann zur Anwendung, wenn über das Vermögen der Gesellschaft Konkurs verhängt wird.[63] § 194 Abs 6 ObchZ dient allerdings nicht als Sicherungsmittel für solche Schadenersatzansprüche der Gesellschaftsgläubiger, die dadurch entstehen, dass das Vorstandsmitglied verspätet den Konkursantrag stellt, was dazu führt, dass die den Gläubigern zur Verfügung stehende Konkursmasse verringert wird. In diesem Fall sind nämlich die Gläubiger durch das Institut der unmittelbaren deliktischen Konkursverschleppungshaftung geschützt.[64]

Eine unmittelbare Außenhaftung der Gesellschaftsorgane sowohl gegenüber den Gesellschaftern als auch den Gläubigern (die iVm § 66 Abs 6 ObchZ auch die Muttergesellschaft betreffen könnte) ist ausdrücklich nur in Sondergesetzen – insb § 50 des Gesetzes über die Umwandlungen von Handelsgesellschaften und Genossenschaften und § 98 f InsZ – geregelt.[65] Nach einem Teil der Lehre könnte sich eine unmittelbare Außenhaftung auch aus dem allgemeinen Deliktrecht ergeben.[66] Im Falle der Haftung gegenüber den Gesellschaftern ist jedoch gleichzeitig darauf hinzuweisen, dass nach der Rechtsprechung des NS ČR[67] der bloße Reflexschaden keinen direkten Schadenersatzanspruch der Gesellschafter begründe, sondern der Gesellschafter den Schaden im Namen der Gesellschaft geltend zu machen habe. Diese Rechtsprechung wurde vom tschechischen Gesetzgeber bei der letzten Novelle des Umwandlungsgesetzes berücksichtigt,[68] als dem § 50 ein neuer Abs 7 hinzugefügt wurde, der ausdrücklich bestimmt, dass ein Schaden an der Beteiligung des Gesellschafters, der lediglich den Schaden reflektiert, der im Vermögen der an der Umwandlung beteiligten Person entstanden ist, ins Vermögen dieser Person zu ersetzen ist. Fraglich bleibt, ob im Falle eines derartigen Schadens der Gesellschafter bei sonstiger Klagabweisung die *actio pro socio* zu erheben hat oder den Anspruch

---

61 *Dědič* in Dědič et al, ObchZ § 194 S 2421; *Pokorná* in Pokorná/Kovařík/Čáp et al, ObchZ § 194 S 948.

62 Vgl NS ČR 23.6.2011, 26 Cdo 4849/2008; NS ČR 22.1.2009, 23 Cdo 4194/2008; NS ČR 29.7.2010, 23 Cdo 3665/2008; NS ČR 30.7.2008, 32 Cdo 683/2008. S auch *Černá* in Pauknerová/Tomášek et al, Proměny soukromého práva 43; *Dědič* in Dědič et al, ObchZ § 194 S 2421. S aber NS ČR 24.4.2010, 29 Cdo 2308/2008; NS ČR 23.10.2007, 29 Odo 1310/2005.

63 NS ČR 15.9.2010, 29 Cdo 1657/2009; NS ČR 20.10.2009, 29 Cdo 4824/2007.

64 NS ČR 20.10.2009, 29 Cdo 4824/2007.

65 Vgl *Černá* in Pauknerová/Tomášek et al, Proměny soukromého práva 44.

66 S dazu näher unten IV.2.a.

67 Vgl NS ČR 24.6.2009, 29 Cdo 3180/2008; NS ČR 25.6.2009, 29 Cdo 3663/2008. S zu dieser Problematik auch *Čech* in Pauknerová/Tomášek et al, Proměny soukromého práva 66.

68 S Begründungsbericht zum Gesetz Nr 355/2011, Besonderer Teil, Punkt 75.

auch in eigenem Namen geltend machen kann. UE ist – auch im Lichte der neuen Rechtslage betreffend den Reflexschaden[69] – das Letztere der Fall.

Im neuen Konzernrecht ist in § 71 Abs 1 ZOK die grundsätzliche Innenhaftung einer einflussreichen Person, die in bedeutender und entscheidender Weise das Handeln der Handelskörperschaft zu deren Lasten beeinflusst, verankert. Darüber hinaus regelt § 71 Abs 3 ZOK die Bürgschaft der einflussreichen Person gegenüber den Gläubigern der beeinflussten Person für die Erfüllung solcher Schulden, die die beeinflusste Person wegen einer Beeinträchtigung[70] infolge der Beeinflussung zur Gänze oder zum Teil nicht begleichen kann. Gegenüber den Gesellschaftern der beeinflussten Person kommt gem § 71 Abs 2 ZOK eine unmittelbare Außenhaftung für die erlittene Beeinträchtigung in Betracht. Bilden die beeinflusste und die einflussreiche Person zusammen einen Konzern, so kommen – abgesehen vom Insolvenzfall – gem § 72 ZOK die Bestimmungen über die Innen- und Außenhaftung iSv § 71 ZOK nicht zum Tragen, wenn die Beeinträchtigung, die als Folge des Einflusses der beeinflussten Person zugefügt wurde, von der einflussreichen Person innerhalb einer angemessenen Frist ersetzt wird.[71]

Eine mittelbare Außenhaftung in Form der gesetzlichen Bürgschaft der Gesellschaftsorgane gegenüber den Gesellschaftsgläubigern ist auch im neuen Bürgerlichen Gesetzbuch geregelt, in das bestimmte allgemeine Bestimmungen über Handelsgesellschaften verschoben wurden, die für sämtliche juristische Personen gelten. Ein gewähltes Organmitglied, das der juristischen Person einen Schaden, den es ihr durch Verletzung seiner Verpflichtungen im Rahmen der Funktionsausübung zugefügt hat, nicht ersetzt, obwohl es dazu verpflichtet ist,[72] bürgt gem § 159 Abs 3 gegenüber den Gesellschaftsgläubigern für die Schuld dieser juristischen Person in dem Umfang, in dem es den Schaden nicht ersetzt hat, falls die Gläubiger von der Gesellschaft keine Leistung erlangen können. Nach der neuen Rechtslage ist jedoch nicht ausdrücklich vorgesehen, dass diese Bestimmung auch auf den faktischen Geschäftsführer Anwendung finden soll. Allerdings wird § 159 Abs 3 NOZ durch § 68 ZOK über die Bürgschaft der Organmitglieder für die Erfüllung von Verpflichtungen der Handelskörperschaft im Falle deren Insolvenz ergänzt, der sehr wohl eine Bedeutung für die Muttergesellschaft erlangen kann, denn er ist auf die einflussreiche Person iSv § 71 ZOK sowie auf die leitende Person iSv § 74 ZOK entsprechend anzuwenden. Eine unmittelbare Außenhaftung gegenüber den Gesellschaftern

---

69 S gleich unten.
70 Das neue Bürgerliche Gesetzbuch unterscheidet in § 2894 Abs 1 zwischen der „Beeinträchtigung" als Oberbegriff und dem „Schaden" als Vermögensbeeinträchtigung.
71 S dazu ausführlich unten II.4.b.bd.2.
72 In diesem Zusammenhang ist auch § 53 Abs 3 ZOK zu beachten, wonach die Handelskörperschaft mit der verpflichteten Person die Begleichung der Beeinträchtigung vertraglich regeln kann. Ein derartiger Vertrag ist nur dann wirksam, wenn er durch das oberste Organ der Gesellschaft mit einer Zweidrittelmehrheit der Stimmen aller Gesellschafter genehmigt wird.

oder Gesellschaftsgläubigern könnte sich auch in Zukunft aus dem allgemeinen Deliktrecht ergeben.[73]

Das neue Bürgerliche Gesetzbuch regelt in § 213, der sich bei den allgemeinen Bestimmungen über die Körperschaften befindet, ausdrücklich die Problematik des Reflexschadens: Wird die Körperschaft durch ihr Mitglied oder ein Mitglied ihres Organs in einer Weise geschädigt, die dessen Schadenersatzpflicht begründet und durch die auch ein anderes Mitglied der Körperschaft am Wert seiner Beteiligung geschädigt wird, kann das Gericht, falls die Schadenersatzansprüche lediglich seitens des Mitglieds der Körperschaft erhoben werden, auch ohne Sonderantrag den Schädiger verpflichten, den Schadenersatz direkt an die Gesellschaft zu leisten, falls dies die Umstände des Einzelfalles rechtfertigen, insb wenn ausreichend ersichtlich ist, dass durch diese Maßnahme auch der Schaden an der entwerteten Beteiligung beglichen wird. Das Gesetz geht somit davon aus, dass durch den Ersatz des Schadens der Körperschaft idR auch der Schaden des Klägers beglichen wird. Es wird aber immerhin berücksichtigt, dass dies nicht immer der Fall sein muss und deshalb wird eine derartige Vorgangsweise nicht pauschal vorgeschrieben, sondern ist von den Umständen des Einzelfalles abhängig.[74] Im Unterschied zu der geltenden Rechtslage, die hauptsächlich durch die Rechtsprechung des NS ČR[75] repräsentiert wird, kann der mittelbar geschädigte Gesellschafter eine Schadenersatzklage in eigenem Namen erheben und ist nicht darauf angewiesen, die *actio pro socio* geltend zu machen, wofür im Aktienrecht eine qualifizierte Beteiligung erforderlich ist.[76]

c) Rechtsdurchsetzung der Innenhaftung

Zur Geltendmachung der Ansprüche aus der Innenhaftung, also der Ansprüche der Gesellschaft gegenüber den Mitgliedern ihrer Organe sowie gegenüber den Gesellschaftern, ist an erster Stelle das Statutarorgan, dh der bzw die Geschäftsführer der GmbH und der Vorstand der AG, verpflichtet. Solange es sich um Ansprüche gegenüber Gesellschaftern, insb um den Anspruch auf Einzahlung des ausständigen Teiles der Bareinlage handelt, bereitet diese Konstruktion idR keine Komplikationen, es sei denn bei dem Gesellschafter handelt es sich zugleich um ein Organ der Gesellschaft. Probleme treten viel häufiger ein, sobald die Gesellschaft Schadenersatzansprüche gegenüber den Mitgliedern ihres Statutarorgans bzw dem faktischen Geschäftsführer geltend machen soll. Den Interessenskonflikten, die in all diesen Fällen entstehen können, hat der Gesetzgeber mit der Möglichkeit der Erhebung der sog *actio pro socio* Rechnung getragen, also der Gesellschafterklage, die je nach konkreter Sachlage vom

---

73 S dazu näher unten IV.2.a.
74 Begründungsbericht zum NOZ, abgedruckt in *Eliáš* et al, Nový občanský zákoník 142 f.
75 S oben die Fußnote Nr 67.
76 Zur Problematik des Reflexschadens nach der neuen Rechtslage s ausführlich *Havel*, or 2012, 207 ff.

GmbH-Gesellschafter, einem Aktionär oder einer qualifizierten Aktionärsminderheit erhoben werden kann.

Jeder GmbH-Gesellschafter ist gem § 131a Abs 1 ObchZ unabhängig von der Höhe seiner Beteiligung grundsätzlich[77] berechtigt, im Namen der Gesellschaft sowohl Schadenersatzklage gegenüber dem (faktischen)[78] Geschäftsführer, der der Gesellschaft gegenüber schadenersatzpflichtig ist, als auch Klage auf Einzahlung der Einlage gegenüber dem Gesellschafter, der mit der Einzahlung der Einlage in Verzug ist, zu erheben.[79] Eine andere Person als der Gesellschafter, der die Klage erhoben hat, oder eine von ihm bevollmächtigte Person ist nicht befugt, im diesbezüglichen Gerichtsverfahren Rechtshandlungen für die Gesellschaft bzw im Namen der Gesellschaft zu setzen. Das bedeutet, dass andere Personen, die ansonsten berechtigt sind, für die Gesellschaft zu handeln, in diesem Fall nicht befugt sind, in das Verfahren im Namen der Gesellschaft einzugreifen.[80] Im Unterschied zum Aktienrecht, ist der GmbH-Gesellschafter nicht verpflichtet, zuerst vom Vorstand bzw vom AR – falls einer errichtet wurde[81] – zu verlangen, dass diese die Ansprüche der Gesellschaft geltend machen.[82]

In der AG herrscht eine andere Situation, da zu ihren obligatorischen Organen immer auch der AR gehört. Gem § 182 Abs 1 lit c ObchZ hat der AR den Schadenersatzanspruch der Gesellschaft gegenüber den Vorstandsmitgliedern sowie (iVm § 66 Abs 6 ObchZ) gegenüber den faktischen Geschäftsführern auf Antrag einer qualifizierten Aktionärsminderheit geltend zu machen. Bei AGs, deren Grundkapital mehr als 100.000.000,– Kč (dh ca € 4.000.000,–) beträgt, gelten als qualifizierte Minderheit diejenigen Aktionäre, die Aktien mit einem Gesamtnennwert von mind 3 % des Grundkapitals halten. Im Falle von AGs mit Grundkapital von 100.000.000,– Kč oder weniger handelt es sich um eine Aktionärsminderheit, die über Aktien mit einem Gesamtnennwert von mindestens 5 % des Grundkapitals verfügt. Dieselbe qualifizierte Aktionärsminderheit kann gem § 182 Abs 1 lit d ObchZ vom Vorstand verlangen, dass er gegenüber den Aktionären, die mit der Leistung des Emissionskurses in Verzug sind, Klage auf Einzahlung erhebt oder dass er bei Einhaltung der vorgeschriebenen Mahnung sowie einer Nachfrist ein Verfahren zum Ausschluss der Aktionäre aus der Gesellschaft gem § 177 ObchZ einleitet. Falls die Gesellschaftsorgane untätig bleiben, kann gem § 182 Abs 2 ObchZ die qualifizierte Aktionärsminderheit im Namen der Gesellschaft die Schadenersatzansprüche und die Ansprüche auf

---

77 Der Gesellschafter darf gem § 131a Abs 2 ObchZ die *actio pro socio* dann nicht erheben, falls bereits der Geschäftsführer der Gesellschaft im Namen der Gesellschaft die Leistung der Einlage gegenüber dem säumigen Gesellschafter geltend macht oder falls die GV bereits über den Ausschluss des Gesellschafters, der mit seiner Einlagenpflicht in Verzug ist, entschieden hat.

78 Vgl die Ausführungen in Kap II.4.c.

79 Andere Ansprüche der Gesellschaft, zB den Anspruch auf Leistung der Zuzahlung, können die Gesellschafter mittels *actio pro socio* nicht geltend machen, s *Dědič* in Dědič et al, ObchZ § 131a S 1187; *Pokorná* in Pokorná/Kovařík/Čáp et al, ObchZ § 131a S 613.

80 S dazu näher *Pokorná* in Pokorná/Kovařík/Čáp et al, ObchZ § 131a S 613.

81 Zu den Voraussetzungen für die Bestellung des AR in einer GmbH s oben I.2.

82 Krit *Lasák*, or 2010, 75 f.

Einzahlung des Emissionskurses gerichtlich geltend machen. Genauso wie im GmbH-Recht kann auch in diesem Fall eine andere Person als der Aktionär, der die Klage eingebracht hat, bzw eine durch ihn bevollmächtigte Person, im gerichtlichen Verfahren keine Rechtshandlungen für die AG bzw in deren Namen setzen.

Das Handelsgesetzbuch regelt nicht ausdrücklich, wer die Kosten der Gesellschafterklage tragen soll. Nach der Grundregel[83] in § 142 OSŘ hat jede Verfahrenspartei die ihr persönlich entstandenen Verfahrenskosten sowie die Kosten ihres Rechtsvertreters selbst zu tragen, wobei das Gericht derjenigen Verfahrenspartei, die in dem Rechtsstreit vollständig obsiegt, den Anspruch auf Ersatz der zur zweckentsprechenden Rechtsverfolgung oder Rechtsverteidigung notwendigen Kosten zuerkennt. Das Gericht kann einer Verfahrenspartei den Anspruch auf vollständigen Ersatz der Verfahrenskosten auch dann zuerkennen, wenn sie im Rechtsstreit nur in einem verhältnismäßig geringfügigen Umfang unterliegt oder wenn die Entscheidung über den Umfang der Leistung von einem Sachverständigengutachten oder vom Ermessen des Gerichtes abhängt. Obsiegt die Verfahrenspartei nur teilweise, hat das Gericht den Kostenersatz verhältnismäßig aufzuteilen oder gegebenenfalls zu bestimmen, dass keiner der Verfahrensparteien das Recht auf Kostenersatz zusteht.

Nach der höchstgerichtlichen Rechtsprechung zur Geltendmachung von Schadenersatzansprüchen durch einen GmbH-Gesellschafter gegenüber dem GmbH-Geschäftsführer im Wege der *actio pro socio* ist die Gesellschaft verpflichtet, die Gerichtsgebühren[84] zu bezahlen. Werden die Kosten vom Gesellschafter bezahlt, gilt die Gesellschaft als ungerechtfertigt bereichert.[85] Würde es sich jedoch auf Seiten der Gesellschafter um eine schikanöse Rechtsausübung handeln und die Gesellschaft im Rechtsstreit keinen Erfolg haben, könnte sie nach der Judikatur[86] und Lehre[87] von den Gesellschaftern, die eine derartige Klage erhoben haben, Ersatz des Schadens verlangen, der ihr durch die unnötig aufgewendeten Kosten entstanden ist.[88] In der Praxis wird die *actio pro socio* selten geltend gemacht, was wohl damit zusammenhängt, dass die Mehrheitsgesellschafter wegen ihrer Stellung in der Gesellschaft darauf nicht angewiesen sind bzw andere Rechtsmittel anwenden und die Minderheitsgesellschafter nach der geltenden Rechtslage kaum eine Möglichkeit haben, die für die Klageerhebung notwendigen Informationen zu erlangen.[89]

---

83 Zu den Ausnahmen in Sonderfällen s näher §§ 143–150 OSŘ.

84 NS ČR hat nicht ausdrücklich dazu Stellung genommen, ob dasselbe auch für die Kosten der rechtsfreundlichen Vertretung gelten soll, vgl *Lasák*, or 2010, 81.

85 NS ČR 25.3.2003, 29 Odo 871/2002. Krit *Broulík*, PR 2012, 98 ff; *Lasák*, or 2010, 77 f.

86 NS ČR 25.3.2003, 29 Odo 871/2002. Nach der Judikatur des NS ČR verstößt ein Gesellschafter, der rechtsmissbräuchlich *actio pro socio* erhebt, gegen § 56a Abs 1 ObchZ. Nach dieser Bestimmung ist der Missbrauch sowohl der Mehrheit als auch der Minderheit der Stimmen verboten.

87 *Dědič* in Dědič et al, ObchZ § 182 S 1824.

88 Zur Problematik des Missbrauchs der *actio pro socio* durch die Aktionäre s näher *Broulík*, PR 2012, 97 ff; *Lasák*, or 2010, 76 ff.

89 S dazu ausführlich *Lasák*, or 2010, 79 ff.

Für das Recht auf Geltendmachung von Schadenersatzansprüchen mit der *actio pro socio* bestimmt das Gesetz keine besondere Verjährungsfrist, es verjährt also gem § 398 iVm § 397 ObchZ nach vier Jahren ab dem Tag, an dem der Geschädigte vom Schaden und von demjenigen, der zu dessen Ersatz verpflichtet ist, erfahren hat oder erfahren konnte, spätestens jedoch nach zehn Jahren ab der Pflichtverletzung.[90] Bezüglich der Verjährung des Rechts auf Geltendmachung des ausständigen Teiles der Bareinlage bzw des Emissionskurses kommt die allgemeine Regelung des § 392 Abs 1 S 1 ObchZ zur Anwendung. Nach dieser Bestimmung beginnt bei Rechten auf Erfüllung von Verbindlichkeiten die Verjährungsfrist ab jenem Tag zu laufen, an dem die Verbindlichkeit hätte erfüllt werden sollen oder an dem mit der Erfüllung hätte begonnen werden sollen. Auch in diesem Fall beträgt die Verjährungsfrist gem § 397 ObchZ vier Jahre.

Das tschechische Recht gewährt den Gläubigern der Gesellschaft keine direkte Klage gegenüber den Gesellschaftsorganen, mit der diese in eigenem Namen die Schadenersatzansprüche der Gesellschaft geltend machen könnten.[91] Stattdessen kommt das bereits oben behandelte Institut der gesetzlichen Bürgschaft derjenigen Mitglieder des Statutarorgans oder des faktischen Geschäftsführers zum Tragen, die der Gesellschaft den Schaden zugefügt haben, falls der Gläubiger seine Forderung aus dem Vermögen der Gesellschaft nicht befriedigen kann. Eine weitere Möglichkeit der Geltendmachung der Ansprüche der Gesellschaft eröffnet für die Gesellschaftsgläubiger die Forderungsexekution gem § 312 der Zivilprozessordnung[92] (*Občanský soudní řád* – in der Folge auch: OSŘ).[93] In der Praxis kommen im vorliegenden Zusammenhang derartige Klagen nicht vor, was bezüglich der Schadenersatzansprüche der Gesellschaft gegenüber den Mitgliedern ihres Statutarorgans wohl hauptsächlich damit zusammenhängt, dass das Vorliegen derartiger Ansprüche für die Gläubiger oft schwer erkennbar ist. Bezüglich der Pfändung der Ansprüche der Gesellschaft auf Leistung des ausständigen Teiles der Bareinlage bzw des Emissionskurses ist es außerdem nicht geklärt, ob eine derartige Vorgangsweise nicht gegen den Grundsatz der Kapitalerhaltung verstoßen würde.

---

90 Die Verjährung ist nach der geltenden Rechtslage doppelt geregelt, und zwar sowohl im Bürgerlichen Gesetzbuch als auch im Handelsgesetzbuch. Im ersten Fall beträgt die allgemeine Verjährungsfrist drei Jahre, im zweiten Fall beträgt sie vier Jahre. Die Schadenersatzansprüche verjähren nach § 106 Abs 1 ObčZ innerhalb von zwei Jahren ab dem Tag, an dem der Geschädigte vom Schaden und von der Person, die für den Schaden haftet, erfährt (subjektive Verjährungsfrist). Gem § 106 Abs 2 ObčZ verjähren jedoch die Schadenersatzansprüche grundsätzlich spätestens innerhalb von drei Jahren und im Falle von absichtlich zugefügten Schäden innerhalb von zehn Jahren ab dem Tag, an dem das Ereignis eingetreten ist, aufgrund dessen der Schaden entstanden ist (objektive Verjährungsfrist). Das neue Bürgerliche Gesetzbuch vereinheitlicht in § 629 die Länge der Verjährungsfrist auf drei Jahre.

91 Anders ist die slowakische Rechtslage, denn in § 194 Abs 9 ObchZ ist ausdrücklich geregelt, dass der Gläubiger der Gesellschaft die Schadenersatzansprüche der Gesellschaft gegenüber den Statutarorganen der AG in eigenem Namen und auf eigene Rechnung geltend machen kann, wenn er seine Forderung aus dem Vermögen der Gesellschaft nicht befriedigen kann.

92 Gesetz Nr 99/1963 Sb.

93 Bezüglich der Schadenersatzansprüche allg s *Krbek* in Drápal/Bureš et al, OSŘ § 312 S 2393.

Das neue Gesetz über Handelskörperschaften behandelt die Gesellschafterklage an drei Stellen. Zuerst regelt § 4 ZOK im Rahmen der allgemeinen Bestimmungen im Unterschied zur derzeit geltenden Rechtslage die Beweislastumkehr zugunsten des klagenden Gesellschafters, da er bestimmt, dass – wenn dieses Gesetz dem Gesellschafter einer Handelskörperschaft die Möglichkeit gibt, für oder gegen die Gesellschaft ein Recht geltend zu machen – die verpflichtete Person die Beweislast dafür trägt, dass sie keine rechtswidrige Handlung gesetzt hat, es sei denn das Gericht entscheidet, dass man dies von ihr billigerweise nicht verlangen kann. Auf diese Weise wurde die allgemeine Regel über die Beweislastumkehr zulasten der stärkeren und somit besser informierten Subjekte eingeführt, wobei dieses Konzept einerseits dem bisherigen Trend entspricht, der bei den Beweismitteln iZm der Ausübung der Sorgfalt des ordentlichen Geschäftsleiters verfolgt wurde, und andererseits den Schutz der schwächeren Parteien, insb der Minderheitsaktionäre, stärkt.[94]

Im neuen GmbH-Recht ist die Gesellschafterklage in §§ 157 ff ZOK geregelt. Nach diesen Bestimmungen ist jeder Gesellschafter berechtigt, für die Gesellschaft vom Geschäftsführer den Ersatz der Beeinträchtigung zu verlangen, die ihr dieser zugefügt hat, oder die Erfüllung einer etwaigen Vereinbarung über deren Begleichung zu fordern.[95] Er ist weiters berechtigt, die Gesellschaft in dem zu diesem Zweck eingeleiteten Verfahren, auch in einem etwaigen Vollstreckungsverfahren, zu vertreten. Der Gesellschafter ist dann nicht berechtigt, den Ersatz der Beeinträchtigung gegenüber dem Geschäftsführer geltend zu machen, falls hierüber im Sinne der Vereinbarung über die Begleichung der Beeinträchtigung entschieden wurde, es sei denn derjenige, welcher der Gesellschaft die Beeinträchtigung verursacht hat, ist zugleich ihr einziger Gesellschafter oder eine sie beherrschende Person. Eine Gesellschafterklage kann außerdem auch dann eingebracht werden, wenn die Beeinträchtigung der Gesellschaft von einem Mitglied des AR – falls dieser errichtet wurde – oder von einer einflussreichen Person herbeigeführt wurde. Nach der ausdrücklichen gesetzlichen Bestimmung gilt für die Zwecke der Gesellschafterklage als Geschäftsführer, AR-Mitglied oder einflussreiche Person auch derjenige, der diese Position nicht mehr innehat, sie jedoch zum Zeitpunkt der Entstehung der Beeinträchtigung, deren Ersatz von ihm seitens der durch den Gesellschafter vertretenen Gesellschaft verlangt wird, ausgeübt hat. Unverändert bleibt die Möglichkeit der Erhebung von Gesellschafterklagen im Falle des Verzugs eines Gesellschafters mit der Einlagenleistung – diese kann nach der neuen Rechtslage entweder auf die Erfüllung der Einlagenleistung oder auf den gerichtlichen Ausschluss des Gesellschafters aus der Gesellschaft abzielen.

---

94 Begründungsbericht zum ZOK, abgedruckt in *Havel* et al, Zákon o obchodních korporacích 31.

95 Ist wegen der Verletzung der Sorgfaltspflicht eines ordentlichen Geschäftsleiters bei der Handelskörperschaft eine Beeinträchtigung entstanden, kann deren Begleichung gem § 53 Abs 3 ZOK auf Grund eines Vertrages erfolgen, den die Handelskörperschaft mit der verpflichteten Person abschließt. S bereits oben FN 72.

Vor der Einbringung der Gesellschafterklage gegen den Geschäftsführer hat der Gesellschafter den AR schriftlich über seine Absicht zu informieren, sofern dieser errichtet wurde. Falls das informierte Organ bei Gericht die Rechte, deren Geltendmachung für die Gesellschaft der Gesellschafter beabsichtigt, nach der Zustellung der Information über die Absicht des Gesellschafters nicht ohne unnötige Verzögerung geltend macht, kann der Gesellschafter das Recht für die Gesellschaft selbst geltend machen.

Die Aktionärsklage wegen des Ersatzes der Beeinträchtigung, die von einem Gesellschaftsorgan oder einer einflussreichen Person verursacht wurde, sowie wegen der Einzahlung des Emissionskurses ist in § 371 ff ZOK ähnlich wie die Gesellschafterklage der GmbH-Gesellschafter geregelt. Der grundlegende Unterschied besteht – wie es grundsätzlich auch nach der geltenden Rechtslage der Fall ist – darin, dass diese Klage nicht jeder Aktionär, sondern nur eine qualifizierte Aktionärsminderheit erheben kann. Die qualifizierte Aktionärsminderheit ist in § 365 ZOK ähnlich wie nach dem geltenden Recht definiert, jedoch mit zwei Unterschieden, die im Gesetzesentwurf erst im Laufe des Gesetzgebungsprozesses verankert wurden. Der erste Unterschied ist, dass für die Bestimmung des entscheidenden Prozentanteils des Aktionärs bzw der Aktionäre am Grundkapital nicht nur der Nennwert der Aktien, sondern alternativ auch die Anzahl der Stückaktien[96] ausschlaggebend ist. Der zweite Unterschied besteht darin, dass in einer AG, deren Grundkapital 500.000.000,– Kč (dh ca € 20.000.000,–) oder mehr beträgt, als qualifizierte Aktionäre solche Aktionäre gelten, die Aktien mit einem Gesamtnennwert oder einer Stückanzahl von mindestens 1 % des Grundkapitals halten. Der Aktionär ist gem § 374 ZOK verpflichtet, von seiner Absicht, die Ansprüche der Gesellschaft gegenüber den Mitgliedern des Statutarorgans im Wege der *actio pro socio* geltend zu machen, zuerst den AR in Kenntnis zu setzen, der auf diese Weise die Möglichkeit hat, selbst die Klage einzubringen und somit den Aktionär zu entlasten.[97]

Die mit der Geltendmachung der Gesellschafter- bzw Aktionärsklage verbundenen Aufwendungen trägt die Gesellschaft, es sei denn dass die Erhebung der Klage unbegründet war, wobei hierüber im Einzelfall das Gericht entscheiden sollte, welches auch zu bestimmen hat, wer letztendlich die Verfahrenskosten tragen soll. Dadurch werden die Bestimmungen des Privatrechts über Rechtsmissbrauch nicht beeinträchtigt.[98] Unter Berücksichtigung des Grundsatzes *vigilantibus iura* wurden der Geltendmachung einer Gesellschafter- bzw Aktionärsklage durch die allgemeinen Verjährungsfristen Grenzen gesetzt.[99] Das neue Bürgerliche Gesetzbuch vereinheitlicht in § 629 Abs 1 die Länge der Ver-

---

96 Im Unterschied zur geltenden Rechtslage kann die AG gem § 257 ZOK auch Stückaktien ausgeben. Zu den Stückaktien s näher *Kožiak*, ObPr 8/2010, 8–12.

97 Begründungsbericht zum ZOK, abgedruckt in *Havel* et al, Zákon o obchodních korporacích 154.

98 Begründungsbericht zum ZOK, abgedruckt in *Havel* et al, Zákon o obchodních korporacích 154.

99 Begründungsbericht zum ZOK, abgedruckt in *Havel* et al, Zákon o obchodních korporacích 154.

jährungsfrist auf drei Jahre. Bei der Verjährung von Ansprüchen unterscheidet es im Unterschied zur geltenden Rechtslage[100] allgemein zwischen subjektiven und objektiven Verjährungsfristen. Handelt es sich um Rechte, die beim Organ der öffentlichen Macht durchgesetzt werden können, beginnt die Verjährungsfrist gem § 691 Abs 1 NOZ ab dem Tag zu laufen, an dem das Recht zum ersten Mal geltend gemacht werden konnte. Gem § 691 Abs 2 NOZ kann das Recht zum ersten Mal geltend gemacht werden, sobald die berechtigte Person über die Umstände, die für den Beginn des Laufes der Verjährungsfrist entscheidend sind, Kenntnis erlangt hat oder hätte Kenntnis erlangen sollen und können. Vermögensrechte verjähren gem § 629 Abs 2 NOZ grundsätzlich spätestens nach dem Ablauf von zehn Jahren ab dem Tag, an dem sie fällig wurden. Gem § 636 NOZ verjährt das Recht auf Ersatz des Schadens oder einer anderen Beeinträchtigung idR spätestens zehn Jahre ab dem Tag, an dem der Schaden bzw die Beeinträchtigung entstanden ist, gegebenenfalls innerhalb von fünfzehn Jahren, falls der Schaden absichtlich verursacht wurde.[101]

Es kann gem § 630 Abs 1 NOZ auch eine kürzere oder eine längere Verjährungsfrist vereinbart werden, jedoch darf die kürzere Frist nicht kürzer als ein Jahr und die längere Frist nicht länger als fünfzehn Jahre sein. Wird eine kürzere oder längere Frist zulasten der schwächeren Partei vereinbart, wird auf eine derartige Vereinbarung keine Rücksicht genommen. Die Vereinbarung einer kürzeren Verjährungsfrist wird auch dann nicht berücksichtigt, wenn es sich ua um ein Recht handelt, das aufgrund einer absichtlichen Pflichtverletzung entsteht.[102]

3. Haftung aufgrund Beteiligung

a) *Kapitalerhaltungsregeln*

aa) *Verbot der Einlagenrückgewähr*

Die Grundlage des Kapitalerhaltungsgrundsatzes bildet das Verbot der Einlagenrückgewähr. Gem § 123 Abs 3 ObchZ dürfen die GmbH-Gesellschafter während der Existenz der Gesellschaft die Rückgewähr ihrer Stammeinlagen nicht verlangen. Der Gegenstand der Stammeinlage, zu deren Leistung sich der

---

100 Nach der geltenden Rechtslage regelt das Gesetz bei demselben Anspruch nur ausnahmsweise sowohl objektive als auch subjektive Verjährungsfristen. ZB bei Schadenersatzansprüchen ist dies der Fall, vgl oben FN 90.

101 Diese Bestimmung beruht auf dem derzeit geltenden § 106 Abs 1 ObčZ und macht den Beginn des Fristenlaufs bei der objektiven Verjährungsfrist von der Entstehung des Schadens abhängig. Es wird somit nicht die geltende parallele Regelung des § 398 ObchZ übernommen, die laut Begründungsbericht ungeeignet ist, weil auf ihrer Grundlage der Fristenlauf bei der objektiven zehnjährigen Verjährungsfrist ab der Pflichtverletzung zu laufen beginnt, die die Ursache für die Schadensentstehung darstellt, und es somit möglich ist, dass das Schadenersatzrecht früher verjährt als der Schaden entsteht. Eine derartige Auffassung widerspricht dem verfassungsrechtlich garantierten Recht auf gerichtlichen Schutz, s Begründungsbericht zum NOZ, abgedruckt in *Eliáš* et al, Nový občanský zákoník 279.

102 Vgl § 630 Abs 2 NOZ.

Gesellschafter gegenüber der Gesellschaft verpflichtet hat und den er im Rahmen der Erfüllung seiner Einlagenpflicht eingebracht hat, geht in das Eigentum der Gesellschaft über und der Gesellschafter verfügt über keine Rechte mehr daran. Die Stammeinlagen der Gesellschafter bilden das Stammkapital, dessen Umfang während der Existenz der Gesellschaft grundsätzlich nicht gemindert werden darf. Das Verbot der Einlagenrückgewähr ergibt sich somit bereits aus dem Wesen der GmbH, deren Gesellschafter nach der Einzahlung sämtlicher Stammeinlagen für deren Verbindlichkeiten nicht haften und deren Vermögen vom Vermögen der Gesellschafter getrennt ist.[103] Eine Ausnahme davon bildet der Prozess der Kapitalherabsetzung, in dessen Rahmen ein bestimmter Teil der Stammeinlage zurückgewährt werden kann, falls die Kapitalherabsetzung nicht aus dem Grund durchgeführt wird, dass der Gesellschafter seine Einlagenpflicht nicht in vollem Umfang erfüllt hat.[104] Durch die Kapitalherabsetzung kann die Stammeinlage des Gesellschafters nicht vollkommen untergehen. Aus Gründen der Kapitalherabsetzung kann nur jene Stammeinlage untergehen, die auf den eigenen Geschäftsanteil der Gesellschaft entfällt.[105] Im Falle der Kapitalherabsetzung hat der Gesellschafter keinen Anspruch auf Rückgewähr der Sacheinlage, die er in die Gesellschaft eingebracht hat, weil die Eigentümerin dieses Gegenstandes die Gesellschaft geworden ist, welche ihn während ihrer Existenz veräußern oder verbrauchen kann. Nichts hindert die Gesellschafter jedoch daran, in der Satzung zu regeln oder mit der Gesellschaft zu vereinbaren, dass sie ihr eingebrachtes Vermögen im Rahmen der Kapitalherabsetzung wieder zurückbekommen.[106] Das Verbot der Einlagenrückgewähr steht naturgemäß einer Auszahlung des Ausgleichsanspruches beim Ausscheiden des Gesellschafters aus der Gesellschaft oder einer Auszahlung des Abwicklungserlöses nicht entgegen. Auch in diesen Fällen hat allerdings der Gesellschafter lediglich den Anspruch auf eine Barzahlung und nicht auf die Rückgewähr des Gegenstandes einer Sacheinlage.[107] In diesem Zusammenhang ist noch zu ergänzen, dass vom Verbot der Einlagenrückgewähr gleichfalls nicht die von den Gesellschaftern geleisteten Zuzahlungen[108] betroffen sind, da § 121 Abs 4 ObchZ bestimmt,

---

103 *Pokorná* in Pokorná/Kovařík/Čáp et al, ObchZ § 123 S 574.

104 *Pokorná* in Pokorná/Kovařík/Čáp et al, ObchZ § 123 S 574.

105 *Pokorná* in Pokorná/Kovařík/Čáp et al, ObchZ § 123 S 574.

106 *Dědič* in Dědič et al, ObchZ § 123 S 1091.

107 Gem § 61 Abs 2 ObchZ ist der Ausgleichsanspruch in bar zu leisten, falls sich aus dem Gesellschaftsvertrag oder aus der Satzung der Gesellschaft nicht etwas anderes ergibt, vgl *Štenglová* in Štenglová/Plíva/Tomsa et al, ObchZ[13] § 123 S 420.

108 Die Pflicht zur Leistung von Zuzahlungen ist in § 121 ObchZ geregelt, wonach der Gesellschaftsvertrag bestimmen kann, dass die Generalversammlung berechtigt ist, die Gesellschafter zu verpflichten, durch bare Zuzahlungen außerhalb des Stammkapitals über den Betrag der Stammeinlagen hinaus und bis zur Hälfte des Stammkapitals entsprechend der Höhe ihrer Stammeinlagen zur Bildung des Eigenkapitals beizutragen. Erreicht die Höhe der obligatorischen Zuzahlung den Wert der Hälfte des Stammkapitals, können weitere Zuzahlungspflichten nicht mehr auferlegt werden. Erfüllt der Gesellschafter seine Pflicht zur Leistung der Zuzahlung nicht, kann er bei Vorliegen der Voraussetzungen gem § 113 Abs 2 bis 6 ObchZ (dh nach der Aufforderung zur Leistung und nach der Gewährung einer zumindest dreimonatigen

dass die Zuzahlungen den Gesellschaftern in dem Umfang, in dem sie die Verluste der Gesellschaft übersteigen, zurückgewährt werden können.

Gem § 179 Abs 2 ObchZ ist der Aktionär während der Existenz der Gesellschaft sowie im Falle ihrer Auflösung nicht berechtigt, die Rückgewähr seiner Einlagen zu verlangen.[109] Genauso wie im GmbH-Recht wird der Gegenstand der Einlage durch die Einzahlung bzw Einbringung Teil des Gesellschaftsvermögens, und der Aktionär hat grundsätzlich kein Recht, die Rückgewähr des Wertes seiner Einlage zu verlangen, weil das Grundkapital eine Garantie dafür darstellt, dass die Gesellschaft mit einem bestimmten Haftungsfonds ausgestattet ist.[110] Als Einlagenrückgewähr gilt allerdings nicht eine Leistung, die den Aktionären infolge der Kapitalherabsetzung, beim gesetzmäßigen Abkauf der Aktien durch die Gesellschaft, im Falle der Rückgabe des Zwischenscheins oder dessen Kraftloserklärung und schließlich bei der Verteilung des Abwicklungserlöses gewährt wird. Genauso wie im GmbH-Recht hat auch hier der Aktionär keinen Anspruch darauf, dass ihm die Gesellschaft seine Sacheinlage zurückgewährt. Es kann jedoch Abweichendes mit der Gesellschaft vereinbart werden.[111]

Im Falle der gesetzwidrigen Einlagenrückgewähr kommt die allgemeine Bestimmung über die Verantwortung der Geschäftsführer bzw Vorstandsmitglieder sowie – iVm § 66 Abs 6 ObchZ –theoretisch auch der faktischen Geschäftsführer gem § 194 Abs 5 f ObchZ zum Tragen, der die Innenhaftung der Statutarorgane für den Schaden begründet, den diese der Gesellschaft durch den Verstoß gegen die Sorgfaltspflicht des ordentlichen Geschäftsleiters verursacht haben. Gleichfalls begründet diese Bestimmung die solidarische Bürgschaft der Vorstandsmitglieder und der (faktischen) Geschäftsführer gegenüber den Gläubigern der Gesellschaft, falls sie ihre Schadenersatzpflicht nicht erfüllen und die Gläubiger ihre Forderungen gegenüber der Gesellschaft aus dem Gesellschaftsvermögen wegen Zahlungsunfähigkeit oder aus dem Grund der Zahlungseinstellung nicht befriedigen können.[112]

Nachfrist hierfür) von der GV aus der Gesellschaft ausgeschlossen werden. Mit der Zustimmung der GV kann der GmbH-Gesellschafter der GmbH die Zuzahlung auch dann gewähren, wenn dies im Gesellschaftsvertrag nicht geregelt wird. Die Erfüllung der Zuzahlungspflicht oder die freiwillige Leistung von Zuzahlungen hat auf die Höhe der Stammeinlage des Gesellschafters sowie auf die Höhe des Stammkapitals keinen Einfluss. Zur neuen Rechtslage s §§162–166 ZOK. Als wesentlicher Unterschied zur geltenden Rechtslage ist hier anzuführen, dass die Gesamthöhe der Zuzahlungen nicht gesetzlich vorgeschrieben ist, sondern im Gesellschaftsvertrag anzuführen ist – andernfalls kann die Pflicht zur Leistung von Zuzahlungen den Gesellschaftern nicht auferlegt werden. Außerdem steht nach der neuen Rechtslage den Gesellschaftern, die in der GV nicht für die Auferlegung der Zuzahlungspflicht gestimmt und die ihre Einlagenpflicht bereits vollständig erfüllt haben, das Austrittsrecht aus der Gesellschaft zu. S dazu näher Begründungsbericht zum ZOK, abgedruckt in *Havel* et al, Zákon o obchodních korporacích 90 f.

109 Dasselbe gilt auch im Falle der Eröffnung eines Insolvenzverfahrens, vgl NS ČR 26.10.2005, 29 Odo 955/2005.

110 *Pokorná* in Pokorná/Kovařík/Čáp et al, ObchZ § 179 S 805.

111 *Dědič* in Dědič et al, ObchZ § 179 S 1796; *Štenglová* in Štenglová/Plíva/Tomsa et al, ObchZ[13] § 179 S 593.

112 S näher oben II.2.b.

Obwohl im Unterschied zur gesetzwidrig ausbezahlten Dividende an den nicht gutgläubigen Aktionär und zur unberechtigten Gewinnausschüttung an die GmbH-Gesellschafter[113] weder in den GmbH-rechtlichen noch in den aktienrechtlichen Bestimmungen ausdrücklich bestimmt ist, dass der Gesellschafter verpflichtet ist, die gesetzwidrig zurückgewährte Einlage ans Gesellschaftsvermögen zurückzugeben, ergibt sich uE diese Pflicht unmittelbar aus dem Zweck des Verbotes der Einlagenrückgewähr. Die Gesellschaft könnte die Einlagen aus dem Titel der grundlosen Bereicherung zurückverlangen.

Im neuen Gesetz über die Handelskörperschaften ist das Verbot der Einlagenrückgewähr im Allgemeinen Teil verankert. Während der Existenz der Handelskörperschaft sowie bei deren Auflösung hat der Gesellschafter gem § 16 ZOK kein Recht auf Rückgewähr der Einlage. Genauso wie nach der geltenden Rechtslage berührt das Verbot der Einlagenrückgewähr nicht das Recht des Gesellschafters auf Ausgleichszahlung beim Ausscheiden aus der Gesellschaft sowie auf Abwicklungserlös und weiters die Möglichkeit der Leistung aus Gründen der Kapitalherabsetzung, wobei im Rahmen der Regelung der Aktiengesellschaft noch weitere Ausnahmen vorgesehen sind,[114] zB eine Leistung, die im Zuge des Abkaufs der Aktien durch die Gesellschaft bei Erfüllung der gesetzlichen Bedingungen erfolgt. Im Falle der verbotenen Einlagenrückgewähr kommen auch in Zukunft die Bestimmungen über die allgemeine Verantwortung der Mitglieder des Statutarorgans wegen der Verletzung der Sorgfalt des ordentlichen Geschäftsleiters gem § 53 ZOK zum Tragen, somit insb die Schadenersatzhaftung gegenüber der Gesellschaft und weiters die gesetzliche Bürgschaft jener Organmitglieder, die der Gesellschaft den Schaden nicht ersetzt haben, für die Schulden der Gesellschaft gegenüber deren Gläubigern gem § 159 Abs 3 NOZ, falls diese die geschuldeten Geldleistungen von der Gesellschaft nicht erlangen können.[115] Der Anspruch der Gesellschaft auf Rückzahlung der gesetzwidrig ausbezahlten Einlagen ist auch nach ZOK nicht ausdrücklich geregelt.

ab) Verbot der unberechtigten Gewinnausschüttung

Das Verbot der Einlagenrückgewähr wird durch das Verbot der unberechtigten Gewinnausschüttung ergänzt. Das Gesetz legt zwingende Bedingungen fest, unter welchen die Gewinnauschüttung erfolgen darf.[116] Gem § 123 Abs 4 ObchZ sind die GmbH-Gesellschafter verpflichtet, der Gesellschaft einen solchen Gewinnanteil zurückzugeben, der im Widerspruch zum Gesetz ausbezahlt wurde. Das Gesetz regelt weder die Frist für die Rückgewähr von unberechtigt ausbezahlten Gewinnanteilen noch den Zeitpunkt, zu dem die Rückzahlungsverpflichtung des Gesellschafters entsteht. Aus der Natur der Sache ergibt sich,

---

113 S gleich unten II.3.a.ab.
114 Begründungsbericht zum ZOK, abgedruckt in *Havel* et al, Zákon o obchodních korporacích 37.
115 S näher oben II.2.b.
116 S §§ 65a, 123 und 178 ObchZ.

dass die Tatsache, dass Gewinnanteile unberechtigterweise ausbezahlt wurden, von den Geschäftsführern, die in der GV die Gewinnverteilung vorgeschlagen haben, wenn auch erst nachträglich, festgestellt werden sollte, sofern sie sich mit der Sorgfalt von ordentlichen Geschäftsleitern um die Angelegenheiten der Gesellschaft kümmern. Die Gesellschafter sollten in der Folge die unberechtigt ausbezahlten Gewinnanteile ohne unnötige Verzögerung zurückzahlen, nachdem sie hiezu von den Geschäftsführern aufgefordert wurden, und zwar ohne Rücksicht darauf, ob das Gericht über die Ungültigkeit des GV-Beschlusses, auf dessen Grundlage die Gewinnausschüttung erfolgte, entschieden hat. Ab diesem Zeitpunkt beginnt auch die vierjährige Verjährungsfrist zu laufen.[117] Für die Rückgewähr der Gewinnanteile bürgen *ex lege* die Geschäftsführer, die sich mit deren Auszahlung einverstanden erklärt haben. Es handelt sich hier um eine akzessorische und subsidiäre Bürgschaft der Geschäftsführer gegenüber der Gesellschaft und nicht gegenüber den Gläubigern der Gesellschaft.

Gem § 179 Abs 1 ObchZ sind die Aktionäre nicht verpflichtet, eine in gutem Glauben erhaltene Dividende zurückzuerstatten, wobei im Zweifel die Gutgläubigkeit angenommen wird. In diesem Punkt unterscheidet sich die Regelung der AG von jener der GmbH, weil die GmbH-Gesellschafter den ungerechtfertigt ausbezahlten Gewinnanteil ohne Rücksicht darauf zurückgeben müssen, ob sie ihn in gutem Glauben erhalten haben oder nicht. Das Gesetz setzt hier den guten Glauben der Aktionäre voraus, somit müsste in einem allfälligen Gerichtsverfahren die Gesellschaft beweisen, dass die Aktionäre beim Erhalt der Dividende bösgläubig waren. Die mangelnde Gutgläubigkeit kann entw in der Fahrlässigkeit oder im Vorsatz ihre Ursache haben und kann sich entw auf die Auszahlung der Dividende als solche oder lediglich auf deren Höhe beziehen.[118] Kam es im Widerspruch zum Gesetz zur Auszahlung eines anderen Gewinnanteils[119] als der Dividende, ist der Erwerber des Gewinnanteils zu dessen Rückzahlung an die Gesellschaft entsprechend den Bestimmungen über die grundlose Bereicherung[120] unabhängig von seiner etwaiger Gutgläubigkeit verpflichtet. Die Vorstandsmitglieder bürgen in diesem Fall *ex lege* für die Rückzahlung des unrechtmäßig Begünstigten. Es handelt sich hier wie auch sonst um eine akzessorische und subsidiäre Bürgschaftsverpflichtung.

Im neuen Gesetz über die Handelskörperschaften ist das grundsätzliche Verbot der ungerechtfertigten Gewinnausschüttung im Allgemeinen Teil verankert.[121] Besondere Voraussetzungen für die Gewinnausschüttung enthalten weiters sowohl die Sonderbestimmungen des GmbH-Rechts[122] als auch jene des

---

117 *Pokorná* in Pokorná/Kovařík/Čáp et al, ObchZ § 123 S 575.
118 *Pokorná* in Pokorná/Kovařík/Čáp et al, ObchZ § 179 S 805.
119 Die sonstigen Gewinnanteile sind insb Tantiemen, also Gewinnanteile, die den Organmitgliedern zustehen, vgl *Pokorná* in Pokorná/Kovařík/Čáp et al, ObchZ § 179 S 805.
120 *Dědič* in Dědič et al, ObchZ § 179 S 1795.
121 S dazu näher § 34 Abs 3 S 2 ZOK.
122 § 161 ZOK.

Aktienrechts.[123] Nach der neuen Rechtslage darf darüber hinaus gem § 40 Abs 1 ZOK die Handelskörperschaft keinen Gewinn und auch keine anderen Eigenmittel ausschütten sowie keine Vorschüsse[124] leisten, falls sie auf diese Weise die eigene Insolvenz[125] gem dem Insolvenzgesetz herbeiführen würde. Diese Bestimmung gilt gem § 41 ZOK entsprechend auch im Falle der Gewährung eines Vorschusses, eines Darlehens oder eines Kredits seitens der Handelskörperschaft für Zwecke des Erwerbes von deren Anteilen sowie im Falle der Gewährung von Sicherungen für diese Zwecke (sog Finanzierungshilfe[126]) und beim Erwerb der Aktien durch die AN zu günstigen Bedingungen. Die Verpflichtung, die Gesellschaft im Falle der Auszahlung von Gesellschaftsmitteln einem Insolvenztest zu unterziehen, ist hauptsächlich als eine Reaktion auf den Verzicht auf die Schutzfunktion des Stammkapitals im GmbH-Recht zu werten.[127]

Es wird angenommen, dass jene Mitglieder des Statutarorgans, die mit der gesetzwidrigen Auszahlung des Gewinnanteils einverstanden waren, nicht mit der Sorgfalt von ordentlichen Geschäftsleitern gehandelt haben.[128] Es trifft sie die allgemeine Haftung für die Verletzung der Sorgfaltspflicht des ordentlichen Geschäftsleiters gem § 53 ZOK, sie haften somit vor allem für die Beeinträchtigung, die der Gesellschaft zugefügt wurde, und das Organmitglied, das diesen Schaden nicht ersetzt, bürgt gem § 159 Abs 3 NOZ weiters für die Verbindlichkeiten der Gesellschaft gegenüber ihren Gläubigern in dem Umfang, in dem es den Schaden nicht ersetzt hat, falls die Gläubiger die geschuldete Leistung nicht von der Gesellschaft erlangen können. Gem § 35 Abs 1 ZOK muss der gesetzwidrig ausgezahlte Gewinnanteil nicht zurückgewährt werden, es sei denn die Person, an die er ausbezahlt wurde, wusste oder hätte wissen müssen, dass bei dessen Auszahlung die von diesem Gesetz festgelegten Voraussetzungen verletzt wurden. Im Zweifel wird der gute Glaube angenommen. Die Verjährungsfrist für die Rückzahlung des Gewinnanteils beginnt am Auszahlungstag zu laufen.[129] Nach der ausdrücklichen gesetzlichen Regelung[130] kommt § 35 Abs 1 f ZOK im Falle der Gewährung von Vorschüssen auf Gewinnanteile nicht zur Anwendung. Dagegen regelt das Gesetz nicht ausdrücklich, ob im Falle einer gesetzwidrig ausbezahlten Finanzierungshilfe im Sinne von § 41 ZOK die Begünstigten zur Rückzahlung verpflichtet sind.

Durch die neue Regelung werden die Rechtsfolgen einer ungerechtfertigten Gewinnausschüttung für die GmbH und die AG vereinheitlicht. Gleichfalls wird die Regelung innerhalb der AG dadurch vereinheitlicht, dass das Gesetz nicht zwischen Dividende und sonstigen Gewinnanteilen unterscheidet.

---

123 §§ 348 ff ZOK.
124 Zu den Bedingungen für die Auszahlung von Vorschüssen s näher § 40 Abs 2 ZOK.
125 Zur Definition der Insolvenz s unten III.2.
126 Zu den sonstigen Voraussetzungen für die Gewährung der Finanzierungshilfe nach der geltenden und zukünftigen Rechtslage s §§ 120a u 161f ObchZ sowie §§ 200 u 311 ZOK.
127 Begründungsbericht zum ZOK, abgedruckt in *Havel* et al, Zákon o obchodních korporacích 44.
128 § 34 Abs 3 S 3 ZOK.
129 § 35 Abs 2 ZOK.
130 § 35 Abs 3 ZOK.

ac) Maßnahmen zur Vermeidung von Interessenskonflikten

Im Zusammenhang mit dem Grundsatz der Kapitalerhaltung ist es notwendig, § 196a ObchZ zu erwähnen, der die vermögensrechtlichen Transaktionen zwischen der Gesellschaft und einem bestimmten Personenkreis regelt.[131] Diese Norm bezweckt den Schutz des Gesellschaftsvermögens vor ungünstigen Rechtsgeschäften zulasten der Gesellschaft, es handelt sich jedoch zugleich um eine Bestimmung, die in der Praxis etliche Auslegungsprobleme und Rechtsunsicherheiten verursacht.

Die Gesellschaft darf gem § 196a Abs 1 ObchZ einen Kredit- oder einen Darlehensvertrag mit einem Vorstandsmitglied, einem AR-Mitglied, einem Prokuristen oder einer anderen Person, die berechtigt ist, im Namen der Gesellschaft einen derartigen Vertrag abzuschließen,[132] bzw mit einer diesen Personen nahestehenden Person[133] nur bei Vorliegen einer vorherigen Zustimmung der

---

131 Diese Bestimmung befindet sich im Aktienrecht. Was die GmbHs betrifft, so enthält § 135 Abs 2 ObchZ den Verweis auf sinngemäße Anwendung des § 196a ObchZ. Auch wenn dieser Verweis systematisch bei der Regelung der Rechtsstellung der Geschäftsführer eingeordnet ist, geht die hM davon aus, dass diese Bestimmung ganz allgemein auf die GmbH anzuwenden ist, vgl *Dědič* in Dědič et al, ObchZ §196a S 2446–2447 oder *Novák*, PrRa 9/2004, 4–13. Dagegen skeptisch *Chalupa*, PrRa 3/2010, 21–23.

132 Es handelt sich hier insb um leitende Angestellte, die berechtigt sind, auf der Grundlage von § 15 ObchZ zu handeln. Nach dieser Bestimmung gilt derjenige, der beim Betrieb des Unternehmens mit einer bestimmten Tätigkeit beauftragt wurde, als zu sämtlichen Handlungen bevollmächtigt, die im Rahmen dieser Tätigkeit üblicherweise ausgeübt werden, vgl *Pokorná* in Pokorná/Kovařík/Čáp et al, ObchZ § 196a S 957.

133 Gem § 116 ObčZ gehören zu den nahestehenden Personen Verwandte in gerader Linie, Geschwister, Ehepartner und Partner iSd Gesetzes Nr 115/2006 Sb über die registrierte Partnerschaft. Andere Personen in einem Familien- oder ähnlichen Verhältnis gelten dann als nahestehende Personen, falls die Beeinträchtigung, die eine von ihnen erleiden würde, die andere begründet als ihre eigene Beeinträchtigung empfinden würde. Diese Bestimmung hat sich ursprünglich nur auf Beziehungen zwischen natürlichen Personen bezogen, NS ČR hat sie jedoch in seiner Entscheidung vom 1.8.2002, Cdo 2192/2001 für die Zwecke der Gläubigeranfechtung gem § 42a ObčZ analog auch auf die Beziehungen zwischen natürlichen und juristischen Personen angewendet, indem es ausgeführt hat, dass die juristische Person als eine nahestehende Person des Schuldners, der eine natürliche Person ist, anzusehen ist, falls der Schuldner zugleich ihr Statutarorgan bzw dessen Mitglied, ihr Gesellschafter, ihr Mitglied oder ihr AN ist bzw er zu ihr eine ähnliche Beziehung hat und wenn er die Beeinträchtigung, die die juristische Person erlitten hat, begründet als eigene Beeinträchtigung empfinden würde. (Im vorliegenden Fall handelte es sich um die Einbringung einer Liegenschaft in eine GmbH, wobei der Gesellschafter, der die Liegenschaft als Sacheinlage eingebracht hat, zugleich der einzige Gesellschafter sowie der Geschäftsführer dieser GmbH war.) Zu der Entwicklung der Rechtsprechung in dieser Sache s näher *Čech/Pavela*, PrRa 1/2007, 27–32; *Richter*, PR 2007, 556–561; *Řeháček*, BullAdv 3/2012, 31–33. Das Höchstgericht Prag hat schließlich in seiner Entscheidung vom 19.5.2011, 88 ICm 1193/2010 ausgeführt, dass nahestehende Personen iSv § 196a Abs 1 u 3 ObchZ auch zwei juristische Personen sein können – im konkreten Fall handelte es sich um zwei GmbHs, wobei der einzige Gesellschafter und Geschäftsführer der ersten GmbH der Vater des Gesellschafters und Geschäftsführers der anderen GmbH war. Diese Tendenz befolgte das Höchstgericht Prag auch in seiner Entscheidung vom 18.4.2011, MSPH 99 INS 4962/2009, als es iZm § 59 Abs 2 InsZ ausführte, zwei juristische Personen (im vorliegenden Fall zwei GmbHs) können als nahestehende Personen

HV und unter den im Geschäftsverkehr gewöhnlichen Bedingungen abschließen.[134] Dasselbe gilt, wenn auf all diese Personen das Gesellschaftsvermögen unentgeltlich übertragen werden soll.[135] Die vorherige Zustimmung der HV und die Einhaltung der Bedingungen des gewöhnlichen Geschäftsverkehrs sind gem § 196a Abs 2 ObchZ auch dann notwendig, wenn die Leistung zugunsten solcher Personen erfolgt, in deren Namen[136] die oben angeführten Personen zu handeln berechtigt sind, es sei denn es handelt sich um die Gewährung eines Kredits oder Darlehens seitens der herrschenden Person zugunsten der beherrschten Person. Das Gesetz bestimmt darüber hinaus in § 196a Abs 5 ObchZ, dass die Gesellschaft die Verbindlichkeiten der oben angeführten Personen nur mit Zustimmung der HV sichern darf. Auch in diesem Fall ist die Genehmigung durch die HV nicht erforderlich, wenn es sich um die Sicherung von Verbindlichkeiten der beherrschten Person durch die herrschende Person handelt.

Gem § 196a Abs 4 S 2 ObchZ ist die Zustimmung der HV weiters dann notwendig, wenn die Gesellschaft unentgeltlich Vermögen auf einen Aktionär überträgt.[137] Dagegen regelt das Gesetz nicht ausdrücklich, ob sich § 196a ObchZ auch auf Kredit- oder Darlehensverträge zwischen der Gesellschaft und ihren Aktionären bezieht. Genauso wenig beschäftigt sich mit dieser Problematik die tschechische Literatur.

---

gelten, wenn in ihnen dieselbe Person die Funktion des Geschäftsführers ausübt. S dazu näher *Řeháček*, BullAdv 3/2012, 31–33. Krit in Bezug zu § 196a ObchZ, dagegen zustimmend in Bezug zu § 42a ObčZ *Richter*, PR 2007, 557 ff. Allgemein ablehnend *Havel*, Obchodní korporace ve světle promĕn 140 ff.

134 Im Falle des Kredits- oder Darlehensvertrags ist es irrelevant, ob die Gesellschaft die Stellung des Gläubigers oder des Schuldners innehat, s *Pokorná* in Pokorná/Kovařík/Čáp et al, ObchZ § 196a S 957; *Štenglová* in Štenglová/Plíva/Tomsa et al, ObchZ[13] § 196a S 732.

135 Um eine unentgeltliche Vermögensübertragung handelt es sich auch dann, wenn die Gesellschaft eine fremde Schuld übernimmt und in der Folge bezahlt, NS ČR 2.9.2009, 29 Cdo 4063/2007.

136 Im Namen von juristischen Personen handeln idZ die Mitglieder des Statutarorgans, der Abwickler, der Insolvenzverwalter, der Prokurist oder ein sonstiger rechtsgeschäftlicher Stellvertreter, vgl *Pokorná* in Pokorná/Kovařík/Čáp et al, ObchZ § 196a S 957. Nicht so eindeutig im Falle der Vertretung durch den Prokuristen oder einen sonstigen rechtsgeschäftlichen Stellvertreter *Štenglová* in Štenglová/Plíva/Tomsa et al, ObchZ[13] § 196a S 733.

137 Diese Bestimmung stellt eine Ausnahme iSd § 179 Abs 4 ObchZ dar, wonach die Gesellschaft ihr Vermögen nur dann unentgeltlich auf den Aktionär übertragen darf, wenn dies das Gesetz ausdrücklich zulässt, vgl *Štenglová* in Štenglová/Plíva/Tomsa et al, ObchZ[13] § 196a S 734. IdZ ist auch auf § 193 Abs 2 ObchZ hinzuweisen, wonach die Zustimmung des AR dann notwendig ist, wenn die Gesellschaft einen Vertrag abschließen möchte, auf dessen Grundlage sie im Rahmen eines Rechnungszeitraumes Vermögen, das laut dem letzten Rechnungs- bzw Konzernabschluss mehr als ein Drittel ihres Eigenkapitals ausmacht, zu erwerben oder zu veräußern beabsichtigt. Falls die Gesellschaft notierte Beteiligungswertpapiere ausgegeben hat, ist darüber hinaus auch die Zustimmung der HV erforderlich. § 196a Abs 4 ObchZ gilt hier entsprechend. Laut der aktuellen höchstgerichtlichen Rechtsprechung begründet allerdings die mangelnde Zustimmung des AR nicht die absolute Nichtigkeit eines derartigen Vertrages, s NS ČR 11.4.2012, 29 Odo 3223/2010.

Für die Zustimmung der HV ist nach dieser Bestimmung keine qualifizierte Mehrheit erforderlich, diese kann jedoch in der Satzung festgelegt werden.[138] Die Voraussetzungen für das Vorliegen der im Geschäftsverkehr gewöhnlichen Bedingungen sind im Gesetz nicht definiert; es handelt sich um einen offenen Begriff, dessen Auslegung unter Berücksichtigung der konkreten Umstände des Einzelfalles zu erfolgen hat. Es geht um die Gesamtheit von Bedingungen, unter denen eine vergleichbare Leistung im gleichen Bereich, am gleichen Ort und zur gleichen Zeit erbracht wird.[139]

Das Nichtvorliegen der Zustimmung der HV bzw der im Geschäftsverkehr gewöhnlichen Bedingungen zieht nach hM[140] und Judikatur[141] die absolute Nichtigkeit des Rechtsgeschäft gem § 39 ObčZ nach sich. Im Falle einer Leistung aufgrund eines derartigen Vertrages würde es sich um eine unbegründete Bereicherung handeln, und die Gesellschaft hätte Anspruch auf Rückgewähr der erbrachten Leistung.[142]

Ein besonderes Problem stellt in der Praxis § 196a Abs 3 ObchZ dar, mit dem Art 11 der KapitalRL[143] umgesetzt wurde, der den Mitgliedstaaten die Pflicht auferlegt, das Verfahren, welches bei der Einbringung von Sacheinlagen bei der Gründung der Gesellschaft einzuhalten ist, entsprechend auch auf bestimmte Vermögensübertragungen nach der Gründung der Gesellschaft anzuwenden. Diese Bestimmung gehört systematisch zu den allgemeinen Bestimmungen, die die Sacheinlagen regeln, im tschechischen Recht ist sie jedoch ein Bestandteil von § 196a ObchZ, dessen Ziel die Beschränkung von Interessenskonflikten ist und der vom System her in den die Statutarorgane regelnden Teil gehört.[144] § 196a Abs 3 ObchZ geht in seinem Regelungsbereich in mehrfacher Hinsicht über die Mindestanforderungen der Kapitalrichtlinie hinaus:[145] Wenn die Gesellschaft oder eine durch sie beherrschte Person vom Gründer, Aktionär oder von einer mit ihr im Einvernehmen handelnden Person, weiters von den in Abs 1 angeführten Personen, von einer sie beherrschten Person oder von

---

138 *Eliáš*, Sammelband XII. Karlsbader Juristentage 2002 123; *Štenglová* in Štenglová/Plíva/Tomsa et al, ObchZ[13] § 196a S 732.

139 *Pokorná* in Pokorná/Kovařík/Čáp et al, ObchZ § 196a S 957.

140 ZB *Dědič* in Dědič et al, ObchZ § 196a S 2439; *Pokorná* in Pokorná/Kovařík/Čáp et al, ObchZ § 196a S 957; *Štenglová* in Štenglová/Plíva/Tomsa et al, ObchZ[13] § 196a S 732. AA im Falle der Zustimmung der HV *Eliáš*, Sammelband Karlsbader Juristentage 2002, 123 ff; *Havel*, Obchodní korporace ve světle promĕn 147 ff; *Pelikánová* ObchZ[2] § 196a S 958.

141 NS ČR 2.9.2009, 29 Cdo 4063/2007; NS ČR 27.8.2008, 29 Odo 1386/2006.

142 *Dědič* in Dědič et al, ObchZ § 196a S 2441.

143 Zweite RL 77/91/EWG des Rates vom 13.12.1976 zur Koordinierung der Schutzbestimmungen, die in den Mitgliedstaaten den Gesellschaften im Sinne des Artikels 58 Absatz 2 des Vertrages im Interesse der Gesellschafter sowie Dritter für die Gründung der Aktiengesellschaft sowie für die Erhaltung und Änderung ihres Kapitals vorgeschrieben sind, um diese Bestimmungen gleichwertig zu gestalten, ABl L 026 vom 31.1.1977, 1–13.

144 S dazu näher *Dobeš*, PR 2006, 477–482. Dies ist allerdings nur einer der Gründe für die häufigen kritischen Stimmen, die diese Bestimmung in der Literatur hervorruft, s zB *Dobeš*, PR 2006, 477–482; *Kozel*, PR 2004, S 27–31; *Rychlý*, PR 2003, 512–517.

145 Vgl *Vrajík*, DHK 13/2012, 25 f.

einer Person, mit der sie einen Konzern bildet, Vermögen gegen eine Gegenleistung von mind 10 % des gezeichneten Grundkapitals[146] erwirbt oder wenn die Gesellschaft auf diese Personen ein Vermögen in diesem Wert überträgt, muss der Vermögenswert durch einen Sachverständigen festgestellt werden, der durch das Gericht zu ernennen ist. Nach der bis vor kurzem vorherrschenden Ansicht in der Lehre[147] und Judikatur[148] hatte die Nichteinhaltung dieser Bedingung die absolute Nichtigkeit des Vertrages iSv § 39 ObčZ zur Folge. NS ČR hat jedoch durch seine Entscheidung vom 8.2.2012, 31 Cdo 3986/2009 seine ursprüngliche Rechtsprechung zugunsten der Gültigkeit des Vertrages korrigiert, falls ein Marktpreis oder ein für die Gesellschaft günstigerer Preis vereinbart wurde.[149]

Kommt es zum Vermögenserwerb innerhalb von drei Jahren nach der Entstehung der Gesellschaft, muss dieser außerdem durch die HV genehmigt werden. Die HV muss in diesem Fall ihre Zustimmung nicht vorab erteilen, sie kann die Transaktion auch nachträglich genehmigen, wobei die HV mit einfacher Mehrheit entscheidet, sofern in der Satzung nichts anderes vorgeschrieben ist.[150] Ohne diesen genehmigenden Beschluss ist der Vertrag unwirksam,[151] jedoch nicht absolut nichtig. § 196 Abs 3 ObchZ bezieht sich nicht auf Vermögensveräußerungen und Vermögenserwerbe, die im Rahmen des gewöhnlichen Geschäftsverkehrs,[152] aus Anlass oder unter Aufsicht von staatlichen Organen

---

146 Bei mehreren aufeinanderfolgenden Transaktionen ist jede einzelne Transaktion separat zu behandeln, es sei denn es handelt sich um eine bezweckte Gesetzesumgehung, s NS ČR 26.10.2010, 29 Cdo 4356/2009.

147 *Dědič* in Dědič et al, ObchZ § 196a S 2444; *Pokorná* in Pokorná/Kovařík/Čáp et al, ObchZ § 196a S 958.

148 NS ČR 23.6.2010, 23 Cdo 4836/2009; NS ČR 10.9.2008, 29 Cdo 3300/2008; NS ČR 27.3.2002, 29 Odo 159/2002; NS ČR 3.1.2001, 29 Cdo 2011/2000.

149 Es handelte sich um den Abschluss eines Kaufvertrages über Liegenschaften, wobei der Kaufpreis nur auf der Grundlage einer mündlichen Mitteilung des Sachverständigen, der die Liegenschaft besichtigt hatte, festgestellt wurde. Vom Gericht wurde dieser Sachverständige allerdings erst nach dem Abschluss des Kaufvertrages und der Einverleibung des Eigentumsrechts an der Liegenschaft im Liegenschaftskataster bestellt. In dem in der Folge erstellten Gutachten wurde der Preis in derselben Höhe wie der vereinbarte Kaufpreis festgestellt. NS ČR gelangte unter Berücksichtigung des Zweckes des § 196a Abs 3 ObchZ zu der Schlussfolgerung, dass im Falle der Vereinbarung des Marktpreises oder eines für die Gesellschaft günstigeren Preises der Kaufvertrag nicht allein deswegen absolut nichtig ist, weil dieser Preis nicht auf der Grundlage eines Sachverständigengutachtens bestimmt wurde. Vgl auch NS ČR 19.12.2012, 23 Cdo 608/2011. S dazu bereits *Šuk* in Štenglová-FS 276. Zust *Čech*, PrRa 2/2012, 52 f.

150 *Eliáš*, Sammelband Karlsbader Juristentage 2002, 123.

151 NS ČR 30.8.2005, 29 Odo 996/2004; NS ČR 26.10.2004, 29 Odo 1137/2003; *Dědič* in Dědič et al, ObchZ § 196a S 2448; *Pokorná* in Pokorná/Kovařík/Čáp et al, ObchZ § 196a S 958; *Štenglová* in Štenglová/Plíva/Tomsa et al, ObchZ[13] § 196a S 733 f. Krit *Eliáš*, Sammelband Karlsbader Juristentage 2002, 123 ff; *Havel*, Obchodní korporace ve světle proměn 147 ff.

152 Also auf Übertragungen, bei denen die Gesellschaft den Vertrieb von Produkten im Rahmen des eigenen Unternehmensgegenstands durchführt, gegebenenfalls bei denen sie für die eigene unternehmerische Tätigkeit Rohstoffe, Energie, Halbfabrikate und andere Komponenten kauft, vgl *Pokorná* in Pokorná/Kovařík/Čáp et al, ObchZ § 196a S 958. Zur Auslegung des Begriffes „gewöhnlicher Geschäftsverkehr" s weiters *Chalupa*, PrRA 3/2010, 21–23.

oder im Rahmen eines geregelten europäischen Marktes oder eines gleichgestellten ausländischen Marktes bzw im Rahmen eines europäischen multilateralen Handelssystems erfolgen. Gleichfalls bezieht sich diese Bestimmung nicht auf Fälle, in denen die Gesellschaft vom Aktionär Vermögen im Rahmen der Kapitalerhöhung oder der Aktionär Vermögen von der Gesellschaft im Rahmen einer Kapitalherabsetzung erwirbt.[153]

Falls das Vermögen, das im Widerspruch zu den in § 196a Abs 1 bis 3 ObchZ geregelten Bedingungen erworben wurde, weiter veräußert wird, kommt gem § 196a Abs 6 ObchZ § 446 ObchZ entsprechend zur Anwendung. Nach dieser Bestimmung erwirbt der Käufer das Eigentumsrecht auch dann, wenn der Verkäufer nicht der Eigentümer der verkauften Ware war, es sei denn, dass er zum Zeitpunkt, zu dem er das Eigentumsrecht erwerben sollte, wusste oder hätte wissen können, dass der Verkäufer nicht der Eigentümer und auch nicht befugt war, über die Ware für Verkaufszwecke zu verfügen. § 196a Abs 6 ObchZ wurde erst durch die letzte Novelle des ObchZ dem § 196a hinzugefügt, die am 1.1.2012 in Kraft getreten ist. Bis dahin galten auch alle späteren Übertragungen von Sachen, die vorher im Widerspruch zu § 196a erworben wurden, als absolut nichtig. § 446 ObchZ soll auch auf die Veräußerung von Liegenschaften entsprechende Anwendung finden.[154]

Das Gesetz über die Handelskörperschaften hat den Wortlaut des § 196a Abs 1 f ObchZ nicht übernommen. Im Zentrum der neuen Regelungen über die Lösung von Interessenskonflikten stehen die Informationspflichten der betroffenen Organmitglieder sowie die Möglichkeit der Erteilung des Verbots eines Vertragsabschlusses zwischen einer Gesellschaft und ihren Organmitgliedern bzw ihnen nahestehenden Personen[155] und die Möglichkeit der Unterbrechung der Funktionsausübung aufgrund der Entscheidung des obersten Organs der Gesellschaft bzw des Aufsichtsorgans (§§ 54 ff ZOK). Die Nichteinhaltung der gesetzlichen Voraussetzungen zieht keine absolute Nichtigkeit derartiger Verträge nach sich. Gleichzeitig wurden die Bestimmungen über den Insolvenztest eingeführt (§§ 40 ff ZOK).[156]

§ 196a Abs 3 ObchZ wurde durch § 255 ZOK lediglich in dem Umfang übernommen, der durch Art 11 der KapRL zwingend vorgegeben ist. Die Norm gilt somit ausschließlich für die AGs und sie bezieht sich auf die Fälle der sog Nachgründung, also auf solche Situationen, bei denen nach der Gründung der Gesellschaft die Gefahr droht, dass die zwingenden Bestimmungen über die Bewertung von Sacheinlagen umgangen werden.[157] Falls die Gesellschaft vom

---

153 *Štenglová* in Štenglová/Plíva/Tomsa et al, ObchZ[13] § 196a S 733.
154 S dazu näher *Čech*, PrRa 1/2012, 24; *Josková/Pravda/Heidenhain*, PrRa 4/2012, 38 f; *Vrajík*, DHK 13/2012, 30.
155 Die Möglichkeit der Verbotserteilung bezieht sich gem § 57 ZOK nicht auf Verträge, die im Rahmen des gewöhnlichen Geschäftsverkehrs abgeschlossen werden.
156 Begründungsbericht zum ZOK, abgedruckt in *Havel* et al, Zákon o obchodních korporacích 52 f.
157 S näher Begründungsbericht zum ZOK, abgedruckt in *Havel* et al, Zákon o obchodních korporacích 121 f.

Gründer oder vom Aktionär im Laufe von zwei Jahren nach ihrer Entstehung Vermögen um ein Entgelt erwirbt, das 10 % des gezeichneten Grundkapitals übersteigt, muss das Entgelt gem § 255 Abs 1 ZOK so bestimmt werden, dass es nicht den Wert des durch die Gesellschaft erworbenen Vermögens, der durch ein Sachverständigengutachten[158] festzustellen ist, übersteigt, und der Vermögenserwerb, inklusive der Höhe des Entgelts, muss durch die HV genehmigt werden. Die oben angeführten Regeln beziehen sich nicht auf den Erwerb des Vermögens im Rahmen des gewöhnlichen Geschäftsverkehrs, aus Anlass oder unter Aufsicht von staatlichen Organen oder an einem europäischen geregelten Markt.[159] Dagegen ist die Bestimmung gem § 255 Abs 3 ZOK entsprechend anzuwenden, falls es infolge einer Umgründungsmaßnahme zum Rechtsformwechsel in eine AG kommt, wobei die zweijährige Frist ab der Wirksamkeit der Umgründung zu laufen beginnt.

Wird das Entgelt nicht im Einklang mit dieser Bestimmung festgelegt, gilt gem § 255 Abs 4 ZOK, dass die Vorstandsmitglieder, die für den Vermögenserwerb gestimmt haben, nicht mit der Sorgfalt von ordentlichen Geschäftsleitern gehandelt haben, und der Gründer bzw der Aktionär wird verpflichtet sein, der Gesellschaft jenen Betrag, der den durch das Sachverständigengutachten bestimmten Preis übersteigt, zurückzugeben.

Der derzeit geltende Regelungsbereich des § 196a Abs 3 ObchZ wird somit in Zukunft eingeschränkt sein, und zwar lediglich auf einen Zeitraum von zwei Jahren ab der Entstehung der Gesellschaft bzw ab der Wirksamkeit der Umgründung. Sachlich werden nur solche Fälle erfasst, in denen der Aktionär oder der Gründer Vermögen, dessen Wert 10 % des gezeichneten Grundkapitals übersteigt, auf die Gesellschaft überträgt. Erfasst werden nicht mehr Fälle, in denen der Gründer oder der Aktionär von der Gesellschaft Vermögen in dieser Höhe erwirbt.[160]

b) Eigenkapitalersatzrecht

Die Grundlage des Instituts des kapitalersetzenden Darlehens, das in Österreich in einem Sondergesetz (Eigenkapital-Ersatzgesetz) geregelt ist, stellt die Umqualifizierung des Darlehens der Gesellschafter in Eigenkapital der Gesellschaft dar, falls das Darlehen der Gesellschaft zu einem Krisenzeitpunkt gewährt wurde.[161] Im Rahmen des Insolvenzverfahrens können diese Darlehensforderungen nur nachrangig befriedigt werden, wie aus § 57a der österreichischen Insolvenz-ordnung hervorgeht. Im tschechischen Recht ist ein derartiges

---

158 Nach der neuen Rechtslage muss der Sachverständige nicht vom Gericht *ad hoc* ernannt werden, sondern er wird von der Gesellschaft ernannt, s dazu näher Begründungsbericht zum ZOK, abgedruckt in *Havel* et al, Zákon o obchodních korporacích 121.

159 § 255 Abs 2 ZOK.

160 Begründungsbericht zum ZOK, abgedruckt in *Havel* et al, Zákon o obchodních korporacích 122. Nicht eindeutig ist allerdings das Verhältnis von § 255 ZOK zu den allgemeinen Bestimmung der §§ 48 und 50 ZOK.

161 Vgl § 1 des Eigenkapital-Ersatzgesetzes.

Rechtsinstitut nicht vorgesehen. Auch von der Judikatur wird es nicht angewendet, lediglich in der Literatur kann man zumindest eine Stimme finden, die auf die Notwendigkeit seiner Einführung hinweist.[162]

Das tschechische Insolvenzgesetz bestimmt in § 172 Abs 3, dass im Insolvenzverfahren Forderungen der Gesellschafter oder Mitglieder, die aus ihrer Beteiligung in der Gesellschaft bzw in der Genossenschaft resultieren, immer als letzte verhältnismäßig befriedigt werden. Es handelt sich hier um sog Restforderungen.[163] Weder das Gesetz noch die Gesetzesmaterialien legen fest, um welche Forderungen es in diesem Zusammenhang genau geht. Es ist jedoch davon auszugehen, dass sich § 172 Abs 3 Insolvenzgesetz nicht auf Darlehensforderungen des Gesellschafters gegenüber der Gesellschaft bezieht, weil es sich nach dem Gesetzeswortlaut um Forderungen handeln muss, die aus der Beteiligung *resultieren*, und nicht um Forderungen, die mit diesem Gesellschafterverhältnis bloß *zusammenhängen*. Der Gesellschafter würde zwar wahrscheinlich das Darlehen nicht gewähren, wenn er kein Gesellschafter wäre; davon kann man jedoch schwer ableiten, dass ein derartiges Darlehen aus der Gesellschafterstellung *resultiert*.[164] Im Insolvenzverfahren wird somit die Darlehensforderung des Gesellschafters gegenüber der Gesellschaft denselben Rang wie die Forderungen der sonstigen Gläubiger haben und sie wird gemeinsam mit diesen verhältnismäßig befriedigt. In der Judikatur des NS ČR wird diese Problematik nicht behandelt. Vollständigkeitshalber ist noch darauf hinzuweisen, dass von dem eigenkapitalersetzenden Darlehen die sog Pflicht zur Leistung von Zuzahlungen durch die GmbH-Gesellschafter zu unterscheiden ist, die in § 121 ObchZ verankert ist.

Die Kapitalersatzrecht-Problematik könnte unserer Meinung nach in der Tschechischen Republik anhand des allgemeinen Anfechtungsrechts gelöst werden.[165] Gem § 42a Abs 1 ObčZ kann der Gläubiger vom Gericht die Feststellung verlangen, dass Rechtsgeschäfte des Schuldners ihm gegenüber rechtlich unwirksam sind, falls sie die Befriedigung seiner vollstreckbaren[166] Forderung beeinträchtigen. Dieses Recht steht dem Gläubiger auch dann zu, wenn der Anspruch des Begünstigten gegenüber dem Schuldner aus dem anfechtbaren Rechtsgeschäft bereits vollstreckbar ist oder befriedigt wurde. Dagegen können nichtige Rechtsgeschäfte nicht erfolgreich angefochten werden.[167]

Angefochten werden können gem § 42a Abs 2 ObčZ nur solche Rechtsgeschäfte, die der Schuldner innerhalb der letzten drei Jahre mit der Absicht, seine Gläubiger zu benachteiligen, vorgenommen hat, falls seine Absicht dem anderen Teil hat bekannt sein müssen. Weiters können solche Rechtsgeschäfte angefochten werden, auf deren Grundlage die Gläubiger des Schuldners benachtei-

---

162 *Braun*, PR 2000, 516–518.
163 Begründungsbericht zum Insolvenzgesetz Nr 182/2006 Sb.
164 S auch *Havel*, Obchodní korporace ve světle promēn 64.
165 Zum besonderen Anfechtungsrecht im Rahmen des Insolvenzverfahrens s ausführlich III.3.
166 Vgl NS ČR 3.10.2007, Cdo 2684/2007; NS ČR 5.10.2006, 30 Cdo 794/2006; Kreisgericht Hradec Králové 13.11.1996, 15 Co 714/95. Krit *Richter*, Insolvenční právo 325 ff.
167 NS ČR 26.4.2001, 21 Cdo 1811/2000.

ligt wurden und zu denen es in den letzten drei Jahren zwischen dem Schuldner und ihm nahestehenden Personen[168] gekommen ist oder die der Schuldner innerhalb dieses Zeitraumes zugunsten der ihm nahestehenden Personen getätigt hat – mit der Ausnahme des Falles, in dem die andere Seite die Absicht des Schuldners, die Gläubiger zu benachteiligen, auch bei Einhaltung der gehörigen Sorgfalt nicht erkennen konnte. In beiden Fällen handelt es sich um eine Präklusivfrist.[169] Bestand zwischen dem Schuldner und dem Begünstigten ein Naheverhältnis, so kommt nach einem Teil der Lehre[170] zugunsten des Gläubigers sowohl bezüglich der Benachteiligungsabsicht seitens des Schuldners als auch bezüglich der Kenntnis des Begünstigten hierüber die Beweislastumkehr zum Tragen.

Nach der aktuellen höchstgerichtlichen Judikatur kann ein Naheverhältnis uU auch zwischen zwei juristischen Personen bestehen. Bis jetzt hat sich allerdings NS ČR nicht ausdrücklich dazu geäußert, ob für Zwecke des § 42a ObčZ auch die Mutter- und die Tochtergesellschaft als nahestehende Personen iSd § 116 ObčZ gelten.[171] Für die Zukunft regelt § 22 Abs 2 NOZ, dass im Falle, dass das Gesetz zum Schutz dritter Personen besondere Bedingungen oder Einschränkungen für die Vermögensübertragungen, die Vermögensbelastung oder Vermögensüberlassung zwischen zwei einander nahestehenden Personen festlegt, diese Bedingungen oder Beschränkungen auch für die entsprechenden Rechtshandlungen zwischen der juristischen Person und dem Mitglied ihres Statutarorgans bzw demjenigen gelten, der die juristische Person entw als ihr Mitglied oder auf der Grundlage einer Vereinbarung bzw aufgrund einer anderen Tatsache in erheblicher Weise beeinflusst.

Das Anfechtungsrecht ist nach der geltenden Rechtslage gegenüber derjenigen Person geltend zu machen, zu deren Gunsten das Rechtsgeschäft vorgenommen wurde oder die auf der Grundlage des angefochtenen Rechtsgeschäfts einen Vorteil erlangt hat.[172] Ein Rechtsgeschäft, das vom Gläubiger erfolgreich angefochten wurde, ist ihm gegenüber insoweit unwirksam, als er zur Befriedigung seiner Forderung das verlangen kann, was ihm durch das angefochtene Rechtsgeschäft aus dem Vermögen des Schuldners entgangen ist. Ist dies nicht möglich, hat er Anspruch auf Ersatz gegenüber demjenigen, der aus diesem Rechtsgeschäft einen Vorteil erlangt hat.[173]

Das Anfechtungsrecht kann allerdings nur dann als gleichwertiger Ersatz eines ausdrücklich geregelten Kapitalersatzrechts angesehen werden, wenn gleichfalls die damit zusammenhängenden Rechtshandlungen, also Erfüllungen eines gültig abgeschlossenen Rechtsgeschäftes, angefochten werden können.

---

168 Zum Begriff „nahestehende Personen" s oben FN 133.
169 *Švestka* in Švestka/Spáčil/Škárová/Hulmák et al, ObčZ² § 42a S 389.
170 *Švestka* in Švestka/Spáčil/Škárová/Hulmák et al, ObčZ² § 42a S 390. Eher skeptisch iZm der Beweislastumkehr bezüglich der Kenntnis des Begünstigten *Richter*, Insolvenční právo 328.
171 Zur Entwicklung der höchstgerichtlichen Judikatur zu dieser Problematik s näher oben FN 133.
172 § 42a Abs 3 ObčZ.
173 § 42a Abs 4 ObčZ.

Unter Berücksichtigung der Definition des Rechtsgeschäftes im Insolvenzgesetz[174] kann uE nicht ausgeschlossen werden, dass nicht nur Rechtsgeschäfte iSv § 34 ObčZ (hier Darlehensvertrag) als solche, sondern auch eine auf deren Grundlage erfolgte Erfüllung (hier Rückzahlung des Darlehens) auch außerhalb des Insolvenzrechts angefochten werden können.[175]

Im neuen Bürgerlichen Gesetzbuch wird in §§ 589 ff der prozessrechtliche Begriff „Anfechtung" durch den materiell-rechtlichen Begriff „relative Unwirksamkeit" ersetzt, die jedoch gleichfalls mit einer Anfechtungsklage geltend zu machen ist. Nach der neuen Rechtslage kann gegen „Rechtshandlungen" eine Anfechtungsklage eingelegt werden. Was unter einer Rechtshandlung zu verstehen ist, ist allerdings weder direkt im Gesetz noch in den Gesetzesmaterialien näher definiert. Die Ausführungen in den Begründungsberichten lassen darauf schließen, dass die neue Begriffsbestimmung den Begriff „Rechtsgeschäft" ersetzen soll, wobei seine inhaltliche Bedeutung nicht geändert wird.[176]

Die geltenden Anfechtungstatbestände werden durch die neue Regelung um keine neuen Tatbestände der relativen Unwirksamkeit erweitert. Der Gesetzgeber hat die Tatsache respektiert, dass das Rechtsinstitut der relativen Unwirksamkeit im Verhältnis zur Regelung der Gültigkeit und Ungültigkeit von Rechtshandlungen lediglich einen ergänzenden Charakter hat. Laut Begründungsbericht bezweckt die neue Rechtslage somit die Vertiefung und Überarbeitung der geltenden Regelung, wobei die Bestimmungen über die relative Unwirksamkeit von Rechtshandlungen gem NOZ genauso wie das zivilrechtliche Anfechtungsrecht nach der geltenden Rechtslage nur außerhalb des Anwendungsbereiches des Insolvenzgesetzes zum Tragen kommen.[177]

Das Rechtsinstitut des kapitalersetzenden Darlehens wird weder im NOZ noch im ZOK behandelt.

c) Ausfallshaftung für Verbindlichkeiten der Mitgesellschafter

Im Falle der unberechtigten Zahlungen an die Gesellschafter (Einlagenrückgewähr, unberechtigte Gewinnausschüttungen) kommt keine Haftung der anderen Gesellschafter für die Rückzahlung derartiger Leistungen zum Tragen.[178] Auch die neue Rechtslage bringt diesbezüglich keine Änderungen. Die gesetzliche Bürgschaft der Mitglieder der Statutarorgane sowie der faktischen Ge-

---

174 S insb § 241 Abs 3 lit a iZm Abs 4 InsZ. Gem diesen Bestimmungen können bei Erfüllung der sonstigen Voraussetzungen ua solche „Rechtsgeschäfte" angefochten werden, durch die der Schuldner seine Schuld vor der Fälligkeit erfüllt, worunter eigentlich die Anfechtung einer Erfüllung zu verstehen ist.

175 Vgl *Švestka* in Švestka/Spáčil/Škárová/Hulmák et al, ObčZ[2] § 42a S 386, der anführt, dass auch die Bezahlung einer noch nicht fälligen Schuld angefochten werden kann.

176 Begründungsbericht zum NOZ, abgedruckt in *Eliáš* et al, Nový občanský zákoník 250 f; Begründungsbericht zum ZOK, abgedruckt in *Havel* et al, Zákon o obchodních korporacích 18.

177 Begründungsbericht zum NOZ, abgedruckt in *Eliáš* et al, Nový občanský zákoník 263 f.

178 In Unterschied zum § 83 Abs 2 öGmbHG.

schäftsführer und deren allfällige Schadenersatzhaftung wurden bereits oben behandelt.[179]

d) Haftung wegen unterlassener Meldung der (Allein-)Gesellschafterstellung

Nach dem tschechischen Recht sind gem § 36 lit c ObchZ sämtliche GmbH-Gesellschafter und gem § 36 lit d ObchZ der einzige Aktionär der AG ins Handelsregister einzutragen. Mit der Tatsache, dass jemand Alleingesellschafter einer AG oder Gesellschafter einer GmbH wird und keine diesbezügliche Eintragung ins Handelsregister durchgeführt wird, verbindet das Handelsgesetzbuch keine besondere Verantwortlichkeit dieser Gesellschafter für die Verbindlichkeiten der Gesellschaft. Genauso wenig tut dies das neue Gesetz über die Handelskörperschaften.

e) Haftung wegen Tatbeständen bei der Gründung

Die Regelung des Handelns im Namen der Gesellschaft vor deren Eintragung ins Handelsregister ist im Allgemeinen Gesellschaftsrecht zu finden. Wer im Namen der Gesellschaft vor deren Entstehung handelt, ist gem § 64 Abs 1 ObchZ aufgrund dieses Handelns verpflichtet. Mehrere Personen sind solidarisch verpflichtet. Falls die Gesellschafter, gegebenenfalls das zuständige Gesellschaftsorgan, dieses Handeln innerhalb von drei Monaten ab Entstehung der Gesellschaft genehmigen, dann gilt, dass die Gesellschaft aufgrund dieses Handelns von Anfang an verpflichtet war.[180] Ein derartiges Handeln ist immer unabhängig davon gültig, ob die handelnde Person berechtigt war, im Namen der Gesellschaft aufzutreten oder nicht. Falls die auf diese Weise entstandenen Verbindlichkeiten nicht auf die Gesellschaft übergehen, ist die handelnde Person aufgrund dieses Handelns selbst verantwortlich.[181] Die Gründer sind verpflichtet, das Verzeichnis der durchgeführten Handlungen zu beschaffen und den Gesellschaftern oder dem zuständigen Gesellschaftsorgan rechtzeitig zur Genehmigung vorzulegen, damit die dreimonatige Frist eingehalten werden kann. Verletzen die Gründer diese Pflicht, haften sie solidarisch gegenüber den Gläubigern für den Schaden, der ihnen infolgedessen entstanden ist.[182] Das Statutarorgan hat über die Genehmigung der Handlungen, die vor der Entstehung

---

179 S näher oben II.2.b.
180 Ursprünglich hat sich diese Bestimmung nur auf das Handeln der Gründer der Gesellschaft bezogen, *de lege lata* betrifft sie alle Personen, die im Namen der Gesellschaft vor ihrer Eintragung ins Handelsregister handeln. Das Ziel der Erweiterung des Anwendungsbereichs von § 64 ObchZ war die Erhöhung des Schutzes von dritten Personen, die keine Möglichkeit zur Überprüfung haben, ob sie mit den Gründern oder Mitgliedern der zukünftigen Organe zu tun haben, weil die Gesellschaft noch nicht im Handelsregister eingetragen ist, s Nachweis bei *Pokorná* in Pokorná/Kovařík/Čáp et al, ObchZ § 64 S 322.
181 *Štenglová* in Štenglová/Plíva/Tomsa et al, ObchZ[13] § 64 S 255.
182 § 64 Abs 2 ObchZ.

der Gesellschaft vorgenommen wurden, ohne unnötige Verzögerung die Teilnehmer der betreffenden Schuldverhältnisse in Kenntnis zu setzen.[183]

In der neuen Regelung ist das Handeln für juristische Personen vor deren Entstehung im Bürgerlichen Gesetzbuch im Rahmen der allgemeinen Bestimmungen über die juristischen Personen geregelt. § 127 NOZ übernimmt grundsätzlich die geltende Rechtslage, jedoch ohne ausdrückliche Verpflichtung zur Erstellung eines Verzeichnisses der getätigten Handlungen und der daran anknüpfenden Schadenersatzhaftung der Gründer.

f) Haftung im Zusammenhang mit der Einbringung einer Sacheinlage

Als Sacheinlage kann gem § 59 Abs 3 S 1 ObchZ nur ein solches Vermögen verwendet werden, dessen wirtschaftlicher Wert feststellbar ist und das die Gesellschaft in Bezug auf den Unternehmensgegenstand nutzen kann. Die Sacheinlage muss gem § 59 Abs 2 S 3 ObchZ vor der Eintragung des Grund- bzw Stammkapitals ins Handelsregister vollständig eingebracht werden und ihr Wert ist bei Kapitalgesellschaften grundsätzlich[184] durch ein Sachverständigengutachten eines von der Gesellschaft unabhängigen Sachverständigen festzustellen, der vom Gericht zu ernennen ist.[185] Im Einklang mit der geltenden Rechtslage muss auch nach dem neuen Gesetz über die Handelskörperschaften eine Sacheinlage in die Kapitalgesellschaft vor deren Entstehung bzw – im Falle einer Kapitalerhöhung – vor der Eintragung des neuen Grund-/Stammkapitals ins Handelsregister eingebracht werden.[186] Das Gesetz über die Handelskörperschaften übernimmt allerdings nicht die allgemeine Pflicht zur gerichtlichen Bestellung des Sachverständigen, der die Sacheinlage bewertet. Der Sachverständige ist nach der neuen Rechtslage bei der Gründung der Gesellschaft durch die Gründer und bei der Kapitalerhöhung durch den Geschäftsführer bzw durch den Vorstand zu bestellen.[187]

Der Gesellschafter ist gem § 59 Abs 2 S 4 f ObchZ verpflichtet, den Wert der Sacheinlage in bar zu leisten, falls das Vermögensrecht an der Sacheinlage nicht auf die Gesellschaft übergeht, obwohl die Einlage als eingebracht angesehen wird, und die Gesellschaft ist verpflichtet, die Sacheinlage zurückzugeben, es sei denn es trifft sie die Pflicht, die Sacheinlage einer anderen Person zu übergeben. Überträgt der Gesellschafter die Beteiligung an eine dritte Person, bürgt der Erwerber der Beteiligung für die Erfüllung der Leistung des Wertes der Sacheinlage in bar, falls es sich nicht um einen Erwerb am europäischen geregelten Markt bzw an einem ausländischen Markt, der mit dem geregelten Markt vergleichbar ist, oder um den Erwerb im Rahmen eines tschechischen oder ausländischen multilateralen Handelssystems handelt. Das neue Gesetz über die

---

183 § 64 Abs 3 ObchZ.

184 Zu den Ausnahmen im Falle der Kapitalerhöhung s § 59a ObchZ. Zur neuen Rechtslage vgl §§ 468–473.

185 S dazu näher § 59 Abs 3 S 2 ff ObchZ.

186 S § 23 Abs 2 ZOK (iVm § 29 ZOK).

187 §§ 143 Abs 2 u 251 Abs 1 S 2 ZOK.

Handelskörperschaften enthält eine ähnliche Regelung in § 26. Dem Wortlaut zufolge trifft die Bürgschaftsverpflichtung jedoch den Veräußerer.

Falls zum Zeitpunkt der Entstehung der Gesellschaft der Wert einer Sacheinlage nicht den Betrag erreicht, der bei der Gründung festgelegt wurde, ist der Gesellschafter gem § 59 Abs 7 ObchZ unabhängig vom etwaigen Verschulden (es sei denn das Verschulden trifft die Gesellschaft)[188] verpflichtet, die Wertdifferenz in bar zu leisten, soweit sich aus dem Gesellschaftsvertrag oder aus der Satzung nicht eine andere Art des Ersatzes ergibt. Dieselbe Pflicht trifft den Gesellschafter, der die Einlage nach der Entstehung der Gesellschaft eingebracht hat, falls der Wert der Einlage zum Zeitpunkt der Einbringung nicht den Wert erreicht, mit dem er bewertet wurde oder bewertet werden sollte. Besteht die Sacheinlage in der Errichtung oder Übertragung des Nutzungsrechts und geht dieses Recht vor dem vereinbarten Zeitpunkt unter, ist der Gesellschafter verpflichtet, die dadurch entstandene Beeinträchtigung in Geld zu ersetzen. Überträgt der Gesellschafter seine Beteiligung auf eine dritte Person, bürgt der Erwerber der Beteiligung *ex lege* für die Erfüllung dieser Verpflichtungen, es sei denn es handelt sich um den Erwerb am europäischen geregelten Markt bzw an einem ausländischen Markt, der mit dem geregelten Markt vergleichbar ist, oder um den Erwerb im Rahmen eines europäischen multilateralen Handelssystems. Das neue Gesetz über die Handelskörperschaften übernimmt diese Regelung zT in § 28 iVm § 26 Abs 1.[189]

Als Sacheinlage kann auch ein Unternehmen oder ein Teil davon im Sinne des § 5 ObchZ als Gesamtsache eingebracht werden. Gem § 59 Abs 5 ObchZ werden auf eine derartige Sacheinlage die Bestimmungen über den Unternehmensverkauf angewendet; zusammen mit dem Unternehmen gehen somit auch jene Verbindlichkeiten über, auf die sich der Verkauf bezieht. Im Unterschied zur allgemeinen Regelung des Bürgerlichen Gesetzbuches ist dafür gem § 477 Abs 3 f ObchZ nicht die Zustimmung des Gläubigers erforderlich, die Gesellschaft ist lediglich verpflichtet, den Gläubigern mitzuteilen, dass die Verbindlichkeiten auf sie übergegangen sind.[190] Den Gesellschafter trifft allerdings die akzessorische und subsidiäre Bürgschaft dafür, dass die Gesellschaft die mit dem Unternehmen auf sie übergegangenen Verbindlichkeiten erfüllt. Das neue Gesetz über die Handelskörperschaften regelt gleichfalls die Einbringung des Unternehmens als Sacheinlage in die Handelskörperschaft und es verweist in § 21 Abs 1 auf die angemessene Anwendung der Bestimmungen des Bürgerlichen Gesetzbuches über den Kauf. Der Unterschied besteht darin, dass nach der geltenden Rechtslage der Übergang der Forderungen den Gläubigern bloß mitgeteilt wird und der Übertragende in der Folge automatisch für die Erfüllung

---

188 Vgl *Štenglová* in Štenglová/Plíva/Tomsa et al, ObchZ[13] § 59 S 234f.

189 Hier ist darauf hinzuweisen, dass § 28 ZOK nicht auch die entsprechende Anwendung des § 26 Abs 2 ZOK vorsieht und somit die Differenzhaftung des ursprünglichen Gesellschafters im Falle der Übertragung des Geschäftsanteils für den Fall nicht ausdrücklich geregelt ist, wenn der Wert der Sacheinlage zum Zeitpunkt des Eigentumserwerbs durch die Gesellschaft nicht den Wert des Ausgabebetrages erreicht, der im Gesellschaftsvertrag angegeben wurde.

190 Zum Anfechtungsrecht der Gläubiger s § 478 ObchZ. Zur neuen Rechtslage vgl § 2181 NOZ.

der Verbindlichkeiten durch den Erwerber bürgt. Nach der neuen Regelung in § 2177 Abs 1 NOZ bürgt der Verkäufer für die Erfüllung der Schuld nur dann, wenn der Gläubiger nicht seine Zustimmung zur Schuldübernahme erteilt hat. Der Käufer übernimmt nur jene Schulden, die er kannte oder deren Existenz er vernünftigerweise voraussetzen konnte.

Besteht die Sacheinlage oder ein Teil davon in der Übertragung einer Forderung, kommen gem § 59 Abs 6 ObchZ die Bestimmungen über die Forderungsabtretung entsprechend zur Anwendung. Der Gesellschafter, der eine Forderung als Sacheinlage auf die Gesellschaft übertragen hat, bürgt für die Einbringlichkeit dieser Forderung bis zur Höhe ihrer Bewertung. Es handelt sich hier um eine akzessorische und subsidiäre Bürgschaftsverpflichtung, die eine Innenhaftung gegenüber der Gesellschaft begründet. Eine Außenhaftung gegenüber den Gläubigern der Gesellschaft entsteht nicht. Wie jede Sacheinlage muss auch die Forderung durch einen Sachverständigen bewertet werden. Deswegen ist auch die Bürgschaft des Gesellschafters für die Einbringlichkeit der Forderung durch die aufgrund des Sachverständigengutachtens bestimmte Höhe beschränkt; entscheidend ist weder der Nominalwert der Forderung noch der Wert der erworbenen Beteiligung, sondern der Betrag, mit dem die Forderung im Sachverständigengutachten bewertet wurde.[191] Aus dem Titel der Bürgschaft ist der Gesellschafter verpflichtet, den Unterschied zwischen der Erfüllung, welche die Gesellschaft durch die Geltendmachung dieser Forderung erhalten hat, und dem Wert der Forderung, der durch das Sachverständigengutachten bestimmt wurde, zu ersetzen.[192] Die Bürgschaft erlischt iSv § 527 Abs 2 ObčZ jedoch, falls die Gesellschaft die abgetretene Forderung bei Gericht nicht unverzüglich geltend macht.[193] Das neue Gesetz über die Handelskörperschaften übernimmt in § 21 Abs 2 f die geltende Rechtslage, vermeidet jedoch die Feststellung, ob es sich bei der Forderungseinbringung um eine Bar- oder Sacheinlage handelt, weil in Anbetracht der Diskussionsentwicklung beim EuGH davon auszugehen ist, dass man sie eher für den Gegenstand einer Bareinlage halten sollte.[194]

Im Zusammenhang mit der Einbringung von Sacheinlagen ist noch anzuführen, dass in der Tschechischen Republik das Institut der sog verdeckten Sacheinlage, wie es zB § 19 Abs 4 dGmbHG[195] kennt, nicht ausdrücklich gesetzlich verankert ist. Zu diesem Rechtsinstitut gibt es auch keine Rechtsprechung. Die verdeckte Sacheinlage bildet gleichfalls keinen Regelungsgegenstand im neuen Gesetz über die Handelskörperschaften. Sowohl nach ObchZ als auch nach

---

191 *Pokorná* in Pokorná/Kovařík/Čáp et al, ObchZ § 59 S 295.

192 *Pokorná* in Pokorná/Kovařík/Čáp et al, ObchZ § 59 S 295.

193 *Dědič* in Dědič et al, ObchZ § 59 S 384.

194 Begründungsbericht zum ZOK, abgedruckt in *Havel* et al, Zákon o obchodních korporacích 38.

195 Ist eine Geldeinlage eines Gesellschafters bei wirtschaftlicher Betrachtung und aufgrund einer im Zusammenhang mit der Übernahme der Geldeinlage getroffenen Abrede vollständig oder teilweise als Sacheinlage zu bewerten (verdeckte Sacheinlage), so befreit dies gem § 19 Abs 4 dGmbHG den Gesellschafter nicht von seiner Einlagenverpflichtung. Jedoch sind die Verträge über die Sacheinlage und die Rechtshandlungen zu ihrer Ausführung nicht unwirksam. Auf die weiterhin bestehende Geldeinlagenpflicht des Gesellschafters wird der Wert

ZOK sind jedoch Vermögensübertragungen ab einem bestimmten Umfang, die zwischen den Gesellschaftern und der Gesellschaft innerhalb von drei bzw zwei Jahren ab der Entstehung der Gesellschaft erfolgen, gewissen Beschränkungen unterworfen.[196]

g) Haftung bei Beendigung der Gesellschafterstellung

Die Bürgschaft der GmbH-Gesellschafter und Aktionäre nach der Beendigung ihrer Gesellschafterstellung wird durch mehrere Bestimmungen des Handelsgesetzbuches geregelt. Es handelt sich insb um § 115 Abs 3 ObchZ, in dem die Übertragung des Geschäftsanteiles geregelt ist.[197] Gem § 115 Abs 3 S 3 ObchZ bürgt der ausscheidende Gesellschafter für Verbindlichkeiten, die mit der Übertragung des Geschäftsanteils übergegangen sind. Er bürgt somit für die Verbindlichkeiten, die der Erwerber zusammen mit dem Geschäftsanteil übernommen hat, nicht jedoch für solche Verbindlichkeiten, die später entstanden sind. Eine derartige Verbindlichkeit wird am häufigsten die Verpflichtung zur Leistung des noch ausständigen Teiles der Einlage oder einer Zuzahlung sein.[198] Diese gesetzliche Bürgschaft ist wie auch in den sonstigen Fällen akzessorisch und subsidiär. Das Gesetz regelt nicht ausdrücklich, ob der GmbH-Gesellschafter, der während der Existenz der Gesellschaft seine Gesellschafterstellung erworben hat, auch für jene Verbindlichkeiten der Gesellschaft bürgt, die vor der Entstehung seiner Beteiligung begründet wurden. Die Lehre[199] ist sich darüber einig, dass im Falle, dass der Gesellschafter einen Geschäftsanteil erwirbt, mit dem eine Bürgschaftsverpflichtung für die Schulden der Gesellschaft verbunden ist, diese Bürgschaftsverpflichtung zusammen mit den anderen mit der Beteiligung verbundenen Rechten und Pflichten auf ihn übergeht, weil die Bürgschaftsverpflichtung zu den allgemeinen Pflichten jedes Gesellschafters gehört und das Gesetz die Bürgschaft für Verbindlichkeiten der Gesellschaft, die vor dem Erwerb des Geschäftsanteils entstanden sind, nicht ausschließt. Die gesetzliche Bürgschaft eines ausscheidenden Gesellschafters ist im neuen Gesetz über die Handelskörperschaften in § 209 Abs 1 S 2 geregelt und sie entspricht inhaltlich der Bürgschaft gem § 115 Abs 3 S 3 ObchZ.

Bei der Regelung der Aktiengesellschaft ist in § 176 Abs 3 S 2 ObchZ bestimmt, dass der Eigentümer eines Zwischenscheins, der den Zwischenschein vor der Bezahlung des Emissionskurses auf eine andere Person überträgt, für

---

des Vermögensgegenstandes zum Zeitpunkt der Anmeldung der Gesellschaft zur Eintragung ins Handelsregister oder zum Zeitpunkt seiner Überlassung an die Gesellschaft, falls diese später erfolgt, angerechnet. Die Anrechnung erfolgt nicht vor Eintragung der Gesellschaft ins Handelsregister. Die Beweislast für die Werthaltigkeit des Vermögensgegenstandes trägt der Gesellschafter.

196 S oben II.3.a.ac.

197 Der (neue) GmbH-Gesellschafter ist ins Handelsregister einzutragen; die Eintragung hat lediglich deklarative Wirkung, vgl NS ČR 27.1.2009, 29 Cdo 4282/2008.

198 *Štenglová* in Štenglová/Plíva/Tomsa et al, ObchZ[13] § 115 S 393.

199 *Dědič* in Dědič et al, ObchZ § 106 S 967; *Štenglová* in Štenglová/Plíva/Tomsa et al, ObchZ[13] § 106 S 362.

die Bezahlung des Emissionskurses *ex lege* bürgt. § 285 Abs 3 ZOK regelt sinngemäß die Bürgschaft des Rechtsvorgängers im Falle der Übertragung des Zwischenscheins.

§ 150 Abs 2 ObchZ ist eine weitere Vorschrift, die die Bürgschaft des GmbH-Gesellschafters nach der Beendigung seiner Beteiligung in der Gesellschaft regelt. Dieser Bestimmung zufolge bürgt die Person, der das Recht auf Ausgleichsanspruch gegenüber der Gesellschaft zusteht, für die Einzahlung der noch nicht eingezahlten Einlage durch den Erwerber seiner ursprünglichen Beteiligung. Es handelt sich zB um einen Fall, wenn der Gesellschafter wegen des Verstoßes gegen die Einlagenpflicht gem § 113 ObchZ aus der Gesellschaft ausgeschlossen wird, es sei denn die Gesellschaft führt in einem entsprechenden Ausmaß eine Kapitalherabsetzung durch.[200] Gem § 177 Abs 4 S 2 ObchZ bürgt der Zeichner, der wegen des Verstoßes gegen seine Einlagenpflicht aus der Gesellschaft ausgeschlossen wurde, für die Zahlung des Emissionskurses der von ihm gezeichneten Aktien. Entsprechende Bestimmungen sind in § 213 Abs 3 S 2 und § 345 Abs 3 ZOK enthalten.

h) Haftung bei Auflösung der Gesellschaft

Die Bürgschaft der Gesellschafter nach Auflösung der Gesellschaft regelt allgemein § 56 Abs 6 ObchZ. Es besteht die Möglichkeit, die Gesellschaft entw ohne oder mit Rechtsnachfolger aufzulösen. Im ersten Fall kann die Auflösung sowohl mit als auch ohne Abwicklung erfolgen, im zweiten Fall nur ohne Abwicklung.[201] Das Gesetz bestimmt, dass nach Beendigung der Gesellschaft die Gesellschafter für die Verbindlichkeiten der Gesellschaft auf dieselbe Weise wie während ihres Bestehens bürgen. Falls die Gesellschaft mit Abwicklung aufgelöst wird und nach der Beendigung der Abwicklung eine Forderung zutage tritt, die in die Abwicklung nicht einbezogen wurde,[202] bürgen die Gesellschafter für deren Erfüllung bis zur Höhe ihrer Anteile am Abwicklungserlös, mindestens jedoch in dem Umfang, in dem sie während der Existenz der Gesellschaft gebürgt haben. Entscheidend ist in diesem Fall immer jener Haftungsumfang, der für die Gläubiger vorteilhafter ist.[203] Im Falle der Bürgschaftsverpflichtung bis zur Höhe des Anteils am Abwicklungserlös bürgen die Gesellschafter nicht solidarisch.[204] Die Gesellschafter führen untereinander genau den gleichen Ausgleich durch, wie sie dies während des Bestehens der Gesellschaft getan hätten.

---

200 Vgl *Pokorná* in Pokorná/Kovařík/Čáp et al, ObchZ § 150 S 678; *Štenglová* in Štenglová/Plíva/Tomsa et al, ObchZ[13] § 150 S 494.

201 *Eliáš/Bartošíková/Pokorná et al*, Kurs obchodního práva, Právnické osoby jako podnikatelé[5] 69 f.

202 *Pokorná* in Pokorná/Kovařík/Čáp et al, ObchZ § 56 S 269.

203 *Pokorná* in Pokorná/Kovařík/Čáp et al, ObchZ § 56 S 269; *Štenglová* in Štenglová/Plíva/Tomsa et al, ObchZ[13] § 56 S 217.

204 *Dědič* in Dědič et al, ObchZ § 56 S 342 f; *Pokorná* in Pokorná/Kovařík/Čáp et al, ObchZ § 56 S 269 f; *Štenglová* in Štenglová/Plíva/Tomsa et al, ObchZ[13] § 56 S 217.

Wird die GmbH ohne Abwicklung aufgelöst[205], kommt es nicht zur Aufteilung des Abwicklungserlöses, und die GmbH-Gesellschafter bürgen für die Verbindlichkeiten der Gesellschaft genauso wie während deren Existenz, dh wenn sie bei Bestehen der Gesellschaft die solidarische Bürgschaftsverpflichtung getroffen hat,[206] bleibt diese auch bei der Auflösung der Gesellschaft ohne Abwicklung bestehen. Der Unterschied zur Bürgschaft während der Existenz der Gesellschaft besteht darin, dass sie keinen Ersatz von der Gesellschaft verlangen können, da diese nicht mehr existiert.[207]

Die Aktionäre der AG bürgen während der Existenz der Gesellschaft nicht für deren Verbindlichkeiten und somit auch nicht im Falle der Auflösung der Gesellschaft ohne Abwicklung; im Falle der Auflösung mit Abwicklung bürgen sie freilich bis zur Höhe ihres Anteils am Abwicklungserlös.

Das neue Gesetz über die Handelskörperschaften enthält im Falle der Auflösung der Gesellschaft mit Abwicklung in § 39 eine ähnliche Regelung der gesetzlichen Bürgschaft der GmbH- Gesellschafter sowie der Aktionäre wie das derzeit noch geltende Handelsgesetzbuch.

4. Konzernrechtliche Regelungen ieS

a) Eingriffstatbestände

Einen besonderen Eingriffstatbestand regelt § 66c ObchZ, der zu den Bestimmungen des Allgemeinen Gesellschaftsrechts gehört und somit sowohl für AGs als auch für GmbHs gilt. Nach dieser Bestimmung bürgt jeder, der mit Hilfe seines Einflusses in der Gesellschaft das Statutarorgan, ein Mitglied des Statutarorgans, ein Mitglied des Aufsichtsorgans, den Prokuristen oder einen anderen Bevollmächtigten der Gesellschaft absichtlich dazu bestimmt, zum Schaden der Gesellschaft oder deren Gesellschafter zu handeln, für die Erfüllung der Schadenersatzpflicht, die im Zusammenhang mit diesem Handeln entstanden ist.

Nach den Gesetzesmaterialien[208] sollte diese Bestimmung, deren Vorbild § 117 Abs 1 dAktG war, die Gesellschaft sowie die Gesellschafter hauptsächlich vor einem unerwünschten Einfluss des Mehrheitsgesellschafters auf die Gesellschaftsorgane bzw die vertretungsbefugten Organe schützen. Anstifter im Sinne dieser Bestimmung können aber auch außenstehende Dritte sein.[209]

---

205 S dazu näher § 68 Abs 2 ObchZ.
206 Vgl dazu oben II.1.b.
207 *Pokorná* in Pokorná/Kovařík/Čáp et al, ObchZ § 56 S 270.
208 S Begründungsbericht zum Gesetz Nr 370/2000.
209 *Dědič* in Dědič et al, ObchZ § 66c S 524; *Pokorná* in Pokorná/Kovařík/Čáp et al, ObchZ § 66c S 371. Nach *Štenglová* in Štenglová/Plíva/Tomsa et al, ObchZ[13] § 66c S 276 sind zwar Fälle denkbar, wo der Einfluss nicht auf einer Stimmenmehrheit beruht, es muss sich jedoch immer um einen Einfluss handeln, der innerhalb der Gesellschaft ausgeübt wird; allein die Beeinflussung der Personen, die den Schaden der Gesellschaft zugefügt haben, genügt ihrer Meinung zufolge nicht.

Im Unterschied zur deutschen Vorbildregelung regelt § 66c ObchZ keine Schadenersatzhaftung,[210] sondern eine gesetzliche Bürgschaft, die akzessorisch sowie subsidiär ist und auf welche die Bestimmungen der §§ 303 ff ObchZ anzuwenden sind.[211] Die Schadenersatzhaftung der angestifteten Personen gegenüber der Gesellschaft oder den Gesellschaftern stellt somit jedenfalls die notwendige Voraussetzung für die Eingriffshaftung gem § 66c ObchZ dar.[212]

Von der Bürgschaft iSv § 66c ObchZ sind solche Schäden nicht erfasst, die bei dritten Personen entstanden sind, auch wenn sie die Gesellschaft ersetzen musste.[213] Für die Entstehung der gesetzlichen Bürgschaft genügt *dolus eventualis*.[214] Ein einmaliger Einfluss ist ausreichend und dieser Einfluss muss nicht erheblich sein (anders § 66 Abs 6 ObchZ).[215] Falls die Voraussetzungen für die Schadenersatzhaftung gem § 66 Abs 6[216] erfüllt sind, kommt nur diese Bestimmung zur Anwendung,[217] was eine solidarische Schadenersatzhaftung des Anstifters mit dem unmittelbaren Schädiger bedeutet.

Zu dieser Bestimmung gibt es bis jetzt keine publizierte höchstgerichtliche Entscheidung.

b) Faktischer Konzern /Vertragskonzern

ba) Begriffsdefinitionen

Mit dem Gesetz Nr 370/2000 Sb hat eine komplexe Regelung des Konzernrechts Eingang in die tschechische Rechtsordnung gefunden (§ 66a, § 66b, § 190a bis § 190d ObchZ). Die konzernrechtlichen Bestimmungen traten am 1.1.2001 in Kraft. Als Vorbild für die konzernrechtlichen Tatbestände diente hauptsächlich die deutsche Regelung des Konzernrechts; allerdings wurde diese nicht im vollen Umfang übernommen.[218]

Die allgemeine Begriffsdefinition des Konzerns enthält § 66a Abs 7 ObchZ, der sich im Allgemeinen Gesellschaftsrecht befindet: Ist eine Person oder sind mehrere Personen („geleitete Personen") einer einheitlichen Leitung durch eine andere Person („leitende Person") unterworfen, so bilden diese Personen einen Konzern (Holding). Die „einheitliche Leitung" wird nicht näher definiert.[219] Im

---

210 Krit *Pokorná* in Pokorná/Kovařík/Čáp et al, ObchZ § 66c S 372.

211 *Pokorná* in Pokorná/Kovařík/Čáp et al, ObchZ § 66c S 372.

212 *Černá* in Pauknerová/Tomášek et al, Proměny soukromého práva 43.

213 Ersetzt die Gesellschaft einen derartigen Schaden, so hat sie sich in der Folge im Innenverhältnis bei den Personen, welche die einschlägige Entscheidung getroffen haben, schadlos zu halten, s *Pokorná* in Pokorná/Kovařík/Čáp et al, ObchZ § 66c S 372.

214 *Pokorná* in Pokorná/Kovařík/Čáp et al, ObchZ § 66c S 372.

215 *Černá* in Pauknerová/Tomášek et al, Proměny soukromého práva 42; *Dědič* in Dědič et al, ObchZ § 66c S 523; *Pokorná* in Pokorná/Kovařík/Čáp et al, ObchZ § 66c S 372 f.

216 S dazu unten II.4.c.

217 *Dědič* in Dědič et al, ObchZ § 66c S 523. S auch *Pokorná* in Pokorná/Kovařík/Čáp et al, ObchZ § 66c S 373. AA anscheinend *Černá/Čech*, or 2009, 15.

218 Vgl *Černá*, Faktický koncern² 99; *Dědič* in Dědič et al, ObchZ § 66a S 488; *Pokorná* in Pokorná/Kovařík/Čáp et al, ObchZ § 66a S 348.

219 Vgl *Štenglová* in Štenglová/Plíva/Tomsa et al, ObchZ¹³ § 66a S 270.

Falle einer herrschenden Person und der von ihr beherrschten Personen geht das Gesetz davon aus, dass diese einen Konzern bilden, soweit nicht das Gegenteil bewiesen wird. Es handelt sich hier um eine widerlegbare Vermutung, die nur beim faktischen Konzern eine Rolle spielt.[220]

Gem § 66a Abs 2 ObchZ gilt jene Person als herrschende Person, die faktisch oder rechtlich, mittelbar oder unmittelbar einen entscheidenden Einfluss auf die Leitung einer anderen Person oder auf den Betrieb des Unternehmens einer anderen Person ausübt. Unter mittelbarem Einfluss versteht man einen Einfluss, der durch andere Personen ausgeübt wird. Es handelt sich hier um Einflussnahmen aufgrund des Gesellschaftsrechts, irrelevant sind somit Einwirkungen von Gläubigern oder Zulieferern sowie Einflussnahmen auf der Grundlage von Mandats- oder Kreditverträgen als auch aufgrund von Franchising.[221]

§ 66a Abs 3 zählt auf, welche Personen unwiderlegbar[222] als herrschende Personen gelten. Zunächst sind jene Personen anzuführen, die auf der Grundlage von Vereinbarungen, die sie mit anderen Gesellschaftern abgeschlossen haben, über die Mehrheit der Stimmrechte in der Gesellschaft verfügen.[223] Es handelt sich hier insb um Stimmbindungsverträge, aber auch zB um Verträge gem § 16a (Verträge über die Leihe von Wertpapieren) und gem § 43 Abs 5 (Pfandverträge) des Gesetzes Nr 591/1992 Sb über Wertpapiere *(Zákon o cenných papírech)*.[224] Weiters gilt als herrschende Person der Mehrheitsgesellschafter iSv § 66a Abs 1 ObchZ,[225] es sei denn es gibt in der Gesellschaft außer ihm eine Person, die aufgrund einer Vereinbarung mit einem anderen Gesellschafter bzw mit anderen Gesellschaftern über die Mehrheit der Stimmrechte verfügt. Schließlich handelt es sich um Personen, die die Ernennung bzw die Wahl oder die Abberufung

---

220 *Dědič* in Dědič et al, ObchZ § 66a S 491; *Pokorná* in Pokorná/Kovařík/Čáp et al, ObchZ § 66a S 356; *Štenglová* in Štenglová/Plíva/Tomsa et al, ObchZ[13] § 66a S 270.

221 *Braun/Maurer*, PR 2002, 25; *Pokorná* in Pokorná/Kovařík/Čáp et al, ObchZ § 66a S 353 f. AA insb im Falle der Kredit gewährenden Bank *Černá/Čech*, or 2009, 13.

222 *Pokorná* in Pokorná/Kovařík/Čáp et al, ObchZ § 66a S 354; *Štenglová* in Štenglová/Plíva/Tomsa et al, ObchZ[13] § 66a S 270.

223 Das „Verfügen über Stimmrechte" bedeutet gem § 66a Abs 6 ObchZ die Möglichkeit der Stimmrechtsausübung auf Grund der eigenen Überlegung ohne Rücksicht darauf, ob die Stimmrechtsausübung auch tatsächlich erfolgt bzw auf Grund welcher Rechtsgrundlage sie geschieht, und gegebenenfalls die Möglichkeit der Beeinflussung der Stimmrechtsausübung anderer Person.

224 *Pokorná* in Pokorná/Kovařík/Čáp et al, ObchZ § 66a S 355.

225 Es handelt sich um einen Gesellschafter, der über die Mehrheit der Stimmen, die mit der Beteiligung in der Gesellschaft verbunden sind, verfügt. Im Falle einer AG handelt es sich um Stimmen, die mit den Aktien zusammenhängen, unabhängig davon, ob die Aktien bereits ausgegeben wurden. Vorzugsaktien gelten auch dann als Aktien ohne Stimmrecht, wenn sie zeitweilig zur Stimmrechtsausübung berechtigen. Auf die Gesamtanzahl der sich aus der Beteiligung ergebenden Stimmen sind nicht die Stimmen aus eigenen Anteilen im Eigentum der Gesellschaft oder im Eigentum einer sie beherrschenden Gesellschaft anzurechnen. Keine Anrechnung erfolgt weiters bei Stimmen aus Beteiligungen oder Aktien, die von bestimmten Personen in eigenem Namen aber auf Rechnung der Gesellschaft oder einer von der Gesellschaft beherrschten Person gehalten werden. Unter die Definition des Mehrheitsgesellschafters fällt nicht das Handeln im Einvernehmen gem § 66b ObchZ, vgl *Štenglová* in Štenglová/Plíva/Tomsa et al, ObchZ[13] § 66a S 269.

---

der Mehrheit von Mitgliedern des Statutar- oder Aufsichtsorgans durchsetzen können.[226]

§ 66a Abs 4 ObchZ statuiert eine weitere unwiderlegbare Vermutung[227] für das Vorliegen einer herrschenden Person bei Personen, die im Einvernehmen iSv § 66b ObchZ[228] handeln, falls diese Personen über eine Stimmenmehrheit an einer anderen Person verfügen.

Eine Person, die über 40 % der Stimmrechte oder mehr in einer Gesellschaft verfügt, gilt gem § 66a Abs 5 ObchZ als herrschende Person, falls nicht bewiesen wird, dass eine andere Person in der Gesellschaft zumindest dieselbe Anzahl an Stimmrechten hat. Dasselbe gilt, wenn im Einvernehmen (§ 66b ObchZ) handelnde Personen über zumindest 40 % der Stimmrechte verfügen. In diesen Fällen handelt es sich um eine widerlegbare Vermutung eines Herrschaftsverhältnisses.[229] Von der Person, die über zumindest 40 % der Stimmrechte verfügt, ist das Gegenteil zu beweisen.[230]

Einer einheitlichen Leitung kann man die Personen schließlich durch einen Vertrag unterwerfen. Ein Beherrschungsvertrag kann auch zwischen der herrschenden Person und den beherrschten Personen abgeschlossen werden. In diesem Fall wird der faktische Konzern zu einem Vertragskonzern.[231] Personen, die aufgrund eines Beherrschungsvertrages leitende Personen sind, gelten immer auch als herrschende Personen iSd § 66a Abs 2 ObchZ.

---

226 Diese Bestimmung, die den Art 24a Abs 3 lit a 1 Fall der KapRL umsetzt, ist *obsolet*, da es nach dem geltenden tschechischen Recht nur auf Grund der Stimmenanzahl oder auf Grund des Handelns im Einvernehmen möglich ist, Mitglieder in Leitungs- und Aufsichtsorgane zu wählen. Das durch die Novelle Nr 370/2000 ursprünglich geplante *cumulative voting*, bei dem ein Gesellschafter für mehrere Organmitglieder stimmen konnte, wurde nämlich letztendlich nicht eingeführt, vgl *Dědič* in Dědič et al, ObchZ § 66a S 484; *Pokorná* in Pokorná/Kovařík/Čáp et al, ObchZ § 66a S 355; *Štenglová* in Štenglová/Plíva/Tomsa et al, ObchZ[13] § 66a S 270.

227 *Pokorná* in Pokorná/Kovařík/Čáp et al, ObchZ § 66a S 355; *Štenglová* in Štenglová/Plíva/Tomsa et al, ObchZ[13] § 66a S 270.

228 Unter „Handeln im Einvernehmen" ist gem § 66b Abs 1 ObchZ das Handeln von zwei oder mehreren Personen zu verstehen, das im gegenseitigen Einvernehmen mit dem Ziel erfolgt, entw in einer anderen Person Stimmrechte zu erwerben, zu übertragen oder auszuüben, oder über Stimmrechte für Zwecke der Durchsetzung des gemeinsamen Einflusses auf die Leitung oder den Betrieb des Unternehmens einer anderen Person zu verfügen. Gem § 66b Abs 2 f ObchZ gilt insb bei folgenden Personen eine widerlegbare Vermutung, dass sie im Einvernehmen handeln: bei der juristischen Person einerseits und bei ihren Statutarorganen bzw den Mitgliedern ihres Statutarorgans, den Mitgliedern ihres Aufsichtsorgans, dem Abwickler, dem Insolvenzverwalter und dem Zwangsverwalter andererseits, bei der GmbH und ihren Gesellschaftern, bei den GmbH-Gesellschaftern, bei der herrschenden und der beherrschten Person, bei den Personen, die von derselben herrschenden Person beherrscht werden, bei der Pensions- oder Investitionsgesellschaft und dem durch sie bewirtschafteten Fonds oder lediglich bei den durch eine Pensions- oder Investitionsgesellschaft bewirtschafteten Fonds sowie bei den Personen, die zusammen einen Konzern bilden.

229 *Braun/Maurer*, PR 2002, 25; *Pokorná* in Pokorná/Kovařík/Čáp et al, ObchZ § 66a S 356; *Štenglová* in Štenglová/Plíva/Tomsa et al, ObchZ[13] § 66a S 270.

230 *Štenglová* in Štenglová/Plíva/Tomsa et al, ObchZ[13] § 66a S 270.

231 *Dědič* in Dědič et al, ObchZ § 66a S 491.

Konzernstrukturen haben keine Rechtssubjektivität. Diese haben weiterhin die einzelnen Gesellschaften, somit wird der Konzern nicht ins Handelsregister eingetragen.[232] Das tschechische Konzernrecht findet auch dann Anwendung, wenn die leitende Gesellschaft ihren Sitz im Ausland hat. Innenverhältnisse in der leitenden Gesellschaft (zB die Voraussetzungen für die Genehmigung des Beherrschungsvertrages) richten sich nach dem Recht, auf dessen Grundlage die Gesellschaft gegründet wurde (§ 22 ObchZ).[233]

bb) Faktischer Konzern

1. Bericht über die Beziehungen zu verbundenen Personen

Die Gesellschaften haben gem § 66a Abs 9 ObchZ mit Sorgfalt eines ordentlichen Geschäftsleiters zu eruieren, ob es in Bezug auf sie verbundene Personen gibt. Als verbundene Person aus der Sicht einer Gesellschaft gelten einerseits die sie beherrschende Person, andererseits aber auch sonstige Personen, die von dieser herrschenden Person beherrscht werden. Informationspflichten der herrschenden Person gegenüber der beherrschten Person bezüglich der Angaben, die zum zwingenden Inhalt des Berichtes gehören, ergeben sich aus der Treuepflicht.[234]

Im faktischen Konzern ist die beherrschte Person, also eigentlich deren Statutarorgan,[235] verpflichtet, innerhalb von 3 Monaten ab Beendigung des Rechnungszeitraumes den Bericht über die Beziehungen zu verbundenen Personen auszuarbeiten. In diesem Bericht hat sie insb anzuführen, welche Verträge zwischen den verbundenen Personen im letzten Rechnungszeitraum abgeschlossen wurden und welche sonstigen durch die verbundenen Personen veranlassten oder zu ihren Gunsten bestimmten Rechtshandlungen und Maßnahmen getätigt wurden. Soweit die beherrschte Person eine Leistung an die verbundenen Unternehmen erbracht hat, muss in dem Bericht außerdem erklärt werden, welche Gegenleistung die beherrschte Person dafür erhalten hat. Bei sämtlichen Maßnahmen sind deren Vor- und Nachteile anzugeben, und falls bei der beherrschten Gesellschaft aufgrund dieser Verträge oder Maßnahmen eine Vermögensbeeinträchtigung entstanden ist, ist in diesem Bericht anzuführen, ob diese Beeinträchtigung innerhalb des Rechnungszeitraumes beglichen wurde oder ob ein Vertrag über deren Begleichung abgeschlossen wurde. Bei Gesellschaften, die einen Jahresbericht verfassen müssen,[236] muss der Bericht über die Beziehungen zu verbundenen Personen dem Jahresbericht beigefügt werden.

Der Bericht über die Beziehungen zu verbundenen Personen ist öffentlich zugänglich, da er gem § 38i Abs 1 lit c ObchZ entweder separat oder zusammen

---

232 *Dědič* in Dědič et al, ObchZ § 66a S 489; *Pokorná* in Pokorná/Kovařík/Čáp et al, ObchZ § 66a S 356.

233 *Dědič* in Dědič et al, ObchZ § 66a S 489 f.

234 *Dědič* in Dědič et al, ObchZ § 66a S 497.

235 *Pokorná* in Pokorná/Kovařík/Čáp et al, ObchZ § 66a S 360.

236 S dazu näher § 21 des Gesetzes Nr 563/1991 Sb über die Rechnungslegung (*Zákon o účetnictví*).

mit dem Jahresbericht in der Urkundensammlung zu hinterlegen ist. Die Gesellschafter müssen die Gelegenheit haben, sich mit dem Bericht über die Beziehungen zu verbundenen Personen innerhalb derselben Frist und unter denselben Bedingungen wie mit dem Rechnungsabschluss bekannt zu machen.[237]

Falls die beherrschte Gesellschaft einen AR hat, hat dieser den Bericht gem § 66a Abs 10 ObchZ zu überprüfen und in der Folge über die Ergebnisse seiner Prüfertätigkeit die Gesellschafterversammlung[238] zu informieren. Außerdem ist der Bericht durch den Abschlussprüfer zu überprüfen, wenn der Jahresabschluss der beherrschten Gesellschaft durch Abschlussprüfer zu überprüfen ist.[239] Schließlich hat in besonderen Fällen jeder Gesellschafter der GmbH und jeder Aktionär der AG das Recht, die gerichtliche Bestellung eines Sachverständigen zur Überprüfung des Berichtes über die Beziehungen zu verbundenen Personen zu beantragen. Diese Fälle sind in § 66a Abs 13 ObchZ *taxativ*[240] aufgelistet, um eventuelle schikanöse Anträge zu verhindern.[241] Es geht einerseits um Situationen, wenn im Bericht des Abschlussprüfers oder in der Stellungnahme des Aufsichtsorgans Vorbehalte zum Bericht über die Beziehungen zu verbundenen Personen angeführt wurden, andererseits um Situationen, wenn der Bericht über die Beziehungen zu verbundenen Personen Informationen darüber enthält, dass bei der beherrschten Person aufgrund des Einflusses der herrschenden Person eine Vermögensbeeinträchtigung iSv § 66a Abs 8 ObchZ entstanden ist, die durch die herrschende Person nicht ersetzt und über deren Begleichung nicht die erforderliche Vereinbarung abgeschlossen wurde. Minderheitsaktionäre mit einer qualifizierten Beteiligung iSv § 181 Abs 1 ObchZ sind gem § 182 Abs 3 ObchZ beim Vorliegen von gewichtigen Gründen bei ihrer Antragstellung an die Einschränkungen des § 66a Abs 13 ObchZ nicht gebunden.[242]

Das Recht auf Bestellung des Sachverständigen kann gem § 66a Abs 12 ObchZ innerhalb eines Jahres ab Veröffentlichung der Mitteilung über die Hinterlegung des Berichtes in der Urkundensammlung geltend gemacht werden. Es handelt sich hier um eine Präklusivfrist.[243] Der Antrag jedes anderen Gesellschafters vor der Beendigung des Verfahrens wird als Beitritt zum Verfahren angesehen. Sobald das Verfahren mit der Bestellung des Sachverständigen rechtskräftig abgeschlossen wird, sind keine Anträge mehr zulässig.

Der Sachverständige ist insb verpflichtet, alle Beziehungen zwischen den verbundenen Personen zu überprüfen, nicht nur jene, auf die sich der Bericht

---

237 S dazu § 122 Abs 2 u § 192 Abs 1 ObchZ.
238 Der Begriff „Gesellschafterversammlung" gilt in diesem Zusammenhang als Oberbegriff sowohl für die HV der AG als auch für die GV der GmbH.
239 § 66 Abs 11 ObchZ. S dazu näher § 20 des Gesetzes Nr 563/1991 Sb über die Rechnungslegung.
240 *Pokorná* in Pokorná/Kovařík/Čáp et al, ObchZ § 66a S 363.
241 Vgl *Pokorná* in Pokorná/Kovařík/Čáp et al, ObchZ § 66a S 364; *Štenglová* in Štenglová/Plíva/Tomsa et al, ObchZ[13] § 66a S 272.
242 Vgl *Dědič* in Dědič et al, ObchZ § 66a S 506; *Pokorná* in Pokorná/Kovařík/Čáp et al, ObchZ § 66a S 364.
243 *Pokorná* in Pokorná/Kovařík/Čáp et al, ObchZ § 66a S 363; *Štenglová* in Štenglová/Plíva/Tomsa et al, ObchZ[13] § 66a S 272.

bezieht.[244] Dem Sachverständigen sind alle notwendigen Unterlagen zur Verfügung zu stellen, auch wenn sie ein Geschäftsgeheimnis betreffen. Der Sachverständige ist gem § 51 lit a ObchZ verpflichtet, hierüber Verschwiegenheit zu bewahren.[245]

Werden die notwendigen Dokumente dem Sachverständigen nicht ausgehändigt, kann der Gesellschafter, auf dessen Antrag der Sachverständige bestellt wurde, gem § 351 OSŘ die Bereitstellung der Unterlagen durchsetzen.[246]

Das Recht auf Bestellung des Sachverständigen besteht naturgemäß dann nicht, wenn die herrschende Gesellschaft zugleich eine 100%ige Muttergesellschaft der beherrschten Gesellschaft ist bzw wenn alle Gesellschafter der beherrschten Gesellschaft im Einvernehmen iSv § 66b ObchZ handeln. Gleichfalls entfällt in diesem Fall die Pflicht zur Stellungnahme durch den AR.[247]

2. Verpflichtung zum Ersatz der erlittenen Vermögensbeeinträchtigung

Gem § 66a Abs 8 ObchZ darf im faktischen Konzern die herrschende Person ihren Einfluss nicht zur Durchsetzung von Maßnahmen oder zum Abschluss von Verträgen nutzen, die zu einer Vermögensbeeinträchtigung in der beherrschten Person führen können, es sei denn sie ersetzt die entstandene Vermögensbeeinträchtigung spätestens am Ende des Rechnungszeitraumes (§ 38 ObchZ), in dem es zu der Beeinträchtigung gekommen ist, oder sie schließt mit der beherrschten Person bis zu diesem Zeitpunkt einen Vertrag über den Ersatz der erlittenen Vermögensbeeinträchtigung, in dem eine angemessene Frist bestimmt wird,[248] innerhalb der die Beeinträchtigung der beherrschten Person zu ersetzten ist, sowie die Art und Weise deren Beseitigung ab.[249] Unter diesen beiden alternativ zum Tragen kommenden Voraussetzungen ist somit der Einfluss auf die Tochtergesellschaft – obwohl er zu ihrem Nachteil ist – erlaubt;[250] § 66a Abs 8 ObchZ legalisiert sozusagen den Einfluss der herrschenden Person, der geeignet ist, bei der beherrschten Person eine Vermögensbeeinträchtigung zu verursachen, falls die herrschende Person bereit ist, diese Beeinträchtigung in angemessener Frist und auf angemessene Weise wiedergutzumachen.[251] Aus diesem Grund wird in dieser Bestimmung der Begriff „Vermögensbeeinträchtigung" statt des Begriffes „Schaden" benutzt.[252] § 66a Abs 8 ObchZ betrifft allerdings nur Fälle, wo die herrschende Person kein rechtswidriges Handeln der Organe der beherrschten Person beabsichtigt; bei rechtswidriger Beeinflus-

---

244 *Pokorná* in Pokorná/Kovařík/Čáp et al, ObchZ § 66a S 362.
245 *Pokorná* in Pokorná/Kovařík/Čáp et al, ObchZ § 66a S 362 f.
246 *Pokorná* in Pokorná/Kovařík/Čáp et al, ObchZ § 66a S 363.
247 § 66a Abs 15 ObchZ.
248 Ob die Frist als angemessen zu werten ist, hängt von den konkreten Umständen des Einzelfalles ab, s *Štenglová* in Štenglová/Plíva/Tomsa et al, ObchZ[13] § 66a S 271.
249 Der Vertragsabschluss muss nicht schriftlich erfolgen, vgl *Dědič* in Dědič et al, ObchZ § 66a S 493.
250 *Černá*, Faktický koncern[2] 54 f; *Pokorná* in Pokorná/Kovařík/Čáp et al, ObchZ § 66a S 359.
251 *Dědič* in Dědič et al, ObchZ § 66a S 494.
252 *Bejček*, BullAdv 6–7/2002, 54 f; *Dědič* in Dědič et al, ObchZ § 66a S 491.

sung, also wenn die herrschende Person die Schranken des § 68a Abs 8 ObchZ überschreitet, kommen § 66 Abs 6 oder § 66c zur Anwendung.[253] Es ist außerdem zu beachten, dass auch bei Erfüllung der Voraussetzungen des § 66a Abs 8 ObchZ das Statutarorgan der beherrschten Person nicht jede Maßnahme der herrschenden Person zu befolgen hat, sondern nur solche, zu deren Befolgung es aufgrund des Gesellschaftsrechts verpflichtet ist. Im Aktienrecht bedeutet das zB, dass mangels Abschließung eines Beherrschungsvertrages die Muttergesellschaft nur in der HV der Tochtergesellschaft dieser Weisungen erteilen kann – auch hier kann sie jedoch in Anbetracht des § 194 Abs 4 S 3 ObchZ keine verbindlichen „Weisungen" erteilen, die die Geschäftsführung der Tochtergesellschaft betreffen. Das Statutarorgan der Tochtergesellschaft hat allerdings unter Einhaltung der Sorgfalt eines ordentlichen Geschäftsleiters zu prüfen, ob eine derartige Maßnahme im Endeffekt für die beherrschte Gesellschaft nicht doch von Vorteil und somit zu befolgen ist.[254]

Bei Vermögensbeeinträchtigungen iSv § 66a Abs 8 ObchZ kann es sich nur um solche Beeinträchtigungen handeln, die auf die im Gesetz vorgesehene Weise endgültig beseitigt werden können, wie zB Einschränkung von unternehmerischen Aktivitäten, Gewinnübertragung auf die herrschende Gesellschaft oder Abschluss eines Kreditvertrages, wobei die auf diese Weise erhaltenen Geldmittel in der Folge der herrschenden Person übergeben werden, da diese keine Chance hätte, den Kredit selbst zu bekommen.[255] Dagegen bezieht sich die Bestimmung nicht auf nicht mehr wiedergutzumachende Eingriffe, wie zB Verlust des guten Rufs am Markt.[256]

Die herrschende Person ist nach dieser Bestimmung zum Ersatz auch dann verpflichtet, wenn ihr Einfluss nicht ihr selbst, sondern einer anderen Person zugute kommt.[257] Es ist jede einzelne Beeinträchtigung zu ersetzen und nicht der gesamte jährliche Wirtschaftsverlust wie beim Vertragskonzern.[258] Dies kann naturgemäß nur dann erfolgen, wenn man die einzelnen „Eingriffe" auseinanderhalten kann. Falls der Einfluss der Muttergesellschaft dermaßen intensiv ist, dass dies nicht mehr möglich ist, verfehlen die Schutzmechanismen des faktischen Konzerns ihren Zweck. In diesem Fall wird in Anlehnung an die deutsche Lehre zum qualifizierten faktischen Konzern von der tschechischen Lehre die Meinung vertreten, dass die Bestimmungen über den Vertragskonzern analog anzuwenden sind.[259]

Die zu ersetzende Beeinträchtigung muss für die herrschende Person zum Zeitpunkt der Maßnahmensetzung oder zum Zeitpunkt des Vertragsabschlusses vorhersehbar sein. Somit trägt die beherrschte Person das Risiko von unvor-

---

253 *Dědič* in Dědič et al, ObchZ § 66a S 493.
254 *Černá/Čech*, or 2009, 12 ff.
255 *Dědič* in Dědič et al, ObchZ § 66a S 494.
256 *Pokorná* in Pokorná/Kovařík/Čáp et al, ObchZ § 66a S 360.
257 *Černá*, Faktický koncern[2] 59.
258 *Černá*, Faktický koncern[2] 58.
259 *Černá*, Faktický koncern[2] 58 f.

hersehbaren Entwicklungen.[260] Die beherrschte Person hat zu prüfen, ob eine bestimmte Maßnahme, die die herrschende Person in ihr durchsetzen will, geeignet ist, eine Vermögensbeeinträchtigung zu verursachen, und sollte dies zutreffen, ist die beherrschte Person verpflichtet, sich zu vergewissern, dass die herrschende Person bereit ist, eine allfällige daraus resultierende Beeinträchtigung zu ersetzen.[261]

Bei der Wiedergutmachung der erlittenen Beeinträchtigung gelten dieselben Kriterien wie beim Schadenersatz, dh der Ersatz soll entw in Geld oder durch die Wiedereinsetzung in den vorigen Stand (Naturalrestitution) erfolgen.[262] Einzelheiten hierüber sollten die beherrschte und herrschende Person in der Vereinbarung über den Ersatz der erlittenen Vermögensbeeinträchtigung treffen. Das Gesetz regelt allerdings nicht, was zu geschehen ist, wenn es nicht zum Abschluss der Vereinbarung kommt.[263] Die Rechtsordnung sieht für einen solchen Fall jedenfalls keine Vertragsauflösung bzw keine Unwirksamkeitserklärung der gesetzten Maßnahme vor.[264]

Die Verpflichtung zum Ersatz der Vermögensbeeinträchtigung iSv § 68a Abs 8 ObchZ verjährt in 4 Jahren ab der Beendigung des Rechnungszeitraumes, falls kein Vertrag über den Ersatz der erlittenen Beeinträchtigung abgeschlossen wurde, oder ab dem Zeitpunkt, zu dem die erlittene Vermögensbeeinträchtigung laut Vertrag ersetzt werden sollte.[265]

3. Schadenersatzhaftung der herrschenden Person

Verlangt die herrschende Person von der beherrschten Person, mit der sie keinen Beherrschungsvertrag abgeschlossen hat, die Setzung einer Maßnahme oder den Abschluss eines Vertrages, auf deren Grundlage bei der beherrschten Gesellschaft eine Vermögensbeeinträchtigung entsteht, und wird von der herrschenden Person diese Vermögensbeeinträchtigung nicht ersetzt bzw wird zwischen der herrschenden und der beherrschten Person innerhalb der gesetzlich vorgesehenen Frist kein Vertrag über den Ersatz der erlittenen Beeinträchtigung abgeschlossen, ist die herrschende Person gem § 66a Abs 14 S 1 ObchZ verpflichtet, der beherrschten Person den dadurch entstandenen Schaden zu ersetzen. Neben ihrer Schadenersatzpflicht gegenüber der beherrschten Gesellschaft ist die herrschende Person auch zum Ersatz jenes Schadens verpflichtet, den sie dadurch den übrigen Gesellschaftern zugefügt hat.[266]

Es ist nicht eindeutig, ob unter dem Schaden iSv § 66a Abs 14 auch die Vermögensbeeinträchtigung gem § 66a Abs 8 zu verstehen ist. *Dědič*[267] verneint

---

260 *Černá*, Faktický koncern[2] 57; *Dědič* in Dědič et al, ObZ § 66a S 493.
261 *Dědič* in Dědič et al, ObZ § 66a S 493; *Pokorná* in Pokorná/Kovařík/Čáp et al, ObZ § 66a S 359 f.
262 *Dědič* in Dědič et al, ObZ § 66a S 493.
263 S dazu näher *Černá*, Faktický koncern[2] 61 f.
264 *Černá*, Faktický koncern[2] 60.
265 *Dědič* in Dědič et al, ObchZ § 66a S 495.
266 § 66a Abs 14 S 2 ObchZ.
267 *Dědič* in Dědič et al, ObchZ § 66a S 509.

dies mit der Begründung, der Ersatz der Beeinträchtigung sei auch nach dem Ablauf des Rechnungszeitraumes weiterhin gem § 68a Abs 8 ObchZ möglich. Die nicht ersetzte Vermögensbeeinträchtigung werde erst nach der Verjährung des Ersatzanspruchs zum Schaden. Für diesen Schaden hafte gegenüber der beherrschten Person und deren Gesellschaftern allerdings jene Person, die verpflichtet war, den Ersatz der erlittenen Beeinträchtigung von der herrschenden Person zu fordern, somit in der Regel das Statutarorgan der beherrschten Person. Auch *Pokorná*[268] meint, es handle sich um solche Schäden, deren Ursache in der Verletzung der Pflicht zum Ersatz der Beeinträchtigung liege. Es müsse also neben der Vermögensbeeinträchtigung iSv § 66a Abs 8 ObchZ zu einer weiteren Vermögensverringerung bei der beherrschten Person kommen.[269] Dagegen meint *Černá*,[270] die Verpflichtung zum Ersatz der Vermögensbeeinträchtigung erlösche, falls die herrschende Person bis zum Ende des Rechnungszeitraumes die Beeinträchtigung nicht ersetzt oder keinen Vertrag über den Ersatz der erlittenen Beeinträchtigung abschließt, und an ihre Stelle trete die Verpflichtung zum Schadenersatz, wobei der Ersatz in Geld den Vorrang habe. Der Schadenersatzanspruch umfasse in diesem Fall sowohl die erlittene Beeinträchtigung als auch die sonstigen negativen Folgen, die dadurch entstanden sind, dass die Vermögensbeeinträchtigung nicht rechtzeitig ersetzt wurde.

Der Schaden der Gesellschaft im Sinne dieser Bestimmung kann nach der hL zB in der Verringerung des Wertes des reinen Gesellschaftsvermögens oder im entgangenen Vermögensvorteil, der als Folge des nicht rechtzeitig erfolgten Ersatzes der Vermögensbeeinträchtigung entstanden sind, bestehen.[271] Der Schaden des Gesellschafters kann insb in der Verringerung des Wertes seiner Beteiligung in der Gesellschaft[272] oder im Absinken des Aktienkurses bestehen.[273] Ersetzt jedoch die herrschende Person der beherrschten Person die Vermögensbeeinträchtigung gem § 66a Abs 8 oder den Schaden gem § 66a Abs 14 ObchZ, so ist idR davon auszugehen, dass auch beim Gesellschafter der Schaden beseitigt wurde.[274] Ungeklärt bleibt allerdings, ob beim bloßen Reflexschaden[275] die außenstehenden Aktionäre der Tochtergesellschaft berechtigt sind, unmittelbare Schadenersatzansprüche gegen die Muttergesellschaft zu erheben oder ob sie auf die Geltendmachung ihrer Ansprüche im Wege der *actio pro socio* angewiesen sind, falls sich die Muttergesellschaft weigert, den Schaden der Tochtergesellschaft zu ersetzen.

---

268 *Pokorná* in Pokorná/Kovařík/Čáp et al, ObchZ § 66a S 364 f.
269 ZB muss die Gesellschaft einen weiteren Aufwand tätigen, der nicht notwendig wäre, wenn die herrschende Gesellschaft rechtzeitig ihrer Verpflichtung zum Ersatz der Vermögensbeeinträchtigung nachgekommen wäre, s *Pokorná* in Pokorná/Kovařík/Čáp et al, ObchZ § 66a S 365.
270 *Černá*, Faktický koncern[2] 60.
271 *Dědič* in Dědič et al, ObchZ § 66a S 508.
272 *Pokorná* in Pokorná/Kovařík/Čáp et al, ObchZ § 66a S 365.
273 *Černá*, Faktický koncern[2] 95.
274 *Dědič* in Dědič et al, ObchZ § 66a S 509 f.
275 Zum Reflexschaden vgl oben II.2.b.

Die Haftung gem § 66a Abs 14 ObchZ ist objektiv, dh sie kommt bei der Erfüllung der sonstigen Voraussetzungen unabhängig vom etwaigen Verschulden der Organe der Muttergesellschaft zum Tragen.[276] Die allg Haftungsausschließungsgründe kommen hier nicht in Betracht;[277] § 68a Abs 14 letzter S ObchZ regelt einen besonderen Haftungsausschließungsgrund,[278] der bestimmt, dass die Schadenersatzpflicht dann nicht entsteht, wenn auch eine andere Person als die beherrschte Person unter Einhaltung der Sorgfalt eines ordentlichen Unternehmers den Vertrag abgeschlossen oder die Maßnahme befolgt hätte, auf deren Grundlage es zur Vermögensbeeinträchtigung gekommen ist.

Für die Erfüllung der Verpflichtung der herrschenden Person zur Leistung des Schadenersatzes bürgen gem § 66a Abs 15 ObchZ *ex lege* das Statutarorgan bzw die Mitglieder des Statutarorgans der herrschenden Gesellschaft. Die gesetzliche Bürgschaft mehrerer Mitglieder des Statutarorgans ist solidarisch.[279] Die Bürgschaftsverpflichtung trifft diejenigen Personen, die zum Zeitpunkt der Entstehung der Verpflichtung zum Schadenersatz Statutarorgane waren.[280] Dieselbe Bürgschaftsverpflichtung trifft auch das Statutarorgan der beherrschten Person oder dessen Mitglieder, wenn sie in dem Bericht über die Beziehungen zu verbundenen Personen nicht die Verträge und Maßnahmen angeführt haben, auf deren Grundlage bei der beherrschten Gesellschaft die Vermögensbeeinträchtigung entstanden ist, es sei denn diese Beeinträchtigung wurde ersetzt oder es wurde ein Vertrag über den Ersatz der Beeinträchtigung iSd Abs 8 ObchZ abgeschlossen. Von der solidarischen Bürgschaft sind die Organe der beherrschten Gesellschaft[281] dann befreit, wenn sie auf der Grundlage eines ordentlichen[282] Beschlusses der HV oder GV der beherrschten Person gehandelt haben.

Das Recht der außenstehenden Gesellschafter auf Geltendmachung von Schadenersatzansprüchen besteht naturgemäß dann nicht, wenn die herrschende Gesellschaft zugleich eine 100%ige Muttergesellschaft der beherrschten Gesellschaft ist bzw wenn alle Gesellschafter der beherrschten Gesellschaft im Einvernehmen iSv § 66b ObchZ handeln.[283]

In der Praxis spielt die Schadenersatzhaftung im faktischen Konzern keine Rolle; die meisten veröffentlichten Entscheidungen des NS ČR zum faktischen Konzern beschäftigen sich mit dem Inhalt des Berichtes über die Beziehungen zu verbundenen Personen,[284] mit den zwingenden Voraussetzungen für die Be-

---

276 Vgl *Černá*, Faktický koncern² 92; *Dědič* in Dědič et al, ObchZ § 66a S 509; *Pokorná* in Pokorná/Kovařík/Čáp et al, ObchZ § 66a S 365.

277 *Černá*, Faktický koncern² 93; *Dědič* in Dědič et al, ObchZ § 66a S 508; *Pokorná* in Pokorná/Kovařík/Čáp et al, ObchZ § 66a S 365.

278 *Dědič* in Dědič et al, ObchZ § 66a S 509. AA *Černá*, Faktický koncern² 93, nach deren Meinung es hier bereits an der Rechtswidrigkeit (Pflichtverletzung) mangelt.

279 Zum Institut der gesetzlichen Bürgschaft s ausführlich oben II.1.b.

280 *Dědič* in Dědič et al, ObchZ § 66a S 510.

281 Vgl *Černá*, Faktický koncern² 94.

282 Dh auf Grund eines Beschlusses, der weder gem § 131 oder § 183 erfolgreich angefochten noch vom Registergericht abgelehnt wurde, vgl *Štenglová* in Štenglová/Plíva/Tomsa et al, ObchZ¹³ § 66a S 273.

283 § 66a Abs 15aE ObchZ.

284 NS ČR 22.1.2009, 29 Cdo 3252/2008; NS ČR 31.1.2006, 29 Odo 601/2004.

stellung des Sachverständigen für die Zwecke der Überprüfung des Berichts[285] und schließlich damit, welche Rechte und Pflichten der Sachverständige bei der Durchführung seiner Prüfertätigkeit im Einzelfall hat.[286]

bc) Vertragskonzern

1. Beherrschungs- und Gewinnabführungsvertrag

Die Bestimmungen über den Vertragskonzern befinden sich im Aktienrecht, sie findet jedoch auch auf andere Gesellschaftsformen Anwendung.[287]

Durch den Beherrschungsvertrag verpflichtet sich gem § 190b Abs 1 ObchZ die geleitete Person, sich der einheitlichen Leitung durch die leitende Person zu unterwerfen. Die geleitete Person kann nur eine juristische Person mit Sitz in der Tschechischen Republik sein; dagegen kann es sich bei der leitenden Person auch um eine ausländische natürliche oder juristische Person handeln.[288] Der Beherrschungsvertrag kann auch zwischen zwei Gesellschaften geschlossen werden, die miteinander keinen faktischen Konzern bilden.[289] Die leitende Person ist gem § 190b Abs 2 S 1 ObchZ berechtigt, dem Statutarorgan der geleitenden Person Weisungen zu erteilen. Eine Weisungserteilung an andere Organe oder Personen in der geleiteten Gesellschaft ist unzulässig.[290]

Eine andere Person oder ein anderes Organ der geleiteten Person sind nicht berechtigt, dem Statutarorgan der geleiteten Person Weisungen zu erteilen, die den Weisungen der leitenden Person widersprechen.[291] Erfolgt eine derartige Weisung auf der Grundlage eines Gesellschafterbeschlusses in der geleiteten Gesellschaft, ist dieser Gesellschafterbeschluss gem § 131 ObchZ bzw § 183 ObchZ anfechtbar.[292]

Das Gesetz gestattet auch eine solche Weisungserteilung, die für die geleitete Person ungünstig ist, wenn sie zugleich im Interesse der leitenden Person oder einer anderen Person, mit der diese einen Konzern bildet, ist.[293] Ob ein solcher Fall vorliegt, ist *ex ante* zu beurteilen.[294]

---

285 NS ČR 23.9.2009, 29 Odo 3887/2008.

286 NS ČR 18.4.2007, 29 Odo 1600/2005; NS ČR 5.4.2006, 29 Odo 371/2005.

287 Vgl *Černá*, Faktický koncern[2] 101 f; *Dědič/Hájek* in Dědič et al, ObchZ § 190b S 2341; *Eliáš/Bartošíková/Pokorná et al*, Kurs obchodního práva, Právnické osoby jako podnikatelé[5] 380; *Pokorná* in Pokorná/Kovařík/Čáp et al, ObchZ § 190a S 900, § 190b S 903; *Štenglová* in Štenglová/Plíva/Tomsa et al, ObchZ[13] § 190a S 685.

288 *Dědič/Hájek* in Dědič et al, ObchZ § 190b S 2341.

289 *Dědič/Hájek* in Dědič et al, ObchZ § 190b S 2342; *Štenglová* in Štenglová/Plíva/Tomsa et al, ObchZ[13] § 190b S 688.

290 *Dědič/Hájek* in Dědič et al, ObchZ § 190b S 2344; *Pokorná* in Pokorná/Kovařík/Čáp et al, ObchZ § 190b S 905.

291 § 190b Abs 2 S 3 ObchZ.

292 *Černá*, Faktický koncern[2] 112; *Štenglová* in Štenglová/Plíva/Tomsa et al, ObchZ[13] § 190b S 689.

293 S auch *Černá*, Faktický koncern[2] 111; *Pokorná* in Pokorná/Kovařík/Čáp et al, ObchZ § 190b S 905.

294 *Černá*, Faktický koncern[2] 111.

Zusammen mit dem Beherrschungsvertrag kann auch ein Gewinnabführungsvertrag abgeschlossen werden. Mit dem Gewinnabführungsvertrag verpflichtet sich gem § 190a Abs 1 ObchZ die geleitete Person, nach der Auffüllung der zwingenden Rücklagen den restlichen Gewinn zur Gänze oder zum Teil zugunsten der leitenden Person zu übertragen.

Für die Gültigkeit der Beherrschungs- und Gewinnabführungsverträge, an denen eine AG oder eine GmbH beteiligt ist, ist es gem § 190d Abs 1 ObchZ notwendig, dass diese Verträge durch die Gesellschafterversammlung zumindest mit 3/4 der Stimmen der anwesenden Aktionäre genehmigt werden. Die Satzung kann auch eine höhere Mehrheit festlegen.[295] In besonderen Fällen (insb bei Banken oder Wertpapierhändlern) muss zusätzlich dazu auch die Genehmigung durch die Tschechische Nationalbank vorliegen.[296]

Die Statutarorgane der beteiligten Gesellschaften haben gem § 190e Abs 1 ObchZ einen schriftlichen Bericht zu erstellen, in dem sie die Gründe für den Vertragsabschluss, die Höhe des Ausgleichs und der Entschädigung erläutern.[297] Darüber hinaus haben gem § 190f Abs 1 ff ObchZ auf Antrag der Vertragsparteien die durch das Gericht ernannten Sachverständigen den Entwurf des Beherrschungs- bzw des Gewinnabführungsvertrages für jede Vertragspartei zu überprüfen. Das Gericht kann auf Antrag beider Vertragsparteien zwei gemeinsame Sachverständige für alle beteiligten Personen bestellen. Die Sachverständigen haben über die Ergebnisse ihrer Prüftätigkeit Berichte bzw einen gemeinsamen Bericht zu verfassen.[298] Sowohl der Beherrschungs- als auch der Gewinnabführungsvertrag sind gem § 38i Abs 1 lit j ObchZ in der Urkundensammlung zu hinterlegen.

Es ist nicht eindeutig, ob im Beherrschungsvertrag die Befugnis zur Weisungserteilung nur auf bestimmte Bereiche der unternehmerischen Tätigkeit der geleiteten Person eingeschränkt werden kann.[299] Die Weisungsbefugnis der leitenden Person stellt im Falle von AGs eine Ausnahme vom grundsätzlichen Verbot der Erteilung von Weisungen an die Vorstandsmitglieder betreffend die Geschäftsführung gem § 194 Abs 4 ObchZ dar.[300] Der Beherrschungsvertrag greift nur in den Wirkungsbereich der Statutarorgane und nicht auch in den Wirkungsbereich der anderen Organe der Gesellschaft ein.[301] Eine weitere Grenze für die Weisungserteilung stellen die zwingenden gesetzlichen Bestimmungen sowie der Gesellschaftsvertrag bzw die Satzung der Gesellschaft dar.[302] Nach

---

295 Zur Einberufung der Gesellschafterversammlung und den damit zusammenhängenden Informationsrechten der Gesellschafter s näher § 190g ObchZ u § 190h ObchZ.

296 *Dědič/Hájek* in Dědič et al, ObchZ § 190b S 2343.

297 Zur Berichterstattung durch die Statutarorgane s näher § 190e ObchZ.

298 Zu der Rechtsstellung der Sachverständigen s näher § 190f ObchZ.

299 Dafür *Černá*, Faktický koncern[2] 105.

300 *Černá*, Faktický koncern[2] 103; *Dědič/Hájek* in Dědič et al, ObchZ § 190b S 2344; *Pokorná* in Pokorná/Kovařík/Čáp et al, ObchZ § 190b S 905; *Štenglová* in Štenglová/Plíva/Tomsa et al, ObchZ[13] § 190b S 689.

301 *Černá*, Faktický koncern[2] 103, 105 f.

302 *Černá*, Faktický koncern[2] 113 f.

Černá[303] sind auch solche Weisungen unzulässig, die die Integrität der geleiteten Person (zB die Auflösung des tragenden Unternehmens oder der Verzicht auf „lebensnotwendige" Investitionen) beeinträchtigen.

Auch im Vertragskonzern sind die Einschränkungen gem § 193 Abs 2 ObchZ, 196a Abs 4 ObchZ und § 210 Abs 4 ObchZ, also die in Sonderfällen notwendigen Genehmigungserteilungen durch die HV bzw durch den AR der geleiteten Person, einzuhalten.[304] Das Gesetz sieht keine Möglichkeit vor, die nicht erteilte Genehmigung dieser Organe auf eine andere Weise zu ersetzen.[305]

2. Leistung der angemessenen Abfindung an die austretenden Gesellschafter

Sowohl der Beherrschungs- als auch der Gewinnabführungsvertrag müssen gem § 190c Abs 1 ObchZ gegenüber den außenstehenden Gesellschaftern[306] die Verpflichtung zum Abschluss des Vertrages über die Übertragung deren Aktien, Anteile oder Zwischenscheine zu einem angemessenen Preis für den Fall enthalten, dass die außenstehenden Gesellschafter von ihrem Austrittsrecht Gebrauch machen. In diesem Zusammenhang ist eine in der Satzung oder im Gesellschaftsvertrag verankerte Einschränkung der Übertragbarkeit von Aktien oder GmbH-Geschäftsanteilen ohne Bedeutung.[307]

Die Person, die verpflichtet ist, mit den außenstehenden Gesellschaftern den Vertrag abzuschließen, ist im Gesetz nicht ausdrücklich genannt. Nach der hL[308] trifft diese Pflicht immer die leitende Person.

Die Frist für die Zahlung der Entschädigung darf nicht länger sein als 1 Monat ab dem Abschluss des Vertrages über die Übertragung von Aktien, sonstigen Anteilen oder Zwischenscheinen. Die Höhe der Entschädigung oder die Art ihrer Bestimmung muss in dem Beherrschungs- oder Gewinnabführungsvertrag angegeben sein. Das Recht auf Abschluss des Vertrages über Übertragung der genannten Anteile oder Wertpapiere kann zeitlich begrenzt sein. In diesem Fall darf die vorgesehene Frist für die Geltendmachung dieses Rechts nicht kürzer als 3 Monate ab der Wirksamkeit des Beherrschungsvertrages betragen.

Auch wenn die Entschädigung nicht angemessen festgelegt wird, ist gem § 190c Abs 2 ObchZ der Beherrschungs- bzw der Gewinnabführungsvertrag

---

303 *Černá*, Faktický koncern[2] 114.

304 *Černá*, Faktický koncern[2] 115 f. S auch *Dědič/Hájek* in Dědič et al, ObchZ § 190b S 2345.

305 *Černá*, Faktický koncern[2] 115 f.

306 Unter außenstehenden Gesellschaftern sind im vorliegenden Zusammenhang jene Gesellschafter zu verstehen, die weder selbst die leitende Person sind noch die Möglichkeit haben, auf die Entscheidung der leitenden Person Einfluss zu nehmen. Allerdings gelten solche Gesellschafter nicht als außenstehende Personen, die durch den Abschluss des Beherrschungs- oder Gewinnabführungsvertrags nicht beeinträchtigt werden können. Vgl *Černá*, Faktický koncern[2] 131 f; *Pokorná* in Pokorná/Kovařík/Čáp et al, ObchZ § 190c S 909. AA im Falle des Beherrschungsvertrags *Dědič/Hájek* in Dědič et al, ObchZ § 190a S 2335.

307 *Pokorná* in Pokorná/Kovařík/Čáp et al, ObchZ § 190c S 910.

308 *Černá*, Faktický koncern[2] 146; *Dědič/Hájek* in Dědič et al, ObchZ § 190c S 2356; *Pokorná* in Pokorná/Kovařík/Čáp et al, ObchZ § 190c S 909; *Štenglová* in Štenglová/Plíva/Tomsa et al, ObchZ[13] § 190c S 691.

gültig.[309] Die außenstehenden Gesellschafter können in diesem Fall innerhalb von 3 Monaten ab der Veröffentlichung über die Hinterlegung des Beherrschungs- bzw Gewinnabführungsvertrages im Handelsamtsblatt, ggf innerhalb von 3 Monaten ab dem Abschluss des Vertrages über die entgeltliche Übertragung der Anteile oder der Wertpapiere,[310] bei Gericht die Feststellung einer angemessenen Entschädigung verlangen, andernfalls geht dieses Recht unter. Die gerichtliche Entscheidung hat *erga-omnes*-Wirkung.

Die geleitete Person ist berechtigt, vom Beherrschungs- oder Gewinnabführungsvertrag zurückzutreten, falls das Gericht feststellt, dass die den außenstehenden Aktionären laut Beherrschungs- oder Gewinnabführungsvertrag zu gewährende Entschädigung unangemessen ist. Die Frist für den Rücktritt beträgt 2 Monate und beginnt mit der Rechtskraft der gerichtlichen Entscheidung zu laufen.[311] Die leitende Person kann dagegen nur bei Vorliegen eines wichtigen Grundes vom Beherrschungs- oder Gewinnabführungsvertrag zurücktreten.[312]

3. Ausgleichspflicht gegenüber den außenstehenden Gesellschaftern
   der geleiteten Gesellschaft

Der Gewinnabführungsvertrag muss gem § 190a Abs 1 S 2 ObchZ die Verpflichtung der leitenden Person zur Leistung eines angemessenen Ausgleichs an außenstehende Gesellschafter (dh Gesellschafter, die nicht zu den Parteien des Gewinnabführungsvertrags gehören) enthalten, es sei denn die Gesellschaft hat keine solche Gesellschafter.

Die angemessene Ausgleichsleistung muss während des Bestandes des Gewinnabführungsvertrages jährlich zumindest in der Höhe gewährt werden, die nach den bisherigen wirtschaftlichen Ergebnissen der Gesellschaft und den zu erwartenden zukünftigen wirtschaftlichen Ergebnissen unter Berücksichtigung der angemessenen Abschreibungen und der Berichtigungsposten wahrscheinlich als Gewinnanteil an die außenstehenden Gesellschafter verteilt werden würde. Falls sich der Gewinnabführungsvertrag nur auf einen Teil des Gewinnes bezieht, wird die angemessene Ausgleichsleistung verhältnismäßig gekürzt.[313]

---

309 Das Fehlen der Regelung über die Entschädigung verursacht dagegen die Ungültigkeit des Vertrages, vgl *Dědič/Hájek* in Dědič et al, ObchZ § 190c S 2360; *Pokorná* in Pokorná/Kovařík/Čáp et al, ObchZ § 190c S 910. Nach *Štenglová* in Štenglová/Plíva/Tomsa et al, ObchZ[13] § 190c S 691 trifft dies nicht zu, wenn lediglich die Angabe über die Höhe der Entschädigung fehlt.

310 Es handelt sich hier um Situationen, in denen die Unangemessenheit der Gegenleistung nicht bereits aus dem Beherrschungs- oder Gewinnabführungsvertrag ersichtlich war, sondern erst nach dem Abschluss des Vertrages über die Übertragung der Aktien, Zwischenscheine oder GmbH-Geschäftsanteile ersichtlich wurde, s *Pokorná* in Pokorná/Kovařík/Čáp et al, ObchZ § 190c S 910.

311 § 190c Abs 4 S 2 ObchZ.

312 Gem § 190c Abs 4 S 1 ObchZ liegt ein wichtiger Grund insb dann vor, wenn die andere Vertragspartei nicht in der Lage ist, ihre vertraglichen Verpflichtungen zu erfüllen. S dazu auch *Černá*, Faktický koncern[2] 149 f.

313 § 190a Abs 2 ZOK.

Der Gewinnabführungsvertrag ist gem § 190a Abs 3 ObchZ auch dann gültig, wenn die Ausgleichsleistung nicht angemessen ist.[314] Die außenstehenden Aktionäre können in diesem Fall innerhalb von 3 Monaten[315] ab der Veröffentlichung über die Hinterlegung des Gewinnabführungsvertrages im Handelsamtsblatt verlangen, dass die Höhe der angemessenen Ausgleichsleistung vom Gericht festgestellt wird. Eine diesbezügliche gerichtliche Entscheidung hat gegenüber den sonstigen außenstehenden Aktionären *erga-omnes*-Wirkung.

4. Verlustausgleichspflicht gegenüber der geleiteten Gesellschaft

Falls das Wirtschaften der geleiteten Person nach dem Abschluss des Beherrschungs- oder des Gewinnabführungsvertrags mit einem Verlust endet, ist die leitende Person gem § 190c Abs 5 ObchZ verpflichtet, diesen Verlust zu ersetzen, soweit er nicht aus den gesetzlichen Rücklagen oder aus anderen zur Verfügung stehenden Mitteln der geleiteten Person beglichen werden kann.

Der Verlust ergibt sich aus dem ordentlichen oder aus dem außerordentlichen Jahresabschluss.[316] Es ist strittig, ob der Verlust für den gesamten Rechnungszeitraum zu ersetzen ist, wenn der Beherrschungs- oder der Gewinnabführungsvertrag nicht am Beginn, sondern im Laufe dieses Zeitraumes abgeschlossen bzw beendet wird.[317]

Im Unterschied zum faktischen Konzern ist nicht jede Beeinträchtigung einzeln zu ersetzen, sondern der gesamte Wirtschaftsverlust.[318] Die Verpflichtung zum Ausgleich des entstandenen Verlusts entsteht unabhängig davon, ob sie im Vertrag ausdrücklich geregelt wird. Es ist jedoch wichtig, im Vertrag insb die Frist und die Art der Verlustbegleichung ausführlich zu regeln.[319] Die Pflicht zum Verlustausgleich entsteht weiters unabhängig davon, ob es zum Verlust aufgrund von Weisungen der leitenden Person gekommen ist oder nicht.[320] Der Verlust ist auch dann zu ersetzen, wenn er auch ohne den Abschluss des Beherrschungs- oder Gewinnabführungsvertrages entstanden wäre. Es ist immer der gesamte Verlust unabhängig davon, ob nur ein Teil des Gewinnes an die leitende Person übertragen wurde, zu ersetzen.[321]

---

314 Dagegen ist der Gewinnabführungsvertrag ungültig, wenn darin trotz Vorhandenseins von außenstehenden Aktionären in der geleiteten Gesellschaft gar keine Ausgleichszahlung vorgesehen ist, vgl *Černá*, Faktický koncern² 137; *Štenglová* in Štenglová/Plíva/Tomsa et al, ObchZ¹³ § 190a S 686.

315 Es handelt sich um eine Präklusivfrist, s *Pokorná* in Pokorná/Kovařík/Čáp et al, ObchZ § 190a S 901.

316 *Černá*, Faktický koncern² 150; *Dědič/Hájek* in Dědič et al, ObchZ § 190c S 2364.

317 Für den Verlustausgleich für den gesamten Rechnungszeitraum *Dědič/Hájek* in Dědič et al, ObchZ § 190c S 2364 f; *Pokorná* in Pokorná/Kovařík/Čáp et al, ObchZ § 190c S 911. AA *Černá*, Faktický koncern² 153.

318 *Černá*, Faktický koncern² 150.

319 Vgl *Černá*, Faktický koncern² 151 f; *Dědič/Hájek* in Dědič et al, ObchZ § 190a S 2335, § 190c S 2365.

320 *Dědič/Hájek* in Dědič et al, ObchZ § 190c S 2365; *Pokorná* in Pokorná/Kovařík/Čáp et al, ObchZ § 190c S 911.

321 *Černá*, Faktický koncern² 151.

Das Recht auf Verlustausgleich ist ausschließlich durch die geleitete Person geltend zu machen. Den Gläubigern der geleiteten Person steht dieses Recht nicht zu.[322] Genauso wenig können die Gesellschafter der geleiteten Person den Ausgleichsanspruch geltend machen. *Actio pro socio* können sie nur gegenüber dem Statutarorgan ihrer Gesellschaft bei dessen Untätigkeit im Falle einer dadurch verursachten Schadenszufügung der geleiteten Gesellschaft erheben.[323]

5. Gesetzliche Bürgschaft der leitenden Person

Personen, die im Namen der leitenden Person dem Statutarorgan der geleiteten Person Weisungen erteilen,[324] sind gem § 190b Abs 3 ObchZ verpflichtet, mit der Sorgfalt eines ordentlichen Geschäftsleiters vorzugehen. Es obliegt ihnen diesbezüglich die Beweislast. Falls sie gegen ihre Sorgfaltspflicht verstoßen, haften sie solidarisch für den Schaden, der dadurch bei der beherrschten Person entsteht. Für die Erfüllung deren Verpflichtung aus der Schadenersatzhaftung bürgt *ex lege* die leitende Person.[325]

Die Mitglieder des Statutarorgans der geleiteten Person sind gem § 190b Abs 2 S 2 ObchZ ebenfalls verpflichtet, bei der Befolgung von Weisungen der leitenden Person mit der Sorgfalt eines ordentlichen Geschäftsleiters vorzugehen. Diese umfasst hauptsächlich die Pflicht zur Überprüfung der Zulässigkeit der erteilten Weisungen. Insbesondere solche Weisungen sind als unzulässig abzulehnen, die gesetz- bzw satzungswidrig sind (zB wenn die leitende Person vom Statutarorgan der geleiteten Person verlangt, dass es den Ersatz des jährlichen Verlusts nicht fordert,[326] dass es Schadenersatzansprüche im Namen der geleiteten Gesellschaft nicht geltend macht,[327] oder wenn es sich um eine für die geleitete Person ungünstige Weisung handelt, die nicht gleichzeitig im Konzerninteresse liegt[328]) bzw die gegen die guten Sitten verstoßen. Weiters sind solche Weisungen als unzulässig abzulehnen, welche die wirtschaftliche Integrität der geleiteten Person beeinträchtigen.[329] Die Mitglieder des Statutarorgans der geleiteten Person trifft in diesem Zusammenhang auch eine Hinweispflicht gegenüber den Organen der leitenden Person.[330]

---

322 *Černá*, Faktický koncern[2] 150.

323 *Černá*, Faktický koncern[2] 151.

324 Neben Statutarorganen können dies nach der hL auch rechtsgeschäftliche Vertreter sein, vgl *Černá*, Faktický koncern[2] 104; *Dědič/Hájek* in Dědič et al, ObchZ § 190b S 2344, 2346 f; *Pokorná* in Pokorná/Kovařík/Čáp et al, ObchZ § 190b S 905.

325 Zum Institut der gesetzlichen Bürgschaft s oben II.2.b.

326 *Černá*, Faktický koncern[2] 113 f.

327 *Dědič/Hájek* in Dědič et al, ObchZ § 190b S 2348.

328 *Pokorná* in Pokorná/Kovařík/Čáp et al, ObchZ § 190b S 905; *Štenglová* in Štenglová/Plíva/Tomsa et al, ObchZ[13] § 190b S 689. Zum Verstoß gegen die Sorgfaltspflicht des ordentlichen Geschäftsleiters kommt es seitens des Statutarorgans der geleiteten Person nur dann, wenn die Weisungen ganz offensichtlich nicht im Konzerninteresse lagen, vgl *Černá*, Faktický koncern[2] 111; *Dědič/Hájek* in Dědič et al, ObchZ § 190b S 2345.

329 *Černá*, Faktický koncern[2] 119 f.

330 *Černá*, Faktický koncern[2] 121.

Die Schadenersatzansprüche kann gem § 190b Abs 4 ObchZ für die geleitete Person auch jeder ihrer Gesellschafter geltend machen. In diesem Fall ist auch im Aktienrecht die Erhebung von *actio pro socio* von einer Mindestbeteiligung am Grundkapital unabhängig.[331] Die Kosten für die Geltendmachung des Rechts trägt die geleitete Person.[332]

Erleiden auch[333] die Gläubiger der geleiteten Gesellschaft einen Schaden, weil die Personen, die im Namen der leitenden Gesellschaft die Weisungen an die geleitete Gesellschaft erteilt haben, nicht die Sorgfalt eines ordentlichen Geschäftsleiters eingehalten haben, haften diese Personen gegenüber den Gläubigern gem § 190b Abs 5 ObchZ solidarisch für diesen Schaden, falls die Gläubiger ihre Ansprüche aus dem Vermögen der geleiteten Gesellschaft nicht befriedigen können. Als Beweis dafür gilt insb ein erfolgloses Zwangsvollstreckungsverfahren ins Vermögen der geleiteten Gesellschaft oder keine bzw eine nicht vollständige Befriedigung der Forderungen von Gesellschaftsgläubigern im Konkursverfahren, das über das Vermögen der geleiteten Gesellschaft eröffnet wurde.[334] Die leitende Gesellschaft bürgt *ex lege* für die Erfüllung dieses Schadenersatzanspruchs.

Zusammen mit den Personen, die im Namen der leitenden Gesellschaft die Weisungen an die geleitete Gesellschaft erteilt haben, haften für den Schaden der geleiteten Person iSv § 190b Abs 3 ObchZ sowie für den Schaden der Gläubiger der geleiteten Gesellschaft iSv § 190b Abs 5 ObchZ auch die Mitglieder des Statutarorgans der geleiteten Gesellschaft, falls sie die erforderliche Sorgfalt nicht eingehalten haben. Sie haften allerdings dann nicht, wenn sie im Einklang mit den Weisungen gem § 190b Abs 2 ObchZ gehandelt haben, dh wenn die Weisungen im Interesse der leitenden Person oder einer anderen Person, mit der sie den Konzern bildet, waren.[335] Nach der Lehre[336] bürgt die leitende Gesellschaft *ex lege* auch für die Schadenersatzansprüche gegenüber den Mitgliedern des Statutarorgans der geleiteten Gesellschaft, obwohl dies nicht ausdrücklich im Gesetz geregelt ist.

Aufgrund der personellen und vermögensrechtlichen Verflechtungen zwischen den Gesellschaften, die den Konzern bilden, sowie zwischen deren Organen, welche in der Realität oft vorkommen, ist im Vertragskonzern der Schutz durch konzernrechtliche Haftungsbestimmungen – ähnlich wie beim faktischen Konzern[337] – in der Praxis nicht besonders effektiv. Dies wird auch durch die Tatsache bestätigt, dass publizierte höchstgerichtliche Entscheidungen, die sich mit der Haftungsproblematik im Vertragskonzern sowie mit dem Vertragskon-

---

331 *Černá*, Faktický koncern² 118 f; *Štenglová* in Štenglová/Plíva/Tomsa et al, ObchZ¹³ § 190b S 689. AA *Dědič/Hájek* in Dědič et al, ObchZ § 190b S 2348. So wohl auch *Pokorná* in Pokorná/Kovařík/Čáp et al, ObchZ § 190b S 906.

332 *Černá*, Faktický koncern² 119.

333 Das Wort „auch" deutet darauf hin, dass gleichzeitig auch ein Schaden bei der Gesellschaft entstehen muss, s dazu auch *Dědič/Hájek* in Dědič et al, ObchZ § 190b S 2348 f.

334 *Pokorná* in Pokorná/Kovařík/Čáp et al, ObchZ § 190b S 906; *Černá*, Faktický koncern² 119.

335 § 190b Abs 6 ObchZ.

336 *Bejček*, BullAdv 6–7/2002, 50; *Černá*, Faktický koncern² 122.

337 Vgl oben II.4.b.bb.3.

zern als solchem auseinandersetzen würden, fehlen. Die effektivsten Schutzinstrumente im Rahmen des Vertragskonzerns stellen das Austrittsrecht gegen eine angemessene Gegenleistung und das Recht auf den Ersatz des Jahresverlustes dar.[338]

bd) Das neue Konzernrecht

1. Allgemeines zur neuen Regelung des Konzernrechts

Die neue Konzeption von Beherrschungsverhältnissen geht laut Begründungsbericht[339] von einer zweigliedrigen Struktur aus: Einerseits regelt das Gesetz den Tatbestand der „Beeinflussung", andererseits enthält es Bestimmungen über den Konzern. Die Unternehmensverbindungen wurden in Anlehnung an die Empfehlungen des Winter-Berichtes und an die Empfehlungen des Sachverständigenteams „Forum Europaeum Konzernrecht" neu geregelt (§§ 71 bis 92 ZOK). Diese Bestimmungen werden durch die Regelungen des *wrongful trading* und durch die neue Regelung des Insolvenzrechts ergänzt. Im Unterschied zur bisherigen Regelung wird überwiegend – aber nicht zur Gänze – das französische Konzept des Konzernrechts zum Vorbild genommen. Somit steht die sog Rozenblum-Theorie im Vordergrund. Nicht übernommen wurden insb die besonderen Klagen gem dem französischen ComC, da diese Problematik durch das Insolvenzrecht geregelt ist.

Das ZOK geht davon aus, dass eine Beeinflussung möglich ist, die einflussreiche Person jedoch direkt die Beeinträchtigungen ersetzen muss, welche sie allen betroffenen Personen auch durch ein bloß einmaliges Handeln verursacht hat. Dadurch werden zwar nicht die Regeln über *piercing the corporate veil* eingeführt, das Gesetz knüpft aber an diese Doktrin in der Weise an, dass es im Falle der Beeinträchtigung der Gesellschaft und der daraus resultierenden Unmöglichkeit der Erfüllung von Verbindlichkeiten eine gesetzliche Bürgschaft der einflussreichen Person für die Schulden der beeinflussten Person vorsieht.

Die Konzernregelung beruht auf dem Gedanken, dass im Falle einer strategischen Leitung durch die Beeinflussung eine Liberalisierungsmöglichkeit zugunsten der leitenden Person zum Tragen kommen sollte: In diesem Fall muss die leitende Person die Beeinträchtigung nicht direkt ersetzen; sie muss allerdings beweisen, dass die Beeinträchtigung im Interesse des Konzerns entstanden ist und dass die damit zusammenhängenden Vor- und Nachteile im Rahmen dieses Konzerns ausgeglichen werden. Der Gesetzgeber hielt es im Falle der Existenz eines Konzerns für unnötig, jede einzelne Beeinträchtigung zu ersetzen, wenn die Konzernmitglieder im Endergebnis nicht beschädigt sind.

Die neuen Regelungen über das Konzernrecht unterscheiden nicht zwischen dem faktischen Konzern und dem Vertragskonzern. Die Wirksamkeit der Beherrschungs- und Gewinnabführungsverträge, die vor dem In-Kraft-Treten des

---

338 Vgl *Černá*, Faktický koncern² 123.
339 Begründungsbericht zum ZOK, abgedruckt in *Havel* et al, Zákon o obchodních korporacích 62 ff.

Gesetzes über die Handelskörperschaften abgeschlossen wurden, erlischt gem § 780 Abs 1 ZOK mit dem letzten Tag des für die leitende Person verbindlichen Rechnungszeitraumes, der dem Ablauf des sechsten Monats ab dem In-Kraft-Treten des Gesetzes über die Körperschaften unmittelbar folgt, falls die Wirksamkeit dieser Verträge nicht bereits früher erloschen ist. Dadurch werden allerdings die Rechte und Pflichten aus diesen Verträgen sowie aus den Rechtsvorschriften, die diese Verträge vor dem In-Kraft-Treten des Gesetzes über die Körperschaften regeln, die vor dem Erlöschen der Wirksamkeit der Beherrschungs- und Gewinnabführungsverträge entstanden sind, nicht berührt.[340] Vertragskonzerne werden auch in der Zukunft entstehen können, sie werden jedoch in den Anwendungsbereich jener Bestimmungen fallen, die Unternehmensvereinigungen und Allgemeines Vertragsrecht regeln.[341]

2. Haftungstatbestände und die Verpflichtung zum Ersatz der erlittenen Beeinträchtigung

Nach der Grundregel des Beeinflussungstatbestandes in § 71 Abs 1 ZOK ist jeder, der anhand seines Einflusses in der Körperschaft (einflussreiche Person) in entscheidender und zugleich bedeutender Weise das Verhalten dieser Körperschaft (beeinflusste Person) zu deren Lasten beeinflusst, verpflichtet, die auf diese Weise entstandene Beeinträchtigung zu ersetzen, es sei denn er beweist, dass er bei seiner Beeinflussung gutgläubig und vernünftig annehmen konnte, dass er informiert und im verteidigbaren Interesse der beeinflussten Person handelte. Unter dem Einfluss im Sinne dieser Norm ist auch ein solcher Einfluss zu verstehen, der mittels anderer Personen ausgeübt wird.[342] Die Bestimmung des § 71 Abs 1 ZOK wird nicht auf das Handeln der Organmitglieder der beeinflussten Person und deren Prokuristen angewendet.[343]

Wird die erlittene Beeinträchtigung nicht bis zum Ende des Rechnungszeitraumes, in dem sie entstanden ist, oder innerhalb einer anderen angemessenen Frist ersetzt, hat gem § 71 Abs 2 ZOK die einflussreiche Person auch jene Beeinträchtigung zu ersetzen, die in diesem Zusammenhang den Gesellschaftern der beeinflussten Person entstanden ist. Schließlich bürgt die einflussreiche Person gem § 71 Abs 3 ZOK *ex lege* gegenüber den Gläubigern der beeinflussten Körperschaft für die Schulden, die die beeinflusste Person infolge der Beeinflussung gem Abs 1 zum Teil oder zur Gänze nicht begleichen kann.

Mit Ausnahme des Falles, wenn infolge der Handlungen der leitenden Person die geleitete Person in die Insolvenz gerät,[344] kommen die Regeln über die Haftung wegen der Beeinflussung gem § 72 Abs 1 ZOK dann nicht zur Anwendung, wenn die leitende Person nachweist, dass die Beeinträchtigung zu ihren Gunsten oder zugunsten einer anderen Person, mit der sie einen Konzern gem

---

340 § 780 Abs 2 ZOK.
341 *Pelikánová*, Obchodní právo 5, Odpovědnost 79.
342 § 71 Abs 4 ZOK.
343 § 71 Abs 5 ZOK.
344 Vgl § 72 Abs 3 ZOK.

§ 79 ZOK bildet, entstanden ist und dass sie bereits beglichen wurde oder im Rahmen dieses Konzerns beglichen wird.[345] Eine oder mehrere Personen, die einer einheitlichen Leitung durch eine andere Person unterworfen sind, bilden gem § 79 Abs 1 ZOK zusammen mit der leitenden Person einen Konzern. Die Betriebe der geleiteten Person und der leitenden Person sind gem § 80 ZOK Konzernbetriebe.

Unter einer einheitlichen Leitung versteht das Gesetz den Einfluss der leitenden Person auf die Tätigkeit der geleiteten Person, welcher für die Zwecke einer längerfristigen Durchsetzung der Konzerninteressen im Rahmen der einheitlichen Konzernpolitik die Koordination und konzeptionelle Leitung zumindest einer von den bedeutenden Einheiten oder Tätigkeiten im Rahmen der unternehmerischen Tätigkeit des Konzerns verfolgt.[346] Das Organ der leitenden Person ist gem § 81 Abs 1 ZOK befugt, den Organen der geleiteten Person Weisungen betreffend die Geschäftsführung zu erteilen, falls diese im Interesse der leitenden Person oder einer anderen Person, mit der die leitende Person den Konzern bildet, sind. Die Organmitglieder der geleiteten Person sowie deren Prokurist sind bei der Ausübung ihrer Funktion von ihrer Pflicht zur Sorgfalt eines ordentlichen Geschäftsleiters nicht befreit. Sie sind jedoch von der Haftung wegen der Beeinträchtigung befreit, falls sie beweisen, dass sie vernünftigerweise annehmen konnten, dass die Bedingungen gem § 72 Abs 1 f ZOK erfüllt wurden.[347]

Die Konzernmitglieder sind gem § 79 Abs 3 ZOK verpflichtet, die Existenz des Konzerns auf ihren Internetseiten zu veröffentlichen. Ansonsten kommen die Bestimmungen über die Haftung aufgrund der Beeinflussung und nicht die Konzernhaftungsregeln zur Anwendung.

Neben den Begriffsbestimmungen „beeinflusste Person" und „einflussreiche Person" beim Tatbestand der Beeinflussung und den Begriffsbestimmungen „leitende Person" und „geleitete Person" bei der Konzernregelung unterscheidet ZOK auch die Begriffe „herrschende Person" und „beherrschte Person". Gem der allgemeinen Definition in § 74 Abs 1 S 1 ZOK ist unter der herrschenden Person eine solche Person zu verstehen, die in der Körperschaft unmittelbar oder mittelbar entscheidenden Einfluss ausüben kann. Als herrschende Person bzw als herrschende Personen gelten gem § 75 ZOK:

a) wer die Mehrheit der Mitglieder des Statutarorgans bzw der Personen in ähnlicher Stellung oder die Mehrheit der Mitglieder des Aufsichtsorgans der Körperschaft, deren Mitglied er ist, ernennen und abberufen kann oder wer eine derartige Ernennung oder Abberufung durchsetzen kann;

b) wer über einen Stimmrechtsanteil von mind 40 % aller Stimmen in der Körperschaft verfügt, es sei denn eine andere Person oder andere im Einverneh-

---

345 Die Beeinträchtigung gilt gem § 72 Abs 2 ZOK als beglichen, falls sie innerhalb einer angemessenen Frist und im Rahmen des Konzerns durch eine angemessene Gegenleistung oder durch andere nachweisbare Vorteile, die sich aus der Mitgliedschaft in einem Konzern ergeben, beseitigt wird.

346 § 79 Abs 2 ZOK.

347 § 81 Abs 2 ZOK.

men handelnde Personen[348] verfügen über den gleichen oder einen höheren Stimmrechtsanteil;

c) im Einvernehmen handelnde Personen, die zusammen über einen Stimmrechtsanteil von mind 40 % aller Stimmen in der Körperschaft verfügen, es sei denn eine andere Person oder andere im Einvernehmen handelnde Personen verfügen über den gleichen oder einen höheren Stimmrechtsanteil;

d) wer alleine oder zusammen mit im Einvernehmen handelnden Personen einen Stimmrechtsanteil von mind 30 % aller Stimmrechte in der Körperschaft erwirbt, sofern dieser Stimmrechtsanteil in den letzten 3 aufeinanderfolgenden Sitzungen des obersten Organs dieser Körperschaft mehr als die Hälfte der Stimmrechte der anwesenden Personen darstellte.

Außerdem gilt die geleitete Person iSv § 79 ZOK immer als beherrschte Person. Die leitende Person iSv § 79 ZOK und ein Mehrheitsgesellschafter iSv § 73 ZOK[349] gelten immer als herrschende Personen, es sei denn in Bezug auf den Hauptgesellschafter wird von § 75 ZOK etwas anderes bestimmt.[350] Falls es sich bei der herrschenden Person um eine Körperschaft handelt, ist diese die „Muttergesellschaft", und falls es sich bei der beherrschten Person um eine Körperschaft handelt, ist diese die „Tochtergesellschaft".[351]

---

348 Das „Handeln im Einvernehmen" ist gem § 78 Abs 1 S 1 ZOK ein Handeln von zwei oder mehreren Personen, die ihre Stimmrechte für die Zwecke der Beeinflussung, der Beherrschung oder der einheitlichen Leitung der Körperschaft ausüben. Folgende Personen gelten gem § 78 Abs 2 ZOK als im Einvernehmen handelnde Personen: die juristische Person einerseits und die Mitglieder ihres Statutarorgans, die Personen unter deren unmittelbaren Einfluss, die Mitglieder ihres Aufsichtsorgans, die Abwickler, die Insolvenzverwalter und weitere Verwalter gemäß einer anderen Rechtsvorschrift sowie die Zwangsverwalter andererseits. Weiters gelten als im Einvernehmen handelnde Personen: die herrschende und die durch sie beherrschte Person, die einflussreiche und die beeinflusste Person, die Gesellschaft mit beschränkter Haftung und ihre Gesellschafter oder nur ihre Gesellschafter, die Offene Gesellschaft und ihre Gesellschafter oder nur ihre Gesellschafter, die Kommanditgesellschaft und ihre Gesellschafter oder nur ihre Gesellschafter, die „nahestehenden Personen" iSd NOZ, die Investitionsgesellschaften und der durch sie bewirtschaftete Investitionsfonds bzw Pensionsfonds oder lediglich die durch sie bewirtschafteten Fonds und schließlich Personen, die einen Stimmbindungsvertrag abgeschlossen haben. Die im Einvernehmen handelnden Personen erfüllen gem § 78 Abs 1 S 2 ZOK ihre Pflichten solidarisch.

349 Als Mehrheitsgesellschafter gilt gem § 73 Abs 1 ZOK derjenige Gesellschafter, der über die Mehrheit der Stimmen verfügt, die sich aus der Beteiligung an der Körperschaft ergeben. In die Gesamtanzahl der Stimmen sind gem § 73 Abs 2 ZOK folgende Stimmen nicht einzubeziehen: Stimmen aus eigenen Anteilen der Körperschaft, Stimmen aus Anteilen, die im Eigentum einer von der Körperschaft beherrschten Person sind, sowie Stimmen aus solchen Anteilen, die eine andere Person in eigenem Namen, jedoch auf Rechnung der Körperschaft oder auf Rechnung einer von ihr beherrschten Person erworben hat. Ein Anteil, mit dem nicht dauerhaft das Stimmrecht verbunden ist, gilt gem § 79 Abs 3 ZOK für diesen Zweck auch dann als ein Anteil ohne Stimmrecht, wenn das Stimmrecht vorübergehend auflebt.

350 § 74 Abs 3 ZOK.

351 § 74 Abs 2 ZOK.

Wurde das Handeln eines Organmitglieds der Körperschaft durch das Handeln der einflussreichen Person iSv § 71 Abs 1 ZOK oder durch das Handeln der herrschenden Person iSv § 74 f ZOK beeinflusst, kommen gem § 76 Abs 2 f ZOK auf diese Personen einige Bestimmungen des Allgemeinen Teils des ZOK zur Anwendung, die primär nur für die Gesellschaftsorgane gelten. Der wichtigste Verweis ist jener auf § 68 ZOK, der das Institut des *wrongful trading* regelt.[352] Außerdem sind die Bestimmungen der §§ 63 bis 66 ZOK über die Untersagung der Funktionsausübung des Statutarorgans auf die einflussreiche oder herrschende Person entsprechend anzuwenden, falls sie durch ihren Einfluss erheblich zur Insolvenz der Handelskörperschaft beigetragen hat.[353] In diesem Zusammenhang ist insb § 66 Abs 2 ZOK von Bedeutung. Demzufolge bürgt derjenige, der gegen das durch die gerichtliche Entscheidung verhängte Verbot der Funktionsausübung verstößt, für die Erfüllung sämtlicher Verpflichtungen der Körperschaft, die in dem Zeitraum, in der er trotz des Verbotes die Organfunktion ausgeübt hat, entstanden sind.

3. Bericht über die Beziehungen

Das Statutarorgan der beherrschten Person ist gem § 82 ZOK verpflichtet, innerhalb von 3 Monaten ab der Beendigung des Rechnungszeitraumes einen schriftlichen Bericht über die Beziehungen zwischen der herrschenden und der beherrschten Person und zwischen der beherrschten Person und Personen, die von derselben herrschenden Person beherrscht werden, zu verfassen. In dem Bericht sind insb folgende Informationen anzugeben: die Struktur der Beziehungen der betroffenen Personen, die Rolle der herrschenden Person, die Beherrschungsart sowie die Beherrschungsmittel, weiters die Übersicht über die im letzten Zeitraum getätigten Handlungen, die im Interesse oder auf Veranlassung der herrschenden Person vorgenommen wurden, falls diese Handlungen das Vermögen in der Höhe von mehr als 10 % des Eigenkapitals der beherrschten Person laut dem letzten Rechnungsabschluss betrafen, die Übersicht über die gemeinsamen Verträge zwischen den betroffenen Personen und schließlich die Tatsache, ob bei der beherrschten Person eine Beeinträchtigung entstanden ist und die Beurteilung deren Begleichung. Verfügt das Statutarorgan nicht über die notwendigen Informationen, hat es eine diesbezügliche Erklärung samt entsprechender Begründung in dem Bericht anzuführen. Das Statutarorgan ist außerdem verpflichtet, in dem Bericht sämtliche Vor- und Nachteile sowie Risiken des Beherrschungsverhältnisses zu beurteilen. Darüber hinaus hat es anzuführen, wann und in welcher Form eine allenfalls erlittene Beeinträchtigung zu begleichen ist.

---

352 S dazu ausführlich unten III.2. S dazu auch *Havel*, or 2013, 16. Ablehnend *Černá* in Právo, obchod, ekonomika II. 48 f; *Čech*, or 2012, 327 ff mit dem Argument, dass weder die herrschende Person noch die einflussreiche Person die Sorgfaltspflicht eines ordentlichen Geschäftsleiters trifft.

353 Nach der neuen Rechtslage kann auch eine juristische Person zum Organmitglied einer anderen juristischen Person gewählt werden, vgl § 154 NOZ.

Hat die beherrschte Person ein Kontrollorgan, hat dieses gem § 83 ZOK grundsätzlich[354] den Bericht über die Beziehungen zu überprüfen und im Falle der Feststellung von Fehlern das Statutarorgan zu deren Verbesserung aufzufordern. Über die Ergebnisse der Prüfung hat es das oberste Organ der Gesellschaft zu informieren. Gleichzeitig hat das Kontrollorgan dem obersten Organ seine Ansicht zum Ersatz der Beeinträchtigung mitzuteilen.

Gem § 84 ist der Bericht über die Beziehungen genauso wie nach der geltenden Rechtslage dem Jahresbericht beizufügen, und die Gesellschafter der beherrschten Person haben die Möglichkeit, sich sowohl mit dem Bericht über die Beziehungen als auch mit der allfälligen Stellungnahme des Kontrollorgans innerhalb derselben Frist und unter denselben Bedingungen wie mit dem Rechnungsabschluss bekannt zu machen. Außerdem hat das Statutarorgan den Gesellschaftern die Ergebnisse beider Berichte in der nächsten Sitzung des obersten Organs der Gesellschaft mitzuteilen.

Jeder qualifizierte Gesellschafter iSv § 187 ZOK oder § 365 ZOK kann bei Gericht die Bestellung eines Sachverständigen zur Überprüfung des Berichtes über die Beziehungen beantragen. Dieses Recht kann der qualifizierte Gesellschafter innerhalb eines Jahres ab dem Tag geltend machen, an dem er vom Inhalt des Berichtes erfahren hat oder hätte erfahren können.[355] Ausnahmsweise – wenn laut Bericht über die Beziehungen eine Beeinträchtigung bei der beherrschten Person entstanden ist, die weder ersetzt wurde noch im Einklang mit dem Gesetz ersetzt wird, oder wenn in der Stellungnahme des Kontrollorgans Vorbehalte gegen den Bericht angeführt werden (es sei denn es handelt sich um Vorbehalte, die in der Zwischenzeit beseitigt werden konnten und die aus der Sicht der Vertrauenswürdigkeit des Berichtes über die Beziehungen nicht entscheidend sind) – kann die gerichtliche Bestellung eines Sachverständigen von jedem einzelnen Gesellschafter beantragt werden.[356]

4. Austrittsrecht der außenstehenden Gesellschafter

Den Gesellschaftern steht gem § 89 ZOK ein Austrittsrecht in dem Falle zu, wenn die herrschende Gesellschaft ihren Einfluss in der beherrschten Gesellschaft in einer Weise ausübt, die zur erheblichen Verschlechterung der Rechtsstellung der Gesellschafter der beherrschten Person oder zu einer anderen erheblichen Beeinträchtigung deren berechtigter Interessen führt und für die Gesellschafter das Verbleiben in der beherrschten Gesellschaft somit unzumutbar wird. In einem solchen Fall sind die außenstehenden Gesellschafter berechtigt, von der herrschenden Person den Abkauf ihrer Beteiligung gegen eine angemessene Gegenleistung zu verlangen.[357]

---

354 Die Überprüfung des Berichtes durch das Kontrollorgan ist dann nicht notwendig, wenn die herrschende Person der einzige Gesellschafter der beherrschenden Person ist oder wenn alle Gesellschafter der beherrschten Person in Bezug auf diese im Einvernehmen handeln.

355 S dazu näher § 85 ff ZOK.

356 Vgl § 88 ZOK.

357 Zur Feststellung der Angemessenheit s näher §§ 328 f ZOK.

Die Beweislast über das Vorliegen einer erheblichen Verschlechterung der Rechtsstellung oder der Beeinträchtigung anderer berechtigter Interessen obliegt gem § 90 Abs 1 ZOK dem betroffenen Gesellschafter, es sei denn das Gericht entscheidet, dass dies von ihm billigerweise nicht verlangt werden kann. Dagegen hat die herrschende Person im Falle des erbrachten Beweises seitens der Gesellschafter über die Verschlechterung der Rechtsstellung bzw anderer berechtigter Interessen gem § 90 Abs 2 ZOK grundsätzlich zu beweisen, dass es hiezu nicht infolge ihrer Beeinflussung gekommen ist. Diese Beweislastumkehr zulasten der herrschenden Gesellschaft kommt nur dann nicht zum Tragen, wenn das Gericht entscheidet, dass dies von ihr billigerweise nicht verlangt werden kann. Gerät infolge der Beeinflussung die beherrschte Person in Insolvenz, gilt die Rechtsstellung ihrer Gesellschafter immer als verschlechtert.[358]

c) Haftung als faktischer Geschäftsführer

Die Haftung als faktischer Geschäftsführer ist in der Tschechischen Republik seit 1.1.2001[359] ausdrücklich im Gesetz verankert. Diese Bestimmung befindet sich genauso wie § 66c ObchZ im Allgemeinen Gesellschaftsrecht und gilt somit sowohl für die AGs als auch für die GmbHs. Gem § 66 Abs 6 ObchZ beziehen sich die Bestimmungen des Handelsgesetzbuches und anderer Sonderbestimmungen über die Haftung und gesetzliche Bürgschaft von Organen und Organmitgliedern auch auf Personen, die aufgrund einer Vereinbarung, aufgrund der Beteiligung an der Gesellschaft oder aufgrund einer anderen Tatsache in erheblicher Weise das Verhalten der Gesellschaft beeinflussen, obwohl sie keine Organe oder Organmitglieder sind; dies gilt ohne Rücksicht darauf, welche Beziehung sie zur Gesellschaft haben.

§ 66 Abs 6 ObchZ kommt hauptsächlich bei denjenigen Gesellschaftern zum Tragen, die aufgrund der Höhe ihrer Beteiligung in der Gesellschaft die Bestellung von ihnen nahestehenden Personen für die Gesellschaftsorganen durchsetzen konnten und auf diese Weise in der Lage sind, die Entscheidungen dieses Organs wesentlich zu beeinflussen.[360] Es handelt sich in diesem Zusammenhang insb um den Alleingesellschafter einer GmbH,[361] weiters um Mehrheitsgesellschafter bzw um Gesellschafter, die in der Gesellschaft über das Kontrollpaket verfügen.[362] § 66 Abs 6 ObchZ bezieht sich sowohl auf die Eingriffe in die Geschäftsführung seitens der Gesellschafter außerhalb der Gesellschafterversammlung, die *per se* unzulässig sind,[363] als auch auf Angelegenheiten, die

---

358 § 90 Abs 3 ZOK.
359 Diese Bestimmung wurde durch das Gesetz Nr 370/2000 Sb in das ObchZ eingeführt.
360 *Pokorná* in Pokorná/Kovařík/Čáp et al, ObchZ § 66 S 337.
361 *Štenglová* in Štenglová/Plíva/Tomsa et al, ObchZ[13] § 66 S 264. S auch NS ČR 26.6.2007, 29 Odo 387/2006.
362 *Pokorná* in Pokorná/Kovařík/Čáp et al, ObchZ § 66 S 337 f.
363 *Dědič* in Dědič et al, ObchZ § 66 S 466; *Pokorná* in Pokorná/Kovařík/Čáp et al, ObchZ § 66 S 338; *Štenglová*, PaP 12/2002, 29.

kraft Gesetzes oder Satzung in die Kompetenz der Gesellschafterversammlung fallen, die hierüber einen entsprechenden Beschluss fasst.[364] Die Haftung als faktischer Geschäftsführer kann sowohl gegenüber der Gesellschaft als auch gegenüber Dritten zum Tragen kommen.[365]

Der für die Anwendung dieser Bestimmung entscheidende Einfluss kann auch aufgrund von Vereinbarungen entstehen, die nicht die Rechtsbeziehungen zwischen der Gesellschaft und ihren Gesellschaftern oder zwischen Gesellschaftern untereinander regeln, wie zB Kredit-[366] oder Franchise-Verträge.[367] Die Rechtsfolgen von § 66 Abs 6 treten unabhängig davon ein, ob es sich um gültige oder ungültige (absolut nichtige) Verträge handelt.[368] Dagegen bezieht sich diese Haftungsbestimmung grundsätzlich nicht auf Beratungsverträge, wenn es frei im Ermessen der Gesellschaftsorgane steht, die endgültige Entscheidung zu treffen.[369]

Die Intensität der Beeinflussung muss nicht das Ausmaß iSv § 66a Abs 2 ObchZ erreichen,[370] dh es muss sich dabei nicht um einen entscheidenden Einfluss auf die Leitung oder auf den Betrieb des Unternehmens einer anderen Person handeln. Nur Einflussnahmen, die über einen längeren Zeitraum hinaus andauern, begründen grundsätzlich die Haftung nach § 66 Abs 6 ObchZ. Ob diese Voraussetzung erfüllt ist, hängt allerdings immer von besonderen Umständen des Einzelfalles ab.[371] Eine einmalige Beeinflussung ist ausnahmsweise dann haftungsrelevant, wenn ihre Wirkungen erheblich und längerfristig sind.[372]

§ 66 Abs 6 ObchZ kann auch in Konzernbeziehungen Anwendung finden.[373] Die Anwendung von § 66a Abs 14 oder § 190b Abs 3 bis 6 ObchZ hat allerdings gegenüber § 66 Abs 6 ObchZ in Fällen Vorrang, wo ein bestimmtes Verhalten sowohl unter § 66 Abs 6 ObchZ als auch unter § 66a Abs 14 bzw § 190b Abs 3 bis 6 ObchZ zu subsumieren ist. Weiters kommt die Haftung als faktischer Geschäftsführer dann nicht zum Tragen, wenn gem § 66a Abs 8 ObchZ oder gem § 190b ObchZ der Einfluss der herrschenden Person legalisiert ist, ohne dass daran bestimmte Schadenersatzansprüche geknüpft sind.[374]

IZm der *ex-lege*-Bürgschaft sind hauptsächlich § 194 Abs 6 ObchZ und § 135 Abs 2 ObchZ zu nennen. In Verbindung mit § 66 Abs 6 ObchZ bürgt der

---

364 *Dědič* in Dědič et al, ObchZ § 66 S 466, § 125 S 1112; *Pokorná* in Pokorná/Kovařík/Čáp et al, ObchZ § 66 S 337. AA *Štenglová*, PaP 12/2002, 29.

365 *Dědič* in Dědič et al, ObchZ § 66 S 466.

366 ZB wenn im Kreditvertrag vereinbart wird, dass die Gesellschaft mit der kreditgebenden Bank jede bedeutende Investitionsabsicht abzusprechen hat.

367 *Pokorná* in Pokorná/Kovařík/Čáp et al, ObchZ § 66 S 337.

368 *Dědič* in Dědič et al, ObchZ § 66 S 466.

369 *Dědič* in Dědič et al, ObchZ § 66 S 466.

370 *Dědič* in Dědič et al, ObchZ § 66 S 465.

371 *Dědič* in Dědič et al, ObchZ § 66 S 465.

372 *Černá* in Pauknerová/Tomášek et al, Proměny soukromého práva 43; *Dědič* in Dědič et al, ObchZ § 66 S 465.

373 *Černá/Čech*, or 2009, 15; *Lokajíček*, PR 2011, 435.

374 *Dědič* in Dědič et al, ObchZ § 66 S 466f.

faktische Geschäftsführer, der gegenüber der Gesellschaft aufgrund Schadenersatz haftet, gegenüber den Gläubigern der Gesellschaft für die Verbindlichkeiten der Gesellschaft, falls sie die Befriedigung ihrer Forderungen aus dem Vermögen der Gesellschaft wegen deren Zahlungsunfähigkeit oder weil die Gesellschaft ihre Zahlungen eingestellt hat, nicht erlangen können. Der Umfang der Bürgschaftspflicht ist durch den Umfang der Schadenersatzpflicht begrenzt. Die gesetzliche Bürgschaft erlischt, sobald der faktische Geschäftsführer den Schaden der Gesellschaft ersetzt. Aufgrund dieser Bestimmung ist somit die Verantwortung des faktischen Geschäftsführers für die Verbindlichkeiten der Gesellschaft nach außen hin gegenüber den Gesellschaftsgläubigern erheblich eingeschränkt.[375]

Nach der höchstgerichtlichen Rechtsprechung bleibt auch für die Schadenersatzhaftung des faktischen Geschäftsführers gem § 66 Abs 6 ObchZ wenig Raum. In der Praxis spielt diese Bestimmung keine bedeutende Rolle. Bis jetzt hat der NS ČR nur einen Fall betreffend die Haftung des faktischen Geschäftsführers einer GmbH gegenüber den Gesellschaftern behandelt. Laut NS ČR[376] kommt § 66 Abs 6 ObchZ beim bloßen Reflexschaden des Gesellschafters, wenn sich also der Schaden primär im Vermögen der Gesellschaft ereignet und sich bloß reflexartig auch auf den Wert der Beteiligung des Gesellschafters niederschlägt, nicht zur Anwendung. In dieser Entscheidung verwies der Senat des NS ČR auf eine andere Entscheidung, die er unmittelbar davor erlassen hat und mit der er beim bloßen Reflexschaden die unmittelbare Schadenersatzklage des Gesellschafters gegen den Geschäftsführer der Gesellschaft mit der Begründung ablehnte, der Schadenseintritt könne durch die Erhebung der Gesellschafterklage gem § 131a ObchZ beseitigt werden.[377] Diese Argumentation lässt sich uE nur dann auf die Haftung des faktischen Geschäftsführers übertragen, wenn den Gesellschaftern auch diesem gegenüber die *actio pro socio* § 131a ObchZ zusteht.

Die Haftung als faktischer Geschäftsführer könnte schließlich iVm § 50 des Umwandlungsgesetzes,[378] der die Haftung der Mitglieder der Statutar- und Aufsichtsorgane für den Schaden regelt, den sie durch die Verletzung ihrer umgründungsrechtlichen Pflichten der Gesellschaft, den Gesellschaftern oder den Gläubigern der Gesellschaft zugefügt haben, und iZm der Insolvenzverschleppungshaftung gem §§ 98 f IZ[379] von Bedeutung sein.[380]

---

375 Vgl *Černá* in Pauknerová/Tomášek et al, Proměny soukromého práva 43 f.
376 NS ČR 25.6.2009, 29 Cdo 3663/2008.
377 NS ČR 24.6.2009, 29 Cdo 3180/2008.
378 125/2008 Sb. *Zákon o přeměnách obchodních společností a družstev.*
379 S dazu näher unten III.2.
380 *Černá* in Pauknerová/Tomášek et al, Proměny soukromého práva 44.

5. Haftungsdurchgriff ieS

In Anlehnung an die *common-law*-Judikatur zur Doktrin „*piercing the corporate veil*"[381] und insb in Anlehnung an die ursprüngliche Judikatur des BGH zur Durchgriffshaftung[382] beschäftigt sich die tschechische Lehre seit einigen Jahren mit der Frage, ob im Falle von existenzvernichtenden Eingriffen in das Gesellschaftsvermögen die einheimische Rechtslage Anhaltspunkte für den Verlust des Haftungsprivilegs und somit auch für die unmittelbare und persönliche Haftung der Gesellschafter gegenüber den Gesellschaftsgläubigern enthält.[383] Einige wichtige Vertreter der tschechischen Lehre sind der Meinung, das dogmatische Beharren auf der Trennung der Vermögenssphäre der Gesellschaft und ihrer Gesellschafter sei in bestimmten Situationen unbillig.[384] Insb beim Missbrauch der Gesellschaftsform stehe das Haftungsprivileg denjenigen Gesellschaftern nicht zu, die sich an der Leitung der Gesellschaft aktiv beteiligt haben.[385] Allerdings wird zugleich darauf hingewiesen, mit der Durchgriffshaftung sei eine erhebliche Rechtsunsicherheit verbunden, deshalb solle sie auf

---

381 Es werden vor allem folgende Judikate herangezogen: *Salomon v A. Salomon & Company Ltd* (1897) AC 22; *Jones v Lipman* (1962) 1 All ER 442; *Smith Stone & Knight v Birmingham Corp* (1939) 4 All ER 116; *DHN Food Distributors Ltd v Tower Hamlets London Borough Council* (1976) 3 All ER 462. S Nachweis bei *Lokajíček*, PR 2011, 425 ff FN 8, 45, 48 u 51.

382 Die vom deutschen BHG zum GmbH-Recht entwickelte und später verworfene Durchgriffshaftung (s insb BGH 24.6.2002, II ZR 300/00 („KBV"); BGH 25.2.2002, II ZR 196/00; BGH 17.9.2001, II ZR 178/99 („Bremer Vulkan") stützte sich auf allgemeine gesellschaftsrechtliche Grundsätze. Das Haftungsprivileg stehe demnach den Gesellschaftern dann nicht zu, wenn sie die Rechtsform der Gesellschaft missbrauchen (s dazu BGH 29.3.1993, II ZR 265/91), wenn sie der Gesellschaft deren Vermögen ohne Rücksichtnahme auf ihre gesetzliche Funktion – nämlich anstelle ihrer Gesellschafter als Haftungsträger zu dienen – entziehen, womit sie ihr die Möglichkeit nehmen, ihre Verbindlichkeiten ganz oder wenigstens teilweise zu erfüllen (s BGH 17.9.2001, II ZR 178/99 („Bremer Vulkan"); BGH 24.6.2002, II ZR 300/00 („KBV"]) sowie wenn sie gegen die Verpflichtung zur Trennung des Vermögens der Gesellschaft von ihrem übrigen Vermögen verstoßen (s BGH 24.6.2002, II ZR 300/00 („KBV"]). In all diesen Fällen konnten sich nach der ursprünglichen deutschen höchstgerichtlichen Rechtsprechung die Gläubiger der Gesellschaft direkt am Hauptgesellschafter schadlos halten, sofern der der Gesellschaft durch den Eingriff insgesamt zugefügte Nachteil nicht schon auf Grund der Verpflichtung zur Erstattung verbotener Rückzahlungen durch Rückführung des entzogenen Stammkapitals gemäß den Kapitalerhaltungsvorschriften vollständig ausgeglichen werden konnte oder sofern kein ausreichender Ausgleich im Gesellschaftsvermögen erfolgte (s BGH 24.6.2002, II ZR 300/00 („KBV"); BGH 17.9.2001, II ZR 178/99 („Bremer Vulkan"). Der BGH hat sich von der durch ihn entwickelten gesellschaftsrechtlichen Durchgriffshaftung später wieder abgewandt und die Existenzvernichtungshaftung als deliktische Innenhaftung weiterentwickelt. Krit dazu *Dauner-Lieb*, ZGR 2008, 34 ff.

383 S insb *Černá* in Pauknerová/Tomášek et al, Proměny soukromého práva 28 ff; *Glückselig*, PR 2002, 219 ff; *Lokajíček*, PR 2011, 425 ff; *Patěk* in Pauknerová/Tomášek et al, Proměny soukromého práva 46 ff. Dagegen *Havel*, Obchodní korporace ve světle proměn 55 ff.

384 S insb *Černá* in Pauknerová/Tomášek et al, Proměny soukromého práva 29.

385 Vgl *Černá* in Pauknerová/Tomášek et al, Proměny soukromého práva 41; *Lokajíček*, PR 2011, 427; *Patěk* in Pauknerová/Tomášek et al, Proměny soukromého práva 48.

Sondersituationen beschränkt sein.[386] Es handle sich um ein Rechtsinstrument *ultima ratio*, das nur dann zur Anwendung kommen solle, wenn die Rechtsordnung keine sonstige effiziente Alternative bietet.[387] Dem ist grundsätzlich zuzustimmen, gleichzeitig ist aber zu berücksichtigen, dass das geltende Recht mit § 66a bis § 66c ObchZ keine effizienten Rechtsinstrumente zur Lösung dieser Problematik bietet.[388]

Als mögliche Rechtsgrundlage für die Begründung der Durchgriffshaftung wird insb § 424 OZ angesehen.[389] Dieser Bestimmung zufolge haftet für den Schaden derjenige, der ihn durch ein absichtliches sittenwidriges Handeln verursacht hat. Das neue Bürgerliche Gesetzbuch sieht in § 2909 1. HalbS eine ähnliche Schadenersatzhaftung vor, ohne jedoch ausdrücklich die Voraussetzungen für die Durchgriffshaftung zu regeln.[390] Die Judikatur hat gleichfalls die Lehrmeinungen zur Durchgriffshaftung *bis dato* nicht aufgegriffen.[391]

6. Haftung wegen Verletzung allgemeiner Prinzipien

a) Verbot des Rechtsmissbrauchs, gute Sitten und die Grundsätze des redlichen Geschäftsverkehrs

Das Rechtsmissbrauchsverbot ist in ObchZ ausdrücklich verankert. Es ist deswegen nicht notwendig, auf die Rechtsgrundsätze iSv § 1 Abs 2 *in fine*, auf denen das ObchZ beruht, zurückzugreifen.[392] Gem § 56a Abs 1 ObchZ ist der Missbrauch von Stimmenmehrheiten sowie Stimmenminderheiten verboten. Weiters sind gem § 56a Abs 2 ObchZ sämtliche Handlungen verboten, deren Ziel es ist, einen der Gesellschafter in missbräuchlicher Weise zu benachteiligen. Dem Schutz der Gesellschaft und der Gesellschafter vor dem Rechtsmissbrauch seitens der Gesellschafter und Gesellschaftsorgane dienen auch § 265 ObchZ und § 3 Abs 1 ObčZ.[393]

Gem § 265 ObchZ genießen Rechtsausübungen, die den Grundsätzen des redlichen Geschäftsverkehrs widersprechen, keinen Rechtsschutz. Sie sind jedoch nicht *per se* ungültig,[394] sondern sie begründen eine Art Naturalobligation.[395]

---

386 *Černá* in Pauknerová/Tomášek et al, Proměny soukromého práva 29; *Lokajíček*, PR 2011, 425 f.

387 *Černá* in Pauknerová/Tomášek et al, Proměny soukromého práva 41, 46.

388 *Glückselig*, PR 2002, 223.

389 S insb *Černá* in Pauknerová/Tomášek et al, Proměny soukromého práva 44 ff; *Lokajíček*, PR 2011, 434.

390 Vgl Begründungsbericht zum ZOK, abgedruckt in *Havel* et al, Zákon o obchodních korporacích 63.

391 S insb *Bejček* in Štenglová-FS 2 mwN.

392 *Štenglová* in Štenglová/Plíva/Tomsa et al, ObchZ[13] § 56a S 219.

393 Vgl *Štenglová* in Štenglová/Plíva/Tomsa et al, ObchZ[13] § 56a S 220.

394 *Tomsa* in Štenglová/Plíva/Tomsa et al, ObchZ[13] § 265 S 907.

395 *Kovařík* in Pokorná/Kovařík/Čáp et al, ObchZ § 265 S 1276.

Gem § 3 Abs 1 ObčZ darf die Ausübung von Rechten und Pflichten aus zivilrechtlichen Beziehungen ohne Rechtsgrund nicht in die Rechte und berechtigten Interessen Dritter eingreifen und sie darf nicht sittenwidrig sein. Eine derartige Rechtsausübung ist gem § 39 ObčZ absolut nichtig.[396] § 3 Abs 1 ObčZ wird durch § 56a ObchZ für die Zwecke des Gesellschaftsrechts konkretisiert.[397]

Die Rechtsfolgen des Rechtsmissbrauchs iSv § 56a ObchZ hängen vom konkreten Einzelfall ab. In Betracht kommt insb die Anfechtung des rechtsmissbräuchlichen Gesellschafterbeschlusses.[398] Für den aufgrund des rechtsmissbräuchlichen Verhaltens entstandenen Schaden haften die Gesellschafter gem § 757 ObchZ, der festlegt, dass auf die Schadenersatzhaftung wegen der Verletzung von gesetzlichen Verpflichtungen gem ObchZ die Bestimmungen der § 373 ff ObchZ, welche die Schadenersatzhaftung im Falle der Verletzung von vertraglichen Schuldverhältnissen regeln, entsprechend anzuwenden sind.[399]

In Zukunft werden die allgemeinen Grundsätze, die im Rahmen der Rechtsausübung einzuhalten sind, im Bürgerlichen Gesetzbuch geregelt sein. Gem § 6 Abs 1 NOZ ist jeder verpflichtet, im Rechtsverkehr redlich zu handeln. Niemand darf gem § 6 Abs 2 NOZ aus seiner unredlichen oder gesetzwidrigen Rechtshandlung einen Nutzen ziehen. Gleichfalls darf niemand eine gesetzwidrige Lage, die er selbst geschaffen hat oder über die er Kontrolle ausübt, ausnutzen. Es gilt, dass derjenige, der in einer bestimmten Weise gehandelt hat, ordentlich und gutgläubig war.[400] Offensichtlicher Rechtsmissbrauch genießt jedoch gem § 8 NOZ keinen Rechtsschutz.

Kommt es zum Missbrauch des Stimmrechts zulasten der Gesamtheit seitens eines Mitglieds einer privaten Körperschaft, kann gem § 212 Abs 2 NOZ eine Person, die ein rechtliches Interesse daran nachweist, innerhalb von drei Monaten ab dem Missbrauch der Stimmrechtsausübung bei Gericht die Entscheidung beantragen, dass die Stimmrechtsausübung dieses Mitglieds im konkreten Fall nicht zu berücksichtigen ist.

b) Loyalitätspflicht

Die gesellschaftsrechtliche Treue bzw Loyalitätspflicht ist im tschechischen Recht nicht ausdrücklich kodifiziert. Durch die höchstgerichtliche Judikatur[401]

---

396 §§ 3 Abs 1 u § 39 ObčZ kommen auch bei handelsrechtlichen Schuldverhältnissen subsidiär zur Anwendung, s *Kovařík* in Pokorná/Kovařík/Čáp et al, ObchZ § 265 S 1275.

397 *Černá*, Obchodní právo 3, Akciová společnost 186; *Dědič* in Dědič et al, ObchZ § 56a S 344.

398 *Černá*, Obchodní právo 3, Akciová společnost 188; *Dědič* in Dědič et al, ObchZ § 56a S 345, 347; *Pokorná* in Pokorná/Kovařík/Čáp et al, ObchZ § 56a S 273; *Štenglová* in Štenglová/Plíva/Tomsa et al, ObchZ[13] § 56a S 220.

399 *Černá*, Obchodní právo 3, Akciová společnost 188; *Dědič* in Dědič et al, ObchZ § 56a S 346.

400 § 7 NOZ.

401 NS ČR 26.6.2007, 29 Odo 387/2006. Zur Loyalitätspflicht s auch Höchstgericht Prag 1.3.2010, 7 Cmo 269/2009.

wurde ausdrücklich die Loyalitätsplicht des GmbH-Gesellschafters gegenüber der Gesellschaft anerkannt. Es handelte sich im konkreten Fall um die Pflicht des Gesellschafters, bei der Übertragung des Geschäftsanteils darauf zu achten, dass dadurch die Tätigkeit und die Existenz der Gesellschaft nicht unangemessen und unbegründet beeinträchtigt werden. NS ČR hat dabei auch die tatsächliche Leitungssituation in der Gesellschaft und die Gesellschaftsstruktur berücksichtigt.[402] Nach einer jüngeren Entscheidung des Höchstgerichtes Prag[403] dürfe der GmbH-Gesellschafter weder gegenüber Dritten noch gegenüber den anderen Gesellschaftern Rechtshandlungen setzten, die geeignet sind, die Gesellschaft zu schädigen. Hier handelte es sich um Verrat von Geschäftsgeheimnissen an die Geschäftspartner der Gesellschaft. Das Gericht hat sich in seiner Begründung gleichfalls ausdrücklich auf die Loyalitätspflicht des GmbH-Gesellschafters gegenüber seiner Gesellschaft berufen. Außerdem hat NS ČR[404] in einer anderen Entscheidung – gleichfalls zum GmbH-Recht – ausgeführt, die Pflichten des Gesellschafters ergeben sich nicht lediglich aus dem Gesetz oder dem Gesellschaftsvertrag, sondern auch aus den Grundsätzen, auf denen das Handelsgesetzbuch beruht, aus den Verbindlichkeiten, die der Gesellschafter gegenüber der Gesellschaft übernommen hat, und gegebenenfalls auch aus anderen Rechtstatsachen.

---

402 Der Gläubiger der Gesellschaft hat Klage auf Feststellung der Unwirksamkeit des Vertrages über den Verkauf eines 100 %-igen GmbH-Anteils an einen Ausländer mit unbekanntem Wohnsitz wegen Sittenwidrigkeit mit der Begründung erhoben, es handle sich beim Käufer um eine Person, die nicht bereit sei, die unternehmerische Tätigkeit der GmbH auszuüben, und auf diese Weise versuche der Altgesellschafter, die Verpflichtungen, die ihn im Falle der Zahlungsunfähigkeit der Gesellschaft treffen würden, zu umgehen. Die Gerichte der I. und II. Instanz haben die Klage mit der Begründung abgewiesen, die Rechtsstellung der Klägerin sei durch die Änderung des Alleingesellschafters der GmbH nicht beeinträchtigt. Außerdem verwechsle die Klägerin die Haftung der Gesellschaft mit derjenigen der Gesellschafter. NS ČR hat zwar die direkte Haftung des Gesellschafters gegenüber dem Gläubiger verneint, es hat jedoch gleichzeitig ausgeführt, in besonderen Fällen – zB bei einem einzigen GmbH-Gesellschafter, der in erheblichem Maße die Leitung der Gesellschaft beeinflussen kann – habe der Gläubiger ein dringendes Rechtsinteresse (dieses stellt zugleich die Voraussetzung für die Erhebung der Feststellungsklage gem § 80 lit c OSŘ dar) zu wissen, ob der Vertrag über die Übertragung des Geschäftsanteiles gültig sei bzw wer der Gesellschafter sei. Im Zusammenhang mit der Befriedigung seiner Forderung sei es nämlich für den Gläubiger der Gesellschaft von entscheidender Bedeutung, ob die Gesellschaft rechtzeitig ins Abwicklungsstadium eintritt, wie die Abwicklung verlaufen wird und wer als Abwickler bestellt wird. NS ČR hat weiters ausgeführt, die Übertragung des 100 %-igen Anteils des GmbH-Gesellschafters dürfe nicht zulasten der Gesellschaft gehen, insb dürfe dadurch nicht in unverhältnismäßiger und unbegründeter Weise die Existenz und weitere Tätigkeit der Gesellschaft beeinträchtigt werden, und die Übertragung des Gesellschaftsanteils dürfe nicht zur Umgehung von Verpflichtungen genutzt werden, die den Gesellschafter im Rahmen der Abwicklung oder des Konkurses der Gesellschaft treffen würden. Krit *Havel*, Obchodní korporace ve světle proměn 115.

403 1.3.2010, 7 Cmo 269/2009.

404 NS ČR 31.1.2006, 29 Odo 1007/2005.

Die Loyalitätspflicht gegenüber der Gesellschaft wird auch seitens der hL[405] anerkannt und zwar sowohl im Falle der GmbH-Gesellschafter als auch im Falle der Aktionäre[406]. Im Sinne der Rechtsprechung führt *Čech*[407] weiter aus, dass die Loyalitätspflicht der Gesellschafter hauptsächlich aus den allgemeinen Prinzipien des Vertragsrechts – insb aus dem Grundsatz *Treu und Glauben* – sowie aus § 830 ObčZ[408] abzuleiten sei. Diese Loyalitätspflicht treffe die Gesellschafter nach hM[409] nicht nur gegenüber der Gesellschaft, sondern auch gegenüber den sonstigen Gesellschaftern. Je mehr die Aspekte des Vertragsrechts in der Gesellschafterstruktur der Kapitalgesellschaft zum Tragen kommen, dh je personalistischer die Gesellschaft strukturiert ist, desto stärkere Loyalitätspflichten haben die einzelnen Gesellschafter.[410]

Beim Verstoß gegen die Loyalitätspflicht kommen genauso wie beim Rechtsmissbrauch – je nach dem konkreten Einzelfall – folgende Rechtsfolgen in Frage: der Ausschluss des Gesellschafters aus der GmbH gem § 149 ObchZ,[411] die Verweigerung des Rechtsschutzes gem § 265 ObchZ,[412] die Anfechtung des HV-Beschlusses,[413] die Anfechtung der Übertragung des Geschäftsanteils[414] sowie Schadenersatzansprüche, falls gleichzeitig die allgemeinen Voraussetzungen der Schadenersatzhaftung erfüllt sind.[415]

In Zukunft wird gem § 212 Abs 1 S 1 NOZ jeder, der die Mitgliedschaft in einer Körperschaft annimmt, verpflichtet sein, sich ehrenhaft zu benehmen und ihre innere Ordnung zu achten.

---

405 S insb *Čech* in Pauknerová/Tomášek et al, Proměny soukromého práva 56–70; *ders*, PrRa 11/2007, 31 f; *ders*, JurP 3/2006, 67 ff; *Černá*, Obchodní právo 3, Akciová společnost 185 f; *Eliáš* in Vzájemné ovlivňování 104 f; *Havel*, Obchodní korporace ve světle proměn 111, 113; *Štenglová/Čech* in Dědič/Štenglová/Čech/Kříž, Akciové společnosti 365 ff. S auch *Josková*, or 2011, 263 ff.

406 Nach *Pihera* sind die Grenzen der Ausübung von Aktionärsrechten hauptsächlich durch die guten Sitten zu setzen, s *Pihera*, PR 2007, 361 ff. S auch *Havel*, Obchodní korporace ve světle proměn 112 f.

407 *Čech* in Pauknerová/Tomášek et al, Proměny soukromého práva 55 ff; *ders*, JurP 3/2006, 68 f.

408 *Čech* in Pauknerová/Tomášek et al, Proměny soukromého práva 59; *Štenglová/Čech* in Dědič/Štenglová/Čech/Kříž, Akciové společnosti 36. § 830 ObčZ lautet: *„Jeder Teilnehmer* (gemeint ist der Teilnehmer einer Vereinigung) *ist verpflichtet, zur Erreichung des vereinbarten Zweckes in der im Vertrag festgelegten Weise tätig zu werden und alles zu unterlassen, was die Erreichung dieses Zwecks vereiteln oder erschweren könnte.“*

409 *Čech* in Pauknerová/Tomášek et al, Proměny soukromého práva 62; *Štenglová/Čech* in Dědič/Štenglová/Čech/Kříž, Akciové společnosti 365; *Havel*, Obchodní korporace ve světle proměn 111, 113. S auch *Josková*, or 2011, 264 ff. AA *Eliáš*, nach dessen Meinung die Loyalitätspflicht der Gesellschafter nur gegenüber der Gesellschaft besteht, s *Eliáš* in Vzájemné ovlivňování 105.

410 *Čech* in Pauknerová/Tomášek et al, Proměny soukromého práva 59; *ders*, JurP 3/2006, 70. S auch *Havel*, Obchodní korporace ve světle proměn 111,113; *Josková*, or 2011, 266.

411 NS ČR 31.1.2006, 29 Odo 1007/2005; Höchstgericht Prag 1.3.2010, 7 Cmo 269/2009.

412 *Čech* in Pauknerová/Tomášek et al, Proměny soukromého práva 62.

413 *Čech* in Pauknerová/Tomášek et al, Proměny soukromého práva 63.

414 NS ČR 31.1.2006, 29 Odo 1007/2005.

415 *Čech* in Pauknerová/Tomášek et al, Proměny soukromého práva 64.

III. Insolvenzrechtliche Haftungstatbestände

1. Insolvenzstraftaten

Die Verletzung der gesetzlichen Pflicht zur Stellung des Konkursantrages allein stellt keinen Straftatbestand dar.[416] Dagegen ist die vorsätzliche oder grob fahrlässige Insolvenzverursachung als eigenständige Straftat in § 224 Strafgesetz (*Trestní zákoník*[417] – in der Folge auch: TrZ) geregelt. Weitere Straftatbestände iZm der Insolvenz bzw Zahlungsunfähigkeit des Schuldners enthalten §§ 222 f TrZ sowie §§ 225 f TrZ. § 222 TrZ regelt den Straftatbestand der Gläubigerschädigung seitens des Schuldners, insb durch Verheimlichung, Beiseiteschaffung, Veräußerung und Beschädigung des eigenen Vermögens. § 223 TrZ erfasst den Straftatbestand der Gläubigerschädigung durch Bevorzugung eines anderen Gläubigers im Falle der Insolvenz des Schuldners, wenn dadurch am fremden Vermögen ein nicht bloß geringfügiger Schaden entsteht. § 225 TrZ enthält den Straftatbestand „Verletzung der Pflichten im Insolvenzverfahren" und § 226 TrZ den Straftatbestand „Intrigen im Insolvenzverfahren".

Die Straftaten gem § 222–224 TrZ können dritte Personen nicht direkt begehen, weil diese Straftatbestände die Herbeiführung der *eigenen* Insolvenz bzw die Schädigung *eigener* Gläubiger voraussetzen. Dritte Personen können in diesen Fällen lediglich als Beteiligte, dh als Organisatoren, Anstifter oder Helfer iSv § 24 TrZ strafrechtlich verantwortlich sein.

Die Straftat gem § 225 TrZ kann dagegen jeder begehen, der im Insolvenzverfahren die Ausübung der Funktion des Insolvenzverwalters vereitelt oder in erheblicher Weise belastet und damit den Zweck des Insolvenzverfahrens beeinträchtigt. Gem § 226 TrZ machen sich diejenigen Gläubiger strafbar, die im Widerspruch zu den Grundsätzen und Regeln des Insolvenzverfahrens im Zusammenhang mit der Stimmrechtsausübung im Rahmen des Insolvenzverfahrens einen Vermögens- oder einen anderen Vorteil annehmen oder sich versprechen lassen. Die Straftat „Intrigen im Insolvenzverfahren" begeht darüber hinaus jeder, der im Widerspruch zu den Grundsätzen und Regeln des Insolvenzverfahrens dem Gläubiger einen Vermögens- oder einen anderen Vorteil gewährt, anbietet oder verspricht. §§ 225 f TrZ können jedoch keine strafrechtliche Haftung der Muttergesellschaft begründen.

Am 1.1.2012 ist das Gesetz Nr 418/2011 Sb über die strafrechtliche Haftung von juristischen Personen und das Verfahren gegen diese (*Zákon o trestní odpovědnosti právnických osob a řízení proti nim* – in der Folge: TOPOZ[418]) in Kraft getreten, das die strafrechtliche Haftung von juristischen Personen

---

416 Anders war die Rechtslage gem § 126 Abs 2 des alten Strafgesetzes Nr 140/1961 Sb in der Fassung von 1.5.2000 bis 31.12.2007; in diesem Zeitraum stellte die Verletzung der gesetzlichen Pflicht zur Stellung des Konkursantrages eine Straftat dar.

417 Gesetz Nr 40/2009 Sb.

418 S dazu ausführlicher unten VI.

eingeführt hat,[419] wobei gem § 9 TOPOZ eine juristische Person primär dann als Täterin einer Straftat gilt, wenn ihr die Verletzung oder Beeinträchtigung von Interessen, die durch das Strafgesetz geschützt werden, gem TOPOZ zugerechnet werden können. Darüber hinaus ist eine juristische Person dann als Täterin anzusehen, wenn sie sich zur Durchführung der Straftat einer anderen juristischen oder natürlichen Person bedient hat. Die strafrechtliche Haftung von juristischen Personen wird durch eine allfällige strafrechtliche Haftung von natürlichen Personen nicht berührt. Wird eine Straftat durch gemeinsames Handeln mehrerer Personen begangen, von denen zumindest eine eine juristische Person ist, haftet jede von ihnen in der Weise, als ob sie die Straftat eigenständig begangen hätte. Juristische Personen können allerdings nur für solche Straftaten strafrechtlich verantwortlich gemacht werden, die in § 7 TOPOZ *taxativ* aufgelistet sind. Weder die Straftat gem § 225 TrZ noch die Straftat gem § 226 TrZ sind bei den in § 7 TOPOZ aufgezählten Straftaten angeführt, somit kann die Muttergesellschaft uE diese Straftaten weder als unmittelbare noch als mittelbare[420] Täterin iSv § 9 TOPOZ begehen.

Was die strafrechtliche Haftung der Muttergesellschaft in Form von Organisation, Anstiftung oder Beihilfe im Falle der Straftaten gem § 222–224 TrZ betrifft, so ist die Beitragstäterschaft im TOPOZ nicht besonders geregelt. Somit kommt die allgemeine Regelung der gem § 24 TrZ subsidiär zur Anwendung.[421] Da aber weder die Straftat der Insolvenzverursachung gem § 224 TrZ noch die Straftaten der Gläubigerschädigung (§ 222 TrZ) bzw der Gläubigerbevorzugung (§ 223 TrZ) von einer juristischen Person begangen werden kann, ist in diesen Fällen uE die strafrechtliche Haftung der Muttergesellschaft in Form der Beitragstäterschaft gleichfalls ausgeschlossen.

Weder in der tschechischen Lehre noch in der tschechischen Rechtsprechung wurden *bis dato* Überlegungen angestellt, dass für eine strafrechtlich zu ahnende Handlung des Statutarorgans der juristischen Person die juristische Person gegenüber den Geschädigten zivilrechtlich einstehen sollte.[422]

2. Insolvenzverschleppungshaftung /wrongful trading

Insolvenzverfahren in der Tschechischen Republik sind durch niedrige Effizienz gekennzeichnet, weil ein erheblicher Teil der Gesellschaften verspätete Insolvenzanträge stellt. Das Verfahren wird oft erst dann eingeleitet, wenn

---

419 Bis 31.12.2011 konnte der Täter einer Straftat lediglich eine natürliche Person sein, obwohl dies vom Strafgesetzbuch nicht ausdrücklich bestimmt wurde, s dazu *Šámal* in Šámal et al, TrZ² § 22 S 319.

420 Dh in Form von Organisation, Anstiftung oder Beihilfe iS von § 24 TrZ.

421 *Šámal/Dědič* in Šámal/Dědič/Grivna/Púry/Říha et al, Trestní odpovědnost právnických osob § 9 S 231.

422 Vgl in Ö zu den Voraussetzungen der Haftung der Muttergesellschaft als Beitragstäterin wegen Verletzung von Schutzgesetzen gegenüber den Gläubigern der Tochtergesellschaft für deren Insolvenz zB OHG 14.7.1986, 1 Ob 571/86.

ein erhebliches Missverhältnis zwischen den Verbindlichkeiten und dem Gesellschaftsvermögen besteht.[423] Gem § 98 InsZ ist der Schuldner verpflichtet, den Insolvenzantrag ohne unnötige Verzögerung[424] zu stellen, nachdem er von seiner Insolvenz erfahren hat oder bei Einhaltung der gehörigen Sorgfalt hätte erfahren können. Diese Pflicht trifft den Schuldner auch dann, wenn die Vollstreckung durch den Verkauf seines Unternehmens oder die Exekution gemäß Sondergesetz deswegen rechtskräftig eingestellt wurde, weil der Wert des Unternehmensvermögens die mit dem Unternehmen verbundenen Verbindlichkeiten übersteigt, es sei denn der Schuldner hat noch ein anderes Unternehmen.

Gem § 3 InsZ befindet sich die juristische Person in Insolvenz, wenn sie entw zahlungsunfähig oder überschuldet ist. Zahlungsunfähigkeit bedeutet, dass der Schuldner mehrere Gläubiger sowie Geldverbindlichkeiten, die bereits 30 Tage lang fällig sind, hat und nicht in der Lage ist, diese Verbindlichkeiten zu erfüllen.[425] Um Überschuldung[426] handelt es sich dann, wenn der Schuldner (eine juristische Person oder eine natürliche Person, die Unternehmer ist) mehrere Gläubiger hat und die Gesamtheit seiner Verbindlichkeiten den Wert seines Vermögens übersteigt. Bei der Feststellung des Wertes des Vermögens des Schuldners wird auch die künftige Verwaltung seines Vermögens und gegebenenfalls die Fortführung seines Unternehmens berücksichtigt, falls unter Berücksichtigung sämtlicher Umstände begründet anzunehmen ist, dass der Schuldner in der Lage sein wird, die Verwaltung oder den Betrieb seines Unternehmens fortzusetzen.

Die Pflicht des Schuldners, einen Insolvenzantrag zu stellen, entsteht somit nicht nur im Falle der sog offensichtlichen Insolvenz in Form von Zahlungsunfähigkeit, sondern ebenfalls im Falle der sog versteckten Insolvenz in Form von Überschuldung. Der grundlegende Unterschied zwischen diesen beiden Insolvenzarten besteht darin, dass die Gläubiger idR in der Lage sind, die Zahlungsunfähigkeit des Schuldners rechtzeitig zu erkennen. Dagegen haben sie praktisch keine Möglichkeit, Kenntnis von der Überschuldung des Schuldners zu erlangen.[427]

Aus dem oben Angeführten ergibt sich, dass das Statutarorgan der Gesellschaft auch dann verpflichtet ist, den Insolvenzantrag zu stellen, wenn die

---

423 *Žižlavský*, BullAdv 11/2011, 36–40.

424 Das Gesetz legt keinen Zeitpunkt fest, zu dem der Konkursantrag spätestens zu stellen ist, wie es zB bei § 69 Abs 2 der österreichischen Insolvenzordnung der Fall ist, wonach die Eröffnung des Insolvenzverfahrens ohne schuldhaftes Zögern, spätestens aber sechzig Tage nach dem Eintritt der Zahlungsunfähigkeit zu beantragen ist.

425 In folgenden Fällen setzt das Gesetz die Unfähigkeit des Schuldners zur Erfüllung seiner Verbindlichkeiten voraus: Er hat entw zum erheblichen Teil die Zahlung seiner Geldverbindlichkeiten eingestellt, bzw er erfüllt sie nicht innerhalb eines Zeitraumes von mehr als 3 Monaten, oder die Befriedigung einer der Geldverbindlichkeiten des Schuldners konnte im Wege der Zwangsvollstreckung bzw Exekution nicht erzielt werden, und schließlich wenn er die ihm durch das Insolvenzgericht auferlegte Pflicht zur Übergabe von Verzeichnissen iSv §104 Abs 1 nicht erfüllt hat.

426 Die Pflicht zur Stellung eines Insolvenzantrages wegen Überschuldung gilt erst seit 1.1.2012.

427 *Žižlavský*, BullAdv 11/2011, 36–40.

Gesellschaft mindestens zwei Gläubiger hat und die Gesamtheit aller Verbindlichkeiten der Gesellschaft – dh sowohl der fälligen als auch der nicht fälligen Verbindlichkeiten – den Wert ihres Vermögens übersteigt, auch wenn die Gesellschaft in der Lage ist, ihre fälligen Verbindlichkeiten zu erfüllen. Die Pflicht zur Stellung des Insolvenzantrages kann nur bei realer Erwartung baldiger konkreter Erträge aus der Verwaltung des Vermögens der Gesellschaft oder aus dem gewinnbringenden Betrieb des Unternehmens unterbleiben.[428]

Im Falle einer juristischen Person trifft die Pflicht zur Stellung des Insolvenzantrags das Statutarorgan bzw den Abwickler, falls sich die Gesellschaft bereits in Abwicklung befindet. Hat das Statutarorgan mehrere Mitglieder und sind diese alleinvertretungsbefugt, trifft die Pflicht zur Stellung des Konkursantrags jedes von ihnen. Die Aufzählung der Personen, die zur Stellung des Insolvenzantrages verpflichtet sind, ist *taxativ*, sie bezieht sich somit jedenfalls nicht auf die rechtsgeschäftlichen Vertreter, also Prokuristen, Leiter der Zweigbetriebe oder anderer Organisationseinheiten des Unternehmens, weiters nicht auf AN, die beauftragt wurden, im Namen des Schuldners zu handeln, und Vertreter, die aufgrund einer Vollmacht handeln, insb Rechtsanwälte sowie Bevollmächtigte im Allgemeinen.[429] Dadurch werden allerdings die Schadenersatzhaftung und die gesetzliche Bürgschaft der Muttergesellschaft nach den konzernrechtlichen Bestimmungen nicht berührt, falls sie Weisungen zur Verschleppung der Krisensituation erteilt.[430] Eine schadenersatzrechtliche Insolvenzhaftung könnte uE die Muttergesellschaft außerdem gem § 99 InsZ iVm § 66 Abs 6 ObchZ dann treffen, wenn ihr Statutarorgan auf das Statutarorgan der Tochtergesellschaft seinen Einfluss dahingehend ausübt, dass dieses gar nicht oder verspätet den Insolvenzantrag stellt.[431]

Die Pflicht zur Stellung des Insolvenzantrages ist nicht erfüllt, wenn den Antragsteller die Schuld daran trifft, dass das Insolvenzverfahren eingestellt wurde[432], oder wenn der Insolvenzantrag zurückgewiesen wurde.[433] Das Gesetz berücksichtigt auf diese Weise Situationen, wenn der Insolvenzantrag lediglich formell mit dem Ziel gestellt wird, um der gesetzlichen Pflicht Genüge zu tun, jedoch ohne den Willen, die Verantwortung für das Ergebnis des Verfahrens zu tragen.[434]

Personen, die im Widerspruch zu § 98 InsZ keinen Insolvenzantrag gestellt haben, haften gegenüber den Gläubigern gem § 99 Abs 1 InsZ für den Schaden

---

428 *Žižlavský*, BullAdv 11/2011, 36–40.

429 *Maršíková* in Maršíková et al, InsZ § 98 S 150 f; *Zelenka* in Zelenka, InsZ² § 98 S 163. S auch Höchstgericht Olomouc 30.11.2010, KSOS 14 INS 8315/2009, abgedruckt in *Pachl*, InsZ § 99–100 S 105 f.

430 Vgl dazu *Žižlavský*, BullAdv 1–2/2012, 25 f.

431 S auch *Černá* in Pauknerová/Tomášek et al, Proměny soukromého práva 44.

432 ZB weil der Insolvenzantrag zwar gestellt, jedoch später zurückgezogen wurde, oder es wurde kein Vorschuss für die Kosten des Insolvenzverfahrens geleistet, vgl § 108 Abs 3 InsZ.

433 Ein derartiger Antrag hat zB nicht die vorgeschriebenen Erfordernisse, vgl § 128 InsZ.

434 *Zelenka* in Zelenka, InsZ² § 98 S 164.

oder eine andere Beeinträchtigung,[435] die sie ihnen durch die Verletzung ihrer Pflicht zur Stellung des Insolvenzantrags zugefügt haben. Diese Bestimmung, deren Wortlaut lediglich auf die Pflicht zum Ersatz des Quotenschadens hinausläuft, wird durch die Definition des Schadens und der Beeinträchtigung in § 99 Abs 2 InsZ wieder relativiert. Dieser Bestimmung zufolge bestehen der Schaden oder eine andere Beeinträchtigung im Unterschied zwischen der im Insolvenzverfahren festgestellten Höhe der vom Gläubiger angemeldeten Forderung und dem Betrag, den der Gläubiger im Insolvenzverfahren zur Befriedigung dieser Forderung erhalten hat. Was den Umfang des Schadens oder einer anderen Beeinträchtigung betrifft, die die verpflichtete Person zu ersetzen hat, so ergibt sich uE aus dem Wortlaut des § 99 Abs 2 InsZ, dass nicht nur jener Schaden zu ersetzen ist, der aufgrund des verspäteten Insolvenzantrags entstanden ist (Quotenschaden), sondern die Gesamtdifferenz zwischen der festgestellten Forderungshöhe und dem Betrag, den der Gläubiger im Rahmen des Insolvenzverfahrens erhalten hat (Ausfallschaden). Die Bestimmung der Schadenshöhe hängt somit nicht davon ab, in welchem Maße die Schadenshöhe durch den verspäteten Insolvenzantrag beeinflusst wurde.[436]

Im Unterschied zur alten Rechtslage[437] handelt es sich bei der Haftung von Personen, die zur Stellung des Insolvenzantrages verpflichtet sind, um eine objektive[438] Haftung, dh für die Entstehung der Schadenersatzhaftung ist kein Verschulden notwendig und die verpflichtete Person kann sich nur beim Vorliegen der Haftungsausschließungsgründe iSv § 99 Abs 3 InsZ von der Haftung befreien. Sie muss entw nachweisen, dass die Verletzung der Pflicht zur Stellung des Insolvenzantrags keinen Einfluss auf den Umfang des Betrages hatte, der im Insolvenzverfahren zur Befriedigung der Gläubiger bestimmt wurde, oder dass sie diese Pflicht aufgrund von Tatsachen nicht erfüllt hat, die unabhängig von ihrem Willen entstanden sind und die sie auch bei der Aufwendung jeglicher Mühe, welche von ihr billigerweise zu erwarten war, nicht abwenden konnte. Aus dem oben angeführten ersten Haftungsausschließungsgrund ergibt sich, dass die verpflichtete Person gar keine Pflicht zum Ersatz des Schadens bzw der Beeinträchtigung trifft, sobald sie nachweist, dass die verspätete Stellung des Insolvenzantrages keinen Einfluss auf den Umfang des Betrages hatte, den der Gläubiger erhalten hat. Gelingt es ihr allerdings nicht, den Haftungsausschlie-

---

435 ZB die Schädigung des guten Rufes eines Unternehmers, der auf Grund der Insolvenz seines Vertragspartners zahlungsunfähig wurde, vgl *Pohl*, BullAdv 7–8/2010, 36.

436 S auch *Richter*, Insolvenční právo 205 f; *Rod* in Kotoučová et al, InsZ § 99 S 198; *ders*, Daně a finance 4/2008, 24. Anders war die Situation nach dem alten Gesetz Nr 328/1991 Sb über Konkurs und Ausgleich, das bis 31.12.2007 in Kraft war. Im Falle von Verbindlichkeiten, die vor dem Zeitpunkt, zu dem die verpflichteten Personen in Verzug mit der Konkursantragsstellung geraten sind, entstanden sind, war nur der Quotenschaden zu ersetzen. Lediglich bzgl Verbindlichkeiten, die erst nach diesem Zeitpunkt entstanden sind, war der gesamte Ausfallschaden zu ersetzen, s dazu insb NS ČR 27.9.2007, 29 Odo 1220/2005. S auch NS ČR 20.10.2009, 29 Cdo 4824/2007.

437 S dazu NS ČR 27.9.2007, 29 Odo 1220/2005.

438 *Kozák* in Kozák/Budín/Dadam/Pachl, InsZ § 99 S 124; *Maršíková* in Maršíková et al, InsZ § 98 S 152; *Zelenka* in Zelenka, InsZ² § 99 S 165.

ßungsgrund nachzuweisen, dann haftet sie für den gesamten Schaden bzw die gesamte Beeinträchtigung, also für die Differenz zwischen der angemeldeten Forderungshöhe und dem Betrag, den der Gläubiger letztendlich erhalten hat.[439] Die Beweislast über das Vorliegen der Haftungsausschließungsgründe trägt immer die verpflichtete Person.[440]

Der Anspruch des Gläubigers auf Ersatz des Schadens oder einer sonstigen Beeinträchtigung ist außerhalb des Insolvenzverfahrens geltend zu machen.[441] Gem § 106 Abs 1 f ObčZ verjährt der Schadenersatzanspruch innerhalb der im Bürgerlichen Gesetzbuch geregelten Fristen, also innerhalb einer zweijährigen subjektiven Frist, die ab dem Tag zu laufen beginnt, an dem der geschädigte Gläubiger über den Schaden und über die Person, die für diesen Schaden verantwortlich ist, Kenntnis erlangt, oder innerhalb der objektiven Frist, dh spätestens nach dem Verstreichen von drei Jahren ab dem Ereignis, aus dem der Schaden hervorgegangen ist. Handelt es sich um einen absichtlich zugefügten Schaden, beträgt die objektive Verjährungsfrist zehn Jahre.[442] Es ist zu beachten, dass die Verjährungsfrist unabhängig von der Beendigung des Insolvenzverfahrens zu laufen beginnt,[443] obwohl die tatsächliche Höhe des Schadens oder einer anderen Beeinträchtigung grundsätzlich erst nach der Beendigung des Insolvenzverfahrens endgültig festgestellt werden kann. Eine Ausnahme davon bilden lediglich die Forderungen der gesicherten Gläubiger, die gem § 204 InsZ jederzeit im Laufe des Insolvenzverfahrens befriedigt werden können.[444]

Wird bereits im Laufe des Insolvenzverfahrens ersichtlich, dass dem Gläubiger ein Schaden oder eine andere Beeinträchtigung aufgrund der Verletzung der Pflicht zur Stellung des Insolvenzantrags entstanden ist, kann das Insolvenzgericht auf Antrag des berechtigten Gläubigers gem § 100 InsZ eine einstweilige Verfügung erlassen, mit der der verpflichteten Person auferlegt wird, für die Zwecke des Schadens- bzw Beeinträchtigungsersatzes einen angemessenen Geldbetrag bei Gericht zu hinterlegen.[445]

---

439 Vgl *Richter*, Insolvenční právo 206 FN 423.
440 *Kozák* in Kozák/Budín/Dadam/Pachl, InsZ § 99 S 124; *Maršíková* in Maršíková et al, InsZ § 98 S 152; *Rod* in Kotoučová et al, InsZ § 99 S 198.
441 *Zelenka* in Zelenka, InsZ² § 99 S 165 f.
442 *Maršíková* in Maršíková et al, InsZ § 99 S 153; *Zelenka* in Zelenka, InsZ² § 99 S 165.
443 *Zelenka* in Zelenka, InsZ² § 99 S 165 f.
444 *Kozák* in Kozák/Budín/Dadam/Pachl, InsZ § 99 S 124 f.
445 Der Erlassung einer einstweiligen Verfügung steht nicht entgegen, dass der Gesamtschaden oder die Gesamtbeeinträchtigung noch nicht beziffert werden können. Die Höhe des hinterlegten Betrages ist durch das Gericht so zu bestimmen, dass sie den wesentlichen Teil des voraussichtlichen Schadens bzw der voraussichtlichen Beeinträchtigung abdeckt. Bei der Erlassung der einstweiligen Verfügung hat das Insolvenzgericht dem antragstellenden Gläubiger aufzuerlegen, dass er innerhalb der von ihm bestimmten Frist, welche nicht vor der Beendigung des Insolvenzverfahrens enden darf, beim zuständigen Gericht die Schadenersatzklage oder eine Klage auf Ersatz der erlittenen Beeinträchtigung erhebt. In dem Umfang, in dem das Gericht der Schadenersatzklage oder der Klage auf Ersatz der erlittenen Beeinträchtigung stattgibt, gilt seine Entscheidung als Entscheidung über die Gewährung der Zustimmung zur Herausgabe des hinterlegten Gegenstandes an den Kläger.

Das neue Gesetz über Handelskörperschaften enthält eine neue Regelung der Bürgschaft der Organmitglieder im Falle der Insolvenz der Handelskörperschaft. Gem § 68 kann das Gericht auf Antrag des Insolvenzverwalters oder des Gläubigers entscheiden, dass das Mitglied oder das ehemalige Mitglied des Statutarorgans der Handelskörperschaft für die Erfüllung ihrer Verbindlichkeiten bürgt, falls entschieden wurde, dass sich die Handelskörperschaft in der Insolvenz befindet und das (ehemalige) Mitglied des Statutarorgans wusste oder hätte wissen sollen und können, dass der Handelskörperschaft die Insolvenz droht, und entgegen der Sorgfalt eines ordentlichen Geschäftsleiters nicht alles Erforderliche und vernünftig Vorhersehbare zu seiner Abwendung getan hat. Diese Bestimmung kommt dann nicht zur Anwendung, wenn das (ehemalige) Mitglied des Statutarorgans nachweisbar für die Zwecke der Abwendung der Insolvenz oder einer anderen ungünstigen wirtschaftlichen Situation der Handelskörperschaft bestellt wurde und diese Funktion mit der Sorgfalt eines ordentlichen Geschäftsleiters ausgeübt hat. Wie aus dem Begründungsbericht hervorgeht, beinhaltet diese Bestimmung das sog *wrongful trading* und sie stellt zusammen mit der neuen Begriffsbestimmung der Unternehmensverbindungen die Grundlage des Gläubigerschutzes für den Fall dar, dass die Mitglieder des Statutarorgans die Insolvenz der Handelskörperschaft verursachen.[446] § 68 ZOK ist gleichfalls für die Muttergesellschaft von Bedeutung, da diese Bestimmung gem § 76 Abs 2 ZOK auch auf die einflussreiche bzw herrschende Person[447] entsprechende Anwendung findet.

3. Anfechtungstatbestände wegen inäquivalenter Geschäfte

Die allgemeine Bestimmung über die Gläubigeranfechtung ist in § 42a ObčZ verankert.[448] Die Unwirksamkeit und die Möglichkeit der Anfechtung der Rechtsgeschäfte im Insolvenzverfahren ist in § 235 ff InsZ geregelt. Gem § 235 InsZ sind solche Rechtsgeschäfte unwirksam, mit denen der Schuldner die Möglichkeit der Befriedigung von Gläubigern beeinträchtigt oder mit denen er bloß einige Gläubiger zulasten der anderen Gläubiger begünstigt. Als Rechtsgeschäft gilt auch die Unterlassung seitens des Schuldners.

An die allgemeine Definition der Unwirksamkeit gem § 235 Abs 1 InsZ[449] knüpfen drei besondere Tatbestände an. Die erste Gruppe von Rechtsgeschäften, die angefochten werden können, bilden Rechtsgeschäfte ohne eine angemessene Gegenleistung iSv § 240 InsZ. Darunter sind gem § 240 Abs 1 InsZ

---

446 Begründungsbericht zum ZOK, abgedruckt in *Havel* et al, Zákon o obchodních korporacích 56.

447 Zu den Begriffsbestimmungen s oben II.4.b.bd.2.

448 S dazu näher oben II.3.b.

449 § 235 Abs 1 InsZ ist nicht als Generalklausel zu verstehen. Anfechtbar sind somit nur solche Rechtsgeschäfte des Schuldners, die in §§ 240–242 InsZ angeführt sind. Eine andere Auslegung würde gegen das Prinzip der Rechtssicherheit, den Grundsatz *pacta sunt servanda* und nicht zuletzt gegen § 5 lit c InsZ verstoßen. Die letztgenannte Bestimmung legt fest, dass die

solche Rechtsgeschäfte zu verstehen, auf deren Grundlage sich der Schuldner zu einer unentgeltlichen Leistung oder zu einer entgeltlichen Leistung für eine Gegenleistung, deren gewöhnlicher Preis den gewöhnlichen Preis seiner eigenen Leistung erheblich unterschreitet, verpflichtet hat. In diesem Fall muss es sich nicht um eine absichtliche Handlung handeln.[450] Eine Leistung ohne eine angemessene Gegenleistung liegt gem § 240 Abs 4 InsZ dann nicht vor, wenn die Leistung aufgrund von geltenden Rechtsvorschriften erfolgt oder es sich um ein Gelegenheitsgeschenk in angemessener Höhe bzw um eine Leistung aus Höflichkeit handelt, und schließlich dann nicht, wenn es um ein Rechtsgeschäft geht, bei dem der Schuldner unter Berücksichtigung sämtlicher Umstände begründet davon ausgehen konnte, dass ihm daraus ein angemessener Vorteil erwächst, und die Person, zu deren Gunsten das Rechtsgeschäft vorgenommen wurde, auch bei Einhaltung der gehörigen Sorgfalt nicht erkennen konnte, dass sich der Schuldner in der Insolvenz befindet oder dass das Rechtsgeschäft zur Insolvenz des Schuldners führen könnte. Die letztgenannte Ausnahme kommt jedenfalls dann nicht zum Tragen, wenn es sich um ein Rechtsgeschäft handelt, das zugunsten einer Person vorgenommen wurde, die mit dem Schuldner den Konzern bildet oder die eine ihm nahestehende Person ist.

In die zweite Gruppe der anfechtbaren Rechtsgeschäfte gehören die sog begünstigenden Rechtsgeschäfte, die in § 241 InsZ geregelt sind. Als begünstigend gelten gem § 241 Abs 1 InsZ solche Rechtsgeschäfte, auf deren Grundlage einem Gläubiger zum Nachteil anderer Gläubiger eine größere Befriedigung gewährt wird, als ihm sonst im Konkurs gebühren würde. Auch in diesem Fall ist kein absichtliches Handeln erforderlich.[451] Ein begünstigendes Rechtsgeschäft liegt gem § 241 Abs 3 InsZ insb dann vor, wenn der Schuldner seine Schuld vor deren Fälligkeit begleicht, eine Vereinbarung über die Änderung oder die Ersetzung seiner Verbindlichkeit zu seinen Lasten schließt, seinem Schuldner die Schuld erlässt oder auf eine andere Weise das Erlöschen oder die Nichterfüllung seines Rechts vereinbart. Um ein begünstigendes Rechtsgeschäft handelt es sich weiters dann, wenn der Schuldner sein Vermögen zur Sicherung einer bereits bestehenden Verbindlichkeit zur Verfügung stellt, es sei denn es handelt sich um die Entstehung einer Sicherheit infolge der Änderung des inneren Inhalts einer verpfändeten Gesamtsache. Ein begünstigendes Rechtsgeschäft liegt im Falle der Bestellung einer Sicherheit für eine Verbindlichkeit des Schuldners nicht vor, sofern der Schuldner hierfür einen angemessenen Gegenwert erhält. Außerdem gelten solche Rechtsgeschäfte als nicht begünstigende Rechtsgeschäfte, die zu den im Geschäftsverkehr gewöhnlichen Bedingungen vorgenommen

---

Rechte des Gläubigers, welche dieser vor dem Beginn des Insolvenzverfahrens gutgläubig erworben hat, weder durch die richterliche Entscheidung noch durch die Vorgangsweise des Insolvenzverwalters beschränkt werden können, sofern das Gesetz nicht etwas anderes regelt. S dazu *Richter*, Insolvenční právo 333.

450 *Budín* in Kozák/Budín/Dadam/Pachl, InsZ § 240 S 311; *Müllerová* in Kotoučová et al, InsZ § 242 S 547.

451 *Budín* in Kozák/Budín/Dadam/Pachl, InsZ § 241 S 312; *Müllerová* in Kotoučová et al, InsZ § 242 S 547.

werden, auf deren Grundlage der Schuldner eine angemessene Gegenleistung oder einen anderen vermögensrechtlichen Vorteil erhält, allerdings unter der Voraussetzung, dass die Person, zu deren Gunsten das Rechtsgeschäft vorgenommen wurde, auch bei der Einhaltung der gehörigen Sorgfalt nicht erkennen konnte, dass sich der Schuldner in der Insolvenz befindet oder dass das Rechtsgeschäft zur Insolvenz des Schuldners führen könnte. In diesem Fall darf es sich jedoch nicht um Rechtsgeschäfte handeln, die zugunsten einer dem Schuldner nahestehenden Person oder einer Person, mit der der Schuldner den Konzern bildet, getätigt wurden. Schließlich gelten solche Rechtsgeschäfte nicht als begünstigende Rechtsgeschäfte, die der Schuldner während des Moratoriums oder nach der Eröffnung des Insolvenzverfahrens zu den durch das Insolvenzgesetz festgelegten Bedingungen vorgenommen hat.[452]

Laut gesetzlicher Definition sind trotz Vorliegens von oben angeführten Voraussetzungen sowohl unter den Rechtsgeschäften ohne eine angemessene Gegenleistung als auch unter den begünstigenden Rechtsgeschäften nur solche Rechtsgeschäfte zu verstehen, die der Schuldner zu einem Zeitpunkt getätigt hat, zu dem er sich bereits in der Insolvenz befand, oder die zu seiner Insolvenz geführt haben. Es wird angenommen,[453] dass ein Rechtsgeschäft ohne eine angemessene Gegenleistung bzw ein begünstigendes Rechtsgeschäft, die zugunsten einer dem Schuldner nahestehenden Person oder einer Person, mit der der Schuldner den Konzern bildet, getätigt wurden, zum Zeitpunkt der Insolvenz vorgenommen wurden. Derartige Rechtsgeschäfte können angefochten werden, wenn sie innerhalb von drei Jahren vor der Eröffnung des Insolvenzverfahrens durchgeführt wurden. Ansonsten können Rechtsgeschäfte ohne eine angemessene Gegenleistung bzw begünstigende Rechtsgeschäfte angefochten werden, wenn sie innerhalb eines Jahres vor der Eröffnung des Insolvenzverfahrens vorgenommen wurden.[454]

Die dritte Gruppe von Rechtsgeschäften, deren Wirksamkeit mit der Anfechtungsklage belangt werden kann, bilden die absichtlich benachteiligenden Rechtsgeschäfte gem § 242 InsZ. Nach dieser Bestimmung können solche Rechtsgeschäfte angefochten werden, mit denen der Schuldner absichtlich die Befriedigung seiner Gläubiger beeinträchtigt hat, falls diese Absicht der anderen Seite bekannt war oder ihr in Anbetracht sämtlicher Umstände bekannt sein musste. Falls das absichtlich benachteiligende Rechtsgeschäft zugunsten einer dem Schuldner nahestehenden Person oder einer Person, die mit dem Schuldner den Konzern bildet, vorgenommen wird, wird angenommen,[455] dass die Benachteiligungsabsicht diesen Personen bekannt war. Absichtlich benachteiligende

---

452 § 241 Abs 5 InsZ.
453 Es handelt sich hier um eine widerlegbare Vermutung. Die Beweislast, dass kein Rechtsgeschäft ohne angemessene Gegenleistung oder bzw kein begünstigendes Rechtsgeschäft vorliegt, obliegt den begünstigten Personen, s *Müllerová* in Kotoučová et al, InsZ § 240 S 533, § 241 S 540.
454 Vgl §§ 240 Abs 2 f und 241 Abs 2 und 4 InsZ.
455 Es handelt sich hier um eine widerlegbare Vermutung. Die Beweislast, dass kein Rechtsgeschäft ohne angemessene Gegenleistung vorliegt, obliegt den begünstigten Personen, s *Müllerová* in Kotoučová et al, InsZ § 242 S 547.

Rechtsgeschäfte können angefochten werden, wenn sie innerhalb von 5 Jahren vor der Eröffnung des Insolvenzverfahrens getätigt wurden. Die relevante Frist ist somit länger als bei den beiden oben behandelten Arten von Rechtsgeschäften und im Unterschied zu diesen muss auf der subjektiven Ebene ein absichtliches Handeln des Schuldners vorliegen.

Die Unwirksamkeit von Rechtsgeschäften des Schuldners wird durch die Entscheidung des Insolvenzgerichtes über die Klage des Insolvenzverwalters, mit der die Rechtsgeschäfte des Schuldners angefochten wurden, begründet. Durch das neue Insolvenzgesetz wurde die Regelung der Anfechtungsklage des Insolvenzverwalters der Anfechtungsklage iSv § 42a ObčZ angenähert; im Unterschied zu dieser wurden jedoch die Voraussetzungen erweitert, bei deren Vorliegen einer Anfechtungsklage stattzugeben ist.[456]

§ 239 Abs 1 S 2 InsZ regelt das Verhältnis der allgemeinen Gläubigeranfechtung gem dem Bürgerlichen Gesetzbuch und der Anfechtung gem dem Insolvenzgesetz: Soweit zum Zeitpunkt der Eröffnung des Insolvenzverfahrens über dieselbe Sache ein Verfahren aufgrund einer von einer anderen Person als dem Insolvenzverwalter erhobenen Anfechtungsklage anhängig ist, kann dieses Verfahren bis zur Beendigung des Insolvenzverfahrens nicht fortgesetzt werden. § 243 InsZ regelt weiters, dass falls der Gläubiger aufgrund der Anfechtungsklage gem § 42a ObčZ eine Entscheidung über die Unwirksamkeit des Rechtsgeschäfts erwirkt, die vor der Rechtskraft der Entscheidung über die Insolvenz rechtskräftig wird, er verlangen kann, dass ihm bis zur Höhe seiner Forderung das aufgrund des unwirksamen Rechtsgeschäfts Geleistete herausgegeben wird, wobei er diese Leistung nicht an die Insolvenzmasse übergeben muss. Es handelt sich in diesem Fall um Entscheidungen über Anfechtungsklagen, die vor dem Beginn des Insolvenzverfahrens rechtskräftig wurden.[457]

Gem § 236 InsZ wird durch die Unwirksamkeit des Rechtsgeschäfts nicht dessen Gültigkeit berührt. Im Rahmen des Insolvenzverfahrens gehört jedoch eine durch den Schuldner aufgrund eines unwirksamen Rechtsgeschäfts erbrachte Leistung in die Insolvenzmasse. Ist die Herausgabe der ursprünglichen Leistung des Schuldners an die Insolvenzmasse nicht möglich, muss ein gleichwertiger Ersatz gewährt werden. Ein derartiger Ersatz muss nicht unbedingt in bar erfolgen, sein Wert sollte aber jedenfalls dem üblichen Preis der durch den Schuldner erbrachten Leistung entsprechen.[458] Die Pflicht zur Herausgabe der Leistung haben gem § 237 Abs 1 InsZ jene Personen, zu deren Gunsten das unwirksame Rechtsgeschäft vorgenommen wurde bzw die daraus einen Vorteil hatten. Die Erben oder Rechtsnachfolger von Personen, auf die die Leistung des Schuldners, die dieser aufgrund von unwirksamen Rechtsgeschäften erbracht hat, übergegangen ist, sind gem § 237 Abs 2 InsZ zu deren Herausgabe an die Insolvenzmasse dann verpflichtet, wenn ihnen zum Zeitpunkt, zu dem sie die

---

456 S dazu näher *Kučera* in Zelenka, InsZ² § 235 S 363.
457 *Kozák* in Kozák/Budín/Dadam/Pachl, InsZ § 243 S 314.
458 *Kučera* in Zelenka, InsZ² § 236 S 363.

Leistung erworben haben, die Umstände, die das Recht auf Geltendmachung der Unwirksamkeit gegenüber den oben angeführten Personen begründeten, bekannt sein mussten, oder wenn es sich um Personen handelt, die mit dem Schuldner den Konzern bilden bzw die dem Schuldner nahestehen.[459] Personen, welche die Leistung des Schuldners aus einem unwirksamen Rechtsgeschäft an die Insolvenzmasse zurückgewährt haben, können nach der Beendigung des Insolvenzverfahrens nur dann die Rückgabe der Leistung verlangen, wenn sie nicht zur Befriedigung der Gläubiger verwendet wurde oder über sie nicht in einer anderen durch das Gesetz vorgesehenen Weise verfügt wurde.[460] Wurde die Leistung aus einem unwirksamen Rechtsgeschäft gegen eine Gegenleistung erbracht, so gibt der Insolvenzverwalter die Gegenleistung an die Berechtigten unverzüglich zurück, sobald diese die Leistung des Schuldners an die Insolvenzmasse herausgegeben haben. Ist die Gegenleistung innerhalb der Insolvenzmasse nicht erkennbar oder befindet sie sich nicht mehr darin, so gilt die Forderung, die diesen Personen durch die Gewährung der Leistung an den Schuldner entstanden ist, als angemeldet und ist in derselben Weise wie die sonstigen angemeldeten Forderungen zu befriedigen.[461] Das Gesetz bestimmt weiters in § 238 InsZ, dass gegen die Forderung auf Herausgabe der aufgrund eines unwirksamen Rechtsgeschäftes erbrachten Leistung an die Insolvenzmasse keine Aufrechnung zulässig ist. Eine derartige Aufrechnung würde gegen den in § 5 lit b InsZ verankerten Gleichbehandlungsgrundsatz verstoßen.[462]

Die Anfechtungsklage kann im Insolvenzverfahren gem § 239 Abs 1 S 1 InsZ nur der Insolvenzverwalter erheben. Die Klage ist gegen die Personen zu richten, die die Pflicht zur Herausgabe der durch den Schuldner aufgrund von unwirksamen Rechtsgeschäften erbrachten Leistung an die Insolvenzmasse trifft.

Dem Insolvenzverwalter obliegt zu beurteilen, ob er die Unwirksamkeit von Rechtsgeschäften geltend macht.[463] Er ist jedoch immer dann verpflichtet, die Anfechtungsklage zu erheben, wenn dies vom Gläubigerausschuss beschlossen wird.[464] Der Insolvenzverwalter kann die Anfechtungsklage innerhalb eines Jahres ab dem Tag erheben, an dem die Wirkungen der Entscheidung über die Insolvenz eingetreten sind, dh an dem die einschlägige Entscheidung iSv § 89 Abs 1 InsZ im Insolvenzregister veröffentlicht wurde. Es handelt sich um eine Präklusivfrist, deren Verstreichen dazu führt, dass das Anfechtungsrecht endgültig untergeht.[465] Die Leistung, die der Schuldner aufgrund von unwirksamen

---

459　Zum Begriff „nahestehende Personen" s oben FN 133.
460　§ 237 Abs 3 InsZ.
461　§ 237 Abs 4 InsZ.
462　*Kozák* in Kozák/Budín/Dadam/Pachl, InsZ § 238 S 309.
463　NS ČR 11.11.1998, 31 Cdo 542/98.
464　Befinden sich in der Insolvenzmasse nicht ausreichend Geldmittel zur Deckung der Kosten für die Erhebung der Anfechtungsklage, kann der Insolvenzverwalter gem § 239 Abs 2 InsZ die Anfechtungsklage davon abhängig machen, dass die Gläubiger zur Deckung dieser Kosten an ihn einen angemessenen Vorschuss leisten. Obsiegt der Insolvenzverwalter, können die Gläubiger, die einen Vorschuss geleistet haben, diesen als die sog Forderung für die Masse iSv § 168 InsZ in voller Höhe zurückverlangen.
465　Vgl § 239 Abs 3 InsZ.

Rechtsgeschäften erbracht hat, gehört gem § 239 Abs 4 InsZ zur Insolvenz-masse mit der Rechtskraft der Entscheidung, durch die der Anfechtungsklage stattgegeben wurde. Eine Aussonderungsklage ist nicht zulässig.

4. Sondernormen

Im gegebenen Zusammenhang sind noch zwei weitere Bestimmungen des Insolvenzgesetzes zu erwähnen. Die erste ist § 172 Abs 1 InsZ, die die Rangord-nung der Forderungen der Gesellschafter im Insolvenzverfahren regelt. Nach der vollständigen Begleichung sämtlicher Forderungen, auf die sich das Insol-venzverfahren bezieht, mit der Ausnahme von Forderungen gem § 170 InsZ[466], können auch die nachrangigen Forderungen und die aus der Beteiligung an ei-ner Gesellschaft oder Genossenschaft resultierenden Forderungen der Gesell-schafter bzw Genossenschaftsmitglieder befriedigt werden.[467] Die Forderungen der Gesellschafter und Genossenschaftsmitglieder, die aus deren Beteiligung an der Gesellschaft bzw an der Genossenschaft resultieren, sind immer als letzte verhältnismäßig zu befriedigen.[468] Diese Forderungen werden gem § 172 Abs 4 InsZ nicht im Insolvenzverfahren geltend gemacht, sondern sie sind dem In-solvenzverwalter lediglich mitzuteilen, der deren Evidenz zu führen hat. Es handelt sich um sog Restforderungen,[469] weil sie erst nach der vollständigen Begleichung sämtlicher sonstiger Forderungen, auf die sich das Insolvenzver-fahren bezieht, befriedigt werden. Eine angemessene Sicherung der sonstigen Verbindlichkeiten genügt nicht – diese müssen tatsächlich beglichen werden, damit auch die Restforderungen befriedigt werden können. Aus diesem Grund-satz kann das Gericht keine Ausnahme machen.[470] In der Praxis werden die Restforderungen praktisch nie befriedigt.[471]

Die nächste Bestimmung ist § 295 Abs 1 InsZ, dessen Zweck die Verhinde-rung derartiger Manipulationen mit der Insolvenzmasse ist, die es dem Schuld-ner und gegebenenfalls ihm nahestehenden Personen oder Personen, die mit dem Schuldner den Konzern bilden, ermöglichen könnten, in einem relativ kur-zen Zeitraum das verwertete Vermögen zurückzuerlangen. All diese Personen dürfen nämlich kein Vermögen erwerben, das in die Insolvenzmasse gehört, und dies selbst dann nicht, wenn es zur Vermögensverwertung im Rahmen ei-ner Versteigerung kommt. Dieses Vermögen darf innerhalb von drei Jahren ab der Konkursbeendigung gleichfalls nicht auf sie übertragen werden. Das Verbot bezieht sich gem § 295 Abs 2 InsZ weiters auf leitende Angestellte des Schuld-ners im Sinne des Arbeitsgesetzbuches und ihnen nahestehende Personen, auf

---

466 In § 170 InsZ sind Forderungen aufgelistet, die nicht im Rahmen des Insolvenzverfahrens
     befriedigt werden.
467 Vgl bereits oben II.3.b.
468 § 172 Abs 3 InsZ.
469 Begründungsbericht zum InsZ.
470 *Kozák* in Kozák/Budín/Dadam/Pachl, InsZ § 172 S 225.
471 *Kozák* in Kozák/Budín/Dadam/Pachl, InsZ § 172 S 225.

Personen, die innerhalb der letzten drei Jahre vor der Eröffnung des Insolvenzverfahrens oder nach dessen Eröffnung entscheidenden Einfluss auf den Betrieb des Unternehmens des Schuldners ausgeübt haben bzw in einer erheblichen Weise seine andere Tätigkeit, die sein Vermögen betraf, beeinflusst haben,[472] auf Gesellschafter bzw Aktionäre des Schuldners – auf die Letzteren nur dann, wenn ihnen Aktien gehören, die mehr als ein Zehntel des Grundkapitals ausmachen[473] –, auf Prokuristen des Schuldners und schließlich auf Mitglieder oder Ersatzmitglieder des Gläubigerausschusses, denen die Gläubigerversammlung keine Zustimmung zum Erwerb des Vermögens aus der Insolvenzmasse erteilt hat. Rechtsgeschäfte, die im Widerspruch zu dieser Bestimmung vorgenommen wurden, sind absolut nichtig.[474] Auf diese Weise sollen insb betrügerische Insolvenzfälle verhindert werden.[475]

Das gesetzliche Verbot gilt jedoch nicht ausnahmslos. Auf Antrag der oben angeführten Personen, die grundsätzlich kein Vermögen aus der Insolvenzmasse erwerben dürfen (mit Ausnahme der Mitglieder und Ersatzmitglieder des Gläubigerausschusses, denen die Gläubigerversammlung keine Zustimmung zum Erwerb des Vermögens aus der Insolvenzmasse erteilt hat[476]), und nach der Stellungnahme des Gläubigerausschusses kann nämlich das Insolvenzgericht in begründeten Fällen eine Ausnahme vom Verbot des Vermögenserwerbs aus der Insolvenzmasse gestatten.[477] Es handelt sich um Fälle, in denen niemand Interesse an unverkäuflichen Sachen hat oder wenn sich mehr Personen für einen Vermögensgegenstand interessieren, jedoch das Angebot einer Person, die diesen Vermögensgegenstand in der Regel nicht erwerben darf, bei weitem die Angebote der anderen Interessenten übersteigt.[478] Die Stellungnahme des Gläubigerausschusses sollte für das Insolvenzgericht grundsätzlich verbindlich sein – ausgenommen sind solche Fälle, in denen die Entscheidung des Gläubigerausschusses gegen die insolvenzrechtlichen Grundsätze der Geschwindigkeit, Wirtschaftlichkeit und gegen den Grundsatz der höchstmöglichen Befriedigung der Gläubiger verstößt.[479] Gegen diese Gerichtsentscheidung kann nur jene Person Berufung erheben, die den Antrag gestellt hat.

---

472 Es kann sich hier um Arbeitnehmer, Mitglieder von Organen der Gesellschaft, aber auch um andere einflussreiche Personen handeln, vgl *Budín* in Kozák/Budín/Dadam/Pachl, InsZ § 295 S 380.

473 Die Überprüfung dieser Bedingung ist im Falle, dass die Gesellschaft Inhaberaktien in Urkundenform ausgegeben hat, in der Praxis nicht möglich, s *Budín* in Kozák/Budín/Dadam/Pachl, InsZ § 295 S 381.

474 *Budín* in Kozák/Budín/Dadam/Pachl, InsZ § 295 S 380.

475 *Zelenka* in Zelenka, InsZ² § 295 S 436.

476 Soll der Erwerb dieses Vermögens erst nach der Beendigung des Konkurses erfolgen, hat über den diesbezüglichen Antrag das Insolvenzgericht selbstständig zu entscheiden und es kann in diesem Fall die Ausnahme aus dem grundsätzlichen Verbot des Vermögenserwerbs aus der Insolvenzmasse auch den Mitgliedern und Ersatzmitgliedern des Gläubigerausschusses, denen die Gläubigerversammlung keine Zustimmung zum Erwerb des Vermögens aus der Insolvenzmasse erteilt hat, gestatten.

477 § 295 Abs 3 InsZ.

478 *Zelenka* in Zelenka, InsZ² § 295 S 436.

479 *Budín* in Kozák/Budín/Dadam/Pachl, InsZ § 295 S 381.

Abschließend möchten wir das Insolvenzverfahren der Gesellschaft Oděvní podnik, a.s. mit Sitz in Prostějov erwähnen, in dem die Gerichte zum Schluss gekommen sind, dass die finanzierende Bank mit dem Schuldner einen Konzern bildet und somit der Bank gem § 53 InsZ nicht gestattet wurde, in der Gläubigerversammlung zu stimmen. Nach dieser Bestimmung darf mit Ausnahme der Wahl der Vertreter im Gläubigerausschuss keiner der Gläubiger in eigener Sache oder in der Sache einer ihm nahestehenden Person sowie in der Sache einer Person, die mit ihm den Konzern bildet, das Stimmrecht ausüben. Der Fall ist bis zum Verfassungsgericht[480] gegangen, der die angefochtenen Entscheidungen der allgemeinen Gerichte mit dem Hinweis auf die mangelnde Begründung aufgehoben hat. Zur Frage, ob und unter welchen Bedingungen eine Bank mit einer Gesellschaft, der sie Kredit gewährt, einen Konzern bildet, hat das Verfassungsgericht nicht eindeutig Stellung genommen.[481]

IV. Zivilrechtliche Tatbestände für die Haftung der Muttergesellschaft

1. Vertragliche Grundlagen

a) *Überblick über schuldrechtliche Verpflichtungen für Verbindlichkeiten Dritter*

Die in der Praxis häufigste und zugleich wichtigste persönliche Kreditsicherheit stellt die Bürgschaftsverpflichtung dar. Die Bürgschaft ist nach der geltenden Rechtslage sowohl im Bürgerlichen Gesetzbuch als auch im Handelsgesetzbuch geregelt. Beide Rechtsbereiche sind abschließend geregelt,[482] die subsidiäre Anwendbarkeit der zivilrechtlichen Bürgschaftsbestimmungen ist dann ausgeschlossen, wenn das Hauptschuldverhältnis durch das ObchZ[483] geregelt ist.[484] Sowohl nach ObčZ als auch nach ObchZ ist es für die Entstehung der Bürgschaftsverpflichtung erforderlich, dass der Bürge schriftlich er-

---

480 ÚS ČR 22.11.2010, IV. ÚS 1834/10.

481 S Nachweis bei *Žižlavský*, BullAdv 1–2/2012, 26.

482 *Hušek* in Pokorná et al, ObchZ § 303 S 1344; *Štenglová* in Štenglová/Plíva/Tomsa et al, ObchZ[13] § 303 S 968.

483 Das ObchZ unterscheidet einerseits zwischen Schuldverhältnissen, auf die die handelsrechtlichen Vorschriften nur dann Anwendung finden, wenn sie zwischen zwei Unternehmern abgeschlossen werden, deren unternehmerische Tätigkeit sie betreffen (§ 261 Abs 1 ObchZ), bzw wenn sie zwischen dem Staat oder einer selbstverwaltenden Gebietseinheit und einem Unternehmen im Rahmen der Ausübung dessen unternehmerischer Tätigkeit abgeschlossen werden, falls sie die Sicherstellung öffentlicher Bedürfnisse betreffen (§ 261 Abs 2 ObchZ), und andererseits zwischen Schuldverhältnissen iSv § 261 Abs 3 ObchZ, die unabhängig von der Unternehmereigenschaft der Vertragsparteien unter den Anwendungsbereich des ObchZ fallen. Darüber hinaus können sich die Vertragsparteien gem § 262 ObchZ auch freiwillig durch eine schriftliche Vereinbarung dem Anwendungsbereich des ObchZ unterwerfen, falls sich auf Grund einer derartigen Vereinbarung die Rechtsstellung der Vertragspartei, die kein Unternehmer ist, nicht verschlechtert.

484 § 261 Abs 4 ObchZ. S auch *Kovařík* in Pokorná et al, ObchZ § 261 S 1265.

klärt, dass er den Gläubiger befriedigt, wenn der Schuldner seine Verpflichtung ihm gegenüber nicht erfüllt.[485] Im Unterschied zum ObčZ ist für die Entstehung der Bürgschaftsverpflichtung nach dem ObchZ die Zustimmung des Gläubigers nicht notwendig.[486] Sowohl nach ObčZ als auch nach ObchZ ist die Bürgschaft akzessorisch, gem § 304 Abs 1 ObchZ steht allerdings einer wirksamen Bürgschaftsverpflichtung nicht entgegen, dass das Hauptschuldverhältnis mangels Geschäftsfähigkeit des Schuldners nichtig ist und der Bürge zum Zeitpunkt der Abgabe seiner Bürgschaftsverpflichtung über die mangelnde Geschäftsfähigkeit des Bürgen wusste. Nach beiden Gesetzbüchern ist die Bürgschaft subsidiär. Gem § 548 Abs 1 ObčZ ist der Bürge verpflichtet die Schuld zu begleichen, falls sie der Schuldner nicht begleicht, obwohl er dazu vom Gläubiger schriftlich aufgefordert wurde. Eine ähnliche Bestimmung enthält auch § 306 Abs 1 OchZ, jedoch mit der Abweichung, dass die Aufforderung dann nicht notwendig ist, wenn sie der Gläubiger nicht vornehmen kann oder wenn es unzweifelhaft ist, dass der Schuldner seine Verbindlichkeit nicht erfüllt.

Gem § 548 Abs 2 ObchZ kann der Bürge gegenüber dem Gläubiger alle Einwendungen geltend machen, zu deren Geltendmachung auch der Schuldner berechtigt ist. Darüber hinaus kann er gem § 306 Abs 2 OchZ die Aufrechnung der Forderung des Schuldners gegen die Forderung des Gläubigers geltend machen, wenn auch der Schludner im Falle der Geltendmachung der Forderung des Gläubigers zur Aufrechnung berechtigt wäre. Der Bürge kann auch mit der eigenen Forderung aufrechnen. Gem § 549 ObčZ kann der Bürge seine Leistungserbringung verweigern, wenn den Gläubiger Schuld daran trifft, dass die Forderung durch den Schuldner nicht befriedigt werden kann. Der Bürge, der die Schuld erfüllt hat, ist gem § 550 ObčZ berechtigt, vom Schuldner den Ersatz der dem Gläubiger erbrachten Leistung zu verlangen. Gem § 308 ObchZ erwirbt der Bürge nach der Begleichung der Verbindlichkeit, für die er gebürgt hat, gegenüber dem Schuldner die Rechtsstellung des Gläubigers.

Im neuen Bürgerlichen Gesetzbuch ist die Bürgschaft einheitlich in § 2018 bis 2028 geregelt. Für die wirksame Begründung der Bürgschaftsverpflichtung wird weiterhin die Schriftform notwendig sein und die Bürgschaft wird mit Ausnahme der Geschäftsunfähigkeit des Schuldners, die der Schuldner kannte oder kennen musste, akzessorisch sein. Weiters bleibt die Subsidiarität der Bürgschaft für alle Rechtsbeziehungen bestehen, es sei denn der Gläubiger kann die schriftliche Aufforderung des Schuldners zur Leistung seiner Verpflichtung nicht vornehmen oder es ist unzweifelhaft, dass der Schuldner seine Schuld nicht erfüllen wird. Gleichfalls wird der Bürge weiterhin das Recht haben, gegenüber dem Gläubiger alle Einwendungen des Schuldners geltend zu machen und der Bürge wird seine Leistung verweigern können, wenn der Gläubiger die Unmöglichkeit der Befriedigung seiner Forderung durch den Schuldner verschuldet hat.

---

485 Vgl § 546 ObčZ u § 303 ObchZ.
486 *Hušek* in Pokorná et al, ObchZ § 303 S 1345.

Als eine weitere persönliche Sicherheit kommt die Garantie in Betracht. Von den Garantieverträgen ist nur die Bankgarantie ausdrücklich geregelt. Die Bankgarantie entsteht gem § 313 ObchZ durch die schriftliche Erklärung der Bank, dass sie den Gläubiger bis zur Höhe eines bestimmten Geldbetrages befriedigt, falls der Schuldner eine bestimmte Verbindlichkeit nicht erfüllt oder falls andere vereinbarte Bedingungen erfüllt werden (Garantieurkunde). Die Bank kann gem § 316 Abs 1 S 2 ObchZ gegenüber dem Gläubiger nur solche Einwendungen geltend machen, deren Geltendmachung die Garantieurkunde zulässt. Ist in der Garantieurkunde keine Möglichkeit zur Erhebung von Einwendungen vorgesehen, handelt es sich um eine sog bedingungslose Bankgarantie, die im Unterschied zur Bürgschaft weder akzessorisch noch subsidiär ist.[487] Eine Aufforderung des Schuldners zur Leistung ist nur dann erforderlich, wenn dies in der Garantieurkunde vorgesehen ist.[488] Die Bankgarantie kann nur durch eine Bank iSd Gesetzes über die Banken erteilt werden.[489] Dagegen regelt das neue Bürgerliche Gesetzbuch in §§ 2029–2039 die sog Finanzgarantie, die auch dann zur Anwendung kommt, wenn die Garantieerklärung nicht seitens einer Bank erteilt wird.

Von den persönlichen Kreditsicherheiten sind schließlich noch die Schuldübernahme und der Schuldbeitritt zu erwähnen. Für die gültige Vereinbarung der Schuldübernahme zwischen dem Schuldner und einer dritten Person ist es gem § 531 ObčZ notwendig, dass sie schriftlich abgeschlossen wird und dass der Gläubiger dieser Vereinbarung zustimmt. Liegt die Zustimmung des Gläubigers nicht vor, handelt es sich um einen Schuldbeitritt.[490] Sowohl im Falle des Schuldbeitritts als auch im Falle der Schuldübernahme kann der neue Schuldner gegenüber dem Gläubiger solche Einwendungen geltend machen, die auch dem ursprünglichen Schuldner zustehen. Im Falle der Schuldübernahme kommt es zu keiner Änderung des Schuldinhaltes; eine Sicherung, die durch dritte Personen gewährt wurde, besteht jedoch nur dann weiter, wenn diese Personen der Schuldübernahme zugestimmt haben.[491]

Im neuen Bürgerlichen Gesetzbuch sind die Schuldübernahme und der Schuldbeitritt in §§ 1888–1892 geregelt. Im Unterschied zur geltenden Rechtslage ist für die Gültigkeit der Vereinbarung keine Schriftlichkeit vorgesehen. Stimmt der Gläubiger der Schuldübernahme nicht zu, kommt es nicht automatisch zum Schuldbeitritt. Auch nach der neuen Rechtslage bleiben die Sicherheiten nach der Schuldübernahme nur dann weiter bestehen, wenn der Sicherungsgeber der Schuldübernahme zustimmt.

---

487 NS ČR 31.3.2009, 29 Cdo 2387/2007; *Liška* in Pokorná et al, ObchZ § 313 S 1362, § 317 S 1367; *Štenglová* in Štenglová/Plíva/Tomsa et al, ObchZ[13] § 313 S 976, § 317 S 979

488 § 317 S 2 ObchZ.

489 NS ČR 31.3.2009, 29 Cdo 2387/2007; *Liška* in Pokorná et al, ObchZ § 313 S 1362; *Štenglová* in Štenglová/Plíva/Tomsa et al, ObchZ[13] § 313 S 976.

490 S auch § 533 ObčZ.

491 § 532 ObčZ.

b) Patronatserklärungen gegenüber Dritten

Die Patronatserklärung ist nicht gesetzlich geregelt. Die Lehre setzt sich mit diesem Sicherungsinstrument nicht näher auseinander und es gibt auch keine höchstgerichtliche Rechtsprechung dazu. In der Praxis spielen Patronatserklärungen der Muttergesellschaft trotzdem eine Rolle, insb als zusätzliche Sicherheiten bei der Gewährung von Bankkrediten an die Tochtergesellschaften.[492] Ob es sich dabei um harte (also verbindliche) oder weiche (also ein unverbindliches Inaussichtstellen, durch die sich die Muttergesellschaft verpflichtet, alle notwendigen Schritte zu unternehmen, damit die Tochtergesellschaft ihre Verpflichtungen gegenüber Dritten erfüllt) Patronatserklärungen handelt, ist im konkreten Fall durch Auslegung zu ermitteln.

2. Deliktshaftung

a) Allgemeine Deliktshaftung

Eine unmittelbare Haftung der Muttergesellschaft gegenüber der Tochtergesellschaft, den Mitgesellschaftern oder den Gläubigern könnte sich uU aus der allgemeinen Deliktshaftung ergeben.

Die schadenersatzrechtlichen Bestimmungen des ObchZ (§§ 373 ff ObchZ) gelten primär lediglich für Schuldverhältnisse, die aufgrund von Rechtsgeschäften entstehen. Gem § 757 ObchZ kommen sie jedoch auch im Falle solcher Schäden entsprechend zur Anwendung, die durch die Verletzung von Pflichten entstehen, welche vom ObchZ auferlegt werden. Die handelsrechtliche Schadenersatzhaftung ist eine objektive (verschuldensunabhängige) Haftung. Der Schädiger kann sich jedoch beim Vorliegen der sog Haftungsausschließungsgründe von der Haftung befreien. Als Haftungsausschließungsgrund gilt gem § 374 ObchZ ein Hindernis, das unabhängig vom Willen der verpflichteten Partei entstanden ist und sie an der Erfüllung ihrer Pflicht hindert, wenn vernünftigerweise angenommen werden kann, dass sie dieses Hindernis oder dessen Folgen weder abwenden noch überwinden konnte oder dass sie zum Zeitpunkt der Entstehung der Verbindlichkeit dieses Hindernis nicht voraussehen konnte.[493] Dabei ist ein objektiver Maßstab anzuwenden, dh es ist zu beurteilen, ob der Schädiger mit einer Sorgfalt vorgegangen ist, die bei einem Unternehmer zu erwarten ist.[494] Es ist jedoch in diesem Zusammenhang zu beachten, dass die Haftung nicht durch ein Hindernis ausgeschlossen wird, das erst zu einer Zeit entstanden ist, in der die verpflichtete Partei mit der Erfüllung ihrer Verbindlichkeit in Verzug war, oder das aufgrund ihrer wirtschaftlichen Verhältnisse entstanden ist. Die Wirkungen der Haftungsausschließungsgründe sind nur auf

---

492 Dies lässt sich aus den im Internet veröffentlichten Jahresberichten von bedeutenden Konzerngesellschaften, wie insb Kooperativa a.s., UniCreditLeasing, a.s. oder Unipetrol, s.r.o. entnehmen.

493 ZB im Falle von *vis maior*, vgl *Tomsa* in Štenglová/Plíva/Tomsa et al, ObchZ[13] § 374 S 1039.

494 *Tomsa* in Štenglová/Plíva/Tomsa et al, ObchZ[13] § 374 S 1039.

die Zeit beschränkt, in der das Hindernis, mit dem diese Wirkungen verbunden sind, besteht. Der Schädiger muss das Vorliegen der Haftungsausschließungsgründe beweisen.[495] Die allgemeinen Haftungsausschließungsgründe sind dispositiv.[496]

Die allgemeinen zivilrechtlichen Bestimmungen des deliktischen Schadenersatzrechts kommen in gesellschaftsrechtlichen Beziehungen dann zur Anwendung,[497] wenn der Schaden durch eine Pflichtverletzung entsteht, die nicht vom ObchZ, sondern vom ObčZ statuiert wird, und wenn auch die sonstigen Haftungsvoraussetzungen des ObčZ erfüllt sind.

Gem § 420 Abs 1 ObčZ haftet jeder für den Schaden, den er durch die Verletzung von rechtlichen Pflichten verursacht hat. Gem § 420 Abs 3 ObčZ wird von der Haftung derjenige befreit, der den Schaden nicht verschuldet hat. Diese Bestimmungen regeln einheitlich die Voraussetzungen sowohl für die Schadenersatzhaftung aus Delikt als auch für die Schadenersatzhaftung aus Vertrag.[498] Im Unterschied zur Haftung nach dem Handelsgesetzbuch ist für die zivilrechtliche Haftung das Vorliegen des Verschuldens auf der Seite des Schädigers erforderlich, das in der Form von Fahrlässigkeit präsumiert wird. Die objektiven Voraussetzungen für die Schadenersatzhaftung (Schaden, Pflichtverletzung und Kausalität) muss der Geschädigte beweisen. Bezüglich des Nichtvorliegens des Verschuldens in Form von Fahrlässigkeit trägt der Schädiger die Beweislast. Bezüglich des Vorsatzes trifft dagegen den Geschädigten die Beweislast.[499]

Von den Bestimmungen des zivilrechtlichen Schadenersatzrechts ist weiters § 424 ObčZ zu nennen, wonach für den Schaden auch derjenige haftet, der ihn durch ein absichtliches sittenwidriges Handeln verursacht hat. In diesem Falle obliegt es allerdings dem Geschädigten, das Verschulden des Schädigers zu beweisen.[500]

Gem § 442 Abs 1 ObčZ werden sowohl der tatsächliche Schaden als auch der entgangene Gewinn ersetzt. Auch gem § 379 ObchZ werden, falls das Gesetz nicht etwas anderes bestimmt, der positive Schaden sowie der entgangene Gewinn ersetzt. Allerdings wird nicht ein solcher Schaden ersetzt, der den Schaden übersteigt, den die verpflichtete Partei zum Zeitpunkt der Entstehung des Schuldverhältnisses als eine mögliche Folge ihrer Pflichtverletzung vorhersah oder den sie unter Berücksichtigung der Umstände, die sie zu diesem Zeitpunkt kannte oder kennen musste, vorhersehen konnte.

---

495 *Kovařík* in Pokorná/Kovařík/Čáp et al, ObchZ § 374 S 1466.
496 Vgl *Bejček*, PR 2000, 375.
497 *Kovařík* in Pokorná/Kovařík/Čáp et al, ObchZ § 373 S 1462 ff. Vgl im Zusammenhang mit der direkten Haftung des Statutarorgans der Gesellschaft gegenüber den Gesellschaftern *Eliáš*, Právník 1999, 320. Vgl für § 424 ObčZ allgemein *Tomsa* in Štenglová/Plíva/Tomsa et al, ObchZ[13] § 372 S 1034.
498 *Škárová* in Švestka/Spáčil/Škárová/Hulmák et al, ObčZ[2] § 420 S 1203. S auch *Hrádek*, JurP 4/2009, 4.
499 *Škárová* in Švestka/Spáčil/Škárová/Hulmák et al, ObčZ[2] § 420 S 1202 f.
500 *Škárová* in Švestka/Spáčil/Škárová/Hulmák et al, ObčZ[2] § 424 S 1235.

Nach der neuen Rechtslage ist das Schadenersatzrecht bis auf einige Sonderregelungen in §§ 2894–2971 NOZ geregelt. Wie bereits oben erwähnt,[501] unterscheidet das Gesetz in § 2894 Abs 1 NOZ zwischen dem Begriff „Schaden", worunter nur der Vermögensschaden zu verstehen ist, und dem Oberbegriff „Beeinträchtigung". Mangels Vereinbarung ist gem § 2894 Abs 1 NOZ der Schädiger nur dann zum Ersatz der immateriellen Beeinträchtigung verpflichtet, wenn dies vom Gesetz ausdrücklich geregelt wird. Dies ist überall dort, wo laut ZOK den Schädiger die Pflicht zum Ersatz der Beeinträchtigung trifft, der Fall.[502] Deren Wiedergutmachung hat durch eine angemessene Genugtuung zu erfolgen.[503] Gem § 2952 NOZ ist bei Vermögensschäden sowohl der tatsächliche Schaden als auch der entgangene Gewinn zu ersetzen, wobei das Gericht in besonders berücksichtigungswürdigen Fällen ein Mäßigungsrecht hat, falls der Schaden nicht absichtlich zugefügt wurde.[504]

Im Unterschied zur geltenden Rechtslage werden die vertragliche und die deliktische Schadenersatzhaftung separat und zT unterschiedlich geregelt.[505] Die neue deliktische Schadenersatzhaftung wird – anders als die vertragliche Schadenersatzhaftung[506] – bis auf ausdrücklich geregelte Ausnahmefälle[507] eine verschuldensabhängige Haftung sein, wobei gem § 2911 NOZ im Falle der Schadenszufügung aufgrund der Verletzung einer gesetzlichen Pflicht das Verschulden in Form von Fahrlässigkeit vermutet wird.[508]

b) culpa in contrahendo

Die Haftung aus *culpa in contrahendo* ist in der Tschechischen Republik nicht ausdrücklich geregelt.[509] Vorvertragliche Sorgfaltspflichten lassen sich insb aus § 415 ObčZ ableiten.[510] Nach dieser Bestimmung ist jeder verpflichtet, sich so zu verhalten, dass keine Schäden an der Gesundheit, am Vermögen, an der Natur und an der Umwelt entstehen. Bei der Haftung gem § 415 ObčZ handelt es sich um eine verschuldensabhängige Haftung, wobei das Verschulden des Schädigers in Form der Fahrlässigkeit präsumiert wird.

---

501 Vgl oben FN 70.
502 § 3 Abs 2 ZOK.
503 § 2951 Abs 2 NOZ.
504 Vgl § 2953 Abs 1 NOZ.
505 Begründungsbericht zum NOZ, abgedruckt in *Eliáš* et al, Nový občanský zákoník 1028 f.
506 Die vertragliche Schadenersatzhaftung wird nach der neuen Rechtslage eine objektive Haftung sein, wobei der Schädiger die Möglichkeit haben wird, sich von der Schadenersatzhaftung durch Nachweis von Haftungsausschließungsgründen iSv § 2913 Abs 2 NOZ, die ähnlich wie die Haftungsauschließungsgründe nach der geltenden Rechtslage konzipiert sind, zu befreien, s Begründungsbericht zum NOZ, abgedruckt in *Eliáš* et al, Nový občanský zákoník 1030.
507 Vgl § 2895 NOZ.
508 Begründungsbericht zum NOZ, abgedruckt in *Eliáš* et al, Nový občanský zákoník 1022.
509 Vgl NS ČR 11.10.2006, 29 Odo 1166/2004; *Dobeš*, PR 2009, 715; *Hrádek*, JurP 4/2009, 4.
510 Vgl NS ČR 11.10.2006, 29 Odo 1166/2004; *Dobeš*, PR 2009, 717 f; *Hrádek*, JurP 4/2009, 4; *Salač*, PR 2002, 415.

NS ČR[511] hat ausdrücklich erklärt, dass ein Schaden, der dadurch entstanden ist, dass eine Person unbegründet die Vertragsverhandlungen beendet,[512] gem § 415 und § 420 ObčZ zu beurteilen ist, es sei denn es handelt sich gleichzeitig um einen Verstoß gegen die guten Sitten iSv § 424 ObčZ; in diesem Fall kommt nur diese Bestimmung zur Anwendung.[513]

In der Literatur[514] wird vertreten, dass die Anwendung von § 415 ObčZ darüber hinaus dann in Frage kommt, wenn einer Person der Schaden durch die Erteilung falscher Informationen seitens des Verhandlungspartners entsteht. Die Haftung wegen Verletzung vorvertraglicher Pflichten wird sowohl in der Lehre als auch in der Judikatur hauptsächlich in Bezug auf die unmittelbar verhandelnden Personen behandelt. Der Wortlaut des § 415 ObčZ schießt aber eine Haftungserstreckung auf dritte Personen, die in die Vertragsverhandlungen bloß mittelbar involviert sind, nicht aus.[515]

Ähnlich wie § 415 ObčZ regelt auch § 2900 NOZ, dass im Falle, dass es die Umstände des Einzelfalles oder die Gewohnheiten des Privatlebens verlangen, jeder verpflichtet ist, sich so zu verhalten, dass es zu keiner unbegründeten Beeinträchtigung der Freiheit, des Lebens, der Gesundheit oder des Eigentums anderer Menschen kommt. Darüber hinaus wurde das Rechtsinstitut *culpa in contrahendo* ausdrücklich in das neue Bürgerliche Gesetzbuch eingeführt;[516] dem Wortlaut nach kann jedoch eine diesbezügliche Haftungsverpflichtung nur die unmittelbar verhandelnden Partner (potenzielle Vertragspartner) treffen: Gem § 1728 Abs 1 NOZ kann jedermann Vertragsverhandlungen frei führen und er haftet grundsätzlich nicht dafür, dass der Vertrag nicht abgeschlossen wird, es sei denn er beginnt mit den Vertragsverhandlungen oder setzt diese fort, ohne die Absicht zum Vertragsabschluss zu haben. Im Rahmen der Vertragsverhandlungen sind die Verhandlungspartner verpflichtet, einander alle Tatsachen und rechtlichen Aspekte, die sie kennen oder kennen müssen, in der Weise mitzuteilen, dass sich jeder von ihnen von der Möglichkeit, einen gültigen Vertrag abzuschließen, überzeugen kann und die Absicht jedes Verhandlungspartners, den Vertrag abzuschließen, ersichtlich wird.[517]

Kommen die Verhandlungspartner bei den Vertragsverhandlungen so weit, dass der Vertragsabschluss als höchst wahrscheinlich erscheint, handelt gem § 1729 Abs 1 NOZ jene Verhandlungspartei unredlich, die trotz begründeter Erwartungen des anderen Verhandlungspartners in den Vertragsabschluss die

---

511 NS ČR 11.10.2006, 29 Odo 1166/2004.
512 Im vorliegenden Fall handelte es sich um Ersatz von Kosten für die Rechtsberatung und um das Entgelt für die Erstellung der Kreditunterlagen, die im Rahmen der Vorbereitung des Kreditvertrages notwendig waren.
513 NS ČR 2.9.2008, 25 Cdo 127/2007.
514 Vgl *Dobeš*, PR 2009, 718.
515 Vgl *Dobeš*, PR 2009, 716 FN 10. Ablehnend bezüglich solcher Personen, derer sich eine Verhandlungspartei im Rahmen der Vertragsanbahnung bedient hat *Hrádek*, Předsmluvní odpovědnost 183; *Matula*, Culpa in contrahendo 79.
516 Vgl Begründungsbericht zum NOZ, abgedruckt in *Eliáš* et al, Nový občanský zákoník 708.
517 § 1728 Abs 2 NOZ.

Vertragsverhandlungen beendet, ohne dafür einen gerechten Grund zu haben. Jene Verhandlungspartei, die unredlich gehandelt hat, ist verpflichtet, der anderen Verhandlungspartei den dadurch entstandenen Schaden zu ersetzen, jedoch höchstens in dem Umfang, der dem Verlust aus dem nicht abgeschlossenen Vertrag in ähnlichen Fällen entspricht.[518]

3. Tatbestände, die die Haftung auf die Muttergesellschaft erstrecken könnten

Erfüllt der Schuldner seine Verbindlichkeit mit Hilfe einer anderen Person, haftet er gem § 331 ObchZ in derselben Weise, als ob er die Verbindlichkeit selbst erfüllt hätte, sofern das Gesetz nichts Abweichendes bestimmt.[519] Die Anwendung dieser Vorschrift kommt unserer Meinung nach zB dann in Frage, wenn der Absatz der Muttergesellschaft durch die Tochtergesellschaft erfolgt. Für eine etwaige Haftungsausschließung ist es notwendig, dass die Haftungsausschließungsgründe iSv § 374[520] sowohl beim Verpflichteten als auch bei den Personen, die er für die Erfüllung seiner Verbindlichkeiten benutzt hat, vorliegen.[521] Eine dem § 331 ObchZ entsprechende Regelung enthält § 1935 NOZ: Erfüllt der Schuldner mit Hilfe einer anderen Person, haftet er in derselben Weise, als ob er selbst die Erfüllung erbringen würde.

Einen weiteren Tatbestand, der eventuell die Haftung auf die Muttergesellschaft erstrecken könnte, regelt § 420 Abs 2 ObčZ. Nach dieser Bestimmung gilt ein Schaden als durch die juristische oder natürliche Person verursacht, falls er bei der Ausübung deren Tätigkeit durch diejenigen verursacht wurde, derer sich die juristische oder natürliche Person für diese Tätigkeit bedient hat. Die Personen, deren Dienste die juristischen oder natürlichen Personen in Anspruch genommen haben, haften für den auf diese Weise verursachten Schaden gegenüber Dritten nicht; ihre Haftung nach arbeitsrechtlichen Bestimmungen ist dadurch nicht berührt. § 420 Abs 2 ObčZ erfasst sowohl die Haftung aus Delikt als auch die Haftung aus Vertrag.[522] Von der Haftung gemäß dieser Bestimmung sind jedoch nicht die Fälle der sog Exzesse des unmittelbaren Schädigers erfasst, also wenn er durch die Tätigkeit, die zur Schadenszufügung geführt hat, lediglich eigene Interessen bzw die Interessen dritter Personen verfolgt hat, auch wenn diese Tätigkeit im Rahmen bzw im Zusammenhang mit der

---

518 § 1729 Abs 2 NOZ. Zur Regelung des Rechtsinstituts *culpa in contrahendo* im neuen Bürgerlichen Gesetzbuch s auch *Hrádek*, Předsmluvní odpovědnost 192 ff; *Hulmák*, Bull-Adv 3/2011, 53 ff; *Matula*, Culpa in contrahendo 80 ff; *ders*, COFOLA 2012 134 ff.

519 Vgl iZm einem internationalen Akkreditiv NS ČR 25.5.2011, 23 Cdo 2023/2009; NS ČR 28.2.2007, 32 Odo 1054/2004.

520 Vgl oben IV.2.a.

521 § 375 ObchZ. S dazu auch *Tomsa* in Štenglová/Plíva/Tomsa et al, ObchZ[13] § 375 S 1040.

522 *Rada*, PrRa 4/2008, 6; *Škárová* in Švestka/Spáčil/Škárová/Hulmák et al, ObčZ[2] § 420 RZ 2.

Erfüllung seiner arbeitsrechtlichen oder sonstigen Pflichten gegenüber dem Geschäftsherrn ausgeübt wurde.[523]

Die Judikatur[524] und die Kommentarliteratur[525] gehen primär davon aus, dass es sich bei den Personen, derer sich die natürliche oder juristische Person zur Ausübung ihrer Tätigkeit bedient hat, um natürliche Personen, insb deren Arbeitnehmer, Statutarorgane oder rechtsgeschäftliche Vertreter handelt, ohne allerdings die Anwendung von § 420 Abs 2 ObčZ auf die Rechtsbeziehungen zwischen der Mutter- und Tochtergesellschaft ausdrücklich auszuschließen, was insb im Falle von Tochtervertriebsgesellschaften von Bedeutung wäre. NS ČR[526] musste sich bis jetzt iZm dieser Bestimmung lediglich mit der unmittelbaren Schadenszufügung durch natürliche Personen auseinandersetzen.

§ 2914 S 1 NOZ enthält eine ähnliche Regelung wie nach der geltenden Rechtslage § 420 Abs 2 ObčZ: Wer sich bei seiner Tätigkeit eines Bevollmächtigten, eines Arbeitnehmers oder eines anderen Gehilfen bedient, der hat einen durch diesen verursachten Schaden auf dieselbe Weise zu ersetzen, als wenn er ihn selbst verursacht hätte.

Schließlich kann nach der höchstgerichtlichen Rechtsprechung[527] der Geschädigte uU vertragliche Schadenersatzansprüche auch dann geltend machen, wenn er nicht die Vertragspartei des Vertrages ist, gegen den der Schädiger verstoßen hat, selbst wenn es sich dabei um keinen Vertrag zugunsten Dritter handelt; es genügt, wenn bewiesen wird, dass der Schädiger eine vertragliche Verpflichtung verletzt hat, welche zugleich die Sphäre des Geschädigten berührt. Im neuen ZOK wurde diese Judikatur des NS ČR berücksichtigt. Der Gesetzgeber wollte zugleich das Ausufern des Schutzes von am Vertrag nicht beteiligten Dritten verhindern.[528] In § 2913 Abs 1 NOZ wurde deshalb ausdrücklich verankert, dass wenn eine Vertragspartei eine Vertragspflicht verletzt, sie verpflichtet ist, den daraus entstandenen Schaden der anderen Vertragspartei oder einer anderen Person, deren Interessen die Erfüllung der vereinbarten Verpflichtung *offensichtlich* dienen sollte, zu ersetzen.

---

523 NS ČR 3.10.2011, 30 Cdo 1509/2011; NS ČR 25.9.2007, 25 Cdo 2269/2006; NS ČR 25 Cdo 3125/2005. S auch *Fiala/Kindl* et al, ObčZ § 420 S 676; *Škárová* in Švestka/Spáčil/Škárová/Hulmák et al, ObčZ² § 420 RZ 22.

524 S insb NS ČR 8.2.2012, 25 Cdo 397/2011; NS ČR 14.7.2010, 28 Cdo 2231/2010.

525 S insb *Fiala/Kindl* et al, ObčZ § 420 S 676; *Škárová* in Švestka/Spáčil/Škárová/Hulmák et al, ObčZ² § 420 RZ 19 ff.

526 S insb NS ČR 8.2.2012, 25 Cdo 397/2011; NS ČR 26.1.2012 25 Cdo 4261/2010; NS ČR 20.9.2010, 23 Cdo 4283/2009; NS ČR 30.8.2010, 11 Tdo 561/2010; NS ČR 14.7.2010, 28 Cdo 2231/2010; NS ČR 25.9.2007, 25 Cdo 2269/2006; NS ČR 31.8.2005, 25 Cdo 482/2005; NS ČR 17.3.2005, 5 Tdo 16/2005; NS ČR 6.8.2002, 4 Tz 41/2002.

527 NS ČR 25.3.2003, 29 Odo 379/2001. S auch NS ČR 23.6.2010, 23 Cdo 3495/2008; NS ČR 29.7.2006, 25 Cdo 1417/2006.

528 Begründungsbericht zum NOZ, abgedruckt in *Eliáš* et al, Nový občanský zákoník 1030.

V. Haftung nach dem Steuerrecht

Von den steuerrechtlichen Vorschriften könnte für die Haftung der Muttergesellschaft § 109 des Gesetzes Nr 235/2004 Sb über die Mehrwertsteuer (*Zákon o dani z přidané hodnoty*) Bedeutung erlangen. Dieser Bestimmung zufolge bürgt ein Steuerzahler, der eine steuerbare Leistung mit innerstaatlichem Erfüllungsort, welche durch einen anderen Steuerzahler erfolgt, annimmt, oder für eine solche Leistung Entgelt zur Verfügung stellt, für die nicht bezahlte Steuer aus dieser Erfüllung, falls zum Zeitpunkt der Erbringung eine der folgenden Situationen vorlag und er darüber wusste oder hätte wissen sollen und können:
- die auf der Steuerurkunde angeführte Steuer wird absichtlich nicht bezahlt,
- der Steuerzahler, der diese steuerbare Leistung erbringt oder für diese Leistungserbringung Entgelt erhält, versetzt sich absichtlich in einen Zustand, in dem er die Steuer nicht bezahlen kann,
- es kommt zur Steuerhinterziehung oder Erschleichung von Steuervorteilen.

Wer eine steuerbare Leistung entgegennimmt, bürgt für die nicht entrichtete Steuer aus dieser Leistung auch dann, wenn die Gegenleistung ohne eine wirtschaftliche Begründung ganz offensichtlich von dem üblichen Preis abweicht oder sie zur Gänze oder zT in Form von bargeldloser Überweisung auf ein von einem Zahlungsdienstleister im Ausland geführtes Konto erbracht wird.

Durch die Auflösung des primären Steuerschuldners ohne Rechtsnachfolge wird die gesetzliche Bürgschaft nicht beeinträchtigt.[529]

Der Fiskus kann gem § 171 Abs 3 der Steuerordnung[530] den Bürgen zur Zahlung auffordern, nachdem er erfolglos versucht hat, den Steuerrückstand beim primären Steuerschuldner einzutreiben,[531] es sei denn es ist eindeutig nachweisbar, dass die Eintreibung des Steuerrückstandes ergebnislos bleibt, oder es wurde über das Vermögen des Steuerschuldners Insolvenzverfahren eröffnet. Gegen die Zahlungsaufforderung kann der Bürge innerhalb von 30 Tagen ab Zustellung der Zahlungsaufforderung Berufung erheben.[532] Die rechtzeitig eingebrachte Berufung hat aufschiebende Wirkung.[533]

VI. Strafrechtliche Haftung

Am 1.1.2012 ist als Reaktion des tschechischen Gesetzgebers auf völkerrechtliche Verpflichtungen, Empfehlungen und die weltweite fachliche Diskussion das Gesetz Nr 418/2011 über die strafrechtliche Haftung von juristischen Personen und das Verfahren gegen diese (*Zákon o trestní odpovědnosti právnických osob a řízení proti nim* – in der Folge auch: TOPOZ) in Kraft getreten.

---

529 § 171 Abs 2 der Steuerordnung.
530 *Daňový řád*. Gesetz Nr 280/2009 Sb.
531 ZB durch Exekution, s dazu näher § 175 der Steuerordnung.
532 § 109 der Steuerordnung.
533 § 171 Abs 4 der Steuerordnung.

Der tschechische Gesetzgeber hat sich in diesem Zusammenhang für die sog echte[534] Haftung von juristischen Personen entschieden.

Das TOPOZ enthält sowohl materielle als auch prozessrechtliche Bestimmungen. Ist in TOPOZ nichts anderes vorgesehen, kommen das Strafgesetzbuch (*Trestní zákoník* – in der Folge auch: TrZ)[535] und – im Falle des Verfahrens gegen die juristische Person – die Strafprozessordnung[536] zum Tragen, es sei denn die Anwendung dieser Gesetze ist aufgrund der Natur der Sache ausgeschlossen. Die örtliche Zuständigkeit richtet sich nach §§ 2 ff TOPOZ.[537]

In § 7 sind *taxativ* jene Straftaten aufgelistet, für die die juristische Person strafrechtlich verantwortlich gemacht werden kann. Dieser Straftatenkatalog sollte ursprünglich nur aus solchen Straftaten bestehen, zu deren Einführung der tschechische Gesetzgeber aufgrund von verbindlichen völkerrechtlichen Dokumenten und europäischen Vorschriften verpflichtet war. Im Rahmen des Gesetzgebungsverfahrens wurde jedoch dieser Katalog um steuerrechtliche Straftaten, die die juristische Person bei ihrer Tätigkeit typischerweise begehen kann, erweitert.[538] Die juristische Person kann nach tschechischem Recht 84 verschiedene Straftaten begehen. Zu den Vermögensstraftaten gehört zB der Betrug (inkl Versicherungs-, Kredit- und Subventionsbetrug) oder das Betreiben von unsittlichen Spielen und Wetten. Von den Wirtschaftsstraftaten kann die juristische Person ua die Steuer, Gebühren- und Devisenstraftaten iSv §§ 240 ff TrZ begehen. Darunter fallen insb die Straftatbestände der Steuerhinterziehung und der Hinterziehung von Sozialabgaben. Die juristische Person kann weiters zB wegen folgender Straftaten gegen die öffentliche Ordnung strafrechtlich verantwortlich gemacht werden: Drohung mit dem Ziel, die Organe der öffentlichen Gewalt oder einen Beamten zu beeinflussen (§§ 324, 326 TrZ), Annahme von Bestechungen (§ 331 TrZ), Bestechung (§ 332 TrZ), Beeinträchtigung der Un-

---

534 Bei dieser Konzeption ist die strafrechtliche Haftung von juristischen Personen entw im Strafgesetz(buch) oder in besonderen Gesetzen über die strafrechtliche Haftung von juristischen Personen geregelt und den juristischen Personen werden strafrechtliche Sanktionen im Strafverfahren auferlegt, vgl *Jelínek/Herczeg*, TOPOZ 16.

535 Gesetz Nr 40/2009 Sb.

536 *Trestní řád*, Gesetz Nr 141/1961 Sb.

537 Die strafrechtliche Haftung von juristischen Personen wird dann nach tschechischem Recht beurteilt, wenn die juristische Person in der Tschechischen Republik einen Sitz, einen Betrieb, eine andere organisatorische Einheit oder ihr Vermögen hat bzw ihre Tätigkeit ausübt und die Straftat auf dem Gebiet der Tschechischen Republik begangen wird. Eine Straftat gilt dann als auf dem Gebiet der Tschechischen Republik begangen, wenn die Handlung der juristischen Person zur Gänze oder zT in der Tschechischen Republik erfolgt, auch wenn es zu der Verletzung oder Bedrohung von Interessen, welche durch das Strafgesetzbuch geschützt sind, im Ausland kommt oder kommen soll. Weiters gilt eine Straftat auch dann als auf dem Gebiet der Tschechischen Republik begangen, wenn zwar die Handlung der juristischen Person im Ausland erfolgt, die Verletzung oder die Beeinträchtigung des durch das Strafgesetz geschützten Interesses jedoch – wenn auch nur zT – in der Tschechischen Republik erfolgt bzw erfolgen soll. Nach dem tschechischen Recht wird eine im Ausland begangene Straftat schließlich dann beurteilt, wenn sie von einer juristischen Person mit Sitz in der Tschechischen Republik begangen wird oder wenn sie zugunsten einer juristischen Person mit Sitz in der Tschechischen Republik begangen wird.

538 *Jelínek* in Jelínek/Herczeg, TOPOZ § 7 S 58 f.

abhängigkeit von Gerichten (§ 335 TrZ) oder gesetzwidrige Beschäftigung von Ausländern (§ 342 TrZ). Schließlich sind noch die strafbaren Handlungen gegen die Umwelt iSv §§ 293 ff TrZ zu nennen. In den in § 7 TOPOZ genannten Fällen kann die juristische Person nicht nur als unmittelbarer Täter, sondern auch als Beitragstäter auftreten. Dagegen bezieht sich die strafrechtliche Haftung weder in Form der unmittelbaren Täterschaft noch in Form der Beitragstäterschaft[539] auf die Insolvenzstraftaten gem §§ 222 ff TZ.[540]

Die tragende Bestimmung ist § 8 TOPOZ, der die Voraussetzungen für die strafrechtliche Haftung von juristischen Personen regelt. Als eine von einer juristischen Person begangene Straftat gilt gem § 8 Abs 1 TOPOZ eine gesetzwidrige Tat, die – unter der Voraussetzung, dass der juristischen Person eine derartige Straftat zugerechnet werden kann – entw in ihrem Namen oder in ihrem Interesse oder im Rahmen ihrer Tätigkeit durch die Handlung[541] einer der folgenden Personen begangen wird:

a) durch das Statutarorgan bzw dessen Mitglied oder durch eine andere Person, die berechtigt ist, im Namen der juristischen Person zu handeln[542] oder sie aufgrund des Gesetzes oder der Vollmachterteilung zu vertreten[543]

b) durch eine Person, die bei dieser juristischen Person eine sonstige Leitungs- oder Kontrollfunktion ausübt

c) durch eine Person, die einen entscheidenden Einfluss auf die Leitung dieser juristischen Person ausübt, falls ihr Handeln zumindest eine der Bedingungen für die Entstehung von Folgen darstellt, die die strafrechtliche Haftung von juristischen Personen begründen

d) durch Arbeitnehmer oder durch Personen in einer ähnlichen Stellung bei der Erfüllung von Arbeitsverpflichtungen.

Das Handeln der unter a) bis c) angeführten Personen wird der juristischen Person automatisch zugerechnet,[544] es sei denn es handelt sich um Exzesse seitens dieser Personen, also um Straftaten, die in keinem Zusammenhang mit der Tätigkeit der juristischen Person stehen.[545] Eine durch den AN (bzw durch eine Person in einer ähnlichen Stellung) begangene Straftat kann der juristischen Person dagegen gem § 8 Abs 2 lit b TOPOZ nur dann zugerechnet werden, wenn der AN diese Straftat auf der Grundlage einer Entscheidung, einer Ge-

---

539 Die Beitragstäterschaft ist in TOPOZ nicht gesondert geregelt. Es kommt somit die allgemeine Regelung des § 24 TZ zur Anwendung, s näher *Jelínek* in Jelínek/Herczeg, TOPOZ § 9 S 78 f. Vgl bereits oben III.1.

540 Zu den Insolvenzstraftaten s zB *Púry/Kuchta*, BullAdv 9/2011, 13–24. Vgl bereits oben III.1.

541 „Handeln" idZ bedeutet sowohl aktives Tun als auch Unterlassen, vgl *Jelínek* in Jelínek/Herczeg, TOPOZ § 8 S 67.

542 Es handelt sich idZ insb um den Abwickler, s *Šámal/Dědič* in Šámal/Dědič/Gřivna/Púry/Říha et al, Trestní odpovědnost právnických osob § 8 S 196.

543 Vgl *Šámal/Dědič* in Šámal/Dědič/Gřivna/Púry/Říha et al, Trestní odpovědnost právnických osob § 8 S 197 ff.

544 § 8 Abs 2 lit a TOPOZ. Vgl *Šámal/Dědič* in Šámal/Dědič/Gřivna/Púry/Říha et al, Trestní odpovědnost právnických osob § 8 S 207 f.

545 *Forejt/Habarta/Trešlová*, TOPOZ 69.

nehmigung oder einer Weisung seitens der Organe der juristischen Person oder seitens einer der sonstigen unter a) bis c) genannten Person begeht oder wenn er sie begeht, weil eine dieser Personen es unterlassen hat, Maßnahmen zu setzten, zu denen sie aufgrund einer anderen Vorschrift verpflichtet war oder deren Setzung von ihr billigerweise hätte verlangt werden können,[546] bzw sie die Durchführung der erforderlichen Vorkehrungen unterlassen hat, um die Folgen der begangenen Straftat zu begrenzen oder abzuwenden.

Das Gesetz legt weiters in § 8 Abs 3 TOPOZ fest, dass einer strafrechtlichen Haftung von juristischen Personen nicht entgegensteht, wenn nicht bestimmt werden kann, welche Person, deren Handeln der juristischen Person zugerechnet wird, im konkreten Fall gehandelt hat.[547] Die Begründung einer strafrechtlichen Haftung von juristischen Personen wird jedoch ohne Feststellung einer konkreten natürlichen Person selten möglich sein und sie kommt am ehesten bei Fahrlässigkeitsdelikten in Betracht, weil der Vorsatz ohne den Hinweis auf eine konkrete Person schwer nachweisbar sein wird. Es muss jedenfalls feststehen, dass die Straftat zumindest eine der Personen begangen hat, deren Verhalten der juristischen Person zugerechnet wird.[548]

Schließlich bestimmt das Gesetz in § 8 Abs 4 TOPOZ, dass die Bestimmungen über die strafrechtliche Haftung der juristischen Person auch dann angewendet werden, wenn die Straftat vor der Entstehung der juristischen Person begangen wird, wenn nach der Entstehung der juristischen Person das Gericht über ihre Nichtigkeit entscheidet, wenn das Rechtsgeschäft, das die Rechtsgrundlage für das Handeln der juristischen Person begründen sollte, nichtig oder unwirksam ist sowie wenn die handelnde natürliche Person für eine derartige Handlung strafrechtlich nicht verantwortlich ist.

Gem § 10 TOPOZ geht die strafrechtliche Haftung der juristischen Person auf ihre sämtlichen Rechtsnachfolger über. Gibt es mehrere Rechtsnachfolger, hat das Gericht bei der Entscheidung über die Art der Strafe und ihre Bemessung bzw über eine andere Schutzmaßnahme auch zu berücksichtigen, in welchem Umfang die Erträge, Nutzungen und andere Vorteile aus der begangenen Straftat auf die einzelnen Rechtsnachfolger übergegangen sind sowie in welchem Umfang diese die mit der Straftat zusammenhängende Tätigkeit fortsetzten. Entsprechend wird das Gericht auch dann vorgehen, wenn es zur Auflösung der juristischen Person nach der rechtskräftigen Beendigung der Strafverfolgung kommt.

Für die Straftaten, die von einer juristischen Person begangen wurden, können gem § 15 Abs 1 TOPOZ nur folgende Strafen verhängt werden: Auflö-

---

546 Es handelt sich hier insb um die Verletzung der Pflicht zur Durchführung der notwendigen Kontrolle der Tätigkeit von AN.

547 Laut Begründungsbericht zum TOPOZ handelt es sich hier insb um Fälle, in denen der Straftat der Beschluss eines Kollektivorgans der Gesellschaft zugrunde liegt, wobei nicht festgestellt werden kann, welche Organmitglieder für diesen Beschluss gestimmt haben.

548 S dazu näher *Forejt/Habarta/Trešlová*, TOPOZ 83 f. Auf die Problematik der Anwendung dieser Vorschrift in der Praxis weisen auch *Bejček* in Štenglová-FS 10 und *Vidrna*, Bull-Adv 10/2012, 35 hin.

sung der juristischen Person, Vermögensverfall, Geldstrafe, Verfall von Sachen oder anderen Vermögenswerten, Tätigkeitsverbot, Verbot der Ausführung von öffentlichen Aufträgen, Verbot der Beteiligung an Konzessionsverfahren oder an einer öffentlichen Ausschreibung, Verbot der Entgegennahme von Förderungen und Subventionen und schließlich die Veröffentlichung des Urteils. Weiters kann als Schutzmaßnahme die Beschlagnahme von Sachen und anderen Vermögenswerten verhängt werden.[549]

Die gesetzlich vorgesehenen Strafen und Schutzmaßnahmen können auch kumulativ über die juristische Person verhängt werden, es ist allerdings nicht zulässig, eine Geldbuße neben dem Vermögensverfall und den Verfall von Sachen bzw anderen Vermögenswerten neben der Beschlagnahme derselben Sache bzw desselben Vermögenswertes zu verhängen.[550]

Bei der Bestimmung der Strafe und ihres Ausmaßes hat das Gericht die Natur und die Gewichtigkeit der Straftat einerseits und die Verhältnisse der juristischen Person, einschließlich deren bisheriger Tätigkeit und ihrer Vermögensverhältnisse andererseits gegeneinander abzuwägen. Falls die juristische Person eine Tätigkeit ausübt, die von öffentlichem Interesse ist und eine strategische oder schwer zu ersetzende Bedeutung für die Volkswirtschaft, die Verteidigung oder die Sicherheit hat, ist dies vom Gericht ebenfalls zu berücksichtigen. Das Gericht hat sich weiters auch mit der Tätigkeit der juristischen Person nach der Begehung der Straftat, insb mit deren tatkräftigem Bestreben, den Schaden oder andere schädliche Folgen der Straftat zu ersetzen, auseinanderzusetzen.[551]

Schließlich hat das Gericht bei der Verhängung von strafrechtlichen Sanktionen auch deren Folgen für dritte Personen zu berücksichtigen – es geht hier hauptsächlich um die rechtlich geschützten Interessen von Personen, die durch die Straftat geschädigt wurden, und um die rechtlich geschützten Interessen von Gläubigern der juristischen Person, denen Forderungen gegenüber der juristischen Person gutgläubig entstanden sind, welche in der Straftat der juristischen Person weder ihren Ursprung haben noch mit dieser zusammenhängen.[552]

Eine Strafverhängung hat dann zu unterbleiben, wenn die Voraussetzungen für die tätige Reue gem § 11 TOPOZ vorliegen.

Die Problematik der strafrechtlichen Haftung von juristischen Personen und die damit zusammenhängenden Probleme bilden heutzutage den Inhalt einer umfangreichen fachlichen Diskussion.[553] Da seit dem In-Kraft-Treten des TOPOZ noch nicht viel Zeit vergangen ist, können seine praktischen Auswirkungen (noch) nicht beurteilt werden.

---

549 § 15 Abs 2 TOPOZ.
550 § 15 Abs 3 TOPOZ.
551 § 14 Abs 1 TOPOZ.
552 § 15 Abs 3 TOPOZ.
553 S zB *Bejček* in Štenglová-FS 1–15; *Januš*, PrRa 6/2012, 4–6; *Jelínek*, PrRa 1/2012, 4–10; *Vidrna*, PrRa 6/2012, 7–10; *ders*, BullAdv 10/2012, 34 f.

VII. Fazit

Die Tschechische Republik gehört zu den Ländern, in deren Rechtsordnung ein eigens geregeltes Konzernrecht vorhanden ist. Die konzernrechtlichen Haftungsbestimmungen in der derzeit (noch) geltenden Fassung spielen jedoch in der höchstgerichtlichen Judikatur keine Rolle. Dasselbe gilt für die Regelung von besonderen Haftungstatbeständen, insb die Haftung des faktischen Geschäftsführers (§ 66 Abs 6 ObchZ) sowie die Eingriffshaftung (§ 66c ObchZ).

Am 1.1.2012 ist das neue Gesetz über die strafrechtrechtliche Haftung von juristischen Personen in Kraft getreten, das die echte Haftung von juristischen Personen im Falle der Begehung von ausgewählten Delikten regelt. Aufgrund des relativ kurzen Zeitraums seiner Geltung gibt es derzeit zu dieser Problematik noch keine rechtskräftigen höchstgerichtlichen Entscheidungen.

Als Haftungsgrundlage für die Durchgriffshaftung der Muttergesellschaft kommen nach einem Teil der Lehre die Bestimmungen des zivilrechtlichen Schadenersatzrechts in Frage, davon hauptsächlich § 424 ObčZ, der die allgemeine Haftung des Schädigers für absichtliche sittenwidrige Schadenszufügung regelt. In der Praxis hat sich allerdings bis jetzt diese Norm als Rechtsgrundlage für die Außenhaftung der Kernaktionäre nicht durchgesetzt.

Außerhalb des Handelsgesetzbuches sind die konzernrechtlichen Verhältnisse vor allem im zivilrechtlichen und im insolvenzrechtlichen Anfechtungsrecht von Bedeutung. In diesem Zusammenhang ist insbesondere hervorzuheben, dass nach der Rechtsprechung uU auch juristische Personen als einander nahestehende Personen angesehen werden und dementsprechend die dem Anfechtungsrecht unterliegenden Rechtsgeschäfte zwischen der Mutter- und der Tochtergesellschaft durch Dritte leichter angefochten werden können.

Das tschechische Privatrecht steht derzeit im Zentrum eines bedeutenden Reformprozesses. Die wichtigsten Gesetze – das neue Bürgerliche Gesetzbuch und das Gesetz über die Handelskörperschaften – wurden bereits verabschiedet und sollten am 1.1.2014 in Kraft treten. Das Konzernrecht wurde neu geregelt, wobei für den Gesetzgeber hauptsächlich die französische Rechtslage als Vorlage diente. Nach dem derzeitigen Stand des Legislativprozesses kann jedoch noch nicht eingeschätzt werden, ob die neue Rechtslage aus haftungsrechtlicher Sicht für den Mehrheitsgesellschafter in der Praxis entscheidende Änderungen mit sich bringen wird.

Neben dem neuen Konzernrecht stellt im Bereich des Gläubigerschutzes der Verzicht auf die Garantiefunktion des Stammkapitals eine der wichtigsten Änderungen im GmbH-Recht dar. Dafür wurden neue Schutzinstrumente für die Gläubiger, insbesondere der Insolvenztest und das *wrongful trading*, ausdrücklich geregelt. In der Zukunft könnte für die Muttergesellschaft von Bedeutung sein, dass die Bestimmungen über die Haftung wegen *wrongful trading* auf die einflussreiche bzw herrschende Person laut Gesetz entsprechend anzuwenden sind, was allerdings von einem Teil der Lehre bestritten wird. Dagegen kommt eine strafrechtliche Haftung der Muttergesellschaft wegen Insolvenzverursachung nicht in Frage, weil sich die Insolvenzdelikte nicht unter den taxativ aufgelisteten Delikten befinden, bei deren Begehung die strafrechtliche Haftung von juristischen Personen zum Tragen kommt.

Die neuen Gesetze regeln die Problematik der Durchgriffshaftung außerhalb des Insolvenzrechts nicht ausdrücklich; laut Gesetzesmaterialien ist deren Anwendung in konkreten Fällen durch die Auslegung der neuen Bestimmungen des zivilrechtlichen Deliktrechts zu ermitteln.

Abkürzungsverzeichnis

aA	anderer Ansicht
Abs	Absatz
AG(s)	Aktiengesellschaft(en)
AktG	Aktiengesetz
allg	allgemein; allgemeine, -er, -es
AR	Aufsichtsrat
Art	Artikel
BGH	Bundesgerichtshof
BullAdv	*Bulletin advokacie* („Bulletin der Anwaltschaft")
bzgl	bezüglich
bzw	beziehungsweise
COFOLA	*Conference for young lawyers*
ČR	*Česká republika* („Tschechische Republik")
ders	derselbe
dGmbHG	deutsches Gesetz betreffend die Gesellschaften mit beschränkter Haftung
dh	das heißt
DHK	*Daňová a hospodářská kartotéka* („Steuer- und Wirtschaftskartei")
dies	dieselbe
entw	entweder
et al	*et alii* („und andere")
f	und der, die, das folgende
ff	und die folgenden
FN	Fußnote
FS	Festschrift
gem	gemäß
ggf	gegebenenfalls
GmbH	Gesellschaft mit beschränkter Haftung
GV	Generalversammlung
hA	herrschende Ansicht
HalbS	Halbsatz
hL	herrschende Lehre
hM	herrschende Meinung
HV	Hauptversammlung(en)
Kč	*Koruna česká* („Tschechische Krone")
idR	in der Regel
idZ	in diesem Zusammenhang
insb	insbesondere

InsZ	*Insolvenční zákon* („Insolvenzgesetz")
iSd	im Sinne der/des
iSv	im Sinne von
iVm	in Verbindung mit
iZm	in Zusammenhang mit
JurP	*Jurisprudence* („Jurisprudenz")
krit	kritisch
lit	*litera* („Buchstabe")
max	maximal
mind	mindestens
NOZ	*Nový občanský zákoník* („das neue Bürgerliche Gesetzbuch")
Nr	Nummer
NS ČR	*Nejvyšší soud České republiky* („Oberstes Gericht der Tschechischen Republik")
ObčZ	*Občanský zákoník* („Bürgerliches Gesetzbuch")
ObchZ	*Obchodní zákoník* („Handelsgesetzbuch")
or	*Obchodněprávní revue* („Handelsrechtliche Revue")
OSŘ	*Občanský soudní řád* („Zivilprozessordnung")
ö	österreichische, -er, -es
PaP	*Právo a podnikání* („Recht und unternehmerische Tätigkeit")
PrRa	*Právní rádce* („Rechtsberater")
PR	*Právní rozhledy* („Rechtliche Rundschau")
RL	Richtlinie
RZ	Randzahl
S	Satz; Seite
s	siehe
Sb	*Sbírka zákonů* („Gesetzessammlung")
sog	sogenannte, -er, -es
TOPOZ	*Zákon o trestní odpovědnosti právnických osob a řízení proti nim* („Gesetz über die strafrechtliche Haftung von juristischen Personen und das Verfahren gegen diese")
TrZ	*Trestní zákoník* („Strafgesetzbuch")
u	und
ua	unter anderem
uE	unseres Erachtens
uU	unter Umständen
vgl	vergleiche
zB	zum Beispiel
ZOK	*Zákon o obchodních korporacích* („Gesetz über Handelskörperschaften")
ZGR	„Zeitschrift für Unternehmens- und Gesellschaftsrecht"
zT	zum Teil

Literaturverzeichnis

Bejček, Úvaha o korporátních a statutárních závojích (Überlegungen über Körperschafts- und Statutarschleier), Pocta Ivaně Štenglové k sedmdesátým narozeninám, Právo společností – ohlédnutí za dvěma desetiletími účinnosti obchodního zákoníku

(Festschrift für Ivana Štenglová zum siebzigsten Geburtstag, Gesellschaftsrecht – Rückblick auf zwei Jahrzehnte der Wirksamkeit des Handelsgesetzbuchs), C.H.Beck, Praha, 2012, 1–15; zitiert als: *Bejček* in Štenglová-FS (S).

Bejček, Zvláštní zákonná odpovědnost za škodu v rámci nové úpravy koncernového práva v ČR (Besondere gesetzliche Schadenersatzhaftung im Rahmen der neuen Regelung des Konzernrechts in der ČR), Bulletin advokacie 6–7/2002, 45–56; zitiert als: *Bejček*, BullAdv 6–7/2002, (S).

Bejček, Nad interpretačními úskalími odpovědnosti za škodu v obchodních vztazích (Über die Klippen der Interpretation der Schadenersatzhaftung in handelsrechtlichen Beziehungen), Právní rozhledy 2000, 371–377; zitiert als: *Bejček*, PR 2000, (S).

Braun, Půjčky společníků nahrazující vlastní jmění v německém právu – nástroj pro ochranu i v České republice? (Eigenkapitalersetzende Darlehen im deutschen Recht – Schutzinstrument auch in der Tschechischen Republik?), Právní rozhledy 2000, 516–518; zitiert als: *Braun*, PR 2000, (S).

Braun/Maurer, Problémy nového koncernového práva (Die Probleme des neuen Konzernrechts), Právní rozhledy 2002, 24–32; zitiert als: *Braun/Maurer*, PR 2002, (S).

Broulík, Pravidlo podnikatelského úsudku a riziko (Die Regel des unternehmerischen Ermessens und das Risiko), Obchodněprávní revue 2012, 161–167; zitiert als: *Broulík*, or 2012, (S).

Broulík, Zneužití derivativní žaloby a povinnost platit soudní poplatek (Der Missbrauch der Gesellschafterklage und die Pflicht zur Zahlung der Gerichtsgebühr), Právní rozhledy 2012, 97–100; zitiert als: *Broulík*, PR 2012, (S).

Chalupa, Běžný obchodní styk ve smyslu § 196a odst. 4 obchodního zákoníku (Der gewöhnliche Geschäftsverkehr im Sinne des § 196a odst. 4 Handelsgesetzbuch), Právní rádce 3/2010, 21–23; zitiert als: *Chalupa*, PrRa 3/2010, (S).

Čech, Hlavní změny v obchodním zákoníku po 1. lednu 2012 (Die wichtigsten Änderungen im Handelsgesetzbuch nach dem 1. Januar 2012), Právní rádce 1/2012, 19–26; zitiert als: *Čech*, PrRa 1/2012, (S).

Čech, Nad několika rekodifikačními nejasnostmi (Über einige Unklarheiten der Neukodifikation), Obchodněprávní revue 2012, 324–329; zitiert als: *Čech*, or 2012, (S).

Čech, Rekodifikace: Hlavní změny v právu společností (Neukodifikation: Die wichtigsten Änderungen im Gesellschaftsrecht), Právní rádce 5/2012, 6–9; zitiert als: *Čech*, PrRa 5/2012, (S).

Čech, Nejvyšší soud: smlouva se spřízněnou osobou může být platná i bez znaleckého posudku (Das Oberste Gericht: der Vertrag mit einer nahestehenden Person kann auch ohne Sachverständigengutachten gültig sein), Právní rádce 5/2012, 51–53; zitiert als: *Čech*, PrRa 5/2012, (S).

Čech, K převodu obchodního podílu (Über die Übertragung eines Geschäftsanteils), Právní rádce 11/2007, 31–33; zitiert als: *Čech*, PrRa 11/2007, (S).

Čech, K (nepsaným) povinnostem společníka společnosti s ručením omezeným aneb potvrzení existence povinnosti loajality společníka v českém právu (Über die (ungeschriebenen) Pflichten des Gesellschafters der Gesellschaft mit beschränkter Haftung oder die Bestätigung des Bestehens der Loyalitätspflicht des Gesellschafters im tschechischen Recht), Jurisprudence 3/2006, 67–70; zitiert als: *Čech*, JurP 3/2006, (S).

Čech/Pavela, Obchodní společnost jako osoba blízká? (Die Handelsgesellschaft als eine nahestehende Person?), Právní rádce 1/2007, 27–32; zitiert als: *Čech/Pavela*, PrRa 1/2007, (S).

Černá, Ručení členů statutárních orgánů českých obchodních korporací po rekodifikaci soukromého práva (vybrané otázky) (Bürgschaft der Mitglieder der Statutarorgane von tschechischen Handelskörperschaften nach der Neukodifikation des Privatrechts (ausgewählte Fragen]), Zborník vedeckých prác: Právo, obchod, ekonomika II. (Sammelband wissenschaftlicher Arbeiten: Recht, Handel, Wirtschaft II.), Leges, Praha, 2012; zitiert als: *Černá* in Právo, obchod, ekonomika II. (S).

Černá, Obchodní právo 3, Akciová společnost (Handelsrecht 3, Aktiengesellschaft), ASPI, Wolters Kluwer, Praha, 2006; zitiert als: *Černá*, Obchodní právo 3, Akciová společnost (S).

Černá, Faktický koncern, ovládací smlouva a smlouva o převodu zisku (Faktischer Konzern, Beherrschungsvertrag und Gewinnabführungsvertrag), 2. Auflage, Linde, Praha, 2004; zitiert als: *Černá*, Faktický koncern[2] (S).

Černá, Přehodnotí Evropa přístup k základnímu kapitálu? (Wird Europa die Einstellung zum Grundkapital überdenken?), Právní rozhledy 2005, 816–823; zitiert als: *Černá*, PR 2005, (S).

Černá/Čech, Ke způsobům prosazování rozhodujícího vlivu v ovládané akciové společnosti, jeho podmínkám a důsledkům (Über die Arten der Durchsetzung des entscheidenden Einflusses in einer beherrschten Aktiengesellschaft, über seine Voraussetzungen und Folgen), Obchodněprávní revue 2009, 10–17; zitiert als: *Černá/Čech*, or 2009, (S).

Dauner-Lieb, Die Existenzvernichtungshaftung als deliktische Innenhaftung gemäß § 826 BGB, Besprechung der Entscheidung BGH DStR 2007, 1586 (TRIHOTEL), Zeitschrift für Unternehmens- und Gesellschaftsrecht 2008, 34–47; zitiert als: *Dauner-Lieb*, ZGR 2008, (S).

Dědič, Obecná úprava právnických osob v novém občanském zákoníku (se zaměřením na její význam pro obchodní korporace) (Allgemeine Regelung der juristischen Personen im neuen Bürgerlichen Gesetzbuch (mit Schwerpunkt auf deren Bedeutung für Handelskörperschaften]), Obchodní právo 1/2012, 2–12; *Dědič*, ObPr 1/2012, (S).

Dědič et al, Obchodní zákoník, komentář (Handelsgesetzbuch, Kommentar), Polygon, Praha, 2002; zitiert als: *AutorIn* in Dědič et al, ObZ (§ S).

Dobeš, K odpovědnosti za škodu v předsmluvním stadiu de lege lata (Über die vorvertragliche Schadenersatzhaftung de lege lata), Právní rozhledy 2009, 715–722; zitiert als: *Dobeš*, PR 2009, (S).

Dobeš, Kritické zamyšlení nad § 196a odst. 3 ObchZ s přihlédnutím k evropskému právu (Kritische Überlegung bezüglich § 196a odst. 3 ObchZ unter Berücksichtigung des Europarechts), Právní rozhledy 2006, 477–482; zitiert als: *Dobeš*, PR 2006, (S).

Drápal/Bureš et al, Občanský soudní řád, komentář (Zivilprozessordnung, Kommentar), C.H.Beck, Praha, 2009; zitiert als: *AutorIn* in Drápal/Bureš, OSŘ (§ S).

Eliáš et al, Nový občanský zákoník s aktualizovanou důvodovou zprávou a rejstříkem (Das neue Bürgerliche Gesetzbuch samt aktualisiertem Begründungsbericht und Register), Sagit, Ostrava, 2012; zitiert als: *Eliáš* et al, Nový občanský zákoník (S).

Eliáš, Einige gesetzliche Konstruktionen zum Vermögensschutz von Aktiengesellschaften, Sammelband XII. Karlsbader Juristentage 2002, 119–130; zitiert als: *Eliáš*, Sammelband XII. Karlsbader Juristentage 2002 (S).

Eliáš, Širší kontext § 56a Obch. z. a poznámky k němu (Der breitere Kontext des § 56a ObchZ und Anmerkungen dazu), Sborník: Vzájemné ovlivňování komunitární úpravy a českého a slovenského obchodního práva na pozadí procesu jejich reforem (Sammelband: Gegenseitige Beeinflussung der gemeinschaftlichen Regelung und des tschechischen und des slowakischen Handelsrechts vor dem Hintergrund deren Reformprozesses), Univerzita Karlova v Praze, 2007, 95–120; zitiert als: *Eliáš* in Vzájemné ovlivňování (S).

Eliáš, K některým otázkám odpovědnosti reprezentantů kapitálových společností (Über einige Fragen der Haftung der Repräsentanten von Kapitalgesellschaften), Právník 1999, 298–333; zitiert als: *Eliáš*, Právník 1999, (S).

Eliáš/Bartošíková/Pokorná et al, Kurs obchodního práva, Právnické osoby jako podnikatelé (Kurs des Handelsrechts, Juristische Personen als Unternehmer), 5. Auflage, C.H.Beck, Praha, 2005; zitiert als: *Eliáš/Bartošíková/Pokorná* et al, Kurs obchodního práva, Právnické osoby jako podnikatelé[5] (S).

Forejt/Habarta/Trešlová, Zákon o trestní odpovědnosti právnických osob a řízení proti nim (Gesetz über die strafrechtliche Haftung von juristischen Personen und das Verfahren gegen diese), Linde, Praha, 2012; zitiert als: *AutorIn* in Forejt/Habarta/Trešlová, TOPOZ (§ S).

Glückselig, Průlom do právní autonomie obchodních společností (Durchbrechung der rechtlichen Autonomie von Handelsgesellschaften), Právní rozhledy 2002, 219–223; zitiert als: *Glückselig*, PR 2002, (S).

Hámorská, Povinnost členů orgánů obchodních korporací jednat s péčí řádného hospodáře po rekodifikaci (Pflicht der Organmitglieder von Handelskörperschaften zum Handeln mit der Sorgfalt eines ordentlichen Geschäftsleiters nach der Neukodifikation), Obchodněprávní revue 2012, 250–256; zitiert als: *Hámorská*, or 2012, (S).

Havel, O kogentnosti, vypořádání újmy a ručení vlivné osoby ve světle nového soukromého práva (Über zwingendes Recht, die Abfindung für eine Beeinträchtigung und die Bürgschaft der einflussreichen Person im Lichte des neuen Privatrechts), Obchodněprávní revue 2013, 13–16; zitiert als: *Havel*, or 2013, (S).

Havel et al, Zákon o obchodních korporacích s aktualizovanou důvodovou zprávou a rejstříkem (Gesetz über Handelskörperschaften mit aktualisiertem Begründungsbericht und Register), Sagit, Ostrava, 2012; zitiert als: *Havel et al*, Zákon o obchodních korporacích (S).

Havel, Postřehy k odvozené (reflexní) škodě na podílu v korporaci ve světle nového občanského zákoníku (Bemerkungen zum abgeleiteten (Reflex-)Schaden am Anteil in einer Körperschaft im Lichte des neuen Bürgerlichen Gesetzbuchs), Obchodněprávní revue 2012, 207–209; zitiert als: *Havel*, or 2012, (S).

Havel, Společnost s ručením omezeným na úsvitu rekodifikace (Gesellschaft mit beschränkter Haftung im Lichte der Neukodifikation), Obchodněprávní revue 2011, 351–355; zitiert als: *Havel*, or 2011, (S).

Havel, Obchodní korporace ve světle proměn (Handelskörperschaften im Lichte der Umwandlungen), Auditorium, Praha, 2010; zitiert als: *Havel*, Obchodní korporace ve světle proměn (S).

Hrádek, Předsmluvní odpovědnost, culpa in contrahendo (Vorvertragliche Haftung, culpa in contrahendo), Auditorium, Praha, 2009; zitiert als: *Hrádek*, Předsmluvní odpovědnost (S).

Hrádek, Předsmluvní odpovědnost: culpa in contrahendo (Vorvertragliche Haftung: culpa in contrahendo), Jurisprudence 4/2009, 4–16; zitiert als: *Hrádek*, JurP 4/2009, 4.

Hulmák, Limity předsmluvní odpovědnosti (Die Grenzen der vorvertraglichen Haftung), Bulletin advokacie 3/2011, 53–55; zitiert als: zitiert als: *Hulmák*, BullAdv 3/2011, (S).

Januš, Trestní odpovědnost právnických osob je nejasná více, než se zdálo (Die strafrechtliche Haftung einer juristischen Personen ist weniger klar als vermutet), Právní rádce 6/2012, 4–6; zitiert als: *Januš*, PrRa 6/2012, (S).

Jelínek, Právnické osoby a působnost nového zákona (Juristische Personen und der Geltungsbereich des neuen Gesetzes), Právní rádce 1/2012, 4–10; zitiert als: *Jelínek*, PrRa 1/2012, (S).

Jelínek/Herczeg, Zákon o trestní odpovědnosti právnických osob a řízení proti nim, komentář s judikaturou (Gesetz über die strafrechtliche Haftung juristischer Personen und das Verfahren gegen diese, Kommentar mit Judikatur), Leges, Praha, 2012; *Jelínek/Herczeg*, TOPOZ (S).

Josková, Povinnost loajality v akciové společnosti (Loyalitätspflicht in der Aktiengesellschaft), Obchodněprávní revue 2011, 259–267; zitiert als: *Josková*, or 2011, (S).

Josková/Pravda/Heidenhain, Je možné nabýt nemovitost od nevlastníka? (Kann eine Liegenschaft vom Nichteigentümer erworben werden?) Právní rádce 4/2012, 38–39; zitiert als: *Josková/Pravda/Heidenhain*, PrRa 4/2012, (S).

Kotoučová et al, Zákon o úpadku a způsobech jeho řešení (insolvenční zákon), komentář (Gesetz über die Insolvenz und die Möglichkeiten ihrer Lösung (Insolvenzgesetz), Kommentar), C.H.Beck, Praha, 2010; zitiert als: *AutorIn* in Kotoučová et al, InsZ (§ S).

Kozák/Budín/Dadam/Pachl, Insolvenční zákon a předpisy související (Insolvenzgesetz und die zusammenhängenden Vorschriften), ASPI, Wolters Kluwer, Praha, 2008; zitiert als: *AutorIn* in Kozák/Budín/Dadam/Pachl, InsZ (§ S).

Kobliha/Kalfus/Krofta/Kovařík/Kozel/Pokorná/Svobodová, Obchodní zákoník, komentář, (Handelsgesetzbuch, Kommentar) Linde, Praha, 2006; zitiert als: *AutorIn* in Kobliha/Kalfus/Krofta/Kovařík/Kozel/Pokorná/Svobodová, ObchZ (§ S).

Kozel, Je ustanovení § 196a odst. 3 obchodního zákoníku záhadné? (Ist die Bestimmung des § 196a Abs 3 Handelsgesetzbuch rätselhaft?), Právní rozhledy 2004, 27–31; zitiert als: *Kozel*, PR 2004, (S).

Kožiak, Akcie bez nominální hodnoty – finská cesta (Aktien ohne Nennwert – der finnische Weg) , Obchodní právo 8/2010, 8–12; zitiert als: *Kožiak*, ObPr 8/2010, (S).

Lasák, Akciová společnost na prahu rekodifikace: základní novinky (Aktiengesellschaft an der Schwelle der Neukodifikation: die grundlegenden Neuerungen), Obchodněprávní revue 2012, 46–51; zitiert als: *Lasák*, or 2012, (S).

Lasák, Ve jménu korporace: derivativní žaloby vůči členům statutárního orgánu (Im Namen der Körperschaft: Gesellschafterklagen gegen die Mitglieder des Statutarorgans), Obchodněprávní revue 2010, 74–81; zitiert als: *Lasák*, or 2010, (S).

Lokajíček, Doktrína Piercing the Corporate Veil neboli prolomení majetkové samostatnosti právnické osoby a její možnosti v českém obchodním právu (Die Doktrin *Piercing the Corporate Veil* oder die Durchbrechung der vermögensrechtlichen Eigenständigkeit der juristischen Person und deren Möglichkeiten im tschechischen Handelsrecht), Právní rozhledy 2011, 425–437; zitiert als: *Lokajíček*, PR 2011, (S).

Maršíková et al, Insolvenční zákon s poznámkami, judikaturou, nařízením Rady ES 1346/2000 a prováděcími předpisy (Insolvenzgesetz mit Anmerkungen, der Judikatur, der Verordnung des Rates EG 1346/2000 und den Durchführungsvorschriften), Leges, Praha, 2011; zitiert als: *AutorIn* in Maršíková et al, InsZ (§ S).

Matula, Culpa in contrahendo, Wolters Kluwer, Praha, 2012; zitiert als: *Matula*, Culpa in contrahendo, (S).

Matula, Předsmluvní odpovědnost v novém občanském zákoníku (Vorvertragliche Haftung im neuen Bürgerlichen Gesetzbuch), Sborník (Sammelband) Conference for young lawyers 2012, Masarykova Univerzita, Brno 2012, 130–138; zitiert als: *Matula*, COFOLA 2012 (S).

Novák, Právní úprava a aplikace § 196a obchodního zákoníku (Rechtliche Regelung und Anwendung des § 196a Handelsgesetzbuch), Právní rádce 9/2004, 4–13; zitiert als: *Novák*, PrRa 9/2004, (S).

Pachl, Insolvenční zákon s judikaturou (Insolvenzgesetz mit Judikatur), Wolters Kluwer, Praha, 2011; zitiert als: *Pachl*, InsZ (§ S).

Pauknerová/Tomášek et al, Nové jevy v právu na počátku 21. století IV., Proměny soukromého práva (Neue Phänomene im Recht am Anfang des 21. Jahrhunderts IV., Wandlungen des Privatrechts), Karolinum, Praha, 2009; zitiert als: *AutorIn* in Pauknerová/Tomášek et al, Proměny soukromého práva (S).

Pelikán, Několik poznámek k úpravě společnosti s ručením omezeným v novém zákoně o obchodních korporacích (Einige Anmerkungen zur Regelung der Gesellschaft mit beschränkter Haftung im neuen Gesetz über Handelskörperschaften), Obchodněprávní revue 2012, 76–79; zitiert als: *Pelikán*, or 2012, (S).

Pelikánová, Komentář k obchodnímu zákoníku (Kommentar zum Handelsgesetzbuch), 3. Teil, 2. überarbeitete Auflage, Linde, Praha, 1998; zitiert als: *Pelikánová*, ObchZ² (§ S).

Pelikánová, Obchodní právo 5., Odpovědnost s přihlédnutím k návrhu nového občanského zákoníku (Handelsrecht 5., Haftung unter Berücksichtigung des Entwurfs des neuen Bürgerlichen Gesetzbuches), Wolters Kluwer, Praha, 2012; zitiert als: *Pelikánová*, Obchodní právo 5., Odpovědnost (S).

Pihera, K obecným limitům akcionářských práv (Zu den allgemeinen Grenzen der Aktionärsrechte), Právní rozhledy 2007, 361–364; zitiert als: *Pihera*, PR 2007, (S).

Pohl, Odpovědnost za škodu podle insolvenčního zákona (Schadenersatzhaftung nach dem Insolvenzgesetz), Bulletin advokacie 7–8/2010, 33–42; zitiert als: *Pohl*, BullAdv 7–8/2010, (S).

Pokorná/Kovařík/Čáp et al, Obchodní zákoník, komentář (Handelsgesetzbuch, Kommentar), Wolters Kluwer, Praha, 2009; zitiert als: *AutorIn* in Pokorná/Kovařík/Čáp et al, ObchZ (§ S).

Púry/Kuchta, Postih úpadkových deliktů podle nového trestního zákoníku s přihlédnutím k úpravě přípustného rizika (Sanktion von Insolvenzdelikten nach dem neuen Strafgesetzbuch unter Berücksichtigung der Regelung des zulässigen Risikos), Bulletin advokacie 9/2011, 13–24; zitiert als: *Púry/Kuchta*, BullAdv 9/2011, (S).

Richter, Insolvenční právo (Insolvenzrecht), ASPI, Wolters Kluwer, Praha, 2008; zitiert als: *Richter*, Insolvenční právo (S).

Richter, Obchodní společnost jako osoba blízká – několik poznámek k judikatuře Nejvyššího soudu (Die Handelsgesellschaft als eine nahestehende Person – einige Anmerkungen zur Judikatur des Ober sten Gerichtes), Právní rozhledy 2007, 556–561; zitiert als: *Richter*, PR 2007, (S).

Rod, Odpovědnost úpadce za nepodání insolvenčního návrhu a způsobenou škodu dle insolvenčního zákona (Haftung des Schuldners für die Unterlassung der Stellung des Insolvenzantrages und für den verursachten Schaden nach dem Insolvenzgesetz), Daně a finance (Steuern und Finanzen) 4/2008, 22–24; zitiert als: *Rod*, Daně a finance 4/2008, (S).

Rychlý, Záhady ustanovení § 196a odst. 3 obchodního zákoníku (Die Geheimnisse der Bestimmung des § 196a Abs 3 Handelsgesetzbuch), Právní rozhledy 2003, 512–517; zitiert als: *Rychlý*, PR 2003, (S).

Řeháček, Právnické osoby jako osoby sobě navzájem blízké (Juristische Personen als einander nahestehende Personen), Bulletin advokacie 3/2012, 31–33; zitiert als: *Řeháček*, BullAdv 3/2012, (S).

Salač, Culpa in contrahendo v českém právu? (Culpa in contrahendo im tschechischen Recht?), Právní rozhledy 2002, 413–417; zitiert als: *Salač*, PR 2002, (S).

Šámal/Dědič/Gřivna/Púry/Říha et al, Trestní odpovědnost právnických osob, komentář (Strafrechtliche Haftung von juristischen Personen, Kommentar), C.H.Beck, Praha, 2012; zitiert als: *AutorIn* in Šámal/Dědič/Gřivna/Púry/Říha et al, Trestní odpovědnost právnických osob (§ S).*Štenglová*, Odpovědnost a nezávislost statutárních orgánů (Haftung und Unabhängigkeit der Statutarorgane), Právo a podnikání 12/2002, 25–30; zitiert als: *Štenglová*, PaP 12/2002, (S).

Šámal et al, Trestní zákoník, komentář (Strafgesetzbuch, Kommentar), 2. Auflage, C.H.Beck, Praha, 2012; zitiert als: *AutorIn* in Šámal et al, TrZ[2] (§ S).

Štenglová/Plíva/Tomsa et al, Obchodní zákoník, komentář (Handelsgesetzbuch, Kommentar), 13. Auflage, C.H.Beck, Praha, 2010; zitiert als: *AutorIn* in Štenglová/Plíva/Tomsa et al, ObchZ[13] (§ S).

Šuk, Několik úvah nad právní úpravou transakcí s konfliktem zájmů (Einige Überlegungen zur rechtlichen Regelung von Transaktionen mit Interessenskonflikt), Pocta Ivaně Štenglové k sedmdesátým narozeninám, Právo společností – ohlédnutí za dvěma desetiletími účinnosti obchodního zákoníku (Festschrift für Ivana Štenglová zum siebzigsten Geburtstag, Gesellschaftsrecht – Rückblick auf zwei Jahrzehnte der Wirksamkeit des Handelsgesetzbuchs), C.H.Beck, Praha, 2012, 261–277; zitiert als: *Šuk* in Štenglová-FS (S).

Švestka/Spáčil/Škárová/Hulmák et al, Občanský zákoník, komentář (Bürgerliches Gesetzbuch, Kommentar), 2. Auflage, C.H.Beck, Praha, 2009; zitiert als: *AutorIn* in Švestka/Spáčil/Škárová/Hulmák et al, ObčZ[2] (§ S).

Vidrna, Dvě poznámky k trestní odpovědnosti právnických osob (Zwei Anmerkungen zur strafrechtlichen Haftung von juristischen Personen), Bulletin advokacie 10/2012, 34–35; zitiert als: *Vidrna*, BullAdv 10/2012, (S).

Vidrna, K aplikaci zákona o trestní odpovědnosti právnických osob (Zur Anwendung des Gesetzes über die strafrechtliche Haftung von juristischen Personen), Právní rádce 6/2012, 7–10; zitiert als: *Vidrna*, PrRa 6/2012, (S).

Vrajík, Pravidla vnitřního obchodování v kapitálových společnostech (Die Regeln des Insiderhandels in Kapitalgesellschaften), Daňová a hospodářská kartotéka 13/2012, 25–32; zitiert als: *Vrajík*, DHK 13/2012, (S).

Vrba, Zákonné ručení společníků společnosti s ručením omezeným podle zákona o obchodních korporacích (Die gesetzliche Bürgschaft von Gesellschaftern der Gesellschaft mit beschränkter Haftung gemäß dem Gesetz über Handelskörperschaften), Obchodněprávní revue 2012, 173–179; zitiert als: *Vrba*, or 2012, (S).

Zelenka et al, Insolvenční zákon, poznámkové vydání s důvodovou zprávou, nařízením Rady ES 1346/2000 a prováděcí předpisy (Insolvenzgesetz, Ausgabe mit Anmerkungen samt Begründungsbericht, der Verordnung des Rates EG 1346/2000 und den Durchführungsvorschriften), 2. aktualisierte Auflage, Linde, Praha, 2008; zitiert als: *AutorIn* in Zelenka et al, InsZ[2] (§ S).

Žižlavský, Odpovědnost manažerů za opožděné podání insolvenčního návrhu po 1. lednu 2012 (Haftung von Managern für eine verspätete Stellung des Insolvenzantrags nach dem 1. Januar 2012), Bulletin advokacie 11/2011, 36–40; zitiert als: *Žižlavský*, BullAdv 11/2011, (S).

Žižlavský, Protržení firemního závoje – odpovědnost společníků za protahování krizové situace a opožděné podání insolvenčního návrhu (Zerreißen des Firmenschleiers – Haftung der Gesellschafter für die Verschleppung der Krisensituation und die verspätete Stellung des Insolvenzantrags), Bulletin advokacie 1–2/2012, 24–26; zitiert als: *Žižlavský*, BullAdv 1–2/2012, (S).

Haftungsrisiken für (ausländische) Muttergesellschaften in ungarischen Konzernstrukturen

Marc Vecsey

Inhaltsverzeichnis

I. Einleitung

1. Allgemeines

In Ungarn kann das moderne Gesellschaftsrecht auf eine relativ lange Tradition zurückblicken: Das ungarische Handelsgesetz trat 1876 in Kraft und hat bis zur Einführung der sozialistischen Wirtschaftsverfassung 1948 neben dem Handelsrecht auch Teile des Gesellschaftsrechts geregelt. Insbesondere in der Zwischenkriegszeit hat sich das Recht der Kapitalgesellschaften auf Grundlage dieses Gesetzes fortentwickelt.[1]

Die Einführung der sozialistischen Wirtschaftsverfassung führte zu einem rein öffentlich-rechtlichen Gesellschaftsrecht, welches ab den 1970er Jahren sukzessive um bescheidene Ansätze eines privaten Gesellschaftsrechts (zB Genossenschaften, Joint Ventures, wirtschaftliche Arbeitsgemeinschaften etc) ergänzt wurde. Mit dem Zusammenbruch des real existierenden Sozialismus 1988–1990 wurden die bisherigen gesellschaftsrechtlichen Regelungen durch das VI. Gesetz über die Wirtschaftsgesellschaften aus 1988 ersetzt. Dieses sieht sich sowohl als moderne Kodifikation als auch als Nachfolgerin des alten Handelsgesetzes.

Das marktwirtschaftliche Gesellschaftsrecht orientiert sich in Ungarn seit jeher stark am deutschen Gesellschaftsrecht. Nichtsdestotrotz können seit der Wende immer auch stärker werdende Einflüsse des angelsächsischen Rechtskreises wahrgenommen werden.[2] Das gilt auch für das Konzernrecht, das in den letzten 25 Jahren stark verändert wurde. Im Zuge der letzten beiden Jahrzehnte kann man auch einige genuin ungarische Lösungsansätze feststellen[3].

Seit 1989 wurden über 66 Milliarden Euro an ausländischem Kapital in Ungarn investiert. Umgerechnet auf die Bevölkerungszahl ist dieser Wert neben jenem der Tschechischen Republik der höchste unter den sog Reformstaaten.[4] Mehr als 3,3 % der in Ungarn tätigen Gesellschaften sind Tochtergesellschaften ausländischer Unternehmen; im Handel (33,9 %), in der Immobilienbranche (23,1 %) und in der verarbeitenden Industrie (12,8 %) ist ihr Anteil wesentlich überdurchschnittlich – dieser Wert ist sogar höher, wenn man die indirekt durch ausländische Gesellschafter beherrschten Unternehmen hinzuzählt. Diese Unternehmen beschäftigen etwa 25 % aller Arbeitnehmer und erwirtschaften rund

---

1   *Sárközy*, A társasági törvény magyarázata [*Kommentar des Gesellschaftsgesetzes*], 1993, kurz zitiert: *Autor (Komáromi)* in Sárközy, GesG 1988, 350.

2   Sárközy (Hg), Társasági törvény, cégtörvény 2006–2009 [*Gesellschaftsgesetz, Firmengesetz 2006–2009*], 2009, kurz zitiert: *Autor (Gadó)* in Sárközy, GesG 17 ff mwA; *Sárközy*, Társasági jogunk strukturális kérdéseiről [*Über die strukturellen Fragen unseres Gesellschaftsrechts*], in: GéJ, 1993/1, 4; *Zoltán Gálffy*, Die ungarische Aktiengesellschaft und ihre Satzung (Dissertation), 1999, kurz zitiert: *Z.Gálffy*, ungAG, 10.

3   Vgl exemplarisch § 118 a FirmenG (Punkt II.3 e) und § 63 a KonkursG (Punkt III.6).

4   *Menyhárt*, A külföldi működőtőke alakulása Magyarországon a rendszerváltás után [*Die Entwicklung des ausländischen Arbeitskapitals nach dem Systemwechsel in Ungarn*] (Diplomarbeit), 2008, 72.

die Hälfte von Ungarns BIP.[5] Aufgrund dieses Zahlenwerks kann festgestellt werden, dass von Ausländern beherrschte Unternehmen erheblich größer sind als ungarische Unternehmen. Die Konzernhaftung ist von besonderer Bedeutung für die ausländische Mehrheitsgesellschafter, da für sie die „Haftungsbedrohung" ggf viel höher ist, wenn ihre Tochtergesellschaft in die Krise geraten oder ungarisches Recht brechen sollte. Nichtsdestotrotz hat dieses Forschungsthema in Lehre und – vor allem – Rsp nicht den Niederschlag gefunden, der ihm von dem her gebühren würde. Dies mag verschiedene Gründe haben,[6] lässt aber jedenfalls die Prognose zu, dass die Konzernhaftung in Ungarn vermehrt Aufmerksamkeit bekommen wird. Diese Arbeit soll ein Beitrag dazu sein.

Allen nachstehenden Umrechnungen von HUF in Euro (€) wurde ein durchschnittlicher Wechselkurs von 1:290 (€ : HUF) zugrunde gelegt – vgl auch den tagesaktuellen Wechselkurs der ungarischen Nationalbank (MNB) vom 31.01.2013 (1:292,40). Die dargestellten Übersetzungen von ung Gesetzen sind – wenn nichts Anderes angegeben wird – der aktuellen (Stand: IV. Quartal 2012) Software CompLex HMJ-Jogtár (CompLex HMJ-Rechtssammlung) entnommen. Derartig nicht verfügbare Bestimmungen bzw sonstige ungarische Ausdrücke wurden vom Autor übersetzt.

2. Rechtsquellen

Diese Arbeit gibt den Rechtsstand zum 31. Januar 2013 wieder. Als Rechtserkenntnisquellen dieser Arbeit sind in erster Linie das BGB[7], das GesG[8], das FirmenG[9] und das KonkursG[10] einschlägig. Selbstverständlich werden aaO auch weitere Rechtsquellen angeführt werden, welche allerdings in einer Gesamtbetrachtung der Thematik bloß eine nachrangige Bedeutung haben. Auf das neue BGB (5. Gesetz aus 2013), welches am 15. März 2014 in Kraft tritt, wird nicht näher eingegangen.

Auf dem Gebiet des Zivilrechts kann idR auch auf eine fundierte Rsp zurückgegriffen werden. Hinsichtlich des Gesellschafts- und Konkursrechts sowie der jüngeren Bestimmungen des Zivilrechts nimmt die Rsp eine stark untergeordnete Rolle ein; es besteht noch großer Aufholbedarf.[11] Schließlich soll auch die

---

5   Központi Statisztikai Hivatal (KSH) [*Zentrales Statistikamt*], A Magyarországon működő külföldi irányatású leányvállalatok [*In Ungarn unter ausländischer Leitung betriebene Tochtergesellschaften*] 2008–2009, 2.

6   Bachner/Doralt/Winner (Hg), Minderheitsaktionäre in Mittel- und Osteuropa (2010), kurz zitiert: *Vecsey*, Minderheitsaktionäre, 768 ff.

7   IV. Gesetz aus 1959.

8   Das derzeitige GesG (IV. Gesetz aus 2006) löste das GesG 97 (CXLIV. Gesetz aus 1997) ab, welches wiederum das GesG 88 (VI. Gesetz aus 1988) abgelöst hatte.

9   V. Gesetz aus 2006.

10   XLIX. Gesetz aus 1991.

11   *Vecsey*, Minderheitsaktionäre, 768 ff.

rechtswissenschaftliche Literatur zu den betrachtungsgegenständlichen Themen herangezogen werden.

3. Unterschiede zwischen einer GmbH und einer AG

In dieser Arbeit wird das Recht der ungarischen Kapitalgesellschaften in Hinblick auf Konzernhaftungsfragen dargestellt. Dennoch ist ihre kurze, allgemeine Darstellung geboten. Kapitalgesellschaften gliedern sich in die ungarische Gesellschaft mit beschränkter Haftung (*Korlátolt felelősségű társaság*), die nicht börsennotierte Aktiengesellschaft (*Zártkörűen működő részvénytársaság*) und in die börsennotierte Aktiengesellschaft (*Nyilvánosan működő részvénytársaság*). Für die beiden Aktiengesellschaftsarten ist auch der Überbegriff *részvénytársaság* geläufig.[12]

Wie in vielen Gesellschaftsrechtsordnungen des deutschen Rechtskreises (man denke hier an Österreich oder an Deutschland),[13] lässt sich auch in Ungarn ein Trend feststellen, dass die Grenzen zwischen „kleiner" (Kft) und „großer" (Zrt und Nyrt) Kapitalgesellschaft verschwimmen. Die Zrt ist dabei das „Bindeglied" zwischen der kotierten Aktiengesellschaft (Nyrt) und der Gesellschaft mit beschränkter Haftung (Kft).[14] Der Gesetzgeber wollte damit Problemstellungen bei Umgründungen und die damit einher gehenden Veränderungen in Hinblick auf die Kapitalisierung, auf die Unternehmensleitung und auf die Fungibilität der Beteiligungen abfedern und den Gesellschaftern rechtlich mehr Spielraum ermöglichen.[15]

Der relativ größte Teil der Bestimmungen des Gesellschaftsrechts bezieht sich auf alle Rechtsformen. Diese sind im ersten Teil des GesG (§§ 1–87 GesG) geregelt. Darüber hinaus bestehen auch im Regelungsabschnitt für die Gesellschaft mit beschränkter Haftung (§§ 111–170 GesG) und im Regelungsabschnitt für (geschlossene) Aktiengesellschaften (§§ 171–284 GesG) zahlreiche Bestimmungen. Aus dem Aufbau des GesG lässt sich daher ableiten, dass Unterschiede zwischen den Rechtsformen vom Gesetzgeber bewusst gewollt waren. Deswegen sind derart feststellbare Regelungslücken idR gewollte Lücken, welche nicht mittels Analogie geschlossen werden können.

Die nachstehende Tabelle fasst die wesentlichsten Unterschiede zwischen Kft und einer Zrt zusammen:

---

12 Die ungGmbH wird im Folgenden auch GmbH oder Kft bezeichnet; die nichtbörsennotierte Aktiengesellschaft auch geschlossene AG oder Zrt; die börsennotierte Aktiengesellschaft kann alternativ offene AG bzw Nyrt genannt werden. Anstelle der Aktiengesellschaft (AG) ist auch die Abkürzung „Rt" gewählt worden.

13 Exemplarisch für Österreich: *Talos/Schrank*, Änderung des AktG durch das GesRÄG 2004, ecolex 2004, 792 ff; für Deutschland: *Ihrig*, Die kleine Aktiengesellschaft, in NJW 2003, 1378.

14 *Sárközy*, Társasági jogunk belső ellentmondásai [*Die inneren Widersprüche unseres Gesellschaftsrechts*], GéJ 2009/7–8, 21 f.

15 Materialien zum GesG, vgl insb Punkt I. 3.; II; III 8., 20., 21., 23., 24., und 28.

Kategorie	Kft	Zrt
Kapitalisierung	Das Stammkapital beträgt gem § 114 (1) GesG 500.000 HUF (1.724 €).	Das Grundkapital beträgt gem § 207 (1) GesG 5.000.000 HUF (17.241 €).
Beteiligungsform	Die Beteiligung an der Gesellschaft erfolgt in Form von Anteilen, die frei auf die Mitgesellschafter übertragen werden können. Dies gilt sinngemäß auch für die Übertragung an Dritte, wenn der Anteil bereits geleistet wurde. Es kann dem Gesellschafter, der Gesellschaft und einer durch die Gesellschafterversammlung bestimmten Person ein gesellschaftsvertraglich abdingbares Vorkaufsrecht zukommen (§ 123 GesG).	Die Beteiligung an der Gesellschaft erfolgt in Form von Aktien (§ 171 (1) GesG), die gem § 178 GesG frei übertragen werden können. Die Fungibilität der Aktien ist eingeschränkt, wenn sie wegen eines Vorkaufs-, Rückkaufs- oder Kaufrechts überstempelt (körperliche Aktie) oder im Aktienkonto dementsprechend belastet (dematerialisierte Aktie) wurden. Auch aus den Aktiengattungen (§§ 183 GesG) oder aus der Satzung können sich Beschränkungen ihrer Handelbarkeit ergeben.[16]
Unternehmensleitung	Die Kft wird von einem oder mehreren Geschäftsführern (§ 21 (3) GesG) geleitet.	Die Zrt kann von einem Generaldirektor (§ 21 (4) iVm § 247 GesG) oder einem 3- bis 11-köpfigen Vorstand (§ 21 (4) iVm § 243 GesG) geführt werden.
Aufsichtsrat	Der Aufsichtsrat ist ein 3- bis 15-köpfiges Gremium, das insb dann einzurichten ist, wenn die Kft über mehr als 200 AN verfügt (§§ 33 f iVm § 38 GesG).	Der Aufsichtsrat ist ein 3- bis 15-köpfiges Gremium, das insb dann einzurichten ist, wenn die Kft über mehr als 200 AN verfügt oder wenn dies mindestens 5 % der Aktionäre verlangen (§§ 33 f iVm § 38 GesG).

Im Interesse des besseren Textleseflusses werden, wenn nichts Abweichendes gilt, stellvertretend für beide Kapitalgesellschaftsrechtsformen die Fachausdrücke für Gesellschaften mit beschränkter Haftung verwendet.[17]

---

16 §§ 203–205 GesG.

17 Also „Gesellschafter" statt „Gesellschafter oder Aktionäre"; „Stammkapital" statt „Stammkapital und Grundkapital"; „Geschäftsanteil statt „Geschäftsanteil oder Aktie"; „Geschäftsführer" oder leitender Funktionsträger (*vezető tisztségviselő*) statt „Geschäftsführer oder Vorstand"; „Gesellschafterversammlung" statt „Gesellschafterversammlung oder Hauptversammlung" etc.

II. Gesellschaftsrecht

1. Allgemeine Aspekte der Gesellschafterhaftung

a) Grundsatz der Vermögens- und Haftungstrennung zwischen der Kapitalgesellschaft und Gesellschaftern

Eine Kapitalgesellschaft (Kft, Zrt oder Nyrt) verfügt nach § 2 (2) S 2 GesG über eigene Rechtspersönlichkeit. Somit haftet sie selbst für alle Verbindlichkeiten, die sie eingeht (§ 2 (3) GesG). Es gilt der Grundsatz der Vermögens- und Haftungstrennung, sodass Gesellschafter, welche etwa mit ihren Einlagen das Bestehen einer Kapitalgesellschaft ermöglichen, nicht für Gesellschaftsverbindlichkeiten einstehen müssen (Kft: § 111 (1) aE GesG; Rt: § 171 (1) aE GesG). Umgekehrt muss die Kapitalgesellschaft als eigenständige (juristische) Person auch nicht für Verbindlichkeiten ihrer Gesellschafter einstehen, obschon ihre Geschäftsanteile Gegenstand von Verpfändung und Zwangsvollstreckung sein können.[18]

Durch die Haftungstrennung erhalten die Gesellschafter die Möglichkeit, in Bezug auf ein Projekt ein kalkulierbares, unternehmerisches Risiko einzugehen. Denn im Falle der Insolvenz ihrer Gesellschaft geht zwar ihre Einlage verloren, aber ihr übriges Vermögen bleibt davon verschont. Gleichzeitig sind jedoch Gläubiger (Dritte) und Minderheitsgesellschafter[19] zu schützen. Daher ist es notwendig, „flankierende Maßnahmen" zu setzen, welche einen Missbrauch dieser Haftungstrennung durch den Mehrheitsgesellschafter verhindern und somit einen angemessenen Risikoausgleich zwischen allen Beteiligten schaffen. Dabei wurde im dt Rechtskreis, dem auch Ungarn zuzuordnen ist, lange Zeit ein großes Stammkapital und der Grundsatz der Kapitalerhaltung als wichtigstes Schutzinstrument angesehen. Spätestens mit der Senkung der Mindestkapitalisierungserfordernisse[20] wurde es aber notwendig, sicher zu stellen, dass es daneben auch noch andere Rechtsinstitute gibt, welche die Anteile der Minderheitsgesellschafter und die Forderungen der Gesellschaftsgläubiger schützen.[21]

---

18 Vgl auch *T.Török*, Zálogjog a korlátolt felelősségű társaság üzletrészén és a részvényen [*Die Verpfändung von Geschäftsanteilen an einer Gesellschaft mit beschränkter Haftung und von Aktien*], GéJ 2008/6, 8 ff.

19 Minderheitsgesellschafter sind aufgrund ihres geringeren Geschäftsanteils idR nicht in der Lage, in der Gesellschaft unternehmerisch (mit) zu gestalten. Ihre Rolle ist daher oft die eines Investors, dem es bloß um seine Beteiligungsrendite geht.

20 Das Mindeststammkapital einer Kft war 1988–1998 HUF 1.000.000, dann 1998–2007 HUF 3.000.000, nun ist es HUF 500.000. Das Mindestgrundkapital einer Rt betrug 1988–1998 HUF 10.000.000, danach 1998–2007 HUF 20.000.000. Jetzt ist es -je nach Rechtsform- HUF 5.000.000 (Zrt) oder HUF 20.000.000 (Nyrt). Zur gegenwärtigen Mindestkapitalisierung einer Kapitalgesellschaft vgl auch o Punkt I.3.

21 *Nochta*, A magánjogi felelősség útjai a társasági jogban [*Die Wege der zivilrechtlichen Haftung im Gesellschaftsrecht*], 2005, kurz zitiert: *Nochta*, Haftung, 57 ff, 81 ff; *Török Tamás*, Felelősség a társasági jogban [*Haftung im Gesellschaftsrecht*], 2007, kurz zitiert: *T.Török*, Haftung, 183 ff.

Erstes gemeinsames Wesensmerkmal dieser Schutzmaßnahmen ist, dass die strikte Haftungs- und Vermögenstrennung zwischen der Gesellschaft und ihren Gesellschaftern ausnahmsweise aufgehoben wird (Haftungsdurchgriff iwS). Somit bekommen die Gläubiger oder Minderheitsgesellschafter der Gesellschaft die Gelegenheit, ihre Forderungen aus dem Vermögen der (Mehrheits-) Gesellschafter zu befriedigen.

Zweites gemeinsames Charakteristikum dieser Haftung durchbrechenden Rechtsinstitute ist, dass der Gesellschafter idR eine über die Gesellschaftsgründung oder über den Anteilserwerb hinausgehende Handlung setzen muss. Ist die Intensität der Handlung höher, wird sie auch als (verwirklichte) Geschäftspolitik oder Gesellschaftsleitung bezeichnet. Ein schadenersatzrechtliches Verschulden des (Mehrheits-) Gesellschafters ist aber rglm nicht erforderlich. Daher bezeichnet die Lehre die Verantwortlichkeit der (Mehrheits-) Gesellschafterin oft „*helytállás*" (Einstehenmüssen) anstelle von *felelősség* (Haftung).[22]

b) Schutz der Gläubiger und Schutz der Mitgesellschafter als Haftungsziele

Dem GesG liegen eine Reihe von Regelungszielen bzw Prinzipien zugrunde; der Schutz der Gläubiger, der Gesellschafterminderheit und des Kapitals zählen dazu.[23] Wenn die Gefährdung dieser Ziele in der Sphäre einer Kapitalgesellschaft zu suchen ist, geht sie idR von der Mehrheitsgesellschafterin, welche aufgrund ihres Geschäftsanteils die Gesellschaftsbeschlüsse fasst, und/oder vom Geschäftsführer aus, welcher von jener ernannt, kontrolliert und (indirekt)[24] gelenkt wird.[25] Aufgrund dieser starken Unternehmenslenkungsmöglichkeiten hat der ungarische Gesetzgeber bei diesen beiden Gefahrenquellen angesetzt und vor allem dort Rechtsinstitute eingeführt, um Gläubiger und Minderheitsgesellschafter zu schützen. Dabei hat sich der Gesetzgeber sowohl in Hinblick auf die Problemanalyse als auch die Lösungsansätze sehr stark an der deutschen Rechtswissenschaft orientiert.[26] Diese Schutzmaßnahmen fallen überdies umso

---

22 Kisfaludi/Szabó (Hrsg), A Gazdasági Társaságok Nagy Kézikönyve [*Das Große Handbuch der Wirtschaftsgesellschaften*], 2008², kurz zitiert: *Kisfaludi/Pethőné/Simon/Bodor* in Meritum, Rz 2493; *Nochta*, Haftung, 81 f.

23 *Nochta*, Társasági jog [*Gesellschaftsrecht*], 2007, kurz zitiert: *Nochta*, GesR, 109 f; *Sárközy* in Sárközy, GesG 1997, 52 ff; *T.Török*, Haftung, 97 ff.

24 Nach § 22 (4) GesG dürfen Geschäftsführer keine Weisungen entgegen nehmen. Ihnen darf gem § 22 (6) GesG auch nicht (willkürlich) ihr Aufgabenbereich entzogen werden. Dennoch unterliegt ein Geschäftsführer dem Einflussbereich des Mehrheitsgesellschafters, da dieser sie bestellt hat und sie jederzeit auf der Gesellschafterversammlung mit einfacher Mehrheit abberufen kann (§ 24 (2) GesG).

25 Exemplarisch *Hommelhoff/Hopt/Lutter/Doralt/Druey/Wymeersch,* Konzernrecht für Europa, ZGR 1998, 673 ff, kurz zitiert: *Forum Europaeum*, 678 ff mwA.

26 *Sárközy*, A magyar társasági jog Európában [*Das ungarische Gesellschaftsrecht in Europa*], 2001, kurz zitiert: *Sárközy*, Europa, 310 ff, mit Verweis auf: *Forum Europaeum*, 768 ff; *Sárközy* in Sárközy, GesG 1997, 52 ff; *Baumann,* Das Konzernrecht Ungarns nach dem Inkrafttreten des Gesetzes Nr. IV aus dem Jahr 2006 über die Wirtschaftsgesellschaften, 2011, kurz zitiert: *Baumann*, 44 (mwA zum Konzernrecht); *Vecsey*, Minderheitsaktionäre, 752.

schärfer aus, je größer die Gesellschaft in der Krise ist, dh je näher sie ihrer konkursbedingen Auflösung ist.

Die Gesetzgebung zu diesen Regelungszielen (Rechtsinstituten) war von 1988/89 bis 2006/2007 sehr aktiv; seitdem ist sie *de facto* erloschen.[27] Es gibt keine Hinweise, dass für die nahe Zukunft größere inhaltliche Veränderungen geplant wären – obwohl mE geringfügigere Anpassungen ratsam scheinen.[28] Daher liegt es nun an Lehre und Rsp, die geltende Rechtslage näher aufzuarbeiten, Regelungsprobleme aufzuzeigen sowie in weiterer Folge zu lösen. Von den genannten Rechtsinstituten zum Schutz der Gläubiger und Minderheitsgesellschafter werden im Folgenden jene dargestellt, welche zu einer Haftung des Mehrheitsgesellschafters führen (Konzernhaftung iwS). Diese Erörterungen bilden den Kern dieser Arbeit.

c) Unterscheidung Innen- und Außenhaftung

Innenhaftung (im Folgenden auch Binnenhaftung oder Haftung aus dem Gesellschaftsverhältnis) liegt vor, wenn die Gesellschafter, die Organwalter und die Kapitalgesellschaft untereinander Ersatzansprüche haben; bei der Außenhaftung haben außenstehende Gläubiger (Dritte) Forderungen gegenüber der Gesellschaft.[29] Grundlage der Innenhaftung ist, dass die betroffenen Personen mit einander in einem Gesellschaftsrechtsverhältnis stehen.[30] Als *ultima ratio* der Innenhaftung kommt jedem Gesellschafter zum Schutz der Gesellschaft und der Mit- bzw Minderheitsgesellschafter ein Sonderrecht zur Geltendmachung von Innenhaftungsansprüchen zu (§ 49 (5) GesG; *actio pro societate*)[31].

Außenhaftung bedeutet, dass Gläubiger als Dritte – gewöhnlicher Weise – nur zivilrechtlich-deliktische oder zivilrechtlich-vertragliche Ansprüche gegenüber der Gesellschaft haben.[32] Ist jedoch die Gesellschaft in der Krise oder sogar insolvent, wird ihre Rechtsposition um genuin gesellschafts- bzw insolvenzrechtliche Ansprüche gegenüber Gesellschaftern, Schuldnern und Organwaltern der Gesellschaft gestärkt. Man denke hier (exemplarisch) an §§ 50, 54 GesG und §§ 33 a, 40, 63 KonkursG.

---

27 Vgl die Änderung der Rechtslage durch das GesG 88, das KonkursG (1991), das GesG 97, das FirmenG 97, das GesG, das FirmenG und das LXI. Gesetz aus 2007 („Großnovelle" des GesG und FirmenG) mit der geringen Intensität jener Anpassungen, die seitdem vorgenommen wurden.

28 Überlegungen *de lege ferenda* des Autors wurden in die jeweiligen Kapitel dieser Arbeit integriert.

29 Straube (Hrsg), Fachwörterbuch zum Handels- und Gesellschaftsrecht, 2005, kurz zitiert: *Autor*, Begriff in Straube, Fachwörterbuch – *Torggler*, Innenverhältnis in Straube, Fachwörterbuch.

30 Weitere Rechtsverhältnisse können aufgrund zusätzlicher Vertragsbeziehungen (Kreditvertrag, Arbeitsvertrag, Kaufvertrag, Werkvertrag,...) hinzu treten, sind aber nicht Teil der Innenhaftung.

31 Näheres s u Punkt II.2 c.

32 *Torggler*, Außenverhältnis in Straube, Fachwörterbuch.

Auch die ung Gesellschaftsrechtsdogmatik kennt – wenn auch mit Abstrichen, auf die gleich eingegangen wird – ebenfalls eine Kategorisierung von Forderungen nach dem gesellschaftlichen Innen- und Außenverhältnis. Der Innenhaftung entspricht nach § 10 (1) GesG der Gesellschaftsrechtsstreit (*társasági jogvita*), während der Außenhaftung jeder sonstige Rechtsstreit (*egyéb jogvita*) gleich ist.

Dieser Einteilung zufolge liegt Innenhaftung im Verhältnis zwischen den Gesellschaftern einerseits sowie zwischen Gesellschaftern und der Gesellschaft andererseits vor. Ein Rechtsstreit zwischen den Organwaltern wird nicht als Gesellschaftsrechtsstreit angesehen (§ 10 (1) GesG *e contrario*). Das ist nicht abwegig, denn zwischen den Organwaltern besteht kein unmittelbares (gesellschaftsrechtliches) Vertragsverhältnis.

Auch bei Rechtsstreit zwischen einzelnen Organwaltern einerseits und der Gesellschaft andererseits spricht man nach dieser Bestimmung nicht von einem Gesellschaftsrechtsstreit. Das, obwohl ein Gesellschaftverhältnis besteht, dem die beiden Parteien anlässlich der Organwalterbestellung zugestimmt haben und aus dem sich (vorrangig) ihre Rechte und Pflichten ableiten. Auch ist der Gesellschaftsbetrieb ursächlich für die Rechtsstreitigkeiten zwischen den Organwaltern und der Gesellschaft.[33]

Daneben begründen die Organwalter aber noch ein weiteres Rechtsverhältnis mit der Gesellschaft (Arbeits-, Auftrags- oder Werkvertrag),[34] welches die Details ihrer Aufgabenerfüllung regelt. Da in der Praxis die Rechtsstreitigkeiten stark mit diesen Einzelheiten verbunden sind und es zielführend ist, die zweigleisige (gesellschaftsrechtliche und bürgerlich-rechtliche bzw arbeitsrechtliche) Geltendmachung der Ansprüche zu verhindern, hat der Gesetzgeber durch § 10 (1) GesG alle diese Rechtsstreitigkeiten als sonstige Rechtsstreitigkeiten festgesetzt. Unabhängig davon haben Organwalter auch keine im Gesellschaftsrecht positivierten Anspruchsgrundlagen gegenüber ihrer Gesellschaft.[35] Daher ist dieses Rechtsverhältnis zurecht dem Außenverhältnis zuzuordnen.

Als Gesellschaftsrechtstreit und somit als Ausnahme dieser Einteilung ist das Recht der Organwalter anzusehen, rechtswidrige Beschlüsse in eigenem Namen anfechten zu können (§ 45 (2) GesG; näheres s o Punkt II.1 c).

---

33 Vgl *T. Török*, Haftung, 107 ff. Mit § 10 GesG sollen noch weitere Ziele erreicht werden: Mit dieser Bestimmung wollte er der Gesetzgeber festlegen, wann die Parteien die Zuständigkeit eines Schiedsgerichts vereinbaren können. Darüber hinaus wollte er die Streichung des Aufgabenbereichs des Firmengerichts verhindern.

34 Geschäftsführer: § 22 (2) GesG; Aufsichtsrat: *T.Török*, Haftung, 346; Wirtschaftsprüfer: § 42 (3) GesG.

35 Beispiele: Der Wirtschaftsprüfer kann sein Honorar auf Grundlage von § 389 aE BGB (Werkvertrag) fordern. Wurde ein Mitglied des Aufsichtsrats von der Gesellschaft geschädigt, kann es nach § 318 iVm 339 ff BGB Schadenersatz verlangen. Ein Geschäftsführer kann jederzeit von der Gesellschafterversammlung abberufen werden (§ 24 (2) GesG); damit verbundene Komplikationen sind Gesellschaftsstreitigkeiten. Wenn er allerdings einen vertraglichen Anspruch darauf hat, muss er seine Forderung arbeits- oder bürgerlichrechtlich geltend machen. Anderes gilt, wenn der Geschäftsführer auch Gesellschafter ist und ihm gem § 119 GesG gesellschaftsvertraglich ein Sonderrecht auf Geschäftsführung zugesagt wurde. Diesfalls würde ein Gesellschaftsrechtsstreit iSv § 10 (1) GesG vorliegen.

2. Rechtsdurchsetzung

a) Geltendmachung der Innenhaftung durch Gesellschaftsorgane

Die ung Gesellschaftsrechtsdogmatik unterteilt Organe einer Kapitalgesellschaft in das oberste Organ (§ 19 GesG: Gesellschafterversammlung, Hauptversammlung), in leitende Funktionsträger (§ 21 GesG: Geschäftsführer, Generaldirektor, Vorstand, Verwaltungsrat),[36] in den Aufsichtsrat (§§ 33 ff GesG) und in den Wirtschaftsprüfer (§§ 40 ff GesG).[37] Im Folgenden wird das zwischen einander bestehende, gesellschaftsrechtliche Haftungsverhältnis dieser Organe überblicksmäßig dargestellt.

Da die Handlungen im Rahmen des obersten Organs der Gesellschaft, der *Gesellschafterversammlung*, entweder der Gesellschaft selbst (innere Willensbildung) oder den Beschluss fassenden Gesellschaftern zugeordnet werden,[38] kann keine Binnenhaftung der Gesellschafterversammlung vorliegen.

Gem § 21 (1) GesG versieht der *Geschäftsführer* als leitender Funktionsträger die Geschäftsführung der Gesellschaft (§ 21 (1) GesG). Da der Geschäftsführer die Gesellschaft vertritt, entsprechen seine weiteren Berechtigungen jenen der Gesellschaft, wenn dies nicht anderen Organen vorbehalten ist. Er macht daher die Schadenersatzansprüche der Gesellschaft sowohl im Innen- als auch im Außenverhältnis geltend.

ISv § 45 (2) GesG ist der Geschäftsführer berechtigt, in eigenem Namen rechtswidrige Beschlüsse der Gesellschafterversammlung gerichtlich anzufechten und im Fall von rechtswidrigen Vorgängen innerhalb der Gesellschaft ein firmengerichtliches Gesetzlichkeitsaufsichtsverfahren einzuleiten. Es vertritt auch die Gesellschaft im Fall der Eingriffshaftung nach § 20 (7) GesG.[39] Daher sind diese Tatbestände *de iure*[40] unter dieses Kapitel zu subsumieren.

Pflichtwidrige Handlungen (oder Unterlassungen) des Geschäftsführers werden nach § 30 (1) GesG primär der Gesellschaft zugeordnet. Trotz missverständlicher Formulierung dieser Bestimmung (*„Gesellschaft haftet für den Schaden, den ihr leitender Repräsentant […] einem Dritten verursacht hat“*) haftet die Gesellschaft auch in Binnenverhältnissen für ihren Geschäftsführer.[41] In weiterer Folge ist sie allerdings berechtigt, sich an ihm zu regressieren (§ 30 (2) GesG iVm §§ 318, 339 ff BGB). Nach allgemeinem Zivilrecht (§ 221 (3) BGB)

---

36 Von den leitenden Funktionsträgern (*vezető tisztségviselő*), welche ggf auch Aufsichtsratsmitglieder sein können (§ 37 (1) GesG), sind die leitenden Angestellten (*vezető állású munkavállaló*) des Arbeitsrechts zu unterscheiden. Vgl zu Letzteren das Schrifttum bezüglich § 8 GesG iVm §§ 208 ff ArbeitsG (ex §§ 188 ff ArbeitsG 92).

37 Vgl den Aufbau des GesG: 1. Teil, 3. Abschnitt.

38 Vgl § 19 (3) u § 20 (7) GesG implizit.

39 Näheres s u Punkt II.4 f.

40 Es ist mE lebensfremd anzunehmen, dass der Geschäftsführer, der vom Mehrheitsgesellschaftern jederzeit abberufen werden kann (§ 24 (2) GesG), sich derart gegen seinen „Brotgeber" wenden wird.

41 *Kisfaludi/Pethőné/Simon/Bodor* in Meritum, Rz 1461. Es bestehen keine anderen Vertragsverhältnisse zwischen dem Geschäftsführer und anderen Organwaltern der Gesellschaft. Vgl auch Vgl *T.Török*, Haftung, 161 ff, *Kisfaludi/Pethőné/Simon/Bodor* in Meritum, Rz 1267.

kann aber der die Gesellschaft vertretende Geschäftsführer nicht im Namen der Gesellschaft von sich selbst Schadenersatz einfordern. Weder das GesG noch das BGB geben Antwort auf den Umgang mit dieser Situation. Der Gesetzgeber hat offenbar übersehen, dass ohne die Lösung dieser Interessenkollision weder die Klageführung noch der weitere Gesellschaftsbetrieb möglich ist. Daher liegt eine planwidrige Lücke vor, welche mE unter analoger Anwendung von § 46 (1) GesG[42] geschlossen werden kann: IdS ist die Gesellschaft durch ein Aufsichtsratsmitglied zu vertreten, welches vom Aufsichtsrat hierzu ernannt werden muss. Ist in der Gesellschaft jedoch kein Aufsichtsrat eingerichtet, muss das Gericht einen Prozesskurator[43] bestellen, der die Interessen der klagenden Gesellschaft wahrnehmen muss.

Der Geschäftsführer kann selber auch die Gesellschaft haftbar halten.[44] In diesen Fällen liegt allerdings – so wie bei der zuvor dargestellten Geschäftsführerhaftung – kein Binnenverhältnis vor.[45]

Der *Aufsichtsrat* (§ 33 GesG) versieht – neben der Gesellschafterversammlung – die umfassende Kontrolle der Geschäftsführung. Die ihm dabei zukommenden subjektiven Rechte (zB Auskunft des Geschäftsführers, Einsicht in die Bücher, Einberufung einer außerordentlichen Gesellschafterversammlung, vorherige Genehmigung bestimmter Beschlüsse der Gesellschafterversammlung ggf Bestellung/Abberufung des Geschäftsführers) sind unterschiedlich (unmittelbar oder bloß mittelbar) durchsetzbar. So können rechtswidrige Gesellschafterversammlungsbeschlüsse, die ohne die zwingende Einbindung des Aufsichtsrat gefasst wurden oder die seiner Ansicht nach rechtswidrig sind, gem § 45 (2) iVm (1) GesG gerichtlich bekämpft werden. Wenn jedoch das Auskunfts- oder Einsichtsrecht des Aufsichtsrats verletzt wird, hat er nur die Möglichkeit, diesen Umstand auf einer (außerordentlichen) Gesellschafterversammlung anzusprechen. Durch den Aufsichtsrat einberufene, aber von den Gesellschaftern oder vom Geschäftsführer boykottierte Gesellschafterversammlungen können – neben weiteren Tatbeständen – ein firmengerichtliches Verfahren zur Gesetzlichkeitsaufsicht nach sich ziehen.[46]

Die Aufsichtsmitglieder haften der Gesellschaft – solidarisch – für Schäden, die ihr schuldhaft verursacht wurden (§ 36 (4) oder § 37 (3) iVm 30 GesG). Wie bereits in Punkt II.1 c und weiter o zur Geschäftsführerhaftung dargelegt wurde, stellt diese Haftung keinen Binnenanspruch dar. An einem gesellschaftsrechtlichen Innenverhältnis mangelt es auch, wenn ein Aufsichtsratsmitglied (deliktische) Schadenersatzansprüche gegenüber einem Gesellschafter hat.

Dem *Wirtschaftsprüfer* obliegt in erster Linie die Durchführung der Wirtschaftsprüfung der Gesellschaft (§ 40 (1) GesG). In diesem Zusammenhang stehen ihm gem §§ 43 f GesG und § 157 RLG subjektive Rechte zu, wie etwa

---

42 Dazu näher *Kisfaludi/Pethőné/Simon/Bodor* in Meritum, Rz 1989.
43 In Deutschland wird der „*Process Curator*" (§§ 8 f öZPO) als Prozesspfleger (§§ 57 f dtZPO) bezeichnet. Vgl für Ungarn das Schrifttum zu § 74 ZPO.
44 Auch in diesem Fall ist die soeben beschriebene Interessenkollision beachtlich.
45 S auch o Punkt II.1 c. sowie FN 33.
46 Zur Beschlussanfechtung und zur Gesetzlichkeitsaufsicht s u Punkt b.

Einsicht in die Bücher, Teilnahme an Sitzungen der Organe oder Einberufung außerordentlicher Sitzungen der Gesellschaft (Geschäftsführersitzung, Aufsichtsratssitzung, Gesellschafterversammlung). Diese subjektiven Rechte sind jedoch gerichtlich nicht durchsetzbar; ihre Verletzung kann entweder dadurch geahndet werden, dass er der Gesellschaft die Bestätigung des Rechnungsabschlusses verweigert oder dass er die wahrgenommenen Ordnungswidrigkeiten beim Firmengericht anzeigt, welches daraufhin ein Verfahren zur Gesetzlichkeitsaufsicht einleitet – näheres s u Punkt b. Eine Innenhaftung der Gesellschaft gegenüber dem Wirtschaftsprüfer besteht wegen alledem nicht.

Zwar haftet der Wirtschaftsprüfer nach den Bestimmungen des allgemeinen Schadenersatzrechts für Gesellschaftsschäden; als Grundlage der Haftung wird jedoch nach hA nicht ein gesellschaftsrechtliches, sondern ein werkvertragliches[47] Rechtsverhältnis angesehen. Dies, obwohl die Schädigung idR durch die Verletzung seiner gesellschaftsrechtlichen Befugnisse erfolgt. Daher besteht (trotz § 49 (5) GesG!) keine Innenhaftung des Wirtschaftsprüfers gegenüber der Gesellschaft.[48]

b) Exkurs: Das Beschlussanfechtungs- und das Gesetzlichkeitsaufsichtsverfahren

Jeder Gesellschafter kann die Überprüfung jedes Beschlusses eines Gesellschaftsorgans durch das dafür zuständige, ordentliche Gericht beantragen (§ 45 (1) GesG). Leitende Funktionsträger und Mitglieder des Aufsichtsrates können gem § 45 (2) GesG nur Beschlüsse der Gesellschafterversammlung anfechten.

Die Anfechtungsklage ist gegen die Gesellschaft zu richten (§ 45 (3) GesG). Das Gericht hat die Ungültigkeit eines Beschlusses festzustellen, wenn er formell oder inhaltlich gegen gesetzliche Bestimmungen (va: GesG) oder gegen Vorgaben des Gesellschaftsvertrages verstößt.[49] Die Nichtigkeit von Beschlüssen spielt im GesG – anders als im BGB –[50] nur eine sehr untergeordnete, exzeptionelle Rolle:[51] Die Nichtigkeit eines Beschlusses (oder einer Maßnahme) liegt bloß dann vor, wenn das GesG dies *expressis verbis*[52] normiert.

Da aktivlegitimierte Personen keine Beschwer, keinen Schaden oder kein sonstiges rechtliches Interesse in Bezug auf sich selbst oder auf die Gesell-

---

47 Es ist in § 42 (3) GesG uA von einem Auftragsvertrag die Rede. Ausführlich dazu *T. Török*, Haftung, 356.

48 S o Punkt II.1 c sowie *T. Török*, Haftung, 358; *Kisfaludi/Pethőné/Simon/Bodor* in Meritum, Rz 1727 mwA.

49 *Nochta/Zóka/Zumbok* in *Zumbok* (Hrsg), A Gazdasági Társaságokról szóló törvény magyarázata [*Kommentar zum Gesetz über die Wirtschaftsgesellschaften*], *sine anno*, kurz zitiert: *Zumbok*, GesG, 131; *Kisfaludi/Pethőné/Simon/Bodor* in Meritum, Rz 1925 aE.

50 Vgl *Vecsey*, Wirkungen des neuen Zinsdeckelungsgesetzes auf die Vernichtbarkeit von Darlehensverträgen in Ungarn, WiRO 2012/6, 169 ff, zu den Unterschieden zwischen nichtigen und anfechtbaren Verträgen in Hinblick auf das Verfahrensrecht und auf die Rechtswirkungen.

51 *Kisfaludi/Pethőné/Simon/Bodor* in Meritum, Rz 1995; BH 2001/182 = EBH 2001/435.

52 Vgl (Auswahl): §§ 12 (4), 125 (1), 174 (2), 182 (2) GesG.

schaft nachweisen müssen,[53] müssen sie auch nicht den Beweis erbringen, dass der anfechtungsgegenständliche Beschluss ursächlich war für ihre Beschwer oder ihren Schaden.[54] Diese Bestimmung scheint mE überschießend zu sein, da somit auch geringfügige Gesetz- oder Vertragswidrigkeiten, die niemanden benachteiligen, zur Aufhebung eines Beschlusses, zu unnötigen Verfahrenskosten und zur sonstigen Schädigung[55] der Gesellschaft führen können. Es wäre daher geboten, im Zuge der richterlichen Rechtsfortbildung auch rechtliches Interesse und Kausalität zu einer Anfechtungsvoraussetzung zu machen sowie schikanöse Beschlussanfechtungen auf Grundlage von § 5 BGB iVm § 8 (1) ZPO zu unterbinden.

IZm der Beschlussanfechtung ist gem § 45 (3) GesG eine subjektive Verjährungs- und eine objektive Präklusivfrist beachtlich: Der Beschluss ist innerhalb von 30 Tagen ab Kenntnis des Beschlusses (subjektive Frist), längstens jedoch binnen 90 Tagen nach seiner Beschlussfassung (objektive Frist) anzufechten.

Das Gericht kann den ungültigen Beschluss der Gesellschaft nicht meritorisch entscheiden (abändern), sondern bloß kassieren (§ 46 (2) GesG). Wird der Anfechtung statt gegeben, wirkt das Urteil gem § 46 (3) GesG *erga omnes*, also auch denjenigen gegenüber, die nicht Parteien des Verfahrens waren. Das kann Anwendungsprobleme bereiten.[56]

Von der Anfechtungsklage, welches von einem ordentlichen Gericht im Rahmen eines streitigen Verfahrens abgewickelt wird (§ 23 (1) lit e ZPO), ist das Verfahren zur Gesetzlichkeitsaufsicht[57] (*törvényességi felügyeleti eljárás*) zu unterscheiden. Es ist gem § 72 (1) S 2 iVm (2) FirmenG durch das zuständige Firmengericht im Rahmen eines außerstreitigen Verfahrens[58] durchzuführen. Ziel des Gesetzlichkeitsaufsichtsverfahrens ist es, die Richtigkeit- und Vollständigkeitsgewähr (Publizitätwirkung) des Firmenbuchs sicher zu stellen (§ 72 (1) S 1 FirmenG). § 74 FirmenG[59] zählt taxativ auf, welche Tatbestände die Einleitung eines Verfahrens zur Gesetzlichkeitsaufsicht begründen können. Das einschreitende Firmengericht kann auch Beschlüsse kassieren, welche ge-

---

53 *Zumbok*, GesG, 129.

54 Der Kläger muss allerdings beweisen, dass er zum Zeitpunkt der Beschlussfassung aktivlegitimiert war: *Kisfaludi/Pethőné/Simon/Bodor* in Meritum, Rz 1933.

55 Ein Beschlussanfechtungsverfahren kann die Reputation der Gesellschaft beschädigen. Überdies muss ein Verfahren durch Rücklagenbildung auch in der Bilanz abgebildet werden.

56 *Kisfaludi/Pethőné/Simon/Bodor* in Meritum, Rz 2003 ff.

57 Dazu ausführlich *Kisfaludi/Pethőné/Simon/Bodor* in Meritum, Rz 2013 ff; *Bánki-Horváth/Bodor/Gál/Koday/Pethőné Kovács/Rózsa/Vezekényi*, A cégtörvény magyarázata [*Kommentar des Firmengesetzes*], 2009, kurz zitiert: *Autor* (Vezekényi) in FirmenG in FirmenG, 440 ff; *Czene/Papp*, in *Czene* (Hrsg), A cégnyilvánosságról, a bírósági cégeljárásról és a végelszámolásról szóló törvény magyarázata [*Kommentar zum Gesetz über die Firmenpublizität, das gerichtliche Firmenverfahren und die Liquidation*], sine anno, kurz zitiert: *Czene/Papp*, 442 ff; *Makai* in Sárközy, GesG, 666 ff.

58 Das außerstreitige Verfahren (*nemperes eljárás*) wird in Deutschland als Verfahren der freiwilligen Gerichtsbarkeit bezeichnet.

59 „Ein Verfahren zur Gesetzlichkeitsaufsicht ist zulässig, wenn a) das Gründungsdokument oder dessen Änderung bzw. die ins Firmenbuch eingetragenen Daten infolge eines bereits vor der Eintragung bestehenden Grundes gesetzwidrig sind; b) die ins Firmenbuch einge-

gen das Gesetz oder gegen den Gesellschaftsvertrag verstoßen.[60] Bei unterlassenen Beschlüssen und sonstigen Handlungen (*arg „Beschlussanfechtung"*) kann stets nur ein Gesetzlichkeitsverfahren angestrengt werden.[61]

---

tragenen Daten wegen eines nach der Eintragung aufgetretenen Grundes gesetzwidrig sind; c) das Gründungsdokument oder dessen Änderung bzw. das Firmenbuch nicht beinhalten, was die auf die Firma bezogenen Rechtsnormen verbindlich vorschreiben; d) die Firma bei ihrem Betrieb die gesetzlichen Bestimmungen zu ihrer Organisation und ihrem Betrieb bzw. die Festlegungen in ihrem Gründungsdokument nicht einhält; e) ein Gesetz die Durchführung des Verfahrens zur Gesetzlichkeitsaufsicht verbindlich macht."

(*Törvényességi felügyeleti eljárásnak van helye, ha a) a létesítő okirat vagy annak módosítása, illetve a cégjegyzékbe bejegyzett adat a bejegyzést megelőzően már fennálló ok folytán törvénysértő; b) a cégjegyzékbe bejegyzett adat a bejegyzést követően keletkezett ok miatt törvénysértő; c) a létesítő okirat vagy annak módosítása, illetve a cégjegyzék nem tartalmazza azt, amit a cégre vonatkozó jogszabályok kötelezően előírnak; d) a cég a működése során nem tartja be a szervezetére és működésére vonatkozó jogszabályi rendelkezéseket, illetve a létesítő okiratában foglaltakat; e) törvény a törvényességi felügyeleti eljárás lefolytatását kötelezővé teszi.*)

60 Vgl auch die anderen Maßnahmen nach § 81 (1) FirmenG:
„(1) Zur Wiederherstellung des gesetzlichen Zustands kann das Handelsregistergericht in Abhängigkeit von dem den Grund zur Maßnahme liefernden Umstand bzw. dessen Schwere die folgenden Maßnahmen ergreifen: a) wenn der rechtswidrige Zustand trotz der Festlegungen in § 80 Abs. 1 unverändert besteht, fordert es die Firma unter Hinweis auf die Rechtsfolgen neuerlich auf, innerhalb der im Beschluss festgelegten Frist ihren gesetzeskonformen Betrieb wiederherzustellen und davon das Handelsregistergericht zu informieren; b) es belegt die Firma bzw., wenn festgestellt werden kann, dass der leitende Repräsentant den Grund für das Verfahren zur Gesetzlichkeitsaufsicht geliefert hat, den leitenden Repräsentanten mit einer Geldbuße zwischen einhunderttausend und zehn Millionen Forint, c) es annulliert den durch die Firma gefassten gesetzwidrigen oder gegen das Gründungsdokument der Firma verstoßenden Beschluss und schreibt bei Bedarf unter Setzen einer entsprechenden Frist die Annahme eines neuen Beschlusses vor; d) es beruft, wenn der gesetzeskonforme Betrieb der Firma durch die Einberufung ihres obersten Organs voraussichtlich wiederhergestellt werden kann, das oberste Organ der Firma ein oder bestellt zur Durchführung dieser Aufgabe – auf Kosten der Firma – eine geeignete Person oder Organisation; e) es bestellt, wenn die Wiederherstellung der Gesetzmäßigkeit des Betriebs der Firma auf andere Weise nicht gesichert werden kann – für höchstens neunzig Tage einen Aufsichtsbeauftragten."
(*A törvényes állapot helyreállítása érdekében a cégbíróság az intézkedésre okot adó körülménytől, illetve annak súlyától függően a következő intézkedéseket hozhatja: a) ha a 80. § (1) bekezdésében foglaltak ellenére a törvénysértő állapot változatlanul fennáll, a jogkövetkezményekre történő figyelmeztetéssel ismételten felhívja a céget, hogy a végzésben meghatározott határidőn belül állítsa helyre a törvényes működését, és erről tájékoztassa a cégbíróságot; b) a céget, illetve ha megállapítható, hogy a törvényességi felügyeleti eljárásra a vezető tisztségviselő adott okot, a vezető tisztségviselőt 100 000 Ft-tól 10 millió Ft-ig terjedő pénzbírsággal sújtja; c) megsemmisíti a cég által hozott jogszabálysértő vagy a cég létesítő okiratába ütköző határozatot, és szükség esetén megfelelő határidő kitűzésével új határozat hozatalát írja elő; d) ha a cég törvényes működése a legfőbb szervének összehívásával előreláthatólag helyreállítható, összehívja a cég legfőbb szervét, vagy ennek a feladatnak a végrehajtására – a cég költségére – megfelelő személyt vagy szervezetet rendel ki; e) ha a cég működése törvényességének helyreállítása más módon nem biztosítható – legfeljebb kilencven napra felügyelőbiztost rendel ki.*)
61 Negative (abweisende) Beschlüsse können allerdings Gegenstand der Beschlussanfechtung sein (BH 2005/26): *Kisfaludi/Pethőné/Simon/Bodor* in Meritum, Rz 1919 aE.

Im Einzelfall können sich inhaltliche Überschneidungen zwischen der Beschlussanfechtungs- und dem Gesetzlichkeitsaufsichtsverfahren ergeben. Auch in Hinblick auf die Aktivlegitimierten bestehen Parallelen, wenngleich sich ein größerer Personenkreis an das Firmengericht wenden kann: Das Firmengericht kann gem § 76 FirmenG *ex officio* dieses Verfahren einleiten. Weiters sind neben Staatsanwälten und Personen, welche dadurch eine gesetzlich vorgeschriebene Pflicht erfüllen, auch Personen antragsberechtigt, die ein rechtliches Interesse daran haben (§ 77 (1) FirmenG). Nach hM haben Geschäftsführer und Aufsichtsratsmitglieder stets ein rechtliches Interesse an einem Prozess[62] zur Gesetzlichkeitsaufsicht.[63] Die beschwerten Antragsteller müssen aber nicht zwingend in einem gesellschaftsrechtlichen Verhältnis zur Gesellschaft stehen.

De iure[64] steht die Beschlussanfechtung und die Gesetzlichkeitsaufsicht dennoch nicht in Konkurrenz zu einander. Denn das firmengerichtliche Verfahren ist nach § 74 (3) FirmenG nur subsidiär anwendbar. Somit ist ein Verfahren zur Gesetzlichkeitsaufsicht unzulässig, wenn der Klageinhalt iSv § 45 GesG auch von einem ordentlichen Gericht entschieden werden kann.

Wird im Rahmen der Gesetzlichkeitsaufsicht oder einer Beschlussanfechtung festgestellt, dass innerhalb der Gesellschaft gesetzliche oder gesellschaftsvertragliche Bestimmungen verletzt wurden, kann das eine Grundlage für Schadenersatzansprüche sein, da rechtswidrig gehandelt wurde. Es ist aber unklar, in welchem Verhältnis diese Rechtsinstitute zu § 20 (7) GesG stehen,[65] da die Eingriffshaftung (auch) die Haftung der Gesellschafter für gesellschaftsschädliche Beschlüsse eröffnet.

c) Geltendmachung der Innenhaftung durch Gesellschafter (actio pro societate)

Auf die Anfechtung von rechtswidrigen Beschlüssen durch Gesellschaftsorgane wurde soeben eingegangen. Diese Wertungen beziehen sich auch auf die Anfechtung durch einzelne Gesellschafter (§ 45 (1) GesG). Überdies gilt für sie: Wenn der anfechtungsgegenständliche Beschluss durch die Gesellschafterversammlung erfolgt ist, sind Gesellschafter nicht verpflichtet, auf der Gesellschafterversammlung ihren Widerspruch zum Beschluss zu Protokoll zu geben. Allerdings steht ihnen das Klagerecht nicht zu, wenn sie selber dafür gestimmt haben und dabei keinem Willensmangel (§ 210 BGB) unterlegen sind (§ 45 (4) GesG). Stimmenthaltungen sind nicht anfechtungsschädlich.[66]

Nach § 49 (5) GesG können Gesellschafter, welche mindestens 5 % der Geschäftsanteile der Gesellschaft halten, in eigenem Namen Forderungen der

---

62 Antragsbasierte Gesetzlichkeitsverfahren sind kontradiktorisch; dabei kommt der Gesellschaft als Antragsgegnerin Parteistellung zu: *Czene/Papp*, 457; *Vezekényi* in FirmenG, 459.

63 *Czene/Papp*, 455 mwA.

64 In der Praxis zeigen sich allerdings gravierende Probleme damit: *Vezekényi* in FirmenG, 446 f.

65 Näheres s u Punkt II.4 f.

66 *Kisfaludi/Pethőné/Simon/Bodor* in Meritum, Rz 1935.

Gesellschaft gegenüber Mitgesellschaftern und Organwaltern einklagen.[67] Aufgrund des Wortlautes der Bestimmung kann sich die Klage nicht auf Gesellschaftsforderungen gegenüber Dritten beziehen. Das Verfahren nach § 49 (5) GesG wird im Folgenden auch als Gesellschafterklage bzw als *actio pro societate* (nicht: *actio pro socio*) bezeichnet werden, da der Gesellschafter nicht für sich oder seine Mitgesellschafter, sondern für seine Gesellschaft klagt. Die Frage des Wesens der Gesellschafterklage wurde in Gegensatz zu Deutschland[68] in Ungarn bislang nicht erörtert. Dennoch kann sie mE als gesetzlich normiertes Minderheitenschutzinstrument angesehen werden, das ggf einzelne Gesellschafter ermächtigt, die Gesellschaft zu vertreten.

Die *actio pro societate* kann angestrengt werden, wenn die aktivlegitimierten Gesellschafter zunächst fruchtlos versucht haben, auf der Gesellschafterversammlung die Klageführung gegen Mitgesellschafter, Geschäftsführer, Aufsichtsratsmitglieder oder Wirtschaftsprüfer beschließen zu lassen. Dabei ist es gem § 49 (5) GesG einerlei, ob ihr Antrag keine Mehrheit findet oder gar nicht zur Abstimmung gebracht wird.

Unter ordentlichen Umständen wäre ein Ansinnen der Minderheit der Gesellschafter, dass die Gesellschaft gegen den soeben dargestellten Personenkreis Klage erhebt, ohne Zustimmung der Mehrheit der Gesellschafter nicht erfolgversprechend. Eine solche Mitwirkung ist aber aufgrund von unterschiedlichen Interessenslagen idR nicht anzunehmen. Dennoch kann bei entsprechenden Stimmrechtskonstellationen die Minderheit gem § 20 (5) GesG gegen den Willen der Mehrheit einen solchen Beschluss zur Klageführung fassen. Im Sinn dieser Bestimmung sind nämlich Gesellschafter bei jenen Tagesordnungspunkten nicht stimmberechtigt, bei denen darüber entschieden wird, sie von einer Pflicht bzw Haftung zu befreien; ihnen auf Kosten der Gesellschaft einen Vorteil zu gewähren; mit ihnen einen Vertrag abzuschließen; ein gesellschaftsrechtliches Verhältnis zu begründen, aufzulösen bzw abzuändern; oder schließlich gegen sie einen Prozess zu führen.[69] Diese Aufzählung ist insofern taxativ, als nicht der Gesellschaftsvertrag oder ein anderes Gesetz weitere Tatbestände enthält (§ 20 (5) S 1 GesG). Die Klage nach § 49 (5) GesG kann demnach nur in Fällen beachtlich werden, in denen eine Gesellschaftermehrheit den Antrag eines qualifizierten Minderheitsgesellschafters, gegenüber einem von der Gesellschaftermehrheit unabhängigen Gesellschafter Klage zu führen, nicht beschließt.[70]

Die *actio pro societate* muss die Geltendmachung einer (vermeintlichen) Gesellschaftsforderung gegenüber dem genannten Personenkreis zum Inhalt

---

67 Vgl *Rauter*, Actio pro socio in *Straube*, Fachwörterbuch mwA.

68 Vgl *K.Schmidt*, Gesellschaftsrecht[4] 2002, kurz zitiert: *K.Schmidt*, 629 ff mwA. Die dortigen Ausführungen können mit der Maßgabe auf die ung Rechtslage umgelegt werden, dass hier die Gesellschafterklage positiviert wurde und daher in Einzelfragen andere Wertungsergebnisse bestehen können.

69 In Hinblick auf die Begründung, Auflösung oder Abänderung von Gesellschaftsrechtsverhältnissen sei lt *Kisfaludi/Pethőné/Simon/Bodor* in Meritum, Rz 1193 in erster Linie an die Bestellung von Gesellschaftern zu Geschäftsführern oder Prokuristen zu denken.

70 Software „CompLex Jogtár" [*CompLex Rechtssammlung*], Stand: 31.01.2013, kurz zitiert: Complex-Kommentar, § 20 GesG; *Kisfaludi/Pethőné/Simon/Bodor* in Meritum, Rz 1193.

haben. Die angestrebte Klage präkludiert nach 30 Tagen ab jener Gesellschafterversammlung, an der der Gesellschafter die Klageführung beschließen lassen wollte. ME ist es ihm allerdings unter Beachtung von § 5 BGB (Rechtsmissbrauchsverbot) unbenommen, die Klageführung auf einer späteren Gesellschafterversammlung wieder zur Sprache zu bringen.[71]

Durch dieses Minderheitsrecht haben Gesellschafter die Möglichkeit, das Vermögen der Gesellschaft – und mittelbar[72] auch ihr eigenes Vermögen – durch eine Klage zu schützen, welche deshalb nicht durch die Gesellschaft eingebracht werden kann, weil dies andere Gesellschafter bzw der Geschäftsführer (aus gesellschaftsrechtlich unzulässigen, meist unternehmenspolitischen oder kollusiven Motiven) offenbar trotz § 20 (5) GesG verhindern können. Die Gesellschafterklage ist daher *de iure* geeignet, im Interesse aller einen besseren Gesellschaftsbetrieb zu ermöglichen. Das ist insofern auch *de facto* so, da bereits das Bestehen von § 49 (5) GesG wie ein Damoklesschwert über den betroffenen Personen schwebt und sie daran erinnert, nicht zum Nachteil der Minderheitsgesellschafter zu handeln. Tatsächlich weist jedoch die *actio pro societate* eine wesentliche Schwäche auf, welche die Anwendbarkeit dieser Klage massiv einschränkt: Während der klagende Gesellschafter das gesamte Prozessrisiko trägt und mangels Zugriffs auf die Bücher der Gesellschaft Probleme mit der Beweisführung haben kann, ist sein Nutzen aus dieser Klage mit der Höhe seines Anteils an der Gesellschaft begrenzt.[73]

Auch die Haftung der Gesellschafter für schädliche Gesellschafterbeschlüsse (§ 20 (7) GesG), auf die unter Punkt II.4 f näher eingegangen wird, kann iVm § 49 (5) GesG von den Gesellschaftern geltend gemacht werden.

d) Geltendmachung der Innenhaftung durch Gläubiger

Die Gesellschaft haftet ihren gesellschaftsfremden Gläubigern im Außenverhältnis; ihr Eindringen in das Innenverhältnis hat stark exzeptionellen Charakter. Ist die Gesellschaft in der Krise, also droht ihr die Insolvenz oder ist sie

---

71 Zum Rechtsmissbrauch vgl u Punkt II.6 c.

72 IdZ ist in der Rechtswissenschaft die Diskussion über die sog Reflexschäden einschlägig: Der Gesellschafter erleidet einen Schaden, wenn die Gesellschaft infolge schlechten Wirtschaftens entweder einen geringeren Gewinn erwirtschaftet, oder einen Verlust verwirklicht (positiver Schaden/entgangener Gewinn), oder der Wert der Gesellschaft – und damit der Wert seines Anteils an ihr – sinkt bzw zumindest nicht steigt, oder die Gesellschaft insolvent wird und er somit seine Vermögenseinlage verliert. Vgl zur allgemein Problematik für Deutschland *Mertens*, Die Geschäftsführung in der GmbH und das ITT-Urteil, in Lutter/Stimpel/ Wiedemann (Hg), Festschrift für Robert Fischer (1979), 461 ff (insb 469 ff); für Österreich *Torggler*, Zum deliktischen Schutz der Mitgliedschaft(-srechte), JBl 2003, 747 ff; für Ungarn ist mangels einschlägigem Schrifttum die Entscheidung BH 1997/329 interessant.

73 *Kisfaludi/Pethőné/Simon/Bodor* in Meritum, Rz 2193. Der von ihnen vorgeschlagene Lösungsansatz, die Gesellschaft müsse dem unterlegenen, klagenden Gesellschafter die vernünftiger Weise verursachten Prozesskosten ersetzen, findet mE allerdings weder im GesG noch im BGB (Geschäftsführung ohne Auftrag; §§ 484 ff BGB) seine Deckung.

bereits zahlungsunfähig, gewährt die Rechtsordnung den Gläubigern Rechte, die jenen von Gesellschaftern nachempfunden sind.[74]

In diesen Fällen haben sie das Recht, Verträge der Gesellschaft anzufechten (§ 40 KonkursG), Schadenersatz vom Geschäftsführer zu fordern (§ 33 a KonkursG) oder aufgrund unterschiedlicher Tatbestände die (ehemaligen) Gesellschafter der Gesellschaft haftbar zu halten (§§ 50, 54 GesG, § 63, 63 a KonkursG, § 118 (2) FirmenG).[75] Demgegenüber können Aufsichtsratsmitglieder und Wirtschaftsprüfer nicht von Gläubigern der Gesellschaft geklagt werden.[76]

e) Rechtsdurchsetzung durch Sammelklagen (class action)?

Es ist für die Rechtsdurchsetzung der Interessen von Kleingesellschaftern, Kleinaktionären (Streubesitz) oder von Kleingläubigern attraktiver, wenn eine Rechtsordnung das Rechtsinstitut der sog „Sammelklage" vorsieht, wenn mit der Rechtsvertretung eine Honorarvereinbarung auf Erfolgsbasis (*quota litis*) zulässig ist und wenn die us-amerikanische Regelung der Prozesskostentragung – demzufolge jede Partei ihre eigenen Prozesskosten trägt – anzuwenden ist.[77]

In Ungarn wurde die Einführung der Sammelklage ernsthaft diskutiert,[78] es gab sogar einen entsprechenden, beschlossenen Gesetzesentwurf,[79] der es 2010 bis zum (suspensiv-)Veto des Staatspräsidenten schaffte. Danach wurde dieser Gesetzesentwurf allerdings wieder vom Gesetzgeber verworfen. Es gibt keine neuen Versuche, eine Sammelklage einzuführen. Das ungarische Zivilverfahrensrecht kennt jedoch die Streitgenossenschaft (§§ 51 ff ZPO) sowie die Möglichkeit der Gläubiger, ihre Forderungen auf eine Person zu zedieren (§ 328 BGB), um die Rechtsdurchsetzung zu vereinfachen.

Da die Vergütung der Rechtsanwälte frei vereinbart werden kann und keine gesetzlichen Bestimmungen oder Standesvorschriften zur Honorierung ihrer Arbeit bestehen, können auch Erfolgshonorare mit den klagenden Mandanten ausbedungen werden.[80] Die Prozesskosten trägt grds die unterlegene Partei (§ 78 ZPO).

---

74 S auch o Punkt II.1 c.

75 S u zur insolvenzrechtlichen Gläubigeranfechtung (§ 40 KonkursG) Punkt III.3 c; zur *wrongful trading* Haftung (§ 33 a KonkursG) Punkt III.2, zum Haftungsdurchgriff (§ 50 GesG) Punkt II.5; zur Konzernhaftung (§ 54 GesG, §63 KonkursG) Punkt II.4 b; zur Haftung ehemaliger, bösgläubiger Gesellschafter (§ 63 a KonkursG, § 118 (2) FirmenG) Punkte III.6 und II.3e.

76 *T.Török*, Haftung, 348 (Aufsichtsrat) bzw 357 (Wirtschaftsprüfer).

77 Exemplarisch: *Gruber*, Trügerisches Paradies für Kläger: US-Gerichte sind nicht allmächtig, Die Presse 2002/12/02, Rechtspanorama.

78 *Csongor Nagy*, A csoportos igénérvényesítés gazdaságtana és lehetőségei a magyar jogban [*Die Ökonomie der Gruppenklage und ihre Möglichkeiten im ungarischen Recht*], JK 2011/3, 163 ff; *Tárczy*, Class action az Európai Unióban és Magyarországon [*Class Action in der Europäischen Union und in Ungarn*], Publicationes Universitatis Miskolciensis, Sectio Juridica et Politica, 2010, 503 ff.

79 Vgl die parlamentarischen Materialien zum Gesetzesentwurf T/11332.

80 § 9 (2) XI. Gesetz aus 1998 über die Rechtsanwälte.

f) Rechtsdurchsetzung: Verjährung, Präklusion und Fristenprobleme

Forderungen – und mit ihnen verbundenen Nebenforderungen wie etwa Zinsen – verjähren iZw[81] innerhalb von 5 Jahren ab ihrer Fälligkeit (§ 324 (1)-(2) iVm § 326 (1) BGB).[82] Davon ausgenommen sind selbständige Nebenforderungen.[83] Da es auch im verjährungsrechtlichen Zusammenhang kein Verbot des *ultra alterum tantum* gilt, können die Zinsen auch die Hauptschuld übersteigen.[84] Dingliche Rechte verjähren nicht (§ 115 (1) BGB). Nichtige Verträge können nicht durch Zeitablauf geheilt werden,[85] die darauf beruhenden Zahlungen aber schon.[86]

Die Verjährung bewirkt gem § 325 (1) BGB, dass die Forderung zu einer Naturalobligation wird, die gerichtlich nicht mehr durchsetzbar ist.[87] Die Verjährung kann auch gehemmt werden: § 326 (2) BGB zufolge kann der Gläubiger eine Forderung auch nach Ablauf der Verjährungsfrist gerichtlich[88] geltend machen, wenn er aus entschuldbarem[89] Grund verhindert war, sie innerhalb der Verjährungsfrist geltend zu machen. Diese Ablaufshemmungsfrist beträgt idR[90]

---

81 Nebenbestimmungen können abweichende Fristen enthalten. Auf diese wird, sofern sie von Relevanz sind, in dieser Arbeit aaO eingegangen. Gem § 325 (2) BGB können die Vertragsparteien schriftlich auch eine kürzere Verjährungsfrist vereinbaren. Beträgt die (gesetzliche) Verjährungsfrist weniger als ein Jahr, so ist ihre Verlängerung auf höchstens ein Jahr zulässig. Aus dieser Bestimmung folgt allerdings (*arg e contrario*), dass eine Verlängerung von Verjährungsfristen ansonsten nicht zulässig ist.

82 *Gellért György* (Hg), A Polgári Törvénykönyv magyarázata⁷ [*Kommentar des Ptk.*], 2007, kurz zitiert: *Autor* (*Benedek*) in Gellért, BGB Kommentar, 1166: Die Verjährung von Forderungen aus dem Dauerschuldverhältnis beginnt mit ihrer Beendigung. Das gilt mE auch für gesellschaftsrechtliche Verhältnisse. Vgl *Petrik Ferenc* (Hg), Polgári Jog, Kommentár a gyakorlat számára² [*Bürgerliches Recht, Praxiskommentar²*], 27. Ersatzlfg: 2010/11, kurz zitiert: *Autor* (*Kazay*) in Petrik, Bürgerliches Recht², 539 ff mwA zur Fälligkeit von Bürgen und anderen Nachschuldnern.

83 Gábor Török (Hg), A Polgári Törvénykönyv magyarázata – III. kötet, kötelmi jog, általános rész [*Kommentar des Ptk – III. Band, Schuldrecht, Allgemeiner Teil*], sine anno, kurz zitiert: *G.Török*, BGB/III, 729 ff; *Benedek* in Gellért, BGB Kommentar, 1158 mwA.

84 Sinngemäß BH 1979/273. Ob neben Sparbucheinlagen und ihren Zinsen auch Geschäftsanteile, Darlehenszinsen udgl einem Verjährungsverbot unterliegen, ist unklar, aber mE eher zu verneinen. Vgl § 533 (3) BGB *per analogiam*. Kritisch dazu Osztovits (Hg), A Polgári Törvénykönyv magyarázata [*Kommentar des Bürgerlichen Gesetzbuches*] (2011), kurz zitiert: *Autor* (*Pomeisl*) in Osztovits, BGB, 1157 ff u 1176 f.

85 Vgl § 234 (1) iVm 237 (1)-(2) BGB und das dazu einschlägige Schrifttum.

86 BH 1982/298.

87 Jedoch § 297 (2) BGB: „Der Gläubiger darf seine Forderung, die er auf dem Gerichtswege nicht geltend machen kann, nicht aufrechnen; seine verjährte Forderung kann jedoch aufgerechnet werden, wenn die Verjährung beim Auftreten der Gegenforderung noch nicht eingetreten war."
   (*A jogosult nem számíthatja be a bírósági úton nem érvényesíthető követelését; elévült követelését azonban beszámíthatja, ha az elévülés az ellenkövetelés keletkezésekor még nem következett be.*)

88 BH 1993/313.

89 Zur Kasuistik der unentschuldbaren Gründe s *Kazay* in Petrik, Bürgerliches Recht², 542/5 ff; *Pomeisl* in Osztovits, BGB, 1172 f.

90 Bei einer Verjährungsfrist, die kürzer ist als ein Jahr, beträgt die Ablaufhemmungsfrist drei Monate (§ 326 (2) BGB).

ein Jahr ab Wegfall des Hemmungsgrundes, wenn die Forderung bereits verjährt ist oder wenn von der ursprünglichen Verjährungsfrist weniger als ein Jahr übrig ist. Die Ablaufhemmungsfrist gilt dieser Bestimmung nach auch, wenn der Gläubiger eine Stundung gewährt hat und der Schuldner auch nach ihrem Ablauf nicht leistet.[91] Während der Ablaufhemmungsfrist kann die Verjährung nach der Rsp[92] nicht unterbrochen werden.

Die Unterbrechung der Verjährung wird durch § 327 BGB geregelt. Sie bewirkt, dass der Fristenlauf mit dem Abschluss der Unterbrechungshandlung neu zu laufen beginnt. Als Unterbrechungshandlungen werden die Klage,[93] die Novation, der Vergleich, das Schuldanerkenntnis und – nach § 329 (2) BGB – die Verständigung über die erfolgte Zession gesehen.[94] Die in der Praxis wichtigste Unterbrechungshandlung ist allerdings die schriftliche, substantiierte Zahlungsaufforderung. Diese ist allerdings nicht mehr zulässig, wenn der Gläubiger bereits einen vollstreckbaren Titel gegenüber dem Gläubiger hat. Diesfalls bewirken nurmehr Zwangsvollstreckungsmaßnahmen die Unterbrechung der Verjährung.

Eine Unterbrechung der Haftung des Primärschuldners bewirkt auch die Unterbrechung der Haftung des Sekundärschuldners.[95] Ihr Lauf der Verjährung kann dennoch divergieren, da die Prozessführung gegen den Primärschuldner nach stRsp eine Verjährungshemmung beim Sekundärschuldner bewirkt. Diese Hemmung gilt auch für Ansprüche, die jedoch während eines Verfahrens nicht Prozessgegenstand sind und wegen der Gerichtsanhängigkeit nicht geltend gemacht werden können.[96]

Das (deliktische) Haftungsrecht kennt abweichende Regelungen, wenngleich die Bestimmungen von §§ 324 ff BGB auch anzuwenden sind. Gem § 360 BGB wird eine Forderung mit dem Eintritt des Schadens fällig. Dies ist auch der Beginn der Verjährungsfrist; die Kenntnis des Schadens oder des Schädigers ist nicht erforderlich. Die mangelnde Kenntnis des Schädigers und/oder des Schadens kann jedoch die Ablaufshemmung bewirken.[97] Die Verjährungsfrist kann auch 5 Jahre übersteigen, wenn die Schädigung das Ergebnis einer gerichtlich strafbaren Handlung ist. Diesfalls ist die Schadenersatzforderung an die strafrechtliche Verjährung gekoppelt.[98] Forderungen aus verschuldensunabhängiger Haftung verjähren bereits nach 3 Jahren (§ 345 (4) BGB).

---

91 *Pomeisl* weist in Osztovits, BGB, 1174 auf eine legistische Inkonsistenz hin: Eine Stundung sei als konkludente Vertragsänderung/Schuldänderung (bzw mE auch als Zahlungsaufforderung des Gläubigers) zu verstehen. Daher müsste sie die Verjährung richtiger Weise unterbrechen und nicht bloß hemmen.

92 Vgl EBH 2003/853.

93 Ausführlich *Pomeisl* in Osztovits, BGB, 1182 f.

94 Weitere Unterbrechungstatbestände stellt *Benedek* in Gellért, BGB Kommentar, 1174 f dar.

95 EBH 2005/1217; Grundsatzentscheidung 1/2007 PJE der Kurie. Ausführlich *Pomeisl* in Osztovits, BGB, 1171 f.

96 *Pomeisl* in Osztovits, BGB, 1172 f.

97 *Benedek* in Gellért, BGB Kommentar, 1168 u 1170; *G.Török*, BGB/III, 733 f.

98 Kritisch *Pomeisl* in Osztovits, BGB, 1156 mwA.

Das ung Zivilrecht kennt auch die Präklusion. Sie führt zu einem Untergang des Rechts, sodass die Begleichung einer präkludierten Forderung bereicherungsrechtlich nach §§ 361 ff BGB rückabwickelbar ist.[99] Präklusivfristen liegen nur vor, wenn dies im Gesetz ausdrücklich festgehalten wird; dabei gebraucht der Gesetzgeber idR die Formulierung „mit Rechtsverlust verbunden" (*jogvesztéssel jár*).[100] Aufgrund des Wortlautes der Gesetzesbestimmungen sind sie keiner Fristhemmung oder Unterbrechung zugänglich.

Auch die ung Rechtsordnung unterscheidet zwischen materiellen (*anyagi*) und formellen (*alaki*) Fristen. Eine formelle Frist ist gewahrt, wenn die Willenserklärung am letzten Tag (per Post) abgegeben wird. Diese Art von Fristen sind iZm dem Verfahrensrecht anzutreffen.[101] Das materielle Zivilrecht hingegen kennt den Grundsatz, dass die Willenserklärung dem Empfänger spätestens am letzten Tag der Frist zugehen muss. Die Kurie hat mit ihrer Entscheidung 4/2003 PJE ausdrücklich klargestellt, dass § 105 (4) ZPO unbeachtlich ist. Vielmehr sei für Auslegungsfragen hinsichtlich der materiellen Frist ausschließlich § 214 (1) BGB[102] maßgeblich. Das gilt selbst dann, wenn die Willenserklärung – darunter ist auch eine Klage zu verstehen – gegenüber einem Gericht abzugeben ist.[103]

Die Unterscheidung, ob eine formelle oder materielle Frist vorliegt, ist sehr wichtig. Die Beurteilung dieser Frage ist jedoch mitunter schwierig, weil der Grundsatz, dass in materiellen Gesetzen (zB BGB, GesG) stets materielle Fristen und in Verfahrensgesetzen wie etwa ZPO oder FirmenG immer formelle Fristen vorliegen, in einigen Fällen durchbrochen wird.[104] Auch die Differenzierung nach Verjährungs- und Präklusionsfristen ist, wie vorhin dargelegt wurde, nicht geeignet, um zu ermitteln, welcher Natur die anzuwendende Frist ist.

Nach 4/2003 PJE liegt stets dann eine materielle Frist vor (§ 214 (4) BGB), wenn sie an ein materielles Rechtsverhältnis anknüpft. Umgekehrt ist § 105

---

99 *Benedek* in Gellért, BGB Kommentar, 1156; *Kazay* in Petrik, Bürgerliches Recht², 532/4.

100 *Benedek* in Gellért, BGB Kommentar, 1156 f; *G.Török*, BGB/III, 728; *Kazay* in Petrik, Bürgerliches Recht², 532/4. So geschehen etwa bei §§ 308 a (1), 311 (2), 504 (1), 578 d (1) BGB, §§ 13 (4), 30 (6), 45 (3), 47 (3), 49 (4), 49 (5), 53 (1), 57 (4), 57 (5), 68 (1), 76 (2), 125 (2), 162 (2), 163 (1), 271 (2) GesG und §§ 33 a (6), 40 (1), 40 (5), 63 (2), 63 (3) KonkursG.

101 Vgl das einschlägige Schrifttum zu § 105 (4) ZPO: „Die Folgen des Versäumens einer Frist dürfen nicht angewendet werden, wenn die an das Gericht gerichtete Eingabe spätestens am letzten Tag der Frist als Einschreiben per Post abgeschickt wurde."
(*A határidő elmulasztásának következményeit nem lehet alkalmazni, ha a bírósághoz intézet beadványt legkésőbb a határidő utolsó napján ajánlott küldeményként postára adták.*)

102 „Die Vertragserklärung wird, wenn sie mündlich oder durch eine mündliche Nachricht abgegeben wurde, mit der Kenntnisnahme der anderen Partei gültig; zur Gültigkeit der schriftlich oder telegraphisch mitgeteilten Erklärung wiederum ist es notwendig, dass sie bei der anderen Partei eintrifft."
(*A szerződési nyilatkozat, ha azt szóban vagy szóbeli üzenettel tették, a másik fél tudomásszerzésével válik hatályossá; az írásban vagy távirati úton közölt nyilatkozat hatályosságához pedig az szükséges, hogy a másik félhez megérkezzék.*)

103 *Pomeisl* in Osztovits, BGB, 1181.

104 Vgl *Kisfaludi/Pethőné/Simon/Bodor*, in Meritum, 141 ff mit vielen Beispielen aus dem Firmengerichtsrecht.

(4) ZPO anzuwenden, wenn zwischen den Parteien ein verfahrensrechtliches Verhältnis besteht.[105]

Die Einleitung einer Klage, sei sie streitig oder außerstreitig, ist ein zivilrechtliches Gestaltungsrecht einer Person.[106] Daher ist der materielle Fristenlauf beachtlich. Die Frist des GesG zur Anmeldung einer Gesellschaft ist jedoch ebenso verfahrensrechtlicher Natur wie die Frist des BGB, innerhalb der ein Rechtsmittel gegen einen behördlichen Besitzstörungsbeschluss eingelegt werden kann.[107]

3. Haftung aufgrund Beteiligung

a) Kapitalerhaltungsregeln

Das Kapitalerhaltungsrecht ist thematisch auch mit dem gesellschaftsrechtlichen Gleichbehandlungsgebot verbunden, da es nicht nur Gläubigern dient, den Haftungsfonds zu erhalten.[108] Ferner werden mit ihm Gesellschafter davor geschützt, von der Geschäftsführung in Zusammenwirken mit einem dominanten Mitgesellschafter benachteiligt zu werden.

Aufgrund des Grundsatzes der Kapitalerhaltung kann die Gewinnausschüttung nur bei Vorliegen aller gesetzlichen Voraussetzungen erfolgen: Gewinne dürfen, sei es in Geld- oder Sachform, an die Gesellschafter nur dann ausgeschüttet werden, wenn dies das GesG ausdrücklich zulässt.[109] Unter keinen Umständen darf dabei das um die freie Gewinnrücklage ergänzte Stammkapital geschmälert werden.[110] Beachtlich ist, dass der Kft-Geschäftsführer gem § 131 (3) GesG vor der Beschlussfassung über die Gewinnausschüttung auch zwingend eine schriftliche Erklärung abgeben muss, derzufolge die Auszahlung die Liquidität der Gesellschaft bzw die Interessen ihrer Gläubiger nicht gefährdet sei. Im Falle einer Rt gilt diese Parallelbestimmung (§ 219 (2) GesG) für den Vorstand nur, wenn sie durch eine Satzungsbestimmung bestätigt wird (Dispositivität der Vorstandserklärung).[111] Nichtsdestotrotz kann die Gesellschaft bereits erfolgte Auszahlungen zurückfordern, wenn sie nachweist, dass der Dividenden beziehende Gesellschafter zum Zeitpunkt der Ausschüttung bösgläubig war (§ 131 (4) bzw § 219 (4) GesG). Die Beweisführung der Bösgläubigkeit dürf-

---

105 In gesellschaftsrechtlichem Kontext: *Kisfaludi/Pethőné/Simon/Bodor*, in Meritum, 1947 f.

106 Man denke auch etwa an die Frist zur Einleitung eines Verfahrens zur Gesetzlichkeitsaufsicht (§ 79 (1) FirmenG).

107 Vgl exemplarisch § 17 (1) GesG bzw § 192 (1) BGB.

108 Näheres dazu s u Punkt II.6 b.

109 Beachte auch das Schrifttum zu § 9 (1) GesG, welches das Verhältnis zwischen zwingenden und dispositiven Normen regelt.

110 Vgl §§ 118 (2), 131 ff GesG (Kft) sowie §§ 218 (1), 219 ff GesG (Zrt, Nyrt) und das einschlägige Schrifttum dazu.

111 In der ursprünglichen Fassung des GesG hatte diese Erklärung auch für den Kft-Geschäftsführer optionalen Charakter; erst später (LXI. Gesetz aus 2007) erhielt § 131 (3) GesG seine heutige Fassung. Die Materialen hüllen sich in Schweigen, was diese Differenzierung zwischen einer Kft und einer Rt rechtfertigt.

te besondere Schwierigkeiten bereiten, da die Unbedenklichkeitserklärung des Geschäftsführers idR Gutgläubigkeit begründet[112].

Eine Umgehung dieser Bestimmung wird dadurch unterbunden, dass auch eine verdeckte Gewinnausschüttung über den Umweg eines zivilrechtlichen Vertrages unzulässig ist (§§ 134 und 222 (1) GesG). Man denke hier etwa an unverhältnismäßige Darlehens-,[113] Kauf- oder Werkverträge zum Vorteil des Mehrheitsgesellschafters; an überzogene Arbeitsentgelte für Gesellschaftergeschäftsführer; an die (unentgeltliche) Gewährung von Sicherheiten zugunsten von Gesellschaftern oder an die unmittelbare Erfüllung von Verträgen, die dem Grunde nach einem Gesellschafter zuzurechnen sind.

Beim Verbot der verdeckten Gewinnausschüttung handelt es sich mE in weiten Teilen um eine gesellschaftsrechtliche Wiederholung von Bestimmungen, die großteils bereits im Zivilrecht, im Insolvenzrecht und im Gesellschaftsrecht auffindbar sind. Denn die vorhin genannten Fälle können in einer Krise der Gesellschaft rglm auch mit folgenden Rechtsinstituten bekämpft werden (Auswahl): Beschlussanfechtung (§ 20 (7) GesG);[114] Insichgeschäft (§ 221 (3) BGB); Scheinvertrag (§ 207 (6) BGB); *laesio enormis* (§ 201 (2) BGB u § 40 (1) lit b) KonkursG);[115] Wucher (§ 202 BGB); Gläubigeranfechtung (§ 203 BGB und § 40 (1) f KonkursG);[116] Sittenwidrigkeit (§ 200 (2) BGB);[117] Haftungsdurchgriff (§ 50 GesG);[118] Konzernhaftung wegen dauerhaft nachteiliger Geschäftspolitik (§ 54 GesG und § 63 KonkursG)[119]; Machthaberhaftung (§ 33 a (1) KonkursG)[120]. Andererseits ist das Verbot der verdeckten Gewinnausschüttung eine Querschnittsmaterie. Für die Praxis ist es wohl zielführend, die bestehenden Wertungen des Zivilrechts durch Wiederholung und gesellschaftsrechtliche Erweiterung zu verdeutlichen. Das Verbot der verdeckten Gewinnausschüttung ist dahingehend eng auszulegen, als dritte Vertragsparteien nicht aufgrund von § 131 (4) bzw § 219 (4) GesG belangt werden können.[121] Dem ist zuzustimmen, wenn der Vertrag der Gesellschafter mit einer dritten

---

112 *Kisfaludi/Pethőné/Simon* in Meritum, Rz 4717.

113 Das (zinsenlose) Darlehen, das die Gesellschaft ihren Gesellschaftern im Anschluss an die Gründung ihrer Kapitalgesellschaft in Höhe des eingebrachten Stammkapitals gewährt, ist wohl das klassische Beispiel der Verletzung der Kapitalerhaltungsregeln. Vgl auch das Schrifttum zu § 57 dtAktG und § 52 öAktG.

114 S u Punkt II.4 f.

115 S u Punkt III.3 d und f.

116 S u Punkt III.3 b und c.

117 „Nichtig ist der Vertrag, der gegen eine Rechtsnorm verstößt oder unter deren Umgehung abgeschlossen wurde, es sei denn, dass die Rechtsvorschrift daran eine andere Rechtsfolge knüpft. Der Vertrag ist auch nichtig, wenn er offensichtlich gegen die guten Sitten verstößt. (*„Semmis az a szerződés, amely jogszabályba ütközik, vagy amelyet jogszabály megkerülésével kötöttek, kivéve ha ahhoz a jogszabály más jogkövetkezményt fűz. Semmis a szerződés akkor is, ha nyilvánvalóan a jóerkölcsbe ütközik."*)

118 S u Punkt II.5.

119 S u Punkt II.4 b.

120 S u Punkt III.2.

121 *Kisfaludi/Pethőné/Simon* in Meritum, Rz 4721, 6987.

Partei nicht nachweislich ein Schein- bzw Umgehungsvertrag (§ 207 (6) BGB) ist, der einen Gesellschafter begünstigen soll.

Eine verdeckte Gewinnausschüttung im Wege eines zivilrechtlichen Vertrages setzt neben dem bereits erwähnten Erfordernis der Bösgläubigkeit des Gesellschafters (§ 131 (4) bzw § 219 (4) GesG) auch voraus, dass dem Rechtsgeschäft die betriebliche Rechtfertigung fehlt (*arg „Auszahlung, die mit dem Postulat einer verantwortungsvollen Wirtschaftsführung der Gesellschaft unvereinbar ist"*).[122] Der Mangel der betrieblichen Rechtfertigung kann mE in der für die Gesellschaft unüblichen Art des Rechtsgeschäfts; in der dadurch drohenden Insolvenznähe der Gesellschaft;[123] oder im nachteiligen Austauschverhältnis liegen.

Es ist fraglich, ob der unentgeltliche Verzicht auf Geschäftschancen (*corporate opportunity doctrine*)[124] zugunsten eines anderen Unternehmens auch unter §§ 134 bzw 222 (1) GesG subsumierbar ist. Das Verbot der verdeckten Gewinnausschüttung setzt einen zivilrechtlichen Vertrag voraus. IdR liegt allerdings kein ausdrücklicher Vertrag über den Verzicht auf eine Geschäftschance vor, weshalb für die Anwendbarkeit dieser Bestimmungen gerichtlich festgestellt werden müsste, dass die faktische Unterlassung der Gesellschaft, eine Geschäftschance zu wahren, konkludent als (unentgeltlicher) Verzichtsvertrag mit einer Gesellschafterin zu deuten ist. Dies scheint – gerade in Anbetracht der Gerichtspraxis in Ungarn –[125] unwahrscheinlich zu sein. Es kommt jedoch noch die Prüfung solcher Fälle anhand anderer Tatbestände in Betracht – man denke hier an das Verbot der dauerhaft nachteiligen Geschäftspolitik im Konzern (§ 54 GesG u § 63 KonkursG),[126] oder an den Haftungsdurchgriff (§ 50 GesG)[127].

Das Gesellschaftsrecht der Rt räumt Aktionären, die über 5 % des Grundkapitals verfügen, und Gläubigern, deren Forderungen 10 % des Grundkapitals ausmachen, ein Sonderrecht ein, welches stark § 49 GesG (*actio pro societate*) nachgebildet ist.[128] Demzufolge können sie vom Firmengericht bei Kostenvorschuss die Einsetzung eines Wirtschaftsprüfers beantragen, der prüfen muss,

---

122 *Kisfaludi/Pethőné/Simon* bemängeln in Meritum, Rz 4721, dass die Formulierung von § 134 iVm 131 GesG die Interpretation zulässt, dass eine verdeckte Gewinnausschüttung nicht unzulässig wäre, wenn die Gesellschaft aufgrund ihrer guten wirtschaftlichen Lage an sich Gewinne ausschütten könnte. Sie spitzen das Problem mit der unglücklichen Gesetzesformulierung auch dahingehend zu, dass sie festhalten, dass in diesem Fall die Gesellschaft einen Vertrag mit einem ihrer Gesellschafter bloß dann erfüllen dürfte, wenn die Voraussetzungen der Ausschüttung eines Gewinnes erfüllt werden. Mehr noch, die Gesellschaft müsste vor der Erfüllung solcher Verträge Zwischenrechnungsabschlüsse erstellen. *Kisfaludi/Pethőné/Simon* ist mE deshalb sowie aus teleologischen Gründen zuzustimmen, da das Verbot der verdeckten Gewinnausschüttung auch den Interessen der Mitgesellschafter dient: Ihre Dividende darf nicht geschmälert werden.

123 *Kisfaludi/Pethőné/Simon* in Meritum, Rz 4721.

124 *Hönig/Stingl*, Geschäftschancen – Gedanken zur Reichweite des Einlagenrückgewährverbotes, in: GesRZ 2007, 27.

125 *Vecsey*, Minderheitsaktionäre, 769 f.

126 S u Punkt II.4 b.

127 S u Punkt II.5.

128 Vgl o Punkt II.2 c.

ob eine verdeckte Gewinnausschüttung erfolgt ist. Diese Bestimmung befindet sich im X. Abschnitt des GesG, welches nur für Aktiengesellschaften gilt. Daher ist aus systematischen Gründen eine analoge Anwendung von § 222 (2) GesG auf die Kft nicht möglich. Gesellschaftern der Kft bleibt der (umständlichere) Rechtsschutz nach § 49 GesG. Gläubiger der Kft genießen auch diesen Schutz nicht; ihnen stehen allerdings andere Möglichkeiten offen[129].

Das GesG kennt eine Ausnahme vom Grundsatz der Kapitalerhaltung: Die Kapitalherabsetzung ist gesetzlich sowohl für eine Kft als auch für eine Rt anerkannt (§ 131 (1) iVm §§ 159 ff und § 219 (2) iVm §§ 266 ff GesG).

Auch der Erwerb eigener Geschäftsanteile (§§ 135 u 223 ff GesG)[130] würde faktisch eine mittelbare Ausnahme dieses Prinzips darstellen, weil die eigenen Geschäftsanteile aus Gesellschaftsmitteln erworben werden. Da jedoch § 135 (2) und § 223 (4) GesG für die Rt normiert, dass der Erwerb eigener Anteile nur dann zulässig ist, wenn die Gesellschaft auch Gewinne ausschütten könnte, wird das System der Kapitalerhaltung nicht durchbrochen.

Irreführend ist der Verweis von § 219 (5) GesG, da im Paragraphen, welcher das Verbot der Einlagenrückgewähr bzw der unerlaubten Gewinnausschüttung normiert, festgehalten wird, dass mit Ausnahme der zinstragenden Aktien (*kamatozó részvények*) die Rt für Aktien keine Zinsen zahlen darf. Denn damit wird der Eindruck erweckt, dass dies eine (weitere) Durchbrechung des Grundsatzes der Kapitalerhaltung darstellen würde. Richtig ist jedoch, dass Zinsen aus zinstragende Aktien – welche im Übrigen höchstens 10 % des Grundkapitals ausmachen dürfen –[131] nur dann ausgezahlt werden können, wenn die Voraussetzungen der Gewährung von Dividenden erfüllt sind.[132]

b) *Eigenkapitalersatzrecht*

Im deutschen Rechtskreis wird unter dem Begriff „Eigenkapitalersatzrecht" das Problem erörtert, wenn ein Gesellschafter Kapital anstelle einer Kapitalerhöhung über ein Darlehen (Gesellschafterdarlehen) zur Verfügung stellt. In Position des Darlehensgebers ist er nämlich in der Insolvenz seiner Gesellschaft wirtschaftlich besser gestellt als in der Stellung eines Gesellschafters. Da dies den Wertungen des Gesellschaftsrechts widerspricht, haben die Gesetzgeber darauf reagiert. In Österreich wird das Problem des Eigenkapitalersatzersatzs durch das Eigenkapitalersatz-Gesetz (BGBl I 92/2003) gelöst. In Deutschland war über ein Vierteljahrhundert lang § 32 a und § 32 b dtGmbHG einschlägig, welches sinngemäß auch auf AGen Anwendung fand. Seit Ende 2008 wurden diese Bestimmungen geändert und ins Insolvenzrecht (§§ 39, 44a, 135 dtInsO) transferiert.

---

129 Man denke hier an den Haftungsdurchgriff (§ 50 GesG; s u Punkt II.5); an die Konzernhaftung (§ 54 GesG, § 63 KonkursG; s u Punkt II.4 b); an die insolvenzrechtliche Gläubigeranfechtung (§ 40 KonkursG; s u Punkt III.3 c)
130 *Vecsey*, Minderheitsaktionäre, 774 ff mwA.
131 § 192 (1) GesG.
132 *Vecsey*, Minderheitsaktionäre, 800.

Die funktionsäquivalente Lösung dieses Problems erfolgte in Ungarn im KonkursG zeitnah mit der Einführung des GesG (§ 57 iVm § 40 (1) lit c) KonkursG). Auf diese Bestimmungen, welche mit jenen in Deutschland vergleichbar sind, wird unter Punkt III.5 näher eingegangen.

c) Haftung bei Gründung

Die Stammeinlage eines Kft-Gesellschafters[133] muss mindestens 100.000 Forint[134] betragen und durch 10.000 teilbar sein (§ 114 (4) GesG). Jeder Gesellschafter muss bei der Gründung einer Wirtschaftsgesellschaft eine Vermögenseinlage leisten, welche in Geld oder Sachen (Apport) bestehen kann (§ 13 (1) GesG). Der Gesellschafter haftet der Gesellschaft fünf Jahre lang für die richtige Bewertung seiner Sacheinlage; aufgrund von § 50 (2) aE GesG haftet er auch im Außenverhältnis unbeschränkt den Gesellschaftsgläubigern,[135] wenn die Gesellschaft ohne Rechtsnachfolge erlischt. Andere Gesellschafter haften gem § 13 (4) S 2 GesG solidarisch für Schäden aus der falschen Bewertung dieser Einlage, wenn sie der Einbringung dieser Sacheinlage trotz Kenntnis ihres wahren Wertes zugestimmt haben. Vgl §§ 115 f, 167 (3), 210, 284 (1) GesG hinsichtlich des Umfangs und des Zeitpunkts der Pflicht, die übernommene Stammeinlage zu leisten.[136]

---

133 Das Aktienrecht kennt derartige Vorgaben nicht.

134 € 345.

135 Das ist nach *Kisfaludi/Pethőné/Simon/Bodor* in Meritum, Rz 987, restriktiv auszulegen. Daher haftet der Gesellschafter nicht im Außenverhältnis, wenn er vor Auflösung der Gesellschaft seiner übernommenen Einlagepflicht in vollem Umfang nachgekommen ist. Das trifft auch auf jene, ähnlich gelagerten Fälle zu, in denen die Überbewertung der Sacheinlage nicht ursächlich für die Auflösung der Gesellschaft ist.

136 § 115 (1): „Die Eintragung der Gesellschaft darf nur dann erfolgen, wenn bis zur Einreichung der Anmeldung auf Eintragung wenigstens die Hälfte jeder einzelnen Geldeinlage an die Gesellschaft gezahlt worden ist.
(2) Wenn die Gesamtsumme der Geldeinlagen bei der Gründung der Gesellschaft nicht eingezahlt worden ist, muss die Art und Weise sowie die Fälligkeit der Einzahlung der verbleibenden Beträge im Gesellschaftsvertrag festgelegt werden. Innerhalb eines Jahres nach der handelsgerichtlichen Eintragung der Gesellschaft müssen sämtliche Geldeinlagen eingezahlt werden.
§ 116 (1) Die Sacheinlage ist der Gesellschaft zu dem Zeitpunkt und auf die Art und Weise, wie im Gesellschaftsvertrag geregelt, zur Verfügung zu stellen.
(2) Wenn bei der Gründung der Wert der Sacheinlage die Hälfte des Stammkapitals erreicht, muss diese der Gesellschaft bei der Gründung voll und ganz zur Verfügung gestellt werden.
(3) Wenn der Gesellschaft die Sacheinlage bei der Gründung der Gesellschaft nicht voll und ganz zur Verfügung gestellt wurde, ist dies innerhalb von drei Jahren nach der handelsgerichtlichen Eintragung der Gesellschaft zu erfüllen.
(3) Bei der Gründung einer Einmanngesellschaft ist der Gesellschaft vor der Anmeldung beim Firmenbuchgericht die Sacheinlage zur Verfügung zu stellen bzw. sind hinsichtlich der Geldeinlage die Bestimmungen von § 115 mit der Abweichung anzuwenden, dass im Falle einer solchen Bestimmung der Gründungsurkunde die Zahlung einer Geldeinlage von einhunderttausend Forint an die Firma ausreicht.
§ 210 (1) Die handelsgerichtliche Eintragung der Aktiengesellschaft kann nur erfolgen, wenn bis zur Einreichung der Anmeldung auf Eintragung a) die sich zur Erbringung einer pflichten-

den Gründer wenigstens fünfundzwanzig Prozent des Nennwertes bzw. Emissionswertes der Aktien eingezahlt haben, zu deren Übernahme man sich in der Satzung verpflichtet hat; b) der Aktiengesellschaft die Sacheinlage zur Verfügung gestellt wurde – es sei denn, dass der Wert der Sacheinlage fünfundzwanzig Prozent des Grundkapitals nicht erreicht.

(2) Die Satzung kann die Mindesthöhe der Einzahlung der Geldeinlage bzw. den zum Grundkapital ins Verhältnis gesetzten Anteil des Wertes der vor der Eintragung zur Verfügung zu stellenden Sacheinlage auch in einem höheren Prozentsatz festlegen.

(3) Der sich zur Erbringung einer Geldeinlage verpflichtende Aktionär muss innerhalb eines Jahres nach der Eintragung der Aktiengesellschaft ins Firmenbuch den gesamten Nennwert bzw. Emissionswert der Aktien einzahlen.

(4) Den Teil der Sacheinlage, den der Aktionär der Aktiengesellschaft bis zur Eintragung nicht zur Verfügung gestellt hat, muss er der Aktiengesellschaft bis zu dem in der Satzung festgelegten Zeitpunkt, doch nicht später als bis zum Ende des fünften Jahres nach der Eintragung der Aktiengesellschaft zur Verfügung stellen.

§ 284 (1) Bis zur Einreichung der Anmeldung zur handelsgerichtlichen Eintragung der Einmann-Aktiengesellschaft muss der Gesellschaft die Sacheinlage zur Verfügung gestellt werden."

(„115. § (1) A társaság bejegyzésére csak azután kerülhet sor, ha a bejegyzési kérelem benyújtásáig minden egyes pénzbeli hozzájárulásnak legalább a felét a társaság javára befizették.

(2) Ha a pénzbeli hozzájárulások teljes összegét a társaság alapításakor nem fizették be, a fennmaradó összegek befizetésének módját és esedékességét a társasági szerződésben kell meghatározni. A társaság cégbejegyzésétől számított egy éven belül valamennyi pénzbeli hozzájárulást be kell fizetni.

116. § (1) A nem pénzbeli hozzájárulást a társasági szerződésben szabályozott időben és módon kell a társaság rendelkezésére bocsátani.

(2) Ha alapításkor a nem pénzbeli hozzájárulás értéke eléri a törzstőke felét, akkor ezt alapításkor teljes egészében a társaság rendelkezésére kell bocsátani.

(3) Ha a nem pénzbeli hozzájárulást a társaság alapításakor nem bocsátották teljes egészében a társaság rendelkezésére, akkor ezt a társaság cégbejegyzésétől számított három éven belül teljesíteni kell.

(3) Egyszemélyes társaság alapítása esetén a cégbírósághoz történő bejelentés előtt a nem pénzbeli hozzájárulást a társaság rendelkezésére kell bocsátani, illetve a pénzbeli hozzájárulás tekintetében a 115. § rendelkezéseit azzal az eltéréssel kell alkalmazni, hogy az alapító okirat ilyen rendelkezése esetén elegendő százezer forint pénzbeli hozzájárulásnak a cég javára történő befizetése.

210. § (1) A részvénytársaság cégbejegyzésére csak azután kerülhet sor, ha a bejegyzési kérelem benyújtásáig

a) a pénzbeli hozzájárulás teljesítését vállaló alapítók az alapszabályban átvenni vállalt részvény névértékének, illetve kibocsátási értékének legalább huszonöt százalékát befizették; b) a nem pénzbeli hozzájárulást – kivéve, ha a nem pénzbeli szolgáltatás értéke az alaptőke huszonöt százalékát nem éri el – a részvénytársaság rendelkezésére bocsátották.

(2) Az alapszabály a pénzbeli hozzájárulás befizetésének minimális mértékét, illetve a bejegyzés előtt rendelkezésre bocsátandó nem pénzbeli hozzájárulás értékének az alaptőkéhez viszonyított arányát magasabb százalékban is megállapíthatja.

(3) A pénzbeli hozzájárulás teljesítését vállaló részvényes köteles a részvények teljes névértékét, illetve kibocsátási értékét a részvénytársaságnak a cégjegyzékbe történő bejegyzésétől számított egy éven belül befizetni.

(4) A nem pénzbeli hozzájárulásnak azon részét, amelyet a részvényes a bejegyzésig nem bocsátott a részvénytársaság rendelkezésére, az alapszabályban meghatározott időpontban, de nem később, mint a részvénytársaság bejegyzésétől számított ötödik év végéig kell a részvénytársaság rendelkezésére bocsátani.

284. § (1) Egyszemélyes részvénytársaság cégbejegyzési kérelmének benyújtásáig a nem pénzbeli hozzájárulást a társaság rendelkezésére kell bocsátani.")

Die Gesellschafter sind verpflichtet, ihre Einlage der Gesellschaft bis zum gesellschaftsvertraglich bestimmten Zeitpunkt zu leisten. Unterlässt es ein Gesellschafter, hat ihm die Geschäftsführung eine 30tägige Nachfrist zu setzen. Nach Ablauf dieser Frist erlischt seine Gesellschafterstellung; etwaige Schadenersatzansprüche wegen verspäteter bzw unterlassener Einzahlung der Vermögenseinlage bleiben davon unberührt (§ 14 GesG). Anders als in Deutschland oder Österreich[137] haften die Mitgesellschafter in Ungarn diesfalls allerdings nicht solidarisch für den schädigenden Gesellschafter (§ 14 (3) GesG). Dieser Grundsatz wird jedoch dadurch relativiert, dass Mitgesellschafter gem § 13 (4) GesG) sehr wohl für die Einbringlichkeit einer Sacheinlage haften, wenn sie bösgläubig in Hinblick auf den wahren Wert der Sache waren.

Die Gründung von Einpersonengesellschaften in Form einer Kft oder Zrt ist zulässig. Diese dürfen ebenfalls Einpersonengesellschaften gründen (§§ 5, 167 ff, 283 f GesG). Aus der Gründung einer Einpersonengesellschaft entstehen der Alleingesellschafterin keine Nachteile oder gar Haftungsrisiken.

d) Haftung bei Liquidation

Die Liquidation (*végelszámolás*; wörtlich: „Endabrechnung") ist die Auflösung einer Gesellschaft ohne Rechtsnachfolge. Im Gegensatz zum Konkurs[138] (*felszámolás*; wörtlich: Liquidation)[139] muss bei der Liquidation ausreichend Gesellschaftsvermögen vorhanden sein, um die Gläubiger der Gesellschaft zu befriedigen (§ 68 (4) GesG und § 94 (1) FirmenG). Das Liquidationsverfahren ist im VIII. Abschnitt des FirmenG (§§ 94–118) geregelt.

Der Beschluss der Gesellschafterversammlung (Kft) oder der Hauptversammlung (Zrt) über die Liquidation der Gesellschaft leitet die Liquidation ein.[140] Er muss ins Firmenbuch eingetragen werden und gem § 98 (1) FirmenG Angaben über den Beginn der Liquidation sowie über die Person des Liquidators (*végelszámoló*) enthalten. Den Liquidator trifft die Pflicht, die Gesellschaft abzuwickeln, wobei er für Schäden wie ein leitender Funktionsträger haftet.[141]

---

137 Vgl § 24 dtGmbHG u § 70 öGmbHG.

138 Näheres zum Konkurs siehe weiter unten Punkt III.1.

139 Das an sich schon irreführende ung Begriffspaar *végelszámolás-felszámolás* verursacht aufgrund fehlerhafter bzw irreführender Wörterbucheinträge rglm Missverständnisse. Vgl *Halász* (Hg), Magyar-Német Nagyszótár [*Ungarisch-Deutsches Großwörterbuch*] (2011) und *Kőhegyes*, Magyar-Német-Magyar Jogi Szakszótár [*Ungarisch-Deutsch-Ungarisches rechtliches Fachwörterbuch*] (2003) jeweils aaO. Daher ist beim Gebrauch dieser beiden Ausdrücke besondere Vorsicht geboten.

140 Auf die Zwangsliquidation, welche eine Maßnahme des Firmengerichts im Rahmen eines Verfahrens zur Gesetzlichkeitsaufsicht sein kann und in §§ 116 ff FirmenG geregelt wird, wird nicht näher eingegangen.

141 Vgl § 99 FirmenG mwA. Zur allgemeinen Haftung von leitenden Funktionsträgern sowie zur Haftung aus *wrongful trading* s u Punkt III.2.

Alle Liquidationsschritte sind sowohl ins Firmenbuch, als auch ins Firmenamtsblatt (*cégközlöny*)[142] einzutragen. Die Gläubiger haben ihre Forderungen innerhalb von 40 Tagen ab Eintragung der Einleitung der Liquidation beim Liquidator anzumelden. Diese Anmeldung ist nach § 106 (1) FirmenG selbst dann erforderlich, wenn die Forderung – bspw aufgrund eines anhängigen Gerichtsverfahrens – dem Liquidator bekannt sein muss. Die Frist ist nicht präklusiv, sodass eine verspätete Forderungsanmeldung zulässig ist. Erfolgt die Forderungsanmeldung jedoch nach Annahme der Abschlussbilanz und nach der Beschlussfassung über die Aufteilung des verbleibenden Gesellschaftsvermögens, läuft der Gläubiger Gefahr, keine vollständige Forderungsbefriedigung erzielen zu können[143].

Nach Annahme der Abschlussbilanz und des Vermögensaufteilungsbeschlusses durch das oberste Organ der Gesellschaft erlischt sie durch Eintragung der Löschung im Firmenbuch, wenn keine angemeldeten, offenen Forderungen mehr bestehen (§ 105 iVm § 112 (5) FirmenG). Nach eingetragener Löschung hat der Liquidator gem § 112 (3) FirmenG das verbliebene Gesellschaftsvermögen beschlussgemäß auszuschütten.

Ab Liquidation der Gesellschaft trifft die Gesellschafter bzw Aktionäre eine 5-jährige Nachhaftung (Präklusivfrist) für Schulden der Gesellschaft. Die Gesellschafter haften bis zur Höhe jenes Betrages, den sie anlässlich der Liquidation der Gesellschaft erhalten haben. Diese Regelung gilt sinngemäß auch für Forderungen, die zwar nach Annahme der Abschlussbilanz und nach der Beschlussfassung über die Aufteilung des verbleibenden Gesellschaftsvermögens, aber noch vor der Löschung der Gesellschaft aus dem Firmenbuch angemeldet werden.

Das GesG lässt offen, ob die Gesellschafter solidarisch für Verbindlichkeiten der Gesellschaft haften. Daher ist der Rückgriff auf das allgemeine Zivilrecht (§ 334 (1) BGB) sachgemäß, welches diese Frage verneint. Somit können Gläubiger ihre Forderungen nur anteilig bei den einzelnen Gesellschaftern befriedigen.[144]

e) Haftung bei firmengerichtlicher Auflösung (§ 118 a FirmenG)

Mit der jüngsten Novelle zum FirmenG (CXCVII. Gesetz aus 2011), welche seit 1. März 2012 in Kraft ist, wurde § 93 FirmenG durch § 118 a (1)–(2) FirmenG[145] ersetzt. Auch der frühere Regelungszweck von § 63 a KonkursG wird

---

142 Dieses ist mit dem Bundesanzeiger (Deutschland) oder dem Amtsblatt der Wiener Zeitung (Österreich) vergleichbar.

143 Freilich kann selbst eine rechtzeitige Forderungsanmeldung keine vollständige Forderungsbefriedigung garantieren, etwa wenn im Zuge der Liquidation eine Überschuldung der Gesellschaft festgestellt wird. Diesfalls muss das Liquidationsverfahren gem § 108 FirmenG in ein Konkursverfahren übergeleitet werden. Zum Konkursverfahren s u Punkt III.1 und III.5.

144 *Kisfaludi/Pethőné/Simon/Bodor* in Meritum, Rz 2609 aE.

145 Übersetzung des Autors: „(1) Wenn die Haftung eines Gesellschafters (Aktionärs) mit mindestens mehrheitlichem Einfluss (§ 685/B BGB) für die Schulden der Firma beschränkt war und das Firmengericht die Firma nach dem Zwangslöschungsverfahren so aus dem Firmen-

nunmehr durch diese Norm erfüllt.[146] Alle diese Bestimmungen haben zum Ziel, die Entstehung von sog „Phantomunternehmen", also von Unternehmen, deren Geschäftsleitung nicht aktiv bzw erreichbar ist, einzudämmen.[147]

Die Verschiebung von § 93 FirmenG wurde durch die Integration des firmengerichtlichen Auflösungsverfahrens (*megszüntetési eljárás*) in das effizientere firmengerichtliche Zwangslöschungsverfahren (*kényszertörlési eljárás*)[148] notwendig.[149] Da die inhaltlich neuen Bestimmungen von § 118 a (3)–(4) FirmenG leitende Amtsträger betreffen und nicht themengegenständlich sind, wird von ihrer Erörterung abgesehen.

Davon unabhängig haftet der Mehrheitsgesellschafter (§ 685 b BGB) nach § 118 a (1) FirmenG unbeschränkt mit seinem gesamten Vermögen, wenn er

---

buch gelöscht hat, dass die Firma nicht beglichene Schulden hinterlassen hat, stellt das Gericht im Falle der Klage eines Gläubigers der Firma, welche bei dem Gericht, das nach dem eingetragenen Sitz der Firma zuständig ist, innerhalb der Präklusivfrist von 90 Tagen ab rechtskräftigem Abschluss des Zwangslöschungsverfrahrens einzureichen ist, fest, dass der Gesellschafter (Aktionär) unbeschränkt für die nicht beglichenen Schulden der Firma haftet, es sei denn, der Gesellschafter (Aktionär) weist nach, dass die Einleitung der Zwangslöschung gemäß § 116 Absatz (1) lit a), c)-d) nicht durch seine Unterlassung verursacht wurde. (2) Wenn das Firmengericht die Firma nach dem Zwangslöschungsverfahren so aus dem Firmenbuch gelöscht hat, dass die Firma nicht beglichene Schulden hinterlassen hat, kann der Gläubiger der Firma in seiner Klage auch beantragen festzustellen, dass der ehemalige Gesellschafter (Aktionär) mit Mehrheitseinfluss (§ 685/B BGB), der seine Beteiligung in den drei Jahren vor der Einleitung des Zwangslöschungsverfahrens übertragen hat, unbeschränkt für die nicht beglichenen Schulden der Firma haftet, es sei denn, der Gesellschafter (Aktionär) weist nach, dass die Firma zum Zeitpunkt der Übertragung ihres Vermögensanteils zahlungsfähig war, dass der Vermögensverlust erst danach eingetreten ist, beziehungsweise dass die Firma nicht zahlungsfähig war, doch der Gesellschafter (Aktionär) bei der Übertragung redlich vorgegangen ist."

(„118/A. § (1) *Ha a legalább többségi befolyással (Ptk. 685/B. §) rendelkező tag (részvényes) felelőssége a cég tartozásaiért korlátozott volt, és a céget a cégbíróság kényszertörlési eljárást követően törölte a cégjegyzékből úgy, hogy a cég ki nem elégített tartozást hagyott hátra, a cég hitelezőjének a cég bejegyzett székhelye szerinti bíróság előtt, a kényszertörlési eljárás jogerős lezárását követő kilencven napos jogvesztő határidőn belül indított keresetében a bíróság megállapítja, hogy a tag (részvényes) korlátlanul felel a cég ki nem elégített tartozásaiért, kivéve, ha bizonyítja, hogy a kényszertörlés 116. § (1) bekezdés a), c)–d) pontban foglaltak szerinti megindítása nem az ő mulasztásának következménye. (2) Ha a céget a cégbíróság a kényszertörlési eljárást követően törölte a cégjegyzékből, úgy, hogy a cég ki nem elégített tartozást hagyott hátra, a cég hitelezője kereseti kérelmében kérheti a bíróságtól annak megállapítását is, hogy a kényszertörlési eljárás megindulását megelőző három éven belül részesedését átruházó, többségi befolyással (Ptk. 685/B. §) rendelkező volt tag (részvényes) korlátlanul felel a cég ki nem elégített kötelezettségéiért, kivéve, ha a volt tag (részvényes) bizonyítja, hogy a vagyoni hányada átruházásának időpontjában a cég még fizetőképes volt, a vagyonvesztés csak ezt követően következett be, illetve a cég nem volt fizetőképes, de a tag (részvényes) az átruházás során jóhiszeműen járt el.*")

146 Zu § 63 a KonkursG idgF s u Punkt III.6.

147 Materialien zum CXCVII. Gesetz aus 2011, 1; *Czene/Papp*, 504, 506; *Koday*, FirmenG, 510, 513; *Makai* in Sárközy, GesG, 707 f. Die genannten Bestimmungen stehen auch in Zusammenhang mit § 50 GesG, auf das unter Punkt II.5 näher eingegangen wird.

148 Die Bezeichnung dieses Verfahrens lautete vor der Novelle Zwangsliquidation (*kényszervégelszámolás*).

149 Materialien zum CXCVII. Gesetz aus 2011, 1.

die Einleitung eines firmengerichtlichen Zwangslöschungsverfahrens gegen die von ihm beherrschte Gesellschaft verursacht,[150] wenn dieses Verfahren mit der Auflösung der Gesellschaft endet und wenn sie Schulden hinterlässt. Anders als in der früheren Bestimmung (§ 93 FirmenG) ist es nicht mehr erforderlich, dass die Schulden 50 % des Eigenkapitals übersteigen. Aufgrund der Formulierung dieser Bestimmung (*arg „beigetragen"*) besteht für den Mehrheitsgesellschafter keine Möglichkeit, sich von der Haftung zu exkulpieren.[151] Dies wird von der Lehre kritisch gesehen.[152] Die Beweislast des Vorliegens aller Tatbestandsmerkmale für die Haftung des Mehrheitsgesellschafters liegt beim Gläubiger[153].

Für die haftungsbegründende Einleitung dieses Zwangslöschungsverfahrens kommen diese Tatbestände in Betracht:

- Das Firmengericht erklärt die Gesellschaft im Zuge des Verfahrens zur Gesetzlichkeitsaufsicht (*törvényességi felügyeleti eljárás*; §§ 72 ff FirmenG) für erloschen (§ 116 (1) lit a) FirmenG). Dies ist insb dann der Fall, wenn die Gesellschaft nach § 87 (2) FirmenG ihren buchhalterischen Rechenschaftspflichten gegenüber dem Firmengericht nicht nachkommt, wenn sie gem § 90 (3) FirmenG eine eintragungspflichtige Änderung nicht anmeldet oder wenn die sonstigen firmengerichtlichen Maßnahmen zur Gesetzlichkeitsaufsicht ergebnislos sind.
- Die Gesellschaft setzt nach § 116 (1) lit d) FirmenG ein Verhalten, das ihre nachfolgelose Auflösung bewirkt, und es besteht keine Möglichkeit, ein ordentliches Liquidationsverfahren durchzuführen. Hier ist an Fälle zu denken, in denen etwa eine Offene Gesellschaft (bzw Kommanditgesellschaft) mehr als über 6 Monate lang nur über einen Gesellschafter (oder Kommanditisten) verfügt[154].
- Die Gesellschaft leitet zwar ihre Liquidation ein, führt sie jedoch nicht ordnungsgemäß zu Ende (§ 116 (1) lit c) FirmenG).

Ist der Tatbestand von § 118 a (1) FirmenG erfüllt, kann jeder Gläubiger der zwangsgelöschten Gesellschaft auf die Feststellung klagen, dass der Mehrheitsgesellschafter unbeschränkt für ihre offenen Verbindlichkeiten haftet. Dabei ist die präklusive Klagefrist (90 Tage ab rechtskräftigem Abschluss des Zwangslöschungsverfahrens) zu beachten. Obwohl die Feststellungsklage abstrakt ist, muss der Kläger indirekt durch die Angabe des Streitwertes einen nahen Bezug

---

150 Zustimmend *Kisfaludi/Pethőné/Simon* in Meritum, Rz 2665 mwA. AA *Koday*, FirmenG, 512: Für sie muss das Verhalten des Mehrheitsgesellschafters sowohl in Bezug auf die Einleitung des Zwangslöschungsverfahrens als auch auf die Schädigung der Gläubiger (Forderungsausfall) ursächlich sein. Diese Ansicht wiederholt sich bei der Erörterung von § 118 a (2) FirmenG auf der Ebene der Bösgläubigkeit.

151 Zustimmend *Czene/Papp*, 505.

152 *Koday*, FirmenG, 511 u *Makai* in Sárközy, GesG, 707: Sie lassen aufgrund des Gesetzeswortlautes ausnahmsweise Schuldausschließungsgründe (zB längere Krankenhausaufenthalte aufgrund schwerer Erkrankung) zu. Vgl auch *Kisfaludi/Pethőné/Simon* in Meritum, Rz 2649 mit einer teleologischen Begründung ihres Standpunkts.

153 *Kisfaludi/Pethőné/Simon* in Meritum, Rz 2649.

154 *Czene/Papp*, 545.

zu seiner tatsächlichen Forderung herstellen.[155] Nach Stattgabe der Feststellungsklage kann sich der Gläubiger mit seiner Forderung in Form einer Leistungsklage an den Mehrheitsgesellschafter wenden.

Aufgrund von § 118 a (2) FirmenG erstreckt sich die unbeschränkte Haftung für Gesellschaftsschulden nach § 118 a (1) FirmenG auch auf Mehrheitsgesellschafter, die ihren Geschäftsanteil binnen 3 Jahren vor Einleitung des Zwangslöschungsverfahrens bösgläubig an eine dritte Person übertragen haben. Kam es innerhalb dieses Zeitraums zu mehreren Geschäftsanteilsübertragungen, haften die ehemaligen Mehrheitsgesellschafter solidarisch, wenn sie die Haftungsvoraussetzungen erfüllen.[156] Es ist nach § 118 a (2) FirmenG nicht (mehr)[157] erforderlich, dass die Verschuldung der zwangsgelöschten Gesellschaft die Hälfte ihres Eigenkapitals übersteigen muss.

Es ist mE unklar, ob sich die Bösgläubigkeit darauf bezieht, dass die Gesellschaft insolvent ist bzw bald insolvent werden wird oder dass die Gesellschaft bald Gegenstand eines Zwangslöschungsverfahrens werden wird; *Gál/Vezekényi*[158] sehen die Bösgläubigkeit in Hinblick auf das Zwangslöschungsverfahren. Diesfalls ist aber nicht erklärlich, wie die Exkulpationsgründe des Mehrheitsgesellschafters mit der Zahlungsfähigkeit der Gesellschaft in Zusammenhang stehen können. Ähnlich kritisieren auch *Kisfaludi/Pethőné/Simon*,[159] dass es unklar ist, welches Fehlverhalten dem Mehrheitsgesellschafter vorgeworfen wird. Sie würden Bösgläubigkeit sowohl betreffend die Phantomisierung als auch die Zahlungsunfähigkeit der beherrschten Gesellschaft bejahen. § 118 (2) FirmenG sei aber nur dann anzuwenden, wenn der verkaufende Mehrheitsgesellschafter wisse, dass der Erwerber die Zwangslöschung des Unternehmens bewirken werde. Alles andere wäre dem Mehrheitsgesellschafter nicht zumutbar, da er keinen Einfluss mehr auf die Geschicke der Gesellschaft habe.

Der Gläubiger muss die gerichtliche Feststellung der unbeschränkten Haftung des Mehrheitsgesellschafters begehren, ehe er seine Forderung tatsächlich geltend machen kann.[160] Dabei obliegt ihm die Beweisführung für das Vorliegen aller Haftungsvoraussetzungen.[161] Anders als nach § 63 a KonkursG gibt es in diesem Verfahren keinen Insolvenzverwalter, der dem Gläubiger wichtige Hilfestellung iZm der Durchsetzung der Feststellungsklage geben kann. Unklar ist, wie viel Zeit der Gläubiger für die Einbringung der Feststellungsklage hat, da § 118 a (2) FirmenG im Gegensatz zu (1) weder eine 90tägige Präklusivfrist noch eine andere Frist bestimmt.[162] Die daran anschließende Leistungsklage

---

155 *Koday*, FirmenG, 512. *Kisfaludi/Pethőné/Simon* kritisieren in Meritum, Rz 2633, dass die Rechtsdurchsetzung *de lege lata* zweistufig erfolgen muss.

156 *Koday*, FirmenG, 512.

157 Vgl § 93 FirmenG.

158 *Gál/Vezekényi*, Cégjogi kalauz 2009 [*Firmenrechtlicher Wegweiser 2009*], 2009, kurz zitiert: *Gál/Vezekényi*, Firmenrecht, 451.

159 *Kisfaludi/Pethőné/Simon* in Meritum, Rz 2661 f.

160 AA *Gál/Vezekényi*, Firmenrecht, 451 und *Kisfaludi/Pethőné/Simon* in Meritum, Rz 2633.

161 *Kisfaludi/Pethőné/Simon* in Meritum, Rz 2649.

162 *Koday* vertritt in FirmenG, 511 f, die Meinung, dass die Klagemöglichkeit mit dem rechtskräftigen Abschluss des Verfahrens eröffnet wird und dass keine besondere Klagefrist besteht.

kann jedenfalls nur nach rechtskräftigem Abschluss des Zwangslöschungsverfahrens erfolgen, da bis dahin nicht bekannt sein kann, wie hoch die verbleibende Forderung des Gläubigers der Gesellschaft ist[163].

Der ehemalige Mehrheitsgesellschafter kann sich von seiner Haftung befreien, wenn er beweist, dass die Gesellschaft zum Zeitpunkt der Übertragung seiner Geschäftsanteile zahlungsfähig war und somit die Zahlungsunfähigkeit erst danach eingetreten ist.[164] Eine bloß drohende Insolvenz reicht im Gegensatz zu § 63 a KonkursG für die Haftungsbegründung nicht aus. Auch der zweite Befreiungstatbestand – Nachweis des Mehrheitsgesellschafters, dass er trotz Zahlungsunfähigkeit der Gesellschaft gutgläubig war – erfordert im Gegensatz zu § 63 a KonkursG nicht die Wahrung der Interessen der Gläubiger. Die Gutgläubigkeit ist nach hL[165] zu bejahen, wenn der Mehrheitsgesellschafter nicht wissen konnte, dass die Gesellschaft zahlungsunfähig ist oder wenn er sich so verhalten hat, wie es in dieser Situation von ihm erwartet werden kann. TdL[166] bejahen pointierter Weise bereits die Gutgläubigkeit, wenn der Mehrheitsgesellschafter seine Anteile nicht einem Obdachlosen, sondern einem Geschäftsmann von durchschnittlicher Reputation verkauft.

Alternative Anspruchsgrundlagen bleiben von § 118 a (1)-(2) FirmenG unberührt. Diese strenge Haftung des Mehrheitsgesellschafters ist im Gegensatz zu § 63 a KonkursG dennoch zielführend und nicht überschießend, weil es nur im Zwangslöschungsverfahren anwendbar ist. Sonst kennt das Zwangslöschungsverfahren – im Gegensatz zum Liquiditäts-, Ausgleichs- und Insolvenzverfahren – keine bedeutsamen materiellen oder formellen Gläubigerschutzinstrumente.[167]

4. Konzernrechtliche Regelungen ieS

Was bereits im Eingangskapitel allgemein fürs ungarische Gesellschaftsrecht festgestellt wurde, gilt auch im Besonderen im Konzernrecht: Das Recht der Gruppen ist sehr stark vom deutschen Konzernrechtsdenken geprägt; auch der Einfluss des *Forum Europaeum*,[168] in dessen Rahmen deutsche Gesellschaftsrechtler ein europäisches Konzernrechtskonzept erarbeitet haben, kann nicht geleugnet werden.[169] Nichtsdestotrotz kann man in jüngster Zeit anhand des Rechtsinstituts des *wrongful trading*[170] auch einen angelsächsischen Einfluss auf Ungarn feststellen.

---

163 *Makai* in Sárközy, GesG, 707.
164 Zur problematischen Formulierung der einschlägigen Bestimmung vgl u FN 518.
165 *Kisfaludi/Pethőné/Simon* in Meritum, Rz 2649; *Czene/Papp*, 505.
166 *Makai* in Sárközy, GesG, 707.
167 *Kisfaludi/Pethőné/Simon* in Meritum, Rz 2631.
168 Vgl ZGR 1998, 673 ff = *Forum Europaeum*.
169 *Baumann*, 44 mwA.
170 S u Punkt III.2.

a) Allgemeines

Bereits seit 1989 gibt es in Ungarn ein Konzernrecht, welches sohin im GesG 88 (§§ 321–330), im GesG 97 (§§ 288–297) und nunmehr im GesG (§§ 52–64) Eingang gefunden hat.[171] Mit dem GesG wurden – wohl im Lichte des Unionsrechts – die heute geltenden, neuen Bestimmungen des Konzernrechts eingeführt, welche einen Bruch mit den früheren Vorschriften darstellen. Dies ist auch deshalb von Bedeutung, da es zu den entsprechenden GesG 88- und GesG 97-Normen außergewöhnlich viele gerichtliche Entscheidungen gibt, deren Wertungen unter Berücksichtigung der neueren Bestimmungen nach wie vor von Relevanz sind.[172] Die Ursache für die ausgeprägte Konzern-Rsp liegt wohl darin, dass die Körperschaften Ungarns ihre Staatsbetriebe nach der Wiedereinführung der Marktwirtschaft idR in Kapitalgesellschaften umgewandelt haben, welche bis zu ihrer vollständigen Privatisierung über Holdingkonstruktionen gelenkt wurden. Im Zuge ihrer Teilprivatisierungen bzw der sukzessiven Reduktion der Staatsanteile ergaben sich in weiterer Folge viele (konzern-)rechtliche Fragen, welche gerichtlich entschieden wurden.[173]

Durch das GesG werden grds vier Konzerntatbestände geregelt: der Missbrauch des Konzernverhältnisses (b.), die Rechtslage von faktischen Unternehmensgruppen (c.; im Folgenden auch faktische Konzerne), die Rechtsfolgen für anerkannte Konzerne (d.; im Folgenden auch Vertragskonzerne) und der Erwerb einer qualifizierten Mehrheit an einem Unternehmen (e.).

b) Missbrauch des Konzernverhältnisses (Konzernhaftung)

In Konzernverhältnissen bedarf es eines verstärkten Schutzes von Gläubigern.[174] Deshalb liegt der Tatbestand des Missbrauchs eines Konzernverhältnisses gem § 54 (1) GesG vor, wenn ein Mutterunternehmen (im Folgenden auch „herrschende" bzw „beherrschende" Gesellschaft),

(i) eine qualifizierte Mehrheit an einem Tochterunternehmen (im Folgenden auch „beherrschte" oder „abhängige" Gesellschaft) erwirbt;

(ii) eine dauerhaft nachteilige Geschäftspolitik (*tartósan hátrányos üzletpolitika*) betreibt (§ 54 GesG); *und*

(iii) weder ein faktischer noch ein anerkannter Konzern vorliegt[175].

Ein *qualifizierter Mehrheitserwerb (i)* liegt vor, wenn das Mutterunternehmen eine Beteiligung von über 75 % der Stimmen am Tochterunternehmen erwirbt.[176]

---

171 Im GesG 88 waren die konzernrechtlichen Bestimmungen nur für AGen einschlägig. Die konzernrechtlichen Bestimmungen für börsenotierte AGen sind nunmehr im Kapitalmarktgesetz (§§ 65–80a des CXX. Gesetzes aus 2001) zu finden. Auf diese wird nicht näher eingegangen.

172 *Bodor/Gál/Pethőné/Tomori/Vezekényi*, Részvénytársaság [*Aktiengesellschaft*], 2008, *Autor(en)* (*Bodor*) in AG 349; *Bodor* in Meritum, Rz 6505.

173 Vgl Complex-Kommentar, Rsp zu §§ 288–297 GesG 97.

174 *T.Török*, Konzern, 38.

175 S u Punkt c (faktische Unternehmensgruppe) bzw d (Vertragskonzern).

176 Näheres s §§ 52 f sowie weiter u Punkt II.4 e.

Es ist zu betonen, dass sich die Konzernhaftung nach § 54 GesG nur auf Tatbestände bezieht, in denen die Muttergesellschaft *nachträglich* eine qualifizierte Mehrheit erwirbt. Besteht diese Mehrheit jedoch bereits zum Zeitpunkt der Gründung, ist nurmehr § 63 (2) KonkursG anwendbar.[177] Begründet wird dies zurecht damit, dass die Gesellschafter, die bei der Gesellschaftsgründung in die (qualifizierte) Mehrheitsbeteiligung eines Mitgesellschafters eingewilligt haben, nicht schutzwürdig sind, da ihnen ihre Rolle klar sein musste.[178] *Tamás Török*[179] bemängelt an der Konstruktion von § 54 GesG, dass diese nur dann zum Schutze von Gläubigerinteressen herangezogen werden könne, wenn die Muttergesellschaft über eine qualifizierte Mehrheit verfügt. Eine nachteilige Geschäftspolitik könne jedoch bereits mit einfacher Mehrheit verwirklicht werden. Somit bestehe eine beachtliche Rechtsschutzlücke.

Eine *Geschäftspolitik (ii)* ist ein unternehmerisches „Handlungsprogramm, welches die Bestimmung von langfristigen Marktmaßnahmen und Strategien, ihre Planung sowie die Entwicklung von unternehmenstypischen Wirtschaftskonzepten und -richtlinien umfasst." Die Geschäftspolitik ist *nachteilig*, wenn die geschäftspolitikbedingten Maßnahmen nicht im Interesse einer Tochtergesellschaft stehen und ihr dadurch etwa nachhaltig Einnahmenausfälle oder anderwärtige Nachteile verursacht werden.[180] Maßgeblich ist stets der Blickwinkel der betroffenen Tochtergesellschaft, sodass es unbeachtlich ist, dass durch den Nachteil bei einer anderen Gesellschaft ein Verlustausgleich (oder sogar ein größerer Vorteil) eintritt. Die nachteilige Geschäftspolitik muss von einer Unternehmensleitung verursacht sein, die qualifiziert schuldhaft handelt; nicht beeinflussbare Marktereignisse begründen keine Haftung nach § 54 GesG.[181] IdS liege eine dauerhaft nachteilige Geschäftspolitik vor, wenn die Muttergesellschaft große Teile des Gewinnes abzieht, wenn sehr nachteilige Darlehensverträge abgeschlossen werden oder wenn die Tochtergesellschaft für die Muttergesellschaft einen Kredit besichern muss. Es könne jedoch von einer dauerhaft nachteiligen Geschäftspolitik keine Rede sein, wenn aufgrund von unternehmerischen Fehlentscheidungen in der Tochtergesellschaft selbst in der Muttergesellschaft Verluste realisiert werden.[182]

Im Sinne der rezipierten Rozenblum-Doktrin und in Widerspruch zur dt Konzernrechtsdogmatik begründet eine einmalige, nachteilige Maßnahme der Muttergesellschaft keine Haftung nach § 54 GesG.[183] Eine *dauerhaft* nachteilige Geschäftspolitik bedroht rglm die Zahlungsfähigkeit des beherrschten Unternehmens. Wenngleich die Rsp bis dato noch nicht zu § 54 GesG judiziert hat, ab wann diese Gefahr der Uneinbringlichkeit von Forderungen besteht,[184] kann

---

177 *Baumann*, 199 ff. Näheres zu § 63 KonkursG s weiter u Punkt III.4.
178 *Kisfaludi/Pethőné/Simon* in Meritum, Rz 8943.
179 *T.Török*, Konzern, 180 f.
180 16. Gf. 40 080/2004/3 (Hauptstädtisches Tafelgericht).
181 EBH 2004/1038.
182 *T.Török*, Konzern, 181 f.
183 Materialien zu § 64 GesG; *Gadó* in *Sárközy*, GesG, 148; *T.Török*, Konzern, 285, *Baumann*, 435.
184 *T.Török*, Konzern, 182 mwA. Sinngemäß können wohl aber auch die vergleichbaren Wertungen zum *wrongful trading* (s u Punkt III.2) herangezogen werden.

jeder Gläubiger *bei aufrechtem Unternehmensbetrieb der Tochtergesellschaft* im Rahmen eines firmengerichtlichen Verfahrens[185] jederzeit Sicherheitsleistungen von der Muttergesellschaft verlangen bzw firmengerichtliche Maßnahmen der Gesetzlichkeitsaufsicht[186] beantragen. Diese Sicherheitsleistung kann jederzeit gefordert werden. *Tamás Török* kritisiert idZ, dass dies eine überschießende Belastung des herrschenden Unternehmens darstelle und eine Verschlechterung zur früheren Regelung sei, da § 296 (2) GesG 97 noch eine 90tägige Präklusivfrist ab qualifiziertem Mehrheitserwerb der Muttergesellschaft vorgesehen hat[187].

Kisfaludi/Pethőné/Simon und *Tamás Török* weisen darauf hin, dass in dieser Bestimmung allerdings nicht geregelt sei, welche Arten von Sicherheiten zulässig sind; für *Tamás Török* kommt unbegründet lediglich die Einräumung eines Pfandrechts oder die Hinterlegung einer Kaution als geeignete Sicherheit in Frage. Andere Sicherungsmöglichkeiten wie etwa die Bürgschaft, die Garantie oder die Vinkulierung finden bei ihm hingegen keine Erwähnung.[188] Dieser Auffassung ist nicht zuzustimmen, da es aufgrund des Wortlauts und der Teleologie von § 54 (1) GesG einerlei ist, welche Rechtsinstitute den Gläubiger sicher stellen. Freilich sind gewisse Sicherheiten im Exekutionsverfahren leichter durchzusetzen als andere, aber dies sollte mE im Einklang mit dem ZwangsvollstreckungsG eine Ermessensentscheidung des zwangsvollstreckenden Gläubigers sein. Vor einem Missbrauch dieses Rechts, welches auch durch den Gesetzeswortlaut gedeckt ist, schützt der Umstand, dass das Firmengericht den Antrag des Gläubigers überprüfen muss und ihn ggf (etwa wegen Unangemessenheit, Unzumutbarkeit oder wegen Rechtsmissbrauchs) abweisen kann.

Ist jedoch die *Tochtergesellschaft bereits insolvent*, so bewirkt § 54 (2) GesG, dass die Muttergesellschaft für sämtliche Verbindlichkeiten des beherrschten Unternehmens haftet, welche durch die Konkursmasse nicht befriedigt werden können. Die Haftung des herrschenden Unternehmens für Verbindlichkeiten des beherrschten Unternehmens ist abstrakt und alles umfassend, da dies der Wortlaut von dieser Bestimmung (*arg* „uneingeschränkt") gebietet und mE sogar deliktische Ersatzforderungen in Hinblick auf entgangenen Gewinn oder immateriellen Schaden auf eine dauerhaft nachteilige Geschäftspolitik zurückgeführt werden könnten.[189] Unstrittig ist, dass sich die Haftung auch auf Verbindlichkeiten erstreckt, die vor dem Erwerb eines qualifizierten Einflusses entstanden sind[190].

---

185 Während *Gadó* begrüßt, dass nunmehr das Firmengericht für dieses Verfahren zuständig ist (*Gadó*, Az új Gt. konszernjogáról [*Über das neue Konzernrecht im GesG*] in GéJ, 2006/6–7, 14) wird gerade diese Gesetzesreform von *Tamás Török* beanstandet (*T.Török*, Konzern, 183). In *Bodor/Gál/Pethőné/Tomori/Vezekényi*, Részvénytársaság [*Aktiengesellschaft*], 2008, kurz zitiert: *Vezekényi* in AG, 225 wird *lex lata* ebenfalls kritisch gesehen. Es wird dort überdies nicht ausgeschlossen, dass ggf bei Unternehmen, die nicht dem FirmenG unterliegen, die Ansprüche im Rahmen eines ordentlichen Zivilverfahrens zu klären seien.

186 S o Punkt II.2 b.

187 *T.Török*, Konzern, 180.

188 *Kisfaludi/Pethőné/Simon* in Meritum, Rz 8975; *T.Török*, Konzern, 183.

189 Andere Ansicht: *Baumann*, 197.

190 *Kisfaludi/Pethőné/Simon in Meritum*, Rz 8983; *Baumann*, 198.

Diese Ansprüche der Gläubiger sind grds im Konkursverfahren geltend zu machen. § 63 (2) KonkursG bietet dem gleichartig geschädigten Gläubiger aber einen weiteren Weg, um seine Forderungen bis zu 90 Tage nach dem Abschluss des Konkursverfahrens gerichtlich geltend zu machen. Diese Anspruchsgrundlage kommt überdies auch dann zum Tragen, wenn § 54 GesG unanwendbar ist. Dies ist der Fall, wenn das beherrschende Unternehmen seinen qualifizierten Einfluss bereits zum Zeitpunkt der Gesellschaftserrichtung inne hatte.[191] Vgl auch weitere Ausführungen dazu weiter u Punkt II.4.

Wie im Folgenden dargestellt wird, ist es daher für die Muttergesellschaft geboten, einen *faktischen oder einen anerkannten Konzern (iii)* zu bilden, um diesen unangenehmen Rechtsfolgen zu entgehen.

c) Der faktische Konzern

Ohne Abschluss eines Beherrschungsvertrages und ohne die entsprechende Eintragung ins FB liegt gem § 64 GesG ein faktischer Konzern vor, wenn das Mutterunternehmen mit einer oder mit mehreren Tochterunternehmen ununterbrochen seit mindestens drei (vollen)[192] Jahren ein einheitliches Geschäftskonzept teilt und ihr Verhalten unter einander auf eine „berechenbare und ausgeglichene" (*kiszámítható és kiegyenlített*) Aufteilung von Nutzen und Lasten hindeutet. Die diesbezügliche Beweislast liegt bei der Muttergesellschaft – der erfolgreiche Nachweis des faktischen Konzernverhältnisses bewirkt, dass der vorhin bereits dargestellte § 54 GesG keine Anwendung findet. Das Recht des faktischen Konzerns und seine Beweislastregel erzeugen für die Muttergesellschaft eine kalkulierbare Rechtsunsicherheit bzw Haftungsgefahr[193].

Auch der faktische Konzern kann gem § 64 (1) GesG die Vorteile aus § 60 GesG nutzen. Diese sind: die Weisungsbefugnis der Muttergesellschaft gegenüber ihren Tochtergesellschaften, die Verschiebung von Generalversammlungkompetenzen der Tochtergesellschaften hin zur Muttergesellschaft sowie die besonderen Bestellungs- und Abberufungsrechte der beherrschenden Gesellschaft in Bezug auf leitende Funktionäre der Tochtergesellschaften.[194]

Obwohl das Gesetz keine näheren Angaben darüber macht, ist nach hL aus systematischen Überlegungen anzunehmen, dass auch die Mitglieder eines faktischen Konzerns geeignet sein müssen, einem anerkannten Konzern theoretisch anzugehören.[195] Dies gilt vor allem in Hinblick auf das Beteiligungverhältnis

---

191 Das Schrifttum zusammenfassend: *Baumann*, 199 ff mwA. Seinen Ausführungen ist jedoch mE dahingehend nicht zu folgen, dass § 63 (2) KonkursG kein von § 54 (2) GesG unabhängiger Anspruch sei. § 63 (2) KonkursG ist nicht bloß ein ggf etwas weiter gehender Tatbestand als § 54 (2) GesG. § 63 (2) KonkursG kommt nämlich insb dann eine selbständige Existenzberechtigung zu, wenn auf eine in Ungarn ansässige, insolvente Tochtergesellschaft das GesG nicht anzuwenden ist. Man denke hier an Gesellschaften mit ausländischer Rechtsform.

192 *T.Török*, Konzern, 286 f.

193 *Kisfaludi/Bodor/Pethőné/Simon* in Meritum, Rz 9129 ff, *T.Török*, Konzern, 286 ff, *Baumann*, 450 f. Dies ablehnend *Gadó* in Sárközy, GesG, 149.

194 Näheres dazu: s u Punkt II.4 d.

195 Zu den Voraussetzungen eines anerkannten Konzerns: s u Punkt II.4 d.

bzw das Einflusspotential der Muttergesellschaft ggü der Tochtergesellschaft.[196] Das einheitliche Geschäftskonzept muss nicht schriftlich festgehalten sein; es genügt vielmehr, wenn aus dem Marktverhalten der Konzernmitglieder konkludent hervorgeht, dass sie einheitliche Geschäftsziele verfolgen. Die Formulierung, dass die Vor- und Nachteile durch das Geschäftskonzept auf „berechenbare und ausgeglichene" Weise auf die Konzernmitglieder zu verteilen sei, deutet auf § 56 (3) lit c) GesG hin, welcher die inhaltlichen Erfordernisse von Beherrschungsverträgen in Bezug auf den Schutz von Minderheitsgesellschaftern und Gläubigern normiert. *Baumann*[197] bezweifelt zurecht, dass diese Bestimmung für einen effizienten Schutz von Gläubigern oder Minderheitsgesellschaftern geeignet ist.

Nach *Tamás Török*[198] ist die Bestimmung von § 64 (1) GesG, derzufolge Vor- und Nachteile der Unternehmensgruppe auf „berechenbare und ausgeglichene" Weise auf die Konzernmitglieder verteilt werden müssen, verfassungswidrig, da sie gegen das Rechtsstaatlichkeitsprinzip (*normavilágosság*; Bestimmtheit von Sollensanordnungen) verstoße. Dem ist mE nicht zuzustimmen, da die Regelungstiefe dieser Norm nicht geringer ist als von unzähligen anderen Bestimmungen. Überdies sind nach dem GrundG[199] mehr Voraussetzungen für eine Aufhebung einer Bestimmung mangels Rechtsstaatlichkeit erforderlich, als hier vorliegen.

Die Feststellung des Vorliegens eines faktischen Konzerns erfolgt auf Antrag der herrschenden Gesellschaft (wenn sie etwa im Weiteren eine ihrer Konzernrechte gem § 60 GesG nutzen möchte), von Amts wegen (zB wenn das Firmengericht über die Eintragung eines Amtsträgers entscheiden muss, welcher von der herrschenden Gesellschaft bestellt wurde) oder auf Antrag einer beschwerten Person – also auch eines beschwerten Minderheitsgesellschafters oder eines Gläubigers. Die gerichtliche Feststellung des faktischen Konzerns impliziert, dass die Muttergesellschaft im untersuchten Zeitraum keine dauerhaft nachteilige Geschäftspolitik betrieben hat (§ 64 (3) GesG).[200] Kann das Gericht hingegen nicht feststellen, dass ein faktischer Konzern iSv § 64 (1) GesG vorliegt (*arg e contrario*), haftet die Mehrheitsgesellschafterin den Gläubigern gem § 54 GesG.[201]

Diese Feststellungsklage wirft strittige zivilprozessuale Fragen auf. Wird die Feststellung etwa iZm der Eintragung eines Amtsträgers ins Firmenbuch mittelbar akut, ist das dazu berufene Firmengericht zuständig. Da allerdings

---

196 Dies würde ansonsten eine Umgehung der Bestimmungen von § 54 ff GesG ermöglichen. Vgl *T.Török*, Konzern, 286 f, *Kisfaludi/Pethőné/Simon* in Meritum, Rz 9129.

197 *Baumann*, 450 f.

198 *T.Török*, Konzern, 289.

199 CCCCXXV. Gesetz aus 2011. Vgl auch ABH 1992/167 und das Schrifttum zu Art B (1) GrundG (ex § 2 (1) VerfassungG = XX. Gesetz aus 1949).

200 Kritisch dazu *Kisfaludi/Bodor/Pethőné/Simon* in Meritum, Rz 9139 ff mit Anmerkungen zu zivilgerichtlichen Zuständigkeitsfragen und zur Kognitionsbefugnis des Firmengerichts. S auch in Bezug auf Zuständigkeitsfragen *T.Török*, Konzern, 289 f aA.

201 *T.Török*, Konzern, 290.

das Verfahren des FirmenG außerstreitiger Natur[202] ist, ergeben sich Schwierigkeiten bei der Sachverhaltsfeststellung. Nach hM kann es die Wahrheit unbefriedigender Weise nur über den Urkundenbeweis feststellen.[203] Fordert die Muttergesellschaft die Feststellung des Vorliegens des faktischen Konzernverhältnisses, liegt eine Zuständigkeit des örtlichen Komitatsgerichts vor, welches mithilfe der ZPO ein streitiges Verfahren abwickeln muss.[204] Dabei sind alle Beweismittel zulässig (§ 166 ZPO). In diesem Verfahren ist die herrschende Gesellschaft Klägerin, welche die von ihr beherrschte Gesellschaft klagt. Bedenklich ist dabei, dass gerade aufgrund eines Konzernverhältnisses eine Abhängigkeit der Tochtergesellschaft und ihrer Amtsträger vorliegt. Dies lässt die Standpunkte der beiden Verfahrensparteien mit einander verschmelzen. Das führt in weiterer Folge dazu, dass – unter weitgehend möglicher Ausgrenzung von Minderheitsgesellschaftern und Gläubigern als Verfahrensbeteiligte – dem Gericht jener Eindruck vermittelt werden kann, dass die Voraussetzungen des faktischen Konzerns vorliegen würden und dass eine Haftung nach § 54 GesG zu verneinen wäre.[205] Fordert die Tochtergesellschaft – die zweifelsohne ein rechtliches Interesse daran hat – die Feststellung des Vorliegens des faktischen Konzernverhältnisses, verkehren sich die Verfahrenspositionen bei gleich bleibender Problematik. Wenn jedoch eine beschwerte Person (Gläubigerin, Minderheitsgesellschafterin), die zunächst ihr rechtliches Interesse glaubhaft darlegen muss,[206] die Feststellung des Vorliegens eines faktischen Konzerns begehrt, ist sie die klagende Partei, während die Konzernmutter und ihre -töchter in Streitgenossenschaft (§§ 51 ff ZPO) die beklagte Partei sind.[207]

Die Haftung des Geschäftsführers für die vorrangige Wahrung der Interessen seiner Gesellschaft steht mE bis zur Entstehung eines faktischen Konzerns in einem kaum lösbaren Spannungsverhältnis.[208] Denn bis die Konzernbestimmung von § 64 (1) iVm 60 (4) GesG an die Stelle von § 30 (2) GesG tritt, muss idR der Geschäftsführer einer Tochtergesellschaft Nachteile aus dem Konzernverhältnis, welches noch nicht anerkannt ist, über die eigene Gesellschaft ergehen lassen. Dieser Konflikt ist nur dann entschärft, wenn der Geschäftsführer durch entsprechende Beschlüsse der Generalversammmlung von seiner Haftung befreit wird[209].

In dem Fall, dass das Gericht das Vorliegen eines faktischen Konzerns feststellt, haben die betroffenen Gesellschaften gem § 64 (4) GesG binnen 90 Tagen ab Rechtskraft des Urteils die Möglichkeit, einen Beherrschungsvertrag im Sinne der Vorgaben des Gerichts anzunehmen und eine Eintragung als anerkannter

---

202 S oben FN 58.
203 *Kisfaludi/Bodor/Pethőné/Simon* in Meritum, Rz 9139; *Török*, Konzern, 290; *Baumann*, 451.
204 §§ 22 f ZPO.
205 Zum bislang nicht ausjudizierten Problem der Rechtskrafterstreckung eines Urteils, das ohne Einbeziehung von Gläubigern und Minderheitsgesellschaftern gefällt wurde: *Baumann*, 456.
206 Kritisch *Baumann*, 454.
207 HM: *Kisfaludi/Bodor/Pethőné/Simon* in Meritum, Rz 9143 ff; *Török*, Konzern, 290 f; *Baumann*, 453 ff aA *T.Török*, Haftung, 287.
208 AA *Baumann*, 461 f.
209 Näheres s § 30 (5) GesG (*wrongful trading*) oder u Punkt III.2.

Konzern in das FB zu beantragen. Dabei sind die weiter u dargelegten §§ 57 f GesG (Beschlussfassung über die Bildung eines Konzerns, Beschlussfassung über den Beherrschungsvertrag mit ¾-Mehrheit; Gewährung von Sicherheiten für Gläubiger; Verkaufsrecht der Minderheitengesellschafter; Einbindung der Arbeitnehmervertretung in das Konzernbildungsverfahren) nicht anzuwenden. Die hL nimmt an, dass das vorangehende Urteil bereits die Bedingungen und Eckpunkte der Geschäftspolitik bzw des Beherrschungsvertrages des Konzerns zu bestimmen hat.[210] § 64 (4) GesG entlastet also den Konzern bei seiner Konstituierung als Vertragskonzern. Es ist aber der Auffassung von *Tamás Török* zuzustimmen, dass die derzeitige, für Konzerne attraktive Formulierung von § 64 (4) GesG insb für Gläubiger bzw Minderheitengesellschafter formal- und materiellrechtliche Nachteile bringt, die *de lege ferenda* zu beseitigen wären.[211]

d) Der anerkannte Konzern (Vertragskonzern)

Der juristische *Vorteil von anerkannten Konzernen* besteht zunächst darin, dass die Bestimmungen über den qualifizierten Mehrheitserwerb und über die Haftung für dauerhaft nachteilige Geschäftspolitik (§§ 52–54 GesG) auf sie nicht anzuwenden sind.[212] Als weitere Rechtsfolgen gehen sämtliche Generalversammlungskompetenzen der Tochtergesellschaft auf die Muttergesellschaft über; sie darf der beherrschten Gesellschaft auch nach Maßgabe ihres Gesellschaftsvertrages und des Beherrschungsvertrages Weisungen erteilen (§ 60 (1) GesG). Schließlich verschiebt sich gem § 60 (4) GesG auch das Haftungsregime, da die leitenden Funktionäre der Tochtergesellschaft mit Entstehung des Vertragskonzerns verpflichtet sind, anstelle der Interessen der Konzerntochter die Interessen der gesamten Unternehmensgruppe ihrer Amtsführung zugrunde legen. IdS können der herrschenden Gesellschaft im Beherrschungsvertrag weitere Vorzüge in Bezug auf die Bestellung und Abberufung von leitenden Angestellten, Aufsichtsratsmitgliedern oder Prokuristen gewährt werden. Diese werden in §§ 60 (2) f GesG genannt.

Eine anerkannte Unternehmensgruppe liegt vor, wenn eine Gesellschaft – welche eine oder mehrere Wirtschaftsgesellschaften beherrscht – aufgrund des RLG (C. Gesetz aus 2000) zur Erstellung eines konsolodierten Rechnungsabschlusses (im Folgenden auch: Konzernabschluss) verpflichtet ist *und* einen Beherrschungsvertrag mit seinen abhängigen Gesellschaften abschließt. Die Konzerngesellschaft ist ins FB einzutragen (§ 25 (1) lit p) FirmenG). Dem Vertragskonzern kommt nach § 55 (3) GesG keine eigene Rechtspersönlichkeit zu.

---

210 *Bodor* in AG, 366; *Kisfaludi/Bodor/Pethőné/Simon* in Meritum, Rz 9153; sowie *T.Török*, Konzern, 290.

211 *T.Török*, Konzern, 291. *Sárközy* vertritt in Konszernjog, avagy a vállalatcsoportok joga – új komplex jogterület [*Konzernrecht, oder das Recht der Unternehmensgruppen – ein neues komplexes Rechtsgebiet*], GéJ, 2007, 6–7, 8, die Ansicht, dass ein Vertragskonzern zwingend im Sinne des Feststellungsurteils gebildet werden müsse, wenn die Feststellungsklage von einer beschwerten Person eingebracht wurde.

212 § 58 aE GesG iVm §§ 52–54 GesG. Nähere Ausführungen zu diesen §§ siehe den vorangegangenen Punkt.

Es ist gem § 10 (1) iVm § 3 (2) Z 1 RLG die Muttergesellschaft zur Erstellung eines konsolidierten Rechnungsabschlusses verpflichtet, welche direkt oder (bspw[213] aufgrund von Stimmbindungsverträgen mit anderen Gesellschaftern) indirekt über mehr als 50 % der Stimmen in der Tochtergesellschaft verfügen. Alternative Voraussetzungen wären die Berechtigung zur Bestellung oder Abberufung der Mehrheit der Geschäftsführer oder des Aufsichtsrats der Tochtergesellschaft bzw allgemein die vertragliche/satzungsbedingte/syndizierte Zusicherung von entscheidenden Lenkungs- und Kontrollbefugnissen innerhalb der Tochtergesellschaft. Diese Voraussetzungen sind mit jenen für den Einflusserwerb an Kapitalgesellschaften vergleichbar.[214] Auf die Ausnahmetatbestände der §§ 116 f RLG, welche die Muttergesellschaft von der Erstellung eines Konzernabschlusses befreien und dadurch vor allem klein- und mittelständische Gesellschaften entlasten, wird nicht näher eingegangen.[215]

Das wirksame Zustandekommen eines Beherrschungsvertrages, auf welchen im Übrigen das allg Vertragsrecht subsidiär anzuwenden ist (§ 56 (5) GesG),[216] setzt den Abschluss von vier Phasen voraus: Die Einleitung von Konzernbildungsmaßnahmen (i); das Verfahren zum Schutz der Gläubiger und der Minderheitengesellschafter (ii); die Beschlussfassung über den Abschluss des Beherrschungsvertrages (iii); sowie die Eintragung ins FB (iv).[217]

Über die *Einleitung von Konzernbildungsmaßnahmen (i)*[218] sowie über den Beherrschungsvertragentwurf ist ein einfacher Generalversammlungsbeschluss jedes beteiligten Konzernmitglieds erforderlich (§ 56 (1) GesG). Als Alternative dazu wendet die Praxis eher § 56 (2) GesG an, demzufolge die Generalversammlung den/die Geschäftsführer mit der Errichtung eines Konzerns betraut. In weiterer Folge muss die Muttergesellschaft gem §§ 57 (1) f GesG den Entwurf des Beherrschungsvertrages innerhalb von 8 Tagen ab seiner Fertigstellung in zwei auf einander folgenden Ausgaben des Firmenamtsblatts kund zu tun. Dieser Vorgang ist zum Schutz der Gläubiger und Minderheits-

---

213 Es gibt noch eine Reihe von weiteren möglichen Sachverhalten, wie etwa der Beherrschung einer dritten Gesellschaft, welche zusammen mit der Muttergesellschaft über mehr als 50 % der Stimmen in der Tochtergesellschaft verfügt. Es wird auf ihre Erwähnung bzw nähere Darstellung verzichtet. Vgl *Kisfaludi/Bodor/Pethőné/Simon* in Meritum, Rz 9003 ff mwA. Vgl auch die Ähnlichkeit dieser Bestimmung zur allgemeinen Definition des Mehrheitseinflusses (§ 685 b BGB).

214 Siehe weiter u Punkt II.4 e.

215 Diese wären insb die qualifizierte Beherrschung der Muttergesellschaft durch eine übergeordnete dritte Gesellschaft oder die mangelnde Größe des Konzerns. Vgl aber *Kisfaludi/Bodor//Pethőné/Simon,* Meritum, Rz 9017 ff mwA.

216 Diese Bestimmung wird in der Lit mit Verweis auf die Lit in Deutschland zT heftig kritisiert. Vgl *T.Török,* Konzern, 274 und *Darázs,* Az elismert vállalatcsoport uralmi szerződése [*Der Beherrschungsvertrag der anerkannten Unternehmensgruppe*], JK, 2009/3, kurz zitiert: *Darázs,* JK 123 ff.

217 *T.Török,* Konzern, 265 f.

218 Man denke hier an die Sichtung von relevanten Daten und Materialien; an die Eröffnung von Verhandlungen oder die nähere Prüfung der Rechtslage.

gesellschafter bei jeder Änderung des Beherrschungsvertrages zu wiederholen[219].

Während der Konzernbildung sind die Arbeitnehmervertreter der betroffenen Wirtschaftsgesellschaften bei sonstiger Schadenersatzpflicht stets am Laufenden zu halten; Gläubigern dieser Gesellschaften, deren Verbindlichkeit vor der ersten Veröffentlichung entstanden sind, steht ab der zweiten Veröffentlichung eine 30tägige Präklusivfrist zur Wahrung ihrer Interessen zu (§§ 57 (3) f GesG). Dieser *Interessenschutz* (ii) besteht bei Gläubigern darin, dass sie Sicherheiten von ihren Gesellschaften in Höhe ihrer nicht fälllligen Forderungen verlangen können, es sei denn, ihre Forderung bedarf aufgrund der Wirtschaftslage ihrer Schuldnerin keiner Besicherung oder ist bereits besichert. *Tamás Török*[220] sieht diese Regelung als gläubigerfeindlich, da nicht geregelt sei, welche Arten von Sicherheiten zulässig seien. In weiterer Folge anerkennt er lediglich die Einräumung eines Pfandrechts oder die Hinterlegung einer Kaution als geeignete Sicherheit; andere Sicherungsmöglichkeiten wie etwa die Bürgschaft, die Garantie oder die Vinkulierung von Gesellschaftsanteilen finden bei ihm keine Erwähnung. Die Sicherheiten müssten ggf im Wege eines Zivilverfahrens eingefordert werden, da die Voraussetzungen für die Erledigung über ein firmengerichtliches Verfahren zur Gesetzlichkeitsaufsicht nicht erfüllt seien.

Das GesG schützt mit § 57 (5) GesG Minderheitsgesellschafter im Konzernbildungsverfahren, indem ihnen das Recht zusteht, innerhalb von 30 Tagen ab der erstmaligen „Veröffentlichung der Entscheidung" (*„a döntés első közzétételét követően"*) ihre Anteile zum Marktwert, doch mindestens zum Wert ihres aliquoten Eigenkapitalanteils an der Tochtergesellschaft der Muttergesellschaft zu verkaufen. Es ist mE sachlich nicht gerechtfertigt, dass den Gesellschaftern ein Tag weniger Entscheidungszeit zugestanden wird, als den Gläubigern der Tochtergesellschaft. Die Formulierung von § 57 (5) GesG[221] wird auch von *Tamás Török*[222] kritisiert. Sie lasse nämlich einen Interpretationsspielraum zu, sodass man anstelle des Verkaufsrechts des Minderheitengesellschafters auch annehmen könne, dass er nur das Recht auf Vertragsabschluss mit der Muttergesellschaft habe. Dabei verweist *Tamás Török* auch auf das Urteil BH 2006/91, in

---

219 *Baumann*, 303 f.

220 *T.Török*, Konzern, 268 f.

221 „Die Gesellschafter (Aktionäre) der an der Vorbereitung der anerkannten Unternehmensgruppe beteiligten, kontrollierten Gesellschaften mit beschränkter Haftung oder geschlossenen Aktiengesellschaften können innerhalb einer mit einem Rechtsverlust verbundenen Frist von dreißig Tagen nach der ersten Veröffentlichung der Entscheidung <u>fordern,</u> dass der beherrschende Gesellschafter ihre Anteile (Aktien) zu dem zum Zeitpunkt des Kaufs bestehenden Marktwert, doch wenigstens zu einem dem Eigenkapital der kontrollierten Gesellschaft auf die Anteile (Aktien) entfallenden Teil entsprechenden Wert kaufen soll.
(*Az elismert vállalatcsoport előkészítésében részt vevő ellenőrzött korlátolt felelősségű társaságok vagy zártkörűen működő részvénytársaságok tagjai (részvényesei) a döntés első közzétételét követő harmincnapos jogvesztő határidőn belül <u>kérhetik,</u> hogy az uralkodó tag üzletrészüket (részvényeiket) a vásárlás időpontjában fennálló piaci értéken, de legalább az ellenőrzött társaság saját tőkéjéből az üzletrészre (részvényre) jutó résznek megfelelő értéken vásárolja meg.)*".

222 *T.Török*, Konzern, 268 f. S auch die Unterstreichung in der vorigen FN.

welchem die Kurie[223] aufgrund der sehr ähnlichen Formulierung von § 295 (1) GesG 97 bereits einmal diese bedenkliche Rechtsauffassung vertreten habe.

Die Rechte der Gläubiger und Minderheitsgesellschafter werden erst mit dem Eintritt jener Bedingungen schlagend, dass die Bildung des anerkannten Konzerns erfolgreich abgeschlossen wird. Das geschieht, indem der *Beherrschungsvertrag* auf sämtlichen Generalversammlungen jener Gesellschaften, welche am Konzernbildungsverfahren teilgenommen haben, mit ¾-Mehrheit *angenommen wird (iii)* und der anerkannte Konzern ins FB eingetragen wird (§ 58 GesG).[224] Hier lässt das Gesetz keine Delegation dieser Kompetenz an den Geschäftsführer zu. In Bezug auf die Generalversammlungsbeschlüsse der Tochtergesellschaft weist *Tamás Török* darauf hin, dass bei der Abstimmung das Stimmrecht der beherrschenden Gesellschaft (Mehrheitsgesellschafterin) gem § 20 (5) GesG ruht, da der Beherrschungsvetrag mit ihr abzuschließen wäre. Dies führe zu einer überschießenden Stärkung der Position des Minderheitengesellschafters. Überhaupt sei, wie die Praxis beweise, das ungarische Konzernrecht trotz legislativer Bemühungen im Endeffekt sehr unattraktiv ausgestaltet worden.[225]

Die Muttergesellschaft ist verpflichtet, die *FB-Anmeldung der anerkannten Unternehmensgruppe (iv)* nach Abschluss des Beherrschungsvertrages innerhalb von 15 Tagen für alle betroffenen Unternehmen vorzunehmen (§ 58 (2) GesG).[226] Das Firmengericht prüft aufgrund der beizubringenden Unterlagen, welche in I. Z 9 der 2. gesetzlichen Beilage zum FirmenG aufgezählt werden, ob alle Eintragungsvoraussetzungen erfüllt werden. Wenn man von der materiellen Prüfpflicht des Beherrschungsvertrages absieht, liegt eine bloß formelle Prüfungsbefugnis für die Eintragung des anerkannten Konzerns ins FB vor.[227] Die Eintragung der Konzerneigenschaft ins FB wirkt konstitutiv. Dies lässt sich daraus ableiten, dass die Vorteile des Vertragskonzerns gem § 58 aE GesG erst mit die Eintragung des Konzerns ins Firmenbuch wirksam werden[228].

Aufgabe des *Beherrschungsvertrag*es ist es, die Geschäftsziele des Konzerns, die Mittel zu ihrer Umsetzung, das Ausmaß der Einschränkung der Selbständigkeit der Tochtergesellschaft(en) sowie die Maßnahmen des Minderheiten- und Gläubigerschutzes festzusetzen (§ 55 (1) aE iVm (2) GesG). IdS sind gem §§ 56 (3)f GesG neben einigen formellen Informationen (Dauer des Konzernverhältnisses, Firma, Sitz, FB-Nummer der beteiligten Gesellschaften) auch nachstehende inhaltliche Angaben zu machen: Geschäftskonzeption des Konzerns, Art und Weise der notwendigen Zusammenarbeit der Konzernmitglieder (insb hinsichtlich Entscheidungsfindung, Durchführung von

---

223 Bis 31.12.2011: Oberster Gerichtshof (*Legfelsőbb Bíróság* oder kurz: LB).

224 *Kisfaludi/Bodor/Pethőné/Simon* in Meritum, Rz 9059 und *Bodor* in *AG*, 356.

225 *T.Török*, Konzern, 258 f und 270.

226 In *T.Török*, Konzern, 271 aE wird die Auffassung vertreten, dass diese FB-Eingabe von allen betroffenen Unternehmen firmenmäßig gezeichnet werden müssen.

227 *Sárközy* in *Sárközy*, GesG, § 58.

228 TdL kritisieren allerdings iZm mit § 56 GesG, dass die Bestimmungen äußerst schwammig und schwer verständlich seien. S auch *T.Török*, Konzern, 272 f.

Beschlüssen, Rechten und Pflichten von Tochter-Gesellschafterversammlung und Tochter-Geschäftsführung), Gläubigerschutzbestimmungen (so bspw Interessensausgleichsmechanismen, Haftungsübernahmen, Verlustübernahmen, Zuschusspflichten, Reorganisationspflichten im Falle der Insolvenz einer Tochtergesellschaft), Minderheitsschutzbestimmungen (insb die Pflicht zur Ergänzung der Dividende) sowie die Rechtsfolgen von allfälligem Vertragsbruch. Es kann auch der Umtausch von Geschäftsanteilen der beherrschten Gesellschaft in jene der herrschenden Gesellschaft vorgesehen werden.[229]

Das GesG sieht zugunsten der Minderheitengesellschafter bzw der Gläubiger der Tochtergesellschaften während des Bestehens des Konzernverhältnisses eine Reihe von Maßnahmen vor, um die Umsetzung des Beherrschungsvertrages zu gewährleisten und um ihre Position zu sichern. So muss die herrschende Gesellschaft auf den Gesellschafterversammlungen der beherrschten Gesellschaft über die Erfüllung der Bestimmungen des Beherrschungsvertrages Bericht erstatten, wenn ihre Satzungen keine intensiveren Berichtspflichten vorsehen (§ 61 (1) iVm (3) GesG). Weiters haben Gesellschafter, deren Stimm-anteil insgesamt 5 % übersteigt, und der Geschäftsführer der Tochtergesellschaft ein Auskunftrecht gegenüber der Muttergesellschaft in Bezug auf die Einhaltung/Umsetzung des Beherrschungsvertrages. Gem § 62 (2) GesG können Gesellschafter und Gläubiger, welche oa Voraussetzungen erfüllen, sowie leitende Funktionäre der Tochtergesellschaft auch die Abhaltung einer Generalversammlung der Tochtergesellschaft beantragen, *„wenn sie eine wesentliche oder wiederholte Verletzung der Festlegungen im Beherrschungsvertrag wahrnehmen".*[230] Wenn die Muttergesellschaft diesem Antrag nicht entspricht, geht die Einberufungskompetenz auf das Firmengericht über, welches entweder selbst die Einberufung der ao Generalversammlung vornimmt oder die Antragsteller hierzu ermächtigt. Die Wirksamkeit und die Sinnhaftigkeit dieses Rechts wird dadurch in Frage gestellt, dass die Muttergesellschaft auf der Generalversammlung über die Mehrheit der Stimmen verfügt (sofern § 20 (5) GesG nicht anzuwenden ist)[231] und dass die Kostentragung der Generalversammlung unklar ist: § 62 (2) aE GesG normiert nur, dass die herrschende Gesellschaft die Kosten der Generalversammlung vorstrecken muss. ME ist (*arg e contrario*) über die endgültige Kostentragung nach der allgemeinen, minderheitenfeindlichen Regelung des GesG über die Kostentragung von Generalversammlungen zu entscheiden[232].

Besagte Gesellschafter, deren Stimmanteil insgesamt 5 % übersteigt, und Gläubiger, deren nicht fällige Forderungen 10 % des Stammkapitals der Tochtergesellschaft übersteigen, haben gem § 62 (3) GesG auch das Recht, beim Fir-

---

229 *Baumann*, 309 f; *Darázs*, JK126 f.

230 Diese Bestimmung scheint aufgrund der Umstände nicht zum besonderen Schutz der Außenseiter geeignet, weil sie dieses Recht bereits aufgrund von § 49 (1) GesG schon haben und weil es durchaus möglich ist, dass die einberufene Gesellschafterversammlung aufgrund des Beherrschungsvertrages in einer gegenständlichen Frage gar keine Kompetenz mehr hat.

231 S o Punkt II.2 c.

232 Vgl Schrifttum zu § 49 (4) GesG. S auch *T.Török*, Konzern, 281.

mengericht die Bestellung eines Sachverständigen zu beantragen, welcher zu prüfen hat, ob die Muttergesellschaft den Beherrschungsvertrag gebrochen hat oder nicht. Unter Berücksichtigung der Formulierung dieser Bestimmung wird dabei der Eindruck erweckt, dass die antragslegitimierten Personen bereits bei geringfügiger Verletzung des Beherrschungsvertrages (zB die um wenige Tage verspätete Auszahlung der Dividenden) beim Firmengericht die Bestellung eines Sachverständen verlangen können. Wird mit oder ohne[233] dessen Gutachten die Verletzung des Beherrschungsvertrages feststellt, kann nunmehr jeder Gesellschafter, jeder Gläubiger und jeder leitende Funktionär der Tochtergesellschaft beantragen, dass das Firmengericht die Muttergesellschaft zur Erfüllung des Beherrschungsvertrages auffordern solle; dass es Sanktionen des firmengerichtlichen Gesetzlichekeitsverfahrens anwenden solle; oder dass den Konzernmitgliedern die weitere Tätigkeit als anerkannte Unternehmensgruppe untersagt werden solle (§ 62 (4) GesG)[234]. Die hL[235] geht von einem Stufenbau der Sanktionen aus, sodass das Gericht die Untersagung des Vertragskonzerns nur als *ultima ratio* verhängen darf oder wenn die gelinderen Sanktionen erfolglos blieben. Außenseiter haben im Gesetzlichkeitsverfahren kein außerordentliches Recht auf Haftungsdurchgriff in Hinblick auf die herrschende Gesellschaft, auf leitende Funktionäre oder auf AR-Mitglieder; für Gläubiger gibt es keine Möglichkeit, die Gewährung von Sicherheiten für ihre Forderungen zu verlangen. Aus diesem Grund sei laut *Tamás Török*[236] der Rechtsschutz für Gläubiger und Gesellschafter schwächer als im dt Konzernrecht.

Die Haftung des Geschäftsführers für die mangelnde Vertretung von Gläubigerinteressen im Falle der Insolvenz der Gesellschaft (§ 30 (3) GesG; *wrongful trading*) ist aufgrund des Bestehens eines Beherrschungsvertrages, der die Gläubiger bereits ausreichend schützen soll, im anerkannten Konzern nicht anzuwenden, da nach Auffassung des Gesetzgebers die Gläubigerschutzbestimmungen des Beherrschungsvertrages ausreichend sind.[237]

Die Umsetzung der gesetzlichen Bestimmungen in die Praxis und die Einhaltung der Beherrschungsverträge wurde von der Kurie (bislang) ebensowenig geprüft, wie die Frage der Grenzen der Beschränkung der Eigenständigkeit der Tochtergesellschaften (§ 55 (2) GesG). In der Lit verweisen *Darázs* und *Tamás Török* jedoch auf die Modellfunktion des deutschen Konzernrechts für

---

233 Zur rechtlichen Prüfung (Subsumtion) von Sachverhalten bedarf es keiner gerichtlich bestellten Sachverständigen.

234 § 62 (4) lit c GesG spricht von einem Verbot der Unternehmensgruppe, weiter als anerkannte Unternehmensgruppe tätig zu sein. Diese Formulierung ist unglücklich, da – wie bereits mit § 55 (3) GesG klargestellt – die Unternehmensgruppe keine Rechtspersönlichkeit hat. Daher kann der Unternehmensgruppe keine Tätigkeit verboten werden. Zielführender wäre mE eine Formulierung, der zufolge das Firmengericht als Sanktion die Eintragung als Vertragskonzern aus dem FB streicht.

235 *Gadó* in Sárközy, GesG, 147; *Zumbok*, GesG, 161.

236 *T.Török*, Konzern, 282.

237 *Kisfaludi/Bodor/Pethőné/Simon* in Meritum, Rz 9091.

das GesG, sodass die Wertungen der dt Rsp für Ungarn beachtenswert sein können.[238]

Der anerkannte Konzern endet gem § 63 GesG mit Zeitablauf, durch Beschluss der Konzernmitglieder,[239] durch Anordnung des Firmengerichts sowie durch Wegfall einer Konzernvoraussetzung (insb Entfall der Pflicht, eine Konzernbilanz zu erstellen). Die Muttergesellschaft ist ab Eintritt einer der oa Bedingungen verpflichtet, binnen 30 Tagen die Berichtigung des FB vorzunehmen. Diese Eintragung der Löschung des Konzerns wirkt konstitutiv. Nach Beendigung des Konzernverhältnisses trifft die ehemals herrschende Gesellschaft eine allgemeine und umfassende Nachhaftung (§ 63 (3) GesG), welche durch die Rsp nicht näher behandelt wurde. In der Lit spricht sich *Bodor* für eine Haftung der Muttergesellschaft für ihr schuldhaftes, konzernauflösungsbegründendes Verhalten aus. Überdies vertritt sie die Ansicht, dass die Nachhaftung gleichermaßen zugunsten der Tochtergesellschaft(en) sowie ihrer Minderheitsgesellschafter und Gläubiger sein könne.[240]

Die Bestimmungen über *Einpersonen-Gesellschaften* sind in Bezug auf anerkannte Unternehmensgruppen sinngemäß für die Fälle anzuwenden, dass die Muttergesellschaft eine Tochtergesellschaft gründet oder sie gänzlich (bspw aufgrund von § 57 (5) GesG) erwirbt. Konzernstrukturen, die auf Einpersonen-Gesellschaften aufbauen, genießen den Vorteil, dass kein Beherrschungsvertrag geschlossen werden muss. Stattdessen reicht es nach § 59 GesG aus, wenn in den Gesellschaftsverträgen aller Konzerngesellschaften festgehalten wird, dass ein Vertragskonzern durch Beschlussfassung der Muttergesellschaft entsteht. In diesem Fall ist es nurmehr erforderlich, dass dies die beherrschende Gesellschaft einem Beschluss festhält, welcher alle zwingenden Inhalte des Beherrschungsvertrages beinhaltet (§ 59 GesG). Auch im Zuge der Bildung eines derartigen Vertragskonzerns sind die Gläubigerschutzbesitmmungen der §§ 56 ff GesG einzuhalten. *Baumann*[241] zieht die Effizienz dieser Bestimmungen für Einpersonen-Gesellschaften zurecht in Zweifel.

e) *Einflusserwerb im Konzern (Haftung wegen unterlassener Meldung des Einflusserwerbs)*

Für den qualifizierten Mehrheitserwerb an Kapitalgesellschaften gilt allgemein: Wenn eine Gesellschaft (herrschende Gesellschaft) nach Gründung einer anderen Gesellschaft (beherrschte Gesellschaft) eine Beteiligung von über 75 % der Stimmen an der Tochtergesellschaft erwirbt, liegt ein qualifizierter Mehrheitserwerb vor (§ 52 GesG). Die Bemessung der Höhe der Stimmen richtet sich nach der grundsätzlichen Stimmrechtsverteilung. Sohin sind einzelne

---

238 *Darázs*, JK, 117 ff; *T.Török*, Konzern, 255 ff mwA.

239 Gem § 63 (1) lit b) GesG ist auch hier eine ¾-Mehrheit auf allen Gesellschafterversammlungen der Konzerngesellschaften erforderlich; wie bereits weiter o angeführt, ruht auch idZ das Stimmrecht der Muttergesellschaft auf den Gesellschafterversammlungen der Tochtergesellschaft.

240 *Kisfaludi/Bodor/Pethőné/Simon* in Meritum, Rz 9121; und *Bodor* in AG, 363.

241 *Baumann*, 306 f.

Generalversammlungen unbeachtlich, in denen ein Gesellschafter aufgrund von niedrigen Präsenzquoren oder aufgrund einzelfallbezogener Stimmrechtsbeschränkungen anderer Gesellschafter die qualifizierte Mehrheit erreicht.[242] Dieser Mehrheitserwerb kann iSv § 685 b (3) BGB auch auf indirekte Weise erfolgen – etwa mithilfe von Syndikatsverträgen oder über zwischengeschaltete Unternehmen.[243] Die Ursache des qualifizierten Mehrheitserwerbs ist nach hA[244] unbeachtlich, sodass neben einem Kaufgeschäft auch andere Rechtsgeschäfte, Erbfälle, der Erwerb eigener Aktien, oder Kapitalherabsetzungen dafür in Frage kommen.

Die Muttergesellschaft hat innerhalb von 15 Tagen den Erwerb der qualifizierten Mehrheit an der Tochtergesellschaft beim FB anzumelden. Der Beginn dieser Frist ist str, da aus dem Wortlaut des Gesetzes (arg „Einfluss [...] erwirbt") nicht eindeutig hervorgeht, ob damit der Erwerbszeitpunkt (zB Abschluss des Kaufvertrages) gemeint ist oder jener Zeitpunkt maßgeblich ist, an dem der Gesellschafter erstmalig seine qualifizierte Mehrheit ausüben könnte.[245] Während die Rsp[246] der ersteren Auffassung folgt, vertritt die hL[247] die letztere Meinung.

Bei Unterlassung oder Verspätung der Meldung des qualifizierten Mehrheitserwerbs, ist das FB berechtigt, diesen Missstand im Rahmen eines Verfahrens zur Gesetzlichkeitsaufsicht zu beseitigen.[248] Die Lehre kritisiert diese – vor allem im Lichte der früheren, rigoroseren gesetzlichen Sanktionen in GesG 88 und GesG 97 – Regelung als minderheitsfeindlich und ineffektiv.[249]

Wurde die Meldung im FB-Auszug der Tochtergesellschaft vermerkt, steht ihren Minderheitsgesellschaftern eine 60tägige Präklusivfrist zu. In diesem Zeitraum sind sie berechtigt, ihre Geschäftsanteile zum gegenwärtigen Marktwert an die Muttergesellschaft zu verkaufen (Verkaufsrecht). Die Tochtergesellschaft kann

242 *Vezekényi* in AG, 221.

243 Die genauen Bestimmungen von § 685 b (3) BGB sind mE teleologisch stark zu reduzieren, da die Wertungen dieser Bestimmung von einem einfachen Mehrheitserwerb und nicht von einer 75 %-igen Stimmenanteil ausgehen. IdS lässt etwa ein entscheidender Einfluss hinsichtlich der Bestellung/Abberufung von leitenden Angestellten keinen geeigneten Rückschluss auf das indirekte Vorliegen einer qualifizierten Mehrheit zu. Eine sehr ausführliche Darstellung von § 685 b (3) BGB geben *Kisfaludi/Pethőné/Simon* in Meritum, Rz 2643.

244 *T.Török*, Konzern, 153; *Vezekényi* in AG, 221; *Kisfaludi/Pethőné/Simon* in Meritum, Rz 8945.

245 Das wäre nach § 101 bzw 202 (3) GesG der Zeitpunkt der Änderung des Gesellschaftsvertrages (Kft) oder jener der Eintragung ins Aktienbuch (Zrt).

246 BH 2003/202 = LB Gfv. 30.721/2002.

247 *Vezekényi* in AG, 223; *Kisfaludi/Pethőné/Simon* in Meritum, Rz 8953.

248 Auf das dies betreffende Problem, dass das Verfahren zur Gesetzlichkeitsaufsicht ggf nicht angewandt werden kann, wenn der beherrschende Gesellschafter eine inländische natürliche Person, eine Person des öffentlichen Rechts, ein internationales Rechtssubjekt oder eine ausländische Person ist, kann hier nicht eingegangen werden. Ebensowenig kann hier erörtert werden, dass § 81 (5) FirmenG auch dahingehend ausgelegt werden könnte, dass dem Firmengericht bei unterlassener Meldung des qualifizierten Mehrheitserwerbs bloß Geldstrafen (370 € – 37.000 €) als Beugemaßnahmen zur Verfügung stehen. Vgl *Kisfaludi/Pethőné/Simon* in Meritum, Rz 8955 und *T.Török*, Konzern, 170 f mwA.

249 *T.Török*, Konzern, 169 u 171; *Kisfaludi/Pethőné/Simon* in Meritum, Rz 8955 aE.

diese gesetzliche Bestimmung jederzeit durch einstimmige Änderung des Gesellschaftsvertrages ausschließen (§ 53 GesG). Es ist str, ob Gesellschaftern das Verkaufsrecht zusteht, wenn sie ihre Geschäftsanteile erst nach dem qualifizierten Mehrheitserwerb, aber noch vor Ablauf der Frist erworben haben. Nach hM[250] ist das jedoch zulässig. Eine Pflicht, den Minderheitsgesellschaftern ein Übernahmeangebot zu legen, besteht für nicht börsennotierte[251] Gesellschaften nicht.

Der Marktwert (eines Geschäftanteils) einer nicht börsennotierten Gesellschaft ist schwierig festzustellen. Daher sind nach wie vor Streitfälle mit kostspieligen Sachverständigengutachten anzutreffen. Im Gegensatz zu früheren Regelungen stellt jedoch der Eigenkapitalanteil je Geschäftsanteil seit 2006 eine Untergrenze des Marktwertes dar. Somit verhindert das GesG, dass finanzschwache Minderheitengesellschafter, welche sich keinen Rechtsstreit leisten können, vom Mehrheitsgesellschafter mit dem Nennwert ihrer Aktien „abgespeist" werden.[252]

Das FirmenG sieht auch eine Meldepflicht der Tochtergesellschaft bei einfachem (überhälftigem) Mehrheitserwerb vor. An diese Meldung bzw an ihr Ausbleiben knüpfen jedoch keine besonderen Rechtsvorschriften an;[253] vielmehr findet im Unterlassungsfall das allgemeine Sanktionsregime des FirmenG Anwendung. Nach stRsp[254] ist eine derartige Meldung nicht geeignet, die Meldepflicht der Muttergesellschaft bei qualifiziertem Mehrheitserwerb zu substituieren, etwa wenn aufgrund des Beteiligungszuwachses eines Gesellschafters sowohl die 50 %-Grenze als auch der 75 %-Grenze durchbrochen wird und somit beide Personen Meldungen erstatten müssen.

f) Eingriffshaftung nach § 20 (7) GesG

Die im Folgenden beschriebene Eingriffshaftung der Gesellschafter nach § 20 (7) GesG kann aufgrund ihrer Charakterisierung auch als Sonderfall der gesellschaftsrechtlichen Treuepflicht und des Rechtsmissbrauchsverbots angesehen werden.[255] Die Verletzung dieser Grundsätze bewirkt die persönliche Haftung der Gesellschafter. Im Kern besteht die Eingriffshaftung seit 1930,[256]

---

250 S dazu Rsp: BH 2006/91; Lehre: *Kisfaludi/Pethőné/Simon* in Meritum, Rz 8967; *T.Török,* Konzern, 174.

251 Hinsichtlich kotierter AGen vgl §§ 68 ff CXX. Gesetz aus 2001 (KMG); sowie *Vecsey,* Minderheitsaktionäre, 828 ff.

252 *T.Török,* Konzern, 172 f.

253 Vgl *Baumann,* 172 f.

254 BH 2002/495 = LB Cgf II 32.413/2000; EBH 2004/1141 = LB Gfv X. 31.521/2003.

255 Näheres dazu s u Punkt II.6 a und c; Vgl auch *Zumbok,* GesG, § 20, Punkt 4.; *Sárközy* in Sárközy, GesG 1997, §§ 18 f; *Kisfaludi/Pethőné/Simon/Bodor* in Meritum, Rz 1203 aA; *Fónagy*, A gazdasági társaságok tulajdonosainak felelőssége a fizetésképtelenségéért [*Die Haftung der Eigentümer einer Wirtschaftsgesellschaft für ihre Zahlungsunfähigkeit*], in: MJ 2010/5, 287 ff, kurz zitiert: *Fónagy,* 287.

256 Vgl § 41 des V. Gesetzes aus 1930 über die Gesellschaft mit beschränkter Haftung und die stille Gesellschaft (die hier vorgenommenen Unterstreichungen heben die Unterschiede zur geltenden Rechtslage hervor): „Die Gesellschafter, die mit der Mehrheit ihrer Stimmen einen Beschluss gefasst haben, von dem sie <u>wussten</u>, dass er offensichtlich wesentliche Interessen

wobei sie während der Jahre der Planwirtschaft von 1948 bis 1989 nicht angewendet wurde. Sie erfuhr nach der Systemwende eine Renaissance. Bis zum
Außerkrafttreten des GesG 97 war die Eingriffshaftung nicht auf Aktiengesellschaften anwendbar (§ 188 GesG 88); ihre Formulierung aus 1997 (§ 19 (2)
GesG 97)[257] wurde 2006 durch die nunmehr geltende, präzisere Bestimmung
ersetzt.

Gesellschafter haften der Gesellschaft gem § 20 (7) GesG solidarisch für
Schäden, die bei ihr dadurch entstanden sind, dass die Gesellschafter

(i)   auf der Gesellschafterversammlung
(ii) einen Beschluss gefasst haben,
(iii) von dem sie wussten oder hätten wissen müssen,
(iv) dass er offensichtliche,
(v)   wesentliche Interessen der Gesellschaft
(vi) verletzt.[258]

Zunächst ist formell erforderlich, dass eine *Gesellschafterversammlung*
rechtmäßig einberufen und *abgehalten* wurde (i). Im Rahmen anderer Kolle-
gialorgane der Gesellschaft – wie etwa des Aufsichtsrats oder des Vorstands
– kann die Eingriffshaftung nicht verwirklicht werden. In ihrem Rahmen müssen die Gesellschafter wirksam einen *Beschluss (ii)* fassen, ehe die materiellen
Tatbestandsmerkmale geprüft werden können. Andere, gesellschaftsschädliche
Handlungen oder Unterlassungen[259] können nicht unter § 20 (7) GesG subsumiert werden.

---

der Gesellschaft verletzt, haften <u>dem Geschädigten</u> gegenüber solidarisch für den sich daraus
ergebenden Schaden. […]"
(*Azok a tagok, akik szavazatuk többségével oly határozatot hoztak, amelyről <u>tudták,</u> hogy
a társaság jelentős érdekeit nyilvánvalóan sérti, egyetemlegesen felelnek* <u>a károsultnak</u> *az
ebből eredő kárért.* […])
In der Urfassung der Eingriffshaftung war demnach die Wissentlichkeit anstelle des qualifizierten Verschuldens Haftungsvoraussetzung. Dafür bestand die Haftung der Gesellschafter
sowohl der Gesellschaft als auch anderen Personen gegenüber. Vgl auch *Fónagy*, 288.

257 (Die hier vorgenommenen Unterstreichungen heben die Unterschiede zur geltenden Rechtslage hervor:) „Die Gesellschafter (Aktionäre), die einen Beschluss gefasst haben, von dem sie
wussten oder bei einer <u>im Allgemeinen</u> zu erwartenden Sorgfalt hätten wissen müssen, dass
er offensichtlich wesentliche Interessen der <u>Wirtschaftsgesellschaft</u> verletzt, haften – <u>sofern</u>
<u>ein Gesetz keine Ausnahme macht</u> – der Gesellschaft gegenüber uneingeschränkt und im
gleichen Maße für den sich daraus ergebenden Schaden."
(*Azok a tagok (részvényesek), akik olyan határozatot hoztak, amelyről tudták, vagy az* általában *elvárható gondosság mellett tudhatták volna, hogy az a* gazdasági társaság jelentős
*érdekeit nyilvánvalóan sérti – ha törvény kivételt nem tesz –, korlátlanul és egyetemlegesen
felelnek a társasággal szemben az ebből eredő kárért.*)

258 *Zumbok*, GesG, § 20 Punkt 4.; *Kisfaludi/Pethőné/Simon/Bodor* in Meritum, Rz 1203; *T.Török*,
Haftung, 213 ff.

259 Miskolczi Bodnár (Hg), Die Wirtschaftsgesellschaften (A gazdasági társaságok), 1999, kurz
zitiert: *Autor* (*Besenyei*) in Miskolczi Bodnár, § 19.

Die *business judgement rule* ist primär ein Grundsatz der Gesellschafter-haftung,[260] die auch dem ung Gesellschaftsrecht bekannt ist.[261] Ihr zufolge tritt kein Haftungsfall ein, wenn der Entscheidungsträger eine Entscheidung trifft, die sich zwar *ex post* als unternehmensschädlich herausstellt, der Geschäfts-führer aber zum Zeitpunkt der Entscheidung gutgläubig ist, über einen ausrei-chenden Informationsstand verfügt und seine Entscheidung aus einer *ex ante* Betrachtung[262] unternehmerisch vertretbar ist. Mit § 20 (7) GesG wendet der Gesetzgeber die *business judgement rule* in sehr weitreichendem Maße auch auf beschlussfassende Gesellschafter an:

Für die Eingriffshaftung der Gesellschafter ist *qualifiziertes Verschulden (iii)* erforderlich, da sie zumindest grob fahrlässig die drohende Schädigung durch ihre Handlung verkennen müssen. Bereicherungsabsicht ist – im Gegensatz zur vergleichbaren Eingriffshaftung in Deutschland und Österreich –[263] nicht erfor-derlich.

Die Offensichtlichkeit (iv) bezieht sich darauf, dass auch Dritten ohne weiter gehenden Informationsstand erkennbar sein muss, dass der Beschluss wesent-liche Interessen der Gesellschaft verletzt. Dieses Tatbestandsmerkmal ist mE problematisch. Denn es führt skurriler Weise dazu, dass keine Haftung nach § 20 (7) GesG besteht, wenn die Gesellschafter zwar wissen, dass ihr Beschluss die Gesellschaft schädigt (iii), aber dies angesichts seiner Komplexität Dritten nicht offensichtlich ist (iv). Daher wäre es mE *de lege ferenda* überlegenswert, das Offensichtlichkeitserfordernis zu streichen.

Die Interessen der Gesellschaft (v) sind dann wesentlich verletzt, wenn ihr durch den Beschluss nicht bloß geringfügige finanzielle, rechtliche, strategische oder sonstige Nachteile drohen. Hierbei kommt es daher nicht auf das Ausmaß des Schadens an, so lange *ein* materieller Schaden vorliegt. Das Schrifttum sieht in folgenden Fällen eine wesentliche Interessensverletzung: erheblicher entgan-genen Gewinn; Schädigung der Reputation der Gesellschaft; Erhöhung von Arbeitslöhnen; sinnloser Kauf (Leasing) wertvoller Firmenwagen; Kauf/Ver-

---

260 *K.Schmidt*, 425 f, 815.

261 Vgl zu § 45 GesG: *Kisfaludi/Pethőné/Simon/Bodor* in Meritum, Rz 1925 *e contrario*; Kurie GZ Gf. II 30.378/2000/3; Schrifttum zu § 74 (5) FirmenG. Freilich kann man die *business judgement rule* auch als Sorgfaltsmaßstab für leitende Funktionsträger ansehen: Sie müssten die Geschäftsführung „mit einer von den ein solches Amt bekleidenden Personen im Allge-meinen zu erwartenden Sorgfalt" (*az ilyen tisztséget betöltő személyektől általában elvárható gondossággal*) besorgen (§ 30 (2) S 1 aA GesG).

262 Eine wirkliche *ex ante* Betrachtung ist allerdings wegen dem *hindsight bias* Effekt *de facto* unmöglich: *Rachlinski*, A Positive Psychological Theory of Judging in Hindsight, in: The University of Chicago law review (1998), Bd 65/2, 571.

263 § 117 iVm 93 dtAktG bzw § 100 iVm 84 öAktG. Diese aktienrechtlichen Bestimmungen sind nach hM sehr eng mit der Verletzung des Weisungsverbotes verknüpft (§ 119 (2) dtAktG bzw § 103 (2) öAktG). Traditioneller Weise darf der Geschäftsführer in Deutschland (§ 37 dtGmbHG) und Österreich (§ 20 öGmbHG) jedoch Weisungen von der Gesellschafterver-sammlung erhalten. Daher finden sich in den jeweiligen Gesetzen zur GmbH keine vergleich-baren Bestimmungen zur Eingriffshaftung. Vgl Hüffer (Hg), Aktiengesetz⁹ (2010), kurz zitiert: *Autor (Hüffer)* in Hüffer, AktG, § 117, Rz 1 f; Doralt/Nowotny/Kalss (Hg), Aktienge-setz² (2012), kurz zitiert: *Autor (Saurer)* in Doralt/Nowotny/Kalss, § 100, Rz 3.

kauf von Gegenständen zu einem unverhältnismäßigen Preis; Gewährung von Darlehen ohne Sicherheiten; Verzicht auf Gesellschaftsforderungen; Abschluss nachteiliger Vergleiche; und überhaupt die Vornahme kritikwürdiger Rechtsgeschäfte, wenn die Gesellschaft in der Krise ist oder wenn dadurch gegen das Weisungsverbot (§ 22 (4) u (6) GesG) verstoßen wird.[264]

In der Praxis dürften sich die Tatbestandsmerkmale (iii) bis (v) rglm überschneiden: Wenn das Schädigungspotenzial eines Beschluss sogar Dritten offensichtlich wird (*arg a minori ad maius*), dann berührt das wohl wesentliche Interessen der Gesellschaft, dann muss das den Gesellschaft bei ihrer Beschlussfassung klar sein. Dennoch wird § 20 (7) GesG *de facto* sehr selten angewendet. Während des Gesellschaftsbetriebs stellt die (politische) Abhängigkeit des Geschäftsführers vom Mehrheitsgesellschafter ein Problem dar.[265] Gesellschafter könnten zwar mithilfe von § 20 (5) GesG (Ruhen des Stimmrechts von betroffenen Gesellschaftern) oder § 49 (5) GesG (*actio pro societate*) die Klageführung gegen ihre schädigenden Mitgesellschafter beschließen oder selber vornehmen, allerdings fehlt es ihnen idR an ausreichendem Beweismaterial. In der Insolvenz hingegen kämpfen die Insolvenzverwalter ebenfalls mit mangelndem Beweismaterial (Aufzeichnungen) oder mit geringen Geldmitteln, um erfolgreich Prozess führen zu können. Darüber hinaus bevorzugen sie eine Klageführung auf Grundlage anderer Rechtsinstitute wie etwa § 201 BGB oder § 40 KonkursG.[266]

Die Beschlussfassung muss ursächlich dafür sein, dass die Gesellschaft einen Schaden erleidet (vi). Aus diesem Kausalitätserfordernis ergibt sich, dass Gesellschafter, die den schädigenden Beschluss nicht mitgetragen haben, nicht mithaften. *Fónagy*[267] weist darauf hin, dass es in der Praxis mitunter sehr schwierig wird, die Beschlussfassung mangels Aufzeichnungen überhaupt nachzuweisen oder [*etwa bei geheimer Abstimmung; Anm*] herauszufinden, welcher Gesellschafter wie gestimmt hat. Er vertritt daher die Ansicht, dass es ausreichend sein muss, wenn der hinter der Beschlussfassung liegende Wille der beschlussfassenden Gesellschafter nachweisbar ist.

Abgrenzungen: Die Gesellschafter können aus rechtsdogmatischen Gründen – etwa im Wege eines Beschlusses oder einer Gesellschaftsvertragsbestimmung – die Eingriffshaftung einzelner Gesellschafter nicht wirksam ausschließen.[268] Darüber hinaus könnte ein derartiger Beschluss auch eine Haftung nach § 20 (7) GesG auslösen.[269]

Der Eingriffstatbestand nach § 20 (7) GesG stellt im Gegensatz zur Durchgriffshaftung nach § 50 GesG[270] eine primäre Haftung dar, da die Schadener-

---

264 *Komáromi* in Sárközy, GesG 1988; *Fónagy*, 288. Vgl auch die Wertungen des Schrifttums zum § 119 (2) dtAktG bzw § 103 (2) öAktG.

265 S o FN 40.

266 *Fónagy*, 288. Zur Konkurrenz zwischen § 20 (7) GesG und anderen Rechtsinstituten siehe sogleich.

267 *Fónagy*, 287 f.

268 *T.Török*, Haftung, 214.

269 Sinngemäß *Fónagy*, 288.

270 Näheres s u Punkt II.5.

satzpflicht der schädigenden Gesellschafter unabhängig von der Solvenz der Gesellschaft ist. § 50 GesG bewirkt die Haftung des Gesellschafters zugunsten Dritter und nicht zugunsten der Gesellschaft. Darüber hinaus kann die Eingriffshaftung noch während des Bestehens der Gesellschaft geltend gemacht werden, während die Durchgriffshaftung ihre Auflösung voraussetzt.

Im Unterschied zu § 20 (7) GesG ist die Konzernhaftung nach § 63 KonkursG (§ 54 GesG)[271] eine Schutzbestimmung für Gläubiger, nicht für die Gesellschaft bzw (indirekt) deren Gesellschafter. Sie setzt darüber hinaus eine beherrschende Stellung eines Gesellschafters voraus. Die Eingriffshaftung zielt auf einzelne Beschlüsse ab, während es bei der Konzernhaftung maßgeblich ist, dass der Mehrheitsgesellschafter eine dauerhaft nachteilige Geschäftspolitik verwirklicht. Da die Haftung nach § 20 (7) GesG primär ist, kann sie auch vor Einleitung des Konkursverfahrens geltend gemacht werden.

Die Eingriffshaftung kann in echter Konkurrenz zu zahlreichen (insolvenzrechtlichen) Ansprüchen stehen, sofern mehrere Tatbestände gleichzeitig erfüllt werden. Wenn bspw der Mehrheitsgesellschafter auch Geschäftsführer ist und durch Gesellschafterversammlungsbeschlüsse vorsätzlich die Insolvenz verschleppt, haftet er sowohl nach § 20 (7) GesG als auch nach § 33 a KonkursG (*wrongful trading*). Auch kann der Insolvenzverwalter einen für die insolvente Gesellschaft ungünstigen Vertrag ggf sowohl aufgrund der Eingriffshaftung als auch mithilfe der Gläubigeranfechtung bekämpfen.

Der Gesetzgeber hat die beherrschende Gesellschaft im Vertragskonzern von der Eingriffshaftung *ex lege* ausgenommen. IdS darf sie schädigende Beschlüsse zulasten der beherrschten Gesellschaft fassen, da ihr Beherrschungsvertrag, auf dessen Grundlage sie handeln muss, Maßnahmen zum Nachteilsausgleich enthalten muss.[272]

Es ist unklar, in welchem Verhältnis die Beschlussanfechtung nach § 45 GesG sowie das Verfahren der Gesetzlichkeitsaufsicht zur Eingriffshaftung steht.[273]

g) Haftung als faktischer Geschäftsführer

Die Haftung für faktische Geschäftsführer (Machthaber/*shadow directors*) hat der Gesetzgeber nicht im Konzernrecht, sondern funktionsäquivalent iZm der Geschäftsführerhaftung (*wrongful trading*) normiert, welche im allgemeinen Teil des GesG (§ 30 (3) GesG) und im KonkursG (§ 33 a KonkursG) geregelt wird.

Auf die Haftung des faktischen Geschäftsführers wird unter Punkt II.2 (Insolvenzverschleppung) näher eingegangen.

---

271 Diese Bestimmung ist dann anzuwenden, wenn der beherrschende Gesellschafter seine Stellung erst nach der Gesellschaftsgründung erworben hat. Vgl zur Konzernhaftung nach § 54 GesG o Punkt II.4 b; zur Konzernhaftung nach § 63 KonkursG u Punkt III.4.

272 § 20 (7) GesG iVm § 60 (1) GesG. Zum Vertragskonzern s o Punkt II.4 d.

273 Für § 45 GesG und § 72 ff FirmenG s o Punkt II.2 b.

5. Haftungsdurchgriff ieS (§ 50 GesG)

a) Allgemeines

Der Haftungsdurchgriff war nach hL durch richtige Anwendung von § 5 BGB (Rechtsmissbrauchsverbot) in Ungarn bereits seit Einführung des GesG 1988 möglich. Da die Gerichte dieser Auffassung nicht folgen wollten,[274] hat ihn der Gesetzgeber auch gesellschaftsrechtlich positiviert. Das Rechtsinstitut des Haftungsdurchgriffs wurde aus dem dt Rechtskreis übernommen. Er schaffte 1997 über Slowenien und Kroatien – diese hatten den Haftungsdurchgriff bereits 1993 rezipiert – mit § 56 (3)–(4) GesG 97 den Einzug ins ungarische Gesellschaftsrecht. Mit der Rekodifikation des GesG ist nunmehr § 50 GesG einschlägig. Inzwischen gibt es auch schon einige Entscheidungen dazu.[275]

In der Regel besteht eine strikte Trennung zwischen dem Vermögen der Kapitalgesellschaft und jenem ihrer Gesellschafter. Diese Trennung wird jedoch ausnahmsweise aufgehoben (Haftungsdurchgriff), wenn die Gesellschafter eben diese Vermögenstrennung missbraucht haben und die Kapitalgesellschaft ohne Rechtsnachfolge aufgelöst wird (§ 50 GesG).[276] Es ist einerlei, ob der Auflösungsgrund die Liquidation, die Zwangslöschung oder die Insolvenz ist. Bei einem Haftungsdurchgriff haften die verantwortlichen Gesellschafter mit ihrem gesamten Vermögen (arg „uneingeschränkt") und solidarisch für Verbindlichkeiten, die im Zuge des Auflösungsverfahrens nicht befriedigt werden konnten. Im Innenverhältnis haften die schädigenden Gesellschafter wohl[277] aliquot nach § 344 BGB.

§ 50 GesG ist im GesG im 1. Teil, Abschnitt IV, Titel 3 („Gläubigerschutz") geregelt. De iure kann jeder Gesellschafter von dieser Bestimmung betroffen sein, da nicht auf eine Mehrheitsbeteiligung abgestellt wird. De facto liegt jedoch ein Konzernhaftungstagbestand vor, der die Mehrheitsgesellschafter betrifft. Denn Minderheitsgesellschafter sind idR nicht in der Lage, ihre Gesellschafterrechte missbräuchlich auszuüben und dadurch der Gesellschaft einen Schaden zu verursachen.[278]

Eine Gläubigerforderung kann iVm § 50 GesG nach hM[279] bloß subsidiär nach rechtskräftigem Abschluss eines Auflösungsverfahrens geltend gemacht

---

274 Eine -verspätete- Ausnahme dessen stellen die Entscheidungen BH 1999/465 und BDT 2005/10 dar.

275 *Gál* in Sárközy, GesG, 247; *Török*, Haftung, 267.

276 Bestätigend EBH 2005/1228 = BH 2005/187; BH 2007/418; BH 2011/72.

277 *T.Török*, Haftung, 269. Dies scheint mE eine sachgerechtere Lösung zu sein als die Meinung von *Kisfaludi/Pethőné/Simon/Bodor* in Meritum, Rz 987, Rz 2625. Ihnen zufolge wäre § 338 (1) BGB anzuwenden.

278 *T.Török,* Haftung 267 f (er bezeichnet § 50 GesG wegen seiner irreführenden Stellung im GesG sogar als „*Kuckucksei*"); *Baumann*, 214.

279 *Kisfaludi/Pethőné/Simon/Bodor* in Meritum, Rz 2621; *Gál* in Sárközy, GesG 1997, 245 f; *Harsányi* in Miskolczi Bodnár, 215; BH 1996/225. Vgl auch EBH 2005/1228 = BH 2005/187, in dem die Kurie zwar die Auflösung der Gesellschaft als Klagevoraussetzung festhält, allerdings ignoriert, dass die gegenständliche Klage bereits zuvor eingebracht wurde. AA *Baumann*, 216.

werden. Eine an diesen Abschluss anknüpfende (kurze) Präklusivfrist zur Geltendmachung der Ansprüche, wie es sonst bei § 33 a KonkursG (*wrongful trading* Haftung) u § 63 (2) KonkursG (insolvenzrechtliche Konzernhaftung) der Fall ist, besteht hier nicht.[280] Daher gelten für die Durchsetzbarkeit der Forderungen die allgemeinen Verjährungsfristen;[281] eine Geschäftsanteilsübertragung schadet nicht.[282] Auch muss die Gläubigerforderung während des Auflösungsverfahrens im Gegensatz zu § 33 a KonkursG u § 63 (2) KonkursG beim Haftungsdurchgriff nicht angemeldet werden, obwohl es für Forderungsanmeldungen eine gesetzlich eingeräumte Möglichkeit gibt. Unterlässt der Gläubiger die Anmeldung seiner Forderung, bleibt dies dennoch nicht ohne Konsequenzen: Sein Anspruch gegenüber einem Gesellschafter ist aus Kausalitätserwägungen um jenen Betrag zu verringern, den er bei ordnungsgemäßer Forderungsanmeldung von der insolventen Gesellschaft erhalten hätte. Die Lehre kritisiert zu Recht die Inkonsistenz des Gesetzgebers, die aus der unterschiedlichen Regelung von § 50 GesG einerseits sowie § 33 a KonkursG u § 63 (2) KonkursG hervorgeht.[283] Ein weiteres, von diesen TdL aufgezeigtes, legistisches Defizit dieser Bestimmung besteht darin, dass das Gericht im Gegensatz zu § 33 a KonkursG u § 63 (2) KonkursG keine Möglichkeit hat, auf § 50 GesG gerichtete Klagen zusammen zu führen. Daher besteht neben dieser Ineffizienz, die Zeitverlust für die Prozessparteien und Ressourcenverschwendung für das Gericht bedeutet, die Gefahr, dass unterschiedliche Richter bei gleichem Sachverhalt die Zulässigkeit des Haftungsdurchgriffs unterschiedlich beantworten und dass spät klagende Gläubiger auch beim persönlich haftenden Gesellschafter leer ausgehen.

§ 50 GesG ist nach hM eine *lex specialis* des allgemeinen Rechtsmissbrauchsverbotes nach § 5 BGB.[284] Daher sind die Wertungen dieser Bestimmung auch hier beachtlich. Wesentlich ist dabei vor allem, dass der Gesellschafter zwar in Einklang mit den gesellschaftsrechtlichen[285] Bestimmungen handelt, aber seine Motive ihrem *telos* widersprechen; *e contrario* kann § 50 GesG nicht angewendet werden, wenn der Gesellschafter rechtswidrig vorgeht. Daher und aufgrund der Nachrangigkeit dieser Bestimmung ist ein Verhalten, das sittenwidrig (nichtig) oder strafrechtlich verpönt ist (hier ist insb an die Veruntreuung nach § 372

---

280 S u Punkt III.2 (*wrongful trading* Haftung)

281 *Baumann*, 218; *T.Török*, Haftung, 269, mit der Maßgabe, dass die Verjährungsfrist mit Auflösung der Gesellschaft einsetzt. Zur Verjährung s o Punkt II.2 f.

282 Zustimmend *Baumann*, 217.

283 *Kisfaludi/Pethőné/Simon/Bodor* in Meritum, Rz 2624; *Baumann*, 218; *T.Török*, Haftung 268 f; *Wellmann*, A felelősség-átvitel esetkörei a társasági törvényben [*Die Fälle des Haftungsdurchgriffs im Gesellschaftsrecht*] in: Céghírnök 2007/3, 3 ff; kurz zitiert: *Wellmann*, Haftung, 4.

284 Seine Wertungen sind subsidiär auch auf das Gesellschaftsrecht anzuwenden: *Gadó* in Sárközy, GesG, 123. Näheres s u Punkt II.6 c.

285 *Baumann*, 214: Der Unterschied zwischen § 5 BGB und § 50 GesG bestehe darin, dass bei Letzterem „mitgliedschaftliche" (gesellschaftsrechtliche) Rechte missbräuchlich ausgeübt werden. Er verweist daher zutreffend auf das Fehlurteil zu EBH 2005/1228, da darin richtiger Weise § 5 BGB anzuwenden wäre.

StGB zu denken), nicht unter dieser Bestimmung zu subsumieren.[286] Unklar ist, ob diese Wertung auch für minder schwerwiegende Sachverhalte, welche beispielsweise bloß die Anfechtbarkeit eines Gesellschafterbeschlusses eröffnen, zugänglich ist. Dies ist mE zu verneinen, da der Schutzzweck der Anfechtbarkeit von Beschlüssen anders als § 50 GesG nicht dem Gläubigerschutz dient. Daher eröffnet eine unzulässige Gewinnausschüttung den Haftungsdurchgriff,[287] obwohl sie nach § 45 iVm § 131 (Kft) oder § 219 (Rt) GesG angefochten werden kann. Ein Haftungsdurchgriff kann außerdem wohl nur dann bejaht werden, wenn der Gesellschafter jedenfalls kausal für die Auflösung der Gesellschaft verantwortlich ist.[288] Ob Verschulden auch erforderlich ist, hängt – wie sogleich dargestellt wird – von der jeweiligen Untergruppe von § 50 (2) GesG ab.[289]

b) Fallgruppen

In § 50 (2) GesG zählt der Gesetzgeber exemplarisch drei Tatbestände auf, die das Verbot des Rechtsmissbrauchs gesellschaftsrechtlich konkretisieren: die Vermögensvermischung und die Existenzvernichtung.[290] (Auf den dritten Fall des Haftungsdurchgriffs bei Unterbewertung einer Sacheinlage (§ 13 (4) GesG; 3. Fall), der auch in dieser Bestimmung erwähnt wird, wurde bereits eingegangen.)[291] Aus der Formulierung des Existenzvernichtungstatbestandes kann jedoch auch der Tatbestand der Unterkapitalisierung, des Rechtsformmissbrauchs und des Missbrauchs der Leitungsmacht abgeleitet werden. Diese Kategorisierungen, die dem dt Rechtskreis entstammen, sind der ung Lehre allerdings weitgehend fremd bzw auch fachlich umstritten, denn die Abgrenzung dieser jeweiligen Tatbestände scheint oft willkürlich zu erfolgen.[292] Daher wird im Folgenden nur auf die Vermögensvermischung und die – sehr extensiv formulierte – Existenzvernichtung eingegangen.

Die Kapitalgesellschaft und ihre Gesellschafter sind von einander verschiedene Personen mit unterschiedlichem Vermögen. Wenn diese Unterscheidung nicht beachtet wird und etwa Verbindlichkeiten des Gesellschafters aus dem Gesellschaftsvermögen beglichen werden, ist Vermögensvermischung zu bejahen (§ 50 (2) Fall 1 GesG). Dieser Fall liegt auch vor, wenn die Gesellschaft Sicherheiten für einen Vertrag ihres Gesellschafters beistellt. Bereits eine nicht ordentliche Trennung der Buchhaltung der beiden Personen kann eine

---

286 AA: BH 1999/465 = *Kemenes*, Felelősségi kérdések és visszaélésszerű joggyakorlás a gazdaságban [*Haftungsfragen und Rechtsmissbrauch in der Wirtschaft*],in GéJ 2001/5, 17.

287 *Török*, Haftung, 268.

288 *Kisfaludi/Pethőné/Simon/Bodor* in Meritum, Rz 2627 mwA.

289 *Kisfaludi/Pethőné/Simon/Bodor* in Meritum, Rz 987, Rz 2617 f.

290 AA *Baumann*, 214 ff: Er geht davon aus, das sich die in § 50 (2) GesG genannten Fallgruppen rechtlich nicht voneinander unterscheiden.

291 S o Punkt II.3 c.

292 *K.Schmidt*, 217 mwA; Goette/Habersack (Hg), Münchener Kommentar zum Aktiengesetz³ (2008), kurz zitiert: *Autor* (*Heider*) in MünchKommAktG, § 1 Rz 49; *Torggler*; Fünf (Anti-) Thesen zum Haftungsdurchgriff, JBl 2006, 85 u 98; *Kisfaludi/Pethőné/Simon/Bodor* in Meritum, Rz 987; *Baumann*, 214 f.

Vermögensvermischung darstellen.[293] TdL subsumieren überdies jene Fälle darunter, in denen Gesellschafter eigenmächtig Gesellschaftsvermögen verkaufen bzw kaufen (und sich die betroffene Gesellschaft bzw ihre Geschäftsführung damit abfindet).[294] Dabei entsteht insb dadurch ein Schaden, dass sich der Gesellschafter die Vorteile dieser Geschäfte selber zuwenden lässt.[295] Aufgrund des Wortlautes der Bestimmung ist ein Verschulden des Gesellschafters in diesem Fall nicht erforderlich. In der Lehre[296] wird betont, dass in der Praxis die Gefahr der Vermögensvermischung bei Einpersonengesellschaften besonders groß ist.

Die Existenzvernichtungshaftung (§ 50 (2) Fall 2 GesG) kann nur durch aktive Handlungen eines Gesellschafters erfüllt werden. Er muss ursächlich zu seinem eigenen Vorteil oder zum Vorteil einer dritten Person an der Geschäftsführung der Gesellschaft teilnehmen und dadurch grob fahrlässiger Weise die Überschuldung[297] der Gesellschaft verschulden. Die deshalb beachtlichen Begriffe des Tuns, der Kausalität, der Rechtswidrigkeit (iSv zweckwidriger Rechtsausübung eines Gesellschaftsrechts), des Bereicherungsvorsatzes (arg „zum Vorteil") und des Verschuldens (in Hinblick auf die Überschuldung der Gesellschaft) sind der allgemeinen, deliktischen Verschuldenshaftung entnommen.[298] Diese ist hier subsidiär heranzuziehen (§ 339 BGB iVm § 9 (2) GesG).

Der Betrieb eines „Pyramidenspiels" durch eine Kapitalgesellschaft erfüllt den Tatbestand der Existenzvernichtung.[299]

In BH 2008/94 wird die Nähe des Haftungsdurchgriffs zum Eigenkapitalrecht, zur Konzernhaftung und zur Treuepflicht der Gesellschafter besonders deutlich:[300] Ein Gesellschafter, welcher der Gesellschaft ein Darlehen gewährt, kann den Existenzvernichtungstatbestand erfüllen, wenn er zur Rückforderung seines Darlehens berechtigt ist, dieses Recht ausnutzt und dadurch die Insolvenz der Gesellschaft verschuldet. ME hätte dieses Urteil allerdings richtiger Weise auf Grundlage von § 5 BGB erfolgen müssen, da das missbräuchlich angewandte Recht zur Darlehensrückforderung nicht dem Gesellschaftsrecht entstammt.

---

293 Verträge, die mit dem Gesellschafter geschlossen werden und für die Gesellschaft nachteilig sind, fallen nicht unter die Vermögensvermischung. Sie können mit anderen Anspruchsgrundlagen bekämpft werden: s u Punkte III.3 b ff.

294 *Kisfaludi/Pethőné/Simon/Bodor* in Meritum, 987, 2617 aE.

295 BDT 2005/10 = I/2005 (VI. 17.) Stellungnahme des Zivilrechtssenats des Tafelgerichtes von Szeged.

296 *Kisfaludi/Pethőné/Simon/Bodor*, 987; *Torggler*, 86.

297 Anstelle einen Ausdruck des Insolvenzrechts zu verwenden, hat hier der Gesetzgeber eine neue Formulierung gewählt, welche inhaltlich jener des Überschuldungstatbestands gleichkommt. Zum Überschuldungsbegriff vgl u Punkt III.1. AA Baumann, 216: Er geht von Zahlungsunfähigkeit aus.

298 *Török*, Haftung, 268.

299 BH 1999/465; BDT 2002/6/83 = *Nochta*, Haftung, 102.

300 Eigenkapital s Punkt II.3 b und III.5; Konzernhaftung s o Punkt II.4 b; Treuepflicht s nächster Punkt II.6 a.

c) *Abgrenzungen*

Es wurde bereits o unter Punkt a. erwähnt, dass § 50 GesG im Grunde genommen ein Konzernhaftungstatbestand ist. Dennoch ist diese Bestimmung zunächst von den einschlägigen § 54 GesG[301] und § 63 KonkursG[302] und in weiterer Folge von anderen, ähnlichen Rechtsinstituten abzugrenzen.

Für die Anwendbarkeit von § 50 GesG ist im Gegensatz zu § 54 GesG und § 63 KonkursG keine qualifizierte Mehrheit des Gesellschafters erforderlich: Für die Durchgriffshaftung bedarf es *de iure* gar keiner Mehrheit, wenngleich der betroffene Gesellschafter ohne entsprechende Machtbasis (einfache Mehrheit) gar kein rechtsmissbräuchliches Verhalten setzen kann. Es ist unerheblich, wann er diese Gesellschafterstellung erworben hat. Der haftungsbegründende Tatbestand von § 50 GesG kann bereits durch eine einzelne Handlung verwirklicht werden, während die Konzernhaftung ieS (§ 54 GesG u § 63 KonkursG) einer *dauerhaft* nachteiligen Geschäftspolitik bedarf.

§ 63 KonkursG ist nur bei Insolvenz der Gesellschaft anwendbar, die §§ 50 u 54 GesG jedoch auch auf die Liquidation und die Zwangslöschung. Solange die Gesellschaft bis zu ihrer rechtskräftigen Auflösung besteht, ist der Haftungsdurchgriff – im Gegensatz zu § 54 GesG – unanwendbar. Gläubigern steht nach § 63 KonkursG eine 90tägige Klagefrist (Präklusivfrist) zu; im Fall von § 50 GesG gilt gem §§ 324 ff BGB die allgemeine Verjährungsfrist von 5 Jahren. Für die Konzernhaftung ieS ist ein zweistufiges Verfahren erforderlich, während der Haftungsdurchgriff einstufig ist.

Die *wrongful trading* Haftung (§ 30 (3) GesG iVm § 33 a KonkursG)[303] weist auch gewisse Ähnlichkeiten zur Durchgriffshaftung auf, da der Mehrheitsgesellschafter den Gesellschaftsgläubigern als Bürge für das Insolvenz verschleppende Verhalten des Geschäftsführers der Gesellschaft haften kann bzw da Mehrheitsgesellschafter ggf selber als Machthaber (*shadow director*) haftbar sind. Auf die Unterschiede wird unter Punkt II.2 e näher eingegangen.

Der Rechtsmissbrauchtatbestand, der den Haftungsdurchgriff begründet, und der Konzernhaftungstatbestand weisen gewisse Ähnlichkeiten mit dem Tatbestand der Treuepflichtverletzung[304] auf. Allerdings kann die Verletzung der Treuepflicht nur von Mitgesellschaftern, die anderen beiden Tatbestände nur von Gesellschaftsgläubigern geltend gemacht werden.

Vgl auch weitere Abgrenzungen zu § 50 GesG in den anderen Kapiteln aaO.

---

301 S o Punkt II.4 b.
302 S u Punkt III.4.
303 S u Punkt III.2.
304 S nächster Punkt.

6. Haftung wegen Verletzung allgemeiner Prinzipien

a) Verletzung der gesellschaftsrechtlichen Treuepflicht

Das ung Gesellschaftsrecht kennt kein gesatztes oder durch Rechtsfortentwicklung geschaffenes, den dt bzw österr Treuepflichten entsprechendes Rechtsinstitut,[305] welches *gegenüber der Gesellschaft bzw ihren Mitgesellschaftern besteht* und welches vorschreibt, dass Gesellschafter bspw bei der Ausübung uneigennütziger Gesellschafterrechte an den Gesellschaftszweck gebunden seien und bei eigennützigen Rechten nicht rechtsmissbräuchlich oder unverhältnismäßig handeln dürfen.[306] Vielmehr treffen Gesellschafter nach hA[307] aufgrund einer engen Interpretation des GesG nur jene Rechte bzw Pflichten, welche ausdrücklich positiviert worden sind:[308]

§ 20 (7) GesG normiert jedoch einen Tatbestand, der gewisse Aspekte der vorhin genannten Treuepflicht abdeckt. Demzufolge besteht eine Haftung für Gesellschafter, die grob fahrlässig Beschlüsse fassen, welche offensichtlich die Interessen der Gesellschaft wesentlich verletzen. Der Schutz der Interessen von Mitgesellschaftern ist von dieser Bestimmung nicht umfasst; nach hA können derartige Vorkommnisse nur durch die Gesellschaft selber geahndet werden, wofür in der Regel eine Konfrontation zwischen dem Geschäftsführer und jener Gesellschaftermehrheit erforderlich ist, welche den schädlichen Beschluss gefasst hat. Daher kann mE angenommen werden, dass § 20 (7) GesG nur bedingt wirkungsvoll ist. § 20 (5) GesG, demzufolge das Stimmrecht von Gesellschaftern ruht, die von der Beschlussfassung betroffen sind, und § 49 (5) GesG (*actio pro societate*)[309] können dieses Problem mildern.[310]

Zu einer Ableitung eines allgemeinen Treuepflichtgrundsatzes sollte auch § 47 GesG untersucht werden, da diese Bestimmung die materiellen Bedingungen des Ausschlusses von Gesellschaftern festlegt, wobei der Ausschluss von Aktionären nach § 47 (2) aA GesG explizit unzulässig ist. Diese (eingeschränkte) Bestimmung reicht also nicht für die Deduktion einer allgemeinen Treuepflicht der Gesellschafter.

An den konzernrechtlichen Bestimmungen (§§ 54 ff GesG), insb in Hinblick auf den Vertragskonzern, kann festgestellt werden, dass den Mehrheitsgesellschafter die Pflicht trifft, auch auf die Interessen der Außenseiter (Minderheitsgesellschafter) Rücksicht zu nehmen. Auf diese Regelungen wurde bereits weiter o eingegangen (Punkt I.1 d).

---

305 Vgl *Torggler*, Treuepflichten in *Straube*, Fachwörterbuch mwA.

306 *Fónagy*, 287.

307 Vgl etwa § 20 (7) GesG (Pflicht der Gesellschafter/Aktionäre bei sonstiger Schadenersatzpflicht zur sorgfältigen Beschlussfassung, um die Interessen der Gesellschaft zu wahren, o Punkt II.4 f), §§ 212–218 GesG („*Die Rechte und Pflichten der Aktionäre*") sowie die einschlägigen Kommentierungen dazu.

308 Auf die Treuepflichten des Geschäftsführers gegenüber der Gesellschaft wird nicht eingegangen.

309 Beide Bestimmungen s o Punkt II.2 c.

310 Näheres s o Punkt II.4 f.

Z. Gálffy weist darauf hin, dass die Hauptversammlung (Generalversammlung) uU[311] Beschlüsse in Bezug auf die Geschäftsführung der Gesellschaft fassen könne. Diesfalls hätten die Aktionäre (Gesellschafter) – so wie ansonsten der Vorstand (Geschäftsführer) aufgrund von § 30 (2) GesG (*ex* § 29 (1) GesG 97 und *ex* § 32 (1) GesG 88) unter Berücksichtigung des Wohles der Gesellschaft zu entscheiden. Gleichzeitig verweist er auf eine Entscheidung des „Ständigen Schiedsgerichts der Ungarischen Handels- und Wirtschaftskammer", welche einen Hauptversammlungsbeschluss einer Gesellschaft aufgehoben hatte, demzufolge eine betriebliche Liegenschaft „weit unter ihrem Marktwert" verkauft worden wäre. Allerdings hat das Schiedsgericht seinen Beschluss nicht mit einer Treupflicht der Aktionäre (Gesellschafter), sondern mit einem Rechtsmissbrauch der Stimmmehrheit argumentiert, welcher eine unzulässige *laesio enormis* begründet hat (§ 5 BGB; näheres s weiter u).[312]

Einzelne Gesellschafter dürfen dem Geschäftsführer keine Weisungen erteilen; nur die Gesellschafter zusammen können ihm in Form von Gesellschafterversammlungsbeschlüssen Vorgaben machen (§ 22 (4) GesG). IZm der *wrongful trading* Haftung sind Gesellschafter, die als Machthaber (*shadow directors*) der Gesellschaft angesehen werden, verpflichtet, die Interessen der Mitgesellschafter[313] besonders zu beachten, wenn ihr die Insolvenz droht.[314] Dies gilt sinngemäß auch für die Haftung des Mehrheitsgesellschafters nach § 54 GesG/§ 63 a KonkursG. Diese Fälle können ebenfalls als Ausfluss der Treupflicht verstanden werden.

Schließlich wird durch § 7 (3) S 2 GesG normiert, dass die „Inanspruchnahme elektronischer Telekommunikationsmittel" nicht deshalb gewählt werden darf, um „einem Teil der Gesellschafter (Aktionäre) die Rechtsausübung zu erschweren oder unmöglich zu machen." Diese Bestimmung normiert ein besonderes Rechtsmissbrauchsverbot, welches sich nicht bloß auf die Gesellschaft bzw ihre Organe bezieht, sondern auch auf die Gesellschafter, da es in erster Linie nur ihnen obliegt, die Nutzung von elektronischer Kommunikation im Gesellschaftsvertrag festzuschreiben. Daher hat diese Bestimmung auch eine treupflichtbezogene Dimension.

Insgesamt bleibt fraglich, ob aus den obigen Ausführungen eine allg Treupflicht für Gesellschafter abgeleitet werden kann. Dennoch wird aus den vorangegangenen Ausführungen besonders gut deutlich, dass Sachverhalte, die in Deutschland und Österreich anhand des Grundsatzes der Treupflicht bewertet werden, in Ungarn mithilfe des Rechtsmissbrauchsverbots[315] gelöst wer-

---

311 Wenn bspw aufgrund einer Gesellschaftsvertragsbestimmung einzelne Rechtsgeschäfte des Geschäftsführers von der Gesellschafterversammlung bewilligt werden müssen; wenn der Geschäftsführer der Gesellschafterversammlung eine Geschäftsführungsfrage zur Entscheidung vorlegt.

312 *Z. Gálffy*, ungAG, 123.

313 Im Grunde geht es um die Interessen der Gläubiger. Mitgesellschafter können aber gemäß § 57 (1) lit h) KonkursG auch iwS als nachrangige Gläubiger anzusehen sein.

314 § 30 (3) GesG. Näheres s auch u Punkt III.2.

315 Auf das Rechtsmissbrauchsverbot wird unter Punkt II.6 c eingegangen.

den. MaW: Man missbraucht sein legitimes Recht, wenn es den Zweck hat, Mitgesellschafter zu schädigen. Dieser rechtsdogmatische Lösungsansatz ist auch im deutschen Rechtskreis nicht abwegig, wird doch auch dort oft auf die Verwandtschaft der Treuepflicht und des Rechtsmissbrauchsverbots hingewiesen.[316] Jedenfalls ist die Verletzung von (einzelnen) Treuepflichten rechtswidrig und führt somit zu Schadenersatzansprüchen gegenüber dem schädigenden Gesellschafter.

b) Gleichbehandlungsgebot

Das ung Gesellschaftsrecht kennt kein allgemeines Prinzip, das die Gleichbehandlung aller Gesellschafter vorschreiben würde. Somit kann der Mehrheitsgesellschafter oder ein anderer Gesellschafter gesellschaftsvertraglich bzw faktisch Vorteile genießen. Dies kann ggf auch auf Kosten der anderen Gesellschafter erfolgen, sofern dies nicht in Widerspruch zu anderen zwingenden Bestimmungen steht. Wie auch im deutschen Rechtskreis kann der Gleichbehandlungsgedanke auch als Abwandlung der gesellschaftsrechten Treuepflicht bzw des Rechtsmissbrauchsverbotes aufgefasst werden. Daher könnte ein Problem, auf das in Ungarn das Gleichbehandlungsgebot nicht angewendet werden kann, ggf mit diesen anderen Prinzipien des Gesellschaftsrechts gelöst werden.

Das einzige positivierte Gleichbehandlungprinzip ist im Aktiengesellschaftsrecht zu finden. Dies ist nicht ungewöhnlich, hat doch auch im deutschen Rechtskreis die Gleichbehandlung die größte ordnungspolitische Bedeutung im Recht der AGen.[317] Gem § 176 (2) GesG ist „in Zusammenhang mit der Ausübung von Aktionärsrechten jede nachteilige Unterscheidung zwischen Aktionären, welche über Aktien die gleiche Aktienserie (§ 183 (3) GesG) verfügen", verboten. Im Vergleich mit der deutschen (§ 53 a dtAktG) bzw österreichischen „Parallelbestimmung" (§ 47a öAktG; in beiden Fällen: „Aktionäre sind unter gleichen Voraussetzungen gleich zu behandeln")[318] weist die ung Regelung und die dazugehörige Lehre dennoch erwähnenswerte Unterschiede auf:

Aus dem Wortlaut von § 176 (2) GesG kann abgeleitet werden, dass es *verboten* ist, *Gleiches ungleich zu behandeln* und somit eine davon betroffene Person zu beschweren. Dem ung Gleichbehandlungsgrundsatz haftet jedoch ein „Korsett" an: Im Zuge der Prüfung einer vorliegenden Diskriminierung ist aufgrund des Gesetzeswortlautes bloß darauf abzustellen, ob eine oder mehrere Aktienserien involviert sind.[319] In eine ähnliche Kerbe scheint § 299 GesG zu schlagen, aufgrund dessen die Satzung von offenen AGen in ihrer Satzung Höchststimmrechte festlegen darf und dabei betroffene Aktionäre nicht unterschiedlich behandeln dürfen. Somit scheint es mE im Umkehrschluss nicht

---

316 *Krejci*, Gesellschaftsrecht I (2005), kurz zitiert: *Krejci*, Gesellschaftsrecht 198 f.

317 *Krejci*, Gesellschaftsrecht, 205 f.

318 Vgl exemplarisch für Deutschland: *Hüffer* in Hüffer, AktG, § 53 a; für Österreich: Jabornegg/Strasser, AktG⁴ (2004), kurz zitiert: *Autor (Jabornegg/Geist)* in Jabornegg/Strasser, AktG, § 47a mwA.

319 *Kisfaludi/Pethőné/Simon* in *Kisfaludi/Szabó*, Meritum, Rz 5901.

ausgeschlossen, dass die *gleiche Behandlung von Unterschiedlichem zulässig sein kann;* eine diesbezügliche legislative oder richterliche Rechtsfortbildung scheint geboten zu sein.[320]

Das Gleichbehandlungsgebot richtet sich primär an die Geschäftsführung der Gesellschaft, kann aber auch auf die Gesellschafter ausgedehnt werden, wenn dies der *telos* der Norm erfordert. Wie es auch die *wrongful trading* Haftung besonders veranschaulicht,[321] führt eine Verletzung dieses Prinzips zu Schadenersatzansprüchen.

Das Gleichbehandlungsgebot ist thematisch mit dem Kapitalerhaltungsrecht verbunden.[322]

c) *Rechtsmissbrauchverbot*

Das BGB verbietet den Rechtsmissbrauch (§ 5 (1) BGB). Diese zivilrechtliche Bestimmung wirkt grds aufgrund § 9 (2) GesG auch in das GesellschaftsR hinein.[323] Das Rechtsmissbrauchsverbot gilt subsidiär,[324] sodass insb *leges speciales* des GesG[325] (und des BGB)[326] Vorrang genießen. Auf seine besondere gesellschaftsrechtliche Spezialbestimmung (§ 50 GesG – Haftungsdurchgriff) wurde bereits samt Abgrenzung zu § 5 BGB weiter o unter Punkt I.2 eingegangen.

Rechtsmissbrauch liegt vor,

(i) wenn eine Person ein subjektives, privates[327] Recht hat,

(ii) von welchem sie in Widerspruch zum Zweck dieses Rechts Gebrauch macht.[328]

Es ist umstritten, ob über diese beiden Tatbestandsmerkmale hinaus auch Schädigungsabsicht erforderlich ist. Der Wortlaut von § 5 (2) BGB spricht eher

---

320 Zur Problematik von § 176 (2) GesG folgendes Beispiel: Der Vorstand gestattet dem 30-%-Aktionär, welcher die gesamte Aktienserie A hält (Nennwert 1000 HUF je Aktie) erheblich mehr Mitwirkungsrechte als dem anderen 30-%-Aktionär, welcher Inhaber der gesamten Aktienserie B ist (Nennwert 2000 HUF je Aktie). In einer anderen Konstellation räumt der Vorstand dem 0,01%-Aktionär, welcher über die Aktienserie C (Nennwert 500 HUF je Aktie) an der Gesellschaft beteiligt ist, die gleichen Mitgestaltungsmöglichkeiten ein wie den beiden vorhin erwähnten Aktionären. Aufgrund des Wortlautes dieser Bestimmung ist dieser Sachverhalt rechtlich zulässig.

321 S u Punkt III.2.

322 Näheres dazu s o Punkt II.3 a.

323 S auch *Kisfaludi* in Meritum, Rz 45 f, Rz 347.

324 *Vékás* in Gellért, BGB Kommentar, 45; Gábor Török (Hg), A Polgári Törvénykönyv magyarázata – I. kötet, A személyek joga [*Kommentar des Ptk – I. Band, Das Recht der Personen*], sine anno, kurz zitiert: *G.Török*, BGB/I, 123; BH 1994/477 sinngemäß.

325 Exemplarisch erwähnt sei hier der Missbrauch des Auskunftsrechts (§ 27 (2) f GesG), das Kaduzierungsverfahren (§ 47 GesG) und die *actio pro societate* (§ 49 GesG; s o Punkt II.2 c).

326 Der Abschluss eines sittenwidrigen Vertrages erfolgt wahrscheinlich auch in rechtsmissbräuchlicher Weise. Dennoch geht § 200 (2) BGB mit seinen Wertungen § 5 BGB vor. Vgl auch § 295 BGB (Gerichtliche Substituierbarkeit einer Willenserklärung, die vertraglich zugesichert wurde).

327 BH 1999/92: Öffentlich-rechtliche Rechte sind nach dem Verwaltungsrecht zu bewerten.

328 *Boóc* in Osztovits, BGB, 19; *Petrik* in Petrik, Bürgerliches Recht[2], 19; *G.Török*, BGB/I, 122.

dafür (*arg „Rechtsmissbrauch, der insb zu einer Schädigung der Volkswirtschaft, zur Belästigung von Personen bzw zu Beeinträchtigung ihrer Rechte und ihrer gesetzlichen Interessen oder zum Erwerb unzulässiger Vorteile führt*); in der Rsp finden sich aber auch Gegenbeispiele; TdL lehnen eine derartige Diskussion überhaupt ab.[329]

Der Gegner des rechtsmissbräuchlich vorgehenden Gesellschafters muss beweisen, dass der Tatbestand von § 5 BGB erfüllt wurde (§ 164 (1) ZPO).[330]

Bei Wissenserklärungen[331] und bei prekären Rechtsverhältnissen[332] können *per definitionem* keine subjektiven Rechte (i) ausgeübt werden. Der Kreis der möglichen subjektiven Rechte – welche missbraucht werden können – ist nach hM einzuschränken, da dies sonst dem privatrechtlichen Fundamentalgedanken der Privatautonomie zuwider laufen würde. Es würde ansonsten auch die berechtigte Frage aufwerfen, was ein subjektives Recht wert ist, wenn man dieses Recht rglm nicht nutzen kann. Subjektive Rechte, die nicht § 5 BGB unterliegen, werden als diskretionäre bzw souveräne Rechte (*diszkrecionális jogok*) bezeichnet. Solche Rechte sind insbesondere: Das Recht auf Abschluss eines Vertrages;[333] auf Änderung oder Auflösung eines Vertrags;[334] auf Übernahme einer fremden Schuld;[335] auf Verfügung über sein Alleineigentum;[336] oder auf Verzicht auf ein subjektives Recht.[337] Diskretionäre Rechte bestehen nicht, wenn Sonderrechte vorgehen – man denke hier insb an den Kontrahierungszwang (zB § 387 BGB), an Nachbarrechte (§ 106 BGB), an den Wegfall der Geschäftsgrundlage (§ 241 BGB). Die anderen subjektiven Rechte unterliegen einem beweglichen System, bei dem Rechtsmissbrauch grds festgestellt werden kann.[338]

Innerhalb dieses beweglichen Systems ist zu prüfen, ob der Berechtigte in Widerspruch zum Zweck seines Rechts handelt (ii). Dabei muss im Einzelfall entschieden werden, wie (teleologisch) legitim das Interesse einer Person ist,

---

329 *Vékás* in Gellért, BGB Kommentar, 45; *Petrik* in Petrik, Bürgerliches Recht², 18; BH 1990/377; BH 1998/599; *Tercsák, A joggal való visszaélés [Der Rechtsmißbrauch]*, 2003, kurz zitiert: *Tercsák* 135 iVm 367 ff.

330 Die zur Entscheidung des Prozesses notwendigen Fakten muss im Allgemeinen die Partei nachweisen, in deren Interesse es steht, dass das Gericht diese als wahr ansieht. („*A per eldöntéséhez szükséges tényeket általában annak a félnek kell bizonyítania, akinek érdekében áll, hogy azokat a bíróság valónak fogadja el.*")

331 Etwa die Weigerung, ein Protokoll zu unterschreiben: BH 1979/18; BH 2003/935. S auch *Boóc* in Osztovits, BGB, 22; *G.Török*, BGB/I, 124.

332 Daher kann ein Prekarist seine Wohnung jederzeit verlieren (BH 1983/67).

333 BH 1966/4945; BH 1976/203; BH 1985/56; BH 1997/522; BH 1998/91; BH 1998/599; BH 2000/535.

334 BH 1978/375; BH 1985/56.

335 BH 1999/124.

336 BH 2000/535. Das bedeutet *per analogiam* auch, dass niemand alleine aufgrund von § 5 BGB dazu gezwungen werden kann, Geld auszugeben. S auch BH 2007/3 und seine Kommentierung (*Petrik* in Petrik, Bürgerliches Recht², 24/6 f mwA).

337 BH 1976/254; EBH 2002/645 = BH 2002/445. Diese Fallgruppe lässt den Kreis der diskretionären Rechte besonders ansteigen. Es ist fraglich, warum der Verzicht auf ein subjektives Recht nicht rechtsmissbräuchlich sein kann. Vgl *Boóc* in Osztovits, BGB, 22.

338 *Vékás* in Gellért, BGB Kommentar, 47 ff; *G.Török*, BGB/I, 124 f; *Petrik* in Petrik, Bürgerliches Recht², 18 f; *Boóc* in Osztovits, BGB, 22.

sein subjektives Recht auszuüben; diese Wertungen dürfen aber das Urteil in der Sache nicht zu Billigkeits- oder Ermessensentscheidungen verkommen lassen.[339] MaW: Die mit einer Rechtsausübung verbundenen Vorteile oder Nachteile dürfen für die betroffenen Parteien nicht größer sein, als ihnen teleologisch zugewiesen wird.[340] Oft ist der Rechtsmissbrauch damit verbunden, dass ein subjektives Recht bloß zur Unzeit ausgeübt wird.[341]

Um dem Rechtsanwender Hilfestellung bei der teleologischen Interpretation von Rechten zu geben, zählt § 5 (2) BGB demonstrativ auf, dass die Interessen von Gesellschaft bzw Volkswirtschaft und dass die Persönlichkeitsrechte von Personen zu berücksichtigen sind. Ferner seien die Normen so auszulegen, dass sie Personen keine unzulässigen Vorteile gewähren. Diese gesetzlichen Hinweise für den Rechtsanwender sind jedoch weitgehend bedeutungslos, weil sie erstens demonstrativer Natur sind – somit können im Zuge der Interpretation auch weitere Gesetzesziele einfließen – und zweitens weil der Rechtsanwender wiederum argumentativ klären muss, was etwa das Interesse der Gesellschaft oder einer Person sei.[342]

IZm der Prüfung von (ii) ist eine Subsumtion ratsam: Was ist der vom Gesetzgeber zugelassene *telos* des subjektiven Rechts (Obersatz); was war die Absicht der konkreten Ausübung des Rechts durch seinen Berechtigten (Untersatz);[343] ist der Zweck des Rechteinhabers mit dem *telos* der Rechtausübung vereinbar (Schlusssatz)? Auf die Interessen eines Dritten, der evtl durch die Ausübung des subjektiven Rechts geschädigt wird, ist ggf im Untersatz abzustellen.

Wenn der Rechtsmissbrauch in der Verweigerung der Abgabe einer Willenserklärung besteht (Unterlassung), kann das angerufene Gericht nach § 5 (3) BGB unter besonderen berücksichtigungswürdigen Umständen diese Willenserklärung sogar durch sein Urteil ersetzen, wenn es keine andere (rechtliche) Möglichkeit gibt, den Rechtsmissbrauch abzustellen (*arg „Interessenverletzung kann nicht auf andere Art und Weise abgewendet werden"*). Diese Schranke ist besonders bedeutsam, da es Sinn eines subjektiven Rechts ist, einer Person einen rechtlichen Gestaltungsspielraum nach eigenem Ermessen zu gewähren und nicht, ihr stattdessen Pflichten aufzubürden.[344]

Die frühere, tw sehr willkürliche Rsp dazu hat eine heftige Kritik der Lehre bewirkt und bedingt, dass die gerichtliche Substitution der Willenserklärung nach heutiger Auffassung stark exzeptionellen Charakter hat. Um § 5 (3) BGB anwenden zu können, muss der Rechtsmissbrauch krass zu Tage treten. Das Ge-

---

339 *Vékás* in Gellért, BGB Kommentar, 46 f. Näheres zum Zweck einer Norm siehe sogleich unter Punkt (ii).

340 *Petrik* bezeichnet das in Petrik, Bürgerliches Recht², 19 u 21, als „*többlet-hatás*" (überschießende Wirkung).

341 *Vékás* in Gellért, BGB Kommentar, 46.

342 Sinngemäß zustimmend Vékás (Hg), Szakértöi Javaslat az új Polgári Törvénykönyv tervezetéhez [*Expertenvorlage eines neuen Zivilgesetzbuches*] (2008), kurz zitiert: *Autor* (Vékás) in Vékás, Vorlage, 72 mwA.

343 In der Praxis ist diese Beweisfrage wohl prozessentscheidend.

344 Ausführlich *Petrik* in Petrik, Bürgerliches Recht², 21 ff.

setz vermutet das gem § 5 (3) aE BGB, wenn der Berechtigte sich für die Abgabe dieser Erklärung einen unberechtigten Vorteil versprechen lassen möchte.[345]

Wenn man diese Ausführungen auf das Gesellschaftsrecht umlegt, bedeutet es sinngemäß, dass die Errichtung, die Abänderung, die Auflösung einer Gesellschaft nie rechtsmissbräuchlich erfolgen kann. Auch ein (Gesellschafter-) Darlehen, ein Schuldbeitritt oder eine Sicherheit für die Gesellschaft bzw die Beschlussfassung über eine Kapitalerhöhung oder -herabsetzung, über die Änderung der Rechtsform, über die Bildung eines Vertragskonzerns oder eine Gesellschaftsumgründung kann für den betroffenen Gesellschafter – mangels gesellschaftsvertraglicher Bestimmungen – keinen Rechtsmissbrauch darstellen. Schließlich kann mE in weiterer Folge keine Materie, die auf der Gesellschafterversammlung einer qualifizierten Mehrheit (3/4-Mehrheit oder höher) bedarf, Gegenstand von § 5 BGB werden. Denn diese Maßnahmen sind als diskretionäre Rechte des Gesellschafters anzusehen.

Anders ist es bei Rechten innerhalb eines Vertragsverhältnisses (Gesellschaftsverhältnisses). Daher kann die (unterlassene) Ausübung von Geschäftsanteil-Vorkaufsrechten grds gegen § 5 BGB verstoßen.[346] Das Hauptaugenmerk ist aber mE auf das Recht des Gesellschafters zu legen, über ordentliche Beratungsgegenstände, welche auf der Gesellschafterversammlung mit einfacher Mehrheit zu entscheiden sind, abstimmen zu können. Daher können insb Beschlüsse iZm nachstehenden Themen wegen § 5 (1) BGB aufgehoben werden oder unterlassene Beschlüsse gem § 5 (3) BGB gerichtlich ersetzt werden, wenn alle weiteren Voraussetzungen dafür vorliegen:

- Änderung der Firma, des Gesellschaftssitzes, der Niederlassungen und Zweigniederlassungen der Gesellschaft, Änderung ihres Tätigkeitsprofils (§ 18 (2) GesG);
- Bestätigung des Jahresabschlusses (Kft: § 141 (2) lit a) GesG; Rt: § 231 (2) lit e) GesG);
- Entscheidung über die Gewährung eines Gewinnvorschusses/einer Vordividende (Kft: § 141 (2) lit b) GesG; Rt: § 231 (2) lit f) GesG);
- Anordnung und Rückerstattung von Nachschüssen, sofern gesellschaftsvertraglich vorgesehen (§ 141 (2) lit c) GesG);
- Ausübung des Vorkaufsrechts durch die Gesellschaft oder Bestimmung der zum Vorkauf berechtigten Person (§ 141 (2) lit d)–e) GesG);
- Übertragung von Geschäftsanteilen an dritte Personen (§ 141 (2) lit f) GesG);
- Aufteilung oder Einziehung eines Geschäftsanteils (§ 141 (2) lit h) GesG);
- Bestellung der Organwalter der Gesellschaft und Festlegung ihrer Vergütung (Geschäftsführer, Aufsichtsratsmitglieder, Wirtschaftsprüfer)[347] (Kft: § 141 (2) lit j)–l) GesG; Rt: § 231 (2) lit d) GesG);
- Bestätigung des Abschlusses von bestimmten Insichgeschäften (Kft: § 141 (2) lit m) GesG; Rt: § 211 GesG);

---

345 *Vékás* in Gellért, BGB Kommentar, 44, 53; Petrik in Petrik, Bürgerliches Recht², 24/5 ff.
346 Das wurde durch BH 2002/107 ausjudiziert.
347 Für eine Nyrt ist auch noch eine Audit-Kommission von der Hauptversammlung zu bestimmen (§ 302 lit d) GesG).

- Geltendmachung von Forderungen gegen Organwalter der Gesellschaft (§ 141 (2) lit n) GesG);
- Die Anordnung einer Sonderprüfung durch den Wirtschaftsprüfer (§ 49 (3) GesG);
- Einberufung der Gesellschafterversammlung (§ 49 GesG) und – sinngemäß – wohl auch die Ausübung von Verfahrensrechten auf der Gesellschafterversammlung (§ 19 (1) GesG).
- Einführung von elektronischen Kommunikationsmitteln (§§ 7 (3), 20 (1) GesG)
- Verweigerte Zustimmung zur nachträglichen Genehmigung einer nicht ordnungsgemäß einberufenen Gesellschafterversammlung oder Verweigerung der Ergänzung der Tagesordnung (§ 20 (3) f GesG);
- Sonstige Angelegenheiten, die der Gesellschafterversammlung zugewiesen wurden (Kft: § 141 (2) lit x) GesG.

Das Schrifttum hat sich sehr ausgiebig mit dem Rechtsmissbrauchsverbot iVm Wohnungseigentum und Miteigentum auseinander gesetzt; dabei hat es im Rahmen des rechtlich Zulässigen (§ 5 BGB) ein Rücksichtnahmegebot der involvierten Parteien entwickelt.[348] Diese Wertungen können mE im Gesellschaftsrecht analog angewendet werden.

Auch Beschlussanfechtungen oder andere Klagen können rechtsmissbräuchlich eingebracht werden. Diese sind allerdings vor allem nach § 8 ZPO zu beurteilen.[349]

Liegt Rechtsmissbrauch vor, kann das Gericht die mit dem betroffenen subjektiven Recht verbundene Willenserklärung vernichten oder für die Zukunft seine Ausübung untersagen. Besteht der Rechtsmissbrauch in einer Unterlassung, kann es in schwerwiegenden Fällen subsidiär die Willenserklärung einer Person ersetzen. Für die Konzernhaftung ist diese Thematik allerdings deshalb von besonderer Bedeutung, da ein rechtsmissbräuchliches Verhalten, das vom Mehrheitsgesellschafter gesetzt wird, rechtswidrig[350] ist und somit Schadenersatzpflichten begründen kann.

Das Rechtsinstitut von § 20 (7) GesG[351] ist eine *lex specialis* zu § 5 BGB, die für Gesellschafter gilt, welche im Rahmen von Gesellschafterversammlungen Beschlüsse fassen. Diese Beschlüsse führen zu einer unbeschränkten Haftung der beschlussfassenden Gesellschafter, wenn sie wissen oder wissen müssen, dass dadurch offensichtliche, wesentliche Interessen der Gesellschaft verletzt werden. § 20 (7) GesG ist daher auch auf diskretionäre Gesellschaftsrechte anzuwenden. Das Verhältnis dieser beiden Normen zu einander wirft mE einen Wertungswiderspruch auf, auf den hier nicht näher eingegangen werden

---

348 BH 1976/400; BH 1986/414; BH 1990/377; BH 1997/278; BH 2000/535; BH 2004/356; EBH 2005/1300; BH 2007/224; BH 2010/212; *Boóc* in Osztovits, BGB, 23; *Vékás* in Gellért, BGB Kommentar, 52 f.

349 Vgl darüber hinaus BH 1984/21; BH 1985/65;

350 *Tercsák*, 405 ff mwA.

351 Näheres s o Punkt II.4 f.

kann: Warum bedarf es bei Rechtsmissbrauch zulasten der Gesellschaft (§ 20 (7) GesG) eines strengeren Verschuldensmaßstabes als bei Rechtsmissbrauch auf Kosten eines Mitgesellschafters (§ 5 BGB), etwa indem dieser zur Zahlung eines Nachschusses verpflichtet wird? Denn immerhin begründet ein derartiger Verstoß ebenfalls die unbeschränkte, verschuldensabhängige Haftung (§§ 318 iVm 339 ff BGB) des Schädigers.

Der konzernrechtliche Haftungsdurchgriff wegen dauerhaft nachteiliger Geschäftspolitik (§ 54 GesG bzw § 63 KonkursG) kann auch als Spezialnorm zum Rechtsmissbrauch verstanden werden. Ihm liegt die Wertung zugrunde, dass die Muttergesellschaft keine Geschäftspolitik betreiben darf, die längerfristig für die Tochtergesellschaft von Nachteil ist. Bei § 54 GesG oder § 63 KonkursG kommt es – unter Anderem – nicht auf die Qualität des an sich legitimen (nachteiligen) Eingriffs in die Geschäftsführung der Tochtergesellschaft an, sondern auf die Quantität dieser Lenkungsmaßnahmen. Daher können mehrere Handlungen der Muttergesellschaft, die für sich alleine genommen noch keinen Rechtsmissbrauch nach § 5 BGB darstellen, in einer Gesamtbetrachtung aber den Tatbestand der Konzernhaftung verwirklichen.[352]

Auf das Naheverhältnis des Rechtsmissbrauchsverbotes zur gesellschaftsrechtlichen Treuepflicht und zum Gleichbehandlungsgebot wurde bereits in den vorangegangenen Punkten eingegangen.

III. Insolvenzrechtliche Haftungstatbestände

1. Insolvenz

Im Falle der Insolvenz einer Wirtschaftsgesellschaft (Tochtergesellschaft) ist über die Gesellschaft ein Ausgleichsverfahren[353] (*csődeljárás*) oder ein Konkursverfahren (*felszámolási eljárás*) zu eröffnen.[354] Eine Insolvenz kann durch Zahlungsunfähigkeit oder durch Überschuldung der Gesellschaft eintreten.

Bei Zahlungsunfähigkeit muss eine anerkannte Forderung gegenüber der schuldenden Gesellschaft ab Fälligkeit mindestens 20 Tage lang und trotz wiederholter Mahnung weiterhin aushaftend sein. Alternativ liegt sie auch vor, wenn die Verbindlichkeit trotz Vorliegens eines gerichtlichen Titels oder nach erfolgloser Exekution offen bleibt.[355]

---

352 Dieser Tatbestand sowie die Rozenblum-Doktrin wird unter Punkt II.4 b näher erörtert.

353 In Österreich seit dem IRÄG 2010 (BGBl I 29/2010) aus Sanierungsverfahren bezeichnet. Nach dt Rechtsterminologie ist das Ausgleichsverfahren mit dem Vergleichsverfahren bzw seit der Insolvenzordnung (BGBl I 2866/1994) als Insolvenzplanverfahren zu bezeichnen.

354 Zur ung Terminologie und zur Kritik an ihren handelsüblichen Übersetzungen: S o II.3. lit d; FN 139; sowie *Baumann*, 202; und seine FN 575.

355 Vgl § 27 (2) lit a)–c) KonkursG sowie die einschlägigen Kommentierungen dazu. Die Platzierung und die Formulierung von § 27 (2) KonkursG ist missglückt, da es sich im III. Abschnitt des Gesetzes (Konkursverfahren) befindet, obwohl seine Bestimmungen bis auf lit d)-e) KonkursG auch auf das Ausgleichsverfahren anzuwenden sind. Darüber hinaus wäre es geboten, die Insolvenztatbestände nicht als bloße verfahrenstechnische Voraussetzung darzu

Überschuldung liegt gem § 27 (2) lit f) KonkursG vor, wenn die Schulden der Gesellschaft ihr Vermögen übersteigen und sie eine negative Fortbestehensprognose abgibt. Dieser junge Insolvenztatbestand wurde erst 2009 eingeführt.[356] Die Überschuldung ist zeitlich der Zahlungsunfähigkeit vorgelagert und dient dem Schutz der Gläubigerinteressen. In jedem Land, in dem sie existiert, blieb diese beabsichtigte Wirkung jedoch aus.[357] Es ist unklar, ob sich der Begriff „drohende Insolvenz" (*fizetésképtelenséggel fenyegető helyzet*), welcher ebenfalls im KonkursG Erwähnung findet, mit dem Überschuldungstatbestand deckt. Gegen diese Auffassung spricht, dass die drohende Insolvenz eigens legaldefiniert ist (§ 33 a (1) S 3, (5) S 2 u § 49 d (5) KonkursG: „Zeitpunkt, von dem an der Geschäftsführer/Gesellschafter (Aktionär) der Gesellschaft voraussah oder real voraussehen konnte, dass sie nicht in der Lage sein wird, ihre Verbindlichkeiten bei Fälligkeit zu befriedigen").[358] Für diese Auffassung spricht, dass sich beide Begriffe inhaltlich äußerst ähnlich sind. Der Begriff der drohenden Insolvenz bzw jener der Überschuldung verursachen insb iVm der *wrongful trading* Haftung beachtliche rechtsdogmatische Probleme, auf die weiter u (Punkt II.2 f) eingegangen wird.

Während das Ausgleichsverfahren (§§ 7 ff KonkursG) die Sanierung der verschuldeten Gesellschaft zu Ziel hat, dient das Konkursverfahren (§§ 22 ff KonkursG) ihrer rechtsnachfolgelosen Auflösung. Da eine insolvenzrechtliche Haftung der Muttergesellschaft für Schulden der Tochtergesellschaft ein Konkursverfahren erfordert, werden im Folgenden nur die einschlägigen Bestimmungen für das Konkursverfahren erörtert.

Das KonkursG regelt autonom eine Reihe von Rechtsinstituten, die auch in anderen Gesetzen geregelt sind. Diese Rechtsinstitute stehen in alternativer Konkurrenz zu einander.[359] Man denke an die Insolvenzverschleppung (§ 30 (3) GesG und § 33 a KonkursG), die Gläubigeranfechtung (§ 203 BGB und § 40 (1) lit a) KonkursG), die *laesio enormis* (§ 201 (2) BGB und § 40 (1) lit b) KonkursG) und an die Konzernhaftung (§ 54 GesG und § 63 KonkursG). Der Unterschied zwischen den genannten Parallelbestimmungen besteht primär in unterschiedlichen Fristen bzw Adressatenkreisen[360] – daher dürfte ihre Exis-

---

stellen (*arg „Das Gericht stellt die Insolvenz des Schuldners fest, wenn")*. Vielmehr sollten sie als fundamentale Voraussetzungen zur Einleitung von Insolvenzverfahren oder zumindest als Begriffsbestimmung von „Insolvenz" am Anfang des Gesetzes stehen.

356 § 12 des LI. Gesetzes aus 2009. S auch § 67 österrKO (eingeführt durch BGBl 1982/370), nunmehr § 67 österrIO; § 64 (1) dtGmbHG (für GmbH) und § 207 dtKO (für AGen), nunmehr § 19 dtInsO.

357 *Forum Europaeum*, 752 f.

358 *Időpont, amelytől kezdve a gazdálkodó szervezet vezetői/tagjai (részvényesei) előre látták vagy ésszerűen előre láthatták, hogy a gazdálkodó szervezet nem lesz képes esedékességkor kielégíteni a vele szemben fennálló követeléseket.*

359 Das gilt selbst dann, wenn die Bestimmungen des KonkursG die Aktivlegitimation (des Insolvenzverwalters und) der Gläubiger der Gesellschaft sowie jene der anderen Gesetze die Aktivlegitimation der Gesellschaft eröffnen. Die zivilrechtlichen Rechtsinstitute gehen im Konkursverfahren nicht unter: BH 1995/240; BH 1999/382; BDT 2008/1873; BDT 2005/1130; BDT 2000/326; Fpk VIII. 32.261/2001/2.

360 In der Regel eröffnet das materielle Konkursrecht den Gläubigern der insolventen Gesellschaft Anspruchsgrundlagen, die sie sonst nicht hätten.

tenzberechtigung herrühren. Darüber hinaus hat der Gesetzgeber (ungewollter Weise)[361] mit der „doppelten Positivierung" dieser Bestimmungen bewirkt, dass sich Gesellschaften, die ihren Sitz in Ungarn haben und eine ausländische Rechtsform aufweisen, den ungarischen Rechtsinstituten kaum mehr entziehen können. Denn sie unterliegen zwar nicht dem GesG, aber sehr wohl dem KonkursG.[362] In Zeiten der europäischen Integration wird damit der Missbrauch durch die Verlegung des Sitzes von Gesellschaften („Scheinauslandsgesellschaften" bzw „Gesellschaftsrechtsshopping") effektiv bekämpft.

Der Rechtsformmissbrauch (§ 50 GesG) hingegen ist eine gesellschaftsrechtliche Sondernorm zum zivilrechtlichen Rechtsmissbrauchsverbot (§ 5 BGB); da dieses haftungsbegründende Rechtsinstitut den Abschluss des Konkursverfahrens voraussetzt, kann es nicht dem Insolvenzrecht zugerechnet werden.[363] Für ihn besteht keine Parallelbestimmung mehr[364] im KonkursG.

Der im Folgenden darzustellende § 40 (1) KonkursG weist einen starken Einfluss der Wertungen des *Draft Legislative Guide on Insolvency Law* der Kommission der Vereinten Nationen für internationales Handelsrecht (*UNCITRAL*) auf.[365] Daher sind internationale rechtswissenschaftliche Erkenntnisse für diese Bestimmungen auch von Relevanz.

2. Insolvenzverschleppung (wrongful trading)

a) *Allgemeines*

Im angelsächsischen Rechtskreis ist die finanzielle Mindestausstattung von Kapitalgesellschaften traditioneller Weise niedrig. Um den Schutz von Gläubigern und (Minderheits-) Gesellschaftern dennoch zu gewährleisten, ist – insb in England – die Haftung für Insolvenzverschleppung (*wrongful trading*) und die Durchgriffshaftung (*piercing/lifting the corporate veil*) besonders scharf ausgeprägt.[366] In ähnlichem Schulterschluss wurde 2006 in Ungarn die Mindestkapitalisierungsgrenze herabgesetzt und gleichzeitig das Rechtsinstitut des des *wrongful trading* (*jogszerűtlen gazdálkodás*) eingeführt;[367] auch sonst wurden

---

361 Zur dahinter liegenden Problematik vgl *Eckert*, Internationales Gesellschaftsrecht (2010), 219 ff.

362 § Art 3 (1), Art 4 EuInsVO; *Luer* in Uhlenbruck (Hg), Insolvenzordnung[13] (2010), Art 4 EuInsVO, Rz 14.

363 Näheres daher o Punkt II.5.

364 Vgl allerdings § 63 KonkursG idF 1998–2006 (GesG 97) iVm § 56 (3) f GesG 97).

365 *Kiss/Sándor*, A szerződések érvénytelensége [*Die Unwirksamkeit von Verträgen*], 2008, kurz zitiert: *Kiss/Sándor*, 335 f; Gábor Török (Hg), Csődjog[2] [*Konkursrecht*], 2007, kurz zitiert: *Autor (Sándor*) in G.Török, Konkurs, 270.

366 Vgl *Wachendorf*, „Wrongful trading" als ein mögliches europäisches Haftungsmodell gegen die Insolvenzverschleppung, 2007, kurz zitiert: *Wachendorf*, 15 f.

367 Vgl § 114 (1) GesG (GmbH), § 207 (1) GesG (Zrt) gegenüber § 124 (4) GesG 97 (GmbH), § 203 (1) GesG97 (Rt). Die Einführung der *wrongful trading* Haftung war auch eine Empfehlung des *Forum Europaeum*: *Forum Europaeum*, 752 f.

die Möglichkeiten eines Haftungsdurchgriffes erweitert.[368] Vor 2006 hat es in Ungarn keine typisierte Geschäftsführerhaftung für Insolvenzverschleppung gegeben[369].

Die *wrongful trading* Haftung, welche in erster Linie den Geschäftsführer und nur in der Insolvenz auch Gesellschafter betrifft, hat im ungarischen Schrifttum große Reaktionen ausgelöst.[370] Diese Haftung geht inhaltlich über die traditionelle Haftung für Insolvenzverschleppung hinaus, welche in Deutschland und Österreich bekannt ist.[371] Wie im Folgenden dargestellt wird, wurde sie sowohl im GesG als auch im KonkursG normiert.

Die *wrongful trading* Haftung baut auf der Geschäftsführerhaftung auf, welche wiederum der Verschuldenshaftung des BGB entspricht (§ 339 BGB). Sie zielt primär[372] auf eine Haftung des Geschäftsführers gegenüber Dritten (Gläubigern) ab, mit denen kein unmittelbarer Vertrag besteht. Da das ungarische Schadenersatzrecht im Gegensatz zum deutschen Rechtskreis keine Verträge mit Schutzwirkung zugunsten Dritter kennt, ist die *wrongful trading* Haftung deliktischer Natur. Somit ist auch – zumindest *de iure* – ein Mäßigungsrecht des Richters zulässig, wenn er meint, dass die Schuld des Geschäftsführers oder der verursachte Schaden gering war.[373]

b) *Wrongful trading nach dem GesG (§ 30 (3) GesG)*

Der Geschäftsführer ist grds verpflichtet, die Interessen seiner Gesellschaft nach Kräften zu fördern (§ 8 (2) u § 30 (2) GesG).[374] Sobald jedoch „eine die Zahlungsfähigkeit der Gesellschaft bedrohende Lage" eintritt, muss er den Interessen der Gläubiger[375] Vorrang geben (§ 30 (3) GesG). Sowohl die zu frühe als auch die zu spätere Priorisierung der Gläubigerinteressen bewirkt daher die zivilrechtliche Haftung des Geschäftsführers gegenüber der Gesellschaft auf-

---

368 *Baumann*, 223, *Juhász*, A vezető tisztségviselők helytállási kötelezettsége a fizetésképtelenségi helyzet bekövetkeztét követően [*Die Haftung der leitenden Funktionäre nach Eintritt der Insolvenz*], in: Céghírnök 2006/11, kurz zitiert: *Juhász*, Haftung, 3; FN 649 f.

369 *Török*, Haftung, 334.

370 Auswahl: *Török*, Haftung, 333 ff; *Kisfaludi/Pethőné/Simon/Bodor*, in: Meritum, 1377 ff; *Baumann*, 222 ff.

371 Besonders anschaulich *K. Schmidt*, Insolvenzverschleppungshaftung – Haftungsrechtsprechung zwischen Gesellschafts-, Insolvenz- und Zivilrecht, JBl 2000, 477 ff.

372 Gemeint ist hier die Haftung nach § 30 (3) GesG iVm § 33 a KonkursG, nicht die Haftung alleine aufgrund von § 30 (3) GesG – diese würde vertragliche Schadenersatzansprüche begründen.

373 *Török*, Haftung, 338 f. Vgl auch das Schrifttum zum § 339 (2) BGB mwA.

374 Auf die damit verbundene *business judgement rule* andernorts eingegangen (Punkt II.4 f und FN 396 f).

375 Die ausschließliche Berücksichtigung der Interessen von einem (zB Bank) oder von bestimmten Gläubigern (zB Gesellschafter, die auch große Gesellschafterdarlehen gewährt haben) führt definitionsgemäß ebenfalls zur *wrongful trading* Haftung sowie ggf auch zur Anfechtbarkeit der einzelnen Handlungen, die in diesem Interesse gesetzt wurden. Vgl auch o Punkt II.4 f.

grund von § 30 (2) oder (3) GesG.[376] Schadenersatzansprüche gegenüber dem Geschäftsführer können nur von der Gesellschaft geltend gemacht werden; die Gesellschaftsgläubiger müssen daher die Gesellschaft klagen, welche sich am Geschäftsführer regressieren kann.

Diese Haftung nach § 30 (3) GesG ist zunächst dann relevant, wenn Gläubiger einen Schaden erleiden, der vom Geschäftsführer aufgrund der Missachtung ihrer Interessen verursacht wird. Dieser Schade materialisiert sich nur mit der Insolvenz der Gesellschaft, genau genommen mit der Auflösung der Gesellschaft.[377] Die gesellschaftsrechtliche *wrongful trading* Haftung wirkt nur, solange kein Konkursverfahren über der Gesellschaft eröffnet wird, weil damit die (ergänzenden) Bestimmungen von § 33 a KonkursG hinzukommen würden. Daher ist es strittig, ob die Haftung nach § 30 (3) GesG ohne § 33 a KonkursG überhaupt möglich ist.[378] Mit dieser Frage werden sich Lehre und Rsp auseinander setzen müssen, wenn *wrongful trading* iZm dem Ausgleichsverfahren einer insolventen Gesellschaft behauptet wird. § 30 (3) GesG ist daher – alleinstehend betrachtet – eine Bestimmung mit erheblichen legistischen Schwächen (Aktivlegitimierung, Sicherheiten, Schadenseintritt). Da jedoch das konkursrechtliche Haftungsregime auf § 30 (3) GesG aufbaut und diese beschriebenen Probleme beseitigt, war es geboten, zunächst diese Bestimmung darzustellen.

Die *wrongful trading* Haftung bezieht sich auf Schäden der Gläubiger, die dadurch entstehen, dass es der Geschäftsführer ursächlich verabsäumt, bei Insolvenznähe seiner Gesellschaft im Interesse der Gläubiger geeignete Maßnahmen zum Schutz ihrer Forderungen zu setzen (Kausalität). Diese Schäden stellen sohin eine (schwer feststellbare)[379] Quote ihres Forderungsausfalls dar.[380] Es ist allerdings unklar, ab wann eine insolvenznahe Situation vorliegt; was das Interesse der Gläubiger ist; und welche Maßnahmen überhaupt als zulässig anzusehen sind[381].

Sowohl § 33 a (1) S 3 u (5) S 2 als auch § 49 d (5) KonkursG definieren den *Zeitpunkt der insolvenznahen Lage* (*moment of truth*):[382] Wenn der Geschäftsführer voraussah oder real voraussehen konnte, dass die Gesellschaft nicht in der Lage sein wird, ihre Verbindlichkeiten bei Fälligkeit zu befriedigen – *Tábor Török* stellt fest, dass der Zeitpunkt der insolvenznahen Lage den Bestimmun-

---

376 Zustimmend *Kisfaludi/Pethőné/Simon/Bodor*, in: Meritum, 1387 mwA.
377 Für den drohenden Schaden könnten zwar Sicherheiten verlangt werden (§ 341 BGB). Mangels befriedigenden Schrifttums dazu ist jedoch unklar, wer (Gesellschaft oder Gläubiger) diese Sicherheiten fordern könnte und in welchem Verhältnis sie zu Sicherstellungsmaßnahmen stehen, die auf Grundlage des ZwangsvollstreckungsG (LIII. Gesetz aus 1994) erwirkt werden können.
378 Baumann, 223 f.
379 *Juhász*, Haftung, 9.
380 *Csőke/E. Fodorné Letter/Juhász*, A Csődtörvény magyarázata [*Kommentar des Konkursgesetzes*] 2009, kurz zitiert: *Csőke et mult*, KonkursG, 398.
381 Dies ist ein Problem des rechtmäßigen Alternativverhaltens (Rechtswidrigkeit).
382 Zur schwierigen Abgrenzung vom Tatbestand der Überschuldung s o Punkt III.1.

gen der dtInsO[383] entnommen ist.[384] Wie *Juhász* jedoch zutreffend festhält, ist es problematisch, dass sich die insolvenznahe Lage nicht zwingend mit den Insolvenztatbeständen (Zahlungsunfähigkeit und Überschuldung) deckt, sodass der Geschäftsführer in solchen Fällen nicht in jedem Fall schuldbefreiend die sofortige Einleitung des Insolvenzverfahrens beantragen kann[385].

Sieht der Geschäftsführer die Aussichtslosigkeit der Wirtschaftslage seiner Gesellschaft zu früh, könnte damit ein an sich sanierbares Unternehmen zerstört werden; sieht er sie zu spät, erleiden die Gesellschaftergläubiger unnötigen Schaden. In beiden Fällen kann er – gegenüber unterschiedlichen Personen – für den damit verbundenen Schaden haften. Beachtlich ist bei diesem Diskussionsstand auch die integrative Auffassung von *G. Török*, dass die Sanierungspflicht für den Geschäftsführer viel früher entstehe (und im Interesse aller liege)[386].

In der Praxis ist es nicht leicht, diesen Zeitpunkt zu bestimmen.[387] Es gibt auch noch keine Rsp dazu.[388] Augenscheinlich wird dieser Zeitpunkt, wenn der Geschäftsführer für die Gesellschaft einen Vertrag abschließt, dessen Nachteiligkeit erkennbar ist oder dessen Erfüllung die Gesellschaft vor erhebliche Liquiditätsprobleme stellen wird (aktives Tun).[389] Schwierig ist diese Zeitpunktbestimmung, wenn die insolvenznahe Lage aufgrund (geänderter) Marktbedingungen bzw unterlassener Maßnahmen des Geschäftsführers eintritt. Hilfsweise kann mE auch angenommen werden, dass eine insolvenznahe Lage besteht, wenn er aufgrund dieser Bestimmung auch verpflichtet ist, eine außerordentliche Tagung des obersten Organs seiner Gesellschaft einzuberufen (§§ 143 (2) lit b) bzw § 245 (1) lit c) GesG). Rsp und Lehre schweigen zu allen zitierten Bestimmungen. Daher bleibt es unklar, ab wann der Geschäftsführer einer wirtschaftlich angeschlagenen Gesellschaft die Interessen ihrer Gläubiger priorisieren muss.[390] Oder ab wann ihm diese Situation erkennbar sein muss. Der Beweis des Zeitpunkts der insolvenznahen Lage obliegt nicht dem Geschäftsführer, sondern der geschädigten Person.

Tamás Török hebt hervor, dass es kein gemeinsames *Interesse der Gläubiger* gibt, weil jeder Gläubiger nur an der Befriedigung seiner Forderung interessiert sei; selbst wenn das auf Kosten der anderen Gläubiger erfolge.[391] Dem ist grds zuzustimmen, andernfalls wären etwa die Rechtsinstitute von

---

383 Vgl § 18 InsO („drohende Zahlungsunfähigkeit").

384 *G. Török*, Legújabb csődjogi jogalkotásunkról [*Über unsere jüngste konkursrechtliche Gesetzgebung*], in GéJ 2006/6–7, 40.

385 *Juhász*, Haftung, 5.

386 *G. Török*, Legújabb csődjogi jogalkotásunkról [*Über unsere jüngste konkursrechtliche Gesetzgebung*], in GéJ 2006/6–7, 40.

387 *Csőke et mult*, KonkursG, 401. Ungarn steht damit nicht alleine da: *Wachendorf*, 56 ff.

388 *Juhász*, Haftung, 5.

389 *Török*, Haftung, 336.

390 Ansatzpunkte kann die Diskussion im angelsächsischen Rechtskreis bieten. Vgl *Wachendorf*, 55 ff.

391 *Török*, Haftung, 335.

§ 40 KonkursG[392] nicht derart bedeutend. In der Anwendung des *wrongful trading* bedeutet dies mE jedoch keine Schwierigkeiten, da § 30 (3) GesG teleologisch reduzierbar ist. Damit ist der Geschäftsführer ab Eintritt einer insolvenznahen Lage verpflichtet, die Interessen der Gläubiger so zu schützen, dass sie im Insolvenzfall gemeinsam und iS der Wertungen des KonkursG eine möglichst hohe Befriedigungsquote erzielen können. § 33 a (1) S 1 KonkursG bestätigt diese Auslegung.

Die *Maßnahmen* zum Schutz der Interessen der Gläubiger der insolventen Gesellschaft bewirken die Haftungsbefreiung des Geschäftsführers. Er trägt gem § 339 (1) BGB die Beweislast, dass er angemessene Maßnahmen gesetzt hat. Sie können sowohl in einem Unterlassen, als auch in einem Tun bestehen. So ist der Geschäftsführer insb verpflichtet, den Abschluss von Geschäften zu unterlassen, welche den Gläubiger (im Konkurs) zu einer Vertragsanfechtung berechtigen würden.[393] Als aktive Handlung wird vom Geschäftsführer erwartet, die Gesellschafterversammlung zu konsultieren; (spätestens ab nun) ein effizientes internes Kontrollsystem zu betreiben, das ihm jederzeit ein wirklichkeitsgetreues Abbild der Wirtschaftslage der Gesellschaft gibt, und ggf einen Antrag[394] auf Einleitung eines Ausgleichs- oder Konkursverfahrens zu stellen.[395] Der Geschäftsführer hat in seiner Geschäftsführung freies Ermessen; ihm wird auch ein unternehmerisches Risiko zuerkannt (*business judgement rule*).[396] Er haftet daher nicht, wenn er sein Plan zur Sanierung der Gesellschaft aus einer *ex ante* Betrachtung objektiv plausibel ist.[397] Er trägt allerdings die Beweislast dafür (§ 339 (1) S 2 BGB)[398].

Der Geschäftsführer ist gem § 143 (2) lit b) GesG[399] verpflichtet, die Gesellschafterversammlung einzuberufen, wenn die Zahlungsunfähigkeit droht, diese bereits eingetreten ist oder eine Überschuldung vorliegt.[400] In diesen Fällen müssen Lösungsmöglichkeiten zur Überwindung dieser Krise beschlossen werden. Der Geschäftsführer steht in einem bislang nicht ausdiskutierten bzw ausjudizierten Spannungsverhältnis: Er hat die Beschlüsse[401] einer Gesellschafterversammlung durchzuführen; in Zusammenhang damit könnte er mangels Rechtswidrigkeit nicht haftbar gemacht werden, wenn ein Beschluss die Interessen der

---

392 S u Punkt III.3 c und f.
393 Näheres dazu s u Punkt III.3 mwA.
394 § 7 f KonkursG (Ausgleichsverfahren) bzw § 22 (Konkursverfahren) KonkursG.
395 AA *Csőke et mult*, KonkursG, 398: Es sei ausreichend, wenn der Geschäftsführer die Gesellschafterversammlung einberuft.
396 BH 2004/372; *Kisfaludi/Pethőné/Simon/Bodor*, in: Meritum, 1357 mwA.
397 S o Punkt Punkt II.4 f, *Wachendorf*, 69.
398 Diese Bestimmung wird im Konkursverfahren mit § 33 a (2) KonkursG inhaltlich wiederholt.
399 Bei einer Rt aufgrund von § 245 (1) lit c) GesG.
400 Vgl auch *Baumann*, 233 ff.
401 Im dt Rechtskreis würde man auch von Weisungen sprechen. Im ung GesellschaftsR wird unter Weisung bloß eine Handlungsaufforderung eines Gesellschafters verstanden. Vgl auch *Vecsey*, Minderheitsaktionäre, 809 f.

Gläubiger verletzt.[402] Andererseits ist er gesetzlich verpflichtet, in dieser Lage auf die Interessen der Gläubiger der Gesellschaft zu achten. Gesetzliche (Schutz-) Bestimmungen wie § 30 (3) GesG gehen gesellschaftsrechtlichen Beschlüssen im Sinne von § 9 (1) GesG vor. Daher ist ein Beschluss der Gesellschafterversammlung mE nicht geeignet, den Geschäftsführer von seiner Pflicht zu entbinden bzw ihn mangels Rechtswidrigkeit von seiner Haftung zu befreien.[403] Allerdings sind gewisse Situationen vorstellbar, in denen er mangels Schuld exkulpiert wird. Dies gilt insb dann, wenn ihm kein Vorwurf gemacht werden kann, nicht erkannt zu haben, dass die gefassten Beschlüsse den Gläubigerinteressen zuwider laufen. Der Bewertungsmaßstab ist objektiv, dh er richtet nach einem ordentlichen Geschäftsführer[404].

Die Gesellschafter trifft aufgrund dessen[405] die indirekte Pflicht, keine Beschlüsse zu fassen, die gegen die Interessen der Gläubiger sind, da diese der Geschäftsführer nicht umsetzen kann. Grds bleibt aber ein Gläubiger schädigender Beschluss ohne weitere Sanktionen für die Gesellschafter. Eine Ausnahme besteht, wenn auch der Tatbestand von § 20 (7) GesG[406] erfüllt wird.

Die Bestimmungen von § 30 (3) GesG bewirken auch (*arg e contrario*), dass der Geschäftsführer nicht haftet, wenn die Gesellschaft von ihm Schadenersatz verlangt, da er nicht die Interessen der Gesellschaft gefördert hat. *Kisfaludi/ Pethőné/Simon/Bodor* weisen jedoch zu Recht darauf hin, dass dies in der Praxis eine untergeordnete Rolle spielen wird. Denn die Mehrheitsgesellschafter seien weiterhin berechtigt, den Geschäftsführer abzuberufen, wenn sie der Auffassung sind, dass er falsche Ziele verfolgt. Dies werde idR der Fall sein, wenn sie meinen, dass Geschäftsführer nicht mehr die Interessen der Gesellschaft priorisiere.[407]

c) *Wrongful trading nach dem KonkursG*

Die insolvenzrechtliche *wrongful trading* Haftung knüpft inhaltlich an die gesellschaftsrechtliche Haftung (§ 30 (3) GesG) an. Sie ist anzuwenden, wenn über der insolventen Gesellschaft das Konkursverfahren (oder das

---

402 § 22 (4) GesG („Der leitende Amtsträger (…) ist nur den Rechtsnormen, dem Gesellschaftsvertrag sowie den Beschlüssen des obersten Organs der Gesellschaft unterworfen (…).") und § 30 (2) GesG *e contrario* („(…) Die leitenden Amtsträger haften der Wirtschaftsgesellschaft gegenüber für die ihr durch eine schuldhafte Verletzung der Rechtsnormen, des Gesellschaftsvertrags bzw. der durch die obersten Organe der Wirtschaftsgesellschaft gefassten Beschlüsse bzw. ihrer Pflichten bei der Geschäftsführung verursachten Schäden nach den allgemeinen Regeln des Zivilrechts.")

403 Ähnlich argumentierend *Kisfaludi/Pethőné/Simon/Bodor*, in: Meritum, 1389.

404 *Kisfaludi/Pethőné/Simon/Bodor*, in: Meritum, 1357 mwA. Vgl auch die Ausführungen in Csőke et mult, KonkursG, 402.

405 Denkbar ist allerdings auch, dass sie aufgrund des Rechtsmissbrauchsverbots hierzu verpflichtet sind. Näheres s o Punkt II.6 c.

406 S o Punkt II.4 f.

407 *Kisfaludi/Pethőné/Simon/Bodor*, in Meritum, 1393.

Zwangslöschungsverfahren)[408] eröffnet wurde. Gem § 33 a KonkursG können gegenüber dem Geschäftsführer sowohl die Gläubiger als auch – mit Einschränkungen – der Insolvenzverwalter Schadenersatzansprüche geltend machen. Die Durchsetzung dieser Haftung ist mehrstufig:[409] Zunächst muss während des Konkursverfahrens gerichtlich festgestellt werden, dass der Geschäftsführer abstrakt, also ohne Bezifferung eines Schadens, gegen § 30 (3) GesG verstoßen hat (i) – und dafür haftet.[410] Mit dieser Feststellungsklage kann auch die Gewährung von Sicherheiten für die Forderungen der Gläubiger gefordert werden – in diesem Fall ist die klagende Partei freilich verpflichtet, den zu beziffern. Für die Beibringung von Sicherheiten haften die Gesellschafter der insolventen Gesellschaft ggf als Bürgen (ii). Nach Abschluss des Feststellungs- und des Konkursverfahrens können die Gläubiger mit der Leistungsklage tatsächlichen Schadenersatz vom Geschäftsführer fordern (iii). Wenn mehrere Gläubiger klagen, vereint das Gericht die Prozesse und verfügt eine anteilmäßige Befriedigung ihrer Forderungen (§ 33 a (6) S 2 KonkursG).

Es haften jene Geschäftsführer, die vor Verjährung der *wrongful trading* Ansprüche diese Funktion inne hatten (i). Der Schaden muss in kausalem Zusammenhang zur Insolvenzverschleppung stehen (§ 339 (1) S 1 BGB), dabei sind die bereits ausgeführten Wertungen von § 30 (3) GesG beachtlich. Aus dem Grundsatz der Kausalität ergibt sich, dass mehrere Geschäftsführer, die innerhalb des Verjährungszeitraumes nacheinander tätig waren, nur für ihre selbst verursachten Schäden haften. Gleiches gilt, wenn bei mehreren, gleichzeitig tätigen Geschäftsführern, Schuld und Schaden teilbar ist. Wurde der Schaden allerdings von den Geschäftsführern gemeinsam verursacht, haften sie solidarisch (§ 33 a (1) S 3 KonkursG). Untereinander haften sie zu gleichen Teilen, wann das Verhältnis ihres Verschuldens nicht festgestellt werden kann[411].

§ 33 a (2) KonkursG wiederholt und ergänzt § 30 (3) GesG in Hinblick darauf, wann der Geschäftsführer rechtswidrig handelt und wann seine Geschäftsführung gerechtfertigt ist. So wird die *prima facie* Annahme aufgestellt, dass der Geschäftsführer Gläubigerinteressen verletzt hat, wenn er vor der Einleitung des Konkursverfahrens den Jahres- bzw Konzernabschluss nicht vorschriftsgemäß hinterlegt bzw veröffentlicht hat; wenn er überhaupt keinen Jahresabschluss erstellt; oder wenn er seine Pflichten anlässlich des Konkurseintritts

---

408 Seit der Novelle des KonkursG (CXCVII. Gesetz aus 2011, welche seit 01.03.2012 in Kraft ist) ist § 33 a KonkursG auch dann anzuwenden, wenn die Gesellschaft auf sonstige Weise ohne Rechtsnachfolge erlischt und Verbindlichkeiten hinterlässt. Zum Zwangslöschungsverfahren s o Punkt II.3 e.

409 In der Lit wird das sehr kritisch gesehen. Vgl *Juhász*, Haftung, 9; *Baumann*, 230.

410 *Kisfaludi/Pethőné/Simon/Bodor*, in: Meritum, 1395 mwA: Es wird zurecht darauf hingewiesen, dass der Gesetzgeber offenbar vergessen hat festzuhalten, dass in der Feststellungsklage auf die Feststellung der Haftung abzustellen ist. Dies hat jedoch keine Auswirkungen auf die Wertungen des Schrifttums.

411 Vgl § 344 BGB und das Schrifttum dazu.

(§ 31 (1) lit a)–d) KonkursG[412] nicht erfüllt.[413] Der Geschäftsführer kann sich jedenfalls nicht von seiner Haftung befreien, wenn er nicht auch der Gesellschafterversammlung sinnvolle Vorschläge zur Beseitigung der insolvenznahen Lage unterbreitet hat.[414] Weitere Befreiungsgründe wurden bereits im vorangegangenen Punkt dargestellt.

---

412 „(1) Der Leiter der in Konkurs stehenden Wirtschaftsorganisation muss:

    a) zum Tag vor dem Zeitpunkt des Konkursbeginns ein Abschlussinventar sowie einen Jahresabschluss (vereinfachten Jahresabschluss) (im Weiteren zusammen: Tätigkeitsabschlussbilanz) sowie nach der Aufteilung des Gewinns eine Abschlussbilanz und eine Steuererklärung erstellen und diese innerhalb von dreißig Tagen nach dem Zeitpunkt des Konkursbeginns dem Konkursverwalter und der Steuerbehörde übergeben und eine Erklärung dazu abgeben, dass die Tätigkeitsabschlussbilanz bzw. die nach der Aufteilung des Gewinns erstellte Abschlussbilanz ein reales und zuverlässiges Bild über die Vermögenslage des Schuldners gibt, und auch erklären, welche wesentlichen Änderungen seit der Annahme der Bilanz in der Vermögenslage des Schuldners eingetreten sind,

    b) über Dokumente, die nicht ausgesondert werden können, eine Aktenliste aufnehmen und diese Schriftstücke, das Archivmaterial sowie das Vermögen laut Inventarliste an den Konkursverwalter übergeben, eine Information über die laufenden Sachen und Verfahren erteilen bzw. eine Erklärung dazu abgeben, dass er seine Übergabepflicht für alle Vermögensgegenstände und Schriftstücke erfüllt hat,

    c) dem Konkursverwalter und der zuständigen Umweltschutzaufsicht innerhalb von fünfzehn Tagen nach dem Zeitpunkt des Konkursbeginns eine Erklärung darüber abgeben, ob Umweltschäden bzw. -belastungen zurückgeblieben sind, aus denen sich Bußgeld- oder andere Zahlungspflichten sowie Ausgaben zur Regulierung der Schäden bzw. Belastungen ergeben können,

    d) dem Konkursverwalter eine Information über alle den Gegenstand von § 40 Abs. 1 Buchstabe a bildenden Rechtsgeschäfte bzw. Verpflichtungsübernahmen erteilen,

    („(1) *A felszámolás alatt álló gazdálkodó szervezet vezetője köteles:*

    a) *a felszámolás kezdő időpontját megelőző nappal záróleltárt, valamint éves beszámolót (egyszerűsített éves beszámolót) (a továbbiakban együtt: tevékenységet lezáró mérleg), továbbá az eredmény felosztása után zárómérleget és adóbevallást készíteni, azokat a felszámolás kezdő időpontját követő 30 napon belül a felszámolónak és az adóhatóságnak átadni és nyilatkozni arról, hogy a tevékenységet lezáró mérleg, illetve az eredmény felosztása után készített zárómérleg az adós vagyoni helyzetéről valós és megbízható képet ad, valamint nyilatkozni arról is, hogy a mérleg elfogadása óta az adós vagyoni helyzetében milyen lényeges változások történtek,*

    b) *a nem selejtezhető iratokról iratjegyzéket készíteni, és azokat, az irattári anyagot, valamint a vagyont leltár szerint átadni a felszámolónak, a folyamatban lévő ügyekről, eljárásokról tájékoztatást adni, továbbá nyilatkozni arról, hogy valamennyi vagyontárgyra, iratra vonatkozóan teljesítette az átadási kötelezettségét,*

    c) *a felszámolás kezdő időpontjától számított 15 napon belül a felszámolónak és az illetékes környezetvédelmi felügyelőségnek nyilatkozatot tenni arról, hogy maradtak-e fenn olyan környezeti károsodások, környezeti terhek, melyekből bírságfizetési vagy egyéb fizetési kötelezettség, a károsodások, illetve terhek rendezéséhez szükséges kiadás származhat,*

    d) *a felszámolónak tájékoztatást adni minden a 40. § (1) bekezdés a) pont tárgyát képező jogügyletről, illetve kötelezettségvállalásról,“)*

413 Kritisch *Kisfaludi/Pethőné/Simon/Bodor*, in: Meritum, 1395.

414 Vgl Wortlaut von § 33 a (2) KonkursG und *Csőke et mult*, KonkursG, 402. Auf das Spannungsverhältnis zwischen der Geschäftsführerpflicht, die Interessen der Gläubiger zu beachten, und der Pflicht, Gesellschafterversammlungsbeschlüsse durchzuführen, wurde bereits im vorigen Punkt eingegangen. Vgl auch *Kisfaludi/Pethőné/Simon/Bodor*, in: Meritum, 1395.

Unter Punkt d) wird darauf eingegangen, wer welche Sicherheiten für die Haftung des Geschäftsführers beizubringen hat (ii).

Nach Abschluss des Feststellungs- und des Konkursverfahrens haben die Gläubiger die Möglichkeit, mittels Leistungsklage tatsächlichen Schadenersatz vom Geschäftsführer zu fordern (iii); der Insolvenzverwalter ist hierfür nicht aktivlegitimiert.[415] Den Gläubigern steht -ähnlich der Konzernhaftung nach § 54 GesG- jedoch kein Schadenersatz zu, wenn sie ihre Forderungen nicht rechtzeitig zuvor im Konkursverfahren angemeldet haben und wenn nicht mindestens einer von ihnen (oder der Insolvenzverwalter im Namen der Gesellschaft)[416] während[417] des Konkursverfahrens die hypothetische/abstrakte Feststellung der Geschäftsführerhaftung erwirkt hat. Die Wirkung dieser Feststellungsklage erstreckt sich bei Stattgabe auf alle Gläubiger, bei Abweisung jedoch nur auf den Kläger.[418] *Kisfaludi/Pethőné/Simon/Bodor*[419] weisen darauf hin, dass bei mehreren Feststellungsklagen das Gericht im Gegensatz zu den späteren Leistungsklagen bedauerlicher Weise keine Möglichkeit habe, diese Verfahren mit einander zu verbinden.

Wenn mehrere Gläubiger auf Schadenersatz klagen (Leistungsklage), verbindet das Gericht ihre Leistungsklagen; kann der Geschäftsführer nicht vollen Schadenersatz leisten, sind die Gläubiger aus seinem Vermögen aliquot zu befriedigen (§ 33 a (6) KonkursG). Das ist ein Wertungswiderspruch zu § 57 KonkursG,[420] sodass bei der *wrongful trading* Haftung die Gläubigeransprüche nicht in Forderungsklassen zu unterteilen sind.[421] Wurden im Zuge der Feststellungsklage Sicherheiten bereit gestellt, sind die Gläubiger nach erfolgreicher Leistungsklage berechtigt, ihre Forderungen aus diesen Sicherheiten zu befriedigen.

Die *wrongful trading* Haftung kennt mehrere Fristen. Zunächst erstreckt sich die Haftung des Geschäftsführers nur auf den Zeitraum von drei Jahren vor Einleitung des Konkurses (§ 33 a (1) S 1 KonkursG). Dies ist in Vergleich zur allgemeinen Verschuldenshaftung – selbst wenn ein Konkursverfahren mehrere Jahre dauern kann – eine Privilegierung des Geschäftsführers, da die Verjährung ansonsten 5 Jahre beträgt.[422] TdL sehen darin auch die Wertung des Gesetzgebers, dass die Gläubiger nicht schützenswert seien, wenn der Eintritt einer insolvenznahen Lage – etwa bei einem ungünstigen Darlehen mit längerer Laufzeit – mehr als 3 Jahre vor der Konkurseröffnung liegt[423].

---

415 *Juhász*, Haftung, 6.
416 AA *Juhász* Haftung, 5.
417 Ggf kann die Feststellungsklage auch zu einem späteren Zeitpunkt eingebracht werden: *Juhász*, Haftung, 6 f mwA.
418 *Török*, Haftung, 337; *Kisfaludi/Pethőné/Simon/Bodor*, in: Meritum, 1395.
419 *Kisfaludi/Pethőné/Simon/Bodor* in: Meritum, 1395.
420 S u Punkt III.5.
421 *Baumann*, 230; *Török*, Haftung, 338; *Kisfaludi/Pethőné/Simon/Bodor*, in: Meritum, 1395 aE.
422 § 360 (4) BGB iVM § 324 ff BGB.
423 *Cseh*, Új hitelezővédelmi jogintézmény a Magyar társasági törvényben [*Neues Rechtsinstitut des Gläubigerschutz im Gesellschaftsgesetz*] in GéJ 2006/11, 11; *Kisfaludi/Pethőné/Simon/ Bodor*, in Meritum, Rz 1395.

Die zweite Frist bezieht sich auf den Zeitraum nach Abschluss des Konkursverfahrens, in dem auf Grundlage des Ergebnisses der Feststellungsklage, der beigebrachten Sicherheiten und des Ausgangs des Konkurses (Umfang der befriedigten Forderungen) eine Leistungsklage gegen den Geschäftsführer bzw seinen Bürgen eingebracht werden muss. Diese Präklusivfrist beträgt 60 Tage nach Abschluss des Konkursverfahrens oder – wenn die Feststellungsklage bis dahin noch nicht entschieden wurde – ab dem ersten Tag nach Rechtskraft des Feststellungsurteils.

Aufgrund der Formulierung von § 33 a KonkursG gelten diese Ausführungen nicht für ein Ausgleichsverfahren, das die Fortführung der insolventen Gesellschaft zum Ziel hat. In diesen Fällen ist allein die *wrongful trading* Haftung nach § 30 (3) GesG beachtlich.

d) Konzernrechtliche Dimension der wrongful trading Haftung

Geschäftsführern ist gem § 33 a (1) S 2 KonkursG der tatsächliche Machthaber (*shadow director*) über die Gesellschaft gleichgestellt. Aufgrund des Wortlautes von dieser Bestimmung (arg „*Person*") und der allg Lehre zu *wrongful trading* kann sowohl eine natürliche Person (etwa ein Geschäftsführer, dessen Bestellung unwirksam ist; ein Prokurist; ein Mitarbeiter der Gesellschaft; oder ein Gesellschafter) als auch eine juristische Person (hier kommen *de facto* nur Gesellschafter in Betracht)[424] darunter subsumiert werden. Die Existenz eines Machthabers führt nicht dazu, dass der *de iure* Geschäftsführer nicht aufgrund von *wrongful trading* haften kann. Geschäftsführer und Machthaber haften wie zwei Geschäftsführer solidarisch für den verursachen Schaden.[425] Der Nachweis der Machthaberstellung einer Person obliegt dem Gläubiger[426].

Im ung Schrifttum finden sich bloß punktuell Anhaltspunkte, wann jemand als Machthaber anzusehen sei. Im angelsächsischen Raum, dessen überzeugende Wertungen auch für die ung Rechtslage heranziehbar sind, wird die Haftung einer Person als *shadow director* bejaht, wenn man im Zuge einer Gesamtbetrachtung zu dem Ergebnis gelangt, dass sie über einen längeren Zeitraum so agiert hat, wie es von einem Geschäftsführer allgemein angenommen wird. Im angelsächsischen Rechtskreis werden in einem beweglichen System als erhebliche Faktoren angesehen, ob die untersuchungsgegenständliche Person den Titel *director* (Geschäftsführer/Vorstand/Generaldirektor) verwendete; ob sie Kenntnis von entscheidungsrelevanten (internen) Kennzahlen und Informationen der Gesellschaft hatte; bzw ob sie Entscheidungen für die Gesellschaft getroffen

---

424 Juristische Personen können gem § 22 (1) GesG keine leitenden Funktionäre sein. *Wachendorf* führt aus, dass Lieferanten (Gläubiger), die bereit sind, die insolvenznahe Gesellschaft zu stützen, nicht für *wrongful trading* haftbar zu machen sind (*Wachendorf*, 31). Andererseits wird nicht nur in England (Vgl FN 429), sondern auch in Ungarn (*Török*, Haftung, 340) die Auffassung vertreten, dass Banken (Gläubiger) sehr wohl zu Machthabern werden können.

425 *Török*, Haftung, 338. Vgl auch *Török*, Haftung, 340 (zivilprozessuale Aspekte der Klage gegen Geschäftsführer und Machthaber); sowie vorangegangenen Punkt.

426 *Török*, Haftung, 340.

hat, die dann befolgt wurden. Bei juristischen Personen kommt es verstärkt darauf an, dass ihre Organwalter die alltägliche Geschäftsführung der Gesellschaft besorgt haben – Personenidentitäten in der Leitungsorganen oder übliche, konzernrechtliche Integrationsmaßnahmen wie etwa ein Beherrschungsvertrag reichen alleine genommen noch nicht aus.[427] Allerdings erwartet auch das *Forum Europaeum* von der Konzernmutter ein „motivierteres" Handeln zur Abwehr der Insolvenzgefahr, als von anderen Geschäftsführern oder Machthabern; sie hätte die Wahl zwischen einer entschiedenen Sanierung oder sofortigen Auflösung.[428] *Shadow directors* können also auch Personen sein, die Richtungsentscheidungen vorgeben oder Weisungen erteilen, die umgesetzt werden.[429] Wenn die Gesellschaft von einem Kollegialorgan geführt wird (zB im Falle einer Rt durch den Vorstand), ist eine Person bloß dann Machthaberin, wenn sie diesen Einfluss auf die Mehrheit der Kollegialorganmitglieder auszuüben vermag; ansonsten liegt keine Kausalität vor. Der Machthaber benötigt keinen Vorsatz, die Gesellschaft kontrollieren zu wollen.[430]

Als Sicherheiten für die Haftung des Geschäftsführers kommen in Betracht: ein bei Gericht oder Bank hinterlegter Geldbetrag, eine sichere Schuldverschreibung,[431] eine Bank-[432] oder Versicherungsgarantie, eine besondere[433] Schuldverschreibung einer Versicherung. Allen diesen Sicherheiten ist gemein, dass die Gläubiger nach gerichtlicher Bestätigung ihrer Ansprüche ohne nennenswerten Zeitverlust ihre Forderungen befriedigen können; bei einem ordentlichen Pfandrecht oder einer Bürgschaft wäre das nicht möglich. Dies war auch die Absicht des Gesetzgebers.[434] Nach dem Wortlaut von § 33 a (1) KonkursG ist vorgesehen (arg *„ Vermögenssicherheit zur Befriedigung der Forderungen der Gläubiger "*), dass der Umfang der Sicherheiten nicht dem Streitwert der Feststellungsklage einer klagenden Partei, sondern dem Umfang aller Forderungen entsprechen muss. Dies scheint mE überschießend zu sein.

Mit der Logik, dass die (einfache) Mehrheitsgesellschafterin, die den Geschäftsführer bestellt, für ihn Verantwortung übernehmen muss, haftet sie gem § 33 a (2) aE KonkursG als Bürgin für die Beibringung einer oa Sicherheit.

---

427 Zustimmend *Csőke et mult*, KonkursG, 404. AA *Bachmann*, 231 ff mwA. Allerdings ist ihm mE zuzustimmen, wenn (auch) erwiesen ist, dass die Konzernmutter gegenüber der insolventen Konzerntochter eine dauerhaft nachteilige Konzernpolitik betrieben hat.

428 *Forum Europaeum*, 765. Zustimmend *Bachmann* 232 ff.

429 *Wachendorf*, 37. Sie zeigt auch auf, dass berufsmäßig beratende Personen wie etwa Anwälte, Steuerberater, Personalberater, Rechnungsprüfer oder Banker keine *Machthaber* sein können. Sie verweist aber auf S 40 ff darauf, dass auch diese ggf als Machthaber angesehen werden können, wenn Sie ihren beruflichen Beratungsrahmen überschreiten.

430 Vgl *Wachendorf*, 30 ff mwA.

431 Die Schuldverschreibung ist gem § 33 a (2) KonkursG dann sicher, wenn sie von einem EWR-Staat oder einem Kreditinstitut emittiert wurde. Alternativ kann die Schuldverschreibung ein garantiertes, sofort eintauschbares oder verkäufliches Kreditverhältnis verkörpern, das nach Hinterlegung der Schuldverschreibung noch mindestens 180 Tage läuft.

432 Vgl § 249 BGB.

433 Die Schuldverschreibung muss eine selbstschuldnerische Bürgschaft (Österreich: Bürgschaft als „Bürge und Zahler") verbriefen. Vgl § 274 (2) BGB.

434 Materialien zum LI. Gesetz aus 2009, Anmerkungen zu § 19.

Dadurch enthält die *wrongful trading* Haftung als Geschäftsführerhaftung einen konzernrechtlichen Einschlag. Die Frage, ob jemand einen mehrheitlichen Einfluss auf die Gesellschaft hat, ist auch hier nach § 685 b BGB zu beurteilen.[435] Diese besonders in Konzernstrukturen bedeutsame Bürgenhaftung nach § 272 ff BGB ist subsidiär, sodass sich die Gläubiger erst an die Mehrheitsgesellschafterin wenden kann, wenn die beigebrachten Sicherheiten zur Befriedigung ihrer Forderung nicht ausreichend waren und auch eine Forderungsbetreibung beim Geschäftsführer nach Abschluss des Konkursverfahrens ergebnislos war. Gläubiger können die Gewährung von Sicherheiten durch den/die Bürgen einfacher verwirklichen, da sie im Gegensatz zur Machthaberhaftung nicht den Beweis erbringen müssen, dass der Mehrheitsgesellschafter Machthaber (*shadow director*) war[436].

Es is mE beachtlich, dass der Gesetzgeber für die Haftung ehemaliger Geschäftsführer (§ 33 a (3) KonkursG) keine Bürgenhaftung mit Sicherheitsleistungspflicht bzw Machhaberhaftung normiert hat.

e) *Abgrenzungen*

Die *wrongful trading* Haftung steht in alternativer Konkurrenz zum Haftungsdurchgriff (§ 50 GesG) und zur Konzernhaftung (§ 54 GesG), da auf unterschiedliche Tatbestände sowie Zeiträume abgestellt wird.[437] Auch der Haftungsumfang ist unterschiedlich, da die Mehrheitsgesellschafter im Fall eines Haftungsdurchgriffs oder einer Konzernhaftung für alle Verbindlichkeiten der insolventen Gesellschaft einstehen müssen. Bei § 33 a (1) KonkursG haftet man nur für den anteiligen Schaden (Quote), den man durch falsche Maßnahmen bzw Insolvenzverschleppung verschuldet hat. Dieser Schaden ist somit immer geringer als die Summe der Verbindlichkeiten der insolventen Gesellschaft.

Die *wrongful trading* Haftung kann für Gläubiger in der Praxis von Vorteil sein, wenn die Tochtergesellschaft als Schuldnerin Teil eines Vertragskonzerns ist und es deshalb umständlicher ist, die Konzernhaftung der beherrschenden Gesellschaft feststellen zu lassen.[438] Bei *wrongful trading* ist auch die Beweislastverteilung gläubigerfreundlicher, wenngleich der Nachweis des Schadens und der Machthabereigenschaft uU schwierig werden kann. Das *Forum Europaeum*[439] streicht hervor, dass eine Machthaberhaftung ggf auch für die herrschende Gesellschaft vorteilhafter sein kann, als die ordentliche Konzernhaftung.

Zur Abgrenzung von § 50 GesG und § 54 GesG s o Punkt I.2 c.

---

435 Vgl das Schrifttum zu § 685 b BGB sowie o Punkt II.4 e.

436 *Csőke et mult*, KonkursG, 397.

437 *Bachmann*, 234 f.

438 Gem § 58 iVm § 63 GesG muss der anerkannte Konzern zunächst aufgelöst werden, ehe er für eine dauerhaft nachteilige Geschäftspolitik haften kann.

439 *Forum Europaeum*, 762 ff.

f) Bedeutung

Die Bedeutung der *wrongful trading* Haftung wird im angelsächsischen Raum als „überschaubar" angesehen. Die Gründe dafür dürften zunächst in der Aktivlegitimation – es ist bloß der Insolvenzverwalter klageberechtigt – und ferner in den Beweislast- bzw damit verbundenen Kostentragungsfragen liegen. Darüber hinaus muss der Geschäftsführer bei Stattgabe der Klage auch den Schaden der nicht klagenden Gläubiger ersetzen. Somit haben die Gläubiger – ähnlich der *actio pro societate* in Ungarn -⁻ wenig Motivation, ihre Ansprüche einzuklagen. In dieser Hinsicht ist die Rechtslage in Ungarn anders, weil den nicht klagenden Gesellschaftern kein Schadenersatz zusteht.[440]

In Ungarn wird das rechtswidrige, schuldhafte Verhalten des Geschäftsführers vermutet. Den Nachweis des Schadens, der Kausalität (und ggf der Machthabereigenschaft) obliegt dem geschädigten Gläubiger. Obwohl die Rechtslage in Ungarn auch in diesem Gesichtspunkt gläubigerfreundlicher ausgestaltet ist, als im angelsächsischen Raum, bereiten § 30 (3) GesG und § 33 a KonkursG *de facto* dieselben Probleme, weil den Gläubigern ohne Hilfe des Insolvenzverwalters ein sehr hohes Prozesskostenrisiko zugewiesen ist. Es ist nämlich Außenstehenden wie etwa Gläubigern ohne Kenntnis der Bücher und der Aktivitäten der Gesellschaft effektiv unmöglich, zu bestimmen, wie ursächlich die Geschäftsführung der Gesellschaft für ihren Schaden tatsächlich ist. Die Entlohnung des Insovenzverwalters richtet sich nach der Höhe der befriedigten Forderungen der Gläubiger; da selbst eine erfolgreiche Feststellungsklage nicht die Befriedigungsquote erhöht und die Kosten der Klagsführung sogar das Gesellschaftsvermögen schmälern, hat der Insolvenzverwalter wenig Motivation, so eine Klage anzustrengen oder bei ihr mitzuwirken.[441] Hinzu kommen die bereits genannten Unklarheiten bzw konzeptionellen Schwächen in § 30 (3) GesG und § 33 a KonkursG. Ob *wrongful trading* in der Praxis tatsächlich Anwendung finden wird,[442] ist daher mE fraglich. Dies umso mehr, wenn man sich auch ihre schwache Stellung im angelsächsischen Rechtskreis ansieht.

3. Anfechtungstatbestände wegen inäquivalenter Geschäfte (Gläubigeranfechtung)

a) Allgemeines

Im deutschsprachigen Raum ist insb das Rechtsinstitut der Gläubigeranfechtung (*actio Pauliana*) zur Anfechtung inäquivalenter Verträge einschlägig.[443] Es kann idR angewendet werden, wenn der Schuldner durch Abschluss eines Rechtsgeschäfts mit einem Dritten seinen Haftungsfonds gegenüber seinem

---

440 *Bachmann*, 227 ff; *Wachendorf*, 68 und 110 ff.
441 *Csőke et mult*, KonkursG, 399, 573.
442 Bislang liegt zu ihr keine Rsp vor.
443 Vgl für Deutschland: §§ 1 ff dtAnfechtungsG, §§ 129 ff dtInsO; für Österreich: §§ 27 ff österrIO.

Gläubiger schmälert. Oft wird innerhalb der Gläubigeranfechtung zwischen den Tatbeständen der Absichtsanfechtung, Vermögensverschleuderungsanfechtung und Schenkungsanfechtung unterschieden.

Es gibt mehrere Rechtsinstitute, welche in Ungarn der Gläubigeranfechtung (*hitelezői szerődésmegtámadás*) gleichkommen: zunächst die zivilrechtliche, sogenanne relative Vertragsunwirksamkeit (*szerződés relatív/viszonylagos hatálytalansága*; § 203 BGB) und ihr insolvenzrechtliches Pendant, die Absichtsanfechtung (§ 40 (1) lit a) KonkursG). Die zivilrechtlichen Institute der Verkürzung über die Hälfte (*laesio enormis*; § 201 BGB) und der Schenkungsanfechtung (§ 582 (1) BGB) entsprechen der insolvenzrechtlichen Schenkungs- und Vermögensverschleuderungsanfechtung (§ 40 (1) lit b) KonkursG). Ein dritter Tatbestand, welcher in Ungarn oft iZm der Gläubigeranfechtung genannt wird (§ 40 (1) lit c) KonkursG), ist funktional dem Eigenkapitalersatzrecht zuzuordnen und wird ebendort erörtert.[444] Der Begriff „Anfechtung eines haftungsfondsverringernden Vertrags" (*fedezetelvonó szerződés megtámadása*) wird in der ungarischen Literatur als Überbegriff oder als Ausdruck des jeweils gegenständlichen Rechtsinstituts verwendet.

b) *Die zivilrechtliche Gläubigeranfechtung (relative Vertragsunwirksamkeit)*

Die relative Vertragsunwirksamkeit ist in prominenter Position[445] im BGB positiviert (§ 203). Sie ist festzustellen, wenn ein unentgeltliches Rechtsgeschäft[446] vorliegt oder wenn bei einem synallagmatischen Vertrag ein unredlicher Dritter mit dem Schuldner einen Vertrag abschließt, aufgrund dessen es dem Gläubiger ganz oder tw verunmöglicht wird, seine Forderungen zu befriedigen. Dies ist der Fall, wenn sich dadurch die Bilanz des Schuldners verschlechtert. Die hA bejaht dies auch in den Fällen, in denen die Verbindlichkeit mittels Aufrechnung (*beszámítás*; §§ 296 f BGB) beglichen wird[447].

Es ist fraglich, ob der Gläubiger, den Schuldner zuerst klagen und dann (erfolglose) Exekution in sein Vermögen führen muss, ehe er sich mit § 203 BGB an den Dritten wenden kann. Nach hA wird dem Kläger dieser Weg jedenfalls nicht zugemutet, wenn offensichtlich ist, dass sich der Gläubiger nicht (gänzlich) aus dem Haftungsfonds des Schuldners befriedigen kann; in der stRsp hat es sich als zulässig erwiesen, den Schuldner zusammen mit dem Dritten in Streitgenossenschaft zu klagen.[448] Dies ist mE sinngemäß auch auf Gesellschaften anzuwenden, die Verbindlichkeiten haben und insolvent sind.

---

444 S u Punkt III.5. Vgl auch o Punkt II.3 b.

445 Sie befindet sich im allgemeinen Vertragsrecht (§§ 198–218 BGB) in unmittelbarer Nähe zur Sittenwidrigkeit (§ 200 (2) BGB), zur *laesio enormis* (§ 201 (2) BGB), zum Wucher (§ 203 BGB) und zu den Willensmängeln (§ 210 BGB).

446 Der beschenkte Dritte wird jedoch von der Haftung ggü dem Gläubiger befreit, wenn die geschenkte Sache ohne sein Verschulden unter gegangen ist (§ 203 (3) BGB).

447 *Virág* in Osztovits, BGB, 573.

448 *Gárdos* in Gellért, BGB Kommentar,740 f; *Vékás* in Petrik, Bürgerliches Recht², 366 f; *Török*, BGB/III, 86 f.

Als Rechtsfolge dieser Gläubigeranfechtung wird der Vertrag des Schuldners mit dem Dritten im Verhältnis zum Gläubiger (relativ) unwirksam. Der Gläubiger kann in weiterer Folge seine Forderung so befriedigen, als ob keine vertragliche Vermögensverschiebung zwischen Schuldner und Drittem erfolgt wäre; der Dritte muss das dulden, hat aber ggf Ersatzansprüche seinem Vertragspartner gegenüber. Der Gläubiger ist jedoch nicht berechtigt, auf vertragsfremde Vermögenswerte des Dritten zu greifen.[449] Wie gleich dargestellt wird, ist in der Insolvenz der Schuldnerin (Gesellschaft) diese relative Wirkung der Anfechtung seit der Einführung von § 40 (1a) KonkursG mE im Interesse der übrigen Gläubiger in Frage zu stellen.

§ 203 (2) BGB ist eine mächtige Unterstützung des Rechtsschutz suchenden Gläubigers – darin wird nämlich für gewisse Fälle eine Umkehr der Beweislast der Bösgläubigkeit des Dritten und der Unentgeltlichkeit des Rechtsgeschäfts normiert. IdS ist widerlegliche Bösgläubigkeit insb dann anzunehmen, wenn der Dritte ein Angehöriger,[450] ein Tochter- bzw Schwesterunternehmen,[451] ein Gesellschafter, ein leitender Repräsentant oder ein Angehöriger des leitenden Repräsentanten des Schuldners ist.

Die Gläubigeranfechtung gewährt ein Anfechtungsrecht, welches innerhalb eines Jahres ab ihrer Vertragserfüllung geltend gemacht werden kann (§ 236 BGB). Der Gläubiger sowie jede andere Partei, die ein rechtliches Interesse daran nachweist, ist gem § 235 (2) BGB zur Anfechtung legitimiert. Das Schrifttum schweigt darüber, ob auch Gläubiger der verkürzten Partei darunter subsumiert werden dürfen. Gesellschafter der verkürzten Partei sind nicht klageberechtigt.

c) Die insolvenzrechtliche Gläubigeranfechtung (Absichtsanfechtung)

§ 40 KonkursG bildet den Kern der insolvenzrechtlichen Gläubigeranfechtung. Sowohl für die Absichtsanfechtung als auch für die Verschleuderungsanfechtung[452] wird mit Absatz (3) eine Beweislastumkehr aufgestellt: Es ist widerleglich anzunehmen, dass Verträge mit nahestehenden Personen unentgeltlich

---

449 *Gárdos* in Gellért, BGB Kommentar,738.

450 Dieser Personenkreis ist gem § 685 lit b) BGB sehr breit angelegt. Angehörige sind daher Ehepartner, eingetragene Lebenspartner, Lebensgefährten, Verlobte, Verwandte in gerader Linie, Adoptiv-, Stief- und Pflegekinder, Adoptiv-, Stief- und Pflegeeltern sowie Geschwister, Geschwister des Ehepartners bzw des eingetragenen Lebenspartners sowie Ehepartner bzw eingetragene Lebenspartner der Geschwister.

451 Der damit in Zusammenhang stehende Beherrschungsbegriff (§ 685 b BGB) ist ebenfalls äußerst weitreichend. Demzufolge liegt Beherrschung bei überhälftigem Stimmrecht oder entscheidendem Einfluss [*meghatározó befolyás*] einer natürlichen oder juristischen Person vor. Entscheidender Einfluss liegt vor, wenn der Gesellschafter (Aktionär) auf direkte oder indirekte Weise zur Bestellung bzw Abberufung der Mehrzahl der leitenden Repräsentanten *und* Aufsichtsratmitglieder berechtigt ist *oder* das überhälftige Stimmrecht durch Syndikatsverträge erzielt wird.

Nach der Formulierung von § 203 (2) S 2 BGB ist kein direkter oder indirekter mehrheitlicher Einfluss erforderlich; es genügt das beschriebene Naheverhältnis der natürlichen bzw juristischen Personen.

452 S u Punkt III.3 f.

waren und dass beide zum Zeitpunkt des Vertragsabschlusses bösgläubig waren. Als nahestehende Personen werden Gesellschaften angesehen, die gem § 685 b BGB[453] unter dem Einfluss der insolventen Gesellschaft stehen; Gesellschafter der insolventen Gesellschaft; ihre Geschäftsführer und deren nahe Angehörige; schließlich auch Schwestergesellschaften, selbst wenn sie nicht mit einander direkt oder indirekt verflochten sind.

Mit der Einführung von § 40 (1a) S 1 KonkursG hat der Gesetzgeber klargestellt, dass auch auf diese Anfechtung die Parallelbestimmungen des BGB sinngemäß Anwendung finden. Darüber hinaus wird durch § 40 (1a) S 2 KonkursG klargestellt, dass die aktivlegitimierten Personen dieses Anspruchs *restitutio in integrum* (§ 237 (1) BGB) begehren können.[454] Damit entfalten die verschiedenen insolvenzrechtlichen Anfechtungen im Gegensatz zur zivilrechtlichen Gläubigeranfechtung nicht bloß relative Wirkung gegenüber der anfechtenden Person, sondern absolute Wirkung gegenüber allen Gläubigern.

Die Absichtsanfechtung (§ 40 (1) lic a) KonkursG) hat drei Tatbestandsmerkmale: Das Rechtsgeschäft muss die Verringerung des Vermögens der Gesellschaft bewirken (i); die Gesellschaft muss in der Absicht handeln, Gläubiger „auszuspielen" (*kijátszani*) (ii); und ihr Vertragspartner muss diesbezüglich zumindest grob fahrlässig bösgläubig sein (iii).

Das Schrifttum gibt keine Antwort darauf, worin die *Verringerung des Vermögens des Gesellschaft (i)* bestehen kann. Zweifelsohne fallen alle Geschäfte darunter, bei denen sich dadurch die Bilanz der insolventen Gesellschaft verändert. Die Abgrenzung[455] zu § 40 (1) lit b) KonkursG (Anfechtung wegen Vermögensverschleuderung) erfolgt dadurch, dass hierbei das Austauschverhältnis in nicht so einem krassen Missverhältnis sein muss; immerhin sind für die Absichtsanfechtung auch subjektive Tatbestandselemente der Vertragsparteien (Absicht, Bösgläubigkeit) erforderlich. Fraglich ist jedoch, ob auch bereits eine marktübliche Versilberung von Gesellschaftswerten eine Vermögensverringerung darstellen kann. Dies ist mE zu bejahen (*arg „ausspielen"*), wenn dadurch andere Gesellschafter effektiv in eine nachteiligere Lage versetzt werden. Man denke hier an die Aufrechnung von Forderungen[456] oder an Sachverhalte, in denen ein anderer Gläubiger der Gesellschaft bevorteilt wird. Auch in letzterem Fall wird die Abgrenzung zu § 40 (1) lit c) KonkursG im starken subjektiven Tatbestandsmerkmal der Absichtsanfechtung zu finden sein.

Es bereitet Schwierigkeiten, festzustellen, ob *Absicht oder bloß Vorsatz der Gesellschaft bzw ihrer Geschäftsführung (ii)* erforderlich ist. Der Wortlaut des Gesetzes spricht für bloßen Vorsatz, welcher zwischen nahestehenden Vertragsparteien gesetzlich zu vermuten ist (§ 40 (3) KonkursG). TdL fordern jedoch

---

453 S o Punkt II.5 c.
454 Bis dahin war diese Auffassung umstritten, wurde aber von der Rsp bejaht: *Csőke et mult*, KonkursG, 434 ff; *Kiss/Sándor*, 327 f; *Kemenes*, A szerződés megtámadása a Cstv 40. §-a alapján [*Die Vertragsanfechtung aufgrund § 40 KonkursG*], in Céghírnök 1999/8, 3 ff.
455 Dies gilt sinngemäß auch für die Anfechtung wegen § 201 (1) und § 203 BGB.
456 Sinngemäß *Virág* in Osztovits, BGB, 573.

Absicht.[457] Da dieses subjektive Tatbestandsmerkmal nicht von der genannten Beweislastumkehr miterfasst ist, müsste die klagende Partei beweisen, dass die Gesellschaft absichtlich, also mit dem Willen, Gläubiger zu schädigen, gehandelt hat.

Für die Absichtsanfechtung ist zumindest grob fahrlässige *Bösgläubigkeit (iii)* erforderlich. Wie bereits weiter oben ausgeführt wurde, ist diese Bösgläubigkeit des Vertragspartners der insolventen Gesellschaft anzunehmen, wenn er ihr nahe steht.

Kiss/Sándor vertreten die Meinung, dass mit § 40 (1) lit a) KonkursG alle Verträge insolvenzrechtlich angefochten werden können, die sittenwidrig (§ 200 (2) BGB) sind.[458] Dieser Auffassung ist nicht zuzustimmen: Zunächst lässt der Wortlaut der Absichtsanfechtung so eine extensive Anwendung nicht zu; freilich können jedoch sittenwidrige Verträge uU auch den Tatbestand von § 40 (1) lit a) KonkursG erfüllen, wie dies in BH 2000/24 der Fall war. Ferner normiert § 234 (1) BGB, dass sittenwidrige Verträge unwirksam sind, dass sie auch durch Zeitablauf (Verjährung) nicht geheilt werden können, dass sie von Amts wegen zu beachten sind und dass sich jeder auf die Sittenwidrigkeit berufen kann. Laut Rsp steht jedem, also auch den Gläubigern der insolventen Gesellschaft, eine Klage auf Feststellung der Sittenwidrigkeit eines Vertrages zu, wenn ein rechtliches Interesse nachgewiesen werden kann.[459] Somit besteht kein rechtliches Bedürfnis, die Absichtsanfechtung mit dem Sittenwidrigkeitsthema zu überfrachten.

Es ist auch jene Auffassung von *Kiss/Sándor* abzulehnen, derzufolge die Absichtsanfechtung zur Auflösung von Scheinverträgen taugt.[460] Denn absolute Scheinverträge sind nichtige Verträge, weil die Parteien keinen Vertragsbindungswillen hatten (§ 207 (6) BGB). Für nichtige Verträge gilt – wie weiter o dargelegt wurde – § 234 (1) BGB. Bei einem verdeckten Geschäft (relativer Scheinvertrag) ist jener Vertrag an § 40 (1) lit a) KonkursG zu messen, den die Parteien tatsächlich abschließen wollten.

§ 40 (1) lit a) KonkursG ist auch iZm dem Eigenkapitalrecht von Bedeutung; dieses wird unter Punkt II.5 bzw Punkt II.3 b näher erörtert. Diese Bestimmung eröffnet oft auch die Haftung der Geschäftsführer aufgrund von *wrongful trading*, da sie offensichtlich nicht die Interessen der Gesellschaftsgläubiger im Auge hatten. Näheres dazu s o Punkt II.2.

Der Anspruch besteht ab Eröffnung des Konkursverfahrens. Gläubiger – bzw in ihrer Vertretung: der Insolvenzverwalter – sind berechtigt, innerhalb von 90 Tagen ab Kenntnis der Eröffnung des Konkurses, längstens jedoch innerhalb von einem Jahr ab Konkurseröffnung diesen Anspruch gerichtlich geltend zu

---

457 *Csőke et mult*, KonkursG, 437.
458 *Kiss/Sándor*, 329.
459 BH 1991/107; 1997/439; BH 2001/335; BH 2004/421.
460 *Kiss/Sándor*, 329.

machen (§ 40 (1) KonkursG):[461] Trotz Verstreichen dieser 90tägigen Frist kann der Gläubiger innerhalb von 15 Tagen ab Kenntnis eines anfechtbaren Rechtsgeschäfts Klage einreichen, sofern die einjährige Frist noch nicht verstrichen ist.[462] Die beschriebenen Fristen wirken gem § 40 (5) aE KonkursG präklusiv.

Die insolvenzrechtliche Absichtsanfechtung kann sich nur auf Verträge der konkursgegenständlichen Gesellschaft beziehen, die längstens 5 Jahre vor Beantragung der Konkurseröffnung geschlossen wurden (§ 40 (1) lit a) KonkursG).

d) Die zivilrechtliche Verkürzung über die Hälfte

Die Verkürzung über die Hälfte (*laesio enormis*) ist durch § 201 (2) BGB positiviert.[463] Im Sinne dessen kann ein Vertrag bekämpft werden, wenn objektiver Weise ein Wertunterschied besteht, welcher zum Zeitpunkt des Abschlusses des entgeltlichen Vertrags auffallend hoch war. Lehre und Rsp bejahen die *laesio enormis* ab einem Wertunterschied von 40%–50% zum marktüblichen Wert, wobei es auf die gesamten Umstände zum Vertragsabschluss ankommt; mangelnde Entgeltlichkeit ist sinngemäß anzunehmen, wenn die verkürzte Vertragspartei Kenntnis vom marktüblichen Wert der Gegenleistung hatte.[464] Die Verkürzung über die Hälfte gewährt ein Anfechtungsrecht, welches sie innerhalb eines Jahres ab ihrer Vertragserfüllung geltend gemacht werden kann (§ 236 (1) lit c BGB). Eine erfolgreiche Anfechtung führt gem § 239 (1) BGB rglm[465] zur Ungültigkeit des gesamten Vertrags.

Die verkürzte Partei sowie jede andere Partei, die ein rechtliches Interesse daran nachweist, ist berechtigt, gem § 235 (2) BGB zur Anfechtung legitimiert. Das Schrifttum schweigt darüber, ob auch Gläubiger der verkürzten Partei darunter subsumiert werden dürfen. Gesellschafter der verkürzten Partei sind nicht klageberechtigt[466].

---

461 *Kiss/Sándor*, 343: Klagt der Gläubiger, ist die insolvente Gesellschaft, die vom Insolvenzverwalter zu vertreten ist, die beklagte Partei. Klagt der Insolvenzverwalter für die Gesellschaft, ist der Vertragspartner der Gesellschaft die beklagte Partei.

462 § 40 (5) KonkursG mwA.

463 Vgl in Österreich das Schrifttum zu § 934 ABGB. In Deutschland wurde die *laesio enormis* nicht positiviert. Sie hat ihren Einzug ins deutsche Privatrecht der richterlichen Rechtsfortentwicklung zu verdanken, welche die Verkürzung über die Hälfte als Unterfall der Sittenwidrigkeit (§ 138 (1) dtBGB) ansieht. Vgl *Finkenauer*, Zur Renaissance der *laesio enormis* beim Kaufvertrag, in: Aderhold/Grunewald/Klingberg/Paefgen (Hg), Festschrift für Harm Peter Westermann zum 70. Geburtstag (2008) 188 ff mwA.

464 Zum Wertunterschied: *Benedek/Gárdos* in Gellért, BGB Kommentar, 726; *Vékás* in Petrik, Bürgerliches Recht², 361; *Török*, BGB/III, 76; zur Nachforschungspflicht: 267. PK; zur Schenkungsvermutung: *Virág* in Osztovits, BGB, 558.

465 Die in dieser Bestimmung ebenfalls dargestellte Alternative (tw Ungültigkeit des Vertrages) würde nämlich voraussetzen, dass sich die verkürzende Vertragspartei iZm ihrer Hauptleistung auch mit einer niedrigeren Gegenleistung zufrieden gegeben würde. Diese Annahme scheint allerdings etwas lebensfremd zu sein.

466 BH 1997/124.

e) Die zivilrechtliche Schenkungsanfechtung

Liegt kein entgeltlicher Vertrag vor, da die Parteien (tw) Schenkungsabsicht haben, kann § 201 (2) BGB nicht angewendet werden. Diesfalls sind die Bestimmungen des Schenkungsrechts (§§ 579 ff BGB) einschlägig. Mit Ausnahme der Schenkung von Immobilien ist ein Schenkungsvertrag ein Konsensualvertrag ohne besonderes Formerfordernis. Somit kann er auch konkludent geschlossen werden. Der Schenkende wird in Ungarn gegen übereilte Schenkungen aber durch § 201 (1) BGB geschützt, demzufolge bei der Vertragsauslegung iZw nur dann von einer Schenkung ausgegangen werden darf, wenn dies aus den Umständen des Vertragsabschlusses eindeutig hervorgeht. Außerdem muss sein Schenkungswille gem § 207 (4) BGB restriktiv ausgelegt werden. [467]

Mangels Synallagma ist das Interesse der beschenkten Partei nachrangig; der Schenkende kann den Vertrag vor (§ 580 BGB) und nach seiner Erfüllung (§ 582 BGB) widerrufen, wenn die Voraussetzungen hierfür vorliegen.

Die Verweigerung der Erfüllung des Schenkungsvertrages ist zulässig, wenn bei ihm nachweislich beachtliche Umstände aufgetreten sind. Beachtlich ist eine Verschlechterung des Verhältnisses zur beschenkten Partei, eine Verschlechterung der eigenen Vermögensverhältnisse, der Wegfall des Motivs der Schenkung sowie alle Tatbestände, welche auch die strengere Schenkungsanfechtung nach Vertragserfüllung rechtfertigen.[468] Zum Ausgleich der beiden Prinzipien *clausula rebus sic stantibus* und *pacta sunt servanda* gilt stets als Maßstab, dass es objektiver Weise aufgrund der neuen Umstände von der schenkenden Partei nicht erwartet werden kann, weiter am Vertrag festzuhalten.[469]

Nach Erfüllung der Schenkung wird das Interesse der beschenkten Partei, nicht mit dem Schenkungswiderruf überrascht zu werden und das Geschenk ungestört nutzen zu können, vom Zivilrecht stärker berücksichtigt. IdS ist die Rückforderung gewöhnlicher, geringfügiger Geschenke überhaupt ausgeschlossen. Ansonsten sind drei Widerrufstatbestände anerkannt: Schenkungsanfechtung wegen groben Undanks (§ 582 (2) BGB), wegen Motivirrtums (§ 582 (3) BGB) oder wegen wirtschaftlicher Not der schenkenden Partei (§ 582 (1) BGB). Angesichts des Forschungsthemas (Konzernhaftung) wird hier nur der letztgenannte Tatbestand näher erörtert.

Die Schenkungsanfechtung wegen wirtschaftlicher Not setzt voraus, dass die schenkende Person in eine derartige Lage geraten ist, dass ihre Existenz davon bedroht ist. Ein kausaler Zusammenhang zwischen der Schenkung und der wirtschaftlichen Not ist allerdings nicht erforderlich. Die Existenzbedrohung darf nicht auf die Frage der Finanzierung von Unterkunft und Verpflegung der schenkenden Person reduziert werden; vielmehr muss auch die Finanzierung von medizinischen oder altersbedingten Sonderbedürfnissen sicherge-

---

467 *B.Kovács* in Osztovits, BGB, 2007 ff.

468 In der Insolvenz hat der Insolvenzverwalter gem § 47 (1) KonkursG das Sonderrecht, den noch nicht erfüllten Schenkungsvertrag ebenfalls kündigen zu können.

469 *Zoltán* in Gellért, BGB, Kommentar, 2068 f; *B.Kovács* in Osztovits, BGB, 2012 f.

stellt sein. Die wirtschaftliche Not darf nicht bloß vorübergehender Natur sein (Liquiditätsengpass).[470]

Das Ausmaß der Rückforderung des Geschenkes ist mit dem Bedarf zur Beseitigung der wirtschaftlichen Notlage gedeckt. Der Schenkungsvertrag kann überhaupt nicht widerrufen werden, wenn das Geschenk nicht mehr existiert oder wenn seine (tw) Rückgabe eine ähnliche wirtschaftliche Not der beschenkten Partei verursachen würde. Dabei ist es unerheblich, warum das Geschenk oder Teile davon nicht mehr im Eigentum der beschenkten Partei stehen, solange sie nicht schlechtgläubig vorgegangen ist; diesfalls würde sie nicht bloß mit den noch bestehenden Teilen des Geschenkes haften, sondern mit ihrem gesamten Vermögen. Der schenkenden Partei steht es somit auch nicht zu, das stellvertretende *commodum* des untergegangenen oder weiter gegebenen Geschenks von der beschenkten Partei herauszuverlangen[471].

Obwohl es die gegenwärtige Legaldefinition der Schenkung (§ 579 (1) BGB) nicht ausspricht, ist die Schenkung die unentgeltliche Übereignung einer *Sache*.[472] Auch Geld ist als Sache anzusehen (§ 94 (2) BGB). Das Eigentumsrecht an Sachen geht rglm aufgrund von Vereinigung oder gutgläubigem Erwerb (§§ 118 f BGB) durch Dritte unter. Das Sachenrecht kann daher ein beachtliches Hindernis in der Rückforderung des Geschenks darstellen.

Nicht nur im deutschen Rechtskreis[473] bereitet die Einordnung der gemischten Schenkung Probleme. Auch in Ungarn liegt eine gemischte Schenkung (*vegyes ajándékozás*) vor, wenn es Wille der Parteien war, einen Teil der Vermögensverschiebung unentgeltlich und einen anderen Teil entgeltlich vorzunehmen. Nach hM[474] sind auf den Vertrag die Bestimmungen beider Vertragstypen anzuwenden, wenn eine entsprechende Aufteilung des Vertrages möglich ist; ansonsten (etwa bei einem Geschäftsanteil-Vorkaufsrecht, das nur bei synallagmatischen Verträgen besteht)[475] gelten die Bestimmungen jenes Vertragstyps, welcher den Vertrag dominiert.

Obwohl sich die Bestimmungen und das Schrifttum bei der Schenkungsanfechtung mit Sachverhalten natürlicher Personen auseinander setzen, sind ihre Wertungen gem § 28 (4) BGB ohne Weiteres auch auf eine juristische Person wie etwa eine Kft oder Rt anzuwenden.

Anspruchsberechtigt ist die schenkende Partei; in der Insolvenz kann sich auch der Insolvenzverwalter auf § 582 (1) BGB stützen.[476]

---

470 BH 1978/203; BH 1992/245; BH 1997/211; BH 1999/68 sowie 76. PK.

471 Vgl den Wortlaut von § 582 (1) und (2) BGB (*arg* „oder den an die Stelle getretenen Wert").

472 *Kemenes/Kisfaludi* in Vékás, Vorlage, 889 f.

473 Exemplarisch für Deutschland: *Brox/Walker, Besonderes Schuldrecht (2008)*[33], kurz zitiert: *Brox/Walker*[33], 148 f; für Österreich *Welser* in Koziol/Welser, Bürgerliches Recht II (2007)[13], kurz zitiert: *Welser,* Grundriss II, 195.

474 *Boóc*, Az ajándékozási szerződés néhány kérdése a magyar magánjogban [*Ausgewählte Fragen des Schenkungsrechts im ungarischen Zivilrecht*], in ÁJ 2005/1, 63 ff; *Sőthné* in Gellért, BGB Kommentar, 2266.

475 Sinngemäß BH 1994/666.

476 § 48 (1) KonkursG; *Újlaki/Török* in G.Török, Konkurs, 296.

Das Recht der Schenkungsanfechtung verjährt gem § 324 (1) iVm § 326 (1) BGB nach 5 Jahren ab Fälligkeit der Vertragserfüllung. Die Verjährung kann allerdings durch schriftliche Aufforderung, Klage oder durch Vertragsänderung unterbrochen werden (§ 327 BGB).

Die schenkende Partei sowie jede andere Partei, die ein rechtliches Interesse daran nachweist, ist gem § 235 (2) BGB zur Anfechtung legitimiert. Das Schrifttum schweigt darüber, ob auch Gläubiger der verkürzten Partei darunter subsumiert werden dürfen. Gesellschafter der verkürzten Partei sind nicht klageberechtigt[477].

f) Die insolvenzrechtliche Vermögensverschleuderungsanfechtung

Der Tatbestand von § 40 (1) lit b) KonkursG umfasst sowohl die Anfechtung wegen Schenkung als auch wegen Vermögensverschleuderung. Im Folgenden wird dieses Rechtsinstitut einheitlich Vermögensverschleuderungsanfechtung genannt.

Die Vermögensverschleuderung kennt drei alternative Tatbestände: Das Verschenken von Gesellschaftsvermögen (i); die unentgeltliche Übernahme von Verpflichtungen (ii); der Abschluss von entgeltlichen Verträgen, welche die Gesellschaft auffallend verkürzen (iii).

Beide Tatbestände (i) und (ii) untersagen den Abschluss von unentgeltlichen Verträgen zu Lasten der Gesellschaft. Zur Bewertung dessen sind die Erkenntnisse des Schrifttums zur zivilrechtlichen Schenkung (§ 579 ff BGB) beachtlich. Der letzte Tatbestand (iii) entspricht inhaltlich der zivilrechtlichen *laesio enormis*.[478] Wenn die Gesellschaft mit ihr nahestehenden Personen kontrahiert hat,[479] ordnet § 40 (3) KonkursG die Beweislastumkehr an, derzufolge von unentgeltlichen Verträgen auszugehen ist. Der Natur der dargestellten Anfechtungsinstitute entsprechend ist keine Bösgläubigkeit der Vertragspartei der Gesellschaft erforderlich[480].

Die insolvenzrechtliche (Schenkungs- und) Vermögensverschleuderungsanfechtung kann sich nur auf Verträge der konkursgegenständlichen Gesellschaft beziehen, die längstens zwei Jahre vor Beantragung der Konkurseröffnung geschlossen wurden. Auf die allgemeine Frist zur Geltendmachung durch die Gläubiger wurde bereits eingegangen.[481] Aktivlegitimiert sind der Gläubiger und der Insolvenzverwalter der insolventen Gesellschaft. Klagt der Gläubiger, ist die insolvente Gesellschaft, die vom Insolvenzverwalter zu vertreten ist, die beklagte Partei. Klagt der Insolvenzverwalter für die Gesellschaft, ist der Vertragspartner der Gesellschaft die beklagte Partei[482].

---

477 BH 1997/124.

478 *Kiss/Sándor*, 330 f; *Juhász*, Megtámadási perek a felszámolási eljárásban [*Anfechtungsprozesse im Konkursverfahren*], in MJ 1999, 159.

479 § 685 b BGB; Näheres s auch o Punkt III.3 c.

480 *Csőke et mult*, KonkursG, 437; *Kiss/Sándor*, 331.

481 S o Punkt II.2 f aE.

482 *Kiss/Sándor*, 343.

4. Haftungsdurchgriff aufgrund Konzernverhältnisses (§ 54 GesG und § 63 (2) KonkursG)

Der konzernrechtliche Haftungsdurchgriff, welcher in § 54 GesG normiert ist und eine dauerhaft nachteilige Geschäftspolitik der Mutter voraussetzt, wurde bereits unter Punkt I.1 b erörtert.

Die Gesellschafterin, die zumindest über eine qualifizierte Mehrheit an einer Gesellschaft verfügt (Muttergesellschaft), haftet auch gem § 63 (2) KonkursG für die Verbindlichkeiten ihrer Tochtergesellschaft, welche nach Abschluss ihres Konkursverfahrens offen bleiben (unbeschränkte Ausfallhaftung). Voraussetzung ist die gerichtliche Feststellung, dass sie im Konzernverhältnis eine dauerhaft nachteilige Geschäftspolitik[483] betrieben hat.

Im Unterschied zu § 54 GesG ist für die Haftung der Muttergesellschaft nicht erforderlich, dass sie die qualifizierte Mehrheit (§ 52 (2) GesG) an der Tochtergesellschaft erst erwirbt; es genügt, wenn sie diesen Einfluss auch schon bei ihrer Gründung hatte.[484] *Baumann*[485] nennt als weitere Abgrenzung, dass § 63 (2) KonkursG für jede Kapitalgesellschaft gilt, während § 54 GesG nicht auf die Einpersonen-Kft anwendbar ist: Gem § 284 (5) GesG gilt § 54 GesG ausdrücklich auch für eine Einpersonen-Zrt. Im Falle der Einpersonen-Kft, deren Sonderbestimmungen in §§ 167 ff GesG geregelt sind, habe der Gesetzgeber eine derartige Regelung unterlassen. Dieser Auffassung ist nicht zuzustimmen, denn § 54 GesG ist in der Systematik der GesG im Allgemeinen Teil (I. Abschnitt – Allgemeine Bestimmungen) eingebettet, der für alle Gesellschaftsrechtsformen gilt. Da die gesellschaftsrechtliche Konzernhaftung durch § 54 GesG ausreichend bestimmt ist, um ohne Einschränkungen anwendbar zu sein, sind die von *Baumann* aufgezeigten, legistischen Unzulänglichkeiten[486] nicht zu beachten: Alleingesellschafter verfügen *per definitionem* auch über die qualifizierte Mehrheit von 75 %.[487]

Während § 54 (2) GesG nur während des Konkursverfahrens (oder des Zwangslöschungsverfahrens)[488] geltend gemacht werden kann, eröffnet § 63 (2) KonkursG die Möglichkeit, binnen 90 Tagen nach rechtskräftigem Abschluss dieses Verfahrens die Muttergesellschaft zu klagen. In beiden Fällen sind die Gläubiger der insolventen Gesellschaft zur Klage legitimiert.

§ 63 (2) KonkursG ist ein alternativer Anspruch (Konkurrenz) zu § 54 GesG steht, wenn beide Tatbestände erfüllt werden.[489] Nicht anwendbar ist § 54 GesG

---

483 Hier sind die bereits ausgeführten Wertungen zu § 54 GesG maßgeblich. S o Punkt II.4 b.

484 Materialien zum LXIX. Gesetz aus 2005, Allgemeiner Teil.

485 *Baumann*, 199 f u 211 f.

486 *Wellmann*, Haftung, 6; *Kisfaludi/Bodor/Pethőné/Simon* in Meritum, 8981.

487 Zustimmend *Kisfaludi/Bodor/Pethőné/Simon* in Meritum, 8981.

488 Seit der Novelle des KonkursG (CXCVII. Gesetz aus 2011, welche seit 01.03.2012 in Kraft ist) ist § 54 (2) GesG auch dann anzuwenden, wenn die Gesellschaft auf sonstige Weise ohne Rechtsnachfolge erlischt und Verbindlichkeiten hinterlässt. Zum Zwangslöschungsverfahren s o Punkt II.3 e.

489 Bejahend *Csőke et mult*, KonkursG 572; Kritisch: *Baumann*, 200 f. S auch o Punkt III.1.

jedenfalls im Fall von Tochtergesellschaften, die in Ungarn insolvent geworden sind, aber eine ausländische Rechtsform haben[490].

5. Eigenkapitalersatz im Insolvenzrecht

Auf das Thema des Eigenkapitalrechts wurde bereits weiter o eingegangen (Punkt II.3 b).

Das ungarische KonkursR gliedert die Gläubiger bzw ihre Forderungen gem § 57 (1) KonkursG in Klassen (zB Konkursgläubiger, Pfandgläubiger, Gläubiger öffentlicher Abgaben). Die Forderungen einer Klasse können nur befriedigt werden, wenn keine Forderung in der/den übergeordneten Klasse/n mehr aushaftend ist/sind. Reicht das Vermögen der insolventen Gesellschaft innerhalb einer Klasse nicht aus, um alle Gläubiger zu befriedigen, wird es aliquot unter ihnen verteilt; nachrangige Klasse erhalten diesfalls kein Geld mehr.[491] Die Forderungen der Gesellschafter der insolventen Gesellschaft sind rglm der letzten aufgezählten Klasse einzuordnen (§ 57 (1) lit h KonkursG). Bleibt auch noch nach Begleichung der Forderungen dieser Klasse Gesellschaftsvermögen übrig, sind gem § 61 (1) KonkursG den Gesellschaftern daraus ihre Einlagen aliquot rück zu gewähren.

Der letzten Klasse sind Forderungen zuzuordnen, deren Gläubiger Geschäftsführer, leitende Angestellten (etwa ein Prokurist), Mehrheitsgesellschafter der insolventen Gesellschaft oder mehrheitlich beherrschte Tochtergesellschaften der insolventen Gesellschaft sind. Geschäftsführern und leitenden Angestellten werden ihre nahen Angehörigen und Lebensgefährten (§ 685 lit b) BGB) zugezählt; bei der Zuzählung der genannten Gesellschaften ist § 685 b BGB beachtlich.[492] Diesen Gläubigern steht allerdings ein Freibetrag im Ausmaß eines Halbjahresgehalts zu, welches monatlich das doppelte Mindesteinkommen nicht überschreiten darf.[493] Schließlich fallen auch sonstige Gläubiger in die letzte Klasse, wenn die Grundlage ihrer Forderung ein unentgeltliches Geschäft ist[494].

Der Schutz der Gläubiger vor dem soeben genannten Personenkreis geht sogar so weit, dass sie gem § 49 d (4) KonkursG sogar von der an sich bevorzugten Klasse der Pfandgläubiger (§ 57 (1) lit b KonkursG) ausgeschlossen wer-

---

490 S o Punkt III.1.

491 Vgl § 57 (4)–(5) KonkursG. Für die Klasse § 57 (1) lit e) KonkursG (öffentliche Abgaben) wird jedoch mit § 57 (6) KonkursG ein Vorrang der Sozialversicherung gegenüber Steuer- und anderen Forderungen normiert.

492 Näheres dazu s o Punkt II.5 c.

493 § 57 (1) lit h aA KonkursG. Der Freibetrag liegt derzeit bei max. 1.116.000 HUF (3.848,26 €). Der *telos* dieser Regelung besteht darin, dass damit Geschäftsführer- und Prokuristengehälter nicht schlechter gestellt werden sollen als die übrigen Gehälter der insolventen Gesellschaft: *Csőke et mult*, KonkursG, 520. Freilich hat die Regelung weiterhin für leitende Funktionäre und Angestellte einen pönalisierenden Charakter, da ihr Gehalt rglm höher liegt. Andererseits muss sich dieser Personenkreis den Generalverdacht gefallen lassen, keine ausreichenden Maßnahmen zur Abwehr der drohenden Insolvenz gesetzt zu haben.

494 Zum eingeschränkten Schutzbedürfnis der beschränkten Vertragspartei s o Punkt III.3 c.

den. Somit hat es für sie keinen Sinn, ihre Forderungen dinglich zu besichern. Diese Feststellung gilt für Mehrheitsgesellschafter der insolventen Gesellschaft mit der Maßgabe, wenn sie das Pfandrecht an einer Sache nach Eintritt einer insolvenznahen Lage begründen. Aufgrund der – im Übrigen sehr allgemein gehaltenen – Legaldefinition von § 49 d (5) KonkursG ist die insolvenznahe Lage anzunehmen, wenn der Überschuldungstatbestand erfüllt ist oder ein Ausgleichsverfahren beantragt werden könnte; die Pfändung einer Sache ist auch bei grob fahrlässigem Verkennen der wirtschaftlichen Situation der Gesellschaft insolvenzrechtlich wirkungslos.[495]

In ein sehr ähnliches Horn stößt § 40 (1) lit c) KonkursG, welches die Anfechtung von Verträgen zum Inhalt hat, die einen Gläubiger bevorzugen.[496] Diese Bestimmung zählt demonstrativ den Tatbestand der Vertragsanpassung und der Gewährung von Sicherheiten zum Vorteil eines Gläubigers auf. *Kiss/Sándor*[497] sehen § 40 (1) lit c) KonkursG auch als erfüllt an, wenn durch eine Handlung der Gesellschaft ihre Gläubigerin in eine vorteilhaftere Forderungsklasse (§ 57 KonkursG) einzustufen ist. Aufgrund der Formulierung dieser Bestimmung ist Bösgläubigkeit der Parteien nicht erforderlich; es reicht, wenn der Vertrag objektiv[498] einen Gläubiger bevorteilt.[499]

In zwei judizierten Fällen[500] hat die Gesellschaft die Forderung einer Gläubigerin dadurch insolvenznah bezahlt, dass sie ihr Forderungen zediert hat, die sie gegenüber Dritten hatte. In einer weiteren Entscheidung die Gesellschaft das Darlehen der Gläubigerin in Insolvenznähe getilgt, indem sie durch Erklärung in die Schuldverhältnisse der Gläubigerin eingetreten ist. Sie hat die Forderungen dieser Gläubiger der Gläubigerin durch Übereignung von Liegenschaften, die im Eigentum der insolvenznahen Gesellschaft gestanden sind, beglichen. In allen diesen Fällen wurde § 40 (1) lit c) KonkursG bejaht. Diese Rsp zeigt den weiten Radius der Anwendbarkeit dieser Bestimmung, da in den dargestellten Fällen keine Gesellschafter vorkommen, die durch das unzulässige Rechtsgeschäft bevorteilt worden wären.

Aus der Entscheidungsbegründung dieser drei dargestellten Urteile wird auch ersichtlich, dass den Gerichten die Abgrenzung zwischen § 40 (1) lit a), lit c) und (2) KonkursG Schwierigkeiten bereitet.[501] Denn die Bevorteilung ei-

---

495 *Csőke et mult*, KonkursG, 487 ff. Zum Tatbestand der Überschuldung bzw zum Ausgleichsverfahren s o Punkt III.1.

496 Zur Absichtsanfechtung (§ 40 (1) lit a) KonkursG) und Verschleuderungsanfechtung (§ 40 (1) lit b) KonkursG), welche auch für das Eigenkapitalrecht von Relevanz sind, s o Punkt III.3 c und f.

497 *Kiss/Sándor*, 332 f.

498 Im Schrifttum herrscht Uneinigkeit darüber, ob der Vertrag alleine genommen einen Gläubiger den anderen gegenüber bevorzugen muss (Gf. IV. 30.189/2007), oder ob es bereits ausreicht, dass die wirtschaftlichen Umstände der Gesellschaft eine faktische Bevorzugung eines Gläubigers bewirken (*Kiss/Sándor*, 333 ff).

499 *Csőke et mult*, KonkursG, 437.

500 EBH 2003/877 und 12.Gf.40.535/2010/9 (Hauptstädtisches Gericht).

501 Vgl zusätzlich auch Gf.I.30.340/2010/3 (Tafelgericht Szeged) und Gf.IV.30.363/2005/13 (Tafelgericht Debrecen).

nes Gläubigers (§ 40 (1) lit c) KonkursG) bewirkt rglm die (vorsätzliche) Benachteiligung der anderen Gläubiger (§ 40 (1) lit a) KonkursG). Zudem sind diese anfechtbaren Verträge – zumindest in Teilen – oft bereits im Erfüllungsstadium (§ 40 (2) KonkursG).

Bei § 40 (2) KonkursG geht es im Unterschied zu § 40 (1) lit c) KonkursG nicht um den Abschluss von Verträgen, sondern um die Erfüllung von Rechtsgeschäften, die einen der Tatbestände aus § 40 (1) KonkursG erfüllen. Diesfalls kann für die insolvente Gesellschaft die Vertragsleistung vom Gläubiger zurück gefordert werden, wenn sie ihn effektiv bevorteilt und die Vertragserfüllung außergewöhnlich (*arg: „nicht als eine in den Bereich der ordentlichen Wirtschaftsführung fallende Dienstleistung angesehen"*) ist. Somit ist die Bestimmung eine bereicherungsrechtliche Bestimmung des Insolvenzrechts.

Das Gericht sah den Tatbestand von § 40 (2) KonkursG als erwiesen an, als die Gesellschaft nach Beantragung der Einleitung des Konkursverfahrens außergewöhnlicher Weise ihre Forderung gegenüber einer dritten Partei an ihre Gläubigerin, die gegenüber der Gesellschaft eine Forderung aufgrund eines Kaufvertrages hatte, zediert und diese die Forderungsübereignung erfüllungshalber angenommen hat.[502] Die Tilgung eines seit Jahren fälligen Darlehens kurz vor dem Insolvenzantrag subsumierte das Tafelgericht Debrecen unter § 40 (2) KonkursG.[503] Das Tafelgericht Pécs urteilte, dass es unzulässig ist, unmittelbar vor Einleitung des Konkursverfahrens eine Forderung zu zedieren, welche – gemessen am Umfang und am Grundgeschäft der Forderung – für das gegenständliche Unternehmen außergewöhnlich ist.[504] In einem anderen Fall hat der Geschäftsführer der Gesellschaft in Insolvenznähe einen Firmenwagen an eine Gesellschaftsgläubigerin verkauft. Mit der Übereignung wurde ihre Forderung gegenüber der Gesellschaft beglichen; den diese Forderung übersteigenden Teil des Kaufpreises musste die Gläubigerin unmittelbar einer anderen Gesellschaftsgläubigerin zahlen, um damit auch die Forderung dieser dritten Person gegenüber der Gesellschaft zu tilgen.[505] Wie bereits weiter o dargestellt, „kämpfen" die angerufenen Gerichte auch in diesen Fällen mit Abgrenzungsschwierigkeiten.

Sowohl die Anfechtung nach § 40 (1) lit c) KonkursG als auch die Rückabwicklung der Vertragserfüllung (§ 40 (2) KonkursG) ist unzulässig, wenn bloß der Nettowert eines Finanzproduktes ermittelt wird;[506] wenn eine dingliche Sicherheit einvernehmlich durch eine andere, gleichwertige Sicherheit ausgetauscht wird; oder wenn die Gesellschaft vertraglich verpflichtet ist, (etwa bei Wertverfall der Sicherheit) weitere Sicherheiten nachzureichen (§ 40 (4) KonkursG).[507]

---

502 BH 2009/248.

503 Gf.III.30.578/2005/5.

504 Gf.IV.30.189/2007/4.

505 11.Gf. 40.344/2008/3.

506 § 40 (4) lit a) KonkursG iVm § 5 (1) Z 107 KMG.

507 Letzteres gilt freilich nur, wenn der Gläubiger nicht zugleich auch Gesellschafter der Schuldnerin (Gesellschafterin) ist. Vgl § 49 d (4) KonkursG sowie die Ausführungen weiter o. Eine Darstellung der Hintergründe zu § 40 (4) KonkursG ist in *Kiss/Sándor*, 336 ff nachzulesen.

Das Eigenkapitalrecht ist thematisch mit dem Kapitalerhaltungsrecht verwandt. Es berührt auch Aspekte des Gleichbehandlungsgebots. Auf diese beiden Punkte wurde bereits eingegangen.[508]

Die allgemeine Frist zur Geltendmachung durch die Gläubiger wurde bereits oben erörtert.[509] Mit dem insolvenzrechtlichen Rechtsinstitut aus § 40 (1) lit c) KonkursG können nur Rechtsgeschäfte und Willenserklärungen der konkursgegenständlichen Gesellschaft angefochten werden, die längstens 90 Tage vor Beantragung der Konkurseröffnung geschlossen oder abgegeben wurden. Die materielle Frist für die Rückabwicklung beträgt gem § 40 (2) KonkursG 60 Tage.

Aktivlegitimiert ist in Bezug auf § 40 (1) lit c) KonkursG der Gläubiger und der Insolvenzverwalter. Klagt der Insolvenzverwalter für die Gesellschaft, ist der Vertragspartner der Gesellschaft die beklagte Partei.[510] Hinsichtlich § 40 (2) steht dieses Recht nur dem Insolvenzverwalter zu, der im Namen der insolventen Gesellschaft auftritt. Die Beklagtenposition nimmt diesfalls der Vertragspartner der Gesellschaft wahr.

6. Haftung für bösgläubigen Verkauf von Geschäftsanteilen (§ 63 a KonkursG)

§ 63a KonkursG wurde in etwa zeitgleich mit § 93 FirmenG eingeführt, um die Anzahl an sog „Phantomunternehmen"[511] und die damit verbundene größere Zahl an firmengerichtlichen Löschungsverfahren effizienter zu machen.[512] Mit der jüngsten Novelle zu diesen Rechtsgebieten (CXCVII. Gesetz aus 2011), welche seit 1. März 2012 in Kraft ist, wurde § 93 FirmenG durch § 118 a FirmenG ersetzt; in § 63 a KonkursG[513] wurden nicht nur Präzisierungen vorgenommen, sondern man hat diese Bestimmung auf völlig neue Beine gestellt.

---

508 S o Punkt II.6 b (Gleichbehandlung) und II.3 a (Kapitalerhaltung).

509 S o Punkt II.2 f aE.

510 *Kiss/Sándor*, 343.

511 Definition s o Punkt II.3.e.

512 Vgl sinngemäß die parlamentarischen Materialien zum Gesetzesentwurf T/16128, 1 f.

513 § 63 a KonkursG (Übersetzung durch den Verfasser): „Wenn der Schuldner – gemessen an der gerichtlich genehmigten Zwischenbilanz (bei einem vereinfachten Verfahren: gemessen am gerichtlich genehmigten Vorschlag zur Vermögensaufteilung) – Schulden von mehr als fünfzig Prozent des gezeichneten Kapitals hat, stellt das Gericht bei Klage des Gläubigers oder des den Schuldner vertretenden Insolvenzverwalters fest, dass der seine Beteiligung innerhalb von drei Jahren vor der Einleitung des Konkursverfahrens übertragende, über einen mehrheitlichen Einfluss (§ 685 b BGB) verfügende ehemalige Gesellschafter für die nicht beglichenen Verbindlichkeiten des Schuldners unbeschränkt haftet, es sei denn, er weist nach, dass der Schuldner zum Zeitpunkt der Übertragung des Vermögensanteils zahlungsfähig war, dass die Verschuldung erst danach eingetreten ist, oder dass der Schuldner zwar in einer insolvenznahen Lage war oder nicht zahlungsfähig war, doch der Gesellschafter (Aktionär) bei der Übertragung im guten Glauben und unter Beachtung der Gläubigerinteressen vorgegangen ist. Der Insolvenzverwalter ist verpflichtet, den Gläubigerausschuss, den Gläubigervertreter oder die Gläubiger, die sich an ihn wenden, über ein diesbezügliches Rechtsgeschäft zu

Gesamtbetrachtet wird die Bekämpfung der Phantomunternehmen rechtlich nunmehr anders verwirklicht.[514]

Gem § 63 a KonkursG haftet der Gesellschafter, der in einer Kapitalgesellschaft über mehrheitlichen Einfluss verfügt (§ 685 b BGB)[515], unbeschränkt mit seinem gesamten Vermögen für Verbindlichkeiten der von ihm beherrschten Gesellschaft, wenn er seine Anteile in der Krise der Tochtergesellschaft innerhalb von 3 Jahren vor ihrer Konkurseröffnung bösgläubig abgibt und wenn der Ausfall der Forderungen der Gläubiger beachtlich ist. Letzteres liegt bereits vor, wenn der Schuldenstand der Tochtergesellschaft 50 % ihres gezeichneten Kapitals übersteigt.[516] Gemessen wird diese Quote im Konkursverfahren anhand der gerichtlich genehmigten Zwischenbilanz. Alternativ kann auch der gerichtlich genehmigte Vorschlag zur Vermögensaufteilung herangezogen werden, wenn ein vereinfachtes Konkursverfahren angewendet wird. Ehemalige Mehrheitseigentümer haften solidarisch, wenn sie die genannten Haftungsvoraussetzungen erfüllen.

Die Bösgläubigkeit des ehemaligen Mehrheitsgesellschafters wird vermutet, wenn er seine Geschäftsanteile binnen 3 Jahren vor Eröffnung des Konkurses auf jedwede Art überträgt. Er kann jedoch den Gegenbeweis erbringen. Dabei bestehen zwei Exkulpationsgründe: Zunächst haftet der Mehrheitsgesellschafter nicht, wenn die von ihm beherrschte Gesellschaft zum Zeitpunkt der Übertragung der Geschäftsanteile zahlungsfähig war und die tatbestandsgegenständliche Verschuldung erst danach eingetreten ist.[517] Ferner haftet er nicht, wenn die Gesellschaft zwar konkursreif (zahlungsunfähig) oder in einer insol-

---

informieren. Die Klage kann innerhalb der Präklusivfrist von 90 Tagen ab rechtskräftigem Abschluss des Konkursverfahrens eingereicht werden."

(*„Amennyiben az adósnak – a bíróság által jóváhagyott közbenső mérleg (egyszerűsített eljárás esetén pedig a bíróság által jóváhagyott vagyonfelosztási javaslat) szerint – a jegyzett tőkéjének 50%-át meghaladó mértékű tartozása van, a hitelező vagy az adós képviseletében a felszámoló kereseti kérelmére a bíróság megállapítja, hogy a felszámolási eljárás megindítását megelőző három éven belül részesedését átruházó, többségi befolyással (Ptk. 685/B. §) rendelkező volt tag (részvényes) korlátlanul felel az adós ki nem elégített kötelezettségeiért, kivéve, ha bizonyítja, hogy a részesedés átruházásának időpontjában az adós még fizetőképes volt, a tartozás felhalmozódása csak ezt követően következett be, vagy az adós ugyan fizetésképtelenséggel fenyegető helyzetben volt vagy nem volt fizetőképes, de a tag (részvényes) az átruházás során jóhiszeműen és a hitelezők érdekeinek figyelembevételével járt el. A felszámoló az ilyen jogügyletre vonatkozó információkról köteles a hitelezőt választmányt, a hitelezői képviselőt vagy a hozzá forduló hitelezőket tájékoztatni. A keresetet a felszámolási eljárás jogerős lezárását követő 90 napos jogvesztő határidőn belül lehet benyújtani."*)

514 Vgl etwa § 5 (5)-(10) GesG. Näheres s auch o Punkt II.3 e.

515 S o Punkt II.5 c.

516 *Kisfaludi/Pethőné/Simon* in Meritum, Rz 2647 sinngemäß: Die Haftung des Mehrheitsgesellschafters erstreckt sich auf alle offenen Forderungen der Gläubiger und nicht bloß auf jenen Teil, der den Betrag von 50 % des gezeichneten Kapitals übersteigt.

517 Der Gesetzeswortlaut bzw seine Interpunktion lässt auch die Interpretation zu, dass der eingetretene Vermögensverlust einen eigenen Exkulpationsgrund darstellen könnte. Diesem Auslegungsergebnis ist mE nicht zu folgen, da eine bestehende Verschuldung immer zu einem späteren Zeitpunkt eingetreten sein muss, wenn sie zu einem früheren Zeitpunkt noch nicht vorlag. So gesehen ist dieser Teil von § 63 a KonkursG sogar legistisch entbehrlich.

venznahen Lage war, aber der Mehrheitsgesellschafter gutgläubig war und die Interessen der Gläubiger beachtet hat.

Die Gutgläubigkeit bezieht sich hier wohl auf die Annahme, dass die Gesellschaft fortbestehen wird. Hier „blitzt" auch die inhaltliche Nähe dieser Bestimmung zur *wrongful trading* Haftung[518] auf: Sie ist bei der Beurteilung des Vorliegens der insolvenznahen Lage heranzuziehen. Darüber hinaus müssen auch in diesem Sachverhalt die Interessen der Gesellschaftsgläubiger berücksichtigt werden. Da sich bei einer Geschäftsanteilsübertragung der Mehrheitsgesellschafter offensichtlich nicht für eine Auflösung des Unternehmens entscheidet, bleiben ihm die Durchführung/Einleitung eines entschlossenen Sanierungsplans oder die Durchführung einer Kapitalerhöhung als Wege, um dieser Vorgabe gerecht zu werden. Lehre und Rsp lassen offen, welche diesbezüglichen Lösungen zulässig sind. Der einfachste Weg zur Haftungsbefreiung besteht mE darin, das Kapital der Gesellschaft soweit zu erhöhen, dass der Schuldenstand der Gesellschaft nicht mehr 50 % des gezeichneten Kapitals übersteigt, sodass § 63 a KonkursG unanwendbar wird.

Die Gesellschaftsgläubiger und – in Vertretung der insolventen Gesellschaft – der Insolvenzverwalter sind berechtigt,[519] die Haftung des ehemaligen Mehrheitsgesellschafters nach § 63 a KonkursG gerichtlich feststellen zu lassen, ehe die Gläubiger nach Abschluss des Konkursverfahrens auf Basis ihrer ursprünglichen, noch nicht befriedigten Forderung in einem weiteren Schritt mit einer Leistungsklage gegen ihn vorgehen können. Die Präklusivfrist zur Einbringung dieser Feststellungsklage beginnt mit der Konkurseröffnung und endet 90 Tage nach rechtskräftigem Abschluss des Konkursverfahrens. Nach Abschluss des Konkursverfahrens ist der Insolvenzverwalter freilich nicht mehr aktivlegitimiert. Zur Frage der Wirkung einer stattgebenden/zurückweisenden Klage für nicht prozessierende Gläubiger s auch o Punkt II.2.c.[520]

Die Frage, ob dem Mehrheitsgesellschafter der Freibeweis seiner Gutgläubigkeit bei der Geschäftsanteilsübertragung gelingen wird, ist prozessentscheidend und kann zu einem großen Teil aufgrund der Aufzeichnungen bzw Bücher der insolventen Gesellschaft beantwortet werden. Die Gläubiger sind daher – ähnlich wie bei *wrongful trading* – in der schwierigen Lage, dass sie ohne Mithilfe des Insolvenzverwalters, der leicht Zugriff auf diese Daten hat, ein beachtliches Prozess(kosten)risiko tragen müssen. Dem versucht § 63 a KonkursG insofern zu begegnen, als der Insolvenzverwalter verpflichtet ist, den Gläubigerausschuss, den Gläubigervertreter bzw Gläubiger, die Interesse daran zeigen (*arg „Gläubiger, die sich an ihn wenden"*), über ein „diesbezügliches Rechtsgeschäft" (*ilyen jogügylet*) zu informieren. Gemeint ist damit wohl das Rechtsgeschäft zur Übertragung des Geschäftsanteils des Mehrheitsgesellschafters.

---

518 S o Punkt III.2.
519 Die Formulierung von § 63 a KonkursG ist dahingehend zweideutig, als man interpretieren könnte, dass der Insolvenzverwalter auch in Vertretung der Gläubiger auftreten kann. Dies ist jedoch aus systematischen, historischen und teleologischen Gründen abzulehnen.
520 *Kisfaludi/Pethőné/Simon* in Meritum, Rz 2669.

Die Haftung nach § 63 a KonkursG kann als besonderer Ausfluss der Treuepflicht des Gesellschafters gegenüber der Gesellschaft interpretiert werden.[521] Sie ist aber mE in mehrfacher Hinsicht problematisch. Erstens scheint diese Haftung ihren Zweck verloren zu haben, nachdem die Bekämpfung der Phantomunternehmen nunmehr anders erfolgt. Zweitens ist nicht klar, welches (neue) Ziel diese Bestimmung verfolgt, da die Haftung des Mehrheitsgesellschafters nach anderen Anspruchsgrundlagen[522] durch die Übertragung der Geschäftsanteile nicht erlischt[523] und auch der Erwerber der Geschäftsanteile Rechtsschutz (Regress, Schadenersatz, Irrtumsanfechtung, *laesio enormis* etc) genießt, wenn er durch den Vertrag übervorteilt wurde. Drittens ist unklar, warum der Haftungsdurchgriff eher durch Übertragung von Geschäftsanteilen an einer insolventen Gesellschaft möglich ist, als durch deren Halten. Viertens wirft die Haftung nach § 63 a KonkursG die Frage auf, welche Art von Verschuldenshaftung vorliegt und worin der Kausalzusammenhang zwischen dem aufgetretenen Schaden[524] und der als rechtswidrig normierten Handlung (Übertragung der Anteile) besteht.

IV. Vertragliche Grundlagen für die Haftung der Muttergesellschaft

1. Allgemeines

Neben den vorhin dargestellten materiellen gesellschafts- und insolvenzrechtlichen Bestimmungen, welche – meistens nicht *ex contractu,* sondern *ex lege* gegen den Willen der Konzernmutter – eine Haftung für Verbindlichkeiten der Konzerntochter begründen, besteht auch die Möglichkeit, dass die beherrschende Gesellschaft aufgrund einer vertraglichen Vereinbarung verpflichtet ist, für diese fremden Verbindlichkeiten einzustehen. Wie im Folgenden dargestellt wird, nehmen dabei die Patronatserklärung und die Liquiditätszusage bzw ihre zivilrechtliche Deutung eine zentrale Rolle ein.

2. Patronatserklärungen und Liquiditätszusagen

Das Rechtsinstitut der (externen) Patronatserklärung, die in bestimmten Zusammenhängen auch Ausstattungsverpflichtung genannt wird, wurde im deutschen Rechtskreis nicht positiviert und ist daher als atypischer Vertrag anzuse-

---

521 S o Punkt II.6 a.

522 Vorranging ist die *wrongful trading* Haftung für den Mehrheitsgesellschafter als Machthaber (*shadow director*) denkbar. Beachtlich können aber auch §§ 20 (7) iVm § 49 (5), 50, 54 GesG sein.

523 AA *Wellmann*, Haftung, 4.

524 Der Schaden besteht beim klagenden Gläubiger (Geschädigten) im (teilweisen) Ausfall seiner Forderung.

hen. Die Patronatserklärung wurzelt im Umstand, dass – früher – die Abgabe einer Patronatserklärung im Gegensatz zu einer klassischen Vertragssicherheit (Pfandrecht, Bürgschaft, Garantie) keinen Eingang in die Bilanz der Muttergesellschaften (Patroninnen) gefunden hat.[525] Die Patronatserklärung lässt sich im Allgemeinen dadurch charakterisieren, dass die Muttergesellschaft (Patronin) gegenüber einem Gläubiger ihrer Tochtergesellschaft (Dritten) eine Erklärung abgibt, welche die Bonität der Tochtergesellschaft (*Protégée*) gegenüber Dritten erhöhen soll.[526]

Je nach Ausgestaltung wird sie als weiche oder harte Patronatserklärung bezeichnet. Der Inhalt von harten Patronatserklärungen kann eingeklagt werden, der Inhalt von weichen Patronatserklärungen hingegen nicht. Bei der Unterscheidung kommt es darauf an, ob die erklärende Muttergesellschaft Vertragsbindungswillen hat (hartes Patronat) oder nicht (weiches Patronat). Im Falle einer verbindlichen Patronatserklärung ist es hM, dass – je nach konkreter Ausgestaltung des Rechtsinstituts – die Bestimmungen des akzessorischen Bürgschaftsvertrages, des abstrakten Garantievertrages oder des Schuldbeitritts sinngemäß anzuwenden sind.[527]

Bei einer Patronatserklärung besteht im deutschen Rechtskreis – wie bei einer Interzession – im Innenverhältnis zwischen Muttergesellschaft (Patronin) und Tochtergesellschaft (*Protégée*) entweder ein Auftragsvertrag oder eine Geschäftsführung ohne Auftrag.[528] Unter Berücksichtigung der ungarischen Rechtslage liegt im Innenverhältnis ebenfalls entweder ein Werkvertrag (§§ 389 ff BGB)[529] oder eine Geschäftsführung ohne Auftrag (§§ 484 ff BGB) vor.

Für das Rechtsinstitut der Liquiditätszusage, welche gelegentlich auch als interne Patronatserklärungen bezeichnet wird, gelten die Ausführungen zur Patronatserklärung mit der Maßgabe, dass sie gegenüber der Tochtergesellschaft abgegeben wird und dass eine harte Liquiditätszusage als Kreditvertrag iS einer aufschiebend bedingten Darlehenszusage angesehen wird. Gläubiger haben daraus keine Rechte, weil die Liquiditätszusage im deutschen Rechtskreis nicht als Sicherheit zu ihren Gunsten angesehen wird. Somit obliegt es im Insolvenzfall den Gläubigern bzw dem Insolvenzverwalter, die Muttergesellschaft (Pat-

---

525 Als weitere historische Beweggründe können auch genannt werden: Gebühren- und Steuervorteile, Befreiung von der bankenrechtlichen Unterlegungspflicht, Wahrung des Kreditspielraums des Patrons, interne Genehmigungsvorbehalte ggü klassischen Sicherungsinstrumenten, devisenrechtliche Beschränkungen, Schaffung bewusster Rechtsunsicherheit. Vgl *Rummel*, Rechtsprobleme der Patronatserklärung, in: Kalss/Nowotny/Schauer (Hg), FS Peter Doralt zum 65. Geburtstag (2004), kurz zitiert: *Rummel*, 496 f.

526 *Rummel*, 493 f; *Weissel*, Patronatserklärung als Technik der Kreditrisikominderung?, in: ZFR 2009/4, 143; *Hoffmann*, Die Patronatserklärung im deutschen und österreichischen Recht (1989), 31 ff.

527 *Rummel*, 496 f; *Weissel*, 143; *Brox/Walker, Besonderes Schuldrecht (2008)33,* kurz zitiert: *Brox/Walker³³*, 381 f; *Hoffmann*, 6 f.

528 Exemplarisch für Österreich: *Welser,* Grundriss II 149 f; exemplarisch für Deutschland: *Brox/Walker³³*, 393 f.

529 Zur schwierigen Abgrenzung vom Auftragsvertrag vgl *Boóc* in Osztovits, BGB, 1546 ff; *Nemessányi* in Osztovits, BGB, 1707 ff-

ronin) auf Leistung oder Schadenersatz zu klagen. Gläubiger haben allerdings die Möglichkeit, die Liquiditätszusage pfänden zu lassen.[530]

Das ungarische Schrifttum hat sich bislang nicht mit der rechtlichen Einordnung einer Patronatserklärung, einer Ausstattungsverpflichtung oder einer Liquiditätszusage auseinander gesetzt, wenngleich derartige Erklärungen im Wirtschaftsleben abgegeben werden. Dabei werden sie aber entweder mit dem englischen (*comfort letter, letter of intent, letter of undertaking, letter of responsibility*), dem französischen (*lettre de confort, lettre d'intention, lettre de patronage, lettre de parrainge, lettre d'apaisement*) oder mit dem deutschen Fachausdruck bezeichnet.[531] Die schwierige Einordnung dieser atypischen Rechtsinstitute erfolgt auch in Ungarn anhand der allgemeinen Bestimmungen des Bürgerlichen Rechts und der dem BGB bekannten Verträge.[532] Daher sind für die Bewertung von Patronatserklärungen die Bestimmungen des BGB zum Vertragsbindungswillen, zur Bürgschaft, zur Garantie, zum Schuldbeitritt, zum Vertrag zugunsten Dritter, zum Kreditvertrag (Darlehenszusage) und zum Vorvertrag beachtlich. Im Folgenden wird auf diese überblicksmäßig eingegangen.

3. Vertragsbindungswille

Von einer Person abgegebene Willenserklärungen sind nach § 207 (1) BGB zu beurteilen. Demzufolge sind sie so zu verstehen, wie sie die anerklärte Person unter Berücksichtigung der Umstände objektiv verstehen musste. Es wird also auf den objektiven Erklärungswert abgestellt und nicht darauf, was die erklärende Person gemeint hat oder was die anerklärte Person verstanden hat; Mentalreservationen sind überhaupt nach § 207 (5) BGB unbeachtlich.

Eine Bestätigung, dass die Schuldnerin (Tochtergesellschaft) über ausreichend Deckung in ihrem Vermögen verfügt, um das Geschäft abzuschließen (*fedezetigazolás*), ist eine bloße Wissenserklärung und daher keine einklagbare Patronatserklärung.[533]

Es liegt aber eine harte Patronatserklärung vor, wenn aus der Willenserklärung der Muttergesellschaft (Patronin) der Gläubiger objektiver Weise annehmen darf, dass er dadurch nicht bloß hinsichtlich der Durchsetzbarkeit seiner (zukünftigen) Forderungen gegenüber der Tochtergesellschaft (*Protégée*) beruhigt werden soll (*goodwill* Erklärung bzw *gentlemen's agreement*), sondern dass ihm aufgrund dieser Erklärung Rechte gegenüber der Patronin eingeräumt werden.

---

530 *Allstadt-Schmitz*, in: Ebenroth/Boujong/Joost/Strohn (Hg), Handelsgesetzbuch (2009)[2], IV 693.

531 In BH 2008/94 findet sich erstmalig – ohne nähere Erörterung durch die Kurie – auch der holprig anmutende Ausdruck „*tőkeerősséget fenntartó nyilatkozat*" (wörtlich: Erklärung über die Aufrechterhaltung der Kapitalstärke), welcher mE als Liquiditätszusage anzusehen ist.

532 *Virág* in Osztovits, BGB, 538; *Gárdos* in Gellért, BGB Kommentar, 707 ff; *G.Török*, BGB/III, 57 ff; *Vékás* in Petrik, Bürgerliches Recht[2], 359; BH 2000/550.

533 Sinngemäß BH 1993/374.

Die Erklärung der Muttergesellschaft (Patronin) kann auch iZm dem Recht der Willensmängel beachtlich sein. Der Gläubiger kann nämlich den mit der Tochtergesellschaft (*Protégée*) geschlossenen Vertrag anfechten, wenn sie hätte erkennen können, dass der Gläubiger beim Geschäftsabschluss irrtümlicher Weise von einer harten Patronatserklärung ausgeht, obwohl bloß eine weiche vorliegt (§ 210 (1) BGB).[534] Gleiches gilt nach § 210 (4) BGB, wenn die Tochtergesellschaft hätte wissen müssen, dass die Muttergesellschaft den Gläubiger aufgrund der Formulierung der Patronatserklärung vorsätzlich getäuscht hat. Da die Vertragsanfechtung idR *ex tunc* wirkt,[535] würde sie für den Gläubiger bewirken, dass seine Lieferung[536] nicht Teil der Insolvenzmasse wäre und er somit ihre Herausgabe sachenrechtlich durchsetzen könnte.

Das listige Verhalten der Muttergesellschaft (Patronin) iZm der Patronatserklärung kann nach § 6 (*culpa in contrahendo*) iVm §§ 339 ff BGB auch zu Schadenersatzpflichten führen.

4. Bürgschaft

Die Bürgschaft (*kezesség*; §§ 272 ff BGB) ist ein Vertrag, mit dem eine dritte Person (Muttergesellschaft) als Bürgin die Verbindlichkeit der Schuldnerin (Tochtergesellschaft) gegenüber ihrem Gläubiger besichert. Sie bedarf – zumindest von Seiten der Bürgin –[537]der Schriftform. Wenn die Parteien nichts Abweichendes vereinbaren, eine schadenersatzbedinge Bürgschaft vorliegt oder die Bürgin eine Bank ist, haftet die Bürgin bloß subsidi-

---

534 Auf das Spanungsverhältnis dieses Irrtums zum Tatbestand von § 210 (2) BGB (Rechtsirrtum) wird nicht näher eingegangen. Vgl jedoch *Benedek/Gárdos* in *Gellért*, BGB Kommentar, 801 ff; *G.Török*, BGB/III, 152 f mwA.

535 § 237 BGB: „(1) Bei einem ungültigen Vertrag muss die vor Vertragsabschluss bestehende Situation wiederhergestellt werden.
(2) Kann die vor Vertragsabschluss bestehende Situation nicht wiederhergestellt werden, erklärt das Gericht den Vertrag für die Zeit bis zur Beschlussfassung für gültig. Der ungültige Vertrag kann für gültig erklärt werden, wenn der Grund für die Ungültigkeit – insbesondere bei einem Wuchervertrag, bei einem auffallenden Missverhältnis der Leistungen der Parteien durch die Beseitigung des unangemessenen Vorteils – beseitigt werden kann. In diesen Fällen ist über die Rückerstattung der eventuell ohne Gegenleistung bleibenden Leistung zu verfügen."
((1) *Érvénytelen szerződés esetében a szerződéskötés előtt fennállott helyzetet kell visszaállítani.*
(2) *Ha a szerződéskötés előtt fennállott helyzetet nem lehet visszaállítani, a bíróság a szerződést a határozathozatalig terjedő időre hatályossá nyilvánítja. Az érvénytelen szerződést érvényessé lehet nyilvánítani, ha az érvénytelenség oka – különösen uzsorás szerződés, a felek szolgáltatásainak feltűnő aránytalansága esetén az aránytalan előny kiküszöbölésével – megszüntethető. Ezekben az esetekben rendelkezni kell az esetleg ellenszolgáltatás nélkül maradó szolgáltatás visszatérítéséről.*)

536 Dies gilt nicht für Darlehen oder für Sachen, an denen die Tochtergesellschaft (Protégée) bereits gutgläubig Eigentum erworben hat. Vgl das Schrifttum zu § 118 f BGB (Gutglaubenserwerb von Waren und von Geld).

537 BH 1993/631.

är. Dadurch muss sie so lange nicht zahlen, solange (nach einem erfolglosen Zwangsvollstreckungsverfahren)[538] nicht nachweisbar ist, dass die Schuldnerin nicht leisten kann. Da die Bürgschaft akzessorisch (*járulékos*) ist, geht sie mit dem Wegfall der Forderung des Gläubigers unter; die Forderung gegenüber der Bürgin darf – abgesehen von Nebengebühren – nicht jene aus dem besicherten Vertrag übersteigen; der Bürgin stehen sämtliche Einreden der Schuldnerin zu (§ 273 BGB). Da Verträge einzuhalten sind, kann der Bürge idR den Bürgschaftsvertrag nicht einseitig auflösen. Sein Gläubiger kann aber nach § 276 (1) BGB vom Vertrag zurück treten. Darüber hinaus steht es ihm frei, den Bürgen nicht zu klagen.

Wie sogleich näher dargestellt wird, unterscheidet sich die Bürgschaft definitionsgemäß vor allem dadurch von der Garantie, dass die Sicherheit akzessorisch ist. IdS ist eine Patronatserklärung mE als Bürgschaft anzusehen, wenn sie das Ziel hat, ein bestimmtes oder bestimmbares Rechtsgeschäft des Gläubigers zu besichern. Soll mit ihr das Risiko des Gläubigers in Hinblick auf seine gesamte Wirtschaftsbeziehung mit der Schuldnerin (Tochtergesellschaft; Protégée) reduziert werden, liegt ein Garantieverhältnis zur Patronin vor. Der Übergang zwischen Bürgschafts- und Garantieverhältnis ist aber aufgrund der Vertragsfreiheit (Typenfreiheit) idR fließend – man denke hier etwa an die persönliche Besicherung eines Rahmenliefervertrags.

5. Garantie

Die Garantie ist gem § 249 BGB[539] ein Vertrag, mit dem eine Person (Muttergesellschaft) als Garantin einer anderen Person (begünstigte Gläubigerin) verspricht, ihr im Fall des Eintritts oder des Ausbleibens einer Bedingung einen bestimmten Geldbetrag zu bezahlen. Obwohl sie rechtsdogmatisch gesehen der Bürgschaft sehr nahe steht, bedarf die Garantie dennoch keiner Schriftform. Darüber hinaus kann nur eine Bank Garantin sein; die hM geht ohne nähere Erörterung davon aus, dass § 249 BGB *per analogiam* nicht auf Garanten anzuwenden sei, die keine Bankkonzession haben.[540] Das ist mE bedauerlicher Weise eine überschießende Regelung zur Verhinderung vor unüberlegten Handlungen des Garanten und Belastung dieses Rechtsinstruments mit weiteren bankrechtlichen Schutzbestimmungen. Denn somit ist die Garantie iZm dem gegenständlichen Thema nur innerhalb von Bankkonzernen einsetzbar, obwohl

---

538 Das ist str – vgl *Bodzási* in Osztovits, BGB, 969.

539 Die Bank kann sich bereit erklären, dem Begünstigten unter bestimmten Bedingungen – so insbesondere beim Eintreffen oder Ausbleiben eines bestimmten Ereignisses bzw. beim Einreichen von Dokumenten – und innerhalb einer Frist bis zu einer festgelegten Betragsgrenze eine Zahlung zu leisten.
(„*A bank kötelezettséget vállalhat arra, hogy meghatározott feltételek – így különösen bizonyos esemény beállta vagy elmaradása, illetőleg okmányok benyújtása – esetében és határidőn belül a kedvezményezettnek a megállapított összeghatárig fizetést fog teljesíteni.*")

540 *Bodzási* in Osztovits, BGB, 786 f; *Harmathy* in Gellért, BGB Kommentar, 941 ff;

man im unternehmensbezogenen Bereich davon ausgehen kann, dass Garanten einen derartigen Schutz nicht brauchen. Diese Diskriminierung von Konzernen außerhalb des Banksektors bewirkt auch eine Einschränkung ihres rechtlichen Handlungsspielraums.

Obwohl der Garantievertrag die Aufgabe hat, Verträge zu besichern,[541] ist er nicht akzessorisch, sondern abstrakt. Daher ist die Zahlungspflicht der Garantin nicht vom Bestehen einer Hauptschuld abhängig.[542] Sie ist also verpflichtet, dem Begünstigten ab Aufforderung und ab Eintritt/Ausbleiben der vereinbarten Bedingung zu leisten. Das bedingt auch, dass es der Garantie im Gegensatz zur Bürgschaft an Subsidiarität mangelt.

Mangels Akzessorietät muss ein Garantievertrag gem § 249 BGB besondere *essentialia negotii* enthalten: Die Festlegung

- der Vertragsparteien (Garant und Kreis der Begünstigten);
- der Höhe der Garantiesumme;
- des Tatbestands, der den Garantiefall auslöst; sowie
- der Dauer des Garantievertrages.[543]

Wenn es die Vertragsparteien unterlassen, einzelne Punkte explizit zu vereinbaren, können diese ggf mithilfe der Konkludenz (§ 216 (1) S 2 BGB), mit ihrem hypothetischen Parteiwillen (§ 4 (1) BGB)[544] oder über die Ergänzungsfunktion des dispositiven Bürgerlichen Rechts ermittelt werden. Daher wird etwa bei einer Garantie, die mit dem Abschluss eines Lieferungsvertrages in Zusammenhang steht, die Garantiesumme die Höhe des Entgelts des Begünstigten ausmachen; die Dauer der Garantie wird dem Zahlungsziel, längstens aber der Verjährung der Lieferungsforderung entsprechen. Sind *essentialia negotii* aber großteils nicht explizit vereinbart oder überhaupt nicht feststellbar, liegt mE kein Garantievertrag vor.

Das Wesen der Garantie (abstrakter, von der Hauptschuld selbständiger Sicherungsvertrag) steht – im Gegensatz zur Bürgschaft – in einem Spannungsverhältnis mit der Charakteristik von Patronatserklärungen, die bloß subsidiär die Haftung der Garantin (Muttergesellschaft) auslösen sollen. Daher sind derartige Garantievereinbarungen so auszulegen, dass das Ereignis, welches den Garantiefall auslöst, die (dokumentierbare) Uneinbringlichkeit der Forderung bei der Schuldnerin (Tochtergesellschaft) sein muss.

Auf den Unterschied zwischen Bürgschaft und Garantie wurde auch bereits weiter o eingegangen (Punkt IV. d aE).

---

541 Vgl seine Stellung im XXIII. Abschnitt, in dem auch das Handgeld und das Vertragspönale positiviert sind. S auch *Bodzási* in Osztovits, BGB, 787; *Harmathy* in Gellért, BGB Kommentar, 941 f; *Harmathy* in Petrik, Bürgerliches Recht², 432.

542 EBH 1999/29.

543 *Bodzási* in Osztovits, BGB, 797 ff; *Harmathy* in Gellért, BGB Kommentar, 942.

544 „Bei der Ausübung der bürgerlichen Rechte und der Erfüllung der Pflichten müssen die Parteien dem Gebot von Treu und Glauben entsprechend und miteinander kooperierend vorgehen." (*A polgári jogok gyakorlása és a kötelezettségek teljesítése során a felek a jóhiszeműség és tisztesség követelményének megfelelően, kölcsönösen együttműködve kötelesek eljárni.*)

6. Schuldeintritt/-beitritt

Durch den Schuldeintritt (*tartozásátvállalás*), welche nicht schriftlich erfolgen muss, tritt der Neuschuldner gem § 332 BGB in die Position des Altschuldners ein, wenn der Gläubiger dem zustimmt. Im Verweigerungsfall kommt es zu einem Schuldbeitritt (*tartozáselvállalás*), bei dem der Neuschuldner *neben* dem Altschuldner für die Erfüllung Gewähr leisten muss. Diesfalls kann sich der Gläubiger aussuchen, von wem er die Erfüllung des Vertrages fordert.

Ein Schuldbeitritt liegt auch vor, wenn dies Alt- und Neuschuldner unter Ausschluss des Gläubigers vereinbaren (*arg a minori ad maius*). Während bei einem Schuldeintritt die bisherigen Sicherheiten nach § 332 (3) BGB untergehen, bleiben sie bei einem Schuldbeitritt bestehen, da sich dadurch das Haftungsrisiko der dritten Personen (Bürge, Pfandbesteller) nicht verschlechtert. Dem Neuschuldner stehen aber gegenüber dem Gläubiger weiterhin die Einreden des Altschuldners zur Verfügung.

Aufgrund des Wesens einer Patronatserklärung kann davon ausgegangen werden, dass die Patronin (Mehrheitsgesellschafterin) keinesfalls in die Schuld ihrer Tochtergesellschaft eintreten will. Auch im für sie schlechtesten Fall, wenn eine harte Erklärung zu bejahen ist, will sie bloß subsidiär haften (*arg a maiori ad minus*). Dies ist objektiver Weise auch für den Gläubiger der Tochtergesellschaft erkennbar. Bei einem Schuldbeitritt würde sie allerdings *per definitionem* gleichrangig neben der Schuldnerin (Tochtergesellschaft) haften. Daher ist iZm einer Patronatserklärung rglm nicht von einem Schuldbeitritt auszugehen.

7. Vertrag zugunsten Dritter

Das Rechtsinstitut des echten Vertrags zugunsten Dritter wurde durch § 233 BGB positiviert. Er liegt vor, wenn die Vertragsparteien ausdrücklich vereinbaren, dass eine dritte Person die unmittelbar Begünstigte ihres Vertrages sein soll. Dieser Vertrag kann bei Patronatserklärungen *de iure* ein Darlehensvertrag sein, bei dem die Muttergesellschaft (Gläubigerin) im Fall des Eintritts einer Bedingung oder bei Geltendmachung einer Option verpflichtet ist, die Darlehenssumme der Tochtergesellschaft (Schuldnerin) auszuzahlen. Dadurch wird zulasten der Tochtergesellschaft (Schuldnerin) die Forderung ihrer Gläubigerin (dritte Person) beglichen.

Eine Liquiditätszusage kann aber nicht als echter Vertrag zugunsten Dritter angesehen werden. Denn eine Muttergesellschaft, die keine Patronatserklärung abschließen will, vereinbart weder ausdrücklich, noch konkludent noch hypothetisch (ergänzende Vertragsauslegung) mit ihrer Tochtergesellschaft, dass eine dritte Person Begünstigte ihres Vertrages werden soll.

Bei einem unechten Vertrag zugunsten Dritter ist gem § 233 (2) 2. HS BGB bloß die Tochtergesellschaft als Versprechensempfängerin berechtigt, von der Vertragspartnerin (Muttergesellschaft) die Vertragserfüllung zugunsten der dritten Person (Gläubigerin) zu fordern. Das ist insb dann anzunehmen, wenn sie deren Begünstigung ablehnt. Diesfalls hat die dritte Person als Gläubigerin kein gerichtlich durchsetzbares Forderungsrecht. Sie ist jedoch verpflichtet, die Leistung anzunehmen, wenn es ihr zumutbar ist (§ 286 BGB). Das ist rglm dann der Fall, wenn es bei der Erfüllung – etwa von Geldforderungen – nicht auf Eigenschaften ankommt, die in der Person der Tochtergesellschaft liegen. In Hinblick auf das vorherige Beispiel mit dem Darlehensvertrag bedeutet es, dass nur die Tochtergesellschaft als Schuldnerin berechtigt ist, von ihrer Muttergesellschaft (Gläubigerin) zu fordern, die Darlehenssumme mittelbar oder unmittelbar auszuzahlen, um damit die Forderung der Gläubigerin (dritte Person) der Tochtergesellschaft zu begleichen. Die dritte Person darf den Eingang dieser Zahlung nicht verhindern.

Forderungen aus unechten Verträgen zugunsten Dritter sind nach §§ 110 ff ZwangsvollstreckungsG gerichtlich pfändbar. Aufgrund dessen wird es dem Drittschuldner untersagt, seinem Gläubiger oder einer sonstigen Person zu leisten, ehe die Forderung, welche die Exekution führende, dritte Person gegenüber dem Gläubiger hat, beglichen wird. Leistet dennoch der Drittschuldner, so wirkt das nicht schuldbefreiend (§ 112 (2) ZwangsvollstreckungsG). Mit Fälligkeit der gepfändeten Forderung, ist der Drittschuldner nach § 112 (1) ZwangsvollstreckungsG verpflichtet, den geschuldeten Geldbetrag dem Gerichtsvollzieher zu überweisen oder gerichtlich zu hinterlegen. Gerät er in Verzug oder bestreitet er die Richtigkeit der Forderung, ist der Gläubiger berechtigt, ihn auf Leistung zu klagen (§ 113 ZwangsvollstreckungsG). Im Fall einer Liquiditätszusage iZm einem Darlehensvertrag bedeutet es, dass durch die Pfändung der Forderung die Muttergesellschaft als Schuldnerin der Tochtergesellschaft (Drittschuldnerin) verpflichtet werden kann, den Darlehensbetrag der Exekution führenden Gläubigerin der Tochtergesellschaft (dritte Person) im Weg ihres Gerichtsvollziehers zu leisten. Das setzt aber freilich einen rechtskräftigen Titel voraus.

Im Konkursverfahren der Tochtergesellschaft macht der Insolvenzverwalter die Forderungen ihrer Gläubiger geltend und leitet sie nach Maßgabe der wirtschaftlichen Lage der insolventen Gesellschaft weiter.[545]

8. Vorvertrag, Optionsvertrag

Vertragsparteien können nach § 208 BGB einen Vorvertrag abschließen. Dieser bedarf der Schriftform des eigentlichen Vertrages. Er verpflichtet die Vertragspartner, in weiterer Folge einen Vertrag abzuschließen. Es ist nicht zwingend erforderlich, dass im Vorvertrag bereits alle *essentialia negotii* des Vertrags geklärt werden. Dies ist aber dringend geboten, da ansonsten das Gericht die Ergänzung des Inhalts der Vereinbarung unter Berücksichtigung des hypothetischen Parteiwillens, der Interessen der Volkswirtschaft und der Umstandsklausel vornimmt (§ 208 (3) f BGB). Der Vorvertrag verjährt innerhalb der allgemeinen Verjährungsfrist[546] von 5 Jahren.

---

545 Vgl §§ 46 ff KonkursG und das einschlägige Schrifttum.
546 Näheres s o Punkt II.2 f.

Auch ein Vorkaufs- bzw Rückkaufsrecht kann als speziell geregelter (§§ 373 f BGB) Vorvertrag angesehen werden, bei dem einer Vertragspartei das Gestaltungsrecht zukommt, zu bestimmen, wann ein Kaufvertrag zu stande kommen soll. Der Optionsvertrag (§ 375 BGB) ist damit verwandt,[547] wobei mE hier die Kontrahenten aufgrund der Vertragsfreiheit nach § 200 (1) BGB nicht nur das Kaufrecht optionieren können, sondern auch das Recht, durch einseitige Willenserklärung ein anderes schuldrechtliches (Vertrags-)Verhältnis zu begründen.

In Hinblick auf Patronatserklärungen bzw Liquiditätszusagen ist es sohin wohl zulässig, dass die Muttergesellschaft (Gläubigerin) und die Tochtergesellschaft (Schuldnerin) vorvertraglich/optioniert den Abschluss eines Darlehensvertrages (§§ 523 ff BGB) oder einer Schenkung (§§ 579 ff BGB) festlegen. Dabei ist die Gläubigerin verpflichtet, das Darlehen oder die Schenkung zu leisten, wenn etwa die Bedingung eintritt, dass die Schuldnerin überschuldet wird.

Abkürzungsverzeichnis

aA	am Anfang *oder* andere Ansicht
aaO	am angegebenen Ort
ABGB	Allgemeines Bürgerliches Gesetzbuch (JGS 1811/946 idgF)
aE	am Ende
AG	Aktiengesellschaft
ÁJ	Periodikum „Állam- és Jogtudomány" [*Staats- und Rechtswissenschaft*]
ao	außerordentlich/e/r/s
ArbeitsG	I. Gesetz aus 2012 über das Arbeitsgesetzbuch
ArbeitsG 92	XXII. Gesetz aus 2012 über das Arbeitsgesetzbuch
BDT	Periodikum „*Bírósági Döntések Tára*" [Sammlung der Gerichtsentscheidungen], welches Entscheidungen der Tafelgerichte darstellt
BGB	Bürgerliches Gesetzbuch (IV. Gesetz aus 1959) [*Polgári törvényköny*]
BGBl	Bundesgesetzblatt
BH	Entscheidung der Kurie [*Bírósági Határozat*]
BIP	Bruttoinlandsprodukt
bspw	beispielsweise
bzw	beziehungsweise
Cégvezetés	Periodikum „Cégvezetés" [*Firmenleitung*]
CH	Periodikum „Céghírnök" [*Firmenbote*]
dh	das heißt
dt	deutsche/r/s
dtAktG	Aktiengesetz (BGBl I 1965/1089 idgF)
dtGmbHG	GmbH-Gesetz (RGBl 11892/477 idgF)
dtInsO	Insolvenzordnung (BGBl I 1994/2866 idgF)
dtKO	Konkursordnung (RGBl 1877/351)
EBH	Grundsatzentscheidung der Kurie [*Elvi Bírósági Határozat*]
etc	et cetera
EuInsVO	Verordnung (EG) 1346/2000 über Insolvenzverfahren
f	folgend

547 § 375 (4) BGB; *Gróh*, Elővásárlás, Opció [*Vorkauf; Option*], in: Cégvezetés, 2001/6, 38.

ff	folgende
FB	Firmenbuch [*cégnyilvántartás*]
FirmenG	Gesetz über die Firmenpublizität (V. Gesetz aus 2006) [*Cégnyilvánosságról szóló törvény*]
FirmenG 97	Gesetz über die Firmenpublizität (CXLV. Gesetz aus 1997) [*Cégnyilvánosságról szóló törvény*]
GéJ	Periodikum „Gazdaság és Jog" [*Wirtschaft und Recht*]
gem	gemäß
GesG	Gesetz über die Wirtschaftsgesellschaften (IV. Gesetz aus 2006) [*Gazdasági társaságokról szóló törvény*]
GesG 88	Gesetz über die Wirtschaftsgesellschaften (VI. Gesetz aus 1988) [*Gazdasági társaságokról szóló törvény*]
GesG 97	Gesetz über die Wirtschaftsgesellschaften (CXLIV. Gesetz aus 1997) [*Gazdasági társaságokról szóló törvény*]
ggf	gegebenenfalls
GmbH	Gesellschaft mit beschränkter Haftung
GrundG	Grundgesetz (CCCCXXV. Gesetz aus 2011) [*Alaptörvény*]
hA	herrschende Ansicht
hL	herrschende Lehre
hM	herrschende Meinung
HUF	ungarische Forint
id(g)F	in der (geltenden) Fassung
idR	in der Regel
idS	in diesem Sinn
idZ	in diesem Zusammenhang
ieS	im engeren Sinn
insb	insbesondere
iS(d/v)	im Sinne (des/von)
iVm	in Verbindung mit
iwS	im weiteren Sinn
iZm	im Zusammenhang mit
JBl	Periodikum „Juristische Blätter"
JK	Periodikum „Jogtudományi Közlöny" [*Rechtswissenschaftlicher Anzeiger*]
Kft	Gesellschaft mit beschränkter Haftung [*Korlátolt felelősségű társaság*]
KMG	Kapitalmarktgesetz (CXX. Gesetz aus 2001) [*Tőkepiacról szóló törvény*]
KonkursG	Gesetz über das Ausgleichs- und Konkursverfahren (IL. Gesetz aus 1991) [*csődeljárásról és végelszámolásról szóló törvény*]
LB	Kurie (bis 31.12.2011: Oberster Gerichtshof) [*Legfelőbb Bíróság*]
lit	litera
maW	mit anderen Worten
mE	meines Erachtens
MJ	Periodikum „Magyar Jog" [*Ungarisches Recht*]
MNB	Ungarische Nationalbank [*Magyar Nemzeti Bank*]
mwA	mit weiteren Anmerkungen
NJW	Neue Juristische Wochenschrift
Nyrt	offene Aktiengesellschaft [*Nyilvánosan működő részvénytársaság*]
o	oben
oa	oben angeführt/e/r/s

österr	österreichische/r/s
österrAktG	Aktiengesetz (BGBl 1965/98 idgF)
österrGmbHG	GmbH-Gesetz (RGBl 1906/56 idgF)
österrIO	Insolvenzordnung (RGBl 1877/351 idgF)
österrKO	Konkursordnung (RGBl 1914/337)
PJE	Entscheidung der Kurie zur Schaffung von Rechtseinheit in Zivilsachen [*Polgári Jogegységi Határozat*]
PK	Stellungnahme des zivilrechtlichen Kollegiums der Kurie [*a Kúria Polgári Kollégiumának állásfoglalása*]
RGBl	Reichsgesetzblatt
rglm	regelmäßig
RLG	Rechnungslegungsgesetz (C. Gesetz aus 2000) [*számvitelről szóló törvény*]
Rsp	Rechtsprechung
Rt	Részvénytársaság [*Aktiengesellschaft*]
Rz	Randziffer
S	Satz *oder* Seite
StGB	Strafgesetzbuch (C. Gesetz aus 2012) [*Büntető törvényköny*]
stRsp	ständige Rechtsprechung
TdL	Teile der Lehre
tw	teilweise
u	unten
ung	ungarische/r/s
uU	unter Umständen
vgl	vergleiche
WiRO	Zeitschrift für Wirtschaft und Recht in Osteuropa
zB	zum Beispiel
ZPO	Zivilprozessordnung (III. Gesetz aus 1952) [*perrendtartásról szóló törvény*]
Zrt	geschlossene Aktiengesellschaft [*Zártkörűen működő részvénytársaság*]
zT	zum Teil
Zwangsvoll-streckungsG	Zwangsvollstreckungsgesetz (LIII. Gesetz aus 1994) [*A bírósági végrehajtásról szóló törvény*]

Literaturverzeichnis

Ungarn

Bachner/Doralt/Winner (Hg), Minderheitsaktionäre in Mittel- und Osteuropa (2010), kurz zitiert: *Vecsey*, Minderheitsaktionäre.

Bánki-Horváth/Bodor/Gál/Koday/Pethőné Kovács/Rózsa/Vezekényi, A cégtörvény magyarázata [*Kommentar des Firmengesetzes*], 2009, kurz zitiert: *Autor* in FirmenG.

Baumann, Das Konzernrecht Ungarns nach dem Inkrafttreten des Gesetzes Nr. IV aus dem Jahr 2006 über die Wirtschaftsgesellschaften, 2011, kurz zitiert: *Baumann.*

Bodor/Gál/Pethőné/Tomori/Vezekényi, Részvénytársaság [*Aktiengesellschaft*], 2008, kurz zitiert: *Autor(en)* in AG.

Boóc, Az ajándékozási szerződés néhány kérdése a magyar magánjogban [*Ausgewählte Fragen des Schenkungsrechts im ungarischen Zivilrecht*], in ÁJ 2005/1, 63 ff.

Software: CompLex Jogtár [*CompLex Rechtssammlung*], Stand: 31.01.2013, kurz zitiert: Complex-Kommentar, (kommentierter Paragraph), (Rechtsmaterie).

Cseh, Új hitelezővédelmi jogintézmény a Magyar társasági törvényben [*Neues Rechtsinstitut des Gläubigerschutz im Gesellschaftsgesetz*] in GéJ 2006/11.

Csengődi, Külföldi tőke és bérek Magyarországon [*Ausländisches Kapital und Gehalt in Ungarn*], 2010, Dissertation, kurz zitiert. *Csengődi*, Auslandskapital.

Csőke/E. Fodorné Letter/Juhász, A Csődtörvény magyarázata [*Kommentar des Konkursgesetzes*] 2009, kurz zitiert: *Csőke et mult*, KonkursG.

Csongor Nagy, A csoportos igénérvényesítés gazdaságtana és lehetőségei a magyar jogban [*Die Ökonomie der Gruppenklage und ihre Möglichkeiten im ungarischen Recht*], JK 2011/3, 163 ff.

Czene/Papp, in *Czene* (Hrsg), A cégnyilvánosságról, a bírósági cégeljárásról és a végelszámolásról szóló törvény magyarázata [*Kommentar zum Gesetz über die Firmenpublizität, das gerichtliche Firmenverfahren und die Liquidation*], *sine anno*, kurz zitiert: *Czene/Papp*.

Darázs, Az elismert vállalatcsoport uralmi szerződése [*Der Beherrschungsvertrag der anerkannten Unternehmensgruppe*], JK, 2009/3, 123 ff, kurz zitiert: *Darázs, JK*.

Fónagy, A gazdasági társaságok tulajdonosainak felelőssége a fizetésképtelenségért [*Die Haftung der Eigentümer einer Wirtschaftsgesellschaft für ihre Zahlungsunfähigkeit*], in: MJ 2010/5, 287 ff, kurz zitiert: *Fónagy*.

Gál/Vezekényi, Cégjogi kalauz 2009 [*Firmenrechtlicher Wegweiser 2009*], 2009, kurz zitiert: *Gál/Vezekényi*, Firmenrecht.

Zoltán Gálffy, Die ungarische Aktiengesellschaft und ihre Satzung (Dissertation), 1999, kurz zitiert: *Z.Gálffy*, ungAG.

Gellért György (Hg), A Polgári Törvénykönyv magyarázata[7] [*Kommentar des Ptk.*], 2007, kurz zitiert: *Autor* in Gellért, BGB Kommentar.

Gróh, Elővásárlás, Opció [*Vorkauf; Option*], in: Cégvezetés, 2001/6, 33 ff.

Halász/Földes/Uzonyi (Hg), Magyar-Német Nagyszótár [*Ungarisch-Deutsches Großwörterbuch*] (2004).

Juhász, A vezető tisztségviselők helytállási kötelezettsége a fizetésképtelenségi helyzet bekövetkeztét követően [*Die Haftung der leitenden Funktionäre nach Eintritt der Insolvenz*], in: Céghírnök 2006/11, kurz zitiert: *Juhász*, Haftung.

Juhász, Megtámadási perek a felszámolási eljárásban [*Anfechtungsprozesse im Konkursverfahren*], in MJ 1999, 159.

Kemenes, A szerződés megtámadása a Cstv 40. §-a alapján [*Die Vertragsanfechtung aufgrund § 40 KonkursG*], in Céghírnök 1999/8, 3 ff.

Kemenes, Felelősségi kérdések és visszaélésszerű joggyakorlás a gazdaságban [*Haftungsfragen und Rechtsmissbrauch in der Wirtschaft*], in GéJ 2001/5.

Kisfaludi/Szabó (Hrsg), A Gazdasági Társaságok Nagy Kézikönyve [*Das Große Handbuch der Wirtschaftsgesellschaften*], 2008[2], kurz zitiert: *Autor(en)* in Meritum.

Kiss/Sándor, A szerződések érvénytelensége [*Die Unwirksamkeit von Verträgen*], 2008, kurz zitiert: *Kiss/Sándor*.

Kőhegyes, Magyar-Német-Magyar Jogi Szakszótár [*Ungarisch-Deutsch-Ungarisches rechtliches Fachwörterbuch*] (2009).

Központi Statisztikai Hivatal (KSH) [*Zentrales Statistikamt*], A Magyarországon működő külföldi irányatású leányvállalatok [*In Ungarn unter ausländischer Leitung betriebene Tochtergesellschaften*] 2008–2009.

Menyhárt, A külföldi működőtőke alakulása Magyarországon a rendszerváltás után [*Die Entwicklung des ausländischen Arbeitskapitals nach dem Systemwechsel in Ungarn*] (Diplomarbeit), 2008.

Miskolczi Bodnár (Hg), Die Wirtschaftsgesellschaften [*A gazdasági társaságok*], 1999, kurz zitiert: *Autor* in Miskolczi Bodnár.

Nochta, A magánjogi felelősség útjai a társasági jogban [*Die Wege der zivilrechtlichen Haftung im Gesellschaftsrecht*], 2005, kurz zitiert: *Nochta*, Haftung.

Nochta, Társasági jog [*Gesellschaftsrecht*], 2007, kurz zitiert: *Nochta*, GesR.

Nochta/Zóka/Zumbok in Zumbok (Hrsg), A Gazdasági Társaságokról szóló törvény magyarázata [*Kommentar zum Gesetz über die Wirtschaftsgesellschaften*], sine anno, kurz zitiert: *Zumbok*, GesG.

Osztovits (Hg), A Polgári Törvénykönyv magyarázata [*Kommentar des Bürgerlichen Gesetzbuches*] (2011), kurz zitiert: *Autor* in Osztovits, BGB.

Petrik Ferenc (Hg), Polgári Jog, Kommentár a gyakorlat számára[2] [*Bürgerliches Recht, Praxiskommentar*[2]], 27. Ersatzlfg: 2010/11, kurz zitiert: *Autor* in Petrik, Bürgerliches Recht[2].

Sárközy (Hg), Társasági törvény, cégtörvény 2006–2009 *[Gesellschaftsgesetz, Firmengesetz 2006–2009],* 2009, kurz zitiert: *Autor* in Sárközy, GesG.

Sárközy, A magyar társasági jog Európában [*Das ungarische Gesellschaftsrecht in Europa*], 2001, kurz zitiert: *Sárközy*, Europa.

Sárközy, A társasági és a cégtörvény magyarázata[2] [*Kommentar des Gesellschafts- und des Firmengesetzes*], 2004, kurz zitiert: *Autor* in Sárközy, GesG 1997.

Sárközy, A társasági és a cégtörvény törvény kommentárja [*Kommentar des Gesellschafts- und Firmengesetzes*], 2004, kurz zitiert: *Autor* in Sárközy, GesG 1997.

Sárközy, A társasági törvény magyarázata [*Kommentar des Gesellschaftsgesetzes*], 1993, kurz zitiert: *Autor* in Sárközy, GesG 1988.

Sárközy, Társasági jogunk belső ellentmondásai [*Die inneren Widersprüche unseres Gesellschaftsrechts*], GéJ 2009/7–8.

Sárközy, Társasági jogunk strukturális kérdéseiről [*Über die strukturellen Fragen unseres Gesellschaftsrechts*], in: GéJ, 1993/1.

Tárczy, Class action az Európai Unióban és Magyarországon [*Class Action in der Europäischen Union und in Ungarn*], Publicationes Universitatis Miskolciensis, Sectio Juridica et Politica, 2010, 503 ff.

Tercsák, A joggal való visszaélés [*Der Rechtsmißbrauch*], 2003, kurz zitiert: *Tercsák.*

Gábor Török (Hg), A Polgári Törvénykönyv magyarázata – I. kötet, A személyek joga [*Kommentar des Ptk – I. Band, Das Recht der Personen*], sine anno, kurz zitiert: *G.Török*, BGB/I.

Gábor Török (Hg), A Polgári Törvénykönyv magyarázata – III. kötet, kötelmi jog, általános rész [*Kommentar des Ptk – III. Band, Schuldrecht, Allgemeiner Teil*], sine anno, kurz zitiert: *G.Török*, BGB/III.

Gábor Török (Hg), Csődjog[2] [*Konkursrecht*], 2007, kurz zitiert: *Autor* in G.Török, Konkurs.

Gábor Török, Legújabb csődjogi jogalkotásunkról [*Über unsere jüngste konkursrechtliche Gesetzgebung*], in GéJ 2006/6–7.

Tamás Török, Felelősség a társasági jogban [*Haftung im Gesellschaftsrecht*], 2007, kurz zitiert: *T.Török*, Haftung.

Tamás Török, Konszernjog [*Konzernrecht*], 2009, kurz zitiert *T.Török, Konzern.*

Tamás Török, Zálogjog a korlátolt felelősségű társaság üzletrészén és a részvényen [*Die Verpfändung von Geschäftsanteilen an einer Gesellschaft mit beschränkter Haftung und von Aktien*], GéJ 2008/6.

Vecsey, Wirkungen des neuen Zinsdeckelungsgesetzes auf die Vernichtbarkeit von Darlehensverträgen in Ungarn, WiRO 2012/6, 167 ff.

Vékás (Hg), Szakértői Javaslat az új Polgári Törvénykönyv tervezetéhez [*Expertenvorlage eines neuen Zivilgesetzbuches*] (2008), kurz zitiert: *Autor* in Vékás, Vorlage.

Wellmann, A felelősség-átvitel esetkörei a társasági törvényben [*Die Fälle des Haftungsdurchgriffs im Gesellschaftsrecht*] in: Céghírnök 2007/3, 3 ff; kurz zitiert: *Wellmann*, Haftung.

Andere Länder – Österreich

Doralt/Nowotny/Kalss (Hg), Aktiengesetz[2] (2012), kurz zitiert: *Autor* in Doralt/Nowotny/Kalss.

Eckert, Internationales Gesellschaftsrecht (2010).

Gruber, Trügerisches Paradies für Kläger: US-Gerichte sind nicht allmächtig, Die Presse 2002/12/02, Rechtspanorama.

Hoffmann, Die Patronatserklärung im deutschen und österreichischen Recht (1989).

Jabornegg/Strasser, AktG[4] (2004), kurz zitiert: *Autor* in Jabornegg/Strasser, AktG.

Krejci, Gesellschaftsrecht I (2005), kurz zitiert: *Krejci*, Gesellschaftsrecht.

Rummel, Rechtsprobleme der Patronatserklärung, in: Kalss/Nowotny/Schauer (Hg), FS Peter Doralt zum 65. Geburtstag (2004), 493 ff, kurz zitiert: *Rummel*.

K. Schmidt, Insolvenzverschleppungshaftung – Haftungsrechtsprechung zwischen Gesellschafts-, Insolvenz- und Zivilrecht, JBl 2000, 477 ff.

Straube (Hrsg), Fachwörterbuch zum Handels- und Gesellschaftsrecht, 2005, kurz zitiert: *Autor*, Begriff in Straube, Fachwörterbuch.

Torggler; Fünf (Anti-)Thesen zum Haftungsdurchgriff, JBl 2006, 85 ff.

Torggler, Zum deliktischen Schutz der Mitgliedschaft(-srechte), JBl 2003, 747 ff.

Weissel, Patronatserklärung als Technik der Kreditrisikominderung?, in: ZFR 2009/4.

Welser in Koziol/Welser, Bürgerliches Recht II (2007)[13], kurz zitiert: *Welser*, Grundriss II.

Andere Länder – Deutschland und weitere Länder

Allstadt-Schmitz, in: Ebenroth/Boujong/Joost/Strohn (Hg), Handelsgesetzbuch (2009)[2].

Brox/Walker, Besonderes Schuldrecht (2008)[33], kurz zitiert: *Brox/Walker*[33].

Ebenroth/Boujong/Joost/Strohn (Hg), Handelsgesetzbuch (2009)[2].

Finkenauer, Zur Renaissance der *laesio enormis* beim Kaufvertrag, in: Aderhold/Grunewald/Klingberg/Paefgen (Hg), Festschrift für Harm Peter Westermann zum 70. Geburtstag (2008) 188 ff.

Hommelhoff/Hopt/Lutter/Doralt/Druey/Wymeersch, Konzernrecht für Europa, ZGR 1998, 673 ff, kurz zitiert: *Forum Europaeum*.

Goette/Habersack (Hg), Münchener Kommentar zum Aktiengesetz[3] (2008), kurz zitiert: *Autor* in MünchKommAktG.

Hönig/Stingl, Geschäftschancen – Gedanken zur Reichweite des Einlagenrückgewährverbotes, in: GesRZ 2007, 27.

Hüffer (Hg), Aktiengesetz[9] (2010), kurz zitiert: *Autor* in Hüffer, AktG.

Ihrig, Die kleine Aktiengesellschaft, in NJW 2003, 1378.

Mertens, Die Geschäftsführung in der GmbH und das ITT-Urteil, in Lutter/Stimpel/ Wiedemann (Hg), Festschrift für Robert Fischer (1979), 461 ff.

Rachlinski, A Positive Psychological Theory of Judging in Hindsight, in: The University of Chicago law review, Bd. 65/2 (1998), 571.

K.Schmidt, Gesellschaftsrecht[4], 2002, kurz zitiert: *K.Schmidt.*

Uhlenbruck (Hg), Insolvenzordnung[13] (2010), kurz zitiert: *Autor* in Uhlenbruck, Insolvenzordnung, Materie, Rz.

Wachendorf, „Wrongful trading" als ein mögliches europäisches Haftungsmodell gegen die Insolvenzverschleppung, 2007, kurz zitiert: *Wachendorf.*

Weissel, Patronatserklärung als Technik der Kreditrisikominderung?, in: ZFR 2009/4.